隧道设计
理论与方法

赵勇 等 著

人民交通出版社股份有限公司
China Communications Press Co.,Ltd.

内容提要

本书系统介绍了作者及其团队十余年来在隧道工程相关设计理论和设计方法方面的研究成果。全文以隧道工程设计为主线，简要介绍了隧道的设计特征及基本要求、我国隧道工程取得的成就以及设计理论和方法的发展历程，系统介绍了国内外隧道工程基本理论和设计方法；结合我国隧道工程的特点以及各位作者多年的设计和工程实践经验，重点介绍了隧道工程的支护结构设计、特殊结构设计、防排水设计、特殊岩土和不良地质隧道设计、特殊工法设计和其他设计的核心内容，并结合我国典型隧道工程设计实例进行了分析。本书内容非常丰富，系统总结了我国隧道设计的经验和最新成果，代表了我国当代隧道工程设计的技术水平。本书共56讲，内容以讲的形式展开，深入浅出，通俗易懂，实用性强。

本书主要可供从事隧道工程设计、施工、科研和建设管理的人员参考使用，也可作为高等学校相关专业本科生和研究生的专业教材。

Abstract

This book systematically introduces the tunnel design theory an methodology based on author and his team experience in recent 10 years. The whole text takes the tunnel engineering design as the main line. It briefly describes the design philosophies and basic requirements of the tunnel, the development of tunnel design theory and methodology based on both local and overseas practices, as well as the achievements in tunnel engineering in China. Combined with the characteristics of tunnel engineering in China and the author's years of design and engineering practice experience, the book outlines the design of tunnel support, special tunnel structures, tunnel waterproofing, design of tunnel in complex geology and difficult ground conditions, design to suit special tunnel construction methods as well as other designs and analyses concerning the typical tunnel design case histories in China. This book systematically summarizes the experience and latest achievements of tunnel design in China, represents the technical level of contemporary tunnel engineering design in China. The book consists of 56 chapters with clear and simple explaination in a sensible and pragmatic approach.

This book can be a useful reference for persons engaging in the tunnel engineering design, construction, scientific research and construction management. It can also be used as the textbook for undergraduate and postgraduate students in colleges and universities.

前言

进入 21 世纪以后，我国隧道工程发展迅猛，特别是随着高速公路、高速铁路、城市地铁的大规模修建，呈现出建设标准高、速度快、长度长、断面大、地质复杂、工期短等显著特点，并且高海拔、大埋深、高岩温、强富水、挤压性围岩和不良气体等隧道逐渐增多，城市复杂环境隧道和跨江越海水下隧道呈快速增长之势。这些隧道工程的建设对我国隧道修建技术的发展提出了很大的挑战，也带来了难得的发展机遇。对我国隧道修建技术发展而言，首先取得的成绩是主要的，我们在较短的时间内建成了这么多地质复杂的隧道工程，为我国的交通发展和经济建设做出了突出的贡献。已故王梦恕院士曾直言："只有隧道工程才可以使高速铁路采用较大的曲线半径穿山越岭成为可能，没有隧道工程技术的进步，就没有中国高速铁路。"但是，我们也有很多经验教训值得总结，有不少隧道工程在建设过程中走了不小的弯路，造成了严重的后果，有的是发生重大安全事故造成人员伤亡和设备损坏，有的是拖延了项目工期，有的是增加工程投资造成了经济损失，也有的是给后期运营带来隐患甚至直接影响运营安全。这些教训充分反映了我们的隧道设计还有很多不完善的地方，我们的施工技术还不够先进，我们的建设管理水平还需要进一步提高。

隧道技术的发展，首要在设计，设计是技术进步的龙头。也只有先进的设计，才能建造出精品工程。设计是有灵魂的，好的设计必须有科学的理论指导和正确的设计方法。当前隧道设计工作中往往有几种不良的倾向：有的设计直接照搬参考图，缺乏针对性和灵活性，但事实上世界上没有完全相同的两座隧道，设计也要体现出个性；有的设计采用极其保守的工程措施，美其名曰"宁强勿弱"，实际上是造成工程的浪费，缺乏经济性，要知道不考虑经济性的方案不是好的设计方案；有的设计长官意识太强，有些观念本来就是错误的，但我们的设计人员怕得罪上级，设计方案遵从长官意志，结果这些工程往往经不起历史的考验。当然，绝大部分设计人员还是想把设计搞好，但是一方面由于缺乏经验，难以准确判断出可供参考的工程案例，另一方面由于对设计方法了解不够，难以设计出高质量的作品。写作本书的目的，就是期望向广大设计人员传递一个正确的设计思想，使其全面了解国内外有关隧道设计的理论和方法，掌握隧道相关技术的最新发展和工程应用实例，为可能遇到的相关技术难题提供参考。

本书之所以用"讲"的形式进行写作，主要是考虑"讲"写起来更加灵活，更容易把深奥的理论讲清楚，"平面铺展"与"纵向深入"相结合，基于当前行业发展和隧道技术理念与方法创新的规律帮助读者建立完善的知识结构，从而拉近读者与作者的距离，给读者一种面对面交流的感觉。另外，每一讲是一个独立专题，都是围绕隧道设计理论和方法进行系统介绍，讲与讲之间既有联系，又重点突出、自成一体。

本书共分九篇，56讲。首先为绪论，共分2讲，主要介绍隧道设计的特征及基本要求，我国隧道工程取得的成就，以及隧道设计理论和方法的发展历程。第一篇介绍隧道设计的基本理论和设计方法，共分9讲，主要介绍隧道工程的力学理论、围岩稳定性评价和分级、高速铁路隧道空气动力学效应及工程对策，系统介绍国外的设计理论：新奥法、挪威法和岩土变形控制分析法，以及国内隧道设计常用的标准设计和工程类比设计方法、特征曲线法以及最新研究成果围岩变形控制设计方法。第二篇介绍支护结构设计，共分12讲，首先介绍常用的结构计算方法，包括解析设计方法以及荷载—结构模型和围岩—结构模型两种结构计算方法；然后分别介绍矿山法隧道结构体系中各部分的设计方法，包括超前支护设计、掌子面围岩补强设计、初期支护设计、二次衬砌设计、明洞与棚洞设计；最后介绍其他几种施工工法的设计方法，包括TBM选型及设计、盾构隧道管片设计、沉管隧道设计，以及隧道结构耐久性设计。第三篇主要介绍特殊结构设计，共分5讲，包括洞口段设计、浅埋和偏压段设计、超大跨度隧道结构设计、近接隧道设计和结构抗震设计。第四篇主要介绍隧道的防排水设计，共分4讲，包括围岩渗透性及地下水控制、围岩注浆堵水与加固设计、防水设计和排水设计。第五篇介绍特殊岩土与不良地质隧道设计，共分10讲，包括黄土隧道、风积沙隧道、寒区隧道、多年冻土隧道、岩溶隧道、岩爆防治、挤压性围岩隧道、采空区隧道、膨胀性围岩隧道和瓦斯隧道的设计方法。第六篇是特殊工法设计，共分3讲，分别是冻结法、微振爆破设计方法和悬臂掘进机铣挖法设计。第七篇介绍其他设计，共分6讲，分别是辅助坑道设计、缺陷整治设计、超前地质预报、监控量测、铁路隧道运营通风和防灾救援设计。第八篇主要介绍几个重大工程实例，共分5讲，包括目前运营最长的关角隧道、在建最长的高黎贡山隧道、获得国家科技进步奖的狮子洋水下隧道、采用TBM法修建的西秦岭隧道和采用沉管法修建的港珠澳大桥沉管隧道。本书内容非常丰富，几乎涵盖了隧道设计有关的全部理论和方法。

本书作者均来自于隧道设计和研究单位的一线人员，具有丰富的理论功底和设计经验，每一讲的执笔人都是在该领域或该技术方向有深入研究的权威专家。本书由赵勇总策划并组织撰写、审查和统稿把关，关宝树教授亲自参加绪论篇的撰写并作为总审稿人对每一讲提出审查意见，参加审稿的还有李国良、肖明清、喻渝、肖广智、张顶立、王明年、朱永全、王世清、罗章波、吕刚、贺维国等，参与内容提要和目录部分英文撰写和润色工作的有严金秀、石少帅等。在本书撰写过程中，得到中国铁路经济规划研究院有限公司、中国铁道科学研究院有限公司、中国铁路设计集团有限公司、中铁第一勘察设计院集团有限公司、中铁二院工程集团有限责任公司、中铁第四勘察设计院集团有限公司、中铁第五勘察设计院集团有限公司、中铁工程设计咨询集团有限公司、中铁第六勘察设计院集团有限公司、中国铁建重工集团有限公司等单位领导和技术人员的大力支持，提供很多宝贵资料。另外，人民交通出版社股份有限公司陈志敏副总编、曲乐主任、王霞副主任等全面指导了本书的编著。在此，向所有作者以及编审人员的辛勤付出，向各支持单位表示衷心感谢和崇高敬意。

在本书即将出版之际，国家做出了全面规划建设川藏铁路的决定。川藏铁路是进入新时代实现中华民族伟大复兴中国梦的伟大工程，也是展现我国成为交通强国的标志性工程，其中雅安至林芝段工程是世界上地质条件最复杂、环境条件最恶劣的交通工程项目，是人类交通工程建设史上最具挑战性的铁路项目。从初步研究看，该段工程长约971公里，设计隧道约802公里，隧线比高达82%，其中长度大于30km的超长隧道有7座，且具有三高（海拔高、地应力高、岩温高）、四多（活动断裂多、岩爆多、软岩大变形多、地震多）、五难（地质勘察难、辅助坑道难、大临工程难、弃渣难、物资保障难）等特点。隧道工程是决定川藏铁路成功与否的关键控制工程，相信在广大隧道科技人员、施工建设管理人员的共同努力下，川藏铁路一定能建设成、建设好。希望本书的出版，能对川藏铁路隧道工程的设计和施工提供借鉴。

由于本书篇幅较大，出版时间仓促，参与撰写的人员较多，风格很难统一，且作者水平有限，难免有疏漏和错误之处，敬请读者提出宝贵意见。

赵 勇

2018 年 11 月 于北京

目 录

▶ 绪论

第 01 讲　隧道设计特征及基本要求 ········· 003
　1.1　隧道构造物的基本特征 ········· 003
　1.2　隧道构造物的要求性能 ········· 004
　1.3　隧道设计的基本特征 ········· 006
　本讲参考文献 ········· 015

第 02 讲　隧道设计理论和方法的发展历程 ········· 016
　2.1　隧道工程的历史成就 ········· 016
　2.2　隧道设计理论的发展 ········· 019
　2.3　隧道设计方法的发展 ········· 020
　2.4　展望 ········· 021
　本讲参考文献 ········· 022

▶ 第一篇　基本理论和设计方法

第 03 讲　隧道力学理论 ········· 025
　3.1　围岩的工程性质 ········· 025
　3.2　隧道开挖前围岩的应力状态 ········· 030
　3.3　隧道开挖后的力学行为 ········· 032
　3.4　隧道支护后的力学行为 ········· 036
　3.5　结语 ········· 041
　本讲参考文献 ········· 041

第 04 讲　围岩稳定性评价及分级 ········· 042
　4.1　围岩稳定性影响因素 ········· 042
　4.2　围岩稳定性评价标准 ········· 042
　4.3　基于围岩稳定性的围岩分级方法 ········· 043
　4.4　掌子面围岩稳定性评价方法 ········· 048
　4.5　结语 ········· 050

本讲参考文献 050

第 05 讲　高速铁路隧道空气动力学效应与工程对策 052
　5.1　考虑空气动力学指标的高速铁路隧道设计方法 052
　5.2　高速铁路隧道瞬变压力及净空断面设计 053
　5.3　高速铁路隧道洞口微气压波及缓解措施设计 058
　5.4　高速铁路隧道空气阻力及坡度折减设计 063
　5.5　高速铁路隧道空气动力荷载确定 065
　5.6　高速铁路隧道空气动力学效应的技术发展展望 066
　　本讲参考文献 066

第 06 讲　新奥法 068
　6.1　新奥法的定义和发展历程 068
　6.2　新奥法原理 070
　6.3　新奥法设计需要强调的几个问题 074
　6.4　新奥法优缺点及存在的问题 076
　　本讲参考文献 077

第 07 讲　挪威法 078
　7.1　挪威法的特征 078
　7.2　Q 系统 079
　7.3　挪威法系统支护结构设计 083
　7.4　挪威法防排水设计理念 086
　7.5　挪威法应用实例 087
　　本讲参考文献 088

第 08 讲　岩土变形控制分析法 089
　8.1　岩土变形控制分析法的概念体系和理论基础 089
　8.2　岩土变形控制分析法的实施步骤 090
　8.3　岩土变形控制的监控量测 094
　8.4　岩土变形控制分析法的工程实践 095
　8.5　结语 100
　　本讲参考文献 100

第 09 讲　标准设计及类比设计法 102
　9.1　标准设计法和类比设计法概述 102
　9.2　标准设计法的内容与方法 103
　9.3　类比设计法的主要内容与方法 109
　9.4　结语 114
　　本讲参考文献 115

第 10 讲　特征曲线法 116
　10.1　特征曲线法基本原理 116
　10.2　围岩特征曲线 118
　10.3　支护特征曲线 121
　10.4　特征曲线法的工程应用 125
　10.5　结语 126

本讲参考文献 126

第11讲 围岩变形控制设计方法 127
11.1 围岩变形控制设计基本原理 127
11.2 隧道围岩复合结构特性 127
11.3 深层围岩稳定性分析 129
11.4 围岩荷载确定方法 132
11.5 支护结构体系的协同作用原理 135
11.6 工程实例分析 143
11.7 结语 148
本讲参考文献 149

第二篇 支护结构设计

第12讲 解析设计法 153
12.1 结构力学方法 153
12.2 连续介质力学方法 156
12.3 非连续介质力学方法 158
12.4 隧道安全性评定 163
12.5 结语 164
本讲参考文献 164

第13讲 荷载—结构法 166
13.1 荷载—结构法计算流程 166
13.2 荷载—结构模型 166
13.3 荷载计算方法 168
13.4 荷载施加方法 173
13.5 结构内力分析 175
13.6 结语 178
本讲参考文献 178

第14讲 围岩—结构法 179
14.1 围岩—结构法计算流程 179
14.2 围岩—结构模型 179
14.3 力学模型及破坏准则 183
14.4 隧道施工过程模拟 183
14.5 计算结果的评价分析 185
14.6 结语 187
本讲参考文献 187

第15讲 超前支护设计 188
15.1 超前支护作用机理及适用范围 188
15.2 超前锚杆设计 191
15.3 超前小导管设计 192
15.4 超前管棚设计 193

15.5 超前水平旋喷设计 ········ 196
15.6 超前管幕设计 ········ 197
15.7 机械预切槽设计 ········ 199
15.8 结语 ········ 202
本讲参考文献 ········ 202

第16讲 隧道掌子面加固设计 ········ 203
16.1 隧道掌子面加固概述 ········ 203
16.2 隧道掌子面加固的主要方法 ········ 206
16.3 掌子面加固工程实例 ········ 212
16.4 结语 ········ 214
本讲参考文献 ········ 214

第17讲 复合式衬砌初期支护设计 ········ 216
17.1 初期支护总体功能描述 ········ 216
17.2 初期支护的组成及作用 ········ 217
17.3 初期支护设计 ········ 218
17.4 结语 ········ 228
本讲参考文献 ········ 229

第18讲 复合式衬砌二次衬砌设计 ········ 230
18.1 隧道二次衬砌结构功能 ········ 230
18.2 二次衬砌设计内容与方法 ········ 231
18.3 二次衬砌轮廓设计 ········ 232
18.4 二次衬砌参数设计 ········ 236
18.5 二次衬砌设计其他要点 ········ 242
本讲参考文献 ········ 247

第19讲 明洞与棚洞设计 ········ 248
19.1 明(棚)洞的类型和适用条件 ········ 248
19.2 明(棚)洞荷载及内力计算 ········ 250
19.3 明(棚)洞工程设计 ········ 252
19.4 明(棚)洞工程设计实例 ········ 253
19.5 结语 ········ 256
本讲参考文献 ········ 257

第20讲 TBM选型及设计要点 ········ 258
20.1 TBM工作原理和工法适应性 ········ 258
20.2 TBM选型 ········ 259
20.3 TBM法设计要点 ········ 261
20.4 TBM特殊段处置技术 ········ 265
20.5 TBM典型案例 ········ 268
20.6 TBM技术展望 ········ 272
本讲参考文献 ········ 273

第21讲 盾构隧道管片结构设计 ········ 274
21.1 盾构隧道管片衬砌结构设计 ········ 274

	21.2	盾构隧道荷载	278
	21.3	管片结构计算	280
	21.4	管片细节设计	286
	21.5	管片防水设计	287
	21.6	管片制造、存储及吊运	289
	21.7	结语	290
	本讲参考文献		291

第22讲 沉管隧道设计 ... 292

- 22.1 国内外沉管隧道发展概述 ... 292
- 22.2 沉管隧道设计主要内容及关键技术 ... 294
- 22.3 荷载与组合 ... 298
- 22.4 管节结构计算 ... 300
- 22.5 管节制作工艺 ... 303
- 22.6 结构防水 ... 305
- 22.7 结语 ... 308
- 本讲参考文献 ... 308

第23讲 隧道耐久性设计 ... 309

- 23.1 隧道耐久性的概念及影响机理 ... 309
- 23.2 围岩的耐久性 ... 310
- 23.3 初期支护的耐久性 ... 312
- 23.4 二次衬砌结构的耐久性 ... 316
- 23.5 隧道耐久性设计方法 ... 319
- 23.6 结语 ... 320
- 本讲参考文献 ... 321

第三篇 特殊结构设计

第24讲 洞口段设计 ... 325

- 24.1 洞口边仰坡防护设计 ... 325
- 24.2 危岩落石防护设计 ... 326
- 24.3 路(桥)隧过渡段设计 ... 328
- 24.4 洞门设计 ... 329
- 24.5 缓冲结构设计 ... 333
- 24.6 结语 ... 334
- 本讲参考文献 ... 334

第25讲 浅埋和偏压段设计 ... 335

- 25.1 浅埋偏压段隧道特征 ... 335
- 25.2 浅埋段设计 ... 337
- 25.3 偏压段设计 ... 340
- 25.4 结语 ... 344
- 本讲参考文献 ... 344

第 26 讲	**超大跨度隧道结构设计**	345
26.1	隧道跨度的分类及超大跨度隧道定义	345
26.2	超大跨度隧道设计的特点、难点	347
26.3	超大跨度隧道支护体系设计	348
26.4	超大跨度隧道开挖工法设计	357
26.5	超大跨隧道围岩及支护结构变形控制标准	358
26.6	结语	359
	本讲参考文献	360
第 27 讲	**近接隧道设计**	361
27.1	近接隧道的特点	361
27.2	近接隧道的受力特性	363
27.3	近接隧道设计与施工	367
27.4	近接隧道的围岩加固技术	369
27.5	结语	372
	本讲参考文献	372
第 28 讲	**隧道结构抗震设计**	373
28.1	地震对隧道结构的影响	373
28.2	抗震设计的主要原则及内容	374
28.3	隧道地震力计算方法	375
28.4	洞口段及断层带设计	378
28.5	结语	381
	本讲参考文献	382

第四篇 防排水设计

第 29 讲	**围岩渗透性与隧道地下水控制**	385
29.1	岩石渗流场理论简介	385
29.2	地下水类型及岩土的渗透性	387
29.3	地下水与隧道的相互影响	392
29.4	隧道防排水设计原则	395
29.5	隧道结构水压力分析	396
	本讲参考文献	400
第 30 讲	**围岩注浆堵水和加固设计**	401
30.1	注浆机理	401
30.2	隧道注浆设计	402
30.3	注浆材料与注浆设备	409
30.4	注浆效果检查评定	411
30.5	注浆施工过程中常易出现的问题及对策	412
	本讲参考文献	414
第 31 讲	**防水设计**	415
31.1	隧道防水设计标准	415

	31.2	隧道防水设计分类	417
	31.3	地表及围岩防水设计	419
	31.4	隧道结构防水设计	421
	31.5	附属结构防水措施	429
	31.6	隧道常用防水材料	430
	31.7	隧道防水存在的问题及展望	432
	本讲参考文献		433
第32讲	**排水设计**		434
	32.1	隧道排水系统分类	434
	32.2	洞口及地表排水设计	435
	32.3	隧道洞身排水设计	438
	32.4	施工期降水(排水)设计	445
	32.5	隧道排水管材与配件	448
	32.6	隧道排水存在问题及展望	449
	本讲参考文献		450

第五篇　特殊岩土与不良地质隧道设计

第33讲	**黄土隧道**		453
	33.1	黄土分布及基本特征	453
	33.2	黄土隧道建设易出现的问题	454
	33.3	黄土隧道围岩分级	455
	33.4	黄土隧道设计施工主要内容及关键技术	456
	33.5	黄土隧道修建技术展望	463
	本讲参考文献		464
第34讲	**风积沙隧道**		465
	34.1	我国风积沙的分布及特征	465
	34.2	风积沙的特性	466
	34.3	风积沙隧道围岩压力	467
	34.4	风积沙隧道设计要点	468
	34.5	施工技术要点	470
	本讲参考文献		470
第35讲	**寒区隧道**		471
	35.1	寒区隧道特点及分类	471
	35.2	寒区隧道抗冻设计	474
	35.3	寒区隧道防寒排水系统施工工艺	483
	35.4	寒区隧道存在问题及展望	486
	本讲参考文献		486
第36讲	**多年冻土隧道**		488
	36.1	概述	488
	36.2	多年冻土隧道技术难题	488

36.3　多年冻土隧道设计关键技术　489
36.4　多年冻土隧道工程实例　494
36.5　结语　498
本讲参考文献　498

第37讲　岩溶隧道　499
37.1　岩溶隧道概述　499
37.2　岩溶隧道的灾害类型　500
37.3　岩溶隧道的勘察、选线及设计原则　502
37.4　岩溶处理及结构设计　504
37.5　岩溶隧道防灾减灾设计　505
37.6　岩溶隧道典型工程实例　508
37.7　岩溶隧道修建技术展望　512
本讲参考文献　512

第38讲　岩爆防治　513
38.1　岩爆发生机理及影响因素　513
38.2　岩爆分级　514
38.3　岩爆的预测预报　516
38.4　岩爆对策　520
38.5　结语　522
本讲参考文献　522

第39讲　挤压性围岩隧道　524
39.1　概述　524
39.2　挤压性围岩隧道变形分级　526
39.3　挤压性围岩隧道变形控制技术　528
39.4　挤压性围岩隧道工程实例　531
39.5　挤压性隧道修建技术展望　532
本讲参考文献　532

第40讲　采空区隧道　533
40.1　采空区工程特征、勘察及稳定性评价　533
40.2　采空区隧道选线及设计原则　536
40.3　采空区处治技术　537
40.4　采空区工程实例　540
本讲参考文献　543

第41讲　膨胀性围岩隧道　545
41.1　膨胀性围岩的概念　545
41.2　膨胀性围岩的类型和特性　546
41.3　膨胀性围岩的判别　547
41.4　膨胀性围岩隧道的设计　549
41.5　施工原则　552
41.6　膨胀岩隧道案例分析与展望　553
本讲参考文献　556

第42讲	瓦斯隧道	557
	42.1 瓦斯隧道工程特点和分级	557
	42.2 瓦斯隧道设计要点	560
	42.3 瓦斯隧道施工要点及制度管理	565
	42.4 典型案例	568
	本讲参考文献	572

第六篇 特殊工法设计

第43讲	冻结法设计	577
	43.1 冻结法原理及发展	577
	43.2 冻结法设计原则	578
	43.3 冻结法系统设计	578
	43.4 工程实例	582
	本讲参考文献	587
第44讲	微振爆破设计	588
	44.1 隧道爆破降振技术研究现状	588
	44.2 目前存在的问题	589
	44.3 隧道微振爆破定义	589
	44.4 爆破振动控制标准	590
	44.5 微振爆破设计方法	593
	44.6 振动监测和评价方法	595
	44.7 工程实例	596
	本讲参考文献	597
第45讲	悬臂掘进机铣挖法设计	598
	45.1 悬臂掘进机铣挖法特点及适用条件	598
	45.2 铣挖法施工设备选型	599
	45.3 铣挖法开挖方案	600
	45.4 铣挖法施工设计实例	604
	45.5 结语	606
	本讲参考文献	606

第七篇 其他设计

第46讲	辅助坑道	609
	46.1 辅助坑道的发展和现状	609
	46.2 辅助坑道的分类	611
	46.3 辅助坑道的设计	612
	46.4 工程实例	614
	46.5 结语	618
	本讲参考文献	619

第47讲 缺陷整治设计 ··········· 620
47.1 设计原则 ··········· 620
47.2 典型缺陷整治设计方案 ··········· 621
47.3 结语 ··········· 625
本讲参考文献 ··········· 625

第48讲 超前地质预报 ··········· 626
48.1 超前地质预报的主要内容与常用方法 ··········· 626
48.2 超前地质预报设计 ··········· 628
48.3 超前地质预报设计工程实例 ··········· 631
48.4 超前地质预报技术发展及展望 ··········· 634
本讲参考文献 ··········· 634

第49讲 监控量测 ··········· 635
49.1 监控量测设计内容 ··········· 635
49.2 监控量测数据分析及信息反馈 ··········· 645
49.3 监控量测新技术 ··········· 647
49.4 结语 ··········· 650
本讲参考文献 ··········· 650

第50讲 铁路隧道运营通风 ··········· 651
50.1 铁路隧道运营通风发展概况 ··········· 651
50.2 隧道内卫生标准 ··········· 652
50.3 铁路隧道运营通风设计 ··········· 653
50.4 结语 ··········· 663
本讲参考文献 ··········· 664

第51讲 铁路隧道防灾疏散救援工程设计 ··········· 665
51.1 隧道防灾疏散救援应对策略 ··········· 665
51.2 疏散救援工程规划 ··········· 666
51.3 疏散救援工程设计 ··········· 668
51.4 防灾疏散救援预案 ··········· 675
51.5 防灾疏散救援技术的研究方向 ··········· 678
本讲参考文献 ··········· 678

第八篇 工程设计实例

第52讲 关角隧道 ··········· 681
52.1 工程概况 ··········· 681
52.2 隧道总体设计 ··········· 683
52.3 高压岩溶裂隙水处理技术 ··········· 685
52.4 高海拔缺氧条件下施工保障技术 ··········· 688
52.5 运营通风和防灾救援设计 ··········· 694
52.6 结语 ··········· 698
本讲参考文献 ··········· 698

目录

第53讲　高黎贡山隧道 ··· 700
- 53.1　工程简况 ··· 700
- 53.2　隧道总体设计 ··· 702
- 53.3　隧道结构设计 ··· 704
- 53.4　高地温防治设计 ··· 707
- 53.5　隧道防灾疏散设计 ··· 715
- 53.6　结语 ··· 715
- 本讲参考文献 ··· 716

第54讲　狮子洋隧道 ··· 717
- 54.1　狮子洋隧道概况 ··· 717
- 54.2　隧道总体设计 ··· 718
- 54.3　隧道工程设计 ··· 721
- 54.4　盾构地中对接设计 ··· 724
- 54.5　气动效应与缓解措施设计 ··· 725
- 54.6　结语 ··· 727
- 本讲参考文献 ··· 727

第55讲　西秦岭隧道 ··· 729
- 55.1　工程概况 ··· 729
- 55.2　方案研究 ··· 730
- 55.3　隧道设计 ··· 733
- 55.4　TBM 施工情况 ··· 737
- 55.5　结语 ··· 740
- 本讲参考文献 ··· 741

第56讲　港珠澳大桥沉管隧道设计 ··· 742
- 56.1　工程概况 ··· 742
- 56.2　设计总体思想 ··· 743
- 56.3　总体设计方案 ··· 744
- 56.4　主要创新技术 ··· 751
- 56.5　设计建成效果 ··· 752
- 56.6　结语 ··· 752

CONTENTS

Introduction

Chapter 01 Tunnel design philosophies and basic requirements ············003
1.1 Basic features of tunnel structures ············003
1.2 Performance requirements of tunnel structures ············004
1.3 Basic philosophies of tunnel design ············006
References ············015

Chapter 02 Development of tunnel design theory and methodology ············016
2.1 Historical achievements in tunnel engineering ············016
2.2 Development of tunnel design theory ············019
2.3 Development of tunnel design methodology ············020
2.4 Prospects in tunnel engineering ············021
References ············022

Part 01 Basic theory and design methodology

Chapter 03 Tunnel mechanics ············025
3.1 Engineering properties of surrounding rock ············025
3.2 In-situ stress state of surrounding rock ············030
3.3 Mechanical behavior of tunnel after excavation ············032
3.4 Mechanical behavior of tunnel support ············036
3.5 Conclusion ············041
References ············041

Chapter 04 Stability evaluation and classification of surrounding rock ············042
4.1 Influencing factors on the stability of surrounding rock ············042
4.2 Standard of stability evaluation for surrounding rock ············042
4.3 Rock stability classification method ············043
4.4 Face stability evaluation method ············048
4.5 Conclusion ············050
References ············050

Chapter 05 Aerodynamic effect of high-speed railway tunnel and its engineering countermeasures ············052
5.1 Consideration of aerodynamic parameters in high-speed railway tunnel design ············052
5.2 Transient pressure and sectional clearance design for high speed railway tunnel ············053

5.3 Design of micro-pressure wave and mitigation measures for high-speed railway tunnel entrance ············ 058
5.4 Air resistance and gradient reduction in high speed railway tunnel ·· 063
5.5 Determination of aerodynamic load of high speed railway tunnel ··· 065
5.6 Technological development and outlook of aerodynamic effect of high speed railway tunnel ··········· 066
References ·· 066

Chapter 06 New Austrian Tunnelling Method (NATM) ··· 068
6.1 Definition and development of NATM ·· 068
6.2 Principles of NATM ·· 070
6.3 Several issues need to be emphasized in NATM ··· 074
6.4 Advantages and disadvantages of NATM and existing challenges ··· 076
References ·· 077

Chapter 07 Norwegian Tunnelling Method (NTM) ··· 078
7.1 Philosophies of NTM ··· 078
7.2 Q system ·· 079
7.3 Design of systematic support ··· 083
7.4 Design concept of waterproofing ·· 086
7.5 Case histories of NTM application ··· 087
References ·· 088

Chapter 08 Analysis and control of ground deformation ··· 089
8.1 Basis theory and concept of ground deformation analysis ·· 089
8.2 Procedures for ground deformation analysis ··· 090
8.3 Monitoring of ground deformation ··· 094
8.4 Engineering practice for ground deformation control ··· 095
8.5 Conclusion ··· 100
References ·· 100

Chapter 09 Standard design and iterative design methods ·· 102
9.1 Overview of standard design and iterative design methods ·· 102
9.2 Methodology of standard design ·· 103
9.3 Methodology of iterative design ·· 109
9.4 Conclusion ··· 114
References ·· 114

Chapter 10 Ground response curve method ··· 116
10.1 Basic principle of ground response curve method ··· 116
10.2 Rock response curve ·· 118
10.3 Support response curve ·· 121
10.4 Engineering application of ground response curve method ·· 125
10.5 Conclusion ··· 126
References ·· 126

Chapter 11 Rock deformation control design method ··· 127
11.1 Basic principle of Rock deformation control design method ·· 127
11.2 Characteristics of tunnel-rock composite structures ·· 127

11.3 Stability analysis of deep rock ······ 129
11.4 Determination of rock load ······ 132
11.5 Principle of collaborative support structure system ······ 135
11.6 Case histories and analysis ······ 143
11.7 Conclusion ······ 148
References ······ 149

Part 02 Tunnel support design

Chapter 12 Analytical design method ······ 153
12.1 Structural mechanics method ······ 153
12.2 Continuum mechanics method ······ 156
12.3 Discrete mechanics method ······ 158
12.4 Tunnel safety assessment ······ 163
12.5 Conclusion ······ 164
References ······ 164

Chapter 13 Load-structure interaction method ······ 166
13.1 Calculation process for load-structure interaction method ······ 166
13.2 Load-structure modelling ······ 166
13.3 Load calculation method ······ 168
13.4 Load application method ······ 173
13.5 Internal structural force analysis ······ 175
13.6 Conclusion ······ 178
References ······ 178

Chapter 14 Rock-structure interaction method ······ 179
14.1 Calculation process for rock-structure interaction method ······ 179
14.2 Rock-structure modelling ······ 179
14.3 Numerical model and failure criterion ······ 183
14.4 Tunnel construction simulation ······ 183
14.5 Evaluation of analysis results ······ 185
14.6 Conclusion ······ 187
References ······ 187

Chapter 15 Advanced support design ······ 188
15.1 Advanced support mechanism and application ······ 188
15.2 Advanced anchor design ······ 191
15.3 Advanced probing design ······ 192
15.4 Advanced pipe roof design ······ 193
15.5 Advanced horizontal drilling design ······ 196
15.6 Advanced pipe curtain design ······ 197
15.7 Mechanical pre-cut grove ······ 199

15.8 Conclusion ··202
References ··202

Chapter 16 Tunnel face reinforcement design ··203
16.1 Overview of tunnel face reinforcement ··203
16.2 Tunnel face reinforcement method ··206
16.3 Case histories of tunnel face reinforcement ··212
16.4 Conclusion ···214
References ··214

Chapter 17 Composite lining initial support design ··216
17.1 Overall description of initial support function ··216
17.2 Configuration and function of primary support ··217
17.3 Primary support design ··218
17.4 Conclusion ···228
References ··229

Chapter 18 Composite secondary lining design ··230
18.1 Function of tunnel secondary lining structure ··230
18.2 Design method for secondary lining ···231
18.3 Design of secondary lining profile ··232
18.4 Design parameter for secondary lining ···236
18.5 Other design matters for secondary lining ··242
References ··247

Chapter 19 Cut-and-cover tunnel and shed tunnel design ···248
19.1 Types and suitability of cut-and-cover tunnel and shed tunnel ···························248
19.2 Load and internal force calculation for cut-and-cover tunnel and shed tunnel ·······250
19.3 Engineering design of cut-and-cover tunnel and shed tunnel ·····························252
19.4 Case histories of cut-and-cover tunnel and shed tunnel ······································253
19.5 Conclusion ···256
References ··257

Chapter 20 TBM selection and design ···258
20.1 TBM working principle and engineering suitability ··258
20.2 TBM selection ···259
20.3 Key TBM design elements ···261
20.4 TBM special segment disposal technique ···265
20.5 Typical case study of TBM ··268
20.6 Prospect of TBM technology ···272
References ··273

Chapter 21 Segmental lining design for shield tunnelling ···274
21.1 Design of segmental lining ··274
21.2 Load of shield tunnelling ···278
21.3 Segment structural calculation ··280
21.4 Segment detailing ···286

21.5 Segment waterproofing design·······287
21.6 Segment production, storage and lifting·······289
21.7 Conclusion·······290
References·······291

Chapter 22 Immersed tunnel design·······292
22.1 Overview of local and overseas development of immersed tunnels·······292
22.2 Key considerations and techniques for immersed tunnel design·······294
22.3 Load combination·······298
22.4 Structural calculation of segment·······300
22.5 Construction technology of segment·······303
22.6 Structural waterproof·······305
22.7 Conclusion·······308
References·······308

Chapter 23 Tunnel durability design·······309
23.1 Concept of tunnel durability and influence mechanism·······309
23.2 Durability of surrounding rock·······310
23.3 Durability of primary support·······312
23.4 Durability of secondary lining structure·······316
23.5 Design method for tunnel durability·······319
23.6 Conclusion·······320
References·······321

Part 03 Design for special structure

Chapter 24 Design for entrance section·······325
24.1 Design for protection of entrance side slope·······325
24.2 Design for protection of hazardous and falling rocks·······326
24.3 Design for road (bridge)-tunnel transition·······328
24.4 Portal design·······329
24.5 Barrier structural design·······333
24.6 Conclusion·······334
References·······334

Chapter 25 Design for shallow and sloping overburden tunnel section·······335
25.1 Characteristic of shallow and sloping overburden tunnel section·······335
25.2 Design for shallow section·······337
25.3 Design for sloping overburden section·······340
25.4 Conclusion·······344
References·······344

Chapter 26 Super-large span tunnel design·······345
26.1 Classification of tunnel span and definition of super-large span tunnel·······345

26.2 Characteristics and difficulties of super-large span tunnel design ·······················347
26.3 Design of super-large span tunnel support system ··348
26.4 Design of excavation method for super-large span tunnel··································357
26.5 Deformation control for surrounding rock and supporting structure of super-large span tunnel ···········358
26.6 Conclusion ··359
References···360

Chapter 27 Design for tunnels at close proximity ··361
27.1 Characteristics of tunnels at close proximity ··361
27.2 Close proximity tunnelling-induced forces···363
27.3 Design and construction of tunnels at close proximity······································367
27.4 Rock strengthening techniques for tunnels at close proximity ··························369
27.5 Conclusion ··372
References···372

Chapter 28 Seismic design of tunnel structure ···373
28.1 Impact of earthquake on tunnel structure···373
28.2 Key principles and considerations of seismic design ·······································374
28.3 Tunnel seismic force calculation method···375
28.4 Entrance section and fault zone design···378
28.5 Conclusion ··381
References···382

Part 04 Waterproof and drainage design

Chapter 29 Rock permeability and groundwater control ····································385
29.1 Introduction to the theory of rock flow field··385
29.2 Groundwater type and permeability of rock and soil··387
29.3 The interaction between groundwater and tunnels ··392
29.4 Principles of tunnel drainage design···395
29.5 Water pressure analysis for tunnel structure··396
References···400

Chapter 30 Rock mass grouting for leakage control and stiffening ·················401
30.1 Grouting mechanism···401
30.2 Tunnel grouting design ···402
30.3 Grouting materials and grouting equipment ··409
30.4 Evaluation of grouting effect ··411
30.5 Challenges and its countermeasures in grouting works··································412
References···414

Chapter 31 Waterproof design ···415
31.1 Tunnel waterproof design standard··415
31.2 Tunnel waterproof design classification···417

31.3 Surface and surrounding rock waterproof design······419
31.4 Waterproof design of tunnel structure······421
31.5 Waterproof measures for ancillary structures······429
31.6 Tunnel waterproof materials······430
31.7 Challenges and outlook of tunnel waterproof······432
References······433

Chapter 32 Drainage design······434
32.1 Classification of tunnel drainage systems······434
32.2 Tunnel entrance and surface drainage design······435
32.3 Tunnel drainage design······438
32.4 Design of dewatering (drainage) during construction······445
32.5 Tunnel drainage pipe and fittings······448
32.6 Challenges and outlook of tunnel drainage······449
References······450

Part 05 Tunnel design for special and difficult ground conditions

Chapter 33 Tunnel in loess······453
33.1 Loess distribution and basic characteristics······453
33.2 Construction challenges of tunnel in loess······454
33.3 Rock classification for tunnel in loess······455
33.4 Key design considerations and construction techniques for tunnel in loess······456
33.5 Outlook of construction techniques for tunnel in loess······463
References······464

Chapter 34 Tunnel in aeolian sand······465
34.1 Distribution and characteristics of aeolian sand in China······465
34.2 Characteristics of aeolian sand······466
34.3 Rock pressure of tunnel in aeolian sand······467
34.4 Key design considerations for tunnel in eolian sand······468
34.5 Key construction techniques······470
References······470

Chapter 35 Tunnel in cold area······471
35.1 Characteristics and classification of tunnel in cold area······471
35.2 Anti-freezing design for tunnel in cold area······474
35.3 Construction technology of water drainage system for tunnel in cold area······483
35.4 Challenges and outlook of tunnel in cold area······486
References······486

Chapter 36 Tunnel in permafrost······488

36.1 Overview ···488
36.2 Technical problems of tunnel in permafrost ··488
36.3 Key design techniques for tunnel in permafrost ···489
36.4 Case histories of tunnel in permafrost ··494
36.5 Conclusion ···498
References···498

Chapter 37 Tunnel in karst ···499
37.1 Overview of tunnel in karst··499
37.2 The challenges of tunnel in karst ···500
37.3 Considerations, alignment selection and design principle of tunnel in karst···502
37.4 Treatment measures and structural design ··504
37.5 Disaster prevention and mitigation design for tunnel in karst ··505
37.6 Case histories of tunnel in karst··508
37.7 Outlook of construction techniques for tunnel in karst··512
References···512

Chapter 38 Prevention of rock burst··513
38.1 Mechanism of rock burst and its influencing factors ···513
38.2 Classification of rock burst ···514
38.3 Prediction of rock burst··516
38.4 Countermeasures for rock burst ··520
38.5 Conclusion ···522
References···522

Chapter 39 Tunnel in squeezing rock···524
39.1 Overview··524
39.2 Classification of tunnel deformation in squeezing rock··526
39.3 Control of tunnel deformation in squeezing rock ··528
39.4 Case histories of tunnel in squeezing rock ··531
39.5 Outlook of construction techniques for tunnel in squeezing rock ···532
References ···532

Chapter 40 Mined tunnel ···533
40.1 Engineering characteristics, observation and stability evaluation of mined tunnel ··533
40.2 Alignment selection and design principles for mined tunnel ··536
40.3 Ground treatment technique for mined tunnel ···537
40.4 Case histories of mined tunnel ··540
References ···543

Chapter 41 Tunnel in swellable rock··545
41.1 Concept of swellable rock··545
41.2 Types and characteristics of swellable rock ··546
41.3 Identification of swellable rock ···547
41.4 Design of tunnel in swellable rock···549
41.5 Construction principle··552

41.6 Case analysis and overview of tunnel in swellable rock ··· 553
References ··· 556
Chapter 42 Gas tunnels ··· 557
42.1 Characteristics and classification of gas tunnel engineering ··· 557
42.2 Key design considerations for gas tunnel ··· 560
42.3 Key construction and system management for gas tunnel ··· 565
42.4 Typical case study ··· 568
References ··· 572

Part 06 Design for the special construction method

Chapter 43 Ground freezing method ··· 577
43.1 Theory and development of ground freezing method ··· 577
43.2 Design principles of ground freezing method ··· 578
43.3 Design of ground freezing system ··· 578
43.4 Case histories ··· 582
References ··· 587

Chapter 44 Design of micro-vibration blasting ··· 588
44.1 Current research on vibration reduction technique for tunnel blasting ··· 588
44.2 Challenges in current research ··· 589
44.3 Definition of tunnel micro-vibration blasting ··· 589
44.4 Standard for blasting vibration control ··· 590
44.5 Design method for micro-vibration blasting ··· 593
44.6 Vibration monitoring and evaluation method ··· 595
44.7 Case histories ··· 596
References ··· 597

Chapter 45 Design of excavation using shaft boring machine ··· 598
45.1 Characteristics and suitability of shaft boring machine ··· 598
45.2 Selection of construction equipment ··· 599
45.3 Excavation scheme ··· 600
45.4 Design examples ··· 604
45.5 Conclusion ··· 606
References ··· 606

Part 07 Other designs

Chapter 46 Auxiliary tunnels ··· 609
46.1 Recent development of auxiliary tunnel ··· 609
46.2 Classification of auxiliary tunnel ··· 611
46.3 Design of auxiliary tunnel ··· 612

46.4 Case histories ·· 614
46.5 Conclusion ·· 618
References ·· 619

Chapter 47 Defect remedial design ·· 620
47.1 Design principles ·· 620
47.2 Typical design scheme for defect remediation ··· 621
47.3 Conclusion ·· 625
References ·· 625

Chapter 48 Advanced geological forecasts ·· 626
48.1 Key contents of common advanced geological forecasting method ····································· 626
48.2 Advanced geological predictive design ·· 628
48.3 Case histories of advanced geological predictive design ·· 631
48.4 Development and prospect of advanced geological forecasting technology ·························· 634
References ·· 634

Chapter 49 Instrumentation and monitoring ·· 635
49.1 Design of instrumentation and monitoring ··· 635
49.2 Data analysis and feedback ··· 645
49.3 New technology ·· 647
49.4 Conclusion ·· 650
References ·· 650

Chapter 50 Ventilation in railway tunnel ·· 651
50.1 Overview of tunnel ventilation development ·· 651
50.2 Tunnel health and safety standard ·· 652
50.3 Railway tunnel ventilation design ·· 653
50.4 Conclusion ·· 663
References ·· 664

Chapter 51 Disaster prevention, evacuation and rescue operation for railway tunnel ··············· 665
51.1 Tunnel disaster prevention, evacuation and rescue strategies ·· 665
51.2 Planning of evacuation and rescue operation ·· 666
51.3 Design of evacuation and rescue plan ··· 668
51.4 Disaster prevention, evacuation and rescue plan ·· 675
51.5 Research direction in disaster prevention, evacuation and rescue technology ······················· 678
References ·· 678

Part 08 Design case studies

Chapter 52 Guanjiao Tunnel ··· 681
52.1 Project overview ·· 681
52.2 Tunnel scheme ··· 683
52.3 Treatment for high fissure-water pressure in karst ·· 685

52.4 Protection for construction under high-altitude hypoxia condition ··················· 688
52.5 Ventilation, disaster prevention and rescue during operation ··················· 694
52.6 Conclusion ··················· 698
References ··················· 698

Chapter 53 Gaoligongshan Tunnel ··················· 700
53.1 Project overview ··················· 700
53.2 Tunnel scheme ··················· 702
53.3 Tunnel structural design ··················· 704
53.4 Design and temperature control in high-ground ··················· 707
53.5 Tunnel disaster prevention and evacuation design ··················· 715
53.6 Conclusion ··················· 715
References ··················· 716

Chapter 54 Lion Ocean Tunnel ··················· 717
54.1 Overview of the Lion Ocean Tunnel ··················· 717
54.2 Tunnel scheme ··················· 718
54.3 Tunnel engineering design ··················· 721
54.4 Design for TBM docking ··················· 724
54.5 Aerodynamic effect and mitigation measures ··················· 725
54.6 Conclusion ··················· 727
References ··················· 727

Chapter 55 West Qinling Tunnel ··················· 729
55.1 Project overview ··················· 729
55.2 Option study ··················· 730
55.3 Tunnel design ··················· 733
55.4 TBM construction setting ··················· 737
55.5 Conclusion ··················· 740
References ··················· 741

Chapter 56 Design of the immersed tube of the Hong Kong-Zhuhai-Macao Bridge ··················· 742
56.1 Project overview ··················· 742
56.2 Overall design considerations ··················· 743
56.3 Overall design scheme ··················· 744
56.4 Major technological innovation ··················· 751
56.5 Construction outcomes ··················· 752
56.6 Conclusion ··················· 752

TUNNEL DESIGN
THEORY AND METHOD
隧道设计理论与方法

绪　　论　Introduction

第 01 讲　隧道设计特征及基本要求
第 02 讲　隧道设计理论和方法的发展历程

第01讲 隧道设计特征及基本要求

设计,对任何构造物来说,其目的都是一致的,但由于构造物的用途、要求性能不同,其设计方法和内容也各异。因此,讲"隧道设计",首先要明确隧道构造物的基本特点,其次是要明确构筑一个什么样的构造物,即隧道构造物要求具有什么样的性能(要求性能),才能具体谈隧道如何设计、如何施工。

1.1 隧道构造物的基本特征

简言之,隧道构造物与其他土木构造物(桥梁、大坝等)不同,其基本特征是:隧道构造是由周边围岩+支护构成的(图1-1),其中围岩是构造的主体,支护是辅助的;前者是天然客观存在的,后者是人为制造的;两者结合形成具有独具特性的隧道构造物。独特之处,就是把天然的周边围岩作为构造体的一个组成部分而且是构造物的主体。

图1-1 隧道构造物的构成

其中,作为隧道构造物主体的周边围岩,是客观存在的历经各种构造、水理变化形成的天然的地质体受到施工扰动的一部分,其特征是具有多重性,是构造—材料—作用荷载的统一体(图1-2),这也是与其他构造物不同之处,是隧道设计的最基本的对象。

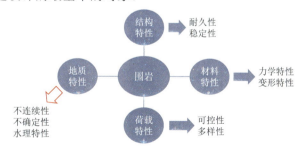

图1-2 周边围岩的基本特性

经验和理论都表明,形成隧道构造物的过程是通过一定的施工过程或者说是一定的力学控制过程来实现的,这个过程大体上可作如下表达(图1-3)。

图1-3 隧道构造物的施工过程概念图

本讲执笔人: 关宝树.

与之相适应的力学过程如图 1-4 所示。

图 1-4 隧道施工中力学状态演变概念图

两者是一一对应的,是密不可分的。

上述基本特征决定了隧道构造物设计的基本特点:

(1)设计施工的基本对象是围岩、地下水及周边环境。

(2)控制施工过程力学动态变化的基本手段是开挖和支护两个基本作业。

(3)隧道设计实质上是控制隧道力学状态变化过程的设计,即利用开挖和支护手段,控制周边围岩的力学动态,构筑长期稳定的隧道构造物,这就形成了典型的隧道设计施工一体化的设计方法。

(4)实际上,隧道构造物是在许多不确定性因素和有限信息的基础上进行设计的,其中设计人员的"经验"判断,常常是决定性的因素,有人把隧道设计称为"经验设计"或"类比设计",是有一定道理的。

1.2 隧道构造物的要求性能

所谓要求性能,通俗一点说,就是要制造一个什么样的构造物。作为隧道设计人员,只有在理解隧道构造物的要求性能的基础上,才能设计出符合要求性能的隧道构造物。例如,我们如何把《铁路隧道设计规范》中提出的"安全适用、经济合理和环境保护"这样的设计基本原则具体化,也就是说,细化隧道构造物应具有什么样的要求功能,是一个值得对设计进行深入研究的课题。

众所周知,隧道的要求功能,实质上是对构造物的品质要求,也是设计的基本要求。目前结构设计已经从传统的单纯以强度(力学、构造)设计的方法,转变为以性能设计为主的方法。欧美国家及日本都颁布了有关性能设计的规范或标准,这是结构设计发展的总趋势,隧道构造物也不例外。

以山岭隧道为例,日本土木学会隧道工学委员会,成立了"隧道构造物设计方法的未来和与国际标准对应的研究小组",以"基于性能规定的隧道设计和管理"为题,进行了广泛深入的研究,其成果之一就是把隧道构造物的要求性能按大、中、小项目进行分类,如表 1-1 所示。按大项目把要求性能分为 7 类,按中项目又细分为 21 类,按小项目又细分为 31 类,这既是对构造物要求具有的性能,也是对设计的基本要求。

隧道要求性能的项目分类　　　表 1-1

大 项 目		中 项 目		小 项 目
①利用者的安全性能	1	能够安全地运营	1	能够确保良好的线路线形
			2	能够确保列车行驶的安全性
			3	能够确保建筑限界
	2	对利用者的安全没有直接威胁	4	不产生剥落
			5	不产生漏水
	3	紧急时利用者能够安全避难	6	紧急时防灾设备能够确保工作
			7	能够适当配置避难设施、防灾设备
②利用者的使用性能	4	舒适性好	8	线形合适,不产生引起恶化舒适性、轨道位移的隧道变形
	5	利用者没有不安感、不快感	9	看不到引起利用者不快感和不安感的漏水、裂缝
③结构稳定性能	6	常时作用的荷载是稳定的	10	不需要结构计算的构造衬砌:衬砌是稳定的(素混凝土),围岩是稳定的
			11	需要进行结构计算的承载衬砌:衬砌是稳定的(钢筋混凝土、纤维混凝土等)
	7	具有必要的抗震性能	12	对使用期间预计的地震动,衬砌具有要求的抗震性能
	8	预计的荷载变化是稳定的	13	对使用期间预计的近接施工和周边环境变化产生的荷载变化具有要求的承载性能

续上表

大 项 目		中 项 目		小 项 目
④耐久性能	9	防腐蚀性良好	14	钢筋等的防腐蚀性良好
	10	衬砌材料没有劣化	15	衬砌材料没有侵蚀、劣化
	11	防水性良好	16	没有使衬砌、设备劣化的漏水
⑤管理者的使用性能	12	能够满足必要的需求	17	能够确保净空断面容纳必要的线路数和各种设备
			18	能够确保列车速度的线形
	13	列车能够稳定地运行	19	不产生影响与列车运行有关的设备功能的剥落
			20	不产生影响与列车运行有关的设备功能的漏水
	14	为列车运行的各种设备能够正常工作	21	能够适当配置、使用与列车运行有关的设备
			22	不影响排出地下水的各种设备
⑥维修管理性能	15	能够安全、容易的检查、维修	23	能够安全,容易的进行日常的巡回、检查
	16	能够安全、容易的补修、补强	24	能够确保补修、补强施工时的脚手架和材料的置放
			25	确保净空断面有能够进行补修、补强的富余
⑦对周边的影响程度	17	对地下水的影响小	26	地下水位变动在容许范围内
			27	对周边地下水的污染在容许范围内
	18	对周边围岩影响小	28	地表面下沉、隆起等在容许范围内
	19	对周边的构筑物影响小	29	对周边构造物、埋设物的影响在容许范围内
	20	对周边的振动、噪声影响小	30	周边的振动、噪声在容许范围内
	21	对景观、美观没有显著的影响	31	洞口采用无损周边景观的设计

在此基础上,2014年日本在《铁道构造物维修管理标准(隧道篇)(2009)》中,对隧道构造物的要求性能设定如表1-2所示。基本上是从构造物的安全性、使用性和复旧性三方面来细化要求性能的项目。

隧道构造物的要求性能　　表1-2

要求性能	性能项目	具 体 内 容
安全性	①隧道构造稳定性	隧道不发生崩塌
	②建筑限界外富余	不侵入建筑限界
	③路基稳定性	不产生妨碍列车运行的路基隆起、水平移动
	④剥落安全性	不产生妨碍列车运行的混凝土掉块、补修材剥落
	⑤漏水、冻结的安全性	不产生妨碍列车运行的漏水、冻结
使用性	⑥漏水、冻结的使用性	漏水、冻结对洞内设备的功能没有影响
	⑦表面污染	检查时没有明显的污染
	⑧对周边环境的影响	对周边环境没有有害的影响
复旧性	⑨灾害时的复旧性	即使受到灾害偶发作用的影响,也易于恢复

而在修订的2016年的日本《隧道标准技术规范·同解说(矿山法篇)》中,进一步明确规定了隧道构造物的要求性能如下:

(1)利用者能够安全而舒适地利用隧道的性能;
(2)对预计的作用能够维护构造稳定的性能;
(3)对预计的劣化通过使用期间能够满足要求的性能;
(4)管理者能够进行适宜的维修管理的性能;
(5)能够把隧道周边的人、环境、物抑制在最小影响限度内的性能。

这样的设计研究是有意义的,实际上在我国相关设计规范的字里行间,也体现了这些要求性能,只不过没有更加明确的表述而已。要不要明确规定,应该在设计研究中予以解决。

隧道设计的终极目的就是要构筑满足上述要求性能的构造物。用规范的话来说,就是构筑一个能够满足"列车按规定的速度,能够安全、通畅、舒适地行驶,在规定的使用期间中能够进行维护和管理"的构造物。

1.3 隧道设计的基本特征

如前所述,在搞清楚隧道的工程特点、要求性能的基础上,如何进行设计、如何施工才能做到"心中有数"。

1.3.1 分步实施,逐步完善

如前所述,隧道设计是控制开挖过程中力学状态变化的设计,因此,设计中首先必须理解围岩在开挖过程中,其力学状态是如何变化的(参见图1-4)。例如开挖,改变了围岩的初始应力状态,从三维的应力状态改变为二维的应力状态,其结果是:从工程角度看是围岩松弛、块体滑移、体积膨胀、岩块崩塌、地下水的涌出和流向的改变等现象,从岩体力学的角度看是围岩强度降低、变形系数减小及渗透系数增大等现象。而支护后,又把二维的应力状态改变为三维的应力状态,其结果是:抑制了围岩松弛发展的同时,提高了围岩的稳定性。因此,隧道设计必须适应这样的力学状态的变化过程。也就是说,隧道设计必须采用"提出要求性能—预设计—试验施工—施工(变更)设计—施工—性能核查—竣工"的步骤,分步实施、逐步完善,其中每一步都与设计有关,这是与其他土木工程设计截然不同的特点。

首先根据事前获得的信息进行预设计,而后通过揭露的地质状况的信息验证、确认,进行设计变更(修正设计),再通过施工予以验证、确认,如此反复,最终构筑成符合设计要求的构造物。这也就是我们所谓的设计施工一体化设计方法(也称为动态设计或信息化设计)。这种设计方法明确地把设计分为预设计(施工图设计)和变更设计(修正设计)两个不可分割的阶段。

在上述阶段中,试验施工是验证设计的最好方法,也是变更设计的最好方法,必须予以关注。

我们目前的施工图设计,是根据事前调查获得的有限信息结合经验进行设计的,具有预设计的性质。它必须通过施工中揭露的围岩和地下水状况予以验证,并完善之,也就是我们经常说的"设计变更"。实质上,"设计变更"就是完善预设计,使之更加符合揭露的地质环境的重要而不可或缺的方法,是真正体现隧道设计施工一体化的重要环节。

1.3.2 释放与控制

隧道设计是控制开挖过程中力学状态变化的设计,重点在于"控制"。

必须理解控制的含义,需要解决控制什么、如何控制、控制到什么程度等一系列问题。

不管哪种围岩,也不管隧道施工采取什么方法,隧道开挖后,围岩产生松弛是不可避免的,只是由于围岩特性的不同,开挖和支护技术的好坏,围岩发生松弛的程度及其形态不同而已。能不能让这种事态不发生,或对其加以控制,回答是肯定的。例如,目前在部分山岭隧道中,采用掘进机、盾构施工,就已经向这个目标靠近了一些。矿山法施工要想达到这个目标虽然有一定困难,但随着辅助施工技术的发展,也逐渐向这个目标迈进。

开挖后的围岩松弛现象(图1-5),归纳起来基本上可分为两大类,即变形和掉块,前者主要发生在软岩和特殊围岩中,后者则主要发生在硬岩和中硬岩中。

这里必须指出,图1-5的各种松弛现象的发生,开挖后是不可避免的,但是可以控制的。如何控制这些现象的发生和发展,是对设计的基本要求。

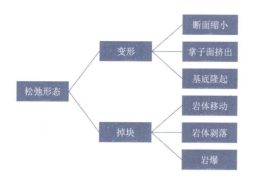

图 1-5 开挖后的围岩状态概念图

控制目标。从理论上说,开挖后围岩发生弹性变形是必然的,也是容许的,发生少许塑性变形也是容许的,但不容许发生超过围岩极限应变的松弛(或变形)。超过极限应变的变形,实质上是围岩开始丧失稳定性的变形,这是不容许的。

因此,隧道设计的控制目标,就是开挖后不容许围岩发生过度松弛的变形。

我们要求在开挖过程中,要尽可能地减少围岩松弛,把变形抑制在初期支护能够承担的范围内。在支护过程中,我们要求在开挖控制的松弛基础上继续抑制隧道变形或松弛在容许范围内。也就是说,控制是分步实施的,不可能一气呵成。

因此,在设计中处理好应力释放与控制的辩证关系是非常重要的。对隧道来说,既要释放应力,也要控制变形,但释放不能过度,是在控制下的释放。

如何控制。由于开挖后围岩松弛形态的不同,控制方法也会有所不同。从变形的角度看大体上可分为"先释放,后控制"、"先控制、后释放"和"释放与控制并举"三种方法。例如在易于发生大变形的围岩中,容许应力释放,但不能过度释放,在这种情况下,要采取"先控制、后释放"的方法,即采用掌子面前方围岩补强技术,来控制开挖后的应力释放,再进一步采用超前支护和初期支护,继续把围岩松弛控制在容许范围之内。而在一般场合,通常都采用"先释放、后控制"的方法。

在岩质围岩或块状围岩中,变形不是主要的,但掉块可能是主要的(图1-6)。掉块可能引起连锁反应,最终可能造成围岩崩塌,其控制方法与控制变形截然不同,首先要摸清可能发生掉块的位置,而后用支护措施控制之。

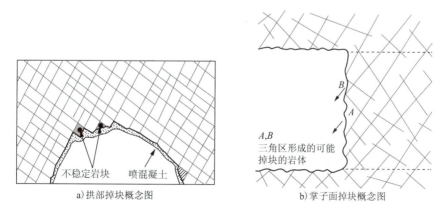

图 1-6 周边围岩和掌子面掉块概念图

为了确保构造物的长期稳定性、耐久性和使用性,设计应遵守"控制从严"的原则。

1.3.3 开挖与支护

为了构筑符合要求性能的构造物,其基本手段是开挖和支护。控制和释放与开挖和支护是对应的。一般来说,开挖的目的是在初始状态的围岩中,形成一个符合设计要求的空间,支护的目的是维护开挖空间并构筑一个长期稳定的、耐久的构筑物。

在客观存在的地质环境中进行开挖,其后果就是造成围岩的损伤(围岩松弛、强度降低、掉块、滑移等)。为此,从开挖角度出发,为了减少对围岩的损伤或松弛,树立"充分利用围岩的结构作用(自支护能力)—尽可能地减小作用荷载的量级—提高围岩作为材料的强度"的技术理念非常重要。

不同开挖与支护方法的组合,形成了各具特色的施工方法,因此在开挖和支护设计中,加强工法组合的设计研究很有必要。

1)首先要处理好开挖和支护的关系

用开挖和支护控制围岩力学状态变化过程的方法,大体上可以分为两大类,即"先释放、后控制"和"先控制、后释放"两种方法,也就是我们经常所说的"先挖后支"和"先支后挖"的方法(图1-7)。前者适用于一般围岩,后者适用于软弱围岩及特殊围岩。

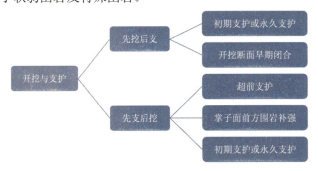

图1-7 开挖和支护概念图

2)其次,要处理好一般施工方法与辅助工法的关系

一般施工方法是针对一般隧道的,而对应不良围岩或特殊围岩的隧道,必须施以辅助工法,才能确保构造物的要求性能,这是在设计中必须坚持的原则。

作为线状结构物的隧道,围岩状况是随开挖而变化的,视其变化屡屡改变开挖方法既延误工期,也不安全、不经济。因此,考虑隧道整体围岩条件的变化,来选定能够适应围岩变化的开挖方法是必要的。也就是说,采用全地质型的开挖方法,在全隧道中(除洞口段外)从头到尾采用一种开挖方法(例如全断面法或台阶法等),在围岩发生急剧变化时,采取对应的辅助工法(如注浆、超前支护等),使之能够适应围岩条件的变化,而不改变开挖方法,是比较理想的选择。

(1)从开挖技术发展看

在开挖方法中,首先选择机械开挖的方法,是上策。如欧美等国,目前多数隧道是采用掘进机法和盾构法修筑,我们在城市隧道中,盾构法也是主流的方法,日本也逐渐向这方面靠拢。

其次是采用机械开挖与矿山法结合的开挖技术,特别是在大断面隧道中,也可以大大减轻对围岩的损伤,例如日本在东名、名神高速公路的70多座大断面隧道(开挖断面积超过200m^2)中,50%以上的隧道采用了TBM(隧道掘进机)导坑超前、矿山法扩幅的开挖方法。

在矿山法中,采用低振动以电子雷管为主导的控制爆破工法(特别是在城市隧道中),也是一个趋势。

在矿山法中,不管围岩状况如何,尽可能地采用全断面开挖或少分部开挖方法,开挖断面闭合距离要短,是减少围岩松弛的基本方法。

(2)从支护技术发展看

从结构的角度看,围岩最重要的特性是结构特性——天然的结构体,也是天然的隔水屏障。作为构造物主体,充分利用围岩的自支护能力是设计的基本原则。

有人说,隧道技术就是"用围岩支护围岩"。众所周知,天然的洞穴都是无支护的,它可以依靠自身的支护能力(以下称为自支护能力),存在几百年、几千年甚至几万年。这说明围岩本身是有"自支护"能力的,也就是说,围岩可以自己支护自己。实质上,从地质条件看,具有自支护能力的围岩占大多数,而只有少部分围岩的自支护能力不足或缺乏自支护能力。因此,在隧道设计中,对良好围岩来说,爱护和"利用"围岩,尽可能地减少对周边围岩的损伤,充分发挥围岩的自支护能力是非常重要的。而对一些缺乏自支护能力或没有自支护能力的围岩,在设计、施工中则应千方百计地控制围岩"过度松弛",采取对策"改造"围岩,提高围岩的自支护能力,显得更为重要。

初期支护,仍然是我们控制隧道变形、掉块的基本方法。特别是喷混凝土,不仅具有施工中控制变形的功能,也具有维护构造物长期耐久性的功能。其中,取消钢筋网,采用纤维喷混凝土的趋势,越来越明显。灵活处理好初期支护中的喷混凝土、锚杆和钢架间的相互关系,使之充分发挥一体化的支护效果尤为重要。

掌子面前方围岩补强技术在不良围岩中是控制变形的关键技术之一,它在欧洲,特别是在意大利得到广泛的应用,在日本也是近几年隧道技术研究中的重点领域。

过去我们十分关注隧道掌子面后方横向影响范围内的围岩动态,初期支护的选定基本上是以此范围的围岩动态来决定。对隧道来说,实质上,掌子面前方围岩和掌子面自身的稳定性更为重要。必须强调的是,掌子面也是一个支护构件,开挖过后它起着极为重要的支护作用,它的稳定与否,至关重要。施工中出现的许多问题,多数与掌子面的自稳性有关,因此,维护掌子面的稳定是非常重要的。这也是当前隧道施工技术发展的重要领域之一,也是预支护技术有了突破性发展的主要原因。

为了不让围岩发生过度松弛或变形,解决上述问题的关键技术,可以归纳为三大类,即:

①维护掌子面稳定的超前支护技术;

②掌子面后方开挖断面及时闭合的初期支护技术;

③掌子面前方围岩补强的技术。

这三大类技术,对我们并不陌生,除开挖断面早期闭合技术、掌子面前方围岩补强技术外,都是我们经常采用的技术。在预设计中,应在标准的初期支护的基础上,根据围岩条件,灵活运用超前支护和掌子面前方围岩补强技术来维护掌子面的稳定。

1.3.4 水的控制

不管哪一个国家,在修建隧道及地下工程中,地下水问题都被认为是困扰隧道设计、施工的关键问题之一。在这方面,虽然各国的地质条件、技术条件以及对环境影响考虑有所不同,但认识基本上是一致的。例如,大家都希望隧道施工环境基本上应处于无水的状态,或处于施工可以接受的渗漏水(涌水)状态,以确保施工的质量和安全;在隧道建成后,隧道内的渗漏水应在容许的范围内,以确保构造物的长期使用性能,等等。因此,各国在地下水控制技术上也是大同小异,差异在各自的技术条件、对策方法以及地下水渗漏控制基准上。

围岩中有无地下水,对围岩特性影响极大。在有地下水的场合,对围岩的影响如图1-8所示。

图1-8 地下水对围岩的影响概念图

从涌水现象的分类看,可能出现的涌水现象大体上分为:正常涌水、局部的集中涌水、局部的突发涌水、伴随涌水的崩塌及土砂流出等。其中,伴随开挖的集中涌水、异常涌水和随掌子面崩塌的突发涌水及开挖初期阶段的大量涌水、伴随涌水的土砂流出等对施工安全、环境影响极大。在这种情况下,应坚持先治水、后开挖的原则,进行有效果的治水。

治理地下水,首先要清楚地认识到,进入隧道的涌水形态,与地质状况及地下水存在形态关系密切。特别是突发的异常涌水,分布是极不均匀的,可能是突然的,不可预计的,也会形成水荷载状态的异常。图1-9模式化表示在裂隙围岩中隧道周边的地下水分布和涌水的发生状况。

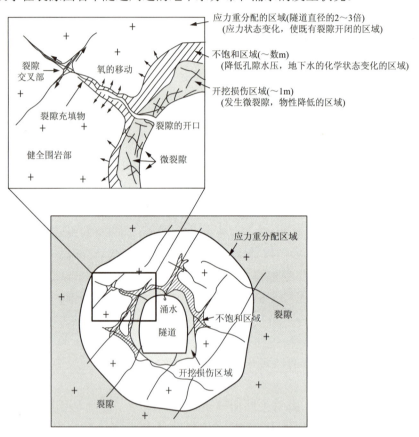

图1-9 隧道近旁围岩的力学状况、裂隙及地下水的分布和涌水

因此,在设计时,要以良好精度掌握隧道周边的地下水存在形态、水文地质构造等,这对应对隧道开挖中可能出现的问题是非常重要的。

众所周知,在涌水处理中,正确地处理好"堵"与"排"的关系是控制地下水的最有效的方法。目前各国采用的方法基本上是以"排"为主,在极端的情况下,才采取"堵"与"排"相结合的方法。一般来说,隧道的突发涌水是很难完全堵住的,而且完全封堵也是不经济的。排与堵,基本上是利用水的流动特性所决定的。水的流动特性不外是:一是水向低处流,二是水向最小阻力方向流。堵就是让水向最小阻力方向流的方法,排则是让水自然流动的方法。因此,不管在何种情况下,都应该采取能够充分利用和提高围岩的隔水性能,排中有堵、堵中有排,排堵协调的方法。

在涌水控制上,除了应确保隧道施工能够在无水的条件下或是在可以接受的渗漏水条件下或是在对周边环境"可接受干扰"的条件下进行外,设计中应坚持不让衬砌承受水压作用,不得已时,把水压控制在衬砌容许的范围内。从水压的处理上看,多数国家都认为,衬砌承受水压的限值,应在考虑经济性、技术可能性的基础上予以限定。日本城市隧道大致限定在0.3MPa,山岭隧道大致限定在0.6MPa内。超过此值应采用注浆方法降低水压值,这也是各国普遍采用的方法。

1.3.5 衬砌问题

矿山法隧道目前存在两大支护构造体系,即以我国和日本为代表的组合式支护构造体系、以欧美为代表的喷—锚—格栅(或钢筋肋)复合式支护构造体系(图 1-10)。

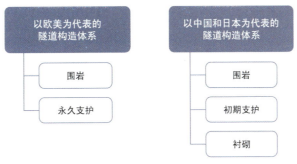

图 1-10 两大支护构造体系概念图

两者的区别在于对永久支护的考虑不同。欧美基本上不采用衬砌作为永久支护,而把我们的初期支护作为永久支护。我们与日本在衬砌的认识上也不完全相同。日本基本上把衬砌分为两类:一类是作为构造衬砌,不承载,与围岩级别无关,一般隧道的衬砌厚度采用 30cm,在大断面隧道采用 40cm;一类是承载衬砌,适用于洞口段或不能采用标准支护模式的场合,其厚度以可能承受的水荷载决定。我们以前的衬砌设计,基本上是按承载衬砌设计的,衬砌厚度随围岩级别而变,这与欧洲永久支护设计考虑是一致的。究竟如何处理衬砌问题,值得深入研究。

我们应该利用两大系统的优点,来构筑我们的支护构造体系。如在辅助坑道,或小断面隧道,或围岩状况良好的场合,宜采用前者,在围岩较差的场合或洞口段等采用以后者为主的方法。以此为基础开展隧道支护构造体系的设计研究,很有必要。

对衬砌而言,我们需要研究的问题很多,例如采用什么样的混凝土就是一个问题,欧美等国,从目前的衬砌技术看,大体上有素混凝土、钢筋混凝土、纤维(钢纤维和合成纤维)混凝土、预制混凝土等。作为构造衬砌多数采用素混凝土,作为承载衬砌已经从过去的钢筋混凝土逐渐向纤维混凝土,特别是非钢纤维混凝土方向转变。就是从素混凝土来说,也有采用高流动性混凝土、高充填性混凝土以及衬砌专用的混凝土,等等。在这方面加强衬砌用的混凝土的设计研究很有必要。

其次,衬砌是确保隧道构造物长期耐久性的基本构件。因此,构筑一个什么样的衬砌,也是需要研究的问题之一。从衬砌存在的问题(通病)出发,混凝土衬砌结构满足以下要求,才能充分发挥其应有的功能:

(1)密实;
(2)具有要求的水密性;
(3)衬砌厚度偏差小;
(4)衬砌表面混凝土致密性高;
(5)强度充分;
(6)没有潜在缺陷——裂缝、冷缝、背后空洞等。

在设计中,对上述要求应明确其定量指标,并采取相应的方法进行设计核查。

最后,对承载衬砌来说,设置仰拱非常必要。仰拱是抑制底部隆起和确保洞口段稳定的重要构件,它必须与上部衬砌成为一体才能发挥其功能。要改变过去设计中"头重脚轻"的弊病,重视隧道底部稳定的问题。因此,设计中,必须深入研究仰拱的构造以及仰拱与上部衬砌的接续等问题。例如德国曾采用钢筋混凝土仰拱与素混凝土衬砌组合的构造,我们也曾采用预制混凝土仰拱与混凝土衬砌组合的构造,日本也研究不同半径仰拱与衬砌组合的构造,等等。

构件预制化是隧道衬砌构造的发展方向,目前我们已经开发出马蹄形盾构,也应同时开展与马蹄形盾构配套的装配式衬砌的设计研究。

1.3.6 重视环境

隧道设计面临的对象之一,是周边环境。重视环境已经成为决定施工方法的基本因素。凡是对周边环境会产生重大影响的施工技术都是不可取的。目前隧道施工技术的发展,很多是围绕尽可能地减少对周边环境影响而形成的,例如,控制地表面下沉的技术、控制地下水的技术、控制大变形的技术等。因此,开展与周边环境有关技术的研究,已经成为当前隧道设计、施工技术研究的重点领域。日本在铁路隧道、公路隧道的设计规范中,都有近接施工的章节,就是一例。

根据过去的经验,隧道施工对周边环境的影响主要表现在如图 1-11 所示的几个方面。

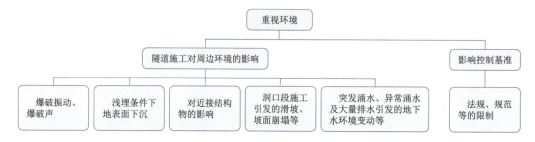

图 1-11　隧道施工对周边环境的影响

这几种情况,基本上都属于近接施工而产生的问题,特别是在城市矿山法隧道施工的场合,更为突出。

为了降低施工对周边环境的影响,最近几年,在隧道施工技术领域中,近接施工技术、方法和理论研究都有较大的发展,在这方面,我们也不例外。

简言之,所谓的近接施工技术,实质上就是前面所说的各种技术的组合而已,无有其他。例如控制地表面下沉的技术,视近接施工程度、围岩条件、周边环境的限制等,从工程实例看,大体上采用了图 1-12 所示的各种对策的组合方法。

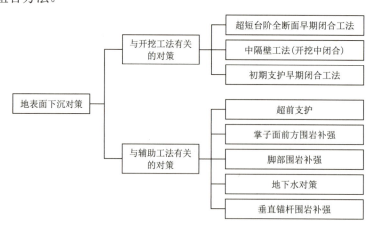

图 1-12　地表面下沉对策

近接施工中最重要的问题,是决定近接施工对周边环境影响的程度,即近接度的确定。这与近接施工的规模、种类及施工方法、近接程度、围岩状况、既有隧道的健全度等有关。目前主要采用类比设计为主,辅以解析验证的方法进行影响预测和设定相应的管理值。在类比设计中应考虑的条件及结果列于表 1-3。

近接施工类比设计的着重点　　　　　表1-3

左右影响程度的条件	应关注的结果	左右影响程度的条件	应关注的结果
①近接施工的种类； ②近接度（间隔距离、位置关系）； ③围岩状况（地形、地质）；	①预测值和实测值； ②对策的种类和效果； ③容许值和管理基准；	④近接施工规模、施工方法； ⑤既有隧道的健全度	④观察、量测方法和监视体制； ⑤近接施工的施工状况

1.3.7　经验与变更设计

积累经验、重视经验对隧道设计来说，可能是决定设计质量的关键性因素之一。新奥法"22点原则"、日本的"隧道十训"、关宝树的"32字箴言"等都是经验之谈。隧道设计在很大程度上说是"经验设计"，也是有道理的。创新来自于经验，经验多了，创新自然也会多起来。因此，整理、分析我们在数万公里隧道设计中的基本经验，对提高隧道质量是非常有价值的。

实际上，隧道工程是一个经验性极强的学科，长期以来都是凭经验设计、施工的。这些大量的、丰富的经验中，有许多是符合科学的，有一定的理论基础。因此，把这些行之有效的经验提升到理论上来认识和理解，是隧道设计的重要任务，它也是隧道设计的实践基础。

目前我们的施工图设计，具有预设计的性质。通常根据围岩级别采用相应的标准支护模式进行设计，围岩级别与标准支护模式是一一对应的。实际上，大家也清楚，一种围岩级别可以用几种支护模式对应，反之一种支护模式也能够对应几种围岩级别。例如，挪威的围岩分级大体上分为7类，而其推荐的支护模式可归纳有38种之多，可以让设计人员根据自身的经验选定。因此，丰富我们的标准支护模式，给设计人员一个选择的余地，是有必要的。对设计人员来说，也应把自己的经验体现在设计中，设计出具有个性的作品，让其流芳百世。

隧道设计的决策，特别是变更设计的决策，多数是由有经验的设计和施工人员决定的。因为许多未明问题，例如对掌子面揭露的围岩的判断，对支护效果的判断，对量测数据的判断等都有赖于判断人员的"经验"，但判断结果可能因人而异。因此，确立在施工中进行变更设计的原则和方法是非常重要的。

如前所述，一个完善的隧道设计，是通过变更设计实现的。如何进行变更设计，可能有多种途径。例如，初期支护不能满足要求，需要加强的场合，采用何种方法为宜？经验证明，过去多采用增打锚杆、增加喷混凝土厚度、缩小钢架间距、增大开挖断面积的多重支护方法等，今天来看，显然不是最佳的方法。提高喷混凝土强度，采用高规格钢架，尽可能地缩小开挖断面积的方法势在必行。如果加强初期支护仍然不能满足要求，那只好求助于超前支护和掌子面补强技术了。

1.3.8　观察、量测、掌子面前方围岩探查

随着隧道技术向着信息化、电子化、智能化方向发展，在设计中，用数据说话显得更为重要。

隧道设计一个重要的前提条件，就是在隧道施工前，特别是在施工中，要有充分可靠的地质（围岩和地下水）信息。

目前，我们获得数据的来源，除事前调查外，主要依赖于量测，其局限性很大，特别是在量测不到位的情况下，一些量测数据根本说明不了问题，如我们屡屡发生的突发涌水、大变形就是一例。实际上，在隧道设计，特别是变更设计时，依靠的是开挖揭露的掌子面状况，以及掌子面前方围岩探查揭露的地质状况。因此，在一些国家如日本、美国等，都把掌子面观察作为基本方法予以实施并开发出定量的掌子面评价方法。我们在这方面也有一些成果，但实用性不强。

为了彻底改变在不良围岩中施工的被动局面，一些国家也把掌子面前方围岩探查技术，作为重点开

发的对象,实现了"地质先行"的目标。例如一些国家和地区明确规定,在不良地质条件下,应在全隧道实施超前钻孔探查。挪威在海底隧道中也有类似的规定,特别是在洞口段。这也是近几年,长距离水平钻孔集地质勘察钻孔、排水钻孔、注浆钻孔于一身的钻孔技术迅速发展的主因(图1-13)。

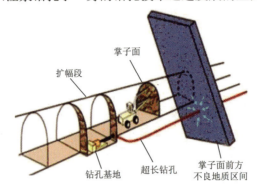

图1-13 洞内长超前钻孔概念图

施工中的地质先行的目的是:

(1)施工期间,根据隧道工期要求,先行掌握掌子面前方一定范围内的围岩、地下水状况及其可能的变化;

(2)收集地质信息,作为数据管理、选定对策的基础素材;

(3)为先期处理可能发生的问题创造条件,如排水减压、注浆堵水、补强围岩等。

除"地质先行"外,在隧道施工中,已经开发出许多直接利用施工中超前钻孔、凿岩机械的钻孔及爆破振动等获取数据的方法(表1-4)。设计中应明确如何利用这些数据的方法。从目前的工程实践看,以掌子面前方钻孔探查为主,适当辅以物理探查,是最有效果的方法。因为钻孔是最直接、最可靠的探查方法,是唯一可以满足上述要求的探查方法。

掌子面前方探查方法   表1-4

探查方法	直接的探查方法		间接的探查方法	
	超前钻孔	钻孔探查	弹性波探查	电气、电磁探查
概况	从掌子面和侧壁进行水平取芯钻孔,根据获得的岩芯状况,评价围岩状况	从掌子面采用钻孔台车钻孔,根据其机械数据(液压数据),计算钻孔速度、钻孔能量,评价围岩状况	在隧道侧壁设置爆破点和受振点进行反射法探查,探查掌子面前方的不连续面和断层、地质边界的位置和方向	沿掌子面移动探查天线,探查掌子面前方的电阻率分布,大致预测掌子面前方的地下水状况和遇水变质的地层
对象	断层、地质状况、地下水、强度	断层、地质状况、地下水、强度	断层、地质状况、强度	断层、地质状况、地下水
探查距离	100~200m,必要时可达1000m	50m	100~200m	50m
适用岩类	土砂、软岩、硬岩	土砂、软岩、硬岩	中硬岩~硬岩	土砂、软岩、硬岩

1.3.9 建立用于"数据管理"的数据库,实现有效率的、经济的设计管理

在隧道设计中,充分利用既有的数据(信息、经验)记录进行设计管理是非常重要的。

众多经验已经证明,为了提高设计质量,提高设计效率,进行经济的设计管理,建立能够共享的设计数据库,是目前亟待解决的问题之一。我们应该认识到,目前的工程管理,已经进入"数据管理"的时代。一切让数据说话,对隧道设计来说也不例外,如目前时兴的BIM(建筑信息模型)也好,CIM(城市信息模型)也好,数据共享也好,都是实现数据管理的技术。

大家知道,我们在隧道工程中,虽然已经修建了几万公里的铁路、公路隧道以及水工隧洞等,但这些隧道是如何设计的、如何施工的以及如何管理的,有记录也有数据,但数据是分散而且不能共享,不能充

分利用于设计,是非常遗憾的。

目前,已经有许多开发数据库的平台,能否规划一个数据库轮廓,统一数据库格式、内容、方法,首先从设计院或者由建设单位开始,建立子数据库,而后逐步推广。

在设计管理中,强化设计研究是非常重要的。目前我们在设计中存在许多有待解决的问题,比如如何进行变更设计?如何不让大变形发生?如何提高衬砌的耐久性?为什么层层设防,衬砌还漏水?防水混凝土能否防止漏水?能否用高强度喷混凝土代替钢架?这些问题都需要在设计研究中解决。

在设计管理中,如何处理新技术、新工法、新材料也是一个问题。目前我们的预设计,都是按规范规定的标准设计参数选定的,有许多已经成熟的新技术、新工法、新材料,很难反映到设计中。一个良好的、具有特色的设计,应该是与时并进的,应该成为推行新技术、新工法、新材料发展的前沿阵地,设计人员义不容辞地应成为推广新技术、新工法、新材料的先行者。

本讲参考文献

[1] 日本土木学会. 性能規定に基づくトンネルの設計とマネジメント [D]. 东京:丸善株式会社,2009.
[2] 日本国土交通省铁道局监修. 铁道构造物等维持管理标准·同解说(隧道篇) [S]. 东京:丸善株式会社,2014.
[3] 日本土木学会. 隧道标准技术规范·同解说(矿山法篇) [S]. 东京:丸善株式会社,2016.
[4] 国家铁路局. 铁路隧道设计规范:TB 10003—2016[S]. 北京:中国铁道出版社,2017.
[5] 关宝树. 矿山法隧道关键技术 [M]. 北京:人民交通出版社股份有限公司,2016.
[6] 关宝树. 隧道工程设计要点集 [M]. 北京:人民交通出版社,2003.
[7] 关宝树. 漫谈矿山法隧道技术讲座 [J]. 隧道建设(抽印本),2018.

第02讲

隧道设计理论和方法的发展历程

我国隧道与地下工程发展迅速,特别是进入21世纪以来,无论是铁路隧道、公路隧道还是城市地下铁道工程的规模和数量都得到了飞速发展,成为名副其实的隧道大国。我国在隧道设计理论与方法的发展方面,虽然近些年有了较大的进步,但与国外比较还有一些差距,还需要广大隧道同行为早日实现隧道强国继续努力。国外20世纪60年代奥地利学者就总结提出了新奥法理念,70年代形成了挪威隧道设计与施工方法,90年代意大利学者总结提出了隧道岩土变形控制法。我国自20世纪70年代以来一直采用依靠经验为主的标准设计和类比设计方法,近年来逐渐向半定量和完全数值定量的解析设计方法转变,从容许应力设计方法到极限状态设计方法直到可靠度设计方法,另外有限元设计方法也开始应用到个别工程中,使设计质量有了大幅度提高,隧道设计思想有了重大转变,从过去单纯依靠衬砌承载的观点,改变为主要依靠围岩,即充分利用围岩自承能力的观点。本讲重点介绍我国隧道工程取得的历史成就,对隧道设计理论和设计方法的发展进行系统论述,同时对我国隧道设计理论和方法的发展方向进行探讨。

2.1 隧道工程的历史成就

2.1.1 隧道工程发展概况

我国隧道工程的发展历史悠久,最早有文字记录的地下人工建筑物出现在东周初期(约公元前700年),《左传》中有"……掘地及泉,隧而相见……"的记载。最早用于交通的隧道为"石门"隧道,位于今陕西省汉中市褒谷口内,建于东汉明帝九年(公元66年)。用于地下通道的还有安徽亳州城内的古地下通道,建于宋末元初(约13世纪),是我国最早的城市地下通道。最早建成的铁路隧道是1890年建成的狮球岭隧道,位于台湾省基隆经台北至新竹窄轨铁路的基隆与七堵之间,全长261m,这座隧道通过页岩、砂岩及黏土地层,最大埋深61m。在地层压力较大处,拱部用砖作衬砌,边墙用石料作衬砌;在岩层较好处,则用木料作衬砌。

我国隧道工程的发展虽然历史较久远,但是发展速度呈现出先慢后快的特点。在新中国成立前,我国隧道工程数量和长度还比较少,处于萌芽期;新中国成立后到2000年约50年的时间内,随着交通路网的建设,隧道工程逐渐开始增多,呈缓慢发展期;进入21世纪后,随着西部大开发特别是高速公路和高速铁路的建设发展,隧道进入快速增长期。

本讲执笔人: 赵勇,关宝树.

截至2017年底，我国运营通车的铁路隧道约14500多座，总长约15300多公里，其中长度大于10km的特长铁路隧道约132座，总长约1817km，最长隧道为青藏铁路的新关角隧道，长约32.7km；在建铁路隧道约3800座，总长约8100km，其中特长隧道约155座，总长度2096km，最长隧道为大（理）瑞（丽）铁路的高黎贡山隧道，长约34.5km；正在设计和规划铁路隧道约5600座，总长约13000多公里。正如前面所讲，进入21世纪以来，铁路隧道进入快速发展阶段。2000年以前，在100多年的时间里，中国建成的铁路隧道总长度仅有3820km，而2001～2017年短短17年时间里，就新增运营铁路隧道11700km。近5年（2012～2017年）内，平均每年新增运营铁路隧道1400多公里。

截至2017年底，我国建成公路隧道约16000座，总长15000多公里，其中大于3km的特长隧道约902座，全长约4013km，最长公路隧道为秦岭终南山公路隧道，长18.02km，为世界最长双洞高速公路隧道，2007年1月建成通车。近些年，中国公路隧道以每年1000km以上的建设速度增长，建设速度世界第一；世界上已建成的10座长度10km以上的高速公路隧道中，有9座在中国，在建和拟建的10km以上高速公路隧道尚有18座，建设规模世界第一。中国已建成典型公路隧道中，除秦岭终南山隧道外，还有上海崇明通道水下隧道，南京、武汉越江通道水下隧道等大直径盾构隧道，以及上海、南昌等地江底隧道，另外2017年建成的港珠澳通道海底宽体沉管隧道，也非常具有代表性，我国已成为世界公路隧道大国。

2.1.2 隧道工程主要技术创新

继京广铁路大瑶山特长隧道、西康铁路秦岭特长隧道获得国家科技进步奖之后，近年来隧道工程取得了很多创新成果，获得多项国家科技进步奖和省部级特等奖及一等奖。现简要介绍几个创新成果如下：

（1）理论研究方面的创新。通过十几年的持续研究和工程实践，对于隧道施工全过程的变形控制方面有了新的认识，创新总结形成了一套具有中国特色的隧道修建技术，其核心思想是以围岩稳定性为前提，以围岩全过程变形控制为目标，以科学的支护措施为手段，实现支护结构与隧道围岩结构的协同作用，从而充分发挥围岩的自承能力，达到安全、经济、快速、耐久的隧道稳定结构体系。该方面创新为隧道工程的设计和施工奠定了理论基础，曾获中国铁道学会科技进步特等奖。

（2）岩溶隧道技术创新。通过对宜万铁路34座高风险岩溶隧道以及沪昆高速铁路、贵广高速铁路总数250多座岩溶隧道的研究和工程实践，总结形成了复杂山区富水岩溶隧道的修建技术，其主要创新技术包括深埋岩溶隧道综合勘察技术、施工超前探水综合地质预报技术、洞身岩溶发育段大型富水溶洞群综合处理技术、高压富水大型充填岩溶断裂带修建技术、富水岩溶隧道防排水技术、极高风险岩溶隧道防灾逃生救援技术等。

（3）黄土隧道技术创新。依托郑西高速铁路53km的黄土隧道建设，克服了断面超大、浅埋段落长、黄土遇水软化、湿陷强烈等系列工程难题，建立了大断面黄土隧道稳定性控制技术体系，形成大断面黄土隧道空间变形设计方法，开发了三台阶七步开挖工法等施工新技术，还形成了多项专利，发表了多篇论著，推广应用到宝兰、大西以及银西高速铁路黄土隧道的建设，成果获得国家科技进步二等奖。

（4）水下隧道技术创新。依托广深港狮子洋水下隧道的修建，针对工程面临的运营速度快、盾构掘进距离长、地质复杂多变、盾构地中对接、水压力大、安全标准高等多项难题，历经数年攻关，形成了系列创新技术，开发了地中对接技术、空气动力学缓解技术、特长水下隧道紧急救援站技术，创立了复合地层水下盾构隧道结构选型方法和结构设计方法等，该项成果获得国家科技进步二等奖。

（5）高原高寒特长隧道技术创新。依托青藏铁路西宁至格尔木段新关角隧道的建设，成功攻克了海拔高、含氧量低、施工环境恶劣、地应力高变形控制难度大、运营防灾救援困难等技术难题，创新形成了高原复杂地质条件下特长隧道修建技术，构建了高海拔特长隧道施工环境卫生保障技术体系，揭示了高海拔地区隧道施工机械尾气排放特征,研发了长斜井井底渣体破碎、降尘和皮带机出渣系列技术,研制了高寒隧道节能通风升温系统和洞内移动式供氧系统,构建了高海拔特长隧道防灾救援技术体系,研发了采用自然通风方式的高海拔特长隧道运营通风新技术,为今后我国在高海拔地区修建特长隧道提供了很好的借鉴。该成果曾获得青海省科技进步一等奖、中国铁道学会科技进步一等奖。

(6)城市复杂环境隧道建设技术创新。广深港高速铁路深圳市区益田路隧道、深港隧道和福田地下高铁站的建设,具有紧邻超高层建筑物、下穿多条运营地铁线路和地下商业街,安全风险高;大直径盾构下穿地层复杂,盾构掘进控制要求高;建筑物密集,变形控制及保护难度大等显著特点。创新形成了超大超深基坑支护体系与安全控制技术、大型客站特殊结构关键技术、核心城区复杂地层大直径盾构隧道系统设计建造技术、PBCRD工法(先墙后拱交叉中隔壁法)实现高速铁路大断面隧道超小净距下穿运营地铁、地下车站与隧道区间的综合防灾技术体系、列车高速通过地下站空气动力学关键技术等,为城市区复杂环境下修建隧道工程提供了借鉴。

(7)超大直径盾构隧道施工技术创新。结合南京长江越江隧道、北京地下直径线隧道等盾构法隧道施工的工程实践,克服了大直径盾构机穿越高水压、强渗透性和强磨蚀性地层、长距离掘进、沉降控制要求高等一系列难题,形成了大直径盾构隧道施工成套技术创新。构建了超大直径盾构隧道设计施工运营全过程结构安全保障技术体系,系统解决了隧道衬砌结构在高水压强渗透地层施工期的稳定性控制、管片耐久性设计与制备、结构抗火性能与灾后评估等技术难题,实现了超大直径盾构隧道结构的优化设计,保证了工程的长久稳定与安全。开发了适应高磨蚀性密实砂卵石砾石地层刀具配置技术,创新了刀具更换技术与进舱泥膜技术。该类技术创新对采用盾构法施工的隧道工程提供了借鉴,该成果获得国家科技进步二等奖。

2.1.3 典型隧道工程

1)青藏铁路新关角隧道

青藏铁路新关角隧道是目前中国运营最长的铁路隧道,位于青藏铁路的西宁至格尔木段,全长32.7km,是我国乃至亚洲最长的山岭隧道。这座隧道使原来铁路的4个灯泡线展线绕行,改为穿越关角山,线路缩短37km,运营时间节约2个多小时。该隧道建设使我国隧道的建设长度迈入30km的超长隧道等级,具有里程碑意义,对今后修建更长的铁路隧道积累了经验。

2)石太客专太行山隧道

石太客专太行山隧道位于石家庄至太原客运专线上,隧道全长27.8km,是我国乃至亚洲目前运营最长的高速铁路隧道。该隧道采用平行的两座单线隧道设计,攻克了膏溶角砾岩地层高铁隧道设计与施工难题,首次在高铁隧道内建设救援站,形成了高铁特长隧道群防灾救援成套技术。

3)广深港高铁狮子洋水下隧道

狮子洋隧道是广深港高铁穿越珠江口狮子洋海域的水下隧道,全长10.8km,是世界首座高速铁路水下盾构隧道,也是我国已建成的最长水下隧道和首座铁路水下隧道,是对世界高铁修建技术和现代盾构技术的新挑战。通过国内建设、设计、施工、科研等多部门的联合攻关,系统解决了结构安全保障、工后沉降控制、盾构地中对接、隧道气动效应控制、防灾疏散等方面的多项技术难题,实现了世界高速铁路水下盾构隧道从无到有的突破,并为更长、更大水深隧道的建设奠定了基础。

4)兰渝铁路西秦岭隧道

西秦岭隧道总长28.236km,为兰渝铁路第一长隧,同时也是我国已建成通车的第二长隧,采用大直径(10.23m)硬岩开敞式TBM施工。该隧道首次采用TBM掘进与二次衬砌同步施工技术,以及长达14km的连续皮带机快速出渣系统,创造了月掘进843m、周掘进235m、日掘进42m的世界纪录,同时也创造了连续掘进15.6km的大直径TBM硬岩掘进机最长掘进纪录,取得了良好的效果。大直径TBM在西秦岭隧道修建中成功实施,实现了大直径、快速、长距离、高效施工的目的,提高了我国特长隧道修建技术水平,推动了我国TBM产业的发展,在同类工程中具有重大的推广应用价值。

5）港珠澳大桥沉管隧道

该隧道为港珠澳大桥岛隧工程的重点控制工程,长约6km,其中沉管段长5664m,采用33节沉管,标准管节长180m,宽37.95m,高11.4m,重约7.6万吨,最大沉放水深约44m,是目前世界上体量最大、施工环境最复杂的沉管隧道。该隧道创新研发了半刚性沉管隧道结构体系,开发了适合于半刚性沉管结构的永久预应力体系,研发了外海沉管安装成套技术和装备,创新了深水沉管免调整精确定位技术,攻克了巨型沉管在受限海域拖航、锚泊定位、作业窗口管理诸多难题,形成了具有中国自主知识产权的外海沉管安装成套技术体系。该隧道创新提出了可折叠主动止水的结构理念,发明了整体式主动止水最终接头技术。该隧道为今后我国在更复杂水域建设沉管隧道积累了经验。

2.2 隧道设计理论的发展

由于隧道工程地质的不确定性,隧道设计理论还在发展过程中。

以支护结构（支护和衬砌）为对象的设计理论为例,其发展过程大致可以分为以下几个阶段。

初期阶段是按地面结构处理的,衬砌视为结构,围岩视为荷载,按地面结构采用静力学方法进行设计,即所谓的荷载—结构理论模式。直到今天,荷载-结构理论模式仍然是隧道衬砌结构设计的主要方法。

荷载—结构理论模式的关键是对荷载的处理。

初期阶段的衬砌,按拱形构造只考虑主动荷载（松弛荷载）作用,没有考虑围岩的约束作用（弹性抗力）。因此,隧道理论的研究,把重点放到荷载的研究上。

一般的结构设计是先要决定荷载的特性,而后计算在荷载作用下是如何变形和破坏的。可对隧道来说,什么是结构？什么是荷载？如何确定？都不明确,荷载是如何发生和发展的,也不明确。因此,在隧道设计、施工中,决定荷载的大小就成为首要的问题。

从19世纪开始,对决定隧道设计荷载的研究,出现许多不同的观点,其中主要有:

- 以松弛高度决定的荷载（Kommerell、Protodyakonov等）;
- 根据围岩平衡决定的荷载（Janssen、Terzaghi、Kunzel等）;
- 松弛围岩和结构物下沉之差决定的荷载（Marston、Spangler等）;
- 考虑侧压、底鼓决定的荷载（Terzaghi等）;
- 围岩分级决定的荷载（Lauffer、Terzaghi、Barton、Bieniawski、Deere等）。

其中,围岩分级决定的荷载,直到今天仍然得到广泛的应用,也是我国规范推荐的方法。

之后的研究证实,围岩荷载不仅与围岩性质有关,而且与支护结构的性质也有密切关系,即围岩对支护结构变形有约束作用。为此,作为约束结构变形的被动荷载的研究也提到了日程。从60年代开始,隧道衬砌设计不仅考虑了主动荷载也考虑约束作用产生的被动荷载（弹性抗力）的作用,这是荷载—结构理论模式的重要发展。

从19世纪开始,随着岩体力学、地质力学、结构力学、弹塑性力学以及计算技术等的发展,对隧道承受的荷载本质的认识也发生了根本的变化。理论证实,隧道承受的不是松弛荷载,而是支护与周边围岩相互作用的结果（或称为形变荷载）。荷载大小及其分布、历时变化等都与围岩和支护的相互作用息息相关,不是确定的,是变化的,也是可以控制的。

在此认识的基础上，以围岩为重点的围岩—结构理论模式得到了迅速发展。此理论模式的重点，是把围岩作为承载的主体，以研究开挖后的围岩动态和围岩与支护的相互作用为对象形成的理论体系。

围岩—结构理论模式的关键，是对围岩的处理，换句话说就是对围岩模式化的研究。

围岩的不确定性、不连续性、各向异性决定了其构造特性、材料特性、水理特性、荷载特性，均不相同。因此，围岩模式化的研究非常重要，它决定了围岩—结构理论模式的成败。

从理论上说，围岩可模式化为弹性体、塑性体、弹塑性体、弹黏性体等连续介质或不连续介质等。但这种认识是有条件的，由于对围岩性质认识的不同，表达围岩模式化的本构方程（例如：Mohr-Coulomb 准则、Drucker-Prager 准则、Mises 准则等）也不相同，以这些准则求出的解析解，对开挖后围岩动态、隧道施工过程中的变形控制均有重要的指导意义。

目前，采用较多的是弹塑性本构方程，用于施工过程的动态模拟，特别是变形控制模拟以及支护效果的验证等方面。但应注意，由于采用的本构方程不同，围岩及支护特性的物性值的离散性、不确定性等，其解析解会出现相当大的差异，其应用受到一定的限制。

不管是荷载—结构模式，还是围岩—结构模式，都是从力学的角度，以可靠性理论为基础建立起来的模式。但隧道衬砌设计，不单纯是强度设计，还应包括各种性能的设计，如耐久性、抗冻性、水密性、抗震性等的设计。因此，围岩劣化、材料劣化、冻融特性、抗震性能等的理论研究也是必要的，这些方面的研究现状可参考本书与之有关的各讲。

2.3 隧道设计方法的发展

山岭隧道的设计方法，基本上分为预设计和施工设计两大类，其中预设计是指施工前根据有限的地质调查数据进行的设计（称为初步设计或施工图设计）；施工设计是指施工中根据揭露的围岩状况，修正、完善预设计的设计（或称为变更设计）。

在预设计中采用的主要设计方法如下：

- 标准设计方法；
- 类比设计方法；
- 解析设计方法。

上述方法中，采用最多的设计方法是各机构按不同围岩级别规定的标准设计方法。我国超过 1 万公里的铁路隧道是按标准设计修建的。1950—1953 年，我国新建铁路隧道集中在天兰、成渝或丰沙等线，衬砌结构采用铁道部 1951 年发布的标准图，分为坚石、次坚石、松石、土质 4 类，系参考民国时期遗留的资料编成。1954 年开始依据前苏联隧道衬砌按普氏坚固性系数 f 值编制定型图，一直应用到 1960 年。此后随《隧道设计规范》的不断修正、完善，隧道衬砌标准设计也得到迅速发展，相继制定出一般地区衬砌、偏压衬砌、斜交洞口衬砌、拱形明洞衬砌等一系列标准设计图，基本上满足了隧道衬砌设计的需求。在隧道勘测设计中，标准设计图采用率高达 90% 以上。

今后不断完善、提高标准设计的质量仍然是我们重要的研究课题。这方面的经验越来越丰富，标准化的内容也更加合理、适用。

在土砂围岩和膨胀性围岩等特殊围岩中，也有采用类比设计和解析设计方法的事例。但类比设计法和解析设计法的实例不多，具体的设计内容也没有明确的规定，其应用受到一定的限制。特别是在解析设计法中，物性值和模式化的评价，本构方程的设定等还要依赖有经验的专家予以判定。

在施工设计中，由于数值解析方法以及计算机的高性能化，解析方法获得一定的发展，用以核查围岩动态及验证支护效果等。

一般山岭隧道采用的主要解析设计方法有：
- 理论解析方法；
- FEM（Finite Element Method，有限单元法）解析方法；
- 构造解析方法。

对衬砌、明洞等结构来说，构造解析方法（包括 FEM）仍然是主要设计方法。

构造解析方法从发展角度看，已经从过去的容许应力法全面进入到概率极限状态设计法阶段。

所谓容许应力设计法是把作为构件的材料强度除以安全系数 γ_m，用容许应力确保安全度的方法，例如，安全系数对混凝土取 3～4，对钢筋取 1.7 左右，即使有荷载作用，因为材料中发生的应力均在容许值以下，材料处于弹性状态，而与屈服以后的动态无关。

此外，容许应力法没有考虑荷载的离散性，也没有考虑荷载的变动，这些离散性也包含在材料的安全系数内，实际上确保的安全度是不明确的。但此方法，概念明确，计算偏于安全，应用较多。

在容许应力设计法中，钢筋及混凝土均处于弹性状态，作为确认使用性的方法是有效果的，但不能研讨破坏时的动态。

从隧道衬砌设计方法看，容许应力法仍然是不可忽视的方法之一。

从 20 世纪 80 年代开始，美国、加拿大、欧洲等国开始采用极限状态设计法代替容许应力设计法。所谓极限状态是指：构造物或构造物一部分达到称为极限状态的状态后，使用性急剧降低，视情况，发生破坏。在此状态，构造物没有丧失其功能，但发生各种变异，不能满足要求性能。

极限状态设计法补充了容许应力法的不足，对材料及荷载分别规定了安全系数和修正系数。认识到构造物受到破坏和损伤不能使用的可能性，因此，尽可能地借助可靠性理论，把可能性抑制在一定基准（容许破坏概率）以下。目前极限状态设计法已被各国作为可以信赖的设计方法。

我国于 1999 年施行的《铁路隧道设计规范》（TB 10003—99）开始采用以可靠性理论为基础的概率极限状态设计方法计算隧道衬砌。

不管是容许应力法，还是极限状态法，都是从力学角度解决隧道支护和衬砌结构的设计方法。但对隧道这样隐蔽性极强的地下结构，仅仅是结构设计（力学设计或强度设计）是不充分的，还必须对耐久性、使用性以及可维修性等性能要求进行设计。因此，以性能要求为核查对象的"性能核查型设计方法"，逐渐受到各国的关注。

所谓的性能核查型设计，是指如果设计的构造物能够满足要求性能，则可以采用任何的构造形式、构造材料、设计手法、工法。日本 2003 年公布了以盾构隧道为对象的性能核查型设计方法指南，2006 年又提出城市矿山法隧道衬砌设计向性能核查型设计过渡的指导建议。我们结合设计实践，也开始关注与构造性能有关的设计，例如对结构的耐久性能也制定了设计的基本规定，同时在隧道规范中也开始要求设计必须考虑可维修性的基本原则等。

新奥法的出现，为围岩—结构理论模式的应用增加了新的活力。以施工中的观察、量测、围岩探查技术取得的信息为基础的信息化施工设计方法得到进一步发展，这是目前设计变更采用的主要方法，其中包括围岩级别的变更、支护构造的变更、辅助工法的选定、最终位移的预测、支护效果的核查、反分析等方法。

2.4 展望

隧道设计理论和方法仍在发展中，今后，在我国大量修建隧道工程的基础上，不断完善荷载-结构模式和围岩—结构模式，依然是重要的任务。

对荷载—结构模式,应把重点放在荷载的确定上。利用大量的支护与围岩相互作用的荷载数据,以统计分析方法建立围岩级别与荷载值的相关关系,是研究的关键。

对围岩—结构模式,应把重点放在围岩模式化的研究上。以围岩级别为基础,从理论上、实用性上建立模式化的本构方程,是当务之急。

作为长远目标,应把隧道设计从单纯的构造设计(力学设计或强度设计)逐渐转变为以性能设计为基础的设计方法,全寿命周期的设计方法就是其中之一。

作为基础设施的隧道工程,不仅要求力学上的稳定性,更为重要的是,要确保构造物的长期性能,即从规划、设计阶段开始到维修管理阶段中,能够进行适宜地修正变化的功能和要求性能,长期的而且可持续的评价结构物的有效性和性能的设计,即所谓的"全寿命周期的设计方法"。这是在环境学科中形成的概念,是指融合 LCA(寿命循环评估)、LCB(寿命循环效益)、LCC(寿命循环成本)三要素的设计。也就是说,对隧道及其服务给出环境负荷,在全过程中进行定量地评价,考虑环境负荷在全过程中的效益及成本的设计行为也是在定义功能和要求性能的基础上,考虑寿命循环中的变化因素,使利益最大化、成本最小化的设计方法。

寿命循环设计(Life Cycle Design,LCD)的概念,不仅看建设当初,同时关注结构物使用过程中的环境变化的影响(作用)和利用形态的变化,来适宜地修正功能和要求性能,进行长期的而且可持续的结构物的有效性和保有性能评价的设计方法。因此,如能够构筑 LCD 的具体的评价、核查方法,即使结构物使用过程中环境变化,也能够进行合理的维修管理和再构筑的整备计划。但 LCD 是一个新的设计概念,应一边与 ISO(国际标准化组织)的结构物设计进行标准化整合,一边应及早谋划确立。

本讲参考文献

[1] 关宝树. 隧道工程设计要点集[M]. 北京:人民交通出版社,2003.

[2] 关宝树,赵勇. 软弱围岩隧道施工技术[M]. 北京:人民交通出版社,2013.

[3] 赵勇,李鹏飞. 中国交通运输隧道发展数据统计分析[J].Engineering,2018(4).

[4] 日本土木学会. 性能規定に基づくトンネルの設計とマネジメント[D]. 东京:丸善株式会社,2009.

TUNNEL DESIGN
THEORY AND METHOD
隧道设计理论与方法

第一篇　First chapter

基本理论和设计方法

第 03 讲　隧道力学理论
第 04 讲　围岩稳定性评价及分级
第 05 讲　高速铁路隧道空气动力学效应与工程对策
第 06 讲　新奥法
第 07 讲　挪威法
第 08 讲　岩土变形控制分析法
第 09 讲　标准设计及类比设计法
第 10 讲　特征曲线法
第 11 讲　围岩变形控制设计方法

第03讲

隧道力学理论

隧道力学包括从地质体研究一直到形成稳定洞室为止的全部内容。要解决这些问题，需要地质学、岩体力学、结构力学、弹塑性力学及各种支护结构所用的建筑材料、结构设计原理等各方面的知识。因此，隧道力学是一门综合性的理论，其所研究的内容包括隧道围岩的工程性质、隧道开挖前后的力学行为以及隧道支护后的力学行为等，本讲针对以上几方面内容进行阐述。

3.1 围岩的工程性质

隧道结构所处地质环境包括初始应力场以及各种地质体的物理、力学、构造和时间的特性，科学认识地质环境对地下结构体系的影响是正确进行结构设计和施工的前提。宏观上讲，地质体可分为岩体和土体，岩体是由岩石、结构面及充填物组成的，土体指土和破碎岩石等非胶结的粒状集合体。而围岩是指隧道开挖所影响的那部分岩（土）体，或是对隧道稳定性有影响的那部分岩（土）体，这部分岩体或土体受开挖与支护影响，其性质发生变化。研究和了解围岩工程性质的这种变化，在隧道力学中是极其重要的。

岩体是整个地质母体中的一部分，这些岩体内部有着许多结构面，有的是构造作用形成的；有的是其他原因，如风化、变质等原因形成的。这些结构面把岩体分割成各种类型和尺寸的岩块，因此，岩体也可以说是各种类型和尺寸的岩石块的集合体。它们在初始应力状态下彼此联锁在一起而处于平衡状态。可见岩体是由不同尺寸和类型的岩石块、结构面及岩块间的充填物等几部分构成的。由此可见，岩体的生成及其埋藏条件赋予它一定的构造—力学特征。在这里，围岩所指的是处在工程作用范围内的那一部分岩体，它决定了施工条件及结构物使用条件，具有与其相邻岩体部分不同的构造—力学特征。

3.1.1 岩体构造特征

裂隙岩体的地质构造特征是结构面的存在。结构面是由各种地质原因形成的，有的是原生的（节理、层面），有的是次生的（构造、风化）。结构面的存在使岩体的力学、变形的各向异性极为显著，不均质性也很突出。结构面使岩体变成不同岩块的组合体，从而赋予岩体呈现不同的结构形态或破碎状态。这种结构形态或破碎状态对岩体稳定有着重要的影响。

在各种类型结构面中，结构软弱面对岩体稳定性影响很大，它是决定岩体强度的基本条件。对隧

本讲执笔人：王明年，王玉锁．

来说,围岩中存在单一的软弱面,一般并不会影响隧道的稳定,这是与岩石边坡所不同的,只在出现两组或两组以上的断裂系统时,才能形成分离岩块。另外,在进行稳定分析时,还要对结构面的性质进行判断,要判断哪些是软弱面。有些虽然是结构面,但不一定是软弱面,如硅质、钙质胶结的节理面,岩脉接触面等,它们的强度很大。因此,软弱面基本是指那些断层、剪切带、破碎带、泥质充填的节理、软弱夹层等控制岩体强度的结构面,其强度较岩石强度低。由此可见,岩石只是岩体构成的一部分,它的性质并不能代表岩体的物性,这一点是必须明确的。由上述条件决定的岩体构造—力学特征是它的非连续性、非均质性、各向异性和突变性。

那么,工程中能否或何种条件下可将非连续性的岩体作为连续介质处理呢?连续性的数学概念是要求应力和变形的连续,大家知道岩石结构的颗粒、层理、裂隙等都破坏了岩体的连续性,结果把岩体分割成层状、块状等单元体。但是,如果所有这些单元,像一个整体似地变形,则在这个概念的数学意义上来说就可视为连续介质。利用连续介质力学研究岩体的方法是以下述原则为基础的:

(1)研究作为单元体的某一小范围岩体的应力状态,以此来代表欲研究的岩体。
(2)这个单元体可以代表整个岩体的状态。

因此,采用连续介质力学方法的必要条件是在岩体中能分离出单元体,此单元体应具有该岩体的所有性质,但应较研究的对象小很多,以便它的应力—应变状态可以视为点的状态。

如果岩石的单位单元体用矿物颗粒来表示,则在研究岩体时,这样的单位就是构造岩块。所以,岩体的单元体就要包含足够的构造岩块,以保持岩体的整个构造特性。研究表明,单元体的尺寸约比构造岩块尺寸大一个数量级。此外,单元体尺寸还应保证应力或变形值的变化不超过15%。一般来说,如果研究范围的尺寸大于单元体尺寸两个数量级,或大于构造单元尺寸三个数量级,则裂隙岩体就可以视为似连续介质。由此可见,在某些裂隙岩体中要满足这个条件是很困难的。在进行岩体的均质或非均质的分类时,一般采用的标准是:在同一岩石学差异范围内的岩体,如果它的性质的离散系数不超过25%,就可认为是似均质的。

3.1.2 裂隙岩体的强度性质

试验表明,裂隙岩体强度随裂隙组数的增加有较大的降低,当裂隙组数超过一定值后,强度不再继续降低,而接近岩石的残余强度。裂隙岩体强度的理论分析也表明,随着岩体中不连续面的增加,岩体的强度形态有逐渐变为各向同性的趋势。因此,在隧道工程设计中,把含有4条或4条以上不连续面的岩体当作各向同性体看待是合理的。影响岩体强度的因素很复杂,以致目前还很难用一个公认的函数式加以表达。因此根据岩体的状态可用经验的方法加以估计,例如前苏联 ВНИМИ 建议用式(3-1)估计岩体的强度:

$$R_M = R_b \cdot k_c \tag{3-1}$$

式中:R_b——岩石试件强度;

k_c——构造削弱系数,其值见表3-1。k_c 可通过多种方法决定,例如以岩芯未破坏岩块(大于10cm)的总长 $\sum l_i$ 与所取岩芯总长 L 的比值,即 $\sum l_i / L = \alpha_k$ 确定,α_k 为岩体质量系数(RQD)。

岩体构造对强度的削弱系数 k_c 表3-1

岩 体 状 态	k_c
层厚大于1.0m,有1组裂隙,间距大于1.5m	0.9
层厚由0.5～1.0m,不超过2组裂隙,间距1～1.5m	0.7
层厚0.5～1.0m,有3～4组裂隙,间距0.5～1.0m	0.5
层厚小于0.5m,裂隙小于6组,间距小于0.5m	0.3
层厚小于0.3m,裂隙大于6组,间距小于0.3m	0.1～0.2

或用同种岩体和岩石的弹性波速度平方比值,即岩体完整性指数 K_v 来决定,即:

$$K_v = \left(\frac{v}{v_0}\right)^2 \tag{3-2}$$

在石质围岩中,当裂隙间没有黏土充填时,K_v 可按下列经验式估算:

$$K_v = \frac{1}{100}(115 - 3.3J_v) \tag{3-3}$$

式中:J_v——每立方米的裂隙数(当 $J_v \leqslant 4.5$ 时,$K_v = 1$)。

如日本提出采用弹性波法确定岩体强度,即:

$$R_M = K_v R_b = \left(\frac{v}{v_0}\right)^2 R_b \tag{3-4}$$

3.1.3 裂隙岩体的变形性质

裂隙岩体的变形性质与完整岩体的变形性质不同。它比完整岩体更易变形,这主要是因为构造岩块彼此间的位移所造成的。同时,在它们的接触面(可能是全面接触、点接触或一般接触)上还产生摩擦力。沿构造岩块接触面变形(滑动和转动)的可能性有时会导致破坏其变形的一般规律。

岩体的抗拉变形能力很低,或者根本没有。因此,岩体受拉后立即沿结构面发生断裂,一般没有必要专门研究岩体的受拉变形性能。

岩体的受压变形性能,可以用它在受压时的应力—应变曲线,亦称本构关系来说明。岩石的应力—应变关系比较明显,说明它以弹性变形为主。软弱结构面的应力—应变呈现出非线性关系,说明它以塑性变形为主。而岩体的应力—应变关系要复杂很多。从岩体的全应力—应变曲线的分析中可以看出,岩体既不是简单的弹性体,也不是简单的塑性体,而是较为复杂的弹塑性体。整体性好的岩体接近弹性体,破裂岩体和松散岩体则接近于塑性体。

裂隙岩体的变形模量较岩石的弹性模量要小,花岗岩的试验资料表明,视裂隙程度约是完整岩体的 1/3～1/2,软质砂岩约是完整岩体的 1/4～1/3,土质体约是 1/4 左右。

在实验室条件下确定的变形特性,当然与直接在岩体中确定的特性有很大的不同。一般实验室方法确定的变形模量与直接在岩体中确定的变形模量的比值平均为 2.8,在个别情况下达 4.4。动弹性模量和变形模量的比值还更大,平均为 3.2。在变形模量上这种明显的不同,基本上与岩体中有大裂隙有关,而这种裂隙在试件中则没有。有些资料指出,裂隙闭合 0.002mm 就会使变形模量减小约 1/4～1/3。

试验和实践还发现,无论岩体受压或受剪,它们所产生的变形都不是瞬时完成的,而是与加载速度和在荷载作用下的长期性有关。岩体变形的这种时间效应称为岩体的流变特性。图 3-1 为一些典型的岩石在某一加载速度(曲线 1)和无限缓慢的加载条件下(曲线 2)的变形图。

如果试件迅速加载到 A 点,在这个荷载作用下保持较长时间,则蠕变过程导致试件变形的增大,其状态接近于 B 点(长期特性)。这种作用的应力不变,而应变随时间而增长的现象称为蠕变。

如果在加载到 A 点之后,保持到一定的变形状态,则松弛过程导致试件中应力的降低,它的状态接近于 C 点。这种应变不变,而应力随时间衰减的现象称为松弛。

如果试件在 A 点保持在有非零刚度的压力机下,则它的应力—

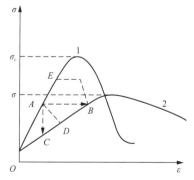

图 3-1 岩石在不同加载速度下的应力 - 应变曲线

应变状态具有蠕变—松弛的规律,接近于 D 点。

对于那些具有较强流变性的岩体,在隧道工程的设计和施工中必须考虑其对稳定性的影响。属于这类的岩体大体上有软弱的层状岩体,如薄层状岩体、含有大量软弱层的互层或层间岩体。此外,还有含有大量泥质物、受软弱结构面切割的破裂岩体。这些软弱结构面有时将对岩体的变形和破坏起控制作用。

3.1.4 岩石和岩体的破坏准则

理论分析和试验研究都表明,多数岩石在初始应力状态下处于弹性阶段,而在开挖成洞后,隧道周围岩体将产生松弛或进入塑性状态。

弹塑性模型的基本概念认为,岩石在屈服极限之前,只有可恢复的弹性变形,达到屈服极限以后,变形由两部分组成,即可恢复的弹性变形和不可恢复的永久变形(塑性变形)。

物体在塑性状态所观察到的现象和物理性质是复杂的,要解决具体问题,还须建立简化的材料模型,即对应力—应变曲线进行简化。在一般情况下,根据试验结果及岩石性质,将材料模式简化为下述三种类型。

(1)在经典的弹塑性理论中,对于材料的应力—应变曲线,通常假设如图 3-2 所示。OY 代表弹性阶段的应力—应变关系,这种关系是线性的,图中 Y 点称为屈服点,与此点相应的应力 σ_r 称为屈服应力,过了 Y 点后,应力—应变关系是一条水平线 YN,这根水平线代表塑性阶段。在这一阶段应力不变,而变形却渐增,并且从到达 Y 点时起所产生的变形都是不可恢复的永久变形或塑性变形。如果应力降低,卸荷曲线的坡度将和 OY 线的坡度相等。重复加载也将沿着此曲线回到原处。在塑性阶段,材料的体积不变,即泊松比等于 1/2,这种材料模型谓之理想塑性材料模型。若所研究的问题变形比较大,相应的弹性变形部分可以忽略,可采用理想刚塑性模型(图 3-3)。

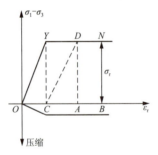
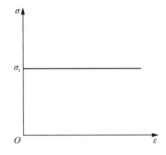

图 3-2 理想弹塑性模型　　　　图 3-3 理想刚塑性模型

(2)在某些岩石试验中,如图 3-4 所示,加荷曲线具有双曲线形的,可用下式表示:

$$q = \frac{\varepsilon_a}{a + b\varepsilon_a} \tag{3-5}$$

式中,a、b 为试验常数,$q = \sigma_1 - \sigma_3$ 为偏差应力或剪应力,ε_a 为轴向应变。加荷时体积发生收缩。卸荷和重复加荷曲线或回弹曲线的坡度与加荷曲线的起始坡度相等。应变从开始起即可分为可恢复的弹性应变与代表永久变形的塑性应变两部分,这种类型的曲线称应变硬化曲线。为简化计,通常将其用双直线形简化模式——线性硬化弹塑性模式(图 3-5)来代替。

(3)应变软化类型曲线如图 3-6 所示。这种材料的加荷曲线是有驼峰的曲线。加荷时体积最初略收缩以后即大量膨胀,剪力或偏差应力 q 超过峰值后急剧下降,曲线的坡度变成负值,直至剪力降至某一极限值,这代表岩石的残余强度。目前许多岩石的应力—应变都具有这种性质,这种曲线称为应变软化曲线。

在实际应用中,常把这种曲线简化为图 3-7 所示的模式。

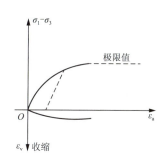

图 3-4　应变硬化模式　　　　　　　图 3-5　线性硬化弹塑性模式

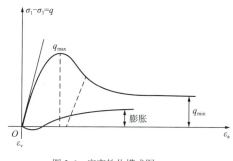

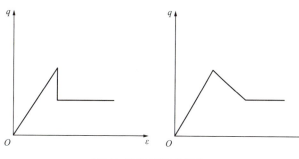

图 3-6　应变软化模式图　　　　　　图 3-7　理想应变软化模式

应该指出,对实际问题采用哪一个模型,就要看所使用的材料及实际问题所属的领域而定。

材料随着外力的增加由弹性状态过渡到塑性状态,当应力的数值等于屈服极限 σ_y 时,材料屈服,开始流动产生塑性变形,而 $\sigma = \sigma_y$ 这个由弹性状态过渡到塑性状态的条件,就是单向应力情况下的屈服条件,也称"塑性条件",它是判断是否达到塑性状态的准则。

目前在实际设计中,采用较多的是摩尔—库仑直线形破坏准则(图 3-8)。

$$\sigma_1 - \xi\sigma_3 - \sigma_c = 0 \tag{3-6}$$

式中:$\xi = \dfrac{1+\sin\varphi}{1-\sin\varphi}$;

σ_c——单轴抗压强度;

φ——内摩擦角。

实际上,多数岩石的强度包络线不完全是直线的。Murrell 对许多岩石进行的三轴试验表明,破坏时的主应力 $(\sigma_1 > \sigma_3)$ 与单轴抗压强度 σ_c 之间的关系可用下式表达(图 3-9):

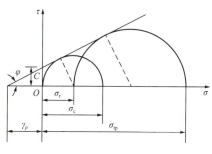

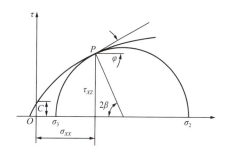

图 3-8　材料强度包络线应力圆　　　　图 3-9　Murrell 型破坏包络线

$$\sigma_1 = F\sigma_3^A + \sigma_c \tag{3-7}$$

式中,F、A 依岩石而定的常数。式(3-7)也可以写成:

$$\dfrac{\sigma_1}{\sigma_c} = K\left[\dfrac{\sigma_3}{\sigma_c}\right]^A + 1 \tag{3-8}$$

式中，K、A 是依岩石而定的常数，这样当 K、A 已知时，即可求出 σ_3 或 σ_1。

Bieniawski 的实验结果如下：

$$\text{硅岩} \quad \frac{\sigma_1}{\sigma_c} = 4.5\left[\frac{\sigma_3}{\sigma_c}\right]^{0.75} + 1 ; \qquad \text{砂岩} \quad \frac{\sigma_1}{\sigma_c} = 4.0\left[\frac{\sigma_3}{\sigma_c}\right]^{0.75} + 1$$

Hoek 也提出了实用的破坏准则：

$$\frac{\tau_m - \tau_0}{\sigma_c} = \beta\left(\frac{\sigma_m}{\sigma_c}\right)^c \tag{3-9}$$

式中，τ_m 为最大剪应力，σ_m 为平均垂直应力，$\tau_m = (\sigma_1 - \sigma_3)/2$，$\sigma_m = (\sigma_1 + \sigma_3)/2$。$\beta$、$c$、$\tau_0$ 是依岩石而定的常数。如果认为 $\tau_0 = \sigma_t$（单轴抗拉强度），$\sigma_t = \sigma_c/10$，则式(3-9)可写成：

$$\frac{\tau_m}{\sigma_c} = \beta\left(\frac{\sigma_m}{\sigma_c}\right)^c + 0.1 \tag{3-10}$$

此外还有 Mises 准则、Drucker-Prager 准则、Griffith 准则等，此处不一一叙述。除了上述以强度为基准的准则外，还有以应变作为破坏准则的方法，请参阅有关专著。

3.2 隧道开挖前围岩的应力状态

隧道工程是修筑在应力岩体之中的，所谓应力岩体就是指具有一定应力历史和一定应力场的岩体，它在隧道开挖前是客观存在的，在这种岩体中修建地下工程就必须了解它的状态及其影响。

对评定应力岩体有重要意义的是岩体的初始应力场。所谓初始应力场，是由于岩体的自重和地质构造作用，在开挖隧道前岩体中就已存在的地应力场。它是经历了漫长的应力历史而逐渐形成的，并处于相对稳定和平衡状态。隧道开挖后，使得围岩在开挖边界处解除了约束，失去平衡。此时隧道周边应力重分布，其结果是引起周围岩体的变形或破坏，形成围岩新的应力场。这种应力传播以及一切岩石力学现象无一不与围岩的初始应力场密切相关，都是初始应力发展的延续。

围岩初始应力场的形成与岩体的结构、性质、埋藏条件以及地质构造运动的历史等有密切关系，根据地应力场的成因将其分为自重应力场和构造应力场两大类。自重应力场是指上覆岩体自重所产生的应力场，它是地心引力和离心惯性力共同作用的结果；构造应力场是指地壳各处发生的一切构造变形与破裂所形成的地应力。

围岩的初始应力状态，一般受到两类因素的影响：第一类因素有重力、地质构造、地形、岩体的物理力学性质以及地温等经常性的因素；第二类因素有新构造运动、地下水活动、人类的长期活动等暂时性的或局部性的因素。在这些众多的因素中，地形和地貌、岩体的力学性质、地温变化、人类活动等因素应特别加以研究。

3.2.1 自重应力场

当具有水平成层、地面平坦时，自重应力场如图 3-10 所示。

设岩体在 xoy 平面内是均质的，沿 z 方向是非均质的。在以自重应力场为主的岩体中，地表以下任一深度 H 处的垂直应力等于单位面积上上覆岩体的重力，则：

$$\sigma_z^o = \gamma_1 H_1 + \gamma_2 H_2 + \cdots + \gamma_n H_n = \sum_{i=0}^{n} \gamma_i H_i \tag{3-11}$$

式中：γ_i——第 i 层岩体的重度；

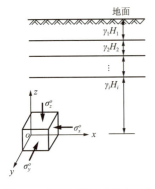

图 3-10 地表水平时的自重应力场

H_i —— 第 i 层岩体的厚度。

该点水平应力 σ_x^o、σ_y^o 主要由岩体的泊松效应引起，按弹性理论应为：

$$\sigma_x^o = \sigma_y^o = \frac{\mu}{1-\mu}\sigma_z^o = \lambda\sigma_z^o \tag{3-12}$$

式中：μ —— 计算应力处岩体的泊松比；

λ —— 侧压力系数。

当 μ 取 0.5 时，λ 为 1，此时和静水压力一样，岩体水平应力等于垂直应力。

大多数围岩的泊松比为 0.15～0.35，故在自重应力场中，水平应力通常小于竖直应力。

上述情况仅当地面为水平且岩体为各向同性的半无限弹性体时才有效。实际上，由于地壳的运动，岩层发生变形和岩体物理力学性质的变化，使得自重应力场也相应变化，如背斜及断层构造对自重应力场的影响如图 3-11、图 3-12 所示。

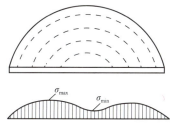
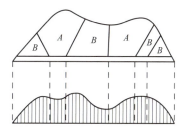

图 3-11　背斜对自重应力场的影响　　图 3-12　断层构造中的自重应力场

深度对初始应力状态有重大影响。随着深度的增加，σ_z^o 和 $\sigma_x^o\left(\sigma_y^o\right)$ 都增大。但围岩本身的强度是有限的，因此当 σ_z^o 和 σ_x^o 增大到一定值后，各向受力的围岩将处于隐塑性状态。在这种状态下，围岩的物性值（变形模量 E 和泊松比 μ）是变化的，并随着深度的增加 λ 值趋于 1，即与静水压力相似。此时围岩接近流动状态，其应力状态可视围岩的不同分别处于弹性的、隐塑性的及流动的 3 种状态。围岩的隐塑性状态在硬岩中约出现在距地面 10 km 以下，也可能在浅处出现，如在岩石临界强度低（如泥岩等）的地段。

3.2.2　构造应力场

由于形成构造应力场的原因非常复杂，其在空间和时间上都是不断变化的，属于非稳定的应力场。但对工程结构物的使用期限来说，可以忽略时间因素，将它视为稳定的。即使如此，目前还很难用函数形式表达出构造应力场，它在整个初始应力场中的作用只能通过某些量测数据加以分析，找出一些规律性。但实测的初始应力是许多不同成因的应力分量叠加而成的综合值，无法将它们一一区分。通过这些实测数据的分析，只能了解由于构造应力的存在，使自重应力发生了什么样的变化，以及它在整个应力场中所起的作用。据已发表的一些地应力测量资料表明：

（1）地质构造形态的变化不仅改变了自重应力场，除了以各种构造形态获得释放外，还以各种形式积蓄在岩体内，这种残余应力将对隧道工程产生重大影响；

（2）构造应力场在不深的地方已普遍存在，最大构造应力的方向多近似为水平，且水平应力普遍大于自重应力场中的水平应力分量，甚至也大于垂直应力分量，这与自重应力场有很大不同。

竖向主应力在深度不大（$H<500$m）时，方向与铅直方向的偏斜不超过 30°。所以，基本上可以认为竖向主应力是垂直的，其量值大致等于上覆岩层的重力（γH），即随深度线性增加。

从我国积累起来的浅层（埋深 $H<500$m）实测资料看，$\lambda<0.8$ 的占 27.5%，在 0.8～1.25 之间的占 42.3%，$\lambda>1.25$ 的占 30.2%，即我国大部分地区的水平主应力都大于上覆岩层重力。

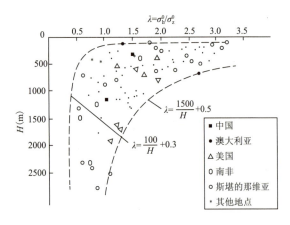

图 3-13　垂直应力与平均应力随深度的变化

布朗和霍克根据世界许多地区测定的平均水平应力 σ_h^o 和垂直应力 σ_z^o 的比值与深度的关系,绘制出图 3-13,图中大部分测点均在下列范围内:

$$\frac{100}{H}+0.3<\lambda<\frac{1500}{H}+0.5 \quad (3-13)$$

式中:$\lambda=\sigma_h^o/\sigma_z^o$。

图 3-13 表明,埋深较小时,水平应力和垂直应力的比值 λ 很大;随埋深的增加,λ 随之减小。这个临界深度在 1000～1500m,如在日本约为 600m,在美国约为 1000m,我国为 1000m 以上。当埋深大于 1000m 以上时,逐步接近静水压力分布状态。

(3)构造应力场很不均匀,它的参数无论在空间上、时间上都有很大变化,特别是它的主应力轴的方向和绝对值有很大变化。

水平主应力具有明显的各向异性,且具有很强的方向性,一般总是以一个方向的主应力占优势,很少有大、小主应力相等的情况,且最大主应力的方向与区域地质构造有着密切关系。根据实测资料,在我国最小与最大水平主应力的比值为 0.3～0.7 的占 70%。

当然,水平应力也有显示 $\sigma_x^o=\sigma_y^o$ 的情况,这主要在构造简单、层理平缓的地区。但有些地区某一方向的水平应力显示较大,其原因可能是与高度地震活动的影响有关。

最后应该指出,具体到一个隧道工程的小范围,初始应力的大小和方向都可能与上述的不一致,但就大的区域来说,它的变化是不大的。

3.3　隧道开挖后的力学行为

开挖隧道后岩体中出现了临空面,有了变形的空间。由于应力局部释放,使岩体发生卸载而向隧道内变形,围岩范围内原来平衡的三维初始应力状态必然要引起应力的重新分布,这种重新分布的应力场称为二次应力场。影响二次应力重分布的因素是很多的,为研究隧道开挖后应力状态,做下述假定:

(1)视围岩为均质的、各向同性的连续介质;
(2)只考虑自重造成的初始应力场;
(3)隧道形状以规则的圆形为主;
(4)隧道位于一定深度,简化为无限体中的孔洞问题。

隧道开挖后围岩可分为两种情况:一种是开挖后的围岩处在弹性状态;一种是开挖后围岩的一部分处于弹塑性状态。

3.3.1　隧道开挖后的弹性二次应力状态

在围岩中开挖半径为 a 的圆形隧道后,根据弹性力学模型(如图 3-14),其二次应力状态可用下式表达。

径向应力 σ_r

$$\sigma_r=\frac{\sigma_y}{2}\left[(1-\alpha^2)(1+\lambda)+(1-4\alpha^2+3\alpha^4)(1-\lambda)\cos 2\varphi\right] \quad (3-14)$$

切向应力 σ_t

$$\sigma_t = \frac{\sigma_y}{2}\left[\left(1+\alpha^2\right)\left(1+\lambda\right)-\left(1+3\alpha^4\right)\left(1-\lambda\right)\cos 2\varphi\right] \quad (3\text{-}15)$$

剪应力 τ_{rt}

$$\tau_{rt} = -\frac{\sigma_y}{2}\left(1-\lambda\right)\left(1+2\alpha^2-3\alpha^4\right)\sin 2\varphi \quad (3\text{-}16)$$

式中的 $\alpha=r/a$，σ_y 为竖向应力，σ_x 为水平应力，λ 为侧压力系数。

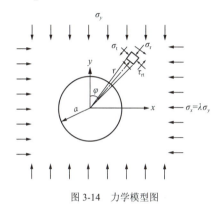

图 3-14 力学模型图

首先，研究隧道周边 ($r=a$，即 $\alpha=1$) 的应力状态，上述各式变为：

径向应力 σ_r

$$\sigma_r = 0 \quad (3\text{-}17)$$

切向应力 σ_t

$$\sigma_t = \sigma_y\left[\left(1-2\cos 2\varphi\right)+\lambda\left(1+2\cos 2\varphi\right)\right] \quad (3\text{-}18)$$

即沿隧道周边只存在切向应力，径向应力变为 0。这说明隧道的开挖使隧道周边的围岩从两向（或三向）应力状态变成单向（或两向）应力状态，沿隧道周边的应力值及其分布主要决定于 λ 值。分别以不同的 λ 值 ($\lambda=0$、$1/3$、$1/2$、1) 代入式 (3-18)，切向应力 σ_t 沿隧道周边的分布如图 3-15 所示。

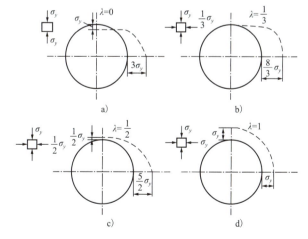

图 3-15 圆形隧道周边切向应力 σ_t 分布

(1) $\lambda=0$，拱顶出现最大切向拉应力，并分布在与垂直轴成 30° 角的范围内。

(2) 随着 λ 的增加，拱顶切向拉应力值及其范围逐渐减小。当 $\lambda=1/3$ 时，拱顶切向拉应力等于 0。大于 1/3 后,整个隧道周边的切向应力皆为压应力。在 0～1/3 之间时,隧道拱顶(拱底)范围受拉。

(3)在侧壁范围内,λ 值在 0～1.0 之间变化时,周边切向应力总是压应力,而且总比拱顶范围的应力值大。

(4)当 λ=1 时,隧道围岩的应力状态是回转对称的,各点的应力皆相同,这种应力状态对圆形隧道稳定是很有利的。

(5)通常围岩的 λ 值在 0.2～0.5 之间变动。在这个范围内,隧道周边切向应力都是压应力。因此,要十分注意切向应力的变化,它是造成隧道破坏的主要原因之一。

现在进一步分析围岩应力向深处变化的规律,围岩应力沿隧道水平轴断面($\phi=90°$)及沿隧道垂直轴断面($\phi=0°$)的分布如图 3-16 所示。

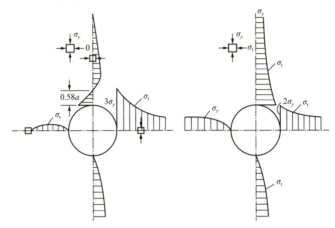

图 3-16 沿圆形隧道水平、竖直轴上应力分布

(1)侧壁中点,随着 r 的增加,即离隧道周边愈远,切向应力逐渐减小,并趋于初始应力状态的值。径向应力在隧道周边等于 0,当 λ=0 时,随着 r 的增大而增加,但继续增大则减小,最后趋于 0。

(2)拱顶处,随着 r 的增加,当 λ=0 时,切向应力接近于 0;当 λ=1 时,切向应力逐渐接近 σ_y,即都逐渐接近于初始的应力状态。

(3)在拱顶处的拉应力深入围岩内部的范围约为 $0.58a$(λ=0),而后转变为压应力,这也说明,隧道围岩内的拉应力区域也是有限的(图 3-17),而且只在 λ 小于 1/3 时的情况下出现。拉应力区的存在对造成围岩的局部破坏(松弛、掉块、落石)是有影响的,尤其是在大跨度隧道的情况下。

上述的应力状态是针对围岩属于弹性、各向同性、均质而言的,且隧道是圆形、其表面是平整的情况。实际工程中二次应力状态有所不同,例如超欠挖(图 3-18),使隧道表面不平整,于凹凸处形成局部应力集中,使欠挖处的应力可达初始应力值的十几倍,常常造成隧道的局部破坏。因此为减小这种应力集中现象需提高光面爆破效果及喷混凝土支护质量。

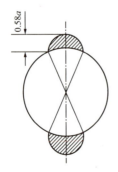

图 3-17 隧道拱顶(底)的拉应力区

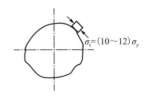

图 3-18 超挖的影响

还应该指出,隧道的二次应力状态即使是弹性的,但由于爆破开挖的影响,也会使隧道周围有限岩体松动、破碎,使其强度减弱。采用光面爆破可以大大减缓爆破的影响,受到爆破震动影响的隧道需要进行局部支护或轻型支护。围岩长期暴露在空气、水气等各种外界条件下会逐渐风化、剥蚀,从而降低隧道围岩的强度。因此,即使在弹性应力状态下隧道是稳定的,进行一定的饰面防护也是必要的。

下面分析隧道位移状态。

按平面应变问题,径向周边位移可由下式决定:

$$u_a = \frac{1+\mu}{E} \cdot \frac{\sigma_y}{2} a \left[1 + \lambda - (3-4\mu)(1-\lambda)\cos 2\theta \right] \tag{3-19}$$

式中:μ——泊松比。

在不同的 λ 值条件下,开挖后的断面收敛状态如图 3-19 所示。当 $\lambda=1$ 时,隧道断面是均匀缩小的,随着 λ 值的减小,隧道上、下顶点继续向隧道内挤入,水平直径处则减小,而变成扁平的断面形状。

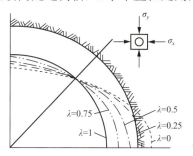

图 3-19 不同 λ 的情况下圆形隧道周边位移分布

隧道位移状态说明,隧道开挖后,围岩基本上是向隧道内移动的。只是在一定的 λ 值条件下 ($\lambda \leq 0.25$),在水平直径处围岩有向两侧扩张的趋势。而且在多数情况下,拱顶位移(即拱顶下沉)均大于侧壁(水平直径处)位移。

3.3.2 隧道开挖后形成塑性区的二次应力状态

在深埋隧道或埋深较浅但围岩强度较低时,上述应力状态可能超过围岩强度,此时隧道或发生脆性破坏,如岩爆、剥离等(坚硬、脆性、整体的围岩中)或在隧道附近围岩内形成塑性应力区域,发生塑性剪切滑移或塑性流动。

围岩采用摩尔—库仑屈服准则,图 3-14 所示力学模型的塑性区应力状态简要分析如下。

(1)形成塑性变形的塑性判据或破坏准则

$$\sigma_{tp} - \xi \sigma_{rp} - R_b = 0 \tag{3-20}$$

$$\xi = \frac{1+\sin\varphi}{1-\sin\varphi}$$

式中:σ_{rp}、σ_{tp}——塑性区内的径向应力和切向应力;

R_b——围岩单轴抗压强度。

(2)塑性区内的应力状态

$$\sigma_{rp} = \frac{R_b}{\xi-1}\left[\left(\frac{r}{a}\right)^{\xi-1} - 1\right] \tag{3-21}$$

$$\sigma_{tp} = \frac{R_b}{\xi-1}\left[\left(\frac{r}{a}\right)^{\xi-1}\xi - 1\right] \tag{3-22}$$

（3）塑性区范围

当 $\lambda=1$ 时距隧道某一距离的各点应力皆相同，因此形成的塑性区也是圆形的，塑性区半径计算公式如下：

$$r_0 = a\left[\frac{2}{\xi+1} \cdot \frac{\sigma_y(\xi-1)+R_b}{R_b}\right]^{\frac{1}{\xi-1}} \tag{3-23}$$

由式（3-23）可知，塑性区半径与围岩的初始应力状态、围岩物理力学性质及隧道开挖尺寸有关，隧道半径愈大，围岩愈差，初始应力愈大，塑性区域也愈大。

根据式（3-21）及式（3-22）、式（3-23），可绘制隧道围岩的弹塑性应力分布形式，如图3-20所示。

当 $\lambda \neq 1$ 时塑性区的形状和范围会发生变化，图3-21为不同 λ 值的圆形隧道围岩塑性区形状。$\lambda=0.5$ 时，塑性区基本上出现在侧壁，呈月牙形；$\lambda=0.3$ 时，则变成图示的耳形，也集中在侧壁范围；$\lambda=0.2$ 时，又变成向围岩深部扩展的 X 形。但不管何种情况，在隧道侧壁，塑性区域显著集中，这一点对研究隧道破坏有很重要的意义。

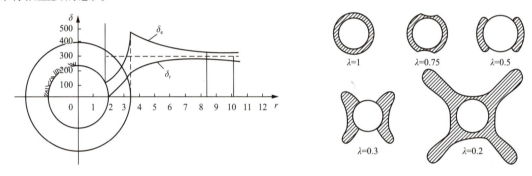

图3-20　圆形隧道周围弹塑性的应力分布　　　　图3-21　不同 λ 值条件下隧道围岩塑性区的形状和范围

在塑性区域内的径向位移是根据把塑性区域内的岩体假定为不可压缩的条件求出的，根据塑性区内体积变形等于零，即认为塑性区内岩体在变形过程中体积保持不变的假定，隧道周边位移 u_a 近似等于

$$u_a = \frac{1}{2K}(\sigma_y - \sigma_{r0})\frac{r_0^2}{a} \tag{3-24}$$

式中，$K = \dfrac{E}{2(1+\mu)}$，σ_{r0}、r_0 为塑性区边界上的径向应力及塑性区范围，见式（3-21）和式（3-23）。

3.4　隧道支护后的力学行为

由于二次应力的作用，使围岩发生向洞内的位移，这种位移被称之为收敛。若岩体强度高，整体性好，岩体的变形到一定程度就将自行终止，围岩是稳定的。反之，岩体的变形将自由地发展下去，最终导致隧道围岩整体失稳而破坏。在这种情况下，应在开挖后适时地沿隧道周边设置支护结构，对岩体的移动产生阻力，形成约束。相应地，支护结构也将承受围岩所给予的作用力，并产生变形。支护结构变形后所能提供的阻力会有所增加，而围岩却在变形过程中释放了部分能量，进一步变形的趋势有所减弱，需要支护结构提供的阻力以及支护结构所承受的作用力都将降低。如果支护结构有一定的强度和刚度，这种围岩和支护结构的相互作用会一直延续到支护所提供的阻力与围岩作用力之间达到平衡为止，从而形成一个力学上稳定的隧道结构体系，这就是围岩与支护结构相互作用的过程，也是三次应力状态。

3.4.1 支护阻力对隧道围岩应力分布的影响

隧道支护后,相当于在隧道周边施加一阻止围岩变形的阻力,从而也改变了围岩的二次应力状态。支护阻力的大小和方向对围岩的应力状态有很大的影响。为了便于分析,假定:支护阻力 p_a 是径向的(实际上还有切向的),沿隧道周边是均匀分布的,而且是隧道开挖后立即发挥作用的(图 3-22)。

在弹性应力状态下,当隧道周边有径向阻力 p_a 时,周边应力 σ_r 和 σ_t 的表达式是由两部分组成的,即

$$\left. \begin{array}{l} \sigma_r = \sigma_y(1-\alpha^2) + p_a \cdot \alpha^2 \\ \sigma_t = \sigma_y(1+\alpha^2) - p_a \cdot \alpha^2 \\ \alpha = \dfrac{a}{r} \end{array} \right\} \quad (3-25)$$

前一项是初始应力造成的,后一项是由支护阻力 p_a 形成的。

由式(3-25)可知,当 $\alpha=1$,即 $r=a$ 时:

$$\sigma_r = p_a, \sigma_t = 2\sigma_y - p_a$$

由此可见,支护阻力 p_a 的存在,使周边的径向应力增大,而使切向应力减小。实质上是使直接靠近隧道周边的岩体的应力状态,从单向的(或双向的)变成双向的(或三向的)受力状态,因而提高了岩石的承载能力(图 3-23)。

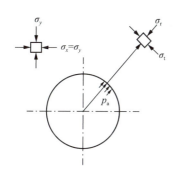

图 3-22 周边作用有支护力的圆形隧道

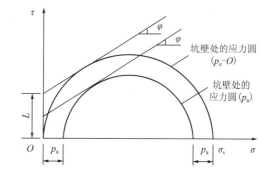

图 3-23 岩石应力圆

由图 3-23 可知,如维持隧道处于弹性的应力状态,则由:

$$\sigma_t = \xi\sigma_r + R_b$$
$$\sigma_t - p_a = \xi p_a + R_b$$

即得维持隧道处于弹性应力场所需的最小支护阻力为:

$$p_a = \frac{\sigma_t - R_b}{\xi+1} = \frac{2\sigma_y - R_b}{\xi+1} \quad (3-26)$$

当 $p_a = \sigma_y$ 时有:$\sigma_r = \sigma_y$,$\sigma_t = \sigma_y$,即恢复到初始应力场,显然这是理想状况。

在塑性应力状态下,当隧道周边有径向支护阻力 p_a 时(图 3-24),其应力值和塑性区半径可用第 3.3 节的方法求出,只是边界条件改为 $\sigma_{rp} = p_a$,$r = a$,由此可得:

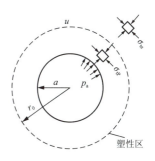

图 3-24 周边作用有支护力时隧道周围的塑性区

$$\sigma_{rp} = \frac{R_b}{\xi-1}\left[\left(\frac{r}{a}\right)^{\xi-1}-1\right] + \left(\frac{r}{a}\right)^{\xi-1} \cdot p_a$$

$$\sigma_{tp} = \frac{R_b}{\xi-1}\left[\xi \cdot \left(\frac{r}{a}\right)^{\xi-1}-1\right] + \xi \cdot \left(\frac{r}{a}\right)^{\xi-1} \cdot p_a \quad (3\text{-}27)$$

$$r_0 = a \cdot \left[\frac{2}{\xi+1} \cdot \frac{\sigma_y(\xi-1)+R_b}{p_a(\xi-1)+R_b}\right]^{\frac{1}{\xi-1}} \quad (3\text{-}28)$$

式(3-28)也可写成:

$$r_0 = a \cdot \left[(1-\sin\varphi)\frac{c \cdot \cot\varphi + \sigma_y}{c \cdot \cot\varphi + p_a}\right]^{\frac{1-\sin\varphi}{2\sin\varphi}} \quad (3\text{-}29)$$

以上各式与 3.3 节中对应公式相比,皆多了涉及 p_a 的一项。

式(3-28)或式(3-29)表达了在其条件(R_b、ξ、a)已知时,径向支护阻力 p_a 与塑性区大小 r_0 之间的关系。说明随着 p_a 的增加,塑性区域相应减小。这说明径向支护阻力 p_a 的存在对形成塑性区的范围有直接的影响,它限制了塑性区域的发展,这是支护阻力的一个重要作用。例如,由式(3-28)可知,若隧道开挖后,不修衬砌,即径向阻力 $p_a = 0$ 时,则式(3-28)变成最大塑性区半径计算公式:

$$r_0 = a \cdot \left[\frac{2}{\xi+1} \cdot \frac{R_b + \sigma_y(\xi-1)}{R_b}\right]^{\frac{1}{\xi-1}}$$

若想使塑性区域不形成,即 $r_0 = a$ 时,所需的径向阻力 p_a 亦可由式(3-28)求出:

$$p_a = \frac{2\sigma_y - R_b}{\xi+1} \quad (3\text{-}30)$$

或

$$p_a = \sigma_y(1-\sin\varphi) - c \cdot \cos\varphi$$

这是使塑性区不形成,而使隧道围岩完全处在弹性应力状态的最小径向支护阻力,它的大小仅与初始应力场及岩性指标有关,而与隧道尺寸无关。

p_a 越大,即支护所提供的阻力越大,塑性区范围越小。

实际上支护是在隧道开挖后一定时间内修筑,塑性区域及其变形已在发生和发展。因此,所需的支护阻力将小于式(3-30)确定的数值。

此外,由式(3-28)尚可解出:

$$p_a = -\frac{R_b}{\xi-1} + \left[\frac{2\sigma_y}{\xi+1} - \frac{2R_b}{\xi^2-1}\right] \cdot \left(\frac{a}{r_0}\right)^{\xi-1}$$

它表明了支护阻力 p_a 和塑性区 r_0 之间的关系,当把式中 R_b、ξ 用摩尔—库仑准则的有关数据代替时,上式亦可写成:

$$p_a = -c \cdot \cot\varphi + \left[\sigma_y \cdot (1-\sin\varphi) - c \cdot \cos\varphi + c \cdot \cot\varphi\right] \cdot \left(\frac{a}{r_0}\right) \quad (3\text{-}31)$$

式(3-31)清楚地说明了支护阻力 p_a 与初始应力 σ_y、岩体的物性指标 R_b、c、φ,以及隧道尺寸的关系,并指出在其他条件相同时,p_a 随着 r_0 的增加而呈减小的趋势。也就是说,当允许岩体形成较大的塑性区时,所需的支护阻力将是减小的。

岩体 φ、c 值对支护阻力 p_a 的影响如图 3-25 和图 3-26 所示。可见在同样 r_0/a 的条件下,随着 φ 的减小所需支护阻力随之增大,反之,当 p_a 固定时,随着 φ 的减小,塑性区范围将随之增大。c 值的影响(图 3-26)也类似,r_0/a 一定时,随着 c 值的减小,p_a 增大,反之,p_a 一定时,塑性区范围将随着 c 值的减小而增大。

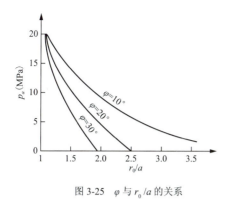

图 3-25 φ 与 r_0/a 的关系

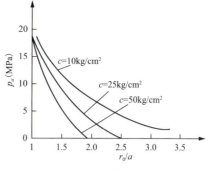

图 3-26 c 与 r_0/a 的关系

图 3-25 和图 3-26 清楚地说明,支护阻力 p_a 的重要支护作用之一是控制塑性区的发展,从而也改变了围岩的应力状态。

3.4.2 支护阻力对隧道周边位移状态的影响

隧道应力重分布的结果,也必然伴随着变形的发展,这种变形表现在隧道直径的减小,即隧道壁向隧道内的径向位移 u_a(图 3-27)。

在一定条件下,允许变形(位移)愈大,即 u_a 愈大,塑性区范围也愈大,而所需的支护阻力也愈小。因此,衬砌的支护阻力与 u_a 也有关系,下面研究 p_a 与 u_a 的关系(图 3-27)。

在弹性应力状态下,隧道周边位移 u_a^e:

$$u_a^e = \frac{1}{2K}\sigma_y \cdot a$$

而在塑性应力状态下的隧道周边位移 u_a^p 则为:

$$u_a^p = \frac{1}{2K}(\sigma_y - \sigma_{r_0})\frac{r_{0\max}^2}{a}$$

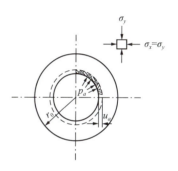

图 3-27 圆形隧道周边的支护力与位移

当有支护阻力 p_a 时,上述公式分别为:

$$u_a^e = \frac{1}{2K}(\sigma_y - p_a) \cdot a \tag{3-32}$$

$$u_a^p = \frac{1}{2K}(\sigma_y - \sigma_{r_0})\frac{r_0^2}{a} \tag{3-33}$$

注意式(3-33)中的 r_0 项中,包含着 p_a 项,其值可用式(3-28)求出,式(3-33)中的 σ_{r_0},实质上是作用在 $r = r_0$ 处的径向支护阻力,可由式(3-34)确定:

$$\sigma_{r_0} = \frac{R_b}{\xi - 1}\left[\left(\frac{r_0}{a}\right)^{\xi-1} - 1\right] + \left(\frac{r_0}{a}\right)^{\xi-1} \cdot p_a \tag{3-34}$$

将其值代入式(3-33)后得:

$$u_a^p = \frac{1}{2K}\left(\sigma_y - \frac{2\sigma_y - R_b}{\xi + 1}\right) \cdot \frac{r_0^2}{a} \tag{3-35}$$

或写成:

$$u_a^p = \frac{1}{2K}(\sigma_y \cdot \sin\varphi + c \cdot \cos\varphi) \cdot \frac{r_0^2}{a}$$

或写成

$$\frac{u_a^p}{a} = \frac{1}{2K}(\sigma_y \cdot \sin\varphi + c \cdot \cos\varphi) \cdot \left[(1-\sin\varphi)\frac{c \cdot \cot\varphi + \sigma_y}{c \cdot \cot\varphi + p_a}\right]^{\frac{1-\sin\varphi}{\sin\varphi}}$$

或写成

$$p_a = -c \cdot \cot\varphi + (1-\sin\varphi)(c \cdot \cot\varphi + \sigma_y) \cdot \left(\frac{2K}{\sin\varphi} \cdot \frac{1}{c \cdot \cot\varphi + \sigma_y}\right)^{\frac{-\sin\varphi}{1-\sin\varphi}} \cdot \left(\frac{u_a}{a}\right)^{\frac{-\sin\varphi}{1-\sin\varphi}}$$

当 $c = 0$ 时

$$u_a^p = \frac{1}{2K}\sigma_y \cdot \sin\varphi \cdot \frac{r_0^2}{a} \tag{3-36}$$

由此可见，在形成塑性区后，隧道周边位移 u_a 不仅与岩体物性、隧道尺寸、初始应力场有关，还和与支护阻力 p_a 有关的 r_0 有关。

现在进一步分析支护阻力 p_a 对位移状态的影响。例如，当隧道岩体处于弹性应力状态时，隧道周边位移可由式（3-32）确定。由式（3-32）可知，当 $p_a = 0$ 时，$u_{a\max} = \frac{1}{2K}\sigma_y \cdot a$，当 $u_a = 0$ 时，$p_a = \sigma_y$（图3-28），即欲使隧道周边不产生位移，就需要有相当于初始应力大小的支护阻力，使隧道围岩仍处于初始应力状态之中，显然这是不可能的。

当二次应力形成塑性区时，p_a 与 u_a 的关系可由式（3-33）、式（3-35）和式（3-36）给出。例如，当 σ_y =50MPa，$E=1\times10^5$MPa，$\mu=0.2$，$c=5$MPa，$\varphi=30°$ 时，p_a 与 u_a/a 的关系如图3-29所示。由图可知，随 u_a/a 值的增大，p_a 则逐渐减小；反之，随着支护阻力 p_a 的减小，u_a/a 也逐渐增大，因此，式（3-33）表达了支护结构与隧道围岩之间的相互作用。这种相互作用表明，当 u_a/a 达到最大值，即 $u_{a\max}/a$（图3-30中的 B 点）时隧道仍然是稳定的话，则岩体负了应力重分布的全部结果。反之，$u_a/a=0$ 时，则需要有相当于 σ_y 的支护阻力（图3-30中的 C 点）。也就是说，应力重分布的全部都要由支护结构负担，而岩体的承载能力丝毫没有利用。在通常情况下，应力重分布的结果是由岩体和支护结构共同负担的（图3-30中的 A 点），其中岩体负担的部分是 $\Delta\sigma_y$。因此，有人把这条曲线称之为开挖后的岩体特征曲线。这条曲线也是研究隧道荷载的基础，因此也称之为荷载特征曲线。

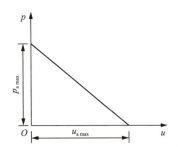
图3-28 围岩为弹性状态时的 $p-u$ 曲线

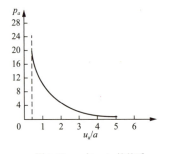
图3-29 p_a 与 u_a/a 的关系

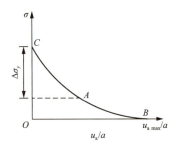
图3-30 开挖后岩体特性曲线

应该指出，上述分析是在理想条件下进行的，例如均质、各向同性岩体；符合摩尔—库仑破坏准则；支护结构与岩体牢固接触（能同时传递径向及切向应力）；圆形断面等。因此，实际的情况与此有较大出入，但现象的实质是一致的。因此应重视对开挖后岩体特性曲线的研究。

综合上述，可以看出，支护阻力 p_a 的存在控制了隧道岩体的变形，从而控制了岩体内塑性区的发展和应力变化，这就是支护结构的支护实质。同时由于支护阻力的存在也改善了周边岩体的承载条件，从而相应地提高了岩体的承载能力。

3.5 结语

隧道施工过程的力学行为随时间、空间而变化,因此,需要进一步发展三维空间+时间效应的隧道力学理论模型。同时,地下水是隧道工程不能回避的问题,为此,应加强流固耦合等多场理论研究。由于隧道围岩介质复杂多变,使得定值计算结果的参考价值并不高,因此,应发展隧道不确定性理论,同时加强隧道结构可靠性理论的研究。

本讲参考文献

[1] 日本土木学会,性能規定に基づくトンネルの設計とマネジメント [D]. 东京:丸善株式会社,2009.

[2] 日本国土交通省铁道局监修. 铁道构造物等维持管理标准·同解说(隧道篇)[S]. 东京:丸善株式会社,2014.

[3] 日本土木学会. 隧道标准技术规范·同解说(矿山法篇)[S]. 东京:丸善株式会社,2016.

[4] 国家铁路局. 铁路隧道设计规范:TB 10003—2016. [S]. 北京:中国铁道出版社,2017.

[5] 关宝树. 矿山法隧道关键技术 [M]. 北京:人民交通出版社股份有限公司,2016.

[6] 关宝树. 隧道工程设计要点集 [M]. 北京:人民交通出版社,2003.

[7] 关宝树. 漫谈矿山法隧道技术讲座 [J]. 隧道建设抽印本,洛阳,2018.

[8] 李志业,曾艳华. 地下结构设计原理与方法 [M]. 成都:西南交通大学出版社,2003.

[9] 关宝树. 隧道力学概论 [M]. 成都:西南交通大学出版社,1993.

[10] 潘昌实. 隧道力学数值方法 [M]. 北京:中国铁道出版社,1995.

[11] 孙钧. 地下工程设计理论与实践 [M]. 上海:上海科学技术出版社,1996.

[12] 赵勇,李术才,赵岩,等. 超大断面隧道开挖围岩荷载释放过程的模型试验研究 [J]. 岩石力学与工程学报,2012,31(S2):3821-3830.

[13] 李煜舲,林铭益,许文贵. 三维有限元分析隧道开挖收敛损失与纵剖面变形曲线关系研究 [J]. 岩石力学与工程学报,2008,(02):258-265.

[14] 孙振宇,张顶立,房倩,等. 隧道初期支护与围岩相互作用的时空演化特性 [J]. 岩石力学与工程学报,2017,36(S2):3943-3956.

[15] 侯公羽. 基于开挖面空间效应的围岩—支护相互作用机制 [J]. 岩石力学与工程学报,2011,30(S1):2871-2877.

[16] 朱合华,杨林德."广义虚拟支撑力法"的理论基础 [C]. 中国北方岩石力学与工程应用学术会议.1991;郑州.

[17] PANET M. Calcul des tunnels par la méthode de convergence-confinement[M]. Paris:Press de l'école Nationale des Ponts et Chaussées,1995.

[18] KOLYMBAS D. Tunnelling and tunnel mechanics—a rational approach to tunnelling[M]. Heidelberg:Springer-Verlag,2005.

[19] SAKURAI S,AKUTAGAWA S,TAKEUCHI K,et al. Back analysis for tunnel engineering as a modern observational method[J]. Tunnelling and Underground Space Technology,2003,18(2):185-196.

[20] SAKURAI S. Lessons learned from filed measurements in tunnelling[J]. Tunnelling and Underground Space Technology,1997,12(4):453-460.

[21] PANET M,GUENOT A. Analysis of convergence behind the face of a tunnel[C]// Proceedings of the International Symposium on Tunnelling,IMM. London:[s. n.],1982:197-204.

第04讲

围岩稳定性评价及分级

隧道开挖后,周边围岩不需要进行特别处理,而在一定时间内能保持不发生有害变异(如大变形、崩塌、掉块、挤入等)的自支护能力称为围岩稳定性,也有称之为围岩自稳性或开挖面自稳性的。围岩稳定性有定性、定量的评价方法,本讲主要从围岩稳定性影响因素、围岩稳定性评价标准、基于围岩稳定性的围岩分级方法及掌子面围岩稳定性评价方法等四个方面来进行阐述,以期使大家对围岩稳定性评价和分级有更深入的了解。

4.1 围岩稳定性影响因素

通过对国外影响较大的岩体质量法(Q法)、地质力学分级系统(RMR)、普氏坚固性系数分级等18种围岩分级(分类)方法,以及国内《铁路隧道设计规范》《水利水电工程地质勘察规范》《工程岩体分级标准》等20种围岩分级(分类)方法中所考虑的指标的统计分析可知,影响围岩稳定性的因素主要包括岩石坚硬程度、岩体完整程度、地下水状态、结构面状态及初始地应力状态等,表4-1为各项影响因素的采用率。

国内外各项影响因素采用率(%)　　表4-1

项　目	岩石坚硬程度	岩体完整程度	地下水状态	结构面状态	初始地应力状态
国外	83.3	88.9	44.4	16.7	16.7
国内	100	95	65	70	45

由表4-1可知,岩石坚硬程度和岩体完整程度是围岩分级中普遍采用的两个因素,可以作为基本分级指标;地下水也是指标采用率较高的一个因素,而结构面状态和初始地应力两个因素在国外采用率较低,但国内指标采用率较高,可以考虑作为修正指标。此处结构面状态是指主要软弱结构面产状。

4.2 围岩稳定性评价标准

隧道所处围岩千差万别、种类繁多,制定出统一的围岩分级标准,才能保证各种类型的围岩在分级上

本讲执笔人:王玉锁,王明年.

保持一致。可见,围岩分级标准必须反映围岩本质特性。围岩稳定性是围岩本质特性的反映,因此应以围岩的自稳性为指标,制定出统一的围岩分级标准。

在隧道形状和尺寸相对固定的条件下,根据隧道开挖后自稳时间的长短,可将隧道的稳定性分为长期稳定、基本稳定、暂时稳定和不稳定 4 个等级,如表 4-2 所示。

围岩稳定性分级　　　　　　　　　　　　　　　表 4-2

稳定性级别	稳 定 情 况
长期稳定	洞室长时间稳定,不掉块,不松弛
基本稳定	洞室在较长时间内维持稳定,可能局部掉块,但不影响使用,位移在控制范围内
暂时稳定	洞室开挖后,可维持短时间稳定,然后出现掉块和松弛,需采用支护手段予以加强
不稳定	洞室开挖后,立即丧失稳定,边开挖、边坍塌,需采用强力支护手段或先支后挖的支护手段予以加强

隧道开挖后,毛洞的自稳能力通常情况下会与某个特定的开挖跨度相对应,也就是说,在任何围岩内开挖毛洞,当不超过其特定开挖跨度时,毛洞就能保持自稳,反之就不能保持自稳,这个与毛洞自稳能力相对应的开挖跨度可以定义为毛洞的自稳跨度。实际上,毛洞自稳跨度反映的是围岩稳定性的基本特性,对于不同稳定性的围岩,其毛洞自稳跨度值也是不同的。根据围岩稳定性的等级划分,毛洞的自稳跨度也可以相应分为以下四类:长期稳定跨度(达到长期稳定等级的最大跨度)、基本稳定跨度(达到基本稳定等级的最大跨度)、暂时稳定跨度(达到暂时稳定等级的最大跨度)、不稳定跨度(不稳定等级的最大跨度)。

依据铁路隧道对自稳跨度的相关科研成果,并参考其他行业相关文献,得到了铁路隧道基于暂时稳定跨度的稳定性评价,见表 4-3。

铁路隧道围岩稳定性评价　　　　　　　　　　　　表 4-3

围岩级别		各级围岩稳定性描述
基本级别	亚级	
Ⅰ	—	围岩稳定,无坍塌,可能产生岩爆
Ⅱ	—	暴露时间长,可能会出现局部小坍塌,破坏以掉块为主,侧壁稳定,层间结合差的平缓岩层顶板易塌落;暂时自稳跨度 17～20m
Ⅲ	Ⅲ$_1$	拱部无支护时可产生小坍塌,侧壁基本稳定,爆破振动过大易塌;暂时自稳跨度 14～16m
	Ⅲ$_2$	拱部无支护时可产生小坍塌,侧壁基本稳定,爆破振动过大易塌;暂时自稳跨度 10～13m
Ⅳ	Ⅳ$_1$	拱部无支护时,可产生较大的坍塌,侧壁有时会失去稳定性;暂时自稳跨度 7～9m
	Ⅳ$_2$	拱部无支护时,可产生较大的坍塌,侧壁有时会失去稳定性;暂时自稳跨度 5～6m
Ⅴ	Ⅴ$_1$	围岩易坍塌,处理不当将出现大坍塌,侧壁经常出现小坍塌,浅埋时易出现地表下陷或塌穿至地表;暂时自稳跨度 3～4m
	Ⅴ$_2$	围岩易坍塌,处理不当将出现大坍塌,侧壁经常出现小坍塌,浅埋时易出现地表下陷或塌穿至地表;暂时自稳跨度 <3m
Ⅵ	—	围岩极易坍塌变形,有水时土砂常与水一起涌出,浅埋时易塌穿至地表;无自稳性

4.3 基于围岩稳定性的围岩分级方法

我国现行的铁路隧道规范,采用的是基于围岩稳定性的围岩分级方法,包括设计阶段的围岩分级和施工阶段围岩亚级分级。设计阶段的围岩分级,主要以岩石坚硬程度、岩体完整程度、地下水状态、结构面状态、初始地应力状态为指标,并结合弹性波速度这一反映岩石的软、硬及岩体状态的综合指标,进行围岩分级;而施工阶段围岩亚级分级,主要依据基于暂时稳定跨度的围岩稳定性评价标准进行分级。

设计阶段的围岩分级,具体分两步进行:首先根据地质勘察资料,采用定性划分和定量指标两种方法综合确定岩石坚硬程度和岩体完整程度两个基本分级因素,并结合围岩基本质量指标 BQ 值,在此基础上确定围岩的基本级别;之后结合隧道工程的特点,考虑地下水出水状态、初始地应力状态及主要结构面产状状态对围岩基本级别进行修正,获得最终的围岩级别。

(1)基本分级方法

基本分级中采用了岩石坚硬程度和岩体完整程度两个基本分级因素,对每个因素又分别采用了定性划分和定量指标两种方法,并结合围岩基本质量指标 BQ 值综合分级。

岩石坚硬程度定性划分主要依据岩性、物理力学参数、耐风化能力等因素,而定量指标为岩石的单轴饱和抗压强度 R_c。据此将围岩划分为硬质岩和软质岩两大类,其中,硬质岩又划分为极硬岩($R_c>60$)、硬岩($30<R_c\leqslant60$);软质岩又划分为较软岩($15<R_c\leqslant30$)、软岩($5<R_c\leqslant15$)、极软岩($R_c\leqslant5$)。

岩体完整程度定性划分主要考虑了岩体中的软弱结构面的产状、贯通性、充填情况以及结构面受地质构造作用的影响程度等,而定量指标为岩体完整性指数 K_v。据此将岩体的完整程度划分为完整、较完整、较破碎、破碎、极破碎 5 类。

岩体基本质量以 BQ 值评判,其计算公式见式(4-1),综合以上因素确定围岩基本分级表,见表 4-4。

$$BQ = 100 + 3R_c + 250K_v \tag{4-1}$$

式中:R_c——岩石坚硬程度;

K_v——岩体完整程度。

围岩基本分级 表4-4

围岩级别	岩体特征	土体特征	围岩基本质量指标(BQ)	弹性纵波速度(km/s)
Ⅰ	极硬岩,岩体完整	—	>550	A:>5.3
Ⅱ	极硬岩,岩体较完整;硬岩,岩体完整	—	550~451	A:4.5~5.3 B:>5.3 C:>5.0
Ⅲ	极硬岩,岩体较破碎;硬岩或软硬岩层互层,岩体较完整;较软岩,岩体完整	—	450~351	A:4.0~4.5 B:4.3~5.3 C:3.5~5.0 D:>4.0
Ⅳ	极硬岩,岩体破碎;硬岩,岩体较破碎或破碎;较软岩或软硬岩层互层,且以软岩为主,岩体较完整或较破碎;软岩,岩体完整或较完整	具压密或成岩作用的黏性土、粉土及砂类土,一般钙质、铁质胶结的粗角砾土、粗圆砾土、碎石土、卵石土、大块石土、黄土(Q_1、Q_2)	350~251	A:3.0~4.0 B:3.3~4.3 C:3.0~3.5 D:3.0~4.0 E:2.0~3.0
Ⅴ	软岩,岩体破碎至极破碎;全部极软岩及全部极破碎岩(包括受构造影响严重的破碎带)	一般第四系坚硬、硬塑黏性土,稍密及以上、稍湿、潮湿的碎(卵)石土、粗圆砾土、细圆砾土、粗角砾土、细角砾土、粉土及黄土(Q_3、Q_4)	≤250	A:2.0~3.0 B:2.0~3.3 C:2.0~3.0 D:1.5~3.0 E:1.0~2.0
Ⅵ	受构造影响很严重呈碎石、角砾及粉末、泥土状的断层带,富水破碎的绿泥石或炭质千枚岩	软塑状黏性土、饱和的粉土、砂类土等,风积沙,严重湿陷性黄土	—	<1.0(饱和土<1.5)

表 4-4 中 A~E 为围岩岩性类型,具体如表 4-5 所示。

岩性类型划分   表4-5

岩性类型	代表岩性
A	岩浆岩（花岗岩、闪绿岩、闪长岩、玢岩、花岗斑岩、流纹岩、辉绿岩、安山岩、玄武岩、蛇纹岩等），变质岩（石英粗面岩、石英斑岩、片麻岩、石英岩、片岩等），沉积岩（熔结凝灰岩、硅质砾岩、石灰岩、灰岩等）
B	沉积岩（石灰岩、白云岩等碳酸盐类）
C	变质岩（大理岩、板岩等），沉积岩（钙质砂岩、铁质胶结的砾岩及砂岩等）
D	古近纪～新近纪的沉积岩类（页岩、砂岩、砾岩、砂质泥岩、凝灰岩等），变质岩（云母片岩、千枚岩等）且岩石饱和单轴抗压强度 $R_c > 15MPa$
E	新近纪～第四纪的沉积岩类（泥岩、页岩、砂岩、砾岩、凝灰岩等）且岩石饱和单轴抗压强度 $R_c \leq 15MPa$

（2）分级修正方法

对围岩基本分级的修正中主要考虑了地下水状态和初始地应力状态两个修正分级因素。地下水状态根据定性指标和涌水量的大小划分为Ⅰ～Ⅲ三个级别，详见表4-6所示，地下水状态对围岩基本级别的修正方法如表4-7所示。

地下水状态基本分级   表4-6

级别	状态	渗水量 [L/(min·10m)]
Ⅰ	潮湿或点滴状出水	≤25
Ⅱ	淋雨状或线流状出水	25～125
Ⅲ	涌流状出水	>125

地下水状态对围岩基本级别的修正   表4-7

地下水状态分级	围岩基本分级				
	Ⅰ	Ⅱ	Ⅲ	Ⅳ	Ⅴ
Ⅰ	Ⅰ	Ⅱ	Ⅲ	Ⅳ	Ⅴ
Ⅱ	Ⅰ	Ⅱ	Ⅲ或Ⅳ①	Ⅴ	Ⅵ
Ⅲ	Ⅱ	Ⅲ	Ⅳ	Ⅴ	Ⅵ

注：①围岩岩体为较完整的硬岩时定为Ⅲ级，其他情况定为Ⅳ级。

初始地应力状态根据定性划分和定量指标确定。定性划分主要依据开挖过程中是否出现岩爆、岩芯饼化等特殊地质现象以及其特征等，而定量指标采用围岩强度应力比 R_c/σ_{max}。据此将初始地应力状态划分为极高应力、高应力和一般地应力三种状态，详见表4-8所示，初始地应力状态对围岩基本级别的修正方法如表4-9所示。

初始地应力状态评估基准   表4-8

初始地应力状态	主要现象	评估基准 (R_c/σ_{max})
一般地应力	硬质岩：开挖过程中不会出现岩爆，新生裂缝较少，成洞性一般较好	>7
	软质岩：岩芯无或少有饼化现象，开挖过程中洞壁岩体有一定的位移，成洞性一般较好	
高应力	硬质岩：开挖过程中可能出现岩爆，洞壁岩体有剥离和掉块现象，新生裂缝较多，成洞性较差	4～7
	软质岩：岩芯时有饼化现象，开挖过程中洞壁岩体位移显著，持续时间较长，成洞性较差	
极高应力	硬质岩：开挖过程中有岩爆发生，有岩块弹出，洞壁岩体发生剥离，新生裂隙多，成洞性差	<4
	软质岩：岩芯常有饼化现象，开挖过程中洞壁岩体有剥离，位移极为显著，甚至发生大位移，持续时间长，不易成洞	

初始地应力影响修正 表 4-9

初始地应力状态	围岩基本分级				
	Ⅰ	Ⅱ	Ⅲ	Ⅳ	Ⅴ
极高应力	Ⅰ	Ⅱ	Ⅲ 或 Ⅳ①	Ⅴ	Ⅵ
高应力	Ⅰ	Ⅱ	Ⅲ	Ⅳ 或 Ⅴ②	Ⅵ

注：①围岩岩体为较破碎的极硬岩、较完整的硬岩时定为Ⅲ级；围岩岩体为完整的较软岩、较完整的软硬互层时定为Ⅳ级；
②围岩岩体为破碎的极硬岩、较破碎及破碎的硬岩时定为Ⅳ级；围岩岩体为完整及较完整的软岩、较完整及较破碎的较软岩时定为Ⅴ级。

主要结构面产状状态对围岩亚分级的修正，应考虑主要结构面产状与洞轴线的组合关系，并结合结构面工程特性、富水情况等因素综合分析确定。主要结构面是指对围岩稳定性起主要影响的结构面，如层状岩体的泥化层面，一组很发育的裂隙，次生泥化夹层，含断层泥、糜棱岩的小断层等。

此外，围岩级别还需结合 BQ 值进行修正。通过地下水状态、主要软弱结构面产状、地应力指标对其进行修正，修正后再根据表 4-4 确定围岩级别，岩体基本质量的修正值为：

$$[BQ] = BQ - 100(K_1 + K_2 + K_3) \quad (4-2)$$

式中：$[BQ]$——岩体基本质量指标修正值；

K_1、K_2、K_3——分别为地下水影响修正系数、主要软弱结构面产状修正系数和初始地应力影响修正系数。K_1、K_2、K_3 的值可按表 4-10～表 4-12 确定。

地下水影响修正系数 K_1 表 4-10

地下水出水状态	BQ				
	> 550	550～450	450～351	350～251	≤ 250
潮湿或点滴状出水	0	0	0～0.1	0.2～0.3	0.4～0.6
淋雨状或涌流状出水，水压 ≤ 0.1MPa 或单位出水量 ≤ 10L/(min·m)	0～0.1	0.1～0.2	0.2～0.3	0.4～0.6	0.7～0.9
淋雨状或涌流状出水，水压 > 0.1MPa 或单位出水量 > 10L/(min·m)	0.1～0.2	0.2～0.3	0.4～0.6	0.7～0.9	1.0

主要软弱结构面产状修正系数 K_2 表 4-11

结构面产状及其与洞轴线的组合关系	结构面走向与洞轴线夹角 < 30°，结构面倾角 30°～75°	结构面走向与洞轴线夹角 > 60°，结构面倾角 > 75°	其他组合
K_2	0.4～0.6	0～0.2	0.2～0.4

初始地应力影响修正系数 K_3 表 4-12

初始应力状态	BQ				
	> 550	550～451	450～351	350～251	≤ 250
极高应力区	1.0	1.0	1.0～1.5	1.0～1.5	1.0
高应力区	0.5	0.5	0.5	0.5～1.0	0.5～1.0

施工阶段围岩亚级分级，具体也分两步进行：首先以毛洞暂时自稳跨度作为其自稳性体现指标，用岩石坚硬程度、岩体完整程度两指标组合表达各种围岩工况，根据不同组合工况下围岩自稳性特征结果，并结合围岩基本质量指标 BQ 值，在此基础上确定围岩亚分级；之后结合隧道工程的特点，考虑地下水出水状态、初始地应力状态及主要结构面产状状态对围岩基本级别进行修正，获得最终的围岩亚级级别。

（1）围岩亚级分级

我国铁路、公路隧道围岩分级方法都将围岩质量由好至坏共分为六级，然而在工程实践中发现，隧道开挖后的实际地质条件经判定经常会处于两级围岩之间,这种现象在Ⅲ、Ⅳ、Ⅴ级围岩中尤为突出,现实中不得不按照较低围岩级别的方法进行处理,从而使隧道建设过于保守,造成浪费。为提高隧道支护的优化程度,有必要对稳定性较复杂,施工方法、支护结构参数等相对多样化的Ⅲ、Ⅳ、Ⅴ级围岩进行更加细致地级别划分,即进行围岩亚级分级。

基于表4-3的研究成果,在《铁路隧道设计规范》(TB 10003—2016)中,用岩石坚硬程度、岩体完整程度两指标组合表达各种围岩工况,根据不同组合工况下围岩自稳性特征结果,分别将Ⅲ、Ⅳ、Ⅴ级围岩划分为两个亚级,各亚级对应的指标组合情况即为亚级划分标准,最终确定各亚级围岩对应的 BQ 值范围,结果见表4-13。

围岩亚分级　　　　　　　　　　　　　　　　表4-13

围岩级别		围岩主要工程地质条件		围岩基本质量指标 BQ
级别	亚级	主要工程地质特征	结构特征和完整状态	
Ⅲ	Ⅲ$_1$	极硬岩(R_c > 60MPa),岩体较破碎,结构面较发育、结合差	裂隙块状或中厚层状结构	450~391
		硬岩(R_c = 30~60MPa)或软硬岩互层以硬岩为主,岩体较完整,结构面不发育、结合良好	块状或厚层状结构	
	Ⅲ$_2$	极硬岩(R_c > 60MPa),岩体较破碎,结构面发育、结合良好	镶嵌碎裂状或薄层状结构	390~351
		硬岩(R_c = 30~60MPa)或软硬岩互层以硬岩为主,岩体较完整,结构面较发育、结合良好	块状结构	
		较软岩(R_c = 15~30MPa),岩体完整,结构面不发育、结合良好	整体状或巨厚层状	
Ⅳ	Ⅳ$_1$	极硬岩(R_c > 60MPa),岩体破碎,结构面发育、结合差	裂隙块状结构	350~311
		硬岩(R_c = 30~60MPa),岩体较破碎,结构面较发育、结合差或结构面发育、结合良好	裂隙块状或镶嵌碎裂状结构	
		较软岩(R_c = 15~30MPa)或软硬岩互层以软岩为主,岩体较完整,结构面较发育、结合良好	块状结构	
		软岩(R_c = 5~15MPa),岩体完整,结构面不发育、结合良好	整体状或巨厚层状	
	Ⅳ$_2$	极硬岩(R_c > 60MPa),岩体破碎,结构面很发育、结合差	碎裂结构	310~251
		硬岩(R_c = 30~60MPa),岩体破碎,结构面发育或很发育、结合差	裂隙块状或碎裂状	
		较软岩(R_c = 15~30MPa)或软硬岩互层以软岩为主,岩体较破碎,结构面发育、结合良好	镶嵌碎裂状或薄层状	
		软岩(R_c = 5~15MPa),岩体较完整,结构面较发育、结合良好	块状结构	
		土体:①具压密或成岩作用的黏性土、粉土及砂类土;②黄土(Q_1、Q_2);③一般钙质、铁质胶结的碎石土、卵石土、大块石土	①和②呈大块状压密结构,③呈巨块状整体结构	
Ⅴ	Ⅴ$_1$	较软岩(R_c = 15~30MPa),岩体破碎,结构面发育或很发育	裂隙块状或碎裂结构	250~211
		软岩(R_c = 5~15MPa),岩体较破碎,结构面较发育、结合差或结构面发育、结合良好	裂隙块状或镶嵌碎裂状	
		一般坚硬黏质土、较大天然密度硬塑状黏质土及一般硬塑状黏质土;压密状态稍湿至潮湿或胶结程度较好的砂类土;稍湿或潮湿的碎石土、卵石土、圆砾、角砾土及黄土(Q_3、Q_4)	非黏性土呈松散结构,黏性土及黄土呈松软结构	
	Ⅴ$_2$	软岩,岩体破碎;全部极软岩及全部极破碎岩(包括受构造影响严重的破碎带)	呈角砾状松散结构	≤210
		一般硬塑状黏质土及可塑状黏质土;密实以下但胶结程度较好的砂类土;稍湿或潮湿且较松散的碎石土、卵石土、圆砾、角砾土;一般或坚硬松散结构的新黄土	非黏性土呈松散结构,黏性土及黄土呈松软结构	

(2)围岩亚分级修正

同围岩分级一样,围岩亚分级也应在表14-13的基础上,结合隧道工程的特点考虑地下水出水状态、初始地应力状态、主要结构面产状状态等因素进行修正；围岩亚分级修正宜采用定性修正与定量修正相结合的方法，综合分析确定围岩级别。

地下水对围岩亚级级别的修正宜按表 4-14 进行。

地下水影响的修正　　　　　　　　　　表 4-14

围岩级别 地下水出水状态	III		IV		V	
	III_1	III_2	IV_1	IV_2	V_1	V_2
潮湿或点滴状出水	III_1	III_2	IV_1	IV_2	V_1	V_2
淋雨状或线流状出水	III_2	IV_1	IV_1	V_2	VI	VI
涌流状出水	V_1	IV_2	IV_1	V_2	VI	VI

围岩初始地应力状态，当无实测资料时，可根据隧道工程埋深、地貌、地形、地质、构造运动史、主要构造线与开挖过程中出现的岩爆、岩芯饼化等特殊地质现象评估。初始地应力对围岩亚级级别的修正宜按表 4-15 进行。

初始地应力影响的修正　　　　　　　　　　表 4-15

围岩级别 初始应力状态	III		IV		V	
	III_1	III_2	IV_1	IV_2	V_1	V_2
极高应力	III_2	IV_1	V_1	V_2	VI	VI
高应力	III_1	III_2	IV_2	V_1	VI	VI

注：本表不适用于特殊围岩。

主要结构面产状状态对围岩亚分级的修正，应考虑主要结构面产状与洞轴线的组合关系，并结合结构面工程特性、富水情况等因素综合分析确定。主要结构面是指对围岩稳定性起主要影响的结构面，如层状岩体的泥化层面，一组很发育的裂隙，次生泥化夹层，含断层泥、糜棱岩的小断层等。

围岩亚级分级定量修正应采用围岩基本质量指标修正值 $[BQ]$，并根据修正后的围岩基本质量指标 $[BQ]$，依据表 4-13 重新确定围岩级别。

4.4 掌子面围岩稳定性评价方法

4.4.1 掌子面稳定性级别划分

基于大量的隧道掌子面发生破坏时情况的资料调研，可确定掌子面稳定或失稳的情况有三种，基于此，建立了三种掌子面围岩稳定性模式，即 A 整体稳定，B 暂时稳定、C 全断面不稳定，具体如表 4-16 所示。

掌子面稳定性级别划分　　　　　　　　　　表 4-16

掌子面围岩稳定性模式	掌子面稳定或失稳的情况	图 示
A	掌子面整体稳定	

续上表

掌子面围岩稳定性模式	掌子面稳定或失稳的情况	图示
B	掌子面暂时稳定，正面鼓胀、挤出、局部掉块	
C	掌子面全断面不稳定，出现上半断面塌方、正面挤出失稳或整体塌方	

4.4.2 掌子面稳定性分级指标体系

由表 4-1 可知，岩石坚硬程度、岩体完整程度和地下水状态为围岩分级中使用率最高的三个指标，而且远高于其他参数的使用率。关宝树教授研究认为：一般岩质围岩施工阶段，围岩分级指标除了包括岩石坚硬程度、岩体完整程度的基本指标外，修正指标中影响较大的为地下水状态，这也与上述的统计结果相吻合。同时考虑到应用于现场施工时应尽量简便，故仅选取岩石坚硬程度、岩体完整程度和地下水状态三个指标作为分级指标。基于此，运用数量化理论，结合相关资料，提出基于岩石坚硬程度、岩体完整程度、地下水三项指标的掌子面稳定性综合分级方法，如表 4-17 所示。

掌子面稳定性分级表　　　　表 4-17

围岩级别 \ 稳定性级别	A	B	C
Ⅰ	完整、坚硬岩、无水或滴水 完整、坚硬岩、线状或股状		
Ⅱ	完整、较坚硬岩、无水或滴水 完整、较坚硬岩、线状或股状 较完整、坚硬岩、无水或滴水 较完整、坚硬岩、线状或股状		
Ⅲ	完整、较软岩、无水或滴水 较完整、较坚硬岩、无水或滴水 较破碎、坚硬岩、无水或滴水 较完整、较坚硬岩、线状或股状		
Ⅳ	完整、软岩、无水或滴水；较完整、较软岩、无水或滴水；较完整、软岩、无水或滴水	较破碎、较软岩、无水或滴水；较破碎、较坚硬岩、无水或滴水；破碎、较软岩、无水或滴水；破碎、较坚硬岩、无水或滴水；较破碎、坚硬岩、线状或股状；完整、较软岩、线状或股状；完整、软岩、线状或股状；较完整、较软岩、线状或股状；较完整、软岩、线状或股状；较破碎、较软岩、线状或股状；较破碎、较坚硬岩、线状或股状；破碎、较软岩、线状或股状；破碎、较坚硬岩、线状或股状	
Ⅴ		较破碎、软岩、无水或滴水；破碎、较软岩、无水或滴水；破碎、软岩、无水或滴水；较破碎、软岩、线状或股状；破碎、较软岩、线状或股状	破碎、软岩、线状或股状；岩体极破碎，无水或滴水；岩体极破碎，线状或股状

各组合情况的 BQ 值,如表 4-18 所示。

掌子面稳定性分级组合情况 BQ 值　　　　表 4-18

稳定性级别 围岩级别	A	B	C
Ⅰ	> 500		
Ⅱ	> 400		
Ⅲ	> 350		
Ⅳ	250～300	< 250	
Ⅴ		100～200	<100

由表 4-18 可知,各组合情况的 BQ 值存在明显梯度,表明分类合理。

此外,掌子面稳定性级别还需结合围岩基本质量指标修正值 $[BQ]$ 进行修正。通过主要软弱结构面产状、地应力指标对其进行修正,并根据修正后的围岩基本质量指标 $[BQ]$,依据表 4-18 重新确定掌子面稳定性级别。

4.5　结语

本讲从围岩稳定性影响因素、围岩稳定性评价标准、基于围岩稳定性的分级方法及掌子面围岩稳定性评价方法四个方面对围岩稳定性评价和分级进行了系统性的阐述。总的来说目前的围岩分级方法已经较为完善,但仍有发展的空间。目前基于超前钻探参数、钻孔参数、TBM 掘进参数等的随钻测量技术发展迅速,并取得了较丰硕的研究成果,如 Hakan Schunnesson 建立了基于钻进参数估算岩石质量指标(RQD)的方法。有理由相信,随着隧道智能化建造技术相关研究的开展,建立动态的围岩级别自动化判识方法将成为现实。

本讲参考文献

[1] 日本土木学会. 性能規定に基づくトンネルの設計とマネジメント [D]. 东京:丸善株式会社,2009.

[2] 日本国土交通省铁道局监修. 铁道构造物等维持管理标准・同解说(隧道篇)[S]. 东京:丸善株式会社,2014.

[3] 日本土木学会. 隧道标准技术规范・同解说(矿山法篇)[S]. 东京:丸善株式会社,2016.

[4] 中华人民共和国铁道部. 铁路隧道设计规范:TB 10003—2005[S]. 北京:中国铁道出版社,2005.

[5] 关宝树. 矿山法隧道关键技术 [M]. 北京:人民交通出版社股份有限公司,2016.

[6] 关宝树. 隧道工程设计要点集 [M]. 北京:人民交通出版社,2003.

[7] 关宝树. 漫谈矿山法隧道技术讲座 [J]. 隧道建设(抽印本)2018.

[8] 李志业,曾艳华. 地下结构设计原理与方法 [M]. 成都:西南交通大学出版社,2003.

[9] 关宝树. 隧道力学概论 [M]. 成都:西南交通大学出版社,1993.

[10] 潘昌实. 隧道力学数值方法 [M]. 北京:中国铁道出版社,1995.

[11] 孙钧. 地下工程设计理论与实践 [M]. 上海:上海科学技术出版社,1996.

[12] 朱永全,宋玉香. 隧道工程 [M].3 版. 北京:中国铁道出版社,2015.

[13] 国家铁路局. 铁路隧道设计规范:TB 10003—2016[S]. 北京:中国铁道出版社,2017.

[14] 王思敬,杨志法. 地下工程岩体稳定分析 [M]. 北京:科学出版社,1984.

[15] 石根华. 数值流形方法和非连续变形分析 [M]. 裴觉民, 译. 北京: 清华大学出版社, 1997.

[16] 王明年, 刘大刚, 等. 公路隧道岩质围岩亚级分级方法研究 [J]. 岩土工程学报, 2009, 31(10): 1590-1594.

[17] 王明年, 魏龙海, 等. 公路隧道围岩亚级物理力学参数研究 [J]. 岩石力学与工程学报, 2008, 27(11): 2252-2259.

[18] 王明年, 陈炜韬, 等. 公路隧道岩质和土质围岩统一亚级分级标准研究 [J]. 岩土力学, 2010, 31(2): 547-552.

[19] 李世辉. 围岩—支护动态系统稳定性判据变形速率比值判别法 [J]. 水电站设计, 1992, 8(3): 20-25.

[20] 吴秋军. 铁路隧道围岩变形机理与分级方法研究 [D]. 西南交通大学, 2017.

[21] 王石春, 陈光宗, 何发亮. 中国铁路隧道工程地质的发展 [J]. 铁道工程学报, 1996, (02): 48-54.

[22] Goodman R E, Shi G. Block theory and its application to rock engineering[M]. Englewood Cliffs, NJ: Prentice-Hall, 1985.

[23] Hoek E, marinos P. A brief history of the development of the Hoek-Brown failure criterion[J]. Soils and Rocks. 2007, 2: 1-8.

[24] Sakurai S. Displacement measurements associated with the design of underground openings[C]. Zurich: 1983.

[25] 日本国有铁道建设局, 等. NATM 设计施工指南 [J]. 吴佛明, 译. 铁道标准设计通讯, 1986 (总 252): 120.

[26] 日本土木学会. 日本隧道标准规范 (山岭篇) 及解释 [G]. 关宝树, 等, 译. 成都: 西南交通大学出版社, 1988.

[27] Bieniawski Z T. Engineering rockmass classification[M]. New York: Science Press, 1989.

[28] 王明年, 李玉文. 公路隧道围岩亚分级方法 [M]. 成都: 西南交通大学出版社, 2008.

[29] Barton N, Lien R, Lunde J. Engineering classification of rockmasses for the design of tunnel support[J]. Rock Mechanics. 1974, 6(4): 189-236.

[30] 李苍松, 王石春, 何发亮. 隧道工程岩体分级 [M]. 成都: 西南交通大学出版社, 2000.

[31] Hakan Schunnesson. RQD predictionds based on drill performance parameters [J]. Tunnelling and Underground Space Technology, 1996, 11(3): 345-351.

第05讲

高速铁路隧道空气动力学效应与工程对策

高速列车在隧道中运行时所诱发的空气动力效应是世界各国在发展高速铁路中都十分关心的,其关系到旅客乘车耳膜舒适度、隧道洞口附近环境保护、隧道设计参数、车体结构设计参数、线路运营条件等,是高速铁路隧道设计和运营中必须考虑的关键技术问题,主要包括瞬变压力、微气压波、空气阻力、空气动力荷载等的影响,见表5-1。

高速铁路隧道的空气动力效应 表5-1

指　标		影　响
瞬变压力	车内气压变化最大幅度	旅客和乘员健康
	车内特定时间气压单调变化幅度	旅客和乘员耳膜舒适度
	列车内外气压差峰值	车体结构安全
	隧道内气压峰值	隧道内设备设施安全
微气压波	隧道洞口一定距离微气压波最大值	隧道洞口附近环境
空气阻力	平均阻力	牵引计算
	阻力过程及阻力最大值	限坡设计
空气流动	列车风最大值	隧道内养护人员安全、隧道内设备设施安全

高速列车在隧道中运行时所产生的流场是三维、可压缩、非定常的湍流流场,此流场的特殊之处在于它是由无限边界向有限边界过渡的一个流场,既不同于风洞试验中的有限边界流场,也不同于列车明线运行时的半无限边界流场,还不同于飞机所在的无限边界流场,这就决定了高速铁路隧道空气动力学研究的复杂性。

本讲首先介绍考虑空气动力学指标的高速铁路隧道设计方法,然后分别介绍瞬变压力、微气压波、空气阻力、空气动力荷载等空气动力学指标的产生机理、影响因素、计算方法、控制措施和设计方法,最后对高速铁路隧道空气动力学效应进行技术发展展望。

5.1 考虑空气动力学指标的高速铁路隧道设计方法

高速铁路隧道断面尺寸确定最重要的考量因素就是列车内瞬变压力的变化能否满足旅客乘车耳膜舒适度标准,同时,在设计确定隧道断面尺寸后还需要采取相关配套的工程措施来满足其他空气动力效应指标的要求。

本讲执笔人:吴剑,赵勇。

一般情况下，考虑空气动力学指标开展高速铁路隧道设计的主要方法见图5-1。

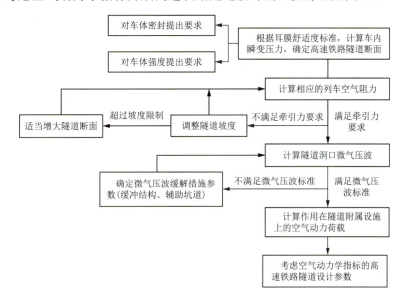

图 5-1　考虑空气动力学指标的高速铁路隧道设计方法

首先依据旅客乘车耳膜舒适度标准，考虑车型、车速、车长、隧道长度等主要因素，通过大量计算得出车内瞬变压力，初步确定高速铁路隧道净空面积，同时提出对应的列车密封性能和车体强度要求。当拟定的隧道净空面积较大时，对列车密封性能和车体强度要求较低，当拟定的隧道净空面积较小时，对列车密封性能和车体强度要求较高。

在初步确定的隧道净空面积基础上，对隧道空气阻力进行计算，考察列车的牵引能力是否能够满足要求。牵引力不足时，首先考虑对隧道内线路的坡度进行调整，若仍不能满足要求，再考虑扩大隧道净空面积，得到同时满足旅客乘车耳膜舒适度要求和牵引力要求的隧道净空面积。

在上述隧道净空面积基础上，对隧道洞口微气压波进行计算，据此确定是否需要采用如缓冲结构、辅助坑道等缓解措施。需要设置缓解措施时，依据微气压波控制标准，通过计算得出缓解措施的形式和合理参数。

在上述隧道净空面积基础上，还应计算得出隧道内的空气动力荷载，包括压强荷载和风压荷载，为相应设备、设施的设计提供依据，保证列车运行时隧道内设备、设施的安全。

5.2　高速铁路隧道瞬变压力及净空断面设计

5.2.1　高速铁路隧道的瞬变压力

列车高速进入隧道时，列车前方的空气受到压缩，列车后方则形成负压，这种气压波动以接近声速传播至隧道出口，并形成反射波，回传、叠加，就形成了隧道内的瞬变压力（图5-2），隧道内的气压波动传递到列车内就形成了列车内的瞬变压力（图5-3）。

列车车内的瞬变压力会造成旅客耳膜不适或损伤，因此需要对车内气压的瞬变程度进行评估，提出旅客乘车耳膜舒适度标准，进而采取相关工程措施来控制车内瞬变压力。

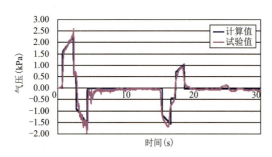

图 5-2 隧道内固定点的瞬变压力（武广客专九子仙隧道，350km/h 单车通过）

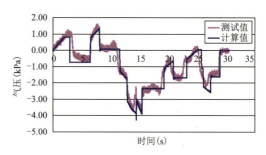

图 5-3 列车上固定点的瞬变压力（武广客专九子仙隧道，350km/h 中点交会）

5.2.2 瞬变压力的耳膜舒适度标准

研究表明，当车内瞬变压力小于 0.3kPa 时，耳膜基本没有感觉；大于 0.3kPa 小于 5.0kPa 时，耳膜感觉不适且程度增大；大于 5.0kPa 小于 10.0kPa 时，耳膜感觉疼痛；大于 10.0kPa 时，耳膜可能破裂。因此，从医学角度出发，为保证旅客的健康，耳膜健康标准一般规定车内气压变化幅度最大允许值为 10kPa，并且要考虑列车密封性能完全丧失的最坏情况。

然而，仅仅达到耳膜健康标准是远远不够的，耳膜舒适度也值得关心，这是旅客是否选择高速铁路作为出行方式的一个重要条件。

耳膜舒适度标准主要采用"七分法"不适度调查表（表 5-2），运用室内压力舱调查和现场实车试验调查的手段，将比"不适度"均值 2.0（有点不适）略为宽松的"不适度"均值 2.5 作为正常场合（单线隧道）高舒适度服务的"不适度"准则量值，进而通过统计分析确定。

"不适度"调查表 表 5-2

| 1 | 2 | 3 | 4 | 5 | 6 | 7 | 车内瞬变压力 |
无感觉	有点不适			不舒适		极为不适	(kPa/3s)

20 世纪世界各国的舒适度标准主要为单一型指标，即对车内 3s 或 4s 内的气压变化提出控制标准，如英国 1986 年将 4.0kPa/4s 作为其所有铁路的标准。21 世纪以来，欧洲铁路联盟、德国等分别提出了更为全面和严格的复合型舒适度标准，即分别对车内 1s、4s、10s、…、60s 内的气压变化提出控制标准（表 5-3）。

国外采用的复合型舒适度标准 表 5-3

国家或组织	线路类型	阈值 $\Delta P/\Delta t$（kPa/ns）		车速(km/h)	是否密封	备 注
		kPa	n（s）			
德国	单车	0.5	1	240～280	是	
		0.8	3			
		1.0	10			
UIC 660	单车及交会	0.5	1	高速	是	2002 年
		0.8	3			
		1.0	10			
		2.0	60			
UIC 779-11	单车及交会	1.0	1	高速	是	2005 年
		1.6	4			
		2.0	10			

续上表

国家或组织	线 路 类 型	阈值 $\Delta P/\Delta t$（kPa/ns）		车速(km/h)	是否密封	备 注
		kPa	n（s）			
ERR I C218/RP1	单车及交会	1.0	1	高速	是	
		1.6	4			
		2.0	10			
		3.0	60			

我国结合遂渝铁路、合武铁路、石太客专等现场调查和试验提出了高速铁路隧道耳膜舒适度标准，并进行了调整和完善。《铁路隧道设计施工有关标准补充规定》（铁建设〔2007〕88号）中要求：单车通过隧道时车内瞬变压力应小于0.80kPa/3s，双线隧道会车时车内瞬变压力应小于1.25kPa/3s；《高速铁路工程动态验收技术规范》（TB 10761—2013）中要求：列车通过隧道时车内瞬变压力应小于1.25kPa/3s；高速电动车组整车试验规范和《铁路应用——空气动力学标准》（TB/T 3503—2018）中要求：列车通过隧道时车内瞬变压力应小于0.80kPa/3s。我国高速铁路隧道耳膜舒适度标准比较接近国外严格标准。

5.2.3 瞬变压力的影响因素

影响瞬变压力的主要因素包括：车速、列车长度、列车断面面积、列车密封性能、隧道长度、隧道净空面积、辅助坑道等。

（1）车速和阻塞比的影响

研究表明，车速和阻塞比对瞬变压力 p 的影响较大，可用式（5-1）描述：

$$p = kv^2 \beta^N \tag{5-1}$$

式中：v ——车速（km/h）；

β ——阻塞比，$\beta = A_v / A_t$；

A_v ——列车断面面积（m²）；

A_t ——隧道净空面积（m²）。

N ——列车单车运行时，$N=1.30\pm0.25$；列车交会运行时，$N=2.16\pm0.06$。

（2）隧道长度和列车长度的影响

研究表明，对于瞬变压力，存在"最不利长度"隧道，这是因为对于长隧道，气压波动来回反射的周期较长，且在反射过程中能量损失较大，而对于中短隧道，气压波动来回反射的周期相应较短，且在反射过程中能量损失相应较小。

对于列车车头瞬变压力，单车通过和双线会车时的最不利隧道长度分别为：

$$L_t = \frac{1+M}{2M(1-M)} L_v \text{（单车通过）}$$

$$L_t = \frac{1+M}{(1-M)^2} L_v \text{（双线会车）}$$

式中：L_t ——隧道长度（m）；

L_v ——列车长度（m）；

M ——列车马赫数，$M=v/C$，v 为车速，C 为音速。

（3）辅助坑道的影响

研究表明，辅助坑道在气压传播过程中具有"分散气压"和"增加反射界面"两方面的影响，影响效果主要由其位置、断面面积和长度确定。

长隧道中辅助坑道的最有利位置为：

$$\frac{4M^2}{(1-M)^2} < \frac{X}{L_t} < \frac{2M}{1+M} \tag{5-2}$$

式中：X——辅助坑道距隧道进口的距离(m)；

L_t——隧道长度(m)；

M——列车马赫数。

辅助坑道断面面积不宜超过隧道净空面积的 1/3，过度加大辅助坑道断面面积反而会产生不利影响。

5.2.4 车外瞬变压力的计算方法

计算车外瞬变压力一般采用三维模型方法和单维模型特征线法。三维模型方法建模过程复杂，计算时间很长，一般在特殊隧道结构或隧道特殊位置的瞬变压力计算分析中采用；单维模型特征线法计算过程简单，计算时间较短，在单一隧道做大量规律性的计算分析时均采用此种方法。

下面简要介绍单维模型特征线法的原理。一般来说，列车在隧道内运行时引起的空气流动是复杂的三维、可压缩、非定常的湍流流动。但是一般隧道长度 L_t 都远远大于隧道水力直径 D_t。列车在隧道内引起的压缩波的传播速度接近音速 C，压缩波沿整个隧道长度传播的时间和沿隧道横断面上的传播时间之间也存在着相应的关系：$L_t/C \gg D_t/C$。所以，对于具有一定长度的隧道和列车来讲，可近似认为：隧道横断面上的压力是均匀分布的，即在同一断面上的各处压力相等。又因为隧道横断面在隧道长度方向上的变化率较小，故当隧道长度远远大于其横断面水力直径时，可以把隧道内的空气流动简化为一维、可压缩、非定常的湍流流动。隧道内空气流动的单维特性已通过三维模型计算和现场试验进行了验证，比较验证结果见图 5-4。

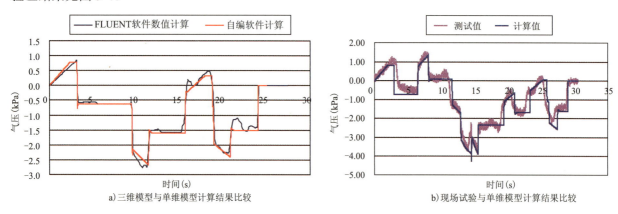

a)三维模型与单维模型计算结果比较　　　　b)现场试验与单维模型计算结果比较

图 5-4　计算结果与试验结果比较(车头瞬变压力)

5.2.5 瞬变压力车内外的传递规律

列车通过隧道时，由于车外发生了气压变化，车内也会感受到气压变化，车外气压变化向车内传递取决于车外气压变化过程特征和列车结构及密封性能，对有一定密封性能的列车而言，其车内气压比车外气压小，并有一定时间的滞后(图 5-5)。

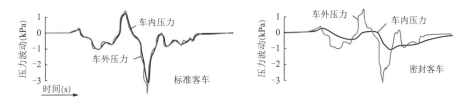

图 5-5 列车的密封效果

车内瞬变压力与旅客乘车耳膜舒适度有直接关系,是真正值得关心的问题。车外气压波动向车内传递时,一般采用基于线性假定(假定车内压力的变化率与车厢内外压差成正比)的泄漏模型,为:

$$\frac{dp_i}{dt} = \frac{1}{\tau}(p_e - p_i) \tag{5-3}$$

式中：p_i、p_e——分别为车内气压和车外气压（kPa）；

τ——列车密封指数（s）；

t——气压波动经历的时间（s）。

基于此泄漏模型,可以采用车外气压为变量的差分方法对车内气压进行计算。

列车气压密封指数分为两种,即动态密封指数 τ_{dyn} 和准静态密封指数 τ_{stat}。τ_{dyn} 是列车—隧道动态系统中列车的真实气压密封指数,其反映了列车内外气压波动的真实动态情况。在三维模型和单维模型的隧道设计软件中,均使用 τ_{dyn} 描述列车的密封程度。为了准确测试得到 τ_{dyn},必须进行列车全尺寸现场试验。有时也可以采用 τ_{stat} 来估算 τ_{dyn},其中 τ_{stat} 通常是一个静态车厢在恒定外部气压环境下测得的,且 τ_{stat} 通常比 τ_{dyn} 高 2～3 倍。

动态密封指数 τ_{dyn} 的定义为:

$$\tau_{dyn} = \frac{\Delta p(t)}{dp_i / dt} \tag{5-4}$$

式中：$\Delta p(t)$——时间 t 的压力差（$=p_e - p_i$）（kPa）；

p_e——车外气压,随时间变化 [$=p_e(t)$]（kPa）；

p_i——车内气压,随时间变化 [$=p_i(t)$]（kPa）。

高速铁路中运营列车气密性的要求即动态密封指数的选取对隧道净空面积的研究和设计起着重要作用,因为较大的动态密封指数能够大幅降低车内瞬变压力。一般认为,不同类型列车的动态密封指数见表 5-4。

不同类型列车的动态密封指数 表 5-4

列 车 类 型	动态密封指数
非密封列车（如区域交通列车、CRH1）	$\tau_{dyn} < 0.5s$
密封性能不好的列车（如 Europecity）	$0.5s < \tau_{dyn} < 6s$
密封性能较好的列车（如 ICE1、TGV、CRH2、CRH3）	$6s < \tau_{dyn} < 15s$
密封性能非常好的列车（如 ICE3、CRH380A、CRH380B、中国标准动车组）	$\tau_{dyn} > 15s$

5.2.6 考虑瞬变压力的高速铁路隧道净空断面设计方法

考虑瞬变压力指标进行高速铁路隧道净空断面设计时,首先以预估的隧道净空面积为基础,通过单维模型或三维模型计算列车通过不同长度隧道时的车外瞬变压力,同时根据不同列车动态密封指数计算车内瞬变压力并找出最不利隧道长度,然后与舒适度标准进行比较,满足舒适度标准的,针对最不利隧道长度进行净空面积优化计算,不满足舒适度标准的,针对最不利隧道长度计算需要的净空面积。

设计高速铁路隧道净空断面时,控制车内瞬变压力可以采用两种模式:一是采用大断面隧道来降低对列车密封性能的要求,减小运营成本;二是采用密封性能较高的列车来减小隧道净空面积要求,降低工程投资。

我国通过研究提出了不同速度目标值时与车辆密封性能相适应的隧道净空面积建议值,见表5-5,已经纳入《高速铁路设计规范》(TB 10621—2014)中。

我国高速铁路隧道净空面积的建议值　　　　　　　　　　　表 5-5

v（km/h）	200	250	300	350
单线 A_t（m²）	52	58	70	70
双线 A_t（m²）	80	90	100	100

同时,由于"瞬变压力最不利隧道长度"概念的存在(图5-6),长隧道及特长隧道可以通过"一隧一算"方法进行隧道净空面积的优化。

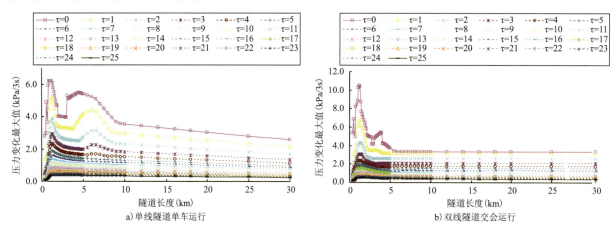

a) 单线隧道单车运行　　　　　　　　　　b) 双线隧道交会运行

图 5-6　车内瞬变压力计算结果(车速 350km/h,车长 400m,车头)

5.3 高速铁路隧道洞口微气压波及缓解措施设计

5.3.1 高速铁路隧道的洞口微气压波

列车高速进入隧道,前方的空气受到挤压,这种挤压状态的空气以接近声速传播至隧道出口,骤然膨胀,产生一个被称为微气压波的次声波(图5-7)。微气压波是一种低频振动和噪声,其中频率在20Hz以上部分形成隧道洞口附近可以听到的爆破噪声,频率在20Hz以下部分主要使得隧道洞口附近的轻型结构产生剧烈震动。

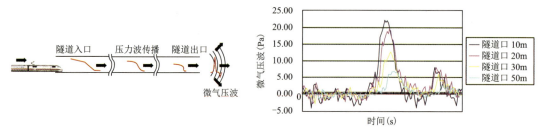

图 5-7　隧道洞口微气压波的形成及试验值(遂渝铁路二岩隧道,200km/h)

5.3.2 微气压波的控制标准

我国制定了微气压波控制标准,与国外标准基本相同,见表 5-6。

微气压波控制标准　　　　表 5-6

建筑物至洞口距离	建筑物有无特殊环境要求	基准点	微气压波峰值
< 50m	有	建筑物	按要求
	无		≤ 20Pa
≥ 50m	有	距洞口 20m 处	< 50Pa

5.3.3 微气压波的形成过程和影响因素

通过微气压波发生机理的研究,可以将其形成过程分为三个阶段,即首波在隧道入口的形成、首波在隧道中的传递、首波在隧道出口释放形成微气压波。

首波在隧道入口的形成,压缩波波前梯度 $\dfrac{dp}{dt}$ 为:

$$\left(\frac{dp}{dt}\right)_{max} = \frac{p^* v}{\pi l} = \frac{kv^3}{\pi l}, \quad k = \frac{1}{2}\rho \frac{1-(1-\beta)^2}{(1-M)\left[M+(1-\beta)^2\right]} \tag{5-5}$$

首波在隧道中的传递,有砟轨道隧道压缩波波前梯度的衰减为:

$$\left(\frac{dp}{dt}\right)_{EX\,max} = \left(\frac{dp}{dt}\right)_{max} \exp(1-\alpha L_t) \tag{5-6}$$

首波在隧道出口释放形成微气压波,即:

$$P_{r\,max} = \frac{2A_t}{\Omega r C}\left(\frac{dp}{dt}\right)_{EX\,max} \tag{5-7}$$

上述式中:v ——车速(km/h);

l ——车头和洞门形状系数;

ρ ——空气密度(kg/m³);

β ——阻塞比;

M ——列车马赫数;

α ——衰减系数;

L_t ——隧道长度(m);

A_t ——隧道净空面积(m²);

Ω ——洞口空间角。

r ——隧道出口中心到测点的距离(m);

C ——音速(m/s)。

可见,影响微气压波的主要因素包括:车速、车头形状、列车断面面积、隧道长度、隧道断面面积、道床结构形式、洞口空间角,还有洞门结构形式和辅助坑道等。其中,道床结构形式对微气压波的影响比较复杂。

5.3.4 无砟轨道对微气压波的激化作用

压缩波在无砟轨道隧道中的传播规律与在有砟轨道隧道中有所差别。由于摩擦作用相对较小,压缩波在无砟轨道隧道中向前传播过程中空气的密度和温度增加较快,导致压缩波后部比前部的传播速度更快,波形变陡,波前梯度增大,这种现象被称为微气压波激化作用。微气压波激化作用在车速较低或隧道较短时并不明显,而车速较高及隧道较长时这种作用会十分显著,具体表现为洞口微气压波(气压梯度)随着隧道长度的增加而增大,到某一隧道长度时达到最大值,其后随着隧道长度的增加而减小(图5-8)。

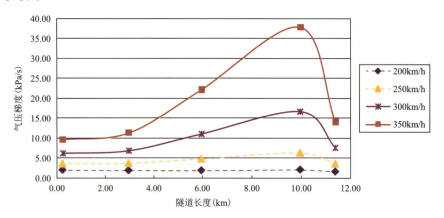

图 5-8 隧道内不同位置气压梯度与车速的关系

我国在武广客专现场试验中在国内首次发现了无砟轨道对微气压波的激化作用,并实际听到了微气压波大于50Pa时的爆破噪声,如车速330km/h、板式道床、长度约3km的九子仙隧道洞口20m处微气压波为50Pa左右,而相同条件下长度约10km的大瑶山1号隧道则为130Pa左右。

根据我国武广客专、京沪高铁、沪昆高铁现场试验数据,分析得到了隧道内不同位置气压梯度与车速的关系,见图5-8,可为分析隧道洞口微气压波、了解缓解措施获得的缓解效果提供基准数据。

隧道出口的空间角一般为 $\pi \sim 2\pi$,根据图5-8和压缩波在隧道出口释放形成微气压波计算公式,长度1km(基本无激化作用)、10km(最大激化作用)隧道要满足控制标准要求,需要缓解措施达到的缓解效果见表5-7。

不同长度隧道缓解措施需要达到的缓解效果   表5-7

车速(km/h)	隧道长度(km)	出口空间角	需要达到的缓解效果
300	1	π	12%以上
	10	π	48%以上
350	1	π	45%以上
	10	π	68%以上

5.3.5 微气压波的缓解措施

降低微气压波的基本思路是在压缩波形成和传播阶段减小其压力梯度,目前主要采用修建隧道洞口缓冲结构和利用隧道洞内辅助坑道两方面的工程措施。

(1)隧道洞口缓冲结构的缓解效果分析

我国高速铁路隧道洞口的缓冲结构通常有直线斜切式、扩大常截面式、开口等截面式和喇叭口式四种(见图5-9),其最大缓解效果及对应的最优结构参数见表5-8。

根据表5-7、表5-8,车速300km/h时,采用洞口缓冲结构可以将微气压波控制在标准要求之内,车速350km/h时,一般情况下采用洞口缓冲结构可以将微气压波控制在标准要求之内,但在无砟轨道特长隧道最大激化作用情况下,仅采用洞口缓冲结构的措施是不够的。

a) 直线斜切式

b) 扩大常截面式

c) 开口等截面式

d) 喇叭口式

图 5-9 隧道洞口缓冲结构形式

不同形式隧道洞口缓冲结构(长度 20m)的缓解效果　　表 5-8

缓冲结构形式	最大缓解效果	最优结构参数
直线斜切式	17.8%	缓冲结构长度与隧道净空高度之比为 2∶1
开口等截面式	22.6%	开口率 24%
扩大常截面式	46.9%	缓冲结构出口断面面积与隧道净空面积之比为 1.55∶1
喇叭口式	56.7%	缓冲结构出口断面面积与隧道净空面积之比为 2.10∶1

(2) 隧道洞内辅助坑道的缓解效果分析

研究表明，辅助坑道的开启能够对微气压波起到缓解作用，其消减模型可简化为 T 形管中的压力分散问题(见图 5-10)。

主隧道中经过辅助坑道削弱后的压缩波 p_t 会较初始压缩波 p_i 有所减小，且辅助坑道的断面面积越大，初始压力波衰减程度越大。经计算和试验得到：

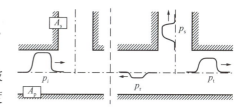

图 5-10 T 形管的压力分散

$$\left(\frac{dp_t}{dt}\right)_{max} = \frac{2}{2+\dfrac{A_s}{A_t}}\left(\frac{dp_i}{dt}\right)_{max} \tag{5-8}$$

如隧道内设置 n 个断面面积为 A_{sn} 的辅助坑道后，隧道出口处最终的气压梯度为：

$$\left(\frac{dp}{dt}\right)_{EX\,max} = \frac{2}{2+\dfrac{A_{s1}}{A_t}}\times\cdots\times\frac{2}{2+\dfrac{A_{sn}}{A_t}}\left(\frac{dp}{dt}\right)_{EN\,max} \tag{5-9}$$

式中：A_t——隧道净空面积(m^2)；

A_{si}——第 i 个辅助坑道断面面积(m^2)。

（3）缓冲结构与辅助坑道联合作用时的缓解效果分析

解决无砟轨道特长隧道最大激化作用的问题，可以从两个方面入手，一方面是在压缩波进入隧道时采用洞口缓冲结构降低其梯度，另一方面是在压缩波在隧道内传播过程中采用辅助坑道削弱其梯度，这就需要将缓冲结构和辅助坑道联合考虑。

若定义$r_{缓冲结构}$为缓冲结构对气压梯度的缓解系数，并定义$r_{辅助坑道}$为辅助坑道对气压梯度的缓解系数，则有：

$$\left(\frac{dp}{dt}\right)_{EX,max} = (1-r_{缓冲结构})(1-r_{辅助坑道})\left(\frac{dp}{dt}\right)_{EN,max} \qquad (5-10)$$

采用缓冲结构和辅助坑道联合作用时，可以将车速350km/h时无砟轨道特长隧道最大激化作用情况下的微气压波控制在标准要求之内。

5.3.6 高速铁路隧道洞口微气压波缓解措施设计方法

进行高速铁路隧道洞口微气压波缓解措施设计时，首先应根据微气压波经验计算公式预测无缓解措施时的洞口微气压波值，若微气压波值满足规范要求，则不需进行微气压波缓解设施设计。反之，若微气压波值超过规范要求，则应计算得出需要满足的缓解程度，不断调整缓冲结构及辅助坑道的设计参数，直至满足规范要求。需要说明的是，从建造成本和施工难易的角度考虑，进行微气压波缓解措施设计时，应优先考虑单独利用缓冲结构达到缓解隧道洞口微气压波的目的，如因场地等条件所限，缓冲结构的设计参数已无调整余地时，再考虑增设辅助坑道的措施。

高速铁路隧道洞口微气压波缓解措施设计方法见图5-11。

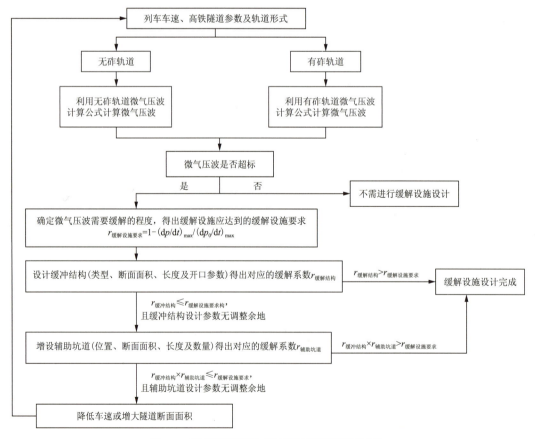

图5-11　高速铁路隧道洞口微气压波缓解措施设计方法

5.4 高速铁路隧道空气阻力及坡度折减设计

5.4.1 隧道空气阻力

通常列车运行阻力表达为:$F=A+Bv+Cv^2$。其中,与车速呈线性关系的 $A+Bv$ 项为列车机械阻力部分,与车速呈平方关系的 Cv^2 项为空气阻力部分。

与明线情况不同,隧道空气阻力的边界条件为有限空间,增加了一处摩擦界面,因此导致隧道空气阻力的问题比较复杂。列车在隧道中运行时空气阻力主要包含压差阻力和表面摩擦阻力两部分,其变化过程见图 5-12,当列车车头进入隧道,空气阻力大幅上升,当列车车尾进入隧道瞬间,空气阻力达到最大值,整列列车在隧道中运行时,空气阻力沿程不断降低,当列车车尾驶出隧道瞬间,空气阻力恢复至明线空气阻力,表现为一个非恒定过程。

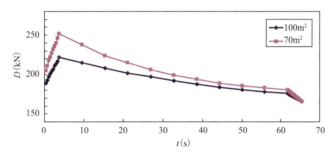

图 5-12 隧道空气阻力变化过程计算值(350km/h)

5.4.2 隧道空气阻力的计算和试验

列车在明线上运行时的空气阻力为:

$$D_\mathrm{m} = \frac{1}{2}\rho A_\mathrm{v} v^2 \left[C_\mathrm{h} + C_\mathrm{t} + \frac{\lambda'}{d'} L_\mathrm{v} \right] \tag{5-11}$$

计算隧道空气阻力时,隧道内的活塞风速是最重要的影响因素,可以采用恒定流和非恒定流模型进行计算。

单列列车部分驶入隧道时的空气阻力为:

$$D_1 = \frac{1}{2}\rho A_\mathrm{v} v^2 \left[C_\mathrm{t} + \frac{\lambda'}{d'}(L_\mathrm{v} - x_1) \right] + \frac{\rho}{2}\left\{ \left[\frac{(u-v)A_\mathrm{t}}{(A_\mathrm{t}-A_\mathrm{v})} - v\right]^2 - (u-v)^2 \right\} A_\mathrm{v} - \\ \frac{\rho x_1}{2(A_\mathrm{t}-A_\mathrm{v})} \left(w|w|\frac{\lambda}{4}S_\mathrm{t} + A_\mathrm{v} + w'|w'|\frac{\lambda'}{4}S_\mathrm{v}A_\mathrm{t} \right) \tag{5-12}$$

单列列车全部进入隧道时的空气阻力为:

$$D_2 = \frac{\rho}{2}\left\{ \left[\frac{(u-v)A_\mathrm{t}}{(A_\mathrm{t}-A_\mathrm{v})} - v\right]^2 - (u-v)^2 \right\} A_\mathrm{v} + \frac{\rho}{2}(v-u)^2 \left[\beta/(1-\beta)^2 \right](1-\beta-C_\mathrm{h}-C_\mathrm{t})A_\mathrm{v} - \\ \frac{\rho L_\mathrm{v}}{2(A_\mathrm{t}-A_\mathrm{v})} \left(w|w|\frac{\lambda}{4}S_\mathrm{t}A_\mathrm{v} + w'|w'|\frac{\lambda'}{4}S_\mathrm{v}A_\mathrm{t} \right) \tag{5-13}$$

单列列车部分驶出隧道时的空气阻力为：

$$D_3 = \frac{1}{2}\rho A_v v^2 \left[C_h + \frac{\lambda'}{d'}(L_v - x_1)\right] + \frac{\rho}{2}(v-u)^2 \left[\beta/(1-\beta)^2(1-\beta-C_h-C_t)\right]A_v - \frac{\rho x_1}{2(A_t-A_v)}\left(w|w|\frac{\lambda}{4}S_t A_v + w'|w'|\frac{\lambda'}{4}S_v A_t\right) \quad (5\text{-}14)$$

上述式中：ρ ——空气密度（kg/m³）；

v ——车速（km/h）；

L_v ——列车长度（m）；

x_1 ——列车进入隧道的长度（m）；

u ——隧道内活塞风风速（m/s）；

$w、w'$ ——不同参考系下的环状空间气流速度（m/s）；

λ ——隧道壁面摩擦系数；

λ' ——列车壁面摩擦系数；

d' ——列车平均水力直径（m）；

C_h ——列车车头压差阻力系数；

C_t ——列车车尾压差阻力系数；

β ——阻塞比，$\beta=A_v/A_t$；

A_v ——列车断面面积（m²）；

A_t ——隧道净空面积（m²）；

S_t ——隧道湿周（m）；

S_v ——列车湿周（m）。

将列车在隧道不同位置处计算得到的空气阻力减去列车明线空气阻力即可得出隧道附加空气阻力。

研究表明，隧道附加空气阻力随着隧道长度的增大而增大，随着隧道断面的减小而增大，短隧道空气阻力与明线情况非常接近，车速 350km/h 时，单洞双线隧道（100m²，长度 35km 以内）空气阻力相对明线空气阻力增加在 30% 以内，双洞单线隧道（70m²，长度 35km 以内）空气阻力相对明线空气阻力增加在 50% 以内，见图 5-13。

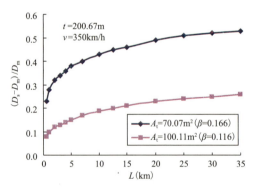

图 5-13 隧道长度及阻塞比对隧道空气阻力影响

我国在武广客专现场试验中，采用"特定有限区间"方法在九子仙隧道（2728m）和大瑶山 1 号隧道（10081m）进行了车速 350km/h 左右隧道空气阻力的惰行试验，通过试验和计算分析得到 CRH2 动车组的隧道总阻力比明线总阻力分别增加 11%、15%，隧道空气阻力比明线空气阻力分别增加 12%、17%，验证了非恒定流模型计算方法，并获得了 CRH2 动车组的沿程阻力系数为 0.018～0.020。

5.4.3 隧道空气阻力控制措施和隧道坡度折减设计

车速、隧道净空面积、列车断面面积对隧道空气阻力的影响很大,但是在实际运营中这些因素确定的情况下,减小列车空气阻力的方法主要有:列车头尾流线化、提高车体表面平整度、优化列车底部和转向架的外形、优化列车顶部及受电弓的外形、车体连接处采用大风挡等。

采用《铁路线路设计规范》(GB 50090—2006)规定的坡度折减系数公式,根据由隧道附加空气阻力的恒定流和非恒定流模型计算方法得出的相应数值,可以得出不同长度隧道坡度折减系数。

5.5 高速铁路隧道空气动力荷载确定

5.5.1 隧道内的气动荷载

空气动力荷载对隧道内设备设施的作用有两种情况,一是隧道内的设备设施由于空气流动引起迎风面压力增大而导致其前后产生压差,如信号灯、应答器、标志牌等;二是隧道内的空心设备设施由于气压变化导致其内外产生压差,如密闭洞室门、辅助坑道门、灯泡等。

研究表明,隧道内设备设施需要考虑的空气动力荷载最大为千帕量级。我国在《高速铁路设计规范》(TB 10621—2014)中提出:

作用在隧道附属设施的压强荷载:

v=250km/h, A_t=58m², p=±3.3kPa;v=250km/h, A_t=92m², p=±5.4kPa;
v=350km/h, A_t=70m², p=±5.1kPa;v=350km/h, A_t=100m², p=±8.9kPa。

作用在隧道附属设施的风压荷载:

v=250km/h, A_t=58m², p=±0.9kPa;v=250km/h, A_t=92m², p=±0.4kPa;
v=350km/h, A_t=70m², p=±1.1kPa;v=350km/h, A_t=100m², p=±0.5kPa。

同时,研究表明,同样一条裂纹,当外荷载停止发展后,在普速铁路隧道中就不再继续变化,而在高速铁路隧道中在频繁变化的空气动力荷载作用下还将继续发展,这降低了隧道衬砌的耐久性,可能引发掉块、碳化层剥落、变形缝张开等,危及行车安全。因此,空气动力荷载对隧道衬砌结构的安全性不会产生明显影响,但对隧道衬砌的瑕疵和缺陷的反应较为灵敏,值得进一步研究。

5.5.2 车体结构的气动荷载

车体结构的气动荷载即为车体内外压差:$p_d=p_i-p_e$,可以通过数值计算和现场试验得到。

我国在高速电动车组整车试验规范中提出:动车组通过隧道时,250km/h 动车组最大车体内外压差按不超过 4kPa 考核,350km/h 动车组最大车体内外压差按不超过 6kPa 考核。

5.5.3 列车风

列车风是列车在隧道内高速运行时,由于空气的黏性作用带动列车周围空气随之运动而形成的非定常流动,其变化过程见图 5-14。当列车进入隧道后,产生与列车运行方向相同的活塞风,风速逐渐增大,当列车车头经过测点时,列车风与活塞风方向反向,当列车车尾经过测点时,列车风反向且达到最大值,随后活塞风风速开始衰减。

我国在"八五"攻关研究中提出了隧道内养护维修人员承受列车风的标准为小于14m/s。我国现场试验表明,车速200km/h时,隧道内水沟盖板外侧列车风接近20m/s;车速250km/h时,相同位置的列车风大于20m/s;车速350km/h时,相同位置的列车风大于30m/s。因此,车速200km/h以上客运专线隧道的养护维修必须在天窗时间内进行,运营期间禁止人员停留在隧道内。

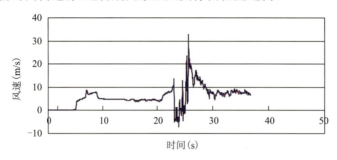

图5-14 隧道边墙处列车风变化过程(武广客专九子仙隧道,350km/h)

5.6 高速铁路隧道空气动力学效应的技术发展展望

继续对高速铁路隧道空气动力学效应问题开展理论分析和现场试验研究,为高速铁路隧道建设和运营提供决策的依据是十分有必要的。研究的难点、重点主要包括以下几个方面:

(1)随着我国经济的发展,需要针对实际情况进行耳膜舒适度标准的现场验证和完善,并适时开展复合型耳膜舒适度标准的研究。

(2)瞬变压力、微气压波、空气阻力、空气动力荷载是密切相关的,有必要根据高速铁路的工程实践和现场试验成果,对车速200km/h到350km/h的隧道断面、列车密封及车体强度、缓冲结构设计及辅助坑道利用、列车动力性能、隧道内空气动力荷载标准以及对隧道衬砌结构安全的影响等进行系统性的工程配套适应性研究。

(3)我国高速铁路长隧道及特长隧道较多,而对于瞬变压力存在最不利隧道长度,需要根据隧道长度和列车密封开展不同断面时瞬变压力和其他配套空气动力学指标变化规律的研究,为下一步根据隧道长度分区的断面优化设计打下基础。

(4)高速铁路长隧道多采用无砟轨道,无砟轨道对微气压波激化作用近几年已有现场试验成果,还需要形成系统性的理论成果供工程实际应用。

本讲参考文献

[1] Union Internationale des Chemins de Fer. UIC Leaflet 779-11-2005. Determination of Railway Tunnel Cross Sectional Areas on the Basis of Aerodynamic Considerations[S]. Paris: Union Internationale des Chemins defer, 2005.

[2] R.G.Gawthorpe. Pressure comfort criteria for rail tunnel operations[C]. A. Haerter. Aerodynamics and Ventilation of Vehicle Tunnels, England: Elsevier, 1991: 173-188.

[3] A.Yamamoto. Micro-pressure wave radiated from tunnel exit[J]. Physical Society of Japan. 1977, No4.Spring.4P-H-4.

[4] 徐鹤寿,田红旗,万晓燕. 武广客专隧道气动效应试验研究[R]. 北京:中国铁道科学研究院,2009.12.

[5] 王建宇,万晓燕,吴剑. 高速铁路隧道空气动力学效应及相关技术的研究与试验[R]. 成都:中铁西南科学研究院有限公司,2005.7.

[6] 梅元贵,等. 高速铁路隧道空气动力学[M]. 北京:科学出版社,2009.

[7] 国家铁路局. 高速铁路设计规范:TB 10621—2014[S]. 北京:中国铁道出版社,2014.

[8] 王建宇,万晓燕,吴剑. 遂渝线200km/h提速综合试验分报告之四——隧道气动力及结构动力学试验[R]. 成都:中铁西南科学研究院有限公司,2005.7.

[9] 徐鹤寿,田红旗,万晓燕. 合武铁路、石太客专隧道气动效应试验研究[R]. 北京:中国铁道科学研究院,2008.5.

[10] 吴剑,万晓燕,史宪明. 时速300～350km高速铁路双线隧道微气压波激化作用及缓解措施研究[R]. 北京:土木工程学报,2017,(S2)167-173.

第 06 讲

新 奥 法

新奥法是世界各国公认的一种隧道与地下工程建造原理,超过 80% 的山岭隧道是遵循并采用新奥法原理进行修建的,将来一定时期内新奥法修建技术仍然占据主流,然而我国部分隧道设计人员和管理人员对新奥法的原理理解并不深刻,甚至有人认为新奥法是一种施工方法,在建造过程中也经常会采取一些违背新奥法原理的工程措施,影响隧道的施工安全和长期耐久性。本讲重点对新奥法的定义和发展历程、基本原理、设计原则和存在的问题等进行系统阐述,希望对全面理解并正确应用新奥法原理有所帮助。

6.1 新奥法的定义和发展历程

6.1.1 新奥法的定义

新奥法是 New Austrian Tunnelling Method 的简称,缩写为 NATM,国内译文为新奥地利隧道施工方法,原文是奥地利学者拉布西维茨(L. Rabcewicz)教授等人于 20 世纪 50 年代初期创建并于 1963 年正式命名的[1]。拉布西维兹教授曾指出,新奥法既不是一种施工方法,也不是一种掘进方法,而是一种有关隧道工程的概念。新奥法是应用岩体力学的理论,以维护和利用围岩的自承能力为基点,采用锚杆和喷射混凝土为主要支护手段,及时对围岩进行支护,控制围岩的松弛和变形,使围岩成为支护体系的组成部分,并通过对围岩和支护的量测、监控来指导隧道与地下工程设计施工的方法和原则。

6.1.2 新奥法的技术发展历程

关于新奥法技术的发展史,有众多的文献进行过报道,但是相互关联性不强,作者根据众多文献,大概梳理了新奥法技术的发展历程,供从事新奥法研究的科技人员参考。

(1)早在 1908—1911 年,美国标本制作师 Akeley 发明了旋转式喷射混凝土机械,为新奥法技术的诞生创造了条件。1914 年,喷射混凝土技术首先应用于美国的 Denver 煤矿,为后来在隧道与地下工程中应用奠定了基础。

(2)1934 年,新奥法主要创始人拉布西维茨试图将喷射混凝土方法用于地下工程。他在 1942—

本讲执笔人:赵勇.

1945年建造的洛伊布尔隧道中采用了双层薄衬砌,即先喷一层混凝土,待变形收敛后再喷一层混凝土。1944年,他发表了有关喷混凝土的论文,并指出了围岩动态随时间变化的重要性。

(3)1948年,拉布西维茨又指出了量测工作的重要性。

(4)1948—1953年喷射混凝土技术在奥地利首次用于卡普伦水力发电站的默尔隧洞。并公布了新的喷射混凝土工法。

(5)最早在欧洲推广使用锚杆的是1951—1953年建造的伊泽尔-阿尔克电站的有压输水隧洞。1953—1955年修建普鲁茨-伊姆斯特电站的有压输水隧洞时,又按照拉布西维茨的建议,充分采用锚杆而获得成功,发展了地层锚固技术。

(6)1957—1965年是新奥法发展的关键时期。1958年第一条在奥地利人指导下利用新奥法理念开挖的隧道(拉加拉斯Caracas公路隧道)诞生,米勒(Müller)教授首先领悟到系统地进行量测的重要性,拉布西维茨于1963年将这一方法正式命名为新奥地利隧道施工法。1964—1965年,拉布西维茨(Rabcewicz)、Fenner、派克(Pacher)等学者的系列文章发表使新奥法迅速传播至世界隧道界。

(7)1964—1969年又提出了在岩石压力下隧道稳定性的理论分析,强调采用薄层支护,并及时修筑仰拱以闭合衬砌的重要性。根据实验证实,衬砌应按剪切破坏进行设计计算。1980年,米勒(Müller)教授在法兰克福城市软土地下铁道建设中首次应用新奥法。

(8)1980年,因文献中存在的矛盾,奥地利重新定义了新奥法。

1980年以后,尽管存在着对于新奥法的种种争论,在实践中新奥法却得到越来越广泛的应用,并取得了可谓辉煌的发展,具体体现在下列几个方面:

(1)新奥法施工技术本身取得了很大的进步,使施工工艺水平达到了更高的层次。新奥法的施工装备中有了性能优越的大型钻机、现代化的隧道掘进机,并诞生了"柔性"的爆破开挖技术。从而使隧道施工所必需的人员劳动力大为减少。喷射混凝土成为万能的支护工具,喷混凝土机器人的产能达到了20m³/h,用钢纤维加强的喷混凝土技术已普及。锚杆的标准化发展使每一种需求都有相应类型的锚杆可使用。

(2)新奥法的理论基础也获得了令人瞩目的进步。岩石力学的概念已能体现在每一个隧道工程的设计与施工中,计算机数值分析已能对任何开挖的方式进行模拟计算。

(3)在世界范围内新奥法得到了普遍应用。新奥法原理几乎应用到全部用矿山法修建的山岭隧道中,实际施工中也不需要如早期的新奥法应用那样,必须请奥地利的隧道专家来进行指导,并且隧道施工已经变得如其他土木工程一样的安全。

6.1.3 新奥法在中国的发展与创新

尽管新奥法的概念在我国是在20世纪70年代末才开始被人们了解和接受,但是作为新奥法施工的技术支柱——锚杆及喷混凝土技术在我国已于20世纪50年代就开始引进并在不同行业开始应用。例如50年代中期,在煤矿巷道中已采用初期的楔缝式锚杆作为顶板支护及悬吊手段,并开始使用喷混凝土进行支护;60年代冶金、煤炭部门分别研制了混凝土喷射机,并在矿井巷道中广泛应用。铁路隧道正式应用喷锚支护是在60年代中期开始,到70年代中期的10年时间里是我国铁路隧道采用喷锚支护的萌芽阶段。我国最早是在1966年修建成昆铁路时引进新奥法理念,当时铁道部组成喷射混凝土"战斗组"在17座隧道进行喷射混凝土衬砌的探索,采用喷锚支护作为永久衬砌(后来大多数补做了二次衬砌)。

在后来的20年时间里,通过科研、设计、施工三结合,在下坑、南岭、大瑶山、军都山等20余座隧道修建中,结合各自隧道特点成功地应用了新奥法,积累了大量数据,1988年铁道部基本建设总局组织编制了《铁路隧道新奥法指南》,标志着我国铁路隧道进入新奥法推广应用阶段。

随着新奥法基本原理在铁路隧道工程实践中的推广应用、辅助工法的不断完善,特别是在大秦铁路军都山双线隧道浅埋黄土段新奥法施工技术获得成功,为新奥法在我国的进一步发展打下了坚实的基础。后来王梦恕等人结合北京地铁折返线工程的修建,创造了一种在埋深较浅的地层中实施隧道开挖的施工方法——浅埋暗挖法。浅埋暗挖法施工技术,丰富和发展了新奥法原理,它包括地层加固注浆、正台阶环形开挖、复合式衬砌等一套适合软弱围岩地质特点的方法和工艺,具有显著的经济效益和社会效益,它的施工工艺和施工经验总结为十八字诀,即:管超前、严注浆、短开挖、强支护、快封闭、勤量测。

到目前为止,在近30年的时间里,我国应用新奥法原理修建了超过10000km的铁路隧道和10000km的公路隧道,成为世界上采用新奥法原理修建隧道工程最多的国家。当然,在我国推广应用新奥法原理修建隧道过程中,也遇到不少的波折,例如曾经对锚杆的作用效果、城市浅埋隧道和软弱围岩隧道中是否适用新奥法、隧道的二次衬砌的功能和施作时机等,也存在不同的观点,但是通过近10年来特别是高速铁路大断面隧道的成功修建,大家对以上问题的理解趋于统一,并且逐渐形成了以围岩变形控制为主线的中国特色的新奥法。可以说,新奥法发源于欧洲,经过几十年的实践探索,在世界各国得到了广泛应用,特别是在中国得到了发展和创新。

6.2 新奥法原理

6.2.1 新奥法基本原理

新奥法是一种隧道与地下工程建造原理,该法在岩体力学的基础上,把以往普氏理论的围岩荷载视作能自承载的结构,并借助喷锚支护等的加固作用充分发挥围岩的自承性能,千方百计地充分发挥围岩的自承能力是新奥法的精髓[2]。

隧道未开挖前,无论隧址区域的地质条件如何,隧址区域内的原始地应力是处于某种平衡状态的。但是,隧道开挖后,解除了开挖断面内岩体的应力,使围岩处于临空状态,破坏了隧址区域的应力平衡状态,围岩的径向应力突然降为零,而环向应力则立即升高,围岩由原来的三维应力状态变为二维应力状态。开挖后,围岩的弹性变形瞬间完成,但弹塑性和塑性变形将随时间的推移继续发展,这种变形是在围岩应力重新调整过程中产生的[3]。若某个部位的压剪应力超过围岩的抗剪强度就会发生剪切破坏,破坏部分的围岩失去了自承能力,必然又造成应力的重新分布。应力将向较深层围岩转移,其结果有两种:一是应力重分布后,围岩不再继续破坏,暂时能自稳;二是应力重分布后,围岩仍在继续破坏,最后发生塌方。针对第二种情况,通过对开挖轮廓及时采取喷射混凝土、锚杆、钢架等支护手段,约束围岩的进一步破坏,将二维应力状态还原成三维应力状态,并通过监控量测,及时调整支护的措施和支护时机,控制围岩的持续变形,这样围岩的自承能力得到进一步发挥,形成新的稳定状态。这就是新奥法的基本原理。

6.2.2 新奥法三要素

喷射混凝土、锚杆和量测是新奥法施工的三个基本要素,是新奥法原理的具体体现。对三要素的实质与作用,必须要有深入的认识。

(1)喷射混凝土的最大特点是对开挖暴露出的岩面能立即予以封闭,由于能很快地得到较高的强度,这样就能立即发挥支护的作用,这与新奥法大原则的要求是一致的。喷射混凝土的作用主要有以下几点:

①保护围岩。隧道周边围岩壁面喷上一层混凝土后,可使之与外界大气隔绝,这样可以防止地层的化学变化和风化。

②充填裂隙、加固围岩。光面爆破后,立即进行喷射混凝土施工,能使原为松动的围岩在强力的喷混凝土料流的作用下,把岩缝堵死,使围岩松动圈变成新的承载拱,并提高围岩的抗渗漏水性能。

③改善轮廓力学状态。喷射混凝土可以消除围岩壁面的凹凸不平,能把凹面上的应力集中减小到最低限度。由于喷射混凝土形成了光滑圆顺的拱,从而增大了拱效应,不论是什么样的场合,喷射混凝土与围岩间的密贴都是非常重要的,只有这样,才能保持围岩自身的抗力,钢筋网虽然在强度上的效果比较小,但是当围岩出现很大变形时,钢筋网的抗拉性能发挥了充分的作用,从而赢得时间,使作业人员免遭危险。

(2)系统地打入锚杆,可以很快形成支承围岩的承载环,锚杆能抵制围岩的径向变形,保证了隧道断面的几何形状。如果采用钢支撑和锚杆的联合,钢支撑可分担作用于锚杆上的荷载。钢支撑和锚杆能够有效抑制围岩的变形,使围岩的变形速度减慢,为再用其他支护手段创造了条件。这一点,在不良地质施工中是很重要的。

(3)监控量测用于指导和验证围岩承载环的稳定性。正确地评价围岩或支护体系与围岩的时间特性是很重要的,因此变形和位移量测是新奥法不可缺少的工作。根据量测结果,如果明确围岩随时间的变化规律,就可以正确地评价隧道的支护方式。如果围岩停止变形,说明地层进入新的平衡,此时,才可以进行二次衬砌。根据围岩状态可以确定隧道支护形式、下部断面开挖时间和断面闭合时间。但是,这样做的结果,还要通过量测结果加以验证。所以说,监控量测在控制围岩稳定性方面就成了最重要的手段。

此外,在施工中对岩体位移进行量测的同时,必要时还要对衬砌、初期支护应力、初期支护和围岩间接触应力进行系统的量测,以便确定合适的设计参数和施工方法。

6.2.3 新奥法的22点原理

作者查阅了很多资料,但至今没有看到新奥法的系统理论,1978年奥地利学着米勒博士在日本发表了"新奥法的基本理念和原则"(Fundamental Ideas and Principles of the New Austrian Tunnelling Method)的讲演,被后人简称为"新奥法22点原理"。现简要介绍并根据作者的理解解说如下:

(1)"支护隧道的,基本上是周围的围岩。隧道是衬砌和围岩一体化的结构物。支护不过是利用围岩支护力的辅助手段。"

解说:隧道结构是由衬砌和围岩组成的,初期支护主要作用是将开挖后围岩的二维应力状态还原到三维应力状态,从而提高围岩的物理性能,是一种提高围岩自承力的辅助手段。当然,对于好的围岩,开挖后洞室能够自稳,也可以不设置初期支护。根据隧道的使用功能,有些隧道也不需要施作二次衬砌,如大量交通隧道的施工辅助坑道、煤矿巷道、水电工程的很多地下坑道等。

(2)"应尽可能地不损伤围岩固有的强度。"

解说:施工时,要尽量保护围岩。在可能的情况下,尽量采用非爆破开挖;如必须实行爆破开挖时,尽量采用光面爆破和微震爆破技术,以减少爆破振动对围岩的损伤。

(3)"应极力防止围岩的松弛。产生松弛后,围岩强度会大幅度地降低。"

解说:设计和施工时,应尽量采用合理的措施防止围岩的松弛,尽量保持围岩的原岩状态。如开挖后,及时采用喷射混凝土封闭开挖面,减少局部掉块引起围岩的松弛;及时打设锚杆,防止大块岩石的掉落,以免造成松弛范围的扩大。

(4)"应尽量避免围岩处于单轴应力状态和两轴应力状态。因为这种应力状态时,围岩强度非常低,岩层在三轴应力状态下是稳定的。"

解说:岩石在三轴受压条件下比单轴受压时的抗压强度要高得多,而且侧向压力越大,它的轴向抗压强度也越大。新奥法非常重视σ_3(径向支护力)的作用,强调要对围岩壁面作出有效支护,以施加一定的支护反力。这种支护反力，无论是施作支护的时候就加上去（如预应力锚杆），还是随着围岩变形的发展而施加（如喷混凝土和砂浆锚杆支护）都可以。

（5）"应抑制围岩的变形，对开挖面施加防护阻止其松弛或崩塌。如做到这一点，就会提高安全性和经济性。"

解说：新奥法的观点是尽量控制围岩的变形，变形量增大会导致松弛区范围增大，从而作用在初期支护和衬砌结构上的荷载增大，甚至会引起围岩的坍塌，造成隧道的安全性和经济性降低。所以对有些大变形隧道一味采取增加预留变形量的方式是不妥的，而应根据监控量测成果，预留适当变形量，加强主动支护措施，控制围岩的变形。

（6）"应在适当的时期施作支护，不要过早也不要过晚。支护不需要太硬（刚性），也不要过软（柔性），应是能够充分发挥围岩强度的支护。"

解说：把握合理的支护时机和支护刚度非常重要。如果开挖后立即进行支护，并且采取刚性大的支护措施，围岩应力难以释放，需要强大的支护措施抵抗围岩的应力，否则会造成支护措施开裂，影响支护效果和经济性；如果支护太晚，支护措施太柔，就会造成围岩松弛区的扩大，围岩的强度降低，引起松弛荷载的增大，从而初期支护变形量增加。为确保结构的安全，必须增加额外的支护措施。

（7）"有必要正确地理解时间对隧道的影响。"

解说：按静力学观点，隧道被看作是由岩石、初期支护结构和衬砌构成的厚壁管。作为一根管子，只要不开槽口，它就是静定的。因此闭合非常重要，围岩特性变化主要取决于这根"管子"的闭合时间。隧道施工的关键就在于尽快形成封闭的支护结构，才能有效控制围岩的变形。

（8）"正确了解时间影响的方法，是基于事前的室内试验及施工中的位移量测。自稳时间、变形速度、围岩级别是最重要的时间因子。因此，量测是不可缺少的。"

解说：为正确掌握和评价围岩与支护的时间特性，可在进行室内试验的同时，在现场进行量测。量测内容为衬砌内的应力、围岩与衬砌间的接触应力以及围岩的变位，据以确定围岩的稳定时间、变形速度和围岩分类等最重要的参数，以便适应地质情况的变化，及时变更设计和施工。量测监控是新奥法的基本特征，量测的重点是围岩和支护的力学特征随时间的变化动态。衬砌的做法和施作时间是依据围岩变位量测确定的。

（9）"预计有大变形和围岩松弛的场合，应及早对开挖面施作防护使之产生约束效果。为此，喷混凝土是最佳方法。"

解说：对于围岩的变形控制，不仅要控制掌子面后方的变形，更需要控制掌子面前方和掌子面的变形。对于可能发生大变形的隧道，提前加固围岩和掌子面采取喷混凝土、掌子面锚杆等加强措施效果更好，在软弱围岩中补强掌子面前方的围岩是最基本的对策。

（10）"衬砌应薄并应具有柔性。因为减小弯矩的发生，会把弯曲破坏限制在最小限度内。不仅初期支护要薄，二次衬砌也要薄。"

解说：新奥法认为衬砌和永久支护必须是薄壳型，以减小衬砌受弯机会，从而减少挠曲断裂。其必要强度靠钢筋网、钢拱架和锚杆达到，而不是加厚衬砌或支护截面。按此原理，对于不良地质隧道，一味加大衬砌厚度的方法不是科学合理的方法。

（11）"衬砌需要补强的场合，不要增加厚度，要采用金属网、钢架和锚杆。让整个施工期间按同样的断面开挖。不要因围岩条件变化而变更开挖断面。"

解说：新奥法理念是通过调整初期支护的参数加固围岩，改善围岩的力学性能，从而达到充分发挥围岩自承能力的作用，衬砌仅是安全储备，衬砌需要补强的时候，可以通过改变衬砌混凝土强度等级、增加钢筋等措施，而不是加大衬砌厚度和刚度。

（12）"衬砌的方法和时间，应基于量测结果确定。"

解说：衬砌的主要作用是为隧道提供一个圆顺的结构面，减小空气阻力，对初期支护和围岩起到安全保护和力学储备作用，所以衬砌应在初期支护变形基本稳定后施作，衬砌的施作时机不是按照距离掌子面的长度作为标准，而是根据监控量测的结果确定。我国铁路隧道通常采用的安全步距管理是没有理论依据的。

（13）"隧道在力学上应视为厚壁圆筒，由周边围岩的支承环和初期支护及二次衬砌等构成，其间存在相互作用。"

解说：隧道周边围岩、初期支护和二次衬砌之间的作用具有协同性。由于初支的作用，围岩塌落的概率很小，这样二次衬砌所受的荷载是由初期支护传递过来的形变压力而非松动压力。初期支护本身也不应该被动承受松动压力，而是通过它来主动调动和发挥围岩的自承载能力，和围岩一起保证洞室稳定，在必要时（洞口段、浅埋段、不良地质体段）应该采取辅助工法对围岩进行加固。初期支护（包括辅助工法）的作用就是控制围岩圈层的松动、塌落和扩展，使得支护结构所受的荷载是围岩的形变压力而非松动压力。

（14）"圆筒只在闭合成环的场合，才能具有力学的作用。因此，环的闭合非常重要，不能期待底板自身的闭合。因此，除坚硬围岩外，都应修筑仰拱闭合。"

解说：可把隧道看作由围岩与支护结构共同组成的厚壁圆筒，它只有在没有缝口时才能起到作用，为此使支护结构形成闭合非常重要。除了硬岩隧道可施作底板外，软岩隧道内均应施工仰拱封闭，在变形大的场合，应及早使初期支护及时形成封闭结构。

（15）"围岩的动态都是由闭合时间决定的。上部断面过于超前，隧道纵向会呈悬臂梁状态，易于受到很大弯矩的不利影响。"

解说：新奥法认为，围岩的动态与支护封闭的时间有关，封闭时间越短，变形量就会越小，洞室就越容易稳定。按此原理，全断面开挖是有利的，因为全断面开挖可以实现初期支护的快速封闭。如果采用台阶法施工，上下台阶的距离不宜太长，以缩短支护结构封闭时间。

（16）"考虑应力再分配，全断面开挖是最有利的。分部开挖，应力反复进行再分配，会损伤围岩。"

解说：当围岩具有足够的自稳时间，洞室断面尺寸不大时，应争取一次开挖成洞（即全断面法）。因为开挖次数过多，围岩将要遭受多次的应力扰动和爆破振动的不良影响，它们或者把瞬时作用的应力值提高了，或者削弱了围岩的强度。但是，当洞室断面过大无法实现全断面开挖，或者遇到松散软弱的围岩必须实行分部开挖时，应尽量减少分部的次数，同时要对横断面上的分块顺序和洞形做好选择。

（17）"施工方法不同，围岩动态也有差异，对结构物的安全性有决定性的影响。开挖循环、仰拱闭合时机、衬砌时机、上部断面的长度和衬砌刚性等都有变化，因此，应力求围岩和支护结构成为一个体系来确保围岩的稳定。"

解说：施工方法对围岩的扰动和封闭时间影响很大，分部开挖法施工时分部越多，对围岩的扰动次数就越多，形成整体支护结构封闭的时间就越长，相应的变形量就越大。反之，施工扰动次数越少，形成封闭的时间越短，变形量越小，支护结构越安全。故隧道施工全断面法开挖具有诸多优势，应力求通过采取辅助措施等手段，为全断面法施工提供安全可靠的保障，可以达到对围岩扰动小、变形控制好、结构更加安全可靠的目的。

（18）"为了防止发生围岩崩塌的应力集中，开挖断面应采用没有隅角、圆顺的断面。"

解说：为防止引起围岩破坏的应力集中，断面应做到无隅角，最好采用圆顺断面有利于围岩结构的受力，因此在设计和施工中，尽量采用圆形、椭圆形断面形状，减少直墙和无仰拱隧道断面形状。

（19）"隧道如按双重管构造进行设计，内管要薄，外管与围岩形成一体，其边界不要产生摩擦。也就是说，双重管（初期支护和二次衬砌）相互及围岩之间，只传递径向力。"

解说：复合式衬砌结构中间设置防水层非常重要，不仅起到防水作用，更是在初期支护和二次衬砌之间形成一个缓冲隔离层，仅传递径向力，不产生剪切摩擦力，防止二次衬砌开裂。有些隧道为节约工程投资，对开挖过程中干燥无水的地段取消防水板是非常错误的。

（20）"较大涌水的场合，应考虑包括二次衬砌的稳定。锚杆采取防腐蚀的场合，可视为永久构件。"

解说：涌水量较大的隧道段，排水系统容易造成堵塞，形成水压力的升高，这时二次衬砌要考虑一定的水压力进行设计。如对岩溶发育的水平循环带和受季节降雨影响的隧道段，如果不设置泄水洞等可靠的排水系统，二次衬砌应考虑承受适当水压力。

（21）"衬砌的内力或围岩和衬砌间的应力测定，以及施工中的围岩位移测定，对优化设计和施工有很大的影响。"

解说：隧道支护结构的受力与围岩条件、施工工法、支护措施、施工工艺控制等有诸多影响，科学的隧道设计应该是进行动态设计，根据超前地质预报和开挖后揭示的地质情况，结合施工过程中围岩变形和支护结构内力的监测数据，进行设计和施工的优化。

（22）"围岩内的渗流压力应用排水方法解决。"

解说：通常对水环境不敏感的山岭隧道，采用"以排为主"的设计理念，将围岩内的渗流压力采用排水的方式进行释放，但对于不允许排水或排水对地表环境造成较大影响的场合，应采用"以堵为主"的设计原则，将围岩内渗流水封堵到固结圈以外。

6.3 新奥法设计需要强调的几个问题

运用新奥法原理进行设计隧道，需要遵循保护围岩的原则，尽量使支护及早封闭成环，并开展信息化设计等。

6.3.1 保护围岩的设计原则

关宝树教授在《矿山法隧道关键技术》一书中明确提出：隧道设计、施工和运营管理都要把握住一点，就是以围岩为本。以"围岩为本"不是一句空话，在隧道施工前、施工全过程中、施工后（运营）必须采取各种方法来了解围岩、认识围岩并通过实践利用围岩、改造围岩，达到"为我所用"的目的。

隧道的稳定性取决于隧道周边围岩的稳定性。只要隧道周边围岩是稳定的，隧道才可能是稳定的。因此，以"围岩为本"，就是以隧道周边围岩为重点，来规划隧道的设计和施工。在设计中通常应注意如下几点：

（1）重视超前地质预报。通过超前探查掌子面前方地质情况，掌握前方围岩的信息，及时采取适当的超前预加固（支护）措施，减少施工对前方围岩的扰动，保护掌子面前方的围岩。

（2）掌子面围岩的保护。根据掌子面地质素描揭示的地质情况，对掌子面采取必要的保护措施。如果采取全断面或大断面开挖，掌子面难以自稳时，应采取喷射混凝土封闭掌子面和掌子面超前锚杆等支护措施，以保护掌子面的围岩。

（3）采取合理的初期支护措施。隧道开挖后，应采用喷混凝土及时封闭开挖轮廓，减少岩块的掉落；尽快打设锚杆，对围岩提供径向约束力，控制围岩的变形；地质条件较差时，还需要采用钢架配合锚杆和喷凝土的防护，与围岩一起形成承载岩盘，控制掌子面后方围岩的变形。

（4）做好底部围岩的保护。隧道开挖后的应力释放，不仅存在于拱墙等上部围岩，仰拱底部围岩也存在应力的调整。对于软弱围岩、缓倾的砂泥岩、页岩等地层，容易发生底部围岩的上拱，也应采取必要的喷混凝土封面甚至仰拱锚杆等工程措施，保护底部围岩。

6.3.2 选择有利于减少围岩扰动的施工方法

（1）坚硬围岩中采用少损伤周边围岩的施工方法

在以坚硬围岩（主要指Ⅰ~Ⅲ级围岩）为主体的隧道施工中，应尽可能地避免和减少对周边围岩的损伤。可采取低振动或微振动爆破技术，如采用导洞超前预留光爆层控制爆破技术、电子雷管精准控制爆破技术、机械开挖与爆破并用的开挖技术等。同时应控制爆破循环进尺，减少一次爆破量过大引起对周边围岩的施工损伤。

（2）不使周边围岩"松弛"或者"少松弛"

开挖后围岩松弛是围岩过度变形、开挖爆破过度损伤以及支护不及时闭合等多种原因造成的，其后果是降低周边围岩承载能力，加重人工支护负担。因此，在施工中，特别是在软弱围岩隧道施工中必须坚持不使周边围岩"松弛"或者"少松弛"的原则。

这里所谓的围岩松弛或少松弛，是相对而言的，即能够把围岩变形控制在弹性变形或者容许的弹塑性变形，或者围岩极限应变的范围之内。通常采取的主要方法和对策是：尽可能地采用全地质性的施工方法，如全断面法、微台阶法；在一般围岩中，采用能够利用围岩固有的自支护能力、初期支护或加强的初期支护，抑制隧道的掉块、变形及松弛；在软弱围岩、土砂围岩、特殊围岩中，以预加固围岩为主，尽可能地提高围岩的自支护能力，并辅以加强的初期支护，采用开挖断面早期闭合的方法抑制围岩的松弛、变形。

（3）尽可能地提高隧道施工机械化水平

采用盾构、TBM等非爆破开挖方法，可以最大限度减少开挖对围岩的扰动，在条件允许时尽量采用。对于不具备非爆破开挖的隧道，应采用大型机械化配套，为减少开挖面扰动次数、实现开挖断面早期闭合提供条件。隧道施工作业空间，大多集中在掌子面狭窄的空间内，照明条件不好，作业环境差，因此采用的施工机械应尽量智能化、高效率化、集中化。

6.3.3 建立二次衬砌作为安全储备的设计理念

近些年我国隧道科研人员进行大量的研究和不同级别围岩条件下现场实测荷载数据分析，结合对国外特别是北欧和日本等一些国家的隧道工程实践，证实通过采取科学的支护措施以及必要的辅助工法，可以实现初期支护和围岩承受全部荷载，二次衬砌主要作为安全储备或抵抗围岩受外力的长期影响，控制围岩的残余变形，甚至有些隧道可以不做模筑衬砌。

二次衬砌作为安全储备设计理念的科学内涵是初期支护与围岩构成的组合结构承受全部荷载，要求在初期支护及其周边围岩变形稳定后才能施作二次衬砌、做好初期支护的施工质量控制、强调超前支护的重要作用等三个前提条件。

6.3.4 充分利用好监控量测的数据实行信息化设计

隧道工程的特征之一，是设计与施工是动态调整的，设计要考虑施工中的监控信息，施工要根据监测数据进行再设计。因此，新奥法施工的核心是：以监控量测为基础，实行"信息化设计与施工管理"。

6.4 新奥法优缺点及存在的问题

新奥法是一种动态的信息化施工理念，是根据围岩的实际情况来确定开挖方法和断面大小，开挖后利用时空效应并采用锚喷等支护手段及时对围岩进行加固，把可能塌落的围岩与深层围岩共同组成一个有机的承载环，抑制围岩变形的过快发展，同时又释放能量，大大减轻作用在二次衬砌上的围岩压力，使隧道施工安全、可靠、经济合理，故新奥法在世界各国的隧道施工中得到了广泛应用。

6.4.1 新奥法的主要优点

（1）适用范围广。适用于所有采用矿山法施工的隧道，以及不同使用功能和断面形状的隧道。

（2）对地层条件的适应能力强。无论是硬岩还是软岩，富水地层还是干燥地层，高地应力还是构造断裂带，均可采用新奥法原理进行隧道设计和施工。

（3）作业灵活。易于采用各种辅助支护措施，使用各种灵活的机械设备。

（4）有利于施工安全的控制。通过对变形和应力重分布的监测，以便采取必要的预防措施。

（5）具有很好的经济性。充分利用围岩自身的承载能力，允许应力的释放和调整，使支护措施适当又不过度，使支护的总成本较低，比采用盾构、TBM等具有明显的经济优势。

6.4.2 新奥法的缺点

（1）对于浅埋和软弱围岩地层的施工适应能力较差，易引起地面沉降和大变形。

（2）在具有高渗透性的地层中，如第三系砂岩、全风化花岗岩、白云岩沙化地层等，隧道位于地下水位以下时易发生涌突、溜坍。

（3）施工工序多，进度相对较慢。

（4）新奥法重视控制掌子面和掌子面后方的变形，但对掌子面前方的地质预报和围岩加固没有形成成套的技术，容易引起地层失稳。

（5）要求全体员工对新奥法概念的正确理解和有关各方面的通力合作、相互配合，否则风险很大，易于发生事故。

6.4.3 存在的问题

新奥法普遍被人们接受，但我国新奥法的应用仍存在一些问题，隧道施工中经常发生塌方就足以说明这个问题，主要体现在以下几个方面：

（1）技术力量不足。隧道施工需真正懂得新奥法而又有施工经验的技术人员，我国隧道工程发展迅速，数量多，现场缺乏熟练的地质和隧道技术人员指导施工。因此，在多数隧道实际施工中，受传统管理体制的影响，技术人员不能根据围岩变形情况来调整支护参数，完全按原设计施工，新奥法未能得到较好运用。

（2）施工队伍素质偏低。现在隧道施工人员几乎都是农民工，未经过专门培训或培训很少，他们对新奥法缺乏认识和了解，认为喷锚支护就是新奥法。

（3）质量控制难度大。施工单位开挖时如果光爆控制不好，容易出现超挖，有时施工单位为了省材料，往喷层背后填石棉瓦或其他杂物，致使喷混凝土不能与围岩密贴，不能控制围岩变形，造成塌方或工程隐患。另外，由于施工工序多，并且多为隐蔽工程，现场管理和质量控制难度大。

（4）信息化动态设计难以实施。新奥法是一种信息化施工理念，根据围岩观测数据来指导施工，允许围岩有一定的变形，以释放地应力，减少对结构的作用力，并根据监控量测的数据，及时优化设计参数，但在实际施工中，设计、监理人员和业主往往都不允许改动设计参数，因此很难完全按照新奥法的建设理念来实施。

另外，新奥法的支护结构至今仍处于经验设计阶段，它的前提是要科学地进行围岩分类，并根据已经修建的类似工程的经验，提出支护设计参数或标准设计模式。这种工程类比还只考虑了岩体结构、岩块单轴抗压强度、软弱面特性等工程地质特性、隧道的跨度以及围岩自稳时间等主要因素，需在各种设计与施工规程的实施过程中，依据量测数据加以修正。现场信息化设计，一般分为施工图预设计阶段和现场修正设计阶段，后者是根据现场监控量测数据，经分析比较或计算后，最终提出的设计参数。理论解析和有限元数值计算，至今还不能得出充分可靠和满意的结果，必须由上述两种方法即经验和量测加以验证。

6.4.4 展望

新奥法的发展是和施工装备的配套、支护材料的创新、施工工艺的改进、建设管理的配合等密切相关的。新奥法的发展重点应在以下几个方面：

（1）开展隧道超前探测、钻孔开挖、超前支护、混凝土喷射、锚杆打设、拱架安装等装备的智能化与推广，实现隧道施工的大断面快速封闭施工。

（2）研发隧道围岩结构智能化监测与检测系统、地质特性的智能化判定与设计参数的智能化优化技术，为新奥法高质量的信息化动态设计提供技术支持。

（3）探索高性能喷混凝土、预应力锚杆、柔性钢架等支护技术在隧道中的推广应用，创新围岩加固、微震精准爆破、防水板自动化铺设等施工工艺和辅助工法。

本讲参考文献

[1] 严克强. 新奥法的理论与实践 [J]. 水力发电，1985（1～6）.

[2] 韩瑞庚. 地下工程新奥法 [M]. 北京：科学出版社，1987.

[3] 冯紫良，张增焕. 新奥法设计施工与管理. 北京：中国建筑工业出版社，2015.

[4] 铁道部基本建设总局. 铁路隧道新奥法指南. 北京：中国铁道出版社，1988.

[5]《中国铁路隧道史》编纂委员会. 中国铁路隧道史. 北京：中国铁道出版社，2004.

[6] 中华人民共和国铁道部. 铁路隧道喷锚构筑法技术规则：TBJ 108—92[S]. 北京：中国铁道出版社，1992

[7] 关宝树. 矿山法隧道关键技术 [M]. 北京：人民交通出版社股份有限公司，2016.

[8] 关宝树，赵勇. 软弱围岩隧道施工技术 [M]. 北京：人民交通出版社，2013.

[9] 沈慧敏，译. 新奥法译文 [J]. 铁道工程学报，1992（4）：107-133。

[10] 孙文，岳大昌. 隧道工程新奥法原理、施工与存在问题浅析 [J]，公路交通技术，2012（2）：98-100.

第07讲

挪 威 法

挪威法简称 NMT 法（Norwegian Method of Tunneling），是以挪威等国家为代表的北欧地区隧道支护设计和施工方法。1974 年以来，该方法已经得到数千座隧道的工程应用，美国、日本和我国水电系统等许多工程也应用该方法。1993 年 5 月，在挪威落成的珈维克地下体育馆成为应用挪威法的典范，该体育馆是为 1994 年冬季奥林匹克运动会修建的冰球场馆，长 91m，跨度 62m，高 25m。另外，世界上最长的公路隧道——长度 24.5km 的莱瑞达（Lærdal）隧道也是采用挪威法施工的。应该说挪威法有其独到特性，本讲重点介绍挪威法的主要特征、Q 系统关键技术和应用实例。

7.1 挪威法的特征

7.1.1 挪威法的含义

所谓挪威法，简单地说就是由正确的围岩评价、合理支护参数和高性能支护材料三部分组成的一种经济安全快捷的隧道施工方法，主要适用于公路隧道、铁路隧道、水工隧洞及大型地下岩体工程等。

正确的围岩评价体系主要是采用 Q 系统，即巴顿法（N.Borton）进行围岩分级。合理的支护结构参数是通过隧道施工中观测和量测记录所求出的 Q 值来选择的，其中包括各种支护结构体系数值解析检算；支护体系的最大特点是将一次支护作为永久结构，只是在运营后，如有漏水、冰霜等危害的情况下，才修筑二次衬砌。高性能支护材料是指采用高质量的湿喷钢纤维混凝土（$\sigma=40 \sim 50$MPa）和全长胶结型高拉应力耐腐蚀锚杆，近些年发展的支护材料还包括格栅钢架、高压注浆材料等。

7.1.2 挪威法主要特点

相对于其他隧道修建方法，挪威法有如下几个主要特点：

（1）提高施工效率——由于挪威法支护不用钢筋网片，不架设钢拱架，不浇筑二次衬砌，因此施工时间大幅缩短，施工最佳进度可达 90.2m/d、426m/周、1176m/月。

本讲执笔人：赵勇.

（2）节约施工成本——每米价格仅是按新奥法原理修建隧道的1/5～1/2，但如果采用高压注浆的情况，每米建设费用会比正常的挪威法提高20%。

（3）施工更加安全——按新奥法原理修建隧道在安装钢筋网、钢拱架时机械化程度较低，工人直接面对没有很好支护的岩石，危险程度很高；挪威法主要依靠纤维混凝土和锚杆，两个工况都可以采用全机械化施工，工人远离掌子面，因此被认为更加安全。

（4）环保更加有利——按新奥法原理施工隧道时水泥、砂石等的用量是挪威法的3～5倍，而这些建筑材料都是CO_2排放的主要来源，因此挪威法建造方式更加绿色环保。

7.1.3 挪威法与新奥法对比

挪威和奥地利是两个隧道工程大国，都有使用喷射混凝土和岩石锚杆的悠久历史，但各自发展的挪威法和新奥法在理论和应用上却有显著差别。

新奥法不仅适用于硬岩也适用于软弱围岩。在软弱围岩中修建隧道，节理和超挖不是主要问题，无论人工或机械开挖，均能形成圆顺轮廓，围岩能够形成完整的承载环，利用围岩作为隧道的主要承载结构，是新奥法的理论核心。因此，新奥法强调围岩监控量测，根据监控量测结果确定二次衬砌的施作时机和结构形式。

挪威法则更适用于硬岩。在硬岩中修建隧道，无论用钻爆法或掘进机开挖，节理和超挖都占主导地位。在此条件下，锚杆调动围岩强度的动力最强。因此，挪威法以锚杆作为隧道的主要支护手段。由于很可能超挖，因此，不宜使用型钢拱架或格栅拱架。由于节理充填物引起围岩不均匀，可能引起围岩失稳，因此要求用喷混凝土或喷钢纤维混凝土对系统锚杆补强。这种锚杆＋喷混凝土（或喷钢纤维混凝土）的支护系统，既可用作隧道临时支护，又可用作隧道永久支护。该系统对开挖轮廓形状适应性强，即使轮廓不平顺，喷层也能贴合岩面，远比钢拱架好。喷层承载环可视需要形成。围岩条件变化时，只需调整锚杆长度和间距以及喷层厚度便可适应，很少施作混凝土二次衬砌。

7.2 Q系统

Q系统是巴顿（N.Borton）等人提出的一套岩体分级和确定对应支护方式的系统，被称作Q系统，Q系统是挪威法的核心。

Q系统以钻孔取芯率RQD值为基础，用另外5个参数对其修正，最终得到一个定量围岩描述值Q，其表达式为：

$$Q = \frac{RQD}{J_n} \times \frac{J_r}{J_a} \times \frac{J_w}{SRF} \tag{7-1}$$

式中：RQD——岩体质量指标；

J_n——岩石节理组数；

J_r——岩石节理粗糙度；

J_a——岩石节理蚀变系数；

J_w——岩体节理水折减系数；

SRF——与岩石松散、挤压、膨胀等不利条件有关的岩石应力折减系数。

以上六个参数反映了在地下开挖过程中描述围岩稳定性的三个主要因素，其中第一个商数（RQD/J_n）代表岩体结构的完整性，也是岩块大小和由不同节理组成的楔形岩块大小的一个量值；第二个商数(J_r/J_a)代表节理面和充填物的粗糙度和摩擦特点;第三个商数中参数 SRF 是衡量松散荷载、岩石应力和塑性不稳定岩层的挤压荷载的综合系数,参数 J_w 是水压的一个量度,水压对节理的剪切强度有不利影响,因为它降低了有效法向应力。另外,在节理填满黏土的情况下,水还会引起软化,可能会把节理间黏土冲刷出去,这样,商数(J_w/SRF)便是一个描述"主动应力条件"的经验系数。

Q 值隧道围岩分级体系,将围岩分为 6 级(0.001~1000),但也可以通过参数的极限组合获得更高的值和稍低的值。在这种情况下,可以分别用 Q 值为 0.001 和 1000 来选择支护参数。

(1)RQD(Rock Quality Designation)岩体质量指标

岩体质量指标(RQD)在 1963 年由迪尔定义(Deere,1963)并被用作岩体稳定性的简单分类系统。RQD 值的定义为:大于 10cm 的岩芯累计长度与钻孔进尺长度之比的百分数。根据 RQD 值,将岩体分为五类(A~E),如表 7-1 所示。

RQD 值 分 类 表　　　　表 7-1

岩体分类	A	B	C	D	E
RQD 值(%)	0~25	25~50	50~75	75~90	90~100
岩体质量评价	很差	差	一般	好	很好

由表 7-1 可以看出,RQD 是一个处在 0 到 100 之间的百分数。如果在 Q 值计算公式中 RQD 取值为 0,则将得到 Q 值为 0,因此在计算 Q 值时,0 和 10 之间的所有 RQD 值一般取 10。

(2)J_n(Joint Set Number)岩石节理组数

岩体中块体的形状和尺寸取决于节理的几何形状。彼此相互平行或近于平行的一群节理叫节理组,并且将显示节理间隙特征。没有系统地发生或间隙为几米的一群节理称为随机节理。如果地下孔洞中出现了有规律组合的节理组,应视为节理系,对稳定性有影响。J_n 的数量与节理系的数量不同。

按照节理组数的不同,分为 A、B、C、D、E、F、G、H、J 共 9 个等级,如表 7-2 所示。

J_n 值　　　　表 7-2

	岩石节理组数	J_n		岩石节理组数	J_n
A	没有节理或有少量节理	0.5~1.0	F	三组节理	9
B	一组节理	2	G	三组节理并有随机节理	12
C	一组节理并有随机节理	3	H	节理在四组以上,严重节理化,岩石呈碎块状	15
D	两组节理	4	J	碎裂岩体,类土状	20
E	两组节理并有随机节理	6			

注:1. 隧道交叉口,使用 $3×J_n$。
　　2. 洞口段,使用 $2×J_n$。

(3)J_r(Joint Roughness Number)节理粗糙度系数

节理粗糙度取决于节理表面的性质,分为波状的、平面的、粗糙的或光滑的。节理粗糙度系数描述了这些条件,并可从表 7-3 或图 7-1 中估算出来。节理描述是基于两个尺度的粗糙度:

①粗糙、光滑和擦痕是厘米或毫米规模的小结构,这可以沿着节理表面通过手指接触来评估,然后会感觉到小粗糙度。

②在分米到米尺度上测量大尺度粗糙度,并在节理表面放置一个 1m 长的标尺来测量大尺度粗糙度。用于大尺度粗糙度的术语是阶梯式的、波状的和平面的。大尺度粗糙度必须考虑到块的大小和滑动的可能方向。

J_r 值　　　　　　　　　　　　　　　　　　　　　　　　表7-3

节理粗糙度系数		J_r
a) 节理壁直接接触		
b) 错动10cm与前节理壁直接接触		
A	不连续节理	4
B	粗糙或不规则的波状节理	3
C	平滑的波状节理	2
D	有擦痕的波状节理	1.5
E	粗糙的、不规则的、平直的节理	1.5
F	光滑的、平直的节理	1.0
G	有擦痕、平直的节理	0.5
注：①按小尺度特征和中间尺度特征顺序描述		
c) 错动时节理壁不直接接触		
H	含有厚度足以阻碍节理壁接触的黏土带	1.0
J	含有厚度足以阻碍节理壁接触的砂质、砾质或碎裂带	1.0
注：②如果相关的节理集的平均间距大于3m（取决于地下洞室的大小），则该值加1。		
③ $J_r = 0.5$ 可以用来估计平直、光滑且具有线理的节理。		

当岩体变形取决于节理时，节理粗糙度系数应根据表7-3给定的值。有些岩体可能几乎没有节理，而在坚硬岩石中，小岩体的节理粗糙度系数通常被设定为4。对于没有节理的软岩，如果材料可以归为土的，它的节理粗糙度系数值应设置为1。对于比土坚硬且没有节理的一些非常软的岩石，节理粗糙度系数值可能不相关，材料的变形可能取决于强度和应力之间的关系。应力折减系数是描述这种情况最相关的。

（4）J_a（Joint Alteration Number）节理蚀变系数

J_a 是反映岩石节理风化程度的参数。除了节理粗糙度外，节理填充对于节理摩擦也是重要的。在确定节理蚀变系数时，根据沿着节理平面剪切的岩壁接触厚度和强度，将节理填充物分为三类（a，b和c），确定方法见表7-4的详细描述。

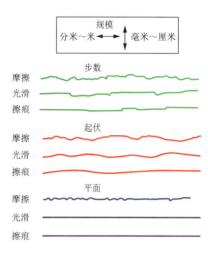

图7-1　具有不同 J_r 值的节理壁表面的例子

J_a 值　　　　　　　　　　　　　　　　　　　　　　　　表7-4

节 理 蚀 变 系 数		φ_r 约	J_a
a) 节理壁直接接触（无矿物填充，或仅有薄膜覆盖）			
A	紧密地愈合，坚硬、不软化、不透水的填充物	—	0.75
B	节理壁未变质，仅表面有斑染	25°～35°	1
C	节理壁轻微变质，无软化矿物、砂粒、松散黏土等填充	25°～30°	2
D	粉质或砂土质薄膜覆盖，有少量黏土成分（无软化）	20°～25°	3
E	软化的或低摩擦黏土矿物覆盖层（如高岭石或云母、亚氯酸盐、滑石、石膏、石墨等，少量膨胀性黏土等）	8°～16°	4
b) 错动10cm，节理壁直接接触（薄层矿物填充）			
F	裂隙中含有砂粒、松散黏土等	25°～30°	4
G	超强固结的、非软化黏土矿物充填（连续的，但厚度<5mm）	16°～24°	6
H	中等或以下的固结，有软化矿物组成的黏土填充（厚度<5mm）	12°～16°	8
J	膨胀性黏土充填物（连续的，厚度<5mm），如蒙脱石，高岭石等，J_a 取决于膨胀性黏粒的含量和水的进入等	6°～12°	8～12

续上表

节理蚀变系数		φ_r 约	J_a
c) 错动时节理壁不直接接触(厚层矿物充填)			
K	超强固结的块状或带状碎石	16°~24°	6
L	块状或带状的中等或以下固结或软化填料的黏土、碎裂岩	12°~16°	8
M	块状或带状的黏土或碎裂岩石的膨胀土, J_a 取决于膨胀黏土粒径的百分比	6°~12°	8~12
N	超强固结的厚连续区或黏土带	12°~16°	10
O	厚实,中等超固结连续的区域或黏土带	12°~16°	13
P	厚实,连续的区域或带状黏土, J_a 取决于膨胀黏土粒径的百分比	6°~12°	13~20

不同类别 a、b 和 c 的分类取决于填充物的粗糙度和厚度。对于光滑的节理面,1mm 的填充可足以防止岩壁接触。然而,对于粗糙和起伏的节理面,可能需要几毫米,或在某些情况下为几厘米。在三个类别的每一个类别中,J_a 值根据表 7-4 的矿物填充物的特性进行评估。需要说明的是,当计算 Q 值时,必须使用关于开挖稳定性的最不利节理组的 J_a 值,即最可能发生剪切的节理组。

(5) J_w(Joint Water Reduction Factor)岩体裂隙水应力折减系数

J_w 是反映岩体裂隙水量、水压和渗透性的一个指标。裂隙水可能会软化或清除矿物填充物,从而减少节理面上的摩擦。水压可能会降低节理壁上的正常应力,从而使块体更容易剪切。节理水折减系数的确定是基于在地下开挖观察水的流入和水压,见表 7-5。较低的 J_w 值(J_w<0.2)代表了较差的稳定性。

J_w 取值标准　　　　表 7-5

裂隙水应力折减系数		J_w
A	干燥开挖或少量水流入(潮湿或少量滴水)	1.0
B	中等水流和具有中等水压,偶有冲出充填物	0.66
C	大水流或高水压,没有填充节理	0.5
D	大水流或高水压,随时间衰减	0.33
E	特大水流和高水压,随时间衰减	0.2~0.1
F	特大水流和高水压,不随时间衰减	0.1~0.05

注:1. 因素 C~F 是粗略的估计,如果岩石是排水和注浆都应当提高。
　　2. 不考虑冰形成引起的特殊问题。

(6) SRF(Stress Reduction Factor)应力折减系数

SRF 是综合反映岩体应力的指标,主要衡量以下项目的一个量值:在开挖通过剪切带和含黏土挤压岩层情况下的松散荷载;稳固岩层中的岩石应力;塑性不稳固岩层中的挤压荷载。

在一般情况下,SRF 描述了隧道壁周边的应力和岩石强度之间的关系。应力的影响通常可以在开挖、剥落、变形、挤压、膨胀和衬砌掉块时发现。然而,在出现应力现象之前,可能已经发生了。

应力和岩体的强度是可以获得的,SRF 可以根据岩石单轴抗压强度(σ_c)和最大主应力(σ_1)或最大切向应力 σ_θ 和 σ_c 进行计算。在隧道勘察阶段,可以从同一地质地理区域和地形特征或一般经验中确定 SRF。

应力折减情况按照分类可以从表 7-6 所示的描述中确定 SRF 值。针对表 7-6 有如下几种特殊情况:①当剪切区不位于交叉口处时,SRF 可减小 25%~50%。②顶部覆盖层的厚度小于洞室跨度时,建议 SRF 由 2.5 增加到 5.0(参见 H)。③L、M、N 通常是针对深埋、坚硬、大块状岩体开挖、支护设计提出的,其 RQD/J_n 值在 50~200 之间。④一般用开挖影响范围描述开挖时岩体的影响,这一影响范围为 0~5m、5~25m、25~250m、>250m 时,其对应的 SRF 值分别为 5、2.5、1.0、0.5。可以参照此值,与 J_w 的取值相对照,以描述有效应力对 Q 值的影响。

应力折减系数取值标准　　　　　　　　　　　　表 7-6

应力折减因素				SRF
a)与开挖方向交叉的软弱破碎带,当开挖时可能导致岩体松动				
A	含黏土或化学风化不完整岩石的软弱带多次出现,围岩很松散(在任何深度上)			10
B	坚硬岩石中多个剪切带(无黏土),围岩松动(任何深度)			7.5
C	含黏土或化学风化不完整岩石的单一软弱带(开挖深度≤50m)			5
D	坚硬岩石中单一剪切带(无黏土),围岩松动(开挖深度≤50m)			5
E	无黏土或化学风化岩石的单个软弱层(深度>50m)			2.5
b)主要是坚硬岩石,岩石应力问题		σ_c/σ_1	σ_θ/σ_c	SRF
F	低应力,近地表,张开节理	>200	<0.01	2.5
G	中等应力,最有利的应力条件	200~10	0.01~0.3	1
H	高应力,非常致密的结构,通常有利于稳定	10~5	0.3~0.4	0.5~2 2~5*
J	块状岩体中1h之后产生中等板裂	5~3	0.5~0.65	5~50
K	块状岩体中几分钟内产生板裂及岩爆	3~2	0.65~1	50~200
L	块状岩体中严重岩爆(应变突然出现以及直接动态变形)	<2	>1	200~400
c)挤压岩石:在高压影响下,软岩塑性变形		σ_θ/σ_c		SRF
M	轻度挤压岩石压力	1~5		5~10
N	严重挤压岩石压力	>5		10~20
d)膨胀岩:由于水的存在,岩石化学膨胀活动				SRF
O	轻度膨胀岩压力			5~10
P	严重膨胀岩压力			10~15

注:标"*"指的是当开挖跨度大于覆盖层厚度时,建议 SRF 值取 5。

当以上 6 个参数确定以后,就可以根据前面的公式计算出 Q 值,由 Q 值就可以确定围岩等级,根据围岩等级就可以确定隧道支护的标准。

7.3　挪威法系统支护结构设计

Q 值和六个附属参数值给出了岩体的描述。根据经验数据,可以确定 Q 值和支护结构之间的关系,可以为新建隧道的支护设计提供指导。

7.3.1　支护结构类型的选择

(1)隧道支护比(ESR)

除了岩体质量(Q 值),另外两个因素对隧道与地下工程的支护设计也起着决定性的作用,一个是与安全要求有关的,另一个是与洞室尺寸有关,如隧道的开挖跨度和高度。用于交通的铁路和公路隧道以及地下车站等需要一个比水工隧洞或辅助坑道等更高层次的安全性保障。为了描述这种安全要求,一个被称为 ESR 的因素(隧道支护比)应运而生。

低 ESR 值表示对安全更高标准的需求,而高 ESR 值则表示低标准的安全要求。每个国家的需求和建筑传统可能导致不同的 ESR 值。

用下面的公式给出了跨度、高度以及 ESR 之间的一个等效尺寸(S):

$$\frac{跨度(高度)}{ESR}=等效尺寸$$

在铁路、公路隧道的情况下,表示安全系数的 ESR(支护比)可以取 0.9~1.1。
ESR 因子可以改变支护规模,对费用和安全性影响很大,因此应取合适值。

(2)支护类型选择

在挪威,巴顿(N.Bardon)等人根据 1250 个地下结构物的施工记录整理结果给出了经验设计方法,该方法是结合一张综合各因素的图(图 7-2)来选择隧道支护参数。该图的横轴是 Q 值,围岩类别示于图的上侧;纵轴表示隧道等效尺寸 S,单位是米(m),右侧表示对应的锚杆长度参考值。

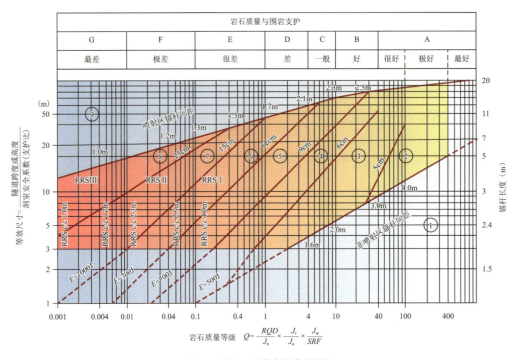

图 7-2 基于 Q 值的支护类型选择

根据横轴 Q 和纵轴 S 的数值,将这张图划分成 9 个不同类型的支护区,对应后面介绍的 9 种不同的支护类型。实际应用时,当决定了 Q 值和 S 值后,即可由 Q 值和 S 值在图上确定一点,看这一点落在图中的哪个区域,即可确定隧道支护类型。

应该指出挪威法隧道的支护选择是以高质量、高强度湿喷纤维混凝土和全长胶结型高拉力耐腐蚀的锚杆为前提的,所以在实际应用中要予以注意。

挪威法的 9 种岩石质量和对应的支护类型分别是:

① 1 类 $Q=1000\sim400$,最好围岩,无需支护或局部锚杆。

② 2 类 $Q=400\sim100$,极好围岩,局部锚杆:SB。

③ 3 类 $Q=100\sim40$,很好围岩,系统锚杆、喷纤维混凝土(厚度 5~6cm):B+Sfr。

④ 4 类 $Q=40\sim10$,好围岩,喷纤维混凝土 + 系统锚杆(厚度 6~9cm):Sfr($E500$)+B。

⑤ 5 类 $Q=10\sim4$,一般围岩,喷纤维混凝土 + 系统锚杆(厚度 9~12cm):Sfr($E500$)+B。

⑥ 6 类,$Q=4\sim1$,差围岩,12~15cm 喷混凝土钢筋肋 + 锚杆,Sfr($E1000$)+RRS Ⅰ +B。

⑦ 7 类 $Q=1\sim0.1$,很差围岩,大于 15cm 喷纤维混凝土 + 喷混凝土钢筋肋和锚杆,Sfr($E1000$)+ RRS Ⅱ +B。

⑧ 8 类 $Q=0.1\sim0.01$,极差围岩条件,模筑混凝土衬砌 CCA 或 Sfr($E1000$)+RRS Ⅲ +B。

⑨ 9 类 $Q=0.01\sim0.001$,最差围岩条件,有时需要特别评估,模筑钢筋混凝土衬砌:CCA。

其中 RRS 为喷射混凝土加强筋,加强筋由钢筋(通常直径为 16mm 或 20mm)、喷射混凝土和岩石锚杆的组合构成，如图 7-3 所示，具体标准为：

RRS Ⅰ：Si30/6. φ16～20（跨度 10m），D40/6+2φ16～20（跨度 20m）；

RRS Ⅱ：Si35/6. φ16～20（跨度 5m），D45/6+2φ16～20（跨度 10m），D55/6+4φ20（跨度 20m）；

RRS Ⅲ：D40/6+4φ16～20（跨度 5m），D55/6+4φ20（跨度 10m），专门评估（跨度 20m）。

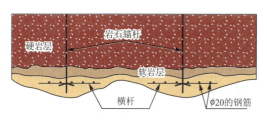

图 7-3 喷射混凝土加强筋的构造示意图

其中，"Si"表示单层钢筋；"D"表示双层钢筋；"30、45"表示总肋厚度为 30cm、45cm；"6"表示钢筋根数为 6；"c/c = 2～3"表示肋骨间距为 2 到 3m 的中心距离；"16" or "20"表示钢筋直径为 16mm 或者 20mm。

作者分析以上 9 种围岩及支护措施，与铁路隧道围岩分级的支护措施对比大致对应如表 7-7 所示。

Q 值系统围岩分类与我国铁路隧道围岩分级对应参考　　　　表 7-7

Q 值	1000～400	400～100	100～40	40～10	10～4	4～1	1～0.1	0.1～0.01	0.01～0.001
铁路隧道围岩分级	Ⅰ级	Ⅱ级	Ⅲ₁级	Ⅲ₂级	Ⅳ₁级	Ⅳ₂级	Ⅴ₁级	Ⅴ₂级	Ⅵ级

7.3.2　钢纤维喷射混凝土

早在 1978 年，挪威就开始用喷纤维混凝土方式取代钢筋网+喷混凝土的方式。同一时期，瑞典的承包商也同样进行了大规模的面板试验来证明新型喷纤维混凝土的优越性。

在挪威，喷纤维混凝土通常采用不锈钢纤维和聚丙烯（表面粗糙）纤维，两种纤维对喷混凝土抗拉强度的提升效果均较好，但光滑的平板型纤维不适合在隧道中使用。如果对比钢筋网喷混凝土和喷纤维混凝土两种支护的实际效果，选择喷纤维混凝土就不难理解，因为钢筋网不易贴近凹凸不平的围岩表面，不可避免留下空洞和死角（见图 7-4a）；而喷纤维混凝土可以与凹凸不平的岩石表面形成完全密贴的效果（见图 7-4b），钢筋网喷混凝土与喷纤维混凝土的区别画的并不夸张，事实就是如此。

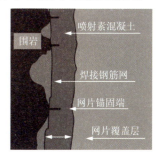

a) 钢筋网喷混凝土

b) 喷射纤维混凝土

图 7-4　钢筋网喷混凝土和喷纤维混凝土效果对比

目前，在包括我国在内的许多国家，仍然不愿意接受在喷混凝土中加入纤维和塑性剂等，认为这些"高价材料"会抬高隧道支护的费用。但长期经验表明，不采用高品质喷混凝土的代价是隧道掘进的速度和总成本将受到影响。高品质的纤维混凝土需要添加硅粉，因为要发挥纤维的抗拉作用就需要混凝土具有优良的锚住纤维的能力。在这种情况下，水灰比相对较小的喷混凝土就容易实现。

在挪威，纤维混凝土每小时可施喷 $25m^3$ 以上，回弹量 5%～10%，典型纤维混凝土强度在 50～60MPa，高的可以达到 100MPa 以上，混凝土塌落度 12～20cm。湿喷纤维混凝土对隧道开挖安全具有革命性的影响，如图 7-5 所示。

图 7-5　湿喷钢纤维混凝土效果图

7.3.3　锚杆

挪威法中认为锚杆是必不可少的支护措施。锚杆具有强度和延展性，对于提高岩体的韧性是非常关键的。挪威有很多类型锚杆，如临时锚杆、纤维锚杆和永久锚杆等。挪威重视锚杆防腐，永久锚杆必须有防腐措施。

挪威通常采用的是带有多层防腐措施的涨壳式预应力锚杆，如图 7-6 所示。该型锚杆端头带有涨壳头，钻孔后将杆体插入，通过涨壳头紧固围岩，不仅解决了传统中空锚杆在拱部区域安装困难的问题，同时也解决了被动加固围岩不及时，需浆液凝固后才能提供锚固力的问题，使围岩及时形成压力拱效应，以主动加固围岩，充分发挥围岩自稳能力。

图 7-6　挪威等国隧道采用的涨壳头预应力锚杆

7.3.4　高压注浆

挪威法隧道施工，通常在对不良地质开挖之前采取高压预注浆技术。高压预注浆是有效改善岩体质量、控制地下水渗入的有效手段。有关研究表明，通过注浆岩体质量体系参数 RQD、J_r 和 J_w 可能增大，同时，J_n、J_a 和 SRF 可能减小。这意味着，在地下水不发育的情况下，预注浆可以提高围岩等级；在地下水发育的条件下，预注浆可以提高两级甚至三级围岩等级。所以，有效预注浆的总体效果是：岩体渗透性下降、隧道变形减小、隧道开挖时支护要求降低、变形模量增大以及弹性波速度增加。

7.4　挪威法防排水设计理念

由于挪威法隧道很少采用二次衬砌模式，故其防排水设计理念与采用复合式衬砌有较大差异。挪威隧道工程采用的防排水原则是以岩体预注浆为主，将地下水裂隙进行封堵，将注浆的岩盘作为防水帷幕，减少地下水流失。

预注浆的功能是在隧道外围形成一个不透水层，使隧道周边的水压力降到最小。注浆孔通常沿整个隧道呈 360°锥形分布，长度 10～30m，搭接 6～10m。注浆效果通过在监控孔量测渗水量和地下水压力来控制。图 7-7 是采用探测孔和预灌浆方法控制渗水的示意图。

超前探测孔、注浆孔和爆破孔的钻孔都由同一台液压钻车完成，挪威经验表明，预注浆是降低渗水的唯一可行的工程措施。当大量渗水已经发生时再注浆，通常不会起到预期的效果。

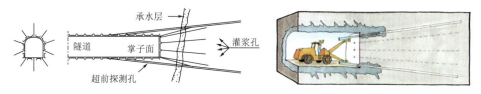

图 7-7 采用超前探测孔和预注浆方法控制隧道渗水

挪威隧道的衬砌通常按排水结构设计，即不承受地下水的压力。典型的挪威海底隧道衬砌由作为支护的喷锚结构和自立的为防水防冻的内衬砌组成，如图 7-8 所示为离壁式(伞式)内衬结构。

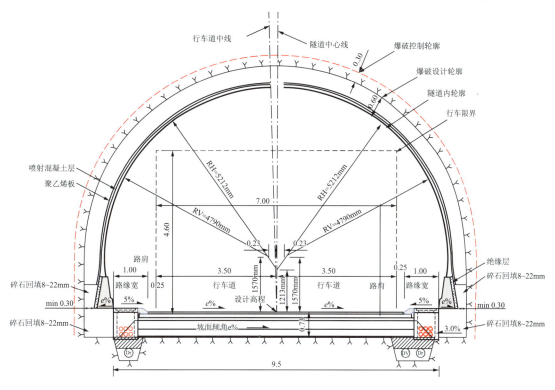

图 7-8 挪威隧道离壁式衬砌(尺寸单位：m)

7.5 挪威法应用实例

某引水隧洞工程位于太原西山地区，工程区位于晋中新裂陷之太原断陷的北端，周边为吕梁-太行断块之五台山块隆。隧洞全长约 600m，最大埋深 90m。洞室为城门洞型，净宽 4.0m。隧洞穿越地层为古生界二叠系砂岩、泥页岩，岩体总体较破碎，完整性较差。地质勘察对砂岩和页岩分别取样进行室内实验，其中砂岩的天然密度为 2.73 g/cm³，吸水率为 0.85%，单轴饱和抗压强度为 42.6MPa，属较坚硬岩；饱和抗剪断强度：c'=8.3MPa，φ'=41.5°。泥岩的天然密度为 2.76 g/cm³，吸水率为 1.80%，单轴饱和抗压强度为 24.3MPa，属较软岩；饱和抗剪断强度：c'=1.82MPa，φ'=39.6°。

隧洞处地下水类型主要为碎屑岩类裂隙水，主要接受大气降水补给，据隧洞洞身段基岩钻孔压水试验，隧洞洞身段基岩透水率为 4.26～11.06，属弱～中等透水层。综合分析判别隧洞围岩级别为 V 级。建议该段围岩岩体单位弹性抗力系数 K_0 = 50～100MPa，坚固系数 f = 0.5～1，泊松比 μ = 0.35～0.45，变形模量 0.1～0.3 GPa。围岩极不稳定，不能自稳，变形破坏严重，建议喷混凝土、系统锚杆加钢筋网，刚性支护。

隧洞开挖后，通过 Q 系统对隧洞进口段进行围岩分类并提出相应的支护措施，Q 系统中的各参数的取值如下：

（1）岩体 RQD 值采用前期勘察钻孔岩芯资料，页岩的 RQD 平均值为 23，岩体质量非常差。

（2）据现场量测，隧洞进口处主要发育三组节理裂隙，其产状分别为：① N40°～48° W/NE∠68°；② N65°～70° E/SE∠78°；③ N35°～50° W/SW∠78°。节理面较为平直，裂隙宽约 0～5mm，泥质、泥质岩屑充填、半充填，部分裂隙闭合，延伸较远。根据围岩节理发育情况，共发育三组节理，取 J_n 值为 9；节理面状态为平直光滑，取 J_r 为 1.0；节理面大多充填黏土，取 J_a 为 4.0。

（3）隧洞进口处掌子面干燥，未见地下水，取 J_w 为 1.0。

（4）岩层含有黏土或化学风化岩石的软弱带，开挖深度小于 50m，SRF 值取 5.0。

根据式（7-1）计算，该段洞室围岩 Q 值为 0.128，围岩类别为差。对于永久开挖的引水隧洞，开挖支护比（ESR）取小值为 1.6（计算结果偏安全），隧洞开挖净宽 4.0m，则当量尺寸 H = 4.0/1.6 = 2.5。根据图 7-2 的对应关系，再由 RQD/J_n < 5.0，H/ESR = 2.2～6，查表得该类支护为：挂网喷 5 cm 厚混凝土支护体系。原设计方案为间距 1～1.5m 系统锚杆加挂网喷混凝土。经综合讨论后，建议采取支护措施为局部锚杆（长度 3m）加挂网喷 5 cm 厚混凝土。

本讲参考文献

[1] 关宝树，编译. 挪威法及湿喷钢纤维混凝土 [R]. 西南交通大学，1996.

[2] 何林生，王明年. 隧道工程中的挪威法（NTM）[J]. 广东公路交通，1998，54.

[3] 沈慧敏. 推荐挪威隧道施工方法 NTM [J]. 铁道工程学报，1995（3）：40-46.

[4] 马积薪，译. 挪威专家谈挪威法 [J]. 世界隧道，1996（1）：60-64.

[5] 李红旺. 喷锚衬砌结构防排水 [J]. 中国建筑防水，2014（16）：25-30.

[6] 挪威隧道协会. 挪威隧道水控制 [R]. 周书明，杨秀仁，贺宁，译. 北京：人民交通出版社股份有限公司，2017.

[7] 康小兵，许模，陈旭. 岩体质量 Q 系统分类法及其应用 [J]. 中国地质灾害与防治学报，2008，19（4）：91-94.

[8] 冯志縻. 巴顿 Q 系统在隧洞支护设计中的应用 [J]. 山西水利科技，2016，总第 202 期：21-23.

第08讲

岩土变形控制分析法

岩土变形控制分析法（ADECO-RS）是意大利人 Pietro Lunardi 在研究围岩的压力拱理论和新奥法施工理论的基础上提出的，国内有人称之为"新意法"。该工法认为在隧道掘进过程中，整个应力—应变过程的真正原因是超前核心土的变形，主要对策是通过对隧道掌子面前方超前核心土的勘察、量测，预报围岩的应力—应变形态，并依据隧道开挖后围岩稳定、暂时稳定、不稳定划分为 A、B、C 三种类型，在此基础上进行信息化设计和施工，确保隧道安全穿越各种地层（尤其是复杂不良地质）和实现全断面开挖的一种隧道设计、施工方法。我国于 2011 年结合兰渝铁路桃树坪隧道进行了岩土变形控制分析法的尝试，积累了一定的经验，本讲重点介绍该分析法的概念和理论基础、实施步骤和关键技术，为今后推广采用该技术提供参考。

8.1 岩土变形控制分析法的概念体系和理论基础

8.1.1 概念体系

众所周知，地下工程的施工不同于地面建筑，它要破坏岩土体已有的平衡状态，并且是在对地质条件大概判释的条件下进行的"有计划的扰动"。但有一个并未引起广大工程师重视的特性是：在大多数情况下，地下建筑物承受最大荷载并不是在施工的最后阶段，而是在施工的中间阶段，因为开挖引起的扰动效果还没有完全被支护所约束，岩体原位应力由于洞室开挖而产生偏移和传递，致使洞壁周边区域应力增大。变形反应使洞壁不稳定，造成围岩材料从掌子面侵入隧道。

ADECO-RS 法将隧道的开挖过程分为三种变形类型，即预收敛变形、挤出变形和收敛变形，如图 8-1a）所示。预收敛变形，是指掌子面前方未开挖的隧道理论轮廓线发生向隧道内的变形。挤出变形，是指开挖掌子面受地应力调整的影响向外水平挤出的变形。收敛变形，是指掌子面后方已经开挖的隧道轮廓向隧道内的变形。针对以上几种变形形式，如果不及时采取措施，可能会发生围岩掉块、地层剥落和隧道坍方等不稳定现象，影响隧道施工安全，如图 8-1b）所示。

本讲执笔人：赵勇.

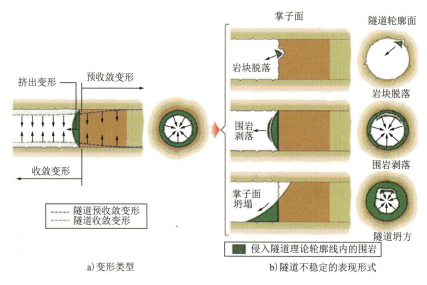

图 8-1 变形的种类与隧道不稳定的表现形式

8.1.2 理论基础

ADECO-RS 法理论基础主要有以下一些观点。

(1) 所有变形及变形引起的不稳定现象都直接或间接与掌子面前方超前核心土的强度有关。

(2) 开挖介质对隧道开挖作业的变形反应预示着是否能够形成成拱效应以及成拱效应的位置,即预示着隧道所能达到的稳定等级。

(3) 隧道变形反应从掌子面前方的超前核心土开始,逐步沿隧道向后发展;变形反应不仅包括收敛变形,而且包括挤出变形和预收敛变形。收敛变形只是错综复杂的应力-应变过程的最后阶段。

(4) 掌子面—超前核心土体系的变形反应与隧道洞身变形之间存在直接联系,前者是因,后者是果,从而强调对掌子面—超前核心土体系的变形反应进行监测的重要性,而不仅仅只对隧道洞身的变形进行监测。

(5) 对超前核心土进行防护和加固,提高其刚度,可以控制超前核心土的变形(挤出变形和预收敛变形),从而可以控制隧道洞身的收敛变形。

(6) 可以把超前核心土视作一种新的隧道长期稳定和短期稳定的工具;超前核心土的强度及变形特性是隧道变形(挤出变形、预收敛变形和收敛变形)的真正原因;可以通过对超前核心土进行防护和加固,提高其强度,以达到控制隧道变形的目的;超前核心土的强度和变形特性对隧道的长期稳定和短期稳定起决定性作用。

8.2 岩土变形控制分析法的实施步骤

8.2.1 隧道掌子面稳定性评价

ADECO-RS 的理论认为,地下洞室的稳定性与拱效应的形成是密切相关的。而拱效应能否形成以及形成拱效应的位置,决定了隧道的稳定情况。其中拱效应的形成和位置可以通过岩体开挖的变形响应来判断。

ADECO-RS 的理论认为,隧道的成拱类型有 A 类、B 类、C 类共 3 种,如图 8-2 所示。判定标准如表 8-1 所示。

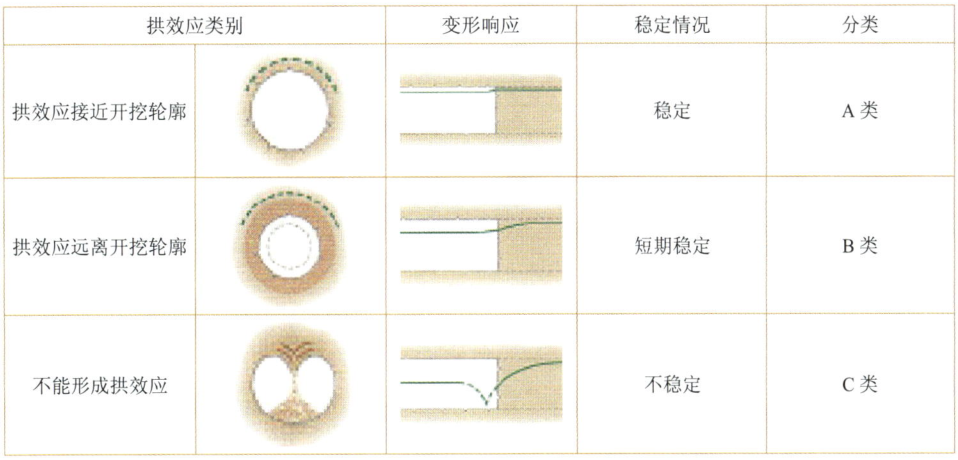

拱效应类别	变形响应	稳定情况	分类
拱效应接近开挖轮廓		稳定	A 类
拱效应远离开挖轮廓		短期稳定	B 类
不能形成拱效应		不稳定	C 类

图 8-2 拱效应与分类

岩土变形控制分析法隧道稳定性分类判定标准　　表 8-1

判定条件	A 类(掌子面稳定)	B 类(掌子面短期稳定)	C 类(掌子面不稳定)
地层强度	地层强度能够保持隧道稳定	地层强度能够保持隧道短期稳定	地层强度小于地层应力,隧道失稳
成拱效应	接近开挖轮廓面,形成拱效应	远离开挖轮廓面形成拱效应	不形成拱效应
围岩变形	变形处于弹性范围内,大小以厘米(cm)计	变形处于弹-塑性范围内,大小以 cm 计	必须对掌子面前方地层进行超前加固,否则围岩会出现明显的不稳定现象
掌子面	整个掌子面是稳定的	掌子面在短期内稳定	必须对掌子面前方地层进行超前加固,否则掌子面将坍塌
地下水	只要地下水不降低地层的强度,隧道的稳定性就不受地下水的影响	地下水会降低地层的强度,从而影响隧道的稳定性,因此需要把动态的地下水从超前核心土排出	必须采取措施,把动态的地下水从超前核心土排出,否则将严重影响隧道的稳定性
支护方式	一般处理,主要是防止围岩弱化和保持开挖轮廓面的稳定	在掌子面后方采取传统的径向围岩约束措施,有时需要采取掌子面前方超前约束措施	必须对掌子面前方地层进行超前加固,以提供能够形成人工成拱效应的超前约束作用

(1)接近开挖轮廓,形成拱效应,这种情况下应力为弹性,围岩变形小,隧道是稳定的,判定为 A 类应力应变行为。

(2)远离开挖轮廓,形成拱效应,应力为弹塑性,围岩变形较大,短期内可以保持隧道稳定,判定为 B 类应力应变行为。

(3)不能形成拱效应,围岩处于松弛状态,变形很大,隧道不稳定,将其定为 C 类应力—应变行为。

分类所依据的手段有实验室试验、数值模拟和现场测试,从而得到挤出压力 P_i 和挤出量 E_x 之间的关系,绘制成曲线后,通过曲线类型,即可判定掌子面围岩所处的类别和稳定程度,如图 8-3 所示。

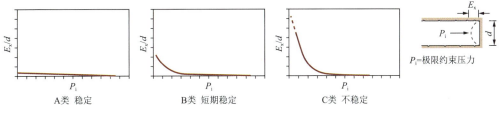

图 8-3 掌子面围岩类别和稳定程度判定

8.2.2 处治措施的确定

根据对掌子面稳定性的评价结论,参考表 8-2 和表 8-3 选择确定具体的隧道稳定措施。对于应变处于稳定状态的 A 类隧道可以采用简单的约束措施;对掌子面处于短期稳定状态的 B 类隧道,可以根据隧道进尺,采取超前约束措施或简单的约束措施;对掌子面处于不稳定状态的 C 类隧道,除采取约束措施外,还必须采取有效的超前支护措施。

采取的稳定措施的作用类型　　表 8-2

对隧道的作用	稳 定 措 施		作 用 参 数		
			地层的黏聚力 c 和摩擦角 φ	约束压力 σ_3	压力水
超前约束作用	掌子面前方地层改良	传统的注浆	●	●	●
		冻结		●	●
		水平旋喷注浆		●	
		机械预切槽		●	
		排水管排水	●		●
		玻璃纤维锚杆加固超前核心土		●	
约束作用	径向地层改良	机械压力盾构		●	
		土压盾构或泥水盾构		●	●
		全长锚固型洞顶锚杆	●		
		端部锚固性洞顶锚杆		●	
		仰拱		●	
		敞开式盾构		●	
超前支护作用	管棚(超前小导管)				

各种隧道稳定措施的适用范围　　表 8-3

隧道稳定措施	掌子面稳定(A 类)		掌子面短期稳定(B 类)			掌子面不稳定(C 类)				
	A1	A2	B1	B2	B3	C1	C2	C3	C4	C5
径向洞顶锚杆	●		●							
加筋喷射混凝土	●	●	●	●		●	●	●	●	●
玻璃纤维加固超前核心土				●		●	●	●		
玻璃纤维加固周围地层									●	
施作隧道仰拱	●	●	●	●		●	●	●		●
机械预切槽				●						
从导洞内径向加固地层								●		
水平旋喷注浆						●				
超前注浆或冻结										●
排水管排水	●	●	●	●	●	●			●	
管棚(超前小导管)		●								

8.2.3 超前支护参数的确定

ADECO-RS 法掌子面超前加固一般使用的是玻璃纤维注浆锚杆,因此主要的超前加固参数是锚杆在掌子面上的分布密度、锚杆的长度以及锚杆的搭接长度。

1)锚杆加固密度

隧道开挖之后,围岩应力松弛,应力从原始状态逐步调整为二次应力状态,对于不良地质围岩,应力还会进入塑性状态,若不及时进行支护,隧道变形加大,可能导致坍塌。同样,掌子面前方核心土围岩也会发生应力变化,若不对该部分岩体进行超前加固,掌子面也有可能坍塌。超前锚杆的作用就是利用锚杆与岩体的黏结力,限制掌子面前方核心土的松弛,控制超前核心土不让其进入塑性状态。

锚杆的密度和数量可以通过需要约束掌子面挤出位移的约束压力 P 求得。

在设计中监测掌子面核心土内一点 P 的约束压力 P_i 和变形 E_x,如图 8-4 所示,随着隧道向前掘进,将会得到多组应力和挤出变形数据,将其整理绘制如图 8-5 所示。图中的关系曲线近似为一条折线,表示围岩的应力由弹性状态过渡到塑性状态。要保证掌子面的稳定,必须控制围岩的应力在弹塑性的边界上,即需要如图所示的约束压力 $\bar{P}$,并由锚杆与围岩的应力平衡即可求得锚杆在掌子面上的分布密度 $\bar{n}$。其中 $N_{\lim}$ 为锚杆的抗拔力,F_s 为锚杆的截面积,如图 8-6 所示。

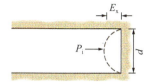

图 8-4 挤出变形和应力量测

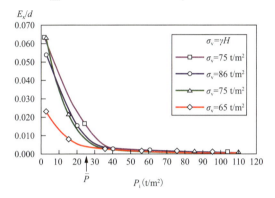

图 8-5 挤出变形和应力关系曲线(1t=10kN)

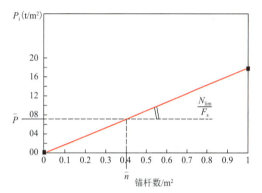

图 8-6 计算锚杆密度和数量

2)锚杆加固长度

在施工中向核心土内安装滑动变形计(图 8-7),用以测量距离掌子面上不同距离的挤出变形,得到数据绘图如图 8-8 所示。由图中可以看出,距离掌子面不到 15m 的地方,挤出变形已降为零,说明此处不受隧道开挖的影响,为未扰动区。为了最大限度发挥锚杆的效用,锚杆的长度应深入该区域,因此该情况下锚杆的长度应取为 15m 较为合适。

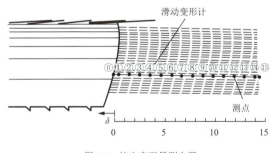

图 8-7 挤出变形量测布置

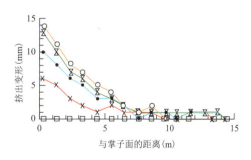

图 8-8 掌子面不同距离处挤出量测

3)锚杆搭接长度

随着隧道的掘进,锚杆的长度也在不断减小,为保证掌子面的稳定,锚杆需要一定的搭接长度。由图 8-8 可以看出,在距离掌子面 5m 以内,岩体的挤出变形较大(一般是塑性区),搭接长度必须限制在这个范围内的岩体变形,因此该情况下的搭接长度可以取 5m。

8.2.4 岩土变形控制的实施

ADECO-RS 法施工的主要内容与常规方法一致,不同之处在于有些围岩在开挖之前要进行超前支护并安装监控设备。由于超前支护可以保证掌子面稳定,ADECO-RS 要求尽量使用全段面法开挖,因为全断面开挖可以提高开挖效率,同时减少对围岩的扰动次数,且仰拱能及时闭合,掌子面的挤出位移和洞周收敛变形也比较小,有利于隧道的短期稳定。ADECO-RS 还要求掌子面能保持为凹形状态,因为这样能使得超前核心围岩在纵向形成拱效应,从而保证其稳定性。

8.3 岩土变形控制的监控量测

因为隧道工程措施的设计是基于对掌子面稳定状态的判定进行的预设计,因此 ADECO-RS 法中施工过程的监控量测极为重要。一般开挖工作开始之后,监控就开始进行,目的是检测设计所采取工程措施的可靠性,并及时对设计进行修正和优化。

8.3.1 挤出量测

如图 8-9 所示,挤出量测的测试方法是在掌子面插入一个滑动变形计,通过变形计读出各点的位移情况即为挤出变形。量测得到挤出变形量与时间的关系或与掌子面开挖的关系,通过量测数据可以判断掌子面—核心土的实际类别是否与预测一致,如果挤出变形为零,则为 A 类,如果变形速度在减小,则为 B 类,如果变形速度在增加,则为 C 类。

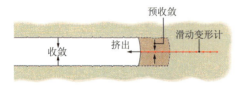

图 8-9 挤出变形量测布置示意图

8.3.2 收敛量测

施工阶段的收敛量测有两种:表面收敛量测和深度收敛量测。第一种量测是洞周轮廓的变形,可以使用收敛计或单点变位计;第二种量测是从隧道轴线沿径向一定深度岩体的收敛,使用多点变位计,要将其锚头深入到岩体未被隧道开挖影响的区域,如图 8-10 所示。

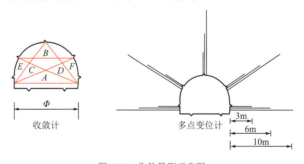

图 8-10 收敛量测示意图

8.3.3 预收敛量测

当隧道埋深较浅时,可以从地表向下插入多点变位计直接预测收敛变形,如图 8-11 所示。当埋深较深无法直接量测预收敛变形时,可以用挤出变形推出预收敛变形值,二者之间满足的关系如图 8-12 所示。图中的三类曲线分别对应三种掌子面挤出形态。

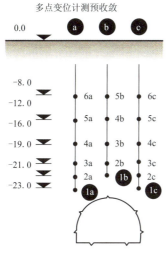
图 8-11　浅埋隧道预收敛量测

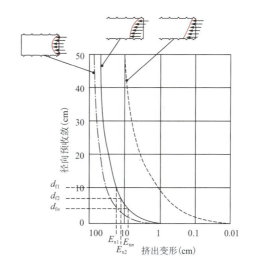
图 8-12　挤出变形和预收敛变形关系

8.3.4　量测数据反分析

由于隧道地质条件的复杂性，在隧道开挖过程中地质条件很可能会突然变化，在原设计方案的支护下不能保证隧道的稳定，量测的各种变形会超过允许的限制。这种情况要求设计人员采取更准确的岩土地质参数重新进行数值分析，以此优化工程措施参数设计，这个过程就是数据反分析过程。

以意大利的 Mugello 国际摩托车赛道下的一座浅埋隧道为例：原设计确定超前锚杆数量为 45 根，长度为 15m，最小搭接长度为 5m；在量测阶段测得的挤出变形累计值为 10cm 左右，径向收敛变形为 10～12cm，而地表沉降则达到了 22cm，这不满足赛车道对变形的要求限制，也与预测的情况不符，因此要进行反分析重新确定支护方案。经过反分析后确定锚杆根数为 93 根，长度为 24m，最小搭接长度 12m，再次量测之后各种变形显著减小，符合要求。

8.4　岩土变形控制分析法的工程实践

我国铁路隧道自 2004 年就探讨应用岩土变形控制分析法进行工点试验，但由于该方法的施工需要配套的大型机械装备、较高的工艺水平，直到 2011 年初才结合兰渝铁路桃树坪隧道出口工作面开展了工程实践，所以桃树坪隧道是我国铁路采用岩土变形控制分析法施工的第一个隧道工点。

8.4.1　工程概况及主要地质问题

1）工程概况

桃树坪隧道位于新建兰州—重庆铁路兰州市区，隧道起止里程为 DK3+435～DK6+655，全长 3220m，设计为双线单洞隧道，隧道开挖断面 140m²。隧道穿行于黄河高阶地下部，地势上隧道进口低、出口高，地形起伏大，相对高差达 200m 以上，最小埋深处仅 6m，地表上沟谷发育，下切较深，隧道下穿多个垃圾回填的浅埋沟谷、青兰高速公路、312 国道、厂矿企业、密集的居民区。

为加快施工进度，后期新增了 5 个施工斜井，隧道整体平面布置如图 8-13 所示。

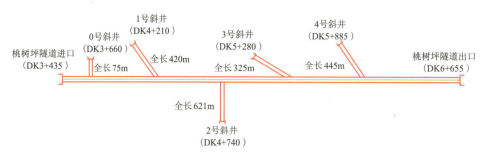

图 8-13 桃树坪隧道平面布置图

2）主要工程地质问题

桃树坪隧道穿行于黄河高阶地下部，全隧道设计围岩为Ⅵ级。开挖揭示进出口及各斜井地层主要为第三系未成岩遇水粉细砂层，其中夹杂有不连续卵砾石土地层。第三系含水未成岩砂层，含水率 3.2%～24.2%，相对密度 2.63，孔隙比 0.38～0.42，黏粒含量 4%～10%，渗透系数 $1.0×10^{-3}$～$3.5×10^{-4}$cm/s。此结构层特点：呈砂状结构，成岩作用差，自稳能力差，无胶结，稍有扰动即成松散粉状结构，在富水时基本无自稳能力，呈流塑状，软化现象明显，极易发生溜塌。

施工的 7 个井口工区，其中 6 个工区的掌子面揭示地层为未成岩含水粉细砂层，尤其是隧道出口工区掘进至 DK6+462 时（进洞 183m），地层转变为全段面承压饱和含水砂层，多次出现塌方，采用六步 CRD 工法开挖也无法前进，坍塌严重，多次反复，数月不能进尺，如图 8-14 所示。图 8-15 为隧道 4 号斜井出现的流沙情况。鉴于桃树坪隧道出口段工程地质状况，出于工程进度和安全方面考虑，也为了提高我国隧道工程的机械化施工水平做出尝试，各方在充分论证的基础上，决定在国内首次引用 ADECO-RS 工法进行施工，由意大利土力公司和中铁瑞威公司合作负责该项技术的引进工作。

图 8-14 隧道出口 CRD 工法开挖坍塌

图 8-15 隧道 4 号斜井出现的流沙情况

8.4.2 试验段实施情况

1）主要设计参数

由于该隧道是在国内首次采用岩土变形控制工法施工，没有实践经验可以参考，前期施工的主要设计参数来自意大利方面的技术意见，后续的施工过程中证明了这些参数（表 8-4）基本符合项目要求，也从侧面说明 ADECO-RS 工法在意大利是有较多工程经验的成熟的隧道施工方法。

桃树坪隧道 ADECO-RS 工法设计参数表　　　表 8-4

分　类	项　目	单　位	设计参数	备　注
循环段长	每循环隧道超前加固长度	m	18	
	每循环隧道开挖长度	m	12	

续上表

分 类	项 目	单 位	设计参数	备 注
掌子面锚固	掌子面锚管数量	根/断面	39	玻璃纤维锚管
	掌子面锚管长度	m	24	
	掌子面锚管直径	mm	50	
	掌子面锚管注浆压力	MPa	1.5	
	掌子面锚管排列间距	m	1.5	
水平旋喷	水平旋喷桩压力	MPa	40	P·O42.5 普通水泥
	水平旋喷桩流量	m³/h	45	
	水平旋喷钻杆提升速度	cm/s	1.6	
	水平旋喷浆液水灰比		1:1	
	水平旋喷浆液返浆率		小于25%	
	水平旋喷桩数量	根/断面	97	
	水平旋喷桩长度	m	24	
	水平旋喷桩直径	mm	600～800	
锁脚旋喷	锁脚旋喷桩长度	m	9	
	锁脚旋喷桩直径	mm	600～800	
	锁脚旋喷桩间距	m/根	1	
降水施工	超前降水井数量	根/断面	12	
	超前降水井长度	m	36	
	大口降水井直径	mm	1000	
	大口降水井深度	m	10	

图 8-16 为桃树坪隧道 ADECO-RS 工法超前预加固设计图。

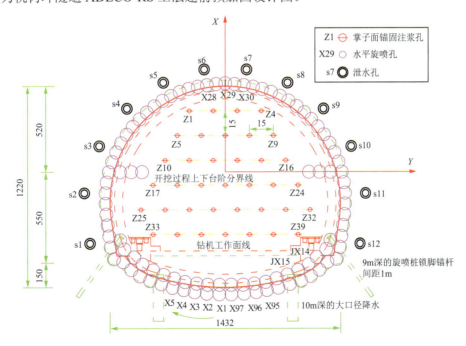

图 8-16　桃树坪隧道 ADECO-RS 工法超前预加固设计图(尺寸单位:cm)

2）施工情况

（1）施工过程

2011 年 2 月初桃树坪隧道出口工区开始采用 ADECO-RS 工法进行试验施工，第一循环主要是处理流沙坍塌体，至 2011 年 4 月中旬坍塌体处理完成并开挖通过。第二循环开始进行正常段落的工法试验施工,具体施工工序如图 8-17 所示。施工过程如图 8-18～图 8-21 所示。

图 8-17 ADECO-RS 工法工序图

图 8-18 隧道掌子面喷混凝土封闭

图 8-19 进行超前预加固施工

图 8-20 加固完成后的隧道掌子面

图 8-21 超前真空降水

(2) 使用的主要机械设备

ADECO-RS 工法的核心理念就是对隧道前方的不良地质的围岩进行超前预加固,通过水平旋喷、玻璃纤维锚管等加固手段使改良后的隧道围岩能达到全断面机械化开挖的要求。其中工法使用中最核心的机械就是 PST-60 水平摇臂钻机(图 8-22)及其配套的 7T-505 型高压大流量泵站(图 8-23)。这套设备的主要优点体现在钻机的 24m 通长钻杆,钻孔施作过程中不需要加卸钻杆,提高了施工效率。同样施作 18m 长、直径 600mm 的水平旋喷桩,在桃树坪隧道进行了国内设备和进口的 PST-60 及配套设备的施工效率对比,结果表明,国内设备需要 24h 才能完成而 PST-60 仅需要 1h 即可完成,且 PST-60 钻机施作的水平旋喷桩成桩的质量也远优于国内设备的成桩质量。

图 8-22 桃树坪隧道使用的 PST-60 钻机

图 8-23 7T-505 泵站

7T-505 高压大流量泵最大压力可以达到 90MPa,最大流量 60m³/h,两个 35t 容量的水泥立罐,自动拌浆和压力控制系统,保证了快速成桩时的水泥浆供给。

(3) 开挖效果

从进行的两个循环的开挖效果来看，ADECO-RS 隧道工法在桃树坪隧道的引进是比较成功的，达到了设计预期的施工效果，为我国软岩隧道施工方法多提供了一个选择，尤其在软岩流塌隧道和严格控制下沉的隧道施工工程中存在较大的工法优势。

水平旋喷加固为超前预支护，属于隐蔽工程，因此只有开挖时才能真正揭示出桩体的状态和成桩情况。成桩控制要点主要有以下几个方面：桩径是否与设计相符、邻桩间咬合情况是否良好、桩体是否侵线、是否出现断桩的情况、桩体是否缩径、桩体强度是否满足要求等。

图 8-24～图 8-31 为采用 ADECO-RS 法的施工过程效果图。

图 8-24　水平旋喷桩的桩径效果（1）

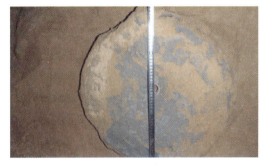

图 8-25　水平旋喷桩的桩径效果（2）

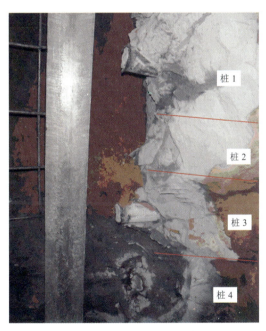

图 8-26　边墙水平旋喷桩的咬合效果（1）

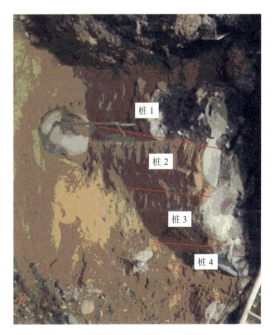

图 8-27　边墙水平旋喷桩的咬合效果（2）

图 8-28　掌子面玻璃纤维锚杆稳固孔（1）

图 8-29　掌子面玻璃纤维锚杆稳固孔（2）

图 8-30　桃树坪隧道出口使用 ADECO-RS 工法后可进行大断面开挖

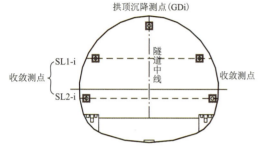

图 8-31　桃树坪隧道出口 DK6+451 测点布置图

3）变形监测

对桃树坪隧道出口使用 ADECO-RS 工法开挖后的拱顶下沉和边墙收敛两项进行监测，所有测点的变化值均在 10mm 以内，而桃树坪隧道其他六个井口工区的拱顶下沉和边墙收敛的测点位移都在 200～450mm 之间，比较得出，ADECO-RS 工法对控制隧道开挖后的变形效果明显，图 8-31～图 8-33 为桃树坪隧道出口量测的位移较大的测点的量测数据。

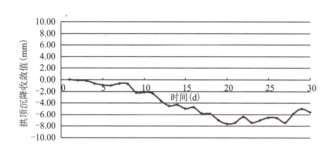

图 8-32　桃树坪隧道出口 DK6+451 测点拱顶下沉量监测曲线图

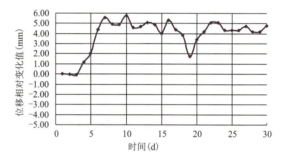

图 8-33　桃树坪隧道出口 DK6+451 测点收敛位移监测曲线图

分析 ADECO-RS 工法对控制隧道下沉效果明显的主要原因是：掌子面玻纤锚杆的束缚、周围超强的水平旋喷桩超前加固、旋喷桩的锁脚锚杆、没有拆除临时支撑的工序转换等措施的采用。

8.5　结语

岩土变形控制分析法能较好地控制隧道掌子面前方岩土体变形和掌子面稳定，是一种软弱围岩或不良地质隧道实现大断面或全断面开挖的有效手段，可以采用大型机械化施工，施工功效大大提高，并且有利于保证施工安全，对浅埋隧道控制地表变形也有比较好的效果，不足之处是必须采用专用超前加固装备，设备投入比较高。随着我国国产化施工机械的研发生产，施工安全、施工效率要求的提高，相信我国隧道会越来越多地采用该项技术。

本讲参考文献

[1] Petro Lunardi. 隧道设计与施工——岩土控制变形分析法 [M]. 铁道部工程管理中心，中铁西南科学研究院有限公司，译. 北京：中国铁道出版社，2011.

[2] 李斌,漆泰岳,高波,等.新意法(岩土控制变形工法)概述[J].公路隧道,2009,12(2):1-4.

[3] 翟进营,杨会军,王莉莉.新意法隧道设计施工概述[J].隧道建设,2008(1):46-50.

[4] 关宝树,赵勇.软弱围岩隧道施工技术[M].北京:人民交通出版社,2012.

[5] 李世才.桃树坪隧道富水未成岩粉细砂试验段施工技术[J].现代隧道技术,2012,49(4):111-119.

[6] 彭峰,肖盛能,潘威,等.软弱围岩修建新方法——核心土加固变形控制法[J].现代隧道技术,2012,49(3):131-137,145.

第09讲 标准设计及类比设计法

标准设计及类比设计法是我国隧道工程的两种主要设计方法。我国地域广阔,地形地质条件千差万别,铁路、公路隧道标准众多,量大面广。对新的标准、新的围岩条件下的隧道工程可采用类比设计法进行设计,当具备了丰富的设计经验和工程实例后,可通过总结提炼编制标准设计图,供工点设计使用。目前,铁路隧道主要采用标准设计法,公路隧道主要采用类比设计法。

本讲对标准设计法和类比设计法的概念、特点、国内外现状进行了简单介绍,对标准设计法和类比设计法的内容与方法进行了较详细说明,最后对两种设计方法进行了简单总结。

9.1 标准设计法和类比设计法概述

9.1.1 标准设计法

标准设计法是标准支护模式设计方法的简称,是根据隧道的埋深大小、围岩级别、运输方式、速度目标值、股道/车道数量、铁路轨道形式、防排水方式等内容,依照国家或行业有关部门发布的标准图、通用图开展工程设计的方法。

标准设计法应用的前提是隧道断面形式标准化、衬砌支护方式标准化、施工方法标准化。

标准设计法的主要内容包括建筑限界与衬砌内轮廓、设计荷载及结构计算方法、断面及支护参数、建筑及防水材料、防排水设计、工程数量等内容。

标准设计法主要适用于具有标准内轮廓形状的隧道衬砌。对隧道工程中具有标准形状的结构物或构件也可采用标准设计法,如隧道洞门、沟槽、初期支护钢架等。

9.1.2 类比设计法

类比设计法是类似条件设计方法的简称,也称为经验设计法或工程类比法,是通过对具有类似围岩条件、断面形式、使用功能的既有隧道工程案例的综合分析,开展新建隧道设计的方法。

类比设计法是在大量的工程实例和丰富的工程经验基础上,通过准确把握类比工程的共同点与不同

本讲执笔人:龚彦峰,肖明清,王少锋.

点来进行新建隧道的设计,否则会影响其安全性与经济性。类比设计法对难以准确计算的隧道工程具有一定的科学性,但无法得出设计工程的安全性状况,一般还需要采用其他方法如荷载—结构法、地层—结构法等进行验证。

类比设计法适用于地质条件复杂、结构受力不明确的隧道,其中某些尚无法完全依靠现有理论和计算方法得出设计参数的特殊段落。

9.1.3 标准设计法与类比设计法的国内外现状

日本是采用标准设计法较多的国家。日本铁路隧道的标准设计是按照单线、双线和新干线来划分的,根据围岩分级和施工实际制定标准支护参数。日本公路隧道的标准设计程度比较高,不仅有双车道、三车道公路隧道的标准设计,还有双车道隧道紧急停车带的标准设计。

新奥法本质上也是以围岩分级为基础的经验设计,设计阶段一般根据已有的地质资料来设计初期支护,在施工过程中根据开挖后对岩体的评价和应力及位移的量测结果确定初期支护的级别。挪威法是由正确的围岩评价、合理的支护参数和高性能的支护材料三部分组成的一种经济而安全的隧道类比设计方法。在挪威法中,对围岩稳定性评价主要采用 Q 系统分类法。《挪威隧道和地下工程 2004 年度报告》中给出了最新的以 Q 系统为基础的岩石支护设计图,它是总结世界上 2000 多座隧道工程实践,并以此经验将 1992 年版本不断完善而得到的。

我国铁路隧道长期以来一直是采用标准设计的。早年詹天佑主持编制过一套京张铁路标准图,包括线路、桥涵、隧道、车站房屋等工程的标准设计 49 种。从 20 世纪 50 年代初期至 20 世纪末的近半个世纪,铁路隧道设计人员共编制了隧道建筑结构、防水排水、运营通风与施工设备等标准设计 407 项,其中隧道衬砌、明洞、洞门等隧道主体结构的标准设计共有 198 项。原铁道部在 20 世纪颁布过时速 120km 单、双线铁路隧道衬砌、明洞、洞门等标准图,2000 年左右作废。2005 年以来,为适应我国大规模、高标准铁路建设需要,中国铁路经济规划研究院组织各铁路设计院陆续编制了时速 160～350km 各标准铁路隧道通用设计参考图 30 余套。

我国公路部门尚未发布过全国性的公路隧道标准设计图。各设计院一般根据具体项目的技术标准,按照《公路工程技术标准》(JTG B01—2014)和《公路隧道设计规范》(JTG D70—2004)等拟定隧道建筑限界和净空断面,在此基础上通过工程类比和结构计算确定各级围岩隧道的衬砌支护参数,据此编制项目的设计参考图或直接进行工点设计。

9.2 标准设计法的内容与方法

我国铁路隧道主要采用标准设计法,以下仅针对铁路隧道的标准设计进行介绍。

9.2.1 标准设计法的主要内容

我国现行铁路隧道标准设计图包括衬砌、明洞、洞门、缓冲结构,以及地震区隧道衬砌、明洞通用参考图,分别适用于时速 160km、200km、250km 客货共线铁路单、双线隧道,时速 250km、350km 客运专线铁路单、双线隧道,以下主要介绍衬砌标准设计。

衬砌标准设计法的设计内容包括建筑限界、衬砌内轮廓、设计荷载、结构计算方法、支护结构设计参数、衬砌断面图、建筑及防水材料、施工方法、监控量测设计等内容,其中设计荷载与计算方法的相关内容参见本书相关章节。

9.2.2 铁路隧道建筑限界与衬砌内轮廓

根据线路的设计速度目标值、列车牵引方式、运输方式,铁路隧道建筑限界可分为:客货共线铁路隧道建筑限界($v \leqslant 160 \text{km/h}$、$160 \text{km/h} < v \leqslant 200 \text{km/h}$)、双层集装箱运输隧道建筑限界、城际铁路建筑限界、高速铁路建筑限界。

衬砌内轮廓一般根据建筑限界、隧道内正线数目、设计速度目标值、空气动力学效应需要的隧道净空面积、轨道形式、养护维修、防灾救援、接触网悬挂、轨下结构物布置、线路曲线加宽、结构受力条件和施工运营等方面要求综合考虑确定。

下面以时速 350km 高速铁路双线隧道和时速 200km 单线铁路隧道为例进行说明。

1)时速 350km 高速铁路双线隧道建筑限界与衬砌内轮廓

建筑限界采用《高速铁路设计规范》(TB 10621—2014)中的"高速铁路建筑限界及基本尺寸轮廓"。衬砌内轮廓拟定时考虑的具体要求有:按照空气动力学要求,双线隧道净空有效面积不宜小于 100m^2;双侧设置贯通的疏散通道,救援通道距线路中线距离不应小于 2.3m;救援通道宽度宜为 1.5m,高度不应小于 2.2m。时速 350km 高速铁路双线隧道建筑限界与衬砌内轮廓见图 9-1。

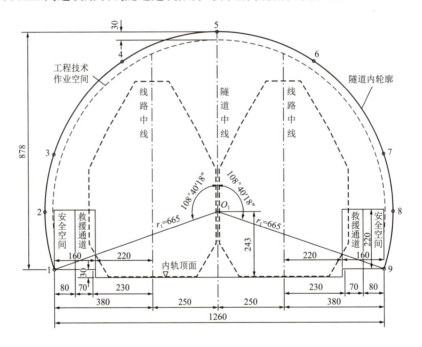

图 9-1 时速 350km 高速铁路双线隧道建筑限界与衬砌内轮廓(尺寸单位:cm)

2)时速 200km 客货共线铁路(普通货物运输)单线隧道建筑限界与衬砌内轮廓

建筑限界按照《新建时速 200 公里客货共线铁路设计暂行规定》(铁建设〔2005〕285 号)中"电力牵引铁路 KH-200 桥隧建筑限界"。衬砌内轮廓拟定时考虑的具体要求有:按照空气动力学要求,单线隧道净空有效面积不宜小于 52m^2;单侧设置贯通的疏散通道,疏散通道宽度不得小于 1.25m,高 2.2m,距线路中线距离不得小于 2.2m。时速 200km 客货共线铁路(普通货物运输)单线隧道建筑限界与衬砌内轮廓见图 9-2。

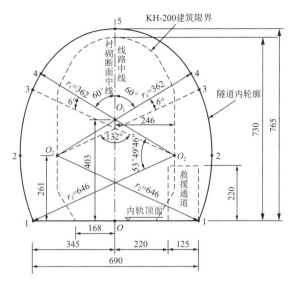

图 9-2 时速 200km 客货共线铁路(普通货物运输)单线隧道建筑限界与衬砌内轮廓(尺寸单位:cm)

9.2.3 铁路隧道支护结构设计参数与材料

1)时速 350km 客运专线铁路双线隧道复合式衬砌

《时速 350km 客运专线铁路双线隧道复合式衬砌》(通隧〔2008〕0301)适用于电力牵引、设计行车速度 350km/h 的客运专线铁路。主要内容包括:①Ⅱ～Ⅴ级围岩双线隧道复合式衬砌断面及主要工程数量、钢筋布置图,Ⅱ、Ⅲ级围岩衬砌按深埋设计,Ⅳ、Ⅴ级围岩衬砌按深埋、浅埋两种埋深设计。②Ⅱ级围岩采用曲墙带底板和曲墙有仰拱两种结构形式,Ⅲ～Ⅴ级围岩隧道均采用曲墙有仰拱结构形式。③隧道内通长设置双侧水沟及双侧电缆槽,单侧按一沟两槽形式设置。④各型衬砌断面均采用无砟轨道形式、重型轨道,无砟轨道包括双块式和板式两种,轨道高度分别为 515mm 和 657mm。

无仰拱衬砌断面如图 9-3 所示,有仰拱衬砌断面如图 9-4 所示,衬砌支护参数及材料见表 9-1。

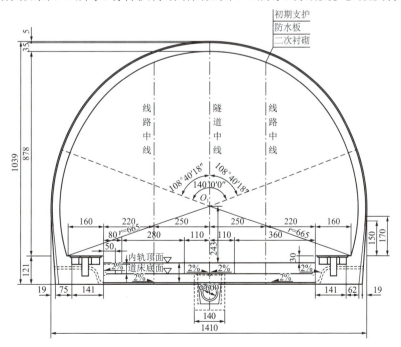

图 9-3 时速 350km 客运专线铁路双线隧道无仰拱衬Ⅱ_a型砌断面图(尺寸单位:cm)

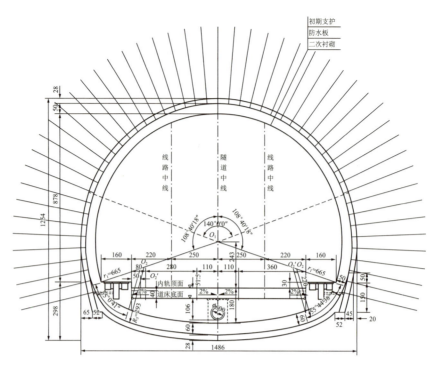

图 9-4　时速 350km 客运专线铁路双线隧道有仰拱衬砌 V_b 型断面图（尺寸单位：cm）

时速 350 公里客运专线铁路双线隧道复合式衬砌设计参数　　　　表 9-1

衬砌类型	预留变形量(cm)	初期支护										二次衬砌	
		C25 喷混凝土		钢筋网			锚杆			格栅(型钢)钢架		拱墙(cm)	仰拱/底板(cm)
		设置部位	厚度(cm)	设置部位	网格间距(cm)	钢筋规格	设置部位	间距(环向×纵向)(m)	长度(m)	设置部位	类型(mm)	间距(m)	
II_a 型	3～5	拱墙	5	—	—	—	局部	—	2.5	—	—	—	35	—
II_b 型	3～5	拱墙	5	—	—	—	局部	—	2.5	—	—	—	35	45
III_a 型	5～8	拱墙	12	拱部	25×25	ϕ6	拱墙	1.2×1.5	3.0	—	—	—	40	50
III_b 型	5～8	拱部	23	拱部	25×25	ϕ6	拱墙	1.2×1.5	3.0	拱部	高130、ϕ22 格栅	1.2	40	50
		边墙	12											
IV_a 型	8～10	拱墙	25	拱墙	20×20	ϕ6	拱墙	1.2×1.2	3.5	拱墙	高150、ϕ22 格栅	1.0	45*	55*
		仰拱	10											
IV_b 型	8～10	拱墙	25	拱墙	20×20	ϕ6	拱墙	1.2×1.2	3.5	全环	高150、ϕ25 格栅或 I18 型钢	1.0	45*	55*
		仰拱	25											
V_a 型	10～15	拱墙	28	拱墙	20×20	ϕ8	拱墙	1.2×1.0	4.0	全环	高180、ϕ25 格栅或 I20a 型钢	0.8	50*	60*
		仰拱	28											
V_b 型	10～15	拱墙	28	拱墙	20×20	ϕ8	拱墙	1.2×1.0	4.0	全环	I20a 型钢	0.6	50*	60*
		仰拱	28											

2）时速 200km 客货共线铁路单线隧道复合式衬砌（普通货物运输）

《时速 200km 客货共线铁路单线隧道复合式衬砌（普通货物运输）》（通隧〔2008〕1201）适用于电力牵引、设计行车速度 200km/h 客货共线（普通货物运输）铁路。主要内容包括：①Ⅱ～Ⅴ级围岩单线隧道复合式衬砌断面及主要工程数量、钢筋布置图，Ⅱ、Ⅲ级围岩衬砌按深埋设计，Ⅳ、Ⅴ级围岩衬砌按深埋、浅埋设计。②Ⅱ级围岩采用曲墙带底板结构形式，Ⅲ～Ⅴ级围岩采用曲墙有仰拱结构形式。③隧道内通长设置双侧水沟及双侧电缆槽，单侧按一沟一槽形式设置。④各型衬砌断面轨面以下考虑有砟、无砟两种道床形式。无砟轨道按弹性支承块设计,道床高度570mm;有砟轨道道床高度766mm。

无仰拱衬砌断面如图9-5所示,有仰拱衬砌断面如图9-6所示,衬砌设计参数及材料见表9-2。

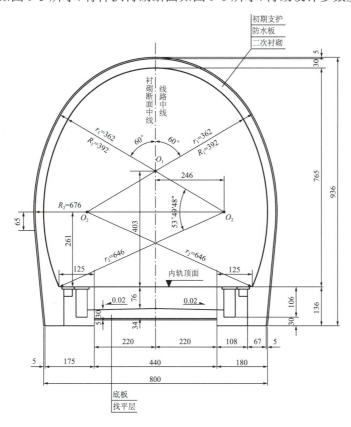

图9-5 时速200km客货共线铁路单线隧道无仰拱衬砌Ⅱ型断面图(尺寸单位:cm)

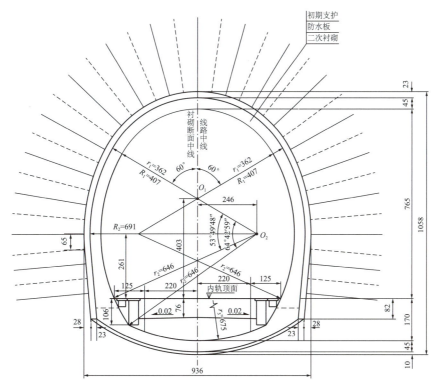

图9-6 时速200km客货共线铁路单线隧道有仰拱衬砌V_a型断面图(尺寸单位:cm)

时速 200 公里客货共线铁路（普货运输）单线隧道复合式衬砌设计参数　　　表 9-2

围岩级别	预留变形量（cm）	初期支护											二次衬砌	
		C25 喷混凝土		钢筋网			锚杆			格栅（型钢）钢架			拱墙（cm）	仰拱/底板（cm）
		设置部位	厚度（cm）	设置部位	网格间距（cm）	钢筋规格	设置部位	间距（环向×纵向）（m）	长度（m）	设置部位	类型（mm）	间距（m）		
Ⅱ型	0～2	拱墙	5	—	—	—	局部	—	2.0	—	—	—	30	/30*
Ⅲ型	3～4	拱墙	8	拱部	25×25	φ6	拱墙	1.2×1.5	2.5	—	—	—	35	40
Ⅳ_a 型	3～5	拱墙	12	拱墙	25×25	φ6	拱墙	1.2×1.2	3.0	—	—	—	40	40
Ⅳ_b 型	6～8	拱墙	23	拱墙	20×20	φ6	拱墙	1.2×1.2	3.0	拱墙	格栅或型钢	1.2	40	40
Ⅴ_a 型	8～10	拱墙 / 仰拱	23 / 10	拱墙	20×20	φ8	拱墙	1.2×1.0	3.0	拱墙	格栅或型钢	1.0	45*	45*
Ⅴ_b 型	8～10	拱墙 / 仰拱	25 / 25	拱墙	20×20	φ8	拱墙	1.2×1.0	3.0	全环	格栅或型钢	0.8	45*	45*

注："*"为钢筋混凝土。

3）铁路隧道通用参考图支护参数设计的基本原则

隧道复合式衬砌由初期支护和二次衬砌组成。支护参数的确定以工程类比法为主，并辅以结构分析。计算时，初期支护作为主要承载结构，Ⅱ、Ⅲ级围岩二次衬砌作为安全储备，按承受围岩松弛荷载的 30% 检算二次衬砌结构强度安全系数；Ⅳ、Ⅴ级围岩考虑初期支护和二次衬砌共同承载，二次衬砌分别按承受围岩松弛荷载、浅埋荷载的 50%～70% 计算，并与工程类比法相互佐证，合理确定设计参数。

计算时，考虑复合式衬砌背后完全回填密实，仰拱与拱墙为一整体结构；计算中假定衬砌背后围岩能提供径向弹性抗力。

9.2.4　铁路隧道标准设计的适用范围

（1）适用于时速 160km、200km、250km 客货共线铁路单、双线隧道，时速 250km、350km 客运专线铁路单、双线隧道。客货共线铁路包括普通货物运输和双层集装箱运输；轨道形式包括有砟轨道和各类型无砟轨道。

（2）适用于Ⅱ～Ⅴ级围岩。根据隧道埋深、岩层构造特点，Ⅲ级、Ⅳ级、Ⅴ级围岩衬砌还细分为一般衬砌和加强型衬砌。

（3）当地震动峰值加速度不小于 0.2g 时，应选用相应的地震区隧道衬砌标准设计图。

（4）不适用于偏压隧道、活动性断层及其影响带，以及软土、冻土、膨胀性岩土、挤压性围岩等特殊地质段。

（5）不适用于承受水压力的防水型隧道衬砌。

9.2.5　采用标准设计法的注意事项

1）结构设计方面

（1）在设计及施工过程中，应根据工点地质条件确定支护措施，并根据监控量测信息，必要时应对标准设计图中的支护参数、预留变形量和施工方法进行调整，以保证施工阶段和运营阶段结构安全。

（2）初期支护与围岩共同组成隧道的主要受力结构，施工中务必遵循"保护围岩"的原则，确保初期支护的施工质量；同时初期支护设计参数与采用的施工工法密切相关，在施工过程应根据具体的地质与断面情况合理确定施工方法,必要时适当调整支护参数。

(3)浅埋及软弱围岩段隧道应采取必要的超前支护措施。

(4)当在特殊地形、地质、环境条件下应用标准设计时,应根据其环境特点采用与之相适应的建筑材料和设计措施。

2)施工方面

(1)在隧道开挖过程中,应随时核对围岩级别与地下水状态,如发现与设计不符,应及时提出,以便修正设计。

(2)隧道岩石爆破采用光面爆破,尽量减少对围岩的扰动,控制围岩变形。破碎岩石隧道、水平层岩石隧道,每个循环进尺不宜过大,并严格控制光面爆破参数,优化施工工艺。

(3)Ⅱ、Ⅲ级围岩一般采用全断面法或台阶法开挖;Ⅳ、Ⅴ级围岩一般采用台阶法开挖,特殊地质和环境条件下可采用分部开挖法施工。

(4)喷射混凝土应采用湿喷工艺,隧道初期支护应紧跟开挖面及时施作,必要时尽快封闭掌子面。深埋隧道的二次衬砌应在围岩和初期支护变形基本稳定后施作,洞口、浅埋及断层破碎带等地段的二次衬砌应及时施作。

(5)初期支护中设置锚杆时,要求锚杆打入方向一般应接近于隧道径向,对层状围岩应根据围岩产状适当调整锚杆打入方向。

(6)初期支护中采用钢架时,钢架间距视围岩稳定情况而定,松软破碎地段可适当加密。

(7)各级围岩衬砌断面设计时,均考虑了衬砌与围岩的共同作用,开挖面凹凸不平部分应采用喷射混凝土填平补齐;二次衬砌设计外轮廓线与实际初期支护之间空隙,应采用与二次衬砌同级混凝土灌筑;二次衬砌拱部应采取回填注浆或带压灌注等措施保证其与初期支护密贴。

(8)采用曲墙带仰拱衬砌,应超前施作仰拱。仰拱混凝土应成段一次浇筑,严禁分幅施工。

(9)隧底结构施作前,应将隧底虚渣、杂物、积水等清理干净,超挖部分采用与衬砌同级的混凝土回填,确保隧底结构施工质量。

(10)围岩变形过大或初期支护变形不收敛,又难以及时补强时,可设置临时仰拱或横撑,必要时提前施作二次衬砌。此时二次衬砌应予加强。

9.3 类比设计法的主要内容与方法

在大多数情况下,隧道支护体系设计还是依赖于类比设计的。因此,应把类比设计作为一个实用、有效的方法加以研究和应用,并在实践过程中不断完善。这种方法在没有标准设计的场合特别适用。

9.3.1 类比设计法的主要内容与原则

类比设计法主要应用于隧道支护结构参数的确定,包括类比工程的资料收集、与类比工程的对比分析、支护结构参数的拟定、支护结构参数的调整等。

采用类比设计法进行设计时,设计对象与类比对象之间应尽量满足以下的类似条件:

1)几何相似性

几何相似性是指设计隧道断面的形状、大小与已有类比隧道具有可比性,而不是相差很大。

2)物理相似性

物理相似性是指设计隧道所处的埋置深度、地质条件、地下水条件与类比隧道具有相似性。

3）荷载相似性

荷载相似性是指设计隧道在施工阶段和运营阶段所承受的荷载条件与类比隧道具有相似性,如施工阶段的地应力场、运营阶段的特殊荷载等。

4）使用功能相似性

使用功能相似性是指设计隧道与类比隧道的使用功能相似。

5）施工方法相似性

施工方法相似性是指设计隧道与类比隧道的施工方法相似,如均采用矿山法、均采用全断面法或分部开挖法施工等。

9.3.2 类比设计法的关键因素

1）对隧道进行围岩分级

应根据地质调查、测绘、勘探及试验成果,按照围岩的主要工程地质特征、结构特征和完整状态、围岩基本质量指标 BQ、围岩弹性波速度 v_p 对围岩进行分级,一般可分为Ⅰ～Ⅵ级共六种围岩级别。现行《铁路隧道设计规范》(TB 10003—2016)还将Ⅲ、Ⅳ、Ⅴ级围岩各分为两个亚级。

2）支护类型与参数选择

根据围岩的稳定情况选择合理的支护类型与参数。在各级围岩中,一般情况下,初期支护应优先考虑选用喷射混凝土支护或锚喷联合支护。支护结构参数大体按下述原则确定:

(1)支护类型的确定应根据围岩的地质特点、工程断面大小和使用条件等因素综合考虑。

(2)选择合理的锚杆类型与参数,在围岩中能有效形成承载环。应根据地质条件、断面大小和使用条件选定锚杆类型,确定锚杆直径、长度、数量、间距和布置方式。

(3)选择合理的喷层厚度,充分发挥围岩和喷层自身的承载力。最佳的喷层厚度(刚度)应既能使围岩维持稳定,又允许围岩有一定塑性位移,以利于围岩自身承载能力的发挥和减小喷层的弯曲应力。

(4)合理配置钢筋网。钢筋网具有防止或减小喷层收缩裂缝,提高支护结构的整体性和抗震性,使混凝土中的应力得以均匀分布和增加喷层的抗拉、抗剪强度、韧性等功能,在软弱破碎围岩及抗震需要时应配置钢筋网。

(5)合理选择钢架支撑。在下列场合必须考虑使用钢架支撑:自稳时间短、在喷射混凝土或锚杆发挥支护作用前洞室岩面难以稳定时;用管棚、钢插板进行超前支护需要支点时;为抑制地表下沉,或者由于土压大,需要提高初期支护的强度和刚度时。

(6)二次衬砌厚度应根据围岩类型和级别确定,一般采用厚度 30～50cm 的模筑混凝土结构。当地下环境具有较强侵蚀性,或二次衬砌是在初期支护稳定前施作时,应对二次衬砌进行加强或采用钢筋混凝土结构。

3）采取合理措施,控制围岩变形,最大限度发挥围岩的承载能力

(1)隧道的布置和选型应适应原岩应力状态和岩体的性质,争取较好的受力条件。

(2)采取控制爆破措施,减少对围岩的扰动,并及时支护,减少其他因素对围岩的不利影响。

(3)根据围岩性质,适时施作初期支护。

(4)采取合理的施工方法。

4）依据现场监测数据指导设计和施工

制订详细周密的监控量测计划,系统地控制施工中的变形与应力,确定结构的支护阻力是否和围岩

类型相适应以及确定是否需要加强措施。根据监控量测结果对支护结构和施工方法进行修正,以保证工程的安全性与经济性。

9.3.3 铁路隧道类比设计的支护参数

《铁路隧道设计规范》(TB 10003—2016)9.2.2条规定,初期支护及二次衬砌的设计参数,应根据隧道围岩分级及构造特征、地应力条件等采用工程类比、理论分析确定,在其条文说明中给出了复合式衬砌常用的设计参数,见表9-3。

铁路隧道复合式衬砌设计参数　　　表9-3

围岩级别	隧道开挖跨度	初期支护						二次衬砌厚度(cm)	
		喷射混凝土厚度(cm)		锚杆			钢筋网	钢架	拱墙	仰拱
		拱墙	仰拱	位置	长度(m)	间距(m)			拱墙	仰拱
Ⅱ	小跨	5	—	局部	2	—			30	—
	中跨	5	—	局部	2	—			30	—
	大跨	5~8	—	局部	2.5	—			30~35	—
Ⅲ硬质岩	小跨	5~8	—	拱墙	2	1.2~1.5	拱部@25×25	—	30~35	—
	中跨	8~10	—	拱墙	2.0~2.5	1.2~1.5	拱部@25×25	—	30~35	—
	大跨	10~12	—	拱墙	2.5~3.0	1.2~1.5	拱部@25×25	—	35~40	35~40
Ⅲ软质岩	小跨	8	—	拱墙	2.0~2.5	1.2~1.5	拱部@25×25	—	30~35	30~35
	中跨	8~10	—	拱墙	2.0~2.5	1.2~1.5	拱部@25×25	—	30~35	30~35
	大跨	10~12	—	拱墙	2.5~3.0	1.2~1.5	拱部@25×25	—	35~40	35~40
Ⅳ深埋	小跨	10~12	—	拱墙	2.5~3.0	1.0~1.2	拱部@25×25	—	35~40	40~45
	中跨	12~15	—	拱墙	2.5~3.0	1.0~1.2	拱部@25×25	—	40~45	45~50
	大跨	20~23	10~15	拱墙	3.0~3.5	1.0~1.2	拱部@20×20	拱墙	40~45*	45~50*
Ⅳ浅埋	小跨	20~23	—	拱墙	2.5~3.0	1.0~1.2	拱部@25×25	拱墙	35~40	40~45
	中跨	20~23	—	拱墙	2.5~3.0	1.0~1.2	拱部@20×20	拱墙	40~45	45~50
	大跨	20~23	10~15	拱墙	3.0~3.5	1.0~1.2	拱部@20×20	拱墙	40~45*	45~50*
Ⅴ深埋	小跨	20~23	—	拱墙	3.0~3.5	0.8~1.0	拱部@20×20	拱墙	40~45	45~50
	中跨	20~23	20~23	拱墙	3.0~3.5	0.8~1.0	拱部@20×20	全环	40~45*	45~50*
	大跨	23~25	23~25	拱墙	3.5~4.0	0.8~1.0	拱部@20×20	全环	50~55*	55~60*
Ⅴ浅埋	小跨	23~25	23~25	拱墙	3.0~3.5	0.8~1.0	拱部@20×20	全环	40~45*	45~50*
	中跨	23~25	23~25	拱墙	3.0~3.5	0.9~1.0	拱部@20×20	全环	40~45*	45~50*
	大跨	25~27	25~27	拱墙	3.5~4.0	0.8~1.0	拱部@20×20	全环	50~55*	55~60*

注:1. 按《铁路隧道设计规范》1.0.6条,隧道按开挖跨度,小跨指5~8.5m,中跨指8.5~12m,大跨指12~14m。
2. 表中喷射混凝土厚度为平均值,二次衬砌带*号者为钢筋混凝土。
3. Ⅵ级围岩和特殊围岩应进行单独设计。
4. Ⅲ级缓倾软质岩地段,隧道拱部180°范围初期支护可架设格栅钢架,相应调整拱部喷射混凝土厚度。

9.3.4 公路隧道类比设计的支护参数

《公路隧道设计细则》(JTG/T D70—2010)13.4.6条规定:一般条件下,初期支护及二次衬砌可参照表9-4、表9-5的规定选用,并应根据现场围岩监控量测反馈的信息,对支护参数进行必要的调整。

双车道公路隧道复合式衬砌设计参数　　　　表 9-4

围岩级别	初期支护							二次衬砌 现浇混凝土厚度(cm)	
	喷射混凝土厚度(cm)		锚杆(m)			钢筋网(cm)	钢架间距(cm)		
	拱、墙	仰拱	位置	长度(m)	纵向间距			拱、墙	仰拱
Ⅵ	通过试验计算确定								
V₂	20～25	15～20	拱、墙	3.0～3.5	0.6～0.8	20×20	60～80	45（钢筋混凝土）	
V₁	20～25	5～10	拱、墙	3.0～3.5	0.8～1.0	20×20	80～100	45	
Ⅳ₃	20～22	—	拱、墙	2.5～3.0	0.8～1.0	20×20	100～120	40	
Ⅳ₂	18～20	—	拱、墙	2.5～3.0	1.0～1.2	20×20	120～150	40	
Ⅳ₁	15～18	—	拱、墙	2.5～3.0	1.0～1.2	25×25	局部	35	
Ⅲ₂	10～12	—	拱、墙	2.5～3.0	1.0～1.2	25×25	—	35	
Ⅲ₁	8～10	—	拱、墙	2.5～3.0	1.2～1.5	25×25	—	35	
Ⅱ	5～8	—	局部	2.0～2.5	—	局部	—	30	
Ⅰ	5	—	—	—	—	—	—	30	

三车道公路隧道复合式衬砌设计参数　　　　表 9-5

围岩级别	初期支护							二次衬砌 现浇混凝土厚度(cm)	
	喷射混凝土厚度(cm)		锚杆(m)			钢筋网(cm)	钢架间距(cm)		
	拱、墙	仰拱	位置	长度(m)	纵向间距			拱、墙	仰拱
Ⅵ	通过试验计算确定								
V₂	25～28	20～25	拱、墙	4.0～4.5	0.5～0.8	20×20	50～80	60（钢筋混凝土）	
V₁	25～28	15～20	拱、墙	3.5～4.0	0.8～1.0	20×20	80～100	55（钢筋混凝土）	
Ⅳ₃	22～25	5～10	拱、墙	3.5～4.0	0.8～1.0	20×20	80～100	50（钢筋混凝土）	50
Ⅳ₂	22～25	—	拱、墙	3.5～4.0	0.8～1.0	20×20	100～120	45（钢筋混凝土）	45
Ⅳ₁	20～23	—	拱、墙	3.0～3.5	1.0～1.2	25×25	120～150	45	45
Ⅲ₂	15～20	—	拱、墙	3.0～3.5	1.2～1.5	25×25	局部	40	—
Ⅲ₁	12～15	—	拱、墙	3.0～3.5	1.2～1.5	25×25	—	40	—
Ⅱ	8～10	—	局部	2.5～3.0	—	局部	—	35	—
Ⅰ	5～8	—	—	—	—	—	—	35	—

注：1. 本表支护参数针对结构安全等级为一级的隧道，其他安全等级的隧道可参考执行。
　　2. Ⅴ级围岩浅埋段初期支护仰拱宜采用封闭结构。
　　3. 初期支护的仰拱也可采用早强混凝土代替喷射混凝土。
　　4. Ⅲ、Ⅳ、Ⅴ级围岩的下标数字为围岩的亚分级，同级围岩中由 1 到 3 围岩逐渐变差。

9.3.5　类比设计法的注意事项

（1）类比设计的前提是正确的围岩分级。除此之外，还要全面考虑隧道的地形条件、埋深大小、围岩岩性、结构构造特征、地应力大小、地下水影响等因素。

（2）要全面掌握隧道的设计条件，包括隧道断面形状及大小、施工辅助措施、施工方法及工序、支护结构与材料、使用功能等因素。

（3）隧道设计支护参数与采用的施工方法及辅助施工措施密切相关，不能脱离具体的施工方法和工序来谈衬砌支护参数。

（4）要做好施工中的监控量测工作，及时了解围岩的稳定状态和支护的可靠程度，并根据监测结果，及时调整支护措施和施工方法，确保工程安全性、经济性和工程质量。

（5）支护参数的拟定要兼顾施工因素的影响，比如喷射混凝土厚度、锚杆长度及间距、钢筋网网格大小、钢架类型及间距,要便于施工,能保证施工质量。

(6)在开展类比设计前,要广泛收集类似隧道的设计、施工资料,并深入分析其围岩条件、设计条件、施工方法、施工辅助措施、监控量测结果与新建隧道的异同,去伪存真,抓住关键因素,舍弃次要因素,提炼出可靠的设计参数。

(7)对类似条件差异较大的工程和重难点工程,需要根据工点的地质条件、衬砌类型、施工方法和工序,选择合理的计算模型和计算方法对支护参数进行验算。

9.3.6 类比设计法的应用案例

本节分别选取铁路的单洞双线隧道变双洞单线隧道的大跨段和双车道公路隧道的紧急停车带,说明支护参数的类比设计。

1)铁路隧道大跨段设计

向莆铁路戴云山隧道为设计时速250km客货共线(双层集装箱运输)铁路双线隧道。根据线路线间距设置,进口段为单洞双线隧道,至DK423+505分为左线和右线两座单线隧道直至出口,隧道左线全长15623m,右线全长15605m。

一座双线隧道分修为两座单线隧道时,线间距需加大到一定程度,满足双连拱隧道或两座单线隧道单独设置条件。时速250km客货共线双线铁路直线段线间距为4.6m,进口双线段DK422+816～+980段隧道需在4.6m线间距基础上再加宽0.4m,DK422+980～DK423+505段加宽由1m逐渐增大至6m,而后采用连拱隧道和两座单线隧道至出口。本段隧道围岩级别为Ⅳ级。

下面介绍DK423+237～DK423+309线间距加宽为3m地段双线隧道的支护参数类比设计。一般Ⅳ级围岩直线段衬砌开挖宽度14.22m,拱顶至仰拱底高度11.93m;大跨段衬砌的开挖断面宽度17.67m,拱顶至仰拱底高度14.37m,见图9-7。

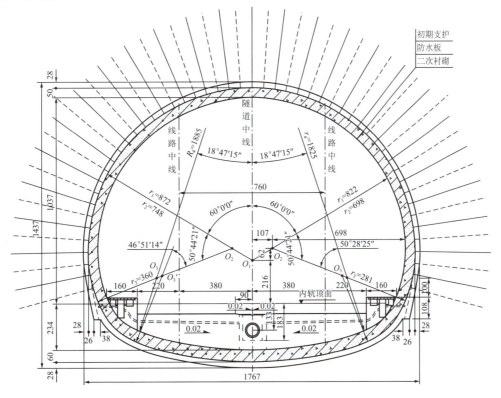

图9-7 向莆铁路戴云山隧道加宽3m段Ⅳ级围岩衬砌断面图(尺寸单位:cm)

该大跨地段无标准设计,与一般衬砌段相比符合类比设计法的基本特征,因此根据《时速250公里客运专线铁路双线隧道复合式衬砌》(通隧〔2008〕0201)Ⅳ级围岩一般衬砌支护参数进行类比。考虑几何、物理及荷载的相似性,对比跨度对荷载的影响基本为线性;喷混凝土为小偏心受压,因此可以根据跨度比加厚;锚杆长度与隧道跨度相关,适当加长、加密;二次衬砌控制截面为大偏心受压,截面厚度比的1～2次方等于荷载比,同时采用荷载结构法计算。类比设计支护参数的确定考虑了上述类比方法,同时考虑了大断面隧道的施工能力等综合因素确定的。衬砌断面见图9-7,衬砌支护参数见表9-6。

向莆铁路戴云山隧道大跨段衬砌支护参数表(加宽3.0m)　　　表9-6

设计方法	隧道开挖跨度(m)	初期支护						二次衬砌厚度(cm)	
		喷射混凝土厚度(cm)		锚杆			钢筋网间距(cm)	钢架	拱墙	仰拱
		拱墙	仰拱	位置	长度(m)	间距(m)				
标准设计	14.22	25	10	拱、墙	3.5	1.2×1.2	拱墙 @20×20	全环格栅	45(钢筋混凝土)	55(钢筋混凝土)
类比设计	17.67	28	28	拱、墙	4.0	1.2×1.0	拱墙 @20×20	全环Ⅰ20	50(钢筋混凝土)	60(钢筋混凝土)

2)双车道公路隧道紧急停车带类比设计

《公路隧道设计规范》(JTG D70—2004)4.4.5条规定:长、特长隧道应在行车方向的右侧设置紧急停车带。紧急停车带的宽度,包含右侧向宽度应取3.5m,长度应取40m,其中有效长度不得小于30m。对时速80km高速公路双车道隧道而言,隧道建筑限界净宽为10.25m,三车道隧道建筑按限界净宽为14.00m,双车道隧道紧急停车带建筑限界净宽为13.00m。

由铁四院设计的海西高速公路网厦沙线三明尤溪段,设计为双向四车道高速公路,隧道设计速度80km/h。紧急停车带支护参数拟定主要考虑以下因素:支护参数类比了双车道公路隧道(表9-4)和三车道公路隧道(表9-5),且更接近三车道公路隧道支护参数;因公路隧道紧急停车带一般设置在洞身围岩较好地段,只考虑了Ⅱ、Ⅲ、Ⅳ级围岩深埋衬砌。拟定的紧急停车带衬砌支护参数见表9-7。

双车道公路隧道紧急停车带复合式衬砌设计参数　　　表9-7

围岩级别	初期支护							二次衬砌 现浇混凝土厚度(cm)	
	喷射混凝土厚度(cm)		锚杆			钢筋网(cm)	钢架间距(cm)	拱、墙	仰拱
	拱、墙	仰拱	位置	长度	环向×纵向				
Ⅳ	20	20	拱、墙	3.5	1.0×1.0	20×20	100	45	45
Ⅲ	15	—	拱、墙	3.0	1.2×1.2	20×20	—	40	
Ⅱ	9	—	局部	2.5	—	局部	—	30	

9.4 结语

由于地形地质条件的复杂性,以及隧道断面形状、施工方法、支护措施的强弱及施作时机,与围岩、隧道结构的承载状态的高度相关性,要准确地进行隧道的荷载与受力计算是极其困难的。而基于已有隧道工程实践经验的类比设计,常常是极好的设计。在此基础上,可进一步编制标准设计,供工点设计选用。因而,在隧道设计中采用标准设计法和类比设计法,仍有较大的现实意义。需要强调的是,采用标准及类比设计法设计的隧道工程,需要在施工阶段开展严格的监控量测工作,及时掌握围岩和隧道动态,并对支护参数和施工方法进行及时调整,确保施工安全和工程质量,也可为以后的工程设计积累资料。对于重难点工程或者一些特殊段落,在采用标准或类比设计的基础上,应选择适宜的计算模型和方法,对结构设计参数进行检算,保证支护参数经济合理、施工安全和工程的长期安全稳定。

本讲参考文献

[1] 东日本高速道路株式会社,中日本高速道路株式会社,西日本高速道路株式会社. トンネル標準設計図集[Z].2014.

[2] 王建宇. 隧道工程的技术进步[M]. 北京:中国铁道出版社,2004.

[3] 《中国铁路隧道史》编纂委员会. 中国铁路隧道史[M]. 北京:中国铁道出版社,2004.

[4] 中华人民共和国交通运输部. 公路工程技术标准:JTG B01—2014[S]. 北京:人民交通出版社,2014.

[5] 中华人民共和国交通部. 公路隧道设计规范:JTG D70—2004[S]. 北京:人民交通出版社,2004.

[6] 国家铁路局. 铁路隧道设计规范:TB 10003—2016[S]. 北京:中国铁道出版社,2017.

[7] 中华人民共和国交通运输部. 公路隧道设计细则:JTG/T D70—2010[S]. 北京:人民交通出版社,2010.

[8] 关宝树. 隧道工程设计要点集[M]. 北京:人民交通出版社,2003.

第10讲 特征曲线法

隧道支护的设计不仅仅是结构问题,而是地层加结构的问题。因此,支护设计过程中,要考虑两者之间的共同作用。本讲讲述的特征曲线法就是分析两者之间的相互关系问题,其基本原理就是利用围岩特征曲线和支护特征曲线交会的办法来决定支护体系的最佳平衡条件。首先对特征曲线法的基本原理进行阐述,再依次介绍围岩特征曲线、支护特征曲线的基本原理,最后通过工程实例说明特征曲线法的应用。

10.1 特征曲线法基本原理

实际上隧道的开挖过程较为复杂,因为隧道开挖过程是一个时间与空间组成的四维问题,为了清楚地认识这一复杂问题,我们首先分析隧道开挖与支护的详细过程。图10-1为一全断面掘进的圆形隧道,隧道开挖直径为D,支护结构在距开挖面L处施作,施作速度等于隧道掘进速度。设原岩的初始水平应力与垂直应力相等,数值为p_0,图10-1中A-A断面为设定的研究断面。

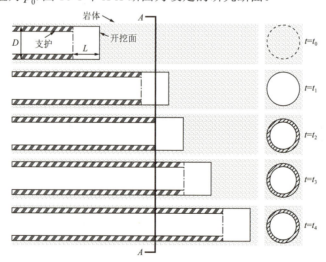

图10-1 隧道开挖与支护实例

当$t=t_0$时,隧道开挖面远未到达A-A断面。在图10-1中,虚线表示该隧道的设计断面形状,设计断

本讲执笔人:童建军,王玉锁,王明年。

面内所包含的岩体与隧道围岩处于平衡状态。此时，作用在设计断面整个边界上支护围岩的内压力 p_i 等于原岩应力 p_0。

当 $t=t_1$ 时，开挖面往前推进并通过断面 A-A，且两者之间的距离小于 L。此时，原来的内压力 p_i 降为零。然而，隧道并不垮塌，其原因是：由于断面 A-A 与开挖面非常靠近，开挖面产生很大的约束力限制了隧道的径向变形 u_r。如果没有开挖面提供的这种约束，则需要一个内支撑压力将径向变形 u_r 限制在与有开挖面时一样的值。

当 $t=t_2$ 时，A-A 断面离开挖面的距离等于 L。此时，在该断面施作支护结构，由于隧道尚未产生进一步的变形，因此，支护结构并不受力（假设岩体没有依赖于时间的变形性质）。

当 $t=t_3$ 时，开挖面已推进到 A-A 断面 1.5 倍开挖直径处，此时由于开挖面附近产生的约束力对 A-A 断面的影响已大为减弱。于是，隧道向内的径向变形或收敛使得支护系统受力，这时支护结构作用类似弹簧出现弹性变形。随着隧道径向变形的增加，支护结构所提供的支护压力 p_i 也相应增大。

当 $t=t_4$ 时，隧道开挖面已离 A-A 断面相当远，使得该断面的约束力对 A-A 断面的岩体毫无影响。此时，支护结构需承受来自洞身段的围岩荷载，此时，围岩与支护均达到最终平衡状态。

从这一实例的定性分析明显可见，要合理设计支护体系，就必须考虑以下两个因素：

（1）支护时机对围岩稳定性的影响；

（2）开挖面对坑道周边位移的空间约束作用。

对于上述两个因素，要想从理论上获得满意的定量解相当困难，因为它不仅涉及开挖面复杂的三维"空间效应"，而且也涉及围岩与支护共同变形的特点。然而，若将隧道开挖、围岩变形以及支护约束分开考虑，再将三者联合分析，则上述问题在一些简单的情况下可获得数学上的精确解，这些解可用作各种不同围岩与支护系统的相互影响的敏感性研究。下面用图示法分析这种定量解的特点，这些图示法也就是收敛约束法的基本原理，它们由以下三条曲线构成，分别为纵断面变形曲线（LDP）、围岩特性曲线（GRC）和支护特性曲线（SCC），如图 10-2 所示。

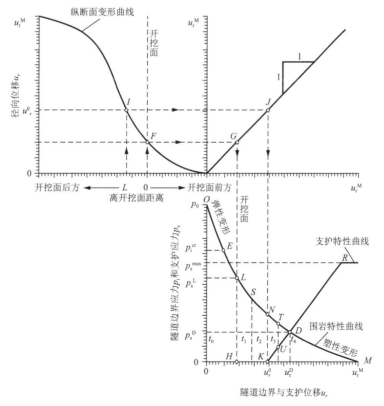

图 10-2 收敛约束原理的图示说明

纵断面变形曲线表示未支护隧道洞壁径向位移沿隧道纵向（开挖面前、后）的变化，如图10-2左上方所示。坐标横轴代表隧道至开挖面距离，坐标纵轴代表相应断面处洞壁径向位移u_r。该图表明，当位于开挖面后方一定距离时，开挖面的空间约束效应影响已可以忽略，因此洞壁径向位移达到最大值u_r^M。类似地，当A-A断面位于开挖面前方一定距离时，开挖对该断面的扰动可忽略不计，因此洞壁径向位移为零。

围岩特性曲线表示开挖边界处的围岩径向压力p_i与径向位移u_r之间的关系，可通过圆形隧道的平面弹塑性解获得，如图10-2右下方曲线OEM所示。图中O点代表内部径向压力等于初始地应力p_0；M点代表内部径向压力等于零，即边界无支护约束，此时径向位移为最大值u_r^M。E点代表围岩弹性变形的临界点，当径向应力低于该点应力值时，围岩将出现塑性变形，即隧道周围存在塑性圈。

支护特性曲线表示支护的径向压力p_i与径向位移u_r之间的关系，如图10-2中曲线KR所示。K点代表支护压力等于零，也就是支护的架设点；R点代表最大支护力p_s^{max}，当支护压力大于该点时，支护将出现破坏。

10.2 围岩特征曲线

10.2.1 围岩特征曲线基本原理

围岩特征曲线形态不仅受围岩性质（瞬时的及长期的）、围岩的构造，还受到施工技术（对围岩强度损害的程度）等的影响，其形态可能是多样的（图10-3）。图10-3中曲线1是代表弹性围岩，曲线2是代表弹塑性围岩，曲线3是代表应变软化的弹塑性围岩及能形成松弛压力的围岩特征曲线。

围岩特征曲线大致可分为三段，如图10-3所示，第一段为直线段AB，反映了隧道开挖后围岩的弹性变形阶段；第二段为最低点以前的曲线段BC，这是隧道开挖后，初始地应力释放到一定阶段使得周边围岩出现塑性或黏塑性变形，径向位移增长加快，线段进入曲线；第三段为最低点以后的翘曲段CD，这是由于围岩塑性或黏塑性变形的不断发展，使得周边部分围岩破坏而导致出现松动压力。其中，第一、二段作用于衬砌结构上的围岩压力仅为形变压力，第三段则由形变压力和松动压力共同构成。对于弹性围岩（图10-3中曲线1）特征曲线只有AB段，对于弹塑性围岩（图10-3中曲线2）特征曲线会出现AB、BC段，对于应变软化的弹塑性围岩及能形成松弛压力的围岩（图10-3中曲线3）特征曲线会出现AB、BC、CD段。

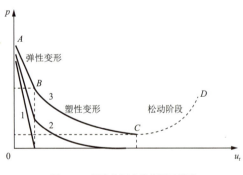

图10-3 围岩特征曲线的图示说明

10.2.2 围岩特征曲线的确定方法

1）解析法

根据上述对围岩特征曲线的分析，围岩特征曲线可分为三段，即弹性阶段、塑性阶段和松动阶段，现通过解析法来确定各阶段的围岩特征曲线。

（1）弹性阶段

在弹性应力状态下，无支护力作用时，坑道周边位移u_a^e为：

$$u_a^e = \frac{1+\mu}{E}\sigma_y a \tag{10-1}$$

当有支护力时，坑道周边位移 u_a^e 为：

$$u_a^e = \frac{1+\mu}{E}(\sigma_y - p_a)a \tag{10-2}$$

式中：a——坑道开挖半径(m)；

σ_y——初始地应力(MPa)；

p_a——支护力(MPa)；

μ——泊松比；

E——岩体的弹性模量(GPa)。

（2）塑性阶段

根据现有结论和分析可知，不同围岩介质所对应的围岩特征曲线也不尽相同。当计算所采用的强度破坏准则来进行判断围岩破坏时，所获得围岩的计算塑性区半径 r_0、弹性及弹塑性区域内应力分析和洞室周边发生的位移值也不相同。一般情况下均采用 Mohr-Column 准则。

在洞室开挖过程中围岩介质的物理力学参数是在不断发生变化的，因此在计算围岩特征曲线时，需考虑围岩参数变化对其的影响。在现有的分析中，多数学者均假设围岩在进入塑性状态后，围岩恶化瞬时到达极值，如图 10-4 中 b 曲线（极值为 c_r、φ_r），但是围岩的恶化实际上是逐步发生的（图 10-4 中 c 曲线），如图 10-4 所示。

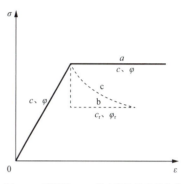

图 10-4 围岩的 c、φ 值在塑性阶段的变化

考虑围岩在实际开挖和支护过程中的性质变化，则围岩特征曲线参数可按下列公式求得。

未施加支护结构时，塑性区半径为：

$$r_0 = a\left[\frac{(1-\sin\varphi)\sigma_y - c\cos\varphi + c_r\cos\varphi_r}{c_r\cos\varphi_r}\right]^{\frac{1-\sin\varphi_r}{2\sin\varphi_r}} \tag{10-3}$$

加支护结构后，塑性区半径为：

$$r_0 = a\left[\frac{(1-\sin\varphi)\sigma_y - c\cos\varphi + c_r\cos\varphi_r}{c_r\cos\varphi_r + p_a}\right]^{\frac{1-\sin\varphi_r}{2\sin\varphi_r}} \tag{10-4}$$

洞室周边位移为：

$$u = \frac{1+\mu}{E}(\sigma_y \cdot \sin\varphi + c\cos\varphi)\frac{r_0^2}{a} \tag{10-5}$$

上述式中：σ_y——初始地应力(MPa)；

p_a——支护力(MPa)；

μ——泊松比；

E——岩体的弹性模量(GPa)；

c_r——围岩恶化后的抗剪强度极值(MPa)；

φ_r——围岩恶化后的内摩擦角极值(°)；

c——抗剪强度(MPa)；

φ——内摩擦角(°)。

而对于破坏后的围岩参数 c_r、φ_r 如何取值，目前国内外关于其值的确定仍没有统一的结论。有的学者根据三轴试验，以相应的残余强度为指标来确定。而有的学者则按 φ 值不变，c 值降低到一个常数值（比如取 $c=0.1\text{MPa}$），而 E 按原来围岩的 1/6～1/2 来考虑。有时可根据三轴压缩试验，采取相应于残余强度的指标,也有把抗拉强度视为残余强度的。

（3）松动阶段

关于松动压力相应的收敛线,在弹塑性假设条件下,由于塑性圈内岩石的松动和削弱,围岩可能产生不利于平衡的性质,应当计算塑性圈在自重作用下的平衡。在假定围岩松动区是洞室的同心圆及体积力沿径向分布后,导得松动压力的计算式为:

$$p_s = c^* \cot\varphi^* \left[\left(\frac{a}{r_0}\right)^{\frac{2\sin\varphi^*}{1-\sin\varphi^*}} - 1 \right] + \left[1 - \left(\frac{a}{r_0}\right)^{\frac{3\sin\varphi^*-1}{1-\sin\varphi}} \right] \cdot \frac{\gamma a(1-\sin\varphi^*)}{3\sin\varphi^*-1} \quad (10\text{-}6)$$

洞室周边位移为:

$$u = -p_s \left(\frac{a}{r_0}\right)^{\frac{2}{1-\sin\varphi^*}} a \quad (10\text{-}7)$$

式中:γ——岩体重度;

　　　a——坑道开挖半径(m);

　　　r_0——塑性区半径(m);

　　　c^*、φ^*——分别为松动区岩体的黏聚力和内摩擦角。

根据现场及室内试验结果,塑性圈内岩体黏聚力往往降低很多,不仅随着洞室开挖过程岩体破碎而降低,而且随着风化、湿化等影响而发生较大的降低。内摩擦角 φ 的变化一般较小。

鉴于公式的假定与实际有出入,可认为松动压力即为松动围岩的自重。无支护隧道,若认为围岩为理想弹塑性材料,即围岩屈服后其承载力不变而变形不断增大,则隧道周边的径向约束力随着隧道开挖、围岩初始地应力的逐渐释放而减小,隧道周边的径向变形不断增大,直至围岩初始地应力完全释放。实际工程中,允许围岩出现一定的塑性变形,但塑性变形不宜过大,因为塑性区内围岩的力学特性随着塑性变形的发展而恶化,在岩体自重作用下,可导致隧道周边围岩的松动失稳。围岩屈服破坏后特性的实测资料目前鲜有报道,为简单起见,同时也为确保安全,认为隧道周边围岩的塑性区即为围岩松动区。因此,松动压力可计算为塑性区岩体的自重。松动区的部位不同,松动压力对围岩特性曲线的影响也不同。洞室拱顶部位,围岩压力为形变压力与松动压力之和。洞室侧向只承受形变压力,洞室底部则为形变压力与松动压力之差。这样,洞室的不同部位将有不同的围岩特征曲线。

2) 数值解法

实际工程中,由于洞形的不规则和围岩岩性的复杂性,使得解析解的推导非常困难,应用范围也非常有限。故而,有限单元法等数值方法得到广泛应用。数值模拟作为一种手段来求解围岩特征曲线,可以通过释放反向荷载和软化材料这两种方法来实现。前者先求得围岩处于初始平衡状态下的围岩初始压力 p_0,然后开挖洞室,再将荷载 np_0（$0 < n < 1$）依次反向施加在开挖隧洞周边围岩体上,以期得到围岩特征点(拱顶等)处的位移和荷载的变化规律曲线。

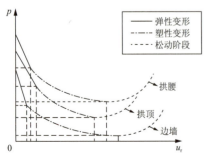

图 10-5　不同点围岩特征曲线图示说明

软化材料则可以通过以下两种方式来实现,即分别对待开挖的材料和衬砌进行软化。前者是将待开挖岩体的形变模量进行多次弱化,而后者则是在开挖施加衬砌后,多次降低衬砌的弹性模量或者是厚度。此外,已建立了根据现场实测数据确定围岩特征曲线的几种方法,主要有压力位移法、放松系数法和参数换算法。

由于洞室不同部位的围岩特征曲线存在差异,在进行隧道设计时,应将洞室拱顶、拱腰、边墙等部位分别作出围岩特征曲线,最终选取某控制点来进行隧道支护结构的设计,如图 10-5 所示。

10.3 支护特征曲线

10.3.1 概述

支护结构的力学特性是比较复杂的,因为它不仅仅取决于支护结构本身的构造,而且与周围岩体的接触条件以及在施工中出现的各种变异有关。因此,目前在评价支护结构力学特性时,原则上都假定其他条件是相同的、不变的(如紧密接触、压力分布均匀、径向分布等),只研究支护结构因结构不同而产生的力学效应。

目前隧道支护结构主要包括现浇混凝土(为与喷射混凝土区别,本节简称为混凝土)或喷混凝土、钢支撑、锚杆等,下面将分别研究各支护结构的特征曲线。同时,在较多情况下进行隧道支护结构设计时,会采用多种支护结构联合支护,且多种支护结构联合支护时需考虑支护的时间效应,故仍需对组合支护体系的特征曲线进行分析。

10.3.2 混凝土或喷射混凝土的支护特性曲线

厚 t_c 的现浇混凝土或喷混凝土支护施设在半径为 a 的隧道内侧,支护压力应视隧道的收敛值而定,其支护刚度可由式(10-8)确定。

$$K_c = \frac{E_c\left[a^2-\left(a-t_c\right)^2\right]}{(1-\mu_c)\left[(1-2\mu_c)a^2+\left(a-t_c\right)^2\right]} \tag{10-8}$$

式中:E_c——混凝土或喷射混凝土的弹性模量;
μ_c——泊松比;
a——隧道半径;
t_c——混凝土或喷射混凝土衬砌厚度。

应该指出,衬砌中轻型配筋或金属网的影响并没有计及在这个刚度计算中,注入喷射混凝土中的金属网或混凝土中的轻型配筋在控制衬砌应力分布和开裂上有着很重要的作用,但它不能明显地增大刚度。

当在衬砌中安设重型配筋时或在钢支撑中施加灌注混凝土,两者的负担均需计及。组合支护体系的作用将在下面介绍。

还应指出,混凝土或喷射混凝土都假定是可以渗透的,因而内水压或外水压都不影响支护压力 p_1。在水工隧洞中,其衬砌是不能渗透的,由水压力产生的附加应力必须计入。

在喷射混凝土或混凝土衬砌上的最大支护压力可以按外压作用下的圆管理论计算,如式(10-9):

$$p_{s,\max} = \frac{1}{2}\sigma_{cc}\left[1-\frac{a^2}{\left(a+t_c\right)^2}\right] \tag{10-9}$$

式中:σ_{cc}——喷射混凝土或混凝土的单轴抗压强度;
其他符号意义同前。

应该指出,式(10-9)只能用于衬砌是圆形的隧道,而且超挖值亦受到限制的情况。

当喷层厚度 t_c 较小时($t_c<0.04a$ 时),可采用薄壁圆管计算公式,即支护刚度:

$$K = E \cdot \frac{t_c}{a} \tag{10-10}$$

可提供的最大支护阻力 $p_{s,\max}$ 为：

$$p_{s,\max} = \frac{t_c \sigma}{a} \tag{10-11}$$

式中：σ——喷射混凝土的抗压强度。

在计算喷混凝土特征曲线时，应该注意 E_c 和 σ_c 值的选用。由于喷混凝土具有较高的早期强度，因而，喷射混凝土在喷射后不久就开始发挥作用；二次喷射也并不一定是在 28d 以后才喷射的，所以计算时要采用喷射混凝土的早期强度及 E_c 值。

从有关试验资料可以看出，喷射混凝土的初期强度是较高的，通常 C20 喷混凝土，3d 强度可以达 10MPa 以上，7d 强度可达 16MPa 左右，在绘制喷射混凝土特征曲线时，一般采用 3d 强度。

喷射混凝土的静弹性模量 E，按现行有关规定不应低于 $(1.8 \sim 2.0) \times 10^4$（MPa），按有关资料计算：

$$E_{28} = 2.0 \times 10^4 \text{MPa}$$
$$E_{10} = 2.0 \times 0.81 \times 10^4 \text{MPa} = 1.82 \times 10^4 \text{MPa}$$
$$E_3 = 2.0 \times 0.67 \times 10^4 \text{MPa} = 1.34 \times 10^4 \text{MPa}$$

其中，3、10、28 分别为混凝土的龄期。

日本考虑喷混凝土流变特性，在设计中，E 值均采用 0.34×10^4MPa。

10.3.3 钢支撑的支护特征曲线

在较差的地质条件下，钢支撑常常是与喷混凝土、锚杆等联合使用的，并作为永久支护的一个重要组成部分。

钢支撑通常是在工厂预制的，因此在工地安装时，必须采用不同厚度的木垫块使支撑与围岩密贴，甚至给予一定的预加荷载。这样在绘制钢支撑的特性曲线时，就不仅要考虑支撑本身的构造，而且要考虑垫块的刚度。当采用可缩式钢支撑时，尚须考虑支撑伸缩的影响。即：

$$u_p = u_{1p} + u_{2p} + u_{3p} \tag{10-12}$$

式中：u_{1p}——钢支撑本身的位移；

u_{2p}——木垫块引起的位移；

u_{3p}——钢支撑伸缩引起的位移。

圆环楔点钢支撑的刚度由下式计算：

$$K_s = s \cdot \frac{a}{E_s A_s} + s \cdot \frac{a^3}{E_s I_s} \left[\theta \cdot \frac{\theta + \sin\theta \cos\theta}{2\sin^2\theta} - 1 \right] + \frac{2s\theta t_B}{E_B w^2} \tag{10-13}$$

上式前三项为 u_{1p}，第四项为 u_{2p}。

式中：a——隧道半径；

s——沿隧道极度方向的支撑间距（即楔点间钢支撑弧长）；

θ——楔点间夹角之半（弧度）；

w——支撑翼缘宽度；

A_s——钢支撑截面积；

I_s——支撑截面惯性矩；

E_s——钢的弹性模量；

t_B ——垫块厚度；

E_B ——垫块材料的弹性模量。

假定楔块平面是矩形的，侧边等于 w，即钢支撑的翼缘宽度。作用在钢支撑上的最大支护压力为：

$$p_{s,\max} = \frac{3A_s I_s \sigma_{ys}}{2sa\theta\left\{3I_s + xA_s\left[a-\left(t_B+\dfrac{1}{2}x\right)\right](1-\cos\theta)\right\}} \tag{10-14}$$

式中：σ_{ys} ——钢的屈服强度；

x ——钢支撑截面厚度；

其他符号意义同前。

当确定支撑的伸缩量为 ΔL 时，则由 ΔL 产生的径向位移 u_{3p} 为：

$$u_{3p} = \frac{\Delta L}{2\pi} \tag{10-15}$$

10.3.4 锚杆的支护特性曲线

在隧道工程中采用的锚杆有两种基本类型：一种是端部锚固，如楔缝式锚杆；另一种是全长锚固。端部锚固锚杆的刚度系数 K 用下式表达：

$$\frac{1}{K} = \frac{S_c S_l}{r_0}\left[\frac{4l_b}{\pi d_b^2 E_b}+Q\right] \tag{10-16}$$

式中：S_c ——锚杆的环向间距；

S_l ——锚杆的纵向间距；

r_0 ——塑性区半径；

d_b ——锚杆直径；

l_b ——锚杆净长度；

E_b ——锚杆弹性模量；

Q ——与锚杆体、垫板、锚头的受力变形特征有关的常数，可由试验确定，表达式为：

$$Q = \frac{(u'_2-u_2)-(u'_1-u_1)}{T_2-T_1} \tag{10-17}$$

T_1、T_2 ——锚杆拉拔试验中大小不同的两个拉力；

u_1、u_2 ——与两个拉力相应的锚杆计算伸长值；

u'_1、u'_2 ——与两个拉力相应的锚杆实测伸长值。

锚杆支护对围岩能够提供的最大径向压力为：

$$P_{s,\max} = \frac{T_{bf}}{S_c S_l} \tag{10-18}$$

式中：T_{bf} ——锚杆拔出试验确定的锚杆极限强度；

其他符号意义同前。

全长锚固锚杆支护，与端部锚固锚杆支护相比，它的拉应力在全长上并不是均匀分布的，其剪力是通过借助锚杆与地层间的黏聚力传递，在理论分析中可近似认为杆件所受最大拉力为支护的反力。

由剪应力 τ 为零且锚杆杆件最大拉力作用点的区域范围可得：

$$x_0 = \frac{l}{\ln\frac{l}{l+a}} - a \tag{10-19}$$

式中：x_0——锚杆最大拉力截面离孔口的距离；

l——锚杆长度；

a——隧道半径。

全长锚固锚杆在工作过程中的工作应力及杆体的应力状态与拉拔试验中并不相同，以最大拉力点为分界，上部剪应力方向向上，阻挠锚杆向外拔出，下部与之相反。通过抗拔试验可得锚杆与地层间的极限抗剪力 $[\tau]$。如用隐式表示，$[\tau]$ 的计算式为：

$$N_1 = \int_0^l \pi d\tau_1 d\tau \geqslant k_1 l[\tau]\pi d \tag{10-20}$$

式中：d——锚杆或锚杆孔的直径；

τ_1——拉拔试验中作用在锚杆体上的剪应力；

k_1——剪应力 τ_1 分布的不均匀系数，可由试验确定；

l——锚杆长度。

全长锚固锚杆的最大支护拉力为：

$$N_1 = \int_{x_0}^l \pi d\tau_2 d\tau \geqslant k_2 (l - x_0)[\tau]\pi d \tag{10-21}$$

式中：τ_2——拉拔试验中作用在锚杆体上的剪应力；

k_2——剪应力 τ_2 分布的不均匀系数，可由试验确定；

其他符号意义同前。

由最大支护拉力的数值及锚杆的分布状态，可求出与之相应的径向位移和全长锚固锚杆的支护限制线。

10.3.5　组合式支护

（1）两次支护同时施设

当采用上述支护形式中的两种构成组合支护时，刚度系数可由下式计算：

$$K = K_1 + K_2 \tag{10-22}$$

式中：K_1、K_2——表示各支护的刚度系数。

值得注意的是，上述式子成立的条件是各个组成部分的支护结构均在使用范围内，并采用式（10-23）计算洞周收敛线。

$$u_1 = u_0 + p_1 \cdot \frac{a}{K} \tag{10-23}$$

如果其中一个支护构件出现了破坏或者失去作用，则认为整个结构处于破坏的状态。在此基础上，确定组合支护的最大承载能力：

①计算 $u_{\max_1}$，计算式为：$\quad u_{\max_1} = aP_{s\max_1}/K_1$

②计算 $u_{\max_2}$，计算式为：$\quad u_{\max_2} = aP_{s\max_2}/K_2$

③计算 u_{12}，计算式为：$\quad u_{12} = aP/(K_1 + K_2)$

④若 $u_{12} < u_{\max_1} < u_{\max_2}$，可按 $u_1 = u_0 + p_1 \cdot a/K$ 写出洞周收敛线方程，其表达式：

$$u = u_0 + \frac{aP}{(K_1 + K_2)}$$

⑤若 $u_{max_1} < u_{12} < u_{max_2}$，则：　　$P_{smax_{12}} = u_{max_1}(K_1 + K_2)/a$

⑥若 $u_{max_2} < u_{12} < u_{max_1}$，则：　　$P_{smax_{12}} = u_{max_2}(K_1 + K_2)/a$

式中：$P_{smax_{12}}$——由两种支护构成组合支护时，对地层提供的最大压力。

P_{smax_1}——第一种支护对地层提供的最大压力；

P_{smax_2}——第二种支护对地层提供的最大压力；

u_{12}——由两种支护构成组合支护时的洞周位移；

u_{max_1}——第一种支护的最大洞周位移；

u_{max_2}——第二种支护的最大洞周位移。

（2）考虑不同支护时间

当锚杆、喷射混凝土和钢支撑支护时间不同时，组合支护特征曲线可按下述方法来确定。初期支护先施作支护 1（锚杆），再施作支护 2（钢支撑），最后施作支护 3（喷射混凝土），组合特征曲线如图 10-6 所示。

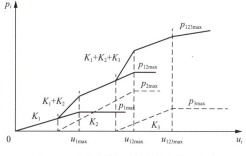

图 10-6　多种支护同时施设组合特征曲线

在支护 1 尚未达到最大变形之前，开始施设支护 2，当支护 1 达到 u_{1max} 时仍然发挥作用，因为支护 2 对支护 1 有一定的加强作用，当采用三种支护措施时，在支护 2 尚未达到最大变形之前，开始施设支护 3，其组合支护特征曲线如图 10-6 所示，p_{max} 相当于几次支护的支护阻力之和，u_{max} 则小于几次支护允许位移的总和，这种方法的关键在于何时施作支护 2 或支护 3。

10.4 特征曲线法的工程应用

10.4.1 围岩特征曲线

在某隧道中为了确定围岩特征曲线，采用数值模拟进行计算，在Ⅳ级围岩 180m 埋深条件下，采用荷载释放法来求解围岩特征曲线。其中围岩重度为 21.5kN/m³，隧道开挖高度为 11m，开挖面积为 130m²，跨度为 14.5m，内摩擦角为 35°。通过计算可得拱顶的围岩特征曲线，如图 10-7 所示。

图 10-7　围岩特征曲线(拱顶)

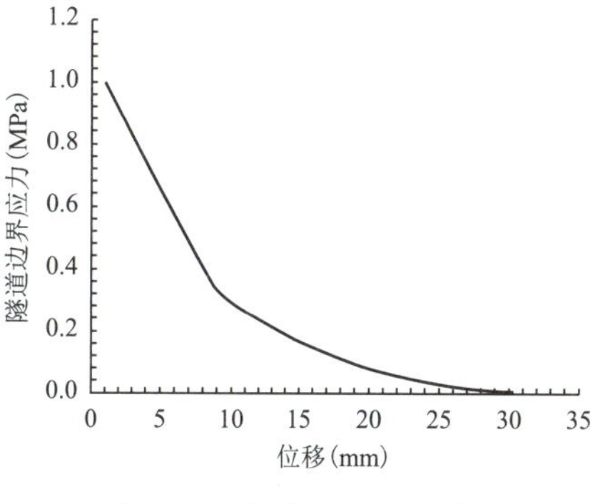

10.4.2 支护特征曲线

结合某隧道现场资料。Ⅳ级围岩采用 C30 喷射混凝土，初期支护的厚度为 0.25m，跨度为 14.5m，喷混凝土的抗压强度 20MPa；钢支撑沿隧道极度方向的支撑间距（即楔点间钢支撑弧长）0.7m，楔点间夹角之半为 20°，支撑翼缘宽度 0.2m，垫块厚度 0.2m，钢支撑采用 I 型钢 14cm×8cm；中空注浆锚杆，拱部 1.5m×1.5m，边墙 1.5m×1.2m，锚杆长 3.5m，锚杆的弹性模量 2.1×10⁵MPa，直径 2.2cm，钢筋的屈服强度 300MPa；则喷射混凝土、钢支撑、锚杆的支护特征曲线如图 10-8 所示。计算得到围岩特征曲线和组合体系的刚度，即可根据初期支护极限位移控制标准来确定初期支护的支护时机，如图 10-9 所示。

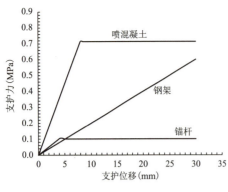

图 10-8 各支护结构特征曲线

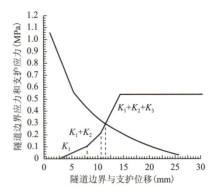

图 10-9 特征曲线法求支护时机

10.5 结语

目前国内外学者们对收敛约束法进行了大量的研究，取得了很大的进步，验证了特征曲线法进行支护结构设计的可行性，且特征曲线法对于指导现场的施工也是非常有利的。但由于特征曲线法的基本理论解仅限于静水应力场下的圆形隧道，对于其他形状的开挖断面或非静水应力场则没有精确的理论解，且理论公式影响因素较多，对于更多地质复杂的隧道进行支护结构设计时仍有一定的局限性，而数值解法能够克服这些缺陷，故特征曲线法应更多地向数值解法研究方向发展。

本讲参考文献

[1] 齐明山. 大变形软岩流变性态及其在隧道工程结构中的应用研究 [D]. 上海：同济大学，2006.

[2] 金丰年. 考虑时间效应的围岩特征曲线 [J]. 岩石力学与工程学报，1997（04）：51-60.

[3] 戴俊，宋皓国. 隧道支护措施对围岩物理力学指标作用分析 [J]. 山西建筑，2013，39（02）：159-161.

[4] 崔岚，郑俊杰，苗晨曦，等. 隧道纵向变形曲线与围岩特征曲线耦合分析 [J]. 岩土工程学报，2014，36（04）：707-715.

[5] 郑雨天，朱华满. 巷道围岩特性曲线的测定与应用 [J]. 煤炭学报，1990（01）：25-31.

[6] 徐干成，白洪才，郑颖人，等. 地下工程支护结构 [M]. 北京：中国水利水电出版社，2001.

[7] 关宝树. 隧道工程设计要点集 [M]. 人民交通出版社，2003.

第11讲

围岩变形控制设计方法

隧道围岩变形控制综合修建技术是中国铁路隧道围岩稳定性课题组,经过10余年努力,创新总结形成的一套具有中国特色的隧道修建技术,其核心思想是以围岩稳定性为前提,以围岩全过程变形控制为目标,以科学的支护措施为手段,实现支护结构与隧道围岩结构的协同作用,从而充分发挥围岩的自承能力,达到安全、经济、快速、耐久的隧道稳定结构体系。派生出来的这种设计方法,成为围岩变形控制设计方法。本讲重点讲述该设计方法的基本原理、隧道围岩的复合结构特性、深层和浅层围岩的概念和稳定性分析、结构荷载确定方法、支护结构体系的协同作用原理、支护结构设计方法等,最后结合工程实例进行计算分析。本讲内容为探索性研究的内容,可供从事隧道理论研究、教学和设计的人员参考。

11.1 围岩变形控制设计基本原理

隧道设计的基本准则是保证隧道施工过程安全和长期运营安全。受施工影响后的隧道围岩随应力释放而发生变形、破坏和失稳,由此可用围岩变形来表征隧道围岩的破坏发展及失稳过程,按照隧道安全性—围岩稳定性—围岩变形量的思路,将围岩变形作为隧道安全性控制核心内容,即,将隧道围岩变形控制在一定范围内便可实现隧道工程安全。

随着围岩破坏范围的增大和破坏程度的提高,隧道围岩变形持续增大,结果要么达到一定值后自行稳定,要么则发生破坏和失稳,从而危及安全。因此,依照围岩变形破坏发展的过程特点,确定合理的控制标准并实行分阶段控制是隧道设计首先必须解决的问题。

隧道支护荷载在很大程度上取决于围岩变形控制水平,在围岩极限变形范围内,围岩变形控制越严则支护荷载越大,反之亦然。在支护与围岩的支护体系中,各种支护结构与围岩的协同作用也应以围岩的协调变形为基础,并实现围岩变形全过程的协同。

11.2 隧道围岩复合结构特性

受施工扰动后,伴随着变形的发展,隧道围岩呈现由内向外渐进破坏的特点,内层围岩首先发生破坏和失稳,相应地,隧道上部围岩表现为垮落,而下部围岩则表现为滑移趋势,由此构成隧道围岩的松动区

本讲执笔人: 张顶立.

域,这部分围岩需要及时地加以控制,而在此区域以外的围岩则处于稳定或暂时稳定状态。

（1）隧道围岩变形破坏的结构性特点

由于地质材料结构的复杂性以及工程影响的时空演化特点,围岩强度与其所处应力状态处于不断变化之中[1],部分围岩垮落以后应力得到了及时转移,因而伴随着应力调整,新的传力拱结构随即形成,如此循环（见图11-1,该图为模拟埋深为10倍洞径只考虑自重应力作用下的试验结果）。当围岩中形成的传力拱结构具有一定的自稳能力时,围岩垮落即行停止,可维持一定时间的稳定。在此时间内可对围岩实行有效的支护。事实上,这部分松动岩体已由及时施作的支护结构所支撑,因此通常并不会发生垮落和冒顶事故。

图 11-1　隧道围岩垮落的发展过程

考虑松动区边界内外围岩稳定性的差异性,可将隧道周边一定范围内丧失整体稳定性而无法实现长期自稳的松动区围岩划分为浅层围岩,这部分围岩荷载需要及时支护;在此范围以外整体稳定性较好而且能够承担地层荷载的围岩则为深层围岩,若对深层围岩采取及时有效的支护和干预则可保持其稳定性。显然,隧道围岩通常是由浅层围岩和深层围岩复合而成[2]。

（2）深层围岩的分组破坏特性

由于地层条件以及工程扰动效应的复杂性,围岩失稳具有显著的突发性和阶段性特点,如图11-2所示,数值试验中不同阶段的围岩垮落高度见图11-3（图11-3与图11-1工况情况一致）。

图 11-2　浅埋隧道拱的发展过程

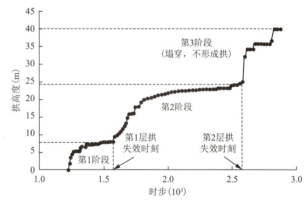

图 11-3　围岩复合结构

每组围岩失稳后都将保持相对较长时间的平衡。突发性表明了围岩变形破坏发展由量变到质变的累积过程,而阶段性则显然是围岩失稳和破坏的分组性特点,而处于同一组的围岩具有本质的共性特点。

作为一种天然的地质体,围岩结构形式多样,其应力传递和变形传播的时效性以及工程影响的空间转化特点决定了围岩破坏的分组特性,如图11-4所示。

深层围岩中处于同一组的岩层通常同时垮落,而最内侧的一组深层围岩控制至为关键,它不仅决定了隧道安全状态,而且是提高支护效率和结构耐久性的重要措施。

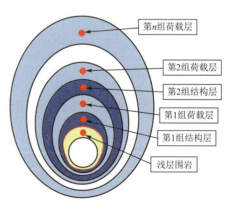

图 11-4　隧道围岩结构特性

隧道内侧的岩层组失稳后,外部的拱式结构随即形成,以及时承担传递的围岩压力,而通过支护对围岩变形的约束是控制围岩安全性的重要手段。

(3) 深层围岩的结构层效应

每组深层围岩结构的同时或近乎同时失稳表明,在工程影响下这组岩层具有相似的力学行为。然而,由于地层材料参数的差异性、结构的空间尺度效应以及外部荷载分布性特点,每组围岩中各岩层的力学性能和承担拱也是不同的,通常内侧岩层具有较好的承载能力和稳定性,可将此具有承载作用的岩层称为"结构层",而在此之外的岩层则稳定性较差,依托"结构层"而存在,可将其称为"荷载层",可见每组深层围岩均有"结构层"和"荷载层"所组成。显然"结构层"的稳定性即决定了该组岩层的稳定性,也将成为控制的核心。但考虑到地层与工程条件的复杂性,每组围岩中"荷载层"并非总是存在的,在某些条件下整个围岩组均表现出"结构层"的性能,显然这对围岩组的稳定性是有利的。

11.3 深层围岩稳定性分析

在工程实践中,结构层是每组围岩稳定性的控制性岩层,如果第一组围岩的结构层能保持长期稳定,则浅层围岩范围不再扩大;反之任何结构层的失稳都将形成新一轮的大范围的围岩失稳和破坏过程,表现为浅层围岩范围的扩大,直至发展到下一个结构层又达到一个新的相对稳定阶段。内侧结构层的失稳通常伴随着一定范围内围岩的垮落和松动,本质上是拱结构轴线的外移,实现地层荷载向外侧更大范围的岩层中传递,以至新的平衡。

事实上,每组围岩中结构层的力学性态转化和失稳模式都是类似的,客观上也都将造成支护荷载的增大,但由于每组岩层的厚度、岩性构成以及细观结构的差异性,围岩失稳和破坏所产生的影响和控制的难度也会不同。

11.3.1 传力拱轴线的确定

结构层通常是由具有一定厚度和近似曲率的岩层构成。如前所述,由于隧道拱腰上下围岩所受围岩压力的方向不同,因此以拱腰为界,分别对上下围岩中的拱轴线进行分析[3]。

(1) 上部围岩结构层

取拱腰以上围岩结构层为例进行分析,将结构层简化为三铰拱结构,见图 11-5。假设围岩形成的三铰拱倾向于较为稳定的无弯矩状态,据此可以得到一个最佳拱轴线分布形态。取三铰拱左半部分进行分析,见图 11-6。

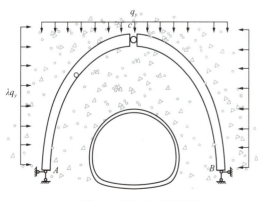

图 11-5 围岩复合结构简图

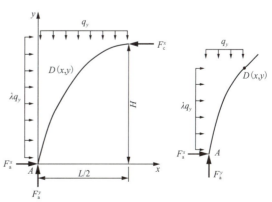

图 11-6 上部结构层受力简化图

根据体系平衡可得：

$$F_a^y = \frac{q_y L}{2} \tag{11-1}$$

$$F_a^x = \frac{1}{H}\left(\frac{q_y L^2}{8} - \frac{\lambda q_y H^2}{2}\right) \tag{11-2}$$

$$F_c^x = \frac{1}{H}\left(\frac{q_y L^2}{8} - \frac{\lambda q_y H^2}{2}\right) + \lambda q_y H \tag{11-3}$$

再取拱轴线上任意一点 $D(x, y)$，最佳拱轴线上弯矩为 0，可得：

$$M_D = F_a^x y - F_a^y x + \frac{q_y x^2}{2} + \frac{\lambda q_y y^2}{2} = 0 \tag{11-4}$$

将荷载表达式代入式(11-4)可得最佳拱轴线方程为：

$$x^2 + \lambda y^2 - Lx + \frac{1}{H}\left(\frac{L^2}{4} - \lambda H^2\right)y = 0 \tag{11-5}$$

式(11-5)是一个椭圆的一般方程，在侧压系数 $\lambda < 1$ 的情况下，其长短轴分别为：

$$2a = \frac{L^2}{4H\lambda} + H \tag{11-6}$$

$$2b = \frac{L^2}{4H\sqrt{\lambda}} + H\sqrt{\lambda} \tag{11-7}$$

由此也可以得到隧道结构层合理矢跨比为：

$$\eta = \frac{a}{2b} = \frac{1}{2\sqrt{\lambda}} \tag{11-8}$$

（2）下部围岩结构层

与上部类似，下部松动的浅层围岩对内侧结构层不施加压力，而是由外侧结构层承担，为此将松动荷载简化为均匀竖向荷载，见图 11-7。浅层围岩的松动荷载施加于下部结构层内侧，对下部荷载进行了一定的抵消，根据上部结构的分析结论，其作用效果相当于侧向压力的增大。又因为拱轴线的形状与侧压系数密切相关，根据合理矢跨比计算公式，可得下部结构层合理矢跨比为：

$$\eta = \frac{1}{2\sqrt{\lambda'}} \tag{11-9}$$

式中：λ'——等效侧压系数，即考虑浅层围岩松动荷载影响后的等效侧压系数。

$\lambda' \geqslant \lambda$，这就导致下部结构层相较于上部结构层合理拱轴线更趋于扁平，当 $\lambda' > 1$ 时，拱轴线长轴由竖向变为水平，结构层整体分布形状如图 11-8 所示。

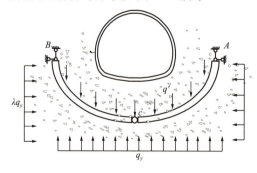

图 11-7　下部结构层分析

图 11-8　围岩结构层轮廓

11.3.2 结构层的破坏模式

如果结构层在荷载作用下发生变形,其变形分析如图11-9所示。

设结构层截面厚度为h,结构层高度由初始H变化为H',下沉量为ΔH。在最佳拱轴线的情况下,结构层内部没有弯矩,因此随着竖向荷载增大,拱轴线主要发生压缩变形,图11-9中椭圆拱轴线的长度计算公式为:

$$L = \frac{\pi b}{2} + (a-b) \qquad (11\text{-}10)$$

由此得到沉降后拱轴线压缩量与其沉降量都为ΔH,压缩应变增量为:

$$\Delta\varepsilon = \frac{\Delta H}{L} = \frac{\Delta H}{\pi b/2 + a - b} = \frac{\Delta H}{\pi L/4 + H - L/2} \qquad (11\text{-}11)$$

由此可得:

$$\frac{\Delta q L}{2h} = E\Delta\varepsilon \qquad (11\text{-}12)$$

$$\Delta q = \frac{2hE\Delta\varepsilon}{L} \qquad (11\text{-}13)$$

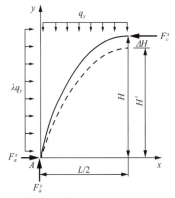

图11-9 结构层变形分析

根据荷载计算结果可得:

$$\Delta F_a^y = \Delta F_c^x = hE\Delta\varepsilon \qquad (11\text{-}14)$$

又因为

$$\frac{\mathrm{d}F_a^x}{\mathrm{d}H} = -\frac{q_y L^2}{8H^2} - \frac{\lambda q_y}{2} = -\lambda q_y \qquad (11\text{-}15)$$

$$\Delta F_a^x = \lambda q_y \Delta H \qquad (11\text{-}16)$$

因此,结构层在外荷载作用下发生较小的沉降ΔH后,F_a^y、F_c^x增大相同量值,F_a^x随着H的减小而逐渐增大。这表明结构层在沉降发生后,拱脚处的荷载会增大较快,当荷载增大到一定程度,超过岩体强度,则拱脚先发生破坏,拱脚的破坏进而导致整个拱结构的破坏。

11.3.3 结构层极限变形量

设岩体抗压强度为σ_c。根据前文分析结果,拱顶沉降ΔH后,取单位宽度结构层进行分析,则拱脚处的应力和应力增量分别为:$\sigma_x = F_a^x/h$,$\sigma_y = F_a^y/h$,$\Delta\sigma_x = \Delta F_a^x/h$,$\Delta\sigma_y = \Delta F_a^y/h$。

当拱顶沉降达到一定程度,水平应力增加会导致拱脚处应力超过岩石抗压强度而破坏,此时的拱顶沉降量可视为极限沉降量。

以岩石单轴抗压强度为判据,拱脚临界破坏时满足如下关系:

$$\left(\sigma_y + \Delta\sigma_y\right)^2 + \left(\sigma_x + \Delta\sigma_x\right)^2 = \sigma_c^2 \qquad (11\text{-}17)$$

代入各参数表达式并化简,可得上部结构层极限沉降量$\Delta H_{1,\max}$为:

$$\Delta H_{1,\max} = \frac{-A_1 B_1 + \sqrt{B_1^2 D_1^2 - C_1^2 A_1^2 + C_1^2 D_1^2}}{B_1^2 + C_1^2} \qquad (11\text{-}18)$$

其中，$A_1 = \dfrac{q_y L_1}{2}$，$B_1 = \dfrac{hE}{\pi L_1/4 + H_1 - L_1/2}$，$C_1 = \lambda q_y$，$D_1 = \sigma_c h$。

同样的方法，只需将式（11-18）中参数计算过程中的 q_y 修正为 $q_y - q'$，λ 修正为 λ'，即可得到下部结构层极限沉降量 $\Delta H_{2,\max}$ 为

$$\Delta H_{2,\max} = \dfrac{-A_2 B_2 + \sqrt{B_2^2 D_2^2 - C_2^2 A_2^2 + C_2^2 D_2^2}}{B_2^2 + C_2^2} \tag{11-19}$$

其中，$A_1 = \dfrac{(q_y - q')L_2}{2}$，$B_2 = \dfrac{hE}{\pi L_2/4 + H_2 - L_2/2}$，$C_2 = \lambda'(q_y - q')$，$D_2 = \sigma_c h$。

11.3.4　围岩结构的相对性

如前述分析，第一组深层围岩结构层的稳定性通常是最为关键的，也是围岩控制设计的重点。但对于实际工程而言，围岩的结构性也是相对的，如果对深层围岩的支护不及时或控制不当而造成失稳，则本组深层围岩就转化为浅层围岩；同样地，如果对本属于浅层围岩范畴的岩层采取可靠的超前加固和预处理，则使其稳定性提高而成为深层围岩的一部分。因此，深层与浅层围岩是相对的，当外界条件改变时可以实现相互转化，因此在工程实践中应针对所处地层条件、工程尺度以及施工方法进行具体分析和预测。

由此可见，深、浅层围岩以及不同围岩组之间始终处于动态发展过程之中，深层围岩组失稳后客观上已属于浅层围岩的范畴，导致深、浅层围岩边界将呈现阶段性发展。

围岩结构破坏的阶段性过程中包含着破坏发展的渐进性，当围岩发生阶段性破坏之后，深浅层围岩边界逐渐向围岩内部发展，也即浅层围岩范围是向外逐渐扩展的，扩展过程伴随着渐进性和阶段性。在某一阶段，浅层围岩发展体现出渐进性，而不同阶段则体现了发展的阶段性，见图11-10。

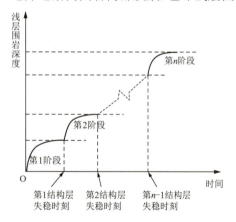

图11-10　浅层围岩阶段性发展

此外，深层围岩组失稳顺序通常是由内向外的，即内层的围岩结构层失稳造成围岩组松动，进而波及外侧的围岩组及其结构层，然而由于岩层力学性能及空间尺度的综合作用将使结果复杂化，按照前述分析，内外侧结构层失稳的顺序取决于其结构层极限变形量的对比关系。因此在某些条件下或许外侧结构层先行失稳从而将本组围岩以荷载的形式施加到内侧的围岩结构层上，这样将使内侧围岩组的失稳几率大大提高。因此，在控制设计中应对深层围岩的诸围岩组结构层的极限变形量逐个分析，才能做到精细化设计。

11.4　围岩荷载确定方法

隧道围岩的荷载效应其本质就是为了维持围岩稳定而需要外部提供的干预能力和水平[4]，即隧道支护结构体系所分担的地层荷载。对于复合隧道围岩，其荷载效应主要由两部分组成，即浅层围岩的"给定荷载"和深层围岩的"形变荷载"，处于松动状态的浅层围岩所产生的荷载需要支护结构全部承担；而处于相对稳定状态的深层围岩所产生的荷载大小则取决于对其结构层的控制水平及传力效果，对结构层变形控制越严则其荷载越大，反之亦然。可见，复合围岩的荷载效应主要取决于浅层围岩的范围和对深层围

岩变形的控制目标和标准 [5]。

11.4.1 支护荷载的计算模型

依据复合围岩荷载效应,可利用图11-11所示的计算模型对支护反力进行分析。

取一组结构层进行分析,重点关注支护径向荷载。假设支护反力为 p_a,结构层与浅层围岩界面接触反力为 p_b,荷载层施加于结构层荷载为 p_c。

支护荷载 p_a 分别来源于浅层围岩自重荷载 p_1 和结构层形变荷载 p_2。

$$p_a = p_1 + p_2 \tag{11-20}$$

其中自重荷载 p_1 直接作用于支护之上,结构层形变荷载 p_2 通过浅层围岩传递至支护结构。浅层围岩自重荷载为:

$$p_1 = \gamma_1 h_1 \tag{11-21}$$

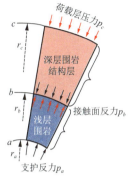

图11-11 荷载计算模型

式中:γ_1——浅层围岩重度;
h_1——浅层围岩厚度。

结构层形变荷载与荷载层压力以及复合围岩自身参数有关,可表示为:

$$p_2 = \alpha p_c + \beta u_i \tag{11-22}$$

式中:α——荷载层压力传递系数;
β——结构层形变荷载传递系数,两者都与分析问题的几何参数和材料参数相关;
u_i——结构层变形量。

由此,支护荷载计算的重点转换为结构层和浅层围岩形变荷载传递参数 α、β 的确定。

11.4.2 传递系数的确定

根据前文弹性—塑性软化—塑性残余三线性应力—应变模型,结合相关岩体压缩实验结论可知,当围岩荷载达到一定程度,岩体会产生扩容现象,出现负体应变,即岩体体积出现膨胀,并导致岩体材料参数弱化 [6]。参照土体压缩曲线可知,压缩模量与体应变呈现指数关系,即围岩扩容越大其材料弱化越严重。因此假设围岩变形与变形模量之间具有如下近似关系 [7]:

$$E_i = E_0 e^{K \frac{E_0}{p_0}} \tag{11-23}$$

式中:E_0、E_i——围岩变形前、后的变形模量;
K——体应变;
p_0——初始地层压力。

为方便对荷载传递参数的计算,认为围岩应力状态与应力路径无关,这样可以在弹性解的基础上再考虑材料参数的弱化来确定浅层围岩和结构层的受力和变形。要将结构层变形量限定为 u_i,则此时结构层内侧所需的浅层围岩约束力可通过下式进行确定:

$$u_i = \frac{1-2\mu}{E_i} \frac{r_b^2 p_b - r_c^2 p_c}{r_c^2 - r_b^2} r_b + \frac{1+\mu}{E_i} \frac{r_b r_c^2 (p_b - p_c)}{r_c^2 - r_b^2} \tag{11-24}$$

即

$$p_b = K_1 p_c + K_2 u_i \tag{11-25}$$

其中,

$$K_1 = \frac{(2-\mu_{2i})r_c^2}{(1-2\mu_{2i})r_b^2 + (1+\mu_{2i})r_c^2}$$
$$K_2 = \frac{-E_{2i}(r_c^2 - r_b^2)}{(1-2\mu_{2i})r_b^3 + (1+\mu_{2i})r_b r_c^2}$$ （11-26）

式中：K_1、K_2——对应于荷载和变形,表明 p_b 由初始荷载和控制位移共同决定；

E_{2i}——结构层围岩变形后的变形模量；

μ_{2i}——结构层围岩变形后泊松比。

同理可得支护力 p_a 为：

$$p_a = K_3 p_b + K_4 u_i$$ （11-27）

其中,

$$K_3 = \frac{(1-2\mu_{1i})r_b^2 + (1+\mu_{1i})r_a^2}{(2-\mu)r_a^2}$$
$$K_4 = -\frac{E_{1i}(r_b^2 - r_a^2)}{(2-\mu_{1i})r_a^3 r_b}$$ （11-28）

式中：E_{1i}——浅层围岩变形后变形模量；

μ_{1i}——浅层围岩变形后泊松比。

最终得到荷载层形变荷载为：

$$p_2 = K_3 K_1 p_c + (K_3 K_2 + K_4) u_i$$ （11-29）

即

$$\alpha = K_3 K_1$$ （11-30）

$$\beta = K_3 K_2 + K_4$$ （11-31）

通常情况下,围岩弱化程度随着距洞周距离增大而减小,因此深层围岩结构层的弱化程度小于浅层围岩,这一差异可以通过围岩体应变 k 的取值进行表征。在得到传递系数的计算结果之后,就可以对结构层变形荷载进行有效计算,并结合浅层围岩自重荷载得到最终的支护结构受力。

11.4.3 算例分析

对于一个实际的隧道工程,根据图 11-11 所示的计算模型以及支护荷载产生机制,可以对支护荷载进行有效计算。下面以一组算例进行分析,对该给定情况下的支护荷载进行计算,具体参见表 11-1。

计算参数取值　　表 11-1

r_a(m)	r_b(m)	r_c(m)	p_c(MPa)	E_0(GPa)	μ	K_1	K_2
5	10	13	1	1.5	0.25	200	24

根据表 11-1,可得最终给定变形下的支护荷载关系如图 11-12 所示。

图 11-12 中曲线前半部分是通过本章所述方法计算得到,而后半部分虚线无法计算,表示的是失稳后浅层围岩范围不断发展,导致施加于支护上的自重荷载增加,然而其最大值则是该组深层围岩全部失稳所形成的地层荷载。

在围岩条件发生变化时,上述围岩特性曲线的形状和位置将发生相应的变化,围岩条件变好时曲线左移,围岩变差时则右移。而当围岩能够实现自行稳定时,随着应力释放,围岩变形达到一定值后则不再发展,围岩荷载也将趋于稳定。

如果按照前文结构层与荷载层分组运动规律,即认为每组深层围岩的失稳事实上都造成浅层围岩范围的增大和阶段性扩展的结果计算,将得到如图 11-13 所示的荷载曲线。

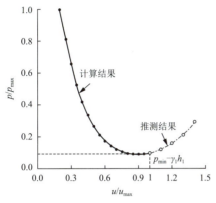 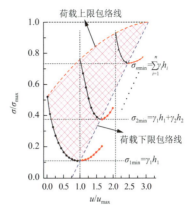

图 11-12　围岩荷载特性曲线　　　图 11-13　阶段性破坏情况下的围岩荷载关系曲线

图 11-13 中荷载上限包络线表示浅层围岩逐渐增大过程中,支护结构最大荷载的变化,可由计算得到。荷载下限包络线表示不同围岩组结构层起作用时的支护结构最小荷载,与支护体系的刚度有关。支护荷载曲线会分布在图 11-13 中网格所示区域,理论上不会超出该部分。荷载上限和下限包络线交汇于纵坐标为 1 的位置。

图 11-13 表明,在围岩中某一结构层即将失稳的临界位置,支护结构荷载存在两种可能性:一种为结构层没有失稳的较小荷载状态,此时最小荷载为浅层围岩自重 $\gamma_1 h_1$;另一种为结构层失稳,浅层围岩厚度增加,并附加深层围岩的变形荷载,随着变形的发展,新阶段最小荷载为 $\gamma_1 h_1 + \gamma_2 h_2$。后续如结构层继续破坏,则重复以上过程。理论上当结构层持续破坏并发展到地表时,最终荷载将等于上覆围岩自重。

11.5　支护结构体系的协同作用原理

基于对围岩结构性及荷载效应的认识,国内外众多学者对于支护结构的本质作用进行了诠释,故而形成了各种隧道设计理论与方法。事实上,与地面结构相比,隧道支护结构在赋存环境和作用机理等方面均存在较大差异性,其支护对象和荷载构成也极为复杂,且存在相互作用的关系,因而其设计方法也大为不同。为此,本节从支护结构体系的协同作用原理出发,建立多目标、分阶段的协同作用动态分析模型,以形成隧道支护结构体系的协同优化设计方法。

隧道支护结构体系共同承担围岩附加荷载,即狭义荷载,各支护结构之间的协同作用可使支护作用的效率最高,而对协同效果的评价则应注重以隧道工程的安全性为目标,通常包括两类指标,即围岩变形量和支护结构受力值。可见,协同作用的本质就是多目标、分阶段的非线性优化,以满足总体目标和阶段目标最优的要求。

11.5.1　支护结构体系的协同作用原理与要点

协同学认为,系统由无序向有序转变的本质为复杂开放系统中大量子系统相互作用而产生的协同效应,是系统整体性和相关性的内在表现。就隧道围岩安全性而言,协同支护系统是由围岩系统与支护系统按照一定工作方式组合在一起的复杂系统,其功能为控制围岩稳定性,系统的工作效能受到赋存环境、施工方法以及开挖尺度等因素的综合影响。由于不同的支护构件对围岩条件的适应性不同,在复杂围岩条件下采用单一结构难以发挥其承载性能,因此客观上,支护体系的协同作用表现为原本单一的支护构件在与围岩相互作用时可能引发围岩失稳、结构失效、环境失调等安全性事故,而在与其他支护构件耦合支护后相互促进、互为补充,从而产生总体支护效果大于各子构件单一支护效果之和的效应。

隧道支护体系的有效协同作用可实现最佳控制效果,而协同作用则包括支护结构与围岩的协同、不同支护形式之间的协同以及支护结构各要素的协同等三个层面。基于隧道围岩的复合结构特性以及支护施作的时序性,协同支护主要研究两个方面的内容:一是以围岩为主体研究对象,研究围岩系统在支护体系作用下的力学响应,即协同支护作用下围岩的受力状态和稳定性的变化;二是以支护体系为研究对象,研究支护体系中各子构件之间如何协同才能发挥支护体系的最佳性能。

在协同支护系统中,促使隧道围岩由开挖后的不稳定结构迅速变成有序的整体稳定结构的内驱力为"支护阻力"。"支护阻力"是支护结构与隧道围岩相互作用的产物,其发挥和成长以围岩变形的发展为条件,以支护结构的施作时机为起点,受支护结构自身的刚度、强度等力学特性的综合影响。可见,"支护阻力"贯穿于隧道工程活动的始终,是研究协同支护的关键,可从支护体系的作用机理出发来对其进行研究和阐述。

根据支护方式和支护机理的不同,隧道支护体系对围岩的作用可划分为"支"和"护"两个方面。所谓"支"指的是对浅层围岩施加支护力,支承浅层围岩的松动荷载和深层围岩传递过来的部分形变荷载,使得浅层围岩由原本的单向或双向应力状态转变为双向或三向应力状态,防止浅层围岩垮落。所谓"护"指的是改善围岩力学性能,增强围岩完整性,减小潜在浅层围岩的范围。相对而言,"支"效应的本质为协助围岩承载,是被动手段,对应作用于隧道表面的支护形式,而"护"效应本质为调动围岩承载,是主动干预,则对应于深入围岩内部的支护或加固方式,通过支护体系的"支"、"护"效应可有效控制围岩变形,防止洞室坍塌。

在整个支护体系中,超前支护、初期支护和二次衬砌支护结构协同工作,共同维护隧道稳定,但由于各自施作的时序性以及隧道开挖的时空效应,彼此之间也有明确的分工。

(1) 超前支护的核心作用是防止围岩的坍塌冒落,控制开挖面破坏的范围和程度,也是安全开挖和施作后期各项支护的前提,是防止因围岩失稳造成的安全性事故的核心处理措施,其主要作用为调动围岩承载。其中,超前锚杆的作用表现在两个方面,既加固围岩提高其自身力学性能,又支护浅层围岩部分附加荷载。

(2) 初期支护结构承担围岩因开挖释放的全部附加荷载,是隧道支护系统的主体,并且与围岩成为一体,是防止因结构失效而造成的安全性事故的关键,其本质是协助围岩承载。

(3) 二次衬砌结构通常作为安全储备,但由于其往往具有一定的刚度,因此施作后将与初期支护分担部分荷载。

在进行支护设计时,不同支护方式之间各自承担的任务要明确,并且无缝衔接,在与围岩相互作用的过程中,各支护形式在时空层面上应形成有效对接,从而达到高效率支护的目的。

11.5.2 协同作用效果及其评价方法

由于隧道施工的时空相关性和各支护构件与围岩作用关系的差异性,隧道支护结构体系协同作用效果评价也极为复杂。对于不同阶段、不同形式的支护结构,其担任角色不同,因此作用目标也不尽相同。对于超前支护而言,其协同目标为急剧变形量累计值最小,并使得围岩有足够的自稳时间;对于初期支护和二次衬砌而言,其协同目标则是以最小的支护代价达到最优的围岩稳定性控制效果。

为了定量描述协同作用条件及其影响因素,提出采用围岩变形 S 与支护体系协同度 ξ 作为协同指标来表征,基于支护与围岩相互作用的 3 个阶段,可建立多目标、分阶段的动态优化模型如下式所示:

$$\begin{cases} S = f(SRC, r, x_i, k_i) \\ \xi = f(x_i, k_i, [p_i], \omega_i) \end{cases} \tag{11-32}$$

式中:SRC——表征围岩条件;

r——工程尺度;

x_i——支护时机,以支护施作时距开挖面距离表示;

k_i——支护刚度;

$[p_i]$——各支护构件极限强度;

ω_i——各支护构件在支护体系中所占权重;下标 $i=1,2,3$ 分别表示超前支护、初期支护和二次衬砌,对于不同的支护构件尚需进一步细分。

显然,由于支护结构分阶段施作,函数 S 与 ξ 为分段函数,对于函数 S,采用两阶段分析法进行求解,如图 11-14、图 11-15 所示。第一阶段,首先将无支护状态下的围岩特性曲线与纵向变形曲线进行耦合,由纵向变形曲线可知,距离开挖面 x_1 处的围岩径向位移为 u_1,由围岩特性曲线可知,围岩发生径向位移 u_1 时虚拟支护力为 p_1^*,从而求得任意分析断面的虚拟支护力大小;第二阶段,将支护特性曲线、围岩特性曲线与纵向变形曲线三者进行耦合,由无支护作用时的纵向变形曲线可知当支护时机为 x_1 时围岩位移为 u_1,假定支护结构与围岩变形协调,由支护特性曲线可确定支护力与位移的关系,此时再由围岩特性曲线可确定围岩荷载与位移的关系,而围岩荷载由支护结构和第一阶段所得到的虚拟支护力共同承担,由此将三者进行耦合即可得到一次支护影响下纵向变形曲线,重复上述方法即可得到支护体系协同作用的全过程解答。

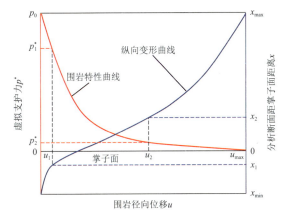

图 11-14 围岩特性曲线与纵向变形曲线耦合示意图

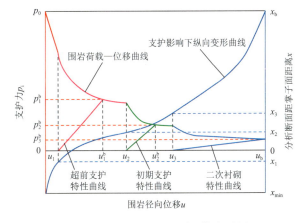

图 11-15 支护—围岩协同作用模型示意图

基于图 11-14 和图 11-15 的思想,可确定函数 S 求解思路具体如下。

(1)首先,根据现有研究成果总结归纳出围岩位移与纵向距离的关系,选取合适的位移释放系数表达式,对于弹性围岩可选择 M. Panet 等人的拟合公式[8],即:

$$\lambda_x = \frac{u_x}{u_{\max}} = 0.25 + 0.75\left[1 - \left(\frac{0.75r_0}{x + 0.75r_0}\right)^2\right] \tag{11-33}$$

式中:r_0——隧道半径;

x——分析断面与开挖面的距离,负值表示开挖面前方,正值表示开挖面后方;

u_{max}——无支护时隧道洞壁的最大径向位移；

λ_x——分析断面 x 处的位移释放系数。

对于弹塑性围岩，则可选择 E. Hoek（1999）采用最佳拟合方法得到的位移释放系数[9]：

$$\lambda_x = \frac{u_x}{u_{max}} = \left[1 + \exp\left(\frac{-x}{1.1r_0}\right)\right]^{-1.7} \tag{11-34}$$

（2）当支护时机 x_i 确定后，由步骤（1）可得到支护结构施作时围岩已发生的位移量 u_{xi}，假定支护为线弹性构件，则对于某一分析断面，其支护反力与支护刚度之间的关系为：

$$p_1 = k_i\left(u_x - u_{x_i}\right) \tag{11-35}$$

式中：x_i——某支护结构施作时距开挖面的距离。

（3）根据岩土体的峰后行为选取合适的本构模型和屈服准则，从而得到围岩位移与支护力关系的弹塑性解答，形式如下：

$$u = f(p_i) \tag{11-36}$$

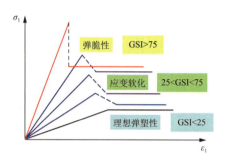

图 11-16 岩体不同峰后行为模式

对于不同的围岩条件，式（11-36）的具体形式也有所区别。一般来说，不同围岩峰后应力—应变行为可分为 3 种模式，即弹脆性、应变软化和理想弹塑性[10]，如图 11-16 所示，其中 GSI 为岩体地质强度指标。

以理想弹塑性模型为例，采用摩尔—库仑屈服准则时弹性阶段隧道洞壁径向位移为[11]：

$$u = \frac{1+\mu}{E}(p_0 - p_i)r_0 \tag{11-37}$$

式中：p_0——原岩应力；

E——围岩弹性模量；

μ——围岩泊松比。

塑性阶段隧道洞壁径向位移为：

$$u = \frac{1+\mu}{E}(p_0 + c\cot\varphi)\cdot\left(\frac{(p_0 + c\cos\varphi)(1-\sin\varphi)}{p_i + c\cos\varphi}\right)^{\frac{1-\sin\varphi}{\sin\varphi}} \tag{11-38}$$

式中：c——围岩黏聚力；

φ——围岩内摩擦角。

显然，若直接令 $p_i = p_1$ 将式（11-37）、式（11-38）联立，所得到的围岩位移结果与纵向距离无关，这显然只是一种状态，而无法描述支护—围岩作用过程，这是由于伴随着位移释放，隧道开挖面对围岩具有一定的约束效应，也就不难解释隧道开挖后围岩位移不会立即释放完毕，而是具有一定的时空相关性，因此计算时这种约束效应必须予以考虑，可将其用虚拟支护力 p^* 描述，显然随着位移释放 p^* 逐渐减小，故有：

$$p_i = p_1 + p^* \tag{11-39}$$

当支护结构在围岩弹性变形阶段施作时，由式（11-33）和式（11-37）联立可得虚拟支护力 p^* 的表达式为：

$$p^* = p_0 - \frac{u_{max}\lambda_x}{mr_0} \tag{11-40}$$

式中：m——中间参量，$m = (1+\mu)/E$。

联立式(11-33)~式(11-40)可得围岩位移关于纵向距离 x 的表达式为：

$$S_1 = \frac{u_{\max}}{1+k_1 mr_0}\left(k_1 mr_0 \lambda_{x_1} + \lambda_x\right) \tag{11-41}$$

式中：λ_{x_1}——第一组支护施作时围岩位移释放系数；

x_1——第一组支护施作时距开挖面距离。

同样地，联立式(11-34)~式(11-36)且位移公式选取式(11-38)可得，当支护结构在围岩塑性阶段施作时，围岩位移关于纵向距离 x 的表达式为：

$$S_1' = \frac{n\left[\left(\dfrac{\lambda_x u_{\max}}{S_1'}\right)^{N_\varphi}-1\right]}{k_1\left(\lambda_x u_{\max}\right)^{N_\varphi}} + \lambda_{x_1'} u_{\max} \tag{11-42}$$

式中，$N_\varphi = \dfrac{\sin\varphi}{1-\sin\varphi}$，$n = (1-\sin\varphi)(mr_0\sin\varphi)^{N_\varphi}(p_0 + c\cot\varphi)^{\frac{1}{1-\sin\varphi}}$。

式(11-41)和式(11-42)中，$u_{\max}$ 由弹塑性位移公式(11-37)或式(11-38)代入 $p_i = 0$ 得到，由于式(11-42)并非显式解，因此需要借助数值分析法求解。

对于后序支护构件，支护施作时已发生的位移由式(11-41)或式(11-42)得到，由于式(11-42)为隐式解，在后序支护施作时采用理论解析无法直接求得围岩位移，因此本章仅针对支护结构在弹性位移阶段施作时进行推导，对于其他工况可基于本章求解思路得到相应解答。

将 $x=x_2$ 代入式(11-41)可得第二组支护施作时围岩已发生的位移为：

$$S_{x_2} = \frac{u_{\max}}{1+k_1 mr_0}\left(k_1 mr_0 \lambda_{x_1} + \lambda_{x_2}\right) \tag{11-43}$$

式中：λ_{x_2}——第二组支护施作时围岩位移释放系数；

x_2——第二组支护施作时距开挖面距离。

因此可得围岩位移关于纵向距离 x 的表达式为：

$$S_2 = \frac{u_{\max}\lambda_x + (k_1+k_2)mr_0 S_{x_2}}{1+(k_1+k_2)mr_0} \tag{11-44}$$

对比式(11-41)和式(11-44)归纳总结其规律，并结合计算原理可得当支护结构在围岩弹性阶段施作时，围岩位移关于纵向距离 x 表达式的统一形式为：

$$S_n = \frac{u_{\max}\lambda_x + \sum\limits_{i=1}^{n}k_i mr_0 S_{x_i}}{1+\sum\limits_{i=1}^{n}k_i mr_0} \tag{11-45}$$

式中：S_{x_i}——第 i 组支护施作时围岩发生的位移。

由式(11-33)和式(11-43)可总结出其递推公式为：

$$S_{x_i} = \frac{u_{\max}\lambda_{x_i} + \sum\limits_{i=1}^{n}k_{i-1} mr_0 S_{x_{i-1}}}{1+\sum\limits_{i=1}^{n}k_{i-1} mr_0} \tag{11-46}$$

此数列的首项为：

$$S_{x_1} = u_{\max}\lambda_{x_1} \tag{11-47}$$

由式(11-45)~式(11-47)即可求得函数 S 的分阶段解答，以上即为协同指标 S 的计算方法，而隧道支护体系协同度则包括两方面内涵,即各支护构件强度平均利用率以及支护体系组合效率,前者反映了支护构件力学性能整体发挥的程度,可由各支护构件强度利用率的加权平均值描述,而后者反映了各支护构件使用效率的一致性,可由各构件强度利用率的加权方差来表达。

$$\begin{cases} E(\xi) = \sum_{i=1}^{n} \xi_i \omega_i \\ D(\xi) = \frac{1}{n} \sum_{i=1}^{n} \left[\xi_i \omega_i \frac{E(\xi)}{n} \right]^2 \end{cases} \quad (11\text{-}48)$$

式中:n——支护体系中各种支护形式数量;

ω_i——某种支护形式对应的权重值;

ξ_i——某构件性能利用率,可由其实际受力最大值与其极限承载强度比值来表征。

$$\xi_i = \frac{p_{\max}}{[p_i]} \quad (11\text{-}49)$$

式中:$p_{\max}$——构件实际受力最大值,对于锚杆取其最大轴力,对于钢拱架和喷射混凝土取其最大应力值;

$[p_i]$——构件极限承载强度,对于锚杆取其抗拉强度,对于钢拱架和喷射混凝土取其极限抗压强度。

由于围岩变形破坏过程的阶段性以及支护结构的差异性,支护系统的协同作用体现在多个方面,就协同支护系统而言,其协同作用模式主要有支护结构协同、时空转化协同、接触状态协同和作用过程协同。

(1)支护结构协同。支护结构一经施作,则立即与围岩共同变形,支护刚度越大,其分担的荷载效应越大,在不同的施工阶段,支护刚度应与围岩变形发展相匹配,前序支护与后序支护的相对刚度应控制在合理范围内,从而保证围岩为承担荷载的主体结构。

(2)时空转化协同。由于隧道工程施工方法的复杂性和多样性,对于同一隧道,在同样的控制标准下,采用不同的施工工法时隧道轮廓线不同位置对支护需求必然不同,这是由于不同的施工工法影响下围岩的变形释放速率不同,隧道围岩稳定性有一定差别,因此,为了达到保证支护体系高效率运作,同一断面不同位置处的支护施作时机应与空间尺度和施工工序相协同。

(3)接触状态协同。在隧道施工过程中,支护系统不断有新的子系统参与其中,不同的子系统之间应做到无缝衔接、变形协调,当子系统之间接触不良时,常会诱发隧道病害,影响隧道结构的安全性。当然,各组结构之间的接触形式具有多样性,如锚杆与喷混凝土之间、超前支护与后序支护之间的接触状态均不同,在这些接触形式中,应保证支护结构与围岩接触良好,有利于其力学性能的发挥。

(4)作用过程协同。不同的支护构件对围岩的作用效果不同,超前加固和锚杆支护提高了围岩的强度及整体稳定性,初期支护承担改善后的围岩的全部附加荷载,而二次衬砌则作为安全储备,因此,超前加固和锚杆支护的范围和有效性、初期支护和二次衬砌的施作时机、结构强度和刚度应相互协同,保证支护体系力学性能的充分发挥。

11.5.3 隧道初期支护与二次衬砌协同作用原理

二次衬砌施作时初期支护与围岩系统已基本稳定,变形量增加很小,而从隧道长期稳定性而言,由于隧道围岩流变变形及支护—围岩系统的不确定性,二次衬砌也将按照"硬支多载"的原理参与荷载分配。

诚然,在进行支护设计时必然要考虑到隧道结构在全寿命周期的安全性,因此需要一定的安全储备,主要考虑以下4个方面的因素：

(1) 支护结构的耐久性。隧道设计使用年限一般为100年，在此期间围岩可能发生蠕变变形，围岩参数弱化，隧道表面衬砌劣化，为了保证长期安全，在进行结构设计时需要保证支护结构具有一定的安全系数。

(2) 特殊隧道围岩条件的影响。处于富水地层中的隧道，尽管采用堵水限排的方式对涌水量和水压力进行控制，但在极端情况下，若排水通道堵塞，则必然导致作用于隧道支护上的水压力增加，因此需要支护系统能够承载最不利的水荷载作用。

(3) 不确定性条件的影响。实际隧道围岩中含有大量的不连续结构面，并受地应力、地下水、温度等赋存环境的影响，隧道围岩稳定性本身是一个复杂的非确定性问题，而在进行隧道设计时仅能对确定的围岩条件进行计算，其模型选择、材料参数确定以及围岩荷载计算等均存在一定的变异性，因此，为了降低隧道的失效概率，提高支护系统的可靠性，需要支护本身具有一定富余量。

(4) 特殊荷载条件方面的考虑。由于隧道围岩的复杂性和隧址地理位置的特殊性，当地震、山体滑坡和泥石流等自然灾害发生时，会使得荷载效应突然猛增，因此，对于此类风险，在进行隧道设计时也应使支护具有一定的安全储备。

从我国目前众多隧道工程来看，大多把初期支护视为保证施工安全的"临时支护"，在进行支护设计时则将二次衬砌作为围岩荷载效应的主要承担者。而事实上在支护与围岩的相互作用过程中围岩荷载效应已大部分传递给周边岩体，少部分由初期支护协助承担，在二次衬砌施作后围岩变形已趋于稳定，尽管初期支护进入屈服，由于二次衬砌对初期支护的屏障作用，围岩荷载效应也不可能全部转移至二次衬砌[12]，因此，不考虑初期支护作用的设计方法是偏于保守的。这也是诸多隧道结构检算不满足规范要求，却可以保障长期安全的原因所在。

为了分析初期支护与二次衬砌的协同作用原理，定义相对刚度κ为二次衬砌刚度k_2与初期支护刚度k_1的比值，对于一个实际的隧道工程，根据图11-14和图11-15所示的计算思路以及"支护—围岩"相互作用机理，可对初期支护和二次衬砌的支护反力进行计算。下面以一组算例进行分析，对不同相对刚度和二次衬砌支护时机下的初期支护和二次衬砌协同作用关系进行计算，具体参数见表11-2。

计算参数　　　　　　　　　　　　　　　　表11-2

围岩参数				支护参数	
E (GPa)	μ	r_0 (m)	p_0 (MPa)	k_1 (MPa/m)	x_1 (m)
1.5	0.25	6	5	100	6

将表11-2中计算参数代入本章公式中计算，并分别研究二次衬砌刚度和施作时机对围岩位移以及支护结构受力的影响，如图11-17所示。

由图11-17分析可知：

(1) 随着二次衬砌刚度的增加，二次衬砌结构自身受力明显增大，初期支护受力和围岩稳定变形量均有所减小，但后者变化并不明显；当二次衬砌施作时机延迟时，二衬结构受力显著降低，而初期支护受力和围岩最终变形量相对变化较小。这表明二次衬砌结构对围岩稳定性影响并不大，由此可确定初期支护的主体结构地位，而二次衬砌则仅作为安全储备。

(2) 影响二次衬砌结构受力的主要因素为其自身刚度，当其刚度大时较小的围岩变形量亦会使得二次衬砌结构受力迅速增大，这显然不利于支护结构的长期安全性。因此实际工程中不仅要使得二次衬砌在围岩变形稳定后施作，更应根据隧道耐久性要求将其刚度控制在相对合理的水平。

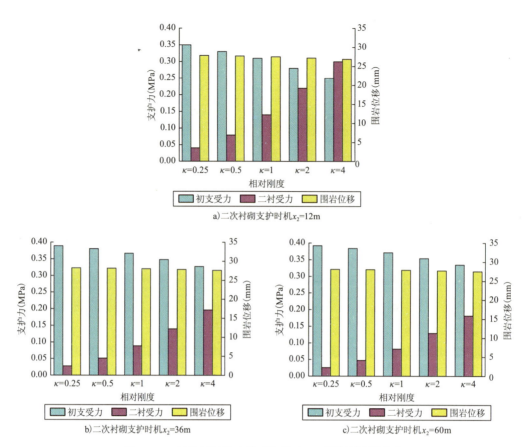

图 11-17 二次衬砌刚度和支护时机对初支—二衬协同作用的影响

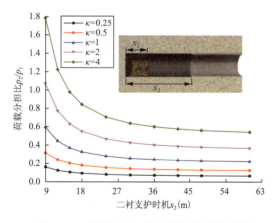

图 11-18 二次衬砌支护时机与荷载分担比关系曲线

实际工程中对二次衬砌进行检算时常认为二次衬砌承担所有荷载,或人为给定荷载分担比,这显然与事实不符。为此,对不同支护时机下二次衬砌刚度与荷载分担比关系进行分析,如图 11-18 所示。

可见,对于不同的支护时机和支护刚度,二次衬砌荷载分担比也具有明显差异,随着二次衬砌支护时机的延迟以及支护刚度的减小,二次衬砌所承担荷载也逐渐递减,当 $x_2 \geqslant 36m$ 后,二次衬砌支护时机的滞后对于二次衬砌荷载基本无影响,该稳定值即为二次衬砌理应承担的围岩荷载。此外,当二次衬砌紧跟时,尽管二次衬砌刚度较小,其承担荷载仍然较大,此时初期支护承载能力未得到充分发挥,这必将造成材料浪费,显然是不合理的,因此二次衬砌支护参数应与"支护—围岩"作用关系相协调,达到经济、合理的支护效果。

11.5.4 隧道支护体系协同作用过程

隧道支护体系的总体目标为保持围岩安全稳定,即提供支护以满足因施工引起的附加荷载的需求,而该附加荷载是随着应力释放逐渐形成的,可见附加荷载的大小与围岩条件以及支护作用的及时性有关。而协同支护的根本目的在于满足上述要求的前提下支护体系的整体性能得到最大限度的发挥。因此,支护结构的施作应与围岩应力释放相协调,支护体系协同作用与围岩应力释放的关系可由图 11-19

说明,其中 P_s 为支护受力,P_i 为围岩应力释放值。

一般来说,超前支护在荷载约束释放阶段施作,主要功能为维持开挖面稳定性,因此支护刚度 k_1 通常较小;隧道开挖后围岩荷载迅速释放,此时需要初期支护及时有效施作,使得围岩尽快稳定,初期支护作为隧道围岩附加荷载的承担者,可承担全部的附加地层荷载以及主要的水荷载,因此需要有较大的刚度和强度,与超前支护联合形成组合刚度 k_2,作用于支护结构上的荷载也随着围岩变形迅速增加,此阶段支护与围岩博弈过程是隧道支护是否成功的关键;二次衬砌施作以后,隧道支护体系基本形成,支护总刚度为 k_3,此时围岩变形基本稳定,本阶段主要表现为支护体系内部荷载的传递和分配,在此过程中围岩荷载的少许释放使支护体系整体荷载效应有所增加,但迅速达到新的平衡状态。

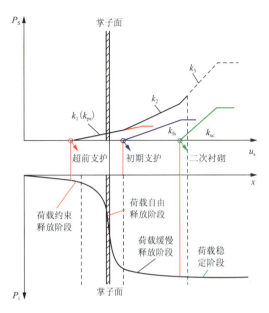

图 11-19 隧道支护结构体系的协同作用与应力释放的关系

11.6 工程实例分析

隧道初期支护作为隧道围岩附加荷载的承担者,可承担全部的附加地层荷载。在超前加固和超前支护共同作用下,围岩通常已具备一定的稳定性,因此,初期支护施作的时机和刚度应按照围岩的力学特性曲线进行确定。基于围岩的结构特性,同时考虑到围岩超前加固/支护的作用效果,这时计算初期支护结构荷载,再结合围岩结构层的稳定状态及变形控制值确定初期支护施作的时机和结构刚度。

11.6.1 隧道支护体系协同设计流程

对于隧道支护体系协同作用的多目标规划设计,采用分层排序法寻找其最优解集[13],基本思想为:首先将多目标规划问题转化为一定次序的单目标优化问题,而后依次求解,最后一个单目标优化问题的最优解即为该问题的有效解。因此可确定隧道支护体系协同作用优化方法流程图如图 11-20 所示。

(1) 开挖面稳定性评价。首先基于隧道工程地质条件和相关施工因素预测超前变形量 S_1^*,再采用工程类比、理论解析、现场实测等方法确定超前变形量控制标准 $[S_1]$,将两者进行比较,从而判断隧道开挖过程中是否需要超前支护。

(2) 超前支护优化设计。通过对超前破坏模式进行预测,根据前文分析选取相应合适的超前支护方式,并初步确定超前支护方案,对各支护参数进行敏感性分析,从而搜索出超前支护参数最优解的范围,将各参数取值区间进行组合后对开挖面变形量 S_1 进行预测,对于满足施工要求的方案,计算其协同度并进行比较,取协同度最大的方案为超前支护最优解集。

(3) 施工安全性评价。选取步骤(2) 得到的超前支护最优解集对隧道围岩结构性进行预测,若出现浅层围岩,则必须施作初期支护;若仅有深层围岩,则对施工期间围岩最大变形量 S_2^*(主要为弹塑性变形)进行预测,并根据规范中对于隧道极限变形量的规定,参考相关工程案例制定围岩最大变形量控制标准 $[S_2]$,将二者进行比较,从而判断是否需要施作初期支护。

(4) 初期支护协同设计。根据前文荷载效应确定方法计算支护荷载,并对隧道中常用的初期支护形式的适应性进行分析,结合浅层围岩范围,选择适合于本工程的初期支护形式,并初步确定支护参数的变化范围,对各参数进行敏感性分析,搜索出参数最优解的存在范围,将各参数进行组合后对最大变形量 S_2 进行预测,将满足隧道施工期间安全性要求的方案比较其协同度,从而确定初期支护参数最优解集。

(5)长期安全性评价。地下空间往往具有不同的功能需求,因而对其耐久性和长期使用安全性的要求也不同,根据隧道所处的工程地质环境对围岩长期荷载效应和衬砌劣化程度进行预测,从而判断是否需要施作二次衬砌。

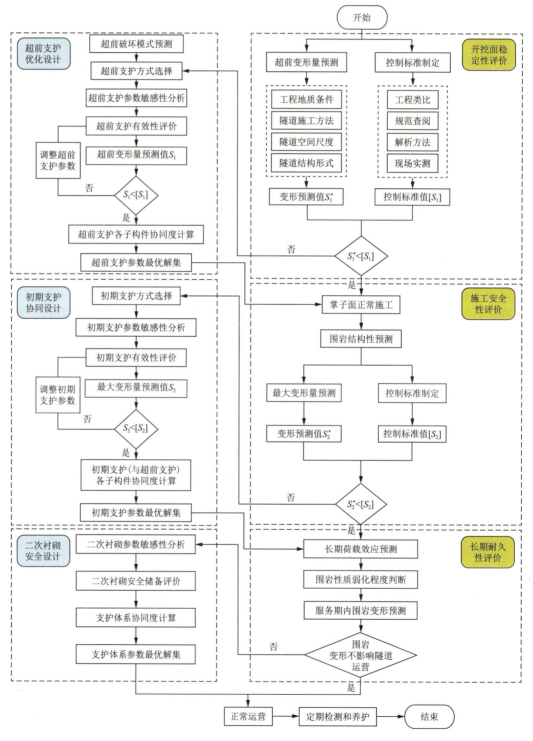

图 11-20　隧道支护体系协同优化设计方法

(6)二次衬砌安全设计。隧道中常用的二次衬砌为混凝土或钢筋混凝土结构,根据前文分析,二次衬砌施作原则为刚度与隧道长期安全性相匹配,支护时机与围岩变形相适应。据此初步拟定二次衬砌支护方案,计算不同方案的安全系数,并对长期作用过程中最不利荷载条件下围岩的稳定性进行校验,确定二次衬砌安全系数需求,从而选择符合条件的支护方案,对各方案中支护体系的协同度进行计算,选取协同度最高者为二次衬砌最优解集。

以上步骤完成后所得到的最优解集即为协同支护多目标、分阶段优化设计问题的有效解,当然,在隧道长期运营中,还应保证支护结构体系具有可修复性,以方便隧道定期检测和养护。

11.6.2 算例与分析

基于上述思想,可对隧道支护体系进行设计,考虑到围岩的复合结构特性,对应变软化岩体进行分析,计算选取的工程概况如下:某深埋圆形隧道半径 $r_0=6$m,受静水压力 $p_0=6$MPa。隧道处于软岩中,围岩弹性阶段力学参数为弹性模量 $E=1.5$GPa,泊松比 $\mu=0.3$;软化阶段参数为软化模量 $E'=0.5$GPa,软化黏聚力 $c=0.7$MPa,软化内摩擦角 $\varphi=30°$,软化塑性泊松比 $f=2$;残余阶段参数为残余黏聚力 $c_r=0.3$MPa,残余内摩擦角 $\varphi_r=22°$,残余塑性泊松比 $h=1.5$。

(1)开挖面稳定性评价

M. Panet 等人研究表明,隧道开挖面应力释放率约为 0.72,因此核心土体对围岩的支护力约为 1.68MPa。由前文公式计算可得开挖面处围岩变形为 64mm,根据规范中对隧道预留变形量以及初期支护极限位移的规定,取开挖面变形量控制标准为 40mm,可判断开挖面处于不稳定状态。

(2)超前支护优化设计

通过对开挖面潜在破坏范围进行预测,可知其超前破坏模式为前倾式冒落型破坏,基于前文分析,采用超前小导管支护对开挖面进行控制,结合相关工程经验,初步选取小导管支护参数如表 11-3 所示。

超前小导管参数波动范围　　　　表 11-3

小导管参数	参数波动范围	小导管参数	参数波动范围
直径 d(mm)	30,35,40,45,50	长度 l(m)	3,3.5,4,4.5,5
纵向间距 S_c(m)	3,3.5,4,4.5,5	外插角 θ(°)	10,15,20,25,30
环向间距 S_l(cm)	25,30,35,40,45		

由于本讲所采用的超前支护仅有一种形式,因此其协同作用表现为参数的匹配,可先通过对小导管参数的敏感性分析对各参数敏感性进行排序,进而基于顺序查找法原理得出其最优解集。在对某一参数进行敏感性分析时,纵向和环向间距取表格中的最大值,其他参数取最小值。当小导管参数变化时,各参数对围岩变形影响程度有所不同,据此可对其敏感度进行排序,结果如表 11-4 所示。

超前小导管各参数敏感度　　　　表 11-4

参　数	直径 d(mm)	纵向间距 S_c(m)	环向间距 S_l(cm)	长度 l(m)	外插角 θ(°)
敏感度	0.24	0.36	0.28	0.45	0.22

根据参数敏感性顺序由高到低依次对不同参数小导管支护有效性进行分析,从而确定各参数最优值,其原则为若某一参数与围岩变形关系存在"转折点",则此转折点即对应相应参数最优解,否则取该参数上限值,然后将上一参数最优值代入下一参数分析中,重复上述过程依次确定各参数最优值,由此可得小导管支护参数的最优解集如表 11-5 所示。

超前小导管参数最优解集　　　　表 11-5

直径 d(mm)	纵向间距 S_c(m)	环向间距 S_l(cm)	长度 l(m)	外插角 θ(°)
40	3.5	35	4.5	15

按照表 11-5 中支护方案进行施工时，开挖面围岩变形量预测值为 $S_1 = 32$mm，且不会发生超前破坏，满足开挖面稳定性的要求，并留有一定富余，为初期支护的施作争取了一定时间。

(3) 施工安全性评价

由于围岩应力随隧道开挖而逐渐释放，若仅有超前支护作用，当围岩应力完全释放时，通过对围岩结构性预测可知浅层围岩厚度将达到 2.75m，围岩最大变形量将达到 $S_2^* = 158$mm，根据施工经验，并查阅相关规范可确定隧道极限变形量为 $S_2 = 100$mm，则可判断施工期间隧道将发生失稳破坏，因此需要及时施作初期支护以控制围岩变形，并防止浅层围岩坍塌。

(4) 初期支护协同设计

根据前文对初期支护结构的受力特性及适应性研究成果，选择格栅钢架和喷射混凝土（以下简称表面初支）配合锚固体系作为初期支护。由于锚固体系与作用于隧道表面的初期支护施作工艺、作用机理不同，因此需要分别设计。对于锚固体系，其主要作用为调动深层围岩承载，由于浅层围岩厚度较小且开挖跨度不是很大，因此无须施作锚索，根据相关工程经验，参考超前支护优化设计方法，可确定锚杆支护参数如表 11-6 所示。

隧道锚杆支护建议　　　　表 11-6

长度 l(m)	直径 d(mm)	布置密度 C（根/m²）	预应力 F(kN)
3	22	1	70

为了研究表面初支参数对支护效果的影响，初步拟定支护时机（支护施作时距掌子面距离）x_1、喷射混凝土支护刚度 E_c 以及格栅钢架支护刚度 E_s 变化范围如表 11-7 所示。

隧道表面初支参数波动范围　　　　表 11-7

表面初支参数	参数波动范围	表面初支参数	参数波动范围
x_1(m)	5, 6, 7, 8, 9, 10, 11	E_s(MPa/m)	80, 100, 120, 140, 160, 180, 200
E_c(MPa/m)	100, 150, 200, 250, 300, 350, 400		

在对初期支护参数进行敏感性分析时，支护时机 x_1 取 11m，其他参数取 7 种工况中的最小值。计算表明，初期支护 3 个主要参数对围岩变形量控制效果影响均较为明显，且当参数变化到某一范围后，参数改变对围岩变形影响明显减弱，由此可确定表面初支参数最优解集如表 11-8 所示。

隧道表面初支参数最优解集　　　　表 11-8

支护时机 x_1(m)	喷射混凝土刚度 E_c(MPa/m)	格栅刚度 E_s(MPa/m)
7	200	100

将表 11-6 和表 11-8 中初期支护参数代入前文公式对隧道围岩最大变形量进行预测，计算可得 $S_2 = 68$mm，满足隧道施工安全性的要求。

(5) 支护体系协同效果评价

隧道支护协同效果本质上就是支护构件性能的利用情况，若支护性能利用过度，则支护失效，若支护性能过剩，则造成结构浪费，因此对支护体系协同效果的评价是极为必要的。由于二次衬砌作为安全储备，其协同效果表现为安全系数的大小，因此在研究支护体系协同作用时仅对超前支护和初期支护进行分析，根据层次分析中上下层因素之间的隶属关系，将各支护构件的重要程度进行比较，参考前人研究成果[14-16]，并采用 1～9 标度方法[17] 构造支护系统协同作用评价因素 3 阶判断矩阵（$n=3$）：

$$\bar{A}=\begin{bmatrix} 1 & 1/2 & 1/3 \\ 2 & 1 & 1/2 \\ 3 & 2 & 1 \end{bmatrix} \tag{11-50}$$

判断矩阵 $\bar{A}$ 的最大特征值为 $\lambda_{max}=3.0092$，求解其相应的特征向量并进行归一化后可得到支护协同制约因素权向量为：

$$\omega=[0.1634, 0.2970, 0.5396] \tag{11-51}$$

经检验，满足一致性条件。因此，在协同支护系统中，超前小导管、锚固系统和表面初期支护所占权重分别为 16.34%、29.7% 和 53.96%。

将前述所得各构件参数最优解代入前文公式进行计算可得支护体系协同度结果如图 11-21 所示。

将图 11-21 中结果代入式（11-48）可得支护体系协同度计算结果为 $E(\xi)=0.7524$，表明支护体系各构件平均利用率较高，而 $D(\xi)=0.0189$，标准差为 $\sqrt{D(\xi)}=0.14$，表明各支护构件性能利用率离散性较小，基本保持在相对一致的水平，支护设计合理，支护体系协同效果较好。

（6）二次衬砌安全设计

为了保证隧道长期安全性，隧道支护结构体系应具有一定的安全储备，而此项功能可由二次衬砌实现。根据相关工程经验，二次衬砌采用 C30 钢筋混凝土，研究表明[18]，当侧压力系数 $\lambda=1$ 时，钢筋对二次衬砌结构承载能力的提高率约为 2%，因此计算时按素混凝土进行分析，并分别对二次衬砌支护时机 x_2 和厚度 t 下二次衬砌安全系数进行对比，如图 11-22 所示。

可见，当二次衬砌紧跟掌子面施作时，常规厚度的二次衬砌已无法满足隧道长期荷载作用下安全系数不小于 2.0 的要求，此时需要对二次衬砌额外加厚，这便意味着隧道超挖量大大增加，并造成支护成本的增大，显然是不合理的。因此，二次衬砌施作时机适当延迟对于支护结构体系的耐久性是有利的。

事实上，只要距隧洞开挖面一定距离后施作二次衬砌，30～40cm 的素混凝土即可满足其作为安全储备的功能需求，而施作时机则应主要考虑施工组织的要求并与围岩变形过程相适应。

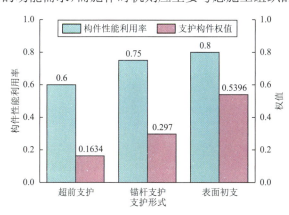

图 11-21 支护体系协同度计算结果

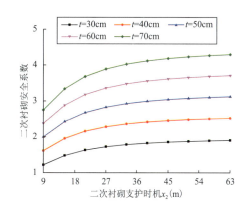

图 11-22 不同刚度下二次衬砌安全系数与支护时机关系

11.6.3 工程实例验证

贵广高铁牛王盖隧道位于广西壮族自治区贺州市境内，隧道起讫里程为 DK567+795～DK568+247。

隧道位于剥蚀丘陵区，场区以构造剥蚀中低山为主，最大埋深122m。隧道穿越断层、突泥涌水、溶洞暗河等复杂地质条件，节理裂隙发育，围岩级别以Ⅲ～Ⅳ级为主。选取Ⅳ级围岩段DK568+060、DK568+080以及DK568+100等三个典型断面进行监测，隧道埋深约100m，断面大小和测点布置如图11-23所示。

所选三个监测断面采用复合式衬砌结构，初期支护均为40cm厚C25喷射混凝土和4ϕ25mm格栅钢架，支护时机基本一致；二次衬砌为C35钢筋混凝土，其支护参数略有不同，如表11-9所示。

监测断面二次衬砌支护参数　　　　　　　　表11-9

断面里程	二次衬砌厚度t_2（cm）	二次衬砌施作时机x_2（m）
DK568+060	40	40
DK568+080	50	40
DK568+100	40	70

现场实测二衬结构受力如图11-24所示，可见，对于三个监测断面，尽管在不同空间位置处二衬结构受力不同，但其最大值仍在0.2MPa以下，低于素混凝土的极限承载能力，因此二次衬砌作为安全储备的设计理念是完全可行的。

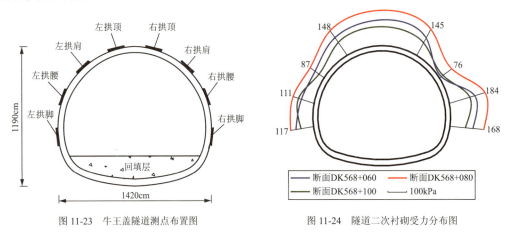

图11-23　牛王盖隧道测点布置图　　　　图11-24　隧道二次衬砌受力分布图

此外，实测数据表明，二衬施作越早或刚度越大则其承担荷载也越大，这说明尽管二次衬砌在围岩变形基本稳定后施作，但由于其具有较大刚度，后续较小的围岩变形即使其分担较大围岩荷载，当支护时机较早时这种荷载分配效应尤为明显。

11.7 结语

（1）施工影响下，复杂隧道围岩呈现显著的渐进破坏特点，应力释放本质上是压力转移的过程，而压力转移通常是以一系列的拱结构来实现传递的，其中存在可保持围岩自行稳定的一组拱结构，该结构以内为浅层围岩，而以外的为深层围岩。显然，隧道围岩由浅层和深层围岩复合而成。

（2）深层隧道围岩结构失稳的分组特性即表现为围岩破坏和支护结构荷载变化的不连续性和阶段性，每一组岩层具有同步或近乎同步运动的特点，随着内侧围岩组的失稳，外侧新的岩层组结构随即形成，呈现复合拱式结构模式。每组深层围岩通常由结构层和荷载层两部分组成，其中结构层的稳定性决定着整个岩层组的稳定性，而荷载层则以荷载的形式作用在结构层之上，从而影响着结构层的稳定性。不同围岩条件下两者的分布存在较大的差异性。

（3）复合隧道围岩的荷载效应由浅层围岩的给定荷载和深层围岩的形变荷载复合而成，浅层围岩荷载需由支护结构全部承担,而深层围岩荷载大小则取决于对结构层变形量的控制标准、浅层围岩的传递刚度以及两者耦合作用效果。不同深层岩层组的荷载作用具有相似性,但其作用关系也极其复杂。

(4)针对隧道围岩的复合结构特性,提出了隧道支护的本质作用为"调动围岩承载"和"协助围岩承载",并基于对围岩荷载效应演化特点明确了其工作对象和控制标准。进一步明确了超前支护的保障作用、初期支护的核心作用以及二次衬砌的安全储备作用,并建立了相应的设计方法和评价体系。

(5)针对隧道支护体系的作用机制与特点,提出了三个层次的协同作用模式,明确了其作用内涵,建立了两目标(S、ξ)、三阶段(超前支护、初期支护和二次衬砌)协同作用优化模型,并建立了基于协同作用的隧道支护体系设计方法,通过实际工程的分析和应用,表明了该设计方法的可行性和先进性。

本讲参考文献

[1] 李英杰,张顶立,刘保国,等.考虑围岩性质劣化的深埋软弱隧道破坏机制数值模拟研究[J].土木工程学报,2012,45(9):156-166.

[2] 张顶立,陈立平.隧道围岩的复合结构特性及其荷载效应.岩石力学与工程学报.2016,35(3):456-469.

[3] 陈立平.砂性隧道围岩宏细观破坏机理及控制[D].北京交通大学,2015.

[4] 侯公羽.围岩—支护作用机制评述及其流变变形机制概念模型的建立与分析[J].岩石力学与工程学报,2008,27(增2):3618-3629.

[5] 张顶立.隧道及地下工程的基本问题及其研究进展[J].力学学报,2017,(01):1-19.

[6] 左建平,谢和平,吴爱民,等.深部煤岩单体及组合体的破坏机制与力学特性研究[J].岩石力学与工程学报,2011,30(1):84-92.

[7] 张顶立,李倩倩,房倩,等.隧道施工影响下城市复杂地层的变形机制及预测方法[J].岩石力学与工程学报,2014,33(12):2504-2516.

[8] ANETm. Le calcul des tunnels par lamethode convergence- confinement[M]. Paris: Press de iecole Nationale des Ponts et Chaussres,1995:75-100.

[9] CARRANZA-TORRES C,FAIRHURST C. Application of the convergence-confinement method of tunnel design to rockmasses that satisfy the Hoek-Brown failure criterion[J]. Tunnelling and Underground Space Technology,2000,15(2):187-213.

[10] Hoek, E., Brown, E.T. Practical estimates of rock mass strength[J]. International Journal of Rock Mechanics and Mining Sciences,1997,34(8),1165-1187.

[11] 蔡美峰,何满潮,刘东燕.岩石力学与工程[M].北京:科学出版社,2002:310-311.

[12] 仇文革,冯冀蒙,陈雪峰,等.深埋硬岩隧道初期支护劣化过程衬砌力学特性试验研究[J].岩石力学与工程学报,2013,32(1):72-77.

[13] 黄红选,韩继业.数学规划[M].北京:清华大学出版社,2006.

[14] 文竞舟,杨春雷,粟海涛,等.软弱破碎围岩隧道锚喷钢架联合支护的复合拱理论及应用研究[J].土木工程学报,2015,48(5):115-122.

[15] ORESTE P P. Analysis of structural interaction in tunnels using the convergence-confinement approach[J]. Tunnelling and Underground Space Technology,2003,13(2):347-363.

[16] 赵勇,刘建友,田四明.深埋隧道软弱围岩支护体系受力特征的试验研究[J].岩石力学与工程学报,2011,30(8):1663-1670.

[17] 许树柏.实用决策方法——层次分析法原理[M].天津:天津大学出版社,1988.

[18] 孙毅.隧道支护体系的承载特性及协同作用原理[D].北京:北京交通大学,2016.

TUNNEL DESIGN
THEORY AND METHOD
隧道设计理论与方法

第二篇 Second chapter

支护结构设计

第 12 讲　解析设计法
第 13 讲　荷载—结构法
第 14 讲　围岩—结构法
第 15 讲　超前支护设计
第 16 讲　隧道掌子面加固设计
第 17 讲　复合式衬砌初期支护设计

第 18 讲　复合式衬砌二次衬砌设计
第 19 讲　明洞与棚洞设计
第 20 讲　TBM 选型及设计要点
第 21 讲　盾构隧道管片结构设计
第 22 讲　沉管隧道设计
第 23 讲　隧道耐久性设计

第 12 讲

解析设计法

从数学上讲，解析法又称为分析法，它是指应用数学推导、演绎去求解数学模型的方法。

隧道支护结构解析设计法就是根据力学原理，建立起能模拟围岩与支护结构相互作用的力学模型，在给定边界和初值条件下，用数学解析的方法对隧道力学行为进行分析预测，以达到隧道支护结构设计的目的。

解析设计法是与标准设计及类比设计法并列的设计方法或理论。根据对围岩与支护结构相互作用力学模型的处理方式，解析设计法一般包括结构力学方法、连续介质力学方法及非连续介质力学方法等。本讲主要对这几种方法的力学模型理论进行阐述。

12.1 结构力学方法

结构力学方法是我国目前广泛采用的一种主要隧道支护结构设计方法，也称为“荷载—结构法”。

目前，通过现场测试，已获得了大量的隧道支护结构所受荷载的实例，如图 12-1 ～图 12-4 所示。

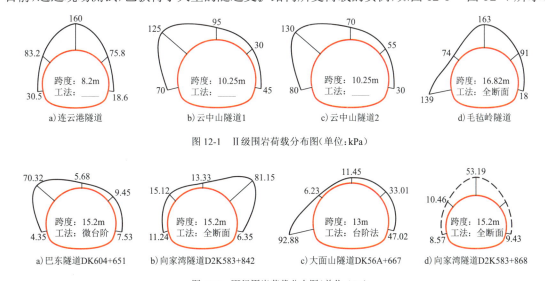

a) 连云港隧道　b) 云中山隧道1　c) 云中山隧道2　d) 毛毡岭隧道

图 12-1　Ⅱ级围岩荷载分布图（单位：kPa）

a) 巴东隧道DK604+651　b) 向家湾隧道D2K583+842　c) 大面山隧道DK56A+667　d) 向家湾隧道D2K583+868

图 12-2　Ⅲ级围岩荷载分布图（单位：kPa）

本讲执笔人：王玉锁，于丽，王明年.

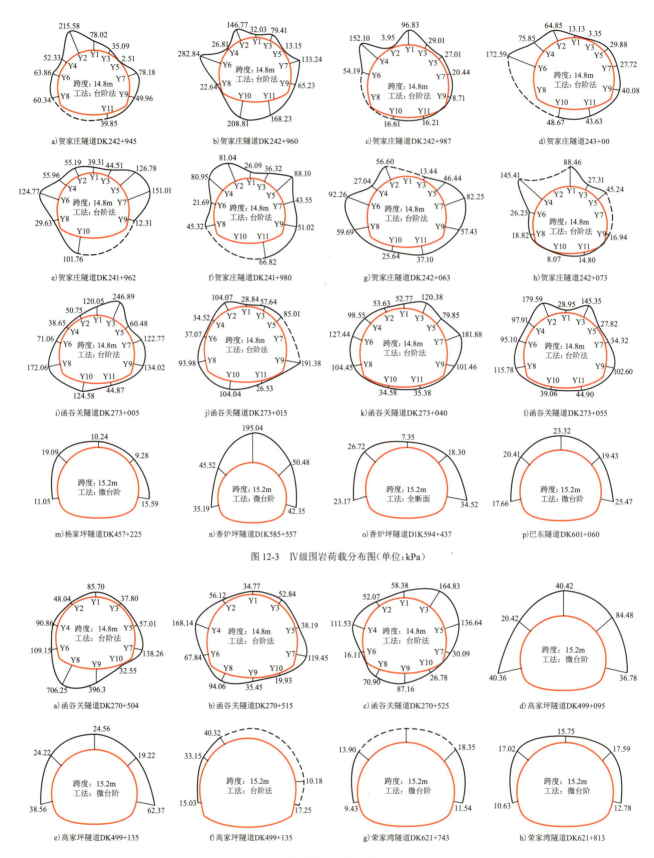

图 12-3 Ⅳ级围岩荷载分布图(单位:kPa)

图 12-4 Ⅴ级围岩荷载分布图(单位:kPa)

由图 12-1～图 12-4 可见，Ⅱ、Ⅲ级及部分Ⅳ、Ⅴ级围岩，支护结构受局部荷载作用较为明显。这与文献[6]中总结的隧道围岩塌方规律相似,如图12-5所示,局部+拱形塌方频率如表12-1所示。

由表12-1可知,Ⅰ、Ⅱ级围岩局部+拱形塌方占比达100%,Ⅲ级围岩局部+拱形塌方占比达96.2%,Ⅳ级围岩局部+拱形塌方占比达67.5%,Ⅴ级围岩局部+拱形塌方占比达41.4%;可见,Ⅰ、Ⅱ、Ⅲ级支护结构可以采用局部计算模型进行设计,Ⅳ、Ⅴ级围岩支护结构可以采用整体计算模型进行设计。

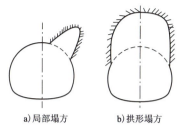

图12-5 局部+拱形塌方

局部+拱形塌方频率 表12-1

围岩级别	Ⅰ	Ⅱ	Ⅲ	Ⅳ	Ⅴ	Ⅵ
局部+拱形塌方	12	48	179	52	12	0
塌方总数	12	48	186	77	29	5
局部塌方占比(%)	100	100	96.2	67.5	41.4	0

1)局部计算模型

喷混凝土能够与围岩壁面大面积黏附,是一种有效支护手段,其作用主要来自喷混凝土与围岩壁面的黏着力所产生的抗剪阻力,如图12-6所示。

喷混凝土的轴力是拱脚下的反力和界面的抗剪阻力所支持的,在这个界面上的剪力以切向应力传递到围岩内部,有助于形成所谓的拱状的压应力带。此外,如图12-7所示,对局部的外力,如浮石、有些不稳定块体等,喷混凝土的一部分可以作为板或梁,用其抗弯和抗剪能力发挥支护的作用,此时,黏附点可以视为支持点。

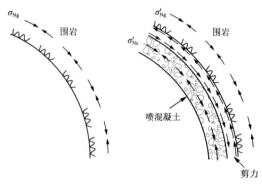

图12-6 喷混凝土的黏附力学效应

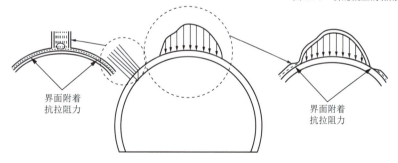

图12-7 局部荷载作用

由此可以建立局部计算模型如图12-8所示,该模型中,喷混凝土可以作为梁单元,根据围岩条件,确定荷载大小和作用范围,考虑到喷射混凝土与围岩有较强的黏着力,荷载作用范围外的两端一定长度范围内,可以采用径向、切向弹簧来模拟喷射混凝土与围岩之间的抗拉、抗剪作用,最外端可按固定支座处理,具体计算模型见图12-8。

根据以上局部计算模型,可以计算获得梁单元内力、弹簧抗力等;对于梁单元,根据内力计算出梁单元安全系数,据此可以判定梁单元安全性;将弹簧抗力与喷射混凝土和围岩之间的黏着力进行比较,判定喷射混凝土和围岩之间的黏结安全性。对于隧道喷射混凝土结构来说,局部荷载出现位置存在较大的随机性,因此,可以模拟不同位置局部荷载作用下需要的喷混凝土厚度,最终选择最大喷混凝土厚度作为设计厚度。

2）整体计算模型

对于软弱围岩，喷射混凝土和围岩之间的黏着力较小，支护结构一般受径向均布荷载作用，此时，可以按整体计算模型进行设计。该模型中，喷混凝土可以作为梁单元，根据围岩条件，确定荷载大小（参见13讲），考虑到喷射混凝土与围岩有一定的黏着力，采用径向、切向弹簧来模拟喷射混凝土与围岩之间的抗拉、抗剪作用，具体计算模型见图12-9所示。

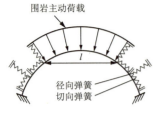

图12-8 局部计算模型

根据以上整体计算模型，可以计算获得梁单元内力、弹簧抗力等；对于梁单元，根据内力计算出梁单元安全系数，据此可以判定梁单元安全性；将弹簧抗力与喷射混凝土和围岩之间的黏着力进行比较，判定喷射混凝土和围岩之间的黏结安全性。由此可以进行喷混凝土厚度设计。

12.2 连续介质力学方法

利用解析法对连续介质力学模型进行求解，就是根据所给定的边界条件，对问题的平衡方程、几何和物理方程直接求解，得到理论结果。然而，由岩体力学的复杂性带来的数学上的困难，解析法只能对少数问题进行求解，而大多数问题是通过数值模拟的方法来解决。地下工程分析常用的基于连续介质力学基础的数值方法有限元法、有限差分法等。

基于连续介质力学的数值模拟分析包括计算范围的确定、围岩—支护结构体系的离散化、边界条件及初始地应力的设定、材料物理力学模型的选择、计算参数的设定、施工过程的模拟等内容。其中本构模型的选择、围岩和支护构件的模式化至关重要。

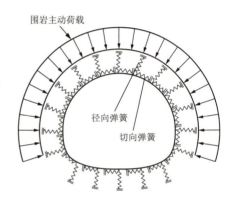

图12-9 整体计算模型

12.2.1 本构模型的选择

本构模型是对岩土材料力学性质特性的经验性描述，表达的是外载条件下岩体、土体的应力—应变关系，因此，本构模型的选择是数值模拟的一个关键性步骤。表12-2给出了隧道数值模拟中常用到的几种本构模型。

常用的本构模型　　　　　　　　　　表 12-2

结构单元或围岩类型	本 构 模 型
管棚、初期支护、二次衬砌等	各向同性弹性模型
低摩擦角软黏土围岩	德鲁克—普拉格塑性模型
松散或胶结的粒状材料类土体或岩石围岩	摩尔—库仑塑性模型
近似各向同性的岩质围岩	霍克—布朗塑性模型
黄土围岩	双线性应变强化摩尔—库仑塑性模型
薄层状岩层	遍布节理塑性模型

12.2.2 围岩和支护构件的模式化

在二维解析中,一般把围岩、初期支护和二次衬砌模式化为平面单元,但是想明确地把超前支护的支护构件(如锚杆、管棚等)模式化是比较困难的。作为简便的方法,可以用调整加固区变形、强度参数的方法进行解析。

在三维解析中,围岩和支护构件,一般按表 12-3 所示的单元模式化。

围岩和支护构件的模式化 表 12-3

模式化的构件	单元种类(三维状态)	模式化的构件	单元种类(三维状态)
围岩	实体单元	锚杆	杆单元或实体单元
喷混凝土	杆单元、壳单元或实体单元	二次衬砌	实体单元
钢支撑、管棚	梁单元或实体单元	防水板	接触面单元

围岩和支护结构模式化过程中,需要注意以下问题:

(1)现实岩体中存在节理裂隙之类的,当对其进行力学分析时,应用节理单元直接分析非常困难。一个较好的选择是根据"等效材料"的观点,先将节理岩体概化为一种具有各向异性特点的连续体,然后运用连续介质力学理论、方法对其求解。

(2)隧道的数值模拟中,一般钢支撑不单独进行考虑。钢支撑一般为钢格栅构件和工字钢构件两种,它们的作用通常采用等效刚度的方法来考虑,即按等效刚度的方法折算成喷射混凝土参数。钢格栅、工字钢分别采用 EA、EI 等效方法进行计算。

12.2.3 施工过程的模拟

1)二维开挖支护过程的模拟

地下洞室施工开挖在力学上可认为是一个应力释放和变形问题,为了模拟开挖效应,获得开挖坑道后围岩中的应力、应变状态,可以将开挖释放掉的应力作为等效荷载加在开挖后坑道的周边上,并将其转化为等效节点力。

(1)开挖效果力学模拟。根据开挖顺序,求出每一施工步下开挖自由面的节点力,将与这些节点力大小相等、方向相反的力 $\{p_i\}$ 作用于自由表面相同的节点上。在此基础上求出每一开挖步骤后,围岩中的位移 $\{\Delta\delta_n\}$、应变 $\{\Delta\varepsilon_n\}$、应力 $\{\Delta\sigma_n\}$,并叠加于以前的状态上。直到最后一个开挖步骤进行完为止。

(2)支护过程模拟。模拟计算时,每一步开挖,即把该部分的单元作为"空单元"。每一步支护施工,即把与该部分支护对应的单元(开挖后的"空单元")重新赋予支护材料的参数。

(3)洞室开挖面空间效应的考虑。隧道开挖施工是个三维问题。利用平面应变有限元或有限差分数值分析进行计算时,为了模拟开挖三维效应需考虑应力释放。应力释放通过两部分得以完成,其中一部分是掌子面到达之前,围岩已发生位移,此时释放力 p_1;第二部分是当开挖面向前推进至 x 处时,研究截面处又释放另一比例的释放力 $p_2\left(1-e^{-\frac{x}{g}}\right)$ 于是,在距开挖面之后 x 处,总的释放荷载为:

$$p_x = p_1 + p_2\left(1-e^{-\frac{x}{g}}\right) \quad (12\text{-}1)$$

式中, p_1、p_2 和 g 可根据现场实测资料取定。

2）三维开挖支护过程的模拟

在隧道的开挖方法中，有全断面方法、台阶法、中隔壁法等，数值模拟应能够反映其各自的施工顺序和掌子面掘进的三维效果。围岩及隧道的应力和位移，则因开挖步骤和支护时期等变化，因此，应把施工步骤如实地反映在解析步骤中。根据施工顺序，可通过"杀死"单元模拟开挖，然后"激活"支护单元来模拟支护结构的施加。

12.3 非连续介质力学方法

基于岩石（土）力学的隧道设计，从岩土的观点出发，要解决围岩的各向异性、非均质性、不连续性等力学上的问题，这在定量评价上是有困难的，建立在传统的连续介质力学基础上的有限元法等数值计算方法难以直接用于计算和模拟材料具体的破坏形式和破坏的整个过程，而离散元法在这一方面显示出巨大的生命力。常用的离散单元法数值软件有 PFC、UDEC、3DEC 及 DDA 等，下面主要对 PFC 颗粒流方法、连续—非连续耦合进行阐述。

12.3.1 PFC 颗粒流方法

1）基本原理

在解决连续介质力学问题时，除了边界条件外，还有三个方程必须满足：平衡方程、变形协调方程和本构方程。变形协调方程保证介质的变形连续性，本构方程即物理方程，它表征介质应力和应变的物理关系。对于颗粒流而言，由于介质一开始就假定为离散颗粒体的集合，故颗粒之间没有变形协调的约束，但必须满足平衡方程。如果某个颗粒受到与它接触的周围颗粒的合力和合力矩不等于零，则不平衡力和不平衡力矩便使该颗粒根据牛顿第二运动定律 $F=ma$ 和 $M=I\theta$ 的规律运动。运动的颗粒不是自由的，它会遇到邻接颗粒的阻力。这种位移和力的作用规律就相当于物理方程，它可以是线性的，也可以是非线性的。计算按照时步迭代并遍历整个颗粒集合，直到每个颗粒的不平衡力和不平衡力矩小于允许值为止。其计算过程见图 12-10。

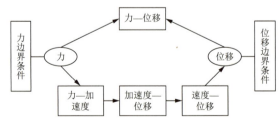

图 12-10　力—位移计算循环图

2）颗粒离散元接触本构关系

在颗粒离散元中，材料的本构特性不是事先给定的，而是通过颗粒实体接触本构模型来模拟的。每一颗粒的接触本构模型可由三大本构模块组成：刚度模型、滑动模型及连接模型等。刚度模型提供了接触力和相对位移的弹性关系，滑动模型则强调切向和法向接触力使得接触颗粒可以发生相对移动，而黏结模型是在总的切向和法向力不超过最大黏结强度范围内发生接触。各模型的主要参数见表 12-4 所示。

接触模型 表12-4

接触模型		主要参数	注意事项
接触刚度模型		法向刚度 k_n 切向刚度 k_s	
滑动模型		摩擦系数 μ	是相互接触球体的一种固有特性,它没有法向抗拉强度,允许颗粒在抗剪强度范围内发生滑动
连接模型	接触连接	法向刚度 k_n 切向刚度 k_s 法向接触连接强度 k_n' 切向接触连接强度 k_s'	连接只发生在接触点很小范围内,只能传递力
	平行连接	法向刚度 k_n 切向刚度 k_s 法向平行连接强度 k_n' 切向平行连接强度 k_s'	连接发生在接触面颗粒间圆形或方形有限范围内,可传递力和力矩

3)土体材料宏细观参数关系的标定方法

对于颗粒流模型,需要在固定颗粒尺寸和组装方式前提下,将模型参数和可以选择的颗粒材料参数通过数值模拟试验(单轴、三轴或巴西劈裂试验等)来建立它们之间的联系,这个过程通常称之为标定过程。

以三轴试验数值模型(见图12-11)为例介绍一种标定方法,标定流程见图12-12。试样模型的构建:试验的模拟大致分成三个步骤——生成试样、固结和加载。模型由六面墙体围成,上下墙体模拟试样的加载,四面侧向墙体用来模拟围压。通过控制上下墙体的移动速度,来模拟试样的加载,在整个试验过程中,所有侧向墙体的速度是由伺服机制自动控制的,以使围压处于某一定值。

图12-11 三轴试验数值模型

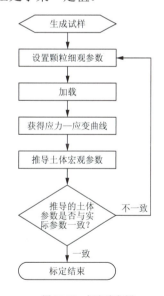

图12-12 标定流程图

基于该模型,通过对颗粒接触刚度、摩擦系数、孔隙率及连接强度等参数进行反复调整,获得各组参数条件下所获得的应力—应变曲线进行分析,可得到如下一些宏观参数。

(1)变形模量

假定在曲线的初始弹性阶段,材料符合虎克定律,应力—应变的关系可由下式表示:

$$\begin{Bmatrix} \dot{\varepsilon}_1 \\ \dot{\varepsilon}_2 \\ \dot{\varepsilon}_3 \end{Bmatrix} = \frac{1}{E} \begin{bmatrix} 1 & -v & -v \\ -v & 1 & -v \\ -v & -v & 1 \end{bmatrix} \begin{Bmatrix} \dot{\sigma}_1 \\ \dot{\sigma}_2 \\ \dot{\sigma}_3 \end{Bmatrix} \qquad (12-2)$$

式中：$\dot{\varepsilon}_i(i=1,2,3)$——应变变化率；
　　　$\dot{\sigma}_i(i=1,2,3)$——应力变化率；
　　　E——杨氏模量；
　　　ν——泊松比。

试验在固结阶段时，$\sigma_1=\sigma_2=\sigma_3=\sigma_c$。加载时轴向应力增大，而 σ_2 和 σ_3 保持不变，即 $\dot{\sigma}_2=\dot{\sigma}_3$，这样，轴向应变率可以表示为轴向应力变化率的函数，通过公式变换，变形模量可以表示为：

$$E=\frac{\dot{\sigma}_1}{\dot{\varepsilon}_1} \tag{12-3}$$

实际计算时，取相应应力变化范围的某段应力—应变关系曲线的切线或割线斜率计算，一般情况下，可取偏差应力从零变化到 1/2 或 1/3 峰值这段应力—应变关系曲线的割线斜率作为土的变形模量代表值，成为平均变形模量。

（2）内摩擦角

目前在土体抗剪强度分析中，大多仍沿用极限平衡理论的理想塑性体假设。此时，土体的破坏准则即为初始屈服准则，在土力学中常用摩尔—库仑破坏准则。通常以其应力应变曲线的峰值应力作为其破坏强度。

对于黏聚力 $c=0$ 的土体。此时，摩尔—库仑破坏准则可表达为：

$$F(\sigma_1,\sigma_3)=(\sigma_1-\sigma_3)-(\sigma_1+\sigma_3)\sin\varphi=0 \tag{12-4}$$

由此得：

$$\sin\varphi=\frac{\sigma_{1f}-\sigma_{3f}}{\sigma_{1f}+\sigma_{3f}}=\frac{K_f-1}{K_f+1} \tag{12-5}$$

式中：K_f——破坏主应力比。

（3）泊松比

泊松比可以从体积应变轴—应变曲线上获得。体积应变定义为：$\varepsilon_{vol}=\varepsilon_1+\varepsilon_2+\varepsilon_3$，同样体积应变率也可以表示为轴向应变率和侧向应变率的函数，根据加载条件，令 $\sigma_2=\sigma_3=0$，可得到：

$$\varepsilon_{vol}=\varepsilon_1+\varepsilon_2+\varepsilon_3=\frac{1}{E}(1-2\nu)\sigma_1 \tag{12-6}$$

把式（12-3）代入式（12-6），并且 σ_1 可表示为 ε_3 的函数，这样，经过公式变换，体积应变率和轴向应变率的比值可表示为：

$$\frac{\varepsilon_{vol}}{\varepsilon_1}=\varepsilon_1+\varepsilon_2+\varepsilon_3=(1-2\nu) \tag{12-7}$$

则

$$\nu=\frac{1}{2}\left(1-\frac{\varepsilon_{vol}}{\varepsilon_1}\right) \tag{12-8}$$

4）结构模拟方法

对于隧道施工中的锚杆、管棚、钢支撑、衬砌结构等，可采用平行黏结的颗粒数值模型模拟。下面以二次衬砌结构为例，简要说明应用平行黏结的颗粒模型模拟结构。

（1）二次衬砌结构模型建立

通过建立颗粒数值结构模型，并在其端部施加各种荷载，模拟结构的变形、最大剪应力和最大正应力，然后将数值模拟的结果和梁的解析解进行比较分析，论证颗粒流数值模型模拟真实的物理结构模型的可行性。

二次衬砌结构现实中是一个拱形结构,取一小段进行研究,可以简化为如图 12-13 所示的颗粒流数值模型。

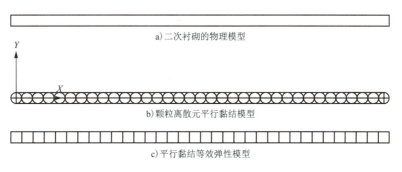

图 12-13　二次衬砌模型和颗粒流数值模型示意图

（2）二次衬砌结构的解析解

二次衬砌端部受到水平力 F 和弯矩 M 时,将产生横向变形 Δ_y,在轴力 P 作用下将产生轴向压缩变形 Δ_x。其解析解为

$$\begin{cases} \Delta_y = \dfrac{F_{x^2}}{2EL}\left(L - \dfrac{X}{3}\right) + \dfrac{M_x^2}{2EI} \\ \Delta_x = \dfrac{P_x}{EA} \end{cases} \tag{12-9}$$

弯矩和横向力作用产生的最大正应力和剪应力可以表达为：

$$\begin{cases} \sigma_{\max} = \dfrac{FLR}{I}\left(1 - \dfrac{\dot{x}}{L}\right) + \dfrac{MR}{I} \\ \tau_{\max} = \dfrac{F}{A} \end{cases} \tag{12-10}$$

根据二次衬砌的实际物理参数,研究两种受力工况：两端受轴向力 P 作用；二次衬砌端部受横向力 F 和弯矩 M 作用。这两种情况下会得到两种情况的解析解。

（3）二次衬砌的数值解

用平行黏结的颗粒组装数值模拟二次衬砌,设定二次衬砌的颗粒流细观参数,利用颗粒流数值方法,对上述二次衬砌结构在工况一和工况二情况下的受力情况进行分析。

（4）比较分析

将解析法和数值法得到的结果进行比较分析,如果误差很小,则颗粒流细观参数标定合理,否则需要再进行重新标定。

12.3.2　连续—离散耦合方法

将连续—非连续耦合数值模拟方法相互结合,潜在破坏区域采用非连续方法模拟,对于基础、基岩等变形量小,不会出现大变形破坏的区域则采用连续数值模拟方法分析,则既能满足计算效率的要求,又不受变形量限制,可以推动数值仿真向更深层次发展。

1）连续—非连续耦合原理

在 FLAC/PFC 相互耦合分析中,FLAC 用来从宏观上模拟连续域内介质的力学行为,而用 PFC 来从细观上模拟离散域内介质的力学行为,两者间的相互耦合发生在连续域与离散域接触边界,不同域间的计算数据是借助于 Socket O/I 接口进行相互传输与交换（图 12-14）。

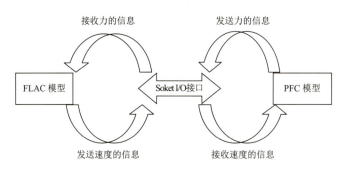

图 12-14 FLAC/PFC 耦合计算原理

当前实现连续—非连续数值模拟主要有两种方式：基于边界控制颗粒和基于边界控制墙体两种离散—连续耦合方法，前者主要解决小变形问题；基于边界控制墙体的离散连续耦合方法则可以解决大变形问题，如地震滑动等。而 FLAC—PFC 耦合是采用的第二种方法。

2）连续—非连续耦合实例

（1）以郑万高铁大断面隧道为例，计算工况见表 12-5。

计算工况　　表 12-5

埋深(m)	开挖方法	断面高度(m)	断面跨度(m)
50	全断面法	13	15

连续元计算采用摩尔—库仑破坏准则，宏观参数见表 12-6。

宏观参数　　表 12-6

密度(kg/m³)	弹性模量(GPa)	泊松比	黏聚力(MPa)	内摩擦角(°)
2630	1.78	0.39	0.61	47

离散元计算采用平行黏结模型，参数标定方法同上，取细观参数见表 12-7。

细观参数　　表 12-7

颗粒密度(kg/m³)	颗粒半径(m)	颗粒弹性模量(GPa)	颗粒法向切向刚度比	黏结法向强度(MPa)	黏结切向强度(MPa)	黏结弹性模量(GPa)	黏结法向切向刚度比
2630	0.015~0.025	0.65	1	0.36	0.66	0.65	1

（2）模型建立

连续元模型宽 100m，高 100m，纵向长度为 1m，选取拱顶上方 1m 处位置，建立宽 0.2m，高 2m 的离散元模型，颗粒数量：7516。模型见图 12-15。

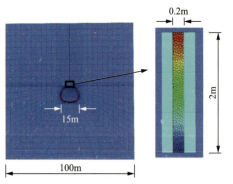

图 12-15 数值计算模型图

（3）采用全断面开挖，分别就毛洞状况下、施加初期支护的状况下，从宏观塑性区、细观平行黏结个数进行比较分析，分别见图 12-16、图 12-17。

（4）通过图 12-16，从宏观上看，毛洞状况下的塑性区明显比初期支护的塑性区大；由（图 12-17），从细观上看，通过平行黏结个数可以得出，毛洞状况下周边围岩产生的裂纹较施作初期支护情况下的多。所以隧道开挖之后，及时施作初期支护有利于隧道的稳定。

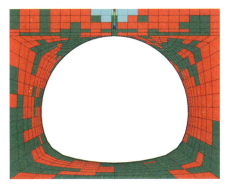
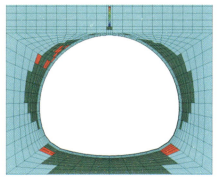

a）毛洞状况下塑性区　　　　　　　　b）初期支护下塑性区

图 12-16　宏观塑性区比较分析

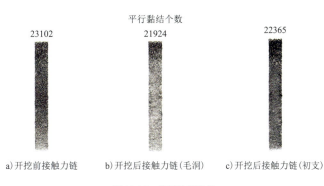

a）开挖前接触力链　　b）开挖后接触力链（毛洞）　　c）开挖后接触力链（初支）

图 12-17　细观比较分析

12.4　隧道安全性评定

一般常用的解析结果包含位移、塑性区大小、初期支护及二次衬砌的应力，根据这些指标判别围岩的稳定性、初期支护及二次衬砌的安全性。

12.4.1　围岩稳定性判别

1）塑性区判别准则

在三轴试验中，软岩、中硬岩的破坏接近度 R（材料或结构在荷载作用下以最不利方式接近或达到屈服破坏的程度）在 1.0～3.0 之间时，具有直线的应力—应变关系。$R \leqslant 0.3$ 后则变为非线性的应力—应变关系。在硬岩的场合，即 $R \leqslant 0.2$ 的范围时就显示非线性的关系。因此，周边围岩的破坏接近度如在 0.2 以上的范围内，围岩可以大体上保持弹性状态，这也可以作为一个评价基准。

此外，从塑性区来看，壁面应力达到围岩的单轴抗压强度时开始塑性化，塑性区达到隧道直径的 20% 后急剧增大。因此，塑性区不超过隧道直径的 20% 这一基准，可以作为评价围岩稳定性的一个大致标准。

2）洞周收敛位移指标判别准则

洞周位移指标法是根据比较洞周的极限位移及实际位移来评判围岩的稳定性，若实际位移小于极限位移，则隧道处于稳定状态，反之，则不稳定。

12.4.2 初期支护及二次衬砌安全性判别

根据《铁路隧道设计规范》规定,初期支护和二次衬砌分别按照素混凝土、钢筋混凝土偏心受压构件按破坏阶段进行强度验算。具体计算方法应根据材料的极限强度,计算出偏心件的极限承载力 N_U,与实际进行比较,得出截面的抗压(或抗拉)强度安全系数。检算过程前提是获得构件的弯矩和轴力,但是有时候数值模拟获得的结果是单元的应力,这就需要一定转换得到弯矩、轴力。

读取衬砌同一截面上两个单元质心应力及坐标 $G_1(x_1, y_1)$、$G_2(x_2, y_2)$,则可得到两个单元质心的衬砌截面与竖直面之间的夹角:

$$\alpha = \arctan\left[(x_2 - x_1)/(y_2 - y_1)\right] \tag{12-11}$$

在所讨论截面上各个质心对应的法向应力 σ_n 可按下式计算:

$$\sigma_n = \sigma_x \cos^2\theta + \sigma_y \sin^2\theta + \sigma_{xy} \sin 2\theta \tag{12-12}$$

式中:σ_x、σ_y、σ_{xy}——所讨论质心点的应力分量;
θ——所讨论截面的外法线与 σ_x 之间的夹角,以逆时针方向为正,且 $\theta = -\alpha$。

假设两个质心点上的法向应力按上式算出且分别为 σ_{n_1} 和 σ_{n_2},假定两单元之间法向应力按线性分布,则由图 12-18 可知,截面的外边缘法向应力可按下式计算:

$$\sigma_1 = 0.5(\sigma_{n_1} + \sigma_{n_2}) + 0.5(\sigma_{n_1} - \sigma_{n_2})/\xi \tag{12-13}$$

$$\sigma_2 = 0.5(\sigma_{n_1} + \sigma_{n_2}) - 0.5(\sigma_{n_1} - \sigma_{n_2})/\xi \tag{12-14}$$

式中:ξ——局部坐标系的坐标。

在已求得截面边缘应力值 σ_1 和 σ_2 的情况下,根据材料力学压弯组合计算公式,可推出所讨论截面上的弯矩和轴力的计算表达式为:

$$M = \frac{bh^2(\sigma_1 - \sigma_2)}{12} \tag{12-15}$$

$$N = \frac{bh(\sigma_1 + \sigma_2)}{2} \tag{12-16}$$

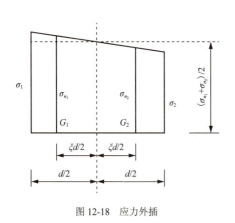

图 12-18 应力外插

式中:b、h——所讨论截面的宽度和厚度(通常情况下 b 取 1m)。

12.5 结语

隧道围岩是一种天然材料,其内分布有大量的节理裂隙,非连续力学方法能够较好的模拟围岩特性,因此,非连续力学方法应该是未来隧道解析设计法的重点发展方向。

本讲参考文献

[1] 日本土木学会. 性能規定に基づくトンネルの設計とマネジメント [D]. 东京:丸善株式会社,2009.
[2] 日本国土交通省铁道局监修. 鉄道構造物等維持管理標準・同解説(隧道篇)[S]. 东京:丸善株式会社,2014.
[3] 日本土木学会. 隧道標準技術規範・同解説(矿山法篇)[S]. 东京:丸善株式会社,2016.

[4] 国家铁路局. 铁路隧道设计规范: TB 10003—2016[S]. 北京: 中国铁道出版社, 2017.
[5] 关宝树. 矿山法隧道关键技术 [M]. 北京: 人民交通出版社股份有限公司, 2016.
[6] 关宝树. 隧道工程设计要点集 [M]. 北京: 人民交通出版社股份, 2003.
[7] 关宝树. 漫谈矿山法隧道技术讲座 [J]. 隧道建设(抽印本), 2018.
[8] 朱永全, 宋玉香. 隧道工程 [M]. 3版. 北京: 中国铁道出版社, 2015.
[9] 寇日明. 岩石力学的计算与分析方法 [J]. 水文地质工程地质, 1991, 18(5).
[10] 刘凯欣, 高凌天. 离散元法研究的评述 [J]. 力学进展, 2003, 33(4): 483-490.
[11] 石根华. 数值流形方法与非连续变形分析 [M]. 裴觉民, 译. 北京: 清华大学出版社, 1997.
[12] 李志业, 曾艳华. 地下结构设计原理与方法 [M]. 成都: 西南交通大学出版社, 2003.
[13] 关宝树. 隧道力学概论 [M]. 成都: 西南交通大学出版社, 1993.
[14] 王明年, 魏龙海, 路军富, 等. 成都地铁卵石层中盾构施工开挖面稳定性研究 [J]. 岩土力学, 2011, 32(1).
[15] 魏龙海. 基于颗粒离散元法的卵石层中成都地铁施工力学研究 [D]. 西南交通大学, 2009.
[16] Itasca Consulting Group. Inc. PFC3D (particle flow code in three dimensions) version 4.0 manual [M]. Minneapolis: Itasca Consulting Group Inc., 2008.

第13讲 荷载—结构法

荷载—结构法是一种解析设计方法,该方法以支护结构作为承载主体,围岩作为荷载,同时考虑其对隧道支护结构变形的约束作用,具有概念清晰、荷载明确、计算简便等优点,在我国隧道解析设计中得到广泛使用。本讲主要介绍采用荷载—结构法进行隧道解析设计过程中的一些重难点。

13.1 荷载—结构法计算流程

采用荷载—结构法进行衬砌结构内力计算时,可采用解析法和数值法(有限元法、有限差分法等)获取结构内力。目前使用较多的方法为有限元法,其基本原理为:将结构与围岩共同组成的结构体系离散为由节点和单元组成的组合体,然后将围岩荷载转化为等效节点荷载施加在节点上,引入支承边界条件后根据有限元理论计算节点位移及单元内力,其计算过程如图 13-1 所示。

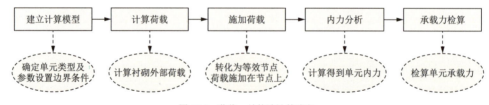

图 13-1　荷载—结构法计算流程

通用有限元程序或自编程序均可实现荷载—结构法的有限元分析,通用程序主要有 ANSYS、MIDAS 及 ABAQUS 等,国内开发程序主要有同济曙光、TRAS 等。

13.2 荷载—结构模型

在采用荷载—法进行有限元分析前,应建立有限元模型。有限元模型的建立过程,是一个将实际模型简化为计算模型的过程,即将隧道结构看成有限个单元的组合体,单元之间通过节点连接,作用在结构上的外荷载和结构内力只能通过节点传递,以节点位移来代表整个结构的变形状态。对于隧道结构而言,结构的简化包括支护结构的简化和围岩的简化。

本讲执笔人:胡炜,喻渝.

13.2.1 支护结构的简化

山岭隧道一般采用复合式衬砌,复合式衬砌由初期支护和二次衬砌组成,本讲主要针对二衬采用荷载—结构模型进行分析。对于二次衬砌通常将其离散化为二维弹性梁单元,承担弯矩、轴力及剪力,梁单元之间通过节点连接,如图 13-2 所示。图中将二次衬砌离散为若干个二维梁单元,梁单元如图 13-3 所示。二维弹性梁单元需确定的参数包括[1]:

(1)几何参数,包括截面高度 h,截面面积 A,截面惯性矩 I_{zz};
(2)材料参数,包括弹性模量 E,泊松比 μ,密度 ρ。

梁单元的纵向边长为衬砌纵向计算宽度,通常为单位长度,平面内高度为衬砌厚度。梁单元弹性模量等材料参数根据二衬的材料确定。

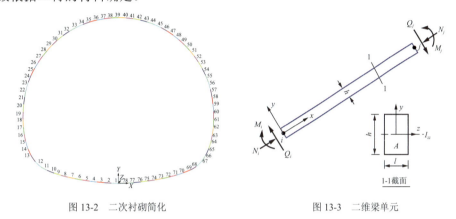

图 13-2　二次衬砌简化　　　　　　图 13-3　二维梁单元

13.2.2 围岩的简化

在隧道二次衬砌的周边与围岩相互作用的区域内,将连续围岩离散为彼此独立的岩柱,一般可通过弹簧单元或杆单元模拟。对于复合式衬砌而言,由于初期支护与二衬之间设有防水层,它们之间只传递法向压力,不传递法向拉力和切向摩擦力,故围岩对二衬的约束作用可通过法向杆单元或弹簧单元来模拟,如图 13-4、图 13-5 所示。图中编号 1 的单元为二维梁单元,编号 2 的单元为杆单元。采用弹簧单元时,应判定弹簧的受力状态,删除受拉弹簧;采用杆单元时,需设定杆单元只承受压力而不承受拉力。以杆单元为例,其需确定的参数包括几何参数和材料参数,几何参数需确定截面面积 A,材料参数需确定弹性模量 E[1]。

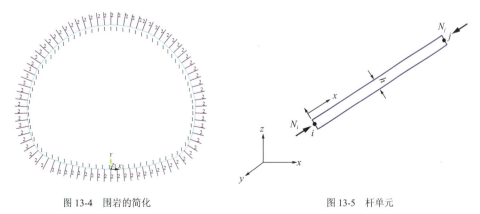

图 13-4　围岩的简化　　　　　　图 13-5　杆单元

杆单元的纵向边长为衬砌纵向计算宽度,通常为单位长度,平面内截面高度 h 为两个相邻衬砌梁单元长度和的一半,杆单元的深度与传递轴力无关,故无需考虑,一般设置为单位长度。杆单元以铰接的方式作用在衬砌梁单元的节点上,故只承受轴力,不承受弯矩。链杆服从局部变形假定(温克尔假定),即节点处的链杆对二次衬砌的弹性反力 σ 与链杆的压缩量 δ 成正比,如式(13-1)所示,链杆的弹性模量 E 根据式(13-2)计算[2]。

$$\sigma = E\delta \quad (13\text{-}1)$$

$$E = Khb \quad (13\text{-}2)$$

式中:h——杆单元高度,取二次衬砌相邻两单元长度和的一半(m);
b——隧道衬砌纵向计算宽度,取单位长度(m);
K——围岩的弹性抗力系数(MPa/m)。

围岩弹性抗力系数 K 可根据实测值确定,若无实测值,可参考规范按照围岩分级确定。当衬砌与围岩脱空时,$K = 0$。模拟围岩的弹簧或链杆都必须正好设置在相互作用的区域内,链杆的一端与结构上的节点铰接,另一端为固定支座。如图 13-6 所示。

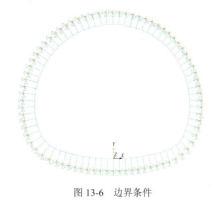

图 13-6　边界条件

13.3　荷载计算方法

建立计算模型后,下一步需计算二次衬砌承担的外部荷载。前面介绍了如何建立荷载—结构模型,本节主要讲解如何考虑二次衬砌承担的外部荷载,并重点介绍围岩压力的计算方法。

13.3.1　荷载类型及组合

隧道支护结构的荷载可分为永久荷载、可变荷载和偶然荷载,具体如表 13-1 所示。

荷载分类[3, 4]　　　　　　　　　　　表 13-1

序号	荷载分类	荷载名称	序号	荷载分类	荷载名称
1	永久荷载	结构自重	13	可变荷载	温度变化的作用
2		结构附加恒载	14		冻胀力
3		围岩压力	15		雪荷载
4		土压力	16		风荷载
5		混凝土收缩和徐变作用	17		施工灌浆压力
6		水压力及浮力	18		气动力
7		基础变位影响力	19		与各类结构施工有关的临时荷载
8		地面永久建筑物影响力	20		岩土侵蚀作用
9	可变荷载	通过隧道的列车荷载及制动力	21	偶然荷载	落石冲击力
10		地面车辆荷载及其产生的冲击力、土压力	22		地震作用
11		与隧道立交的铁路列车荷载及其产生的冲击力、土压力	23		人防荷载
12		与隧道立交的渡槽流水压力	24		沉船、抛锚、疏浚撞击力

当隧道结构上可能同时出现永久荷载、可变荷载和偶然荷载时,应分别按承载能力和正常使用进行荷载组合,并按最不利组合进行荷载计算和结构设计。隧道设计方法包括安全系数法和极限状态法,采用不同方法的荷载组合方式不同。采用安全系数法时,无需考虑荷载分项系数,而采用极限状态法时,应

根据不同极限状态采用不同的分项系数进行荷载组合：当按承载能力极限状态进行设计时,应按基本组合或偶然组合计算荷载组合的效应设计值,当按正常使用极限状态进行设计时,应采用标准组合、频遇组合或准永久组合计算效应设计值。具体组合方法可参考《铁路隧道极限状态法设计暂行规范》第 4 章的相关规定[4]。一般情况下,衬砌结构只承受自身重力和围岩压力,其基本组合和标准组合如式（13-3）与式（13-4）所示。

基本组合：

$$S_d = \sum_{j=1}^{m} \gamma_{G_j} S_{G_{jk}} = 1.2 q_{自重} + 1.4 e_{土压力} \tag{13-3}$$

标准组合：

$$S_d = \sum_{j=1}^{m} S_{G_{jk}} = q_{自重} + e_{土压力} \tag{13-4}$$

基本组合中的衬砌自重分项系数和围岩压力分项系数取值,是由衬砌结构目标可靠指标推算而来,详见《铁路隧道概率极限状态设计方法及应用》（喻渝,赵东平等）[5]。

13.3.2 围岩压力

围岩压力指引起开挖空间周围岩体和支护结构变形或破坏的作用力。根据围岩压力的产生机理可将其分为松散压力、形变压力、膨胀压力等。一般围岩条件下,支护结构主要承受松散压力和形变压力,而采用荷载—结构法对衬砌结构进行分析时,衬砌所承担的围岩压力按松散压力计算。

1）围岩压力分类

（1）松散压力

松散压力是指由于开挖而松动或坍塌的岩体以重力形式直接作用在支护结构上的压力。隧道周边围岩通常包含节理等不连续面,在隧道开挖的影响下,围岩某部分岩块会由于不连续面的存在而产生松弛,并以重力的形式掉落,设置支承这种岩块的支护结构时,松弛岩块作用在支护结构上的压力就是松散压力。松散压力在裂隙围岩中主要受到不连续面方向的控制,此外,开挖方法和支护结构的施作时机也有一定影响。

松散压力计算方法可分为理论公式和经验公式,其代表性的计算公式列于表 13-2[6]。

松散压力计算公式适用性分析　　表 13-2

公　　式	适　用　性
卡柯（Caquot）公式、芬纳（Fenner）公式、卡斯特纳（Castner）公式	需假定围岩塑性区半径,主观性大,工程应用中存在较大的局限性
基于 Q 系统和 RMR 系统的计算公式	计算参数过多,不便于工程及人员掌握
岩柱公式	适用于超浅埋隧道
谢家烋公式	适用于浅埋隧道
《铁路隧道设计规范》经验公式	适用于深埋隧道
普氏公式	适用于深埋隧道
太沙基公式	适用于深埋隧道

（2）形变压力

形变压力是指围岩变形受到支护约束而产生的力,也是围岩和支护间相互作用产生的力。与初始地应力相比,围岩强度小的场合,围岩的动态是受围岩强度比支配的。即隧道周边围岩发生屈服,并形成塑性区,如变形过大,就需设置支护结构,通过支护结构给围岩一个约束其变形的力,同时支护结构也将受到围岩压力的作用,该力称为**形变压力**。作用在喷混凝土或钢支撑上的压力,基本上属于形变

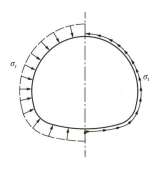

图13-7 形变压力分布图

压力,采用FEM解析方法求解的支护结构上的接触应力,也是形变压力。形变压力的受力特征与松散压力有很大的不同。研究表明,形变压力有切向应力σ_t和法向应力σ_r组成(如图13-7所示),且$\sigma_r > \sigma_t$,这说明喷射混凝土与围岩有较高的黏结力,不仅能承受径向应力,也能承受切向应力,切向应力的存在可以减小荷载分布的不均匀程度以及大幅度减小支护结构中的弯矩值,从而极大的改善围岩的受力状态及支护结构的内力状态。形变压力与地质条件、隧道跨度、埋深、喷层厚度及支护结构施作时间有关,一般可根据统计公式及围岩—结构法计算[7]。

2)深埋隧道围岩压力

隧道根据埋深可分为深埋隧道和浅埋隧道。深浅埋隧道以界限埋深区分。当隧道埋深大于界限埋深时,隧道为深埋隧道,而小于界限埋深时,隧道为浅埋隧道。关于界限埋深的取值,我国《铁路隧道设计规范》及《公路隧道设计规范》均建议按荷载等效高度h_a的2～2.5倍确定,等效高度可按式(13-6)计算[3,8]。

深埋隧道的围岩压力通常按松散压力计算,计算方法主要有普氏理论公式和经验统计公式。普罗托奇雅阔诺夫针对松散破碎地层,于1907年提出松散压力的计算公式。该理论认为,隧道在开挖后,处于隧道顶部的岩体将失去稳定,产生坍塌,形成自然拱,隧道两侧的岩体因应力集中而逐渐产生破坏,因此隧道顶部的坍塌将进一步扩大而形成破坏拱(塌落拱)。隧道及时支护后,在侧面岩石将产生与垂直轴呈45°-φ/2夹角的破裂面,顶部岩体的破坏范围则介于自然拱与破坏拱之间,作用在支护结构上的围岩压力就是破坏拱以内岩石的重力。普氏理论计算公式概念清晰,计算方便,故在20世纪60年代在我国被广泛采用,但该公式只适用于具有一定埋深(通常隧道埋深需大于跨度的2～3倍)的松散岩质或土质隧道。

我国铁路隧道通常采用经验公式(13-5)、式(13-6)计算深埋隧道的围岩压力(见图13-8)。该公式是对大量隧道的塌方高度进行回归分析所得,适用于采用钻爆法施工,不产生明显偏压及膨胀压的一般围岩深埋隧道。

$$Q_{svk} = \gamma h \quad (13-5)$$
$$h = 0.45 \times 2^{S-i} \omega \quad (13-6)$$

式中:Q_{svk}——深埋隧道垂直匀布围岩压力标准值(kPa);

γ——围岩重度(kN/m³);

S——围岩级别;

ω——宽度影响系数,$\omega = 1 + i(B-5)$;

B——坑道宽度(m);

i——B每增减1m时的围岩压力增减率:当$B < 5$m时,取$i = 0.2$;$B > 5$m时,可取$i = 0.1$。

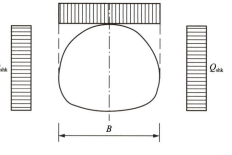

图13-8 深埋隧道荷载图示

围岩水平压力为侧压力系数与垂直压力的乘积。侧压力系数与隧道的埋深及围岩级别相关,一般根据经验确定,如表13-3所示。

围岩水平均布压力   表13-3

围岩级别	Ⅰ～Ⅱ	Ⅲ	Ⅳ	Ⅴ	Ⅵ
水平均布压力	0	<0.15Q	(0.15～0.30)Q	(0.30～0.50)Q	(0.50～1.00)Q

3)浅埋隧道围岩压力

我国浅埋隧道的围岩压力计算方法普遍采用谢家烋公式。谢家烋认为隧洞开挖后,岩体中会形成一个与水平面成β角的斜直破裂面,如图13-9中的AC、BD面。当隧洞顶部正上方的岩体$FEGH$向下移动时,受到了两侧三棱岩体ACE和BDF的挟持作用,产生的夹持力反过来又带动两侧三棱岩体向下滑动。而整个岩体$ABDHGC$在下滑过程中,又受到周围未扰动岩体的夹持和摩擦作用。根据力的平衡条件,如图 13-10 所示,作用在隧道支护结构上的围岩松动压力可按公式(13-7)~式(13-10)进行计算。

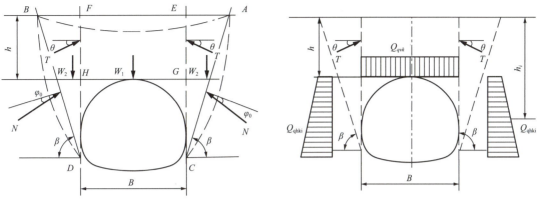

图 13-9　浅埋隧道围岩压力计算　　　　图 13-10　浅埋隧道荷载图示

竖直压力:

$$Q_{qvk} = \gamma h \left(1 - \frac{\lambda h \tan\theta}{B}\right) \tag{13-7}$$

水平压力:

$$Q_{qhk_i} = \gamma h_i \lambda \tag{13-8}$$

其中:

$$\lambda = \frac{\tan\beta - \tan\varphi_c}{\tan\beta\left[1 + \tan\beta(\tan\varphi_c - \tan\theta) + \tan\varphi_c \tan\theta\right]} \tag{13-9}$$

$$\tan\beta = \tan\varphi_c + \sqrt{\frac{(1 + \tan^2\varphi_c)\tan\varphi_c}{\tan\varphi_c - \tan\theta}} \tag{13-10}$$

式中:Q_{qvk}——浅埋隧道垂直围岩压力标准值(kPa);
　　　B——坑道跨度(m);
　　　γ——围岩重度(kN/m³);
　　　h——洞顶至地面高度(m);
　　　θ——顶板土柱两侧摩擦角(°),为经验数值;
　　　λ——侧压力系数;
　　　φ_c——围岩计算摩擦角(°);
　　　β——产生最大推力时的破裂角(°);
　　　h_i——内外侧任意点至地面的距离(m)。

以上公式适用于隧道埋深 $h_a < h < 2.5h_a$ 的浅埋隧道。当 $h < h_a$ 时,采用岩柱公式计算,即,使公式(13-7)~式(13-10)中的 $\theta = 0$。

4)偏压隧道围岩压力

偏压隧道分为地形偏压隧道和地质偏压隧道,如图 13-11 及图 13-12 所示。地形偏压是指由于地形倾斜而引起的偏压,隧道的围岩压力和衬砌承受的荷载可根据沿用多年且经过工程验证的计算方法,目前已积累了一定的设计、施工经验。但对于由软硬岩层、倾斜顺层岩体等引起的地质偏压,隧道围岩压力和衬砌荷载的计算尚无成熟的理论和方法,需根据现场实测等进行计算,并采用适用于偏压特征的支护结构形式。

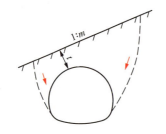

图 13-11 地形偏压

图 13-12 地质偏压

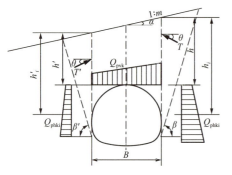

图 13-13 偏压隧道衬砌作用计算图式

地形偏压隧道一般处于洞口浅埋段。地形偏压隧道的荷载作用与地面横坡、围岩级别及外侧围岩的覆盖厚度有关。由于浅埋偏压隧道多属破碎、松散类围岩，故一般情况下，只在Ⅲ～Ⅴ级围岩中，当外侧覆盖厚 t 小于一定值时，才考虑地形偏压。

偏压隧道的荷载分布模式如图 13-13 所示，围岩荷载计算公式与浅埋隧道荷载计算公式推导方法相同，可根据式（13-11）～式（13-13）进行计算。

竖向荷载：

$$Q_{pvk} = \frac{\gamma}{2}\left[(h+h')B - (\lambda h^2 + \lambda' h'^2)\tan\theta\right] \quad (13-11)$$

水平荷载内侧：

$$Q_{phk_i} = \gamma h_i \lambda \quad (13-12)$$

水平荷载外侧：

$$Q_{phk_i} = \gamma h'_i \lambda' \quad (13-13)$$

式中：Q_{pvk}——偏压隧道垂直围岩荷载标准值（kPa）；
h、h'——分别为内、外侧由拱顶水平线至地面的高度（m）；
B——坑道跨度（m）；
γ——围岩重度标准值（kN/m³）；
θ——顶板土柱两侧摩擦角（°）；
λ、λ'——内、外侧的侧压力系数。

13.3.3 围岩压力建议值

在采用复合式衬砌的隧道中，初期支护承受施工期间的全部围岩压力，二次衬砌与初期支护共同承受后期增加的荷载。因此，二次衬砌仅承受部分后期荷载。在隧道设计中，作用于二次衬砌上的荷载一般按照表 13-4 取值。该表中的围岩压力建议值并不是二次衬砌实际承担的压力，而是二次衬砌能够承担的围岩压力。

二次衬砌围岩压力建议值　　表 13-4

围岩级别	二次衬砌围岩压力建议值	围岩级别	二次衬砌围岩压力建议值
Ⅲ	0.3Q	Ⅴ	0.7Q
Ⅳ	0.5Q		

13.4 荷载施加方法

在进行有限元分析时,单元和单元之间通过节点相连,作用在结构上的外荷载和内力只能通过节点传递,所以,作用在隧道结构上的任何荷载都必须转换为节点荷载,即计算等效节点荷载。用等效节点荷载来代替非节点荷载,其处理原则为,在等效节点荷载作用下,结构的节点位移与实际非节点荷载作用下结构的节点位移应相等。

地下结构所受的荷载可能有多种,但对于某一个单元而言,其荷载都可以分为以下6类基本荷载中的一种或几种,如图13-14所示。因此,只要求出这6类基本荷载的等效节点荷载,按照一定的组合叠加,即可获得所求节点力列阵。

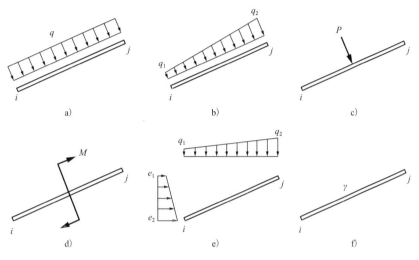

图 13-14 地下结构荷载分类

现以均布荷载转化为等效节点荷载为例,讲述等效荷载的计算步骤和方法,其余5种基本荷载转化步骤同之,不作赘述。

单元 ij 受如图 13-15 所示的均布荷载 q,单元长度为 l,α 为单元坐标系和整体坐标系的夹角(图示逆时针转角为正)。

根据结构力学可知,在局部坐标系中的单元等效节点荷载:

$$\{F'_E\} = \{F'_{xi} \quad F'_{yi} \quad M'_i \,\vdots\, F'_{xj} \quad F'_{yj} \quad M'_j\}^T$$
$$= \{0 \quad -ql/2 \quad -ql^2/12 \,\vdots\, 0 \quad -ql/2 \quad ql^2/12\}^T$$

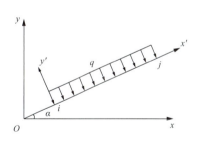

图 13-15 均布荷载转化为等效节点荷载

则在整体坐标系中的等效节点荷载为:

$$\{F_E\} = [T]^T \{F'_E\}$$

对于单元 ij,有:

$$[T]^T = \begin{Bmatrix} \cos\alpha & \sin\alpha & 0 & & & \\ -\sin\alpha & \cos\alpha & 0 & & 0 & \\ 0 & 0 & 1 & & & \\ & & & \cos\alpha & \sin\alpha & 0 \\ & 0 & & -\sin\alpha & \cos\alpha & 0 \\ & & & 0 & 0 & 1 \end{Bmatrix}$$

则在整体结构坐标系中，单元等效节点荷载阵列为：

$$\{F_E\} = \begin{Bmatrix} F_{xi} \\ F_{yi} \\ M_i \\ F_{xj} \\ F_{yi} \\ M \end{Bmatrix} = \begin{Bmatrix} \cos\alpha & \sin\alpha & 0 & & & \\ -\sin\alpha & \cos\alpha & 0 & & 0 & \\ 0 & 0 & 1 & & & \\ & & & \cos\alpha & \sin\alpha & 0 \\ & 0 & & -\sin\alpha & \cos\alpha & 0 \\ & & & 0 & 0 & 1 \end{Bmatrix}^T \begin{Bmatrix} 0 \\ -ql/2 \\ -ql^2/12 \\ 0 \\ -ql/2 \\ ql^2/12 \end{Bmatrix} = \begin{Bmatrix} \frac{q}{2}|y_i - y_j| \\ \frac{q}{2}|x_i - x_j| \\ -ql^2/12 \\ \frac{q}{2}|y_i - y_j| \\ \frac{q}{2}|x_i - x_j| \\ ql^2/12 \end{Bmatrix}$$

i 节点与 j 节点的弯矩正负抵消，故只需施加 x 方向和 y 方向的荷载。采用同样的方法，可得其余基本荷载的等效节点力如表 13-5 所示。

基本荷载的等效节点力[2]　　　　　　　　　　　表 13-5

荷载分类	荷　载　图　示	等效节点力
均布荷载		$\{F_E\} = \begin{Bmatrix} F_{xi} \\ F_{yi} \\ F_{xj} \\ F_{yj} \end{Bmatrix} = \begin{Bmatrix} \frac{q}{2}|y_i - y_j| \\ \frac{q}{2}|x_i - x_j| \\ \frac{q}{2}|y_i - y_j| \\ \frac{q}{2}|x_i - x_j| \end{Bmatrix}$
梯形荷载		$\{F_E\} = \begin{Bmatrix} F_{xi} \\ F_{yi} \\ F_{xj} \\ F_{yj} \end{Bmatrix} = \begin{Bmatrix} \left(\frac{7}{20}q_1 + \frac{3}{20}q_2\right)|y_i - y_j| \\ -\left(\frac{7}{20}q_1 + \frac{3}{20}q_2\right)|x_i - x_j| \\ \left(\frac{3}{20}q_1 + \frac{7}{20}q_2\right)|y_i - y_j| \\ -\left(\frac{3}{20}q_1 + \frac{7}{20}q_2\right)|x_i - x_j| \end{Bmatrix}$
集中力		$\{F_E\} = \begin{Bmatrix} F_{xi} \\ F_{yi} \\ F_{xj} \\ F_{yj} \end{Bmatrix} = \begin{Bmatrix} P\left(1 + \frac{2x}{l}\right)\left(1 - \frac{x}{l}\right)^2 \sin\alpha \\ -P\left(1 + \frac{2x}{l}\right)\left(1 - \frac{x}{l}\right)^2 \cos\alpha \\ -P\left(\frac{2x}{l} - 3\right)\frac{x^2}{l^2}\sin\alpha \\ P\left(\frac{2x}{l} - 3\right)\frac{x^2}{l^2}\cos\alpha \end{Bmatrix}$
弯矩		$\{F_E\} = \begin{Bmatrix} F_{xi} \\ F_{yi} \\ M_i \\ F_{xj} \\ F_{yj} \\ M \end{Bmatrix} = \begin{Bmatrix} -6Mx(l-x)/l^3 \sin\alpha \\ 6Mx(l-x)/l^3 \cos\alpha \\ [M(l-x)/l^2](3x - l) \\ 6Mx(l-x)/l^3 \sin\alpha \\ -6Mx(l-x)/l^3 \cos\alpha \\ (Mx/l^2)(2l - 3x) \end{Bmatrix}$

续上表

荷载分类	荷载图示	等效节点力
双向梯形荷载		$\{F_E\} = \begin{Bmatrix} F_{xi} \\ F_{yi} \\ F_{xj} \\ F_{yj} \end{Bmatrix} = \begin{Bmatrix} \dfrac{7e_2+3e_1}{20}\|y_i-y_j\| \\ -\dfrac{7q_1+3q_2}{20}\|x_i-x_j\| \\ \dfrac{3e_2+7e_1}{20}\|y_i-y_j\| \\ -\dfrac{3q_1+7q_2}{20}\|x_i-x_j\| \end{Bmatrix}$
自重		$\{F_E\} = \begin{Bmatrix} F_{xi} \\ F_{yi} \\ F_{xj} \\ F_{yj} \end{Bmatrix} = \begin{Bmatrix} 0 \\ -\dfrac{\gamma dh}{2}l \\ 0 \\ -\dfrac{\gamma dh}{2}l \end{Bmatrix}$

13.5 结构内力分析

对模型施加节点力后,即可进行结构内力计算,并根据内力验算结构的安全性。由于二次衬砌由梁单元模拟,故所得结构内力有弯矩 M,轴力 N 及剪力 Q。评估结构的安全性时,若采用极限状态法进行设计,需使荷载效应值小于结构抗力值;若采用破损阶段法设计,需使结构的最小安全系数不小于规范规定的值。当衬砌按素混凝土设计,需使衬砌所有单元的荷载效应值不大于结构抗力值(极限状态法)或最小安全系数不小于规范规定的值(破损阶段法),否则,需对衬砌进行配筋设计。配筋后的钢筋混凝土衬砌需同时满足承载力及裂缝宽度要求。

本讲以Ⅳ级深埋围岩中时速 250km 的双线无砟铁路隧道为例,分别采用破损阶段法和极限状态法分析。

13.5.1 极限状态法

表 13-6 与表 13-7 是本算例的围岩参数及建筑材料参数值,围岩荷载按照式(13-11)~式(13-13)及表 13-4 计算,如图 13-16 所示。

围岩参数 表 13-6

围岩级别	重度 γ(kN/m³)	弹性抗力系数 K(MPa/m)	泊松比 ν	计算摩擦角 φ_c(°)
Ⅳ	21.5	350	0.325	55

建筑材料参数 表 13-7

项目	C30 混凝土	C35 混凝土	HRB400 钢筋
重度 γ(kN/m³)	25	25	—
弹性模量 E_c(GPa)	30.0	31.5	200
轴心抗压强度设计值 f_c(MPa)	14.3	16.7	360

续上表

项　　目	C30 混凝土	C35 混凝土	HRB400 钢筋
轴心抗拉强度设计值 f_t（MPa）	1.43	1.57	360
轴心抗压强度标准值 f_{ck}（MPa）	20.1	23.4	—
轴心抗拉强度标准值 f_{tk}（MPa）	2.01	2.2	—
泊松比 μ	0.2	0.2	—

根据计算所得围岩压力，按照式（13-1）和式（13-4）进行荷载组合后，根据表13-5施加至计算模型上，如图13-17所示。图13-18和图13-19是采用ANSYS软件计算所得的二次衬砌在基本荷载组合下的内力图。

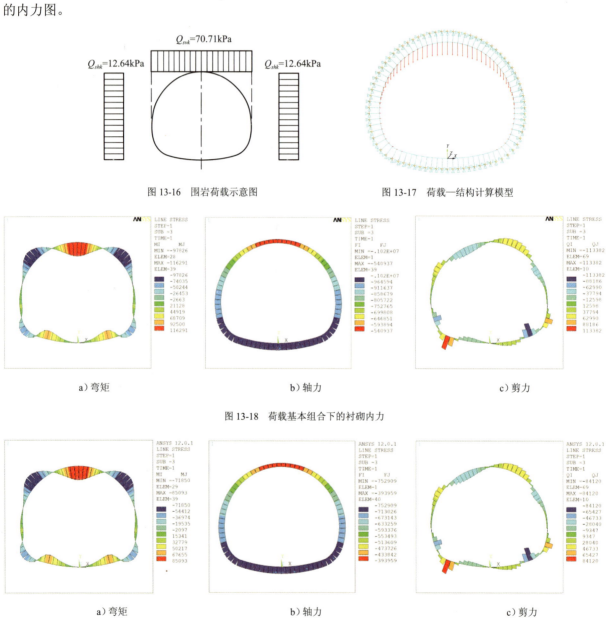

图13-16　围岩荷载示意图　　　　图13-17　荷载—结构计算模型

a）弯矩　　　　　　　　b）轴力　　　　　　　　c）剪力

图13-18　荷载基本组合下的衬砌内力

a）弯矩　　　　　　　　b）轴力　　　　　　　　c）剪力

图13-19　荷载标准组合下的衬砌内力

首先按素混凝土衬砌进行设计，混凝土强度等级为C30，设计参数如表13-7所示。根据荷载基本组合求解的内力进行承载力验算，验算结果如表13-8所示。

素混凝土衬砌承载力验算 表13-8

位置	计算输入参数			抗裂承载力	抗压承载力	控制标准	是否满足要求
	h(m)	M(kN·m)	N(kN)	$\dfrac{1.55\varphi f_t bh}{\gamma_d(6e_0/h-1)}$	$\dfrac{4\varphi f_c bh}{\gamma_d}$		
拱顶	0.45	112.34	541.20	240.11	—	拉	否
拱腰	0.45	-97.83	754.05	581.59	—	拉	否
边墙	0.45	17.90	934.36	—	3499.26	压	是
拱脚	0.5	-56.74	1006.60	—	3528.99	压	是
拱底	0.55	0.88	1017.60	—	4255.56	压	是

根据表 13-8 可知，衬砌若设计为素混凝土结构，则拱顶、拱腰部位的承载力不满足要求，故需对衬砌进行配筋设计，并验算钢筋混凝土衬砌的承载力和裂缝宽度。钢筋混凝土衬砌采用 C35 混凝土，HRB400 钢筋，力学参数如表 13-9 所示。

钢筋混凝土衬砌承载力及裂缝宽度验算 表13-9

位置	内力计算结果					配筋设计		承载力及最大裂缝宽度验算	
	基本组合			标准组合		根数	直径(mm)	承载力验算	最大裂缝宽度(mm)
	N(kN)	M(kN·m)	Q(kN)	N_q(kN)	M_q(kN·m)				
拱顶	541.20	112.34	-11.23	394.17	82.21	5	18	通过	0.035
拱腰	754.05	-97.83	-7.06	550.29	-71.85	5	18	通过	不需验算裂缝
边墙	934.36	17.90	8.13	685.38	13.24	5	18	通过	不需验算裂缝
拱脚	1006.60	-56.74	-3.80	742.90	-41.89	5	18	通过	不需验算裂缝
拱底	1017.60	0.88	-0.07	752.91	0.69	5	18	通过	不需验算裂缝

表 13-9 是配筋后的钢筋混凝土衬砌的承载力及最大裂缝宽度的验算结果。由此可看出，当采用 $\phi18@200mm$ 的配筋设计时，衬砌的承载力及裂缝宽度均满足要求。

13.5.2 破损阶段法

破损阶段法与极限状态法均是基于荷载—结构模型计算，故其计算流程完全相同。两种方法在计算过程中的不同之处主要体现在以下三个方面：一是建筑材料的力学参数不同，二是荷载组合不同，三是承载力及裂缝验算公式不同。根据《铁路隧道设计规范》(TB 10003—2016)，同样对Ⅳ级深埋围岩中时速 250km 的双线无砟铁路隧道进行二次衬砌设计，其计算内力如图 13-20 所示。

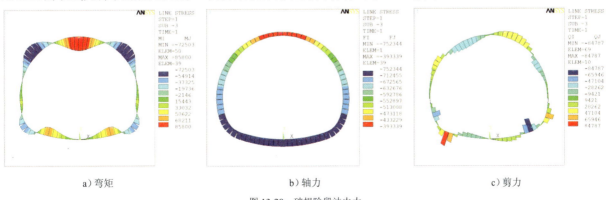

a) 弯矩　　　　　　b) 轴力　　　　　　c) 剪力

图 13-20　破损阶段法内力

根据表 13-10 可知，衬砌若设计为素混凝土结构，则拱顶、拱腰部位的承载力不满足要求，故需对衬砌进行配筋设计，并验算钢筋混凝土衬砌的承载力和裂缝宽度。

素混凝土衬砌承载力验算 表 13-10

位置	计算输入参数			安全系数	安全系数控制值	控制标准	是否满足要求
	h(m)	M(kN·m)	N(kN)				
拱顶	0.45	82.91	393.56	2.43	3.6	拉	否
拱腰	0.45	-72.50	549.86	4.16	3.6	拉	是
边墙	0.45	13.58	684.82	14.87	2.4	压	是
拱脚	0.5	-42.63	742.57	13.78	2.4	压	是
拱底	0.55	1.03	752.34	16.47	2.4	压	是

表 13-11 是配筋后的钢筋混凝土衬砌的承载力及最大裂缝宽度的验算结果。由此可看出,当采用 $\phi 18@200\mathrm{mm}$ 的配筋设计时,衬砌的承载力及裂缝宽度均满足要求。

钢筋混凝土衬砌承载力及裂缝宽度验算 表 13-11

位置	内力计算结果			配筋设计		承载力及最大裂缝宽度验算	
	N(kN)	M(kN·m)	Q(kN)	根数	直径(mm)	承载力验算	最大裂缝宽度(mm)
拱顶	393.56	82.91	-8.57	5	18	通过	0.039
拱腰	754.05	-97.83	-6.27	5	18	通过	不需验算裂缝
边墙	934.36	17.90	6.16	5	18	通过	不需验算裂缝
拱脚	1006.60	-56.74	-2.86	5	18	通过	不需验算裂缝
拱底	1017.60	0.88	0.27	5	18	通过	不需验算裂缝

对比表 13-9 与 13-11 可以看出,采用极限状态法和破损阶段法两种方法进行设计的衬砌厚度及配筋量相同。

13.6 结语

本讲主要介绍了荷载—结构法在隧道设计中的应用。荷载—结构法概念清晰、荷载明确、操作简单,计算结果整体偏于保守,是一种偏安全的方法,故至今仍是铁路隧道解析设计的主要方法。但需注意的是,该方法也存在诸如荷载及围岩参数多采用统计值和经验值、未考虑围岩的非线性特征等局限性,因此某些情况下计算结果与实际情况可能存在一定差异,因此设计人员在使用过程中应根据工程经验对计算结果的合理性进行判定。

本讲参考文献

[1] 王新敏. ANSYS 工程结构数值分析 [M]. 北京:人民交通出版社,2007.

[2] 曾艳华,王学英,王明年. 地下结构 ANSYS 有限元分析 [M]. 成都:西南交通大学出版社,2008.

[3] 国家铁路局. 铁路隧道设计规范:TB 10003—2016[S]. 北京:中国铁道出版社,2017.

[4] 中国铁路总公司. 铁路隧道极限状态法设计暂行规范:Q/CR 9129—2015[S]. 北京:中国铁道出版社,2015.

[5] 喻渝,赵东平,路军富,等. 铁路隧道概率极限状态设计方法及应用 [M]. 北京:人民交通出版社股份有限公司,2017.

[6] 伍东. 山岭隧道围岩压力计算方法及其适用性研究 [D]. 北京:北京交通大学,2012.

[7] 关宝树. 隧道工程设计要点集 [M]. 北京:人民交通出版社,2003.

[8] 中华人民共和国交通部. 公路隧道设计规范:JTD D70—2004[S]. 北京:人民交通出版社,2004.

第14讲 围岩—结构法

本讲介绍解析设计的另一种方法——围岩—结构法。相较于荷载—结构法,围岩—结构法的适用工况更广,可用于复杂条件下的围岩稳定性及支护结构内力的分析,例如隧道施工力学行为分析、隧道动力学分析、流固耦合分析等。

14.1 围岩—结构法计算流程

围岩—结构法与荷载—结构法不同之处在于:荷载—结构法以支护结构作为承载主体,围岩作为荷载;而围岩—结构法则相反,该法视围岩为承载主体,支护结构则约束围岩向隧道内变形。围岩—结构法是一种连续介质力学方法,该方法考虑了围岩的自承能力,围岩作为连续介质既传递荷载又提供支承作用。该方法主要具有以下特点:
(1)能反映初始应力场对围岩及支护结构的影响;
(2)能反映隧道开挖和支护对围岩及支护结构力学特征的影响;
(3)能考虑围岩及支护结构的非线性特征。

围岩—结构模型的求解主要采用数值法,包括有限元法、有限差分法、边界元法、离散元法等。其中有限元法建立在连续介质力学基础上,适合于小变形分析,是发展较早、较成熟的方法,应用更为广泛。目前常用数值计算软件有 ANSYS,FLAC,Midas 等。采用围岩—结构法研究隧道问题时,其基本步骤如图 14-1 所示。

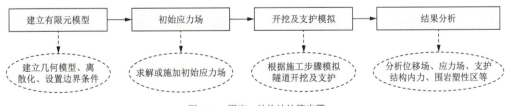

图 14-1 围岩—结构法计算步骤

14.2 围岩—结构模型

本节介绍围岩—结构模型的建立方法,主要包括建模范围的确定、几何模型的建立、初始应力场的确

本讲执笔人: 胡炜,赵东平.

定、结构体系的离散化及边界条件的确定,并以Ⅳ级深埋围岩中时速250km的双线无砟铁路隧道的台阶法施工为例,对每个步骤进行详细讲解。

14.2.1 建模范围的确定

在建立围岩—结构模型时,首先应考虑模型的计算范围问题。若取整个隧道作为研究对象,则为三维问题,它能全面真实地反映隧道支护结构和围岩内的位移场和应力场的变化情况,但比较耗时耗力。对于深埋隧道或地面较平坦的浅埋隧道,当隧道纵向某一段地质情况变化不大时,且该段长度与隧道跨度相比较长时,可在该段取单位长度隧道的力学特性来代替该段的三维力学特性,即弹性力学中的平面应变问题。根据圣维南原理,隧道开挖对周围岩体的影响将随远离开挖部位而逐渐消失,因此,有限元分析仅需在一个有限的区域内进行即可。实践和理论分析证明,隧道开挖对周围岩体的影响范围为$2B$左右(B为开挖宽度或高度)[1]。因此,解析区域要确保在隧道外侧最小$2B$的范围。一般而言,计算边界取$(2\sim 5)B$即可,如图14-2所示。

本讲算例的建模范围如图14-3所示。隧道开挖宽度为14.2m,隧道两侧距离左右边界的距离为50m,底部距离下边界的距离为50m,满足$(2\sim 5)B$的要求。隧道埋深为50m,故隧道顶部距离上边界的距离为50m。

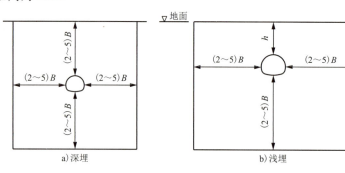

图14-2 建模范围

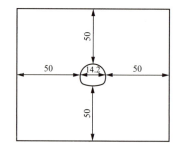

图14-3 算例建模范围(尺寸单位:m)

14.2.2 几何模型的建立

几何模型应根据隧道施工工法建立,以方便模拟隧道实际开挖情况。例如,采用两台阶法开挖时,其工法步骤图如图14-4所示。

该工法分为上下台阶2个开挖步骤。为了模拟真实的开挖情况,在有限元模型中,也应该对核心土进行相应的分割,如图14-5所示。

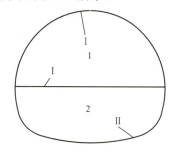

图14-4 两台阶法施工工序示意图

1-上部开挖;Ⅰ-上部初期支护;2-下部开挖;Ⅱ-下部支护

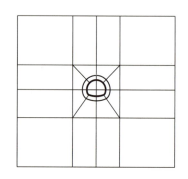

图14-5 两台阶法几何模型

14.2.3 初始应力场的确定

对于围岩—结构模型,在计算范围的边界内作用有初始应力场,隧道的开挖及支护均是以初始应力场为基础形成二次和三次应力场。初始应力场的形成与岩体的结构、性质及地质构造运动历史等有密切关系。应力场根据成因可分为自重应力场和构造应力场。

初始地应力的测定多在建设地点受到限制的大坝和峡谷水电站等工程实施。在一般隧道中,技术上有难度而且费用高,因此很少进行初始地压的测定,而采用其他方法确定,且一般仅考虑自重应力场,如图 14-6 所示。

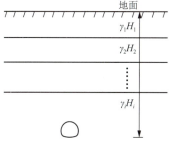

图 14-6 初始应力场

竖向应力为:

$$\sigma_y = \sum \gamma_i H_i \tag{14-1}$$

式中:γ_i——该点以上各地层的围岩重度(kN/m³);

H_i——各地层的厚度(m)。

水平应力为:

$$\sigma_x = \lambda \sigma_y \tag{14-2}$$

式中:λ——该点所处地层的侧压力系数。

λ 对计算结果的影响十分显著,可根据初始地应力测定结果求出。一般可采用弹性理论求解,取为 $\mu/(1-\mu)$,μ 为地层泊松比。

14.2.4 结构体系的离散化

结构体系离散化是指将分析的结构物划分成有限个单元体,并在单元体之间设置节点,把相邻单元体在节点处连接起来组成单元的结合体以代替真实的结构。对于单元类型的选择,应根据结构的实际受力情况选择合适的单元。

1)初期支护离散化

初期支护主要包括锚杆、喷射混凝土、钢拱架、钢筋网等。锚杆一般用二力杆单元模拟,也可通过等效刚度的方法采用实体单元模拟。当喷射混凝土较薄且无钢拱架时,喷射混凝土很柔,不能传递弯矩,只能传递轴力,因此也可用二力杆单元模拟。当喷射混凝土较厚,或者有钢拱架时,此时喷射混凝土既能传递轴力,也能传递弯矩和剪力,故可用实体单元或梁单元综合模拟喷射混凝土和钢架,此时实体单元和梁单元的刚度应该采用等效刚度。在用梁单元模拟喷射混凝土时,由于喷层与围岩的位移不协调,因此通常在喷层与围岩之间设置接触单元。

2)二次衬砌离散化

对于平面应变问题,二次衬砌常采用 2D 实体单元(如四边形单元、三角形单元)和线单元(如梁单元)模拟。对于空间问题,二次衬砌一般采用 3D 实体单元模拟。由于二次衬砌与初期支护之间设有防水层,两者之间只能传递径向力,不能传递切向力,因此在二次衬砌与喷层之间也需要设置接触单元。

3)围岩离散化

围岩是自然形成的材料,其组成相当复杂,它不仅具有完整的岩块,同时也有断层和节理的存在,断层和节理对围岩稳定性有极大的影响。在平面应变模型中,围岩通常采用 2D 实体单元模拟;在三维模型中,采用 3D 实体单元模拟。

图14-7是隧道台阶法的平面应变有限元模型图。该模型中采用2D实体单元模拟围岩和初期支护,用2D弹性梁单元模拟二次衬砌。

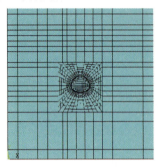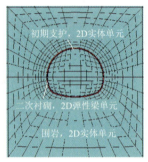

图 14-7　结构体系离散化

14.2.5　边界条件的确定

模型的边界可分为内部边界和外部边界。在平面应变模型中,为了模拟隧道开挖的三维效果,通常采用应力释放率的方法在隧道开挖边界施加节点力,其值等于沿开挖边界上原来的应力乘以释放系数并以相反的方向作用于开挖边界上,如图14-8所示。

外边界可采用两种方式处理:其一为位移边界,即一般假定边界点位移为零(也有假定为弹性支座或给定位移的,但地下工程分析中很少用);其二是假定为力边界条件,由岩体中的初始应力场确定,包括自由边界($p=0$)条件。另外,还可以根据模型的实际情况给定混合边界条件,即节点的一个自由度给定位移,另一个自由度给定节点力。但需注意的是,无论哪种边界条件都有一定的误差,且随计算范围的减小而增大,靠近边界处误差最大,即"边界效应"。边界效应在动力分析中影响更为显著,需妥善处理。

对于受地形影响较小的匀质岩层中的地下结构,可以取位移边界条件,如图14-9所示。此时认为隧道开挖引起的围岩变形随着距离的增大而减小,到了边界处已接近于零,故在模型侧面和下表面可以设置固定铰支座或链杆以限制侧面水平方向和地面竖直的位移。若隧道为深埋隧道,模型上边界以上的围岩重力可作为荷载作用在边界面;如果隧道上方覆盖层较薄,即浅埋隧道,则计算区域上边界取到地面,即为自由边界。

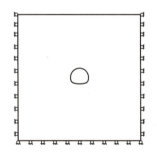

图 14-8　内部应力边界条件　　　　图 14-9　位移边界条件

对于受地形影响较大或者非匀质岩层中的地下结构,可以取为应力边界条件,如图14-10所示。此时认为开挖后对原始地应力的影响随着距离的增大而逐渐减小,到了边界处已经无影响,边界上的应力状态,即为原始应力状态,这样把原始应力作为面荷载加到边界上。在计算区域内的岩体单元还可以计入单元的自重应力,为了维持平衡,一般把下面边界条件取为固定支座[2]。

图 14-11 是本讲算例的边界条件设置。模型采用了位移边界条件：模型侧面边界约束节点的横向位移，模型下边界约束节点的竖向位移，模型上边界取至地面。

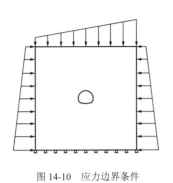

图 14-10 应力边界条件

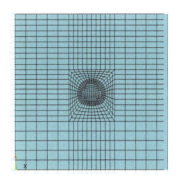

图 14-11 两台阶法边界条件

14.3 力学模型及破坏准则

围岩的力学模型主要有弹塑性模型、弹黏塑性模型、弹黏性模型等。在一般围岩中，可将围岩简化为弹塑性材料，采用弹塑性模型模拟围岩的力学行为。当在某些软岩或膨胀性围岩中修建隧道时，应考虑围岩的流变特性，采用弹黏塑性模型或弹黏性模型。

破坏准则是判定围岩产生破坏的依据，主要有摩尔—库仑准则（M-C 准则）、德鲁克—布拉卡准则（D-P 准则）、格里菲斯准则。每种破坏准则所需的判别参数不同，目前使用较为广泛的为 M-C 准则和 D-P 准则，所需参数包括岩土的黏聚力和内摩擦角，可通过试验确定。若无试验数据，可根据相关规范，按照围岩级别的标准值确定[2]。

本讲算例围岩采用弹塑性模型，破坏准则采用 D-P 准则，计算参数如表 14-1 所示[3]。

计算参数　　　　　　　　　　　　　　　　　表 14-1

类　别	参　数				
	重度（kN/m³）	泊松比	弹性模量（GPa）	黏聚力（MPa）	内摩擦角（°）
围岩	21	0.3	3	0.5	30
初期支护	23	0.2	23	1	45
二次衬砌	25	0.2	31	—	—

14.4 隧道施工过程模拟

前面讲述了计算模型的建立方法。模型建立完成后，应根据所采用的工法模拟隧道的施工步骤。围岩—结构模型中隧道的开挖与支护通过"杀死"和"激活"单元来实现。以两台阶法为例，其施工工序的模拟如图 14-12 所示，根据施工顺序，依次"杀死"核心土单元模拟开挖，然后"激活"支护单元来模拟支护结构的施加。在实际操作时，对核心土及支护结构单元进行适当的分组可有效提高操作效率。

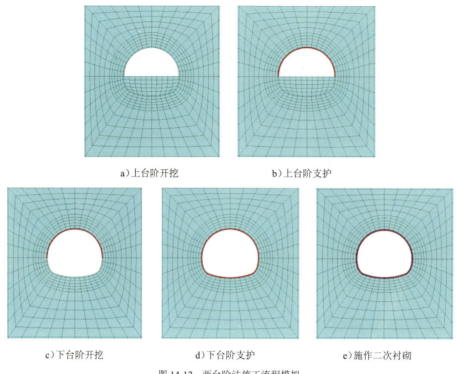

a）上台阶开挖　　　　　　　　b）上台阶支护

c）下台阶开挖　　　　　d）下台阶支护　　　　　e）施作二次衬砌

图 14-12　两台阶法施工流程模拟

采用平面应变模型模拟隧道施工时，除了要反映隧道施工顺序外，也要模拟掌子面进展的三维效果。在隧道开挖过程中，隧道随掌子面的开挖而产生围岩位移，如图 14-13 所示[1]。在掌子面前方约 1.5D 至掌子面范围内，围岩发生先行位移。先行位移随掌子面的推进而发生，最大值在掌子面处，一般围岩条件下，其值占总位移的 20%～30%，围岩条件越差，其值越大。在掌子面后方，围岩也将发生位移，目前采用初期支护限制掌子面后方位移。在一般地质条件中，位移在距掌子面（1～2）D 处基本就收敛了，但在软弱围岩中，该距离会长一些，甚至在很长时间内都不会收敛。

因此，掌子面处的应力并非瞬时释放，而是随着隧道的开挖逐渐释放。该三维效果在平面应变模型中可采用应力释放率的方法模拟。该方法是把与开挖时点与支护设置时点的各自位移相当的应力释放率，按开挖相当外力分阶段的作用进行解析的方法。具体实施：首先提取初始应力场中欲开挖轮廓节点的初始节点力，隧道开挖或支护时，在这些节点上施加一个反方向的节点力，节点力大小为 $P_\text{施} = (1-\beta) \times P_\text{初}$，其中 β 为应力释放率，如图 14-14 所示。应力释放率跟围岩条件、施工工法、支护时间等因素密切相关，一般结合以上因素根据经验确定。

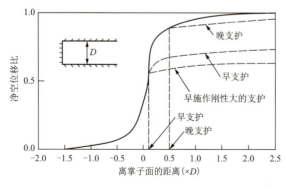

图 14-13　支护设置时机与隧道位移

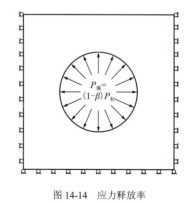

图 14-14　应力释放率

本算例采用的应力释放率如表 14-2 所示。

应力释放率   表 14-2

施工步骤	上台阶应力释放率	下台阶应力释放率
上台阶开挖	0.3	—
上台阶支护	0.4	—
下台阶开挖	0.5	0.4
下台阶支护	0.6	0.6
二次衬砌	0.7	0.7

根据表 14-2,在施作二次衬砌时,围岩应力已释放 70%,二次衬砌施作后,再释放剩余的 30% 围岩应力。

14.5 计算结果的评价分析

采用围岩—结构法分析隧道施工力学行为时,可得到每次开挖和支护后的地层位移、围岩稳定性、支护结构内力等。围岩—结构法应在考虑隧道周边环境、围岩条件、衬砌结构等基础上,对位移、围岩稳定性、支护结构应力等内容进行研究,再对解析结果进行评价。

1)位移

围岩—结构法可分析地层位移和隧道位移。地层位移可评判隧道开挖对地表及周边建构筑物的影响程度,从而确定隧道的支护参数。隧道位移一般采用净空位移评价,其评判标准与隧道埋深、跨度及围岩级别有关。《铁路隧道监控量测技术规程》(Q/CR 9218—2015)规定了不同隧道跨度、埋深及围岩级别的净空位移和拱顶下沉的控制值[4]。隧道位移可为判断围岩及支护结构的稳定性提供依据,若隧道开挖后隧道位移超过规定值且收敛速度较慢,则需要考虑加固围岩和加强支护结构。

图 14-15 是采用台阶法第一次开挖和支护后的地层位移分布图。由图中可以看出,当第一次开挖后,若释放 30% 的围岩应力,则拱顶最大下沉 1.1mm,开挖底部隆起 1.4mm;施作第一次支护后,若此时释放 40% 的围岩应力,则拱顶最大下沉约 1.1mm,底部隆起约 1.7mm。由此可知,采用台阶法开挖时围岩变形较小,整体处于稳定状态。

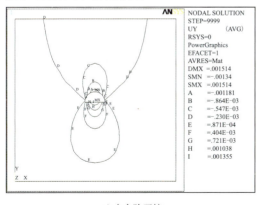
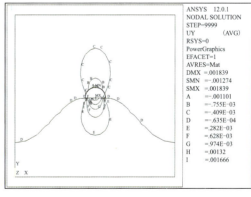

a)上台阶开挖　　　　　　　　　　b)上台阶支护

图 14-15　竖向位移

2)围岩稳定性

围岩稳定性一般可通过隧道周围塑性区的大小来评价。壁面应力达到围岩的单轴抗压强度时开始塑性化,塑性区达到隧道直径的 20% 后将急剧增大。因此,可将塑性区不超过隧道直径的 20% 作为评价围岩稳定性的一个大致标准[1]。塑性区大小除了可以评判隧道围岩稳定性外,也可为初期支护的设计参数提供依据。当围岩塑性区增大时,应适当加强初期支护,控制塑性区的发展。

图 14-16 是第一次开挖和第三次开挖后的围岩塑性区。由图中可以看出:上台阶开挖后、支护施作前,当应力释放 30% 时,上台阶的边墙位置及底部产生了局部塑性区;上台阶施作初期支护后,当应力释放 40% 时,上台阶边墙由于应力集中产生了局部塑性区。因此,在施工过程中应注意边墙位置的变形,必要时应适当加固。

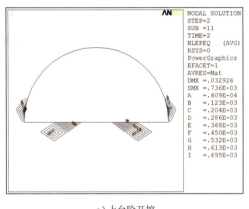
a)上台阶开挖

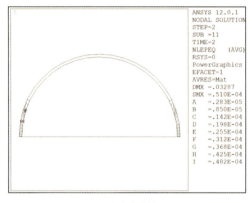
b)上台阶支护

图 14-16　围岩塑性区

3)支护结构内力

围岩—结构法可求解支护结构内力,从而评判支护结构的安全性,为支护结构设计参数的确定提供依据。当支护结构由杆单元或梁单元模拟时,单元的最小安全系数应满足规范规定值;当支护结构由实体单元模拟时,其最大应力不应超过相关标准的容许值。

图 14-17 是二次衬砌的内力图。由于本次采用了梁单元模拟二次衬砌,故其可承担弯矩、轴力和剪力。根据所求得的弯矩、轴力及剪力,可求解支护结构的最大应力或安全系数,并按照相关规范对结构的安全性进行验算。

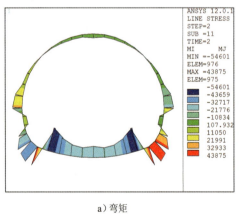
a)弯矩

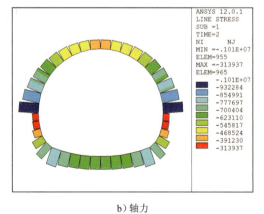
b)轴力

图 14-17　二次衬砌内力

根据表 14-3 的验算结果,采用围岩—结构法时,二次衬砌采用素混凝土即可通过验算。与第 13 讲中采用荷载—结构法的设计结果相比,荷载—结构法的设计结果偏于保守。但应注意的是,从荷载产生机理上来讲,荷载—结构法中的二次衬砌承受的是塌方荷载,而围岩—结构法中的二次衬砌承受的是形变荷载,两种荷载从本质上来说是不一样的。荷载产生机理的不同导致了采用围岩—结构法进行二次衬砌设计时,初始应力场、隧道埋深及应力释放率对衬砌的受力有直接影响,而荷载—结构法却认为深埋隧道的围岩荷载只与塌方高度有关,与埋深无关,也未考虑应力释放率的问题。二次衬砌到底是承受塌方荷载还是形变荷载，与诸多因素相关，具体问题应具体分析，不应一概而论。

素混凝土衬砌承载力验算   表 14-3

位 置	计算输入参数			安 全 系 数	安全系数控制值	控 制 标 准	是否满足要求
	h（m）	M（kN·m）	N（kN）				
拱顶	0.45	9.661	461.31	22.05	2.4	压	是
拱腰	0.45	-0.18	636.61	16.04	2.4	压	是
边墙	0.45	18.51	997.02	10.22	2.4	压	是
拱脚	0.5	-43.87	773.52	14.59	2.4	压	是
拱底	0.55	21.5	634.72	19.42	2.4	压	是

14.6 结语

本讲主要介绍了围岩—结构法在隧道设计中的应用。与荷载—结构法相比，围岩—结构法在操作上较为复杂，但其适用性更广，可用于复杂条件下的围岩稳定性及支护结构内力的分析，例如隧道施工力学行为分析、隧道动力学分析、流固耦合分析、小净距隧道分析等，因此得到了广泛使用。但需注意的是，初始应力场、应力释放系数、材料参数等因素与实际情况的不一致均会导致计算结果产生偏差，因此，需由具有一定经验的设计人员对计算结果进行判定。

本讲参考文献

[1] 关宝树. 隧道工程设计要点集[M]. 北京：人民交通出版社，2003.
[2] 曾艳华，王学英，王明年. 地下结构 ANSYS 有限元分析[M]. 成都：西南交通大学出版社，2008.
[3] 国家铁路局. 铁路隧道设计规范：TB 1003—2016[S]. 北京：中国铁道出版社，2016.
[4] 中国铁路总公司. 铁路隧道监控量测技术规程：Q/CR 9218—2015[S]. 北京：中国铁道出版社，2015.

第15讲 超前支护设计

隧道超前支护技术是指在隧道开挖之前,通过向掌子面前方打入钢管、钢板、锚杆等加固掌子面前方围岩,同时利用其支撑力保持前方土体稳定,减少塌方及地表沉降的技术总称。

本讲主要介绍超前支护作用机理及适用范围,以及超前锚杆、超前小导管、超前管棚、超前水平旋喷、超前管幕、机械预切槽等相关内容。

15.1 超前支护作用机理及适用范围

15.1.1 超前支护作用机理

超前支护是在初期支护等措施施作之前不能满足掌子面稳定的场合而采取的辅助措施,其目的是为了控制掌子面挤出变形及其前方的超前变形、防止掌子面拱部塌方掉块,以保证施工安全和周围环境安全。超前支护种类繁多,作用模式各异。总起来讲,超前支护主要有以下三个效应:

(1)梁效应:支护因前端嵌入围岩内,沿隧道掌子面推进方向布置的一端与初期支护结构体相联结或与径向锚杆出露端相焊接而形成纵向支撑梁,这种结构是最有效提供竖向支撑力的布置方式。

(2)拱效应:沿隧道横断面方向形成连续壳体,支撑隧道上部围岩,发挥拱形结构的作用。若没有超前支护,则横断面方向的地层拱必须依靠两侧墙一定范围内的相对稳定土体作为拱脚来建立拱平衡状态;而施作超前支护时,若环向间距适合或注浆饱满,各个超前支护单元体间极易发生成拱现象,且所形成的各个小拱相互交叉,并连接成一个覆盖隧道开挖轮廓的连续壳体(图15-1),以达到支护围岩的效果。

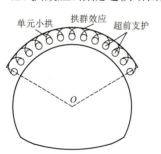

图15-1 横断面方向超前支护体的拱群效应

(3)强化围岩效应:通过花管注入的浆液经壁孔挤入围岩裂隙或缝隙中加固围岩,从而提高岩体弹性模量和强度,可以有效地控制隧道开挖的影响和防止围岩的松弛。

本讲执笔人:刘科,尚寒春.

15.1.2 超前支护受力分析

当采用超前锚杆、小导管时,通常根据经验进行设计;当超前支护采用管棚支护时,可采用如下的超前支护受力模型进行受力分析,其余超前支护类型可参考该受力模型。

对管棚而言,位于掌子面附近的管棚纵向应变最大,其内力最大,在隧道开挖一个进尺且未支护的条件下超前管棚受力最为不利。因此可将单根钢管作为研究对象,采用双参数弹性地基梁模拟管棚的受力模型。

分析中不考虑管棚上部岩土体与管棚的相互作用,认为已开挖段管棚承受上覆土重。未开挖段,围岩变形始于掌子面前方一定范围,隧道掌子面处围岩已经发生松动和变形,在掌子面前方形成一个松弛区,如图 15-2 所示。因此该段范围内管棚仍将受到围岩压力。

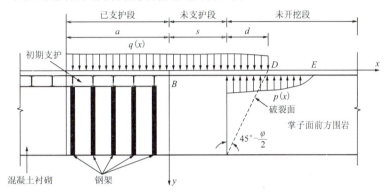

图 15-2 隧道开挖过程中超前支护受力简图

由图 15-2 可知,管棚全段主要由四部分组成:
(1) AB 段:将已开挖支护的 AB 段的 B 端看作具有一定竖向位移 ω_0 和转角 θ_0 的弹性固定端;
(2) BC 段:对于已开挖但未支护 BC 段,围岩压力 $q(x)$ 完全由管棚承担;
(3) CD 段:在掌子面前方松弛区范围 CD 段,管棚既受围岩压力 $q(x)$,同时还受到弹性抗力 $p(x)$;
(4) DE 段:在破裂面前方围岩未受扰动的 DE 段,管棚仅受变形引起的地基弹性抗力 $p(x)$。

因此,可建立相应的管棚受力模型,其中以隧道初期支护施作端 B 作为坐标原点,隧道开挖高度为 h,已开挖支护 AB 段长度为 a,已开挖未支护 BC 段长度为 s,掌子面前方松弛范围 CD 段长度 $d=h\times\tan(45°-\varphi/2)$,管棚受力模型如图 15-3 所示。在隧道开挖过程中,相当于该模型随掌子面逐步推进而不断向前移动。

地基反力采用双参数模型中的 Pasternak 模型进行计算,由弹性地基梁理论可得地基反力及钢管挠曲微分方程:

$$p(x)=k\omega(x)-G_\mathrm{p}\frac{\mathrm{d}\omega^2(x)}{\mathrm{d}x^2} \tag{15-1}$$

① 在 BC 段,围岩压力 $q(x)=\gamma H$,地基反力 $p(x)=0$,其控制方程为:

$$EI\frac{\mathrm{d}\omega^4(x)}{\mathrm{d}x^4}=b\gamma H \tag{15-2}$$

② 在 CD 段,围岩压力 $q(x)=\gamma H$,地基反力 $p(x)=k\omega(x)-G_\mathrm{p}\dfrac{\mathrm{d}\omega^2(x)}{\mathrm{d}x^2}$,其控制方程为:

$$EI\frac{\mathrm{d}\omega^4(x)}{\mathrm{d}x^4}-G_\mathrm{p}b^*\frac{\mathrm{d}w^2(x)}{\mathrm{d}x^2}+kb^*\omega(x)=b\gamma H \tag{15-3}$$

③在 DE 段,围岩压力 $q(x)=0$,可得地基反力 $p(x)=k\omega(x)-G_p\dfrac{d\omega^2(x)}{dx^2}$,其控制方程为:

$$EI\dfrac{d\omega^4(x)}{dx^4}-G_p b^*\dfrac{dw^2(x)}{dx^2}+kb^*\omega(x)=0 \tag{15-4}$$

式中:b^*——考虑双参数地基连续性情况下梁的等效宽度(m),且 $b^*=b[1+(G_p/k)^{1/2}/b]$;
  b——弹性地基梁宽度(m);
  E——钢管的弹性模量(kN/m^2);
  I——钢管的惯性矩(m^4);
  $\omega(x)$——钢管的挠度(m);
  G_p——地基剪切模量,与地基的剪切变形有关(kN/m^2);
  k——基床系数。

在掌子面附近较短范围,隧道埋深 H 变化不大情况下,将围岩压力 $q(x)$ 视为均布荷载 q_0,如图 15-3 所示,由此可知各段控制方程。

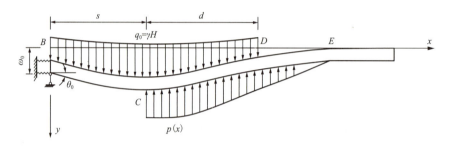

图 15-3 超前支护受力模型图

15.1.3 超前支护设计原则及适用条件

超前支护设计一般应满足以下原则:

1)支护长度

超前支护按其支护长度一般划分为短超前支护、中长超前支护、长超前支护。短超前支护一般长度不超过 6m,包括超前小导管、超前锚杆;中长超前支护长度一般 6～10m,如中管棚等;长超前支护长度一般在 10m 以上,如大管棚、水平旋喷桩、管幕等。

2)搭接长度

超前锚杆、超前小导管纵向搭接长度不小于 1m,超前管棚、超前水平旋喷、超前管幕纵向搭接长度不小于 3～5m。

3)超前支护环向间距

根据多年工程经验,超前支护环向间距与支护强度及支护管径有关。一般情况:超前锚杆、超前小导管环向中心间距在Ⅲ级(必要时)、Ⅳ级围岩段一般为 0.5m/根,在Ⅴ级围岩段一般为 0.4m/根;超前管棚管径为 159mm 以下时,环向间距一般为 0.4m/根;超前水平旋喷的环向间距根据所选择的机械设备、具体工点地层旋喷扩散的直径确定,一般要求相邻旋喷固结体应相互咬合;超前管幕环向间距与管径密切相关,应大于管幕钻孔成孔直径。当围岩较破碎呈碎块状时,可适当缩小超前支护环向间距,防止破碎的岩体从两根超前支护之间掉块。

各超前支护措施适用情况见表 15-1。

超前支护措施适用范围表 表15-1

项目		超前锚杆	超前小导管	超前管棚	超前水平旋喷	超前管幕	机械预切槽
按围岩级别分	Ⅲ级	○	○	×	×	×	×
	Ⅳ级	○	○	○	×	×	×
	Ⅴ级	×	○	○	○	○	○
按地层性质分	较软岩地层	○	○	○	×	○	○
	软岩地层	○	○	○	○	○	○
	土质地层	×	○	○	○	○	○
	砂质地层	×	○	○	○	○	×

注：1. 表中"×"代表不适用，"○"代表适用。
2. 目前超前锚杆在土质地层中的适应性还存在一定争议。
3. 超前小导管是国内铁路、公路、市政等领域的隧道采用得最多的超前支护措施。
4. 在隧道洞口段，在洞身自稳能力差、岩体结构松散破碎或处于全风化层、土质地层的隧道浅埋段以及下穿地面构筑物、道路地段，一般采用超前管棚支护。
5. 当超前管棚无法满足较高的沉降控制要求时，如下穿高速公路时，可采用管幕超前支护。
6. 机械预切槽技术在对于沉降要求很高时使用，其控制变形效果较好，但工艺要求较高。

表 15-1 仅是超前支护措施的大致适用范围，还需根据具体工点地质情况、设置超前支护的目的、隧道跨度、开挖方法等具体研究决定。如Ⅲ级围岩段围岩较稳定，一般不需要设置超前支护措施，但遇拱部较易发生掉块的软质岩缓倾岩层时，就需要设置一定的超前支护措施（超前锚杆或超前小导管）来防止拱部掉块；单线隧道的Ⅳ级围岩可设置超前锚杆或超前小导管加强支护；双线隧道的Ⅳ级围岩可采用超前小导管预注浆，起到一定的加固围岩的效果；多线隧道的Ⅳ、Ⅴ级围岩可能需采用超前管棚来防止拱部坍方掉块。

需要注意的是：超前锚杆、超前小导管、超前管棚等支护措施，一般会与钢架（含格栅钢架和型钢钢架）配合使用，如锚杆、小导管、管棚、管幕等超前支护一般以钢架作为尾部支点，与钢架组成联合受力结构；其余的超前支护措施可不与钢架联合支护。

15.2 超前锚杆设计

15.2.1 超前锚杆定义及适用范围

超前锚杆支护主要是利用预先施作的锚杆将节理发育的岩体串联在一起阻止岩块沿裂隙面滑移，从而在隧道周边形成一定厚度的承载环，充分发挥围岩自承能力，阻止围岩因过大变形而坍塌的一种辅助施工方法。具体是，隧道开挖前，在掌子面轮廓线上先沿隧道轴线方向，与该轴线成一定外插角钻孔装锚杆，锚杆安装后在工作面钻眼爆破，作业时上部岩体得到超前锚杆加固。

超前锚杆支护的柔性较大，整体刚度较小。它主要适用于地下水较少的破碎、软弱围岩的隧道工程中，如裂隙发育的岩体、断层破碎带等浅埋无显著偏压的隧道。

15.2.2 超前锚杆参数设计

根据多年工程经验，超前锚杆常用设计参数见表15-2，并主要按照以下选取：
（1）杆体设计：超前锚杆采用实心或中空形式，外径多为22～25mm。

(2)杆体长度:一般采用3~5m,最长不超过6m,具体长度应根据初期支护钢拱架间距及设计的纵向搭接长度确定。

(3)布置方式:沿开挖轮廓线周边布设;为增强支护效果,靠近拱脚部位的锚杆常分别向左右酌情外插。

超前锚杆常用设计参数　　　　　　　　　　　　　　　　　表 15-2

搭接长度(m)	环向间距(cm)	设置范围	外插角	注浆要求
1.0~2.0	Ⅲ级围岩:40~60 Ⅳ级围岩:30~50	拱部外弧全长 1/6~1/2	一般 5°~30°	宜采用早强砂浆,强度等级不低于 M20

注:当地质条件明显不对称时应采用不对称布置,当地质条件较差时可设置双层超前锚杆。

15.3 超前小导管设计

15.3.1 超前小导管定义及适用范围

超前小导管是利用钢花管对隧道掌子面前方的拱部软弱围岩进行注浆加固的一种辅助施工方法。一般是沿隧道纵向在拱上部开挖轮廓线外一定范围向前上方倾斜一定角度,或沿隧道横向在拱脚附近向下方倾斜一定角度设置的密排注浆钢花管,如图 15-4 和图 15-5 所示。

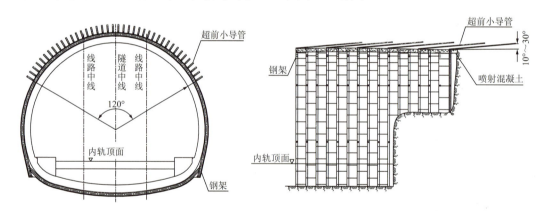

图 15-4 超前小导管支护示意图

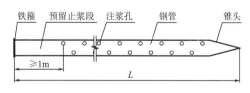

图 15-5 超前小导管示意图

在软弱地质条件下,通过超前小导管对围岩进行注浆,使地层得到固结和加密,不仅能提高围岩整体强度,还可起到超前支护的作用,能够有效防止洞室坍塌,减小地表沉降。超前小导管适用于地下水量较小的砂石土、砂卵(砾)石层、断层破碎带、软弱围岩及浅埋等地段。

15.3.2 超前小导管参数设计

超前小导管支护在国内铁路、公路隧道应用极为广泛,设计参数主要包括以下方面:

(1)杆体设计:超前小导管采用热轧无缝钢管,小导管外径为 38~50mm,注浆小导管壁上每隔 10~20cm 交错钻孔径为 6~8mm 的注浆孔,呈梅花形布置。前端加工成锥形,尾部长度不小于

100cm,作为不钻注浆孔的预留止浆段。

(2)杆体长度:一般采用 3～5m,具体长度应根据初期支护钢拱架间距及设计的纵向搭接长度确定。

(3)布置方式:小导管沿开挖轮廓线周边布设。

①纵向搭接:一般不小于100cm,特殊情况下可达到150～200cm。

②环向间距:一般为30～40cm,当地质条件较差时可为20～30cm,当地质条件较好时可为40～50cm。

③设置范围:一般为衬砌中线两侧各60°～75°区域。当地质条件明显不对称时应采用不对称布置,当地质条件较差时可设置大小外插角的双层小导管。

(4)外插角:一般采用10°～30°,小外插角可取10°～20°,大外插角可取20°～30°。

15.3.3 超前小导管注浆设计

超前小导管注浆一般以水泥浆为主,水泥浆水灰比1:(0.5～1.0);当围岩破碎,岩体止浆效果不好时,也可采用水泥—水玻璃双液注浆,以控制浆液的凝结时间。注浆压力一般采用0.5～1.0MPa,必要时在孔口设止浆塞。

浆液扩散半径 R 可根据导管排列密度确定,考虑注浆扩散范围相互重叠,可按下式计算:

$$R=(0.6\sim 0.7)L_0 \tag{15-5}$$

式中:L_0——导管中心间距(m)。

单根导管注浆量 Q 按下式计算:

$$Q=\pi R^2 ln \tag{15-6}$$

式中:R——浆液扩散半径(m);

l——导管长度(m);

n——围岩空隙率(%)。

注浆量 Q:

$$Q=Ana(1+\beta) \tag{15-7}$$

式中:β——填充率,黏土质地层取 20%～40%,砂质地层取 40%～60%,砂砾质岩层取 60%,断层破碎带取 5%,一般破碎岩层取 1%～2%;

A——注浆范围岩层体积(m³);

n——围岩空隙率(%);

a——浆液材料损耗系数,通常取 0.1 左右。

15.4 超前管棚设计

15.4.1 超前管棚定义及适用范围

超前管棚是沿开挖轮廓线,以较小的外插角,向掌子面前方打入钢管或钢插板并与钢架组合形成的棚架来形成对掌子面前方围岩的预支护系统。以钢管或钢插板作为纵向预支撑、钢架作为横向环形支撑,构成纵、横向整体刚度较大的支护系统,阻止和限制围岩变形,提前承受早期围岩压力。其作用机理在于其形成棚架体系及其荷载调节机制,其控制变形主要是通过提高管棚和支撑梁的刚度来实现。

超前管棚注浆支护就是通过组成管棚的钢管上梅花形布置的注浆孔加压向地层中注入水泥浆、水玻璃等材料,以加固软弱破碎的地层,提高地层的自稳能力。如将管棚注浆与小导管补充注浆法结合,除具有大管棚的特点外,还能够防止管棚下方三角土体的塌落。这种长短结合的预支护效果更为理想。

根据国内外施工实践,综合我国目前地下工程管棚支护应用的实际案例,管棚支护主要适用于:软弱砂土质地层、砂卵砾石地层,膨胀性软流塑、硬塑状粉质黏土地层,裂隙发育岩体、突泥突水段、断层破碎带、塌方段、破碎土岩堆地段、浅埋大偏压等地质复杂条件的地下构筑物施工的支护,隧道进出口段开挖的支护,也多应用于地铁等穿越城区的地下工程的开挖预支护,可作为穿越既有建筑物、公路、铁路及地下结构物下方修建隧道的辅助方法。

15.4.2 管棚的布置

管棚的形状随隧道开挖面形状和导管的布置方式而异,主要形式如图15-6所示。

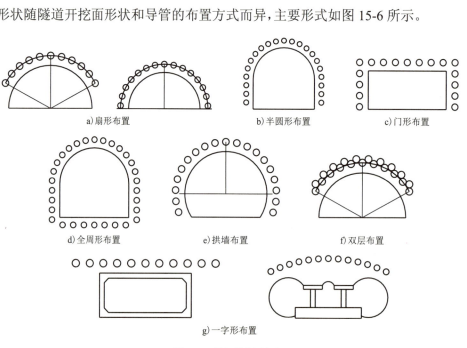

图 15-6 管棚的布置方式

(1)扇形布置:用于隧道断面内地层比较稳定,但拱部附近地层不稳定的场合。

(2)半圆形布置:用于隧道下半部地层稳定,但起拱线以上地层不稳定的场合。此外,即使地层比较稳定,但地表、周围有结构物、埋深很浅时也多采用此种布置形式。

(3)门形布置:隧道除底部外,布置成半圆、侧壁的门形。用于隧道基础稳定,断层内地层及上部地层不稳定的场合。

(4)全周布置:用于软弱地层或膨胀性、挤出性围岩等极差的场合。

(5)拱墙布置:隧道一侧有公路、铁路、重要结构物,需防护或斜坡地形可能形成偏压时采用。

(6)双层布置:用于隧道上部有重要设施,拱部地层是坍塌性、不稳定的或地铁车站等大断面隧道施工或突破河海底段施工场合。

(7)一字形布置:在铁路、公路在下方施工,或在某些结构物下方施工时采用。

15.4.3 管棚的分类

管棚按施工工艺分类,包括带管棚工作室的管棚和无管棚工作室管棚。

(1)带管棚工作室的管棚

常规管棚施工之前需要在掌子面后方 5～8m 范围内施作管棚工作室,工作室扩挖深度一般要达到 1～3m,后期采用混凝土进行回填。由于设置了管棚工作室,有足够的空间使得钻孔外插角足够小,一循环的有效支护范围更大,可减少支护循环;但正由于每循环均施作管棚工作室,开挖轮廓增大引起隧道稳定性降低,且开挖量及回填量增大,如图 15-7 所示。

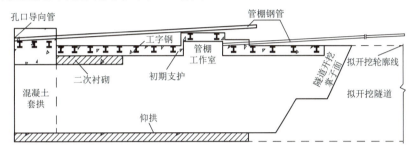

图 15-7 管棚纵向设置方式(含管棚工作室)

(2)无管棚工作室管棚

该技术是在常规管棚施工方法基础上,取消管棚工作室,不进行扩挖,钻孔时可采用两榀钢架进行定位,安装时管棚一端可置于钢架之上,作为管棚端部的支撑;采用管棚支护的地段通常采用钢架进行支护,且一般用型钢钢架,但也可用型钢钢架与格栅钢架间隔布置,间距一般不大于 1m,特殊情况下可加密。无管棚工作室管棚支护由于未设置工作室,隧道不进行扩挖,不需要引起开挖量及回填量增大,但台车钻孔由于空间限制,使得外插角不得不增大,为保证支护效果,不得不减小一循环支护长度,支护循环数将会增大。

根据以上介绍的有工作室与无工作室的两种管棚类型的特点,其在现场适用范围存在一定差异。在每一循环需要施作较长距离的管棚支护时,如每循环 30m 的管棚支护,为了避免外插角过大引起的管棚朝向围岩方向的飘移过大问题,为保证尾端的支护效果,通常采用带工作室的管棚支护,此种方式一般在隧道穿越断层破碎带区需要一次性施作管棚通过的时候采用。在一循环支护距离较短时,如采用每循环 9～15m 的管棚支护,可不设置管棚工作室;无管棚工作室管棚施工往往对机械配置要求较高,一般采用多臂凿岩台车或者管棚钻机进行钻孔施工,此种管棚一般在机械化配置程度较高的隧道 V 级围岩且较为破碎的软质岩段采用。如目前在建的郑万高铁湖北段尝试采用大型机械化配套施工,在采用全断面(带仰拱)一次性开挖条件下,在 V 级围岩段就采用管棚超前支护。依靠机械设备高效率作业,此种管棚支护类型也具有一定的优势。

15.4.4 管棚设计的经验参数

按管径分类,管棚支护可分为中管棚、大管棚。

中管棚管径一般在 $\phi50～\phi89$mm 范围内,管棚长度一般不超过 20m,环向间距一般取 0.3～0.5m,纵向搭接长度 1～3m。

大管棚一般可选用 $\phi89～\phi159$mm 钢管,常用管径为 $\phi108$mm,地质条件极差时一般采用 $\phi159$mm。管棚长度以不超过 40m 为宜,钢管一般分节长 4m 或 6m,以套管进行连接,环向间距一般不大于 3～5 倍管径为宜,搭接长度通常不小于 5m。

当对于沉降控制要求较高时,可设置双层大管棚。为了提高导管的抗弯能力,在管径为 ϕ108mm 以上的管棚内置入钢筋笼,并进行管棚注浆,如图 15-8 所示。钢筋笼由 4 根主筋和固定环组成,主筋直径为 18mm,固定环采用短管节,将其与主筋焊接,按 1m 间距设置。

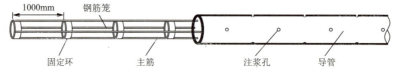

图 15-8 大管棚钢筋笼示意图

管棚外插角应根据管棚钻机工作室空间大小及钻杆长度等情况综合考虑后合理确定。外插角过小,可能导致管棚远端下垂至隧道开挖范围内影响后期施工;相反,外插角过大,管棚离开挖范围距离过大,管棚下方的三角土体坍塌给洞身开挖支护带来很大困难。一般情况,采用管棚施工时,中管棚由于每循环支护长度相对不大,外插角常取 2°～8°;长管棚为了控制尾端支护效果,外插角多取 1°～3°。采用无管棚工作室施工时,受机械设备钻机臂的空间限制,不可避免会使外插角增大,但不宜大于 10°。

15.5 超前水平旋喷设计

15.5.1 超前水平旋喷作用机理及适用范围

水平旋喷是以高压泵为动力源,通过水平钻机钻杆、喷嘴把配制好的浆液喷射到土体内。喷射流以巨大的能量将一定范围内的土体切削,并在喷嘴作缓慢旋转和进退的同时切割土体,强制土颗粒与浆液搅拌混合。浆液凝固后,形成水平圆柱状水泥土固结体即水平旋喷桩。当旋喷桩相互咬合后,便以合理的形式在隧道拱顶及周边形成连续的水平旋喷帷幕体,起到防流砂、抗滑移、防渗透的稳定拱壳保护作用。

根据多年工程经验,超前水平旋喷主要包括拱部水平旋喷(即本讲内容)和掌子面水平旋喷(见本书第 8 讲内容),主要适用于流塑状、孔隙率小、开挖后自稳能力极差的地层,如含水砂层、淤泥地层、含水全风化地层、第三系含水未成岩地层等。

15.5.2 超前水平旋喷的特性及优点

超前水平旋喷支护可成桩,亦可成拱,支护效果较好。

(1)成桩性:高压浆液切割破坏地层,并置换或混合地层,形成水泥和岩土组成的流塑体,最终固结成水平桩。

(2)成拱性:在隧道开挖轮廓线之外及附近,固结的水平桩相互咬合搭接,规则排布成类似水平放置的地下连续墙,形成近似圆(弧)形拱壳。

超前水平旋喷支护具有较多的优点,主要包括:

(1)可控性:水平旋喷桩的浆液大多局限在土体破坏范围内,浆液注入部位和范围可以控制,可通过调节注入参数获得满足设计要求的固结体。

(2)均匀性:喷射流在能量衰减前交汇,切削能量在碰撞点相互抵消,加固体均匀程度好。

(3)强度高:在高压旋喷过程中,土体与水泥浆充分混合,形成一种类似混凝土的固结体,其强度比一般的水泥浆强度高。

（4）具有提高复合土体强度、防渗、抗滑、预支撑等多重效果。

15.5.3 超前水平旋喷支护参数设计

超前水平旋喷支护施工过程先沿隧道拱部外缘施工咬合水平旋喷桩体，并可在桩体内置入钢管棚，使形成的固结体拱棚除了有横向抗压能力外，还具有纵向抗弯能力，起到固流砂、防坍塌、控沉降作用。同时可在掌子面均匀布置一定数量的旋喷桩，并通过调节旋喷压力，形成大头桩体并置入玻璃纤维锚杆，提高掌子面纵向抗挤压能力，避免掌子面突出，达到稳定掌子面实现大断面机械开挖目的。

下面是根据工程实际经验，可参考的设计参数：
①设置范围：拱墙 120°～180°；
②设置角度：3°～10°；
③水泥浆配合比：0.5～1.0；
④旋喷压力：30～60MPa；
⑤桩体的长度：10～18m；
⑥桩体的直径：400～1000mm；
⑦桩体之间的咬合厚度：≥100mm；
⑧桩体的单轴抗压强度：2～10MPa。

超前水平旋喷支护标准设计断面示如图 15-9 所示。

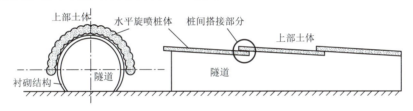

图 15-9　超前水平旋喷支护

15.6 超前管幕设计

15.6.1 超前管幕定义及适用范围

超前管幕法是一种独特的地下空间建设方法，它是利用较大直径的钢管在地下密排并相互咬合预先形成钢管帷幕，然后在此钢管帷幕的保护下进行隧道开挖，从而建造超大断面地下结构物的一种安全可靠的地下暗挖技术。超前管幕法主要用于隧道或地下管道穿越铁路、道路、河流或建筑物等各种障碍物的地下工程，特别对于地质情况复杂、地面沉降要求高、超浅埋等地下空间的建设，管幕是较好的超前支护方案，如图 15-10 所示。

超前管幕支护具有以下特点：
（1）不影响地面交通及管线。
（2）对不同地质适应性较强，能较好地控制地下结构物沉降，提高结构物的稳定性。
（3）采用钻孔、顶管施工，噪声及振动较小，能避免噪声污染，降低对环境不利影响。
（4）可形成隔土止水帷幕，大大减小后续施工中水土的流失。

(5) 可采用小型顶管机进行施工,精度高、速度快。
(6) 施工空间要求小。
(7) 具有超前支护作用。

图 15-10　超前管幕支护

15.6.2　超前管幕参数设计

超前管幕参数可根据不同的围岩地层条件灵活选用,主要包括以下几个方面:

(1) 管幕材料与直径:钢管通常采用热轧钢材,直径范围通常为 200～2500mm 之间。钢管直径越大,其刚度越大,内部空间也越大,方便掘进,但埋深较浅时,施工容易对地表产生较大扰动,造成地面变形可能过大。

(2) 管幕连接形式:管幕的连接包括纵向连接和环向连接。

管幕纵向采用螺栓或焊接进行连接。环向采用锁口进行连接,锁口采用角钢焊接在钢管幕的外表面,如图 15-11 和图 15-12 所示。常见的锁口类型有 P-T 型、P-P 型、L-T 型、L-L 型等,锁口空隙间填充止水剂可达到防水效果。

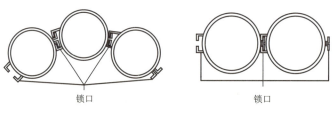

图 15-11　钢管幕环向锁口连接

图 15-12　常见的锁口类型

(3) 管节长度:管节长度根据施工工艺、钢板规格等因素确定。常用钢板规格为 2.0m、2.2m、2.5m,管节长度宜在此基础上确定。管节较短,在曲线段拼接时较为有利,施工过程易于纠偏,但焊接工作量较大,接头连接较多,对管幕支护能力有影响;管节较长,曲线段不易控制,但焊接工作量小,接头较少。根据经验,通常情况管节长度取 4m。

(4) 管幕壁厚:管幕壁厚与其埋深及推进长度有关。埋置深度较小时,荷载较小,壁厚相对较小;埋置深度较大时,管幕受到的水、土压力较大,钢管容易产生变形,需要选用壁厚较大的钢管。考虑水土压力、温度应力等,按照《给水排水工程管道结构设计规范》(GB 50332)的相关计算方法,钢管幕的壁厚通常不低于 10mm。

(5)管幕间距:管幕环向间距受开挖断面大小、管幕与初期支护的间距及锁口连接形式影响。管幕与初期支护间距过大,由于管幕变形、润滑浆液不均匀等,地面沉降可能增大;环向间距过小,则不能保证施工误差,亦不能满足止水圈的安装要求。结合钢管幕锁口形式,环向净距通常不小于 2cm。

(6)混凝土填充:为增强管幕支护强度,减小变形挠度,在管幕内采用混凝土进行填充,混凝土一般采用 C25 或 C30 细石混凝土,并添加微膨胀剂增强密实度。

15.6.3 超前管幕支护工程案例

重庆东环铁路某隧道下穿高速公路工程:该隧道全长 378m,双线单洞隧道,下穿重庆绕城高速公路,下穿段长度为 60m,下穿地段地质为砂岩,岩质较坚硬。

1)工程难点

(1)隧道出口端为回填土。

埋深浅:下穿段隧顶与高速公路路面高差为 0.5～4.5m;

地质复杂:地质条件变化,不均匀,有人工填土层、松散弃土片石层、弱风化岩层。

(2)高速公路要求控制的沉降量严格:地表沉降不大于 5cm,通车路面沉降不大于 2cm。

(3)管幕施工无接井,管幕施工穿越弱风化岩层。

该项目采用可回收式泥水平衡—岩石破碎顶管机进行掘进。

2)设计参数

如图 15-13 所示,该隧道采用 ϕ720mm 壁厚为 16mm 的无缝钢管密排布设,孔与孔的中心间距为 740mm,从仰拱开挖轮廓线以上 2m 开始管幕布设,距隧道开挖轮廓线外 5cm,共 37 根,单根长度 60m,共计 2200m。该工程采用超前管幕支护,有效地控制了地表沉降,成功地通过与高速公路交叉段。

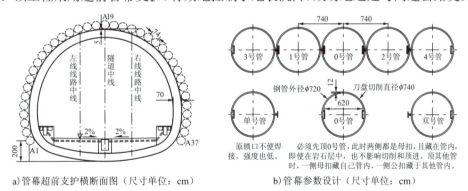

a)管幕超前支护横断面图(尺寸单位:cm)　　b)管幕参数设计(尺寸单位:cm)

图 15-13　管幕布置

15.7 机械预切槽设计

15.7.1 机械预切槽定义及适用范围

机械预切槽是指采用专业的预切槽机沿隧道横断面周边预先切割或钻一条一定深度和宽度的沟槽。

在硬岩中,预切槽可作为爆破的临空面,起爆顺序与传统爆破相反,由外向里逐层起爆。此方法可以显著降低钻爆法施工的爆破扰动。在软岩中,切槽后立即向槽内喷入混凝土,在开挖面前方形成一个预衬砌,随后才将切槽范围内的掌子面开挖处理,这样就能有效地减少因掌子面开挖而产生的围岩变形与地表沉降,并能在预衬砌的保护下安全高效地进行后续施工作业。机械预切槽技术一般多用于围岩抗压强度小于10MPa的地层,图15-14为机械预切槽超前支护示意图。

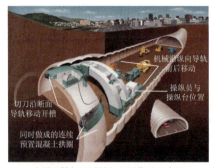

a) 预切槽机沿隧道纵断面作业示意图　　b) 预切槽切割施工示意图

图 15-14　机械预切槽超前支护

机械预切槽技术适用于未固结和软岩等多种地层的铁路、高速公路等大断面隧道的施工。其主要技术特点及优势如下:

(1) 可以有效降低对围岩的扰动,减少地层的应力释放,有效控制拱顶及地表沉降。

(2) 隧道横向、纵向形成连续的空间拱形结构,在连续拱壳保护下再进行开挖等后续作业,可以有效地保证隧道施工人员及设备的安全。

(3) 机械预切槽支护后采用全断面或台阶法施工,相对于侧壁导坑法等分部开挖法,能满足大型机械化施工的要求,同时可减少临时支护、打设锚杆、架立钢架等作业内容,施工效率相对较高。

(4) 机械预切槽和灌注混凝土采用机械同步施工,完全避免了隧道的超挖、欠挖现象,施工质量易于控制。

(5) 机械预切槽具有超前支护、施工支护及永久支护的功效,全部或者部分替代了超前小导管、锚杆、钢架、喷混凝土等支护措施,工程造价相对较低。

15.7.2　机械预切槽参数设计

在软岩中预切槽法也称预衬砌法,兼有超前支护和永久支护的功能。该支护技术在工程设计中涉及的参数主要包括以下几个方面:

(1) 预切槽断面形状:断面形状应确保结构内力分布均匀,尽可能达到最优化。

(2) 预切槽长度:取决于围岩的物理力学特性,通常为3～5m;在围岩地质条件较好时,可增大一次性切槽长度,最大不超过12m。

(3) 预切槽深度:取决于围岩的物理力学特性,通常为15～50cm。但随着机械设备的发展,目前切槽深度和宽度都在增加,当切槽灌注混凝土厚度在40cm以上时,可以作为隧道的初期支护,必要时亦可在拱圈内置入钢架,以提高预衬砌结构的抗变形能力。从意大利发展而来的机械预切槽衬砌工艺,切槽深度达到90cm,混凝土灌注后直接作为隧道永久衬砌使用。

(4) 预制拱圈混凝土力学特征:一般采用早期强度较高的混凝土,通常要求4h内达到较高的强度(8MPa),可采用钢纤维混凝土提高后期强度和抗变形的能力。

(5) 预切槽搭接长度:同样取决于围岩地层物理力学特性,每段切槽沿隧道轮廓线呈喇叭状,以便相邻两段预衬砌之间有一定的搭接长度,搭接长度通常不小于0.5m。

15.7.3 机械预切槽工程实例

机械预切槽技术多用于欧洲和日本,国内也有应用,如蒙华铁路郝窑科隧道内曾经做过机械预切槽施工的试验。

(1)工程概况

郝窑科隧道位于陕西省宜川县境内,属于黄土高原残塬区。隧道全长992m,为单洞双线隧道。隧道最大埋深138m,主要为砂质和黏质老黄土,Ⅳ级围岩段落长681m,采用机械预切槽法施工试验。机械预切槽法隧道横断面如图15-15所示。

(2)机械预切槽参数设计

切槽结构设计参数为切槽深度3.5m、切槽厚度0.3m、切槽外插角8°、搭接长度0.5m、一次开挖长度3.0m;为适应地质变化、保证施工安全,后期切槽参数更改为切槽深度3.5m、搭接1m、一次开挖长度2.5m,其余参数不变。喷灌混凝土采用早强早凝混凝土,强度等级为C30,喷灌混凝土泵送压力为10~12MPa,空气压力为0.8MPa。

环向切削长度分段如图15-16所示。

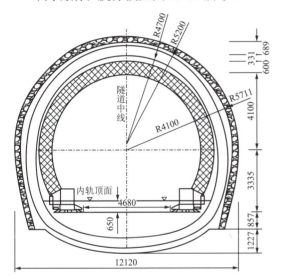

图15-15 机械预切槽法隧道横断面图(尺寸单位:mm)

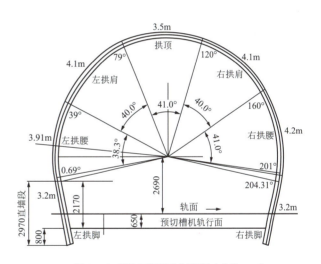

图15-16 环向切削长度分段(尺寸单位:mm)

(3)施工工艺

机械预切槽法工艺流程为:平整场地(预切槽机行走工作面)→预切槽机定位复核→分区切削成槽→分区喷灌混凝土→预切槽预衬混凝土完成→预切槽机后移→土方清运→场地平整→作业台架驶入→初期支护拱架及钢筋网片安装→初期支护喷混凝土→掌子面全断面土方开挖及外运→平整场地(预切槽机行走工作面)、继续第2循环预衬混凝土施工→施工数循环→开挖仰拱、施工仰拱初期支护→仰拱初期支护施工一定长度后按常规方法施工仰拱衬砌、拱墙衬砌。

(4)效果评价

在郝窑科老黄土隧道经过施工试验,预切槽设备切槽系统工作状态良好,预切槽设备分区切灌功能满足设计及试验要求。但是由于试验段掌子面黄土自稳能力差,切槽过程中槽壁易坍塌,特别是每环两侧拱脚部位较易出现坍塌,喷混凝土后侵入净空造成欠挖,后续施工处理欠挖较为困难。目前的机械预切槽施工工法不适应于围岩自稳能力差的地层,建议可对切槽设备进行改进,进一步对切灌同步作业进行研究,提高设备的地层适应性,同时提高施工效率。

15.8 结语

隧道超前支护作为一项保证隧道开挖安全以及控制地表沉降的技术,在铁路、公路隧道等地下工程建设施工中具有十分重要的作用。

世界各国的隧道超前支护技术发展理念不尽相同,由早期的防止坍方、掉块的理念逐渐向预支护的理念发展。北欧国家以挪威为例,其超前支护方式主要是超前注浆加固,通过注浆固结围岩起到预加固作用,一方面可增强围岩强度,提高围岩自稳能力,减弱地下水渗流,另一方面以加固圈形成承载结构,可减弱初期支护及衬砌结构的支护强度。中欧、南欧等国,在软弱围岩中超前支护主要以新意法理念为指导,通过超前注浆加固掌子面前方围岩提高其强度,进而采用大型机械全断面开挖;抑或是采用机械预切槽的方法,对掌子面前方围岩进行预衬砌、预支护,从而实现全断面机械作业。

国内受建设成本控制、大型施工装备的发展限制,建设者对于超前支护的认识,多认为在施工阶段以防止坍方、掉块和减少沉降为主,对于采用超前加固围岩、减弱后期支护强度的认识尚且较少,这与隧道建设理念也有关系。但随着国内装备制造业的快速发展,用于隧道开挖等地下工程的超前支护工艺技术也会得到不断发展,特别是有关施工工艺、工程力学计算方法和专用大型机械设备的快速进步,对于隧道超前支护的理念认识也会越来越深。

本讲参考文献

[1] 关宝树. 隧道工程设计要点集 [M]. 北京:人民交通出版社,2003.

[2] 杨新安. 软岩巷道锚注支护机理与技术的研究 [D]. 徐州:中国矿业大学,1995.

[3] 王伟锋. 软岩偏压双连拱隧道管棚预支护参数研究 [D]. 北京:北京交通大学,2006.

[4] 李健,谭忠盛,喻渝,等. 浅埋下穿高速公路黄土隧道管棚变形监测及受力机制分析 [J]. 岩石力学与工程学报,2011,30(1):3002-3008.

[5] 苟德明,阳军生,张戈,等. 浅埋暗挖隧道管棚变形监测及受力机制分析 [J]. 岩石力学与工程学报,2007,26(6):1258-1264.

[6] 唐强,秦岭,陈军,等. 拱架式预切槽施工机械在黄土隧道施工中的应用 [J]. 隧道建设(中英文). 2017(12):1613-1621.

第16讲

隧道掌子面加固设计

隧道掌子面前方围岩加固设计，是当隧道穿越软弱围岩或不良地质段落时，为了确保施工过程中掌子面的稳定，为顺利施工提供前提条件，采取的以支护手段为中心，对掌子面前方围岩进行预加固的行为。

本讲主要介绍掌子面补强设计的加固原理和方法，具体介绍预留核心土、喷射混凝土、掌子面纤维锚杆、注浆加固、超前降水等相关加固方法。

16.1 隧道掌子面加固概述

16.1.1 加固方法分类

目前世界上已开发出多种预加固技术，在隧道开挖之前实施，以稳定围岩和掌子面，按功能的不同可分为以下几种[1]：

（1）提高构件的弯曲刚度，从而维护围岩稳定的超前支护，如大、小短管棚，水平旋喷注浆，超前锚杆等；

（2）改良围岩物性的注浆法；

（3）发挥锚杆作用的斜锚杆、正面锚杆、地表锚杆、预应力锚杆；

（4）喷射混凝土加强的高强喷射混凝土、钢纤维喷射混凝土等。

随着我国大量高速铁路和城际铁路的兴建，隧道数量大幅增大。在修建隧道过程中经常遭遇不良地质，对于特大断面隧道建设，采用预留核心土法、CD法、CRD法、双侧壁导坑法等工法的局限越来越明显，难以满足当前隧道施工的进度、质量和安全需要，而隧道全断面预加固技术可以利用多功能高速旋喷钻机对掌子面前方的"待挖核心土"及其周边围岩进行预加固，稳定后进行全断面开挖。加固措施控制隧道掌子面挤出变形，限制掌子面前方围岩的收敛变形以达到隧道整体稳定，并实现隧道的快速掘进，提高掘进效率。隧道全断面预加固技术越来越受到国内隧道工程设计技术人员的关注。如国内在建的某高速铁路隧道开展了大断面隧道安全快速标准化修建技术研究，如图16-1所示。

本讲执笔人： 刘保林，曹林卫.

图 16-1　国内某高速铁路隧道超前注浆加固掌子面

16.1.2　掌子面加固现状

我国地质条件复杂，隧道在施工掘进中会遇到各种不同的地层环境和地质灾害，如围岩裂隙发育和断层破碎带等不良地质。这些因素会影响正常的安全施工，增加施工成本，处理不当会产生大变形、掌子面失稳塌方、冒顶、涌水等工程事故。这些事故的发生会拖延施工进度，造成设备损失和人员伤亡，甚至导致整个工程的失败，造成严重的经济损失。掌子面的稳定是保证施工中整个隧道稳定的重要因素。对于大断面软弱围岩隧道，特别是完整性较差的围岩，国内外隧道掌子面坍塌事故屡见不鲜（图 16-2）。国外如意大利 Stefano 隧道和 Vasto 隧道等都是发生掌子面坍塌的典型的实例[2]；国内如雅泸高速公路的泥巴山隧道，在隧道开挖过程中，地下水的软化、腐蚀致使围岩强度大幅降低、围岩应力不断加大，从而导致钢拱架严重扭曲，最终出现开挖后长达 20m 的大塌方。此类事故较普遍，但破坏机制较复杂，有多方面的原因，处治方案不能一概而论。

图 16-2　隧道掌子面坍塌事故

目前国内对于掌子面稳定性问题的研究仍然处在较低的水平。在工程实践中，我国的隧道设计和施工还处于半经验、半理论和工程类比的阶段[3]，而工程地质的复杂性不能仅靠经验来判断，很多隧道工程事故的发生，就是因为对隧道掌子面稳定性和变形支护控制理论缺乏系统研究。这方面的不足表现为以下几点：①对理论认识不明确、不系统；②隧道属于岩土结构，对复杂的岩土稳定性问题，目前无论是实验室研究还是计算机数值模拟，都有其局限性和不完善的地方；③关于掌子面稳定性预测、掌子面变形量测，还缺乏系统的测试方法和研究手段；④隧道掌子面超前预支护以及掌子面加固技术，缺乏科学的指导。

摆在隧道工程师们面前的，是越来越多的超大断面、地下水极丰富、浅埋偏压、软弱围岩、掌子面失稳等隧道技术难题，特别是涉及隧道安全施工的掌子面稳定性这类问题，需要弄清隧道施工过程中变形的时空效应，研究控制掌子面稳定性的技术措施，并在隧道工程中得以应用[4]。

16.1.3 隧道掌子面失稳

隧道开挖是围岩荷载释放的过程,开挖会导致掌子面前方产生松动区域,在上方覆土的作用下,掌子面会向隧道内发生松动而失稳。在不同围岩中掌子面失稳类型是不一样的[5],如:①在砂质围岩中,砂层随滞留的地下水从隧道掌子面围岩上部流出,造成掌子面拱部出现塌落,有排水和通风的原因,造成砂层干燥,使其丧失凝聚力而崩落等;②在软弱围岩中,由于围岩强度较低,加上有地下水的存在,使得逆向的围岩松弛,岩体节理面因剪切阻力不充分而崩落,还有核心土上方围岩,由于有不透水层的存在,上部透水层产生的土压、水压使得掌子面出现涌水,从而致使掌子面围岩崩塌;③在破碎围岩中,由于破碎带的存在,围岩开挖后,破坏了原来围岩之间的咬合程度,如果有地下水存在,使得掌子面突然出现涌水,从而使得涌水和土砂一同从掌子面流出,造成崩塌;如果没有地下水存在,掌子面随开挖而松弛,围岩失去平衡而崩塌;④在裂隙发育的岩体环境中,在某些情况下会有薄层,而且强度小,如千枚岩薄层夹杂在岩体中,岩体会沿着其表面发生剥落,严重时,会形成大规模的崩塌;隧道穿越倾斜的逆层时,虽然岩体坚硬,但是围岩可以从层理面剥落而崩落。

16.1.4 隧道掌子面加固的主要机理

根据掌子面的应力应变状态,如图 16-3 所示,掌子面稳定性可分为三类:稳定,掌子面应力类型为弹性,为 A 类;短期稳定,掌子面区域应力类型为弹塑性,为 B 类;不稳定,掌子面区域处岩体过度松弛而失效,为 C 类。而掌子面的纵向(挤出)位移与掌子面稳定性直接关联,过度的挤出位移一般标志着掌子面由短期稳定状态向不稳定状态转变。

当掌子面及隧道周围的岩层的应力状态不足以克服介质的强度时,确定为 A 类变形形态。隧道开挖横断面越接近理论轮廓线,成拱效应越接近隧道边墙。变形现象在弹性范围内发展,大小以厘米计,从整体上讲,掌子面是稳定的。局部的不稳定仅仅是由于岩体的不利部分引起的单块岩石坠落造成的。岩层的各项应力—应变状态发挥了极为重要的作用。隧道的稳定性不会因为存在地下

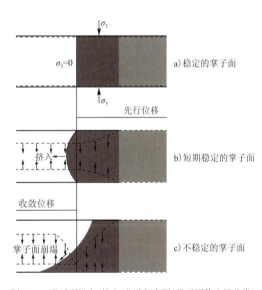

图 16-3 掌子面纵向(挤出)位移概念图(掌子面稳定性分类)

水或动态水而受到影响,除非岩层的强度受到水的力学或化学作用影响,或者水力梯度很强,水流的冲力破坏了围岩滑动面的抗剪强度。采取隧道稳定加固措施的主要目的是为了防止围岩裂化。

当开挖期间隧道掌子面及隧道周围的岩层的应力状态能够克服处于弹性范围内的岩层的强度时,确定为 B 类变形形态。在这种情况下,不会紧接开挖轮廓面形成成拱效应,但是会根据塑性圈的大小在离开开挖轮廓面一定距离处形成成拱效应。以正常掘进速度进行施工发生的变形处于弹-塑性范围内,变形的发生会受到一定的推延,变形以 10cm 计。以正常的掘进进度进行施工,隧道在短期内是稳定的,并且随着隧道掘进进度的增加或减小,隧道的稳定性提高或降低。因为地层还能够聚集足够的剩余强度,所以超前核心土以挤出形式出现的变形不会影响隧道的稳定性。隧道的不稳定性表现为松散地层剥落,剥落广泛分布于隧道掌子面及隧道洞身周围,但是这种不稳定性允许在掌子面通过后采取传统的径向约束措施进行支护。在某些情况下,需要采取掌子面超前约束措施,以平衡掌子面加固措施和隧道洞身加固措施,最终把变形控制在可接受的限度内。

当地层的应力状态远远大于掌子面附近区域的地层材料的强度特性时,确定为 C 类变形形态。由于地层没有足够的残余强度,因此既不会在掌子面处形成成拱效应,也不会在隧道洞身周围形成成拱效应。在这种情况下,变形是不可接受的,因为变形会很快演变成坍塌,引起严重的不稳定现象,如掌子面坍塌和隧道塌方,并且采取径向约束措施已经来不及。此时,必须从掌子面前方进行地层加固,以形成人工成拱效应,对地层提供超前约束作用。如果没有适当考虑地层中处于流动状态的水,则会进一步降低地层强度,造成塑性圈扩大,并且会增加变形体体积。在动水情况下,动水还会带走地层材料,形成虹吸效应,危害极大。

16.2 隧道掌子面加固的主要方法

16.2.1 预留核心土

预留核心土是指在掌子面不能自稳的围岩中,开挖时把掌子面中央部留下,核心土以填土的形态促使掌子面稳定的工法。预留核心土常与掌子面喷混凝土和掌子面锚杆组合使用以保证掌子面稳定。核心土的力学效应为:

天然岩体中,只考虑自重的情况下,一点的应力状态如图 16-4 所示。

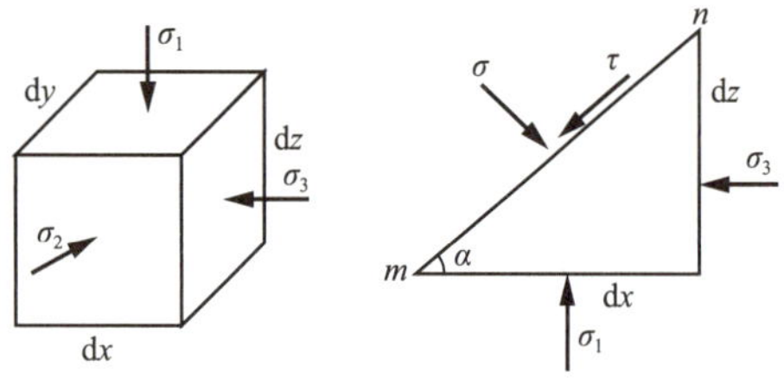

图 16-4 一点的应力状态

微元体顶面和底面的作用力均为:

$$\sigma_1 = \gamma z \quad (16\text{-}1)$$

微元体侧面作用力为:

$$\sigma_2 = \sigma_3 = \lambda \gamma z \quad (16\text{-}2)$$

式中:γ——岩土的重度;
z——土体深度;
λ——侧压力系数。

在微元体上任取一截面,则截面上的法向应力和剪应力为:

$$\sigma = \frac{\sigma_1 + \sigma_3}{2} + \frac{\sigma_1 - \sigma_3}{2}\cos 2\alpha \quad (16\text{-}3)$$

$$\tau = \frac{\sigma_1 - \sigma_3}{2}\sin 2\alpha \quad (16\text{-}4)$$

随着隧道的开挖,掌子面就成为一个临空面,由于失去了原本的约束,三向应力状态转变为平面应力状态。从前面的分析可知,截面上的剪应力变为:

$$\tau = \frac{\sigma_1}{2}\sin 2\alpha \quad (16\text{-}5)$$

可知,由于从三向受力变为二向受力,剪应力会增大,一旦其超过岩体的抗剪强度,即导致掌子面的变形、破坏。

为了保证大断面隧道掌子面的稳定性,改善掌子面核心土的受力状态,于是预留核心土环形开挖方法得以运用。通过预留核心土,使其对开挖面形成约束,通过提供一定的水平作用力,使超前核心围岩更接近于三向受力,提高掌子面的稳定性。

预留核心土法是控制掌子面挤出位移、防止掌子面崩塌的有效方法之一。日本对掌子面在不留核心土、留核心土以及不同台阶长度等的影响下进行的一项研究表明：对于不留核心土的场合，掌子面挤出量超过 70mm 的部分可达到掌子面前方 1.3m；而对于留有核心土的场合，掌子面挤出量超过 70mm 的部分只达到掌子面前方 0.6m 处。

根据研究结论[6]，在隧道埋深 20m 的 V 级和 VI 级围岩段的双线隧道，合理核心土长度分别为 2.5～3.0m 和 2.5～3.5m。该埋深条件下的 V 级围岩段，核心土显著控制了掌子面底部塑性变形，且随着核心土长度的增加，环形掌子面塑性区范围逐渐减小，并在核心土长度大于 3.5m 后趋于稳定；预留核心土后，核心土支挡区掌子面纵向变形明显减小，且随着核心土长度的增加，掌子面最大纵向位移基本不变，而环形掌子面各处纵向位移逐渐增大；核心土控制了掌子面前方拱顶沉降，但核心土长度改变对拱顶沉降影响较小。该埋深条件下的 VI 级围岩段，随着核心土长度的增加，掌子面前方塑性区范围减小；适当留取核心土，有利于控制掌子面纵向变形；核心土长度为 2.0m 时拱顶沉降较大，随着核心土长度的增加，拱顶沉降量不断减小，在核心土长度大于 3.5m 后趋于稳定。

16.2.2 喷射混凝土

在隧道施工中，从三维空间效应出发，掌子面的稳定与否至关重要。为了控制掌子面的挤入和松弛，在开挖过后喷射 3～10cm 的混凝土覆盖掌子面，是防止正面围岩松弛，提高掌子面自稳性的重要措施。开挖过后尽快施工，抑制发生的位移松弛和浮石，防止初期的崩落和约束掌子面，提高掌子面的稳定性。在未固结和膨胀性围岩中，一个循环间的围岩劣化可能很显著，会发生掌子面掉块等不同程度的崩落。在这种场合常采用正面喷射混凝土作为稳定掌子面的对策。正面喷射的喷混凝土不是起轴力构件的功能，而是以面的剪切抵抗支持掌子面[7]。

正面喷射混凝土适用于易产生崩落和掉块的裂隙围岩、膨胀性围岩、断层破碎带、埋深小的风化围岩和未固结围岩等。在停止开挖作业的场合，为防止掌子面劣化也多在掌子面喷射混凝土。此时，喷射混凝土厚度要比上述的掌子面稳定对策的厚度大，一般采用 10～20cm。掌子面喷射混凝土如图 16-5 所示。

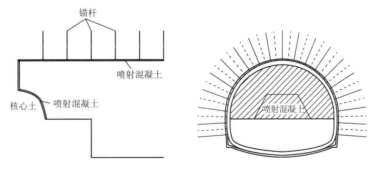

图 16-5 掌子面喷射混凝土示意图

在一般情况下，喷射混凝土的力学作用，可以归纳为：

（1）喷射混凝土必须与围岩密着，与围岩成为一体才能起支护作用。因此我们要求喷混凝土的一个重要性能，就是与围岩的附着性，或者说喷混凝土与围岩的附着强度。

（2）隧道开挖后，希望能在"最短的"时间内，控制住围岩的松弛或变形。因此要求以"最快的"速度向围岩喷射混凝土。喷射混凝土的强度是随时间增长的。要其发挥支护作用，就必须让喷射混凝土在"短时间"内达到一定的强度。也就是说，喷射混凝土必须具备在短时间内达到一定强度的性能，就是所谓的"初期强度"。

（3）具有一定厚度的喷射混凝土层，才具有结构作用。喷射混凝土的结构作用，是我们在设计中考虑到的主要作用。

喷射混凝土只有在充分考虑其附着性、初期强度和结构作用的条件下,才能充分发挥其支护作用。

普通喷射混凝土材料由水泥、集料、水和外加剂等按照一定的比例拌和而成。在此基础上,根据不同的工程需要,又先后发展了纤维喷射混凝土、硅粉喷射混凝土、聚合物改进混凝土以及速凝喷射混凝土等。

16.2.3 掌子面纤维锚杆

纤维锚杆是一种典型的核心土超前支护措施,它对松散的核心土起到骨架作用,使得土体的结构性得到明显的提高。在掌子面进行干钻,钻孔近似平行于隧道轴线并均匀分布在掌子面上,长度一般大于隧道直径。钻孔后将纤维锚杆插入孔内并立即注入水泥砂浆。纤维锚杆有两种类型:一种是纤维中空注浆锚杆,纤维注浆锚杆主要由两个部分组成,第一部分为纤维属性的加强锚固构件,第二部分为注浆管路构件,注浆管内可套入止浆塞进行定向定域注浆;另一种为实心的砂浆锚固型纤维锚杆。

纤维锚杆有良好的抗拉强度和较大的脆性,既能有效抑制掌子面挤出变形,开挖机械又能够很容易地将其挖断。该技术也可用于黏结性、半黏结性土层及破碎围岩中,在采取措施确保钻孔完整性的情况下甚至也可用于黏结性非常低的土层中。该技术可改善隧道掌子面超前核心土的应力—应变特性,使得掌子面超前核心土的应力—应变反应得以预测和控制,从而充分发挥洞室的预约束效应。

纤维锚杆还可以促进隧道的成拱效应[8]。在掌子面施作纤维锚杆,可改善待挖核心土的形变特性,促进掌子面附近"压力拱效应"的形成,从而提高围岩稳定性和施工的安全性[9]。

对于双线隧道,纤维锚杆的直径可选 25～40mm,长度一般为 14～24m。纤维锚杆搭接长度是控制隧道掌子面稳定的关键因素,应满足最小搭接长度的要求。锚杆的搭接长度可按照超前核心土破裂面的深度确定,一般取 3～6m。纤维锚杆在全断面按梅花形布置效果较好,间距一般取 1～2m。

隧道开挖后,掌子面处于临空状态,其稳定性机理与边坡稳定相似,隧道因开挖引起的掌子面上方松散土体将全部作用在隧道掌子面上。隧道掌子面上方受到松弛荷载 q 的作用。掌子面失稳机理如图 16-6 所示,由此可计算出最小搭接长度为[10]:

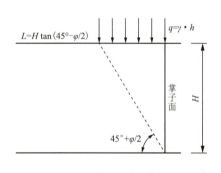

图 16-6 掌子面失稳机理

$$L = H \tan\left(45° - \frac{\varphi}{2}\right) \quad (16\text{-}6)$$

16.2.4 掌子面注浆加固

隧道超前预注浆就是在隧道开挖前,对其隧道开挖面一定范围内进行压力注浆,待浆液与围岩充分加固后再进行开挖的一种超前支护形式。该方法可以有效避免隧道开挖后发生涌水涌砂、开挖面塌陷、隧道变形、支护构件失效等问题,从而保证隧道的安全掘进[11]。

目前,主要的隧道掌子面注浆加固方法有:

1)全断面预注浆

(1)在富水地段或软弱地层(水压和水量较大,且围岩自稳能力差的地层)可采用全断面预注浆进行加固堵水,主要加固隧道开挖轮廓线以外一定范围以及隧道开挖面,加固范围宜为开挖线外 3～8m。

(2)全断面预注浆方案、参数设计宜按下列原则确定：

①根据地层裂隙状态、地下水情况、加固范围、设备性能、浆液扩散半径和对注浆效果的要求等综合因素确定注浆孔数、布孔方式及钻孔角度。

②深孔预注浆初始循环应根据水压、水量、地层完整性及设计压力确定止浆墙的形式。

③深孔预注浆段的长度应视具体情况合理确定，宜为15～50m，掘进时必须保留止水岩盘的厚度，一般为5～8m；浅孔预注浆段的长度应视具体情况确定，宜为5～15m，掘进时必须保留止水岩盘的厚度，一般为2～4m。

④全断面预注浆设计压力应根据围岩水文地质条件合理确定，宜比静水压力大0.5～1.5MPa；当静水压力较大时，宜为静水压力的2～3倍，注浆泵量程应达到设计压力的1.3～1.5倍。

⑤预注浆单孔注浆结束的条件为：深孔各段均达到设计终压并稳定10min，且注浆量不小于设计注浆量的80%，进浆速度为开始进浆速度的1/4；浅孔达到设计终压。

⑥检查孔的渗水量应小于设计允许值，浆液固结体达到设计强度方可开挖。

(3)注浆前应进行压水或压稀浆试验，判断地层的吸浆和扩散情况，确定浆液浓度、注浆压力和注浆量。

(4)预注浆视围岩状况可采取前进式分段注浆、后退式分段注浆和全孔一次性注浆施工工艺。钻孔注浆分段长度根据地质情况确定，深孔宜为3～10m，浅孔宜为1～5m。

(5)进行后退式分段注浆时，应设置止浆塞。止浆塞可采用气囊、水囊或橡胶止浆塞，并能承受注浆终压的要求，必要时可采用孔口管法兰盘止浆方式。

(6)当在涌水量大、水压高或围岩破碎的地段钻孔时，应先施作止浆墙和设置带闸阀的孔口管。孔口管应为无缝钢管，直径应根据开孔钻头选择，不宜小于90mm。孔口管入止浆墙深度依据最大注浆压力确定，宜比止浆墙厚度长50cm。当出现大量涌水时，应拔出钻具，关闭孔口管上的闸阀，待做好准备后再进行注浆。

(7)注浆过程中应根据浆液扩散情况、注浆量、注浆压力等参数调整注浆材料的配比。

2）帷幕注浆

(1)在富水地段（涌水量较大，但水压不大，且围岩有一定自稳能力的地层）可采用帷幕注浆进行加固堵水，主要加固隧道开挖轮廓线以外3～8m的范围。

(2)帷幕注浆方案、参数设计宜按下列原则确定：

①根据地层裂隙状态、地下水情况、加固范围、设备性能、浆液扩散半径和对注浆效果的要求等综合分析确定注浆孔数、布孔方式及钻孔角度。

②帷幕注浆段的长度应视具体情况合理确定，宜为15～50cm；掘进时必须保留止水岩盘的厚度，一般为5～8m。

③岩石地层帷幕注浆设计压力应根据水文地质条件合理确定，宜比静水压力大0.5～1.5MPa；注浆泵的量程应达到设计压力的1.3～1.5倍。

④帷幕注浆单孔注浆结束的条件为各孔段均达到设计终压并稳定10min，且注浆量不小于设计注浆量的80%，进浆速度为开始进浆速度的1/4。

⑤帷幕注浆检查孔的渗水量应小于设计允许值，浆液固结体达到设计强度后方可开挖。

3）周边预注浆

(1)周边小导管预注浆是通过小导管对隧道开挖周边围岩进行注浆加固，以满足开挖需要。该方法主要适用于水压和水量较小、围岩有一定自稳能力的地层，或作为全断面预注浆和帷幕注浆后的补充注浆。其注浆材料一般采用水泥浆、水泥—水玻璃双液浆等。

(2)周边小导管预注浆方案、参数设计宜按下列原则确定：

①应根据地层裂隙状态、地下水情况、加固范围、浆液扩散半径和对注浆效果的要求等综合分析确定注浆孔数及布孔位置。

②注浆孔一般沿开挖工作面周边轮廓线钻设,外插角10°～15°。钻孔深度应视具体情况合理确定,宜为3～6m。

③设计注浆压力一般为0.5～1MPa,并根据施工实际情况合理确定。

④周边小导管注浆宜按由下往上的顺序施作,并采取有效措施防止窜浆。

⑤单孔注浆结束的条件为达到设计终压,且注浆量不小于设计注浆量的80%。

⑥周边小导管预注浆后浆液固结体达到设计强度后方可开挖。

(3) 周边小导管预注浆后,必须在分析资料的基础上进行注浆效果检查,当未达到设计要求时,必须进行补充注浆。

(4) 注浆总量按下列方法确定:

①土层中灌注所需浆液总量 Q 可采用经验公式计算:

$$Q = 1000KVn \tag{16-7}$$

式中:Q——浆液总用量(L);

V——注浆对象的土量(m^3);

n——土的孔隙率(%);

K——经验系数,取值为:

软土、黏性土、细砂	$K=0.3～0.5$
中砂、粗砂	$K=0.5～0.7$
砾砂	$K=0.7～1.0$
湿陷性黄土	$K=0.5～0.8$

一般情况下,黏性土地基中的浆液注入率为15%～20%。

②岩层中注浆用量可根据扩散半径及岩层裂隙率进行粗略估算,作为参考。

$$Q = \pi r^2 H \eta \beta \tag{16-8}$$

式中:r——浆液扩散半径(m);

H——压浆段长度(m);

η——岩层裂隙率,一般取1%～5%;

β——浆液裂隙内的有效充填系数,约为0.3～0.9,视岩层性质而定。

对于大的裂隙、溶洞,$\eta>5\%$时,浆液注入量难以计算,宜用注浆压力控制注浆量,注浆量只能按注浆终压规定值时的注浆总量来确定。

16.2.5 超前降水

当隧道穿越富水地层时往往先要进行人工降水,然后在比较干爽的条件下进行施工。在地下工程中常用的降低地下水位方法有集水明排和井点降水两类。集水明排是在基坑中开挖集水井和集水沟。该方法适合于弱透水地层中的浅基坑,但明排降水由于其制约条件较多,尚未广泛应用。井点降水的适用条件较广,并经过二十多年来的应用、发展和改进,已形成了多种井点降水方法,如轻型井点、喷射井点、管井井点、引渗井点、电渗井点、辐射井点等。这些有效的降水方法现已被广泛用于各种降水工程中[12]。

洞内常用轻型井点降水。轻型井点是将井点管、总管及储水箱内空气抽走,形成一定的真空度,由于管路系统外部地下水承受大气压力的作用,为了保持平衡状态,水由高压区向低压区方向流动。轻型井点降水管布置如图16-7所示。地下水被压入井点管内,经总管至储水箱,然后用水泵抽走。轻型井点降水一般适用于粉砂、细砂、粉土、黏质粉土和粉质黏土等渗透系数较小(0.1～20m/d)的弱含水层中,降水深度单层不大于6m,上层不大于12m。

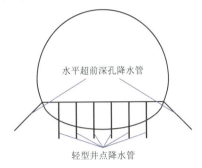

图16-7 轻型井点降水管布置图

(1)洞内轻型井点降水应遵循下列原则:
①宜根据现场条件及地层情况用钻机钻孔或用喷射成孔进行井点埋设。
②井点间距宜为0.8～1.6m。
③滤管顶端应埋设在开挖基底面以下1.0～1.2m或根据计算确定,每组井点埋设深度必须保持一致。
④井点管的方向可竖直或根据具体情况倾斜50°～55°。
⑤钻孔深度必须比滤管底端深0.5m,孔壁与井管之间应及时用粗砂填实。孔口下至少5.0m的深度内应用黏土填塞密实,以防漏气。
⑥当遇到黏土层时,应防止产生砂滤层脱空现象。
⑦井点埋设后,应进行试验,埋管合格后再装上弯联管,并与总管连接。
⑧总管与泵的位置应按设计安装,各部连接应严密,防止漏气。
⑨井点系统安装完毕后,应进行试验性运转,检查系统的真空度。
⑩正式运转后,应根据泥砂含量及降水速度判断排水管开启的大小及泵的流量,并及时进行调整。
⑪抽水过程中,应经常检查管路有无漏气及"死井",如有"死井"可进行疏通或重新埋设井点。
⑫洞内轻型井点降水后水位线应低于隧底开挖线0.5～1.0m。
⑬洞内轻型井点降水应视水量大小在二次衬砌施作后或铺设防水板前拆除降水管。

(2)降水运行期间,观测井应每天至少监测一次;降压井在条件许可的情况下,可采用自动监测,便于及时了解坑外的水位变化情况。

(3)地下水位观测井的位置和间距应按设计要求布置,可用井点管作为观测井;在开始抽水时,每隔2h观测一次,以了解整个系统的降水机能及地下水位下降规律;当地下水位降到预期高程前,可每天观测2次;当地下水位降到预期高程后,可几天或一周观测一次,直至降水结束;但当遇到下雨或有异常情况时,应加密观测。

(4)流量观测宜采用流量表或堰箱。若发现流量过小且水位降低缓慢甚至降不下去时,可考虑改用流量较大的水泵;若是流量较大而水位降低较快则可改用小流量泵,以免现有水泵无水发热。流量观测应与地下水位观测同步。

(5)应对降水影响范围以内的建筑物和地下管线进行沉降观测。沉降观测的基准点应设置在井点影响范围之外。沉降观测可用水准仪和分层沉降仪进行,遇到降水较深且土层较多时,可增设分层标,以便了解各土层的沉降量,从而校核沉降计算。沉降观测次数应每天一次;异常情况下应加密观测,每天不应少于两次。

16.3 掌子面加固工程实例

1）工程概况

郑万高速铁路高家坪隧道，全长 5498m，最大埋深 320m，单面顺坡施工。岩性主要为页岩及灰岩，岩体破碎，节理裂隙发育。主要不良地质有岩溶、炭质页岩夹煤线低瓦斯、断层破碎带，易发生突水、突泥。

2）机械化配置

施工以"机械化配套施工"为核心，强化三臂凿岩台车、多功能拱架安装机、湿喷机械手、液压式仰拱栈桥、防水板及钢筋安装定位台架、液压式衬砌台车、沟槽滑模台车、衬砌养护台车等九条机械化作业线。将超前地质预报和监控量测进行工序化管理，通过超前地质预报和监控量测结果综合分析，对开挖工法及支护参数进行动态调整。以先进的大型机械设备工装和技术手段为基础，科学管理、合理组织，达到安全、高质量、高效施工的目的。

3）全断面开挖

全断面开挖分为全断面含仰拱开挖、全断面不含仰拱开挖；采用 2 台全电脑三臂凿岩台车钻孔、装药爆破掘进。三臂凿岩台车及自动拱架安装台车定位于隧底作业高度不足，为保证全断面含仰拱一次性开挖，钻孔作业及拱架安装时考虑施作钻孔及拱架安装作业平台。

Ⅳ、Ⅴ级围岩采用超前管棚填充注浆或小导管超前注浆加固后，每循环开挖支护进尺不大于 3 榀钢架间距。施工中根据现场实际情况，结合前期初期支护监控量测数据、超前地质预报结果，在内控标准范围内动态调整开挖支护进尺，保证掌子面围岩稳定，避免坍塌掉块情况发生，确保施工安全。

4）掌子面加固措施

掌子面稳定是隧道软弱围岩大断面施工的关键。为了提高掌子面稳定性，根据表 16-1 对掌子面采取超前预加固措施。

（1）掌子面喷射混凝土封闭

每循环开挖后，对掌子面采用 C25 混凝土封闭（图 16-8），避免掌子面围岩暴露时间过长，风化产生掉块，确保掌子面稳定。喷射混凝土厚 4～6cm。

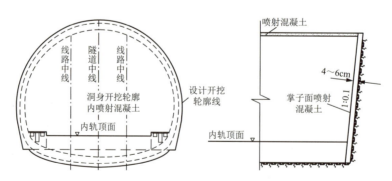

图 16-8　掌子面喷射凝土封闭

（2）掌子面钻孔注浆加固

根据表 16-1，掌子面钻孔注浆加固分为局部纤维锚杆注浆、上台阶纤维锚杆注浆、全断面纤维锚杆注浆、ϕ76mm 钻孔注浆（图 16-9～图 16-12）。根据掌子面揭露的地层岩性、节理裂隙发育程度、岩体破碎程度、地下水发育状况，选择相应的预加固形式。掌子面处理施工如图 16-13 所示。

隧道不同稳定性条件超前支护措施表

表 16-1

分类		掌子面围岩分类	围岩分级	处理措施		备注
				掌子面处理措施	超前支护措施	
A	A-3	富水、破碎	Ⅳ	喷射凝土封闭+局部纤维锚杆	$\phi 42mm$、$\phi 60mm$ 中管棚，长度不小于9m	
B	B-1	软质岩	Ⅲ、Ⅳ	喷射混凝土封闭	Ⅳ级围岩设置 $\phi 60mm$ 中管棚，长度不小于9m	
	B-2	富水、完整	Ⅳ	喷射混凝土封闭+上断面纤维锚杆	$\phi 76mm$ 中管棚，长度不小于9m	
	B-3	无水、破碎	Ⅳ	喷射混凝土封闭+全断面纤维锚杆	$\phi 76mm$ 中管棚，长度不小于9m	
	B-4	富水、破碎	Ⅴ	喷射混凝土封闭+注浆固结	$\phi 76mm$ 中管棚，长度不小于20m	
C	C-1	硬质岩	Ⅲ、Ⅳ、Ⅴ	Ⅳ、Ⅴ级围岩地段喷射混凝土封闭	Ⅳ、Ⅴ级围岩分别设置 $\phi 60mm$、$\phi 76mm$ 中管棚，长度不小于9m	
	C-2	顺层偏压变形	Ⅲ、Ⅳ、Ⅴ			
	C-3	软质岩	Ⅳ、Ⅴ	喷射混凝土封闭+上断面纤维锚杆	$\phi 76mm$ 中管棚，长度不小于20m	
	C-4		Ⅳ、Ⅴ	喷射混凝土封闭+全断面纤维锚杆		
D	D-1	构造破碎带	无水 Ⅴ	喷射混凝土封闭+注浆固结	$\phi 108mm$ 大管棚，长度不小于20m	压性断层
	D-2		富水 Ⅴ、Ⅵ	喷射混凝土+全断面帷幕注浆固结	$\phi 108mm$ 大管棚，长度不小于20m	张性断层
E		岩溶强烈发育灰岩	Ⅲ、Ⅳ、Ⅴ	Ⅴ级围岩地段喷射混凝土封闭	Ⅳ、Ⅴ级围岩设置 $\phi 89mm$ 大管棚，长度不小于20m	根据揭示的岩溶情况增加处理措施

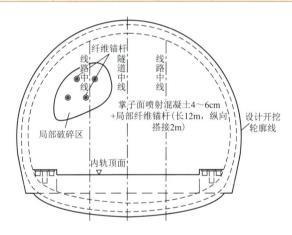

图 16-9　纤维锚杆局部布设示意图

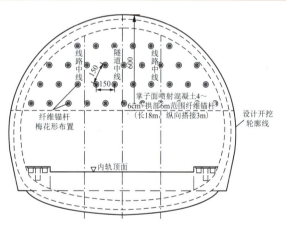

图 16-10　纤维锚杆上台阶布设示意图（尺寸单位：cm）

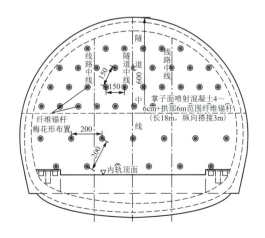

图 16-11　纤维锚杆全断面布设示意图（尺寸单位：cm）

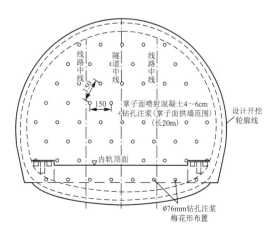

图 16-12　钻孔注浆全断面布设示意图

图 16-13　掌子面处理施工

①施工准备：绘制长纤维锚杆钻孔设计图，对局部破碎区进行注浆加固，长纤维锚杆长 12m，纵向搭接 2m，梅花形布置，间距 1.5m×1.5m（环向 × 纵向）。

②掌子面封闭喷浆：立即对掌子面进行封闭处理，采用 C25 喷射混凝土封闭掌子面。

③三臂凿岩台车就位：作业区域场地平整，压实，三臂凿岩台车开至作业区域，放下支腿，水电接通，自动定位。

④钻孔、清孔：在三臂凿岩台车车载电脑上依次导入钻孔设计图，启动全电脑控制，自动找点、钻孔；为防止锚杆安装孔壁出现堵塞，及时通过高压风管对孔进行清孔处理。

⑤锚杆安装：利用三臂凿岩台车自带吊篮作为锚杆安装平台，锚杆节段间通过连接套连接，锚杆底部安装排气管。

⑥注浆：现场配制注浆单元现场注浆，采用 1:1 水泥浆，将注浆接头和锚杆杆体连接，并接通注浆泵，向孔内注浆，注浆压力控制在 0.5～1.0MPa。注浆过程中，孔内被挤压的空气沿排气管向外排出。

5）效果评价

本隧道采用大型机械化配套进行全断面工法开挖，为保证施工安全，对各类围岩分情况采取不同的针对性措施。根据隧道围岩地质分类情况，分别采取"喷 C25 混凝土"、"喷 C25 混凝土 + 局部纤维锚杆"、"喷 C25 混凝土 + 上台阶纤维锚杆"、"喷 C25 混凝土 + 全断面纤维锚杆"、"喷 C25 混凝土 + 钻孔注浆"、"喷 C25 混凝土 + 超前帷幕注浆"等措施，支护后采用全断面开挖，有效地消除分台阶施工中二次沉降及收敛，减少了施工工序，加快了施工进度。

16.4　结语

隧道洞身稳定性与隧道掌子面核心土体系的稳定性存在直接联系，对隧道掌子面前方围岩核心土进行防护和加固，提高其刚度，可以控制围岩核心土的变形，从而控制隧道洞身的收敛变形。隧道掌子面加固的思路是把掌子面前方核心土视作一种新的隧道长期和短期稳定的工具，其强度及变形特征是隧道变形的真正原因，通过对围岩核心土进行防护和加固，以提高其强度达到控制隧道变形的目的[14]。预留核心土法、喷射混凝土、注浆加固法、超前降水等一系列隧道掌子面加固方法应运而生，在国内外一些重难点工程中得到应用，成效突出。随着我国铁路建设的飞速发展和大断面、复杂地质、特长隧道的不断涌现，隧道掌子面加固方法必将得到更加广泛的应用。

本讲参考文献

[1] 刘卫. 预加固对软弱围岩隧道掌子面稳定性的影响研究 [D]. 北京：北京交通大学，2013.

[2] 翟进营,杨会军,王莉莉."新意法"在国外隧道工程中的应用[J].隧道建设,2008,28(4):469-475.

[3] 李世辉.隧道围岩稳定系统分析[M].北京:中国铁道出版社,1991.

[4] 魏琨.中山中路隧道掌子面稳定性与变形控制技术研究[D].重庆:重庆交通大学,2014.

[5] 周艺.隧道掌子面稳定性分析及其控制技术研究[D].成都:西南交通大学,2010.

[6] 周路军.隧道预留核心土环形开挖法合理应用研究[D].浙江大学,2011.

[7] 关宝树.隧道及地下工程喷射混凝土支护技术[M].北京:人民交通出版社,2009.

[8] 王秀英,郑维翰,张建国,等.软岩隧道玻纤锚杆预加固掌子面的稳定性分析[J].土木工程学报.2017(S1):53-58.

[9] 刘江涛,崔宏伟,王振强."新意法"在未成岩富水粉细砂层隧道的适用性研究[J].兰州交通大学学报,2012,31(4):53-56.

[10] 李斌,漆泰岳,吴占瑞,等.隧道掌子面锚杆加固参数确定方法[J].铁道学报,2012,34(10):115-121.

[11] 张红军.上覆富水砂层隧道开挖面稳定性分析与注浆加固对策研究[D].山东大学,2017.

[12] 陈天恩.未成岩富水地层洞内超前综合降水研究与应用[D].河南理工大学,2013.

[13] 关宝树,赵勇.软弱围岩隧道施工技术[M].北京:人民交通出版社,2011.

第17讲

复合式衬砌初期支护设计

复合式衬砌结构主要由初期支护和二次衬砌组成。其中,初期支护具有极为重要的地位。根据目前山岭隧道的建造水平,"锚网喷"是初期支护最为广泛和成熟的技术形式,其在山岭隧道施工中可有效地控制围岩松弛变形,保证施工安全。本讲简要介绍复合式衬砌初期支护的功能和作用机理,介绍初期支护的组成、作用,以及初期支护具体设计方法及设计参数。

17.1 初期支护总体功能描述

隧道开挖过程实际上是围岩应力应变不断调整的动态过程,对围岩实施支护即是调整这一动态过程。围岩、初期支护、二次衬砌在不同的条件下存在不同相互关系。

(1)当围岩自稳能力较强时,隧道在无支护条件下,可以长期稳定。此时,围岩自身是主体承载结构,施作初期支护的功能是防止围岩劣化。

(2)当围岩自稳能力一般,但基本上处于暂时稳定的状态时,在初期支护的协助作用下,隧道可保持长期稳定。此时,围岩与初期支护共同成为隧道结构的承载主体,可以不设置二次衬砌或者二次衬砌仅作为安全储备。

(3)当围岩自稳能力较差,或者不具备自稳能力时,需要先对围岩进行补强或者预支护,补强后的围岩与初期支护共同保持隧道的长期稳定。此时,补强后的围岩与初期支护是隧道结构的承载主体,设置二次衬砌基本作为安全储备。

(4)当围岩较为特殊时,如挤压性围岩、膨胀性围岩等一些具有流变性质的围岩,在隧道长期运营期间荷载会不断变化甚至增大,尽管对围岩进行补强后可与初期支护形成的隧道结构已趋于稳定,但仍然需要二次衬砌等大刚度的结构来维持隧道的长期稳定。此时,补强后的围岩、初期支护及二次衬砌均是隧道结构的承载主体。

在第(1)种情况下,围岩本身就是承载结构,其完全承受开挖后的应力重分布的全部荷载。可以说是无须支护,但可用喷射混凝土作为防止围岩风化的"保护层"。

在第(2)、(3)种情况下,围岩与初期支护成为承载的主体结构,初期支护具有长期的承载能力,二次衬砌的作用是安全储备和保证隧道耐久性的功能。

在第(4)种情况下,围岩、初期支护与二次衬砌共同成为承载结构,二次衬砌承担后期荷载与长期耐久性的作用。

本讲执笔人: 郦亚军,巩江峰.

根据以上论述，初期支护基本功能主要有：
(1) 保护围岩，减缓或防止其风化。
(2) 隧道开挖后与围岩共同形成承载的主体结构。
(3) 施工期间控制围岩的变形、掉块、挤出或者膨胀等。

17.2 初期支护的组成及作用

由喷射混凝土、锚杆和钢架（含型钢钢架与格栅钢架）组成的复合式衬砌初期支护结构，在以新奥法原理为基础的山岭隧道钻爆开挖过程中，具有至关重要的作用。

1) 喷射混凝土

喷射混凝土与围岩表面是密贴的，可以直接控制围岩的松弛，用其强度抵抗发生位移的围岩，通过与围岩的黏结把轴力传递到围岩。这在防止围岩松弛的增大和不稳定岩块掉落的同时，给予围岩内压，使围岩成为一体。此外通过组合体系，喷射混凝土可以把压力传递到锚杆和钢架上，进而提高锚杆和钢架的支护效果。所以喷射混凝土是初期支护设计中最为重要的一环，主要具有如下几个方面作用：

(1) 喷射混凝土能对围岩节理、裂隙起充填作用，将不连续的岩层层面胶结起来，并产生楔效应而增加岩块间的摩擦系数，防止岩块沿软弱面滑移，提高表面岩块稳定性。

(2) 喷射混凝土有一定黏结力和抗剪强度，能与岩层粘贴并与围岩形成统一承载体系，改善喷层受力条件。

(3) 喷射混凝土能及时、分层喷射，喷层虽薄但具有较高的早期强度，故喷层能控制围岩变形，即使围岩有较大变形，由于有钢筋网的加入，使得喷射混凝土具有一定的柔性，变形较大时不致产生崩塌，从而提高围岩的自承作用。

(4) 喷射混凝土能使隧道周边围岩尽早封闭，防止围岩风化。

2) 锚杆

锚杆是一个棒状、线形的构件，深入围岩内部，与围岩内部紧密接触，围岩只要出现变形，锚杆的作用就得到体现。锚杆不仅增强了围岩的抗剪强度，也可以提高围岩屈服后的残余强度。在初期支护结构中，锚杆与其他构件（喷射混凝土、钢架等）不同，是唯一从内部改善围岩性质的构件，在改善围岩连续性的同时，也增强了围岩的抗剪强度，提高了围岩的自支护能力，补偿围岩中存在的力学上不连续性的缺陷。总体来说，锚杆具有如下作用。

(1) 悬吊作用

由于隧道围岩被节理、裂隙或断层切割，开挖爆破震动可能引起局部岩块失稳，采用锚杆将不稳定岩块悬吊在稳定的岩体上，或将应力降低区内不稳定的围岩悬吊在应力降低区以外的稳定岩体上；在侧壁用锚杆阻止岩块滑动。

(2) 组合梁作用

在水平或倾角小的层状岩体中，锚杆能使岩层紧密结合，形成类似组合梁结构，能增加层面间的抗剪强度和摩擦力，从而提高围岩的稳定性。

(3) 加固作用

软弱围岩开挖后，使洞内临空面变形较大，当隧道周边布设系统锚杆后，可向围岩施加径向压力而形成承载拱，便于喷射混凝土支护共同承受围岩的变形压力，减少围岩变形，提高围岩的整体稳定性。

3) 钢架

复合式衬砌初期支护钢架一般包括型钢钢架和格栅钢架。因为喷射混凝土存在前期强度不足的问题，所以在喷射混凝土和锚杆的强度体现前，围岩变形往往较大，这时设置型钢或格栅钢架可以直接承受围岩的松弛荷载,与喷射混凝土和锚杆成为一体,给予围岩一定的支护阻力,进而确保围岩的一体化;同时在喷射混凝土和锚杆强度体现后,钢架因具有较大的弯曲韧性,可以继续发挥其作用。一般情况下,钢架很少单独使用,常与喷射混凝土、锚杆等组合使用。总结起来,钢架主要有以下作用。

(1)在喷射混凝土支护功能出现前提供支撑。

(2)对喷射混凝土进行补强。

(3)可作为超前支护(含超前小导管与管棚)的支点。

(4)与喷射混凝土、锚杆共同发挥初期支护的作用。

型钢钢架与格栅钢架有较大的差异,各有优缺点。型钢钢架的最大特点是架设后能够立即提供承载力,因此多架设在需要立即控制围岩继续松弛和塑性区继续扩大,或变形迅速发展的段落;但其缺点显而易见,型钢钢架附近喷射混凝土通常会留有较多的空隙,混凝土填充不饱满密实,钢架与混凝土之间的结合效果较差,在承担围岩初期荷载时的协同作用较差。格栅钢架初期支护强度尽管不如型钢钢架,但从受力角度而言,格栅钢架比型钢钢架应力更小,且应力分布相对均匀,与喷射混凝土结合状态较好,能尽可能发挥格栅钢架在喷射混凝土中的骨架作用,可形成类似于钢筋混凝土的结构。

构成初期支护的喷射混凝土、锚杆及钢架,在不同的围岩条件下功能也不相同。这些组成构件可以单独使用,也可以组合使用。也就是说,由于技术水平的不同,不同条件下的围岩,有不同的初期支护组合,甚至在相同的围岩条件下,也可有不同的初期支护组合(表17-1)。

围岩与初期支护　　表17-1

围　岩	支　护　目　的	主要初期支护	辅　助　支　护
弹性位移收敛良好的围岩	防止围岩风化	喷射混凝土	—
少许掉块产生松弛的围岩	支持可能掉落岩块的重量;阻止岩块滑移	喷射混凝土; 局部锚杆	—
产生较大松弛和一部分塑性变形的围岩	控制围岩松弛;形成内压,提供支护阻力;控制塑性区的发展;提高围岩承载能力	喷射混凝土; 系统锚杆; 局部格栅钢架	钢筋网;短超前支护
围岩强度不足产生形变土压的围岩	形成内压,提供强大的支护阻力;控制塑性区的扩大;提高围岩的承载能力	喷射混凝土; 系统锚杆; 系统钢支撑或格栅钢架	钢筋网;长超前支护

从表17-1可知,根据不同的功能要求,初期支护主要有如下几种组合形式:

(1)喷射混凝土单独使用;

(2)喷射混凝土 + 局部锚杆;

(3)喷射混凝土 + 系统锚杆;

(4)喷射混凝土 + 钢架;

(5)喷射混凝土 + 系统锚杆 + 钢架。

不同的初期支护组合形式,其支护强度差别较大,适用的围岩地质条件差异较大。

17.3 初期支护设计

17.3.1 初期支护设计主要方法

目前国内外针对复合式衬砌初期支护的设计方法主要为工程类比法、解析计算法和监控量测法三种。

1)工程类比法

工程类比法是总结诸多工程经验所形成的具有普遍适用性的设计方法,也是国内外应用最为广泛的设计方法。该方法在建成的工程基础上,依据不同的围岩等级或类别划分方法,建立了有一定纵向梯度的隧道支护体系标准图,据此开展大规模的隧道支护结构设计。

2)解析计算法

解析计算法就是以弹塑性理论为基础,通过应力应变的概念达到设计目的。当下主流的计算方法有结构力学法、岩体力学法、收敛—约束法、有限元法、离散法、块体理论法等,但由于隧道所穿越的地层结构错综复杂,同时相关地层参数无法精确确定,以及解析计算无法一致模拟现场的实际开挖施工,致使解析计算结果离散较大,只能作为一个设计的参考和辅助。

3)监控量测法

在最近的20年左右内,业内对监控量测进行了大力的推广和普及,除了常规的变形监测外,还进行了各种应力应变测试,如围岩与初期支护间的接触压力测试、喷射混凝土内力测试、锚杆轴力测试、钢架应力测试等,通过变形和应力的实际测试,采用"荷载—结构"模型对初期支护进行结构计算,进而指导初期支护的参数设计。因初期支护的施作有一定的滞后性,所以无论是变形还是应力都无法全部反映隧道开挖后围岩的真实变形和应力;同时目前应力测试主要集中在高地应力、大变形、破碎带等地质极为复杂的进行科研立项的隧道段落内,对一般普通隧道并未开展大规模的测试及数据的归纳总结,致使该方法的成果和经验难以进行大范围推广。

17.3.2 初期支护喷射混凝土设计

根据17.2中提到的初期支护的几种组合形式可知,每种组合形式均包含喷射混凝土,显而易见,喷射混凝土是初期支护的基础构件。喷射混凝土具有支护性能优异的特性,其最大的特点是可在隧道开挖面形成一层密贴的结构层,与围岩协同作用,共同承担围岩变形,且在隧道开挖后可以立即施作,也能在开挖过后施工人员无须进入未支护段落即可安全地进行喷射施工。喷射混凝土的施工无须像钢架那样预先根据隧道断面形式进行加工,其可以不用考虑隧道不同的断面形状进行喷射施工,只需要及时供应混凝土原材料,及时运输到需要支护的施工场地即可施工,因此,可以算得上是一种高自由度、强机动性的隧道支护施工工艺,其得到广泛使用也是一种必然。图17-1是国内某在建的高速铁路隧道采用湿喷机械手施工的喷射混凝土支护结构。

图17-1 喷射混凝土概貌

1)喷射混凝土配合比

配合比设计直接影响到喷射混凝土强度。由于喷射混凝土的喷射特点,其配合比在喷射过程中会有较大的变化,所以喷射混凝土的配合比应该是喷射后黏附在壁面上的喷射混凝土配合比。喷射混凝土配合比的基本原则应该是,尽量减少回弹率和粉尘量,保证喷层的强度和密实度,同时便于施工。其一般要求见表17-2。

喷射混凝土配合比表　　　　表17-2

序 号	项 目	配 合 比
1	胶凝材料	不宜小于400kg/m³
2	水泥用量	不宜小于300kg/m³
3	矿物外掺量	总量不宜大于胶凝材料总量的40%

续上表

序　号	项　目	配　合　比	
4	水胶比	干拌法混合	不宜大于0.45
		湿拌法混合	不宜大于0.55
		有侵蚀介质的地层	不得大于0.45
5	胶凝材料与集料比	宜为1:4.0～1:4.5	
6	砂率	宜为50%～60%	
7	加硅粉的混合料	硅粉的掺量宜为硅酸盐水泥质量的5%～10%	

2）喷设混凝土厚度设计

喷射混凝土支护厚度有最小喷层厚度和平均喷层厚度两种指标：前者指整个断面各部位的喷层均大于设计厚度；后者指整个断面平均喷层厚度大于设计厚度。一般情况下，按最小厚度计算；当在硬岩中采用钻爆法开挖，开挖轮廓凹凸过大，导致喷射混凝土用量过大时，可采用平均厚度计算。

喷射混凝土收缩较大，若喷层厚度小于50mm，其中粗集料含量少，则易引起收缩开裂，同时喷层过薄也不足以抵抗岩块的位移，并会随着围岩变形而出现裂缝或局部剥落，所以喷射混凝土厚度不应小于50mm。

为发挥围岩的自承作用，喷射混凝土支护应具有一定的柔性，所以喷层最大设计厚度不宜超过250mm。当喷层不能满足支护抗力要求时，可采用锚杆、钢筋网或钢架予以加强。当初期支护设置钢架时，要求初喷厚度一般不小于40mm，复喷厚度一般不小于30mm。此时，喷射混凝土总厚度需要相应作出调整，即总喷层厚度应大于钢架截面高度加上初喷和复喷的厚度之和。

此外，喷射混凝土的抗渗等级不应低于P6，含水岩层中的喷射混凝土支护设计厚度不应小于80mm，钢筋网喷射混凝土支护设计厚度不应小于80mm。

3）纤维喷射混凝土设计

纤维喷射混凝土，就是在普通喷射混凝土中掺入纤维形成的喷射混凝土。纤维通常包括钢纤维与合成纤维，钢纤维的应用较广泛。因纤维材料具有良好的力学特性，纤维喷射混凝土目前在新建隧道及隧道加固工程中得到了广泛的应用。纤维喷射混凝土与普通喷射混凝土相比，具有以下特点：

（1）弯曲强度、抗拉强度及抗剪强度更高；

（2）峰值强度后的残余强度高；

（3）变形能力及韧性大，开裂后也能传递拉力。

因此，纤维喷射混凝土被广泛应用于下述场合：

（1）断层破碎带、褶皱带等地壳构造上有较大地应力的情况；

（2）膨胀性围岩及易引起塑性流动的围岩；

（3）隧道洞口有较大土压的地段；

（4）隧道洞身交叉段、加宽段、相邻隧道的施工段等，构造上易于发生不稳定的地点；

（5）既有隧道的加固、维修，因厚度受限制且质量要求高的情况。

以钢纤维喷射混凝土为例（图17-2），纤维喷射混凝土设计要点如下：

（1）钢纤维设计参数选择

①钢纤维可用普通碳素钢制造，其抗拉强度不应低于380MPa。

②钢纤维的长度和直径对喷射混凝土的力学性能和施

图17-2　钢纤维喷射混凝土

工效率均有影响:钢纤维短粗,对喷射混凝土增强效果不利;钢纤维细长,使得搅拌和施工发生困难。试验表明,钢纤维长度宜为20～25mm,直径宜为0.3～0.5mm,长度与直径之比一般约为50。

③钢纤维掺入量超过混凝土体积的2%时,搅拌的均匀性和喷射施工中的流畅性均会产生一定困难,且回弹率增大,故钢纤维掺入量宜为混凝土体积的1%～1.5%。

④钢纤维可采用剪切钢纤维(扁平形截面)、熔抽钢纤维(表面凹凸状异形断面)、长直形圆截面钢纤维等。

(2)对喷射混凝土的要求

①集料粒径对钢纤维在混凝土中的均匀性有影响,粒径过大使钢纤维分布不均,从而降低对裂缝扩展的约束能力,故喷射混凝土粗集料的粒径不宜大于10mm(一般粗集料的最大粒径不宜大于钢纤维长度的一半)。

②钢纤维喷射混凝土的设计强度等级不应低于C20,通常采用C25、C30喷射混凝土,其重度为23～24kN/m³。

③为提高喷射混凝土的流动性,避免堵塞管道,可采用增加水泥用量和集料含砂率,减少压送距离,保持均匀的喷射压力等措施,以改善喷射混凝土的流动性。

4)钢筋网喷射混凝土设计

喷射混凝土时的喷射压力对受喷面有冲洗作用,而且当隧道内地下水发育时,涌水和渗水都可能使土砂流出;在节理多的岩层中,因爆破振动有可能引起围岩掉块;在膨胀性围岩中,因围岩变形较大,可能引起喷层剥落。同时考虑到喷射混凝土中加入钢筋网片可以提高喷射混凝土与岩石表面间的黏结力,故在松散岩层、土砂岩层及膨胀性围岩中开挖隧道时,复合式衬砌初期支护应采用钢筋网喷射混凝土。

(1)钢筋网片的构造要求

①重量轻,运输方便。

②铺设方便、简单,易于连接。

③对坍落的岩块可起支撑作用。

④要适合于分部开挖的要求等。

(2)钢筋网喷射混凝土具体设计要求

①喷射混凝土的厚度不应小于50mm,亦不宜大于250mm。

②钢筋网按构造要求设计,钢筋直径一般为4～12mm,常规采用6～10mm。

③间距宜为150～300mm。当间距小于150mm时,喷射混凝土回弹增加,且钢筋网与壁面之间易形成空洞,不能保证混凝土的密实度;当间距大于300mm时,将大大削弱钢筋网在喷射混凝土中的作用。

④钢筋网保护层厚度不应小于20mm。

⑤采用双层钢筋网时,第二层钢筋网应在第一层钢筋网被混凝土覆盖后铺设,在设计的喷层厚度内所设的两层钢筋网间距应尽量大些。

17.3.3 初期支护锚杆设计

复合式衬砌初期支护,锚杆是仅次于喷混凝土得到迅速发展的初期支护构件。其功能是毋庸置疑的,锚杆既可作为初期支护使用,也可以作为永久支护构件使用。锚杆一般由杆体、连接套(可选)、锚端、垫板、螺母组成。

1)锚杆的类型及使用条件

根据不同的锚固方式,锚杆可分为全长黏结型、端头锚固型和摩擦型三种,设计时根据围岩情况、隧道断面和使用条件等选用。

(1) 全长黏结型锚杆

全长黏结型锚杆杆体材料一般有钢制或纤维增强复合材料。

用水泥砂浆或树脂作填充黏结剂，使锚杆和孔壁岩石黏结，能增加锚杆的抗剪、抗拉和防钢筋锈蚀作用，其锚固性能可靠，具有较强的长期锚固力，有利于约束围岩位移。目前隧道工程中使用较广的水泥砂浆锚杆和中空注浆锚杆就属于此种类型锚杆，如图 17-3 所示。

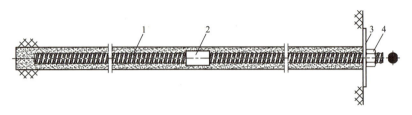

图 17-3 全长黏结型锚杆

1- 钢质杆体；2- 连接套（可选）；3- 垫板；4- 螺母

(2) 端头锚固型锚杆（图 17-4）

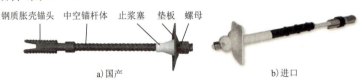

图 17-4 端头锚固型锚杆

通过锚杆端头的机械式锚固或黏结式锚固，将锚杆端部锚固于锚杆孔的端部岩体内，通过孔口托板及螺母使锚杆受拉，向孔口附近岩层施加径向约束力，使锚杆全长受力均匀。其锚杆受力大小主要取决于锚头的锚固强度。

机械式锚固可用于硬岩、中硬岩支护中；黏结式锚固除用于硬岩和中硬岩外，也可用于软岩。但由于地下水和潮湿空气作用而使锚杆锈蚀，围岩蠕变而降低锚固力，故这种锚杆仅适用于临时支护。当作永久支护时，应向锚杆孔内压注水泥砂浆或采取其他防锈蚀措施。

(3) 摩擦型锚杆

目前摩擦型锚杆主要有全长摩擦型和局部摩擦型两种。相比而言，全长摩擦型使用得相对较多。全长摩擦型锚杆由前端做尖的纵向开缝钢管和尾端焊接的钢制挡环组成，当锚杆强行压入比其直径略小的钻孔后，管体受围岩约束而产生径向张力，使孔壁产生压力，挤压岩体，从而使孔壁与锚杆间产生静摩擦力（即锚固力），阻止岩石位移，同时锚杆尾端托板在安装时紧压孔口岩面，使岩石产生压力，锚杆周围岩石处于三向应力状态，形成梨形压力球，增加围岩的稳定性。

2) 锚杆常规设计

锚杆是复合式衬砌中初期支护的重要组成部分，根据围岩情况和使用条件，可按系统锚杆和局部锚杆两种形式进行设计和布置。

(1) 系统锚杆设计

系统锚杆的设计主要是确定锚杆的长度和纵横向间距等参数。在系统锚杆的设计计算中，一般采用悬吊原理和组合拱原理进行计算。当采用悬吊原理计算时，认为采用系统锚杆将隧道拱部岩体悬吊在稳定岩体之上；当采用组合拱原理计算时，认为系统锚杆的设置使隧道洞周围岩承受径向压力作用而形成一个组合拱或加固圈，从而提高围岩强度和整体稳定性。下面举例介绍组合拱原理的计算方法。

图 17-5 是组合拱原理加固围岩示意图。假定锚杆两端压力扩散角为 45°，当已知锚杆长度、间距时，可求出组合拱的有效厚度 t 及外缘半径 r'。

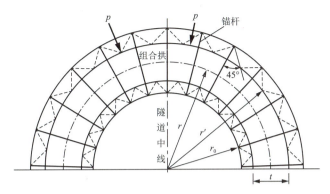

图 17-5　端头锚固型锚杆组合拱原理加固围岩

隧道开挖后，洞周岩体切向应力 σ_t 增大，而径向应力则被释放，$\sigma_r=0$。如图 17-6 所示，从摩尔应力圆可见，若不设置锚杆，则当 $\sigma_t = \sigma_c$（σ_c 为岩体单轴抗压强度）时，围岩达到极限平衡而发生破坏。当洞周围岩设置锚杆支护时，隧道洞周形成厚度为 t 的锚固圈（加固圈），在锚杆作用下，锚固圈产生径向应力 $\sigma_2 = N/(ab)$（式中 N 为每根锚杆拉力，单位 kN；a、b 为锚杆纵向和环向间距），同时使切向应力 σ_t 增大，根据摩尔—库仑准则，可求得围岩加固后 σ_t（单位：MPa）的值为：

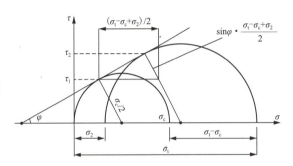

图 17-6　按摩尔—库仑准则各应力关系图

$$\sigma_t = \sigma_2 + 2\left[\frac{\sigma_c}{2} + (\sigma_t + \sigma_c + \sigma_2)\frac{\sin\varphi}{2}\right]$$
$$= \sigma_2 + \sigma_c + (\sigma_t - \sigma_c + \sigma_2)\sin\varphi \tag{17-1}$$

化简后得：

$$\sigma_t = \sigma_c + \frac{1+\sin\varphi}{1-\sin\varphi}\sigma_2$$
$$= \sigma_c + \sigma_2\tan^2\left(45° + \frac{\varphi}{2}\right) = \sigma_c + \frac{N}{ab}\tan^2\left(45° + \frac{\varphi}{2}\right) \tag{17-2}$$

可见，通过锚杆加固，将洞周围岩单轴抗压强度由 σ_c 提高到 $\sigma_c + \frac{N}{ab}\tan^2\left(45° + \frac{\varphi}{2}\right)$，岩体滑动时的抗剪强度也由 τ_1 提高到 τ_2，使得围岩传递到支护结构上的荷载大幅减小。

在进行锚杆支护设计时，可采用以下方法进行计算：

当锚杆杆体强度控制设计时，锚杆杆体受拉承载力应符合下列规定：

对于精轧螺纹钢筋应按下式计算：

$$N_d \leqslant f_{py}A_s \tag{17-3}$$

对于热轧带肋钢筋应按下式计算：

$$N_d \leqslant f_y A_s \tag{17-4}$$

式中：N_d——锚杆杆体的拉力设计值（N）；

　　　f_{py}——精轧螺纹钢筋的抗拉强度设计值（MPa）；

　　　f_y——热轧带肋钢筋的抗拉强度设计值（MPa）；

　　　A_s——钢筋的截面积（mm²）。

当锚杆锚固强度控制设计时,锚杆锚固段的设计长度应按下列公式计算,并取较大值:

$$L_a = \frac{N_d}{\psi f_{mg} \pi D} \quad (17\text{-}5)$$

$$L_a = \frac{N_d}{\xi f_{ms} n \pi d} \quad (17\text{-}6)$$

式中:N_d——锚杆杆体的拉力设计值(N);

L_a——锚固段长度(mm);

D——锚杆锚固段钻孔直径(mm);

d——钢筋直径(mm);

n——钢筋根数;

f_{mg}——胶结材料与孔壁围岩的黏结强度设计值(MPa),应由试验确定;当无试验资料时,$f_{mg} = f_{mgk}/K$,f_{mgk} 和 K 分别按表17-3和表17-4取值;

f_{ms}——胶结材料与锚杆杆体的黏结强度设计值(MPa),可按表17-5取值;

ψ——锚固段长度对黏结强度的影响系数,应由试验确定;当无试验资料时,可按表17-6取值;

ξ——采用2根及以上钢筋或钢绞线时的界面黏结强度降低系数,取0.70~0.85。

胶结材料与孔壁围岩的黏结强度标准值(MPa) 表17-3

岩 土 类 别		黏结强度标准值 f_{mgk}
岩石	坚硬岩	1.5~2.5
	较硬岩	1.0~1.5
	软岩	0.6~1.2
	极软岩	0.6~1.0
黏性土	软塑	0.02~0.04
	可塑	0.04~0.06
	硬塑	0.05~0.07
	坚硬	0.08~0.12

注:表中数值为锚杆(索)锚固段长10m(土层)或6m(岩石)的注浆体与岩土层间的平均极限黏结强度经验值,灌浆体采用一次注浆。

胶结材料与孔壁围岩的黏结抗拔安全系数 表17-4

锚固工程安全等级	破坏后果	安全系数 K
Ⅰ	危害大,会构成公共安全问题	2.2
Ⅱ	危害较大,但不致出现公共安全问题	2.0
Ⅲ	危害较轻,不构成安全问题	2.0

注:蠕变明显地层中永久性锚杆锚固体的最小抗拔安全系数宜取3.0。

胶结材料与锚杆杆体的黏结强度设计值(MPa) 表17-5

注浆体抗压强度	黏结强度设计值 f_{ms}	
	精轧螺纹钢筋	钢绞线、热轧带肋钢筋
25	1.2	0.8
30	1.4	0.9
40	1.6	1.0

锚固段长度对黏结强度的影响系数 ψ 建议值 表17-6

锚固段长度(m)	锚 固 地 层							
	土 层				岩 石			
	10~14	10	6~10	4~6	6~9	6	3~6	2~3
ψ 值	1.0~0.8	1.0	1.0~1.3	1.3~1.6	1.0~0.8	1.0	1.0~1.3	1.3~1.6

在实际隧道工程锚杆参数设计时,可参照以上的分析式进行计算,但往往工作量巨大,一般是根据多年的工程建设经验总结进行锚杆参数选择,主要有以下要点:

①在隧道横断面上,系统锚杆宜按垂直隧道周边轮廓线布置。当遇到层状岩层时,应增设与主结构面成最大角度的锚杆。在岩面上,锚杆宜呈菱形排列。

②锚杆间距除受围岩稳定条件及锚杆长度制约外,在稳定性较差岩体中,为使支护紧跟开挖工作面,锚杆的纵向间距还受施工方法和开挖进尺的影响。根据以往工程经验,在软弱的Ⅳ、Ⅴ级围岩中,锚杆间距一般不宜大于1.5m,0.8~1.2m较为合适。

③锚杆长度一般应大于2倍锚杆间距。根据工程经验及结合隧道开挖断面大小,锚杆长度一般控制在2~5m。但对一些特殊地层:如在顺层偏压地段,通常垂直于岩面设置加长锚杆;软岩大变形地段,一般根据现场试验段情况具体确定锚杆的间距及锚杆的长度。

(2)局部锚杆设计

局部锚杆的主要作用是阻止不稳定岩块崩落或滑移,通过锚杆将岩块固定在稳定岩体上。拱腰以上的局部锚杆布置方向应有利于锚杆受拉,拱腰以下及边墙部分的局部锚杆宜逆向不稳定岩块滑动方向布置。局部锚杆应根据不稳定块体的大小、结构面的组合情况,采用块体理论的极限平衡法确定锚杆的数量和锚杆长度。

拱腰以上部位的局部锚杆,按承担全部不稳定岩体的下滑力进行设计。以水泥(砂)浆锚杆为例,可按下列公式计算:

$$n \geqslant \frac{K_c G}{A_s f_y} \tag{17-7}$$

式中:n——锚杆根数;

G——锚杆承受不稳定岩体的重力标准值(N);

A_s——单根锚杆杆体截面积(mm^2);

f_y——锚杆杆体的抗拉强度设计值(MPa);

K_c——安全系数,为1.5~1.8。

拱腰以下及边墙部位的局部锚杆,按锚杆提供抗滑总抗力大于全部不稳定岩体的下滑力进行设计,以水泥(砂)浆锚杆为例,可按下列公式计算:

$$n \geqslant \frac{K_c(G_t - G_n f - cA)}{A_s f_{yv}} \tag{17-8}$$

式中:n——锚杆根数;

G_t、G_n——不稳定块体平行作用于滑动面和垂直作用于滑动面上的分力(N);

f——滑动面上的摩擦系数;

A——滑动面的面积(mm^2);

c——滑动面上的黏结力(MPa);

A_s——单根水泥(砂)浆锚杆的截面积(mm^2);

f_{yv}——锚杆杆体的抗剪强度值(MPa);

K_c——安全系数。

现场具体实施时,设计参数可根据不稳岩块的具体规模相应调整;局部锚杆的长度一般应比系统锚杆的长度适当加长,因为安设局部锚杆处理的围岩因安设锚杆已受扰动,为提高局部锚杆的效果,故其长度应适当加长,以使局部锚杆能锚固在比较稳定的岩层中。

3) 锚杆优化设计

根据目前常规设计，大断面山岭隧道边墙多用全长黏结型的 $\phi22$mm 砂浆锚杆，而拱部多用 $\phi25$mm 中空注浆锚杆。在现场实施时存在诸多问题：首先，需要等待砂浆形成强度后才能发挥锚杆对围岩的约束作用，但砂浆形成强度的时间太长，待锚杆可以发挥作用时围岩可能已经完成了大部分变形，此时反而起不到锚杆应有的控制围岩变形的作用；其次，拱部采用中空注浆锚杆，其钻孔和安装较困难，耗时费力，达不到设计应有的效果。根据所存在的问题，目前科研及工程技术人员也在借鉴国外经验的同时进行优化设计，如郑万高速铁路湖北段长大隧道众多，隧道所穿越的软弱围岩占比较大，为解决施工过程中围岩变形较大的问题，结合机械化大断面施工的优势，设计人员将传统的拱部 $\phi25$mm 中空注浆锚杆优化为 $\phi25$mm 胀壳式低预应力中空注浆锚杆。该型锚杆可在隧道开挖后，利用机械化施工速度快的优势，在最短时间内快速安装锚杆对围岩进行锚固，给围岩提供一个主动的径向预拉力，主动紧固围岩形成加固圈。如此解决了中空注浆锚杆安装困难问题，也有效地控制了围岩的初期变形，优势明显。

17.3.4 初期支护钢架设计

隧道初期支护钢架通常包括型钢钢架和格栅钢架。当围岩软弱破碎时，一般会设置钢架，可有效地控制围岩变形。

1) 钢架使用条件

(1) 自稳时间很短的 Ⅳ、Ⅴ 级围岩，在锚杆和喷射混凝土支护发挥作用前，可能发生围岩失稳或坍塌危险时；

(2) 浅埋、偏压隧道，当早期围岩压力增长快，需要提供初期支护的早期强度和刚度时；

(3) 在难以施作锚杆、喷射混凝土的砂卵石、土夹石或断层泥等地层，大面积淋水地段，以及为了抑制围岩大的变形需增加支护抗力时；

(4) 当需要施作超前支护，设置钢架作为超前支护的支承构件时。

2) 钢架设计计算

(1) 荷载计算

在钢架安装后、喷射混凝土凝固前，钢架起临时支护作用，由其单独承受围岩早期压力；待喷射混凝土达到设计强度后，钢架与锚喷支护共同承受围岩压力。钢架可按承受 50% 的设计荷载计算（若钢架长期作临时支护时，应承受全部设计荷载）。关于荷载大小，国内外取值有一定差异：在国内军都山双线隧道，格栅钢架按照承受 4m 土柱荷载计算；日本山岭隧道技术规范建议，在宽度约为 10m 的隧道内埋入混凝土衬砌的钢架，可按照 6m 土柱荷载计算。

(2) 计算要点

① 围岩压力通过楔紧的楔子，以集中荷载形式作用在钢架上（图 17-7）。

② 假定钢架在加楔处为一铰链结构，该点力矩为零，钢架产生内力为 N。

③ 围岩压力可分为径向分力 F_r 和切向分力 F_t。F_t 与水平线成 φ 角。F_t 力不是永远与水平线呈 φ 角的，因为 F_t 的极限位置仅可以达到与隧道周边线相重合的位置。各力均作用于第 i 楔块处。

④ 钢架内力 N 产生对围岩的抗力 F。

⑤ 如果 $F-F_r>0$，则钢架向围岩一侧变形；反之则向隧道内变形。

⑥ 绘制出力多边形图，求出在围岩压力作用下各边的 N 力大小。

⑦ 钢架为连续曲线，因此在楔点处仍有力矩。

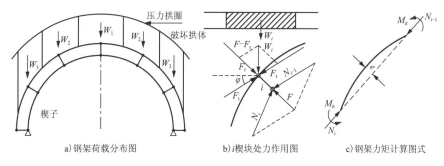

a) 钢架荷载分布图　　b) i 楔块处力作用图　　c) 钢架力矩计算图式

图 17-7　钢架计算图示

根据美国既有资料：当各楔间距相等，钢架两端为铰接时，$M=0.86Ne$；当两端固定时，$M=0.67Ne$。

$$e = R - \sqrt{\frac{R^2 - C^2}{4}} \quad (17\text{-}9)$$

式中：e——钢架在两楔间的矢高（cm）；
　　　R——钢架轴线半径（cm）；
　　　C——两楔间距（cm）。

两楔间的力矩按下式计算：

$$M_c = \frac{M_{it} + M_{ir}}{2} \quad (17\text{-}10)$$

式中：M_c——两楔中间的钢架力矩（kN·m）；
　　M_{it}、M_{ir}——i 段钢架在左右加楔处的力矩（kN·m）。

钢架强度按下式验算：

$$\sigma = \frac{N}{A} \pm \frac{KNe}{W} \quad (17\text{-}11)$$

式中：A——钢架截面积；
　　　N——钢架内力；
　　　W——钢架截面矩；
　　　K——系数，可取 0.67 或 0.86；
　　　e——钢架在两楔间的矢高。

（3）钢架参数及构造设计

复合式衬砌初期支护钢架在实际参数设计过程中，由于工作量巨大，以上的设计计算过程仅作为参考，通常是采用工程类比法进行详细的参数设计。

①钢架与锚喷支护联合使用时，应保证钢架与围岩之间的混凝土厚度不小于 40mm。

②在钢架类型选择时，以双线铁路隧道为例，一般根据围岩级别选定，Ⅲ级围岩必要时一般设置拱部三肢格栅钢架，Ⅳ级围岩段一般为拱墙四肢格栅钢架，Ⅳ级加强围岩为四肢格栅钢架或型钢钢架（必要时全环设置），Ⅴ级围岩一般为全环型钢钢架。

③钢架的纵向间距一般为 0.6～1.2m。在设计时一般根据围岩级别选择钢架间距，Ⅳ级围岩段钢架间距通常为 1.0～1.2m，Ⅴ级围岩通常为 0.6～0.8m。每一榀钢架之间应纵向设置直径为 20～22mm 的连接筋，沿钢架每 1～2m 间距布设一根。

④围岩压力一般通过楔子或喷射混凝土传递到钢架，故钢架与围岩间应楔紧。根据经验，楔子的间距宜控制在 1.2m 左右。

⑤接头是钢架的弱点，因此应减少接头数量。设计时应根据每个单元钢架的长度和重量，以及钢架

单位的受力特点布置接头位置。

⑥钢架接头通常用连接钢板和螺栓连接,并要求易于安装。

⑦为防止钢架承载下沉,钢架下端应设在稳定地层上,或设在为扩大承压面的钢板、混凝土垫块上。钢架立柱埋入底板深度不应小于15mm,当有水沟时不应高于水沟底面。

3)常用钢架类型

(1)型钢钢架

在我国隧道建设过程中,以往采用旧钢轨、钢管和工字钢制造刚性钢架,目前主要采用成品型钢制造钢架(图17-8)。这种钢架的刚度和强度大,可作为临时支撑并单独承受较大围岩压力,也可设置于混凝土内作永久衬砌,尤其是在Ⅳ、Ⅴ级软弱破碎围岩中施工或处理塌方时使用较多。但型钢钢架与喷射混凝土黏结不好,与围岩间的空隙难于用喷射混凝土紧密充填,导致钢架附近喷射混凝土出现裂缝。

工字钢和钢轨的垂直和水平方向不是等强度和等刚度的,容易横向失稳,扭曲破坏。钢管钢架断面的各向强度和刚度相同,抗压、抗扭曲强度高,钢管内充填砂浆或混凝土时,其强度更高。

图17-8 型钢钢架示意图(复喷混凝土之前状态)

(2)格栅钢架

格栅钢架由钢筋焊接而成,安装后可立即承受部分松动荷载,当锚杆和喷射混凝土达到一定强度后,便能共同承受逐渐增长的围岩压力,符合新奥法先柔后刚的支护原则。同时格栅钢架与喷射混凝土黏结较好,能形成钢筋混凝土结构,更好地发挥支护作用,钢架与围岩间的空隙也容易被喷射混凝土填实,有利于结构受力。

格栅钢架一般有三根和四根主筋组成的两种形式,如图17-9所示。四主筋型(即四肢格栅)的每根钢筋相同,在等高情况下,其抗弯和抗扭惯性矩大于三主筋型,故多用于软岩、土砂地层的双线隧道。三主筋型(即三肢格栅)是由上面双筋和下面单筋组成,上主筋面积尽量与下主筋面积相等,多用于单线隧道。现在线路速度目标值相对较高,隧道断面相对较大,所以格栅钢架基本以四主筋型为主。

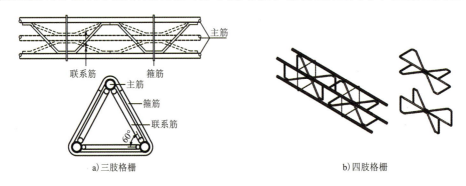

图17-9 格栅钢架示意图

17.4 结语

初期支护作为隧道复合式衬砌结构中极为重要的一部分,在隧道修建过程中发挥了重要作用。由喷射混凝土、锚杆、钢架组成的初期支护在传统的设计理念中,通常是较为被动地进行支护,主要体现在以下几点：

（1）采用C20或C25喷射混凝土，对其早期强度（1d龄期）要求不高。如《铁路隧道设计规范》（TB10003—2016）规定，C25喷射混凝土1d龄期强度不低于10MPa。喷射混凝土形成支护强度的时间相对较长。

（2）隧道拱部采用中空注浆锚杆、边墙采用砂浆锚杆的支护方式，由于需要等待水泥（砂）浆达到一定强度后才能提供锚固力，等待围岩变形完成了大部分之后才开始发挥锚杆作用，使得锚杆对于围岩的支护较为迟缓，同时由于施工质量较差导致锚杆的锚固效果不佳，以致出现了"锚杆无用论"的错误观点。

（3）由于"锚杆无用论"的误导，使得钢架的作用被强化。目前多采用加强钢架的强度（如格栅钢架改为型钢钢架）对围岩进行变形控制，实际上型钢钢架和混凝土的协同作用很差，型钢钢架将喷射混凝土割裂成小块，使得钢架和喷射混凝土各自承担围岩荷载。这一做法实际上对喷射混凝土有一定的弱化，而对钢架有一定的强化作用。

但随着支护理念的发展和施工技术、施工装备的进步，目前初期支护的发展趋势是逐渐由传统的被动式支护转变为主动式支护，且正在进行尝试。如成兰铁路和郑万高速铁路湖北段诸多双线特长隧道建设过程中，逐渐尝试了采用主动式支护理念，并取得了良好的支护效果。主要体现在以下方面：

（1）提高喷射混凝土的早期强度及终凝强度，如采用不低于C30的喷射混凝土，且要求1d龄期强度不低于15MPa，以及时形成强度对围岩进行变形控制。

（2）大量采用了胀壳式低预应力中空注浆锚杆，通过胀壳头的机械锚固作用，在锚杆安装时即可提供数十千牛（要求为40kN）的初始预拉力，主动对围岩进行紧固，以迅速形成锚固圈，很大程度上提高了锚杆对围岩的支护效果，体现出锚杆在隧道初期支护中的重要作用。

（3）通过对喷射混凝土及锚杆的优化，尝试在围岩地质条件相对较差时采用格栅钢架支护，以取代型钢钢架，旨在加强格栅钢架与喷射混凝土的结合，增强二者的协同作用，以形成类似于钢筋混凝土的支护结构，格栅钢架即起钢筋骨架作用。

得益于装备技术的发展，使得设计理念可以付诸于实践。目前，锚杆+喷射混凝土永久支护是未来的一个发展方向，即喷射混凝土单层衬砌。但不论何种支护理念及措施，核心均要以"围岩为本、利用围岩、改造围岩"为原则，使得围岩"松弛有度"，达到"为我所用"的目的。

本讲参考文献

[1] 关宝树. 隧道工程设计要点集[M]. 北京：人民交通出版社，2003.

[2] 关宝树. 矿山法隧道关键技术[M]. 北京：人民交通出版社股份有限公司，2016.

[3] 关宝树，赵勇. 软弱围岩隧道施工技术[M]. 北京：人民交通出版社，2011.

[4] 关宝树. 隧道及地下工程喷混凝土支护技术[M]. 北京：人民交通出版社，2009.

[5] 关宝树. 漫谈矿山法隧道讲座[J]. 隧道建设，2018（抽印本）.

第18讲

复合式衬砌二次衬砌设计

二次衬砌是复合式衬砌的重要组成部分，其与初期支护、周边围岩共同构成隧道支护结构，从而形成人工支护和围岩结合的隧道结构体系。我国行业标准《铁路隧道设计规范》（TB 10003—2006）规定，二次衬砌应采用曲墙式拱形结构，材料通常采用混凝土或钢筋混凝土。

二次衬砌是拱部、边墙、仰拱的总称，拱部、边墙为上部结构，仰拱为下部结构。在铁路隧道中，上部结构确保了车辆运行、设备运作等使用空间，下部结构则作为轨道铺设、车辆行驶的基础而存在，两部分缺一不可。本讲围绕铁路隧道二次衬砌，主要阐述其功能作用，介绍其设计内容与方法。根据上部结构与下部结构的不同，分别针对其特点进行论述。

18.1 隧道二次衬砌结构功能

18.1.1 二次衬砌结构基本功能

自从引进喷射混凝土和锚杆技术后，由围岩、初期支护和二次衬砌构成的复合式支护结构已成为我国铁路隧道结构体系的主流。二次衬砌作为隧道的主体结构，基本功能在于：①与初期支护一起承受可能出现的各种荷载，保持隧道断面的使用净空；②使隧道支护体系有足够的安全度；③防水功能（冻结、漏水）；④内装功能（确保美观）。本节着重阐述其承受荷载与安全储备的功能。

18.1.2 二次衬砌结构基本要求

1）二次衬砌承载功能要求

我国现有设计理念认为，初期支护承担施工期间全部围岩荷载，此时围岩与初期支护成为隧道构造的承载主体，而在运营阶段二次衬砌作为安全储备，能够保证隧道的长期稳定。

为满足隧道衬砌的承载功能和正常使用功能，衬砌必须具备足够的强度、厚度，并满足配筋等要求。强度方面主要从衬砌建筑材料考虑，根据荷载大小，选择相应的混凝土强度等级。衬砌必须具备足够的

本讲执笔人：王磊，宋洋，舒东利．

厚度以满足承载要求,根据工程经验及解析计算确定不同围岩级别衬砌厚度。荷载超过一定大小时,素混凝土结构已无法满足承载要求,需考虑衬砌配筋设计。

2) 二次衬砌防水功能要求

铁路隧道应根据区域气候条件、工程地质和水文地质条件、隧道使用的功能要求、结构特点及工作环境、施工方法、排水条件等进行防水设计,按其使用功能、防水等级、环境要求、排水条件等选择、构建防水系统。隧道的防排水系统由衬砌背后防排水系统、二次衬砌和洞内排水系统组成。二次衬砌应以结构自防水为主体,以接缝防水为重点。

衬砌防排水设计应符合下列要求:

(1) 地下水以裂隙水为主。固体物质不易流失且建立了完善有效排水系统的隧道,可按围岩状况选择适宜的衬砌。

(2) 隧道修建对环境影响小,但围岩破碎软弱地段或地下水发育且水环境变化较大的特殊地段,须在建立完善的隧道排水系统的基础上,对运营期间隧道地下水作用环境及其演变进行预测、评价。衬砌结构除适应围岩条件外,还应结合排水效果和排水设施的可靠性及其地下水环境可能的变化,选择适宜的加强衬砌。

(3) 当隧道净水头不超过50m,且地面生态和社会环境敏感时,宜采用不排水的全封闭型衬砌,衬砌结构应承受全部水压力。

(4) 隧道地下水位高,且环境条件敏感的地段,设计应在保护环境的前提下采取限量排放的措施。除选用注浆防水外,还应采用适应一定水压作用的抗水压衬砌结构;抗水压衬砌段应向普通衬砌段延伸不少于30m,并应考虑分区防水措施。

3) 二次衬砌内装功能要求

隧道土建工程修建完成后,二次衬砌还应发挥其内装功能,保持侧壁的辉度,提高前方障碍物的视认性,同时利于设有运营通风的长隧道减小通风阻力。

18.2 二次衬砌设计内容与方法

二次衬砌设计的主要内容有二次衬砌轮廓、衬砌形状与几何参数、衬砌厚度、衬砌防排水、衬砌耐久性、变形缝等设计。衬砌设计的主要方法有标准设计法、工程类比法、解析计算法三种,要视围岩条件、隧道结构、周边环境等因素选定适宜的设计方法进行设计。

二次衬砌设计的一般流程为:确定衬砌内轮廓→围岩分级→确定支护参数→衬砌检算→防排水、耐久性设计。衬砌设计详细流程如图18-1所示。

在一般情况下,衬砌设计采用标准设计即能满足要求,即参照相关规范、标准、通用图等,确定合理的支护参数。对于衬砌受高水压力、地下水具有强腐蚀性、软岩大变形、地形地质严重偏压、冻胀地层、地震动峰值加速度超过0.15g、坍方地段、小净距下穿既有铁路或公路等特殊情况,可先采用工程类比法,根据衬砌类型、施工方法及岩体强度、地下水、地应力等条件,寻找类似工程,参照类似工程确定合理的支护参数。如果遇特殊条件,又无类似工程,可采用解析计算方法,通过理论模型或数值模型求解分析衬砌受力,确定合理的支护参数。

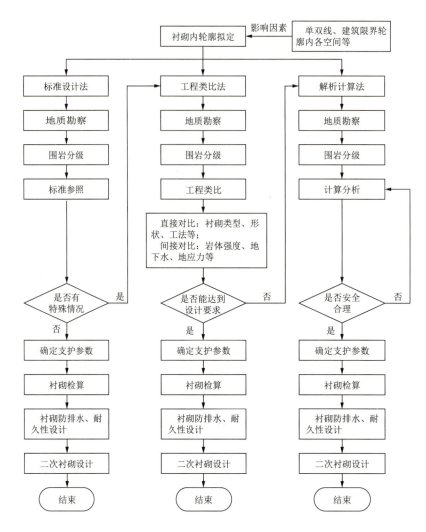

图 18-1 二次衬砌设计流程图

18.3 二次衬砌轮廓设计

18.3.1 二次衬砌内轮廓设计

隧道内轮廓的确定应考虑的因素有：①建筑限界及隧道内股道数和线间距；②断面内各种设备的空间，包括接触网悬挂形式、下部轨道结构形式和维护方式以及各种其他隧道设备空间；③结构受力条件。

对于高速铁路隧道，由于列车速度较高，还要考虑列车在隧道内引起的空气动力学效应的影响。在隧道二次衬砌内轮廓拟定中，通常以建筑限界为基础，再考虑与上述各因素相关的断面空间设置，最后选定内轮廓形状。

考虑到上述因素影响，针对二次衬砌内轮廓面积大小（即隧道净空有效面积），根据速度目标值以及单双线不同，我国铁路隧道的相关规定见表 18-1。

复合式衬砌二次衬砌设计 第18讲

我国铁路隧道净空有效面积　　表 18-1

序　号	速度目标值（km/h）	单线（m²）	双线（m²）
1	140 以下	30	64
2	160	42	76
3	200	52	80
4	250	58	92
5	300～350	70	100

针对隧道内轮廓的影响因素，本节从如下方面做简要介绍。

1）建筑限界及隧道内股道数和线间距

建筑限界指为保证各种交通的正常运行与安全，而规定的与交通线路中心线垂直的极限横断面轮廓，是根据行车车辆、道路附属设备以及其他服务系统所需空间制定的。在此轮廓内，除行车车辆及与行车车辆有相互作用的设备外，不允许有任何设施及障碍物侵入。

我国铁路隧道建筑限界根据牵引类型、运营速度和线别分类，牵引类型包括内燃牵引和电力牵引两种，运营速度和线别分为 $v \leqslant 160$ km/h 客货共线铁路、160 km/h $< v \leqslant 200$ km/h 客货共线铁路、城际铁路、高速铁路等种类。以高速铁路为例，其建筑限界及基本尺寸如图 18-2 所示。

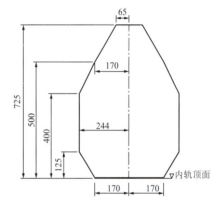

图 18-2　高速铁路建筑限界及基本尺寸（尺寸单位：cm）

一般正线隧道内，线路股道数以单线和双线为主，在车站范围内隧道股道数则可能较多。根据隧道线路股道数，将建筑限界按线间距进行扩展可以得到相应隧道建筑限界。对于曲线上的隧道，还需要根据曲线半径和行车速度考虑隧道建筑限界的加宽与超高。

2）内轮廓断面内各空间设置

电气化铁路隧道必须按要求预留接触悬挂设备所需的空间，接触悬挂设备包括接触线、吊弦和承力索，此外还要考虑接触网的悬挂形式，不同悬挂形式所需空间不同，具体可参考相关规范。为了保持接触线有一定张力，减少气温变化影响，隧道内需设置锚段，每段安设自动张力补偿器。在设补偿器处，二次衬砌内轮廓需要加宽及加高。

隧道下部轨道结构形式分为有砟轨道和无砟轨道。有砟轨道与无砟轨道结构高度不同，因此内轮廓空间设置应分别考虑。在长隧道中采用有砟轨道还需要考虑维护方式对内轮廓设计的影响。

铁路隧道中还需要按照规范要求设置以下几种空间：

（1）安全空间

安全空间（或称安全区）是为铁路内部员工和特殊情况下养护人员预留的空间（图 18-3），安全区内包括衬砌侧安放施工设施（宽 0.3m）或开关柜（宽 0.4m、长 1.3m）的空间。安全区是相对的。当行车速度大于 160 km/h 时，危险区为线路中线至边缘 3.0m 范围。行车速度小于或等于 200 km/h 时，人员可以在隧道内停留；行车速度大于 200 km/h 时，一般情况下，人员不准在隧道内停留。

（2）疏散通道

在隧道内应设置贯通的疏散通道，用于事故列车停靠时人员疏散。疏散通道可部分侵入建筑限界，因为疏散通道是在列车停运的情况下才使用的，如图 18-3 所示。

（3）技术作业空间

技术作业空间用于安放施工辅助设施，作为预留加强衬砌或安装隔声板等的空间。该空间内允许在有限的长度范围内设置一些设备，如接触导线张力调整器和接触导线以及接头的紧回装置等。

233

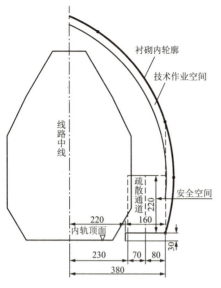

图 18-3 各空间设置(尺寸单位:cm)

对于高速铁路隧道还要考虑空气动力学效应的影响。高速列车前方的空气受到压缩,而列车尾部进入隧道后会形成一定的负压,因此产生了压力波动过程。这种压力波动会对高速列车运营、人员舒适度和环境造成一系列影响,详细内容参见本书第5讲。

为了降低空气动力学效应的影响,增加隧道断面面积是行之有效的方法,因此目前我国高速铁路正线大多采用单洞双线的隧道。

3)二次衬砌内轮廓形状选择

在确定衬砌建筑限界、各空间设置后,就可进行二次衬砌内轮廓形状选择,原则如下:

(1)二次衬砌内轮廓形状选择应满足上述建筑限界及断面空间要求。二次衬砌内轮廓线至少应将隧道建筑限界及断面空间完全包容在内,保证限界边界的任何点均在内轮廓线内。

(2)二次衬砌内轮廓形状选择应满足受力要求,根据隧道承受荷载、施工方法等因素使结构受力合理。对设计出的衬砌断面进行强度检算时,偏心及安全系数均应满足规范要求。

为使衬砌断面内力尽量小且能够圆顺地传递应力,二次衬砌一般采用单心圆、三心圆、多心圆与直线组合的拱形形状。一般情况下单线隧道采用三心圆组成的马蹄形内轮廓,如图 18-4a)所示;双线隧道采用单心圆或三心圆组成的接近圆形的内轮廓,如图 18-4b)所示。

特殊情况下,如隧道承受较大的外水压力荷载或径向膨胀应力时,衬砌内轮廓可采用类似圆形或接近圆形的形状,如鸡蛋形断面,如图 18-4c)所示。

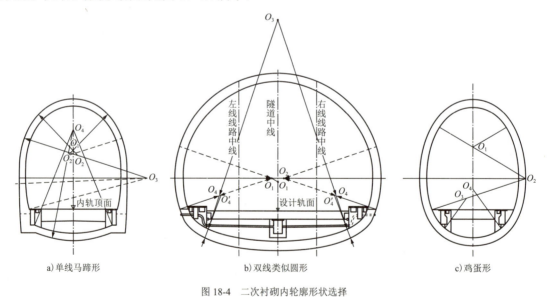

a)单线马蹄形　　　　b)双线类似圆形　　　　c)鸡蛋形

图 18-4 二次衬砌内轮廓形状选择

根据高速铁路隧道建筑限界和隧道内必须配置的各功能空间的要求,我国统一制定了不同行车速度条件下的隧道衬砌内轮廓,并编制了相应的隧道衬砌通用参考图。

18.3.2 二次衬砌仰拱设置

在现代隧道设计中,隧底支护常采用反向拱形结构,通常我们将这种隧底反向拱形支护结构叫作"仰拱"。仰拱必须与隧道上部衬砌一起形成环状结构才能发挥其作用,因此,仰拱不是单独设计的,而是与隧道上部衬砌和其他隧道支护结合进行设计的。

仰拱是隧道结构的重要组成部分。仰拱不但能够保障施工时的隧道稳定性,更重要的是能够保证在长期运营期间隧道结构的安全可靠,这对广泛使用无砟轨道技术的高速铁路隧道尤为重要。

仰拱是整个隧道衬砌的基础。在静力学模型中,隧道是被当作圆筒来看待的,而完整的圆筒是包括隧底仰拱的,但并非所有复合式衬砌均需要设置仰拱,许多也采用底板结构作为隧底支护。本节将分析仰拱的作用,说明仰拱设置的条件。

仰拱作为隧道支护结构的一部分发挥了以下效果。

(1)断面闭合效果

隧底的仰拱与边墙连接起来和上部的衬砌一起组成了封闭的支护结构,从而形成闭合的环形,使得隧道可以被简化为圆筒来看待。根据静力学中关于圆筒的原理,整个支护结构以承受压应力为主,因此能够发挥混凝土的功能,有效利用其抗压性能好的特性。此外断面的闭合使整个支护结构刚度提高,能够有效抑制变形,保证隧道净空。

有学者采用试验模型进行试验,就仰拱对衬砌结构承载能力的影响进行研究。试验结果显示,设置仰拱后隧道整体承载力比不设置仰拱的隧道提高10%左右。

(2)水平梁效果

围岩构造应力往往以水平方向居多,在侧压力大的围岩中,有时水平方向的荷载和位移是主要的。在这种情况下,仰拱主要承受水平方向的压缩荷载,如同水平方向刚性压缩梁一样,可以起到抑制隧道水平位移的作用,同时减小了拱部的弯矩。

(3)赋予内压效果

在砂土围岩和膨胀性围岩等会产生很大地应力而发生大变形的围岩中,仰拱以其反力给予围岩以径向的约束力σ_r,使轴差应力变小,增强了围岩稳定性。此外,仰拱下部的围岩,保持三轴状态,也能够起到抑制围岩强度降低的效果。

(4)弱层补强效果

当隧道穿过横切断层的断层破碎带等软弱层时,由于仰拱具有抗剪、抗弯性能,可以抵抗软弱层的剪切、弯曲荷载与变形,具有补强弱层的效果。

(5)扩大接地面积效果

仰拱将从支护和边墙脚部传递的垂直方向的荷载分散到围岩中。在刚度较小或围岩强度小的围岩中,仰拱能够发挥抑制隧道下沉的效果。

上述各点再次印证了山岭隧道的仰拱是确保隧道稳定性、净空断面、车辆安全通行的重要结构,是隧道支护体系的重要组成部分之一。

通过上文对仰拱力学作用的分析和工程中的实践,我们已经清楚地知道仰拱对支护体系的作用。仰拱作为隧道衬砌结构重要组成部分,在使衬砌结构受力合理化、提高隧道施工安全度、增长衬砌结构正常使用寿命、提升结构安全储备等方面有着重要作用。在设计阶段,应根据设计条件,结合仰拱在力学上的作用分析其设置目的是否合理,综合判断是否设置仰拱。

为确保隧道结构安全和长期稳定性,一般具有以下情况的隧道设计中,应当考虑设置仰拱:

(1)隧道位于城市的情况;

(2)需要控制地表沉降的情况;

(3)围岩脆弱的情况(特殊围岩等);

(4)在隧道使用周期内围岩可能劣化的情况;

(5)需要考虑隧道抗震性的情况(包括断层破碎带等);

(6)需要全断面防水型结构的情况;

(7) 易受偏压、上覆荷载、地震影响的洞口段；
(8) 出现底鼓、翻浆冒泥等隧底病害可能性大的情况（特别是铁路隧道）；
(9) 遇到小净距施工或将来会出现荷载变化的情况。

在铁路隧道的设计中，考虑到运营过程中实施隧底病害整治是极为困难的，因此原则上宜设置仰拱。

隧道设计中，应根据设计条件对照仰拱设置的目的，从而合理判断仰拱设置的必要性。大致研究过程可参考图18-5。

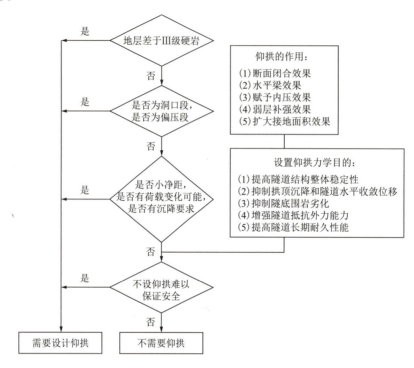

图18-5 仰拱设置的必要性判定过程图

《铁路隧道设计规范》（TB 10003—2016）规定"一般情况下隧道宜设置仰拱，Ⅱ级围岩及地下水不发育的Ⅲ级硬岩可以设置钢筋混凝土底板，重载铁路隧道应设置仰拱"。

18.4 二次衬砌参数设计

做好二次衬砌的轮廓设计后，就可根据隧道上部净空尺寸、结构受力条件、施工运营等多方面的要求，确定二次衬砌参数。在设计二次衬砌参数时应考虑全面，从而获得安全可靠、经济适用的设计结论。

18.4.1 二次衬砌几何参数

1）上部结构几何参数

隧道断面拱部尺寸的拟定应根据隧道上方地质条件来决定：当地质条件较好时，在满足限界的基础上，可适当加大拱部圆弧的半径，以减小对上方围岩的开挖，降低工程造价；当地质条件较差时，应减小拱部圆弧的半径，即加大矢跨比，以降低隧道开挖风险、减小拱部沉降。

如第18.3节所述，上部结构常见的几何形状有单心圆、三心圆等。以三心圆为例，描述内轮廓线形状的参数为 R_1、R_2、φ_1、φ_2、a、b、c、h、L。这些参数的几何关系如图18-6所示。

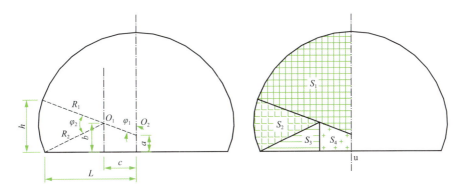

图 18-6　三心圆尺寸及面积图

$$R_1 = \frac{h-a}{\cos\varphi_1}$$

$$R_2 = \frac{h-b}{\cos\varphi_1}$$

$$c = \frac{R_1 - R_2}{\sin\varphi_1}$$

$$b - a = \frac{R_1 - R_2}{\cos\varphi_1}$$

$$\varphi_2 = \frac{\pi}{2} - \varphi_1 + \sin^{-1}\left(\frac{b}{R_2}\right)$$

$$R_2^2 = (L-c)^2 + b^2$$

根据图 18-6，对内轮廓所含面积（轨面以上净空，下同）进行计算，内轮廓所含开挖面积可表示为：

$$S = 2 \times (S_1 + S_2 + S_3 + S_4)$$

式中：$S_1 = \frac{1}{2} \times \varphi_1 R_1^2$；$S_2 = \frac{1}{2} \times \varphi_2 R_2^2$；$S_3 = \frac{1}{2} \times b \times \sqrt{R_2^2 - b^2}$；$S_4 = \frac{1}{2} \times (a+b) \times c$。

为使开挖面积最小，选取内轮廓所含面积 S 为目标函数，R_1、R_2、φ_1、φ_2、a、b、c 则为设计变量。通过不断调整设计变量值，使目标函数取得最小值。

在我国铁路隧道设计中，上述几何参数设计工作可通过参考标准设计进行。针对不同行车速度，标准设计给出了上部结构几何参数的组合。下面以 200km/h、双线铁路隧道为例做简单介绍。

图 18-7 适用于旅客列车最高行车速度为 200km/h、线间距为 4.4～5.6m 的新建双线铁路区间隧道，并满足普通货物列车的通行条件，线间距为 4.4m 时轨面以上净空面积为 81.37m²。图中 W 值为线间距大于 4.4m 时之加宽值，加宽值为 10cm 的整数倍，d 为实际线间距值。限界组合之最大外轮廓与隧道内轮廓间可供装设照明、通信、警告信号及色灯信号等设备。衬砌内轮廓尺寸见表 18-2。

衬砌内轮廓尺寸(mm)表　　　　表 18-2

断面加宽	d	b_2	a	r_1	h_1	h	B	r_2
$W=0$	440	575	0	603	212	815	1150	603
$W=10$	450	580	5	609	209	818	1160	603
$W=20$	460	585	10	615	206	821	1170	603
$W=30$	470	590	15	620	203	824	1180	603

续上表

断面加宽	d	b_2	a	r_1	h_1	h	B	r_2
W=40	480	595	20	626	200	827	1190	603
W=50	490	600	25	632	198	829	1200	603
W=60	500	605	30	638	195	832	1210	603
W=70	510	610	35	643	192	835	1220	603
W=80	520	615	40	649	189	838	1230	603
W=90	530	620	45	655	186	841	1240	603
W=100	540	625	50	661	183	844	1250	603
W=110	550	630	55	667	180	847	1260	603
W=120	560	635	60	672	177	850	1270	603

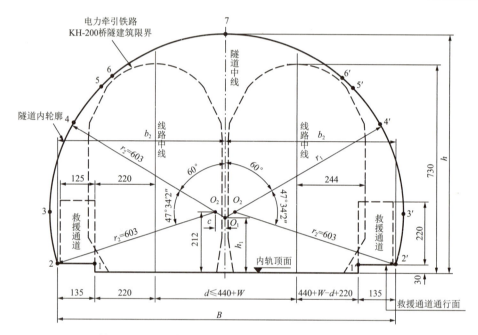

图 18-7　200km/h 客货共线双线铁路隧道衬砌内轮廓（尺寸单位：cm）

2）仰拱几何参数

拱墙衬砌尺寸拟定完成后，仰拱的形状与几何尺寸的确定，应根据隧道上部衬砌结构尺寸、结构受力条件、排水沟槽、施工运营等多方面的要求全面考虑，力求安全经济。

根据工程实践经验，仰拱的形状应力求简单、平顺，因此仰拱一般均设计为圆拱。仰拱几何尺寸是指仰拱矢高 f、仰拱跨度 l、仰拱半径 R 及其幅角 φ，如图 18-8 所示。这些几何参数具有如下关系：

跨矢比：

$$n = \frac{l}{f}$$

$$\sin\frac{\varphi}{2} = \frac{4n}{n^2 + 4}$$

$$r = \frac{l}{2}\sec\frac{\varphi}{2}$$

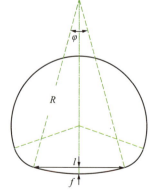

图 18-8　仰拱参数示意图

可以看出，确定了仰拱跨矢比，仰拱的其他几何尺寸可通过简单计算得出,因此仰拱几何尺寸设计最重要的是确定仰拱跨矢比。跨矢比确定需考虑仰拱荷载来源及大小。一般情况下仰拱承受荷载大时,相应选择较小的跨矢比。

通过研究跨度一定时不同半径的仰拱在荷载作用下结构的响应,可得出仰拱作用随跨矢比变化的规律。选取如表 18-3 所示 8 种典型断面形式,分别建立有限元模型进行分析。

仰拱跨矢比影响分析表　　　　　表 18-3

模　型	开挖跨度(m)	仰拱半径(m)	仰拱跨矢比
1	12	6.5	4
2		8	5
3		9.5	7
4		11	8
5		12.5	9
6		14	10
7		15	12
8		16.5	14

数值分析的结果(图 18-9)显示,随着仰拱半径的增大,隧道断面拱顶、拱腰、拱脚和拱底等控制点竖向位移随之增大:当仰拱半径在 6.5~14m 范围内变化时,其竖向位移增长缓慢;当仰拱半径从 15m 增大到 16m 时,拱脚处竖向位移急剧增加。且拱脚处弯矩也随着仰拱半径的增大而增大:仰拱半径在 6.5~14m 范围内变化时,拱脚处弯矩差异较小;而当仰拱半径继续增大时,拱脚处弯矩变化剧烈,特别是仰拱半径从 15m 增大到 16.5m 时,拱脚处弯矩直接增加了足足 1 倍。因此,从结构受力的角度出发,仰拱跨矢比越小,仰拱作用越大,但跨矢比变小又会造成隧道底部开挖变大,从经济角度上跨矢比不能过小。

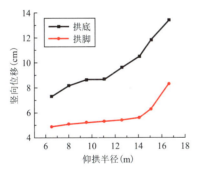 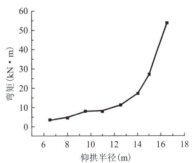

图 18-9　仰拱半径影响图

《铁路隧道设计规范》(TB 10003—2016)规定,为保证仰拱的作用,仰拱的跨矢比,一般单线隧道取 6~8,双线隧道取 10~12。

仰拱与边墙连接部转角称为隅角。对于双线隧道,隅角的半径可通过下面方法计算得到:

已知上部衬砌边墙墙脚距隧道中线距离 d_1 和上部衬砌幅角 φ_1、仰拱衬砌半宽 d_2 和仰拱幅角 φ_2,可以得到隅角幅角 θ 和半径 r,如图 18-10 所示。

$$\theta = \frac{2\pi - \varphi_1 - \varphi_2}{2}$$

$$r = \frac{d_1 - d_2}{4\sin\left(\dfrac{\theta}{2}\right)\cos\left(\dfrac{\varphi_1 + \theta}{2}\right)}$$

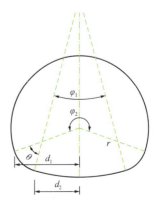

图 18-10　二次衬砌仰拱与边墙尺寸示意图

18.4.2 二次衬砌强度、厚度参数设计

前文指出,二次衬砌在隧道支护体系中具有承受荷载的功能,因此完成二次衬砌几何参数设计后,需要对二次衬砌承载能力做出具体设计。设计内容主要包含二次衬砌材料强度与其厚度参数。本节主要阐述设计二次衬砌强度、厚度时需要考虑的因素和二次衬砌厚度对结构承载能力及受力特征的影响。

1)二次衬砌强度设计

二次衬砌应当具备足够的强度,满足在各种设计荷载作用下不发生整体性失稳和破坏,从而确保在各种工况下二次衬砌上部结构仍然能够保持隧道净空,下部结构能够保证轨道基础的平顺。

根据二次衬砌形式设计,二次衬砌在整体上被当作圆筒支护来看待。无论上部拱墙还是下部仰拱在力学上一般简化为拱形梁或板壳考虑,主要承受压弯组合作用。其受力模式如图 18-11 所示。应当指出,在隧道二次衬砌构件中,围岩起到了"荷载边界"的作用,构件的变形趋势是由接触压力 P、轴向力 N、弯矩 M 共同决定的,这与工民建中受压构件有区别。

有研究认为,完整的隧道二次衬砌拱形结构可以视为三次超静定无铰拱结构,如图 18-12 所示。当其中一部分发生破坏出现塑性铰时,则转换为两铰拱,此时结构变为一次超静定体系;再产生一个塑性铰,衬砌结构进入三铰拱阶段,这时的结构仍为静定体系;但若发生进一步的破坏,产生更多的塑性铰,结构将变为不稳定的机构,即结构进入破坏的临界状态,随时可以发生大变形。转化破坏过程如图 18-12 所示。行业标准《铁路隧道设计规范》(TB 10003—2016)判断二次衬砌结构的破坏,本质上是采用单一截面的平衡条件与安全系数的组合进行的。

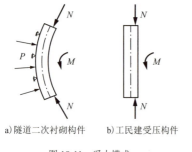

a)隧道二次衬砌构件 b)工民建受压构件

图 18-11 受力模式

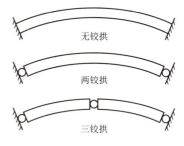

图 18-12 二次衬砌拱形结构图

在进行二次衬砌承载能力设计时,除考虑本讲第 18.1 节提到的各种荷载外,还应当充分考虑衬砌材料性能在隧道运营使用中的变质,如混凝土抗压强度、弹性模量、混凝土收缩和徐变等随运营时间的延续将发生变化而带来的影响。有关研究认为,混凝土抗压强度在建成后 30~40 年间,略有增长,但其后将缓慢将低。随着衬砌混凝土抗压强度的变化,其弹性模量也将发生变化。不同强度等级的混凝土其弹性模量取值是不同的。混凝土抗压强度直接关系到衬砌结构承载能力,而混凝土弹性模量对衬砌结构内力计算也产生一定的影响。

在已知所受荷载与二次衬砌几何参数的条件下,根据本书前述章节的计算方法,通过试算与检算结合的手段,可以算得二次衬砌所需强度。根据现有设计经验,二次衬砌设计强度应在 10~20MPa 范围内,故而选择素混凝土或钢筋混凝土作为二次衬砌建筑材料是合理的。

2)二次衬砌厚度设计

应首先确定拱墙等上部结构的厚度。二次衬砌上部结构的主要作用是保持隧道断面的使用净空,因此在具备所需强度的同时还要有足够的刚度,从而可以抵抗变形,保证在各种荷载作用下拱墙衬砌不会出现过大变形侵占隧道使用净空。

为定量研究不同厚度的二次衬砌在荷载作用下结构的响应,选取如表 18-4 所示 5 种不同厚度二次衬砌,分别建立有限元模型进行分析。

二次衬砌厚度影响分析表						表18-4
模　型	1	2	3	4	5	
二次衬砌厚度(cm)	25	35	45	55	65	

分析结果（图18-13）表明，随着二次衬砌厚度的增加，隧道断面各控制点竖向位移随之减小。另外，从二次衬砌内力出发，随着二次衬砌厚度的增加，衬砌结构各控制点轴力均在增加。这是因为二次衬砌厚度增加提高了二次衬砌刚度，使得二次衬砌分配的内力变大。虽然二次衬砌结构所能承受的轴力随二次衬砌厚度的增加有一定程度的提升，但是轴力过大会使二次衬砌结构存在安全隐患，因此二次衬砌结构厚度应该加以限制。增加二次衬砌厚度有利于提升二次衬砌刚度即抵抗围岩变形的能力，但是过大的二次衬砌厚度会造成二次衬砌内力增大，不利于结构安全，同时造成材料的浪费，是不可取的。

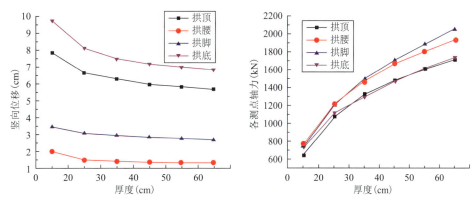

图18-13　二次衬砌厚度影响图

在确定拱墙等上部结构的厚度之后，若隧道设置仰拱，一般情况下仰拱衬砌设计厚度大多通过经验选取，其厚度等于或稍大于上部结构的衬砌断面厚度，以保证整个衬砌结构平顺连接避免应力集中点的出现。仰拱设计参数也经常通过现场试验及监测进行调整。

在拟定二次衬砌的厚度之后，计算衬砌厚度及强度要求，使其安全系数满足现行行业标准《铁路隧道设计规范》（TB 10003）要求。衬砌作为安全储备时厚度不宜太薄，否则在施工作业上、混凝土的质量上都会出现问题，因此一般建议是25～30cm；衬砌承受外荷载时也不宜太厚，厚度过大会增加开挖面积，荷载也会增大。以速度200km/h的双线隧道为例，一般情况下，不同围岩级别衬砌厚度、强度可参照表18-5选取。

200km/h客货共线双线铁路隧道二次衬砌设计参数（普货）					表18-5
衬砌类型	二次衬砌		混凝土强度等级	配筋情况	
	拱墙(cm)	仰拱/底板(cm)			
Ⅱ级	35	30*	C30	素混凝土	
Ⅱ级	35	35	C30	素混凝土	
Ⅲ级	40	45	C30	素混凝土	
Ⅲ级加强	40	45	C30	素混凝土	
Ⅳ级	45	50	C35	钢筋混凝土	
Ⅳ级加强	45	50	C35	钢筋混凝土	
Ⅴ级	50	55	C35	钢筋混凝土	
Ⅴ级加强	50	55	C35	钢筋混凝土	

注：表中带"*"号者表示为钢筋混凝土。

衬砌承受高水压时，除常规围岩荷载外还应考虑外水压力，对衬砌形状、强度、厚度进行解析计算分析；地下水具有强腐蚀性时应考虑提高衬砌建筑材料的抗渗等级等；隧道近接公路、铁路等构筑物时需考虑隧道施工对既有隧道的影响。特殊情况隧道衬砌结构设计见后续介绍。

18.5 二次衬砌设计其他要点

18.5.1 衬砌耐久性设计

根据衬砌结构计算可确定出满足衬砌承载要求的最小混凝土强度,还应根据环境作用等级确定是否满足混凝土耐久性要求。衬砌的耐久性不仅是性能要求,也是一个时间概念。在矿山法隧道中,衬砌多数是素混凝土或者钢筋混凝土,衬砌耐久性取决于混凝土的耐久性和混凝土的施工工艺。

素混凝土衬砌的劣化原因有:冻融循环、化学侵蚀及碱—集料反应等。钢筋混凝土二次衬砌的劣化主要是钢筋的腐蚀,而造成钢筋腐蚀的原因有:衬砌裂缝、碳化及氯离子侵蚀等。

在复合式衬砌结构耐久性设计中,主要包括以下内容:明确混凝土结构的使用环境类别与环境作用等级;提出混凝土结构的设计使用年限;设计与结构耐久性有关的结构构造措施;提出混凝土原材料品质要求、配合比主要参数及耐久性的具体指标;提出确保混凝土耐久性的施工质量关键控制要求与措施;确定钢筋混凝土保护层厚度;提出对结构应采取的防腐蚀附加措施;明确结构使用过程中的检测、养护、维修或局部更换的要求。

行业标准《铁路混凝土结构耐久性设计规范》(TB 10005)适用于采用普通混凝土施工的铁路混凝土结构在碳化环境(T)、氯盐环境(L)、化学侵蚀环境(H)、盐类结晶破坏环境(Y)、冻融破坏环境(D)等常见环境作用下的耐久性设计。其中碳化环境和氯盐环境的机理是对钢筋的锈蚀,其余环境的机理是对混凝土的破坏。

不同环境下,隧道衬砌混凝土的抗压强度等级应满足表18-6的要求。

隧道用衬砌混凝土的最低抗压强度等级 表18-6

环境类别	环境作用等级	隧道衬砌 钢筋混凝土	隧道衬砌 素混凝土
碳化环境	T1	C30	C30
碳化环境	T2	C35	C30
碳化环境	T3	C40	C30
氯盐环境	L1	C40	C35
氯盐环境	L2	C45	C35
氯盐环境	L3	C50	C35
化学侵蚀环境	H1	C35	C35
化学侵蚀环境	H2	C40	C40
化学侵蚀环境	H3	C45	C45
化学侵蚀环境	H4	C45	C45
盐类结晶破坏环境	Y1	C35	C35
盐类结晶破坏环境	Y2	C40	C40
盐类结晶破坏环境	Y3	C45	C45
盐类结晶破坏环境	Y4	C45	C45
冻融破坏环境	D1	C35	C35
冻融破坏环境	D2	C40	C40
冻融破坏环境	D3	C45	C45
冻融破坏环境	D4	C45	C45

在一般情况下，按照耐久性设计规范选择衬砌材料，可以保证隧道在运营中的安全。实际运营中，素混凝土二次衬砌有发生掉块的案例，这并不是素混凝土材料耐久性的问题，而应当对素混凝土施工工艺进行进一步研究，加强素混凝土施工质量管理，防止隧道二次衬砌拱部掉块。

此外根据设计经验，在我国贵州省等岩溶发育地区修建铁路隧道时，地下水具有很强不确定性，因此建议在岩溶发育地区对按承受水压力设计的隧道采用钢筋混凝土，以更好地保证隧道安全。

富存有害气体段落衬砌还应掺入气密剂。此外，还应根据外水压力大小确定衬砌抗渗等级，防水混凝土应满足抗渗等级要求。

18.5.2 衬砌防排水设计

衬砌应以结构自防水为主体，以接缝防水为重点。防水设计应首先识别隧道中能够影响防水的风险因素，风险识别可按"铁路隧道衬砌防水设计风险因素核对表"进行。衬砌结构防水措施应根据防水等级、水文地质、环境条件及材料性能等因素确定。

我国行业标准《铁路隧道设计规范》（TB 10003—2016）明确地划分了隧道衬砌防水等级。

一级防水：有客运作业或装修要求的车站隧道拱墙；高速铁路隧道拱墙；隧道抗冻设防段衬砌；隧道内供人员长期工作的洞室；因少量湿渍而影响设备正常运转、危及运营安全的设备洞室；因少量湿渍使储存物质变质、失效的储物洞室。

二级防水：电气化铁路隧道拱墙；内燃牵引铁路隧道拱墙；隧底结构；有人员经常活动的场所；安装一般电气设备的洞室、置放无防潮要求器材物料的洞室；辅助坑道内安装电动防火门、风机及其控制设备的段落。

三级防水：运营期间作为防灾救援通道、检修通道、通风排烟通道的辅助坑道；人员临时活动场所；安装非电气设备的洞室。

根据不同防水等级，模筑混凝土、防水层、施工缝、变形缝防水措施应按照铁路隧道衬砌结构防水要求进行设计。

18.5.3 二次衬砌变形缝、施工缝设计

变形缝是伸缩缝和沉降缝的总称，它的作用主要是为了适应工程结构的伸缩、沉降，以避免结构物的损坏。变形缝的设置一方面可以解决隧道不均匀变形，另一方面可以优化结构受力状态。隧道抗震设防段或明暗洞相接处需设置变形缝。

有研究表明，设置变形缝隧道和不设置变形缝隧道在地层错动下变形破坏特征是不同的：①有变形缝隧道损伤主要集中在断层破碎带范围内的节端剪压破坏，节段衬砌损伤不明显，仅局部位置出现开裂现象，未见明显坍塌；而无变形缝隧道最终破坏模式为剪切和弯曲张拉组合破坏，整体坍塌趋势明显。②有变形缝隧道最终破坏范围约为 2 个隧道节段的长度，而无变形缝隧道最终破坏范围约为 3 个隧道节段的长度。因此变形缝的设置能够改善隧道变形破坏模式，使变形破坏范围更小。

施工缝指的是在混凝土浇筑过程中，因施工需要分段浇筑，而在先、后浇筑的混凝土之间所形成的接缝。施工缝的位置应设置在结构受剪力较小和便于施工的部位。铁路隧道中下部仰拱与上部边墙衬砌留纵向施工缝，上部拱墙衬砌根据模板台车长度留环向施工缝。

变形缝、施工缝防水措施应根据工程的防水等级要求确定，并优先选用可修复的防水构造形式及材料。二次衬砌混凝土自身的防水性能是较好的，但如果施工缝、变形缝等防水薄弱环节处理不好，二次衬砌就会失去防水作用。因此，设计上要求二次衬砌混凝土连续浇筑，减少施工缝数量，并在施工缝、变形缝等接缝处做好防水设计，且要满足密封防水、适应变形、施工方便、检修容易等要求。

18.5.4 仰拱与边墙的连接

仰拱作为复合式衬砌的一个构件，必须与上部衬砌形成整体才能发挥作用。仰拱与边墙的连接部位是保证衬砌结构以及隧道围岩拥有良好力学状态的关键环节。

现有铁路标准设计中，单线铁路隧道与双线铁路隧道在仰拱与边墙的连接上有所区别。单线铁路隧道中，仰拱与边墙连接处采用了加厚衬砌、加密钢筋的方法来保证连接效果；而在双线铁路隧道中，仰拱与边墙连接处采用圆滑的隅角进行顺接。

仰拱与边墙的连接除了几何上的衔接，还必须考虑构造上的连接。不合理的连接方式，会在墙角部分形成应力集中区，使结构的整体力学特性受到很大的影响，给施工及运营留下安全隐患；特别是围岩可能出现大变形的情况下，出现病害时，墙角与仰拱连接处往往发生破坏。

因此在大变形等特殊地质条件下，仰拱和边墙的构造连接方式就成为了控制围岩—支护结构应力状态的重要因素。

仰拱和边墙的构造连接方式主要分为刚接与铰接。有研究以单线铁路隧道为例，分别计算边墙和仰拱在两种连接方式下的内力情况，从而对比刚接与铰接方式。

仰拱边墙在两种连接情况下，拱肩部位到拱顶弯矩分布基本相同，在边墙与仰拱连接处衬砌结构的弯矩分布有较明显的差别。在刚接状态下，边墙与仰拱连接处弯矩连续传递，仰拱底部出现负弯矩的最大值。在铰接状态下，边墙与仰拱连接处弯矩不能连续传递，导致在边墙部位弯矩值减小，而仰拱底部负弯矩急剧增大。

根据上述分析，为了确保仰拱起到提高隧道结构整体稳定性、抑制底鼓和隧道水平收敛位移的作用，仰拱与边墙应采用刚接形式连接。在设计中将仰拱钢筋预留延长，待浇筑上部衬砌时，仰拱与边墙的钢筋绑扎焊接，形成整体结构。

18.5.5 仰拱设计其他要点

仰拱除了承受静力荷载外，还要承受由列车振动引起的荷载。研究指出，列车振动对隧道基底围岩受力状态影响较大，对隧道衬砌仰拱与边墙底部受力状态影响也较大。但由于振动的衰减较快，对于隧道其他部位的围岩以及衬砌拱圈部分的受力状态影响均较小。

列车振动在隧道仰拱和边墙中将产生 $0.2 \sim 0.5\mathrm{MPa}$ 的边缘拉应力。在列车振动下，隧道基底结构形式对基底以下围岩的受力状态有相当程度的影响。为了改善隧道基底围岩和仰拱的受力条件，基底结构较为合理的结构形式和措施为：

（1）采用矢跨比较大的仰拱；
（2）采用较厚的隧底填充；
（3）采用各种排水措施排除隧底以下积水。

仰拱填充是仰拱施作完毕后，将隧道底部的弧形整体浇筑到一个平面上以方便通车和日后铺轨的构件。若仰拱及仰拱填充一次成型，仰拱填充将与仰拱一起受力，这会造成三大问题：

（1）仰拱及仰拱填充一次成型会使仰拱一次浇筑厚度过大，热量不易散发，产生混凝土内部热量不均匀现象，造成其内部裂纹等缺陷。这些缺陷既降低了仰拱的实际强度，也容易产生仰拱翻浆等隧道病害。

（2）仰拱及仰拱填充一次成型，当二次衬砌与周边结构受力平衡后，仰拱填充的大部混凝土承受拉应力。这种应力状态容易造成路面施工缝、中心排水沟等部位的拉裂破坏，导致积水很容易渗入仰拱基底，日积月累最终造成仰拱基底积水和软化、路面翻浆冒泥等病害。

（3）仰拱及仰拱填充一次成型导致刚度没有差异，在列车振动荷载作用下，仰拱承受的动载远大于仰拱与仰拱填充分开浇筑的情况。

因此,《铁路隧道工程施工技术指南》(TZ 204—2008)规定:仰拱填充混凝土浇筑需在仰拱混凝土终凝后进行。

18.5.6 特殊地质情况下的隧道基底处理

在特殊地质情况下,隧道底部不仅需要设置仰拱衬砌,往往还需要进行特殊的基底处理,这也是仰拱设计的一部分。特别是在高水压、岩溶、膨胀岩等情况下,仰拱基底处理的作用就更为明显。本节将通过实例展示,说明特殊地质情况下的仰拱基底处理设计。

1)隧底填充溶洞

某隧道洞身发育一大型半充填溶洞。该溶洞主要为顺岩层走向及裂隙面发育,主要发育方向为线路下方,其平面形态呈一长条带状,轴向长约80m,宽约35m,溶洞上部空腔净空高5~17m不等,中下部为黏土及碎块石土填充,厚度5~35m不等。溶洞壁整体稳定。勘探揭示该溶洞填充物厚度5~35m不等,其力学指标较低,遇水软化极快。

该隧道治理采取了以下措施,取得了良好效果:

(1)增设迂回导坑

为加快施工进度,满足工期要求,避免岩溶处理段的施工干扰,设置迂回导坑,新开工作面。

(2)采用桩筏结构基础

在隧底溶洞段设计54根钢筋混凝土钻孔桩,桩径1.25m,桩长9~63m,桩间距纵向3.5m。由于填充物内含有较大的块状孤石,现场施工采用冲击钻。桩顶筏板则采用C35钢筋混凝土现浇板,板厚2.5m,宽15m,长70m,在板中部设置一道变形缝。变形缝宽2cm,设一道钢边止水带防水,按施工图中对变形缝要求施作填缝材料。断面结构如图18-14所示。

对溶洞露空部位设C20混凝土护墙。护墙顶部利用锚杆与基岩加强联系;护墙底部设置桩径1.25m钻孔桩,桩长29~42m,桩间距纵向3.5m,共14根。

溶洞段衬砌背后环向盲管加密至3m一道;溶洞段中心水沟至溶洞空腔之间预埋ϕ100mmPVC导水管作为泄水通道,以免洞内积水上升产生水压对结构不利。

筏板混凝土体积较大,其施工应采取适当措施防止由于混凝土收缩及内外温差过大造成混凝土开裂。

2)隧底空溶洞

某隧道洞身开挖揭示一巨型溶腔,直径30m,深46m。溶腔40m下发育暗河,暗河与隧道正洞相交。

该隧道治理采取了以下措施,取得了良好效果:

(1)增设迂回导坑

为加快施工进度,尽快完成溶腔及暗河的勘测及施工处理,满足全线铺架工期的要求,于隧道进口设置迂回导坑。

(2)回填溶腔

由于溶腔及暗河洞壁为薄层状的灰岩,风化严重,且在测量过程中洞壁围岩仍在不断剥落,根据地质判断溶腔及暗河洞壁稳定性较差。另外溶腔及暗河发育高度在40~83m范围,其洞壁支护处理难度极大,故设计采用弃渣回填确保暗河洞壁稳定。为减少回填混凝土体积及大体积混凝土水化热对施工的影响,布设宽度为1.8m、长度为2.2m的矩形孔洞,孔洞周边距离岩壁约3m,孔洞横、纵向间距5m,孔洞采用硬质岩回填密实。为增加混凝土结构的整体稳定性,竖向每隔约8m设置2m高的混凝土横联。断面结构如图18-15所示。

（3）增设泄水洞

由于回填堵塞了暗河原有的排泄通道，于隧道出口设置长445m的泄水洞，作为暗河通道。

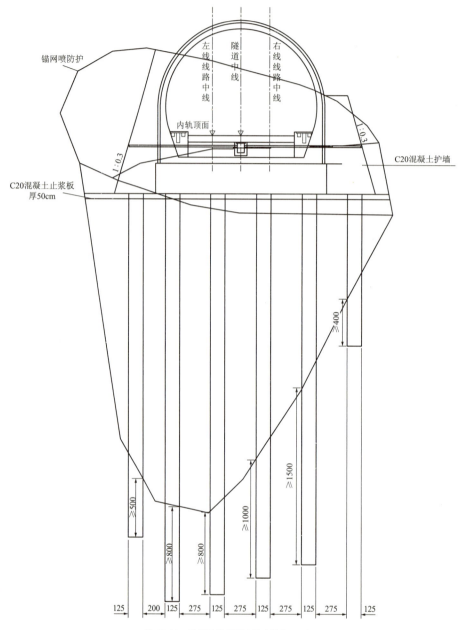

图18-14　桩筏结构基础（尺寸单位：cm）

3）膨胀岩

某隧道穿越钙质页岩。该岩层具有弱膨胀性，测得膨胀力45kPa，导致隧底出现底鼓。

该隧道治理采取了以下措施，取得了良好效果：

（1）拆换仰拱

在底鼓发生段，将隧道仰拱曲率由原设计的矢跨比1/12调整为1/8，由原素混凝土结构调整为钢筋混凝土结构，厚度由55cm调整为65cm，混凝土强度等级采用C40。

（2）预应力锚杆加固

在隧底设置4排胀壳式中空注浆预应力锚杆，纵向间距2m。锚杆直径32mm，壁厚6mm，单根长度8m。锚杆按照设计值的10%进行超张拉，根据锚垫板尺寸凿孔，施工完锚杆后采用防水砂浆回填封闭。

根据计算,新建仰拱结构安全储备承载能力满足要求。

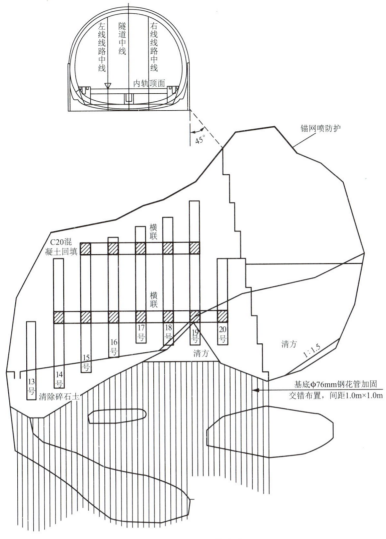

图 18-15 回填溶腔

本讲参考文献

[1] 朱颖,许佑顶,林世金,等. 高速铁路建造技术·设计卷 [M]. 北京:中国铁道出版社,2015.

[2] 关宝树. 隧道工程设计要点集 [M]. 北京:人民交通出版社,2003.

[3] 喻渝,赵东平,路军富,等. 铁路隧道概率极限状态设计方法及应用 [M]. 北京:人民交通出版社股份有限公司,2017.

[4] 赵万强,李磊,王政栋,等. 铁路隧道复合式衬砌极限状态设计研究 [J]. 铁道工程学报,2015,32(06):62-68.

[5] 赵勇,肖明清,肖广智. 中国高速铁路隧道 [M]. 北京:中国铁道出版社,2016.

[6] 卢光辉. 软弱围岩隧道动态施工设计与施工方法研究 [D]. 中南大学,2007.

[7] 从会涛. 隧道动态设计方法与实用技术研究 [D]. 铁道部科学研究院,2004.

[8] 关宝树. 山岭隧道的仰拱(节译文).

[9] 高杨. 铁路隧道防排水设计指南 [M]. 成都:西南交通大学出版社,2018.

[10] 刘学增,郭彪,李学锋,等. 变形缝对跨断层隧道抗错断影响的模型试验研究 [J]. 岩石力学与工程学报,2015,34(S2):3837-3843.

第 19 讲

明洞与棚洞设计

明（棚）洞是铁（公）路工程的重要构筑物之一，其有为防御落石、崩塌而设置的，也有因公路、铁路、沟渠在铁路上方通过而修建的，还有受泥石流等危害而修建的。由于明洞的用途不同，其结构形式、基础形式、洞顶回填材料、施工工艺也是各异的。

本讲将主要介绍明（棚）洞（拱形明洞和棚洞）结构的类型及适用条件、荷载及计算方法、内力计算、结构设计等，为设计者提供明洞设计的基本思路。

19.1 明（棚）洞的类型和适用条件

明洞可分为拱形明洞和矩形明洞。在隧道进出口两端的接长明洞或在路堑边坡不稳定地段修建的独立明洞等，多采用拱形明洞的形式。部分隧道洞口与 U 形槽相连或用于声屏障作用时，有时也设计成矩形明洞形式。因受地质、地形条件的限制，难以修建拱形明洞时，可采用棚洞。

19.1.1 拱形明洞的类型和适用条件

拱形明洞整体性好，能承受较大的垂直压力和侧压力。按荷载分布，拱式明洞可分为路堑对称型、路堑偏压型、半路堑偏压型、半路堑单压型、特殊明洞等 5 种。

1）路堑对称型

路堑对称型明洞适用于洞顶地面平缓，路堑两侧地质条件基本相同，原山坡有少量坍塌、落石以及隧道洞口岩层破碎，洞顶覆盖较薄，难以采用暗挖法修建隧道的地段，如图 19-1 所示。

2）路堑偏压型

路堑偏压型明洞适用于两侧山坡高差较大的路堑，高侧边坡有坍塌、落石或泥石流，低侧边坡明洞墙顶以下部分为挖方，且能满足外侧边墙嵌入基岩要求的地段，如图 19-2 所示。

3）半路堑偏压型

半路堑偏压型明洞适用于半路堑靠山侧边坡较高，有坍塌、落石或泥石流等不良地质现象，而外侧地面较为宽敞和稳定，上部填土坡面线能与地面相交以平衡山侧压力的地段，如图 19-3 所示。

4）半路堑单压型

半路堑单压型明洞适用于靠山侧边坡或原边坡有坍塌、落石等现象，外侧地形陡峻无法填土的地段，

本讲执笔人：孙其清，唐思聪.

如图 19-4 所示。

图 19-1 路堑对称型明洞

图 19-2 路堑偏压型明洞

图 19-3 半路堑偏压型明洞

图 19-4 半路堑单压型明洞

拱形明洞的边墙，采用直墙或曲墙。当半路堑单压型明洞外墙尺寸较厚（可达 3～5 m）时，为节省圬工量，通常在浆砌片石的外墙上每 3～4 m 开设一个孔洞。

采用偏压拱形明洞时，要特别注意处理好外墙基础，以防止因外墙下沉而引起的拱圈开裂。故外墙必须设置于稳固的地基上，如有困难，则可用桩基（或加深基础）及加固地基等方法进行处理。

5）特殊明洞

另外，受地形、线路走向、地表环境等条件的限制出现了一些特殊明洞，如高回填明洞（龙洞堡机场明洞）、车站大跨明洞、双耳墙式明洞、桩基基础明洞等。

19.1.2　棚洞的形式及适用条件

棚洞由顶盖和内外边墙组成。顶盖通常为梁式结构。内边墙一般采用重力式结构，并应置于基岩或稳固的地基上。当岩层坚实完整，干燥无水或少水时，为减少开挖和节约圬工，可采用锚杆式内边墙。棚洞的类型主要取决于外侧边墙的结构形式，通常有墙式、刚架式、柱式和悬臂式（不修建外墙时）等棚洞之分。此外还有特殊结构棚洞，如空腹肋拱式棚洞、斜交托梁式棚洞、双曲拱棚洞等。

1）刚架式棚洞

刚架式棚洞为多层框架结构，适用于非常陡峻的边坡，外侧基岩较深，必须把结构内、外墙连成框架整体的情况，如图 19-5 所示。

2）墙式棚洞

墙式棚洞外侧支撑体系是墙，适用于外侧基岩较深，修建坚固的基础工程量太大，且外墙不受侧向压力的情况，如图 19-6 所示。根据棚洞防护落石的严重与否以及地质情况，墙式棚洞又有整板式和连拱式外墙两种常见类型。

图 19-5 刚架式棚洞

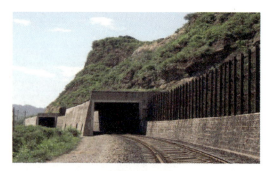
图 19-6 墙式棚洞

另外，墙式棚洞根据内墙结构可分为重力式内墙棚洞、拉锚式内墙棚洞和重力、拉锚结合式棚洞。拉锚式内墙棚洞适用于侧坡较陡，坡面稳定而坚实，且外墙不受侧向压力的情况；反之，则用重力式内墙棚洞。

3）柱式棚洞

柱式棚洞结构外侧支撑体系是柱，适用于外侧基岩较浅，地基基础承载力较大，且外墙不受侧向压力，仅承受梁和盖板竖向荷载的情况，如图19-7所示。根据棚洞防护落石的严重与否以及地质情况，柱式棚洞有柱式挑檐棚洞和平顶斜腿方柱轻型棚洞等特殊结构形式。

4）悬臂式棚洞

悬臂式棚洞结构内墙为重力式或桩柱，上端接悬臂式横梁，其上铺以盖板，适用于稳固而陡峻的山坡，外侧地形难以满足一般棚洞的地基要求，且落石不太严重（指落石的体积不大，数量不多，冲击不利害）的情况，如图19-8所示。该类棚洞对内墙的稳定性要求很严，施工必须十分谨慎，又是不对称结构，应当慎用。

图 19-7 柱式棚洞

图 19-8 悬臂式棚洞

19.2 明（棚）洞荷载及内力计算

19.2.1 荷载组合的规定

（1）明洞顶回填土压力计算。当有落石危害需检算冲击力时，可只计洞顶设计填土重力（不包括坍方堆积体土石重力）和落石冲击力的影响，具体设计时可通过量测资料或有关计算验证。

（2）当设置立交明洞时，应区分不同情况计算列车活载、公路活载或渡槽流水压力。

（3）当明洞上方与铁路立交、填土厚度小于3m时，应考虑列车冲击力。洞顶无填土时，还应计算制动力的影响。

（4）当计算作用于深基础明洞外墙的列车活载时，可不考虑列车的冲击力、制动力。

（5）明洞的永久荷载、可变荷载及偶然荷载可参见第13讲的表13-1。

19.2.2 荷载计算

明（棚）洞的主要荷载包括洞顶回填土压力、墙后回填土压力、列（汽）车活载等，附加荷载包括落石冲击力、雪荷载、地震荷载、温度变化及混凝土收缩徐变荷载等。

1）回填土压力、墙后回填土压力

拱形明洞和棚洞的回填土压力、墙后回填土压力按行业标准《铁路隧道设计规范》（TB 10003—2016）附录 G 明洞荷载计算方法的相关规定计算确定。

2）列（汽）车活载

列车活载荷载具体形式按行业标准《铁路列车荷载图示》（TB/T 3466）的相关规定计算确定。

汽车活载荷载具体形式按行业标准《城市道路设计规范》（CJJ 37）、《公路桥涵设计通用规范》（JTG D60）的相关规定计算确定。

3）雪荷载

雪荷载应按国家标准《建筑结构荷载规范》（GB 50009）的相关规定计算确定。

4）地震荷载

地震荷载应按国家标准《铁路工程抗震设计规范》（GB 50111）的相关规定计算确定。

5）落石冲击力

落石冲击力按《铁路工程设计技术手册·隧道（修订版）》明洞荷载章节中所推荐方法计算确定。从理论分析上看，它是一种基于冲量定理的近似算法。其计算落石冲击力公式为：

$$p = \frac{Qv_0}{gt} \tag{19-1}$$

$$t = \frac{2h}{c} \tag{19-2}$$

$$c = \sqrt{\frac{1-\mu}{(1+\mu)(1-2\mu)} \cdot \frac{E}{\rho}} \tag{19-3}$$

式中：p——落石冲击力（kN）；

Q——落石重力（kN）；

g——重力加速度，取 9.81 m/s²；

v_0——落石冲击速度（m/s）；

t——冲击持续时间（s）；

h——缓冲土层计算厚度（m）；

c——压缩波在缓冲土层中的往复速度（m/s）；

μ——回填土泊松比；

E——回填土弹性模量（kPa）；

ρ——回填土密度（kg/m³）。

6）温度变化及混凝土收缩徐变荷载

对受温度影响显著的钢架和截面厚度大的超静定结构应考虑温度变化和混凝土收缩的影响，荷载按行业标准《铁路隧道设计规范》(TB 10003—2016)第 5.2.3 条的相关规定计算确定。

19.2.3 内力计算

拱形明洞的结构设计多采用荷载—结构法。对于棚洞结构,由于其结构和施工工序的特殊性,其外加荷载的分布和大小一直没有明确的规定。

荷载—结构模型理论将岩土体对明(棚)洞结构的作用视为外加荷载来加以处理。将荷载施加到模型上后,通过求解计算,获取结构的弯矩、剪力、轴力图,输出各节点的内力值,进而对结构尺寸、结构配筋进行设计。具体计算方法见《铁路工程设计技术手册·隧道(修订版)》拱形明洞和棚洞内力计算章节。

19.3 明(棚)洞工程设计

明(棚)洞工程设计主要包括边坡设计、基础设计、结构构件设计、施工缝结构设计、防排水设计、地面恢复回填设计等。本节主要介绍明(棚)洞设计中的基本要求。

19.3.1 构造要求

拱形明洞结构整体性好,能适应较大的山体压力,因此在一般情况下,一次塌方量可能较大,基础设置条件较好时,采用拱形明洞。当线路外侧地形狭窄或基岩埋藏较深的半路堑,设置明洞确有困难时,为了便利施工,采用棚洞。

(1)明洞的结构形式和构件截面尺寸,应根据地形、地质和荷载等情况,经结构验算确定。

(2)拱形明洞拱圈截面采用对称式结构,为等截面或变截面形式。对于一般的单线拱形明洞,常采用等截面。

(3)棚洞结构主要由盖板、内边墙和外侧支承建筑物三部分组成。盖板的形式通常有 T 形和 Π 形两种,一般多采用 T 形截面构件,便于预制吊装,缩短工期。棚洞的内墙、外墙、洞门端墙等受力情况类似于挡土墙的构件,据此计算其强度和稳定性。刚架式棚洞尚需验算刚架纵梁、横梁、盖板梁以及悬臂端的挠度。采用桩基础的棚洞,其桩基和承台梁的验算按桥涵相关规范进行验算。

(4)为了减少明洞结构构件开裂变形,在气温变化较大的地区,根据具体情况设置伸缩缝;在地层、结构形式变化处应设置沉降缝或施工缝;伸缩缝、沉降缝或施工缝的间距,视明洞长度、覆土或暴露情况、温差大小及地质情况酌情确定,伸缩缝和沉降缝可视情况合并设置。

19.3.2 基础要求

(1)明洞位于软弱地基上或两侧边墙基础软硬不均时,应采取设置仰拱、整体式基础、桩基或加深基础等措施。

(2)外边墙基础深度超过路基面以下 3m 时,宜设置横向拉杆或采用锚杆锚固于稳定的岩层内;若为棚洞的立柱,宜加设纵撑与横撑。

(3)明洞受河岸冲刷影响地段,应根据情况设置防护。

(4)外墙基础趾部距外侧稳固地层的边缘,应保持适当的水平距离;当地基坚硬完整时,基础可做成台阶状。

(5)局部地段外墙基础设置困难时,可采用拱、梁跨越。

19.3.3 回填要求

(1)明洞顶回填土的厚度、坡度,根据明洞的用途和要求确定。为防御一般的落石、崩塌,回填土土石的厚度不应小于1.5m。当落石、崩塌较严重时,应适当增加回填厚度。立交明洞的回填土石厚度,由立交建筑物的控制高程和结构要求确定,必要时可不回填土石。

(2)洞顶回填土横向坡度,以能顺畅排除坡面水为原则。

①为满足洞顶排水的需要,设计回填土坡度不小于2%;

②在一般落石、坍塌的情况下,采用设计填土坡1:5～1:3,实际填土坡1:10～1:5。

③为支撑边坡稳定或防护山坡可能发生大量塌方、泥石流、滑坡时,采用设计填土坡1:3～1:1.5,实际填土坡1:5～1:3。

明洞一般适用于建成后山体基本稳定,只有少量塌方落石的情况。如山坡存在有严重的危石或坍塌威胁,为了确保明洞完好和施工、运营安全,需结合具体情况予以清除或加固处理。

19.3.4 明洞防排水、施工缝与变形缝设置要求

(1)明洞内沟槽按与暗洞一致的原则进行设计。
(2)在明洞顶部铺设防水板和洞顶回填黏土隔水层等进行防水处理。
(3)明洞施工缝及变形缝的防水处理详见第31讲。

19.3.5 明洞建筑材料

(1)明洞的拱圈、梁、桩、柱、顶部盖板、拉杆等构件采用钢筋混凝土结构,明洞的内、外边墙等构件采用混凝土结构。
(2)洞顶垫层和防排水材料保护层采用水泥砂浆。
(3)洞顶回填采用黏土、土石、矿渣、EPS板等。

19.4 明(棚)洞工程设计实例

19.4.1 拱形明洞工程设计实例

1)工程概况

兰渝铁路同兴二号隧道位于川东低山丘陵区,地形起伏较大,隧道出口顶部有公路通过。隧道出口通过地段主要由泥岩夹砂岩组成。地震动峰值加速度为 $0.05g$。

2)设计荷载

计算荷载按基本组合(满足承载力要求)和标准组合(满足裂缝控制要求)计算,主要荷载为洞顶及边墙两侧回填土石压力+结构自重,活载为汽车车辆荷载,不考虑地震力的影响。

3）计算模型

采用荷载—结构模型。由于拱形明洞施工从墙底开挖且采用浆砌片石回填，两侧边墙弹性抗力仅考虑直墙部分。衬砌采用梁单元模拟，围岩间相互关系采用杆单元模拟，数值计算模型如图 19-9 所示。

4）结构设计

根据结构验算的结果，对拱形明洞进行设计，衬砌厚度 80cm，衬砌主筋采用Φ25mm钢筋（间距20cm），纵筋采用 ϕ12mm 钢筋（间距20cm），箍筋采用 ϕ8mm 钢筋（间距 20cm×20cm）。边墙两侧与洞顶回填 M10 浆砌片石，洞顶回填高度 100cm 并与既有公路两侧顺接，结构设计如图 19-10、图 19-11 所示。洞口开挖前需先做好（截）排水，并做好截水沟，待明挖衬砌段施作完成并回填 M10 浆砌片石后，方可进行暗洞施工。隧道出口明洞施工时将洞顶道路进行改移，待明洞施工完毕达到设计强度后将其恢复，公路外侧设置防撞墩确保隧道安全。

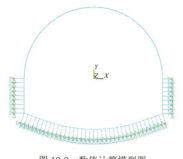

图 19-9 数值计算模型图

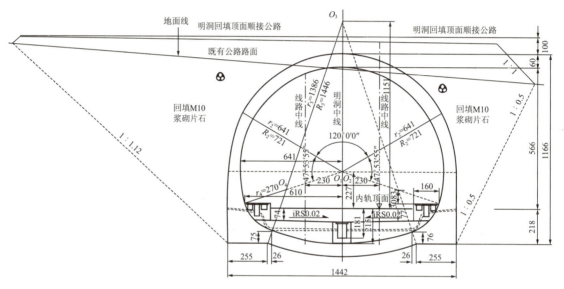

图 19-10 拱形明洞衬砌设计断面图（尺寸单位：cm）

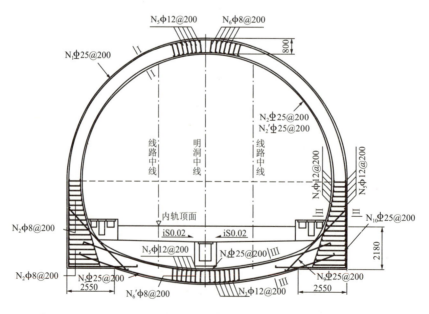

图 19-11 拱形明洞衬砌设计钢筋布置图（尺寸单位：mm）

防水层的纵向搭接缝宜设于拱部；防水层铺设基面应符合铺设要求，如不符应做水泥砂浆找平层。$\phi 50mm$ 盲管宜设于地下水较发育处，其间距一般为 $5\sim 10m$。$\phi 100mm$ 盲管以分段排泄为原则，伸缩缝或沉降缝处，宜设为排水分坡点，以免水流沿缝渗漏。$\phi 100mm$ 盲管采用带孔波纹管（管周上 2/3 部位打孔，安装时打孔侧朝上），要求用三通接头外裹无纺布，并与 $\phi 50mm$ 盲管连接。$\phi 50mm$ 盲管采用带孔 PVC 管，外裹无纺布，以保证盲沟不被淤塞。排水管要采用接头与边墙泄水孔衔接，边墙泄水孔用 $\phi 50mm$ PVC 管。防排水设计如图 19-12、图 19-13 所示。

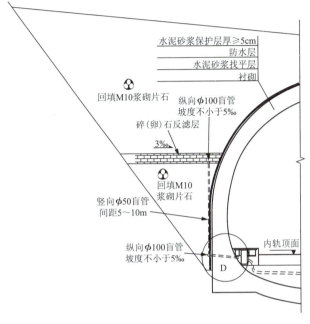

图 19-12 拱形明洞防排水布置图（一）

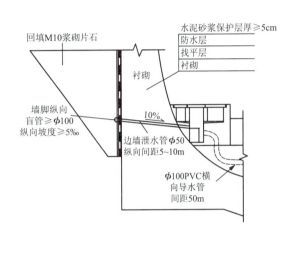

图 19-13 拱形明洞防排水布置图（二）

19.4.2 棚洞工程设计实例

1）工程概况

内六铁路龙洞湾棚洞位于喇叭溪 3 号大桥昆明端与龙洞湾隧道进口之间，线路右侧下方为新修建的高速公路。本段靠山侧已经修建棚洞内墙。落石主要来源于线路左侧陡坎处基岩风化剥落或坡面上松动块石，形式上主要为发育中的滑移式崩塌为主兼有拉裂式崩塌，块石直径可达 3m 左右，距离铁路平距 $6\sim 38m$，铁路上方 $7\sim 82m$。危岩落石区上覆第四系全新统人工填筑土（Q_4^{ml}）、坡崩积（Q_4^{dl+col}）块石土、坡残积（Q_4^{dl+el}）粉质黏土夹角砾，下伏基岩为泥盆系上统（D_3）及中统曲靖组（D_2q）泥质灰岩、灰岩，红崖坡组（D_2h）泥岩、页岩夹灰岩。区内地震动峰值加速度为 $0.15g$。

2）设计荷载

计算荷载按基本组合（满足承载力要求）和标准组合（满足裂缝控制要求）计算，主要荷载为洞顶回填矿碴土压力及结构自重，考虑风荷载、地震力、混凝土收缩徐变影响和温差效用的影响。

3）计算模型

计算采用荷载一结构模型。由于线路左侧为既有内墙及挡墙且已经经过检算，而棚洞 T 形梁为简支结构，故结构左右侧结构受力的关联性不大。计算模型将棚洞右侧邻近高速公路的半结构单独计算分析，上部结构与底部桩基础连为整体。考虑桩体周边土体对桩基的作用，采用三维梁单元模拟桩基、立柱、纵向连接梁及纵梁，围岩间相互关系采用杆单元模拟，数值模型如图 19-14 所示。

4）结构设计

（1）根据结构验算的结果，结合既有内侧桩板内墙采用对称框架棚洞，沿线路方向结构采用托梁、纵梁相连，横断面方向采用横梁相连，棚洞构件尺寸为：线路右侧立柱100cm×100cm；右侧纵梁100cm×100cm；横梁35cm×80cm；T梁翼缘80cm×20cm，腹板35cm×60cm。右侧桩基采用180cm×180cm人工挖孔桩。结构典型横断面如图19-15所示，典型纵断面如图19-16所示。

（2）棚洞洞顶中心回填土厚度1.5m（含0.5m的黏土隔水层），对称填土，应及时清除棚洞顶部的落石。

（3）棚洞施工顺序如下：危岩落石处理→采用控制爆破开挖棚洞桩基→棚洞结构（立柱、拉杆）施工→预制顶梁（横梁、纵梁、T梁）吊装安置→砂浆垫层及防水层→棚洞顶土体回填。

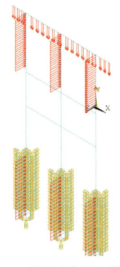

图19-14 棚洞右侧半框架计算模型

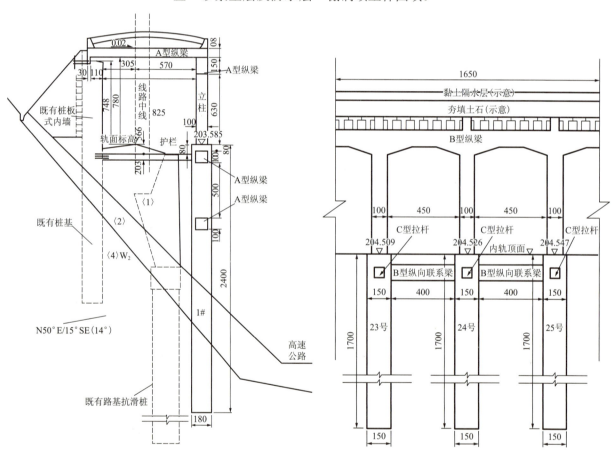

图19-15 棚洞结构典型横断面（尺寸单位：cm）　　　图19-16 棚洞结构典型纵断面（尺寸单位：cm）

19.5 结语

本讲简明介绍明（棚）洞（拱形明洞和棚洞）结构的类型及适用条件、荷载及计算方法、内力计算、结构设计等，为设计者提供明（棚）洞设计的基本思路。现今，随着各种数值软件的出现，地层结构法开始被引入棚洞的设计之中，并与棚洞施工工序相结合。另外，随着施工技术和材料科学的发展，明（棚）在结构形式和建筑材料等方面有了更多的创新和发展，诸如西城铁路采用的柔性钢棚洞，内昆铁路增建明（棚）洞回填采用了轻质EPS填料。受地形、线路走向、地表环境等条件的限制出现了一些特殊明洞，如高回填明洞（丰都造地明洞）、车站大跨明洞等新型特殊明洞。今后，高回填、大跨度、轻型、拼装式的明（棚）洞结构将会有更好的发展。

本讲参考文献

[1] 关宝树.隧道维修管理要点集[M].北京：人民交通出版社，2004.

[2] 黄书珍，胡仁喜，康士廷.ANSYS 12.0土木工程有限元分析从入门到精通[M].北京：机械工业出版社，2010.

[3] 李围.隧道及地下工程ANSYS实例分析[M].北京：中国水利水电出版社，2007.

[4] 铁道部第二勘测设计院.铁路工程设计技术手册(隧道)修订版[M].北京：中国铁道出版社，1995.

[5] 孙钧，汪炳鑑.地下结构有限元法解析[M].上海：同济大学出版社.1988.

[6] 潘昌实.隧道力学数值方法[M].北京：中国铁道出版社.1995.

[7] 李现兵.成昆线危岩落石病害整治中的棚洞设计[J].现代隧道技术.2009,46（5）：19-22.

[8] 陈赤坤.地震区遮拦危岩落石的框架棚洞设计[J].科学技术通讯.2003.（120）.13-1.

[9] 杨其新，关宝树.落石冲击力计算方法的试验研究[J].铁道学报，1996，18（1）：101-106.

[10] 郑宗溪.设于桥梁上方的新型棚洞研究[J].铁道工程学报.2007（02）：54-57.

[11] 国家铁路局.铁路隧道设计规范：TB 10003—2016[S].北京：中国铁道出版社，2017.

[12] 中华人民共和国住房与城乡建设部.混凝土结构设计规范：GB 50010—2010（2015年版）[S].北京：中国建筑工业出版社，2015.

[13] 中华人民共和国住房与城乡建设部.建筑结构荷载规范：GB 50009—2012[S].北京：中国建筑工业出版社，2012.

[14] 中华人民共和国住房与城乡建设部.城市道路设计规范：CJJ37—2012（2016年版）[S].北京：中国建筑工业出版社，2012.

[15] 中华人民共和国交通部.公路桥涵设计通用规范：JTG D60—2004[S].北京：人民交通出版社，2004.

[16] 中华人民共和国建设部.铁路工程抗震设计规范：GB 50111—2006（2009年版）[S].北京：中国铁道出版社，2009.

第20讲 TBM选型及设计要点

全断面岩石隧道掘进机,英文为 Tunnel Boring Machine,简称 TBM,是一种集掘进、出渣、导向、支护、通风、防尘、排水等多功能为一体的大型高效隧道施工机械,主要用于以岩石类地层为主的隧道施工,为隧道施工迈向机械化、标准化、集成化乃至将来的智能化创造了条件。

TBM 施工的优点是快速,同时还具有自动化程度高、优质安全、有利于环境保护、节省劳动力等特点,可实现凿岩、出渣、运输、衬砌等多种工序联合作业,对围岩扰动小、开挖面光洁、超挖量小,大幅降低了施工人员的劳动强度、减少了爆破产生的污染、改善了洞内作业环境,是以后长大隧道(洞)施工的主要发展方向。但与传统的钻爆法开挖隧道相比,TBM 成洞较单一,工作面少,对复杂地质条件的适应性不强,而 TBM 选型及配套装备不当、设计参数不匹配、特殊段处理能力不足等往往也影响了 TBM 的使用。所以,本文从 TBM 选型、TBM 法设计要点、TBM 特殊段处置技术、TBM 典型案例及技术展望等方面对 TBM 进行介绍。

20.1 TBM 工作原理和工法适应性

在欧美,盾构也称为 TBM。但在我国和日本,习惯上将用于软土类地层的隧道掘进机称为盾构,将用于岩石类地层的隧道掘进机称为 TBM。请读者们在查阅相关资料时,加以甄别。

TBM 破岩方式主要是通过水平推进油缸使刀盘上的滚刀强行压入岩体,并在刀盘旋转推进过程中联合挤压与剪切作用破碎岩体[1],如图 20-1 所示。

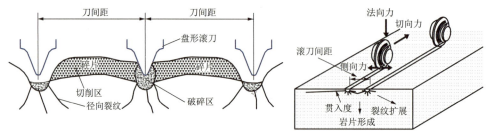

图 20-1 滚刀破岩原理

TBM 主要分为敞开式、单护盾式、双护盾式三种类型:
(1)敞开式 TBM 也称主梁式 TBM。敞开式 TBM 有一套支撑系统,掘进时支撑靴板用液压油缸撑

本讲执笔人:王飞,魏军政,向亮.

紧洞壁，推进千斤顶伸出，推动刀盘前进。

（2）单护盾 TBM 与敞开式 TBM 的区别是在刀盘后面有一个相对较长的护盾，在护盾的保护下有管片安装设备，刀盘也是敞开式的，盘形滚刀适用于开挖较硬围岩。单护盾 TBM 的推力是由液压千斤顶作用在管片上提供反力。

（3）双护盾 TBM 又称伸缩护盾式 TBM。与敞开式 TBM 不同的是双护盾 TBM 具有全长的护盾，与单护盾 TBM 不同的是双护盾 TBM 在地质良好时可以掘进与安装管片同时进行。双护盾 TBM 在任何循环模式下都在开敞状态下掘进，伸缩护盾是双护盾 TBM 独有的技术特点，是实现软硬岩作业转换的关键。

相对于盾构，TBM 不具备泥水压、土压等维持掌子面稳定的功能，开挖面的稳定方式是盾构工作原理的最主要方面，也是盾构区别于 TBM 的最主要方面。TBM 是以岩石地层为主要掘进对象，相对于盾构工法适用环境明确。

相对于钻爆法，TBM 法主要适用于以下几种情况：

（1）对工期较紧的隧道特长、没有条件设置辅助坑道或辅助坑道条件很差、生态环境脆弱、高海拔隧道等，较宜采用 TBM 工法。

（2）从隧道施工投资等方面考虑，国内外实践表明，当隧道长度大于 6km，或隧道长度与直径之比大于 600 时，宜采用 TBM 工法。

（3）适用于地质条件相对较好的中硬岩层，岩石单轴饱和抗压强度以 20～150MPa 为最佳，和岩石的节理裂隙发育等也密切相关。

需要根据工程特点、环境特点、工法特点以及适用条件等进行综合选择，确保在条件适宜的情况下选择 TBM 工法，提升机械化作业程度。

20.2 TBM 选型

TBM 工法的地质针对性非常强，不同的地质条件、不同的隧道断面、不同的施工要求，需要配置适应不同条件的 TBM 辅助性设备。

20.2.1 TBM 选型原则及步骤

1）TBM 设备选型的一般原则

（1）安全性、可靠性、先进性、经济性相统一；
（2）满足隧道断面、长度、埋深和地质条件、沿线地形以及洞口条件等环境条件；
（3）满足安全、质量、工期、造价及环保要求；
（4）后配套设备与主机配套，满足生产能力与主机掘进速度相匹配，工作状态相适应，能耗小、效率高的原则，同时应具有施工安全、结构简易、布置合理和易于维护保养等特点。

2）掘进机选型的一般步骤

（1）根据地质条件确定掘进机类型；
（2）根据隧道设计参数及详细地质条件确定掘进机主要技术参数；
（3）根据设备能力与掘进速度相匹配的原则，确定后配套设备的技术参数与功能配置。

3）TBM 工法决策步骤

可行性研究→风险及不利影响因素分析→对风险及不利影响因素采取的措施→经济技术比选→最终决策。

20.2.2 影响掘进机选型的地质因素

TBM 对地质参数较为敏感。在掘进机选型过程中,地质适应性尤为关键。

1）岩石坚硬程度（饱和单轴抗压强度 R_w）

掘进机在硬岩中施工,主要问题是刀盘、刀具、刀圈及轴承等严重磨损以及受损部件的频繁更换,费时费力且耗资较大。通常,岩石的饱和单轴抗压强度越低,掘进机的掘进速度越高,反之掘进越慢。但是,岩石的饱和单轴抗压强度若太低,掘进机掘进后围岩的自稳时间短甚至不能自稳,也会存在一定的安全风险。岩石的饱和单轴抗压强度值在一定范围内,掘进机既能保持一定的掘进速度,又能使隧道围岩在一定时期内保持自稳。这就是当前大多数掘进机适用于岩石饱和单轴抗压强度（R_w）值在 20～150MPa 之间的较软岩、较硬岩、坚硬岩的主要原因。不同类型掘进机有其各自适用的最佳岩石饱和单轴抗压强度范围值[2]。

2）岩石结构面发育程度

一般情况下,在节理较发育和发育的岩层掘进机掘进效率较高;节理不发育、岩体完整时,掘进机破岩困难;但节理很发育、岩体较破碎、自稳能力差时,掘进机支护工作量增大,此时岩体给掘进机撑靴提供的反力较低,导致掘进推力不足,也不利于掘进机效率的提升。岩体结构面越发育,密度越大,节理间距越小,完整性系数越小,掘进机掘进速度有越高的趋势。因此岩体完整性程度也是影响 TBM 掘进难易的主要控制因素。某种程度上,TBM 掘进速度的高低主要取决于岩体的完整性程度,并以较完整和较破碎状态（K_V=0.45～0.75）为最佳适用范围[2, 3]。

3）岩石的耐磨性

岩石的耐磨性对掘进机设备（尤其是刀盘和刀具）的磨损起着决定性作用。岩石坚硬度和耐磨性越高,刀盘、刀具的磨损就越大。掘进机换刀数量和换刀时间的增加,势必影响到掘进机应用的经济效益和掘进效率。刀盘、刀具、刀圈及轴承的磨损,影响掘进机的使用成本。岩石的硬度、岩石中矿物颗粒特别是高硬度矿物颗粒如石英等的大小及其含量的高低,决定了岩石的耐磨性指标。一般来说,岩石的耐磨性越高,对掘进机设备的磨损就越大,掘进机的掘进效率也就越低。

4）岩体主要结构面产状与隧道轴线间的组合关系因素

当岩体主要结构面或优势结构面的走向与隧道轴线间夹角小于 45°,且结构面倾角较缓（≤30°）时,隧道边墙和拱脚以上部分及拱部围岩因结构面与隧道开挖临空面的不利组合而出现不稳定楔块,常发生掉块和坍塌,影响掘进机正常工作,降低掘进机工作效率,甚至危及掘进机施工安全。

5）围岩的地应力、构造应力及软硬程度

当围岩处于大埋深及高地应力状态下,围岩为坚硬、脆性、较完整或完整岩体时,极有可能发生岩爆等灾害,严重时将危及掘进机设备及施工人员的安全;若围岩为软质岩,将产生较大的围岩收敛变形进而卡机,均将给掘进机的作业施工带来极大的困难。

6）岩体的含水及出水状态对掘进机工作效率的影响

掘进机工作效率与含水量和出水量的大小及含水、出水围岩的范围有关,还与含水、出水围岩是硬质岩还是软质岩有关。富含水和涌突水地段,围岩强度会不同程度地降低,特别是软质岩的强度要降低很多,导致围岩稳定性进一步降低,影响掘进机的工作效率。此外,隧道洞内大量的涌突水,必将恶化掘进机的作业环境,从而也会降低掘进机的工作效率。

20.2.3 各机型 TBM 适用范围及条件

1）敞开式 TBM

敞开式 TBM 需要支撑靴板撑紧洞壁围岩,以提供掘进机前进时的反力,适用于围岩整体性比较完整、岩体抗压强度较高的地层。通常用敞开式 TBM 在稳定性良好、中～厚埋深、中～高强度的岩层中掘进长大隧道。

敞开式 TBM 适用范围：岩石整体较完整、有较好自稳性的较硬岩、坚硬岩地层（20～150MPa），一般不适用于软岩、极软岩(<15MPa)及破碎地层。

在掘进通过破碎带岩体时，敞开式 TBM 可以用自身的支护系统，采用打锚杆、架设钢拱架、挂钢筋网、喷射混凝土等系列措施稳定围岩。当掌子面前方遇到局部破碎带时，TBM 可以用自身携带的超前钻机和注浆系统提前加固破碎带岩体，确保顺利通过。一般情况下，相比护盾式 TBM，敞开式 TBM 具有设备造价低、转弯半径小、不需要钢筋混凝土衬砌管片、护盾相对短不易被卡等诸多优势，适用范围较广。

2）单护盾 TBM

单护盾 TBM 适用于开挖地层以软弱围岩为主、岩石抗压强度较低的隧道，适用于有一定自稳性的岩石（5～100MPa）。

当软弱围岩所占比例较大，且撑靴无法支撑住洞壁的隧道时，可考虑采用单护盾 TBM 掘进。单护盾 TBM 的主机相比双护盾 TBM 的要短一些，方向调整相对灵活，更容易避免隧道覆盖层较厚或围岩收缩挤压作用较大时护盾被卡，掘进速度的影响因素中减少了岩石支护的处理时间；另外，单护盾 TBM 的价格相比双护盾 TBM 要低。

3）双护盾 TBM

双护盾 TBM 可采用管片支护，具有主推进油缸、辅助推进油缸以及撑靴油缸，掘进和管片拼装可以同步进行，互不干扰，理论上其掘进速度较快。双护盾 TBM 在经过良好地层和不良地层时，通过工作模式的转变能较好地适应。但是，双护盾 TBM 机身较长，调向相对困难，容易造成卡机等问题。双护盾 TBM 的地质适应性非常广泛，涵盖了敞开式 TBM 和单护盾 TBM，主要适用于围岩较完整、具有一定自稳性的软岩～硬岩地层（5～150MPa）。

20.3 TBM 法设计要点

TBM 工法隧道在设计方面主要关注隧道断面、支护参数、防水、辅助洞室、出渣、通风、排水等技术。

20.3.1 TBM 法施工隧道内轮廓确定

采用 TBM 工法常规为圆形隧道，铁路及地铁隧道确定圆形隧道的内轮廓，须考虑下列因素：车辆限界、接触网方式、照明、通风、排水、道床结构形式、电缆槽布置、施工运输车道布置、施工误差及测量误差等。高速铁路隧道内轮廓的确定要考虑隧道建筑限界、隧道设备空间、空气动力学效应、轨道结构形式及其运营维护方式、救援通道空间、机车车辆类型及其密封性等因素。水工隧道内轮廓主要根据洞身过流能力及断面净空比来确定。

20.3.2 TBM 外轮廓尺寸

TBM 直径是影响 TBM 工法造价的一个重要因素。因此，TBM 直径的确定，既要充分考虑隧道地质的特殊性，如断面限界、高地应力等地段结构尺寸要求，确保施工安全和结构稳定，又要考虑尽可能节省投资，确保 TBM 直径最优。

敞开式 TBM 刀盘直径计算公式如下：

$$D = d + \left(\sum h_i\right) \times 2 \quad (20\text{-}1)$$

式中：D——刀盘直径；

d——工程最终要求的成洞洞径；

h_i——分别为预留变形量、初期支护厚度、二次衬砌厚度、施工误差等。

20.3.3 TBM 施工隧道支护参数

（1）护盾式 TBM 常规采用管片衬砌，支护参数主要根据边界条件计算及经验类别确定，以下列举一些案例供参考，详见表 20-1。

护盾式 TBM 隧道支护参数统计表　　　　　表 20-1

序号	项目名称	开挖直径(m)	TBM 类型	管片形式	管片厚度(mm)	管片环宽(m)
1	南非 Lesotho（莱索托）引水隧洞	4.88	双护盾 TBM	4 片六边形管片	240	1.4
2	青海引大济湟引水隧洞	5.93	双护盾 TBM	每环 6 块	350	1.5
3	新疆八一达坂引水隧洞	6.84	双护盾 TBM	六边形管片	280	1.6
4	山西万家寨引黄工程总干线	6.11	双护盾 TBM	每环由 4 片管片组成	250	1.6
5	青岛地铁 TBM 隧道	6.28	双护盾 TBM	管片分块"3B+2L+1F"	300	1.5
6	西班牙瓜达拉玛铁路隧道	9.44	双护盾 TBM	管片采用"6+1"形式	320	1.6
7	西班牙 Pajares（帕哈雷斯）隧道	9.88（挤压性围岩地段可加大到 10.08）	单护盾 TBM	管片采用"6+1"形式	500	1.5
8	德国 Katzenberg（猫山）隧道	11.12	带土压平衡模式的单护盾 TBM	管片垫片	600	1.5

（2）敞开式 TBM 的支护形式主要按照新奥法理论设计，初期支护采用锚喷网联合支护，必要时架设钢架加强支护，二次衬砌采用模筑素混凝土或钢筋混凝土，设计中需注意敞开式 TBM 的钢架间距要与撑靴步距综合匹配。

20.3.4 TBM 辅助隧道洞室设计

敞开式 TBM 除常规段的圆形隧道外，根据施工特点，还需要设置 TBM 预备洞室、出发洞室、接收洞室、拆卸洞室等辅助性隧道。这些辅助性洞室采用钻爆法开挖。下面以西康线秦岭铁路隧道为例进行介绍。

根据组装调试要求，TBM 预备隧道断面形式常规采用圆形斜墙式断面，初期支护以锚喷网为主，二次衬砌为模筑混凝土。断面开挖后先进行初期支护，待 TBM 通过后再施作二次衬砌。初期支护完成后洞室的内径大小要考虑掘进机四周的预备空隙，常规为 25cm（底部为 20cm）。

TBM 掘进前一般需设置出发洞室，洞室长度根据 TBM 设备撑靴距掌子面距离的大小确定，约为 10～25m。为确保 TBM 由预备洞进入出发洞顺利衔接，常规出发洞底部应高出预备洞底板 15cm。

TBM 拆卸洞内轮廓根据拆卸吊机尺寸及 TBM 拆卸所需空间确定。内轮廓形状类似"铆钉"形或"蘑菇"形。拆卸洞室一般采用喷锚支护、模筑衬砌，吊机基础采用钢筋混凝土托梁。为便于 TBM 进入拆卸洞室后安装步行装置，拆卸洞室铺底顶面一般低于 TBM 施工断面隧底 15cm。

20.3.5 仰拱预制块设计

TBM掘进速度较快,为满足出渣、进料等需求,运输轨道须紧跟TBM主机铺设。隧道仰拱混凝土量较大,来不及采用现浇施工,铺设轨排架等又存在大量的临时工程浪费,需考虑设置钢筋混凝土仰拱预制块。

TBM仰拱预制块需满足施工速度快、结构强度高、稳定性好等特点,还需同时满足施工期间运输、排水等要求,运营期间作为隧道主体结构的一部分,应便于排水、隧底注浆、吊装运输、安装固定等操作。

以秦岭隧道仰拱预制块为例:仰拱预制块纵向长度按TBM一个掘进行程1.8m设计,仰拱预制块顶面宽度满足施工期间轨道布设要求,在仰拱预制块上预留中心水沟、泄水孔、注浆孔、起吊孔、螺栓孔、承轨槽以及止水带凹槽等,每节仰拱预制块之间采用凹凸面连接。仰拱预制块钢轨扣件采用弹条扣件,螺栓采用锚固方式。仰拱预制块设计为两种形式:初期支护设置钢架地段采用底部开槽式(钢架穿行),不设钢架地段采用不开槽式。铺设仰拱预制块后,其底部与围岩尚有5cm间隙,利用两侧空隙向底部注入细石混凝土回填,再通过注浆孔补充注浆以确保隧底填充密实。仰拱预制块构造如图20-2所示。

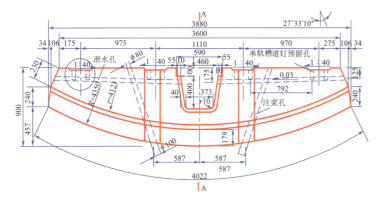

图20-2 仰拱预制块构造图(尺寸单位:mm)

20.3.6 TBM掘进与二次衬砌同步施工技术

敞开式TBM隧道一般设计为复合式衬砌,常规二次衬砌将在TBM完成掘进后,由圆形模筑衬砌台车浇筑施工,二次衬砌成为制约工期的控制点。为确保施工进度,提高施工质量,采用TBM掘进与二次衬砌同步施工技术。如南疆线中天山隧道、兰渝线西秦岭隧道等所采用的穿行式同步衬砌模板台车(图20-3),满足连续皮带机、大直径通风管路、电力通信电缆及四轨三线运输列车等穿行要求,确保TBM掘进与二次衬砌作业同步进行。

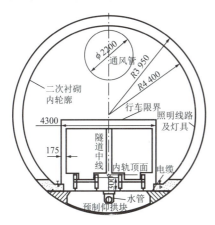

图20-3 TBM洞内布置及同步衬砌模板台车(尺寸单位:mm)

20.3.7　TBM施工出渣运输

TBM施工作业中，掘进效率的高低在很大程度上取决于出渣运输和进料是否及时到位。为充分发挥TBM连续、快速掘进的特点，要求出渣运输作业与掘进作业同步进行，且相互影响程度最小。出渣时可供选择的运输方式有轨道列车及皮带运输，两种运输方案均能满足洞内出渣需要。轨道运输在秦岭隧道、中天山隧道中采用，目前皮带运输应用更广泛。皮带运输系统具有适用性强、装卸料灵活、可靠性强、安全性高、综合费用低、运行无污染等优点，洞内只需铺设进料轨道即可，洞内工序组织更为合理。随着技术水平发展，皮带机技术已趋于成熟和完善，连续皮带机可通长延伸，目前成熟的技术水平可达15km左右。

出渣运输与进料设备的选型：首先要考虑与TBM掘进速度相匹配，不能制约TBM掘进；其次须从技术经济角度分析，选用技术可靠、经济合理的方案。设备的具体规格、数量等由开挖洞径、掘进进尺、隧道长度和坡度等因素综合决定。

20.3.8　TBM在地铁中的过站技术

地铁工程一般约每隔1.0～1.5km设一座车站，采用TBM一次性施工距离较长，途经车站数量较多。因此当TBM在城市地铁中应用时，TBM过站是关键。

根据TBM机型特点，考虑所经过车站的具体情况，需研究确定TBM采用何种方式过站，车站需相应提供哪些预留条件，TBM过站对车站存在哪些影响，如何采取措施使得TBM能够顺利经过每座车站并保证区间及车站总工期均满足要求等等。

TBM过站以"快速通过、减少干扰、安全可靠、节省工期"为总体原则，需对TBM施工段所经过的区间及车站统一进行筹划，制订合理的TBM过站方案。随着施工进展，因现场不可避免地存在许多变数，为此还需制订TBM过站预案。一旦区间及车站不能按照既定工程筹划施工，则提前启动预案，保证TBM能够顺利过站，做到洞内不停机、不等待、安全快速施工，过站后TBM施工运输能够正常进行，同时尽量降低对车站的干扰，确保车站及区间的总工期均满足要求。

TBM过站方式多样（以暗挖站为例），主要可采用：掘进过站、半掘进过站、步进过站及借助外界因素辅助过站等几种方式，如图20-4所示。

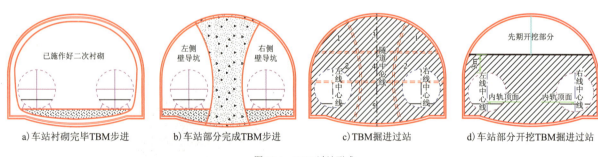

a) 车站衬砌完毕TBM步进　　b) 车站部分完成TBM步进　　c) TBM掘进过站　　d) 车站部分开挖TBM掘进过站

图20-4　TBM过站形式

20.3.9　TBM在公路隧道中的应用要点

TBM应用于公路隧道的案例非常少，国内仅有两处公路隧道采用TBM施工，即扎木至墨脱公路的多雄拉隧道以及台湾北宜高速公路雪山隧道，且均为特殊条件下的选择，代表性并不大。国外部分大断面公路隧道中采用TBM施工超前导洞。

公路隧道因多车道布置需要,多呈"扁宽形",断面面积较大,纯圆形断面在公路隧道中利用率较低,存在一定的断面浪费。所以,公路隧道采用 TBM 技术在国内仍处于研究阶段,将来如解决 TBM 的超大型化、异形化及合理断面利用率后,应用前景会更广。

20.4 TBM 特殊段处置技术

隧道工程特别是深埋超长隧道工程,往往地质条件错综复杂、千变万化,且实施前对地质条件无法完全探明和掌握。在 TBM 施工中常常会出现软弱、破碎甚至变形的地层条件,极硬质、极完整岩石条件,突涌水、高地温、高地应力、岩爆等特殊复杂地质条件。根据 TBM 重大事故统计数据,引起事故的主要原因为突涌水和软岩大变形,各种因素所占比例如图 20-5 所示。设计中需针对具体情况制定详细的处置方案。

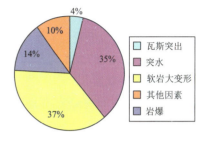

图 20-5　TBM 重大事故统计

20.4.1　软弱、破碎及变形地层 TBM 掘进技术

长段落的软弱、破碎及变形地层条件须在 TBM 选型中慎重考虑;较短段落时,需考虑特殊的处理措施。TBM 施工过程中出现的主要问题有:塌方、偏机、栽头、刀盘被卡、整机被卡等。应对措施主要有:

利用超前地质预报系统对前方围岩进行预判,分析软弱、破碎段的规模,评判通过的可行性及处置预案。

加强支护,必要时在刀盘内对掌子面及周边施作玻璃纤维锚杆等并压注快速固结材料进行岩体加固处理。采取优化的 TBM 掘进技术、掘进速度和掘进参数。

破碎段掉块严重时,建议采用钢筋排支护系统,如图 20-6 所示。实践证明该系统高效、快速、可靠、安全,在破碎、松散段岩层中效果显著。

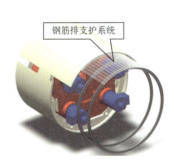

图 20-6　钢筋排支护系统

适当超挖,把盾壳与洞周开挖面的间隙从常规的 6～10cm 调整到 15～20cm,给围岩变形预留足够空间。

对于护盾式 TBM,尽可能缩短护盾长度,适当提高液压油缸推力,使 TBM 快速通过软岩地层。

对于松散体隧道段,特别是松散体富水隧道段,TBM 难以穿越,必要时可考虑超前注浆加固处理后TBM 掘进通过。

规模较大的破碎段 TBM 无法通过时,采用钻爆法迂回导洞开挖,TBM 步进通过。

软弱地层 TBM 机头下沉时,应适当后退 TBM,采用千斤顶调整设备姿态,对软弱区域处理后通过。

20.4.2 极硬质、极完整岩石条件TBM掘进技术

TBM开挖极硬质、极完整岩石地层，主要为破岩效率问题。按目前TBM技术水平，相对较为容易掘进的岩石抗压强度为150 MPa以内，大于250 MPa的岩石将掘进困难。极硬质、极完整岩石条件对TBM的制约主要体现在如下方面：①刀具磨损较为严重，需频繁更换刀具；②设备故障率高；③掘进速度慢、效率低下。通常采用如下主要应对措施：

（1）针对岩体条件及时调整TBM掘进参数，用掘进速度控制TBM开挖，既要保证TBM高效运行，也要减少刀盘刀具的损坏。在硬岩地层，TBM掘进过程中宜采用高转速、低贯入度、高推力、低扭矩的"两高两低"模式，不断探索优化，寻求合理掘进参数。

（2）极硬岩给TBM刀盘开裂、磨损、寿命均带来极大挑战，应特别重视刀盘材质、强度、刚度、耐磨性设计以及焊接质量。

（3）主轴承等关键部件的寿命和可靠性成为重要的关注点，应提前计算分析一定里程的不同岩石隧道，TBM需运转多少"转"或"小时"能够打通。

（4）需要提高刀具磨损寿命和承载能力，开发使用韧性更高、耐磨损性更好的大直径盘形滚刀或新型刀具，同时合理优化刀间距。

（5）加强设备维修保养，加强施工组织管理，提升设备利用率。施工过程中合理制订设备维修保养计划，合理备品备件，不因某一设备（部位）损坏而导致TBM长时间停机，合理筹划平行作业。

20.4.3 特殊复杂地质条件TBM掘进控制技术

TBM设计及应用中还需关注突涌水、高地温、高地应力、岩爆等特殊地质问题。在影响TBM正常施工的因素中，突涌水占比35%。高地温虽然经常遇到，但危害相对较低，一般可控。高地应力、岩爆作为孪生兄弟，对人员、设备、工期、投资等影响均较大，特殊埋深、特殊段落的岩爆对工程影响是灾难性的。一般、轻微至中等岩爆可控，强烈及极强烈岩爆影响较大。

1）突涌水

突涌水对TBM施工的影响主要表现为工期及设备浸水影响。由于TBM设备空间限制，TBM洞内实施超前注浆堵水非常困难。

（1）若水量不大或可控时，揭示后实施封堵；若预判水量、压力较大，风险较高，揭示后难以控制时，需提前封堵处理。

（2）注意"上下坡掘进"涌水处理的区别。上坡掘进时一般风险可控；下坡掘进时风险较大，洞内水量大时设备可能被淹，一般应事先设置超强的排水系统。

（3）实施中多根据岩性、岩层、富水等预判，结合超前地质预报，综合分析确定掌子面前方情况，制订应对方案。目前可搭载TBM的较好超前预报手段有三维地震和激发极化法，瞬变电磁因与设备存在干扰，尚且不能很好地适用于TBM施工的超前预报。

2）高地温

TBM施工过程中，由于各类坚硬、致密岩石热导率较低，传热性能差，在岩体中易于聚集热能，因此随着隧道埋深的增加，地温一般也相应增加。另外，受施工距离长、通风效果差及TBM设备自身发热等影响，往往会形成洞内施工温度较高的问题。目前研究表明，仅通过通风来解决岩温过高问题尚比较困难，且不经济。当岩温超过45℃时，应加强通风、增设局部风扇，配合采用洒水、放置冰块等措施降低环境温度；在初期支护、二次衬砌之间设置隔热层，降低混凝土入模温度；若伴有热水需采取注浆堵水或者隔热引排等措施，温度过高需采用大型人工制冷设备。当岩温在45℃以下时，多采用加强通风、增设局

部风扇、局部制冰等措施。对于高岩温问题，应根据预测岩温、施工距离、高岩温段落、施工条件等综合分析，确定应对措施。

3）高地应力、岩爆

岩爆容易砸坏设备，影响作业人员安全。TBM 法隧道通常采用如下手段：

（1）对于中等或强烈以下岩爆，需加强 TBM 设备和人员防护，利用敞开式 TBM 配置的装备，采用网片、锚杆、拱架、喷射混凝土支护或钢筋排支护等措施后，岩爆对 TBM 施工的影响一般在可控或可接受程度。

（2）对于极强岩爆，采用 TBM 施工经历还很少。目前，极强岩爆在时间、空间上难以准确预测和控制，只能采取恰当的选型防护设计、支护技术、超前钻孔释放和钻爆法预先处理、TBM 再步进通过等方案，尽量减小影响程度和风险。

（3）对岩爆趋势预测已有多种方法，以理论预测法最常用。其本质是在对工程现场岩石取样分析的基础上，利用已建判据预测岩爆。目前常用的几种理论判据包括：强度理论、刚度理论、能量理论、冲击倾向性理论、失稳理论、灾变理论和分维数理论。尤以强度理论应用最为普遍，它将地应力与岩石单轴抗拉强度或抗压强度达到一定比值作为发生岩爆的判据。然而，这些判据均以岩石单轴压缩试验为基本手段获取相应的判别指标，虽能反映某些因素对岩爆的影响，并达到以较低成本预测岩爆的目的，但尚不能准确反映高地应力区域岩爆发生的具体位置、规模等，只能做宏观性或区域性的判断。

（4）目前，以岩体微破裂定位技术为特色的微震监测技术在国际上得到了长足发展。国内拉林铁路在钻爆法施工中岩爆预报准确率达到 80% 以上，下一步可在 TBM 隧道中研究并推广使用。

20.4.4　TBM 卡机脱困专项处置技术

由于软弱破碎围岩塌方、大变形或遭遇松散体含水等不良地质问题，TBM 卡机情况时有发生，尤其是双护盾 TBM 盾体较长，具有伸缩护盾，易卡机。国内外 TBM 被卡、被困情况时常发生，某些不成功的案例某种程度上也暗淡甚至影响了双护盾 TBM 的应用前景。TBM 卡机脱困技术非常关键，主要有以下几种处理方法：

1）超高压换步

双护盾 TBM 支撑盾和尾盾发生卡机时，可采用超高压泵站和辅助推进油缸进行超高压换步脱困，一般适用于支撑盾和尾盾轻微被卡的情况。

2）设备技术改造法

无法满足出渣需要以及收敛变形速率快是造成双护盾 TBM 卡机的主要原因。可以从以下两个方面对 TBM 进行改造：①增加刀盘开口率，满足软弱围岩在掘进中出渣量的需要，在掌子面出现坍塌时能够及时将刀盘与掌子面之间的渣料出净；②增加边刀行程或在设备设计阶段扩大刀盘，在维持盾壳不变的情况下增大开挖轮廓面，增加围岩与盾壳之间的空隙，在围岩塑性变形尚未抵达盾壳的情况下快速通过。

3）开挖导洞人工扩挖

在前盾被卡或超高压仍不能推动支撑盾和尾盾的情况下，可以通过人工扩挖的方式掏空盾壳周围，释放围岩作用在盾壳上的压力。具体方法如下：以伸缩盾观察窗和尾盾临时开孔为通道，向支撑盾、前盾和尾盾方向将围岩挤压的区域扩挖，搭建临时支撑，将盾壳半圆以上部位全部掏空。

TBM 刀盘及护盾因塌方和围岩收敛变形被困时，为确保设备安全，首先应尽快解除刀盘和护盾压力，可采取开挖上导洞和侧导洞的方式彻底解除作用在 TBM 护盾上的压力；掌子面破碎岩体坍塌后挤压在刀盘前，导致刀盘无法转动，此时还需挖除刀盘前的松散岩体。

4) 超前化学灌浆法

化学灌浆是对不良地质洞段进行处理的重要手段之一。利用灌浆泵压力将化学灌浆材料灌注到岩体裂隙中，使松散或破碎的围岩结成整体，提高围岩完整性，有利于TBM施工通过。在陕西引红济石项目及山西万家寨项目采用化学灌浆法均取得了成功，一般采用聚氨酯类和硅酸盐改性聚氨酯类灌浆材料。

5) 辅助坑道法

以青海引大济湟工程为例，双护盾TBM在第6次卡机后经过专家论证，考虑到此段断层破碎带距离较长，采用其他辅助工法无法保证TBM顺利脱困，故采用修建迂回导洞，提前修建正洞步进洞室，接收TBM通过。

实践证明，无论采用何种TBM卡机脱困措施，在一定程度上均具有局限性，科学合理地选择卡机处理措施是保证TBM顺利脱困的关键。

20.5 TBM 典型案例

以下针对陕西引汉济渭秦岭特长引水隧洞、重庆地铁TBM区间隧道等典型工程案例的技术难点、工法内容、设计参数及注意事项等进行分析介绍。另外，兰渝铁路西秦岭隧道也是采用TBM工法施工的典型案例，详见本书第56讲。

20.5.1 陕西引汉济渭秦岭特长引水隧洞

引汉济渭是我国南水北调西线工程之一。越岭段秦岭特长引水隧洞主洞全长81.8km，TBM连续掘进18.3km，横穿秦岭，深埋、超长规模世界第一，是陕西省有史以来最大的水资源配置工程，年调水量15.05亿 m^3。工程平面布置如图20-7所示，纵断面如图20-8所示。

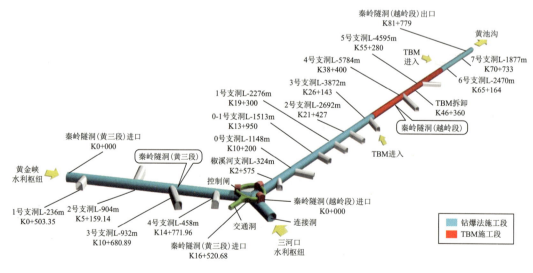

图 20-7　引汉济渭工程总体平面布置图

隧址区发育有3条区域性大断层及4条次一级断层、33条一般性断层，多为压性、压扭性，走向多与洞线大角度斜交。断带物质主要由碎裂岩、糜棱岩、断层角砾岩、断层泥砾组成，岩体较破碎，透水性强。工程主要特点与难点如下：

(1) 引水隧洞全长 98.3km，最大埋深 2012m，属深埋超长隧洞。

(2) 岭南 20km 的花岗岩、闪长岩 TBM 施工段，为坚硬岩；岭北 8km 的千枚岩夹变砂岩 TBM 施工段，岩性为软质岩。TBM 的选型及配置应有所区别对待。

(3) 高地温：隧洞埋深最大处原岩温度约为 42℃。

(4) 高地应力：通过秦岭隧洞两处深孔测试，最大水平主应力值分别为 8.32～21.70MPa、17.77～29.85MPa；最小水平主应力值分别为 4.78～13.66MPa、4.78～13.66MPa。

(5) 隧洞通风、出渣及反坡排水距离均超长。

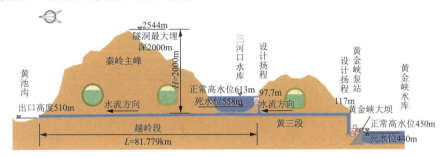

图 20-8　引汉济渭秦岭隧洞纵向布置

TBM 设计参数：岭北采用德国海瑞克生产的 S-795 型敞开式 TBM，主机长 27m，整机长 209m，开挖直径 8.02m；皮带机出渣；支护系统包括拱架安装器、锚杆钻机、喷射混凝土设备。岭南采用美国罗宾斯公司生产的直径 8.02m 敞开式 TBM，整机长 317m，后配套长 237m，由轨行式台车与加利福尼亚道岔组成，为主机的施工提供风水电保障。

引汉济渭秦岭特长引水隧洞采用如下设计技术：

(1) TBM 坚硬、较完整地层掘进适应性以及岩爆防治。

岩爆预测：为尽可能减少岩爆对 TBM 掘进施工的威胁，降低岩爆发生概率，通过微震监测、陆地声呐等方法进行岩爆预报。

防治：轻微岩爆直接在开挖面上洒水，软化表层，促使应力释放和调整，局部增加挂网＋锚杆＋喷射混凝土措施。中等岩爆采用局部架立型钢拱架；喷纳米仿钢纤维混凝土；ϕ32mm 胀壳式预应力中空锚杆及 ϕ6.5mm 柔性钢丝网支护。对强岩爆实施超前应力释放孔及孔内爆破等释放应力，岩面喷水，架立拱架；喷纳米仿钢纤维混凝土；ϕ32mm 胀壳式预应力中空锚杆或 ϕ32mm 预应力中空锚杆及 ϕ6.5mm 柔性钢丝网支护。TBM 岭南段岩爆处置如图 20-9 所示。

图 20-9　TBM 岭南段岩爆处置

(2) 对断层破碎带处 TBM 卡机的处理，采用洞内迂回导洞对 TBM 前方破碎带段进行提前开挖处理，TBM 步进通过。

(3) 采用了基于 TBM 渣片的分析及判释反馈技术。

20.5.2 重庆地铁 TBM 区间隧道

重庆地铁 6 号线为主城区线网主骨架,一期工程全长 26km,采用两台敞开式 TBM 施工,为 TBM 在国内地铁领域的首次采用。

敞开式 TBM 施工隧道采用圆形断面,复合式衬砌。限于地铁单线隧道断面尺寸,为方便施工,洞内采用单工序作业,即 TBM 先期进行开挖与初期支护,二次衬砌后续单独工序实施。结合所采用的地铁车型车辆建筑限界,确定了敞开式 TBM 施工的隧道衬砌断面,见图 20-10 所示。

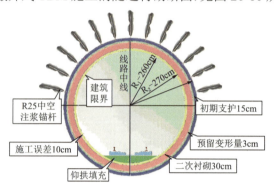

图 20-10 重庆地铁 TBM 衬砌断面图

由于 TBM 在主城区内施工,根据围岩、地下水、埋深、建(构)筑物等制定了结构支护参数表,见表 20-2。

重庆地铁敞开式 TBM 施工区间隧道支护参数表　　　　　　　　表 20-2

围岩	预留变形量(cm)	初期支护									二次衬砌	
		喷混凝土		锚杆			φ6.5mm钢筋网		钢架			
		施作部位	厚度(cm)	设置部位	长度(m)	环纵间距(m)	设置部位	网格间距(cm)	设置部位	钢架类型	纵向间距(m)	拱墙(cm)	仰拱(cm)
Ⅲ	3	全断面	12	拱部120°	2.0	1.2 / 1.0	拱部120°	20				30	30
Ⅳa	3	全断面	15	拱部120°	2.2	1.2 / 0.75	拱部120°	20	全断面	I14	1.5 / 0.75	30	30
Ⅳb	3	全断面	15	最大跨度以上	2.2	1.2 / 0.75	拱部120°	20	全断面	I14	0.75	30	30
Ⅳc	3	全断面	15	最大跨下1m以上	拱部3.0 边墙2.2	1.2 / 0.75	同锚杆	20	全断面	I14	0.75	30	30
Ⅳd	3	全断面	15	最大跨下1m以上	3.0	1.2 / 0.75	同锚杆	20	全断面	I14	0.75	30	30
Ⅴ	3	全断面	15	最大跨下1m以上	3.5	1 / 0.75	同锚杆	20	全断面	I14	0.75	30	30

重庆地铁 6 号线 TBM 技术特点如下:

(1)敞开式 TBM(图 20-11)在重庆地铁 6 号线的首次成功设计与应用,实现了我国地铁工程修建技术的突破,开创了我国地铁领域采用 TBM 施工的先河。

图 20-11 重庆地铁敞开式 TBM

(2)形成了成套的 TBM 过站技术(图 20-12),解决了 TBM 应用于城市地铁的一大难题。

图 20-12　敞开式 TBM 过站

为了便于乘客使用,部分车站设置为同站台换乘模式,区间左、右线上下立体布设。由于 TBM 自重荷载较大,相比轨行区荷载要大很多,设计采用"弧形底面预埋导轨+车站中板底部预加固"的方式(图 20-13),解决了大荷载 TBM 主机、后配套等步进通过车站中板的难题。

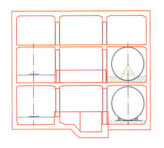

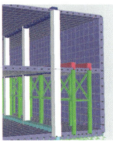

图 20-13　TBM 步进通过明挖车站中板

(3)采用 TBM 小净距掘进控制技术(图 20-14),方便了地铁线路敷设,保证了小净距隧道的安全、快速建成。

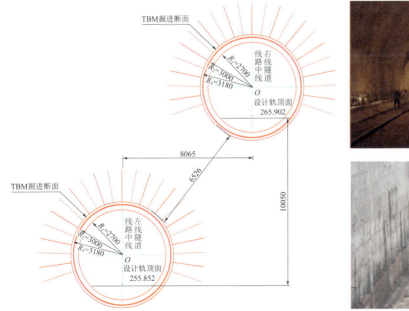

图 20-14　TBM 小净距掘进技术(尺寸单位:mm)

(4)地铁结构设计标准相对较高,TBM 区间隧道的防水设计应遵循"以防为主、刚柔并济、多道防线、因地制宜、综合治理"的原则,根据地形地质条件,在适当排水不会对地面建筑、交通、水利设施、居民生活等造成影响的前提下，可采取"防排结合"措施。

20.6 TBM 技术展望

众所周知，TBM 技术目前已取得了长足的进步，施工中也积累了大量的工程经验，但在未来发展中尚需在以下几个方面重点研究及突破：

1）极坚硬极完整岩层段 TBM 高效破岩技术研究

针对长距离硬岩掘进提出的技术挑战，需要创新、改进破岩方式，突破 TBM 刀盘高耐磨、长寿命设计技术和极坚硬、极完整岩层高效开挖技术，推动高性能 TBM 刀盘设计制造技术的进步。通过研究整体性、高刚度的 TBM 刀盘构造，基于统计分析对刀盘耐磨结构和材料实现区块化精确设计；从优化刀具选型与布置、滚刀破岩两方面着手，突破坚硬、完整岩层 TBM 滚刀高效破岩关键技术；研究围岩条件与 TBM 选型、精细化配置、TBM 掘进参数的相互关系，实现高效高速掘进。

2）综合超前地质预报及信息反馈技术

常规地面勘探并不能完全揭示隧洞地质情况，隧道施工开挖中的坍塌、冒顶、涌水、岩爆等地质灾害时有发生，尤其是深埋长大隧道。很多地质灾害不但造成经济损失，也会造成人员伤亡。因此，需研究搭载 TBM 的高精度、高可靠性超前地质预报技术，为 TBM 安全快速掘进提供支撑。

以信息化手段为主，打造 TBM 信息反馈技术及智能化管理平台，如：研究完善包括质量、含水、粒径、形状、强度等渣片分析系统，自动研判掌子面前方的地质情况，指导 TBM 掘进。研究刀盘刀具磨损监测信息及反馈技术，实现滚刀磨损量与转速、刮刀磨损量的实时监测，对滚刀与刮刀切削形态监测装置（传感器、传输线路与接收发射装置等）进行可靠性设计，提高其对 TBM 强振动、高温、涌水、潮湿等恶劣环境的适应能力。

3）TBM 新型支护技术，增强适应性是关键

随着各类长大隧道工程的不断增多，所遇到的复杂地质问题也逐渐增多。对应软弱围岩及破碎带地段，TBM 现有的支护手段及支护措施需要不断改进，优化 TBM 支护手段及支护措施向 L1 区"靠前"设置，并与 TBM 设备兼容配套；进一步研究包括软岩、富水、岩爆等复杂地质条件下的 TBM 支护技术，能实现速度更快、质量更高的超前加固、超前注浆堵水、岩爆处理等技术措施，使得 TBM 具有更好的、更宽泛的适应性，是未来 TBM 发展的主要方向。

4）超大断面、异形断面 TBM 研究

目前国际上 TBM 的最大直径为 14.4m，由美国罗宾斯公司生产，用于加拿大尼亚加拉水电站工程；国内 TBM 最大直径为 12.4m，用于锦屏二级水电站工程。超大直径 TBM 受功率要求及掌子面稳定性等问题影响，TBM 断面尺寸进一步突破存在较大困难。为适应隧道工程建设的发展需要，TBM 需向大型化、异形化方向发展，相应的 TBM 设备制造需朝着大功率、大推力、大扭矩、刀盘分块化、高掘进速度、高可靠性方向发展。

5）TBM 智能掘进技术研究

结合时代科技，顺应时代潮流，利用先进的物联网、大数据、无线传输、云计算及人工智能等技术，建设新一代全生命周期"人、机、岩"感知系统。研究 TBM 施工过程中的设备状态诊断；研究复杂工况条件下的 TBM 施工环境识别；建立掘进参数与围岩参数相互关联；研究掘进参数自动选择及调整控制；研究 TBM 掘进及管理的大数据共享云平台。结合设计施工经验及监测数据，开展网络化、智能化、协同化的 TBM 智能掘进技术，可降低施工风险，提高施工效率，对加强 TBM 施工现场管理提供可靠的帮助。

本讲参考文献

[1] 龚秋明. 掘进机隧道掘进概论[M]. 北京：科学出版社，2014.

[2] 中铁第一勘察设计院集团有限公司. TBM施工所需要的裂隙围岩等级划分及地质参数测试技术研究[R]. 1999.

[3] 余洁. 中天山隧道TBM掘进施工适应性研究[J]. 现代隧道技术，2014.

[4] 刘赪. 秦岭隧道建造关键技术[J]. 中国铁道科学，2003，24（2）：132-136.

[5] 魏文杰. 中天山隧道TBM施工关键技术应用[J]. 建筑机械化，2014（3）:64-68.

[6] 仲建华. 城市轨道交通工程硬岩掘进机（TBM）技术[M]. 北京：人民交通出版社，2013.

[7] 尹俊涛，尚彦军，傅冰骏，等. TBM掘进技术发展及有关工程地质问题分析和对策[J]. 工程地质学报，2005，13（3）：389-397.

[8] 张新伟，陈馈. 双护盾掘进机脱困技术[J]. 建筑机械化，2010，31（6）:64-67.

[9] 王江. 引水隧洞双护盾TBM卡机分析及脱困技术[J]. 隧道建设，2011，31（3）:364-368.

[10] 杨晓迎. TBM在深埋超长隧洞断层破碎带卡机脱困施工技术[C]// 中国水利学会地基与基础工程专业委员会第十一次全国学术技术研讨会论文集. 2011.

[11] 吴世勇，王鸽，徐劲松，等. 锦屏二级水电站TBM选型及施工关键技术研究[J]. 岩石力学与工程学报，2008，27（10）：2000-2009.

[12] 王飞. 城市轨道交通敞开式TBM过站方案及关键技术[J]. 重庆交通大学学报（自然科学版），2012，31（2）:228-235.

第21讲

盾构隧道管片结构设计

近十年来，随着我国基础设施建设开展，盾构隧道越来越多，不管是数量上还是规模上，不管是在地域分布上还是行业领域应用上，均较以前有长足的发展。这也让从事与盾构隧道相关工作的广大工程技术人员和科技工作者，在盾构设备制造技术、盾构隧道设计与施工技术方面，均积累了足够的实践案例及数据支持。在这一实践发展过程中，盾构的新理念、新技术、新工艺不断涌现，我国盾构共性技术也由量变到质变实现了飞越发展，盾构核心技术也已逐步掌握，特殊技术已达国际领先。

目前我国盾构法技术已经广泛应用于基础设施建设的众多领域，如今已经成为国内各城市地铁隧道工程建设的主流施工方法，大型越江（河）隧道工程的首选施工方法，同时也成为城市管廊工程、市政道路隧道、公路隧道、铁路隧道、水电隧道等的主要施工方法之一；盾构法已可适用于各类地层条件下的隧道施工，即各种软弱土层、砂卵石、复合地层（隧道断面内岩层和土层或软土和卵石复合出现，或者说软硬、土岩交织出现）、软弱围岩等地层；盾构隧道断面形状也已多样化发展，已能适用于多种断面，如主流圆形断面到马蹄形、矩形、类矩形、双圆形等各式断面结构形式。

近年来我国管片衬砌结构设计技术发展也很快，不同直径、不同形状的盾构隧道工程案例及实践经验数据的积累也很多。作者结合国内盾构隧道的一些工程实践案例、经验、科研成果，同时参考了一些国内外的技术文献，对盾构法隧道使用最多的圆形断面管片衬砌的结构设计、荷载、计算、管片细节设计、防水设计、管片制造存储及吊运方面进行了总结，形成本讲的内容，便于广大盾构隧道工程技术人员参考。

限于篇幅，本讲盾构隧道管片结构设计内容的完整性、系统性尚有欠缺，有些内容也不具备严密的理论性。希望广大技术人员在参考使用过程中不断地发展及完善、创新管片衬砌设计技术。

21.1 盾构隧道管片衬砌结构设计

21.1.1 管片结构类型

管片结构按材料分类如下：①铸铁管片，早期应用较多；②钢筋混凝土管片，占绝大多数；③复合管片，包括钢架混凝土（SRC）、钢材+混凝土、铸铁+混凝土等。

管片结构按形状分类如下：①矩形管片，占绝大多数；②梯形或平行四边形管片；③六角形或翼形等

本讲执笔人：张继清．

管片。国内外应用较多的为矩形管片,梯形、六角形、翼形管片在国内外的应用均很少。

钢筋混凝土矩形管片(图 21-1)通用性强,设计、施工经验均很成熟,是目前国内盾构隧道设计的通用选择;两盾构隧道间的连通通道处,也可选择钢+混凝土或铸铁+混凝土复合管片。

21.1.2 管片拼装类型选择

矩形管片环拼装形式有通缝拼装和错缝拼装:通缝拼装具有操作简单、施工速度快等特点,但整体性不好,对结构抗震、整体受力不利,且容易累积拼装误差等,在地铁隧道中使用较多;错缝拼装(图 21-2)具有管片结构整体性好,对结构抗震、整体受力有利,且不容易累积拼装误差等,但对拼装精度要求高,施工速度慢,在大直径盾构隧道中使用较普遍,近年来在地铁隧道中也开始广泛应用,逐渐成为主流的拼装形式。

图 21-1 管片

图 21-2 管片环错缝拼装示意图

21.1.3 管片衬砌环组合形式

国内盾构隧道通用的管片衬砌环组合形式有三种(表 21-1),每一种方法均可拟合线路平面曲线和纠偏设计。前两种常用于地铁盾构隧道;后一种经常用于大直径盾构隧道,国内部分城市地铁也有采用。

衬砌环组合形式表　　　　表 21-1

方　法	特　点
标准衬砌环、左转弯衬砌环和右转弯衬砌环组合	直线地段除施工纠偏外,多采用标准衬砌环;曲线地段可通过标准衬砌环与左、右转弯衬砌环组合使用以拟合线路。该法施工方便,操作简单
左转弯衬砌环和右转弯衬砌环组合	通过左转弯衬砌环、右转弯衬砌环组合来拟合线路。由于每环均为楔形,拼装时施工操作相对麻烦一些
通用楔形管片(万能管片)	通过一种楔形管片拟合直线、曲线及施工纠偏。管片排版时,衬砌环需扭转多种角度,封顶块有时位于隧道下半部,管片拼装相对复杂。国内部分城市地铁中有采用

21.1.4 管片的分块

衬砌环的分块主要由管片制作、运输、安装等方面的实践经验确定,同时也应满足受力性能、防水的设计要求。

1)管片环分块数量

衬砌管片环分块主要从制作、防水、拼装速度、受力等方面综合考虑,分块数越少,越有利,分块数过多,导致拼装时间长,防水及螺栓材料用量大,但也不宜分块过少造成管片体量过大,不利于拼装和运输。

小直径($D \leqslant 4m$)盾构管片多采用 5~6 分块;中等直径($4m < D \leqslant 8m$)盾构一般采用 6~7 分块;大直径($D > 8m$)盾构管片经常分为 7~9 块。

2）通用楔形管片环分块方式

大直径通用楔形管片环一般由封顶块（K）+邻接块（B）+标准块（A）组成，常用的几种分块方式如图 21-3 所示。结合盾构隧道所需推力、千斤顶布设数量、错缝拼装和千斤顶不压缝的要求，综合考虑运输能力、制作拼装方便、结构受力等因素后，确定管片环分块方式。

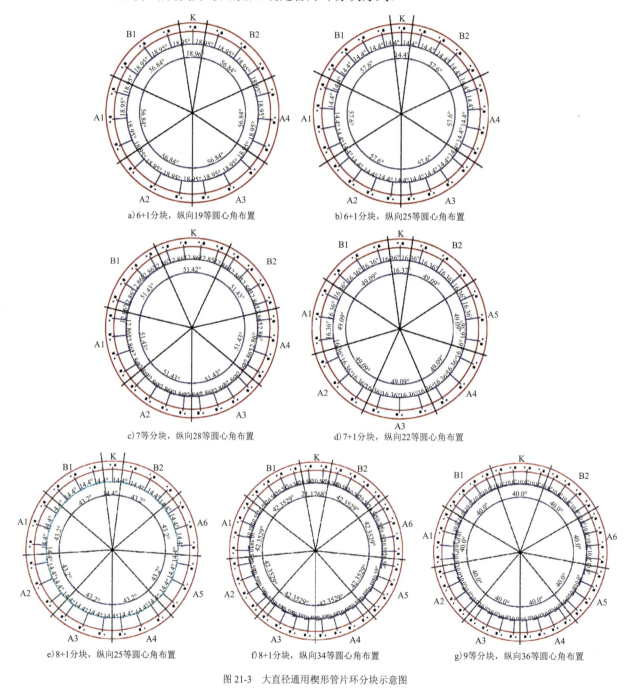

图 21-3　大直径通用楔形管片环分块示意图

3）封顶块（K 块）设计

管片环分块必须重点考虑 K 块的设计，是采用大封顶块，还是采用小封顶块，需根据螺栓的设置、千斤顶的行程控制、手孔的布置以及封顶块的拼装方式进行总体综合考虑。K 块大小一般采用 A、B 管片块的 1/4～1/3。

K 块一般情况下采用径向插入和纵向插入相结合、整环最后拼装的方式。为便于拼装操作，K 块和两侧邻接块在任何部位两者间的最小水平净间隙不宜小于 25mm,如果减少间隙,需要盾构机制造商同意。径向插入 K 管片的形状,一般采用双楔形形式。为径向插入方便,设计时可将 K 块两侧的径向端面绕端面径向线与厚度中线交点旋转 2.0°～3.5°,但宜控制外弧(弦)长大于内弧(弦)长,确保 K 块在注浆荷载等作用下的稳定。轴向插入角度一般不受限制,可根据轴向小端的螺栓布置以及轴向大小端弦长差值来设计,一般总差值可按 600～800mm 来控制。

21.1.5 管片的环宽

根据隧道直径、平曲线情况、盾构机械设备性能、运输系统、施工组织等因素,综合考虑确定管片宽度。如有条件,管片尽可能宽点,以提高施工速度,节约造价。

隧道直径越大,理论上环宽应越宽;平曲线半径越大,环宽可越宽。如平曲线半径大于 600m 后,大直径($D>8m$)盾构可采用 1.8～2.2m 的环宽,中等直径($4m<D≤8m$)盾构可采用 1.2～1.5m 的环宽;如平曲线半径小于 450m 后,大直径盾构需带铰接装置,可采用 1.2～1.5m 的环宽,中等直径盾构可采用 1.0～1.2m 的环宽。

管片的宽度宜与盾构机相匹配,并与盾构机的千斤顶行程、管片拼装机的能力、管片运输系统、渣土运输系统合理匹配。管片过宽,则盾构机过长,灵敏性差。

管片宽度必须考虑封顶块的拼装方式:千斤顶的行程 = 管片宽度 B+(B- 封顶块拼装搭接长度 L)+150(200)mm 的余量。

管片宽度还要考虑螺栓数量和管片分块。如 6m 直径的地铁隧道,同样 2000mm 的千斤顶行程的盾构机,在 10 个环间螺栓条件下可以做成小封顶块,通过加大封顶块拼装搭接长度(1200mm)能够做成 1500mm 宽管片,而在 16 个环间螺栓条件下,由于难以做成小封顶块,为满足拼装要求,封顶块拼装搭接长度很难做到 800mm,基本只能做 1300mm 的管片。

21.1.6 管片环楔形量的确定

楔形环可以采用单面楔形或双面楔形,国内皆有应用。楔形量除应根据管片种类、管片宽度、管片环外径、曲线半径、曲线区间楔形管片环使用比例、管片制作的方便性确定外,还应根据盾尾操作空隙或者是纠偏半径而定,同时也应满足盾构机的最小使用半径要求。一般情况是在理论计算数值上,考虑一定的余量(如管片扭转造成线路拟合的复杂性、施工纠偏半径等需要的楔形量),对于通用楔形错缝拼装环可乘以 1.5～2.0 系数,其他组合环可乘以 1.2～1.5 的系数。曲线地段仅考虑线路平面曲线半径因素时,管片环楔形量理论数值的计算方法如下:

1) 通用楔形环管片

$$\Delta = \frac{D \times B}{R} \tag{21-1}$$

式中:Δ——线形拟合的理论计算楔形量(mm);
  D——管片外径(mm);
  B——管片的中心宽度(mm);
  R——隧道中心线路平面曲线半径(mm)。

2) 楔形环和标准衬砌环组合

$$\Delta = \frac{n}{m} \cdot \frac{D \times B}{R} \tag{21-2}$$

式中：n——标准环环数；

m——楔形环环数。

21.1.7 管片的接头形式

接头形式的选择首先应满足设计要求的接头刚度、强度，其次应满足拼装精度误差、拼装周期、接头变形以及止水性能要求。设计时应据此并结合隧道直径、地质条件等因素，确定管片的接头形式以及连接件的数量和分布。一般情况下，管片间的接头形式可选用螺栓+定位销或螺栓+凹凸榫槽面接头，环间接头可选用螺栓+定位销/插销或螺栓+凹凸榫槽面接头。

管片间的连接通常采用螺栓连接。螺栓连接的数量：块间一般2～3个；环间考虑地质情况、抗震要求等设置，一般每块不少于2根，一环对于中小直径盾构控制在10～16个。国内通用的管片间设置的螺栓有弯螺栓、直螺栓，地铁盾构通用弯螺栓连接，大直径盾构通用斜直螺栓连接。

21.2 盾构隧道荷载

盾构隧道通常采用荷载—结构法进行结构计算，对应的主要荷载选取可按下述方法进行。

21.2.1 地层压力的选取

1）竖向土压力

对位于未固结成岩的土层、半固结成岩及全风化和强风化围岩条件下的盾构隧道，其覆土荷载一般可按覆盖层厚度的不同分别选取全土柱理论和Terzaghi压力拱理论来计算确定。

在砂性土、全风化地层、土状强风化地层中，当有效覆土厚度大于1.5～2倍（大直径隧道取小值，小直径隧道取大值，下同）隧道外直径时，多采用Terzaghi压力拱理论计算松弛土压力作为覆土压力，否则按全土柱理论计算覆土压力。有效覆土指中密及以上砂性土。

在黏性土中，如果有效的硬质黏性土（$N \geqslant 8$）覆土厚度大于1.5～2倍隧道外直径时，多采用Terzaghi压力拱理论计算松弛土压力作为覆土压力，否则按全土柱理论计算覆土压力；对于中等固结的黏性土（$4 \leqslant N < 8$）或软黏性土（$2 \leqslant N < 4$）或软～流塑地层，一般不考虑地层的成拱效应，将隧道的全覆土重量作为土压力进行计算。

$$P_v = \frac{B_1\left(\gamma - {c}/{B_1}\right)}{K_0 \tan\varphi}\left(1 - e^{-K_0 \tan\varphi H / B_1}\right) + P_0 \cdot e^{-\frac{K_0 H \tan\varphi}{B_1}} \tag{21-3}$$

式中：P_v——Terzaghi松弛土压力（kPa）；

B_1——塌落拱半宽度（m）；

φ——土层摩擦角；

c——土层黏聚力（kPa）；

H——覆土深度（m）；

K_0——侧压力系数；

γ——土体重度（kN/m³）；

P_0——地面超载(kPa)。

在块状强风化地层中,当其覆盖厚度大于 1.0～1.5 倍隧道外直径时,多采用 Terzaghi 压力拱理论计算松弛土压力作为覆土压力,其理论计算模型如图 21-4 所示;否则按全土柱理论计算覆土压力。

2)孔隙水压力

可根据勘察水位、隧道使用期间变动水位,分别计算水压力荷载。水压力取值要考虑最不利情况,一般低水位为内力控制工况。

3)水平土压力

水平土压力按竖向土压力乘以土层侧压力系数计算得出。黏性土中,侧向压力按水土合算,砂性土中按水土分算。

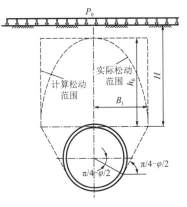

图 21-4　Terzaghi 压力拱计算模型

管片的设计断面应力会由于垂直方向荷载和水平方向荷载之间微妙的平衡关系而发生变化,侧向土压力系数(λ)、地基抗力系数(K)要在充分考虑地基条件和隧道的用途之后,慎重地进行确定;如无勘察土工试验数据,可参考表 21-2 选取。

弹性抗力取值最好结合 N 值和地层特征综合考虑。

侧向土压力系数(λ)和地基抗力系数(K)　　　　表 21-2

水土压力计算	土的种类	λ	K (kN/m³)	N 值大致范围
水土分算	密实砂性土	0.35～0.45	30～50	$30 < N$
	中密砂性土	0.45～0.55	10～30	$15 < N \leqslant 30$
	松散、稍密砂性土	0.50～0.60	0～10	$N \leqslant 15$
	固结黏性土	0.35～0.45	30～50	$25 \leqslant N$
	坚硬、硬塑黏性土	0.45～0.55	10～30	$8 \leqslant N < 25$
	可塑黏性土	0.50～0.65	0～10	$4 \leqslant N < 8$
水土合算	可塑黏性土	0.55～0.65	5～10	$4 \leqslant N < 8$
	软塑黏性土	0.65～0.75	0～5	$2 \leqslant N < 4$
	流塑黏性土	0.70～0.85	0	$N < 2$

4)围岩压力

对于岩石地层,可按行业标准《铁路隧道设计规范》(TB 10003)中相关规定计算竖向压力和水平压力,也可按普氏平衡拱理论结合 Terzaghi 土压力理论进行计算,还可按收敛-约束法计算管片支护抗力。

岩石地层的弹性抗力要考虑背后注浆材料的性能,不宜取值过高。

21.2.2　施工阶段荷载选取

(1)真圆度不佳造成的管片环椭圆度一般取(0.2%～0.6%)D。

(2)同步注浆压力一般为 200～500 kPa,二次注浆压力一般选取为 300～600 kPa。

(3)千斤顶推力一般按经验选取,或由施工单位提供盾构总推力、千斤顶的数量、撑靴的尺寸以及作用位置,据此验算;曲线地段按盾构千斤顶分区作用、总推力基本不变的原则,确定千斤顶最大推力。

(4)管片堆放按内弧面向上的平放形式验算,堆放高度一般不超过 5 层。

21.2.3 使用阶段附加荷载

使用阶段周边规划建筑物加载、基坑施工卸载等对盾构隧道产生的附加荷载可采取以下两种方法计算：

（1）对于附加荷载较为明确且便于理论公式计算的，可采取直接加卸载的方式；

（2）对于附加荷载不明确且不便于理论公式计算的情况，可假定该荷载在结构上可能产生的附加变形值（图 21-5），采用摩根法（Morgan，1961）计算由于变形产生的弯矩。

$$M = (3\eta EI / r_0^2) \cdot U_0 \tag{21-4}$$

式中：r_0——管片厚度中心处半径；
U_0——附加变形；
η——刚度折减系数。

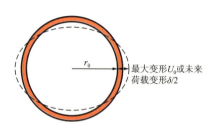

图 21-5　附加变形导致的荷载

该弯矩与管片环最小轴力值（最小覆土厚、最低水位下计算的轴力）作为使用阶段附加荷载产生的最不利内力，按压弯构件验算管片正常使用极限状态配筋。

21.3　管片结构计算

隧道管片结构计算，一般情况下只进行横断面计算即可，但在小半径曲线及大坡度施工段、受到平行或交叉隧道等邻近施工影响段、地质条件较差易引起使用阶段差异沉降或横向弯曲变形段、使用阶段地震作用计算工况等条件下，也要增加纵断面计算。纵断方向的计算可采用简化的梁-弹簧模型、等效刚度梁模型进行理论解析计算，也可采用地层结构模型的数值计算。本讲主要介绍盾构隧道管片结构设计需要重点考虑的横断面结构计算方法。

21.3.1　使用阶段计算

1）计算模型的选择

国内盾构隧道设计计算常用的几种模型如下：

（1）均质圆环法（修正惯用法）

均质圆环法是一种应用较为成熟的方法，它将管片环简化为弹性均质的圆环，即假设管片环是弯曲刚度均匀的环，计算模型（图 21-6）中不考虑竖向地层抗力的影响，竖向地基反力按隧道所承受的竖向荷载根据荷载平衡条件按均布荷载计算，水平向地层抗力假定为分布在隧道中部 90°范围的水平向三角形荷载。管片自重引起的地层变形所产生的水平地基抗力根据壁后注浆的方式和浆液的早期强度等情况确定是否考虑。

该方法在考虑管片接缝时引入了两个假设：管片间接头的存在使得管片环整体刚度降低，引入刚度折减系数 η（$\eta \leqslant 1$），整个圆环的刚度变为 ηEI；考虑错缝拼装条件下相邻管片环弯矩 M_2 的传递作用，引入弯矩增加系数 ξ（$0 \leqslant \xi \leqslant 1$），即在根据 ηEI 均匀弯曲刚度环计算出来的截面内力中，将主截面的设计弯矩调整为 $(1+\xi)M$，管片接头部位设计弯矩调整为 $(1-\xi)M$。该法可以计算不同土层条件下的管片截面内力，其解析法的截面内力公式见表 21-3。

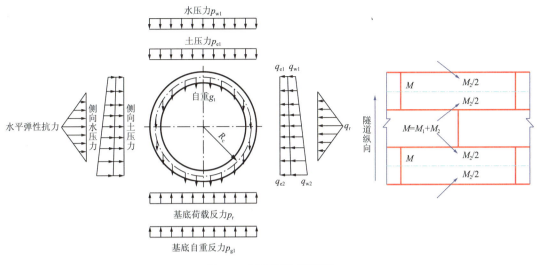

图 21-6 均质圆环法计算模型

均质圆环法的管片截面内力计算式　　　　表 21-3

荷载	弯矩	轴力	剪力
垂直荷载 $(p_{e1}+p_{w1})$	$M=\frac{1}{4}(1-2\sin^2\theta)(p_{e1}+p_{w1})R_c^2$	$N=(p_{e1}+p_{w1})R_c\sin^2\theta$	$Q=-(p_{e1}+p_{w1})R_c\sin\theta\cos\theta$
水平荷载 $(q_{e1}+q_{w1})$	$M=\frac{1}{4}(1-2\cos^2\theta)(q_{e1}+q_{w1})R_c^2$	$N=(q_{e1}+q_{w1})R_c\cos^2\theta$	$Q=-(q_{e1}+q_{w1})\sin\theta\cos\theta$
水平三角形荷载 $(q_{e2}+q_{w2}-q_{e1}-q_{w1})$	$M=\frac{1}{48}(6-3\cos\theta-12\cos^2\theta+4\cos^3\theta)$ $(q_{e2}+q_{w2}-q_{e1}-q_{w1})R_c^2$	$N=\frac{1}{16}(\cos\theta+8\cos^2\theta-4\cos^3\theta)$ $(q_{e2}+q_{w2}-q_{e1}-q_{w1})R_c$	$Q=\frac{1}{16}(\sin\theta+8\sin\theta\cos\theta-4\sin\theta\cos^2\theta)$ $(q_{e2}+q_{w2}-q_{e1}-q_{w1})\cdot R_c$
地基抗力 $(q_r=k\cdot\delta)$	$0\leq\theta<\frac{\pi}{4}$ 时 $M=(0.2346-0.3536\cos\theta)k\cdot\delta\cdot R_c^2$ $\frac{\pi}{4}\leq\theta\leq\frac{\pi}{2}$ 时 $M=(-0.3487+0.5\sin^2\theta+0.2357\cos^3\theta)k\cdot\delta\cdot R_c^2$	$0\leq\theta<\frac{\pi}{4}$ 时 $Q=0.3536\cos\theta\cdot k\cdot\delta\cdot R$ $\frac{\pi}{4}\leq\theta\leq\frac{\pi}{2}$ 时 $N=(-0.7071\cos\theta+\cos^2\theta+0.7071\sin^2\theta\cos\theta)k\cdot\delta\cdot R_c$	$0\leq\theta<\frac{\pi}{4}$ 时 $Q=0.3536\sin\theta\cdot k\cdot\delta\cdot R_c$ $\frac{\pi}{4}\leq\theta\leq\frac{\pi}{2}$ 时 $Q=(\sin\theta\cos\theta-0.7171\cos^2\theta\sin\theta)k\cdot\delta\cdot R_c$
自重 $(P_{g1}=\pi\cdot g_1)$	$0\leq\theta<\frac{\pi}{2}$ 时 $M=\left(\frac{3}{8}\pi-\theta\cdot\sin\theta-\frac{5}{6}\cos\theta\right)g\cdot R_c^2$ $\frac{\pi}{2}\leq\theta\leq\pi$ 时 $M=\left[-\frac{1}{8}\pi+(\pi-\theta)\sin\theta-\frac{5}{6}\cos\theta-\frac{1}{2}\pi\sin^2\theta\right]g\cdot R_c^2$	$0\leq\theta<\frac{\pi}{2}$ 时 $N=\left(\theta\cdot\sin\theta-\frac{1}{6}\cos\theta\right)g\cdot R_c^2$ $\frac{\pi}{2}\leq\theta\leq\pi$ 时 $N=\left[-\pi\sin\theta+\theta\cdot\sin\theta+\pi\cdot\sin^2\theta-\frac{1}{6}\cos\theta\right]g\cdot R_c$	$0\leq\theta<\frac{\pi}{2}$ 时 $Q=\left(\theta\cos\theta+\frac{1}{6}\sin\theta\right)g\cdot R_c$ $\frac{\pi}{2}\leq\theta\leq\pi$ 时 $Q=\left[(\pi-\theta)\cos\theta-\pi\sin\theta\cos\theta-\frac{1}{6}\sin\theta\right]g\cdot R_c$

注：超出角度范围的计算值可以通过对称关系推算得出。

η 值对截面内力的影响较大，其值与管片接头构造、环间错缝拼装以及其结构特征、围岩特性有关。η、ξ 的取值一般应以试验结果为基础，结合经验进行确定。η 取值范围为 0.6～0.8，ξ 取值范围为

$0.3\sim0.5$。η 的计算方法可以根据分块后的刚度比例确定[式（21-5）]，该式由 Muir Wood 于 1975 年针对等分块衬砌提出，认为接头数为 4 块或 4 块以下则管片的整体刚度不受影响。

$$\eta = \frac{I_{\text{leff}}}{I} = \frac{I_j}{I} + \left(\frac{4}{n}\right)^2 \tag{21-5}$$

式中：I_j——接头弯曲刚度；

I_{leff}——弯曲等效刚度；$I_{\text{leff}} = I_j + \left(\frac{4}{n}\right)^2$，其中 $I_{\text{leff}} < I$ 且 $\eta > 4$；

I——衬砌管片的弯曲刚度。

（2）梁—弹簧模型法

梁—弹簧模型法在均质圆环法的基础上，将管片横断面简化为曲梁（圆弧梁）或直梁，管片间的纵向接缝按能够承受弯矩并传递剪力和轴力的旋转弹簧模拟，管片环间接缝考虑错缝拼装的影响，按剪切弹簧模拟，计算如图 21-7 所示。旋转刚度 K_θ 宜根据试验确定，并考虑偏心率的影响；剪切刚度 K_s 也宜根据试验确定，考虑接头构造、缓冲垫的参数等。

地层抗力考虑隧道围岩情况，隧道直径、埋深、荷载计算方法等因素采用局部弹簧模型或全周弹簧模型，一般按径向弹簧模拟，不考虑切向弹簧的影响。计算可取两环或多环管片利用电算程序进行分析。

对于采用弯螺栓接头的中等直径的地铁隧道，参照国内外有关试验研究结果，纵缝接头的抗弯刚度在隧道内侧受拉时约为 $K_\theta^{(+)} = (0.5\sim5)\times10^4$ kN·m/rad，隧道外侧受拉时约为 $K_\theta^{(-)} = (1.3\sim3)\times10^4$ kN·m/rad；对于采用斜直螺栓的大直径盾构，参照国内外有关试验研究结果，纵缝接头的抗弯刚度在隧道内侧受拉时约为 $K_\theta^{(+)} = (5.0\sim46)\times10^4$ kN·m/rad，隧道外侧受拉时约为 $K_\theta^{(-)} = (10\sim27)\times10^4$ kN·m/rad。

（3）Muir Wood 法

Muir Wood 法在欧洲得到广泛应用。Muir Wood 于 1975 年在 Morgan 的基础上假设了椭圆变形模型（图 21-8）。该模型考虑了地层剪切应力，但忽略了剪切应力所产生的部分径向变形；允许地层开挖处部分应力释放，Muir wood 建议考虑 50% 的初始地层应力；弯矩会因接头刚度的降低而减小。因国内应用较少，故不作太多介绍。

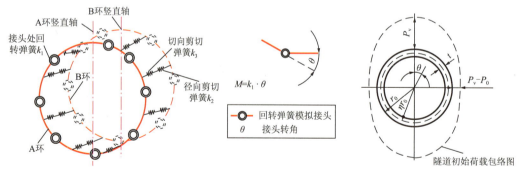

图 21-7 错缝拼装两环梁—弹簧模型　　图 21-8 Curtis/Muir Wood 计算模型

（4）FEM（地层—结构法）

采用地层—结构模型的有限元计算程序较多，如 Midas、Plaxis 等专业岩土工程有限元计算软件。其针对地下结构的模拟有很大的优势，但应结合地层条件采取合适的岩土弹塑性模型和屈服准则，否则计算结果可能会偏于不安全。

2）各种方法的比较

Muir Wood 法和均质圆环法仅适用于圆形隧道，梁—弹簧模型法则不受隧道形状限制。Muir Wood 模型考虑在弹性地层条件下圆形隧道衬砌变形为椭圆形，而均质圆环法假设的是竖向均布力和水平均布不定荷载的组合作用，根据这些假设简化计算结果。然而实际工程中，不仅荷载情况非常复杂且不均布，且地基抗力也并非均质圆环法中所假设的水平三角形不定荷载那样简单，管片环因荷载条件、土层性质、衬砌刚度不同而形状也不同，因此 Muir Wood 和均质圆环法都不能精确地用于复杂荷载条件下的隧道衬砌计算。梁—弹簧法可以计算复杂荷载条件下衬砌和土体的相互关系，利用地层弹簧模拟地层抗力，但也存在模型中因旋转弹簧、剪切弹簧刚度取值经验不足，而导致计算内力结果准确性较差的问题。均质圆环法也存在因模型中接头弯曲刚度有效率和弯矩分配系数的取值经验不足，而导致计算内力结果准确性较差的问题。完全均质圆环法通常假设纵缝接头与管片刚度相同，因此接头的设计弯矩会被过高估计，过于保守。

以上几种管片设计方法各有适用范围，由于设计假设条件的不同，其结果不尽相同，在国内的应用成熟度也不同。但从隧道形状的适应性、衬砌与地层相互作用、荷载条件、接头特征属性上看，弹性地基梁法（梁—弹簧模型法）优于 Muir Wood 法和均质圆环法，而且根据以往工程经验，均质圆环法计算处的衬砌弯矩偏于保守而 Muir Wood 法偏于不安全，故推荐采用梁—弹簧法计算使用阶段的管片环截面内力。

21.3.2 施工阶段验算

施工过程中的荷载是从拼装管片时起到注入尾隙的壁后注浆材料硬化为止作用于管片环上的荷载，包括管片环脱出盾尾后真圆度不佳引起的装配构造内力、千斤顶推力、壁后注浆压力以及起吊、堆放等荷载。

1）管片拼装允许误差引起的装配构造内力计算

前面介绍的使用阶段计算模型，均没有考虑装配式管片结构的装配误差引起的偏心影响。对于偏心受压的管片块构件来说，这种管片块之间初始的几何偏心会产生很大的装配构造内力，具体体现在管片环纵缝的内力计算和环缝的抗剪验算中。

管片环拼装完成后，在自重作用下管片环的纵缝会在制造误差范围内发生旋转，导致管片环几何形状由圆形变成椭圆，纵缝会张开或闭合。通过假设椭圆度（如 ΔR=0.2%～0.6%）和 BC=EF（图 21-9），利用几何关系求解出纵向接头缝隙。同时考虑拼装误差引起的错台影响（图 21-10），得出装配管片环纵缝的张开间隙计算值。

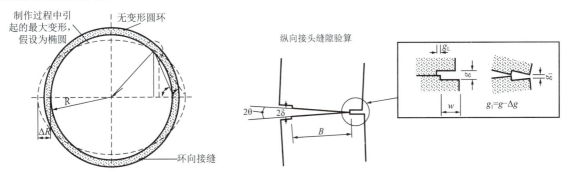

图 21-9　真圆度不佳的工况　　　　　　　图 21-10　纵向接头缝隙验算

管片环出盾尾后，在水土荷载作用下，管片结构构件在这种初始的几何状态下受力。在轴力作用下，纵缝的张开值和张开的厚度（沿径向）均在发生变化，纵缝处因几何偏心产生的受力状态如图 21-11 所示。将管片环在最小轴力值（最小覆土厚、最低水位下计算的轴力）作用下纵缝处产生的偏心弯矩，作为管片结构的构造内力，叠加到使用阶段承载能力极限状态计算的内力上，进行配筋设计。

环缝处因拼装产生沿径向的错台，沿管片纵向会产生偏心弯矩（图 21-12），按压弯构件验算单块管片构件的纵向稳定性和配筋;环缝处因拼装产生沿纵向的错台,会导致管片劈裂或剪切破坏(图21-13),按现行混凝土结构设计规范中斜截面强度相关公式验算即可。

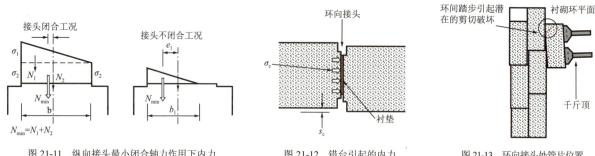

图21-11 纵向接头最小闭合轴力作用下内力　　图21-12 错台引起的内力　　图21-13 环向接头处管片位置不准而引起的剪力

2)千斤顶推力验算

根据千斤顶撑靴的尺寸和千斤顶作用在管片上的偏心弯矩,结合在正常推进状态下、曲线地段以及急转弯和纠偏状态下千斤顶推力,分别检算是否会对管片端面造成局部受压破坏,同时根据Guyon公式(表21-4)计算由偏心产生的管片内部拉应力是否超过混凝土抗拉强度允许值(图21-15)。

由于制作和拼装误差,管片环的环缝端面往往会产生径向错台,如果盾构千斤顶在作用端面本身存在偏心,则会加剧顶力造成的弯矩,极易使管片开裂或破碎。

Guyon公式表 表21-4

Guyon公式		备 注	
X(mm)	σ_T(MPa)	X(mm)	σ_T(MPa)
$0.5(Z\sqrt{r})$	0	沿纵向产生拉应力的起始位置,其中$r = b/(2Z)$,Z按图21-14所示选取	起始位置拉应力,为零
$Z(0.4+r)$	$=0.65P(1-r)$	沿纵向产生最大拉应力位置,其中$p = F\gamma_f/(bL)$,F为千斤顶最大推力,L为油缸靴子弧长,b按图21-14所示选取	最大拉应力
$2Z$	0	沿纵向产生拉应力的终止位置	终止位置拉应力,为零

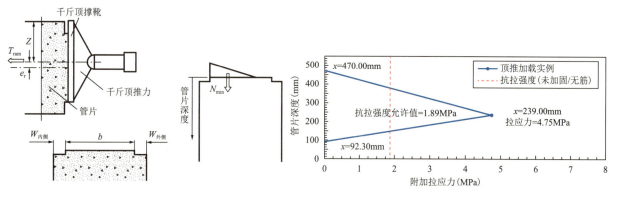

图21-14 千斤顶推力偏心的影响　　图21-15 Guyon法计算顶推力偏心造成的拉应力

3)注浆验算

壁后注浆压力是对盾尾间隙实施壁后注浆时产生的内力。根据盾构穿越的地质条件确定同步注浆和二次注浆压力(σ_{grout}):同步注浆考虑均匀同时填充注浆,即产生很大的轴力、零弯矩;二次注浆按依次局部注浆考虑,即产生小轴力、大弯矩。采用Muir Wood法和均质圆环法验算注浆压力。

注浆压力计算模型如图21-16所示。

4）管片堆放及吊装验算

管片吊装过程中及管片存放的方式对管片的内力分布会产生一定的影响（图 21-17 和图 21-18），特别是吊装过程中的动态效应，可能对堆放在最底层管片产生较大弯矩，需要进行验算。管片堆放完成后，采用静载进行计算；堆放过程最不利工况，为最上面一块按动荷载、其他块按静载验算；吊装的动力系数可采用 3。通常用使用阶段的配筋来验算吊装及堆放荷载产生的强度、裂缝宽度。

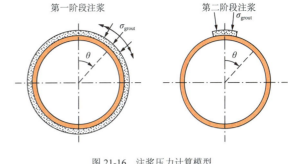

图 21-16　注浆压力计算模型

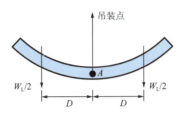

图 21-17　管片吊装荷载计算模型

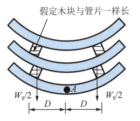

图 21-18　管片堆放荷载计算模型

21.3.3　管片配筋计算

盾构隧道的配筋一般取不同的覆土厚度作为计算断面，如按有效覆土厚度与隧道直径的关系，分为超浅埋（$h \leqslant 1.0D$）、浅埋（$1.0D < h \leqslant 1.5D$）、中深埋（$1.5D < h \leqslant 2.5D$）、深埋（$h > 2.5D$）四种断面类型进行管片结构内力计算，结合施工阶段和使用阶段的控制值，分别进行承载能力极限状态和正常使用极限状态的计算配筋，按配筋包络值进行配筋设计。

配筋设计主要分为环向主受力配筋、纵向受力配筋、箍筋或拉筋、构造配筋。国内对于环向主受力钢筋的配置一般有梁式法和板式法：前者是在管片结构中沿纵向设置数道环向的暗曲梁，暗曲梁之间采用纵向钢筋相连；后者是将管片结构按壳板配筋，不设置箍筋，仅设置拉筋。

1）环向主受力配筋

管片结构为偏心受压构件，单块管片可按短柱（计算长度可取环向弦长）构件进行强度配筋和裂缝宽度验算，同时应计入管片环真圆度不佳引起的附加偏心弯矩影响（如在结构内力中已计入装配构造内力，可不考虑此项）。

结合管片环的组合方式、钢筋保护层要求，分别对管片环内各块进行配筋。对于某一种埋深的断面：如环内各块位置沿纵向相对固定，则根据每块的位置及其内力包络图，可按包络图中的最大弯矩、最小轴力同时作用的最不利内力组合进行配筋设计；如为通用楔形管片错峰拼装，环内各块位置沿纵向无法固定，则根据每块的内力包络图，可按该包络图中的最大弯矩、最小轴力同时作用的最不利内力组合进行配筋设计。

2）纵向受力配筋

根据纵向内力（主要为弯矩，除地震工况外，一般情况下纵向轴力很小）采用纯弯构件计算配筋，或者按照构造的最小配筋率配筋。

3）箍筋或拉筋

环向主受力钢筋按梁式法配置时，应按每根暗曲梁分配的剪力来计算箍筋配置量；如按板式法配置时，则应按构造要求配置拉筋。

环间端面，应根据施工阶段千斤顶荷载验算端面的局部受压承载力、距离端面 1 倍管片厚度范围的径向抗拉承载力,一般情况从紧邻千斤顶作用的端面开始,由密到疏配置径向拉筋。该拉筋应结合板式配筋法的构造拉筋设置。

拼装孔或吊装孔周边混凝土,要根据拼装力（管片结构自重乘以动力系数）来验算其抗冲切承载能力,据此配置受力钢筋。

4）构造配筋

为防止螺栓孔、定位孔（真空吸盘拼装时）、手孔周边、管片角部在施工阶段或使用阶段周边混凝土因应力集中产生裂缝甚至脱落、劈裂、掉块,在这些部位配置构造钢筋,如螺旋筋、吊筋、钢筋网片、局部加强筋等。

21.4 管片细节设计

21.4.1 管片端面接头构造

管片端面接头分为纵向接头和环向接头,其采用的基本构造有:螺栓接头、榫槽接头、插销/定位销接头、铰接头、插入栓接头等构造。

螺栓接头是常用的接头构造,适用于管片接头和环间接头,可采用弧形弯曲螺栓、平直螺栓、斜直螺栓等连接提供紧固力。插销/定位销接头主要是用于环间接头的接头构造,因无手孔,不存在由于手孔位置结构削弱管片局部抗弯强度问题,同时可确保错缝拼装时管片环间的剪力传递。铰接头一般在地层良好的场合采用,在地质条件差而且地下水位高的地层无法采用,国内应用较少。榫槽接头,适用于管片接头和环间接头,因接头部有凹凸,依靠咬合的作用传递力。

接头构造选用不当,不是很难组装成充分可靠的管片环,就是降低作业效率,施工难度增大,还会成为衬砌结构上的弱点。因此,在决定接头构造的细节时,要从各个方面研究,来完全发挥接头的功能,特别要注意组装的精确性和作业性。一般情况下,可以对上述几种基本构造组合选择,如管片间的接头构造,可选用螺栓+定位销或螺栓+榫槽接头,环间接头可选用螺栓+定位销/插销或螺栓+榫槽接头。

管片端面尚应结合是否设置缓冲材料、防水槽位置和尺寸、嵌缝槽形状等因素进行设计。

21.4.2 手孔构造

手孔尺寸大小应满足螺栓安装、紧固的工艺要求;手孔的边缘形状构造,应满足管片的脱模要求;手孔间距不要过大,避免钢筋不好布置,也不宜过小,以免脱模时易掉块;手孔距离结构端边不宜小于150mm,否则手孔与管片端面之间内弧面混凝土容易开裂破损。

21.4.3 螺栓设置

管片接头采用的螺栓有弧形弯曲螺栓、平直螺栓、斜直螺栓三种。目前国内中等直径盾构隧道管片环（如地铁单线盾构）多采用弧形弯曲螺栓,大直径盾构隧道管片环多采用斜直螺栓。平直螺栓连接因除在相邻管片连接部位有两个深直手孔外,在其中一个手孔外侧还多一个用来退螺栓的孔（暗孔）,对管片强度、刚度的影响均很大,目前已很少采用。

螺栓孔的直径比螺栓直径不应大得过多,一般控制在 6～9mm,否则将产生较大的错位。

21.4.4 注浆孔或拼装定位孔

在中小直径盾构中,起吊孔或二次注浆孔两者经常合一。不过起吊孔应设置在管片的重心位置,避免拼装时由于附加弯矩造成不稳定。对于中小直径盾构,起吊孔或注浆孔应优先选用高分子材料,保证结构的耐久性。对于大型盾构,经常采用真空吸盘起吊,定位孔和注浆孔一般分开设计,其中定位孔的平面尺寸、弧度、深度以及两孔间距,均应符合真空吸盘设备的要求。

21.4.5 其他细节设计

管片上应根据需要设有如下标识:模具编号、块编号、直径或半径标识、螺栓孔位置标识、错缝拼装标志(激光对中或箭头标志)等。

21.5 管片防水设计

21.5.1 防水设计原则

盾构隧道管片环的防水设计应遵循"以防为主,以堵为辅,接缝多道防线,综合治理"的原则,采用高精度钢模制作管片,以管片结构自防水为根本,以接缝防水为重点,确保隧道整体防水。

21.5.2 防水等级标准和防水措施

按隧道使用功能及相关规范要求确定防水等级及对应的具体防水措施,见表21-5。

盾构隧道防水措施 表21-5

防水等级	防水混凝土	高精度管片	接缝防水				管片外涂层	金属外露件防腐	阴极保护	内衬
			弹性密封垫	嵌缝	注入密封剂	螺孔密封圈				
一级	应选	必选	应选	应选	可选	必选	可选	应选	应选	宜选
二级	应选	必选	应选	宜选	可选	应选	可选	应选	应选	可选
三级	应选	必选	应选	宜选	—	宜选	可选	应选	可选	—
四级	可选	可选	应选	可选	—	—	—	应选	可选	—

21.5.3 结构自防水及外防水涂料

衬砌结构自防水:采用高精度钢模制作高精度管片;混凝土结构采用防水混凝土,其抗渗等级满足规范要求;管片裂缝宽度应不大于0.2mm。

衬砌结构外防水涂料:当隧道处于侵蚀性介质的地层时,首先应考虑耐侵蚀混凝土措施,其次也可采用外防水涂层来抵御侵蚀性离子侵入的措施。对于严重腐蚀地层,两项耐侵蚀措施一起采用更为可靠。

21.5.4 隧道管片环接缝设计水压

接缝设计水压应按抗渗设防水位下隧道埋深的 1～3 倍设计。在抗震工况衬砌环的最不利部位（同时处于最大错台量和最大张开量的部位），接缝设计水压不得小于抗渗设防水位下隧道埋深的 1 倍，其他部位不得小于抗渗设防水位下隧道埋深的 1.2 倍；在正常使用工况，衬砌环的最不利部位（同时处于最大错台量和最大张开量的部位），接缝设计水压不得小于抗渗设防水位下隧道埋深的 1.5 倍，最理想部位（错台量和张开量均为零）接缝设计水压为抗渗设防水位下隧道埋深的 3 倍，其他部位为抗渗设防水位下隧道埋深的 1.5～3 倍；施工阶段（管片拼装完没有承受土压力之前），根据接缝细部构造以及衬砌环拼装椭圆度和上浮情况，计算出管片衬砌环接缝的张开量和错台量，接缝设计水压应为抗渗设防水位下隧道埋深的 2～3 倍。

21.5.5 密封垫设计

1）密封垫材料、构造及止水原理

一般接缝多采用三元乙丙橡胶为原料的多孔弹性橡胶密封垫，变形缝处多采用多孔弹性橡胶与遇水膨胀橡胶复合型密封垫。

多孔弹性橡胶密封垫是以弹性压密（压缩反力）止水，遇水膨胀橡胶密封垫是以膨胀树脂的膨胀应力止水。

密封垫应具有合理构造形式、良好回弹性、遇水膨胀性、耐久性，采用具有耐水性的材料。密封垫沟槽的截面积应大于或等于密封垫拼装压缩后的截面积。复合型密封垫构造如图 21-19 所示。

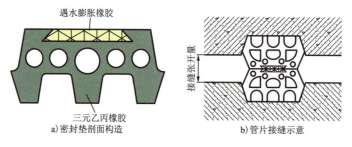

图 21-19　复合型密封垫构造

2）密封垫的道数设计

越江越海高水压隧道、同时承受内外水压的水工隧道、防水要求高的重要隧道一般采用双道密封垫，其余隧道一般采用单道密封垫。考虑到盾构隧道密封垫市场需求极大，材料市场恶性竞争频频发生，密封垫的质量和使用年限成为一大现实难题，密封垫短期失效的现象难以避免，隧道服役期的运维堵漏代价极大，管片接缝失效的密封垫置换取代技术尚在研发初期，故建议对于管片厚度超过 0.5m 的接缝，均按双道密封垫设计。

3）密封垫的防水性能要求

接缝弹性橡胶密封垫应满足各种工况下的（其中包括密封垫沟槽制作误差、拼装误差、后期接缝变化、橡胶老化引起的性能降低以及长期压缩下的应力松弛）长期水密性要求，即满足接缝设计水压的要求。弹性橡胶密封垫在管片拼装阶段的闭合压缩力与压缩位移的曲线，可以经过试验得出。该力应与管片拼装机的侧向挤压力相匹配。弹性橡胶密封垫的防水性能曲线如图 21-20 所示。

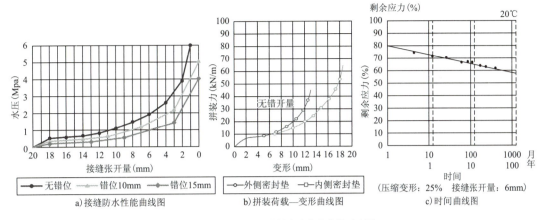

图 21-20　弹性橡胶密封垫防水性能曲线示意图

4）耐久性设计要求

多孔弹性橡胶密封垫是以弹性压密（压缩反力）止水，长期压缩下的应力松弛是影响耐久性的关键；遇水膨胀橡胶密封垫是以膨胀树脂的膨胀应力止水，长期压缩下膨胀树脂的析出与老化是影响耐久性的关键。

5）密封垫密封性能试验

密封垫密封性能可采用一字缝、十字缝试模进行密封垫水密性试验，或采用压力传感器检测密封垫接触面压应力得出，也可运用有限元数理解析密封垫应力分布、止水性验算，特别是长期的止水性判断。

21.5.6　嵌缝设计

接缝的嵌缝是接缝防水的最后一道防线，一般隧道要求整环嵌缝设计。但考虑到隧道顶部的嵌缝密封材料在服役期有下坠现象，对于地铁或铁路隧道，一旦下坠会直接影响接触网和受电弓的应用，甚至危及行车安全，所以这些隧道的嵌缝设计均采用局部嵌缝设计或特殊设计对策。如采用柔性轻质材料嵌缝，接缝端面嵌缝槽构造为收张口结合构造（图 21-21），控制嵌缝材料脱落的嵌缝方案；或者拱顶、仰拱局部采用柔性轻质材料嵌缝，其他部位混凝土不嵌缝的设计方案。

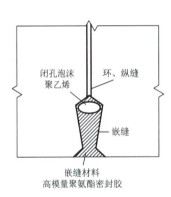

图 21-21　嵌缝构造示意图

21.6　管片制造、存储及吊运

21.6.1　管片制造

管片制造前，应根据设计要求及相关规范要求，对管片的材料、制造、检查等编制技术方案，确保实现管片规定的性能，其中重点是尺寸精度、制造工艺程序、检查三项内容。

尺寸精度方面主要是加工高精度的模具，并制定模具检查频率和容许误差。

管片制造工艺程序方面主要是钢筋骨架及其成型技术、混凝土配制、搅拌及振捣成型技术、混凝土养护技术等。

检查方面主要是材料、外观、形状尺寸、临时拼装、性能及其他检查。

21.6.2　管片成品的存储及吊运

管片达到脱模强度（不低于20MPa；当采用真空吸盘脱模时，不低于15MPa）后采用夹具进行脱模。

管片场地存储堆放分为管片侧面立放和管片分层平放。立放高度一般不超过3层，内弧面向上的平放堆放高度一般不超过5层，并应根据管片大小进行受力验算。

管片出厂运输时，内弧面应向上平稳地置于运输车辆上，管片之间垫有长木条等柔性材料，堆放高度一般不超过3层。

21.7　结语

21.7.1　存在的问题

从数年来的盾构隧道建设发展来看，我国的盾构管片结构设计技术还是先进的，但在设计过程也存在一些突出问题，如重修正惯用法计算方法、轻梁—弹簧法，重使用阶段的计算、轻施工阶段的检算，重强度和裂缝检算、轻变形控制检算，重横断面计算、轻纵断面计算等等。这些设计源头问题的存在极可能导致设计的管片结构或保守或偏于不安全，并出现管片结构破损、变形超限、接缝错台或张开量过大等工程问题，需要引起重视。

21.7.2　下一步发展方向建议

（1）关于设计方法及荷载方面的建议：

①建议加强研究梁—弹簧法，逐渐弃用修正惯用法。目前设计人员在梁—弹簧法计算中，对接头刚度的取值非常困惑。虽然国内有一些管片环接头抗弯试验结果，但数据量较少且有一定的离散性，而且不同直径、不同的接头构造，接头抗弯试验结果也不同。对接头材料模式及其刚度系数这一重要参数的选取困难导致该方法推广使用受限，或者对计算结果的准确度产生较大影响。下一步应加大研究力度。

②建议加大对岩石地层盾构隧道荷载的实测及理论计算研究。采用盾构法技术施工的岩石地层深埋、浅埋隧道，围岩压力实测数据尚无积累。目前设计人员对不管是位于全～强风化岩层，还是中～微风化岩层的盾构隧道，对深埋隧道均采用铁路隧道规范中相关规定计算，对于浅埋则均采用土层相关理论计算荷载，采用收敛—约束法计算的较少，导致隧道设计不合理。深埋岩层盾构隧道水压力的选取，设计人员一般均按全水头计算，不是很合理，尚需进一步研究发展。

③建议加大对纵向变形对结构内力的影响研究。盾构隧道施工阶段因盾尾刷和管片上浮造成的盾构隧道纵向几何形态变化、小半径曲线推进段的纵向几何形态变化、使用阶段纵向不均匀变形引起的隧道纵向几何形态变化，均会使隧道横断面产生附加内力、纵断面产生内力，在一些软土地区对结构内力的影响较大。需重点对此加以研究。

④建议加大对异形断面盾构管片结构设计理论及技术的研究。

（2）加大对新型管片结构形式的研究。
（3）加大对基于提高管片拼装效率及自动化程度的新型管片接头形式的研究。

本讲参考文献

[1] 日本土木学会. 隧道标准规范（盾构篇）及解说 [M]. 朱伟, 译. 北京：中国建筑工业出版社，2016.
[2] 张继清, 等. 大直径盾构隧道建造关键技术研究报告 [R]. 天津：铁道第三勘察设计院集团有限公司，2010.
[3] 日本土木学会. 盾构隧道管片设计 [M]. 官林星, 译. 北京：中国建筑工业出版社，2012.

第22讲

沉管隧道设计

沉管隧道具有埋深浅、断面大、地质适应性强等优点,目前已成为穿越江、河、湖、海时一种重要的水下隧道修建方法。我国沉管隧道起步较晚,但近20年来发展迅猛。截至目前,我国已建成20多条沉管隧道,同时还有一大批项目处于规划或者筹建阶段。本讲以设计过程和关键点为脉络,重点介绍沉管隧道的发展、主要设计内容、关键技术、制作工艺等方面内容,希望对从事沉管隧道规划、设计和施工的技术人员有所帮助。

22.1 国内外沉管隧道发展概述

1810年,Charles Wyatt首次在伦敦进行了沉管隧道施工试验,直到19世纪末期,这种工法才逐步完善。1910年完工、跨越美国与加拿大国界的底特律河水下双线铁路隧道是世界上第一条沉管隧道。20世纪50年代末,加拿大的迪亚斯岛隧道工程首次成功开发了水力压接法,使得沉管隧道的对接变得更为简单。1969年建成的旧金山湾高速运输系统(BART)隧道是迄今为止世界上沉管段长度最长的沉管隧道,全长5820m,由58条管节组成,管节采用钢壳结构。

荷兰鹿特丹市1942年建成的Mass隧道,首次采用了钢筋混凝土管节结构。20世纪60年代,荷兰发明了举世闻名的GINA止水带,使得采用水力压接法连接管节更加简洁有效,极大地促进了沉管隧道的发展,并使钢筋混凝土沉管隧道逐步成为主流。具有代表性的沉管隧道包括:管节最宽的比利时压珀尔隧道,管节宽达53.1m;单节管节最长的荷兰海姆斯普尔隧道,管节长268m,宽21.5m,质量约5万t;土耳其的博斯普鲁斯海峡隧道是目前水深最大的沉管隧道,最大水深超过61m;2000年建成的厄勒海峡隧道首次采用了工厂化干坞流水化方式制作管节;拟建的丹麦与德国之间Fehmern-Belt海底隧道,沉管总长将超过17km。

在亚洲,第一条沉管隧道是1944年为大阪地铁网修建的庵治河隧道,截至目前,日本已修建了20多条沉管隧道,并且在沉管隧道抗震方面进行了大量研究。国外代表性沉管隧道参数汇总见表22-1。

国外代表性沉管隧道参数汇总表　　　　表 22-1

项　目	旧金山湾高速运输系统(BART)隧道	Mass 隧道	博斯普鲁斯海峡隧道	釜山-巨济公路隧道	Oresund海峡隧道
沉管类型	钢壳	钢筋混凝土			

本讲执笔人:贺维国,于勇.

续上表

项目	旧金山湾高速运输系统（BART）隧道	Mass 隧道	博斯普鲁斯海峡隧道	釜山-巨济公路隧道	Oresund海峡隧道
断面尺寸（宽×高）(m)	14.6×6.5	24.77×8.39	15.3×8.6	26.5×9.75	38.8×8.6
全长(km)	5.825	0.584	1.387	3.24	3.510
管节数	57	9	11	18	20
管节长(m)	83.2～111.6	61.35	98.5～135	180	176
最大水深(m)	40.5	22	61	50	30

我国的沉管隧道技术起步较晚，前期发展速度相对较慢。20世纪末，我国大陆地区先后建成了广州珠江隧道和宁波甬江隧道两座沉管隧道。进入21世纪以来，我国沉管隧道的建设发展加速，大陆地区已陆续建成10座沉管隧道，在建或已列入近期建设计划的还有10多座。我国已建（在建）沉管隧道统计见表22-2。

我国已建（在建）沉管隧道统计表　　表22-2

序号	所在地	隧道名称	类型		建成时间(年)
1	广东省	广州珠江隧道	双向四车道+双向地铁	矩形混凝土管节	1993
2		广州仑头隧道	双向四车道	矩形混凝土管节	2010
3		广州官洲隧道	双向四车道	矩形混凝土管节	2010
4		广州洲头咀隧道	双向六车道	矩形混凝土管节	2015
5		佛山东平隧道	双向六车道+双向地铁	矩形混凝土管节	2016
6		港珠澳海底隧道	双向六车道	矩形混凝土管节	2018
7		深中通道海底隧道	双向八车道	矩形钢壳管节	在建
8		广州车陂路隧道	双向六车道	矩形混凝土管节	在建
9		广州如意坊过江隧道	双向六车道	矩形混凝土管节	在建
10		广州金光东过江隧道	双向四车道	矩形混凝土管节	在建
11	上海市	上海外环隧道	三孔八车道	矩形混凝土管节	2003
12	天津市	天津海河隧道	双向六车道	矩形混凝土管节	2015
13	浙江省	宁波甬江隧道	单孔双车道	矩形混凝土管节	1995
14		宁波常洪隧道	双向四车道	矩形混凝土管节	2002
15		舟山沈家门海底隧道	双向人行	矩形混凝土管节	2014
16	江西省	南昌红谷隧道	双向六车道	矩形混凝土管节	2017
17	辽宁省	大连湾海底隧道	双向六车道	矩形混凝土管节	在建
18	香港特别行政区	香港红磡海底隧道	双向四车道	双圆钢壳管节	1972
19		香港九龙地铁隧道	双向四车道	双圆钢壳管节	1979
20		香港东区海底隧道	双向四车道+双向地铁	矩形混凝土管节	1989
21		香港西区海底隧道	双向四车道+双向地铁	矩形混凝土管节	1997
22		香港新机场铁路隧道	双向地铁	矩形混凝土管节	1997
23	台湾省	高雄港道路隧道	双向四车道	矩形混凝土管节	1984

经过100多年的发展，沉管法隧道工法应用到了公路、铁路、市政等各个领域，其发展呈现如下趋势。

（1）钢筋混凝土结构为主

早期北美地区的沉管隧道管节都采用钢壳结构，欧洲则以钢筋混凝土结构为主，近年来沉管隧道管节绝大部分采用了施工更为简单、方便的钢筋混凝土结构。随着新材料、新结构的发展，既有钢筋混凝土结构体系还将进一步优化。

(2)隧道承载功能多样化

由单一功能的铁路隧道或公路隧道向公铁合建等多功能隧道方向发展,利用最少的水下通道资源实现更多的功能需求,由此导致隧道断面越来越大、结构样式更加多样。佛山东平隧道采用宽39.9m、高9.0m的断面实现了双向六车道公路与双向地铁的共建,如图22-1所示。

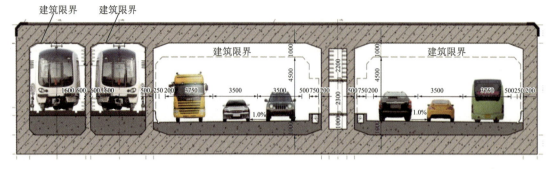

图22-1 佛山东平隧道标准横断面图(尺寸单位:mm)

(3)隧道越来越长

沉管法隧道早期主要用于相对较窄的河道,随着技术进步以及需求的增加,隧道管节的数量越来越多,而单节管节的长度也越来越长。同时,海上测量技术的提高,为长距离远离岸线的管节浮运沉放提供了技术保障。

(4)隧道埋深越来越大

大部分沉管隧道水下埋深在20～30m,近年来逐步拓展到40～50m,个别超过60m。未来为了实现大型海峡通道的建设,隧道埋深将会进一步加大。

(5)地质适应性越来越强

传统的沉管法隧道大多修筑在软弱土质地层中,近年来逐步推广到各类复合地层中,并表现出了超强的地质适应性。

(6)管节制作工厂化、标准化

管节制作从占地大、重复利用率低的传统干坞形式,向工厂化、水上移动式发展,提高了施工效率,减少了施工场地;同时大体积混凝土抗裂缝控制技术的发展,为沉管隧道适用更复杂环境提供了结构保障。

22.2 沉管隧道设计主要内容及关键技术

1)基础性资料调查及研究

除常规资料外,还需要对水流速度、波浪、潮汐、水温、水位变化、水分层相对密度、风速以及气象条件等资料进行详细调研,以便于进行合理的干舷设计,采用合适的浮运沉放方法。

2)沉管隧道总体设计

总体设计包括隧道平面位置、纵向埋深、管节分节、管节几何设计、初步浮运沉放方案等。管节几何设计主要考虑以下因素:①隧道内净空满足建筑限界、设备限界等功能性要求;②隧道板、墙等结构尺寸满足各阶段承载力和耐久性要求;③对管节进行浮力计算(浮运期起浮、运营期抗浮),并根据计算结果修正管节内净空、结构尺寸。

3)隧道结构设计

结构设计需要同时满足管节预制、浮运、沉放对接以及运营等各个阶段工况需求,内容包括管节主体结构设计以及附属结构设计。管节主体结构设计主要指永久结构的设计,包括钢筋混凝土管节结构设计和管节接头设计两大部分。钢筋混凝土管节可以分为整体式和节段式两种形式：整体式管节，在预制时各施工缝间的主体结构钢筋通长布置，使得每个管节纵向结构刚度基本相同，结构受力时类似于一个整体，如图22-2所示；节段式管节，每个管节沿纵向分成若干节段分别进行预制，预制完成后以后张预应力将各节段串连，节段间主体结构钢筋不连通，管节整体受力时，会在节段接头处形成刚度较弱的节点，如图22-3所示。

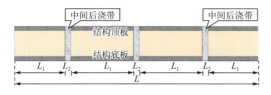
图22-2 整体式管节纵断面示意图

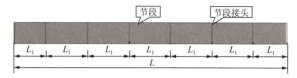
图22-3 节段式管节纵断面示意图

世界上绝大多数沉管隧道采用整体式管节，国内除港珠澳大桥海底隧道外所有已建沉管隧道均采用整体式管节。整体式管节与节段式管节在设计理念、结构体系、施工方法上都有重大区别。结合国内外现状，本讲主要对整体式钢筋混凝土管节进行论述。

管节长度过长则其制作及沉放浮运难度大，结构纵向内力也会增加；管节长度过短则会导致管节浮运次数、隧道接头数量增加。整体式管节长度在100m左右时经济性较好。

管节接头从施工顺序看可分为起始接头、中间接头和最终接头。起始接头和中间接头构造形式基本相同，即是常规意义上的管节接头；最终接头和管节沉放顺序密切相关，一般作为特殊的接头形式，结合施工组织另行考虑。从接头的刚度区分，管节接头又可分为刚性接头和柔性接头两种（图22-4和图22-5）。为了更好地适应地基变形，管节接头主要采用柔性接头。

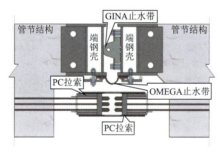
图22-4 管节柔性接头示意图

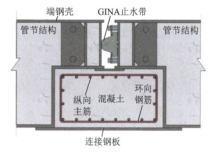
图22-5 管节刚性接头示意图

4）舾装件及预埋件设计

管节预制完成后，向干坞内注水进行管节防水检漏，完成后进入舾装施工阶段。舾装按设备的不同分为一次舾装和二次舾装。

一次舾装包括管节外部的GINA橡胶带、吊点、拉合座、系缆柱、导缆钳、端封墙、人孔封门、GINA橡胶带保护装置、灌砂管顶部保护盖、管顶防锚层护边块、下部人孔钢护筒等，以及管节内部的垂直千斤顶及液压控制系统、压载水箱、进气管和进排水管路系统、管内临时照明系统、管内临时通风系统、水箱顶部施工走道等。

二次舾装包括测量塔、上部人孔钢护筒、钢浮箱等。

管节舾装设备总体布置如图22-6所示。

5）干坞设计

干坞是沉管法隧道管节预制的场所，虽然只是临时工程，但是对沉管隧道却不可或缺，同时由于其工程规模大、造价高，在沉管法隧道设计中具有重要地位。传统干坞以固定干坞为主（图22-7），直至目前仍然是沉管法的首要选择，设计内容主要包括干坞的位置、规模以及支护措施等。20世纪末丹麦在固定干坞基础上开发出了工厂化干坞方法（图22-8），对于特长的沉管隧道，可以更高效地完成管节预制。21世纪初，我国开发出了移动干坞方法（图22-9），能够在无法建设固定干坞、航道狭窄、水深较浅等困难条件下实现管节的预制与长距离浮运。

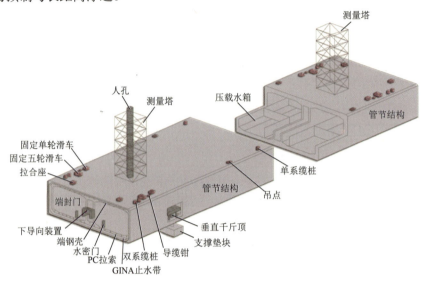

图22-6 管节舾装设备总体布置图

图22-7 固定干坞

图22-8 工厂化干坞

6）施工组织设计

主要包括管节预制工序、浮运方法、沉放顺序及方法、最终接头方案等。管节沉放顺序一般有从一侧岸上往另一侧依次沉放和从两侧往中间同时沉放两种方案，根据不同的沉放顺序最终合龙接头可分别采用岸上最终接头和水下最终接头两种方案（图22-10）。

图22-9 移动干坞

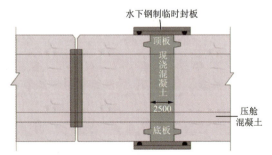

图22-10 封板式水下最终接头（尺寸单位：mm）

7）基槽开挖与回填设计

主要包括基槽开挖方法、水下边坡设计、回填设计等。

沉管隧道水下基槽开挖深度一般都在河床以下10~20m，少数也有超过20m的。基槽开挖时水下坡率过缓,则基槽开挖量、回填量很大,工程不经济;坡率过陡,则施工过程中可能引起边坡坍塌,不利于管节沉放。因此水下边坡合理坡率的研究是沉管隧道设计中的一个重要问题。一般情况下,水下边坡坡率确定可以采用以下方式:

(1)参考现行《疏浚工程技术规范》及类似工程经验初步拟定水下边坡坡率。

(2)按静水场计算稳定水下边坡的坡率,修正坡率。

(3)分析河水流动产生的动水压力对边坡稳定性的影响,再次修正坡率,需按施工期间可能遇到的最不利水流速度进行考虑。

(4)分析河床中水流渗透力以及潮汐动力等因素对边坡的影响,进一步修正坡率。

回填设计应满足:①具有较好的防冲刷、防锚、防沉船冲击等能力;②回填料本身应具有良好的排水性能,避免回填部分形成抗地震液化薄弱区。如图22-11所示。

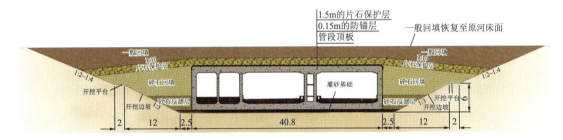

图 22-11　基槽回填横断面设计图(尺寸单位:m)

8)基础垫层处理设计

沉管法隧道主要承受浮力作用,对地基的附加应力小,一般对地基承载力要求不高,只有地基特别软弱时,才需考虑对地基进行加固处理。为了调节管节结构受力状态,需要在管节与下伏地基间设置一层基础垫层。根据施工顺序的不同,基础垫层分为先铺法和后填法,先铺法主要指碎石垫层法,后填法包括灌砂法、注浆法等,后填法中又以灌砂法最为常见。中国大陆已建沉管隧道基础垫层形式统计见表 22-3。灌砂法设计需要明确垫层厚度、灌砂半径以及灌砂管布置等。佛山东平隧道 E1 管节灌砂孔平面布置如图 22-12 所示,灌砂管横剖面布置如图 22-13 所示。

中国大陆已建沉管隧道基础垫层形式统计表　　表 22-3

编 号	隧道名称	垫层形式	垫层厚度
1	宁波甬江隧道	注浆法	—
2	广州珠江隧道	灌砂法	600mm
3	宁波常洪隧道	桩基础	—
4	上海外环隧道	灌砂法	600mm
5	广州仓头隧道	灌砂法	600mm
6	广州官洲隧道	灌砂法	600mm
7	天津海河隧道	注浆法	600mm 碎石 +400mm 砂浆混合垫层
8	广州洲头咀隧道	灌砂法	600mm
9	佛山东平隧道	灌砂法	600mm
10	舟山沈家门港海底隧道	注浆法	600mm 碎石 +400mm 砂浆混合垫层
11	港珠澳大桥海底隧道	碎石垫层法	2000mm 块石 +1300mm 碎石
12	南昌红谷隧道	灌砂法	600mm

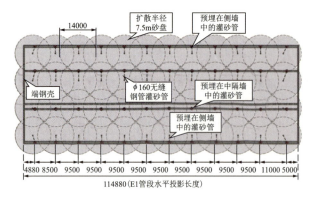
图22-12 佛山东平隧道E1管节灌砂孔平面布置(尺寸单位:mm)

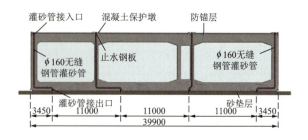
图22-13 佛山东平隧道E1管节灌砂管横剖面布置(尺寸单位:mm)

22.3 荷载与组合

与其他工法的隧道结构相比,沉管法隧道所受的荷载相对明确,一般采用荷载—结构的计算方法即可,但是由于其施工过程复杂、起控制作用的工况多,需要对所有的荷载与组合进行全面的梳理与分析。

1)荷载分类

作用于沉管法隧道结构上的荷载可分为永久荷载、可变荷载和偶然荷载。一般情况下,道路功能的沉管法隧道荷载分类可参考表22-4。

沉管法隧道作用荷载分类　　　　表22-4

荷载分类		荷载名称	备 注
永久荷载		结构自重	在进行浮力设计时还必须根据混凝土实际重度与实际配筋率进行修正
		地层土压力	水土分算
		静水压力	受到相对稳定的水压力(历史观测记录的常水位)称为静水压力,划入永久荷载,而将随外部条件变化的水压力列入基本可变荷载
		混凝土的徐变和收缩效应	
		结构上部建筑物及设施压力荷载	
		地基及基础差异沉降影响	对于差异沉降,主要考虑相邻管节基础垫层的施工质量差异(如灌砂法基础的局部灌砂不密实)及管节顶部回填荷载的差异等
		设备及压载混凝土等荷载	
可变荷载	基本可变荷载	隧道内部车辆荷载	
		水压力变化	
		温差作用	温差作用应根据工程所处的地理环境进行气温分析确定。对于我国南方地区,初步设计阶段可按如下方法进行估算:①若管节在夏天沉放,管节纵向的温差作用可按降温15℃考虑;②若管节在冬天沉放,管节纵向的温差作用可按升温15℃考虑;③在隧道横向温差作用分析中,针对顶板和外墙,可考虑隧道内外±10℃的线性温度梯度;对底板,可考虑±5℃的线性温度梯度
		工后差异沉降作用	
		人群荷载	
		地面超载	
	其他可变荷载	系缆力	
		水流作用、波浪力	
		沉放吊点荷载	
		维修荷载	
		压舱荷载	

续上表

荷载分类	荷载名称	备注
偶然荷载	地震作用	
	隧道内车辆爆炸荷载	公路沉管法隧道仅考虑任一交通洞内发生一次独立爆炸的影响,且隧道内车辆爆炸荷载仅考虑车辆碰撞等因素引起的车辆自身油箱燃油爆炸作用,不考虑运输爆炸物品等特种车辆或车队爆炸引起的爆炸作用,大小一般可按 50～100kN/m²的静力荷载作用在任意长度的整个内表面上
	车辆撞击荷载	
	人防荷载	
	沉船、锚击等荷载	沉船、锚击荷载应根据隧道所处航道等级、航船类型及航行密度等条件确定,同一时间只考虑一次沉船或锚击荷载作用,且应考虑隧道顶板覆土厚度或水深的缓冲作用。前期研究资料不详时,方案设计中可暂按国际隧协研究成果进行估算:①隧道顶部(含隧道保护层)位于河床以下不小于 1m 且船底水深不小于 9m,沉船荷载可按 40kPa 均布作用于隧道顶部,隧道纵向作用宽度范围按船宽;②隧道顶部(含隧道保护层)位于河床以下不足 1m 且船底水深不小于 9m,水深 9m 或者以上,沉船荷载可按 95kPa 均布作用于隧道顶部,隧道纵向作用宽度范围按船宽;③当水深小于 9m 时,沉船荷载大小按实际水深与 9m 水深的比例进行考虑;④锚击荷载应按局部荷载考虑,按 30～50kN/m2 取值,作用范围一般按 1m×1m,10 万吨级航道按 2.5m×2.5m,10 万吨以上级按 4m×4m;⑤在进行隧道横向计算时,沉船荷载应按左、右单洞最不利情况布置,进行整体计算时可按管节纵向中部均匀布置
	火灾作用	

永久荷载与可变荷载是根据荷载随时空变化情况进行分类的,如在隧道设计基准期内荷载的大小、作用位置及作用方向恒定不变时应为永久荷载,否则应定义为可变荷载。基本可变荷载主要是运营期隧道承受的可变荷载,而其他可变荷载属于施工过程的施工荷载。

作用于隧道结构上的可变荷载及偶然荷载应根据工程特点及隧道功能按实际情况考虑。如:隧道不作为人防工程时,可不考虑人防荷载;不设行人或非机动车道时,可不考虑人群荷载;对无航运要求河道中的沉管法隧道也可不考虑沉船和锚击荷载等。

2)荷载组合

(1)荷载组合原则

荷载组合应根据结构在施工或运营期间可能同时出现的荷载,按承载能力极限状态和正常使用极限状态分别进行荷载组合,并取最不利组合荷载进行计算。例如高水压力与高温天气作用同时出现概率很高,应同时组合;设计低水位与降温作用也同时组合。荷载组合系数可参见表 22-5。

沉管法隧道均布可变荷载组合值、频遇值及准永久值系数 表 22-5

荷载	组合值系数 φ_c	频遇值系数 φ_f	准永久值系数 φ_q
隧道内车辆荷载	0.7	0.7	0.6
水压力变化值	0.75	1.0	1.0
温差作用	0.75	0.8	0.8
人群荷载	0.7	0.6	0.5
地面超载	0.7	0.6	0.4
其他可变荷载	0.5	0.3	0

偶然荷载(如地震、爆炸、人防、沉船及锚击)出现概率不大,可不考虑两种及以上偶然荷载同时参与组合。

（2）施工期间主要组合工况

施工期间应根据实际管节浮运、沉放方案进行工况组合分析。

①管节起浮阶段

本阶段主要计算管节的干舷高度，从而判断管节的起浮安全性。通过该项计算还可确定管顶防锚层的浇筑范围及厚度，必要时还可对中隔墙等内部结构的浇筑时序进行调整。

②管节出坞与浮运阶段

管节顶部的系缆柱在本阶段会受到方向不断变化的巨大的锚缆拉力；当管节与水流方向呈大角度相交时，管节纵向结构还将承受横向水流产生的冲击力；同时，还应验算波浪对管节结构的影响。

③管节沉放与水力压接阶段

本阶段有两种工况对结构设计会起控制作用：工况一是管节沉放时管顶吊点受到巨大吊力用以稳定沉放姿态；工况二是管节沉放就位后每一节管节以垂直千斤顶支立于基槽垫块上时，纵向呈简支双悬臂结构。同时，随着整个沉放过程中抗浮系数的变化，各部分管节结构受力也会发生变化。

④管节基础垫层构筑阶段

管节沉放就位后，需要完成基础垫层构筑，然后将管顶垂直千斤顶放松，使管节全部重量都均匀卸压在基础垫层上。此工况应注意基础及垫层不均匀对管节受力的影响，同时还应注意管内压载水箱置换过程中管节的抗浮稳定性。

⑤回填覆盖阶段

回填过程中管节逐步受到外部覆盖荷载，当两侧堤岸处回填高度大时，常会对结构横、纵断面受力起控制作用。

22.4 管节结构计算

沉管隧道结构构造复杂、施工工况也繁杂多变，结构计算不仅要考虑隧道在正常运营期间的工况，还要考虑施工过程中的工况。本节主要从计算内容进行介绍。

1）浮力计算

根据沉管隧道的施工过程，浮力计算分为两大内容。

（1）干舷计算

为了保证管节在干坞内顺利起浮以及浮运安全，要求每节管节在浮态时具有恰当的干舷，一般管节完成舾装后的干舷高度宜控制在 100~200mm 之间。浮运距离较远或风浪较大时，可以适当增加干舷值。干舷计算时应充分考虑管节尺寸、混凝土重度、结构含钢量、水体重度、施工荷载、管节制作误差等因素的影响。

（2）抗浮计算

每节管节从沉放开始，就需要具有一定的抗浮能力，沉放过程中抗浮能力主要依靠压载水提供，沉放完成后，抗浮能力主要由压舱混凝土提供。各阶段抗浮系数取值如下：

①沉放、对接过程中 1.01~1.02；②对接完成后不小于 1.05；③压舱混凝土施工完成后不小于 1.10；④考虑回填覆盖后，运营期不小于 1.20。

计算抗浮系数时，水重度应取该期间的大值，结构自重应考虑施工误差的影响，且根据误差分析取低值。

2）横向计算

施工阶段主要指管节的浮运沉放阶段，此时往往把每节管节作为一个计算单元进行考虑，因此横向计算主要针对运营阶段。横向计算取单位长度横断面,按平面应变假定进行计算,基础和垫层采用弹性支承模型。

(1)计算模型

结构横向计算模型如图 22-14 所示。

(2)横向计算工况

横向计算时主要应考虑运营期水位及覆盖层的变化,采用不同荷载组合开展承载能力极限状态和正常使用极限状态进行计算,同时还应考虑基础及垫层不均匀性,采用多种不同基床抗力系数。横向计算常用荷载组合见表 22-6。

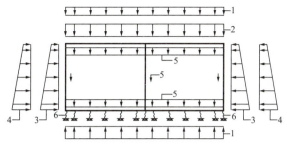

图 22-14 某管节横向计算模型

1-水压力;2-覆土荷载;3-侧向土压力;4-侧向水压力;5-结构自重;6-基底支承弹簧

横向计算常用荷载组合 表 22-6

方　式	组 合 类 型
基本组合一	结构自重 + 覆盖荷载 + 静水压力(设计平均水位) + 混凝土收缩力
基本组合二	结构自重 + 覆盖荷载 + 静水压力(最高水位) + 混凝土收缩力 + 结构升温
基本组合三	结构自重 + 覆盖荷载 + 静水压力(最低水位) + 混凝土收缩力 + 结构降温
附加组合	上述三种组合与施工阶段荷载或偶然荷载组合(取其中一种进行组合)

(3)关于隧道沉降及基床抗力系数的取值

沉管隧道的基底由两部分组成:一是管节沉放就位后采用后填法施工的灌砂垫层,设计厚度一般为 600mm,二是垫层下方的原始地基。当原始地基较好时,例如位于中风化及以上地层中时,沉管隧道的后期沉降主要在砂垫层中产生;但是当原始地基较差时,后期沉降量可能大部分由原始地基提供。因此,计算沉管隧道沉降量时可采用分层总和法,把砂垫层作为单独的一层土,求得下部所有土层的综合弹抗系数 $k_{综合}$ 后进行计算。试验表明,采用灌砂基础的沉管隧道计算综合弹抗系数 $k_{综合}$ 一般在 2.5~10MPa/m 之间。

3)纵向计算

沉管隧道的纵向计算可分为单个管节纵向计算及整个隧道纵向计算两类,单个管节纵向计算主要考虑管节浮运、沉放等施工期间,也称体系转换前;整个隧道纵向计算主要考虑运营期间,称体系转换后。

(1)施工期纵向计算

①浮运期纵向计算宜根据浮运方案采用三维数值方法分析管节纵向结构在水流、波浪等多种因素作用下的结构受力。

②沉放期纵向计算,根据管节沉放吊点位置进行计算确定。管节沉放时大多采用双浮驳吊沉法,每节管节设四个吊点,前后各设两个。吊点位置宜使管节沉放时纵向弯矩相对较小,且吊点预埋位置不应与管节顶部的其他预埋件发生冲突。

管节沉放至设计高程,但尚未完成基础处理时,管节前端由设在中隔墙上的鼻托梁支承,后端由设在两侧竖向支承垫块上的千斤顶支承,每节管节通常共设 3 个支承点。管节后端支承垫块的位置宜使管节的纵向弯矩相对较小,且垫块位置不致影响相邻管节的施工。

(2)运营期纵向计算

运营期隧道纵向已连成整体,纵向计算可采用平面弹性地基梁单元模型(图 22-15),将沉管隧道简化为一个位于地基上的弹性箱梁,用铰来模拟管节间接头。计算时假设:①不计土体的水平弹性抗力,仅考虑土体对沉放管节轴向变形的摩擦阻力;②沉管隧道的中心为水平不动点。该方法的优点是模型简单,但缺点是模拟不够真实,忽略了隧道侧向水土荷载对隧道作用,无法得出管节接头处剪力键等构件的内力。

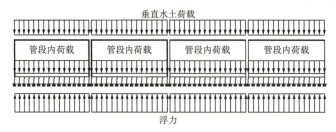

图 22-15 某沉管隧道弹性地基梁计算模型图

因此,近年来沉管隧道的纵向计算也开始尝试采用弹性地基三维空间板单元或三维实体模型进行计算(图 22-16)。该模型复杂,但模拟更真实,除了得到管节结构内力外,还可得到管节接头结构的内力。

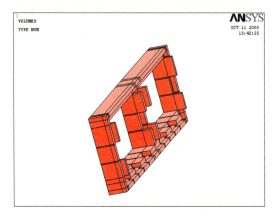

图 22-16 某沉管隧道管节接头三维实体计算模型图

4)抗震计算

沉管隧道在总体设计和初步设计阶段,推荐采用质点—弹簧模型进行抗震计算(图 22-17);对于施工图阶段或者有条件时,可采用三维模型进行抗震计算(图 22-18)。

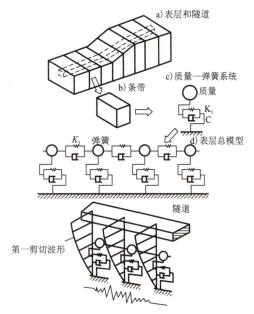

图 22-17 质点—弹簧系模型简图

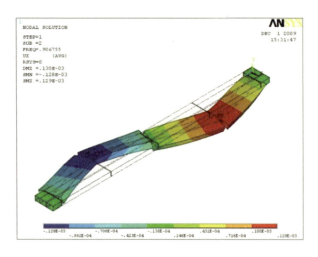

图 22-18 佛山东平隧道三维计算模型

沉管隧道管节本身抗震能力较强,其薄弱环节为管节接头,一般在管节接头处纵向采用预应力钢拉索、水平和竖向采用剪切键等措施限制地震作用下接头产生过大的变形和位移(图 22-19 和图 22-20)。

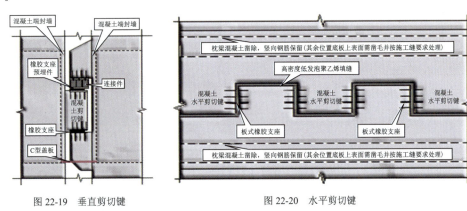

图 22-19　垂直剪切键　　　　　图 22-20　水平剪切键

22.5　管节制作工艺

沉管隧道顶板、底板、侧墙的尺寸一般都在 1m 以上,浇筑过程中将产生大量水化热,导致混凝土收缩过程中产生裂缝,而沉管隧道由于存在浮运、沉放、对接等大量水下施工作业,对裂缝、抗渗及重量控制等要求非常严格。

1) 管节混凝土要求

几乎每座沉管隧道管节预制前都会进行混凝土配合比试验,试验的目的是根据现场原材料及环境条件找到满足工程需要的混凝土配合比,以使管节不仅具有保证结构安全的强度、抗渗、耐久性等要求,还应具有精准的容重要求。国内部分沉管隧道混凝土密度控制标准见表 22-7。

国内部分沉管隧道混凝土密度控制标准　　　　表 22-7

项目名称	混凝土强度等级	混凝土密度要求
广州珠江隧道	C30	2380kg/m³,误差 -20 ～ +10kg/m³
宁波常洪隧道	C35	2399kg/m³,误差 -20 ～ +10kg/m³
广州仑头隧道	C35	2360kg/m³,误差 ±20kg/m³
佛山东平隧道	C40	2350kg/m³,误差 ±10kg/m³
港珠澳大桥海底隧道	C45	2390kg/m³,误差 ±15kg/m³

2) 管节预制工序

管节预制时一般按纵向分段、竖向分层方式进行混凝土浇筑。纵向每段长 15 ～ 20m,相邻两分段间设置 1 ～ 2m 后浇带;竖向分两层:底板 + 侧墙下部、侧墙下部和顶板。上部侧墙混凝土浇筑后由于受到先浇下部侧墙的约束,极易产生裂缝。一般采用在上部侧墙中预埋冷却水管、降低温差的方式来控制裂缝(图 22-21、图 22-22)。

管节主体结构混凝土浇筑完成,再依次制作安装端钢壳、压载水箱(图 22-23)、端封门(图 22-24)、支撑系统、测量塔及其他一期舾装设备等各类构件。预制工作全部完成后,往干坞内注水进行管节试漏,试漏完成后打开坞口、完成后续浮运及沉放工序。

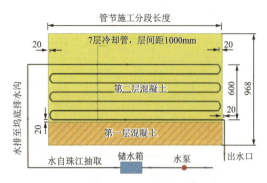

图 22-21 管节冷却水管布置图(尺寸单位:mm)

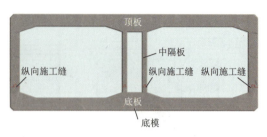

图 22-22 某沉管隧道制作竖向分层示意图

图 22-23 沉管隧道内部压载水箱照片

图 22-24 沉管隧道端封门照片

3）施工及安装精度控制

为了满足管节浮运、对接的需要,沉管隧道管节制作时除了严格控制混凝土重度精度外,还必须严格控制管节制作的尺寸精度（表 22-8）。内模板一般采用专门设计的钢模板台车（图 22-25）。其特点是整体刚度强,生产效率高,施工偏差容易控制,在一个管节施工中可以重复使用。外模板可以根据实际情况采用木模板或钢模板（图 22-26）。木模板的优势在于对横向施工缝的干扰较小,钢筋绑扎和止水带设置难度小;钢模板可确保混凝土浇筑质量较好,跑模及裂缝风险较小。

某沉管隧道管节制作几何尺寸允许误差　　　　表 22-8

名　称	单　位	允许误差
管节外包宽度	mm	+5 ～ -10
管节外包高度	mm	+5 ～ -10
管节长度	mm	+30 ～ -30
顶、底板厚度	mm	+0 ～ -5
内孔净宽	mm	+0 ～ +10
内孔净高	mm	+0 ～ +5
外墙、内墙厚度	mm	+0 ～ -10

图 22-25 内模板架设图

图 22-26 外模板架设图

端钢壳是用于安装 GINA 止水带,实现管节水力压接的重要构件(图 22-27),对精度的要求非常高(表 22-9)。目前端钢壳多采用工字型钢构件和焊接面板组合的方式,其施工方法是:按设计安装角度,预先安装端钢壳工字型构件,将此构件与管节混凝土一起浇筑;管节各部分变形稳定后,进行端钢壳面板与工字型构件的焊接,焊接时采用先点焊定位、再测量复核、后完成焊接的方式;最后用细石混凝土填充钢面板后的空腔。

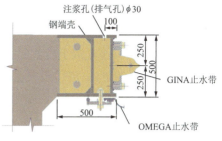

图 22-27 端钢壳示意图(尺寸单位:mm)

某沉管端钢壳制作、安装几何尺寸允许误差 表 22-9

范围	几何尺寸				骨架安装及面板安装	
	外包宽度	外包高度	面板不平整度	每延米内不平整度	横向垂直度	竖向倾斜度
精度要求	±4mm	±3mm	<3mm	<1mm	<3mm	<3mm

4)干坞底处理

为了保证沉管隧道管节制作精度,要求干坞坞底具有足够的承载力和抗变形能力,因此对于软弱地层需要进行地基处理。为了便于管节起浮,干坞底需要设置透水性强的起浮层(图 22-28)。

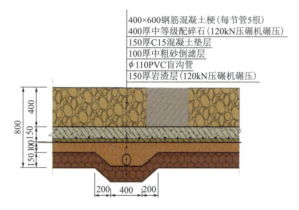

图 22-28 某沉管隧道坞底结构断面图(尺寸单位:mm)

5)GINA 止水带安装

管节接头采用水力压接的原理进行连接,因此均设置 GINA 止水带,以实现施工过程中接头的初始密封条件。GINA 止水带一般出厂前已按设计要求接驳成整体产品,在出厂前要进行压缩试验和水密性试验。

22.6 结构防水

沉管隧道由于其特殊的施工工艺和结构形式,被公认为是防水性能最好的隧道,尤其是管节部分,大多都能够做到滴水不漏。沉管隧道防水遵循"以结构自防水为主,外防水层为辅,接头防水为重点,多道防水,综合治理"的原则。根据结构形式和要求的不同,沉管隧道防水主要分为管节结构防水和接头防水两类,并分别采取不同的防水措施。

1)管节结构防水

管节结构自防水主要指钢筋混凝土结构浇筑的管节结构体的防水、结构外包防水、施工缝等薄弱部位防水等。

(1)管节结构自防水

管节结构自防水强调混凝土具备一定的抗渗性能,一般要求混凝土抗渗等级不低于 P8,设计时混凝土抗渗等级可根据现行《水运工程混凝土施工规范》（JTJ 268）由最大作用水头与混凝土壁厚之比确定。

工程实施时应进行混凝土配合比试验，选择适宜的水泥品种，掺加一定的粉煤灰、纤维以及其他外加剂，降低水化热，减少混凝土内部的空隙率，提高混凝土的密实度。每个施工段长16～20m，相邻段间设置1～2m宽后浇带，后浇带设置剪力槽，并采用微膨胀混凝土，使新老混凝土黏结良好。混凝土浇筑后应采取良好的保温、保湿等养护措施。

(2) 管节结构外包防水

按国内现行《地下工程防水技术规范》要求，重要地下工程均应设置外包防水层，沉管隧道外包防水层，其设置是为了补偿和增强结构的自防水。大多数沉管隧道采用的外包防水措施如下：

① 底板设置6mm厚全包钢板作为防水层。钢板具有防水效果好、管节预制时可兼作底模板，具有减少管节起浮时基底的吸附力、利于管节起浮、在浮运沉放时有冲击保护功能等优点。在钢板上表面焊接防剪销钉（通常直径为12～14mm、长度为120～150mm，做成倒L形），并锚固在底板混凝土内，实现底钢板与结构底板的连接。

② 侧墙和顶板采用防水涂料，在管节预制完成后涂刷，外加水泥砂浆保护层。

③ 涂料和底部钢板在侧墙下部作防水收口处理（图22-29）。

但是底钢板也具有与混凝土底板间连接较困难、造价高等缺点，澳大利亚悉尼港隧道等国外沉管隧道开始尝试采用1.5mm厚、带"T"键的PVC防水板作为底部外包防水层（图22-30），上海外环隧道、港珠澳大桥海底隧道等项目，则在进一步加强混凝土结构自防水性能的前提下，取消了附加的外防水层。

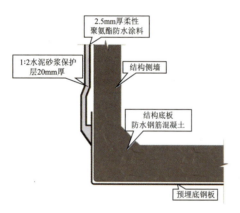

图22-29 底板与侧墙外防水层收口处理图

图22-30 带"T"键的PVC防水板示意图

(3) 施工缝防水

一般情况下，管节的施工缝有两类，一类是竖向分层浇筑时在底板与侧墙间产生的水平施工缝，另一类是纵向分段浇筑时产生的环向施工缝。水平施工缝由于受到侧墙上部结构的压力作用，一般采用中埋式钢板止水带即可取得较好的效果；环向施工缝仅有后浇段微膨胀混凝土能够产生一定的纵向作用力，因此是整个沉管隧道中防水最薄弱的环节，一般采用具有一定纵向变形能力的中埋式钢边止水带并预埋重复式注浆管的方案。所有施工缝在管节外表面处还应采用外防水层加强处理。

2) 接头防水

目前所有的沉管隧道沉放对接都采用了施工简便、质量可靠的水力压接法。水力压接法的施工工艺为：管节沉放到指定位置后，利用千斤顶逐步向已沉放管节进行拉合，拉合至GINA止水带尖肋与前管节端面接触并压缩1～2cm形成初步止水后，排空接头部位止水带内部积水，从而使沉放管节前后两端由于压力差而产生巨大的纵向压力，而将GINA止水带进一步压缩，形成可靠的防水层。

管节接头要同时实现水力压接施工工艺及远期防水性能双重目的，经过多年的技术发展，管节接头的构造形式基本已经固化,都采用 GINA 橡胶止水带和 OMEGA 橡胶止水带为主要防水措施的柔性结构体系,如图 22-31 所示。

(1) GINA 止水带

GINA 止水带是管节接头防水的第一道防线,其材质一般为丁苯橡胶与天然橡胶的混合物。GINA 止水带通常由尖肋、本体、底翼缘、底肋 4 部分组成。尖肋作初步止水用,本体是承受水压的主体,底翼缘是为安装专门设计的,底肋用来解决管节端面不平整时而可能产生的漏水问题(图 22-32)。

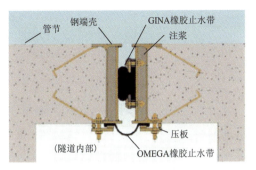

图 22-31 管节接头防水构造图

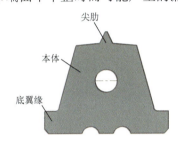
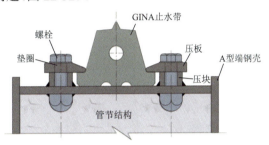

图 22-32 常用 GINA 止水带结构及安装断面图

混凝土管节运营期,受到温差变化、混凝土自身收缩、基础沉降等原因,接头会产生一定的接头张开,从而影响接头的防水性能。长期使用后 GINA 止水带的总压缩量 Δ 应满足下式要求:

$$\Delta - \sum_{i=1}^{7} \Delta_i \geqslant 20\text{mm} \tag{22-1}$$

式中:Δ_1——水密性所需要的 GINA 止水带最小压缩量,以设计最高水位为准进行计算;

Δ_2——GINA 止水带松弛值,为 15% 的总压缩量,可由止水带生产厂商提供;

Δ_3——端钢壳的不平整度引起的误差,一般限制在 10mm 以内;

Δ_4——温度应力作用引起的接头纵向位移;

Δ_5——水力压接时因管节安装角引起的误差,一般可采用 10mm;

Δ_6——地震作用或地基不均匀沉降引起的接头张开量;

Δ_7——因混凝土收缩引起的接头纵向位移。

(2) OMEGA 止水带

OMEGA 止水带是管节接头的第二道防水防线,通常由两层 SBR 橡胶及置于其中的尼龙片经压缩机压制而成,材质一般采用丁苯橡胶,每个接头处的 OMEGA 止水带应为完整的一条,最后接口在现场硫化完成。它是在管节沉放就位后沉降基本稳定时再安装的,理论上应具备可拆换的可能,但受客观条件的限制,实际上很难拆换(图 22-33)。OMEGA 止水带安装完成后需进行压水试验,试验最大水压一般按设计最大水压。

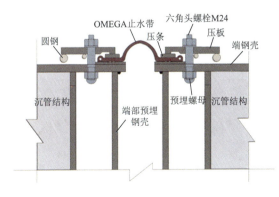

图 22-33 OMEGA 止水带安装断面图

OMEGA 止水带的选型相对简单,只需具备满足设计所需最大水压力及接头最大纵向、横向等各向变形能力即可。

(3) 常用 GINA、OMEGA 橡胶止水带的技术性能指标见表 22-10。

GINA、OMEGA 橡胶止水带的物理力学性能表 表 22-10

类 型	材 质	硬度（肖氏 A）	扯断强度（MPa）	扯断伸长率（%）	压缩永久变形（%）	耐久性（%）	70℃、168h 老化后变化率(%)		
							硬度	强度	伸长率
GINA	NR	60±5	>18	>300	<10	<5	<8	<25	<25
OMEGA	NR	60±5	>15	>400	<20	<5	<8	<20	<20

22.7 结语

近些年，我国先后建成了内河大流速高落差的南昌红谷沉管隧道、公铁合建宽度最大的佛山东平隧道、外海厚软基大回淤超长的港珠澳大桥海底隧道等一大批技术难度高、建设规模大的沉管隧道，引起了世界同行的高度关注。在建的沉管隧道有超宽断面的深中通道工程及大连湾海底隧道等，同时还有多条沉管隧道纳入规划或者前期研究阶段。随着我国沉管隧道经验的丰富、技术标准体系的完善，可以预见不久的将来，沉管隧道必然会在我国取得更大的发展。为了实现在更为苛刻的条件下建设沉管隧道，还需要在以下方面取得进一步的发展。

（1）管节的快速沉放技术

加快管节的沉放速度，可以实现更长的沉管隧道建设，也有利于在水上作业窗口期很短时能够完成管节沉放。

（2）超大水深管节沉放技术

为了实现重大海峡跨海通道建设，需要开发一系列 60m 以上水深条件下的管节沉放设备、工艺和测量技术等。

（3）型钢混凝土组合结构技术

为了实现更大的隧道断面或者更大水深条件下沉管隧道结构的承载能力，进一步研究型钢混凝土组合结构等具有更高承载力的结构很有必要。

本讲参考文献

[1] 陈韶章. 沉管隧道设计与施工 [M]. 北京：科学出版社，2002.

[2] 唐寰澄. 世界著名海峡交通工程 [M]. 北京：中国铁道出版社，2004.

[3] 贺维国，邢永辉，沈永芳，等. 新型内河沉管隧道工程修建技术实践 [M]. 北京：人民交通出版社股份有限公司，2017.

[4] 上海市建设和管理委员会科学技术委员会. 外环沉管隧道工程 [M]. 上海：上海科学技术出版社，2005.

[5] 王梦恕. 中国隧道及地下工程修建技术 [M]. 北京：人民交通出版社，2010.

[6] 李侃，杨国祥. 上海外环线越江沉管隧道工程技术概览 [J]. 世界隧道，2000，(5)：32-37.

[7] 麦鉴陵，王俊强. 广州珠江隧道岸上段工程设计 [C] // 广州珠江隧道工程论文集. 广州珠江隧道实业有限公司，1998：24-30.

[8] 陈越，管敏鑫，冯海朝. 珠江沉管隧道浮运沉放技术 [J]. 世界隧道，1996（6）：27-33.

[9] Martin N，Kelly. 用沉管法修建水下隧道——北美的历史和施工方法 [J]. 隧道译丛，1987（6）：32-37.

[10] Tan Giok Liong. 荷兰的沉管隧道 [J]. 隧道译丛，1989（4）：22-28.

[11] 沈和诚. 宁波甬江水底隧道工程 [J]. 隧道及地下工程，1993，14（3）：1-5.

第23讲

隧道耐久性设计

通过调研发现,我国铁路运营隧道中有相当一部分存在不同程度的病害,包括渗漏水、衬砌裂损、底部翻浆冒泥等,这些病害往往是由于支护结构或者防排水系统的耐久性不足而引起的。隧道结构一旦发生病害,其维修难度和成本都非常高,铁路部门每年都投入大量的人力、物力和资金用于隧道病害的维修和整治,因此开展隧道的耐久性设计具有重要的社会经济意义。

23.1 隧道耐久性的概念及影响机理

23.1.1 隧道耐久性的概念

结构的耐久性是指在可预见的工作环境和材料内部因素的作用下,在预期的使用年限内抵抗大气影响、化学侵蚀和其他劣化过程中,不需要大修也能保持其安全性和适用性的性能。

对于隧道结构来说,其整个寿命周期可以分成免维修期、一般维修期以及大修期三个阶段。通过合理规划、科学有效设计、施工以及运营管理,使隧道在其整个寿命周期内的总费用最小,利润最大,这是隧道耐久性设计的总体目标,如图23-1所示。

23.1.2 隧道耐久性的影响机理

隧道耐久性失效是通过隧道二次衬砌结构的破坏来显现的,隧道二次衬砌耐久性失效的原因主要包括两大类:(1)隧道二次衬砌自身的钢筋混凝土结构因碳化腐蚀而出现开裂脱落,导致二次衬砌结构破坏;(2)隧道锚杆、注浆、喷射混凝土等支护措施碳化锈蚀而失效,从而引起隧道二次衬砌荷载增大,导致二次衬砌开裂掉块。

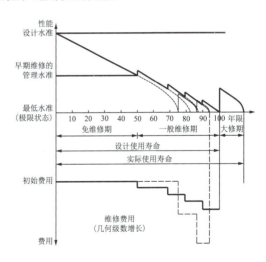

图23-1 隧道全寿命周期性能及费用曲线

本讲执笔人:刘建友,李享涛.

与桥梁、房屋等地面结构物相比，隧道结构耐久性的影响机理更加复杂，这主要是隧道结构自身的特点所引起的。地面结构是钢筋、混凝土、砌体等材料组成的结构体系，在这个结构体系中，梁、板、柱等构件的相互作用关系非常明确，因此其耐久性可以划分为材料耐久性、构件耐久性和结构耐久性三个层次。隧道结构是由围岩与支护结构组成的复合体系，围岩和支护结构的相互关系非常复杂，锚杆、锚索和注浆等支护结构直接侵入围岩内部，喷射混凝土和钢拱架组成初期支护附着在围岩表面，只有二次衬砌是受力相对独立的拱形构件。

为了分析隧道耐久性的相互影响关系，我们可以将隧道结构划分为原岩、改良围岩和二次衬砌，如图 23-2 所示。其中改良围岩是指经注浆、锚杆、锚索、喷射混凝土等支护措施改良后的围岩。原岩的耐久性主要取决于岩石的风化速度、成岩速度等地质变化速度，而地质变化速度非常缓慢，从工程尺度来说，原岩基本不变化。改良围岩的耐久性主要取决于锚杆、钢架的锈蚀速度、注浆的劣化速度、喷射混凝土腐蚀速度等，改良围岩的耐久性失效主要表现为改良围岩承载力的下降，从而导致二次衬砌结构荷载增大。

因此，隧道结构的耐久性问题最终都通过二次衬砌的变形破坏来体现。如图 23-3 所示，二次衬砌承载力曲线 R 随着时间而逐渐降低，它反映了二次衬砌结构自身的耐久性：由于二次衬砌钢筋、混凝土等材料的锈蚀、腐蚀作用，导致承载力逐渐下降；而二次衬砌荷载曲线 P 随着时间逐渐上升，它反映了改良围岩体的耐久性，由于锚杆、钢架、注浆体、喷射混凝土等材料锈蚀、腐蚀导致承载力下降，随着时间的推移，当二次衬砌荷载大于其承载力时，二次衬砌将出现压溃、剥离和掉块。二次衬砌承载力 R 与荷载 P 的比例，反映了隧道结构耐久性的安全系数：

$$K_n = \frac{R_i}{P_i} \tag{23-1}$$

式中：K_n——隧道结构耐久性的安全系数；
$\quad R_i$——时间节点 T_i 时二次衬砌的承载力；
$\quad P_i$——时间节点 T_i 时二次衬砌的荷载。

图 23-2　隧道耐久性影响模型

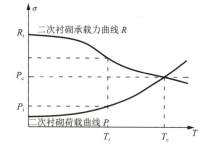

图 23-3　隧道结构耐久性的计算模型

当 $K_n \geqslant 1$ 时，表明结构处于稳定状态，当 $K_n < 1$ 时，结构将失稳破坏，$K_n = 1$ 时为临界状态，此时的 T_c 为使用寿命。

23.2 围岩的耐久性

对于隧道工程而言，围岩的耐久性是指围岩在预期的使用年限内抵抗物理风化、化学侵蚀和其他劣化，保持其承载力和稳定性的性能。

23.2.1 围岩劣化的危害

围岩劣化将导致其承载力降低,支护结构荷载增大,从而威胁支护结构的稳定性,造成安全风险。围岩劣化的危害主要体现在以下方面。

1)衬砌过度变形,侵入建筑界限

衬砌是隧道结构中最内层的人工构筑物,不管是围岩劣化,还是结构材料劣化,总的表现就是衬砌的内力变化以及宏观上裂缝的开展、变形的增加。一旦围岩劣化到了一定的程度,失去承载能力时,将导致衬砌的变形。有时虽然不会影响结构的安全,但是会造成衬砌侵入建筑界限,达到正常使用极限状态使结构失效。

2)衬砌的剥落、掉块危及交通安全

如上所述,如果衬砌的开裂程度较严重,使结构衬砌分割成块,而且形成机动块体的话,就会出现衬砌块体的掉落,危及交通安全。这方面的例子在日本的新干线以及我国达成线的万山寺隧道中都出现过。

3)对隧道结构的耐久性有致命影响

围岩的劣化,一方面引起结构自身的荷载增加,安全性降低,另一方面由于荷载的增加,结构材料的劣化速度也呈现增加的态势。因此,围岩的劣化不仅引起隧道结构整体的耐久性,同时也影响结构材料的耐久性。

4)增加运营期间的维护维修费用

为了保证隧道结构整体的安全性有一定的冗余度,由围岩劣化引起的安全性降低,只能通过运营期间的不断维修进行解决。

23.2.2 围岩劣化的特征

围岩劣化的主要类型包括物理风化、化学侵蚀、应力侵蚀、围岩软化、冻融破坏、围岩松弛、偏压、蠕变、滑坡、膨胀性土压、地层下沉等。围岩劣化类型不同,劣化特征也不同。

1)物理风化

围岩的物理风化是一个非常缓慢的过程,如表 23-1 所示。根据不同岩石暴露在空气中的风化速率可知,围岩暴露在空气中 1000 年的风化深度仅为 4~100mm。考虑到围岩表面一般设置了喷射混凝土或二次衬砌模筑混凝土的保护,其风化速度将更加缓慢。因此,对于一般的交通隧道而言,围岩的物理风化可以不予考虑。

不同岩石暴露在空气中的风化速率　　　　表 23-1

岩石类型	风化速度(mm/a)	岩石类型	风化速度(mm/a)
凝灰岩	0.005~0.059	含砾砂岩	0.021~0.033
砂岩	0.032~0.097	粉砂岩	0.015
砾岩	0.004~0.058		

2)化学侵蚀

围岩的化学侵蚀包括人类生产生活引起的化学侵蚀和地下水引起的化学侵蚀。化学侵蚀的速度取决于人类活动产生的化学物质与围岩之间化学反应的激烈程度,以及地下水的侵蚀性。

隧道开挖后,原有的地下水平衡流态会被扰乱。由于隧道洞室的形成,地下水大多数情况下会向隧道壁面方向汇集,从而形成稳定流。当地下水带有侵蚀性时,由此带来的地下水影响是不容忽视的。

3)应力侵蚀

应力侵蚀是隧道围岩劣化的主要形式。随着隧道开挖、支护的实施和时间的推移,围岩的应力经历各阶段应力平衡状态,依次是一次应力状态、二次应力状态、三次应力状态和四次应力状态,如图 23-4 所示。围岩应力的调整引起围岩的变形、裂隙的错动、地下水的迁移等一系列变化,对于一些膨胀性岩土、湿陷性岩土、软岩等特殊岩土体,围岩应力的扰动将使围岩物理力学性质迅速恶化。

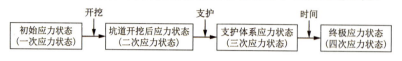

图 23-4 围岩应力状态

4)围岩软化

围岩软化是灰岩、页岩、泥岩等围岩在地下水、动荷载等因素影响下承载力迅速劣化的过程。铁路隧道列车的冲击荷载、公路隧道汽车的振动荷载往往是加剧围岩软化的主要原因,我国部分隧道隧底出现的翻浆冒泥往往是隧底软岩软化的结果。

5)冻融破坏

冻融破坏是严寒地区隧道的主要劣化形式。隧道开挖形成的新生裂隙以及围岩的原有裂隙,在地下水的反复冻融作用下,裂隙将进一步扩展,形成围岩松弛,承载力下降。此外,隧道衬砌背后由于施工质量不良或其他因素而存在空洞或不密实的情况,在地下水冻融的作用下,围岩和衬砌结构都将遭受破坏。

23.3 初期支护的耐久性

隧道的初期支护,包括锚杆、喷射混凝土、注浆等支护形式,一般都不能单独承载。初期支护一般都是与围岩一起,形成一个共同承载体,来承载围岩荷载。因此,隧道初期支护的耐久性本质上是初期支护与围岩形成的加固体的耐久性。

根据初期支护的加固方式,可将初期支护的加固机理划分为以下三类:机械式改良、内部胶结式改良和表面附着式改良。机械式改良围岩是指采用锚杆、锚索等措施,通过锚杆杆体的纵向拉力作用,提高围岩体的黏聚力 c 和内摩擦角 φ,从而使得岩土体自身的承载能力大大加强。内部胶结式改良是指采用注浆措施,将浆液注入岩土内部的裂缝或孔隙中,通过置换、充填、挤压等方式改善围岩物理力学性质。表面附着式改良是指采用喷射混凝土、钢筋网、钢拱架等措施,与围岩黏结在一起,防止围岩的风化潮解和表层关键岩块的掉落。

23.3.1 锚杆的耐久性

自 1912 年,德国谢列兹矿最先采用锚杆支护井下巷道以来,锚杆的使用已超过了 100 年。20 世纪 60 年代开始,我国铁路隧道、水电地下厂房、岩土高边坡和基坑工程大量使用了锚杆或锚索。通过对锚杆耐久性的调研分析,可以得到锚杆的耐久性具有如下特点:

(1)锚杆在砂浆握裹良好的情况下,它的锈蚀是在砂浆被中性化之后才开始的,而砂浆在腐蚀环境中的中性化速度是十分缓慢的。因此,在锚杆的施工中应严格控制砂浆握裹层的对中及厚度,进而延缓锚杆腐蚀速度提高锚杆使用寿命。

(2)传统的普通水泥砂浆作为锚杆注浆材料其碳化速度在隧道工程锚杆孔中极为缓慢,可不考虑因砂浆碳化对锚杆锈蚀的影响。

（3）锚杆孔中如果有水，水会自握裹层薄弱处侵蚀锚杆。凡锚杆孔中有渗漏水、砂浆有缺陷或无砂浆层，锚杆均会发生不同程度的锈蚀。

（4）锚杆因环境条件、使用年限不同，锈蚀程度也不同：处于干湿交替或接触水的锚杆部位锈蚀最重，腐蚀率约为0.03～0.08 mm/a，承载力下降较大；裸露于环境但不直接与水接触的部位锈蚀最轻，约为0.002～0.004mm/a，承载力下降极小；砂浆握裹层良好的锚杆8～12年无锈蚀。锈蚀最重的是楔缝式锚杆，28年已不能满足使用要求。

因此，提高锚杆耐久性的技术措施主要包括：（1）增大锚杆砂浆握裹层厚度；（2）采用长寿命注浆材料；（3）采用防锈蚀的锚杆杆体；（4）改善锚杆所处的地下水环境；（5）施工时确保锚杆居中，确保砂浆握裹层厚度均匀等。

锚杆寿命的预测可根据锚杆砂浆的碳化速度来确定。砂浆的碳化可采用混凝土的碳化模型进行计算：

$$x = k\sqrt{t} \tag{23-2}$$

式中：x——碳化深度；

k——碳化系数；

t——碳化龄期。

碳化系数可根据现场试验、经验公式或者理论模型确定。对于施工质量良好的锚杆，即注浆及对中良好、握裹层密实、无孔洞及缝隙等缺陷、注浆层厚达到2～3 mm、锚孔中无渗漏水，碳化系数约为0.2～0.3，锚杆的耐久性可达100～150年。

23.3.2 注浆的耐久性

1）注浆结石体的耐久性分析

注浆结石体侵蚀机理主要包括地下水溶蚀、碱集料反应、冻融破坏、碳酸或其他酸性类侵蚀、硫酸盐侵蚀等。

地下水溶蚀是流动的地下水使水泥水化产物中的氢氧化钙溶解，并促使水泥石中其他水化产物发生分解，强度下降。各种水化产物与水作用时，氢氧化钙溶解度最大首先被溶出。随着CaO的溶出，首先是$Ca(OH)_2$的固相溶解，其次是高碱性水化硅酸盐及水化铝酸盐分解而成为低碱性水化物，最后变为无胶结能力的$SiO_2\text{-}nH_2O$及$Al(OH)_3$等，因此氧化钙的溶出会导致水泥石强度降低。CaO的溶出率（即溶出量和原有内部总量之比率）与水泥灌浆的结石强度衰减程度密切相关。当CaO的累计溶出率大于25%时，结石强度将急剧下降。

水泥浆液注入岩石裂隙或土壤孔隙中后，在流动扩散过程中会和泥沙、卵石、砾石或风化的岩石混合掺杂，硬化后的水泥结石体不仅仅是由纯水泥浆液组成，而是由水泥及各种掺杂物组成的混合体。由于浆液在注入地层的过程中，会遇到不同类型的掺和物，因此也就会和混凝土一样发生类似的碱集料反应。

在北方寒冷的地区，冻融破坏对水泥浆液结石体的破坏是一个重要因素。水泥石的冻害，是由于水泥石毛细孔中的水分受低温冻结时，水由液相变为固相（冰）时体积增大9%，从而产生膨胀应力，此种膨胀应力如超过了水泥石的抗拉强度，即可导致水泥石产生破坏。水泥石在产生冻胀后，即产生冻结变形，但一经解冻后仍有残余膨胀变形存在，随着冻融循环的继续，形成累积残余变形，对水泥石产生破坏。其破坏特征是水泥石内部结构产生微裂缝，裂缝数量增多，宽度逐渐增大，具体表现是导致水泥石动弹性模量下降和表层由外至内产生剥落崩散，以致毁坏。

碳酸或其他酸性类侵蚀是指注浆结石体中的氢氧化钙与二氧化碳反应生成碳酸钙,并进一步反应生成碳酸氢钙而溶解。这种反应长期进行会导致水泥石结构疏松,密度下降,强度降低;另外水泥石中氢氧化钙浓度的降低又会导致其他水化物的分解,进一步加剧了水泥石的腐蚀。工业水、地下水、沼泽水中无机酸、有机酸及亚硫酸都会对水泥石造成不同程度的损害。其损害机理是酸类与水泥石中的氢氧化钙发生化学反应,生成物或者易溶于水,或者体积膨胀导致水泥石中产生内应力而引起水泥石破坏。

硫酸盐侵蚀是混凝土化学侵蚀中最广泛和最普通的形式。硫酸钠、硫酸钾、硫酸钙、硫酸镁等硫酸盐均会对混凝土产生侵蚀作用,通常是硫酸钠、硫酸钾和硫酸镁的侵蚀。土壤的地下水是一种硫酸盐溶液,土壤硫酸盐的浓度超过一定限值时就会对混凝土产生侵蚀作用;在污水处理厂、化纤工业、制盐、制皂业等厂房附近的地下水中硫酸盐浓度较高,经常发现混凝土结构物的硫酸盐侵蚀破坏现象。

2）注浆结石体的耐久性预测

注浆体使用寿命的影响因素主要包括内部因素和外部因素两个方面:内部因素包括注浆材料自身的特性、水胶比、辅助材料的种类和掺量等,而外部因素主要包括外部环境的温度、湿度、腐蚀介质种类、溶度、地下水渗流情况等。

如图 23-5 所示,随着 CaO 的累计溶出率增大,注浆结石体强度持续下降。如图 23-6 所示,当地下水的酸碱度指标不同时,CaO 的溶出速度不同,注浆结石体的强度衰减程度也不同。随着注浆结石体中 CaO 的溶出,$Ca(OH)_2$ 的数量也在不断减少,这使得腐蚀环境中的酸碱度指标也在不断上升,注浆结石体最终会因为强度下降和孔隙率增大而失去加固岩土体和防止地下水渗漏的作用。

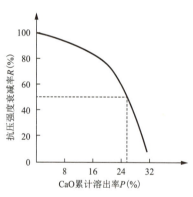

图 23-5 CaO 溶出率与强度的关系

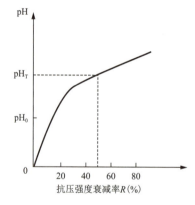

图 23-6 强度衰减率与酸碱度的关系

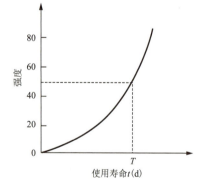

图 23-7 使用寿命和强度的关系

苏联学者通过试验得出:当 CaO 的累计溶出率在 25% 以下时,水泥结石体的强度能够保持在初始强度的 50% 以上;而当 CaO 的累计溶出率超过 25% 时,结石体的强度将急剧下降。因此可以认为,当注浆结石体的强度衰减到初始强度的 50% 时,注浆帷幕基本上失去了堵水和加固的作用。也就是说,注浆结石体的强度衰减到初始强度的 50% 左右的时间就是它的使用寿命终结的临界时间,如图 23-7 所示。

因此,注浆体使用寿命的预测可采用室内试验结合理论公式确定。利用室内试验测试注浆体强度—酸碱度曲线（式 23-3）和强度与使用寿命标准曲线(式 23-4)。

$$R = R_0 + \frac{A}{w\sqrt{\pi/2}} e^{-2\frac{(pH-pH_c)^2}{w^2}} \quad (23-3)$$

$$R = R_0 + B \cdot e^{\frac{(T-T_c)^2}{2w^2}} \quad (23\text{-}4)$$

式中：R_0——试块的初始强度（MPa）；

pH_c——溶液的初始酸碱度；

T_c——溶液的初始时间常数；

A、B、w——曲线拟合常数。

假设 CaO 的累计消耗率为 25%，以注浆结石体的强度衰减率为 50% 作为注浆体寿命预测的临界值，由式（23-5）计算出消耗 25% 的 CaO 所需使用的盐酸数量，得到腐蚀溶液对应的临界酸碱度 pH_T。

$$pH_T = \lg\left(\frac{n}{n \cdot 10^{-pH_0} - 2m}\right) \quad (23\text{-}5)$$

式中：n——腐蚀溶液的体积（L）；

m——CaO 的累计消耗量（mol）；

pH_0——腐蚀溶液的初始酸碱度。

将由上式计算得到的临界酸碱度代入式（23-4），即可计算得到注浆结石体的使用寿命 T。

23.3.3 喷射混凝土的耐久性

喷射混凝土与围岩黏结在一起，可防止围岩的风化潮解和表层关键岩块的掉落。喷射混凝土辅助围岩承载，主要还是依靠围岩自身的承载力，而喷射混凝土自身的承载力较低，可忽略不计。

喷射混凝土劣化的原因主要包括以下几方面。

1）材料组成因素

喷射混凝土的水泥组分中包含有害的可溶性氯盐和碱，此外，外加剂中一般也含有盐和碱类物质，对混凝土的耐久性不利。喷射混凝土水泥用量大，含水率高，又掺有速凝剂，因此比普通混凝土收缩性大，由收缩造成混凝土表面的微裂缝也更多，从而引起中性化，进一步引起混凝土内部的钢筋腐蚀。

2）结构方面的因素

初期支护是隧道结构的第一道保护屏障，由于喷射混凝土是在隧道开挖后及时施作的，这时围岩尚处于变形阶段，导致喷射混凝土过早受力，易产生开裂破坏。又由于喷射混凝土与围岩紧密接触，如果喷射混凝土不够密实，围岩中携带有害化学组分的地下水极易渗入结构内部，对喷射混凝土及其内部的钢筋进行腐蚀。另一方面，隧道喷射混凝土属于低强度等级混凝土，若现场对混凝土的原材料和配合比控制不严，喷射工艺掌握不好，则混凝土凝结硬化后密实性较差，使混凝土的抗渗性能差，从而为有害介质提供渗透通道。

3）冻融破坏因素

喷射混凝土是由水泥、砂和碎石组成的多孔体，采用湿喷工艺时，为了使拌制混凝土得到必要的和易性，加入的拌和水总要多于水泥的水化水，这部分多余的水便以游离水的形式滞留于混凝土中形成连通的毛细孔，并占有一定的体积。这种毛细孔的自由水就是导致混凝土遭受冻害的主要因素，因为水遇冷冻结成冰会发生体积膨胀，引起混凝土内部结构的破坏。应该指出的是，在正常情况下，毛细孔中的水结冰并不至于使混凝土内部结构遭到严重破坏。因为混凝土中除了毛细孔之外，还有一些水泥水化后形成的胶凝孔和其他原因形成的非毛细孔，这些空隙中常混有空气。因此，当毛细孔中的水结冰膨胀时，这些气孔能起缓冲作用，即能将一部分未结冰的水挤入胶凝孔中，从而减小膨胀压力，避免混凝土内部结构破坏。但混凝土当处于饱水状态时，情况就完全不一样了。此时毛细孔中的水结冰，胶凝孔中的水处于过冷状态,因为混凝土孔隙中水的冰点随孔径的减小而降低,胶凝孔中处于过冷状态的水分子因其蒸汽压高于同温度下冰的蒸汽压而向压力毛细孔中冰的界面处渗透,于是在毛细孔中又产生一种渗透压力。此外胶凝水向毛细孔渗透的结果必然使毛细孔中的冰体积进一步膨胀。由此可见,处于饱水状态的混凝土受冻时,其毛细孔壁同时承受膨胀压和渗透压两种压力,当这两种压力超过混凝土的抗拉强度时混凝土就会开裂。

4)硫酸盐侵蚀因素

某些地区隧道地下水中常含有硫酸盐,硫酸盐溶液会和水泥石中的氢氧化钙及水化铝酸钙发生化学反应,生成石膏和硫铝酸钙,产生体积膨胀,使混凝土胀裂,影响喷射混凝土的耐久性。此外,速凝剂会加速喷射混凝土的腐蚀。如同样在浓度为 5% 的硫酸盐溶液中浸泡的试件,不加速凝剂的试件浸泡半年后,外观未变化,而加速凝剂的试件则腐蚀严重。

可见,与普通模筑混凝土相比,喷射混凝土的耐久性较差。当隧道支护采用喷射混凝土单层衬砌时,应采用必要的技术措施提高喷射混凝土的耐久性,主要包括:①严格控制水泥、粗细集料、外加剂中的盐和碱类物质;②在喷射混凝土表面喷涂一层水泥基渗透结晶材料,填充喷射混凝土表面的空洞和裂隙;③分层喷射混凝土,减小单次喷射混凝土的厚度,提高喷射混凝土的柔性,逐步释放围岩变形,减小喷射混凝土受力裂缝;④在喷射混凝土中设置排水系统,降低地下水对喷射混凝土的影响;⑤在严寒地区设置隧道保温系统,防止喷射混凝土出现冻融破坏。

23.4 二次衬砌结构的耐久性

隧道二次衬砌结构的耐久性主要受混凝土的密实度、表面裂缝、周边的腐蚀环境等因素的影响。提高二次衬砌结构耐久性的关键在于提高混凝土的密实性和抗裂性。

23.4.1 二次衬砌结构的耐久性影响机理

隧道二次衬砌混凝土是由水泥、矿物掺和料、水、砂、碎石和外加剂等材料组成的,水泥石、集料本身在结构形态上都存在着各种大小不等的孔隙,水泥石与集料的接触界面处也存在着各种形状的缝隙和毛细孔。另外,施工过程中的振捣不密实、水泥集料离析而造成混凝土的孔结构和孔隙率的增大,养护过程中的水分散失量对水泥石大毛细孔的影响等因素,直接决定了混凝土材料固有的多孔性状(图 23-8)。而混凝土内水分的不断蒸发,则将导致水泥水化的不充分并造成毛细孔网彼此连通。混凝土内部这些连通的毛细管直接影响混凝土的耐久性。此外,受内外约束作用,混凝土在硬化过程中因收缩产生的裂缝也会成为外界有害介质渗入的通道,使混凝土耐久性降低。

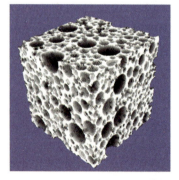

图 23-8 混凝土材料的多孔特性

23.4.2 提高二次衬砌混凝土耐久性的技术措施

提高混凝土密实性和抗裂性是保证混凝土耐久性的关键,因此,提高二次衬砌混凝土耐久性的技术思路如图 23-9 所示。钢筋混凝土中,混凝土材料对钢筋具有物理、化学方面的双重保护作用,只要混凝土材料足够密实,钢筋混凝土结构完全可以实现长寿命服役。

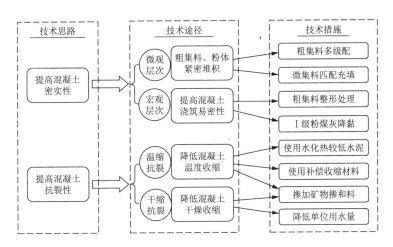

图 23-9　提高混凝土耐久性的技术措施

根据上述技术思路,提高二次衬砌混凝土耐久性的技术措施主要包括:

(1)选用中低热水泥、Ⅰ级粉煤灰、整形集料和补偿收缩材料等

为了减少混凝土结构的温差裂缝,选用中低热水泥,是降低混凝土水化热的主要途径。不同品种的水泥,其矿物含量不同,而各种矿物的水化热差异较大,其中硅酸二钙(C_2S)的水化热最低,其次是铁铝酸四钙(C_4AF)、硅酸三钙(C_3S),铝酸三钙(C_3A)的水化热最大,如图 23-10 所示。中热水泥比普通水泥含有更多的 C_2S 和 C_4AF,更少的 C_3S 和 C_3A,中热水泥的水化热和干缩率明显小于普通水泥,见表 23-2。低热水泥和普通水泥的水化热如图 23-11 所示。

不同品种水泥矿物含量及其水化热和干缩率　　　　表 23-2

水泥品种	C_2S	C_4AF	C_3S	C_3A	7d 水化热	干缩率
普通水泥	21.6%	10.0%	57.0%	8.5%	297J/g	0.112%
中热水泥	25.3%	15.3%	49.3%	3.2%	260J/g	0.064%

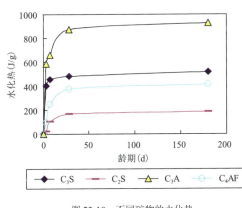

图 23-10　不同矿物的水化热　　　　图 23-11　低热水泥和普通水泥的水化热

隧道二次衬砌混凝土浇筑在模板和围岩之间,振捣困难,因此,采用整形粗集料,使混凝土在模板内具有更好的流动性。采用整形粗集料后,粗集料中针片状颗粒含量应小于 20%,混凝土拌和物扩展度增加 30～60mm,可提高混凝土的充填性。

多级配集料可降低混凝土的孔隙率,提高混凝土密实度,减小混凝土的碳化速率。选用粒形较好、级配合理的粗、细集料。粗集料应由 5～31.5mm 的 3 级或以上多级配集料混配而成。

为抑制混凝土温度收缩、干燥收缩引起的开裂,在混凝土中掺入补偿收缩材料。选用低 R7、保坍性能较好的外加剂，1h坍落度损失不应大于20mm；外加剂应与胶凝材料具有良好的适应性，确保混凝土拌和物不离析、泌水，表面无明显气泡上浮现象。

粉煤灰由于发生火山灰反应而提高混凝土的抗裂性能，国内许多工程也采用大掺量粉煤灰来降低温升，粉煤灰具有减少混凝土早期开裂的优良特性。掺加粉煤灰能够减少用水量，降低水胶比，由于粉煤灰可延长水化反应的时间，降低水化热，推迟了温度峰值的产生，减少了温度裂缝的产生因素，混凝土的温度峰值随着粉煤灰掺量的增加而降低。

（2）采用高密实性混凝土配合比

配合比设计是决定混凝土力学性能和耐久性的关键环节，其中最大水胶比与最小胶凝材料用量限值是保证混凝土耐久性所需要的抗渗性和力学性能的重要技术参数。标准中对不同环境下混凝土配合比参数限值进行了详细规定。以碳化环境为例，通过限定最大水胶比和最小胶凝材料用量，可改善混凝土的孔隙结构，提高密实度，保证混凝土具有良好的耐久性能。

（3）提高混凝土浇筑施工工艺

混凝土浇筑施工的工艺控制是影响混凝土耐久性的重要因素。施工工艺控制主要包括以下措施：控制混凝土的运输时间，混凝土从搅拌站至入模的时间不超过2.5h；增加二次搅拌设备，控制混凝土入模前的各项参数；为提高浇筑、振捣后混凝土的密实性，优化布置浇筑窗口、附着式振捣器，采用振捣智能化控制系统。

（4）养护措施

为了减少混凝土表面的裂缝，应对混凝土进行保温保湿养护。保温养护是为确保混凝土水化过程中内外温差不宜过大，减少温差裂缝。保湿养护是为确保混凝土表面保持湿润状态，防止干湿交替，减少干缩裂缝。混凝土保温保湿养护可采用隧道蒸养台车，根据混凝土水化过程中的温度变化，动态调整混凝土表面的温度和湿度。也可以采取在隧道表面粘贴保湿膜、设置保温气囊等措施实现保温保湿的目标。

23.4.3　二次衬砌混凝土耐久性预测

混凝土结构的耐久性，是指混凝土结构在自然环境、使用环境及材料内部因素的作用下，在设计要求的目标使用期内，不需要花费大量资金加固处理而保持其安全功能、使用功能和外观要求的能力。混凝土结构的耐久性研究，应考虑环境、材料和结构等方面的因素，这些因素可分为环境、材料、构件和结构四个层次。材料层次的研究是混凝土结构耐久性研究最基础的部分，也是研究得较为深入的部分。材料的耐久性研究包括对混凝土和钢筋两种材料的研究。

从混凝土结构耐久性损伤的机理看，可以将混凝土耐久性损伤分为化学作用引起的损伤和物理作用引起的损伤。由于化学作用与电化学作用使结构产生的劣化现象主要有碳化、钢筋锈蚀、碱—集料反应及化学侵蚀（如硫酸盐侵蚀、酸侵蚀等），由于物理作用使结构产生的破坏现象主要有冻融破坏、磨损、碰撞、冲蚀等。混凝土结构耐久性损伤的劣化现象，主要有混凝土的碳化、混凝土中的钢筋锈蚀、混凝土冻融破坏、裂缝、混凝土强度降低及结构的过大变形等。

混凝土的碳化深度可按式（26-2）计算，根据公式中碳化系数K的确定方法，碳化深度预测模型可以分为四类：理论模型、经验模型、结合理论与试验的碳化模型和基于可靠度理论的随机模型。表23-3给出了各类碳化模型的基本公式和优缺点。

各类碳化模型的基本公式和优缺点 表23-3

分类	代表学者	基本公式	优缺点
理论模型	阿列克谢耶夫	$x = \sqrt{\dfrac{2D_{CO_2}C_{CO_2}}{M_{CO_2}}}\sqrt{t}$	各参数物理意义明确,有理论基础;参数不易确定,不便于工程应用,未考虑混凝土碳化过程的随机性
理论模型	希腊学者 Papadakis	$x = \sqrt{\dfrac{2D_{CO_2}C_{CO_2}}{C_{CH}+C_{CSH}+3C_{C_3S}+2C_{C_2S}}}\sqrt{t}$	
经验模型	日本岸谷孝一	当 $\dfrac{W}{C} > 0.6$ 时,$x = \gamma_c\gamma_a\gamma_s\sqrt{\dfrac{\dfrac{W}{C}-0.25}{0.3\left(0.15+3\dfrac{W}{C}\right)}}\sqrt{t}$ 当 $\dfrac{W}{C} < 0.6$ 时,$x = \gamma_c\gamma_a\gamma_s\dfrac{4.6\dfrac{W}{C}-1.76}{\sqrt{7.2}}\sqrt{t}$	便于工程应用;很多经验参数没有物理意义,普适性不够,未考虑混凝土碳化过程的随机性
经验模型	中国建筑科学研究院邸小坛	$x = \alpha_1\alpha_2\alpha_3\left(\dfrac{60.0}{f_{cu,k}}-1.0\right)\sqrt{t}$	
经验模型	Lesahe de Fontenay C	$x = \left[6800(F_{28}+25)^{-1.5}-6\right]\sqrt{t}$	
经验模型	山东建筑科学研究院朱安民	$x = \gamma_1\gamma_2\gamma_3\left(12.1\dfrac{W}{C}-3.2\right)\sqrt{t}$	
半理论半经验模型	同济大学张誉	$x = K_{RH}k_{co_2}k_Tk_s \times 839(1-RH)^{1.1}\sqrt{\dfrac{\dfrac{W}{C\gamma_c}-0.34}{\gamma_{HD}\gamma_cC}}\sqrt{CO_2}\sqrt{t}$	具有较高的可行性;未考虑混凝土碳化过程的随机性
基于可靠度理论的随机模型	西安建筑科技大学牛荻涛	$k = 2.56K_{mc}k_jk_{CO2}k_pk_s\sqrt[4]{T}(1-RH)RH\left(\dfrac{57.94}{f_{cu}}m_c-0.76\right)$ $p(c) = \dfrac{1}{\sqrt{2\pi}\sigma_c}\exp\left[-\dfrac{1}{2}\left(\dfrac{c-\mu_c}{\sigma_c}\right)^2\right]$ $f_X(x,t) = \dfrac{1}{\sqrt{2\pi}\sigma_X(t)}\exp\left\{-\dfrac{[x-\mu_X(t)]^2}{2[\sigma_X(t)]^2}\right\}$	将理论分析方法和工程调查方法结合起来,并考虑混凝土碳化过程的随机性

注:表中公式符号注释详见相关著作和文献,在此不一一列示。

23.5 隧道耐久性设计方法

隧道结构的耐久性是隧道围岩、初期支护、二次衬砌与周边环境共同作用、相互影响的结果。围岩和初期支护形成的共同体在周边环境的影响下出现劣化,承载力衰减,围岩荷载逐步由初期支护转移到二次衬砌结构,二次衬砌荷载逐渐增大。二次衬砌结构在周边环境影响下同样将出现性能劣化,承载力衰减,当二次衬砌承载力衰减至二次衬砌荷载以下时,则隧道结构将出现耐久性失效,如图 23-3 所示。此时 T_c 为隧道使用寿命,并可根据式(23-1)计算隧道结构耐久性的安全系数 K_n。

23.5.1 初期支护承载力的衰减

隧道的耐久性主要取决于隧道二次衬砌承载力的退化和二次衬砌荷载的逐渐增大,而二次衬砌荷载增大主要是由于初期支护与围岩体承载力的衰减,初期支护与围岩承载力衰减的速率取决于锚杆或锚索失效速度以及注浆体的腐蚀速度。

假设初期支护与围岩的承载力衰减规律如下：

$$p_r = \eta(T) \cdot p_{ro} \tag{23-6}$$

式中：p_{ro}——初期支护与围岩的初始承载力；

$\eta(T)$——初期支护与围岩的耐久性折减系数。在隧道工程施工完后初期，各种腐蚀尚未开始，锚杆、锚索、注浆等支护措施都处于最佳状态，$\eta(T)$取值为1；随着时间延续，各种支护措施逐渐失效退出工作状态，$\eta(T)$取值逐渐减小至0。初期支护与围岩的承载力逐渐降低，二次衬砌荷载则逐渐增大。

当隧道采用锚杆、锚索支护时，耐久性折减系数$\eta(T)$主要取决于锚杆砂浆层的碳化速度；当隧道采用注浆加固时，则耐久性折减系数$\eta(T)$主要取决于注浆体的抗压强度衰减率。

23.5.2　二次衬砌承载力的衰减

二次衬砌承载力的衰减可根据式(23-7)计算。

$$R_L = \beta(T) \cdot R_{Lo} \tag{23-7}$$

式中：R_{Lo}——二次衬砌的初始承载力；

$\beta(T)$——二次衬砌的耐久性折减系数。

在二次衬砌施工完成的初期，各种腐蚀尚未开始，二次衬砌处于最佳状态，$\beta(T)$取值为1；随着时间延续，二次衬砌逐渐失效退出工作状态，$\beta(T)$的取值逐渐减小为0。折减系数$\beta(T)$可根据混凝土碳化深度采用下式估算：

$$\beta(T) = \frac{H_0 - x(T)}{H_0} \tag{23-8}$$

式中：H_0——二次衬砌初始厚度；

$x(T)$——混凝土碳化深度，可按式(23-2)计算。

23.6　结语

本讲是京张高速铁路八达岭长城站耐久性设计和研究过程中取得的成果。目前，我国普通工民建的设计使用寿命一般为50年，国家重大工程一般为100年，而一些特殊工程则超过了100年，如港珠澳大桥设计使用年限为120年，水利水电系统明确规定大坝的设计使用寿命为150年，而三峡工程也提出了三峡大坝混凝土寿命500年的设计构想。

我国1909年建成通车的老京张铁路虽然没有提出具体设计使用年限，但迄今已使用了110年，而且在可预见的未来还将继续发挥重要的运输功能，尤其是货物运输功能。随着人类技术的进步，工程的设计使用寿命和混凝土的耐久性完全可以超越100年。高速铁路工程是影响国计民生的交通命脉工程，研究高速铁路工程设计使用寿命超越100年的设计方法和技术措施具有重要意义。

京张高速铁路八达岭长城属于地下岩石工程，其在耐久性方面具有得天独厚的优势。地下工程具有恒温恒湿的良好环境，围岩具有较好的自稳性，而且岩石具有超长的耐久性，因此八达岭长城站主体结构提出了300年设计使用寿命的目标，并从结构设计、原材料、配合比、浇筑和养护工艺等方面提高二次衬砌结构的耐久性。

隧道结构耐久性设计的关键在于确定初期支护和二次衬砌结构承载力的衰减曲线,通过初期支护承载力衰减曲线可以计算二次衬砌荷载的增长曲线,从而计算隧道结构的使用寿命和任意时间点的耐久性安全系数。目前,初期支护和二次衬砌结构承载力衰减曲线可以根据混凝土的碳化和钢筋的锈蚀速度进行估算,但这种计算方法的合理性和准确性还有待进一步研究。

本讲参考文献

[1] 赵健,冀文政,张文巾,等.现场早期砂浆锚杆腐蚀现状的取样研究[J].地下空间与工程学报,2005,1(s1):1157-1162.

[2] 涂鹏.注浆结石体耐久性试验及评估理论研究[D].长沙:中南大学,2012.

[3] 仇文革.隧道结构体系耐久性及其设计方法研究[R].成都:西南交通大学,2012.

第三篇 Third chapter

特殊结构设计

第 24 讲　洞口段设计
第 25 讲　浅埋和偏压段设计
第 26 讲　超大跨度隧道结构设计
第 27 讲　近接隧道设计
第 28 讲　隧道结构抗震设计

第24讲 洞口段设计

洞口段工程包括洞外边仰坡、路（桥）隧过渡段、洞门、洞口明洞、暗洞入口段等部分，是对隧道施工、运营安全影响最大的部分。洞门工程是隧道的门面，是最能够体现隧道美观性的部分，可起到突出的标志作用，因此洞口段工程的设计至关重要。本讲主要介绍包括洞口边仰坡防护设计、危岩落石防护设计、路（桥）隧过渡段设计、洞门设计、缓冲结构设计。洞口明洞设计、洞口段基底处理设计等内容参见其他相关章节。

在以前国民经济发展水平较低、隧道施工技术水平相对落后时，为了缩短隧道长度一般都先拉一定长度的路堑，进洞之前为了保持洞口能安全顺利进洞就必须对洞口进行适当的开挖，创造进洞条件，随之需修筑挡墙维护边仰坡的稳定，隧道洞身按照浅埋（或偏压）衬砌进行设计施工，一般不会出现桥台进洞现象，排水系统也在深挖路堑段解决。这种情况下隧道洞口段设计存在较大的局限性，基本是为了解决进洞这个"点"的问题。洞口往往位于偏压地段，这种方式需采取半填半挖的方式增设一定长度的明洞，这样做就不可避免地造成对洞口周围山体植被和稳定性的破坏。

随着国民经济水平的提高和隧道施工技术的发展，对洞口进行适当的加固措施及早进洞已经完全成为可能，这种方法可最大限度地减少施工对洞口山体的破坏和扰动，对保持洞口山体的稳定和环境保护具有特殊的意义；同时随着铁路运行速度的提高，在乘客高舒适性和落石防护高安全性方面也提出了更高要求，设置合理的洞门缓冲结构和必要的接长明（棚）洞逐渐引起了人们的重视，设计由"点"延伸为"线"，洞门设计也朝着洞口段设计纵向扩展。

24.1 洞口边仰坡防护设计

隧道洞口边仰坡防护常用的方法有喷锚网防护、表层注浆加固、骨架护坡和锚杆（索）框架梁防护。从防护（加固）深度方面分类，可将其分为浅层坡面防护和深层坡面防护：浅层坡面防护主要有喷锚网防护、骨架护坡和锚杆（索）框架梁防护，深层坡面防护主要有锚索框架梁防护、独立锚索防护。

1）喷锚网防护

喷锚网防护是目前高陡边坡防护工程中采用较多的一种防护方式，它是喷射混凝土、锚杆、钢筋网联合防护的简称，是一种先进的加固防护技术。喷锚网防护是通过在岩体内施工一定长度和分布的锚杆，与岩体共同作用形成复合体，弥补岩体强度不足并发挥锚拉作用，使岩体自身结构强度潜力得到充分发挥，保证坡面的稳定。坡面设置钢筋网喷射混凝土，起到约束坡面变形的作用，使整个坡面形成一个整

本讲执笔人：史先伟，朵生君.

体。因喷射混凝土存在耐久性方面的缺陷,该防护措施一般多用于开挖坡面的临时防护工程。

2)骨架护坡

在边坡、刷坡坡面上或在填筑的坡面上使用混凝土形成框架式构筑物,框架中间直接植草或铺设空心砖后植草防护,以防止坡面溜坍和冲刷,是工程中坡面防护和水土保持的主要措施之一(图24-1)。骨架护坡一般用于土质坡面,属于绿色生态防护,较为美观,但其对坡面坡率的采用有一定的要求,一般应采用小于1∶1.25坡面坡率。采用较陡的坡率,当受地表水和地下水渗出冲刷影响后,易出现局部溜塌的病害;在洞口附近的回填土坡面上使用时,易因夯填碾压不到位造成基础不密实,会因沉降不均造成框架构筑物悬空而断裂,从而引起局部溜塌病害。当洞口回填土受地形限制不能采用较缓的回填仰坡时,不建议使用该防护形式,可用组合式洞门(增设端墙)取而代之。

图24-1 隧道洞门骨架护坡防护工程

3)锚杆(索)框架梁防护

在刷坡坡面上现浇钢筋混凝土框架或者将预制好的钢筋混凝土构件铺设在坡面上以形成框架,根据实际需要,框架的节点处选用锚杆或预应力锚索来固定。洞口坡面锚杆框架梁如图24-2所示。这种锚固框架既能固定客土和浅层岩体,又对深层岩体有加固作用。在框架内铺填客土,然后采用常规的铺草皮、挖沟植草、液压喷播方法进行植被。采用这种绿化方法,陡坡上浅层土壤内的水分难以长期保持,故应选用保水性好的客土和耐旱的植物。

锚杆框架梁防护可适用于边、仰坡率1∶0.5～1∶1.0的、整体稳定性好、局部易剥落的岩质坡面的一般性加固防护;当坡面岩体节理发育、地质顺层、坡体自稳性差时,可采用锚索并施加预应力加强坡面防护,即锚索框架梁。

4)独立锚索防护

当在原始坡面上需要特殊加固处治时,因坡面起伏较大,又不宜过度清刷时,可将框架梁改为十字板或独立锚墩,即独立锚索,如图24-3所示。

图24-2 洞口坡面锚杆框架梁　　　　图24-3 洞口坡面十字板锚索

24.2 危岩落石防护设计

艰险山区隧道洞口大多山坡陡峭,有危岩落石分布,受多种因素综合控制,完全绕避的可能性小,如不能得到妥善处理将会威胁铁路设备和运输安全。其防治措施并不是一定要阻止崩塌落石灾害的发生,主要目的在于防治其产生的危害。目前常采用的处理措施主要分为两大类：防止崩塌发生的主动防护和防止其危害的被动防护。

主动防护主要是从源头上避免危石掉落，具体手段有：清方刷坡及清活石、清根劈树木、灌缝、打探头、嵌补支挡、钢丝绳拉锚、锚杆（索）加固、主动防护网、截排水等[1]。

被动防护主要是对已经动起来的危石采取拦截措施，具体手段有：被动防护网、拦石墙和拦石槽等。

项目在设计勘察阶段应详细调查项目沿线崩塌灾害，并且针对不同的崩塌类型、变形破坏机制、致灾原因、岩土体的稳定性、施工条件等因素以及考虑环境保护条件，选取不同的工程防治综合措施，同一灾害点可选取一种或多种处理手段。

1）清方刷坡及清除活石

清方刷坡及清除活石是前提性主动措施。

清方刷坡常用在土质坡面处理中，能有效地减少崩塌造成的危害，但是必须重点考虑以下几个方面的因素：清方刷坡的效果和经济性；被刷坡的岩土体稳定性，诱发其他地质灾害的可能性；施工安全、施工条件、爆破施工的可能性；环境保护；刷坡的位置、刷坡程度、清方的前后顺序等必须具体分析。

清除活石常用在石质坡面处理中，是将坡面影响范围内已从母体脱落的石块清除。覆盖层较厚时会出现活石埋入覆土内，当埋入超过 2/3 时不宜清除，也可清除后进行回填处理，否则可能会改变坡面局部汇水路线，因冲刷而影响坡面的局部稳定平衡，甚至造成局部坡面溜塌。

2）清根劈树木

坡面基岩常伴有较大的卸荷节理裂隙，裂隙内可存储一定的腐殖土、汇集降雨雨水，因此创造了植物根系生长的条件。根系会对裂隙产生劈裂加速，风吹树摇极可能产生活石剥落。可对根劈作用的重点树木处死清除，但并非大面积砍伐树木。

3）灌缝

坡面基岩较大的卸荷节理裂隙会伴有植物根劈作用、雨水下渗等加速表层岩体的风化作用，可采用水泥砂浆或水泥浆灌注封闭。

4）打探头

露出地面较高的危岩体、大孤石，因风化作用易剥落，凿除易剥落的岩体部分，即人工干预提前将风险释放。

5）嵌补支挡

基础局部悬空的危岩体、孤石，对悬空部位采用 C25 混凝土或加钢钎进行嵌补支挡加固。

6）钢丝绳拉锚

对于坡面上巨大的未脱离母体的危岩体，当清除会对上方稳定岩体产生扰动或加剧卸荷节理的产生，锚固措施又难以施作时，可采用多道钢丝绳捆绑拦截、两端锚固于稳定岩体的方法处理。

7）锚杆（索）加固

节理大规模发育或顺层节理发育的危岩，采用锚（索）进行锚固。

8）主动防护网

原始坡面或规模较大的危岩、危石群清除活石后，节理裂隙较发育，极易产生新的危活石，采用主动网覆盖防护。

9）截排水

崩塌落石灾害在雨季发生得最为频繁，雨水能降低岩土强度，促使、加剧崩塌的发生。排水工程有必要设置外围截水沟，以拦截崩塌体以外的地表水，而且截水沟应该修建在崩塌体可能发展的边界以外足够距离处，断面大小根据汇水面积和洪峰流量设计。排水沟设置时应充分利用天然沟谷，以利于地表水尽快排泄。

除了设置地表排水工程以外,当地下水、孔隙水等对崩塌体影响较大时,可以考虑采取一定的地下排水措施,但是必须充分考虑结构自身安全性、可靠性和必要性。

10)被动防护网

在易产生危、活石的区域下方或陡坎下方一定距离处设置一道或多道被动防护网,可对脱落的石块在未产生较大动能之前进行有效拦截。该方法具有以柔克刚、场地条件要求不高、施工简易等优点,但耐久性差,承受冲击能力具有一定上限,超过此上限时将会造成严重破坏,在能力范围内承受冲击力后细网、减压环等部分构件也会局部破损需更换修复。

11)拦石墙和拦石槽

拦石墙和拦石槽在场地具备条件时可代替被动防护网,在坡面体整体稳定、局部有相对平缓的条件下设置,是主要的被动防护措施之一。因地形条件和基础挖深所限,其高度一般设置为 5～6m。其结构可分为基础、主体、防撞三部分,基础深入稳定的基岩中,从而达到传递落石冲击力的目的,并且拦石墙能将落石存储至墙后,减少其对洞口的影响。为防止部分落石碰撞后翻出墙顶,也可在墙顶设置一定数量的钢轨栅栏结合使用,加强拦石效果。相对柔性防护网而言,拦石墙能够承受更大的落石冲击力、防护安全性更高、耐久性好,但是相对工程造价高、场地条件要求高、施工难度大、施工期较长。

24.3 路(桥)隧过渡段设计[2]

隧道洞口必然存在与桥梁、路基工程相邻,从工程的美观协调、施工便利、措施合理等角度,需要对接口问题妥善处理。

1)路隧过渡段设计

隧道洞口边、仰坡防护应与相邻路基边坡防护、洞口周边环境相协调,防护形式尽量保持统一,既确保安全,便于施工,又达到美观效果,如图 24-4 所示。

a)

b)

c)

d)

图 24-4 隧路、桥隧统一防护

2）桥隧过渡段设计

桥隧相连的洞口，可分为两种类型：一种是桥台台尾与隧道洞门端部邻接；一种是桥台台尾伸入隧道内部。桥隧相接的洞口工程应处理好两种结构的空间关系和隧道排水系统。

（1）桥隧相邻

这种类型隧道结构尺寸受桥台影响小，须明确桥台施工基坑防护设计，避免基坑开挖对隧道洞口结构造成沉降；或根据地质条件明确隧道与桥台结构物的施工工序，通常地质条件差时先开挖并浇筑桥台，后施作隧道洞口结构。

（2）桥台（梁）进洞

桥台伸入隧道后，隧道净空应考虑桥台、梁部的影响，对断面进行加宽、加深设计。桥台进洞隧道结构通常有两种设计形式：一种为隧道拱墙与仰拱为整体结构，隧道仰拱及填充作为桥台或桥台基础，该种方式适用于地质条件较好、隧底承载能力大的条件；一种为隧道拱墙结构单独设置基础，与桥台基础分离，该种方式适用于地质条件差、隧底承载能力低的条件。

3）过渡段设计注意事项

隧道与相邻路基、桥梁间应设置过渡段，过渡段设计注意事项如下。

（1）基底加固措施尽量统一设计，便于施工。
（2）电缆沟槽过渡连接时的转弯半径应满足电缆铺设要求。
（3）隧道洞内排水沟与路基排水沟的衔接过渡，路基段水沟排水能力需满足隧道排水需求。
（4）洞顶截水沟应与路基截水沟顺接。
（5）隧道内的疏散通道与桥梁人行道板应平顺过渡连接。
（6）隧道洞口排水避免冲刷桥台等结构物，必要时设置可靠的吊沟及消能池。

24.4 洞门设计

洞门是标志隧道进出口并对洞口岩土体进行支挡保持其稳定的构筑物。隧道洞门设置应遵循"早早进、晚晚出"的原则。铁路隧道洞门设计理念经历了以下三个发展阶段：首先是解放初期采用苏联的等价荷载模式，这个阶段洞口的挖方量很大，尽量缩短隧道的长度，这种方式修筑的隧道洞门后来陆续出现了很多问题，我们吃了很大的苦头；后来以成昆铁路的修建为标志，提出"早进晚出"的概念，但受当时的施工技术限制，为了能够进洞，还是不得不开挖较长的路堑边坡；随着经济水平、施工技术的发展，特别是高速铁路隧道的建设，最近洞门的形式有较大的创新突破，采用洞口段结构，洞口不修筑挡土墙，将洞口段结构按整体设计，无端墙式隧道门成为隧道洞口结构发展的趋势。

1）洞门基本类型及适用条件

洞门基本类型分为简易式、端（耳）墙式、挡（翼）墙式、柱式、斜切式，适用条件见表 24-1。

洞门基本类型及适用条件一览表　　　　表 24-1

洞门形式	适 用 条 件
简易式	岩层坚硬完整，山体压力小，洞顶及洞身范围永久边、仰坡在锚喷措施下可保证非常稳定，无景观要求的隧道口
端（耳）墙式	岩层欠完整，洞身仰坡在锚喷措施下仅能维持施工期间稳定，永久边坡稳定，洞口路堑与路基要求宽度、坡率一致的隧道口或洞口地形开阔无条件施作挡墙的隧道口
挡（翼）墙式	岩层欠完整，洞身边、仰坡在锚喷措施下仅能维持施工期间稳定，洞口路堑有一定深度、自然状态下无法保持长期稳定的隧道口

续上表

洞门形式	适 用 条 件
柱式	岩层欠完整,洞身仰坡在锚喷措施下仅能维持施工期间稳定,永久边坡稳定,洞口路堑与路基要求宽度、坡率一致的隧道口,洞口地形开阔无条件施作挡墙的隧道口及在城市、车站或风景区等有美观要求的隧道口
斜切式	岩层完整或通过其他加固形式已经保持稳定、运营速度较高的隧道口

为了满足各类地形特点、结构和功能需要,可将我国铁路隧道洞门常见类型分为两大类——传统型洞门和现代新型洞门。传统型洞门即有端墙洞门,主要包括端墙式、翼墙式、台阶式、柱式;现代新型洞门即无端墙洞门,主要包括倒斜切式、正斜切式、直切式。有时也会出现两种结构的结合形式,可称之为组合式洞门;除此以外其余各类洞门,基本是在它们的基础上因地制宜进行局部的调整而来。

2)常见洞门形式的特点

(1)端墙式洞门

端墙起挡土墙的作用,主要抵抗山体纵向推力,保证仰坡坡面稳定。适用于地形较为平坦开阔时,石质坡面并较为稳定,低烈度地震区的情况。具有结构简单、工程量小、施工简便等优点,但洞门顶部排水条件略差,需在山坡上开挖沟槽向较低侧或两侧横向引排,如图24-5所示。

图 24-5 端墙式洞门

(2)柱式洞门

柱式洞门是从端墙式洞门发展起来的,它实际也是一种端墙形式的洞门。适用于因单洞多线隧道或双洞隧道相邻以致端墙宽度较大的情况,柱子基本属于假柱,增加柱子主要起装饰作用,较普通端墙式洞门显得美观大方。在重点隧道或城镇附近的洞口多有应用,如西康铁路秦岭隧道进口(双洞隧道相邻)、乌鞘岭隧道、西成客专得利隧道进口(单洞多线隧道),如图24-6和图24-7所示。

图 24-6 秦岭特长隧道柱式洞门

图 24-7 得利隧道柱式洞门

(3)翼墙式洞门

翼墙式洞门是在端墙式洞门的两侧或一侧加设翼墙(挡墙)而成,如图24-8所示。

①适用于地质条件较差、山体坡面纵向推力较大的情形,翼墙是为增加端墙的稳定性而设置,起到抵抗山体坡面纵向推力、增加洞门的抗滑及抗倾覆能力的作用。

②还适用于洞口设置了深挖路堑的地方,翼墙可保护两侧面路堑边坡,起挡土墙作用。翼墙顶面通常与仰坡坡面一致,其顶部设置纵向排水沟,将洞门端墙顶水沟汇集的地表水引排至路堑侧沟,纵向排走。

耳墙式洞门属于该洞门的微调衍变,洞口会略显开阔,样式较为美观。

(4)台阶式洞门(也称为偏压式洞门)

洞口段为傍山地形,地面线横坡较陡,在翼墙式洞门基础上,为了适应原地形,多采用两侧结构不对称、高度不对等的台阶式洞门,如图24-9所示。一般两侧均需开挖设置挡土墙,端墙依然存在,洞门顶水沟收集的地表汇水排向远山侧。该洞门形式对洞顶排水较为有利。

图 24-8 翼墙式洞门

图 24-9 台阶式洞门

（5）单压式明洞门

减少内侧开挖和外侧回填，多采用两侧结构不对称、高度不对等的台阶式洞门，如图 24-10 所示。一般在线路靠山侧洞外设置一定长度的挡土墙抵抗山体边坡推力，在线路远山侧洞内里程设置一定长度的挡土墙（有时需加深基础）挡护洞顶回填土缓冲层。端墙依然存在，洞门顶水沟收集的地表汇水排向远山侧。该洞门形式对洞顶排水较为有利，多在为了防坡面落石特意接长明洞时使用。

以上四种传统洞门的基本形式均有一个共同点——有端墙：端墙设置时均需设置端墙顶水沟和帽檐，洞顶水沟作用是收集并排除地面汇水，其应具有一定深度、纵坡，帽檐也应具有一定高度，确保水流不会由其顶部翻出；端墙顶水沟至仰坡坡脚段应保证一定厚度的回填土层，以减缓山坡滚石对衬砌的冲击；端墙顶水沟至仰坡坡脚段应有一定的距离，防止仰坡坡面滚石跳跃超过帽檐进入线路；端墙需设置在稳固地基上，必要时进行基础处理或加深，对地基承载力有一定的要求。上述基本要求在设计规范及设计手册均有规定，随着经济水平的发展，在设计当中应当提高这一要求，以满足工程建设和运营期的高安全性需求。

图 24-10 单压式明洞门

（6）倒斜切式洞门

该种切削形式适用于洞口岩石基础稳定、整体性好、洞口山体坡度很陡或峭壁岩体处的隧道（图 24-11）。已采用常规基础形式外延洞门，仍感觉长度不足时，采用倒斜切式洞门可得到一定有效长度的洞门防护结构，对于高陡仰坡的防落石具有一定作用。为了在一定程度上减缓空气动力学效应及美观需求，在洞口附近一般设置一定长度的渐变扩大断面。当有防落石需求时可将该扩大断面斜率适当放大。

（7）正斜切式洞门

该种切削形式适用于洞口山体坡度较缓、场地开阔，或距离城市较近，或有景观要求，或桥隧相连的隧道（消除短路基）（图 24-12）。通常在斜切处设置一定高度的上挑帽檐更为美观，帽檐高度不应小于 1.5m，仰坡坡脚至帽檐与衬砌交接距离一般不小于 1.5m。通过洞顶回填土恢复至原地貌，绿化效果好，不适用于存在危岩落石及洞顶有道路、水渠的情况。

图 24-11 倒斜切式洞门

图 24-12 正斜切式洞门

(8) 组合式洞门

在边、仰坡陡峭的地形条件下，为更好承受坡面落石的冲击力，做一段有回填土的明洞是十分必要的。在偏压严重的地段，可采用单压明洞，门外侧基础需加深，接长长度有限，采用倒切洞门，洞顶回填土纵横向收坡困难。组合式洞门（倒切+端墙）如图 24-13 所示。

图 24-13 组合式洞门

3) 设计注意事项

(1) 隧道洞口应遵循"早早进、晚晚出"的原则，不得大开挖刷方进洞，避免人为破坏坡面边、仰坡的稳定性。

(2) 洞口位置应置于稳定山体之上，并对设置的端墙、挡墙等构筑物视作挡土墙，按容许应力检算其强度，并检算绕墙趾倾覆、沿基底滑动的稳定性，构筑物基础设置应考虑承载力要求，埋置深度应考虑防冻害需求。

(3) 洞口边、仰坡顶面及周围，应根据实际情况合理设置截排水沟或挡水墙，防止坡面汇水冲刷坡面，破坏坡面稳定，也是落实水土保持的重要措施之一。

(4) 应结合气象资料、日照情况、海拔高度等综合设置隧道洞口排水的保温防寒措施。

(5) 对于景观及文化要求高的区域的重点洞门可进行专项建筑美学设计。

24.5 缓冲结构设计

随着列车速度的提高,列车进出隧道所产生的车随气动效应的强度也会相应增强,主要体现在旅客及乘务人员耳膜不适、乘车舒适度降低、对司乘人员和列车产生危害,隧道出口能发出轰鸣声甚至强烈的爆破声影响附近居民正常生活(详细可参考本书第 5 讲内容)。作为安全、环保、绿色交通设施的高速铁路,其隧道洞口微气压波问题必须得到妥善解决。微气压波的发生时态和大小与诸多因素有关,目前技术条件下,在隧道洞门上采取措施即设置缓冲结构,以减缓高速列车运行的负面影响,是最为行之有效的办法。缓冲结构形式需根据地形、地质及周边环境等因素确定。目前常用的缓冲结构形式主要如下:喇叭口结构——扩大断面式(图 24-14、图 24-15),开孔结构——侧壁开孔(组合)式(图 24-16 和图 24-17)、拱部开孔式(图 24-18)、平导式(图 24-19)。各种洞门缓冲结构优缺点及适用条件见表 24-2。涉及其中详细的参数设置时,可根据隧道断面、速度目标值、车辆断面等通过数值计算选取断面比或开孔率。

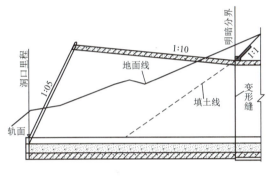

图 24-14 扩大断面式缓冲结构(渐变)

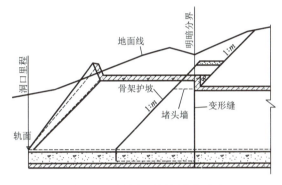

图 24-15 扩大断面式缓冲结构(突变)

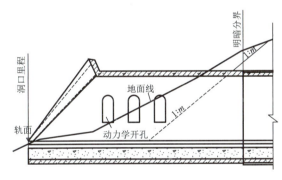

图 24-16 侧壁开孔式缓冲结构

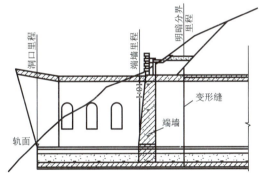

图 24-17 侧壁开孔组合式缓冲结构

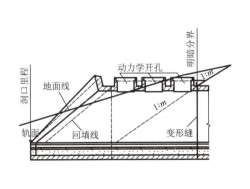

图 24-18 拱部开孔式缓冲结构

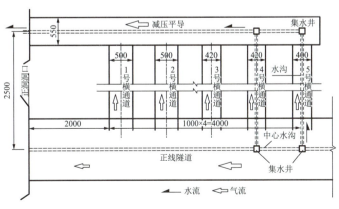

图 24-19 平导式缓冲结构(尺寸单位:cm)

洞门缓冲结构优缺点及适用条件 表 24-2

序号	洞门缓冲结构名称	优点	缺点	适用条件
1	扩大断面	可以有效降低压缩波的压力梯度	开挖等工程量大，增加施工风险和投资	适用于地形平缓的洞口
2	侧壁开孔	合理的开孔方案，可以较好地提高缓解微压波效果	用在深拉槽设置侧壁开孔时，边坡对气压波有反弹作用	适用于地形平缓、不需深拉槽延长洞口的地方
3	顶部开孔	可避免边坡对气压波的反弹作用，缓解气压波效果更好	对防治坡面危岩落石效果差	适用于地形平缓的洞口
4	组合斜切式洞门	增设的端墙可兼作仰坡坡脚的挡墙，为设置开孔争取空间	需设置挡墙，不能做到完全绿色防护	适用于地形较平缓、设置开孔长度不足的洞口
5	平导式缓冲结构	具有普遍适用性	工程投资较大	适用于洞口仰坡陡峭的洞口

24.6 结语

随着国民经济水平和隧道施工技术突飞猛进的发展，以及人民对美好生活的向往需求，业界迫切需要提高设计理念的标准，洞口段设计需基于自然界所赋予它的客观条件，如地形、地质因素，采取经济合理的手段解决工程问题，同时设计构思还应与周边环境融合与保护、时代背景、文化底蕴、安全和舒适性需求充分结合。或许这将是我们在后续一定时期需要思考的重点。

本讲参考文献

[1] 国家铁路局. 铁路隧道设计规范：TB 10003—2016 [S]. 北京：中国铁道出版社，2017.

[2] 赵勇，肖明清，肖广智. 中国高速铁路隧道 [M]. 北京：中国铁道出版社，2016.

[3] 铁道部第二勘测设计院. 铁路工程设计技术手册（隧道）[M]. 北京：中国铁道出版社，1995.

[4] 史先伟. 客运专线高陡边坡洞门及缓冲结构设计 [J]. 铁道建筑技术，2012.（5）.

第 25 讲

浅埋和偏压段设计

在铁路隧道的建设过程中,经常会遇到浅埋和偏压的情况,或者出现在洞口段,或者出现在洞身段。这些段落都是隧道建设的风险点,其设计施工难度较大。本讲将重点介绍浅埋和偏压段隧道的特征、计算方法及其设计应对措施,可供设计、施工等相关工程人员参考。

25.1 浅埋偏压段隧道特征

25.1.1 浅埋隧道

1)概述

隧道当埋藏较浅,洞顶地层覆盖较薄,不能形成承载拱时,通称浅埋隧道,通俗地讲就是埋深较浅的隧道。它的力学特点是,隧道开挖后,将承受其上面全部覆土所产生的土压力。严格地说,判定浅埋隧道的分界深度,与隧道所处的地层岩性、隧道跨度、场地稳定性,甚至开挖工法和支护方案均有大小不一的相关性,需要考虑各种因素后综合确定。

浅埋隧道由于覆盖层薄,接近地表,受自然影响大,因此所通过的地层一般多系风化破碎岩层,或堆积层、冲积层、坡积层等比较松软的地层,有时还受不良地质构造的影响。

2)深浅埋隧道分界深度

根据地下结构开挖引起的应力重分布不涉及地表的原则,在矿山法施工条件下,确定深浅埋隧道分界深度 h_p 的经验公式为:

$$h_p \leqslant (2.0 \sim 2.5) h_a \tag{25-1}$$

式中:h_a——深埋隧道垂直荷载计算高度(m)。

当隧道埋深 h 小于 h_p 时,一般属于浅埋隧道,同时根据具体情况,可作适当调整。

有关说明:

(1)Ⅳ~Ⅵ级围岩(不包括黄土、软塑状黏土、潮湿的粉细砂等)取高值,Ⅰ~Ⅲ级围岩取低值。

(2)当有不利于山体稳定的地质构造时,应适当加大 h_p 取值。

本讲执笔人:陈海军.

(3)采用非爆破法开挖或采用喷锚支护时,h_p值可适当减小。

(4)单线隧道宜取低值,双线隧道宜取高值。对于大断面高速铁路双线隧道,h_p取值可适当加大。

3)浅埋隧道经验条件

根据我国铁路隧道的有关资料,浅埋隧道的经验条件也可参照表25-1,前提是山体基本稳定,且无其他不良地质。当有不利于山体稳定的地质条件时,浅埋隧道覆盖层厚度还要适当加大。

浅埋隧道条件判别表　　　　表25-1

围岩级别	覆盖层厚度	围岩级别	覆盖层厚度
III	$\leq (0.5 \sim 1.0)B$	V	$\leq (2.0 \sim 3.0)B$
IV	$\leq (1.0 \sim 2.0)B$	VI	需另行确定

注:B为隧道开挖宽度。

4)工程特点

浅埋隧道通常具有以下工程特点:

(1)围岩自稳性差

浅埋隧道由于埋深浅,洞顶覆土薄,多数地层年代较新,工程力学指标较低,地层整体较差,自成拱效应差,开挖后围岩自稳性差。

(2)支护强度要求高

浅埋隧道由于围岩差,对支护措施的要求较高。首先要重视超前支护措施和开挖工法的选择,确保开挖掘进安全;其次要加强初期支护的刚度和强度,控制收敛和变形,避免失稳;最后要加强二次衬砌设计,保证结构安全。

(3)对地表影响大

浅埋隧道施工过程中容易出现地表沉降超标、开裂的现象,严重者甚至出现地表下陷,危及建(构)筑物的安全,对地表的影响大。

25.1.2 偏压隧道

1)定义

偏压隧道系指承受显著不对称荷载的隧道,主要是由于地形不对称或者地质岩层因素,造成隧道结构两面荷载不对称而形成。

2)产生偏压的原因

(1)地形原因

洞顶覆盖层较薄,地面横坡显著,有倾斜的松散、软质或土质围岩,多见于洞口浅埋地段或傍山浅埋地段,如图25-1所示。

(2)地质原因

地质上,围岩为倾斜层状结构,层间黏结力差,伴随以有害节理裂隙切割或洞身有倾角较陡的软弱结构面,以及有较弱夹层断裂带时,隧道将受到偏压作用,如图25-2所示。

(3)其他原因

如在施工期间造成洞顶一侧塌方,也会使隧道承受显著的偏压,如图25-3所示。

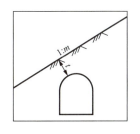
图 25-1 地形引起偏压示意图

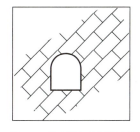
图 25-2 地质引起偏压示意图

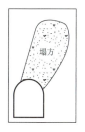
图 25-3 塌方引起偏压示意图

3）工程特点

（1）围岩较差，土压力不均衡

偏压隧道通常埋深不大，且围岩较差，在洞顶两侧覆土厚度不同的情况下，作用在隧道结构上的土压力也不尽相同，呈现出不均衡的特点。

（2）结构易发生水平位移

由于所受土压力不均衡，结构易发生水平位移的现象，通常由土压力大的一侧向土压力小的一侧移动。这种现象在土质地层隧道出现的概率比在石质地层隧道中出现的概率要大。

（3）支护强度要求高

偏压隧道由于围岩差，对支护措施的要求也高。既要重视超前支护措施，必要时可采取不对称的支护结构；又要重视开挖工法的选择，应根据地质条件、地表深陷对地面建筑物的影响及保障施工安全等因素选择开挖方法和支护方式，确保开挖掘进安全；还要加强初期支护的刚度和强度，能够抵御不均衡土压力，控制收敛和变形，避免失稳。

（4）结构需要加强或采取不对称设计

结合其受力特点，结构应采用不对称设计，确保结构安全。但在实际设计过程中，考虑施工的方便，通常采用包容、对称设计，做加强处理。

25.2 浅埋段设计

针对浅埋隧道的工程特点，设计施工中应主要从洞内、洞外两方面考虑工程应对措施，重点是控制沉降。

25.2.1 浅埋隧道荷载计算方法

地面基本水平的浅埋隧道，所受的荷载具有对称性，其计算应符合图 25-4 的规定。

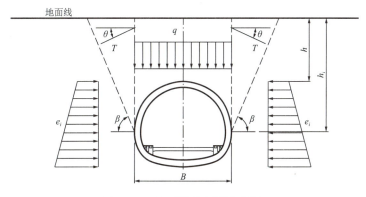

图 25-4 浅埋隧道衬砌荷载计算简图

1）垂直压力

垂直压力可按下式计算：

$$q = \gamma h \left(1 - \frac{\lambda h \tan\theta}{B}\right) \quad (25\text{-}2)$$

$$\lambda = \frac{\tan\beta - \tan\varphi_c}{\tan\beta\left[1 + \tan\beta(\tan\varphi_c - \tan\theta) + \tan\varphi_c \tan\theta\right]}$$

$$\tan\beta = \tan\varphi_c + \sqrt{\frac{(\tan^2\varphi_c + 1)\tan\varphi_c}{\tan\varphi_c - \tan\theta}}$$

式中：γ——围岩重度（kN/m³）；

h——洞顶离地面的高度（m）；

θ——顶板土柱两侧摩擦角（°），为经验数值；

B——隧道跨度（m）；

λ——侧压力系数；

φ_c——围岩计算摩擦角（°）；

β——产生最大推力时的破裂角（°）。

2）水平压力

水平压力可按下式计算：

$$e_i = \gamma h_i \lambda \quad (25\text{-}3)$$

式中：h_i——内外侧任意点至地面的距离（m）。

25.2.2　洞内加强措施

1）加强超前支护设置

结合隧道开挖跨度，对于单线隧道建议设置单层小导管或双层小导管超前预支护，对于双线隧道建议设置双层小导管或中管棚进行超前预支护（必要时在管棚内增设钢筋笼，以提高其刚度和抗弯性能）。

2）加强初期支护的刚度和强度

浅埋段隧道初期支护钢架可采用不同型号的工字钢或 H 型钢钢架，间距应适当加密，建议单线隧道不宜大于 1m，双线隧道不宜大于 0.8m。

3）加强二次衬砌

二次衬砌建议采用钢筋混凝土结构，厚度宜适当加厚。

4）采用分部开挖法

隧道施工分部开挖法主要有台阶法、环形开挖留核心土法、中隔壁法（CD 法）、交叉中隔壁法（CRD 法）、双侧壁导坑法等。上述几种方法均适用于浅埋段隧道的施工，具体应结合开挖跨度、地层及其加固情况综合考虑。

工法采用建议：

（1）单线隧道可采用两台阶法或三台阶法施工。

（2）双线隧道可采用环形开挖留核心土法、中隔壁法（CD 法）、交叉中隔壁法（CRD 法）、双侧壁导坑法等工法施工，确保安全。

（3）结合地层加固的效果，双线隧道也可采用台阶法施工，提高掘进效率。

25.2.3 洞外处理措施

1）地表加固，改良上部土体
常用的地表加固的方法主要有注浆法、高压旋喷法、水泥土搅拌法等，特殊情况下也可用冻结法。
（1）注浆法主要适用于强风化、全风化的石质地层或者碎石土、卵石土等孔隙较大的土质地层。
（2）高压旋喷法主要适用于砂质土、黏质土、粉质土等土质地层。
（3）水泥土搅拌法主要适用于砂质土、黏质土、粉质土、淤泥质土等地层。
（4）冻结法适用于含水率大、自稳性差、用其他方法不易处理的地层。此法费用较高，建议慎重使用。

2）地表回填，增加覆土厚度
当埋深较浅，必须采用暗挖法施工时，为确保安全，可以先采用地表回填反压，增加覆土厚度后，再行掘进。该措施常用于浅埋沟谷的施工。

3）地表降水，降低地下水影响
地表提前降水，使地下水位降低至隧道仰拱结构线 1m 以下，保证隧道在无水的环境中作业，是浅埋隧道降低施工风险的措施之一。

4）地表铺砌，阻止地表水下渗
地表采用浆砌片石或混凝土进行铺砌，防止冲刷的同时，可以阻止地表水下渗，进而影响隧道结构。

25.2.4 典型实例

1）兰新线西宁隧道
西宁隧道总长 5743m。隧道进口段位于西宁市区，穿行于湟水河阶地地表下，轨面埋深约为 16～33m，地层主要为第四系全新统人工填土、冲积砂质黄土、粉砂、细圆砾土、粗圆砾土、卵石土等，属于浅埋隧道。浅埋段长度约为 1300m，设计施工难度很大，如图 25-5 所示。

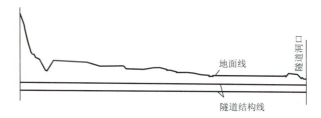

图 25-5 隧道纵断面示意图

设计中采取如下针对性措施：
（1）为满足工期要求，在浅埋段范围设置两座施工竖井辅助施工。
（2）超前支护全部采用洞内 ϕ89mm 管棚加强处理。
（3）初期支护钢架采用 I25 型钢钢架加强，间距为 0.5m/榀。
（4）施工采用双侧壁导坑法分部开挖，如图 25-6 所示。
（5）对地表位于隧道施工可能影响范围内的建筑房屋提前进行拆迁。

目前，隧道运营良好，验证了工程措施的合理性。

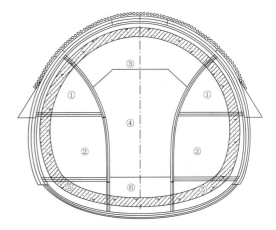

图 25-6 双侧壁导坑法示意图

2）兰渝线仓园隧道

仓园隧道总长715m，隧道洞身地层主要为第四系全新统洪积细角砾土、粗圆砾土，第四系上更新统风积黄土、冲积砂质黄土、粗圆砾土及下伏的志留系千枚岩，最大埋深约80m。隧道中部约270m埋深较浅，覆土厚度15～28m，如图25-7所示。

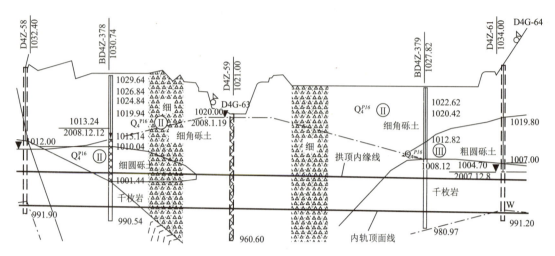

图25-7 隧道纵断面示意图

设计中采取以下措施：

(1) 洞外措施

①地表铺砌：地表浅埋沟谷采用C20混凝土铺砌。

②地表帷幕注浆加固地层：以隧道边墙净空外左8m和右5m范围内帷幕注浆，高度为隧道拱部以上5m至边墙底部，形成帷幕保护。

(2) 洞内措施

①超前支护采用双层超前小导管，长度4m，搭接1m，环向间距0.3m。

②支护参数洞内预留变形量设计为30cm；钢架采用I22b，间距为50cm，拱墙喷混凝土厚度30cm，取消系统锚杆。

③径向注浆：洞内径向注浆管长度3m，孔口环向间距为150cm，纵向间距150cm，全环注水泥—水玻璃双液浆。

25.3 偏压段设计

25.3.1 偏压隧道的设计方法

偏压隧道围岩压力的计算应按其产生偏压的原因分别考虑。根据以往经验，一般在Ⅳ级及以上围岩以地形引起的偏压为主进行计算；而在Ⅲ级及以下围岩，因地质构造影响较大，则以地质构造的具体条件进行计算。

1）由地形引起偏压的计算方法

当傍山浅埋的隧道拱肩外侧围岩覆土厚度 t 值小于表25-2所列数值时，将引起洞顶上方岩体的下沉；施工时，因初支或衬砌下沉，以及超挖、回填不实等原因，引起洞身上部围岩的下沉及隧道两侧地表开裂,均能在岩体内形成两个非对称的滑动面(假定偏压分布的图形与地面坡一致)。

拱肩外侧围岩覆土厚度 t 值(m) 表 25-2

围岩级别	地面横坡(1:m)											
	1:0.75		1:1		1:1.25		1:1.5		1:2		1:2.5	
	单线	双线	单线	双线	单线	双线	单线	双线	单线	双线	单线	双线
III		7		7				7		7		
IV石				5			4	11	4	11		
IV土				10		18	8	16	8	16	5.5	13
V				18			16	30	16	30	10	20

注:VI级围岩的 t 值可通过计算确定。
III、IV石围岩的 t 值需扣除表面风化破碎层和坡积层的厚度。

2)由地质构造引起偏压的检算

由地质构造引起的偏压,多发生在多裂隙层状或块状岩体中,其情况复杂,尚无完善的计算方法。当需要检算时,应注意以下几点:

(1)必须查明围岩可能产生偏压的被割裂或松动的范围大小。
(2)尽量取得控制软弱面的强度计算指标。
(3)当为块体运动时,可近似地按岩块刚体平衡的方法计算。当一部分为软岩层,另一部分为硬岩层时,可分别取用不同的指标计算。

25.3.2 偏压隧道荷载计算方法

1)垂直压力

在荷载作用下其垂直压力可按下式计算,计算简图如图 25-8 所示。

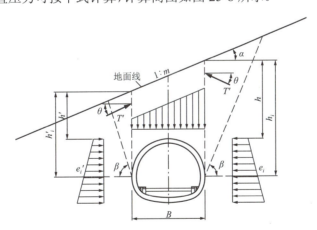

图 25-8 偏压隧道衬砌荷载计算简图。

$$Q = \frac{\gamma}{2}\left[(h+h')B - (\lambda h^2 + \lambda' h'^2)\tan\theta\right] \quad (25\text{-}4)$$

式中:γ——围岩重度(kN/m³);
h、h'——分别为内外侧由拱顶水平至地面的高度(m);
B——隧道跨度(m);
θ——顶板土柱两侧摩擦角(°),当无实测资料时,可参考表 25-3 取值;
λ、λ'——内外侧的侧压力系数,由下式计算:

$$\lambda = \frac{1}{\tan\beta - \tan\alpha} \times \frac{\tan\beta - \tan\varphi_c}{1 + \tan\beta(\tan\varphi_c - \tan\theta) + \tan\varphi_c \tan\theta} \tag{25-5}$$

$$\lambda' = \frac{1}{\tan\beta' + \tan\alpha} \times \frac{\tan\beta' - \tan\varphi_c}{1 + \tan\beta'(\tan\varphi_c - \tan\theta) + \tan\varphi_c \tan\theta} \tag{25-6}$$

$$\tan\beta = \tan\varphi_c + \sqrt{\frac{(\tan^2\varphi_c + 1)(\tan\varphi_c - \tan\alpha)}{\tan\varphi_c - \tan\theta}}$$

$$\tan\beta' = \tan\varphi_c + \sqrt{\frac{(\tan^2\varphi_c + 1)(\tan\varphi_c + \tan\alpha)}{\tan\varphi_c - \tan\theta}}$$

α——地面坡度角(°)；
φ_c——围岩计算摩擦角(°)；
β、β'——内外侧产生最大推力时的破裂角(°)。

摩 擦 角 θ 取 值　　　　　　　　　表 25-3

围岩级别	Ⅰ～Ⅲ	Ⅳ	Ⅴ	Ⅵ
θ 值	$0.9\varphi_c$	$(0.7\sim 0.9)\varphi_c$	$(0.5\sim 0.7)\varphi_c$	$(0.3\sim 0.5)\varphi_c$

2）水平侧压力

在荷载作用下的水平侧压力可按下式计算：

内侧：

$$e_i = \gamma h_i \lambda \tag{25-7}$$

外侧：

$$e_i = \gamma h_i' \lambda' \tag{25-8}$$

式中：h_i、h_i'——分别为内外侧任意点至地面的距离(m)。

25.3.3 偏压隧道应对措施

首先，应从选线上尽量避免出现偏压隧道，或者减小隧道的偏压程度，以降低工程处理难度；针对已经出现的偏压隧道，可以从以下几个方面采取措施，进行处理。

1）削坡排水

该方法是最为直接的治理方法。通过削弱偏压边坡以减轻下滑力，从而降低边坡偏压对隧道稳定性的影响。但是该方法的治理效果与开挖范围密切相关。倘若开挖范围小，则一方面无法起到很好的治理效果，另一方面则可能引起新一轮边坡滑移的隐患；倘若开挖范围过大，则不但增加了工程造价，而且大大影响了周围环境。此外，边坡开挖后应进行喷射混凝土防护以阻止土层的风化和雨水侵蚀。

排水措施可以采用环形截水沟、树枝状排水系统、平整夯实自然山坡坡面等。

2）减载与反压

这种方法是目前应用最为广泛的方法，通常施作明洞和反压回填共同使用。施作明洞不但能够有效抵抗偏压边坡的下滑力，而且不影响施工进度，不增加工程造价。反压回填则能够改变偏压地形地貌，增加隧道和边坡的稳定性。因此，当偏压程度不大时，此种方法应首先推荐采用。

3）地表注浆

地表注浆亦是较为常用的治理方法之一。当隧道浅埋且地层非常松散破碎、易发生大规模坍塌或失稳时，可采用地表注浆加固。这种方法方便、及时，投入的工作量相对较小。但是，注浆量估算和控制比较难以把握,实践表明这种方法的治理效果有限。

注浆浆液通常采用单液水泥浆,特殊情况可以采用超细水泥浆、水泥—水玻璃双浆液或化学浆液。注浆管采用 $\phi42\sim\phi48$mm 的钢花管,或采用高压 PVC 管。为增强注浆加固效果,可在地表施作一层喷混凝土,并将钢筋网与注浆管焊接为整体。

4)支挡措施

根据偏压坡体的性质,支挡措施可采用抗滑挡墙、抗滑桩、预应力锚索(杆)、钢管桩以及锚索桩、格构锚固等支挡构造物,对偏压坡体进行整治,控制偏压。

(1)抗滑桩是埋设于滑动面上、下岩体中阻止滑体移动的桩形结构,是一种较理想的抗滑设施,能承受较大滑坡推力。它适用于裂隙不太发育、完整性较好的缓倾斜中厚岩体或滑动面较单一、倾角小的滑坡中,且滑动面以下为较完整的基岩,不适用于流塑性土体地层。抗滑桩具有抗滑能力大的特点,但是圬工数量大,造价相对较高,影响施工进度。

(2)预应力锚索是当前较为流行的治理方法之一,具有治理效果好,不影响工程进度等特点,但是它的工程造价相对较高。它的应用领域和规模十分广泛,并不断扩大,适用于土质、岩质地层的边坡。其锚固段宜置于岩层内,以确保锚索工程安全可靠。置于土层中需要进行拉拔试验。锚索可与其他支挡结构组合使用,形成锚索桩、板、格构、墙等。

(3)挡墙加固主要应用于洞口或半明半暗段,用以抵挡仰坡下滑、削弱山体偏压力和增强端墙稳定性的作用。挡墙加固是偏压隧道洞口段常用的加固方式之一。

25.3.4 典型实例——大西线两宜隧道

两宜隧道全长 2243m,洞身全部位于黄土地层中,隧道进口及进口段右侧为一冲沟,存在偏压情况。地形、地貌如图 25-9、图 25-10 所示。

图 25-9 偏压地貌示意

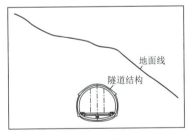

图 25-10 偏压断面示意图

设计中采取如下针对性措施:

(1)于隧道洞口段左侧设置桩板墙工程,桩截面尺寸 2.5m×3.0m,桩长 29m,桩间距采用 6.0m,共设置 5 根。

(2)对隧道偏压段上部采用清方减载处理,边坡分级设置,每级高度 10m,两级间设置平台,如图 25-11 所示。

(3)边坡采用拱形骨架护坡防护,骨架内铺混凝土空心砖,空心砖内栽植灌木,种草。

(4)清方平台表面铺设 0.2m 厚水泥改良土防渗

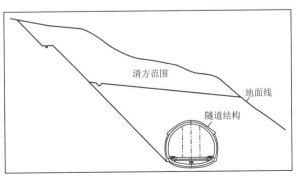

图 25-11 清方减载断面示意图

层,植树灌木防护。

(5)各级平台设置截水沟,汇至右侧汇水沟排出。

目前,隧道运营状况良好,未发现异常。

25.4 结语

随着经济的发展和社会的进步以及基础建设规模的不断扩大,铁路隧道的建设也在迅猛推进。在隧道建设过程中,势必会遇到浅埋和偏压的情况,而设计作为工程建设的源头,起着非常关键的作用,其重要性不言而喻。本讲中所提到的关于浅埋和偏压隧道的工程特征、结构计算方法、建议应对措施以及典型案例,均是在设计过程中常会遇到的情况,希望能给读者以启迪。

本讲参考文献

[1] 铁道部第二勘测设计院. 铁路工程设计技术手册(隧道)[M]. 北京:中国铁道出版社,1995.

[2] 国家铁路局. 铁路隧道设计规范:TB 10003—2016[S]. 北京:中国铁道出版社,2017.

[3] 谢家烋. 浅埋隧道的地层压力[J]. 土木工程学报,1964(6):58.

第 26 讲

超大跨度隧道结构设计

隧道与地下工程的一个显著特征是尺度效应特别明显,也就是说,随着开挖洞室跨度的增大,洞室的稳定性明显降低,施工安全风险性增大,往往成为隧道施工的重难点工程。当超大跨度隧道位于洞口段时,会造成进洞特别困难,如果工程措施和施工方法不合理,有时会影响整个山体的稳定,对长期运营安全会造成影响。本讲重点介绍超大跨隧道的定义、特点和难点、结构体系的设计、开挖工法设计以及超大跨度隧道围岩及支护结构变形控制标准等,希望能给设计人员遇到类似工程设计时提供参考。

26.1 隧道跨度的分类及超大跨度隧道定义

随着地下空间的开发与利用以及高铁地下车站的建设,为满足使用功能,越来越多的大跨度、大断面地下工程开始修建,如水电站地下厂房、轨道交通地下车站以及多线的铁路隧道工程。目前对于隧道跨度的分类尚未形成全国统一的标准,超大跨度隧道宜从使用功能和技术能力两个角度来定义。

从使用功能角度来看,超大跨度隧道系特殊隧道,而不属于常用跨度隧道。铁路行业在《铁路隧道设计规范》(TB 10003—2016)中明确了隧道跨度分级,将开挖跨度大于 14m 的隧道定义为特大跨度隧道,但对于超大跨度没有分类,如表 26-1 所示。三线铁路车站隧道最小开挖跨度将达到约 18m,设置单侧 6m 站台后将达到约 23m;四线铁路车站隧道跨度将达到约 24m,设置 10m 岛式或双侧 6m 侧式站台后最小开挖跨度将达到约 32m。

铁路隧道跨度分级表　　　　表 26-1

跨度分级	小跨度	中等跨度	大跨度	特大跨度
开挖跨度(m)	5~8.5	8.5~12	12~14	>14
开挖断面积(m^2)	30~70	70~110	110~140	>140
适用范围	辅助坑道,120~160km/h 单线隧道	120km/h 双线隧道,200~350km/h 单线隧道	160~200km/h 双线隧道	250~350km/h 双线隧道,三线及以上隧道

公路行业在《公路隧道设计细则》(JTG/T D70—2010)中明确了隧道跨度分类,如表 26-2 所示。四车道高速公路隧道最小开挖跨度将达到约 20m,六车道高速公路隧道最小开挖跨度将达到 27m。

本讲执笔人:吕刚,龚彦峰.

公路隧道跨度分类表　　　　表 26-2

跨度分级	小跨度	中跨度	大跨度	特大跨度
开挖跨度 B（m）	<9	9～14	14～18	≥18
适用范围	单车道公路隧道；服务隧道；人行横洞及车行横洞	双车道公路隧道；单车道公路隧道的错车带	三车道公路隧道；双车道公路隧道的紧急停车带	四车道公路隧道（单洞）；连拱隧道

水电行业地下厂房洞室跨度一般较大，《水电站地下厂房设计导则》（Q/HYDROCHINA 009—2012）中认为跨度大于 20m 的地下洞室为大跨度地下洞室。

各行业均未定义超大跨度隧道，规范规定的应该是相对常用的跨度，超大跨度隧道应定义为在特殊情况下使用的隧道，因此可将超过三线以上铁路车站隧道（不含站台）和四车道以上高速公路隧道定义为超大跨度隧道，其开挖跨度将超过 18m。

从技术能力角度看，超大跨度隧道应是按常规理论方法无法设计施工完成，或按常用理论方法设计施工明显不经济的隧道。

目前公路、铁路隧道荷载确定的主要方法还是基于塌落拱统计的经验公式法。以铁路隧道为例，竖向荷载按公式计算的结果如表 26-3 所示。

隧道跨度分级及塌落拱统计经验公式荷载表　　　　表 26-3

跨度分级	围岩级别	小跨度	中等跨度	大跨度	特大跨度	超大跨度
开挖跨度(m)		5～8.5	8.5～12	12～14	14～18	>18
垂直均布压力（kPa）	Ⅲ	43～58	58～73	73～82	82～99	>99
	Ⅳ	77～104	104～132	132～147	147～178	>178
	Ⅴ	133～180	180～226	226～253	253～306	>306

从表 26-3 中可以看出，以常规的经验公式计算出的超大跨度隧道荷载是普通客货共线双线隧道的 1.4 倍，随着跨度增大隧道支护和衬砌厚度也明显增大，自重荷载显著增加，设计出的支护和衬砌经济性明显变差，在性质很差的围岩中甚至无法实现。从技术角度看，跨度大于 18m 的隧道再采用塌落拱理论进行设计是明显不合理的，需要应用新的理论和方法进行设计。

因此将单拱超过 18m 跨度的隧道定义为超大跨度隧道是合适的。

表 26-4 所示为国内目前在建或已建成的超大跨度交通隧道。

国内超大跨度交通隧道　　　　表 26-4

序号	隧道名称	地质条件		最大开挖跨度（m）	最大开挖面积（m²）	开挖方法
		岩性	围岩级别			
1	京张高速铁路新八达岭隧道渡线段	全风化花岗岩	Ⅳ、Ⅴ级	32.7	494	顶洞超前的"品"字形工法
2	赣龙铁路新考塘隧道(车站隧道)	全风化花岗岩	Ⅴ级	30.9	411.0	大墙脚双侧壁导坑法
3	六沾复线乌蒙山二号隧道(车站隧道)	泥岩、页岩夹砂岩	Ⅳ、Ⅴ级	28.4	354.3	双侧壁导坑法
4	重庆轻轨大坪车站	泥岩夹砂岩	Ⅲ级	26.3	430.3	上部侧壁导坑，下部拉中槽，先拱后墙分部衬砌法
5	重庆地铁 6 号线红土地车站	中风化砂质泥岩夹薄层砂岩	Ⅳ级	25.9	375.8	双侧壁导坑，中部 TBM 通过，先拱后墙分部衬砌法
6	重庆轨道二号线临江门车站	砂岩、泥岩	Ⅲ级	21.8	421.0	双侧壁导坑法
7	兰渝铁路新城子隧道(车站隧道)	三叠系炭质板岩，高地应力，最大水平主应力 21.2MPa	Ⅴ级	21.5	350.0	双侧壁导坑法
8	港珠澳大桥拱北隧道	粉质黏土	Ⅴ级	18.8	344.8	冻结五台阶法

随着国内外地下交通、市政设施的持续发展和地下工程设计施工技术的进步，特大、超大跨度隧道的建设需求将会随之增加。需要研究和发展超大跨度隧道的设计施工理论、方法、措施和工艺。

26.2 超大跨度隧道设计的特点、难点

超大跨度隧道具有尺寸、围岩缺陷、影响圈的放大效应和施工步骤敏感效应。

26.2.1 断面尺寸效应

从图26-1可以看出，断面①～④逐次增大，被构造切割得越来越严重。这是因为岩体中的构造分布间距等是有一定规律的，断面越大被构造切割的概率就越大，同时与严重不利构造交叉的概率也会增大。

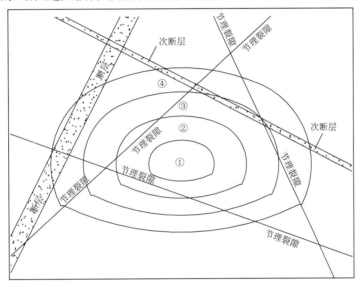

图 26-1　隧道断面尺寸效应示意图

26.2.2 围岩缺陷放大效应

从图26-2可以看出，隧道顶部不稳定块体的体积将以近乎跨度的平方关系增大，而其所造成的顶部弯矩也近乎以跨度的平方关系增大。这样随着跨度的增大，围岩缺陷将以两次方的关系影响洞室稳定。

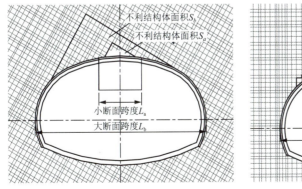

图 26-2　不同跨度顶部不稳定块体的差异

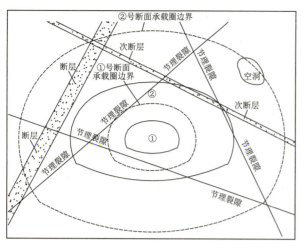

图 26-3 影响圈范围扩大效应示意图

26.2.3 影响圈范围加大效应

弹、塑性力学的计算结果表明，隧道的影响范围大约为 3～5 倍的洞室跨度，其承载圈的厚度与其跨度之比在岩性、构造、加固措施一致的情况下，也几乎为定值。这样其承载圈内包含不利构造、不良地质的可能性就会增大，如图 26-3 所示。

26.2.4 施工工法敏感效应

随着断面的增大，在构造的影响下，洞室稳定性受施工工法的影响也随之增大。如图 26-4 所示，图 a)～c)均为超大断面，图 d)为一般断面。在同样被断层切割的情况下，图 a)的开挖工法为边洞超前、预留中岩柱，可能造成中岩柱不稳定，且最终开挖中岩柱时跨度一下增大 3 倍，风险集中；图 b)的开挖工法为顶洞超前、预留中岩台，这样跨度逐次增加，风险分散，预留中岩台既保证了掌子面稳定，又预留了拱部支顶加固的条件；图 c)的工法为顶洞超前、逐层开挖，可能造成掌子面不稳定；而图 d)所示的小断面则对工法敏感性小得多，在台阶法和环形开挖台阶法间选择即可。

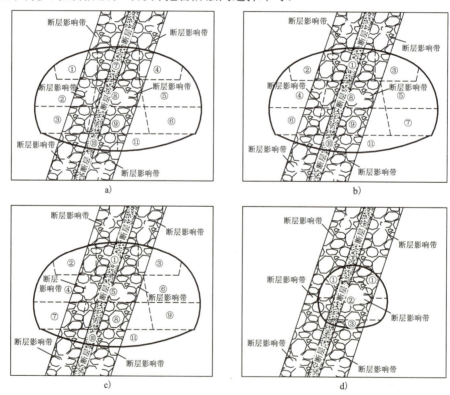

图 26-4 施工步骤敏感效应示意图

26.3 超大跨度隧道支护体系设计

目前国内外超大跨度隧道设计的一般方法有地质分析法、工程类比法、数值分析法、模型试验法、现场监控法和反馈分析法等,其中地质分析法和工程类比法多应用于前期设计阶段,数值计算法和模型试验法多应用于初步设计和施工图阶段,现场监控法和反馈分析法多应用于施工优化阶段。前述的方法总体上还是以经验为主的设计方法;数值计算法参数繁多,结果受参数取值和边界条件影响显著,措施和结果的对应关系不明确;模型试验法周期长、花费大,不宜作为主要设计方法。需要一种有理论逻辑关系的、以围岩为基本对象的设计方法,对洞室进行分析。本节介绍的设计方法是以隧道周边一定范围内的围岩圈为对象,对其进行强度、刚度和稳定性计算,从而设计锚杆、锚索、喷射混凝土和衬砌等支护结构的设计方法。

26.3.1 围岩承载拱的形状及开挖轮廓线的确定

隧道开挖轮廓线的设计不仅要满足隧道建筑限界、使用功能的要求,同时要兼顾隧道围岩的受力特征。以深埋情况下的围岩应力状态为例,如图 26-5 所示。定义椭圆水平轴为 a,竖向轴为 b,图 a)显示开挖后围岩处于完全弹性状态,则按照弹性力学计算结果,若使椭圆孔口各点切向应力完全相等,则椭圆的 a 轴与 b 轴之比等于 k;图 b)为一围岩圈,开挖后围岩圈处于完全塑性状态,则按照结构力学的计算结果,若使围岩圈只存在轴力,剪力与弯矩均为零,则椭圆 a 轴与 b 轴之比等于 $\sqrt{k}$。当 k 值大于 1 时是一个横椭圆,当 k 值小于 1 时是一个竖椭圆。

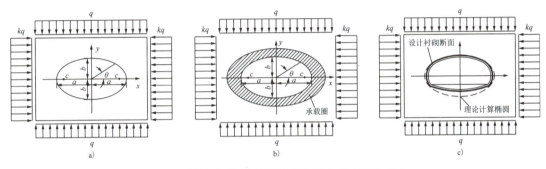

图 26-5 弹性岩体和塑性岩圈形状及设计断面吻合情况示意图

隧道内轮廓的确定在满足使用功能要求下应力求使关键部位围岩稳定性增强。隧道拱部围岩稳定性受重力影响显著,应尽量减小拱部围岩塑性圈厚度。当水平应力大于竖向应力时宜采用 $\sqrt{k}$ 作为 a、b 轴之比,当水平应力小于竖向应力时宜采用 k 作为 a、b 轴之比。设计开挖断面应尽量与计算推测断面相吻合。

26.3.2 围岩承载圈及加固圈厚度的确定

将承载圈分解为多个薄圈组成的体系。如图 26-6 所示:1 圈层内径向压力 σ_{r1} 为预应力锚杆、锚索提供,使 1 圈层有能力承担更多的径向荷载;2 圈层径向压力 σ_{r1-2} 由 1 圈层提供,使 2 圈层较 1 圈层能承受更多的径向荷载,并向 3 圈层提供径向压力 σ_{r1-3}。如图 26-7 所示,逐层向外传递,若围岩性质没有变化可以得出围岩圈的切向承载能力 $\sigma_{\theta 1} < \sigma_{\theta 2} < \sigma_{\theta 3} < \cdots$,承载能力逐层提高,这就是圈层传递效应。

围岩承载圈是由其受力决定的,这可以由弹、塑性力学计算得到椭圆孔口周边应力分布,并将计算结果进行图形化分析。图 26-8 所示为某工程围岩圈椭圆短轴方

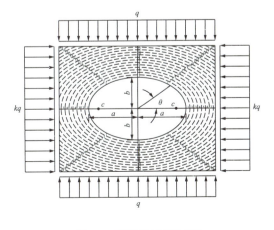

图 26-6 承载圈层分解示意图

向的计算受力情况。从图 a)中可以看出,开挖轮廓线以外 $0.9b$ 范围内的围岩圈所提供的切向应力小于弹性计算所需切向应力,因此该范围圈层均已进入塑性状态,图中网状阴影 A 的面积表示该范围内围岩总承载力较弹性状态降低的量值;为使总围岩承载力相等,必须使塑性圈进一步扩大以充分调动外部一定范围圈层的承载能力,当图中斜线阴影 B 与 A 面积相等时,进入稳定平衡状态,此时塑性圈厚度将达到 $1.95b$。承载圈外边界的位置可以定义为切向应力与原始水平地应力的差值为原始水平地应力值的 $5\% \sim 10\%$ 的位置,承载圈厚度与塑性圈的厚度密切相关,通过计算总结,承载圈的厚度约为塑性圈厚度加上 $(2.5 \sim 4.0)b$。

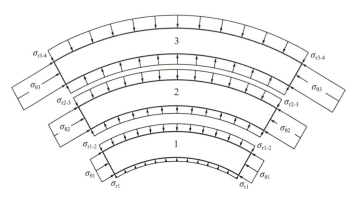

图 26-7 圈层应力传递示意图

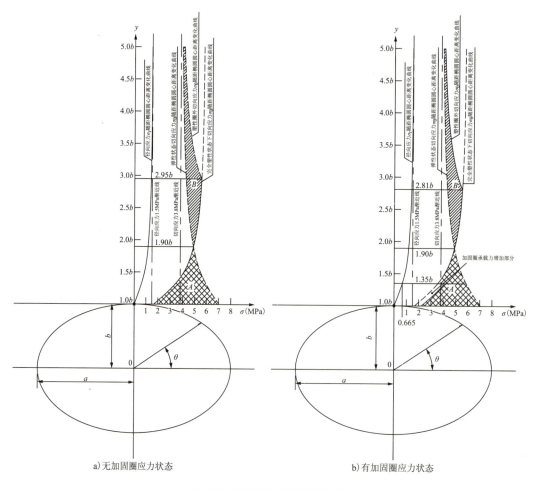

a) 无加固应力状态　　　　b) 有加固应力状态

图 26-8 围岩圈应力情况分析示意图

当水平和竖直方向地应力为地层大主应力时,容易通过弹、塑性计算得到长、短轴方向的径向和切向应力分布,并确定其塑性区、承载圈、加固圈范围,然后以其为椭圆长短轴绘制区域图形,近似确定周圈各区域分布,如图 26-9 所示。在此基础上进行锚杆、锚索、喷射混凝土层设计。

加固圈的厚度也是由塑性圈厚度决定的,锚杆、锚索、注浆加固将使加固圈承载能力提高,同时减小塑性圈厚度,如图 26-8 b)所示。拱部加固圈厚度为 0.35b 时,塑性圈厚度降低为 1.81b。拱部加固圈顶面所能提供的径向应力 σ_r 应能承受顶部未加固塑性圈破坏楔形体的重力荷载,如图 26-10 所示。这样才能使顶部塑性圈不因为重力而松动、脱离,造成承载圈失稳。但当楔形体重力与加固圈顶部应力相等时,加固圈顶部应力仅用于平衡楔形体重力荷载,就需要更多的围岩圈参与承载,将造成塑性圈进一步扩大;另由于楔形体非完全刚体,其重力集度非均匀分布;建议楔形体底部重力荷载分布可按图 26-10 所示确定,该点的 $\sigma_r \geq q_G$。边墙加固圈的外侧面所能提供的径向应力 σ_r 应能承受边墙未加固塑性圈破坏楔形体的滑动荷载,如图 26-11 所示。建议楔形体滑动荷载分布可按图 26-11 所示确定,该点的 $\sigma_r \geq q_F$。

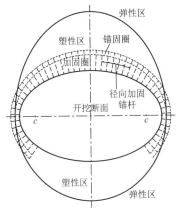

图 26-9 开挖后各区分布示意图

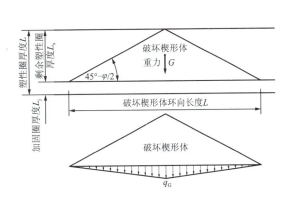

图 26-10 拱部破坏楔形体及其底部重力荷载分布示意图

$$q_G = \gamma \cdot L_s \quad (26\text{-}1)$$

$$q_F = \frac{4F}{3L} \quad (26\text{-}2)$$

$$F = \frac{G\left[\cos^2(45°-\varphi/2) - \sin(45°-\varphi/2)\cos(45°-\varphi/2)\tan\varphi\right]}{\tan\varphi} \quad (26\text{-}3)$$

$$G = \frac{\gamma \cdot L_s^2}{2\tan(45°-\varphi/2)} \quad (26\text{-}4)$$

式中:q_G——拱部楔形体重力荷载分布力(kPa);
q_F——边墙楔形体滑动荷载分布力(kPa);
γ——岩体重度(kN/m³);
L_s——未加固塑性圈厚度(m);
L——破坏楔形体环向长度(m);
F——边墙破坏楔形体侧向滑动力(kN);
G——边墙破坏楔形体重力(kN);
φ——岩体内摩擦角(°)。

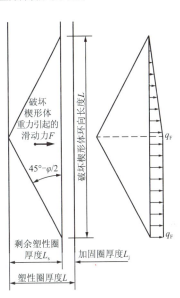

图 26-11 边墙破坏楔形体及其侧向滑动载分布示意图荷

26.3.3 锚杆参数的确定

锚杆加固的两个主要目的是增加加固圈的延性,使加固圈在大变形情况下仍能保持一定承载能力;

提高加固圈内岩体的黏聚力,从而提高加固圈承载能力。开挖断面、加固圈、塑性区关系如图26-9所示。锚杆长度应根据加固圈厚度确定,如图26-12所示。锚杆间距应根据加固圈岩体黏聚力提高的要求确定,兼顾围岩不利节理、裂隙的分布。

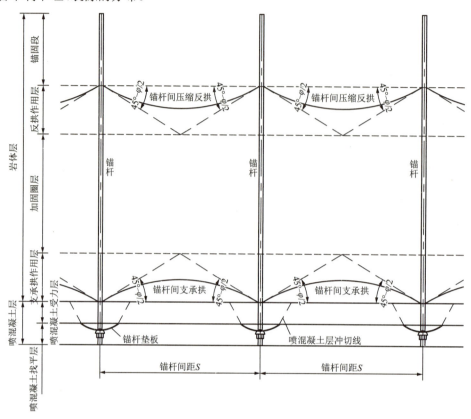

图 26-12 锚杆布置示意图

锚杆长度应为锚固长度、锚杆间反拱作用层厚度、加固圈厚度、锚杆间支承拱作用层厚度、喷混凝土受力层厚度及喷混凝土找平层厚度之和,如图26-12所示。一般锚杆的长度宜控制在12m以内。锚杆锚固段设计可根据《岩土锚杆与喷射混凝土支护工程技术规范》(GB 50086)相关规定计算。锚杆提高加固圈围岩黏聚力的量值可根据如下公式计算:

$$C_\tau = \frac{f_v \cdot A_a}{1000 \cdot S_c \cdot S_l} \tag{26-5}$$

$$C_p = \frac{f_p \cdot A_a \cdot \tan\varphi \cdot \cos(45° - \varphi/2)}{1000 \cdot S_c \cdot S_l} \tag{26-6}$$

$$A_a = \pi \cdot (d-t) \cdot t \tag{26-7}$$

式中:C_τ——锚杆剪力增加的岩体黏聚力(kPa);

C_p——锚杆拉力增加的岩体黏聚力(kPa);

A_a——锚杆横截面面积(mm^2);

f_v——锚杆抗剪强度,可按 $f_v = f_p/\sqrt{3}$ 计算(MPa);

f_p——锚杆抗拉强度(MPa);

S_c——锚杆环向间距(m);

S_l——锚杆纵向间距(m);

φ ——岩体内摩擦角(°);

d ——锚杆外直径(mm);

t ——锚杆壁厚(mm),实心锚杆取 $t=d/2$。

加固圈由于有锚杆而提高了黏聚力,将使其承载力提高,提高的量值为图 26-8 b)所标示部分的面积。

26.3.4 锚索参数的确定

设置锚索的主要目的有三个方面一是锁定拱部被不利构造切割的巨型不稳定岩体,如图 26-13 所示。锚索根数计算见式(26-8),锚索锚固段长度、锚固力确定见《岩土锚杆与喷射混凝土支护工程技术规范》(GB 50086)相关规定。二是当加固圈厚度较大,锚杆没法满足要求时,可利用锚索拉力大、长度大的优势给加固圈增加黏聚力和径向压力,提高加固圈承载力。锚索增加黏聚力主要靠拉力,由于锚索为柔性杆体且与套管间可相对滑动,因此可不计入剪力对岩体黏聚力的贡献。岩体黏聚力的增加按式(26-10)确定。三是当围岩变形很大,需要控制变形量时,可利用锚索长度大、预加应力大的优势给塑性圈岩层预加径向应力,提高切向承载力,减小塑性圈厚度,从而减小径向变形。如图 26-14 所示,增加锚索后,塑性圈厚度较仅有锚杆加固时有相当幅度的减小,锚索设置长度可按加固后的塑性圈厚度加锚固长度确定。

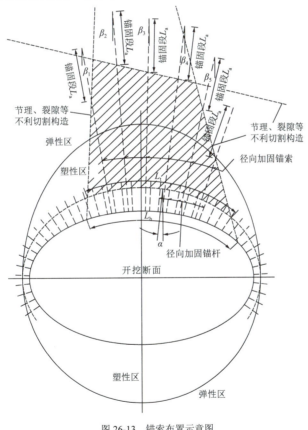

图 26-13 锚索布置示意图

$$N_c \cdot \sum_{i=1}^{n} \cos\beta_i = G - q_G \cdot L_t \cdot \cos\alpha \qquad (26\text{-}8)$$

式中:N_c ——锚索承载力(kN);

n ——锚索数量(根);

β_i ——第 i 根锚索与竖直方向的交角(°);

G——巨型不稳定块体重力,如图 26-13 阴影部分所示(kN);
q_G——拱部楔形体重力荷载分布力(kPa),按式(26-1)计算;
L_t——巨型不稳定块体切割的加固圈顶部弧长(m);
α——L_t 中点径向与竖直方向的夹角(°)。

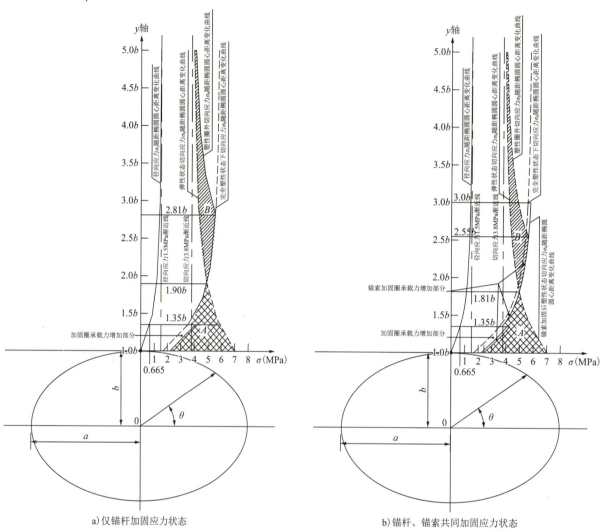

图 26-14 锚杆、锚索加固应力情况分析示意图

26.3.5 围岩注浆

岩体结构形式分为块状结构、板状结构和散粒状结构。围岩注浆的主要目的是提高碎块状、散粒状围岩的整体性,为开挖和钻孔提供有利条件。注浆可提高围岩的黏聚力和内摩擦角,其数值可通过三轴试验测定。但大跨结构一般均利用钻孔进行注浆,将钻孔周边岩体进行固结,较少进行帷幕注浆,因此注浆体均匀性相对较差,且范围较小,建议不计入围岩加固圈参数中,而将其作为安全储备的一部分。

26.3.6 喷混凝土层参数的确定

设置喷混凝土层的主要目的,一是支承锚杆间支承拱以下的岩体重力,需要喷混凝土层具有一定的抗弯能力,其荷载及弯矩分布如图 26-15 所示,可按式(26-11)～式(26-15)计算。二是作为锚杆的锚板,扩大作用面积。需要喷混凝土层具有一定的抗冲切能力,喷射混凝土抗冲切强度可按式(26-16)计算。三是封闭岩面、嵌合裂隙、防止岩体风化剥落。由于开挖轮廓半径远大于锚杆间距,可将喷混凝土层简化为受锚杆集中力悬吊的混凝土板,钢筋网靠岩面一侧布置,锚杆位置的负弯矩由钢筋网承受拉力,跨中的正弯矩由喷混凝土承受拉力。

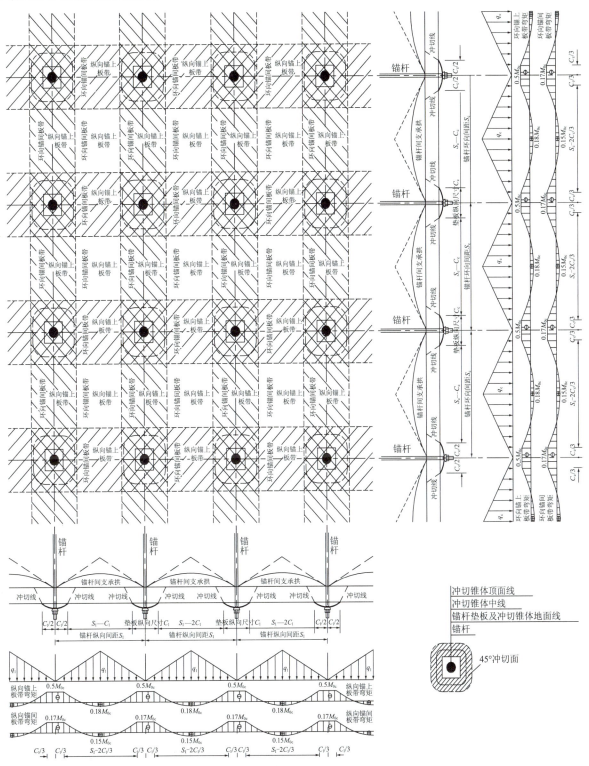

图 26-15 喷混凝土层荷载及弯矩分布示意图

$$q_1 = \frac{\gamma \cdot S_1 \cdot \tan(45° - \varphi/2)}{2} \tag{26-9}$$

$$q_c = \frac{\gamma \cdot S_c \cdot \tan(45° - \varphi/2)}{2} \tag{26-10}$$

$$M_{01} = \frac{3S_1 - C_1}{36S_1} \cdot q_1 \cdot \left(S_1 - \frac{2}{3}C_1\right)^2 \tag{26-11}$$

$$M_{0c} = \frac{3S_c - C_c}{36S_c} \cdot q_c \cdot \left(S_c - \frac{2}{3}C_c\right)^2 \tag{26-12}$$

$$h \geqslant \sqrt{\frac{6k \cdot M_c}{f_t}} \text{ 且 } h \geqslant \frac{k \cdot M_R}{R_g \cdot A_g} + \frac{R_g \cdot A_g}{2R_w} + a' \tag{26-13}$$

$$M_c = 0.18\sqrt{M_1^2 + M_c^2} \tag{26-14}$$

$$M_R = \max(0.5M_{01}, 0.5M_{0c}) \tag{26-15}$$

式中：q_1——锚杆间纵向承载拱内坍体三角形分布荷载最大值(kPa)；

q_c——锚杆间环向承载拱内坍体三角形分布荷载最大值(kPa)；

S_1——锚杆纵向间距(m)；

S_c——锚杆环向间距(m)；

γ——岩体重度(kN/m³)；

φ——岩体内摩擦角,(°)；

M_{01}——纵向基本弯矩,按简支条件计算(kN·m)；

M_{0c}——环向基本弯矩,按简支条件计算(kN·m)；

C_1——锚杆垫板纵向尺寸(m)；

C_c——锚杆垫板环向尺寸(m)；

h——喷混凝土尺寸(m)；

M_c——喷混凝土层跨中计算弯矩(kN·m)；

M_R——喷混凝土层锚杆处计算弯矩(kN·m)；

f_t——凝土抗拉强度(kPa)；

R_g——钢筋抗拉强度(kPa)；

R_w——喷射混凝土弯曲抗压强度(kPa)；

A_g——单位宽度板带内钢筋截面积(m²)；

k——安全系数,建议取2；

a'——喷射混凝土与岩体交界面至钢筋网受力钢筋中心的距离(m)。

喷射混凝土抗冲切强度按下式计算：

$$F_1 \leqslant 0.7 f_t \eta u_m h_0 \tag{26-16}$$

式中：F_1——冲切荷载设计值(N)；

f_t——混凝土抗拉强度设计值(Pa)；

u_m——冲切锥体$h_0/2$处的周长,即图中冲切锥体中线的长度(m)；

h_0——喷射混凝土有效厚度(m)；

η——修正系数,$\eta = 0.5 + 10.5 \times h_0/u_m$,当$\eta > 1$时,取$\eta = 1$。

26.3.7 二次衬砌参数的确定

未经处理的锚杆、锚索无法和主体结构同寿命,二次衬砌需作为受力储备,其承载能力的确定应按照锚杆、锚索锈断后,补充锚杆、锚索的抗拔力来进行控制。由于锚杆锈断不是处处发生并且锈断处发生锈胀和铁质胶结,因此其锈断后仍具备抗剪能力,二次衬砌不需要弥补其抗剪部分贡献的承载能力。二次衬砌参数可利用荷载—结构模型,将锚杆、锚索抗拔力均匀施加于衬砌外缘进行内力计算,后采用相关混凝土或钢筋混凝土截面承载力计算公式确定。

26.4 超大跨度隧道开挖工法设计

目前超大跨度隧道的开挖工法主要有中导洞法、预留中岩柱法、CD法、CRD法、双侧壁导坑法等。在八达岭地下车站大跨段开挖方案的研究过程中,施工单位倾向于预留中岩柱法,设计单位提出了中洞先行的"品"字形开挖工法,此外有专家提出了预留核心土的三台阶法,如图26-16～图26-18所示。

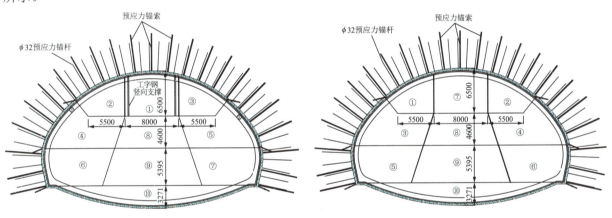

图26-16　"品"字形开挖工法(尺寸单位:mm)　　　图26-17　预留中岩柱法(尺寸单位:mm)

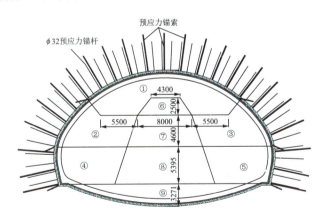

图26-18　预留核心土台阶法(尺寸单位:mm)

对上述三种工法进行数值模拟计算,可得到三种工法拱顶沉降的变形过程,如图26-19所示。三种方案的拱顶沉降最终值几乎相同,但其变化路径却存在显著的差异性。其中"品"字形开挖工法在整个开挖过程中,拱顶沉降的发展过程相对平缓,不存在任何的突变阶段;预留中岩柱法在破除中岩柱时,拱顶沉降有一个迅速发展的过程,说明预留中岩柱法将整个工程风险集中在施工后期中岩柱的开挖过程中;

而预留核心土的台阶法在开挖第一台阶岩体时，拱顶沉降起迅速发展的过程，之后围岩变形便趋向于稳定，说明台阶法的工程风险集中在施工前期的第一台阶开挖过程中。

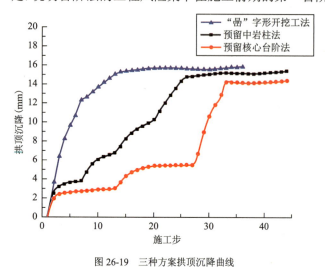

图 26-19　三种方案拱顶沉降曲线

从上述分析中可以看出，在三种开挖方案最终变形量相差不大的基础上，"品"字形开挖工法的围岩变形发展全过程最为平滑，而预留中岩柱法与预留核心土的台阶法分别在施工的后期与前期存在变形的突变。从支护协同变形的角度来看，围岩变形发展全过程越平滑就越有利于支护结构内力的合理分布，从而有效避免支护结构的应力集中而产生的局部破坏。相反地，若围岩变形的发展过程存在突变阶段，此时同一断面内不同部位的初支由于其施作顺序的不同，会产生局部的变形不协调与应力集中，从而威胁隧道结构的安全性。

26.5　超大跨隧道围岩及支护结构变形控制标准

《铁路隧道监控量测技术规程》（Q/CR 9218—2015）制定的控制标准，针对的是跨度 $B<7m$ 的单向隧道、跨度 $7m<B\leqslant 12m$ 的双线隧道以及跨度 $12m<B<16m$ 的黄土隧道。对于跨度超过 18m 的超大跨度隧道，目前还没有规范制定相应的控制标准。

此外，当前规范对沉降变形和水平收敛的控制标准采用了"拱顶相对下沉"和"拱脚水平相对净空变化"两个指标，即隧道拱顶沉降的控制标准由隧道开挖高度决定，而水平变形控制标准由隧道开挖跨度决定。而实际上，隧道开挖跨度对拱顶沉降的影响要大于隧道开挖高度。

隧道变形控制标准包括围岩变形控制标准和支护结构变形控制标准。

$$u_0 = \frac{u_c}{K} \quad (26-17)$$

$$u_c = \min(u_{rc}, u_{sc}) \quad (26-18)$$

式中：u_{rc}、u_{sc}——分别为围岩及支护结构的临界变形；
K——安全系数。

围岩的临界变形根据承载拱圈的极限变形计算。如图 26-20 所示，隧道开挖后，将在周边围岩形成多个承载拱圈。根据塑性区的分布范围，内层拱圈位于塑性区内的长度更长，拱圈内岩体应变更大；外层拱圈位于塑性区的长度逐渐减小，拱圈内岩体的应变也逐渐变小。当内层拱圈围岩的应变达到岩体的极限应变时，内层拱圈将失稳破坏。因此，隧道拱顶的极限变形等于隧道内层拱圈围岩达到极限应变时的变形值。

隧道内层拱圈的变形与隧道开挖跨度、岩体应

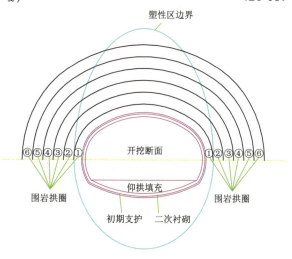

图 26-20　围岩承载拱变形的圈层传递

变的关系,如图 26-21 所示。假设围岩变形之前轮廓线圆弧为 ABC,半径为 R,圆弧对应角为 θ,拱顶发生沉降变形 δ 后,圆弧改变为 AHC。通过几何关系可推导出下式:

$$\varepsilon = \frac{ABC - AHC}{ABC} = \frac{R \cdot \theta \cdot \cos\gamma - \sqrt{(R \cdot \sin\theta)^2 + (R - \delta - R \cdot \cos\theta)^2}\left(\frac{\pi}{2} - \gamma\right)}{R \cdot \theta \cdot \cos\gamma} \quad (26-19)$$

式中:ε——隧道拱顶处围岩的应变;
  δ——隧道拱顶的沉降变形(mm);

$$\tan\gamma = \frac{R \cdot \sin\theta}{R - \delta - R \cdot \cos\theta}。$$

  γ——角度 ∠AHE。

当隧道拱顶处围岩的应变达到岩体的极限应变 ε_{mc} 时,此时计算得到的沉降变形即为围岩拱圈的极限变形。

根据现场实测岩石力学参数,采用上面公式计算岩体极限应变、岩体临界变形量。为简化现场管理,按 19.3~25.0m、25.0~32.7m 两个等级制订了八达岭隧道大跨过渡段的总变形量控制标准,见表 26-5。

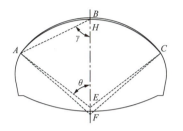

图 26-21 隧道拱顶岩体临界变形计算模型

八达岭长城站大跨过渡段总变形量控制标准 表 26-5

围岩级别	岩体极限应变	总拱顶沉降值(mm)		总水平收敛值(mm)	
		跨度 19.3~25.0m	跨度 25.0~32.7m	跨度 19.3~25.0m	跨度 25.0~32.7m
Ⅱ级	0.22%	20	30	15	20
Ⅲ级	0.30%	30	40	20	25
Ⅳ级	0.67%	60	90	40	55
Ⅴ级	1.34%	130	180	90	105

采用数值模拟法或现场监测法,对总变形量进行分解,计算出每一个开挖分步的变形量与总变形量的比值。如表 26-6 所示,是根据数值模拟的计算结果统计出每个开挖分步变形量的占比和累计变形量的占比,根据表 26-6 可以对总变形控制标准进行分解,得到每个开挖分步的变形控制标准。

变形控制标准的分解比例 表 26-6

开挖分步	1	2	3	4	5	6	7	8	9	10	11
分步变形量占比	0.25	0.16	0.25	0.13	0.16	0.02	0.02	0	0	0.005	0.005
累计变形量占比	0.25	0.41	0.66	0.79	0.95	0.97	0.99	0.99	0.99	0.995	1

为了加强过程控制,建立变形控制标准的分级管理机制,对变形控制标准进行分级管理分级控制,见表 26-7。

变形控制标准的分级管理办法 表 26-7

预警等级	分级标准	应对措施
Ⅱ级预警(黄色预警)	变形达到控制标准的 1/3	加强监测,提高监测频率,检测锚索、预应力锚杆的张拉值
Ⅰ级预警(橙色预警)	变形达到控制标准的 2/3	停止开挖,分析原因,对预应力锚索、锚杆进行补偿张拉
临界值(红色预警)	变形达到控制标准	停止开挖,分析原因,增加锚索、锚杆、注浆等支护措施

26.6 结语

本讲是结合京张高速铁路八达岭长城站、赣龙铁路新考塘隧道渡线段超大跨设计、施工成果撰写的。从围岩承载体系,锚杆、锚索、喷混凝土层、二次衬砌等措施的作用,锚杆、锚索与围岩间的相互协同作用等方面进行了阐述,希冀能够阐明实现超大跨度隧道围岩自承载体系的原理和方法。但作者水平有限,文中的计算理论和设计方法仅在个别隧道中应用,尚未经过大量实践检验,有待于读者在以后的隧道设计实践过程中进一步检验、修正和改进。本文所涉及的均属常规措施和材料,而工程规模的突破有赖于基础理论、新材料突破和结构创新,正如桥梁跨度的飞跃离不开结构力学理论、钢材强度的突破和桥型的创新,隧道跨度的飞跃也将依赖于围岩变形控制、围岩与措施的协同作用等基础理论的深入,轻质高强材料的研发和应用,岩体内更优越承载体系的构建。相信通过我们隧道设计者持续不断地努力探索,这一天将会很快到来。

本讲参考文献

[1] 张顶立,王梦恕,高军,等. 复杂围岩条件下大跨隧道修建技术研究[J]. 岩石力学与工程学报,2003,22(2):290-296.

[2] 刘建友,赵勇,李鹏飞. 隧道围岩变形的尺寸效应研究[J]. 岩土力学,2013(8):2165-2173.

[3] 喻波,王呼佳. 压力拱理论及隧道埋深划分方法研究[M]. 北京:中国铁道出版社,2008.

[4] 周丁恒,曲海锋,蔡永昌,等. 特大断面大跨度隧道围岩变形的现场试验研究[J]. 岩石力学与工程学报,2009,28(9):1773-1782.

[5] 周书明. 挪威法大跨硬岩隧道的设计与施工模拟计算[J]. 岩石力学与工程学报,2001(a01):1055-1060.

第27讲

近接隧道设计

近年来,随着我国铁路路网的不断完善和铁路扩建改造,既有隧道旁修建新线隧道或一次性建成复线铁路的并行近接隧道工程越来越多。当新建隧道与既有隧道比较接近时,如果不采取专门对策,新建隧道的施工将会对既有隧道产生不利影响,如隧道的支护体系承载能力下降、甚至破坏,衬砌变形过大以至于侵入净空等。因此,针对近接隧道施工的特点与难点,采取对策以减小近接隧道施工的相互影响是十分必要的。本讲在综合分析国内外研究成果的基础上,对近接隧道的界定及近接形式进行了阐述,分析近接隧道施工的受力特性,根据不同的近接形式对邻近度进行分级,针对不同邻近度分级系统总结了近接隧道支护体系设计及施工方法,最后对目前常用的围岩加固技术及其适用条件和设计方法进行了介绍。

27.1 近接隧道的特点

27.1.1 近接隧道的界定

近接是指两座隧道的内部空间和结构轮廓虽然相对独立,且结构间夹有一定厚度的围岩,但围岩的应力场和位移场却存在相互影响时的一种相互关系。存在近接关系的两座隧道互为近接隧道。近接隧道是相对完全独立的两座隧道而言的一种分离式隧道的布置方式。完全独立的两座隧道围岩不存在应力场和位移场上的相互影响,可以分别按单洞进行设计与施工。当两隧道间净距小到一定程度,亦即两隧道间的净距达到或小于相邻隧道间的最小净距时,两座隧道的应力场和位移场开始出现相互影响以后,两隧道就需要考虑近接问题,并按照近接隧道进行设计、施工和运营。

矿山法施工相邻两隧道的净距小到一定程度时,应按近接隧道考虑,其最小净距见表27-1[1, 2]。当隧道采用盾构、TBM或明挖施工时,相邻隧道的最小净距目前并没有明确的规定,但其最小净距可根据模拟分析确定。一般情况下,最小净距不宜小于盾构隧道的外轮廓直径D,亦即两线间最小间距宜为$2D$。

矿山法施工相邻两隧道间的最小净距(m) 表27-1

围岩级别	Ⅰ	Ⅱ	Ⅲ	Ⅳ	Ⅴ	Ⅵ
最小净距	B	$1.5B$	$2.0B$	$2.5B$	$3.5B$	$\geq 4.0B$

注:B为矿山法施工的隧道开挖跨度。

本讲执笔人:马志富,王喆.

日本铁道技术学会于20世纪70年代发表了《关于平行隧道研究报告》，认为平行隧道的中心间距可根据地层的性质确定：完全弹性体的地层时，约为开挖宽度的2倍；黏土等松软地层中，则是开挖宽度的5倍。

双连拱隧道和平面近接小净距隧道的区别在于两隧道之间的围岩（或称岩柱）已不复存在，采用共用中隔墙或复合墙的情况。实际工程项目中，当平面近接的小净距隧道距离很小时，常常和双连拱隧道进行工程比较。

27.1.2 近接隧道的近接形式

近接隧道一般指两条隧道在同一水平面上存在近接关系的隧道，也可以称为平面近接隧道。两座隧道不在同一水平面上但存在近接关系的情况主要出现在交叉段，上下重叠近接则属于近接隧道中的另一种特殊形式。

平面近接隧道又称为小净距隧道。小净距隧道一般位于单洞隧道过渡为双洞隧道的渐变段。当洞外为整体并行的线路，但隧道需分修时，隧道洞口往往也采用小净距隧道的形式。

27.1.3 近接隧道的工程实践

1）平面近接

铁路隧道的近接情况一般发生在以下几种情况：①增建复线时出现的近接情况，如宝兰铁路碱水沟隧道与新碱水沟隧道中间岩柱的厚度为2.5m，宝成铁路须家河隧道和新须家河隧道中间岩柱厚度为1.9～2.3m；②车站隧道与区间隧道连接段形成的近接隧道，如渝怀线板桃隧道进口段两隧道中间岩柱厚度为6.14m[3]；③区间单洞过渡为双洞的过渡段形成近接隧道，如石太客专南梁隧道中间岩柱最小厚度为2.15m，兰渝铁路新城子隧道单洞过渡到双洞的近接段中间岩柱厚度因施工期间发生近接隧道剧烈变形由原设计的4.08m调整为6m。

公路隧道及市政隧道的近接情况大部分是因洞外整体式路基、特大桥梁过渡为分离式隧道而产生的，如宁波招宝山隧道两隧道间岩柱厚度为2.98～4.20m，沪蓉西高速公路八字岭隧道小间距隧道段最小岩柱厚度为2.5m，深圳梧桐山隧道两隧道间岩柱厚度为14m。

城市轨道交通方面，近接隧道比比皆是，且往往出现在与换乘车站衔接的区间隧道，如深圳地铁1号线区间最小净距为2.8m，广州地铁2号线越秀公园站三孔隧道间最小净距为2.7m，广州地铁2号线与1号线联络线在公纪区间并行隧道的最小净距仅0.85m。

2）交叉近接隧道

交叉隧道在同一功能隧道或不同功能隧道之间交叉时经常出现，主要是铁路、公路或轨道交通等交通隧道间发生交叉，交通隧道与水工隧洞、石油天然气管道隧道等其他功能隧道的交叉情况也时有发生。

3）上下重叠近接隧道

北京地铁8号线南锣鼓巷站为上下叠落式，出站后区间隧道由上下重叠逐渐分离为并行等高的隧道，其中盾构始发井端头上下重叠隧道之间的净距仅为1.9m[4]。天津地铁5号线和6号线分别在文化中心站、天津宾馆站与肿瘤医院站实现同台平行换乘，与之相连的区间隧道分别呈上下重叠状，5、6号线的隧道间最小水平净距为2.9m，最小垂直净距为2.36m。

27.1.4 近接隧道的工程特点和难点

近接情况可能出现在同期建设的隧道之间和不同时期建造的隧道之间。当两隧道属于同期建设时，主要在设计中考虑结构受力的特殊性，并考虑施工的相互影响，通过合理的设计措施和施工工艺，保障施工和结构安全。当新建隧道与既有隧道构成近接关系时,为了保障已建隧道的运营安全,新建隧道期间除了对既有隧道进行监测、评估、加固等,新建隧道还需采取特殊的施工方法与工艺,将其对既有隧道的影响降低到最小。

因此,近接隧道因具体工程情况体现出各自不同的特点。一般来说,设计施工中需要关注的问题主要体现在以下几个方面:

(1)两隧道间的相互影响随着洞间距的大小产生明显的差异,因此近接的两隧道可按距离划分为不同的分区或近接度,按照不同的分区或近接度,确定不同类型工程措施。

(2)目前近接隧道双洞间相互影响大小的机理还没有明确的指导标准,当判断为近接隧道后,由于缺乏影响程度的量化标准,工程措施分档存在一定的随意性,导致工程措施非强即弱,过强的工程措施易造成不经济,偏弱了又导致不安全。

(3)近接隧道间夹的岩柱或岩墙在保证小净距隧道安全施工的过程中有着重要的作用,但从目前针对岩柱或岩墙的各种加固措施来看,其加固机理、加固效果、不同影响程度小净距隧道的围岩加固对策以及爆破作用对中岩墙的影响研究等尚不系统,导致在实际施工过程中加固措施的针对性不强,不利于保证近接隧道的施工安全。

(4)近接隧道围岩的应力变化比较复杂,不同的施工方法对小净距隧道的受力会产生很大的影响,爆破作用对隧道的影响评估难度高。

(5)针对独立的隧道制定了相对成熟的监控量测管理体系与监控基准,但近接隧道没有成熟的监控量测体系和监控标准,制定近接既有运营隧道的监控体系及监控标准也是面临的新课题。

27.2 近接隧道的受力特性

27.2.1 近接隧道的基本力学行为分析[5]

1)应力状态

近接隧道的先行隧道开挖前,地层中存在初始应力场。先行隧道开挖后,地层中的应力状态将发生变化,形成二次应力场。先行隧道开挖并施加支护后,地层中的应力状态又会发生变化,形成三次应力状态。

后行的隧道开挖后,将会使先行隧道再次发生应力重分布,后行隧道支护后将使先行隧道的应力场演变到第五次状态,从而导致近接隧道受力变化的复杂性。

2)围岩弹塑性状态

对于完整、强度比较高的围岩条件,隧道开挖后周边多处于弹性状态;对于破碎的、强度比较低的围岩,隧道开挖后周围应处于塑性状态。近接隧道的塑性区较单个隧道显著增大。通过对50m埋深、单个隧道跨度约12m的两座近接隧道的理论分析表明:Ⅴ级围岩的塑性区大小为13.76m;Ⅳ级围岩塑性区大小为5.64m;Ⅲ级围岩则没有塑性区。而同一埋深条件下,相同跨度单洞隧道($B=12m$)的塑性区:Ⅴ级围岩为6.88m;Ⅳ级围岩为2.82m,Ⅲ级围岩则没有塑性区。

3)静力分析

通过对不同净距、不同埋深(最大埋深50m)的两座近接隧道(单个隧道跨度$B=12m$)进行的静力数值计算结果表明:Ⅳ、Ⅴ级围岩塑性区分布状态是影响围岩稳定性的重要因素[3];对于Ⅲ级围岩,围岩受拉区的分布状态则是影响围岩稳定性的重要因素。

Ⅴ级围岩当净距小于或等于B时,大部分情况下两隧道的塑性区在岩柱部位实现贯通,且埋深越大

（最大埋深50m）贯通的可能性越大；当净距大于 B 时，各种埋深条件下塑性区均处于分离状态。

Ⅳ级围岩当净距小于或等于 $0.5B$ 时，大部分情况下两隧道的塑性区在岩柱部位实现贯通，且埋深越大（最大埋深50m）贯通的可能性越大；当净距大于 $0.5B$ 时，各种埋深条件下塑性区均处于分离状态。

Ⅲ级围岩两隧道的岩柱部位无塑性区，但当两隧道净距较小时，岩柱顶部以及底部的拉应力区有贯通的趋势。

4）动力分析

动力数值计算的目的主要是研究后行隧道爆破对先行隧道的影响。通过对不同埋深、不同净距条件下后行隧道的爆破所进行的分析情况看，其对先行隧道产生的振动影响的峰值速度、峰值附加应力随净距变化呈现出明显的规律。

振动速度方面：当净距小于 $0.5B$ 时，随着净距的减小爆破振动影响显著增加；当净距大于 $1.0B$ 时，爆破振动影响增幅变缓。

附加应力方面：当埋深小于净距时，随埋深增加而增加；当埋深大于净距后，随埋深的增加而减小；当埋深大于 $3D$（D 为净距）时，埋深影响就不明显了。

27.2.2　近接隧道荷载的确定 [5]

1）模型试验条件下的近接隧道的毛洞塌落高度

（1）在Ⅴ级围岩条件下，净距大于 $0.75B$ 时，不需要对中部岩柱进行加固，先、后行隧道可以按照单洞设计，单洞荷载等效土柱高度取为 $(0.6\sim0.7)B$；净距小于 $0.75B$，且为浅埋时，需要对中部岩柱进行加固，荷载等效土柱高度取为全覆土厚度。

（2）在Ⅳ级围岩条件下，净距大于 $0.5B$ 时，不需要对中部岩柱进行加固，先、后行隧道可以按照单洞设计，荷载可按围岩形变压力确定；净距小于 $0.5B$，需要对中部岩柱进行加固，荷载等效土柱高度取为 $(0.5\sim0.6)B$。

（3）在Ⅲ级围岩条件下，荷载可按围岩形变压力确定。

在隧道洞顶覆土30m，近接隧道净距3m的条件下，由模型试验模拟各级围岩隧道洞室的开挖，最终试验模型的塌方区域见图27-1。

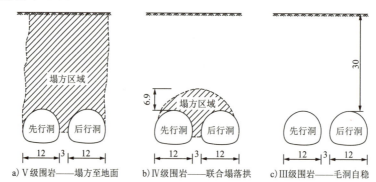

图27-1　Ⅴ级、Ⅳ级、Ⅲ级围岩条件下（覆土30m、净距3m）试验现象对比（尺寸单位：m）

2）深埋隧道围岩压力的计算

（1）垂直均布压力 q 计算公式如下：

$$q = \gamma h \tag{27-1}$$

式中：h——垂直荷载计算高度（m）；$h = 0.45 \times 2^{S-1}\omega$；

ω——宽度影响系数，$\omega = 1 + i(B-5)$；

γ——围岩重度(kN/m^3);

S——围岩级别;

B——坑道宽度(m);

i——B 每增减 1m 时的围岩压力增减率:当 $B<5m$ 时,取 $i=0.2$;$B>5m$ 时,可取 $i=0.1$。

近接情况 1:当相邻隧道破裂面相切或相互分离时,公式中的 B 按照单洞的开挖跨度计算。

近接情况 2:当相邻隧道岩柱厚度为 0 时,公式中的 B 按照两隧道开挖跨度之和计算。

近接情况 3:当相邻隧道破裂面相交时,亦即岩柱厚度介于 0 和两隧道破裂面相切之间,公式中的 B 按照情况 1 和 2 的计算结果进行线性内插取值。

(2)水平均布压力按照规范进行取值计算,在此不予赘述。

(3)近接隧道的深、浅埋隧道分界深度:

$$H_p = (2.0 \sim 2.5)h_a \tag{27-2}$$

式中:H_p——浅埋隧道分界深度;

h_a——深埋隧道垂直荷载计算高度,按式(27-1)计算。

当地表水平或接近水平,且隧道覆盖厚度满足式(27-2)要求时应按浅埋隧道设计。当有不利于山体稳定的地质条件时,浅埋隧道覆盖厚度值应适当加大。

3)浅埋隧道围岩压力计算

(1)当隧道埋深 $h \leq h_a$ 时,属于超浅埋隧道,按照规范公式计算隧道垂直均布压力和水平压力。

(2)当 $h > h_a$,且近接的两隧道破裂面相交时,近接隧道的内侧(岩柱侧)和外侧的垂直压力和水平压力均有差异。

围岩压力的计算公式为:

$$q_i = \gamma h \left(\frac{1 - \lambda_i h \tan \theta}{B} \right) \tag{27-3}$$

外侧水平压力

$$e_{1i} = \lambda_1 \gamma h_i$$

内侧水平压力

$$e_{2i} = \lambda_2 \gamma h_i$$

式中,λ_i 可分别取外侧侧压力系数 λ_1 和内侧侧压力系数 λ_2。

内侧的垂直压力取 q_2,外侧垂直压力取 q_1,内外侧之间按照线性变化。

(3)当 $h > h_a$,且近接的两隧道破裂面不相交时,亦即两隧道的破裂面分别与地表相交,可完全按照单洞隧道的规范公式计算隧道围岩压力。

27.2.3 近接隧道的影响程度划分

1)近接程度、围岩条件与支护阻力对近接隧道开挖影响范围的影响

近接隧道施工的影响不仅存在着局域性,而且在局部的范围内应力重分布及支护阻力对围岩应力状态的改变都是呈 (α/r^2)(α 为开挖半径,r 为隧道围岩中的某个点与隧道中心的距离)的负指数函数的梯度变化,影响呈加速度递减。

开挖后洞周围岩处于塑性状态时,开挖的影响范围要比弹性状态时的影响范围大。因此,围岩条件越差,影响范围越大。在相同支护阻力下,围岩条件越差,影响范围越大,反之越小。想要减小围岩中的

影响范围,就必须加大支护阻力。

因此,围岩条件和支护阻力是开挖影响范围划分的两个重要因素。

2)近接隧道的影响程度的分级

由上述力学原理可知,地下工程开挖对其周围的影响程度随距离远近而发生变化强弱,用近接度来表示。

根据新建隧道的规模、设计施工方法、与既有隧道的位置关系、地形地质条件、既有结构的力学健全度和对策的可能性等,可将新建隧道的影响范围划分为无影响范围、注意范围、需采取措施的范围和慎重范围四类[6]。其中,慎重范围内施工应该尽量避免。除无影响范围外,都要根据对既有隧道结构的检查、量测等进行设计。根据近接度的分级要求,采取相应的措施,内容见表 27-2。

近接度的分级与措施 表 27-2

邻近度分级	分级要求	采 取 措 施
无影响范围	不考虑新建隧道对既有隧道影响的范围	一般不需要采取措施
注意范围	通常不会产生有害影响,但有一定影响的范围	一般以采取合适的施工方法为对策,并根据既有隧道的位移、变形量等推定允许值,再决定是否采取其他措施,为施工安全,要对既有隧道和新建隧道进行量测管理
需采取措施范围	产生有害影响的范围	必须从施工方法上采取措施并根据既有隧道的位移、变形量决定影响程度,而后采取相应措施。同时,对既有隧道和新建隧道进行量测管理
慎重范围	对隧道结构有重大有害影响	应尽量避免该种情况,如果不能避免,则除了按"需采取措施范围"外,还应特别注意新建隧道施工振动的影响

3)不同近接条件下的近接度

考虑新建隧道与既有隧道的并行、交叉等情况,按照不同距离,将近接隧道近接度分级,见图 27-2 和表 27-3[6]。

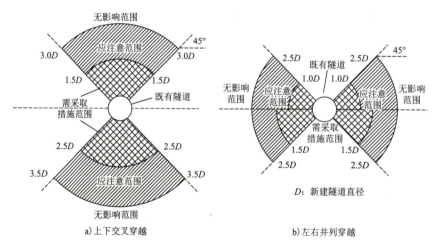

a)上下交叉穿越　　b)左右并列穿越

图 27-2　新建隧道以不同方式穿越既有隧道近接度的划分图

不同近接方式与近接度的对应关系一览表　　表 27-3

穿越方式及两座隧道的位置关系		隧道间隔	近接度分级
隧道并列	新建隧道比既有隧道高	< 0.5D	慎重范围
		(0.5~1)D	需采取措施范围
		(1~2.5)D	注意范围
		> 2.5D	无影响范围
	新建隧道比既有隧道低	< 0.5D	慎重范围
		(0.5~1.5)D	需采取措施范围
		(1.5~2.5)D	注意范围
		> 2.5D	无影响范围

续上表

穿越方式及两座隧道的位置关系	隧道间隔	近接度分级
隧道交叉(上穿)	<5m	慎重范围
	5m～1.5D	需采取措施范围
	(1.5～3.0)D	注意范围
	>3.0D	无影响范围
隧道交叉(下穿)	<5m	慎重范围
	5m～2.0D	需采取措施范围
	(2.0～3.5)D	注意范围
	>3.5D	无影响范围

注：D 为隧道直径。

27.3 近接隧道设计与施工

27.3.1 支护衬砌设计

根据近接隧道围岩受力特性的分析可知，近接开挖对周围的影响程度随距离远近而发生变化。考虑到近接隧道的变形和受力复杂性，采用复合式衬砌的近接隧道，初期支护应按主要承载结构来计算。初期支护设计参数应根据近接度、地形地质条件等，采用工程类比和理论分析确定。

近接隧道初期支护封闭，有利于抑制围岩变形、改善初期支护受力条件。在围岩地质条件相对较差、净距较小的情况下，宜考虑采用封闭的初期支护方案。同时，在围岩地质条件相对较差、净距较小的情况下，二次衬砌对限制围岩位移持续发展，保持中间岩柱的稳定发挥着重要作用，因此宜采用钢筋混凝土衬砌。

根据不同的近接影响程度及围岩级别所采取的支护体系对策见表27-4 [5, 6]。

支护衬砌选取对策　　表27-4

围岩级别	邻近度分级	支护体系选取对策
Ⅲ	需采取措施范围	宜采用封闭初期支护，二次衬砌宜采用钢筋混凝土
	应注意范围	初期支护可不封闭，但需及时浇筑仰拱，二次衬砌选取同单洞
	无影响范围	支护体系选取可按独立隧道
Ⅳ	需采取措施范围	应采用封闭初期支护，二次衬砌宜采用钢筋混凝土
	应注意范围	宜采用封闭初期支护，二次衬砌选取同单洞
	无影响范围	初期支护可不封闭，但需及时浇筑仰拱，二次衬砌选取同单洞
Ⅴ	需采取措施范围	应采用封闭初期支护，二次衬砌应采用钢筋混凝土
	应注意范围	应采用封闭初期支护，二次衬砌宜采用钢筋混凝土
	无影响范围	初期支护可不封闭，但需及时浇筑仰拱，二次衬砌选取同单洞

27.3.2 近接隧道施工方法

采用爆破施工的近接隧道：一方面会引起隧道周边岩体力学性质的劣化，如原有裂隙的张开与扩展、新裂隙的产生、岩体声波速度的降低、渗水系数的增大等；另一方面会改变既有隧道的受力状态，附加动荷载作用在既有隧道的支护结构上，对既有隧道支护结构亦会产生种种不利影响，如结构承载力下降、支护结构的破坏、剥落、变形等。为避免爆破施工对近接隧道所产生的不利影响,近接隧道施工可采用微振爆破技术及非爆破开挖技术,详细内容也可参考本书第44讲和45讲。

1)微振爆破技术

目前控制爆破振动的方法主要有三种:第一种为控制起爆药量,主要控制微差爆破时的最大一段药量,工程表现为缩短隧道爆破进尺或隧道掌子面分部爆破;第二种为在爆破区域和保护目标之间设置减振(隔振)孔或槽,表现为在隧道轮廓线处钻减震孔或减振槽;第三种为干扰降振技术,即优化雷管之间的延时间隔,使前后段雷管爆破产生的振动波峰和波谷叠加来降低振动。但是,采用缩短隧道爆破进尺或隧道掌子面分部爆破,在隧道轮廓线处钻减震孔或减振槽,施工进度慢,费用高,不适合于长距离复杂隧道钻爆施工。采用干扰降振技术,由于爆破振动大小与炸药量、隧道掌子面与保护目标之间的岩体特性、隧道断面几何形状等有关,很难实现干扰降振,或根本实现不了干扰降振。因此,采用上述降振方法时,降振效果不理想,对附近人员的生活和工作影响较大。

目前,在复杂环境下隧道钻爆施工采用微振爆破技术,可以把隧道钻爆施工的振动降低到最小限度,同时可以保持较高的隧道施工速度。微振爆破即同时起爆的炮孔只有一个,前后炮孔起爆时间间隔大于前面炮眼爆破振动的主振周期,通常也称为单孔连续起爆技术。

实施隧道微振爆破有两种方法:一种为隧道电子雷管单孔连续起爆网路;另一种为电子雷管和高段位导爆管雷管联合起爆网路,即隧道掏槽眼及扩槽眼采用电子雷管单孔连续起爆,掘进眼、内圈眼、底板眼和周边眼利用高段位导爆管雷管起爆,利用高段位导爆管雷管的起爆误差实现单孔起爆。

2)非爆破开挖技术

对于围岩条件较差、近接影响大,无法采用爆破施工时,则需考虑非爆破开挖。目前非爆破开挖法主要有TBM法和铣挖法。由于TBM掘进机法机械庞大,购价昂贵,一般情况下并不考虑该方法。铣挖法是近年来兴起的一种施工方法,它是将铣挖机安装在液压挖掘机上,常用于小型洞室的开挖、洞室轮廓修整和危岩排除,也适用于近接隧道工程。

铣挖类设备有两类:一类采用铣挖头与挖掘机改装配套的装配式铣挖机,见图27-3;另一类是整体机,如单臂掘进机,见图27-4。装配式铣挖机的特点是成本低、使用灵活,适用于软弱地层;单臂掘进机的设备配套齐全、功能完善,作业粉尘控制较好,适应中硬岩层。

图27-3 装配式铣挖机

图27-4 单臂掘进机

3)近接隧道施工方法的选取

近接隧道施工方法的选取应综合考虑隧道净距、围岩条件、埋深以及结构尺寸等因素。施工方法的选取应首先考虑减小对既有营运隧道的影响;其次应保证近接隧道中间围岩的稳定,避免中间岩体的多次扰动。

钻爆法施工的近接隧道,不同的近接度分级及围岩地质条件下所采用的施工方法参见表27-5[7]。实际工程应根据具体条件,从运营、工规模、工期、成本、环境等方面的要求进行全方位的综合考虑,选取科学、合理的施工方法。

不同影响分级和围岩地质条件下开挖方法建议　　　　表 27-5

围岩级别	近 接 度 分 级		
	需采取措施范围	应注意范围	无影响范围
Ⅱ、Ⅲ、Ⅳ	微振爆破技术	微振爆破技术	按常规单洞隧道
Ⅴ	非爆破开挖技术（单臂掘进机/铣挖机）	微振爆破技术	
Ⅵ	非爆破开挖技术（单臂掘进机/铣挖机）	非爆破开挖技术（单臂掘进机/铣挖机）	

27.4　近接隧道的围岩加固技术

27.4.1　加固目的和方法

在邻近既有隧道施工时，新建隧道自身施工与普通隧道的施工无异，近接隧道施工最主要的问题是新建隧道将会对既有隧道原有的稳定性产生影响。在新建隧道的开挖过程中，既有隧道与新建隧道之间围岩实际处于临空状态，新建隧道的开挖会对既有隧道与新建隧道之间围岩产生二次扰动，使其承载力减弱，易失稳。对既有隧道与新建隧道之间围岩进行加固，可减小隧道变形，稳定围岩，改善支护受力情况，减小新建隧道爆破开挖对既有隧道的影响。

目前近接隧道施工对围岩的加固，一般采取加强或改良围岩地层，主要包括注浆加固、贯通长锚杆加固、预应力锚杆加固等方法。当隧道地质松散或地形不利时，也可采取隔断影响的方法，主要有地下连续墙、钻孔桩、搅拌桩、旋喷桩、钢管桩、锚固桩及管幕等。由于既有隧道与新建隧道之间围岩所采用的加固措施与近接隧道的埋深、净距、围岩情况、施工方法及运营要求有关，且采用不同加固方法产生的加固效果不尽相同，实际工程中应结合不同的工程条件，采用适宜的加固措施。

当左右平行近接隧道净距较小时，使用预应力锚杆对中间岩柱进行加固，其作用机理主要通过主动或被动对围岩施加应力，改变围岩的开挖后受力状态，即从单向或双向受力状态转变为双向或三向的受力状态，从而减小围岩的变形，增强围岩的稳定性，改善支护的变形和受力条件。对中间岩柱采取注浆加固，其作用机理是改善围岩中的裂隙状态，提高围岩的物性参数，从而达到减小围岩的变形，增强围岩稳定，改善支护的变形和受力条件。

27.4.2　注浆加固

在围岩较软或较破碎地段，对近接隧道之间的围岩采用注浆加固能有效提高围岩参数、提高围岩稳定性，并降低爆破开挖产生的振动影响。

相对于开挖施工工序的先后，将近接隧道注浆加固分为两大类：第一类为隧道开挖施工之前，对即将开挖的围岩进行注浆加固，称为超前注浆或预注浆；第二类为隧道开挖施工之后，对隧道围岩体进行环向打孔注浆加固，称为径向补偿注浆。

径向注浆一般采用钻孔注浆，注浆钻孔深度可根据近接隧道中间岩体厚度来确定。洞内超前注浆可采用超前钻孔安装钢管实施注浆或钻孔注浆。采用地表预注浆时，可针对目标范围，在钻孔后安装带注浆孔的钢管进行注浆或采用袖阀管注浆。注浆材料可采用普通水泥浆，注浆压力应通过现场试验确定。

对近接隧道中间岩体采用注浆加固的效果与围岩可注性条件、注浆参数的控制关系密切。对于节理裂隙发育、破碎的地层,围岩的可注性较好,注浆对提高围岩参数效果明显。相同条件下,在注浆过程中对注浆压力、注浆量等参数的控制,对加固效果影响明显。

27.4.3 预应力锚杆加固岩柱

当左右平行近接隧道的净距较小且工程条件容许时,采用预应力锚杆加固近接隧道中间岩柱常常被认为是提高隧道稳定性的重要加固方法。

预应力锚杆的加固原理可见图 27-5 和图 27-6。某一埋深条件下中间岩柱承受垂直应力 σ_y 时,预应力锚杆通过垫板对岩壁以某一压力扩散角施加壁压 σ_x。根据摩尔—库仑理论,从图 27-6 可以看出,增大中间岩柱壁压 σ_x,中间岩柱受力状态从单向受压调整为双向受压状态,进而提高了中间岩柱的承载能力和稳定性。隧道的埋深越大、净距越小,需要预应力锚杆提供的壁压越大[5]。

在不考虑中间岩柱侧壁存在其他支护受力情况下,根据摩尔—库仑准则,可推算出中间岩柱达到极限平衡状态时所需的壁压为:

$$\sigma_{x\min} = \frac{1-\sin\varphi}{1+\sin\varphi}\sigma_y - \frac{\cos\varphi}{1+\sin\varphi}2c \tag{27-4}$$

式中:c、φ——中间岩柱抗剪强度指标;
σ_y——中间岩柱垂直压力。

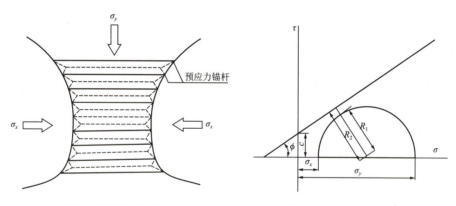

图 27-5 中间岩柱受力图　　　　图 27-6 中间岩柱受力摩尔图

预应力锚杆对中间岩柱施加的壁压为:

$$\sigma_x = \frac{N}{ab} \tag{27-5}$$

式中:N——锚杆预应力;
a、b——锚杆间距。

从锚杆杆体材料方面,采用普通 HRB335 钢筋作为锚杆杆体,其极限抗拉力为:

$$N_{cr} = R_g \frac{\pi d^2}{4} \tag{27-6}$$

式中:R_g——锚杆杆体钢材抗拉强度设计值;
d——锚杆直径。

根据以上计算方法,可确定锚杆的布设间距、锚杆杆体直径以及所需施加的预应力值。预应力锚杆设计值的选取跟围岩条件、隧道净距和锚杆间距等多种因素有关,其中锚杆杆体材料的抗拉极限强度是主要控制指标。设计应根据中间岩柱垂直应力水平的高低,选取合理的锚杆布设间距和预应力指标。一一般情况下预应力锚杆间距可在 0.5～1m 之间选取,杆体可选用 $\phi22$mm、$\phi25$mm 及 $\phi32$mm 等规格的材料,预应力大小可在 100～215kN 之间选取。为避免预应力的损失,可采用多次张拉的措施。

在施工过程中,若中间岩柱变形较大,可能出现锚杆内力过大而拉断破坏或产生较大的预应力损失而达不到加固目的的情况。因此,当通过计算分析采用预应力锚杆加固后,岩柱仍难以稳定时,尚需增加其他措施进行联合加固。

27.4.4　联合措施加固岩柱

如果岩柱属于软弱围岩,仅仅使用单一的加固方案,其加固效果可能达不到理想的效果。仅采用预应力锚杆加固时,在施工过程中随着围岩的变形,预应力会产生不同程度的损失,围岩变形过大时锚杆容易拉断破坏;若仅采用注浆加固方式,其效果与围岩可注性条件、注浆参数的控制等密切相关,而这些参数在施工过程中往往难以控制。在此种情况下,可以采用注浆和预应力锚杆联合加固的方法。

27.4.5　管棚或管幕加固

对于新建隧道交叉下穿既有隧道或新建隧道上下重叠下穿既有隧道的情况,下穿隧道施作管棚或管幕超前支护可对既有隧道结构起到承托作用,并在开挖过程中限制围岩的应力释放,起到了隔断影响的作用,从而保证了既有结构的稳定。

为充填钢管孔的周围围岩的空隙及增加钢管刚度,管壁设注浆孔,注浆孔呈梅花形布置,管棚尾部留不钻孔的止浆段,并在钢管就位后向钢管内压注水泥浆,达到充填周围围岩和管棚自身的空隙。可在钢管内设置钢筋笼增加抗弯刚度。设置管幕时钢管之间可采用锁扣。

27.4.6　隔断影响加固技术

除了采取强化、改良围岩地层的方法外,近接隧道之间的围岩加固方法还可以采取隔断影响的方法,如地下连续墙、隔离桩等。平行近接隧道锚固桩加固见图 27-7。

对于左右平行近接的隧道,隔断影响的加固方法经常采用。连续墙、隔离桩的设计参数应结合围岩条件、埋深、净距大小和隧道结构特点等因素,并进行计算分析确定。

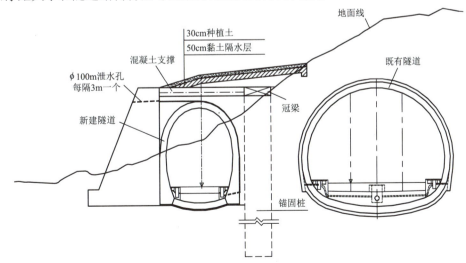

图 27-7　平行近接隧道锚固桩加固示意图

27.5 结语

　　近接隧道区别于相对完全独立的两座隧道，其设计与施工的各个方面都有各自的特点。本讲围绕近接隧道设计与施工的关键技术，立足于国内外的研究成果及工程实践经验，对近接隧道设计的流程和内容进行了系统介绍。

　　作为设计者，首先需要对近接隧道在概念上有一个全面的认识，在设计过程中对近接隧道与相对完全独立的隧道加以区别。近接隧道间的相互影响随着洞间距的大小产生明显的差异，因此近接隧道的设计可按距离划分为不同的分区或近接度。本讲根据近接隧道的受力特性，考虑新建隧道与既有隧道的并行、交叉等情况，按照不同距离，将近接隧道近接度进行了分级。设计过程中可按照不同的近接度，采取相应的工程措施。近接隧道间夹的岩柱或岩墙在保证近接隧道安全施工的过程中有着重要的作用，本讲对加强或改良围岩地层和采取隔断影响两类围岩加固技术进行了介绍，设计过程中需要考虑近接隧道的埋深、净距、围岩情况、施工方法及运营要求等因素，采用适宜的加固措施。

本讲参考文献

[1] 国家铁路局. 铁路隧道设计规范：TB 10003—2016[S]. 北京：中国铁道出版社，2017.

[2] 郭小红，廖朝华. 公路分岔隧道建设技术的研究及应用 [M]. 北京：人民交通出版社，2011.

[3] 原郭兵，孟庆明. 板桃隧道洞口段两超小净距隧道的施工 [J]. 铁道标准设计，2003，39（z1）：81-82.

[4] 王刚. 北京地铁 8 号线南锣鼓巷站上下重叠隧道上线盾构始发中板加固技术 [J]. 隧道建设，2013，33（12）：1059-1063.

[5] 何川. 公路小净距隧道 [M]. 北京：人民交通出版社股份有限公司，2015.

[6] 孔恒，宋克志. 城市地下工程邻近施工关键技术与应用 [M]. 北京：人民交通出版社，2013.

[7] 谭立新，彭立敏，李玉峰. 铁路立体交叉隧道影响分区与施工技术 [M]. 北京：人民交通出版社股份有限公司，2014.

第28讲

隧道结构抗震设计

隧道结构是一种与地层随动的构筑物,一般情况下具有良好的抗震能力。历次地震中,桥梁、路基往往损毁严重,而隧道震害则相对轻微,在进行修复后均可通车,因此地震动峰值加速度高的地段、穿越地形地质复杂段的重要交通道路,采用隧道形式在地震时保通性更强。但并不是说隧道就不发生震害,相反在洞口浅埋段、断层带等仍然是抗震的薄弱点,地震仍可能造成很大的破坏,需要进行专门的抗震设计。

28.1 地震对隧道结构的影响

震害作为最真实的"原型试验"结果,一直受到人们的重视。地震对隧道的影响主要通过震害的调查获得,而通过总结隧道震害的表现形式,分析其背后的形成机制,才能有针对性地进行隧道抗震设计。

28.1.1 震害表现形式

调查显示,地震造成的隧道损坏主要集中在洞口浅埋段、洞身段断层破碎带等。主要震害表现形式有:

(1)洞口段主要受地震次生灾害影响如落石、滑坡影响易造成洞口掩埋、洞门端墙开裂破坏,或洞口围岩破碎段、土石分界等段落的衬砌开裂破坏等。

(2)洞身段震害主要发生在围岩破碎的断层破碎带(含活动断层)或者衬砌本身有缺陷的地段,往往出现衬砌变形开裂、错台、剥落甚至垮塌,隧道底板及仰拱出现开裂、上鼓、错台等现象。

28.1.2 震害机理

隧道在地震作用下的破坏是地震波特征、围岩地质条件、隧道埋深、衬砌类型及形状等诸多因素综合作用的结果,其破坏机理非常复杂,只能在调查分析大量震害资料的基础上,对其破坏机理进行大致分类和粗略探讨。总体来看,因地震造成的隧道结构破坏作用机制可大致分为如下三类:

1)地震引起地表破坏(洞口部位坍塌破坏或液化)

在隧道进出口部位地层松散或隧道一侧临空且地表地质状况差的情况下,地震可能直接导致边坡失稳,造成洞口坍塌或隧道洞身局部向临空侧塌落。这属于边坡动力稳定问题的范畴。

本讲执笔人: 周跃峰,姜波。

2）地震波引起地层的振动或摆动

由地震波引起地层的变形，隧道本身随地层变形出现摆动，当隧道不能追随地层变形时，导致衬砌产生很大的应力，出现剪切破坏或压溃。由于地震波在断层破碎带或者地表处将出现反射叠加等反应，因此该段落即成为隧道抗震的薄弱环节。

3）活动断层错动引起的破坏

当隧道正好穿越活动断层带时，活动断层带的发震错动位移或者蠕变错动位移将直接传递至衬砌结构；当该位移超出结构承受能力时，则造成隧道结构的破坏，往往表现为衬砌错台等。

事实上，某个隧道因地震作用而损坏时，其破坏机制往往为以上一种或数种类型的组合。隧道洞口地表的地震响应主要受惯性力控制，破坏形式主要表现为：洞门墙开裂、坡面失稳等，地震区隧道应重视洞口位置的选择，洞口边仰坡应进行地震安全评价，并采取相应的抗震措施。对洞口段及洞身浅埋段地震响应受地层相对位移和结构惯性力共同控制，破坏形式主要表现为：衬砌开裂、掉块，仰拱隆起等，总体上震害程度随埋深增加呈减弱趋势。

28.2 抗震设计的主要原则及内容

隧道结构抗震设计与其他构筑物一样遵循"小震不坏、中震可修、大震不垮"的目标。小震不坏：当地震遭遇低于本地区设防烈度的多遇地震影响时，一般不损坏或不需修理仍可继续使用；中震可修：当遭遇高于本地区设防烈度的地震影响时，建筑物可能损坏，经过一般修理或不需修理仍可继续使用；大震不倒：当遭受高于本地区设防烈度的预估罕遇影响时，建筑物不倒塌或不发生危及生命的严重破坏。

隧道结构的抗震设计应贯穿设计的整个过程，首先应合理选择线路走向和线形，其次是采取合适抗震设防措施。

28.2.1 地震区选线原则

地震区选线应遵循以下原则：

（1）线路应避免设置短隧道群。为提高隧道结构的抗震性能，便于地震后维修、保通，高烈度地震区双线或多线铁路宜采用分修形式以单线隧道通过。

（2）线路不仅应绕避泥石流、滑坡、岩堆、危岩落石等不良地质，还应避免洞口设置在单薄的山脊、孤立山头等不利地段。

（3）线路应尽量绕避断层破碎带；若不能绕避构造带，则应在构造较窄处以大角度穿越，尽量减少破碎带对隧道的影响范围。

（4）隧道洞身错位线形修复困难，可能引起隧道废弃，因此应尽量避免隧道洞身穿越活动断裂带，无可避免时也应调整至洞口段附近穿越。

28.2.2 隧道抗震设计的主要内容

地震区的隧道抗震设计主要包含地震设防段落的确定、隧道结构抗震设计、隧道结构抗震的构造设计等几个方面：

1）地震设防段落的确定

根据震害调查可知，为洞口、浅埋，偏压段以及洞身穿越断层带的段落是隧道抗震的薄弱环节，因此这些段落应进行抗震设防[1]。

2）隧道结构的抗震设计

以隧道横断面设计为基础,考虑地震时隧道的受力状态进行相应的结构设计,其中地震力按特殊荷载考虑荷载组合。

3）隧道结构的抗震构造设计

在结构上考虑减少地震力集中的构造措施,如变形缝设置、棚洞防落梁设置、地基处理等方面。

28.3 隧道地震力计算方法

28.3.1 地震力计算方法简介

当前地震力计算方法有静力法和动力法两种。静力法主要有地震系数法、反应位移法等；动力法有二维/三维有限元模型、质量—弹簧模型等。分别简单介绍如下：

1）地震系数法

地震系数法是引用地面结构的一些计算方法进行,根据地震峰值加速度确定水平地震系数进行计算,地震力主要由衬砌自重的水平地震力、洞顶土柱水平地震力以及侧向土压力增量构成。

地震系数法计算简单,是目前规范规定的地震力计算方法,但是只能计算浅埋隧道,存在一定的局限性。

2）反应位移法

反应位移法的基本思想是由于地下结构不发生共振响应,所以认为结构本身振动中的惯性力对结构影响较小,地下结构的地震响应主要取决于结构所在位置介质的地震变位。根据反应位移法算定反应值换算成静力荷载考虑。

反应位移法的关键是计算地层变位及抗力系数,对地层弹簧的适当评价非常重要。反应位移法把不规则的地震波传播看作同一周期、同一方向的地震波,从而与实际有一定差别。这种方法在我国尚未得到广泛的运用。

3）动力法

动力法主要为动力数值法,它可以考虑结构物及地层的非线性,考虑结构物和地层的相互作用。在进行地震响应分析时,需要输入实际工程所在地区的地震波。计算模型主要有二维及三维有限元模型、质量—弹簧模型。

①二维及三维动力有限元模型

二维有限元模型主要适用于洞身深埋地段。而洞口段受地形条件影响显著主要采用三维有限元模型。

②质量—弹簧模型

质量—弹簧模型是20世纪70年代的田村—冈本提出的。前提条件是地层单一,其下方由坚硬基底组成。根据假定,把基岩以上地层沿隧道轴向被划分成一系列节段,每一节段用与其自振周期相同的质量—弹簧代替。对于浅埋短隧道可以采用质量—弹簧模型进行全隧道地震响应的计算。

动力法在计算模型和计算参数选择、地震波及其输入方式、边界条件的确定等方面还需要进行更深入的研究,而且求解复杂,耗时大,因此运用较少。

28.3.2 静力法地震力的计算

用静力法计算的单线隧道抗震设计结果与一些宏观震害调查情况较为接近,其抗震加强措施与非震区隧道衬砌比较,也大体合理,且静力法计算较为简便,采用更精确的计算方法,其实际意义不大。现行规范按照静力法进行设计。

1)计算假定

当地震发生时,建筑物受到一种惯性力的作用,这种由地震引起的惯性力称为地震力。建筑物在进行抗震验算时,一般只计算水平地震力的作用。《铁路工程抗震设计规范》(GB 50111—2006)(2009年版)8.1.2 条规定隧道的地震作用应按设计地震力采用静力法计算。地震力作用系短暂的、偶然性的,按特殊荷载考虑。

2)地震作用引起的荷载

地震引起的荷载只考虑水平地震力的作用,作用大小由水平地震系数确定。浅埋及偏压隧道,受地震影响对摩擦角根据地震角进行修正。水平地震系数 K_h 及地震角按表 28-1 进行取值(A_g/g,A_g 为地震动峰值加速度)。

地 震 系 数 取 值　　　　表 28-1

设计烈度(度)	7		8		9
水平地震系数 K_h	0.1	0.15	0.2	0.3	0.4
地震角 θ	1°30′		3°	4°30′	6°

水平地震力修正系数 η_c,岩石地基取 0.20,非岩石地基取 0.25。

衬砌承受地震力主要由自重水平地震力、地震侧压力增量、洞顶土柱水平地震力三部分组成,如图 28-1、图 28-2 所示(图中只表示了地震时附加地震力部分)。

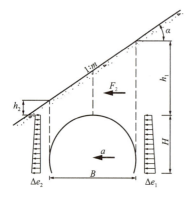

图 28-1　偏压隧道地震引起的特殊荷载

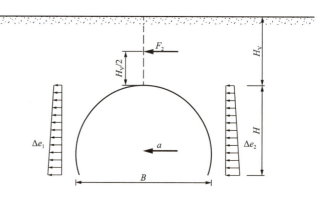

图 28-2　浅埋隧道地震引起的特殊荷载

(1)自重水平地震力

自重水平力是由于地震时水平加速度引起的结构本身的惯性力。根据《铁路工程抗震设计规范》(GB 50111—2006),作用于衬砌上任一质点的水平地震力,按下式计算:

$$F_{ihe} = \eta \cdot A_g \cdot m_i \tag{28-1}$$

结构计算软件中,则可以对结构施加一水平加速度从而获得衬砌自重水平力。

水平加速度大小为:

$$a = \eta_c K_h g \tag{28-2}$$

各单元受自重惯性力：
$$F_1 = m_i a \tag{28-3}$$

上述式中：η_c——综合影响系数，岩质明洞取 0.2，其他取 0.25；

K_h——水平地震系数；

g——重力加速度；

m_i——衬砌单元质量。

（2）隧道侧压力增量

内侧：
$$e_{1i} = \gamma h_i (\lambda_1 - \lambda) = \gamma h_i \Delta \lambda_1 \tag{28-4}$$

外侧：
$$e_{2i} = \gamma h_i' (\lambda_2 - \lambda') = \gamma h_i \Delta \lambda_2 \tag{28-5}$$

式中：λ、λ'——内、外侧非地震时侧压力系数；

h_i、h_i'——内、外侧任一点 i 至地面的距离；

γ——围岩重度（kN/m³）；

$\Delta\lambda_1$、$\Delta\lambda_2$——内、外侧侧压力系数增量；

λ_1、λ_2——内、外侧地震时侧压力系数，按下式计算：

$$\left.\begin{array}{l}\lambda_1 = \dfrac{(\tan\beta_1 - \tan\varphi_1)(1 - \tan\theta_1 \tan\theta)}{(\tan\beta_1 - \tan\alpha)[1 + \tan\beta_1(\tan\varphi_1 - \tan\theta_1) + \tan\varphi_1 \tan\theta_1]} \\ \lambda_2 = \dfrac{(\tan\beta_2 - \tan\varphi_2)(1 - \tan\theta_2 \tan\theta)}{(\tan\beta_2 + \tan\alpha)[1 + \tan\beta_2(\tan\varphi_2 - \tan\theta_2) + \tan\varphi_2 \tan\theta_2]}\end{array}\right\}$$

$$\left.\begin{array}{l}\tan\beta_1 = \tan\varphi_1 + \sqrt{\dfrac{(\tan^2\varphi_1 + 1)(\tan\varphi_1 - \tan\alpha)}{\tan\varphi_1 - \tan\theta_1}} \\ \tan\beta_2 = \tan\varphi_2 + \sqrt{\dfrac{(\tan^2\varphi_2 + 1)(\tan\varphi_2 + \tan\alpha)}{\tan\varphi_2 - \tan\theta_2}}\end{array}\right\}$$

$$\varphi_1 = \varphi_g - \theta$$
$$\varphi_2 = \varphi_g + \theta$$
$$\theta_1 = \theta_0 - \theta$$
$$\theta_2 = \theta_0 + \theta$$

φ_g——围岩计算摩擦角（°）；

θ_0——土柱两侧摩擦角（°）；

α——地面坡度角（°），当地面为平坡时 $\alpha = 0°$；

β_1、β_2——内、外侧产生最大推力时的破裂角（°）。

当隧道为浅埋隧道时，取地面坡度角 $\alpha = 0°$ 计算，无地震时取 $\theta = 0°$ 计算。

（3）洞顶土柱水平地震力

浅埋及偏压隧道地震时上覆土的对隧道的抗震有很大影响。《铁路工程抗震设计规范》(GB 50111—2006)(2009 年版)及《公路隧道设计规范》(JTG D70—2004)并未明确规定洞顶土柱地震水平力计算方法，而根据《隧道设计手册》地震水平力的作用点于土柱质心。按手册公式：

洞顶垂直土压力：

$$P = \frac{\gamma}{2}\left[(h_1+h_2)B - (\lambda_1 h_1^2 + \lambda_2 h_2^2)\tan\theta_0\right] \quad (28\text{-}6)$$

则洞顶土柱水平地震力：

$$F_2 = \eta_c K_h P \text{（作用点为土柱质心）} \quad (28\text{-}7)$$

作用力 P 为拱顶上覆垂直土压力，分布图形与地面坡一致。

由于洞顶土柱水平地震力作用于质心，埋深大时会造成的弯矩过大的问题，与实际不符，因此也有仅将洞顶土柱水平地震力均布于隧道拱部方式来克服[7]。

3）地震力的荷载组合

地震力属于瞬时性的特殊荷载。按相关规范要求，地震力只与恒荷载和活荷载组合，而安全系数应比主要荷载作用下的相应值有所降低，并按最不利组合进行结构设计。

考虑地震力时，应比主要荷载作用下的相应值有所降低。

28.4 洞口段及断层带设计

28.4.1 洞口段抗震设计

隧道洞口是最易遭受地震破坏的段落，主要因为洞口，不仅受地震波动的影响，还受地震造成的地表破坏引起落石、坡面垮塌等次生灾害的影响。隧道洞口除按设计地震力进行相应的抗震衬砌设计外，还应注意以下问题：

（1）洞口段设防长度不应小于 2.5 倍洞径或不小于 25m。

（2）洞口宜选择在稳固基岩上，不宜选择在陡崖下，洞口岩体结合地形、地质条件必要时须进行整体稳定性评价。

（3）为减少地震放大效应，洞口不宜选择在孤立且单薄的山脊上。

（4）不宜采用端墙式洞门，如采用洞门端墙应采用钢筋混凝土结构。

（5）洞口尽量接长明洞，不宜采用简支的棚洞结构（如必须采用应有防落梁措施），不宜采用悬臂式棚洞，不宜采用钢结构棚洞。

（6）洞口上方危岩落石应和明线段同样处理，即使有了足够长度的明洞结构也要处理。

（7）洞门下方坡面要和仰坡同样重视，即使紧接桥台，也需考虑其稳定性，并设置必要的防护。

28.4.2 一般断层带设计

由于地震波在断层破碎带或者地表处将出现反射叠加等反应，断层破碎带是隧道抗震的薄弱环节。当前规范中给定计算方法并不适用于断层带，并无相应的计算方法。一般情况下，可采用以下设计方法：

（1）参考洞口段对设防范围的隧道结构进行加强，设防范围应向断层两边延伸不小于 2.5 倍洞径或不小于 25m。

（2）抗震设防段的衬砌结构应采用复合式衬砌，宜采用带仰拱且内轮廓圆顺的断面类型。

(3)应满足基本构造要求,即:采用钢筋混凝土材料(防止衬砌垮落),并在软硬围岩相接处及设防范围分布设置变形缝。

(4)为提高隧道结构的抗震性能,还可采取以下工程措施:

①改善围岩条件:对隧道衬砌背后及周边一定范围围岩进行注浆加固。

②在抗震性能要求较高的段落可采取改善结构性能的措施:包括隧道断面尽量采用圆顺的连接,二次衬砌采用低弹模混凝土、钢纤维混凝土;采用聚合物混凝土;调整二次衬砌厚度;在二次衬砌共轭45°方向附近实施局部加强配筋等。

28.4.3 活动断层隧道的抗震设计

活动断层带不仅需考虑地震波带来的破坏作用,还须考虑断层发震时可能的措施造成的破坏,而这种破坏往往是结构难以抵挡的,只能采用相应的适应措施。

1)设计原则

对于隧道穿越活动断裂带的设防目前也无成熟的处理手段,现行规范也无针对穿越活动断裂隧道结构设计进行明确规定,国内外对于活动断裂的设防措施还很存在较大争议,但设防的基本原则基本比较一致,即"一定错动条件下,可快速修复,满足保通性"的原则。

2)针对活动断裂带的处理措施

对于隧道穿越活动断裂地段,根据地震造成的断层破碎带隧道的破坏特点,国内外主要采取过的措施有:改变衬砌轮廓、扩挖设计、铰链设计、减隔震设计、加固围岩等。

(1)改变衬砌轮廓

圆形或近圆形衬砌较马蹄形衬砌受力合理,因此改变衬砌轮廓,能改善衬砌结构受力条件,使之更能抵抗地震造成的破坏。

(2)扩挖设计

扩挖设计理念,即对原有的建筑限界净空进行扩大。扩大空间一般认为有两种功能:一是根据活动断层可能的错动量确定扩大隧道断面尺寸,在断层错动时,仍可以保证隧道断面的净空面积;二是在发生错动破坏时利用扩挖净空可对原结构进行补强,利用灾后快速修复。扩挖量主要依据活动断层的错动方式及错动量确定。

(3)节段设计

根据断层错动时隧道的变形特征,提出"节段设计"的理念,即尽量减小隧道节段长度,使断层带及其两侧一定范围内的节段保持相对独立,各刚性隧道节段间采用刚度相对较小的柔性连接。在断层错动时,破坏集中在连接部位或结构的局部,而不会导致结构整体性破坏或前后断面牵拉破坏。

(4)减隔震设计

隔离层设计属于隔震技术的范畴,在地面结构和桥梁抗震工程中应用较多。但地下结构由于周边被岩土体所包围,其受力状态不同于地面结构,其变形要受到岩土体约束,它本身不仅是结构物的振源,而且还是结构物的附加荷载。因此,地下结构的减震方法不同于地面结构。

一般来说,隧道的隔离设计指采用钢筋混凝土复合衬砌时,在初期支护和二次衬砌中间回填柔性材料组成(图28-3),使原有衬砌—围岩系统变为衬砌—减震层—围岩系统。

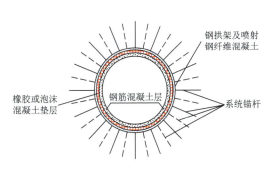

图28-3 隧道减隔震层设置示意图

（5）加固围岩

主要通过注浆等手段对破碎带围岩进行加固，加强围岩整体性，提高施工安全，同时由于围岩条件改善，围岩自身抗震能力也得到提高，从而提高了支护结构的抗震能力。

各种处理措施特点见表28-2。

各种处理措施特点汇总 表28-2

处理措施	实现方式	优点	局限
改变衬砌轮廓	将马蹄形断面轮廓改为近圆形或圆形	改善了受力条件，提高抗震能力	加大了开挖断面
扩挖设计	在原净空断面基础上进行放大	在发生一定错动时净空断面仍能得到满足或者在衬砌破坏时直接进行补强	加大了开挖断面，扩挖尺寸难以确定
节段设计	将隧道分成节段，节段间采用较小刚度的结构进行连接	在断层错动时，破坏集中在连接部位或结构的局部，而不会导致结构整体性破坏	增加了施工难度
减隔震设计	一般在初期支护与二次衬砌间采用柔性材料设置缓冲层	能一定程度吸收蠕变及减小围岩向结构传递的振动	目前铁路隧道未有实施
加固围岩	利用注浆等手段对破碎带围岩进行加固	改善了围岩条件，提高抗震能力	

3）工程实例

根据国内外针对活动断层处理的相关经验，成兰线首次提出了"大刚度圆环衬砌+组合宽变形缝+预留补强空间"的设计。主要设计方案如下：

（1）设防错动量

准确预测一个活动断层在隧道穿越部位的位错量基本属于一个难以实现的目标。成兰线通过大量的地震统计数据，推测在7级地震条件下，断层面上可能产生的最大位错量为0.8m，并考虑工程处置难易程度及经济性等，以此作为活动断层的设防等级。

（2）隧道活动断裂设防距离

综合考虑铁路工程抗震规范的设防段落要求、线路限坡要求以及超前地质预报精度等因素，最终确定活动断裂带合理设防范围按断层核部两端延伸50m。

（3）活动断裂段衬砌断面

对于穿越活动断裂隧道结构轮廓宜尽量选择圆形或近圆形的轮廓，并考虑全周扩挖30cm。

（4）节段设计

成兰线活动断层带的节段设计主要通过沿隧道纵向间隔设置全环变形缝实现。通过实地调查及数值模拟，根据断层的错动模式确定变形缝宽度、间距等。研究认为，在较窄的断层带，错动位移由全部断层核部分布式承担。当断层宽度较大时，认为断层的错动主要集中在上/下盘分界面上。

（5）柿子园隧道穿越北川—映秀断层设计概况

柿子园隧道穿越北川—映秀断层属于龙门山中央活动断裂束的其中一条活动断裂，是一条全新世强活动断裂带，呈现挤压逆冲兼具右旋走滑性质，具备8级地震发震能力，与铁路线路大角度相交，交角84°；在铁路线路段其走向N80°E，倾向NW，倾角约为60°～80°，核部宽度约35m。

设计采用"大刚度圆环+组合变形缝+扩挖30cm"。整体布置及断面设计如图28-4、图28-5所示。变形缝宽度沿隧道纵向依次为0.1m、0.1m、0.1m、0.15m、0.1m、0.1m、0.1m、0.1m、0.15m、0.1m、0.1m、0.1m。节段长度依次为15m、15m、8m、8m、4m、4m、4m、4m、4m、4m、8m、8m、15m、15m。断面采用内半径为5.1m圆环。

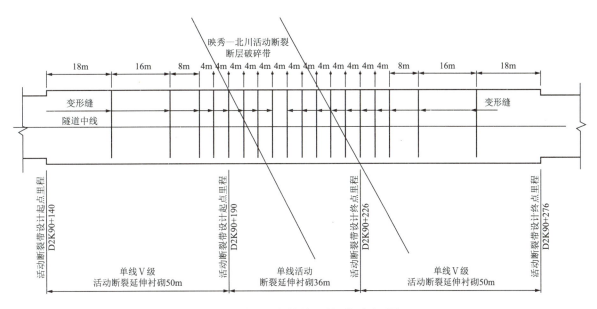

图 28-4　柿子园隧道穿越活动断裂纵向布置图

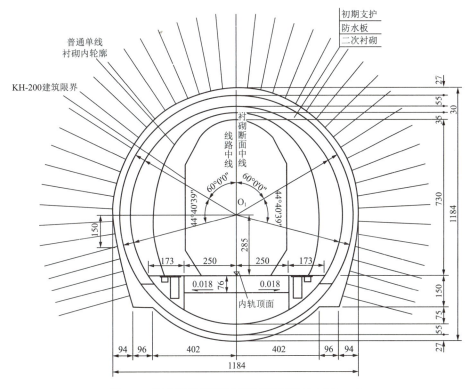

图 28-5　柿子园隧道穿越活动断裂横断面图（尺寸单位：cm）

28.5　结语

隧道的抗震设计难度很大，且往往无法在寿命期内验证实际效果，因此难以避免还存在较多不成熟的地方需要进一步加深研究，如大断面隧道的抗震设计，隔震消能设计等。在将来可能的地震中，也应充分调查分析隧道震害，提高地震对隧道影响的认识水平，以便更合理地进行隧道抗震设防。

本讲参考文献

[1] 中华人民共和国建设部. 铁路工程抗震设计规范：GB 50111—2006[S]. 北京：中国计划出版社，2006.

[2] 刘晶波，刘祥庆，李彬. 地下结构抗震分析与设计的 Pushover 分析方法 [J]. 土木工程学报，2008，41.

[3] 铁道构筑物等设计标准及解说——抗震设计 [S]. 丸善株式会社，2000.

[4] 林皋. 地下结构抗震分析综述（上、下）[J]. 世界地震工程，1990，2、3：1-10

[5] 国家铁路局. 铁路隧道设计规范：TB 10003—2016[S]. 北京：中国铁道出版社，2017.

[6] 关宝树. 隧道工程设计要点集 [M]. 北京：人民交通出版社，2003.

[7] 铁道部第二工程局. 铁路工程施工技术手册·隧道 [M]. 北京：中国铁道出版社，1995.

[8] 中交第二公路勘察设计研究院有限公司. 公路隧道设计细则 [M]. 北京：人民交通出版社，2010.

TUNNEL DESIGN
THEORY AND METHOD
隧道设计理论与方法

第四篇　Fourth chapter

防排水设计

第29讲　围岩渗透性与隧道地下水控制
第30讲　围岩注浆堵水和加固设计
第31讲　防水设计
第32讲　排水设计

第29讲

围岩渗透性与隧道地下水控制

关宝树教授曾经讲过，隧道工程的设计主要是完成"两大斗争"：一个是与围岩"斗"，另一个是与地下水"斗"。不论是隧道建设过程中，还是建成后运营维护时期，地下水问题一直是影响隧道工程的重要因素之一，地下水的活动和作用会改变隧道含水环境，对围岩造成影响，影响隧道的稳定。因此，认识地下水对隧道施工的影响和做好防排水措施至关重要。本讲针对围岩渗透性和地下水的控制进行系统介绍，主要包括岩石渗流场理论、地下水类型和岩土渗透性、地下水与隧道的相互影响、隧道防排水设计原则等。

29.1 岩石渗流场理论简介

地下水在岩土体中的运动规律即为渗流场。实践表明，岩土体性质不同，其水力学特性存在极大差异。

对土体而言，结构通常疏松，渗流以孔隙渗流为主，其渗流特点是：①渗透性大小取决于土体颗粒性质，颗粒越细，渗透性越差；②可视为多孔连续介质；③渗透性一般具有均质各向同性的特点；④渗流符合达西定律。

对岩体而言，由于不连续结构面的存在，将岩体切割为裂隙介质，渗流则以裂隙渗流为主，其渗流特点是：①渗透性大小取决于岩体中结构面的性质及岩块的岩性；②渗流以裂隙导水、微裂隙和岩石孔隙储水为特点；③岩体裂隙网络渗流具有定向性；④岩体一般视为非连续介质（对密集裂隙可视为等效连续介质）；⑤渗流具有高度的非均质性和各向异性；⑥一般岩体中渗流符合达西定律，但岩溶管道流一般属于紊流，不符合达西定律；⑦渗流受应力场影响明显。

鉴于上述两种岩土体水力学特性差异，随之也演化为两种不同的研究学科分支，即土体渗流学和岩石水力学。下面重点针对岩石渗流场理论相关问题进行简要阐述。

29.1.1 围岩渗流场数学模型及其适用条件

围岩主要由岩体和土体两种介质形式，所以在描述围岩渗流场时，根据围岩的物理力学参数不同，其选择数学模型时也不同。主要包含以下几种模型：

1）等效连续介质模型

等效连续介质模型认为：所研究的对象是无间隙的连续介质，岩体介质中只存在空隙，且空隙是互相连通的，在岩体介质中，水是能自由流动的。而当岩体的裂隙较多时，则认为在整个计算区域里面，岩体

本讲执笔人：马志富，刘大刚，杨昌贤。

的孔隙介质和裂隙网络是均匀分布的,从而与多孔连续介质有着类似的渗透特性。该模型假定地下水在岩体中的流动服从达西定律,渗透系数为岩体单元的平均值。等效连续介质模型如图29-1所示。

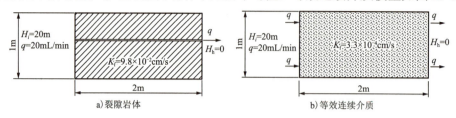

图 29-1 等效连续介质模型

此模型的优点是模型简单方便,只需确定渗透张量、孔隙度等参数,计算过程中最重要的是确定岩体的渗透系数。

2)离散介质模型

该模型认为:对于不同的岩体,其结构类型、力学性质、节理裂隙的规模各有所不同,而由于裂隙在岩体内部是交错的,因此称这类模型为网络状系统介质渗流模型。这种渗流模型的特点是具有非均质性和各向异性。由于岩体裂隙往往不是完全贯通的,即裂隙网络中存在阻水裂隙,从而使裂隙中水流受到阻隔,不会连续流动。这些互不连通的裂隙或存在阻水裂隙的网络,称为离散裂隙网络模型。

3)裂隙—孔隙双重介质模型

裂隙—孔隙双重介质模型是由苏联学者提出的,认为岩体是由孔隙和裂隙组成的双重介质空隙结构,水能通过孔隙裂隙渗流,形成连续介质系统。在该系统内,孔隙体积远大于裂隙的体积,而裂隙的导水性远高于孔隙的导水性,因此孔隙介质储水,裂隙介质导水。由于裂隙介质的导水作用,在孔隙介质中和裂隙介质中都会存在水头,基于达西定律分别建立两类系统的水流运动方程,两种介质之间通过水流交换相联系。如对二维裂隙岩体潜水非稳定流,双重介质模型建立如图29-2所示。

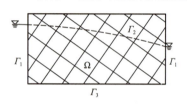

图 29-2 双重介质模型剖面图

裂隙—孔隙双重介质模型的优点是:考虑了两类不同系统之间的水交替过程,当需要考虑到水在岩体中贮藏以及流动作用时,该模型是最合适的。该模型的局限性在于:为了建立水交替方程,模型对裂隙系统的配置和形状都作了一定的限制,从而限制了模型的应用。因此,该模型很难在实际工程中得到应用。

4)断裂控水模型(宏观预测模型)

断裂控水模型是一种以大型断裂带为主要地下水通道,宏观预测深埋长隧道突、涌水量的水文地质模型。断裂控水模型不考虑岩体细部地层和构造的变化,也不考虑高地应力、高水压力等深部环境因素的影响,在深部岩体中的区域性裂隙趋于闭合,深部的完整岩体渗透系数很小。三维断裂控水模型将地质体划分为完整岩体与断层带两大类,两类岩体根据埋深划分为几个带,将每个带的渗透性考虑为均质等效。但是将每个带都看作"均质等效体",与实际情况仍有较大差异,所以将模型按常规的水文地质三维数值模型来编制,进行宏观分析,作为全隧洞突涌水分析的基础。在三维断裂控水模型计算的基础上,考虑多种影响因素(面理、节理、岩性、地应力、非达西流、地下径流、地热等)进行评价和修正,得到最终的涌水量的预测见式(29-1)。

$$Q_{\text{评}}=\sum_{i=1}^{n}\left(K_{\text{面理}}^{i}K_{\text{节理}}^{i}K_{\text{岩性}}^{i}K_{\text{地应力}}^{i}K_{\text{非达西流}}^{i}K_{\text{地下径流}}^{i}K_{\text{地热}}^{i}K_{\text{宏模}}^{i}\right) \quad (29\text{-}1)$$

式中:$Q_{\text{评}}$——综合评价的突、涌水量;

n——洞段数;

K_*^i——(下标"*"分别表示面理、节理、岩性等)为第i段洞段的各项修正系数;

$K_{\text{宏模}}^i$——断裂控水模型第i段宏观的计算结果。

29.1.2 岩石渗流场计算条件

在应用岩石渗流场数学模型中，都存在一个共性的关键问题，即如何正确地将岩石中杂乱无章的、随机分布的裂隙网络反映到计算模型中，这也是岩石水力学最困难的问题。按照目前的研究水平，对于不同的围岩条件下选择不同的模型，主要包括等效连续介质模型、离散介质模型、裂隙—孔隙双重介质模型等，对于不同的模型有不同的参数确定的方法。

29.2 地下水类型及岩土的渗透性

29.2.1 地下水类型[1]

自然界岩土孔隙中的水，按水的物理性质可分为气态水、吸着水、薄膜水、毛细管水、重力水、固态水等，前三种水对土的强度没有影响，后三种水对土的强度影响明显。

岩土与水相互作用时，岩土显示出容水性、持水性、给水性、毛细管性和透水性。

1）地下水的类型

地下水的类型详见表 29-1。

地下水的类型　　　　　　　　　表 29-1

类　型		包括的种类
基本类型	亚类	
包气带水	孔隙水	土壤水（壤中水）、沼泽水、活动层水等
	裂隙水	风化壳水、岩溶水、多年冻土层上活动层水、间隙性喷气孔聚集水
潜水	孔隙水	现代的和古代的冲积层水、冰川沉积层水、坡积洪积的覆盖层水，草原或半沙漠和沙漠中的水、沙质海岸和沙岛中的水、多年冻土层上水、火山凝灰角砾岩中的水
	裂隙水	基岩顶部和熔岩基底部分的水、沉积岩的层理裂隙和裂隙岩层中的水、岩溶水、多年冻土层中水、热溶洞水、喷气孔水、间歇泉水
承压水（自流水）	孔隙水	碎屑岩石的构造盆地自流水、坡地自流水、多年冻土层下水
	裂隙水	层状、块状或带状裂隙岩石中盆地自流水，碳酸盐的、厚层凝灰质的、块状侵入岩的坡地自流水、多年冻土层下水

2）几种主要类型地下水的特征[1]

（1）主要类型地下水的一般特征见表 29-2。

主要类型地下水的一般特征　　　　　　　　　表 29-2

地下水的类型		一般特征							图　例
		分布	水力特点	补给与分布区的关系	动态特征	含水层状态	水量	污染情况	成因	
包气带水	孔隙水	松散层	无压	一致	随季节变化，一般为暂时性水	层状	水量不大，但随季节性变化很大	易受污染	基本上为渗入形成	1-包气带；2-毛细带表面；3-毛细带；4-潜水带；5-饱水带；6-隔水层；7-包气带水
	裂隙水	膨胀土、基岩裂隙风化区				脉状或带状				
	岩溶水	可溶岩垂直渗流区				脉状或局部含水				
	多年冻土带水	融冻层				不规则				
	火山活动区	火山口				不规则				

续上表

地下水的类型		一般特征							图 例
		分布	水力特点	补给与分布区的关系	动态特征	含水层状态	水量	污染情况	成因	
潜水	孔隙水	松散层	无压，局部低压	一致	受气象因素影响变化明显	层状	受颗粒级配影响	较易受污染	渗入形成	1-潜水面；2-含水砂层；3-隔水层
	构造裂隙水	基岩裂隙破碎带				带状、层状	一般水量较小			
	岩溶水	碳酸岩溶蚀区				层状、脉状	一般水量较大			
	多年冻土带水	冻结层上或层间				不规则	不大			
	火山活动区	含气温热水				不规则				
承压水	孔隙水	松散层	承压	不一致	受当地气象因素影响不明显，稳定	层状	受颗粒级配影响	不易受污染	渗入和构造形成	A-承压水分布区；B-补给区；C-承压区；D-泄水区；E-不透水层；M-含水层厚度；H_1-正水头；H_2-负水头
	构造裂隙水	基岩构造盆地、向斜、单斜、断裂				脉状带状	一般水量不大			
	岩溶水	向斜、单斜、岩溶层或构造盆地岩溶				层状脉状	一般水量较大			
	多年冻土带水	冻层下部				层状	不大			
	热矿水	深断裂或侵入体接触带				带状层状	不规则			

（2）裂隙水、岩溶水、多年冻土带地下水的基本特征（表29-3）

裂隙水、岩溶水、多年冻土带地下水的基本特征 表29-3

地下水的类型		基本特征
裂隙水	构造裂隙水	节理裂隙水	水量一般不大，含水是具有区域性的，但富水却具有一定的方向性。在经过几次不同方向的构造运动或新构造上升运动之后，这种方向性可能很模糊
		断裂性裂隙水	当断裂带沟通数个含水层时就成为具有丰富水源的地下水通道，但也不是所有断裂带都是充水的，逆断层或逆掩断层往往是不含水或少含水的，只有通过坚硬岩石中，大的正断层往往含有大量的地下水。属于这一类的断层系统在水文地质上可分成三类：①断裂带全部充水并为地下水的良好通道。这一类往往是坚硬岩石中的巨大正断层系统，同时断层切穿并沟通了几个含水丰富的含水地区，因此这种断裂带具有大量的地下水。②断裂带局部充水，在部分地区形成地下水的通道。这种断裂是通过不同性质地层的正断层系统，在通过坚硬岩层地区是充水的，在通过柔性岩层地区是无水或少水的。③断裂带本身含水，但主要是静储量。这类是通过坚硬裂隙岩层之正断层，但没有与水量较丰富之含水层连通，故地下水仅存在于破碎带中，没有充足的补给来源，一旦发生泄漏断裂带中的地下水很快就消失
	风化带裂隙水		其含水量一般不大，由于裂隙密集彼此连通，无一定方向性，故其富水性也不具方向性，各水方向含水情况类似，并沟通成为具有统一水面的潜水含水层。在垂直方向上富水性随深度而减少
	成岩裂隙水		只与一定的岩层有关。在石灰岩及石膏层中的成岩裂隙本身含水不大，但它有利于石膏和石灰岩的溶解作用。成岩裂隙在含水性上意义最大的是玄武岩的成岩裂隙，尤其是第四纪的玄武岩，在其裂隙中可以积聚相当数量的地下水，当熔岩下部古地形的低洼处（埋藏谷及洼地）有砾石充填时，往往可以形成较大的潜水量
岩溶水			存在及循环于岩溶溶洞中的地下水。其特征是： ① 可以是潜水也可以是承压水，决定于岩溶地层之埋藏条件。有时由于溶洞淤塞、裂隙的填充，溶洞水可形成一个或几个含水层，个别情况下，可形成少数脉状水。②岩溶地区由于地表溶洞漏斗等地面形态发育，大量降水和地表径流使溶洞水得到丰富的补给。溶洞水往往以水量较大的泉的形式排泄在低洼处汇集成河流。③水量分布不均匀，在垂直方向上有分带规律（由于岩溶的垂直分带规律所引起），水量自上而下渐减，水量最大的是地下水位季节变化带及水文网排水范围内的全饱和带，在水平方向上，河谷两侧及构造破碎带，岩溶发育剧烈，因此在这些地段水量较大。④溶洞水的运动和裂隙水一样，一般服从于层流运动，只有在地下暗河或较大的岩溶空腔中，才可能有紊流运动。⑤化学成分取决于岩溶地层的矿物成分，但一般说来在浅中，由于水交替较好，通常是低矿化的重碳酸型淡水，只有在深部缓慢循环带可能是高矿化的硫酸型或氯化物型水。⑥动态变化很大，一年中个别泉的最大最小水量差可达几百倍。⑦过滤条件不好，常易受地表污染

续上表

地下水的类型		基 本 特 征
多年冻土带地下水	多年冻结层上水	它多埋藏在季节融化层内,常常分布在地形低洼处或宽广平坦的分水岭地段,大多是在第四纪沉积物中。按季节的不同,层上水是液相及固相互相交替,厚度不大,水量不多,由大气降水地表水的渗入及冻土层下水的上升补给。当前者为主要补给时,层上水的温度和化学成分与气候有密切关系,矿化度低,当后者为主要补给时,水温一般为正温度,矿化度较高
	多年冻结层间水	这类水分布在多年冻土上部界限和下部界限之间。它可以是液相也可以是固相,只有在不断运动情况下才可能呈液相。层间水经常出现融区,它可以通过融区和层上水及层下水发生联系。由层下水补给的层间水,水质较纯,但矿化度较高。液相的层间水的分布和融区一致。层间水一般水量有限,只有在地表水补给形成的大融区水量才较大
	多年冻结层下水	它始终保持液相,一般具有正温度,并随深度增加而增温。通常是承压的。层下水矿化度不等,水量通常较大,动态比较稳定

29.2.2　围岩的渗透性 [2]

1）渗透系数的定义

围岩容许重力作用下的地下水透过自身的性能称为围岩的渗透性。

地下水的渗流速度远比地表水慢,除在宽大裂隙或空洞中具有较大的速度外,一般均以层流为主要运动形式。

围岩渗透性的强弱首先取决于围岩孔隙的大小和连通性,其次是孔隙度的大小。松散围岩的颗粒越细,越不均匀,则其透水性越弱。坚硬岩土的透水性可用裂隙率和岩溶率表示。同一岩层在不同方向往往具有不同的透水性。

渗透系数 K 表达式见式(29-2):

$$K = \frac{v}{I} \tag{29-2}$$

式中: I——水头梯度,代表渗透流程中单位长度的水头损失(m/d 或 cm/s), $I = \frac{h}{l}$;

v——渗透速度(m/d 或 cm/s)。

当 $I=1$ 时, $K=v$ 即渗透系数等于单位水头梯度时的渗流速度。渗透系数和渗流速度一样,单位为 m/d 或 cm/s。

注意,渗流速度 v 并非水在空隙中运动的真正速度 u。两者的关系见式(29-3):

$$Q = Fv = Fnu \tag{29-3}$$

式中: F——渗流断面面积;

n——土(岩石)的孔隙度。

因为土(岩石)的孔隙度 n 永远小于1,故渗流速度 v 永远小于水在孔隙中运动的实际流速 u。

2）渗透系数的确定方法

(1) 根据粒度分析资料计算渗透系数

土的组成颗粒越大,孔隙直径也越大。所以,随着组成颗粒的增大,土的渗透性增强,渗透系数增大;反之则减小。由于土的渗透系数与其粒度成分之间存在密切的依存关系,故可利用哈赞公式、斯里哈吉尔公式、克留盖尔公式等经验公式,根据粒度分析的资料,进行渗透系数的计算。

按这些经验公式计算渗透系数简单、方便,一般对砂的效果最好,但有时误差较大,故仅在估算中采用。

(2) 室内仪器测定渗透系数

利用达西仪,可以测定松砂的渗透系数。利用齐姆—卡明斯基仪,可以测定原状土的渗透系数。虽然室内测定渗透系数准确性较高,但自然界岩性差别大,试样往往不能代表实际情况。

3）野外试验方法测定渗透系数

野外测定渗透系数是最准确的方法，所以在水文地质调查中广泛采用。在非饱和地层中，可以采用渗水试验方法；在饱和的地层中，则多采用抽水试验的方法。

29.2.3 隧道涌水量预测 [2]

在隧道的防排水系统设计中，对隧道的总涌水量有个基本估计是必需的。隧道施工遇到的水文地质条件千变万化，根据地下水的类型，可以将隧道渗流涌水分为潜水渗流涌水、承压水渗流涌水、降水渗流涌水和集中涌水四类。

1）潜水渗流涌水量预测

潜水渗流是指隧道穿越潜水层时由地层渗到隧道排水系统的水流，如图 29-3 所示。隧道修建中最常见的一种渗流，其特点是地下水位相对比较稳定，且水位面高于隧道纵向排水管的高程。

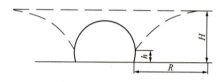

图 29-3　潜水渗流涌水量计算模型

隧道建成后，地下水流向隧道，隧道两侧一定范围内水面不断下降，在隧道两侧形成对称于隧道轴线的浸润曲线，这种渗流属于非恒定流。但若含水层的体积很大，经过隧道一段时间排水后，可近似地看成无压恒定渐变流，隧道衬砌外保持某一恒定水深 h，两侧浸润曲线的形状与位置不变，在一定长度范围内所有垂直于隧道轴线的剖面上渗流情况相近，可近似看作平面渗流问题。因此，这类渗流的计算方法与集水廊道的渗流计算类似，可导出隧道单位长度涌水量 q 计算式，见式（29-4）。

$$q = \frac{k\left(H^2 - h^2\right)}{R} \tag{29-4}$$

式中：k——地层的渗透系数；

H——自然水位高度；

h——衬砌后水深；

R——隧道渗流影响范围（水平距离）。

隧道衬砌后的水深 h，一般远小于含水层厚度 H（从隧道纵向排水管标高算起）。若略去 h 不计，上式可简化为式（29-5）：

$$q = \frac{kH^2}{R} \tag{29-5}$$

R 与地质条件有关，应由抽水试验确定，或近似地用浸润曲线的平均坡度进行估算。

对于长隧道及特长隧道，沿隧道纵向地下水位有一定的坡度，这时可将隧道沿纵向分段（图 29-4），确定各段的平均水位 H_i，分段计算 q_i，各段的涌水量见式（29-6）：

$$Q_i = q_i L_i \tag{29-6}$$

若隧道渗水区有 n 段，则总涌水量 Q 见式（29-7）：

$$Q = \sum_{i=1}^{n} Q_i \tag{29-7}$$

2）承压水渗流涌水量预测

承压水渗流是指隧道穿越承压水层时由地层渗到隧道排水系统的水流（图 29-5），其特点是地下水承压并且压力较为稳定，这类地下水易造成隧道路面溢水。

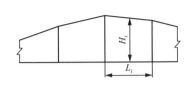
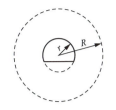

图 29-4　渗流区段划分　　　图 29-5　承压水涌水计算模型

隧道建成后,地下水向隧道渗流,隧道周围岩层中的水压逐渐降低。这种渗流亦属不稳定渗流。如果水体较大,经过一段时间后压力基本稳定,可视为平面稳定渗流问题。为了求解方便,作以下假设:

(1)隧道衬砌壁后渗流水压为 0,即水从围岩渗出后便被排走。
(2)用隧道衬砌的外接圆代替隧道衬砌边界进行计算,外接圆半径为 r_0。
(3)在隧道渗流的影响半径 R 处,水压为 H,并保持恒定。
(4)渗流沿径向流向隧道,无切向渗流。
(5)隧道围岩渗透系数为 k,各向同性。

解算过程与普通完全井的类似,沿隧道纵向单位长度的涌水量见式(29-8):

$$q = \frac{2\pi k H}{\ln R - \ln r_0} \tag{29-8}$$

估算时,R 可按经验酌情选用,H 可取隧道形心处的初始水头值。若承压水区段长为 L,则该段隧道的渗水量 Q 按式(29-9)计算:

$$Q = qL \tag{29-9}$$

3)降水下渗涌水量预测

降水下渗涌水量是指隧道设置在地下水位之上,地表降水在下渗过程中遇隧道而从排水系统排出的水量。这类渗流的特点是渗流为铅垂向下或沿岩层主导裂隙方向向下渗流,渗流线被隧道所截的从隧道排出,未截的则不受隧道影响,如图 29-6 所示。

降水下渗速度见式(29-10):

$$v = kJ \tag{29-10}$$

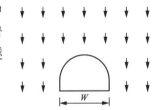

图 29-6　降水渗流水量计算型

式中:k——渗透系数;
　　J——水力坡度。

若隧道开挖宽度为 W,隧道单位长度的涌水量 q 见式(29-11):

$$q = Wv = WkJ \tag{29-11}$$

值得说明的是,如果隧道围岩裂隙发育,地表降水量又较大,隧道较长时,应考虑由降水下渗引起的涌水量。估算中,水力坡度 J 和渗透系数 k 可通过试验或用经验方法选取,考虑到隧道开挖会使围岩出现一定范围的松动,W 的计算值可在开挖宽度基础上适当加大。

4)集中涌水处涌水量预测

集中涌水是指隧道穿越地下暗河及与地表河流、水库等有水力联系的断层破碎带而下渗流入隧道排水系统的水量。这类涌水的特点是出水点集中,出水量大。一般来说,这类涌水在施工期间都会做妥善处理,对建成后的隧道涌水量来说,只需考虑少量的渗漏。估算中,对每个出水点根据经验估算涌水量 Q_i。若隧道有 n 个集中涌水点,则总涌水量 Q 见式(29-12):

$$Q = \sum_{i=1}^{n} Q_i \tag{29-12}$$

29.3 地下水与隧道的相互影响

29.3.1 地下水对隧道的影响[2]

地下水的存在会对隧道工程的各个方面产生不良影响。地下水可以使围岩溶解、冲蚀、软化，从而降低围岩强度，对隧道结构构成威胁；地下水的存在，不仅增加施工难度，还可能带来安全隐患；地下水穿透隧道防水系统，则会给隧道运营安全造成影响，并增加隧道运营维护费用。

1）地下水对隧道围岩的不良影响

（1）地下水对软弱围岩的影响

地下水对软弱围岩的影响，比对完整性较好的硬岩的影响更为显著。软岩在地下水的冲刷或进入细微裂隙时，使岩石产生软化或泥化，从而降低岩石（体）的强度，易使围岩产生塑性变形或崩解，不稳定的状态加剧，引起塌方。对破碎的围岩来说，由于围岩中饱含地下水和裂隙水压力的变化，围岩的自重荷载增大，将导致破碎围岩发生塌方的风险增大。在弱胶结的砂岩和断层破碎带，由于地下水的活动，可能产生流沙和潜蚀，易形成泥沙石流状的塌方。

（2）地下水对膨胀性围岩的影响

在含膨胀性矿物的膨胀岩或含岩盐、石膏盐等的膨胀岩中，如无地下水的影响，则岩石（体）的膨胀变形不显著，对围岩稳定性的影响相对要小得多。但在这些岩石中，如遇地下水，则产生吸水膨胀现象，含水越多，围岩产生膨胀越严重。膨胀性围岩中由于地下水变化带来的破坏情况有：

①临空面岩体风干脱水而产生收缩开裂。
②由于膨胀性围岩吸水，强度显著下降而造成的隧道支护结构变形沉降。
③隧道洞周围岩膨胀挤出和坍塌。
④隧道边墙底部和隧底围岩浸水膨胀、强度降低，在膨胀压力和围岩压力作用下发生边墙内移或底鼓现象。
⑤由于膨胀压力的作用而产生的结构破坏。

（3）地下水对软弱结构面的影响

围岩结构面的强度很大程度上决定着岩体整体强度和围岩稳定性。地下水使软弱结构面产生的不利影响有：

①地下水活动将软弱结构面中的物质软化或泥化，使结构面的抗剪强度降低（c、φ 值减小），摩阻力和黏聚力减小。
②存在裂隙水压力的围岩中，由于水压力抵消了部分法向力，导致内摩擦力减小，围岩抵抗滑动的阻力也随之减小，围岩产生滑动的可能性增大。
③裂隙中的地下水将软弱结构面中的填充物带走或使其饱水，结构面的黏聚力降低，软弱夹层两侧有滑塌趋势的块体易于沿软弱结构面滑移，进而牵引塌方。

（4）地下水对湿陷性黄土的影响

在湿陷性黄土地区修建隧道，地下水活动的影响更为显著。一方面，黄土中存在的坑洞、裂缝、陷穴积水可能使隧道发生冒顶风险；另一方面，虽然黄土在干燥时稳定性好，承载力较高，隧道施工可能进展顺利，而一旦渗水或浸水，将呈现不同程度的变形破坏甚至坍塌。

2）侵蚀性地下水及其对隧道结构的影响

由于混凝土是多孔的、固液气三相共存的非均质材料，其所处环境的某些侵蚀性物质一旦进入混凝土内部,将与混凝土、钢筋发生各种物理、化学反应,从而引发混凝土的破坏,影响混凝土结构的耐久性。侵蚀性物质进入混凝土内部的主要途径就是地下水。

侵蚀性地下水所含的侵蚀性物质多种多样,其对隧道结构的侵蚀作用和侵蚀机理也各不相同,按照不同的分类依据,侵蚀性地下水的分类也不同。

侵蚀性地下水与混凝土和钢筋混凝土之间的化学反应的特征出发,把地下水的化学侵蚀作用分为溶出性侵蚀、分解性侵蚀、盐类析晶侵蚀和有机物质侵蚀等四大类;从地下水对结构的腐蚀作用特征的角度,将侵蚀性地下水分为分解类腐蚀、结晶类腐蚀和结晶分解复合类腐蚀等三种类型。一般按照侵蚀性地下水产出环境进行分类,并将侵蚀性分为以下几种:

(1)硫化物型

硫化物型侵蚀性地下水是指地下工程围岩中存在的硫化物及其组合,与溶解于地下水中的氧气作用,产生的侵蚀性地下水。其形成机理是:硫化物+汽+水→金属氧化物+硫酸。其中,硫酸是具有侵蚀性的,硫酸也可以与混凝土和钢筋混凝土中的水泥水化物反应,生成新的盐类,其体积比原体积大,即生成具有膨胀性的盐类。

(2)硫酸盐型

硫酸盐型侵蚀性地下水是指地下工程围岩中存在的硫酸盐及其组合,与地下水作用,通过直接或间接侵蚀两种途径对地下工程产生侵蚀作用:①直接侵蚀作用:当硫酸盐的溶解度较大,其溶解产物与水泥的水化物反应,生成膨胀性盐类,引起侵蚀作用,或所生成的盐类与其他水泥水化产物反应,生成新的膨胀性盐类,如含芒硝的岩层。对于溶解度较小的硫酸盐,其侵蚀作用主要表现为与水泥水化产物反应,生成膨胀性盐类,如含石膏、泻利盐的岩层。②间接侵蚀作用:主要指硬石膏盐层或含硬石膏岩层,由于隧道等地下工程的开挖使其周围压力减小,并与围岩中的地下水作用,生成石膏而体积增大,对隧道等地下工程结构混凝土和钢筋混凝土产生间接侵蚀作用。

(3)氯化物型

氯化物型侵蚀性地下水是指地下工程围岩中存在的氯化物及其组合,通过两种途径对地下工程的混凝土和钢筋混凝土产生侵蚀作用:①氯化物中的镁离子与水泥的水化产物氢氧化钙反应,生成难溶的氢氧化镁,从而降低混凝土的碱度,加速混凝土的其他形式侵蚀作用;②氯化物中的氯离子加速钢筋混凝土中钢筋的锈蚀作用。

(4)碳酸型

碳酸型是指由于地下工程围岩中二氧化碳的浓度较高,二氧化碳溶于水生成的碳酸与已经发生碳化的混凝土作用,生成易溶的碳酸氢钙,从而降低混凝土的碱度,加速混凝土的其他形式侵蚀作用。

(5)组合型

组合型侵蚀性地下水是指地下工程围岩中存在两种或两种以上上述类型的矿物及其组合。从理论上讲,可以出现多种形式的组合,但是最常见的是硫化物—硫酸盐型、氯化物—硫酸盐型和硫化物—碳酸型。

3)地下水对隧道运营环境的影响

地下水除了影响隧道周边围岩的强度和稳定性,对隧道衬砌结构产生腐蚀作用之外,还通过混凝土损伤部位、施工缝、变形缝甚至是混凝土本身的孔隙渗入到隧道内,对隧道运营环境造成不良影响。

(1)增加隧道内的湿度

地下水的渗入是造成隧道内潮湿的根本原因。由于衬砌混凝土自身具有渗透性、衬砌混凝土具有孔隙或裂缝,或者隧道的施工缝、变形缝止水作用失效,都会导致地下水进入隧道。潮湿环境导致隧道内人员产生不适,还可能引起身体疾患。

(2)恶化隧道行车环境

在公路隧道中,地下水可以造成路面湿滑,摩阻力降低,空气中的水雾降低了空气的能见度,给行车造成威胁；在铁路、地铁隧道中，地下水会对轨道电路系统产生影响，危及行车安全。当隧道地下水引发冻害时，地下水对行车环境的影响更为严峻。

（3）对隧道内电气设备造成不良影响

渗漏、潮湿的环境对电气设备带来的影响包括：①降低电气设备的使用效率；②腐蚀、损坏电气设备，增加维护费用；③降低电气设备的使用寿命；④造成火灾等其他灾害性事故。

29.3.2　隧道建设对地下水环境的影响

（1）排水造成地下水资源流失，地表水和泉、井枯竭，生活、工农业用水缺乏。

隧道涌水造成地下水大量漏失，导致地下水的储存量大量消耗，使地下水降落漏斗不断扩大，从而袭夺其影响范围内的补给增量，引起地下水渗流场和补排关系的明显变化，继而导致地表井泉干涸，河溪断流，直接影响当地工农业生产及人民的生活。例如，重庆某隧道施工突水导致井、泉、暗河水位下降，甚至干枯断流，地面塌陷，居民和农村人畜饮水靠抽调的市政洒水车送水，山上数万居民的生产与生活用水受到严重影响。

（2）排水引起地下水位下降、土壤含水率降低。

植物通过其根系吸取土壤水维持生命，土壤水分是决定植物分布和生长的限制性因子。地下水位在很大程度上是通过影响土壤含水率来影响植被长势和植物物种种类。据研究，植物有适宜生长的地下水位，其最低值称之为凋萎水位。在没有灌溉的情况下，如果地下水位在植物根系深度附近，则植物生长一般良好；低于植物根系深度但不超过根系深度与其生长土壤毛细上升高度之和时，植物生长仍然较好；而当地下水位低于根系与其生长土壤毛细上升高度之和时，植物就会发生凋萎甚至死亡。

因此，当隧道开挖造成地下水漏失，使地下水位局部或整体下降时，就加大了植物根系与地下水潜水面之间的距离，相应的地下水供给植被水分的能力就会降低。当地下水低于根系与其生长土壤毛细上升高度之和时，植物生长就会受到抑制，甚至萎蔫、停止生长，最终导致植物消失。研究发现，当隧址区有丰富的降水源补给，能很快下渗补给地下水时，一般情况下不会对植物生长造成明显影响。

（3）排水引起地面塌陷或地面沉降。

隧道排水会引起上覆松散土层内有效应力的改变和动水压力的增加，而地下水位急剧变化带和强径流带往往是塌陷产生的敏感区，水动力条件的改变也是产生岩溶塌陷的主要诱导因素。比如京广线的大瑶山隧道，因隧道的涌突水，在地表班古坳地区出现了200多个塌洞和陷坑，影响范围几平方公里，致使农田受损，居民的生活和生产水源遭到严重破坏。

（4）井点降水对环境的影响[3]。

井点管埋设完成开始抽水时，井内水位下降，周围含水层的水不断流向滤水管。在无承压水等特殊环境条件的情况下，经过一段时间抽水之后，在井点周围形成漏斗状的弯曲水面。这个漏斗状水面渐趋稳定，一般需要几天时间。降水漏斗范围内的地下水位下降后，就必然会造成地面沉降。由于漏斗形成的降水面所产生的沉降是不均匀的，这类不均匀沉降的发展需要有一定的时间。随着地下水不断被抽出而引起井附近的地面沉降，引发地面开裂、地下管线断裂、附近建筑物的墙壁裂开、室内地坪坍陷等。

因抽取地下水体而发生沉降的现象一般具有如下特点：

①沉降都发生在从地层中抽取一定量的水体之后。

②水体在地层中原都处于相对封闭体条件下，具有相当的压力，取走一部分水体后，压降低。

③受影响的地层年代一般不早于第三纪，也就是说，都发生在未经很好固结的地层中。

④发生地面沉降的时间、范围和幅度，都和水体压力减低的时间、范围和幅度相对应。下面可进一步看出发生地面沉降的地层特征。

⑤在一些主要地面沉降区内,由于抽取地下水而产生的地层压密,主要发生于新生代末期未固结和半固结的松散沉积层中,大多为冲积层和湖积层。

⑥从抽水地区地面沉降的观测和试验,可得出结论:地层中水体压力降低,引起地层压缩,从而出现地面沉降。研究认为,饱和黏性土层的固结是沉降的主要原因,砂层的压缩也有一定影响。

29.4 隧道防排水设计原则

29.4.1 相关规范的防排水设计原则对比

通过对隧道防水有关的主要规范进行防排水设计原则对比,见表29-4。

防排水设计原则对比较　　　　表29-4

规范名称	防排水设计原则	批准部门
地下工程防水技术规范	防、排、截、堵相结合,刚柔相济,因地制宜,综合治理	住房和城乡建设部
地铁设计规范	以防为主,刚柔相济,多道设防,因地制宜,综合治理	住房和城乡建设部
铁路隧道设计规范	防、排、截、堵相结合,因地制宜,综合治理,保护环境	国家铁路局
公路隧道设计规范	防、排、截、堵相结合,因地制宜,综合治理	交通运输部

29.4.2 隧道防排水设计原则

(1)隧道防排水的核心目标是防渗,隧道防渗技术方法和措施分类见表29-5。

(2)防水设计应充分考虑隧道工程所处的环境、地形地质、地下水条件、隧道埋深、结构类型、运营维护等条件,采取合理的工程措施。

隧道防渗技术方法与措施一览表　　　　表29-5

预防类	截水类	地层改良类	结构自防类	结构附加类	结构抗浮类
工程选址:将隧道置于低水位、低渗透性地层中;建造方法:采用对围岩少扰动、少破坏的方法	施工降水、地表截水、衬砌结构外排水盲沟、排水沟(管)、泄水洞、泄水潜孔等	围岩注浆、空洞灌浆、旋喷桩、搅拌桩等	暗挖隧道初期支护混凝土、二次衬砌混凝土;明挖隧道围护结构、模筑混凝土主体结构;拼装结构预制节(块、片)等	主体结构外表敷设防水层、结构接缝的止水带(条)、预制构件接缝密封垫等	抗拔桩、压顶梁等结构抗浮措施

(3)防水设计应分为隧道外部防水、围岩防水和隧道结构自身防水,三道防线应协调配合。

(4)结合不同的环境要求,将隧道分为防水型、控制排水型和排水型隧道三种类型,隧道设计应针对不同的环境要求合理选择。

(5)防水型隧道根据地下水位是否允许临时降低的要求,分为隧道开挖过程中地下水位不容许降低和开挖过程中允许地下水位临时降低两种类型,隧道设计中应采取可靠的措施。

(6)隧道防排水设计应根据具体的特点,将同一隧道划分为不同的防排水单元。

(7)根据隧道防排水设计的不同类型,隧道结构的轮廓设计中应考虑地下水对结构产生的影响。

(8)隧道排水系统按其与隧道衬砌结构的关系,可分为结构外排水系统和结构内排水系统两种类型。项目设计中应做好有序衔接、确保畅通。

(9)排水系统设计应有便于检查的井、洞、孔等,确保运营养护中的全面检查。

(10)机械排水的泵房设计,应充分考虑隧道的渗水量。
(11)防水材料选用时,应结合隧道结构和防水材料的特点合理选取。
(12)位于寒区、岩溶、瓦斯等特殊条件的隧道,应采取相应的防排水措施。

29.5 隧道结构水压力分析 [2]

保护地下水资源使人们对"以排为主,排堵结合"的隧道防排水设计理念产生了质疑,并提出了"以堵为主,限量排放"的地下水处治原则。在这种背景下,不可避免地遇到高水压力问题。高水压可能会引起隧道衬砌水压力增加,导致隧道发生渗漏,并降低隧道衬砌结构的安全度。而"以堵为主,限量排放"的地下水处治原则能否在工程上推广应用,首先取决于具体工程条件下衬砌水压力的大小。由于问题的复杂性,工程界对衬砌水压力的确定方法还有不同的观点,王建宇[4-6]、张有天[7]等国内学者对不同条件下隧道衬砌水压力的计算方法进行了阐明与讨论。

29.5.1 两种极端情况的衬砌水压力

在隧道与地下工程中,把由围岩地下水引起的作用在衬砌结构外缘的荷载称为衬砌水压力。衬砌水压力除了取决于围岩水文地质条件外,还与衬砌的渗透性有很大关系。首先考虑以下两种极端情况:

1)衬砌"完全"不透水(衬砌的渗透系数 $k_1=0$)

隧道开挖后,将在地层内部形成一个不透水的界面,如果忽略隧道开挖前围岩中已存在的初始渗流,根据水力学的静水压力传递原理,在这种情况下衬砌将承受同初始静力水头相应的法向作用力。

衬砌水压力见式(29-13):

$$P = \gamma h \qquad (29\text{-}13)$$

式中:P——衬砌水压力;
h——地下水在隧道位置的静水头;
γ——水的重度。

值得强调的是,式(29-13)的运用条件为 $k_1=0$,而与岩体的渗透系数 k_r 无关。

2)衬砌"完全"透水(衬砌的渗透系数 $k_1 = \infty$)

在这种情况下按达西定理表达式,衬砌中的水力梯度为 0,衬砌外缘的水压力应该等于衬砌内缘的水压力,见式(29-14):

$$P = 0 \qquad (29\text{-}14)$$

将式(29-13)、式(29-14)统一表达为式(29-15):

$$P = \beta \gamma h \qquad (29\text{-}15)$$

式中:β——衬砌水压力的"折减系数",当 $k_1=0$ 时,$\beta=1$;$k_1=1$ 时,$\beta=0$。

地铁隧道、铁路隧道和公路隧道现行设计中,衬砌水压力的计算正是分别以这两种极端情况为出发点的。

29.5.2 较浅埋隧道的衬砌水压力

在地铁的修建中,曾有人提出采用"半包"方案即隧底不设置防水层,通过排水沟排导地下水。这种

"半包"衬砌会在隧道底部造成一个开放的水力边界,在运营期间长年排水所引起的地下水流失和地表沉降等对环境的负面效应不会亚于施工期间的井点降水。因此,对于城市中用浅埋矿山法修建的地铁隧道仍然要像盾构隧道那样,将衬砌做成全封堵型的"全包衬砌",在衬砌背后不设地下水排导系统。在这种情况下,作用在衬砌上的水压力有多大呢?

文献[5]以一段地铁隧道为例分析了衬砌水压力,计算表明水头高度为60m的地下水形的水压力是致使底裂的主要原因。这一段隧道采用浅理矿山法修建,全封堵衬砌,未设置排水系统。设计时没有考虑水压力的作用,认为地层渗透系数很小,水压力传到衬砌已经折减到可以忽略不计的程度。

前面已指出只要$k_1=0$,即衬砌完全不透水,传到衬砌上的水压力是不会因岩土体渗透系数较小而有所折减(除非岩土体完全不透水,$k_r=0$)。其实这一点通过静水压力的传递规律也很容易得到说明的:静水压力的传递与途径的曲折程度无关。

当然,说"不折减"也不是绝对的,事实上在隧道开挖以前地下水并不是"死水一潭"。同时,用矿山法修建的隧道要做到衬砌完全不透水,即$k_1=0$,也十分困难。所谓水压力的"不折不扣"的假定前提是不计初始渗流场的影响以及认为衬砌"完全"不透水。在地铁盾构隧道设计中对水压力"不折不扣"的考虑正是基于这两种假定。对于用矿山法修建的地铁隧道,大多数情况下,采用这两种假定也不至于引起与实际情况太大的偏差。

29.5.3　大埋深高水头隧道的衬砌水压力

1)地层注浆的作用

深埋山岭隧道的相对地下水位较高。例如,渝怀铁路圆梁山隧道的水头高达500m以上。从环境和地下水资源保护出发,要求摒弃"以排为主"的设计原则。但是,如果像盾构隧道那样做成全封堵型衬砌,衬砌将承受巨大的水压力,致使结构设计变得十分困难。

目前解决的办法是实施地层注浆,降低围岩的透水性。问题是实施了注浆以后,能不能期望在围岩中形成一个所谓的"承载环"来分担衬砌的水压力,从而使全封堵衬砌的设计成为可能。

例如,在渝怀铁路上有一座隧道,围岩地下水发育,开挖后出现涌水现象,经地层注浆及施作初期支护(锚喷支护)后,壁面上仅有渗水及局部滴水。在这种情况下,在二次衬砌背后还要不要设置地下水排导系统,如果不设置,这种不透水的全封堵衬砌是否可按照《水工隧洞设计规范》(DL/T 5195—2004)的折减系数计算衬砌水压力。

这涉及如何结合铁路或公路隧道实际来理解《水工隧洞设计规范》(DL/T 5195—2004)。与水工隧洞不同,铁路和公路隧道为了保持干燥无水的营运环境,常常须在衬砌背后设置橡胶或塑料防水层,因此衬砌混凝土本身的透水性不能考虑。其实,这个问题从静水压力的传递原理可以直观地加以判断,当$k_1=0$时(衬砌全封堵),衬砌水压力不会因围岩渗透系数的减小而降低。在这种情况下,除非通过注浆能在围岩中形成一个完全不透水($k_1=0$)的全封堵圈,要在围岩中形成一个分担衬砌水压力荷载的"承载环"是不可能的。地下水静水压力并不因岩土介质的渗透性有所降低(除非降低到完全不透水)而改变其"不折不扣"的传递规律。

以上的讨论是为了说明,即使实施了地层注浆,对于高水头深埋山岭隧道,也决不能做成全封堵衬砌,而仍然要在衬砌背后设置地下水排导系统。在这种情况下,在防水层背后设置的无纺布透水垫层和盲管排水系统就显得格外重要,不但要精心施作,而且要在营运期间保持畅通,一旦堵塞,将诱发衬砌水压力。因此,尽管在隧道开挖后看到围岩表面只有少量的水渗出,而一旦做成全封堵衬砌,衬砌背后的水压力仍会逐渐增大,达到同初始地下水位相应的程度。

在实际的隧道工程中,确实就量测到衬砌背后水压力的这种逐渐增大现象。在排水通道被堵塞后,

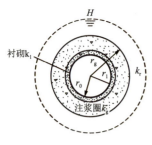

图 29-7 计算模型

随着累积水压的增加,隧道衬砌发生破坏也是可以预期的。

2）地下水的控制排放

当隧道设置了排水系统时,可通过简化的计算模型（图 29-7）分析。

假定围岩为各向同性均匀连续介质,考虑圆形隧道的轴对称问题。由于衬砌厚度相对于地下水水头较小,衬砌渗透力可以简化为作用在衬砌外缘的表面力,该表面力取该处的孔隙水压力。设远场水力势为 H,根据达西定律和水流连续性方程得出流量 Q 及水压力 P 参见式（29-16）：

$$\left.\begin{array}{l} Q = \dfrac{2\pi H k_r}{\ln\dfrac{H}{r_g} + \dfrac{k_r}{k_g}\ln\dfrac{r_g}{r_1} + \dfrac{k_r}{k_1}\ln\dfrac{r_1}{r_0}} \\[2em] P = \dfrac{\gamma H \ln\dfrac{r_1}{r_0}}{\dfrac{k_1}{k_r}\ln\dfrac{H}{r_g} + \dfrac{k_1}{k_g}\ln\dfrac{r_1}{r_0}} \end{array}\right\} \quad (29\text{-}16)$$

式中：k_1——衬砌渗透系数;

k_g——注浆体渗透系数;

k_r——围岩渗透系数;

r_0——衬砌内径;

r_g——注浆圈半径。

从式（29-16）可知,当 r_g 增大或 k_g 减小时,式（29-16）中的 Q 及 P 值均减小。这就是说,考虑衬砌的排水性能（只有在考虑衬砌排水性能的情况下）,采用围岩注浆既可以减小地下水排放流量,又可以降低衬砌水压力。这样,通过地层注浆和衬砌背后的排导系统,就实现了地下水的控制排放。

但是,从式（29-16）也可以看出,当 $k_1=0$ 时,无论取 k_g 或 r_g 为何值（除非 $k_g=0$）,恒有 $Q=0$,$P=\gamma h$。这就又一次证明了对全封堵型衬砌,注浆圈并不能分担作用在衬砌上的水压力。

3）衬砌水压力与围岩渗透系数 k_r 及衬砌渗透系数 k_1 的关系

不考虑注浆,令式（29-16）中 $k_g=k_r$,则流量 Q 及水压力 P 可表达为式（29-17）、式（29-18）：

$$\left.\begin{array}{l} Q = \dfrac{2\pi H}{\dfrac{1}{k_r}\ln\dfrac{H}{r_1} + \dfrac{1}{k_1}\ln\dfrac{r_1}{r_0}} \\[2em] P = \dfrac{\gamma H \ln\dfrac{r_1}{r_0}}{\dfrac{k_1}{k_r}\ln\dfrac{H}{r_1} + \ln\dfrac{r_1}{r_0}} = \beta \gamma H \end{array}\right\} \quad (29\text{-}17)$$

$$\beta = \dfrac{\ln\dfrac{r_1}{r_0}}{\dfrac{k_1}{k_r}\ln\dfrac{H}{r_1} + \ln\dfrac{r_1}{r_0}} = f\left(\dfrac{k_1}{k_r}\right) \quad (29\text{-}18)$$

从式（29-17）可知,衬砌水压力 P 是衬砌渗透系数和围岩渗透系数比值 k_1/k_r 的函数。某设计院及有关单位曾经提出了按围岩渗透系数和混凝土衬砌渗透系数的比值来确定衬砌水压力的折减系数 β,详见表 29-6。

衬砌水压力折减系数   表 29-6

k_r/k_l		0	∞	500	50～500	5～10	1
折减系数 β	某设计院建议值						
		0	1	1	0.86～0.94	0.3～0.6	0.03～0.08
	按式(29-18)计算值						
	$H=500m$	0	—		0.47～0.90	0.08～0.16	0.018
	$H=100m$	0	—		0.59～0.93	0.13～0.23	0.0284
	$H=50m$	0	—		0.66～0.95	0.17～0.28	0.03173

根据式（29-18）可知，折减系数 β 值还应该同隧道半径、衬砌厚度和远场水力势（地下水水位）有关。文献 [4] 假定隧道内径为 6m，衬砌厚度为 0.5m，对于地下水相对水位分别为 500m、100m 及 50m 时算得的折减系数 β 值一并表示于表 29-6 中。

4）关于水工隧道水压力折减方法

《水工隧洞设计规范》（SL 279—2016）规定折减系数 β 值按表 29-7 选用。β 值原则上是按衬砌与围岩相对渗透性而拟定的。众所周知，水工隧洞混凝土衬砌是在围岩面上直接浇筑面形成的，受到岩石的约束，混凝土衬砌均会出现裂缝。表中 β 值就是按混凝土衬砌出现裂缝的条件下规定的如果衬砌（如钢衬）完全不透水，则显然有 $\beta=1$。文献 [7] 认为，铁路、公路及地下铁道等隧道在混凝土与衬砌之间常有一层 PVC 防水膜，大大减小了岩石对衬砌的约束作用，混凝土衬砌较少出现裂缝。对少裂隙衬砌 β 值显然应选得大一些。

水工隧洞设计规范的外水压力折减系数   表 29-7

级别名称	地下水活动状态	地下水对围岩稳定的影响	建议的 β 值
1（无）	洞壁干燥或潮湿	无影响	0～0.2
2（微弱）	沿结构面有渗水或滴水	风化结构面充填物质，降低结构面抗剪强度，对软弱岩体有软化作用	0.1～0.4
3（显著）	沿裂隙或软弱结构面有大量滴水、线状流水或喷水	泥化软弱结构面充填物质，地下水降低结构面的抗剪强度，加速岩体风化，对中硬岩体有软化作用	0.25～0.6
4（强烈）	严重滴水，沿软弱结构面有少量涌水	地下水冲刷结构面中充填物质。加速岩体风化，对断层等软弱带软化泥化，并使其膨胀崩解，以及产生机械管涌。有渗透压力，能鼓开较薄的软弱层	0.4～0.8
5（剧烈）	严重股状水，断层等软弱带有大量涌水	地下水冲刷挟带结构面中充填物质，分离岩体，有渗透压力，能鼓开一定厚度的断层等软弱带，能导致围岩塌方	0.65～1.0

文献 [5] 认为，表 29-7 中对"地下水活动状态"的描述实际上定性地给出了围岩的渗透性，如果认为普通混凝土的渗透系数是某个既定值，根据两者的比值关系即可得出表中建议的减系数的大致范围。如果采用犹如地铁盾构隧道那样的全转堵型衬砌，对应于表 29-6 中 $k_r/k_l=\infty$ 的情况应取 $\beta=1$，即水压力不折减。

5）结论

在以上的分析中，视介质为均匀连续、各向同性并采用了轴对称简化，并不计及初始渗流场。对于高地下水头深埋山岭隧道，实际工程的情况是比较复杂的，但是以上的分析从定性的意义上仍然适用于一般情况：

（1）对地层注浆有助于减小地下水排放的流量，实现限量排放或控制排放。

（2）虽然进行了地层注浆，仍然要在衬砌背后设置地下水排导系统，并且确保排导系统隧道营运期间的畅通。

（3）在进行了地层注浆，又在衬砌背后设置了地下水排导系统，仍然要考虑衬砌承受水压力荷载。

本讲参考文献

[1] 铁道部第一勘测设计院. 铁路工程地质手册 [M]. 北京：中国铁道出版社，1999.

[2] 吕康成. 隧道与地下工程防排水指南 [M]. 北京：人民交通出版社，2012.

[3] 夏明耀，曾进伦. 地下工程设计施工手册 [M]. 北京：中国建筑工业出版社，1999.

[4] 王建宇，胡元芳. 对岩石隧道衬砌结构防水问题的讨论 [J]. 现代隧道技术，2001，38（1）：5-9.

[5] 王建宇. 再谈隧道衬砌水压力 [J]. 现代隧道技术，2003，40（3）：5-9.

[6] 王建宇. 对隧道衬砌水压力荷载的讨论 [J]. 现代隧道技术，2006（增刊）：67-73.

[7] 张有天. 岩石隧道外水压力问题的讨论 [J]. 现代隧道技术，2003，40（3）：1-4.

第30讲

围岩注浆堵水和加固设计

注浆堵水、加固地层是克服地下水对工程施工影响的有效手段,是众多控制地下水措施中最常用的方法,也是一门经验性很强的工程技术。

30.1 注浆机理

地下工程注浆施工过程中,由于地质条件、地层介质、注浆材料的不同,在地层加固、堵水中浆液可能表现出不同的扩散机理,其主要表现为四种:渗透扩散、劈裂扩散、裂(孔)隙填充、扰动置换压密。如图 30-1 所示。

a) 渗透扩散　　b) 劈裂扩散　　c) 裂(孔)隙填充　　d) 扰动置换压密

图 30-1　浆液在地层中扩散机理模式

30.1.1　渗透扩散

渗透扩散是指浆液在压力条件下,在不改变土结构和颗粒排列的原则下,挤走颗粒间的游离水和空气,达到填充土体孔隙的目的,浆液凝结后,起到加固土体与堵水作用。对中粗砂、砂卵石层、砾石层的注浆堵水加固都属于渗透扩散机理。图 30-2 是北京地铁四号线下穿西直门复杂桥区砂卵石地层浆液渗透扩散情况。

30.1.2　劈裂扩散

劈裂扩散是当注浆压力超过软弱地层的极限抗剪力,软弱地层被劈裂,浆液便沿此劈裂面渗入和挤密地层,形成网状劈裂脉,使土体的力学性质及不透水性得以加强,达到注浆加固和堵水的目的。

本讲执笔人:彭峰,孟庆余,孙国庆,杨昌贤.

图 30-3 是宝兰高铁上庄隧道富水软弱黄土地层注浆劈裂情况。

图 30-2　砂卵石地层中浆液渗透扩散　　　　图 30-3　富水黄土地层浆液劈裂扩散

30.1.3　裂(孔)隙填充

裂(孔)隙填充是指在裂隙或孔隙发育的地层中,浆液在低压下填充裂(孔)隙,达到封堵地下水及固结围岩的目的。主要适用地层为块石角砾堆积层、岩层断层破碎带、富水溶槽溶隙等地层中。图 30-4 是京张铁路正盘台隧道出口块石堆积层注浆施工时孔隙填充情况。

30.1.4　扰动置换挤密

扰动置换挤密是近年来为研究解决第三系粉细砂层注浆堵水难题,由北京瑞威等单位根据实践总结提出的新的注浆机理。扰动置换挤密注浆机理是通过高压风(水)钻孔,预先扰动破坏粉细砂地层原有致密结构,再高压注入细颗粒浆液,对地层进行置换和挤密固结,与粉细砂形成复合形态,完全改变粉细砂地层的属性,达到堵水加固的效果。图 30-5 为兰渝铁路胡麻岭隧道第三系未成岩粉细砂层采用扰动置换挤密机理注浆效果。

图 30-4　液浆在块石堆积层填充情况　　　　图 30-5　粉细砂层中扰动置换挤密效果

30.2　隧道注浆设计

注浆设计内容主要包括:注浆目的,注浆段落,注浆孔布置,注浆工艺,注浆材料,注浆结束标准及注浆效果检查评定方法和标准等。

本讲主要介绍以下 5 种常用隧道堵水设计:隧道内水平超前预注浆,隧道地表垂直预注浆,隧道基底注浆,隧道径向注浆,水平旋喷注浆。

30.2.1 隧道内水平超前预注浆

依据超前预报或设计地勘时已经探明,隧道即将穿越的地层处于富水软弱、不稳定状态,如果仅采用常规开挖工序施工,易发生突水涌泥、塌方等,安全风险较大,就可以采用隧道内水平超前预注浆封堵地下水或加固围岩,保证隧道工程顺利安全施工。

1)止浆墙厚度

止浆墙是为固定孔口管、密闭注浆体系、抵抗注浆压力影响而施作的构筑物。除围岩较完整的情况外,原则上隧道进行水平超前注浆均应设置止浆墙。

止浆墙厚度可结合注浆压力、开挖断面直径、混凝土抗剪强度等作为参数,采用抗剪公式计算,但采用抗剪公式计算出的数值,止浆墙厚度一般较大,因此,实际施工中,一般根据工程实践和经验取值,见表30-1。

铁路隧道工程止浆岩墙厚度选取经验数值　　　表30-1

参　数　值	水平注浆帷幕圈厚度(m)			
	3m 周边注浆	3m 全断面	5m 全断面	8m 全断面
辅助导坑	0.8～1.0	1.0～1.5	1.5～2.0	2.0～2.5
单洞单线隧道	1.0～2.0	1.5～2.0	2.0～2.5	2.5～3.0
单洞双线隧道	1.0～2.0	2.0～2.5	2.5～3.0	3.0～3.5

2)帷幕厚度

注浆帷幕厚度的选取,应综合考虑地质条件、水压力值、注浆效果和注浆工期要求等因素。一般按经验值确定。

结合近年大量隧道堵水加固设计经验,注浆施工设计中,注浆帷幕厚度可根据工程实际条件进行类比确定,见表30-2。

隧道注浆堵水等级与适用范围参考表　　　表30-2

措施等级	加固范围	应 用 范 围
低	3m 上半断面周边	隧道拱部富水,但围岩稳定性好,没有塌方风险,注浆堵水目的为改善施工条件、加快施工进度
较低	3m 上半断面	隧道拱部富水,但围岩稳定性较好,没有大塌方风险,注浆堵水目的为控制排水,注浆后一般补充大管棚施工
中下	3m 全断面	隧道全断面富水,水压不高、围岩稳定性较好,没有大塌方风险,注浆堵水目的改善施工条件、控制失水、保护环境等
中上	5m 全断面	隧道全断面富水,围岩稳定性差,有大塌方风险,注浆堵水目的降低施工风险,为加快施工进度保护环境等,注浆后需要补充大管棚施工等
较高	8m 全断面	隧道全断面富水,水压高(大于1MPa),地层复杂,围岩稳定性差,极易塌方突涌,注浆堵水为避免工程停滞,保证安全、保护环境等,注浆后需要补充大管棚施工

3)浆液扩散半径

注浆扩散半径并不是指浆液在地层中扩散的最远距离,而是指浆液能符合设计要求的扩散距离,因此,在扩散半径选取时,通常采用三角形布孔,注浆后对三角形重心位置进行钻孔取芯验证,通过试验确定扩散半径,如图30-6所示。

实际施工设计中也可以根据类似工程经验进行选择,再通过试验段验证优化确定,经验取值范围。常见地层注浆堵水扩散半径取值范围见表30-3。

图30-6 扩散半径试验布孔图

常见地层注浆堵水扩散半径取值范围　　　表30-3

地层	中细砂、砂土	粗砂、节理破碎	卵砾、淤泥、黄土	各种构造带、岩溶
扩散半径(cm)	50～80	80～150	150～250	150～350

4）注浆孔布孔

注浆孔布孔既要最大限度地发挥每个注浆孔的作用,减小工程造价,又要考虑孔与孔之间的相互搭接,达到均匀受浆,保证注浆效果。

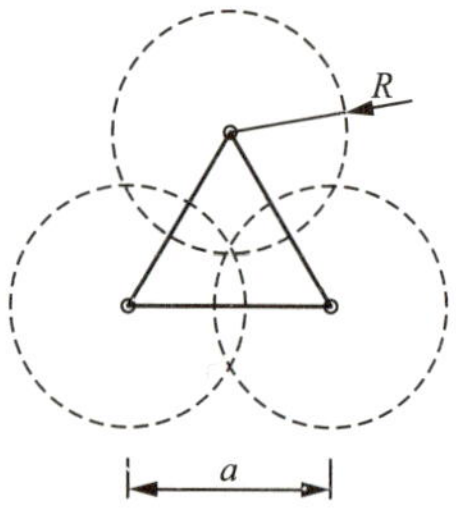

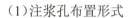

图30-7　注浆孔布置示意图

（1）注浆孔布置形式

注浆孔按照均匀布孔、梅花形布孔、开孔与终孔孔位对应原则进行。

（2）注浆孔间距

一般需要采取两排（圈）或两排（圈）孔以上。各孔之间扩散范围应紧密搭接,避免出现注浆盲区。多排（圈）孔的最优搭接为等边三角形梅花形布置,如图30-7所示。

根据等边三角形梅花形布置计算,注浆终孔间距与扩散半径的关系为: $a=\sqrt{3}R$。因此在实际设计中,注浆孔终孔间距应满足下式：

$$a \leqslant \sqrt{3}R \tag{30-1}$$

5）总注浆量

浆液设计用量 Q 可按下式计算：

$$Q = V \cdot n \cdot \alpha \cdot \beta \tag{30-2}$$

式中：Q——注浆量（m^3）；

V——被加固的土体体积（m^3）；

n——地层孔隙率,可按地质勘察报告中给出的地层孔隙率取值；

α——地层填充系数,深孔注浆及填充注浆宜取0.6～1.0,小导管注浆及径向注浆宜取0.2～0.5；

β——浆液损失系数,宜取1.2～1.4。

6）注浆工艺

隧道内水平超前注浆主要采用全孔一次性、分段前进式、钻注一体后退式三种注浆工艺,三种注浆工艺应用条件及优缺点对比,见表30-4。

洞内水平超前预注浆工艺应用条件与优缺点对比　　　表30-4

工艺	应用条件	重要设计参数	工艺优点	工艺缺点
全孔一次性	基岩宽张裂隙、节理发育带等岩体稳定,成孔性好地层	①注浆孔直径不宜小于89mm；②注浆段长不宜大于20m	①工艺简单、操作方便、施工效率高；②设备要求低	①注浆效果不均匀；②适用地层范围小
钻注一体后退式	地层较软弱,塌孔严重,隧道掌子面极易溜塌,如第四系富水冲洪积地层、富水土（砂）地层等	①注浆孔直径不宜大于70mm；②注浆循环段长宜为20～40m；③止浆墙厚度不宜小于2.5m；④注浆压力不宜大于4MPa	①分段注浆,效果均匀可控；②克服了塌孔问题,浆液能确保到孔深位置	①对设备要求高,需要大功率履带钻机；②专业要求高,操作经验性强
分段前进式	注浆堵水改良地层高压富水,塌孔严重,隧道掌子面极易突涌。如高压富水的断层、接触破碎带、岩溶区等	①注浆循环段长宜为15～30m；②注浆分段长度宜取2～5m,围岩越差,设计取值越小；③注浆压力宜为地下水压力的2倍以上；④浆液扩散半径宜取0.6～2m,围岩越差,设计取值越小	①工艺几乎能用于所有地层注浆堵水,适用范围广；②能适用多种类型浆液,对浆液特性要求不高；③钻孔分段进行,降低突水淹井风险	①重复扫孔,施工效率较低；②因工艺决定,注浆效果不均匀,从掌子面到孔底逐渐变差

30.2.2 隧道地表垂直预注浆

地表垂直注浆成孔难度低、注浆工艺可操作性强、注浆可靠度更高、注浆施工对隧道内开挖可平行作业,同时,隧道开挖过程中出现异常时,可以通过地表注浆进行跟踪补强。因此地面条件允许下,对于埋深较小(小于50m)的隧道注浆堵水加固段,宜优先采用地表垂直预注浆。

1)注浆设计

地表垂直注浆设计方案如图30-8所示,注浆设计参数见表30-5。

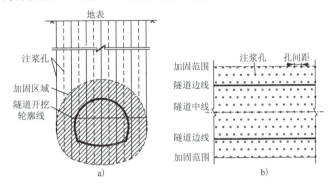

图 30-8 地表垂直注浆设计示意图

地表垂直注浆设计参数 表30-5

参数名称	参数值	备注
加固范围	开挖掌子面及开挖轮廓线外3~5m	大断面及富水地层取高值;若隧道上软下硬,底部为基岩时,应进入基岩深度不小于1m
扩散半径(m)	0.8~2	根据地层的扩散能力选取,一般砂质地层取低值
注浆孔间距(m)	1.2~3	一般为扩散半径的1.5倍
注浆孔布置方式	梅花形布置	—
注浆分段长度(m)	0.5~1	根据地层的扩散能力选取,一般砂质地层取低值

2)套壳料

套壳料的作用是在袖阀管周围形成具有一定强度的保护层。套壳料采用膨润土、水泥和水配制,配比范围施工时应通过多组室内及现场试验,选取最佳配比。根据工程中的要求,套壳料凝固时间和强度增长速率应控制在2~5d内可灌浆。

套壳料一般配比为:膨润土:水泥:水=1:1:2。

3)注浆材料

地表垂直注浆材料主要根据地层的可注性及注浆工艺要求选取。一般采用普通水泥单液浆、硫铝酸盐水泥单液浆、普通水泥—水玻璃双液浆。

4)注浆管材选择

地表垂直注浆管材主要分为PVC袖阀管或钙质聚丙烯袖阀管和刚性袖阀管两种。当隧道埋深不大($H \leq 25m$)、注浆压力不大($P_t \leq 2MPa$)时,宜采用PVC袖阀管或钙质聚丙烯袖阀管。当隧道埋深大($H > 25m$)、注浆压力大($P_t > 2MPa$)时,应采用刚性袖阀管。

5)施工工艺

地表垂直注浆采用袖阀管后退式分段注浆工艺。采用钻机进行套管跟进钻孔,钻孔至设计深度后,安设袖阀管并灌注套壳料。待套壳料强度满足注浆要求时,在袖阀管内采用止浆塞进行后退式分段注浆。根据注浆效果及工艺要求可反复多次注浆施工。

地表垂直袖阀管注浆实施步骤如图 30-9 所示。

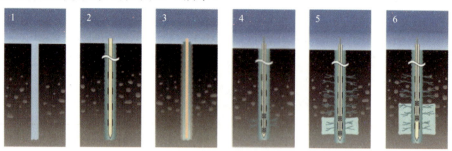

图 30-9　袖阀管注浆实施步骤

1-钻孔；2-施作袖阀管；3-注套壳料；4-开始注浆；5-第一段注浆；6-第二段注浆

6）注浆终压

注浆终压一般采用 2～3MPa。当隧道埋深大，钻孔成本高时，也可采用 4～6MPa 的注浆终压，以获得较大的扩散半径，减少钻孔数量。

30.2.3　隧道基底注浆

隧道基底注浆的目的：一是提高基底承载力；二是堵水，减少水压力及水对地层的软化。

1）注浆设计

隧道基底注浆一般是通过在仰拱面或填充层表面布置注浆孔，在注浆孔内安装刚性注浆管，注浆钢管还可与加固地层形成钢管桩复合地基。

隧道基底注浆设计方案如图 30-10 所示，设计加固深度见表 30-6，其他参数可参照地表垂直注浆设计参数。

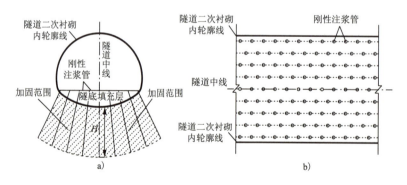

图 30-10　隧道基底注浆设计示意图

隧道基底注浆设计参数　　　　表 30-6

参数名称	参数值	备　注
加固深度	进入基岩 2m	隧底岩溶，钻孔无法达到基岩，加固深度≥25m
		隧底承载力不足的软弱地层，钻孔无法到有效持力层，加固深度≥20m
		对于控制隧底应力或膨胀岩地层引起的结构变形，加固深度≥10m

2）注浆材料

基底注浆材料一般以耐久性好、后期强度高（如普通水泥单液浆、硫铝酸盐水泥单液浆）为主。为避免单液浆对基底软化，宜采取低水灰比的浓浆，必要时掺入一定量的外加剂。

3)注浆管材

隧道基底注浆既要满足基底形成复合地基,又要发挥桩的作用。注浆管材宜为热轧无缝钢管材,管径≥76mm,壁厚≥3.5mm。为保证注浆效果,管材应加工成袖阀管形式。

4)施工工艺

隧道基底注浆工艺采用刚性袖阀管后退式分段注浆工艺,工艺流程如图30-9所示,施工主要包括钻孔、安设袖阀管、注套壳料、分段后退注浆、注浆封孔工序。

30.2.4 隧道径向注浆

径向注浆是在隧道开挖后垂直于隧道轮廓线钻孔布设注浆孔实施的注浆。主要用于对隧道周边局部股流或小面积渗水裂隙进行封堵以控制隧道排水量、降低排水压力、保护生态环境,或对软弱围岩进行注浆达到提高围岩承载力,控制围岩变形的目的。

1)注浆设计

径向注浆是在需要径向注浆堵水或加固段,垂直于隧道开挖轮廓线,按照一定的间距和深度布孔,并进行注浆,达到堵水或加固围岩的要求。径向注浆根据加固范围的不同,可进行局部注浆,上半断面注浆或周边全环径向注浆等。

上断面径向注浆设计如图30-11、图30-12所示。

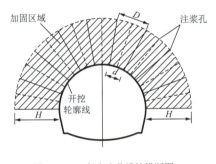

图30-11 径向注浆设计横断图

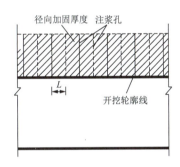

图30-12 径向注浆设计纵面图

2)设计参数

径向注浆设计参数一般根据地质条件和地层特点进行确定,在现场施作过程中不断完善,一般径向注浆设计参数见表30-7。

径向注浆设计参数　　　　表30-7

参 数 名 称	封堵裂隙水	加固软弱地层	注浆加固兼堵水
加固厚度(m)	(0.2～0.5)D	(0.2～0.5)D	0.5D
扩散半径(m)	1～2	0.5～1	0.5
环向间距(m)	2～3	0.8～1.5	0.6～1.0
纵向间距(m)	1～2	0.5～1.5	0.5～1.0
布孔方式	梅花形布置	梅花形布置	梅花形布置

注:D为隧道开挖跨度。

3)施工工艺

径向注浆方式一般采用全孔一次性注浆。根据地质情况和加固目的径向注浆可分为孔口管注浆、钢花管注浆、TSS管注浆3种方式。

孔口管注浆主要针对成孔性好的地层,以封堵基岩裂隙水为主要目的。

钢花管注浆主要针对软弱地层成孔性差，为保证浆液有效的扩散到设计加固范围，同时利用钢花管对地层进行径向锚固。

TSS 管（单向袖阀注浆管）径向注浆主要针对地层介质以富水砂层、淤泥质地层为主，成孔性差，钻孔下入钢花管容易被流砂、淤泥等从溢浆孔流入而封堵钢花管，无法正常实施注浆作业的地层。

4）注浆参数

注浆宜采取低压力小流量注浆的作业方式进行，注浆压力一般 1～2MPa，注浆流量 10～50L/min。实际施工过程根据地层地质特点进行动态调整，以满足注浆堵水加固要求。

5）注浆材料

径向注浆材料应以水泥基材料为主，局部动水出水量较大区域可考虑用改性聚氨酯类化学浆液。

6）注浆顺序

径向注浆施工宜按两序进行，跳孔跳排先做单序孔，再进行双序孔施作，实现约束注浆，达到挤压密实的注浆目的。并根据加固效果，结合具体地质情况局部补孔加强。

30.2.5 高压水平旋喷注浆工法

高压水平旋喷注浆工法是近年来我国新发展的隧道超前预支护手段，有效弥补我国现有隧道堵水注浆技术在穿越粉细砂地层的技术短板。水平旋喷注浆可以形成有效连续的桩体，预先留置在需要开挖隧道的拱顶及周边，起到隔水、防塌效果。

高压水平旋喷注浆工法需要采用大型专用钻机、超高压注浆泵站、自动化水泥仓等设备，费用相对较高，在矿山法山岭隧道中主要解决富水粉细砂地层的超前预支护问题，在城市地下工程中主要解决完全封堵地下水和高精度控制地表沉降问题。兰渝铁路桃树坪隧道高压水平旋喷工法效果和实际照片，如图 30-13 所示。

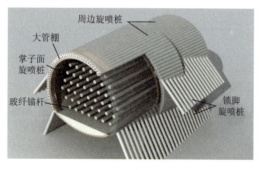

a)　　　　　　　　　　　　　　　　　　b)

图 30-13　高压水平旋喷注浆工法效果与实际照片

1）高压水平旋喷注浆工法机理

高压水平旋喷注浆工法是采用水平定向钻机钻孔至设计深度后，边拔钻杆、边将高压射流浆液喷射到土体内，借助流体的冲击力切削土层，对土体进行置换和切削混合，改变土体结构。钻杆一边低速（20 r/min）旋转，一边（速度 15～30 cm/min）缓慢外拔，使土体与水泥浆充分搅拌混合，胶结硬化后形成直径比较均匀、具有一定强度（0.5～8.0 MPa）的桩体，从而达到止水和加固地层的目的。

2）高压水平旋喷注浆工法技术特点及应用条件

高压水平旋喷注浆工法具有加固体强度高、均匀性强、可控性好等技术特点。

近年来的工程实践表明，采用高压水平旋喷桩在隧道内进行超前支护的适用条件如下：流塑状、孔隙率小、开挖后自稳能力极差的地层，如含水砂层、淤泥地层、富水黄土、第三系含水未成岩地层以及风积砂层等。

拉林铁路米林隧道穿越风积砂地层,采用高压水平旋喷注浆工法进行超前预支护施工,开挖揭示效果如图30-14所示。

图30-14 米林隧道风积砂地层加固后开挖效果揭示照片

3)高压水平旋喷注浆设计

根据富水砂层地质特点及在开挖施工中易出现风险点,水平旋喷方案设计主要解决防止拱顶流砂、涌水及坍塌,确保开挖面稳定的目的。结合设备能力水平旋喷纵向每循环加固长度为12～18m,每循环开挖9～15m,预留3m作为开挖安全岩墙。周边旋喷为咬合桩,内置钢管,加强桩体刚度;工作面水平桩为大头桩,必要时掌子面稳定桩可内置φ35mm玻璃纤维锚杆,确保桩体抗拉拔能力;旋喷桩桩径一般为50～80cm。

隧道内水平旋喷桩应根据揭示的地层地质条件进行合理的方案设计,保证成桩效果。旋喷桩方案选择及适用条件见表30-8。

水平旋喷桩方案选择及适用条件　　　　　表30-8

旋喷桩方案	适用地层条件
隧道周边旋喷	适用于控制隧道变形、塌方处理以及避免拱顶坍落,漏砂,如风积砂、黏土层等
周边+掌子旋喷桩	适用于含水量丰富,掌子面稳定性差的地层,如富水粉细砂层、粉质黏、全风化花岗岩等地层
全断面旋喷	适用于水量大、水压高容易造成突水涌砂的粉细砂层

4)水平旋喷桩施工工艺

水平旋喷桩施工工艺流程如图30-15所示。

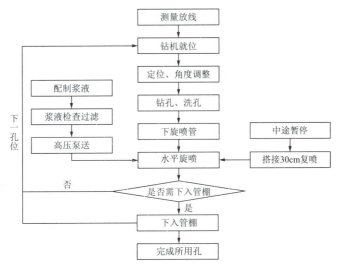

图30-15 水平旋喷施工工艺流程

5)水平旋喷作业顺序

隧道洞内水平旋喷施工前需采取厚30～50cm喷射混凝土封闭掌子面,必要时可挂网喷混凝土封闭。掌子面封闭后,先施工周边水平桩旋喷,再施工掌子面旋喷桩。旋喷桩按照间隔跳孔两序施工的原则进行。

30.3 注浆材料与注浆设备

注浆材料和注浆设备是开展注浆施工的两大前提,材料的特点和设备的性能决定着注浆工艺的选择及可能实现的注浆效果。

30.3.1 注浆材料分类

注浆材料种类众多,目前主流的按注浆材料成分分为粒状无机材料和化学材料两大类。

粒状无机材料属悬浊液型,主要有水泥浆、水泥—水玻璃双液浆、超细水泥浆、超细水泥—水玻璃双液浆、黏土浆、水泥黏土浆、硫铝酸盐水泥浆（HPC外加剂）等,是目前隧道加固堵水注浆材料的主要选取对象。

化学材料属溶液型,主要有改性水玻璃类、丙烯酰胺类、聚氨酯类、丙烯酸盐类、木质素类、环氧树脂类等。但因为涉及对环境污染及自身耐久性问题,在隧道堵水注浆的大剂量注浆材料方案中很少采用。

30.3.2 注浆材料选择及配比

1）注浆材料选择

注浆材料的选择主要按照地层及地下水文条件进行合理选择,但由于各种材料都有各自的优缺点,很难有一种注浆材料能完全达到理想的要求,因此,在复杂地质条件下,应采用综合注浆材料选择体系。隧道堵水常用浆材优缺点对比见表30-9。

六种注浆材料优缺点对比　　　　表30-9

浆液名称	优　点	缺　点
普通水泥单液浆	①扩散范围大； ②固体结实强度高,永久固结； ③货源广,单价低； ④操作简单	①凝结时间长,易被地下水冲散、影响注浆效果； ②浆液凝结时间不易调整,扩散范围不好控制,造成材料浪费； ③浆液颗粒大,细小裂(孔)隙注入性差
普通水泥—水玻璃双液浆	①凝结时间快,能快速堵水； ②凝结时间可调,能达到不同扩散半径； ③时间长,业内认可度高； ④取材方便,货源广	①浆液强度不高； ②耐久性不长； ③双液注入,操作较复杂
改性硫铝酸盐系单液浆	①凝结时间可调,达到不同扩散半径； ②抗地下水冲散； ③耐久性好； ④浆块固结体具有微膨胀性	①浆液凝结时间不能达到10min以内,不能用于快速堵水； ②因浆液具有快凝特性,操作较复杂； ③货源有限,价格略高
改性水玻璃浆（酸性）	①化学浆液,能注入极小孔隙； ②货源广泛	①浆液强度极低,仅适用于部分少水或无水砂层的固结； ②浆液有腐蚀性
超细水泥单液浆	①凝结时间长,扩散范围大； ②固体结实强度高,永久固结； ③颗粒细,适用极小孔隙地层的注浆； ④操作简单	①凝结时间长,易被地下水冲散、影响注浆效果； ②浆液凝结时间不易调整,扩散范围不好控制,造成材料浪费； ③单价较高
超细水泥—水玻璃双液浆	①凝结时间快,能快速堵水； ②凝结时间可调,能达到不同扩散半径； ③颗粒细,适用极小孔隙地层的注浆； ④取材方便,货源广	①单价较高； ②浆液强度低； ③双液注入,操作较复杂

2）浆液配合比参数

为确保注浆效果,在浆液黏度不影响泵送和扩散半径的情况下,浆液配置原则上宜浓不宜稀,6种常用浆液配比,见表30-10。

常用注浆材料配比参数   表30-10

浆液名称	配比参数		
	水灰比	体积比	水玻璃浓度 Be'
通水泥单液浆	0.6∶1～0.8∶1	—	—
超细水泥单液浆	0.6∶1～1∶1	—	—
改性硫铝酸盐水泥系浆	0.6∶1～1.2∶1	—	—
水玻璃浆－稀硫酸浆（改性）	—	6∶1	15～20
普通水泥－水玻璃双液浆	0.6∶1～1∶1	1∶1～1∶0.3	30～35
超细水泥－水玻璃双液浆	0.6∶1～1∶1	1∶1～1∶0.3	30～35

由于水泥品种和地下水质的不同，可能会对浆液凝胶时间等产生一定的影响，实际施工中，应对配比参数进行室内试验，确定参数后再进行现场试验，然后再现场使用。

30.3.3 注浆机械设备

注浆施工所用的主要机械设备有钻机、注浆泵、制浆机等。注浆设备应根据地质条件、施工方法、注浆深度、注浆材料和施工能力等选型。主要设备选型原则见表30-11。

注浆主要机械及配套设备选型原则   表30-11

名称	作用	选型基本原则
钻机	成孔设备	①根据工程地质特性、钻孔孔径、深度、隧道断面大小等确定钻机型号，为提高钻机定位效率，优先选择带有自行走设备的钻机； ②注浆孔直径一般为 $\phi 89mm$、$\phi 108mm$、$\phi 114mm$、$\phi 133mm$、$\phi 168mm$ 等，常用 $\phi 89mm$、$\phi 133mm$ 两种孔径
注浆泵	输送浆液动力设备	①根据设计注浆终压、速度及注浆量选型，优先选用注浆压力、流量可调的注浆泵； ②双液注浆最好选用双液配合比可调的注浆泵； ③注浆泵最大工作压力需大于设计注浆终压1.3倍以上
制浆机	制造液体可注入浆液	能连续制备出满足性能要求的浆液，优先采用水力涡流式

30.4 注浆效果检查评定

30.4.1 检查评定内容

检查评定内容主要包括注浆专项设计文件、注浆施工组织方案、钻孔注浆记录表、施工过程特征工序影音资料、效果检查报告等。

30.4.2 评定方法体系

参考北京市地方标准《城市轨道交通隧道工程注浆技术规程》，将目前常用的注浆效果检查评定方法分为宏观类、检查孔类、过程类和物探类等4大类。其中这4类又包含10种常用的具体方法及评定标准，见表30-12。

注浆效果检查常用方法与标准　　　　表 30-12

评定方法		标　准
宏观类	P-q-t 曲线法	应根据所记录的注浆压力（P）、注浆速度（q）、注浆时间（t）三者之间的关系,绘制的 P-q-t 曲线图进行分析。满足合格标准的注浆孔数量宜大于 80%
	涌水量对比法	以加固为主要目的注浆工程堵水率宜大于 80%,或以止水为主要目的注浆工程堵水率宜大于 90%
	填充率反算法	以加固为主要目的注浆工程浆液填充率宜大于 80%,或以止水为主要目的注浆工程浆液填充率宜大于 90%
检查孔类	取芯孔法	取芯孔数量宜取注浆孔数的 3%～6%。以止水为主要目的的注浆工程芯样无侧限抗压强度宜大于 0.3MPa 以上,或以加固为主要目的的注浆工程宜大于 0.5MPa,且应满足专项设计的要求。孔深与隧道计划开挖长度一致
	检查孔观察法	检查孔数量宜取注浆孔数的 3%～6%（不少于 3 个）。利用孔内成像仪,对注浆后的地层进行直接成像观察,检查孔应成孔完整,无坍孔,涌砂、涌泥现象,出水量小于注浆专项设计要求,且能保持 1h 以上。孔深与隧道计划开挖长度一致
	渗透系数测试法	测试孔数量按注浆孔数的 1%～3% 布设。注浆后地层的渗透系数应降低一个数量级,且止水目的深孔注浆宜小于 10^{-2}m/d。孔深与隧道计划开挖长度一致
过程类	直接观察法	开挖面掌子面应浆液填充饱满,能自稳,无水或少水,且满足安全开挖要求,或径向注浆、填充注浆后隧道周围渗漏水明显减少,变形得到明显控制
	监测数据判定法	通过监测反馈的结果,判断注浆加固效果是否达到工程要求
物探类	雷达法	以雷达为工具,对比注浆作业前后成果图像差异,宏观判断注浆效果
	电法	以电法仪为工具,对比注浆作业前后成果图像差异,宏观判断注浆效果

隧道内超前水平预注浆工程,含全断面超前预注浆、半断面超前预注浆、超前周边注浆等,效果检查评定方法可采用 2～4 种检查方法相互验证,其中检查孔观察法和 P-q-t 曲线法是最常用方法,其余可根据工程特征,再选 1～2 种方法作为辅助验证。

垂直注浆工程,含隧道上方地表垂直注浆、隧底加固垂直注浆、路基工程垂直加固注浆等,效果检查评定方法通常可采用渗透系数测试法、取芯法和 P-q-t 曲线分析法三种,其中渗透系数测试法是必选项目,其余两种可以任选其一作为辅助验证。

隧道径向注浆工程,含隧道径向堵水注浆、隧道变形处理的加固径向注浆等。径向堵水注浆效果检查评定方法通常采用涌水量对比法,要求堵水率大于 80% 以上；处理隧道变形的加固径向注浆,注浆后要求变形控制量降低至原变形量的 40% 以下。

30.4.3　检查孔出水量取值标准问题的讨论

对于注浆堵水施工,检查孔出水量是效果检查的直接方法被广泛采用,但对于检查孔出水量取值标准一直存在争论。根据相关要求铁路隧道注浆堵水工程标准是 0.2L/(min·m)。在宜万铁路修建过程中,特别是齐岳山隧道穿越 F11 大断层的注浆施工时,这个标准不适应的问题就充分暴露出来了,因为经过反复实践,在高水压下,检查孔出水量都要远大于 0.2L/(min·m),后经过各方参建单位的联合科研攻关,最终确定和证明在齐岳山 F11 富水泥化大断层中检查孔的出水量只要满足 2L/(min·m) 的指标就可以保证隧道的安全开挖,随后 2L/(min·m) 检查标准又在龙厦线象山隧道、兰新线大梁隧道等国内多条重点铁路隧道注浆堵水工程验收标准中采用,均取得了满意的注浆效果。

30.5　注浆施工过程中常易出现的问题及对策

注浆施工过程中常易出现钻进不成孔、地层不吃浆、止浆墙开裂等问题,这些问题出现后,非常影响注浆施工效果和进度,需要现场专业工程师能及时判断问题原因,快速给出针对性解决问题的对策,合理调整注浆施工方案,才能有效保证注浆施工的效果,根据多年施工程经验,将注浆施工过程中常易出现的问题及对策列出,见表30-13。

注浆施工过程中常易出现的问题及对策　　　　　　　　表30-13

问题分类	原因分析	处理对策
钻进不成孔	地层水量大、水压高,钻杆不能进尺,如高压富水断层破碎带等	①先施工外圈孔,快速降低地层的水量和水压; ②分区泄水降压、分区注浆施工; ③调配更大功率的钻机和空压机
钻进不成孔	钻杆被握裹,不能旋转,不能进尺,如卵砾石层、碎石堆积层等	①尽量减小注浆孔直径; ②钻孔工艺采用套管跟进施工; ③分两序跳孔注浆施工,先注快凝浆液,迅速固结地层; ④调配更大功率的钻机和空压机
钻进不成孔	钻杆能进尺,但塌孔严重,钻杆拔出后,大部分孔径缩小或坍塌,如粉细砂层等	①采用套管跟进施工; ②采用水平袖阀管注浆工艺,或钻注一体后退式注浆工艺
地层不吃浆	注浆压力不够,如高压富水大断层堵水注浆等	调配更大功率的注浆泵,增加注浆压力,注浆终压设置为地层最大静水压的2倍($P \leq 2\text{MPa}$)或者$P_水$+2MPa
地层不吃浆	注浆材料颗粒太粗。如用普通水泥浆注浆加固粉细砂地层等	①调整为细颗粒的或者溶液型的注浆材料,如超细水泥或改性水玻璃等; ②适当提高注浆压力
地层不吃浆	浆液凝结时间太快	①调整单液浆的水灰比,降低浆液的黏稠度; ②调整双液浆二组分的配合比,延长浆液凝结时间; ③添加缓凝外加剂
注浆压力长时间不上升	进浆体系没有封闭,发生串浆、漏浆现象	①跳孔施工,拉开注浆孔间距,降低串浆概率; ②调整注浆材料为快凝双液浆,封闭漏浆; ③漏浆处塞入棉纱等外力措施封闭注浆体系
注浆压力长时间不上升	浆液初凝时间太长	①调整单液浆配比加外加剂,缩短浆液初凝时间; ②调整双液浆二组分的配合比,缩短浆液凝结时间
注浆压力长时间不上升	地下水流急促,浆液流失	①首选凝胶时间短、抗分散性强的浆材; ②调配大流量注浆泵,大流量注入,提高浆液的残留量; ③调整钻孔注浆施工顺序,从地下水上游开始施工
注浆压力长时间不上升	地层疏松、空洞较大	①采用两序孔施工,第一序孔以定量为结束标准; ②采用快凝型浆液,有效控制注浆范围; ③采用间歇注浆工艺
地表隆起	注浆终止压力设置过大	降低注浆终止压力设置
地表隆起	快凝型浆液因扩散范围有限,易形成浆泡、浆液堆积等引发地表隆起	①调整浆液水灰比或加缓凝剂等措施,延长浆液初凝时间,降低浆液黏度,增加浆液流动性; ②调整浆液种类,如双液浆改为单液浆等; ③加密注浆孔,多孔、少注
地表隆起	施工工艺不合理	采用精细化注浆工艺,如袖阀管注浆、钻注一体等工艺
止浆墙开裂	止浆墙厚度不满足设计要求	重新施作或局部补强
止浆墙开裂	一次性开孔过多	分序施工,控制开孔数量和震动压力
止浆墙开裂	注浆终止压力设置过大	①降低注浆终止压力值; ②对于已经出现因注浆压力过大而造成止浆墙开裂,后续注浆要分多序孔作业,先部分注浆孔采用前进式注浆工艺,有效加固离止浆墙最近的地层,隔断注浆压力传导,能有效防止止浆墙继续开裂; ③对已经开裂的止浆墙进行锚杆、工字钢、补充模筑混凝土等外力措施加固

本讲参考文献

[1] 张民庆,彭峰. 地下工程注浆技术 [M]. 北京:地质出版社,2008.

[2] 崔九江,崔晓青. 隧道与地下工程注浆技术 [M]. 北京:中国建筑工业出版社,2011.

[3] 周兴旺,等. 注浆施工手册 [M]. 北京:煤炭工业出版社,2013.

[4] 关宝树,赵勇. 软弱围岩隧道施工技术 [M]. 北京:人民交通出版社,2011.

[5] 李法昶,等. 铁路工程地质手册 [M]. 北京:中国铁道出版社,1975.

第31讲

防 水 设 计

31.1 隧道防水设计标准

隧道结构的防水性能优劣是隧道能否满足使用功能要求的重要标志,衡量隧道防水性能的技术标准则是隧道防水设计的关键依据。英国的建筑工业情报与研究协会 CIRIA 于 20 世纪 70 年代在世界范围内首次建立的基于结构容许渗漏水量的地下工程防水分级标准,是其后各国制定地下结构防水标准的重要参考,渗漏水量也成为各国指导和衡量隧道工程防水技术水准的一个重要指标。隧道工程的防水等级与设计、施工及运营维护等密切相关,直接影响着隧道的使用功能和工程投资。

继英国、德国等为代表的国家建立起的满足不同使用功能的隧道防水分级标准体系后,我国也在总结国内地下工程防水实践经验的基础上,参考国外有关标准,建立了较为完善的防水标准体系。

31.1.1 国外隧道防水设计标准

英国早期的防水标准划定了 7 个等级,同时对隧道防水要求进行两方面的限定:一方面以隧道总体的渗漏水量为标准进行限定,同时对局部的渗漏水量进行限定,见表 31-1。这种做法对于引导防水设计的基本思路和方式是值得借鉴的,但是其防水分级的标准水平则逐渐与后来的使用功能要求、材料性能以及工程技术发展水平之间拉开了差距。英国隧道学会和土木工程师学会于 2010 年出版的《隧道工程规范》(第三版)中对隧道容许渗漏水量进行了修正,见表 31-2。

英国 CIRIA 隧道防水分级标准(早期)　　　　表 31-1

级　别	容许日渗漏水量(L/m²)	级　别	容许日渗漏水量(L/m²)
O	肉眼观察不到	D	30
A	1	E	100
B	3	U	不作限制
C	10		

注:1. 限定等级是指给定隧道总体渗漏水表现的规定上限。
　　2. 限定的等级规定的局部渗漏量上限的测量,是以隧道内表面边长 1m 或 100mm 的两种标准方法,在任意部位测量的数值。

本讲执笔人:马志富,王乐明,吕刚,郭小雄.

英国隧道学会和土木工程师学会隧道防水分级标准（现行） 表31-2

防水等级	潮湿情况	适用区域	定 义	容许日渗漏水量（L/m²）
1	完全干燥	储藏室、工作室、休息室	衬砌内壁观察不到渗水痕迹	0.01
2	基本干燥	有霜冻危险的交通隧道	衬砌内壁可以观察到渗水痕迹；有湿斑，但不会使吸墨纸贴附变色	0.05
3	由毛细产生的湿迹	公路和铁路隧道	在衬砌内壁上有渗水痕迹，但没有滴水现象	0.10
4	若干滴水点	一般的隧道	个别地方有滴水现象	0.20
5	有滴水点	水工隧道和污水管线隧道	个别地方有滴水现象	0.50

注：日渗水量是以每平方米隧道内表面测量的数值。

德国铁路隧道主要从定性角度进行防水分级，并对每一级的防水性能作了详细的定性描述，但缺少定量的判定标准。德国地下交通设施研究会 STUVA 确定的隧道及地下工程防水等级标准与德国铁路隧道的防水等级标准基本一致，但是更为严密，既有定性描述也有定量要求。德国铁路隧道的防水分级和德国 STUVA 的隧道及地下工程防水分级见表 31-3 和表 31-4。

德国铁路隧道的防水分级标准（DS853） 表31-3

防水等级	潮湿情况	说 明
1	完全干燥	初砌密实，内表面无潮湿情况
2	很干燥	衬砌密实，内表面仅有轻微潮湿存在（如根据颜色），不允许滴漏渗水；轻微潮湿处用干手触摸无水痕，将一张吸墨纸或能吸水的报纸放置不致因吸水而变色
3	毛细渗透	衬砌密实，内表面仅个别和局部有手感潮湿；手感潮湿处系渗透所致，贴放吸墨纸或吸水的报纸亦会因吸水而变色，但无滴水

注：1级防水适用于仓库、候车室和车间（工作室）；2级防水适用位于冰冻范围的隧道；3级防水适用于除1、2级防水要求以外的隧道和空间。

德国 STUVA 的隧道及地下工程防水分级标准 表31-4

防水等级	潮湿情况	适用区域	定 义	容许日渗漏水量（L/m²） 10m 区间	容许日渗漏水量（L/m²） 100m 区间
1	完全干燥	储藏室、工作室、休息室	衬砌内壁观察不到渗水痕迹	0.02	0.01
2	基本干燥	有霜冻危险的交通隧道；地下车站	衬砌内壁可以观察到渗水痕迹，用干的手触摸湿斑无水分渗出之感，但用吸墨纸或者报纸贴附到壁上，可观察到局部吸湿但不致变色现象	0.10	0.05
3	由毛细现象产生的湿迹	没有必要达到防水等级1或2的隧道或房间	在衬砌内壁上可以局部观察列明显渗水现象；在明显呈现湿迹的范围内，可以将吸墨纸或者报纸部分吸附，发生变色，但无滴水现象	0.20	0.10
4	若干滴水点	交通或市政管线隧道	个别地方，容许滴水现象	0.50	0.20
5	有滴水点	水下隧道	个别地方，容许滴水现象	1.0	0.50

注：10m 区间量是指给定隧道 10m 区间渗漏水表观的规定上限；100m 区间量是所规定的 100m 区间渗漏量上限的测量，即控制大范围平均总量与小范围最大量，两者呈倍数关系。

日本的标准体系没有对隧道防水等级的规定，仅在一些规范条文中要求隧道衬砌不漏水，并对防水、排水的基本方法、材料、适用范围作了一些规定，但没有具体的量化指标，对于混凝土的防水性能，日本称为"水密性"，并对混凝土容许开裂宽度提出要求。

31.1.2 我国隧道防水设计标准

我国《地下工程防水技术规范》（GB 50108—2008）将地下工程的防水等级分为 4 级，同时给出了不同防水等级的适用范围，隧道工程的防水分级标准见表 31-5。

隧道工程防水分级标准　　　　　　　　　　　　　　表 31-5

防水等级	渗漏水情况	定义	容许日渗漏水量 (L/m²)		其 他 要 求
			隧道平均渗水量	任意 100m²	
1	不允许渗水	结构表面无湿渍	—	—	
2	不允许漏水	结构表面可有少量湿渍	0.05	0.15	总湿渍面积不应大于总防水面积的 2/1000；任意 100m² 防水面积上的湿渍不应超过 3 处，单个湿渍的最大面积不应大于 0.2m²
3	有少量漏水	不得有线流和漏泥砂	—	—	任意 100m² 漏水或湿渍点数不超过 7 处，单个漏水点的最大漏水量不应大于 2.5L/d，单个湿渍的最大面积不应大于 0.3m²

隧道工程在确定防水等级时，除应参考不同防水等级的适用范围外，还应根据工程的重要性和使用过程的防水要求综合确定：

（1）高速铁路隧道及其设备洞室、车站隧道、有抗冻设防要求的隧道，要求达到一级防水标准。

（2）普通电气化铁路和内燃牵引铁路隧道及其设备洞室、城市轨道交通区间隧道及连接通道等附属的隧道结构、高速公路及城市道路隧道，要求达到二级防水标准。

（3）在隧道运营期间作为防灾救援、检修或通风排烟等人员临时活动的辅助坑道、一般的公路隧道，要求为三级。

31.2 隧道防水设计分类

31.2.1 隧道防水设计原则

在水的处理上，较早的隧道设计和施工规范主要遵循"以排为主，排堵结合"的原则，这种以牺牲环境来保障隧道施工安全和降低地下水对隧道结构作用的做法造成了过多的水土流失。随着长大隧道等建设项目的增多，因大量排放地下水引发的生态环境遭到破坏的问题越来越突出，以"排堵结合"的原则进行隧道防排水设计逐渐成为共识。

对于隧道防水设计的原则，《地下工程防水技术规范》《铁路隧道设计规范》《公路隧道设计规范》和《地铁设计规范》总体上体现了"防、排、截、堵，因地制宜，综合治理"的思路，地铁隧道因多位于城市区域，对排水较为敏感，《地铁设计规范》要求地下工程防水设计遵循"以防为主，刚柔结合，多道防线，因地制宜，综合治理"的原则。结合目前国内隧道防水设计、施工现状水平以及在防水方面存在的问题，确定隧道防水设计原则时一般应考虑以下几点：

（1）抗渗是防水设计的核心，防、排、截、堵等措施均以达到防水整体效果为目的。

（2）防水设计原则确定时，需要考虑以下因素：

①水文、地质及气候条件。

②地下水类型、水位，区域地下水的动态特征，隧道范围内的地下水补给、径流和排泄条件。

③地下水的侵蚀性评价。

④地下水排放对周边建筑、生态环境的影响。

⑤隧道施工方法和衬砌结构类型。

⑥隧道结构的使用功能要求。

（3）隧道防排水要服从于对环境的保护要求，在城市、生态环境保护区等环境敏感地段修建隧道时，宜采取全封闭不排水的防水设计。

（4）当隧道穿越地下水丰富地段，采用以排为主可能影响环境时，宜采取"以堵为主，限量排放"的原则。

（5）当隧道穿越段为岩溶、暗河等径流动态地下水时，应尽量维系岩溶、暗河等的既有径流条件；当隧道穿越段为渗流动态地下水时，则应采取堵水等工程措施，以减少渗流的流量。

（6）对于同一座隧道的不同区段，可根据地下水量、水压大小和水质变化等，采取分区防水措施，提高整个隧道防水系统的可靠性，合理控制工程投资。

（7）下穿河流、湖泊、海洋等水域条件时，宜按照全封闭不排水的原则设计。

（8）防水设计要综合考虑隧道结构施工方法因素，对于采用盾构法、TBM或顶管法等预制结构拼装施作的隧道结构，宜采取全封闭不排水的防水设计。

31.2.2 隧道防水设计分类

隧道防水设计分为防水型和排水型两类，其中排水型根据环境要求和排水能力分为完全排水型和控制排水型。

1）防水型隧道

防水型隧道通过采用围岩注浆防水、防水层防水、混凝土结构自防水、接缝防水等措施将隧道设计成全封闭不排水结构，将地下水封堵在隧道衬砌之外，因防水层在隧道横断面上是全断面封闭铺设的，也称为全包防水设计，如图31-1所示。

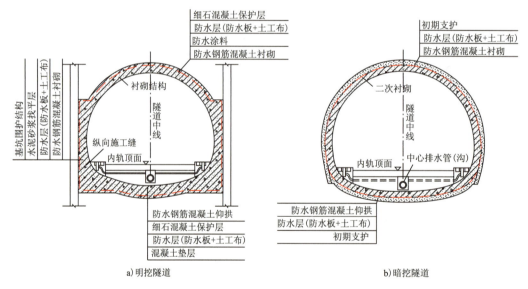

图31-1 全包防水典型构造断面

隧道穿越山岭地段水文地质条件差异性较大，为使隧道总体设计合理，更好地对隧道渗漏进行控制，根据地下水量、水质变化情况、局部环境条件等对同一座隧道进行结构分区防水设计。分区防水的具体做法：根据衬砌模板台车长度或结合变形缝位置，在环向施工缝或变形缝位置设置背贴式止水带，采用分舱的方式设置防水分区，隔离地下水的纵向流动，并在每个分区内预埋注浆管，针对漏水区域进行注浆修补，如图31-2所示。

2）排水型隧道

排水型隧道是在衬砌拱墙外侧设置防水层，并在防水层外侧布设环向和纵向透水盲管（沟）等排水设施，再经隧道底部的泄水孔等引排至隧道内设置的排水系统排出洞外。排水型隧道的防水系统主要由衬砌结构自防水、防水层防水和施工缝防水等组成,同时衬砌背后集排水系统和横向导水系统需保持通畅,即半封闭防水设计,如图31-3所示。

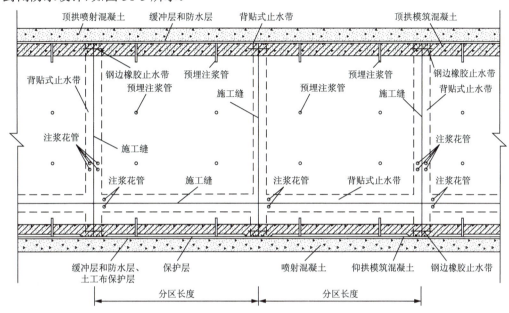

图 31-2 分区防水设计示意图

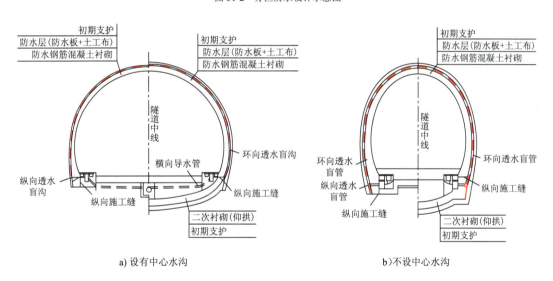

a) 设有中心水沟　　　　b) 不设中心水沟

图 31-3 排水型隧道防水构造断面图

在高水位或不允许大量排放地下水的区域修建隧道时,其防水系统应增加围岩注浆堵水、提高围岩的防渗性能,控制地下水的排放量,以及进行限量排水设计。

31.3 地表及围岩防水设计

31.3.1 洞口防水

1）山岭隧道

洞口段应有完整良好的截、排水系统,在洞口边仰坡坡面以外设置截水沟和其他的截排水设施,将洞口工程范围以外流向洞口的地表水,汇集并引排至远离线路的沟谷或与隧道洞口相邻的路基排水沟顺接。

高洞口端洞外路基沟槽应做成不小于2‰的反坡,并在隧道洞口外路基段设置系统的截、排水设施,防止隧道外的水流入隧道内。

隧道洞口,斜井、竖井、横洞等辅助坑道的井口或洞口位置选择时应考虑防洪要求,并高于百年洪水的壅水高度不小于0.5m。辅助坑道口参照隧道洞口设置系统的截排水系统,避免洞外地表水倒灌进入辅助坑道。

2）平原区隧道

位于城市等平原地区的隧道,隧道纵向一般采用"V"形坡,洞门及相邻敞开段边墙顶高程应高出洪涝水位(含壅水高度)不小于0.5m,必要时在洞口相邻的敞开段上方加盖防水雨棚,减小洞口积水。

31.3.2 地表防水

明挖隧道和覆土较小的浅埋暗挖隧道防水应重视地表水下渗的影响,应结合环境条件及其对隧道的影响,采取地表疏导、防渗等处理措施。

明挖隧道回填材料应具有隔水功能,回填层渗透系数不宜大于10^{-6}cm/s,并结合地形条件表面做成不小于1%的横向排水坡面,如图31-4所示。明洞结构防水层和相邻暗洞结构防水层要做好细部搭接设计,确保防水效果,避免地表水进入隧道内。

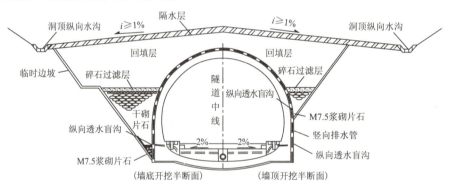

图31-4 明挖隧道回填典型断面示意图

洞顶地表有沟谷、河流通过时,沟（河）底必要时采用浆砌片石铺砌或设置混凝土渡槽,防止地表长期冲刷切割,影响结构安全;位于浅埋隧道上方的陷穴、坑洞可回填处理;地表存在裂缝时应进行灌浆充填或注浆封闭。

隧道附近有水库、池沼、溪流、井泉水且有可能渗入隧道时,应查清周边水文地质情况,并采取防渗处理措施。

31.3.3 围岩防水

对隧道周边地层进行注浆堵水,通过提高围岩的抗渗性能,是利用围岩本体进行防水的重要手段,一般包括地表预注浆、开挖前超前预注浆、开挖后全断面径向注浆和局部注浆。采用注浆方式控制地下水排放时,应根据周边环境要求、水文地质情况,对注浆加固后的围岩提出相应的防渗标准,并进行钻孔压水试验检验其渗透性,对于岩质地层可用透水率 q [单位为 L/(min·m·m),即每分钟每米试压段在每米水头下的注入水量] 表示,对于土质地层一般采用渗透系数 K（单位为 cm/s）表示。

隧道穿越软弱围岩、断层破碎带、岩溶等段落,当地下水发育时,隧道开挖施工可能引起大量地下水流失,需在隧道开挖施工前对周边地层进行注浆堵水,当隧道埋深较浅时,可采用地表注浆方式;当隧道埋深较深或地面不具备实施条件时,采用洞内注浆方式,洞内超前帷幕注浆如图 31-5 所示。

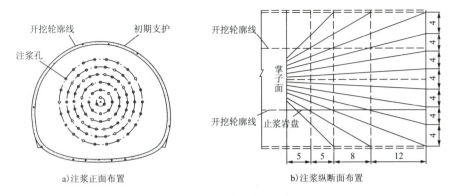

图 31-5 洞内超前帷幕注浆(尺寸单位:m)

隧道开挖后揭示超前注浆效果较差、初期支护表面存在局部渗漏水或需要对周边围岩固结止水控制地下水流失时,根据支护结构渗漏水情况和地质条件,沿隧道径向进行全断面、局部钻孔注浆堵水,洞内全断面径向注浆和局部注浆如图 31-6 和图 31-7 所示。

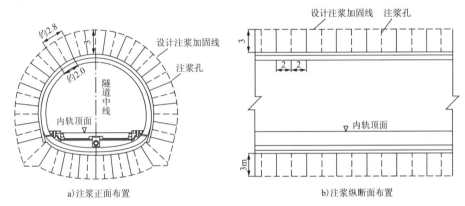

图 31-6 洞内径向全断面注浆(尺寸单位:m)

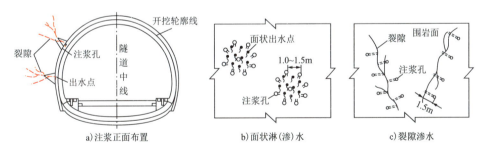

图 31-7 洞内径向局部注浆

31.4 隧道结构防水设计

隧道工程的结构防水按照使用功能、所处地层条件、穿越位置等有多种分类方式,本节主要按照不同的施工方法对隧道结构防水设计进行分类。围绕采用不同的施工方法所采用的不同防水体系,对防水设计分别展开介绍。对于采用 TBM 硬岩掘进机法施工的隧道,按照所使用的掘进机类型采用相应的防水设计,其中敞开式掘进机施工的隧道,其结构防水设计与暗挖法隧道相同;护盾式掘进机施工的隧道,其结构防水技术与盾构法隧道相同;采用沉管法施工的隧道,结构防水设计详见沉管隧道一讲。

31.4.1 明挖法施工隧道防水设计

本节主要讲述明挖隧道施工采用放坡开挖和设置基坑围护结构的结构防水设计,高速铁路隧道洞口缓冲段、山区隧道防落石明(棚)洞等结构防水设计可参考明洞设计。

1)防水体系构成及设防要求

明挖施工隧道的结构防水体系由混凝土结构自防水、附加防水层防水、接缝防水构成,其防水设防要求,结合使用功能、设计使用年限、水文条件、结构形式、环境因素和施工方法综合确定。一般明挖隧道结构的防水设防要求,可参照《地下工程防水设计规范》(GB 50108—2008)中明挖法地下工程的防水要求,见表31-6。

明挖法隧道结构防水设防要求 表31-6

工程部位	主体结构							混凝土结构接缝防水												
								施工缝					后浇带				变形缝				
防水措施	防水混凝土	防水卷材	防水涂料	塑料防水板	膨润土防水材料	防水砂浆	金属防水板	遇水膨胀止水条或胶	外贴式止水带	中埋式止水带	外抹防水砂浆	外涂防水涂料	预埋注浆管	补偿收缩混凝土	外贴式止水带	遇水膨胀止水条或胶	预埋注浆管	防水密封材料	外贴式止水带	中埋式止水带	可卸式止水带	防水密封材料	外涂防水涂料	外贴防水卷材
防水等级 一级	应选	应选一至二种						应选二种					应选	应选二种			应选	应选二种				
防水等级 二级	应选	应选一种						应选一至二种					应选	应选一至二种			应选	应选一至二种				
防水等级 三级	应选	宜选一种						宜选一至二种					应选	宜选一至二种			应选	宜选一至二种				

2)结构自防水

衬砌结构应采用防水混凝土,其设计抗渗等级一般根据隧道结构的埋置深度参照表31-7确定。

防水混凝土设计抗渗 表31-7

工程埋置深度 H(m)	设计抗渗等级	工程埋置深度 H(m)	设计抗渗等级
$H < 10$	P6	$20 \leq H < 30$	P10
$10 \leq H < 20$	P8	$H \geq 30$	P12

注:铁路和地铁设计规范要求衬砌混凝土的抗渗等级不低于P8,地下水发育地段和寒冷地区抗冻设防段不低于P10;公路隧道设计规范要求衬砌混凝土的抗渗等级不低于P6,对于冻害地段及最冷月份平均气温低于-15℃的地区不得低于P8。

3)防水层防水

明挖隧道的外防水层以防水涂料、防水卷材、塑料防水板为主,特殊部位或有特殊环境要求时也可采用金属防水板、膨润土防水毯等。防水材料优先选用能与现浇混凝土直接粘结,且具有良好施工性能的柔性防水材料,国内使用较为广泛的防水卷材是在基材上加上自粘层后可较好地与隧道结构表面密贴的高聚物改性沥青类和高分子类两类。

放坡开挖的明挖隧道拱墙部位和设置基坑围护结构的明挖隧道顶部防水层一般采用后铺法施工,防水层铺设前,结构外表面一般采用水泥砂浆进行找平,防水层外侧土石回填前应实施水泥砂浆或细石混凝土等保护层,采用机械回填时厚度一般不小于80mm,人工回填时一般不小于50mm,如图31-8所示。

隧道洞顶需要种植绿化且回填层厚度小于植物根系深度时,应考虑耐根穿刺的保护层,一般在防水层之外单独增设耐根穿刺的防水层,如图 31-9 所示。

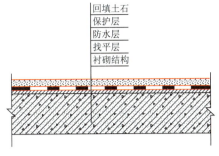

图 31-8　后铺的拱墙或顶板防水层构部

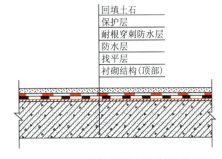

图 31-9　增设耐根穿刺防水层构造

采用全包防水设计时,底板或仰拱铺设防水层可采用空铺法或预铺反粘法施工,防水层铺设之前应浇筑低强度等级混凝土垫层(一般不低于 C20 混凝土),并在防水层顶部采用细石混凝土保护,厚度不般不小于 50mm,如图 31-10 所示。

设置基坑围护结构的明挖隧道侧墙防水层可采用点粘法或预铺反粘法施工,采用自粘式防水板预铺反粘法施工时自粘面应面向边墙混凝土结构迎水面,对于采于钻孔桩围护结构施工的基坑,防水板铺挂前需对围护结构内表面进行找平处理,如图 31-11 所示。

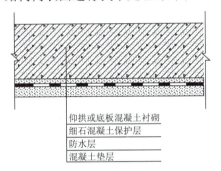

图 31-10　预铺的底板或仰拱防水层构部

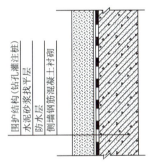

图 31-11　预铺的侧墙防水层构造(有围护结构)

防水层背面一般铺设土工布缓冲层加强保护。排水型隧道选用的土工布缓冲材料,要求能够较好地滤除渗水中的泥砂,防止堵塞防水层背后的排水系统,必要时可设置双层土工布,防水板宜选用光滑、抗渗性能好的塑料板,使土工布与防水板间形成的排水通道,可使地层渗水自由地向环、纵向盲沟(管)汇集。

4)变形缝防水

变形缝部位在结构外侧设置防水层基础上,采用止水带(条)、嵌缝材料、密封材料等进行加强防水,防水措施根据施工方法、防水部位、防水等级不同,构造形式如图 31-12～图 31-14 所示。

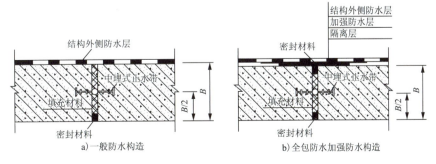

图 31-12　拱墙变形缝防水构造

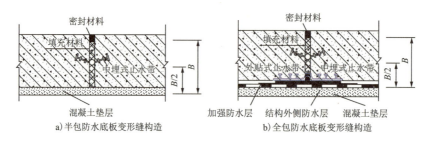

图 31-13 底板变形缝防水构造

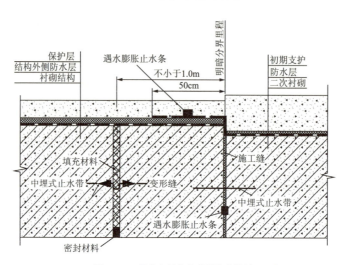

图 31-14 明暗交界处变形缝防水构造

明挖隧道一次性浇筑衬砌混凝土体量较大时易产生混凝土收缩裂缝时，或在结构易发生不均匀差异沉降又不允许留设变形缝的部位，宜留置后浇带，后浇带宽度宜为 70～100cm。

5）施工缝防水

施工缝部位在结构外侧设置防水层基础上，主要采用中埋止水带的方式加强防水，如橡胶止水带、钢边（板）止水带、塑料止水带等防水材料，也可通过增设遇水膨胀止水胶（条）或预埋注浆管等形成两道防水，增设预埋注浆管时，宜将注浆管置于止水带背水一侧（即内侧），如图 31-15 所示。

采用逆作法施工的纵向施工缝宜同时设置遇水膨胀止水胶和预埋注浆管加强防水，其构造如图 31-16 所示。

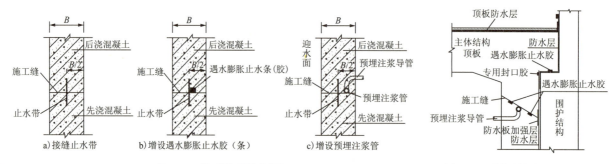

图 31-15 施工缝加强防水构造

图 31-16 逆作结构施工缝防水构造

6）后浇带防水

后浇带接缝防水要重视与先浇筑混凝土界面的凿毛和界面剂处理，并采用补偿收缩混凝土浇筑，混凝土的强度等级较先浇混凝土提高一个等级。后浇带的两侧可以做成平直缝或阶梯缝，图 31-17 所示。因后浇带宽度相对较小，接缝部位可不埋设止水带、注浆管等，其余防水要求与施工缝相同。

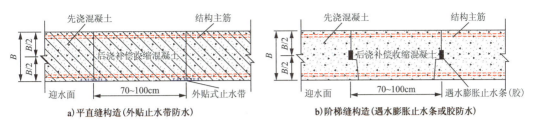

图 31-17　后浇带防水构造

31.4.2　暗挖法隧道防水设计

暗挖隧道因其施工过程复杂,隐蔽工程较多,设计一般采用多种防水方式相结合进行防水处理,从围岩到衬砌结构由外到内设置三道防线进行防水,即通过对初期支护背后的围岩进行注浆提高抗渗性能作为减小地下水渗漏的第一道防线;在初期支护与二次衬砌间设置防水层、疏排水系统建立第二道防水屏障;通过提高二次衬砌的抗渗性能,并加强结构施工缝、变形缝防水处理,作为隧道防水的最后一道防线。

1) 防水体系构成及设防要求

暗挖隧道一般采用复合式衬砌结构,衬砌结构的防水体系由初期支护、二次模筑混凝土衬砌、防水层和接缝防水组成。对于初期支护的防水效能,在欧洲等采用挪威法施工的隧道中多采用喷射钢纤维混凝土单层衬砌作为永久支护,喷射混凝土作为防水结构是被认可的;在我国,因现场喷射混凝土施工工艺存在离散性、受力变形后有局部开裂现象等原因,初期支护整体抗渗性能较差,防水效果不能保障,故在隧道结构设计中对初期支护的防水作用一般不予考虑。

结合使用功能、设计使用年限、水文条件、结构形式、环境因素综合确定,一般暗挖隧道结构的防水设防要求见表 31-8。

暗挖法隧道结构防水设防要求　　　　表 31-8

工程部位		衬砌结构					施 工 缝					变 形 缝				
防水措施		防水混凝土	防水卷材	防水涂料	塑料防水板	防水砂浆	金属防水板	遇水膨胀止水条或胶	外贴式止水带	中埋式止水带	防水密封材料	预埋注浆管	外贴式止水带	中埋式止水带	可卸式止水带	防水密封材料	遇水膨胀止水条或胶
防水等级	一级	应选	应选一至二种					应选一至二种					应选	应选一至二种			
	二级	应选	应选一种					应选一种					应选	应选一种			
	三级	宜选	宜选一种					宜选一种					应选	宜选一种			

2) 结构自防水

二次衬砌防水是整个隧道工程防水体系的最后一道防线,同时衬砌混凝土的抗渗性能直接影响结构的耐久性和隧道的使用寿命,因此,衬砌混凝土的自防水也是整个防水体系的关键防线。隧道结构设计中越来越重视混凝土的自防水性能,《地下工程防水技术规程》(GB 50108—2008)要求地下工程混凝土结构的抗渗等级不得小于 P6;《铁路隧道设计规范》(TB 10003—2016)要求防水等级为一、二级的隧道模筑混凝土抗渗等级不低于 P8,地下水发育地段及寒冷地区隧道抗冻设防段不低于 P10;《地铁设计规范》(GB 50157—2013)要求防水混凝土的抗渗等级不低于 P8。

防水型或控制排水型隧道衬砌设计时须考虑水压力作用:城市等浅埋暗挖隧道按照结构埋置深度确定;大埋深隧道根据水头高度和结构混凝土抗水压能力综合确定,当水压过高时,宜采取适当的排水措施降低水压力对衬砌的作用。

暗挖隧道主要采用混凝土衬砌台车现浇施工，二次衬砌拱部脱空问题一直影响着衬砌混凝土的防水质量，目前常用的做法有预埋注浆导管法（在浇筑混凝土衬砌拱部预留注浆孔法或沿纵向预留管道法）和防水板焊接注浆底座法，在衬砌混凝土达到一定强度后进行补充回填注浆，以加强隧道的防水性能。

3）防水层防水

防水层是暗挖隧道实现防水功能的重要保障。防水层设置于复合式衬砌初期支护与二次衬砌之间，为便于施工，一般采用柔性材料，就国内外防水材料的应用情况来看，以表面光滑不透水的塑料防水板为主，主要包括PVC、EVA、ECB和PE类。

防水层外侧通常设置土工布缓冲层组成复合式防水结构，缓冲层用射钉直接安设在初期支护基层面上，作为防范因喷混凝土表面不平顺产生的静力穿刺防水板的保护措施，在安设缓冲层的射钉上附带热塑性垫圈还可以用来固定防水板（图31-18），对于排水型隧道还可以较好地滤除渗水中的泥砂，防止堵塞防水层背后的排水系统。

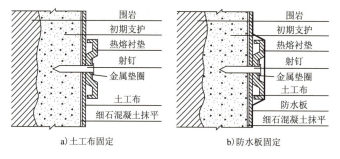

图 31-18 防水板铺挂示意

4）接缝防水

与明挖隧道相比，暗挖隧道一般可根据需要在施工缝、变形缝等接缝部位的结构外侧全环或拱墙部位增设背贴式止水带，如图31-19所示。

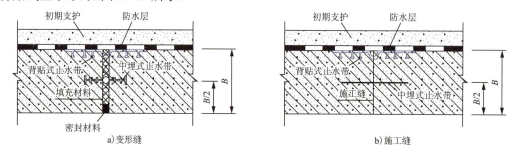

图 31-19 暗挖隧道接缝防水构造

31.4.3 盾构法隧道防水设计

盾构隧道绝大部分采用混凝土管片，在特殊情况下（如双洞隧道连接通道等部位需要在管片结构上局部开洞时），局部采用铸铁、钢管片或由这几种材料组合而成的复合型管片结构。

1）防水体系构成及设防要求

盾构隧道的防水设计遵循"以防为主，多道防线，综合治理"的原则，采用全包防水设计，以管片自防水为根本，接缝防水为重点，并加强对隧道与竖井等特殊部位的防水处理，形成完整的防水体系。不同防水等级盾构隧道的防水措施见表31-9。

盾构法隧道结构防水设防要求 表31-9

防水措施		高精度管片	接缝防水				混凝土或其他内衬	外防水涂料
			密封垫	嵌缝	密封剂	螺孔密封圈		
防水等级	一级	必选	必选	全隧道或部分区段应选	可选	必选	宜选	宜选
	二级	必选	必选	部分区须宜选	可选	必选	局部宜选	对混凝土有中等以上腐蚀的地层宜选
	三级	应选	必选	部分区须宜选		应选		对混凝土有中等以上腐蚀的地层宜选

注：当盾构隧道内设置内衬时，内衬与管片结构间往往不设防水层，隧道的止水效果在很大程度上仍然取决于外层管片衬砌的防水性能。

2）管片结构自防水

管片衬砌的自防水性能主要体现在管片厚度、混凝土密实性和结构抗裂性能三个方面。

混凝土管片应采用防水混凝土制作，其抗渗等级、混凝土氯离子扩散系数和渗透系数、设计裂缝控制标准应满足相关规范要求。为了避免管片在制作、拼装过程中预埋件附近、边角等薄弱部位混凝土的开裂，可根据需要在管片混凝土中掺入合成纤维或钢纤维。

当隧道处于侵蚀性介质的地层时，采用耐侵蚀性混凝土或在管片外表面刷耐侵蚀的防水涂层。防水涂料应保证在盾尾密封钢丝刷挤压条件下不损伤、不渗水，并满足相关的环保要求。防水涂料可选用环氧或改性环氧类等封闭性材料，也可选择水泥基渗透结晶类等渗透自愈性的材料。

3）管片接缝防水

管片接缝防水一般由密封垫防水、螺栓孔防水、嵌缝防水等形成多道防线，如图31-20所示。

(1) 密封垫防水

密封垫防水是整个接缝防水的关键防线，通过在沿管片厚度上预留较密封垫截面积小的密封垫沟槽，通过管片拼装将密封垫挤密压入预留沟槽内，依靠被压缩的密封材料自身的弹性复原力达到密封止水的目的，密封垫沟槽的截面积一般为密封垫截面积的1.0～1.5倍，密封垫应满足在计算的接缝最大张开量和估算的错位量条件下，埋深水头2～3倍水压下不渗漏。

管片沿厚度方向至少设置一道密封垫防水，大直径盾构隧道、穿越江河等高水压隧道、同时承受内外水压力的水工隧道以及防水要求较高的其他隧道宜设置两道以上密封垫，其余一般盾构隧道均采用在靠近外侧布置的单道密封垫防水。采用两道密封垫防水时，分为在接缝内外两侧分别布置和两道防水集中布置在外侧两种方式，如图31-21所示。北京和天津地下直径线、南京长江隧道等盾构隧道采用了内外两侧分别布置的方式；杭州庆春路隧道、武汉三阳路长江隧道等采用了两道防水集中外侧布置的方式。

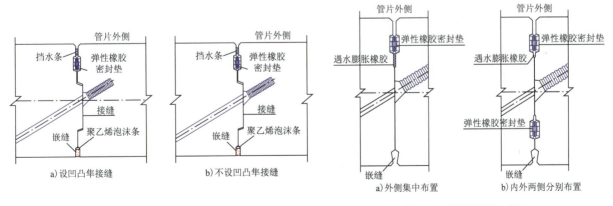

图31-20 接缝防水构造　　　图31-21 接缝两道防水构造

(2) 螺栓孔防水

螺栓孔防水是在管片肋腔的螺孔口设置外形与沟槽相匹配的螺孔密封圈，在螺帽与垫圈的作用下

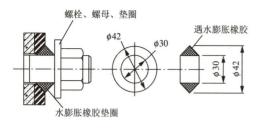

图31-22 螺栓孔密封圈构造图

挤入螺孔内,使密封圈与螺栓、螺孔混凝土挤压密贴,如图31-22所示。目前主要采用合成橡胶或遇水膨胀橡胶制品,必要时可在手孔处涂刷水泥基渗透结晶型防水材料等进行加强防水。

（3）嵌缝防水

嵌缝防水沿管片结构环、纵缝内侧设置,作为接缝防水的最后一道防线,通过嵌缝材料填塞或膨胀致密进行防水,难以承受较大水压,主要起辅助防水和渗漏引流作用,不宜作为接缝防水的主要措施。嵌缝槽深度宜为22～55mm,单面槽宽宜为5～10mm,嵌缝槽总体深宽比不应小于2.5,图31-23是几种常用的嵌缝槽构造形式。

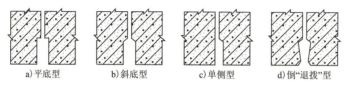

图31-23 几种常用的嵌缝槽构造

嵌缝的范围应视工程的特点和要求确定,随着管片拼装技术水平的提高,尽可能减小嵌缝实施范围逐渐成为一种共识。对防水要求较高的隧道,宜进行整环嵌缝;普通防水要求的隧道,可仅对拱部或仰拱进行局部嵌缝。

嵌缝材料应具有良好的不透水性、潮湿基面黏结性、耐水性和抗下坠性,从形式上分为定型和不定型两类。嵌缝材料选择应与嵌缝槽构造相匹配,采用平行槽边构造[图31-23 a)、b)、c)]时,采用定型材料;采用槽口小的嵌缝槽构造[图31-23 d)]时,采用未定型材料。因盾构隧道管片接缝数量庞大,接缝尺寸各异,定型材料止水效果差,目前已很少使用。未定型嵌缝密封防水材料中使用较为广泛的有高模量的聚氨酯或聚硫密封胶、聚氨酯遇水膨胀密封胶等,聚合物砂浆、亲水性弹性环氧密封胶等也有使用。

4）变形缝防水

在邻近竖井或设有连接通道的段落,尤其在软土地层修建的盾构隧道,由于存在刚度悬殊,隧道结构应设置一定数量的变形缝。变形缝防水通常的做法是在原环向接缝密封垫表面（或底座）加贴橡胶片和加厚环缝衬垫片,如图31-24所示。

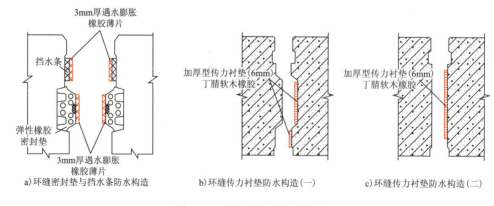

图31-24 盾构隧道变形缝防水构造

5）接头防水

（1）洞口连接防水

盾构隧道与工作井、连接通道（采用暗挖法施工）的连接处多采用刚性连接,并在接头处采用后浇方式施作环形钢筋混凝土洞门,其防水构造与普通现浇混凝土衬砌施工缝防水相似,在后浇混凝土与洞圈钢管片或混凝土管片之间设两道以上的膨胀止水条,并预埋注浆管止水,如图31-25所示。

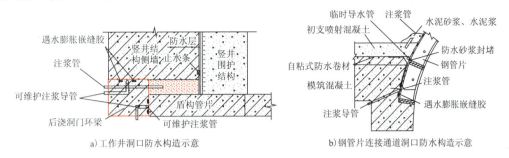

图31-25 盾构隧道接头防水

(2)临时密封防水

为确保盾构始发和到达时洞门处不出现涌水、流砂、坍塌等风险事件,除对洞门外侧土体进行改良以改善其透水性外,还应设置临时密封防水装置。防水装置有单道帘布橡胶止水圈和双道帘布橡胶止水圈两种,如图31-26所示,通常情况下单道帘布橡胶止水圈足以止水,但是在水压高、外侧地层止水加固效果不好或采用大直径盾构施工时,宜设置双道橡胶止水密封圈。

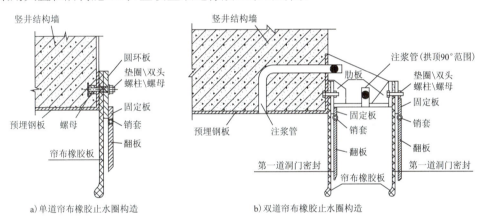

图31-26 进出洞临时防水装置构造图

31.5 附属结构防水措施

隧道内与地下水相关的附属结构主要包括各类存放设备的专用洞室、维修养护人员待避洞室、双洞隧道连接通道、沟槽等,其防水措施需根据使用功能、结构特点进行针对性防水设计。

31.5.1 沟槽防水

排水型隧道采用半包防水设计,一般在隧道两侧或单侧设有排水沟槽,主要用于引排排入隧道内的地下水、结构渗漏水或消防用水,应重视沟槽内水流下渗对隧底衬砌结构、回填层的不利影响,尤其在地下水具有侵蚀性的隧道中,沟槽防水应引起足够的重视,沟槽细部防水设计应重点关注以下方面:

(1)沟槽施工缝应避免与隧道衬砌环向施工缝重合,宜尽量设置于衬砌结构相邻两道环向施工缝的

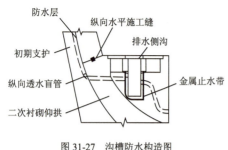

图 31-27 沟槽防水构造图

中间部位。

(2) 侧沟进水孔应低于衬砌墙脚纵向水平施工缝,且净距不宜小于 30cm。

(3) 沟槽施工缝部位应充分凿毛并涂刷界面剂,必要时可设置金属止水带,如图 31-27 所示。

(4) 隧道内设有中心水沟时,侧沟与中心水沟间的横向导水管位置应尽量远离沟槽环向施工缝。

31.5.2 洞室防水

洞室结构应根据使用功能、设备要求进行防水设计,重点注意:

(1) 洞室应尽量设置在地质条件较好的地段,并避开衬砌断面发生变化或设有施工缝、变形缝的位置。

(2) 洞室结构防水等级不应低于相邻段主体结构,并根据洞室内设备要求合理确定防水等级。

(3) 洞室与正洞连接部位是防水的薄弱环节,应采取多种防水措施加强防水设计。

31.6 隧道常用防水材料

31.6.1 防水层

隧道常用的防水层防水材料主要有防水卷材、塑料防水板、防水涂料等。

1) 防水卷材

防水卷材因方便与现浇混凝土直接黏结,且铺设工艺简单、性能可靠,广泛应用于明挖法施工的隧道结构外侧防水层。常用的防水卷材主要包括高聚物改性沥青类和合成高分子类两大类,各类防水卷材品种见表 31-10,其中聚乙烯丙纶复合防水卷材属耐根穿刺防水材料,又对植物生长基本无害,经常用于浅覆土明挖隧道的顶板防水。

卷材防水层的卷材品种　　　　表 31-10

类　别	品　种　名　称
高聚物改性沥青类防水卷材	弹性体改性沥青防水卷材(SBS)
	改性沥青聚乙烯胎防水卷材(PEE)
	自粘聚合物改性沥青防水卷材
合成高分子类防水卷材	三元乙丙橡胶防水卷材
	聚氯乙烯防水卷材
	聚乙烯丙纶复合防水卷材
	高分子自粘胶膜防水卷材

2) 防水板

(1) 普通防水板

塑料防水板因其表面光滑不透水主要用于暗挖隧道,铺设于初期支护与二次衬砌之间,既可将地下水阻挡在二次衬砌之外起到防水作用，还可对初支和二衬起隔离、缓冲和光滑接触作用，其材质主要包括 PVC、EVA、ECB 和 PE 类。

(2) 可粘式防水板

鉴于隧道初期支护喷混凝土表面平整度控制和防水板铺挂难度高，造成防水板背后空洞的问题较为常见，近年来，通过在 ECB、EVA 等基材上附加自粘层，研发了可与二次衬砌粘接、具有防窜水功能的自粘式防水板、集防水与排水功能为一体的自粘式防排水板、反粘式防水板等新型防水材料，其结构形式如图 31-28 所示。

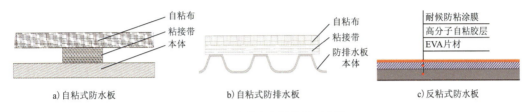

图 31-28　自粘式防水板结构示意图

3) 喷涂防水材料

防水涂料包括无机防水涂料和有机防水涂料。无机防水涂料种类一般选用水泥基防水涂料和水泥基渗透结晶型防水涂料；有机防水涂料种类一般选用反应型、水乳型和聚合物水泥等涂料。防水涂料选用时应根据防水部位、防水要求合理选择适宜的种类。无机防水涂料宜用于隧道结构内侧（即背水侧），有机防水涂料宜用于隧道结构外侧（即迎水侧）。

隧道工程中防水涂料主要用于明挖隧道结构顶部作为加强防水的一种辅助措施，增加结构抗裂防水性能，在地铁等有条件大面积施工的明挖隧道和车站工程中，采用喷涂技术进行施工的新型防水材料得到了广泛的应用。近年来，在铁路隧道施工中也有相关的应用，图 31-29 和图 31-30 是京张高铁东花园隧道采用喷涂速凝橡胶沥青防水涂料进行明挖隧道全包防水施工的现场情况。

图 31-29　喷涂机器人现场作业

图 31-30　喷涂防水施工效果

31.6.2　止水带

1) 普通止水带

隧道现浇混凝土衬砌主要的接缝防水材料为中埋式止水带与背贴式止水带，止水带按材料分为橡胶类、钢边橡胶类、钢板类、塑料类 4 种类型。

2) 自粘止水带

为便于安装施工、提高接缝止水效果，开发了可与衬砌胶粘密封、增强止水效果的自粘式止水带等新型接缝止水材料，如图 31-31 所示。

a）自粘橡胶止水带　　　　b）自粘塑料止水带　　　　c）自粘钢边橡胶止水带

图31-31　自粘式止水带

31.6.3　密封垫

密封垫防水材料要求具有良好的弹性或遇水膨胀性、耐久性和耐水性，一般为橡胶类材料，主要有弹性橡胶密封垫（以三元乙丙橡胶、氯丁橡胶为主）和遇水膨胀橡胶密封垫两大类型。

从国内应用情况和使用效果看，由三元乙丙橡胶挤出硫化成型的弹性密封垫应用最为广泛，在弹性密封垫顶面嵌入遇水膨胀橡胶形成复合结构，可以充分利用两种材料各自具备的良好弹性变形性能和遇水膨胀性能，如图31-32所示。

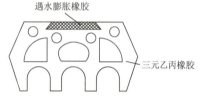

图31-32　复合型弹性密封垫构造

密封垫的断面构造对防水性能影响很大，图31-32所示的多孔型构造增加了橡胶体的压缩空间，使沟槽面以上的橡胶高度得到增加，同时回弹性良好，在较低的压应力下可以适应较大的接缝张开量，因此得到了广泛的应用。

31.7　隧道防水存在的问题及展望

隧道防水工程，是隧道满足使用功能的重要保障，因此，隧道地下水处理问题是隧道设计、施工乃至运营中工程技术人员面临的重点课题。随着隧道技术的进步和施工装备水平的不断提高，工程技术人员根据不同的隧道修建方法建立了较为完备的地下水防治理论体系，适应不同环境的地下水控制技术取得了长足进步。但也应该看到，一方面隧道在使用期间出现的结构渗漏水问题依然严峻，对高标准线路运营造成了一定影响；另一方面，底部无排水系统的隧道，出现轨道上浮的情况时有发生。这些情况是隧道工程技术人员在防水方面面临的新的课题，需要引起足够的重视。现对隧道在防水方面存在的问题和需要进一步深入研究的方向提出以下几点建议：

（1）我国关于隧道及地下工程防水设计、施工的各类标准及规范体系种类繁多，对隧道防水处理的原则和理论体系也不尽相同，部分标准、规范限于其编制期间的技术条件等因素，其标准要求存在一定的局限性，工程设计中尚需结合实际条件合理选用。同时建议加强对相关标准、规范的系统性研究，建立引导性标准体系。

（2）目前的防水设计"非堵即排"的现象较为普遍，一方面，无排导系统的隧道背后的水压力大于隧道结构的承受能力，引起了衬砌开裂、混凝土渗漏水、道床上浮等问题；另一方面，由于堵水不利，隧道的排水量大于设计的排水能力，也会引起排水系统失效，衬砌结构承受的水压力上升等。建议加强对控制排水型隧道的防水设计理论研究，重视排水系统对隧道防水的重要作用，建立合理的防排水设计理论体系。

（3）与德国、挪威、日本等其他修建隧道较多的国家相比，我国的隧道防水设计普遍存在工序复杂、同一部位防水措施重复，造成现场施工质量控制难度大，且因有多道措施，导致施工中存在一定的侥幸心理,实际的施工效果并不理想。建议适当简化防水设计,并加强现场防水施工质量管控。

(4)大量的工程实践表明,施工缝、变形缝等接缝防水作为结构防水的最薄弱环节,外包防水层易受损和接缝处理效果较差、中埋式止水带固定不牢、灌注混凝土致使止水条带偏位、止水材料接头不闭合、止水带与混凝土结合不牢固等因素,是造成衬砌背后的"窜水"经由接缝部位产生渗漏的主要原因,建议进一步加强对新型防水材料和接缝施工工艺的技术研究。

(5)国内多座水下盾构隧道的实践证明,管片背后回填注浆对提高盾构隧道防水能力发挥了重要作用,国外已将回填注浆视为管片环外围的一道重要连续防水线,建议加强新型回填注浆材料对提高隧道防水性能的研究。

本讲参考文献

[1] 朱祖熹,陆明,柳献. 隧道工程防水设计与施工 [M]. 北京:中国建筑工业出版社,2012.
[2] 曾满元,陈赤坤,赵东平. 中日铁路隧道工程技术标准对比分析研究 [J]. 铁道标准设计,2010(增刊1).
[3] 关宝树. 隧道及地下工程喷混凝土支护技术 [M]. 北京:人民交通出版社,2009.
[4] 铁道部工程设计鉴定中心. 高速铁路隧道 [M]. 北京:中国铁道出版社,2006.
[5] 赵勇,肖明清,肖广智. 中国高速铁路隧道 [M]. 北京:中国铁道出版社,2016.

第32讲

排水设计

隧道是一种埋置于地表以下的线状构筑物,其服役期需长期承受地下水环境的作用及影响。工程实践表明,在部分地下水发育的地段修建隧道时,围绕隧道防排水经常出现以下问题:由于隧道开挖破坏了地下水循环的平衡,使隧道成为附近地下水聚集的通道,当隧道防排水设施不完善时就会引起渗漏水问题,影响结构及运营安全;由于隧道内地下水的排放,造成区域性地下水的大量流失,使得隧道附近的水资源枯竭,并引发地表塌陷、下沉等环境危害,影响居民生活和社会稳定,因此设置切实可靠的防排水系统是满足这种环境条件下隧道结构耐久性及使用功能的基本要求。

目前行业内通常以防水等级作为隧道防排水系统综合能力的评判标准。一般来说,隧道的防水系统和排水系统是对立且统一的,隧道防水效果是依赖于防水材料与结构自身组合的综合作用,并与隧道排水的设置方式、方法及控制手段等直接相关,因此设置畅通的隧道排水系统目的是为了达到隧道的更好防水效果。

32.1 隧道排水系统分类

32.1.1 隧道排水系统分类及特点

1)分类

隧道排水系统的主要引排对象通常是由围岩渗入水、结构渗漏水以及运营期清洗、消防污水等,而排水系统主要由环、纵向盲管(沟)等衬砌背后排水设施及侧沟、中心沟等衬砌内部排水设施组成。根据排水系统的差异对其进行分类时,一般有以下两种方式:一是按隧道的排水系统能否从隧道内顺坡自流出洞外,将隧道排水划分为自流排水型和机械排水型;二是根据隧道防水体系的差异,将隧道划分为排水型隧道和防水型隧道,其中的排水型还可根据实际情况进一步划分为控制排水的限排型和不控制排水的全排水型。

2)特点

(1)排水型隧道

排水型隧道通常在隧道拱墙部位设置防水层,并在防水层背后设置盲管(沟)、集水钻孔及局部引水

本讲执笔人: 马志富,杨昌贤,吕刚,马超峰,郭小雄.

盲管等衬砌外部排水系统,引导围岩渗入水经由泄水孔、横向导水管等进入侧沟、中心水沟等隧道衬砌内部排水系统,通过顺坡自流排水方式或机械强制排水方式将地下水引至洞外,因此衬砌结构一般不需考虑外水压力。限排型隧道与全排水型隧道的区别在于前者一般在隧道开挖后采取围岩注浆堵水措施,减少了地下水的排放量。

(2)防水型隧道

与之相对,防水型隧道通常在初期支护与二次衬砌间全环设防水层,控制地下水进入隧道内,所以二次衬砌结构一般会承受一定的外水压力作用。防水型隧道一般不设置盲沟系统,仅在洞内设置侧沟或中心沟引排局部结构的渗漏水及运营期消防、冲洗污水等。近些年,为了有效控制衬砌水压力,引排一定量的隧道结构背后的地下水,一些防水型隧道还在防水层与二次衬砌间设置了环、纵向盲沟系统,并通过泄水孔、横向导水管等引入侧沟或中心水沟等隧道洞内沟槽排水系统。

32.1.2 隧道排水系统的构成

在隧道排水设计中,一般应结合地质、气象、使用功能、生态环境、周边环境等要求确定隧道排水系统的构成。普通的公路、铁路、地铁等交通隧道排水系统的主要组成见表 32-1。

不同类型交通隧道排水系统组成一览表　　　　表 32-1

交通隧道类型		排水系统主要引排对象	主要排水系统设置
铁路	排水型	围岩渗入水、少量结构渗漏水	环、纵向盲管(沟)+中心沟、侧沟等
	防水型	结构渗漏水	中心沟、侧沟+集水井及泵房等
公路	排水型	围岩渗入水、消防及冲洗污水、少量结构渗漏水	环、纵向盲管(沟)+中心沟、路边侧沟
	防水型	结构渗漏水、消防及冲洗污水	中心沟、路边侧沟+集水井及泵房等
地铁区间	防水型	结构渗漏水、消防及冲洗污水	轨道排水沟+集水坑及泵房
地铁车站	防水型	结构渗漏水、消防及冲洗污水、雨水	排水沟、集水坑及泵房

注:公路隧道的排水系统要求将地下水和运营清洗污水、消防污水等分开排放[2],并对应设置中心沟和路边侧沟。

32.2 洞口及地表排水设计

32.2.1 洞口排水设计

1)洞口截排水设计

为防止地表水下渗和冲刷对隧道洞口边、仰坡防护和稳定性造成影响,除要求洞口边、仰坡具有良好的排水功能外,还应在隧道洞口开挖线外 5~10m 处沿周边设置截排水沟,及时疏导地表水。当洞口地形陡峭,截排水沟纵坡较陡时,沟身可设急流槽、缓坡段、基座和消能设施等。目前铁路隧道的截排水沟横截面一般采用梯形,按沟底宽 40cm、沟深 60cm 设计,多采用钢筋混凝土结构,当汇水面积较大或顺接地表自然沟渠时,截排水沟的截面可根据地表水流量确定;而公路隧道的截排水沟深度一般要求高出计算水文 20cm,断面底宽和深度不小于 60cm,水沟一般采用浆砌片石,横截面采用梯形或矩形。

2)洞外排水系统衔接设计

隧道洞口的排水系统除需注意与相邻工程排水系统的顺接及能力匹配外,还应防止对邻近工程的结构或基础造成冲刷或浸泡,消除运营安全隐患。

具体设计时,隧道低洞口端洞内的水排出隧道后,一般通过设置集水井与洞外排水系统顺接,并以较短途径排入邻近的自然沟谷中。隧道高洞口洞外路堑的汇水一般不应经隧道引排,因此隧道高洞口洞外一般设置一道横向盲沟截水,并将与隧道洞口相邻段路堑侧沟做成与线路坡度相反且不小于2%的坡度进行反坡排水。以铁路隧道为例,路隧对接的低洞口端洞外排水示意、路隧对接高洞口端洞外排水示意及桥隧对接低洞口端洞外排水示意,分别如图32-1~图32-3所示。桥隧对接高洞口端洞外排水可参考图32-2和图32-3。

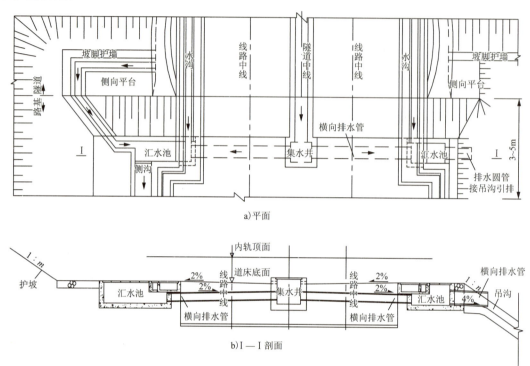

图 32-1 路隧对接低洞口端洞外排水示意(半挖平面－半填平面)

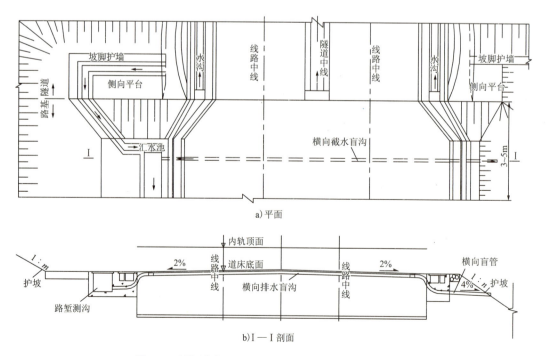

图 32-2 路隧对接高洞口端洞外排水示意(半挖平面－半填平面)

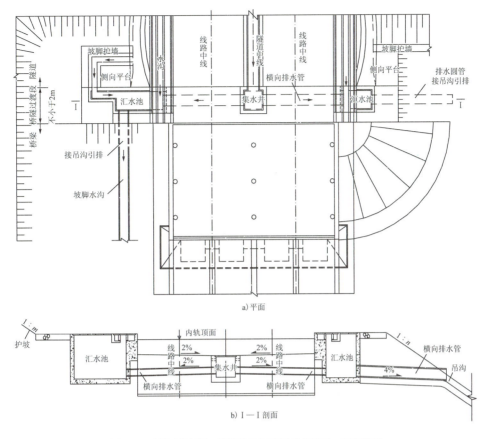

图 32-3 路桥对接低洞口端洞外排水示意(半挖平面－半填平面)

32.2.2 渡槽排水

当隧道下穿浅埋沟谷,地表水对隧道影响较大时,应对地表沟谷上下游进行防渗设计处理,覆土极浅时结合沟形、水量等设置渡槽结构疏排地表水。渡槽结构设计应满足排水、防淤积、防冲刷、防渗和防沉陷等要求,其横断面如图 32-4 所示。

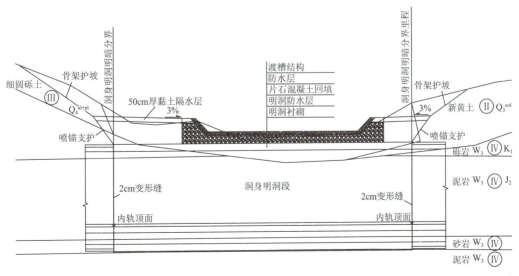

图 32-4 洞身明洞顶渡槽结构示意图

32.2.3 地表排水沟渠水力要求

地表及洞口排水沟渠的设计不仅需要考虑满足排水能力,还应考虑沟渠内不产生淤积且具有防冲刷的能力,必要时还可设置消能设施。

水工等工程经验表明[3]:排水沟渠防止淤积与最小流速 v_{min} 有关,最小流速 v_{min} 通常可按经验公式(32-1)计算确定;为防止冲刷作用对排水沟渠结构造成破坏,沟渠设计允许流速一般与水流平均速度、沟身建筑材料等影响因素确定,也可参照表 32-2 选用。

$$v_{min} = a\sqrt{R} \tag{32-1}$$

式中:R——沟渠的水力半径(m);
a——与水中携带固体物质有关的系数,见表 32-3。

沟渠防冲刷设计允许流速(m/s)　　表 32-2

过水断面材料	水深 0.4m	水深 1.0m	水深 2.0m	水深超过 3m
页岩、泥岩	2.1	2.5	3.0	3.5
灰岩、砾岩	3.0	3.5	4.0	4.5
干砌片石	4.0	4.5	5.5	5.5
浆砌片石、片石	5.8	7.0	8.1	8.7
混凝土、钢筋混凝土	7.9	9.0	10.0	11.0

水中携带固体物质有关的系数 a　　表 32-3

水中携带固体物质类别	a	水中携带固体物质类别	a
粗砂	0.65～0.77	中砂	0.58～0.64
细砂	0.41～0.45	极细砂	0.37～0.41

32.3 隧道洞身排水设计

隧道内一般均需设置与其使用功能相适应的洞身防排水系统,但洞身防排水系统的工作环境一般是随着时间、季节而不断变化,其功能的降低或失效情况时有发生,加之隧道排水系统大部分为隐蔽性工程,造成其重建难度大、维修养护困难。因此,隧道洞身排水系统应根据隧道的工程地质和水文地质条件、周边建筑物分布及环境保护要求等,与隧道支护结构的安全性和经济性综合对比分析后进行系统设计,并充分考虑运营维修养护的需要,在排水系统布置、系统构成、结构尺寸、材料选择等方面应采取"防淤积、防堵塞"的理念,实现系统的有效性和可维护性。

隧道洞身排水系统一般由盲沟排水系统和沟槽排水系统组成。当有可利用的横洞、平行导坑等辅助坑道进行排水时,可充分发挥其排水能力;而当隧道洞内排水系统能力无法满足要求时,则应专门设泄水洞截排地下水,保证隧道运营安全。

32.3.1 一般情况下隧道排水设计

位于山岭地区的公路及铁路隧道一般采用排水型,其洞身设置排水系统的主要目的是确保围岩渗入隧道的水或围岩采取注浆堵水措施后仍然渗入隧道的水,经排水系统形成有序疏导后排出洞外。

由于公路隧道运营过程中会产生清洗及消防污水等,为避免地下水污染环境,洞身排水系统要求按"洁污分排"的原则设置纵向排水系统,因此铁路和公路隧道的洞身排水系统还略有不同。其中铁路隧道洞身排水系统主要包括环、纵向盲管（沟）等衬砌背后排水系统以及侧沟和中心沟（管）等洞内沟槽排水系统，如图 32-5 a）所示；公路隧道洞身排水系统主要包括环、纵向盲管（沟）等衬砌背后排水系统以及路侧边沟和中心管（沟）等洞内沟槽排水系统，如图 32-5 b）所示。

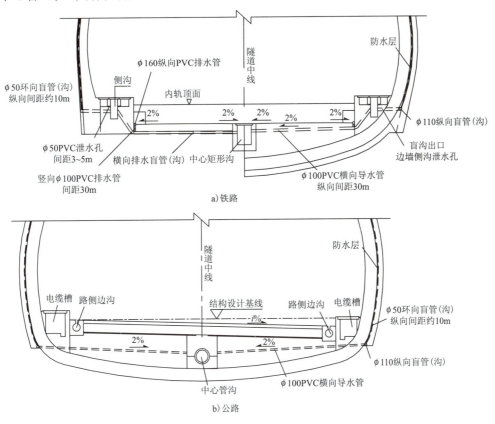

图 32-5　隧道综合排水系统横断面示意图

1) 盲管（沟）排水系统

隧道衬砌背后排水系统通常由环向透水盲管（沟）、纵向透水盲管（沟）、横向排水盲管、局部引水盲管以及（防）排水板等组合而成，其主要目的是在围岩与初期支护、初期支护与防水层间建立一定的过水通道，并通过盲管（沟）出口或边墙侧沟泄水孔等及时隧道侧沟或中心沟，有条件时还可直接引排至洞外。

（1）环向盲管（沟）

①主要作用。设置环向盲管（沟）主要作用是在围岩与初期支护、初期支护与防水层间建立过水通道，将地下水或渗漏水通过盲（管）沟出口或边墙侧沟泄水孔引入侧沟或中心沟。

②设置方式。环向盲管（沟）一般设置于初期支护与防水层或二次衬砌间，通常采用直径不小于 50mm 且带反滤层的波纹管，纵向间距一般在 8～12m。地下水丰富段落可结合现场实际加密或成束设置。

（2）纵向盲管（沟）

①主要作用。设置纵向盲管（沟）主要作用是将由于重力作用沿防水层等向下积聚的地下水，以及汇入环向盲管（沟）内的地下水，经汇集后引排入侧沟或中心沟。

②设置方式。纵向盲管（沟）一般沿纵向设置于衬砌墙脚部位的初期支护与防水层之间，其设置部位一般稍高于侧沟底面。为保证排水能力并实现分区排水，纵向盲管（沟）通常采用直径不小于 80mm 且带反滤层的双壁打孔波纹管，分段铺设并引入侧沟，且环、纵向盲管（沟）可互不连通。为防止纵向盲管（沟）堵塞，增强排水效果，纵向盲管（沟）可设置无砂混凝土反滤层，并采用防水板反包，如图 32-6 所示。

(3) 横向排水盲管

横向排水盲管一般沿环向设置于隧道底板的下方,可作为连接侧沟与中心沟或环、纵向盲管与中心水沟的排水通道,兼具引排隧道底部积水的作用。横向排水盲管通常采用直径不小于100mm的高强度硬质塑料管。

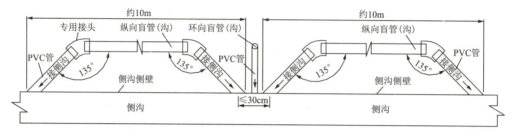

图32-6 环、纵向盲管(沟)铺设平面示意图(以铁路隧道为例)

(4) 局部引水盲管

局部引水盲管通常结合集水钻孔结合使用,主要作用是将隧道开挖轮廓面出现的局部股状出水集中引排至隧道侧沟或中心沟,如图32-7所示。局部引水盲管一般采用不透水管,如图32-8所示。

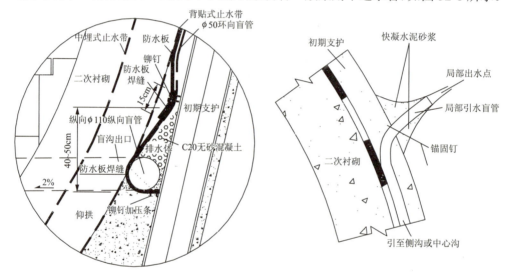

图32-7 纵向盲管节点大样图　　图32-8 隧道局部出水点引排处理示意图

(5)(防)排水板

当围岩或初期支护稳定完整、地下水丰富、渗漏面大且渗流路径不稳定时,可沿壁面敷设(防)排水板形成衬砌背后的面状排水通道,替代环向盲管(沟)。

2) 沟槽排水系统

排水型铁路、公路隧道的洞身沟槽排水系统一般由侧沟、中心沟等组成,并结合隧道断面进行布设。根据公路隧道"洁污分排"的要求,一般设置中心沟排放地下水并设置路侧边沟排放运营清洗及消防污水等。而防水型隧道一般不考虑盲沟排水系统,仅在洞内设置沟槽排水系统主要针对结构渗漏水、清洗及消防污水等,如地铁区间隧道洞排水系统则一般由侧向排水沟、集水坑及泵房等组成,侧向排水沟通常结合轨道板直接设置,集水坑及泵房一般结合联络通道设置,而地铁车站则相对复杂,其排水系统则通常由一系列复杂截水沟最终汇入专用的集水坑及泵房组成。

(1) 侧沟

① 主要作用

侧沟一般多用于铁路隧道,其主要作用是于汇集围岩渗入水、结构渗漏水,并将地下水引排至洞外或中心排水管（沟），兼具沉淀及部分排水的功能。而公路隧道为引排洞内运营清洗及消防污水等专门设置了路侧边沟。

②设置方式

a. 侧沟。

侧沟一般结合隧道横断面布设于隧道两侧，如有中心排水管（沟）时，可通过设置于仰拱填充内的横向导水管或底板下的横向排水盲管与中心盖板明沟或中心管沟检查井连通，如图32-9所示。横向导水管通常采用直径100mmPVC管，其纵向间距一般不大于30m，设置中心排水管时，与中心沟检查井的间距相同。

隧道侧沟需设置盖板，其顶面通常可作为洞内疏散通道的走行面。对于有条件设置中心排水管（沟）的隧道，双侧水沟可作辅助排水沟；对于无条件设置中心排水管（沟）的情况，双侧水沟则为主排水沟。

侧沟设计通常应满足以下要求：①侧沟坡度应与线路坡度一致；②当侧沟作为主要排水设施时，侧沟截面应根据水量大小确定，保证具有足够的排水能力；③侧沟的设置及构造应便于维修养护，并应铺设平整稳定的盖板利于防灾疏散救援等；④单线铁路隧道侧沟有效排水截面一般不小于25cm×40cm（宽×深），双线及多线铁路隧道侧沟有效排水截面一般不小于30cm×40cm（宽×深）；⑤侧沟靠围岩侧宜与环、纵向盲管连通，同时考虑侧沟具有沉淀作用，连通侧沟与中心沟间的横向导水管在侧沟连接处的孔口距侧沟底高度不应小于10cm。

边墙至侧沟设泄水孔，泄水孔直径一般不小于80mm，纵向间距一般为3～5m。

b. 路侧边沟。

路侧边沟一般紧邻电缆槽设置于仰拱填充内或底板内，其顶面应与隧底或仰拱填充顶面齐平，如图32-10所示。路侧边沟可设置为开口式明沟或暗沟，其坡度与线路坡度一致，一般采用钢筋混凝土结构。当路侧边沟为暗沟时，纵向应每隔25～30m设置一处沉砂池及滤水筐利于日常维护检修。

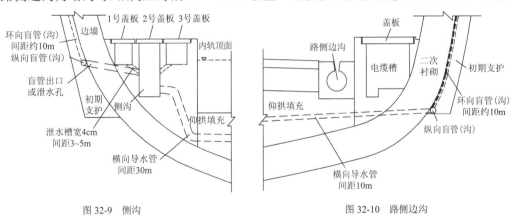

图32-9　侧沟　　　　　　　　图32-10　路侧边沟

（2）中心排水管（沟）

①主要作用

中心排水管（沟）是隧道的作用主要是排放由上游管路内积聚的地下水，并兼具汇集道床积水的功能。当中心排水管（沟）位于隧道仰拱或底板下部时，还具有疏排隧道基底积水的功能。

②设置方式

中心排水管（沟）通常为矩形盖板明沟和暗埋管两种形式。其中中心矩形盖板明沟一般设置于仰拱填充内或底板内，而中心排水管根据实际需要可设置于仰拱填充内、底板内或隧道结构底部。

由于水文环境及地下水流动携带物质较复杂，易导致隧道排水系统产生不同程度的物理或化学淤积甚至堵塞失效，也有可能因隧道的工作环境较设计预期发生较大改变而产生排水不畅，因此作为主要排水通道的隧道排水管运营期还应定期进行疏通等养护工作。疏通养护工作通常通过检查井实施，其设置的纵向间距一般不大于30m；检查井平面净空尺寸一般为1.0m×1.0m，其口部通常设钢筋混凝土盖板或铸铁盖板,顶面一般与仰拱填充顶面或底板顶面平齐,如图 32-11 所示。

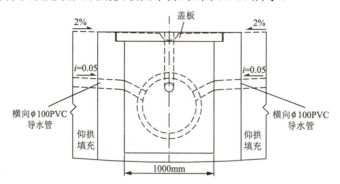

图 32-11 中心暗埋管沟检查井

中心排水管具体设计可参考第 35 讲中关于中心保温水沟及中心深埋水沟的内容,此处不再赘述。但需要说明的是,位于一般地区的中心排水管不需要设置保温措施,即满足排水能力、防淤、防冲刷等要求即可。

（3）泄水洞

泄水洞设置位置通常应结合隧道设计、工程地质、地下水水位、水压及流动规律等综合确定,一般采用暗挖施工并设置永久衬砌。泄水洞断面净空尺寸可结合围岩条件、施工机械设备等确定,其净空尺寸一般不小于 2.2m×2.5m（高 × 宽）。

（4）横向排水坡要求

单线铁路隧道底部结构顶面应设排向侧沟的横向排水坡,双线及多线铁路隧道底部结构顶面设排向中心沟的横向排水坡,横向排水坡的坡度一般不小于 2%。当采用暗埋管沟时,一般在隧道底部结构顶面沿纵向设直径为 160mm 的半圆形排水明槽,并通过检查井排入中心沟。

公路隧道一般在路面上设单面的横向排水坡,将地面污水通过路侧边沟单独引排。路面排水横坡一般不小于 1%。

（5）沟槽的排水能力

隧道内沟槽的水力计算,应根据流量要求确定其断面尺寸,并检查其流速是否在允许范围内。当隧道洞内排水系统无法满足时,可考虑利用既有的平行导坑、横洞等辅助坑道,必要时还应设置泄水洞截排地下水。

沟槽排水能力一般按式（32-2）～式（32-5）计算。

$$Q = AV \tag{32-2}$$

$$v = \frac{1}{n} \times R^{\frac{1}{3}} \times i^{\frac{1}{2}} \tag{32-3}$$

$$A = bh \, (矩形沟) \tag{32-4}$$

$$A = \frac{d^2}{8}(\theta - \sin\theta)(管沟) \tag{32-5}$$

式中：Q ——流量（m³/s）；

　　　v ——无压等速流的平均流速；

　　　b ——矩形沟沟底宽（m）；

　　　h ——矩形沟水深（m）；

　　　d ——管沟内径（m）；

　　　θ ——充满度,$\theta = \pi + 2\sin^{-1}\left(\dfrac{2h-d}{d}\right)$,计算排水能力时管沟充满度一般取 0.7；

　　　R ——水力半径（m）,$R = A/\rho$,ρ 为湿周,$\rho = b + 2h$（矩形沟）,$\rho = d\theta/2$（管沟）；

i ——排水纵坡,一般为线路纵坡并取小数代入;
n ——糙率,侧沟取 0.013,管沟取 0.014。

32.3.2 特殊地段隧道洞身排水设计

我国地域广阔,隧道分布范围广,地形地貌和地质条件差异大,存在着严寒、岩溶、瓦斯、侵蚀性地下水等多种复杂周边环境条件,应根据具体情况采用相适应的隧道排水设计。

1)岩溶地区隧道排水

(1)岩溶地下水对隧道工程的影响

处于岩溶区的隧道,经常受到岩溶地下水的影响。岩溶地下水对隧道工程的影响主要表现为:

①由于溶腔内往往积聚大量的地下水,当隧道开挖揭示溶腔时可能出现涌水、突泥等灾害,影响隧道施工安全。

②岩溶地区丰富的地下水对隧道结构和防排水系统的要求较高。

(2)岩溶地区隧道排水设计

岩溶水的处理一般采取以疏导为主的原则,尽量不改变岩溶水的既有排泄通道,保持其原有的循环和储存平衡状态,减少地下水对结构和隧址区生态环境的破坏。当对水量、排泄能力及防淤积措施等难以确定时,还可增设泄水洞等具有维护功能的人工排泄通道。对于高压富水溶洞,宜设置永久截排水系统,实施有序排放,并防止排水系统堵塞。

由于岩溶地下水具有"滞后效应",且岩溶水中往往携带有沉积物,因此岩溶隧道排水系统除要求排水能力具有一定的安全储备外,还应具有可维护功能。当利用天然岩溶管道作为排水通道时,为确保排水畅通,应对岩溶管道的排泄能力进行评估。

针对岩溶涌突水突发性强、水量大等特点,为保证隧道施工及运营安全,富水岩溶隧道一般应尽量安排顺坡施工,并在地下水主要来源的一侧优先设置横洞、平行导坑、泄水洞等具有自流排水功能的辅助坑道,必要时还可结合辅助坑道与正洞的空间位置关系,设置集水钻孔或集水廊道排水,如图 32-12 所示。集水钻孔一般利用钻孔在隧道周围形成渗水幕,集引地下水至排水通道内,其钻孔位置、间距及角度可结合现场实际情况确定。

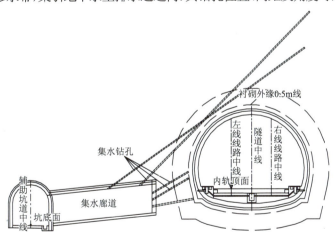

图 32-12 岩溶隧道利用自流排水辅助坑道施作集水钻孔示意

2)含有害气体地层隧道排水

含有害气体的隧道采用全封闭衬砌时,为防止地下水压力过大导致衬砌开裂,需考虑地下水排泄,为了保证不使排入洞内排水系统的地下水中混有瓦斯等有害气体,一般在二次衬砌背后设水气收集和引排系统,将含有害气体的地下水引至水气分离装置进行水气分离,分离出的气体由专用管道引至洞外高处放散,地下水可沿二次衬砌背后进入隧道洞内排水系统进行引排。水气分离装置设计详见第42讲。

由于水气分离装置的间距一般较长,衬砌背后作为水气收集和引排系统管路的环、纵向盲管,需满足水气混合体的通过能力,要求纵向盲管直径一般不小于100mm,环向盲管直径一般不小于50mm。为保证盲管现场连接的安装效果和质量,盲管间的连接宜采用厂制接头。

3) 侵蚀性地下水地段隧道排水设计

当地下水环境中的 SO_4^{2-}、Mg^{2+}、HCO_3^-、析出性固体(蒸发残渣)的含量达到一定程度时,应结合pH值按相关规范的规定判断侵蚀类型及侵限程度,并采取必要的防护设计。

侵蚀性地下水地段隧道的排水系统除满足一般地段隧道排水系统的要求外,还应结合耐久性要求,选择具有一定的抗腐蚀性能的材料构建排水系统的通路。为了减少侵蚀介质的汇集,避免侵蚀性地下水对衬砌结构的侵蚀,并降低由于水中析出物的沉积造成排水系统的堵塞,侵蚀性地下水地段隧道的排水系统可采取加大的排水纵坡、增加排水管径等措施。当隧道设置平行导坑、横洞等辅助坑道时,应结合影响范围段及危害程度,设置横向排水通道、泄水孔,及时引排地下水,必要时还可设置泄水洞等构筑物。

4) 季节性冻土区及多年冻土区隧道排水设计

冻害问题是季节性冻土区和多年冻土区隧道的常见病害,而根据季节性冻土区和多年冻土区的不同气候特点,分别采取了不同的处理思路:

① 对于季节性冻土区隧道,隧道周边的地下水形态主要是基岩裂隙水,面临的问题主要是冬季由衬砌轮廓以内向衬砌轮廓以外的冻结,因此采取了排水系统"防冻"的处理思路,一般结合隧道所在区域的气候条件、工程地质及水文地质等设置保温水沟、中心深埋水沟、防寒泄水洞及相关的配套排水设施组成防寒保温排水系统,确保隧道衬砌背后不冻胀,地下水可及时引排,其排水设计详见35.2节。

② 对于多年冻土区隧道,隧道周边的地下水形态主要为基岩裂隙冰,面临的问题主要是夏季由衬砌轮廓以内向衬砌轮廓以外的融化,因此采取了围岩(冻土圈)的"防融"处理思路,通常在初期支护与二次衬砌间设置保温层,确保隧道周边的冰不产生融化,其排水系统设计一般同季节性冻土区隧道,不再赘述。

32.3.3 机械排水设计

位于平原地区或下穿江河湖海等纵坡采用"V"形或"W"形的隧道,往往无自流排放条件,施工及运营期通常需要结合隧道开挖揭示的地下水特征、采取的防水措施以及进入隧道的水量等设置机械排水设施。

隧道采用机械永久排水时通常可结合隧道方案、辅助坑道及隧道断面等在线路最低点附近设置泵站、集水池等土建结构,并配套设相关的排水泵、管路等设施进行机械排水设计,一般可分为以下几种情况:

(1) 当隧道采用双洞方案时,集水池、泵站等机械排水土建预留设施通常可结合连通两隧道的联络通道或横通道结构进行综合考虑。地铁区间隧道通常采用的联络通道泵房排水如图32-13所示。

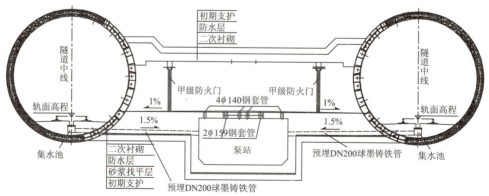

图 32-13 双洞单线隧道利用联络通道设置机械排水示意图

（2）当盾构隧道轨下空间允许时，还可利用轨下空间设置集水池、泵站等排水设施，并沿线路纵向抽排出洞外，如图32-14所示。

（3）在隧道结构外设置专用泵站，将隧道内的水通过泵垂直提升排出洞外，如图32-15所示。

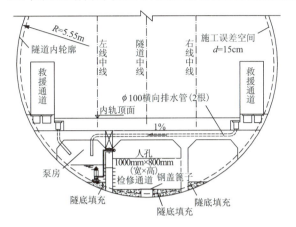

图 32-14　隧道利用轨下空间设置机械排水示意图

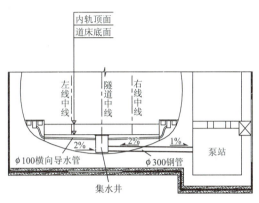

图 32-15　隧道侧向设置机械排水示意图

（4）当盾构隧道于最低点处设置工作井时，也可充分利用井内空间布设机械排水附属设施。

设置机械排水时，一般需满足以下要求[3]：泵站及集水池应设置检修通道；集水池的有效容积不应小于隧道排水区段10min渗水量且不小于30m³；泵站内的排水设施应按"一备一用"的原则设置，且泵站一般设置为自灌式，采用自动、就地、远动3种控制方式启动，并在控制室内配备显示排水泵工作状态和水位信号的装置；泵站内应设2根扬水管，扬水管穿越衬砌结构时应设置防水套筒。

32.4　施工期降水（排水）设计

32.4.1　施工期隧道降水设计

为保证富水地层隧道的施工安全，施工前一般需采取降水处治措施。常用的降水方法主要有地表管井降水、洞内轻型井点降水等。

1）理论计算[4]

含水层的影响半径宜通过现场试验确定。当缺少试验数据时，可按式（32-6）、式（32-7）计算并结合当地经验取值。

（1）潜水含水层

$$R = 2S_w\sqrt{kH} \quad (32\text{-}6)$$

（2）承压水含水层

$$R = 10S_w\sqrt{k} \quad (32\text{-}7)$$

式中：R——影响半径（m）；

k——含水层的渗透系数（m/d）；

S_w——井水位降深（m），当井水位降深小于10m时，取10m；

H——潜水含水层厚度（m）。

而为了近似估算井点管数量，一般按式(32-8)、式(32-9)计算：

$$q = 120\pi r_s l \sqrt[3]{k} \tag{32-8}$$

$$n = 1.1 \frac{Q}{q} \tag{32-9}$$

式中：q——单井出水能力（m³/s）；

　　　r_s——过滤器半径（m）；

　　　l——过滤器进水部分长度（m）；

　　　k——含水层渗透系数；

　　　n——降水井数量；

　　　Q——总涌水量（m³/s）。

2）地表管井降水设计

当隧道埋深相对较浅，洞顶施工场地条件许可时，为减少洞内降水对施工的干扰，也可采用地表管井降水的方法，提前在隧道结构外两侧设置井底低于隧道结构底的一排或者多排管井，利用排水泵将地下水从井管内持续抽排从而达到降低洞内水压的目的。

地表管井降水通常适用于渗透系数较大的地层，目前在地铁及市政道路隧道中应用较为广泛。明挖施工时地表管井通常沿基坑周圈布置，一般距离钻孔灌注桩不小于3m，井间距约为6～8m，施工时可按基坑开挖分段开挖长度及水量大小和施工组织情况具体设置。地表管井降水作业深度宜为基坑分层开挖深度下0.5～1.0m，以保证基坑在没有明水的条件下开挖土方。

管井的构造一般可采用无砂混凝土滤管、钢筋笼、钢管或铸铁管。管井结构一般由井管、滤管及滤料组成，滤管内一般设置潜水泵进行持续抽水作业，如图32-16所示。滤管的内径按单井设计流量要求配置的水泵规格确定，一般较水泵外径大50mm；滤管外径一般不小于200mm，且井管直径应满足填充滤料的要求。井管与孔壁之间填充的滤料一般宜选择磨圆度较好、硬度较高的圆砾石。为防止渗水孔堵塞，管壁外一般还应根据土层的粒径等条件，采用土工布、碳纤维布、竹帘子等材料进行外包。

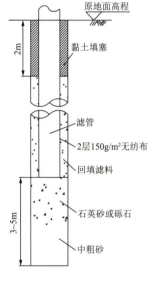

图32-16　地表管井构造示意图

3）洞内真空井点降水设计

对于富水高压的深埋隧道，当地层渗漏系数较大时，一般可在洞内直接施作径向或掌子面超前的集水钻孔，降低隧道周边地下水的水位；但当地层渗透系数较小时，则通常需要在洞内设置真空井点降水的方法，将一系列的真空降水管埋设于洞周的含水层中，通过抽水总管及抽水设备将地下水从降水管内不断抽排，以改善洞内施工条件，保证开挖及支护的安全。洞内真空井点降水具有效率高、操作相对简单、适应性强的特点，但其作业对洞内正常工序存在一定的干扰。

洞内真空井点降水一般适用于渗透系数为0.005～1.0m/d的黏性土、粉土、粉细砂等透水性能较差的地层，其井间距一般为0.5～2.0m。洞内真空降水井点的布置通常需结合施工方法、地下水水位等情况综合确定，如图32-17所示。

洞内真空井点降水井的井管一般采用带孔眼的金属管。管壁上的渗水孔多按梅花形布置，孔径一般为12～18mm，渗水孔的孔隙率应大于15%；为防止渗水孔堵塞，管壁外一般可根据土层的粒径设置两层滤网，内层滤网采用30～80目的金属网或尼龙网，外层滤网采用3～10目的金属网或尼龙网，管壁与滤网间需保留间隙，一般采用金属丝螺旋形缠绕在管壁上隔离滤网，并在滤网外缠绕金属丝固定。降水管的管径可结合单降水管的设计流量确定,一般采用 32~110mm。

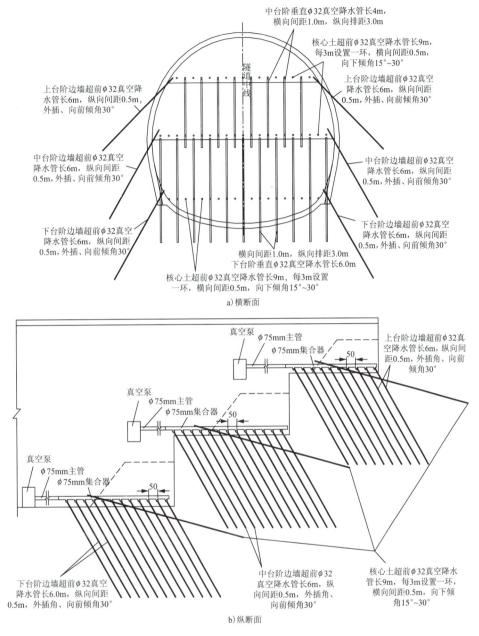

图 32-17 三台阶施工隧道真空井点降水设计图(尺寸单位:cm)

32.4.2 隧道施工期洞口排水处理

由于施工期隧道排放的地下水中往往含有部分化学物质、混凝土外加剂、油类污染物及泥沙等,直接排入邻近环境会形成污染,因此施工期隧道的施工废水应结合环境需要经处理后方可排放。

施工期隧道洞口排水系统一般与永久排水系统结合设置。洞口附近需设置油污处理池以及符合水保要求的多级固体污染物过滤沉淀池等,对隧道施工污水进行处理,实现清污分离后方可排放。

此外,当隧道位于风景区、水源保护区时,还应根据环保要求设置污水处理厂,集中或单独进行污水处理,达到要求的水体保护标准后方可排放。

32.4.3 施工期隧道反坡排水

当采用斜井、竖井辅助隧道施工或隧道承担反坡段施工时,施工过程中应结合隧道的出水量在洞内间隔一定距离设置集水坑或水仓,并采用接力式排水泵站将水引至洞外,经洞口处理后排放,接力式泵站排水如图 32-18 所示。集水坑或水仓容积应结合地下水水量设计;集水坑或水仓一般应设置 2 组排水泵及 2 套管路,其中一组为备用泵,排水泵及相应管路的工作能力一般应满足 20h 排除工区 24h 的正常涌水量。

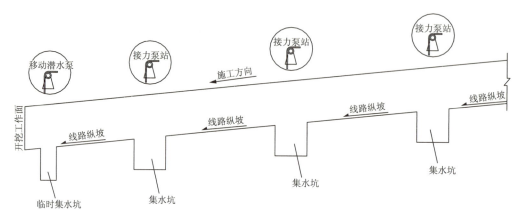

图 32-18　施工期隧道洞内多级接力泵站排水示意

32.5　隧道排水管材与配件

隧道常用排水管材及其配件主要为排水盲管及接头、横向导水管、中心排水管、预制检查井等。

1) 排水盲管

环、纵向盲管作为排水通道首先具有良好的透水性要求;其次,由于环、纵向盲管一般位于初期支护与二次衬砌之间,为防止衬砌混凝土灌注时模内压力将盲管压缩,影响排水能力,不但要求盲管具有一定的弹性,可沿壁面密贴敷设,还要求盲管材料具有一定的抗压强度。目前常用的排水盲管材料一般采用抗压强度高、耐久性好的波纹管或弹簧软管。

目前铁路隧道多采用 HDPE 双壁波纹管,其环刚度、冲击性能等物理力学性能指标更优,且内壁平整光滑,同时对排水盲管内壁绝对粗糙度、耐粘污性等提出了要求,降低了排水盲管结晶、淤积堵塞风险。双壁波纹排水盲管结构如图 32-19 所示。

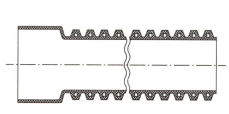
a) 结构示意图

b) 实物图

图 32-19　双壁波纹管

2）接头

与排水盲管配套的接头一般采用工厂预制的标准件，主要包括直接头、弯头、三通、单向阀、堵头、管箍、U形管等，标准化管件接头便捷、连接密封可靠，管件结构如图32-20所示。

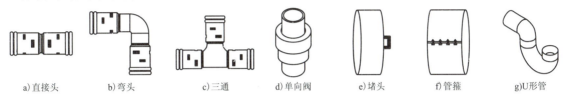

a）直接头　　b）弯头　　c）三通　　d）单向阀　　e）堵头　　f）管箍　　g）U形管

图32-20　管件结构示意图

3）横向导水管

横向导水管一般采用PVC管或镀锌钢管，其管径一般不小于100mm。

4）中心排水管

隧道用排水管一般采用钢筋混凝土预制管，其物理力学性能指标一般应满足《混凝土和钢筋混凝土排水管》（GB/T 11836—2009）规定Ⅲ级管的要求。此外，中心排水管还可采用高强度材料预制塑料排水管。

5）预制检查井

为方便施工，目前铁路隧道开发了预制塑料检查井结构。其基本结构由井座、井筒和井盖（基座）及其配件组成，预制塑料检查井具有轻质高强、不开裂渗漏、防寒保温、安装检修方便等优点。预制塑料检查井结构如图32-21所示。

a）结构图　　b）实物图

图32-21　预制塑料检查井

32.6 隧道排水存在问题及展望

随着我国隧道修建技术的迅速发展，在防排水技术也取得了显著进步的同时，也暴露出了不少问题，一些地下水发育隧道的渗漏水问题依然突出并持续困扰着运营部门，局部甚至危及行车安全。而分析产生问题的原因，当前的施工技术条件难以满足防排水系统设计要求是重要原因。工程实践表明，隧道的防排水是一项系统工程，与地质、设计、施工、运营维护及防排水材料等方面均密切相关，隧道的排水系统功能则直接影响着隧道防排水的综合效果。总结目前隧道排水技术存在的问题，对今后的研究方向进行展望如下：

（1）进一步开展隧道排水系统相关的新材料、新工艺的研究及应用

尽管目前设计在隧道内外分别设置了衬砌背后、衬砌结构内部组成的完善畅通的排水体系，但在具

体实施过程中,由于环境条件、施工工艺不完善和运营管理不当等因素影响,运营期隧道排水系统存在一定的淤堵问题。

建议进一步分析不同隧道结构及防排水系统对不同环境条件下排水能力的适应性,合理进行隧道排水系统选型,深入开展具有耐久性好、便于现场组合拼装和疏通等特点的隧道排水材料应用研究,并针对隧道盲管、中心管沟等的有效连接进行施工工艺等的优化研究。

(2)进一步深化隧道排水系统的维修养护技术研究

目前,隧道的排水系统多由环、纵向盲管、横向导水管、中心沟等组成。受地质、地形、气候及施工、运营维护等因素的影响,加之隧道工程自身的隐蔽性等特点,隧道排水系统极易出现局部通路堵塞、排水不畅等问题,致使隧道内出现渗漏水,路面(道床)积水,以及设备设施故障等问题,严重的甚至危及行车安全。而目前隧道的中心管沟出现堵塞后一般采用人工清掏疏通,工作难度大、效率低,而环、纵向盲管等排水管维养难度大,出现问题后,现场一般采用钻孔泄水方式,难以保证长期效果,往往需要反复处理,大大增加了运维部门的工作量。

建议进一步研制适用于各类环境,集摄像、定位及清理等功能一体的排水系统疏通设备,定期对隧道排水系统就行疏通维养,提高隧道的防排水能力和健康运营状态。

(3)进一步开展隧道排水对环境影响的研究

我国的山岭隧道大多为排水型隧道,与之对应在隧道内外设置了排水系统。工程实践表明,隧道的排水一般会对周边的水文地质环境带来或多或少的影响,具体表现为隧道周边的地表水枯竭,地下水水位下降,严重的甚至影响周边居民生产和生活用水,造成严重的环境危害。而我国是一个干旱缺水严重的国家,随着国家对环境问题越来越重视,隧道排水引起的环境问题也会日趋重视。建议进一步开展科学、合理的隧道控制排水技术研究,尽量减小对隧道周边环境影响,并结合地方规划研究综合利用隧道排水的可行性。

本讲参考文献

[1] 肖明清. 水下隧道设计技术[M]. 北京:中国铁道出版社,2016.

[2] 中华人民共和国交通运输部. 公路隧道设计细则:JTG/T D70—2010[S]. 北京:人民交通出版社,2010.

[3] 高杨. 铁路隧道防排水设计指南[M]. 成都:西南交通大学出版社,2018.

[4] 中华人民共和国住房和城乡建设部. 建筑基坑支护设计规程:JGJ 120—2012[S]. 北京:中国建筑工业出版社,2012.

[5] 赵勇,肖明清,肖广智. 中国高速铁路隧道[M]. 北京:中国铁道出版社,2016.

[6] 国家铁路局. 铁路隧道设计规范:TB 10003—2016[S]. 北京:中国铁道出版社,2017.

[7] 韩自力,等. 铁路隧道结构防排水技术深化研究[R]. 北京:中国铁道科学研究院,2017.10-80.

TUNNEL DESIGN
THEORY AND METHOD
隧道设计理论与方法

第五篇 Fifth chapter

特殊岩土与不良地质隧道设计

第33讲　黄土隧道
第34讲　风积沙隧道
第35讲　寒区隧道
第36讲　多年冻土隧道
第37讲　岩溶隧道

第38讲　岩爆防治
第39讲　挤压性围岩隧道
第40讲　采空区隧道
第41讲　膨胀性围岩隧道
第42讲　瓦斯隧道

第 33 讲

黄 土 隧 道

黄土是我国极具特色的一种特殊土,其垂直节理发育,具有特殊的工程特性。100 多年来,我国在黄土地区修建了大量的隧道工程,建设过程中多次出现塌方、地表开裂、边坡失稳等问题。近年来依托郑西、宝兰等高铁大断面黄土隧道的建设,开展了系列的科学研究,取得了丰富的科研成果,积累了一定的工程经验。本讲重点介绍黄土的分布及基本特征、隧道建设易出现的问题、黄土隧道围岩分级、设计及施工关键技术等方面内容。

33.1 黄土分布及基本特征

33.1.1 黄土分布情况

我国黄土以其分布范围广泛、连续、地层发育完整、厚度大而著称于世,总面积约为 64 万 km^2,占国土面积的 6.6%。在西北地区、黄河中下游一带构成著名的黄土高原,连续面积达 44 万 km^2。黄土覆盖厚度一般在 100m 以内,而以陇东、陕北、晋西黄土层最厚,六盘山以东到吕梁山西侧,黄土厚度在 100~200m 之间,兰州地区的厚度,达 300m 以上。

33.1.2 黄土基本特征

黄土是第四系干旱、半干旱气候条件下,陆相沉积的一种特殊土,是最新的地质时期形成的土状堆积物。黄土颗粒成分以粉粒为主,粉粒(粒径 0.05~0.005mm)含量一般在 60% 以上;黄土中普遍含有砂粒,一般颗粒均小于 0.25mm;黏土含量一般在 20% 左右。黄土按照形成时代分,包括早更新世的午城黄土、中更新世的离石黄土、晚更新世的马兰黄土和全新世的新近堆积黄土、黄土状土等。按照是否具有湿陷性,又可以分为湿陷性黄土和非湿陷性黄土两大类。基本特征可归纳为以下几点:

(1)具有多孔性,有肉眼能看到的大孔隙,呈松散结构状态,密度低。
(2)具有柱状节理、垂直节理发育,直立性强。一般无明显层理,有堆积间断的剥蚀面和埋藏的古土壤层。
(3)天然状态下,含水率低,遇水易崩解、剥蚀。
(4)表层多具有湿陷性,易产生潜蚀、形成陷穴。

本讲执笔人: 靳宝成,王新东,李国良.

33.2 黄土隧道建设易出现的问题

由于黄土具有以上基本特征,致使黄土隧道表现出显著的工程特性,黄土隧道埋深一般比较浅,遇水容易软化,物理力学性能急剧下降,尺度效应特别明显等,建设过程中容易出现隧道塌方、地表开裂、衬砌开裂、基础湿陷沉降等问题。

33.2.1 隧道塌方

由于黄土垂直节理发育,因节理切割形成竖向软弱面,隧道开挖形成临空面后易沿软弱面塌落,其塌方多具突然性,且经常出现冒顶现象,极易引起较大的伤亡事故。

33.2.2 地表开裂

在黄土隧道洞口浅埋、偏压段,施工过程中地表会出现与隧道中线平行的纵向裂缝,并且随掌子面的前进,裂缝也向前发展,如掌子面暂停开挖一段时间,掌子面前方地表会出现横向裂缝,常与纵向裂缝联通,形成怀抱式纵横裂缝。

33.2.3 衬砌开裂

黄土隧道变形特性、围岩压力分布、深浅埋分界等不同于一般土质隧道,若断面形式、结构设置不当易出现衬砌结构开裂。比较典型的如建于 1959～1960 年的陇海线三门峡—潼关段 13 座黄土双线隧道均采用三心圆曲墙式尖拱衬砌断面,建成后,在拱腰部位均出现了纵向裂缝,衬砌开裂严重。

33.2.4 基础易沉降

黄土地区尤其是隧道洞口浅埋段基本为新黄土或新近堆积黄土,多具湿陷性。新黄土结构疏松、孔隙比大、天然含水率低,作为基础除有上述的湿陷变形和施加荷载后的压缩变形外,还可能会产生增湿变形:当偏低的含水率提高,但并没有达到湿陷的程度,此时并不发生湿陷,但由于黄土结构在一定程度上已遭到破坏,变形模量降低,在荷载不变的条件下将会产生压缩变形。由于增湿有一个过程,所以这种变形基本发生在运营期间,成为工后沉降的一部分,该变形很可能大于工后沉降的要求,造成道床开裂、线路不平顺,危及行车安全。

对于承载力较低尤其是高含水率黄土隧道基底,如基底黄土未能采用有效处理措施,则极易引起结构整体下沉或不均匀沉降,造成结构开裂、翻浆冒泥等病害,危及行车安全。

33.2.5 黄土斜坡变形

黄土斜坡变形主要包括黄土滑坡、坡面崩(坍)塌等,黄土滑坡主要是斜坡受自然因素或工程活动的影响造成的突发性的土体整体滑移现象,其造成的后果常常是灾难性的,其处理费用也非常高昂。宝天铁路是遭受滑坡危害最严重的一条铁路,以往常常发生因滑坡中断行车的事故。黄土坡面崩(坍)塌则是自然因素尤其是在水的作用下,边坡表面土体失稳,形成冲沟、洞穴、坡面湿陷以及小型的滑塌和崩塌等,进一步发展则导致整个坡体的破坏,进而影响行车安全。

33.2.6 黄土陷穴

黄土陷穴是黄土地区普遍存在的一种不良地质,主要分布在黄土台塬的边缘地带,沟谷岸坡、沟床底部等地形陡峻处,有的可达到很大的规模(如达数方、数十方),通道很长,黄土陷穴是不断变化的,小的可以发展成大的,原来没有的在条件具备时会新生,同时它比较隐蔽,有的口小,下面大;有的有进口,出口很难找到,有时真正大的陷穴在距进口很远处。在隧道施工过程中受其影响,可能会引起隧道塌方,在运营过程中位于线路下方则会造成重大安全隐患,甚至引起颠覆列车的重大事故,位于黄土台塬边缘或边坡附近则可能造成边坡坍塌。

33.3 黄土隧道围岩分级

郑西高速铁路建设期间,研究人员在既有铁路铁路隧道围岩分级基础上,通过对黄土隧道围岩物理力学参数统计分析,从影响围岩力学性质的程度以及参数的变异性和获取的难易性等方面综合考虑,对黄土隧道开展了围岩划分细化研究。

黄土隧道围岩分级思路及分级指标:以黄土的时代成因为基础,重点选择塑性指数和含水率两个指标,并对埋深影响进行修正,提出黄土隧道围岩分级的方案,见表33-1。在进行理论研究、工程设计及施工实践时,各级黄土围岩的物理力学指标应按试验资料确定,无试验资料时可参照分级方案给出的建议参数值,见表33-2。

铁路黄土隧道基本围岩分级　　　　　　　表33-1

围岩分级		黄土类型	围岩主要工程地质特征	围岩开挖后的稳定状态	围岩剪切波波速 V_s (m/s)
Ⅳ	$Ⅳ_a$	老黄土 (Q_1、Q_2)	坚硬为主;钙质含量高,局部成层,土质紧密;节理不发育—较发育	拱部无支护时掉块、坍塌;侧壁有时失稳	>250
	$Ⅳ_b$		硬塑为主;钙质结核零星分布,土质较紧密;节理不发育—较发育		
Ⅴ	$Ⅴ_a$	老黄土 (Q_1、Q_2)	软塑为主;钙质含量少,土质较疏松;节理较发育—发育	拱部和侧壁易坍塌,处理不当会出现大坍塌;浅埋时易出现地表下沉(陷)或塌至地表	150~250
		新黄土 (Q_3、Q_4)	坚硬—硬塑;土质较疏松;陷穴及节理不发育		
	$Ⅴ_b$	新黄土 (Q_3、Q_4)	硬塑—软塑;土质疏松;陷穴及节理较发育—发育		
Ⅵ		饱和黄土、新近堆积黄土	软塑—流塑或松软结构的土层	极易坍塌、变形;易出现地表下沉(陷)或塌至地表	≤150

注:1. 黄土塑性状态的划分:坚硬 $I_L≤0$;硬塑 $0<I_L≤0.5$;软塑 $0.5<I_L≤1$;流塑 $I_L>1$。
2. 大、特大跨度黄土隧道当黄土塑性指数 $I_p≤10$ 时,可视情况降低1个亚级。
3. 浅埋地段围岩级别可视情况降低1级或1个亚级。
4. 当有2个符合以上规定的因素时,不应简单叠加,需综合分析后对围岩进行修正。Ⅵ级围岩需经勘探确认。

黄土围岩物理力学指标　　　　　　　　表 33-2

分级	黄土类型	含水率(%)	天然密度(g/cm³)	黏聚力(kPa)	内摩擦角(°)	弹形模量(MPa)	泊松比	弹性抗力系数(MPa/m)
IV$_a$	Q$_1$ 黏质黄土	—	1.98 1.90～2.05	60 50～70	28.5 27～30	280 240～320	0.30	黏质黄土 120
	Q$_2$ 黏质黄土	<18.4	1.85 1.75～1.95					
IV$_b$	Q$_2$ 黏质黄土	>18.4	1.98 1.90～2.05	40 29～49	24.5 23～26	200 160～240	0.32	
	Q$_1$ 砂质黄土	<17.5	1.85 1.75～1.95					
V$_a$	Q$_1$ 砂质黄土	>17.5	1.98 1.90～2.05	25 22～28	20.5 19～22	120 80～160	0.35	黏质黄土 55
	Q$_2$ 砂质黄土	<18.1	1.85 1.75～1.95					
	Q$_3$ 黏质黄土	<18.1	1.56 1.45～1.60					
V$_b$	Q$_2$ 砂质黄土	>18.1	1.98 1.90～2.05	18 15～21	16.5 15～18	65 50～80	0.38	—
	Q$_3$ 黏质黄土	>18.1	1.69 1.60～1.75					
	Q$_3$ 砂质黄土	<11.0	1.56 1.45～1.60					
VI	—	—	1.69 1.60～1.75 1.42 ≤1.55	<15	<15	25 <50	0.42	—

注：表中下划线数值为建议范围，可根据含水率大小酌情选取，一般含水率高时密度取较大值，力学参数取较小值。

33.4 黄土隧道设计施工主要内容及关键技术

33.4.1 黄土隧道洞口工程

由于黄土具有垂直节理发育、土体疏松、遇水易崩解剥蚀等特性，黄土地区常呈现为沟壑纵横、坡面陡峻近乎直立等特殊地貌。当黄土隧道洞口位于冲沟岸坡时，受工程地质条件及人为活动等因素影响，洞口边坡、仰坡易出现开裂、失稳等问题。在黄土隧道设计和施工时，洞口边仰坡安全防护非常重要。黄土隧道洞口工程设计施工应遵循以下原则：

（1）黄土隧道洞口应遵循"早进晚出"的原则，尽量减少对原有坡面的破坏，应尽量避免设置高边坡。洞口处线路宜与地形等高线正交，对于斜交地形，当一侧边坡开挖高度较高时，应尽量接长明洞。

（2）黄土隧道应选在山坡稳定，排水有利，无滑坡、崩塌、错落、泥石流等不良地质处进洞，并应避免隧道洞口设在冲沟、陷穴附近，以防止产生冲蚀、泥流或坍陷等病害。

（3）对于黄土边坡稳定性的分析，考虑黄土的直立性，根据国内外研究和多年的实践，瑞典圆弧法是比较适宜的。

（4）洞口边仰坡防护应根据黄土的性质、水文地质条件及边坡高度等因素综合确定。黄土边坡的防护技术主要包括坡体防护和坡面防护两方面。坡体防护技术主要包括放缓坡比、支挡以及加固等。坡面防护技术可分为工程防护技术、植物防护技术和复合型生态防护技术三大类。其中工程防护技术主要有护面墙、骨架护坡、挂网喷浆等形式;植物防护技术主要有穴种、沟播、栽藤护坡、地毯式植草皮护坡、植生带植草护坡、三维植被网护坡、厚层基材喷播护坡;复合型生态防护技术主要有土工格室、绿化防护板两种防护形式。

33.4.2 黄土隧道支护设计

1) 黄土隧道跨度分级

隧道跨度不同,围岩和支护结构所表现出的力学形态也不一样。隧道开挖跨度随隧道的用途、隧道围岩的等级等因素而异,对开挖跨度合理分级,决定其对应的支护结构参数。关于黄土隧道跨度的划分,根据目前研究成果,建议划分为4个等级,小于8.5m为小跨度,8.5～12m为中跨度,12～14m为大跨度,大于14m为特大跨度,见表33-3。

黄土隧道跨度分级标准建议 表33-3

断面类别	小跨度	中 跨 度	大 跨 度	特大跨度
开挖跨度(m)	5.0～8.5	8.5～12.0	12.0～14.0	14.0～16.0
适用隧道	速度小于等于160km/h单线隧道	速度200km/h、250km/h的单线隧道,速度140km/h的双线隧道	速度300～350km/h的单线隧道,速度160km/h、200km/h的双线隧道,速度300～350km/h的单线隧道	速度250km/h的Ⅳ、Ⅴ级围岩双线隧道,速度300～350km/h的双线隧道

2) 黄土隧道深浅埋分界及设计荷载

黄土隧道的深浅埋分界及设计荷载是由黄土的物理力学性质和隧道的开挖断面大小决定的。通过郑西高铁大断面黄土隧道工程地表裂缝调查,围岩及支护受力的现场实测,推测黄土隧道围岩破坏模式,结合理论分析,对深浅埋隧道分界作出界定,在此基础上提出了浅埋隧道和深埋隧道的设计荷载。

根据研究结果,建议黄土隧道的深浅埋分界深度为 $1.4～2.1(H+B)$;新黄土(Q_3、Q_4)隧道可取上限 $2～2.1(H+B)$,老黄土(Q_1、Q_2)隧道取下限 $1.3～1.7(H+B)$。如图33-1所示,建议黄土隧道深浅埋衬砌荷载计算方法如下。

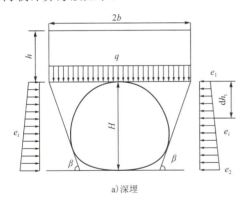 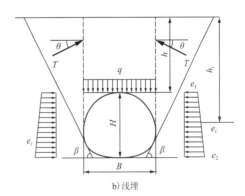

a) 深埋　　　　　　　　　　　　b) 浅埋

图33-1　黄土隧道衬砌荷载计算图式

(1) 深埋黄土隧道
① 垂直围岩压力

$$q = \frac{b\gamma - c}{\lambda \tan \varphi}\left(1 - e^{-\lambda \frac{h}{b} \tan \varphi}\right) \quad (33-1)$$

② 水平围岩压力

$$e_i = (q + \gamma \mathrm{d}h_t)\tan^2\left(45° - \frac{\varphi}{2}\right) \quad (33-2)$$

(2)浅埋黄土隧道

①垂直围岩压力

$$q = \gamma h \left(1 - \frac{\lambda h \tan\theta}{B}\right) \tag{33-3}$$

②水平围岩压力

$$e_i = \gamma h_i \lambda \tag{33-4}$$

上述式中：B——坑道宽度(m)；

b——洞顶松动宽度之半(m)；

h——隧道顶至地面高度(m)；

h_i——内外侧任意点至地面的距离(m)；

λ——侧压力系数；

γ——围岩重度(kN/m^3)；

c——围岩黏聚力(kPa)；

φ——围岩计算摩擦角(°)；

θ——顶板土柱两侧摩擦角(°)，经验值(按《铁路隧道设计规范》选取)；

e_i——i 计算点水平围岩压力。

3）黄土隧道支护参数

近年来通过对黄土地区修建的普速单双线铁路隧道、双车道高速公路隧道、高速铁路大断面隧道的支护参数的调研和总结，结合现场试验和理论分析，针对不同跨度分级提出了黄土隧道对应的衬砌支护参数，小跨、中等跨度铁路隧道设计参数见表33-4，大跨、特大跨度铁路隧道设计参数见表33-5。

小跨、中等跨度铁路黄土隧道设计参数　　　表33-4

跨度	围岩级别	喷混凝土厚度(cm)	预留变形量(cm)	初期支护								二衬厚度(cm)
				锚杆				钢筋网		钢拱架		
				位置	直径(mm)	长度(m)	环纵间距(m)	直径(mm)	间距(cm)	型号	间距(m)	
小跨	Ⅳ	15～18	5～7	边墙	22	2.5	1.2×1.2	6	25×25	格栅或I12.5	1.0～1.2	30～35
	Ⅴ	18～23	7～10		22	3.0	1.2×1.0	6	20×20	格栅或I16	0.8～1.0	35～40*
中跨	Ⅳ	18～23	8～10	边墙	22	3.0	1.2×1.2	8	25×25	格栅或I16	0.8～1.0	40～45
	Ⅴ	20～25	10～15		22	3.5	1.2×1.0	8	20×20	格栅或I18	0.8～1.0	45～50*

注：1. *为钢筋混凝土；
　　2. 本表适用于深埋隧道；
　　3. 浅埋地段及Ⅵ级围岩地段需进行特殊设计。

大跨、特大跨度铁路黄土隧道设计参数　　　表33-5

跨度	围岩级别	喷混凝土厚度(cm)	预留变形量(cm)	初期支护								二次衬砌厚度(cm)
				锚杆				钢筋网		钢拱架		
				位置	直径(mm)	长度(m)	环纵间距(m)	直径(mm)	间距(cm)	型号	间距(m)	
大跨	Ⅳa	20～25	10～12	边墙	22	3.5	1.2×1.2	6～8	20×20	格栅或I18	1.0	45～50*
	Ⅳb	22～25	10～12		22	3.5	1.2×1.2	6～8	20×20	格栅或I18	0.8	45～50*
	Ⅴa	24～27	15～17		22	4.0	1.2×1.0	8	20×20	I20a	0.6～0.8	50～55*
	Ⅴb	26～30	15～17		22	4.0	1.2×1.0	8	20×20	I20a或I22a	0.6	50～55*

续上表

| 跨度 | 围岩级别 | 初期支护 ||||||||| 二次衬砌厚度(cm) |
| | | 喷混凝土厚度(cm) | 预留变形量(cm) | 锚杆 |||| 钢筋网 || 钢拱架 || |
				位置	直径(mm)	长度(m)	环纵间距(m)	直径(mm)	间距(cm)	型号	间距(m)	
特大跨	IV_a	24～26	10～15	边墙	22	3.5	1.2×1.2	6～8	20×20	格栅或I20a	0.8～1.0	50～60*
	IV_b	26～28	10～15		22	3.5	1.2×1.2	6～8	20×20	格栅或I22a	0.8～1.0	50～60*
	V_a	28～30	15～20		22	4.0	1.2×1.0	8	20×20	I22a或H150	0.6～0.8	55～70*
	V_b	28～35	15～20		22	4.0	1.2×1.0	8	20×20	I25a或H175	0.6	55～70*

注：1. *为钢筋混凝土。
2. VI级围岩地段需进行特殊设计。
3. 表中预留变形量为一般含水率（$w<17\%$）工况下建议值。当$17\%\leq w<25\%$时，拱部预留变形量按一般含水率的1.5倍考虑，高含水率黄土（$w\geq 25\%$）则按一般含水量的2倍考虑。

33.4.3 黄土隧道施工方法与变形控制

1）黄土隧道变形特性

（1）净空位移中垂直位移显著

郑西高铁和宝兰高铁净空位移测试结果表明，大断面黄土隧道具有显著的垂直位移的特性，尤其是浅埋地段。净空位移特性与埋深之间呈显著的负相关性，即随埋深减小拱部下沉与水平收敛之比显著增大。大断面黄土隧道现场实测净空位移特性如图33-2所示。

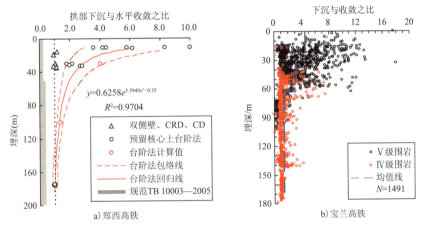

图33-2 大断面黄土隧道现场实测净空位移特性

（2）净空位移受支护封闭尤其是封闭距离的影响显著

试验表明，支护是否封闭以及封闭时距掌子面的距离，对大断面黄土隧道净空位移影响十分显著。支护一旦封闭位移变化很快趋稳。拱部下沉与支护封闭相关性统计情况如图33-3所示。

（3）含水率的大小对变形影响显著

黄土水敏性强，含水率的大小对黄土的物理力学性质影响显著，对隧道工程来说，含水率的大小对黄土围岩的稳定性影响显著。

现场测试结果表明，含水率大小对黄土影响显著，含水率越高，其承载性能和自稳性能越差，变形越大。根据现场统计，中高含水率（$17\%\leq w<25\%$）的拱顶下沉约为一般含水率（$w<17\%$）的1.4倍，高含水率（$w\geq 25\%$）的拱顶下沉约为一般含水率2.5倍。拱顶下沉与含水率的相关性统计如图33-4所示。

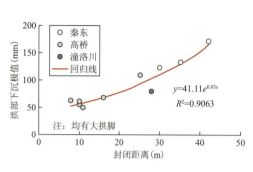
图 33-3 拱部下沉与支护封闭相关性统计

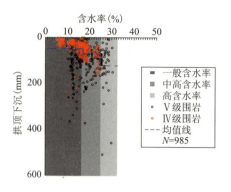
图 33-4 拱顶下沉随含水率分布

现场实践和理论分析表明,黄土含水率的大小对隧道掌子面的稳定性影响显著。当黄土含水率高,为软塑状态,掌子面自稳性差,长期暴露会出现滑移失稳;当为流塑状态,或者软塑状态但开挖后快速出现渗水,掌子面无法自稳。

2)黄土隧道施工方法与变形控制技术

(1)黄土隧道含水率分类

根据郑西、宝兰高铁的研究成果,结合含水率分布情况及其对隧道变形的影响程度,对黄土隧道含水率进行分类见表 33-6。

黄土隧道含水率分类　　　　　　　表 33-6

分　类		含水率(%)	黄土状态
一般含水率	低含水率	<10	脆性状态
	普通含水率	10～17	
中高含水率		17～25	塑性状态
高含水率		≥25	软-流塑状态

(2)黄土隧道变性控制基准值

根据大断面黄土隧道变形特性以及现场资料统计,大断面黄土隧道的变形控制基准值以拱部下沉累积值和速率两个指标给出,先到者为控制值。大跨、特大跨度黄土隧道变形控制基准建议值见表 33-7。

大跨、特大跨度黄土隧道变形控制基准建议值　　　　　　　表 33-7

含　水　量	围岩级别	埋深	拱部下沉(m)	变形速率(mm/d)	水平收敛
一般含水率黄土($w<17\%$)	Ⅳ	浅埋	140	25	浅埋不做要求,深埋按K倍拱部下沉控制值考虑。根据本线统计,深埋时$K=0.8$
		深埋	180	35	
中高含水率黄土($17\% \leqslant w<25\%$)	Ⅴ	浅埋	200	40	
		深埋	250	40	
高含水率黄土($w \geqslant 25\%$)	Ⅴ	浅埋	250	45	

注:表中数据系根据郑西、宝兰高铁现场实测数据统计分析制订,受统计样本数量限制,类似工程需结合工程实际参考应用并进一步完善此控制基准。

其他跨度的铁路黄土隧道净空位移控制基准应符合现行《铁路隧道监控量测技术规程》的相关规定。

(3)施工方法与变形控制措施

根据黄土隧道的变形特性,结合试验研究成果和现场建设经验,大断面黄土隧道不同含水率的施工方法及变形控制措施如下(小、中跨度可参考):

①一般含水率($w<17\%$)。采用三台阶七步开挖法施工,以控制沉降变形为重点。

②中高含水率($17\% \leqslant w<25\%$)。土体多呈硬塑—软塑状态,承载力较低,掌子面具有一定

的自稳性。可以采用三台阶法施工,但初期支护沉降变形较大。需适当加强辅助支护措施,包括增加锁脚锚管,钢架底部设型钢、牛腿,核心土上方设置临时竖撑等,同时应缩短仰拱封闭距离至20～25m。

③高含水率($w \geqslant 25\%$)。根据现场实践经验,当黄土含水率$25\% \leqslant w<28\%$时,土体多呈软塑状,承载力较低,掌子面自稳性较差,在大断面、暴露时间较长时,掌子面存在滑移失稳的可能,同时掌子面后方沉降变形大。此种条件下如果不提前采取加固和支护措施则不宜采用台阶法施工,可采用简易CRD法(图33-5)以化大为小、分部开挖、快速支护,在控制好掌子面稳定的情况下,通过控制封闭距离、适当加强辅助支护措施控制沉降变形。

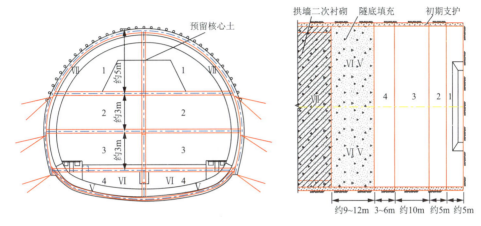

图 33-5　高含水率黄土大断面隧道简易 CRD 法

当含水率$w \geqslant 28\%$时,土体近饱和—饱和,多呈流塑状,承载力很低,掌子面无法自稳,易失稳坍塌。需采取超前深孔预注浆等措施对掌子面前方进行预加固,加固后可以采用三台阶法施工,需加强拱部超前支护和辅助支护措施,以防止塌方、控制变形。

根据现场实践经验,注浆一次加固长度不宜大于25m,加固范围拱墙开挖轮廓线外5m,上部加固为主。采用水泥—水玻璃双液浆,扩散半径1.5m,注浆压力4～6MPa。注浆开始前,施作3m厚C30混凝土止浆墙,止浆墙后方5m初期支护径向注浆加固。

④三台阶七步开挖法。该工法以弧形导坑开挖为基本模式,分上、中、下三个台阶七个开挖面,各分步开挖与支护沿隧道纵向错开,平行推进,工序简洁,便于机械化施工。三台阶七步开挖施工工法主要技术参数见表33-8。

三台阶七步开挖施工工法主要技术参数　表 33-8

施工图式			
关键施工参数	核心土		高度1.5～2m,顶面长度和宽度3～5m
	台阶长度		控制条件:上台阶长度≥3m,各层台阶长度之和=仰拱封闭距离
	开挖进尺	上台阶	新黄土0.6m,老黄土0.8～1.0m(浅埋、含水率高时取小值)
		中下台阶	新黄土同上台阶进尺,老黄土≤2.0倍上台阶进尺
	仰拱封闭距离D		一般含水率:浅埋≤2.0B,深埋≤2.5B; 中高含水率、高含水率(预加固后):$B \leqslant D \leqslant 1.5B$

33.4.4 黄土隧道基础处理

黄土隧道基础遇水湿陷或因含水率高导致地基承载力低时,在上部荷载的作用下,会产生较大沉降变形。当列车运行速度较低时,轨道对基底沉降控制要求不高,一般仅对明洞和洞门地基作简单的换填处理。而高速铁路无砟轨道对工后沉降要求特别严格,为保证高速铁路运营安全,针对隧道软弱黄土基础、黄土湿陷性处理开展了相关的试验研究。

1)高含水率黄土隧道基底处理

根据试验研究和实践经验,软弱黄土基础处理可采用钢管桩加固的处理方案。该方法可有效提高承载力,在隧道有限空间内可快速施工,降低桩基施工对仰拱封闭成环的影响,便于围岩变形控制。钢管桩直径多采用200mm,间距及桩长参照刚性桩复合地基模式计算确定,钢管内采用C30钢筋混凝土灌注,桩顶设置三七灰土褥垫层。宝兰高铁钢管桩加固实例如图33-6所示。

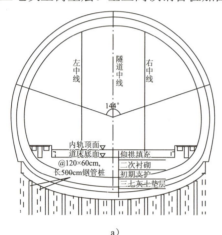

图33-6 钢管桩加固软弱黄土基础

2)湿陷性黄土隧道基底处理

郑西高铁建设过程中,经过调研、理论分析和现场试验,研发了适用于隧道狭小空间内冲击挤密水泥土桩加固的处理方案。从现场处理情况看,基底黄土的湿陷性得到了消除,工后沉降满足高速铁路控制要求,但在实施过程中也存在一些问题,主要表现为施工进度慢,施工干扰大,对隧道的施工进度影响较大;另外,机械冲击时产生的震动对隧道洞口段的施工安全会产生不利影响。

考虑隧道工程与建筑工程的差异性,针对现有国标《湿陷性黄土地区建筑规范》的适用性问题和郑西高铁基础处理过程中存在的问题,通过系列试验研究表明:干旱、半干旱气候及灌溉入渗作用下,当地表无集中浸水通道条件下,隧道地基土湿度远小于饱和湿度场,大气降雨及地表灌溉不会引起黄土隧道产生湿陷变形。此种工况可采用地表封闭隔水、洞内排水结构加强的处理方法防止地基发生湿陷。

图33-7 无振动不排土挤密处理机械设备

当场地内有易形成集中入渗通道的陷穴、坑洞、冲沟等可能造成地基产生湿陷时,可采取洞内换填、桩基处理等措施。其处理方案和设备选型应考虑洞内操作条件及对施工安全的影响,并优先采用减振或无振动处理方法。宝兰高铁建设期间研发了无振动挤密处理新技术。该方法利用设备的液压系统提供挤土反力,采用静压方式进行挤密处理,挤密成孔后灌注素混凝土成桩。该方法可消除施工振动,实现了施工设备的小型化、轻便化。无振动挤密施工机械设备如图33-7所示。

33.4.5 黄土隧道陷穴与裂缝处理

1)地表陷穴处理

黄土陷穴形成的条件包括集中汇水、出水通道,易崩解、湿陷的土体结构。在地表水和地下水作用下,下部被水流蚀空后,表层黄土发生湿陷或塌陷形成。黄土陷穴常呈串珠状分布在冲沟两侧,形成速度较快,两三年即可,持续发展后常形成冲沟。冲沟与陷穴的产生和发展相互影响。黄土陷穴可能对隧道的安全造成不利影响,特别是运营阶段。不规则分布过水通道易在隧道内产生渗水冒泥。根据现场实践经验,黄土陷穴可采用如下处理方案:

(1)防排水处理

查明地表水来源,做好陷穴周边的拦截引排措施,黄土冲沟内必要时进行铺砌或通长设置水沟;施工过程中对隧道周边积水洼地、人为坑洞、地质钻孔等及时进行整平、封闭处理。

(2)陷穴处理

考虑方便、经济及有效性,陷穴采用"空洞回填 + 表层封闭隔水"的方式处理。

①对于深度 < 2m 的小陷穴,全部采用三七灰土分层回填。

②对于深度 ≥ 2m、陷穴口直径 < 10m 的一般陷穴,采用"改良土(黄土中水泥掺量5%)" + "灌黄土水泥浆 [水︰黄土︰水泥(质量比)=1.7︰0.9︰0.1]"交替回填。

③对于深度 ≥ 2m、陷穴口直径 ≥ 10m 的特大陷穴,可在指定取土点按要求取土进行回填,在接近地面 2m 采用三七灰土分层回填。

2)地表裂缝处理

黄土隧道施工过程中浅埋段易产生地表裂缝,裂缝以纵向为主,环向、网状多有分布。为防止地表水沿裂缝下渗危及隧道安全,根据现场实践经验,建议地表裂缝处理方案如下:

①洞顶为旱地时,沿裂缝拉槽开挖后地面以下 1 ~ 1.5m 范围内采用三七灰土夯填密实,原地面以下 1m 范围内换填种植土;下部裂缝灌注水泥砂浆。

②洞顶为水浇地时,将裂缝分布范围内地表整体进行拉槽开挖,裂缝灌注水泥砂浆;原地面以下 1 ~ 1.5m 深度范围内采用三七灰土夯填密实,压实系数不应小于 0.95;原地面以下 1m 范围内换填种植土。

33.5 黄土隧道修建技术展望

目前我国黄土隧道施工仍以矿山法为主,机械化配套水平一般,工人劳动强度高,作业环境差,施工风险大。随着我国经济水平的发展和隧道施工机械制造水平的逐步提高,为保证施工安全、质量,加快施工进度,充分体现以人为本的建设理念,实现铁路隧道建设现代化,黄土隧道必将逐步实现机械化、智能化、信息化和全生命周期的建设维护。后续黄土隧道修建技术需在以下几个方面拓展研究和应用。

(1)扩大盾构法在黄土隧道中的应用。

盾构法因施工扰动影响小、机械化程度高、施工进度快等优点,我国已在城市区间隧道建设中广泛应用。蒙华铁路白城隧道(黄土隧道)国内已首次应用马蹄形盾构顺利建成。山岭隧道中由于盾构法费用相对较高,为尽量缩小两种工法费用差距,后续可考虑在长大黄土隧道或多座黄土隧道群中进行拓宽应用。另外,插刀式盾构模式也是一个不错的选择,既能保证全断面施工时掌子面的稳定,又能采用矿山法的支护措施,降低工程成本,今后可以深化研究。

(2)深化机械化、信息化技术在黄土隧道矿山法施工中的应用。

目前,黄土隧道矿山法施工机械设备主要与开挖、出渣以及二衬结构作业配套,在喷混凝土、钢架、锚杆等初期支护及超前支护作业方面基本依靠人工完成。受作业环境、劳动强度、安全压力、工序衔接、人员素质等多方面影响，支护施作质量常难以保证。目前湿喷机械手、钢架安装台车等机械设备已全部实现国产化，其成本比国外低。为提高矿山法施工机械化水平，保证施工安全和质量，后续需在政策引导、投资配套、建设管理等方面开展研究和应用。

（3）继续深化预切槽法在黄土隧道工程的试验。

预切槽法作为一种独特的预支护技术，在软弱围岩、复杂环境下控制沉降方面具有独特的优势，在日本、欧美等国家已进行了较多的应用，技术日趋成熟。我国在宝兰高铁洪亮营隧道、蒙华铁路郝窑科隧道两座黄土隧道中开展了现场试验，对其设计理论和施工技术进行了探索和研究。为充分掌握预切槽法施工技术，后续需在设备制造、设备配套、施工工艺及设计理论方面进一步开展相关试验研究工作。

本讲参考文献

[1] 赵勇，李国良，喻渝. 黄土隧道工程 [M]. 北京：中国铁道出版社，2011.

[2] 中铁第一勘察设计院集团有限公司，中铁西南科学研究院有限公司，兰州交通大学，等. 郑西客专大断面黄土隧道施工方法与监控技术研究报告 [R]. 西安：中铁第一勘察设计院集团有限公司，2008.

[3] 李国良. 高速铁路大断面黄土隧道台阶法修建技术 [J]. 现代隧道技术，2016，53（5）：6-16.

[4] 兰新铁路甘青有限公司，中铁第一勘察设计院集团有限公司，中铁西南科学研究院有限公司，等. 宝兰客专高含水率黄土大断面隧道关键技术研究报告 [R]. 兰州：兰新铁路甘青有限公司，2017.

[5] 中铁第一勘察设计院集团有限公司，石家庄铁道大学. 宝兰客专大断面黄土隧道台阶法技术参数及技术条件研究 [R]. 西安：中铁第一勘察设计院集团有限公司，2013.

[6] 中国铁路总公司. 铁路黄土隧道技术规范：Q/CR 9511—2014[S]. 北京：中国铁道出版社，2014.

[7] 李国良. 大跨黄土隧道设计与安全施工对策 [J]. 现代隧道技术，2008（1）：53-62.

第 34 讲

风积沙隧道

由于风积沙结构松散,在风积沙中修建隧道时掌子面易滑沙难以稳定,拱部易发生漏沙坍塌,且难以控制,往往成为隧道建设的难点。本讲主要介绍风积沙的性质与围岩工程特征、风积沙隧道设计要点与施工关键技术,介绍我国已建铁路、公路风积沙隧道超前支护与开挖方法等。

34.1 我国风积沙的分布及特征

我国是一个多沙漠的国家,风沙面积约为71.29万 km^2,占全国总面积的7.4%左右,展布于北纬35°～50°和东经75°～125°之间。主要分布在新疆（58.9%）、内蒙古（29.9%）、青海（5.3%）、甘肃（2.7%）、陕西（1.5%）、宁夏（0.6%）、吉林（0.5%）、黑龙江（0.4%）与辽宁（0.2%）9省区。风积沙是沙被风沙流搬移到冲积平原地区形成沙丘而产生的,属第四纪风积物,系指在风成沙性质上发育起来的土壤。风沙地貌主要分布在干旱气候区,那里日照强、昼夜温差大、降雨少（小于250mm/a）而集中,年蒸发量大,常超过降雨量数倍甚至数百倍,植被稀疏矮小,疏松的沙质地表裸露,特别是风大而频繁,所以风沙作用就成为干旱区塑造地貌的主要作用类型。风沙作用并不局限于干旱区,在半干旱区和大陆性冰川外缘,甚至植被稀少的沙质海岸、湖岸和河岸也可形成。

风沙地貌可分为风蚀地貌和风积地貌两大类。风蚀是风力对地面物质的吹蚀和风沙的磨蚀作用,风蚀作用形成风蚀地貌。我国沙漠地区的风蚀地貌,除被广大沙丘所埋没以外,在大风区域还有广泛的出露,特别是正对风口的迎风地段,发育更为典型。主要分布在柴达木盆地的西北部,塔里木盆地东端的罗布泊洼地,东疆以及准噶尔盆地的西北部等地。风蚀地貌地表形态主要表现为:风蚀石窝、风蚀蘑菇、雅丹地形、风蚀谷、风蚀洼地等。

风积地貌是风力作用堆积而成的各种沙丘和沙堆的总称,广泛分布于柴达木盆地南部和东部、青海湖东岸、共和盆地、哈拉湖盆地以及青南高原的中部和西部。风积地貌主要是指沙漠地区的沙丘而言。沙丘在我国沙漠里分布面积最广大,有流动和固定、半固定之分。流动沙丘的表面无植物覆盖,或仅在沙丘坡脚有少许植物,覆盖度在15%以下,风沙活动强烈,流动性大;半固定沙丘的表面,植被呈斑块状分布,覆盖度在15%～40%,在植物生长较好的地方略有黏土或盐土结皮现象,有局部风沙活动,流动性较小;固定沙丘有密集的植被覆盖,覆盖度超过40%,或大部分沙丘表面有薄层黏土或盐土结皮,不易被风吹蚀,比较稳定。

本讲执笔人：朱永全.

34.2 风积沙的特性

34.2.1 风积沙颗粒组成

风积沙的粒径比较集中,主要分布在 0.5～0.25mm 和 0.25～0.075mm 两个范围内,属于细沙,其中以 0.25～0.075mm 为主,占 64.4%～93.6%,0.5～0.25mm 粒径占 4.5%～29.4%,而大于 0.5mm 的粗粒和小于 0.075mm 的粒径含量极少。尤其粉黏粒含量极少,表明颗粒表面活性低,黏性小,松散性强,水稳性好。

典型风积沙颗粒级配分布情况见表 34-1,不均匀系数 C_u<5,曲率系数 C_c<1,表明其颗粒大小均匀,级配曲线不连续,属典型的级配不良细沙。

风积沙颗粒级配(%)　　　　表 34-1

样本名称	粒　径　(d/mm)				
	>1.0	1.0～0.5	0.5～0.25	0.25～0.075	<0.075～0.05
样本一	0	2.1	19.7	47.6	30.6
样本二	0	4.3	18.5	47.9	29.3

注:该样本数据来至毛乌素沙漠地区。

34.2.2 风积沙天然密度

风积沙的天然密度主要与粒度成分及分选程度有关,沙粒越粗,密度越大,分选程度越高,密度越小,天然密度一般为 1.58～1.72g/cm³。

风积沙的天然密度还因沙丘活动部位而不同。活动沙丘较固定、半固定沙丘的密度大,随固定程度增高,密度减少,迎风坡较背风坡密度大,沙丘上部较下部密度大。

表 34-2 是榆神高速公路神木一号隧道风积沙物理、力学指标,由测试结果可以看出风积沙黏聚力很小,甚至无黏聚力,发生滑移时内摩擦阻力主要由颗粒之间的咬合力和粒间表面摩擦力控制。

风积沙主要物理与力学指标　　　　表 34-2

洞内取样	含水率(%)	天然孔隙比	天然重度(kN/m³)	黏聚力(MPa)	内摩擦角(°)	变形模量(MPa)
ZK91+232	4.4	0.447	17.155	0.011	26.88	21.0
ZK91+240	4.8	0.456	17.165	0.012	27.65	22.0

34.2.3 风积沙含水率

在沙漠中地下水一般都埋藏很深,沙层含水率较小,通常表层 20cm 为含水率小于 0.5% 的干沙层,40cm 以下沙层保持 2%～3% 的稳定含水率,沙层含水率随季节更替而呈现周期性变化,雨季沙层含水率提高,短期内可上升到 5%～6%,旱季含水率减小, 20～40cm 沙层含水率可降低至 1%～2%。

风积沙的水分物理常数因粒度成分而变化,最大吸湿水量为 0.45%,稳定凋萎含水率 0.56%～0.71%,田间持水量 3.1%～4.7%,总毛细管持水量 23%～24%,风积沙的渗透性好,渗透系数一般在 0.01～0.02cm/s 之间。

34.2.4 风积沙隧道围岩工程特征

（1）围岩无自稳能力，施工中洞内掌子面和侧墙部位漏沙、滑沙现象严重，如图34-1所示；浅埋时易形成地表漏沙漏斗，如图34-2所示。

图34-1　洞内漏沙与滑沙

图34-2　地表漏斗

（2）风积沙地层结构松散，无自稳能力、承载能力低，围岩荷载主要表现为松散地层荷载，随着埋深的增大，围岩压力增大。

34.3　风积沙隧道围岩压力

风积沙隧道地层、黏聚力低，为松散地层，洞室开挖后围岩压力主要表现为松散压力。

34.3.1　现场实测围岩压力

神木一号隧道风积沙段围岩压力监测数据见表34-3。

神木一号隧道监测拱顶围岩压力　　表34-3

桩　号	监测值（MPa）	覆盖层（m）	桩　号	监测值（MPa）	覆盖层（m）
ZK91+180	0.270	35.78	K91+180	0.411	33.81
ZK91+200	0.737	33.10	K91+200	0.274	30.71
ZK91+210	0.240	31.03	K91+210	0.577	29.96
ZK91+220	0.203	28.95	K91+225	0.800	28.85
ZK91+270	0.387	27.76			

该隧道洞顶地势较平坦，检测断面覆盖层厚度在27～36m之间。为减少施工方案和施工方法对检测结果的影响，对上述检测数据取算术平均值为：

$$\bar{q}_{\text{监}}=\sum_{i=1}^{9}q_i=0.43\ (\text{MPa}) \tag{34-1}$$

$$\bar{h}_{\text{监}}=\sum_{i=1}^{9}h_i=31.36\ (\text{m}) \tag{34-2}$$

为便于比较，常用围岩压力计算理论在风积沙地层中的适用性，取相同的覆盖层厚计算竖向围岩压力，计算结果见表34-4。

表34-4中的计算结果与现场测试值相比，全土柱理论计算结果偏大，说明洞顶上方滑塌体两侧潜在滑动面上沙颗粒之间的咬合力和粒间表面摩擦力对减少滑塌体下沉起到了一定作用；与谢家烋理论计算

结果及监测结果相近。

理论拱顶竖向垂直压力 表 34-4

计算结果	理 论 名 称				
	全土柱理论	普氏理论	太沙基理论	比尔鲍曼理论	谢家烋理论
覆盖层厚度(m)	31.36	31.36	31.36	31.36	31.36
围岩压力(MPa)	0.53	0.40	0.29	0.41	0.44

34.3.2 风积沙隧道围岩压力确定

（1）竖向荷载：为偏于安全可取全土柱荷载。

（2）水平荷载：在计算水平荷载时，由谢家烋理论计算的风积沙地层侧压力系数偏小，建议采用朗金主动侧压力系数计算。

（3）荷载分布：竖向荷载根据现行隧道设计规范，深埋时取均布荷载形式，偏压时按地下埋深状态取相应分布形式；水平荷载取梯形分布形式。

34.4 风积沙隧道设计要点

34.4.1 风积沙隧道选线原则

（1）当路线穿越风积沙地层时，应对明、暗挖隧道方案进行仔细比选，并应从技术、经济、环保等方面进行专题分析论证，避免深挖路堑。

（2）路线总体方案设计时，在符合路线总体走向的前提下，应由隧道方案控制局部线位。

（3）应加强风积沙隧道纵断面设计，尽量从围岩较好地层穿越；当必须穿越厚层风积沙地段时，宜尽量抬高纵断面设计高程，减少洞顶以上风积沙覆盖层厚度。

（4）风积沙隧道施工难度大、周期长，布线时宜采用上、下行分离的独立单洞形式，不宜修建连拱或小净距隧道。

34.4.2 洞口工程

当隧道洞口处于风积沙地层时，经技术经济比较，可适当增加明洞长度，缩短暗挖段洞身长度，降低施工难度和工程造价。应根据风积沙地层的密实程度、含水率，施工单位的机械配套情况合理选择进洞方案。

（1）套拱加长管棚进洞法：先修筑套拱，利用套拱内预埋的导向管钻管棚孔。施工开挖后根据漏沙情况，增设超前小导管注浆补强，小导管可一次顶入。

（2）水平旋喷桩进洞法：利用水平旋喷桩高压射流冲刷、切割作用，沿开挖轮廓线外形成50cm以上厚度的旋喷拱，在旋喷拱保护下进洞。

（3）竖直旋喷桩进洞法：竖直旋喷桩横向加固范围宜大于隧道最大跨度6～10m，沿隧道中心线左右对称布置。

34.4.3 超前支护或加固

1）已建成风积沙隧道超前支护方案

通过对国内已建成风积沙隧道的调研,将其施工中所采用的超前支护方式和参数进行汇总,见表34-5。

通过上述风积沙隧道施工实践来看,超前支护的形式主要有超前小导管注浆、超前大管棚注浆以及水平旋喷桩3种形式,各种方式的超前支护原理、支护方法和固沙效果均不相同,超前小导管和超前大管棚主要以防漏沙为目的,其合理的环向间距是施工控制的关键;水平旋喷桩以固沙为目的,加固体强度高,具有一定承载能力,控制围岩变形能力优于前两种方式。

已建成风积沙隧道超前支护和开挖方法　　　　表34-5

隧道名称	风积沙最大覆盖层厚度(m)	断面侵沙部位	隧道全长(m)	施工方法	超前支护形式	施工参数	备注
新杏树峁隧道	30	全断面	241	台阶法	水平旋喷桩(洞口段)	环向间距40cm,长13m	神朔铁路复线
					超前大管棚	环向间距25cm,长15m	
					超前小导管	ϕ42mm 无缝钢管,长6m	
沙哈拉峁隧道	20	上半断面	705	台阶法	水平钻孔旋喷桩	长13.5m,固结体直径60cm	包西铁路
柳梧隧道	17	全断面	411	三台阶法	超前大管棚	环向间距30cm,长20m	青藏铁路
新响沙湾隧道	12	拱顶部位	3430	短台阶留核心土	超前大管棚(洞口段)	ϕ108mm,壁厚6mm,环向间距40cm	包西铁路
					超前小导管	ϕ42mm 无缝钢管,长3.5m,环向间距15cm	
新东沟一号隧道	17	全断面	326	三台阶法	超前小导管	ϕ42mm 无缝钢管,长4.5m,环向间距30cm	神朔铁路复线
经棚隧道	34	全断面	290	双侧壁导坑法	超前大管棚	ϕ108mm,壁厚5mm,环向间距每米3根	国道306线
神木一号隧道	34	全断面	357	台阶临时仰拱法	水平旋喷桩	长25m,环向咬合间距35cm	榆神高速公路
					超前大管棚注浆	环向间距30cm,长25m	
					超前小导管注浆	ϕ42mm 无缝钢管,长6m,环向间距20cm	
嘎拉山隧道	进口段170m长度	全断面	4373	台阶临时仰拱法	水平旋喷超前支护和上半断面超前加固	超前支护:ϕ500,间距0.35m,桩长15m,搭接5m;超前加固:品字形3根ϕ500,桩长15m,搭接5m	拉林铁路
德吉隧道	进口段150m长度		1715				
米林隧道	出口段111m长度		11560				

2）加固方式及注浆材料

（1）普通水泥的颗粒径较大,难以注入孔隙为10μm的风积沙层中,且水泥颗粒在水中呈悬浮状态,即使其颗粒小于沙层孔隙,但因沙层产生过滤作用而使渗透范围极小,有时会出现浆液固结在注浆孔四壁的现象。

（2）超细水泥的颗粒粒径较小,平均粒径4μm,理论上可以注入孔隙为10μm的风积沙层中,但现场实际试验表明注浆效果和普通水泥差异不大,主要因为超细水泥易产生沉析作用,稳定性较差。

（3）改性水玻璃浆液渗透性较好,但注浆后结石体强度低(一般为0.2MPa),在空气中暴露后容易风化破碎。

（4）水平旋喷注浆可控性较好，浆液的注入部位和范围可通过调节注入参数（如切削沙体压力，固化材料的注入速度，配比，注入量等）获得满足设计要求的固结范围，固结体咬合度高，能形成连续承载拱，无侧限抗压强度较高，可有效控制围岩变形，保障施工安全。

34.4.4 支护和衬砌

因风积沙多为含水率低、颗粒细，处于干沙流动状态，围岩分类宜为Ⅵ级围岩。支护和衬砌参数一般可参照现行标准设计，在特殊大埋深条件下，可视其围岩压力进行特殊设计。

34.5 施工技术要点

通过对已建成国内风积沙隧道的调研，部分风积沙隧道施工方法见表34-5。

风积沙围岩无自稳能力，易受施工扰动，洞室收敛变形速度快，若支护不及时极易塌方。在这种地层中施工，有效的超前支护措施是决定隧道能否安全开挖的前提，并应及早支护封闭。

（1）严格控制开挖进尺和开挖面大小，以确保施工安全。

（2）开挖停止时必须封闭掌子面，应采用喷射混凝土封闭掌子面。

（3）依据沙体的可能破裂角度，施工空间需求，施工可行性确定台阶长度，防止掌子面范围内沙体失稳，并根据监控量测结果及洞室变形情况及时调整台阶长度。

（4）拱、墙部初期支护形成之后要尽早施作仰拱，以使初期支护尽快形成封闭受力结构。

（5）为保证墙脚钢拱架的稳定性，禁止仰拱大跨度开挖，并应随挖随加固，特别是墙脚部位开挖，仰拱加固要及时，防止由于地基承载力不足，引发整体沉降。

本讲参考文献

[1] 张德媛. 毛乌素沙漠风积沙工程物理特性研究 [D]. 西安：长安大学，2009.

[2] 唐春，孟梅，等. 风积沙直剪试验研究 [J]. 交通标准化，2008（8）.

[3] 陈豪雄，朱永全. 风积粉细砂隧道化学注浆加固的研究和应用 [J]. 石家庄铁道学院学报，1993，（1）：75-81.

[4] 司建忠，王铁滨. 公路大断面风积沙隧道施工技术 [J]. 辽宁省交通高等专科学校学报，2003，5（2）：18-19.

[5] 班培菊，李桂英，周雁，等. 公路大断面风积沙隧道施工技术 [J]. 内蒙古公路与运输，2002（4）.

[6] 邹广成. 小导管超前预支护在风积沙隧道施工中应用 [J]. 辽宁交通科技，2005，（11）：62-64.

[7] 李力. 粉细砂地层注浆管棚作用机理及在暗挖隧道施工中的应用 [D]. 北京：北京交通大学，2007.

第35讲

寒 区 隧 道

寒区隧道由于冬季温度低,外界气候环境复杂,如果隧道工程措施处理不好,往往容易发生冻害,严重时影响行车安全。近些年来我国在高纬度和高海拔地区修建了很多隧道工程,有些失败的教训,也取得了不少成功的经验,本讲重点介绍寒区隧道特点和分类、抗冻结构设计和防排水施工工艺、存在的问题及展望等,给寒区隧道的设计者提供参考。

35.1 寒区隧道特点及分类

35.1.1 寒区隧道特点

与一般地区的隧道工程相比,寒区隧道工程最显著的特点是所处环境会以年为单位随着自然界的四季更迭交替而周期性出现气温从0℃以上下降到0℃以下并长时间处于0℃以下的变化过程,虽然较长隧道洞身围岩处于恒温带内,但环境温度的变化使得隧道内及周边一定范围的围岩反复经历着由非冻结状态到冻结状态的冻融变化过程。这种周期性的冻融过程对寒区隧道结构及防排水系统产生了巨大的影响,不仅需要隧道结构承担由温度应力及冻胀作用叠加的周期性加载和卸载作用,还要求隧道形成一个完善、通畅且具有保温性能的防排水系统。

国内外大量寒区交通隧道运营实践的经验表明,由于结构防冻功能不足、排水系统冻结堵塞,隧道建成后冬季常常会发生冻害。这些病害表现形式较多的是衬砌挂冰、洞内接触网挂冰、隧底冰锥、排水沟冰塞、道床(或路面)积冰等,部分情况下可能出现隧道衬砌、洞门端墙等结构因壁外冻胀而产生开裂的结构损伤,个别情况下也可能因衬砌结构内部含水冻胀而产生的酥脆、剥落等,进而造成结构破坏,如图35-1～图35-4所示。当冻害出现后,轻则增加了隧道运营期间维修养护的工作量,重则威胁到隧道结构安全及运营的安全,并造成严重的经济损失。近年来,寒区高速公路和高速铁路迅速发展,由于线路标准高,隧道顺直,隧道内运营车速快,隧道内温度场变化复杂,防寒抗冻需求日益突出。因此,隧道的防寒、抗冻技术对于确保寒区隧道的安全运营具有深远的现实意义。

一直以来,我国寒区交通隧道的冻害频繁发生。如铁路项目中位于东北地区的哈尔滨铁路局工务部门相关统计数据表明,哈尔滨铁路局管内约90%的普速铁路隧道产生过冻害问题;与之情况类似,沈阳铁路局管内约70%的普速铁路隧道产生过冻害;而华北太原局范围的太焦线、侯月线等项目的局部隧道

本讲执笔人: 马志富,杨昌贤.

也出现了水沟冻结等冻害情况;其中冻害特征最为典型的是哈尔滨铁路局嫩林线的西罗奇2号隧道,隧道全长1160m,于1970年交付运营,隧道在底板下5.85m处设置了防寒泄水洞,虽然泄水洞常年不冻,但由于衬砌背后未设保温防冻的盲沟系统且其与泄水洞的连通不好,造成衬砌背后及隧道底板下的积水未能及时排除,冬季结冰造成道床冻胀,衬砌开裂、错牙、掉块严重,运营数年后因衬砌溃塌,曾造成行车中断16天的严重灾害。而公路项目中位于东北地区的小盘岭隧道和新交洞隧道(吉林),华北地区的梯子岭隧道(河北),西南地区的鹧鸪山隧道(四川),以及西北地区的天山2号隧道(新疆)、老玉溪莫勒盖隧道(新疆)、奎先隧道(新疆)、大坂山隧道(青海)、七道梁隧道(甘肃)等隧道均呈现了不同程度的冻害特征;其中冻害特征最明显是新疆独库公路的老玉希莫勒盖隧道,全长1.11km,由于未设防寒排水措施,隧道于1983年建成通车后长期受冻害问题困扰,隧道没有运营几年就因为形成冰塞而完全报废,迫使公路长期改为明线运营,于2008年在老隧道附近新建了新玉希莫勒盖隧道。

图35-1 衬砌接缝漏水形成拱腰挂冰

图35-2 中心管沟堵塞冻结形成道床结冰

图35-3 保温侧沟冻结

图35-4 中心水沟检查井冻结

而在国外,日本、俄罗斯、美国、北欧等国家位于寒区的隧道冻害问题也十分普遍。根据日本1990年对国内公路隧道的统计数据表明,已投入运营的6705座公路隧道中约60%的隧道出现渗漏水,其中约24%的隧道出现严重的冻害;另据日本1979年对国内铁路隧道的统计数据表明,投入运营共3819座隧道,其中出现渗漏水并冻害的约占总数的34%。

35.1.2 寒区隧道技术现状

针对寒区隧道的冻害问题,日本采用设置被动隔热保温层和主动加热的技术,前苏联和挪威等北欧国家采用主动加热技术,法国等采用设置隔板保温技术,均取得了一定成效,但这些技术措施存在的共同问题是一次投入和运营维护的成本相对高昂。

国内的隧道技术人员经过多年的研究和工程实践,针对多年冻土区的隧道采用了保温层保温的防冻处治技术,而针对季节性冻土区的隧道,主要依靠设置保温防排水系统防止隧道产生冻害,其核心原理在于围绕隧道周边建立一个以深埋排水设施为主体的隧道保温排水系统,及时排除隧道周边地下水,达到隧道衬砌表面不渗水、背后不积水和排水沟不冻结的目的。上述技术已经广泛应用于大量寒区隧道的工程实践。

35.1.3 寒区隧道分类

1）隧道环境按气候分类

寒区隧道气候环境影响因素主要包括当地最大土壤冻结深度、极端最低气温、年（月）平均气温、最冷月平均气温、年平均降雨（雪）量及季节分布、日照时间、风向、风速、区域冻结指数等。一般情况下将寒区隧道所处环境分为寒冷地区和严寒地区，并根据最冷月平均气温及黏性土最大冻结深度进行划分[1][2]，见表35-1。

隧道所处气候环境分类　　　　表35-1

气候环境分类	气　候　条　件	
	最冷月平均气温（℃）	黏性土最大冻结深度（m）
寒冷地区	$-8 \sim -3$	$\leqslant 1.0$
严寒地区	$\leqslant -8$	>1.0

2）隧道环境按地理分区

我国的寒区主要分布于西北的甘肃、青海、新疆，西南的西藏，川西的阿坝、甘孜，云南的滇北、玉龙山和高黎贡山的北部，东北的黑龙江、吉林、辽宁和内蒙古东北部及华北北部[3]。

东北寒区属于低山高纬度寒区，虽然海拔不高，但由于纬度高，受北冰洋寒潮及蒙古高压的影响，寒季盛行西北风，形成半年持续低温、干冷多雪的特征，气温变化剧烈，是我国最寒冷的自然区域。而以青藏高原为主的西部寒区属低纬度高原寒区，虽然纬度低，深居内陆，但地势高，受高空西风环流控制，并在对流层地层受高原季风影响，冬季高原上大气层对同高度的自由大气是个冷源，形成青藏冷高压，盛行反气旋环流。因此，也可以按地区区划，将我国的寒区分为高纬度寒区和高海拔寒区。

（1）高纬度寒区

将东北、华北北部及新疆所处的区域称高纬度寒区，其气候特点为冬季酷寒、夏季较热。

该区域以季节性冻土为主；多年冻土主要分布于大兴安岭和小兴安岭地区，此外，阿尔泰山、天山等地区呈零星分布状态。

（2）高海拔寒区

青藏高原所处的西部地区为高海拔寒区，其气候特点为全年温度较低，冬季寒冷，夏季较凉，氧气稀薄。多年冻土在海拔4000～4500m以上区域基本成片状分布，其余地区则以季节性冻土为主。

3）其他分类方法

（1）冻土分布分类方法

寒区隧道根据冻土分布划分为全多年冻土隧道、局部多年冻土隧道和非多年冻土隧道三类[4]。

（2）围岩含水状态分类方法

寒区隧道的围岩含水状态，依据地下水赋存条件与补给条件划分为含冰围岩隧道、"封闭"与"半封闭"含水围岩冻土隧道、开放的深层含水围岩冻融土隧道（基本无垂直补给）、开放的垂直与水平混合补给含水围岩隧道、干燥围岩隧道等5类[4]。

（3）季节性冻土按冻结指数分区方法[2]

此外，季节性冻土区还可根据区域冻结指数按表35-2确定工程所在地的冻土分区。

季节性冻土区划分　　　　表35-2

冻区划分	重　冻　区	中　冻　区	轻　冻　区
冻结指数 F（℃·d）	$F \geqslant 2000$	$800 \leqslant F < 2000$	$50 < F < 800$

其中冻结指数可根据调查的区域气温资料按下式确定。

$$F = \sum_{i=1}^{n}|t_i| \tag{35-1}$$

式中：F——冻结指数（℃·d）；

t_i——日平均负温度值（℃·d）；

n——计算年平均温度为负温度值出现的天数。

35.2 寒区隧道抗冻设计

35.2.1 主要原则概述

（1）由于地下水在冬季产生的危害作用大，寒区隧道位置宜选择在地下水水位较低、储水构造较少且对冻胀敏感性较低的地层。

（2）实践经验与实测数据表明，寒区隧道洞口段受环境温度影响大，洞口应设置抗冻设防段，抗冻设防段结构除应满足正常环境作用要求外，还应重点考虑冻胀作用及温度应力的影响。

（3）隧道的防排水设计除遵循"防、排、截、堵结合，因地制宜，综合治理，保护环境"的原则外，还应结合项目的气候条件、工程与水文地质、环境条件等影响因素，遵循"防寒可靠、排水通畅、施工方便、维护易行"的原则，采取切实可靠的设计、施工措施，对地表水与地下水进行妥善处理，使洞内外形成一个完整、可靠、通畅的防排水系统，达到初期支护基本不渗水、初期支护与二次衬砌间不积水，二次衬砌不浸水及排水系统不冻结的状态，确保隧道工程安全、可靠、耐久。

35.2.2 隧道位置选择及洞口工程

1）平面与纵断面

（1）隧道位置宜避免洞口长段落浅埋及洞身以浅埋方式穿越大型沟谷。

（2）隧道洞身宜避免穿越长段落的黏性土、泥岩等地层；并宜减少穿越断层、节理密集带等富水地层。

（3）隧道洞口宜选择在背风向阳、不易积雪、便于排水的位置。另外，当隧道位于降雪量较大山区时，洞口不宜设置在边、仰坡陡峻等易造成雪崩的位置。

（4）较长隧道宜采用人字坡。

（5）水工经验表明[5]，寒区输水隧洞内明流排水的流速不宜小于 1.2m/s。综合隧道中心管沟的尺寸、流量等，隧道内的纵坡不宜小于 5‰。当纵坡小于 5‰时，隧道内的排水系统除应进行正常的防寒保温系统设计外，还应采取加大排水沟坡度、设置保温层保温等措施。

2）洞口工程

（1）当隧道洞门墙基础位于冻胀性地层时，应将洞门墙基础底面埋置于冻结线以下 0.25m 处；当冻结线较深时，采取基底换填处理等措施，确保洞门墙基底安全。

（2）隧道洞口浅埋段位于冻胀性敏感性高的围岩地段时，宜优先采用明挖法施工，并采用非冻胀性材料回填。

（3）缓冲结构孔洞处应设置外檐等拦水结构。

35.2.3 支护结构抗冻

支护结构主要考虑初期支护和二次衬砌。

1）初期支护

喷射混凝土结构抗冻试验研究结果表明[6]：在冻融循环作用下，喷射混凝土结构表面剥蚀严重，抗压强度和劈裂强度等力学性能指标均有一定程度的降低，且微观状态下喷射混凝土内部的孔隙含量进一步增加，水化物变得酥松、劣化，裂缝宽度增大，导致结构承载能力逐渐下降，但由于喷射混凝土结构本身内部形成的封闭球状气泡隔断了混凝土体内渗水的毛细通道，可有效地缓解了冻胀压力和渗透压力对硬化水泥基体的破坏。因此，喷射混凝土的抗冻性能优于模筑混凝土。

此外，喷射混凝土加筋也不利于初期支护抗冻，寒区隧道宜在采取围岩注浆等措施提前加固改良地层并减少地下水入渗的条件下，适当减小初期支护的设计刚度，且初期支护喷混凝土时宜减少钢筋网的使用，设计钢架时宜采用格栅钢架。

2）二次衬砌

严寒地区隧道存在冻害地段应设置抗冻结构，其设防段长度可根据隧道长度及坡度、洞口朝向、当地最冷月平均气温、地下水水量、隧道内外气温、风速、风向、列车长度、行车速度和密度等影响因素综合确定。一般可参考当地最冷月平均气温并结合邻近项目既有隧道的设防条件类别及效果等综合确定。无资料时严寒地区结构抗冻设防段长度可参考表35-3确定。

严寒地区隧道结构抗冻设防段长度一览表　　　　表35-3

气候环境分类	最冷月平均气温（℃）	抗冻设防段长度（m）	备 注
严寒地区	$t \leqslant -25$	洞口2000	
	$-25 < t \leqslant -20$	洞口1500	
	$-20 < t \leqslant -15$	洞口1000	
	$-15 < t \leqslant -8$	洞口500	

抗冻设防段支护结构应满足下列要求：

（1）衬砌抗冻设防段应采用曲墙带仰拱复合式衬砌，二次衬砌采用防水钢筋混凝土；混凝土抗渗等级不低于P10、抗冻性能指标不低于F350。

（2）隧道抗冻设防段结构应设置温度伸缩缝，且温度伸缩缝设置应避开地下水集中出水点。由于隧道二次衬砌浇筑及养护的环境条件要求，加之寒区温差大、冰冻期长的气候特点且隧道冬季沿纵向温度场的分布一般呈"两端低、中间高"的抛物线形规律，所以隧道抗冻设防段二次衬砌结构纵向需设置温度伸缩缝消除温差引起的温度应力。

（3）隧道抗冻设防段的拱墙、仰拱、仰拱填充及侧沟的施工缝、温度伸缩缝、沉降缝上下应贯通对齐，以避免隧道结构上下部位变形不一致而导致开裂。

35.2.4 保温层

采用保温层保温是预防寒区隧道冻害的有效措施之一。该方法一般通过对隧道洞口段、地下水丰富的节理密集带及构造带等地段设置保温层，防止冬季隧道冻胀并确保排水系统不冻结，从而防止冻害发生。

1）技术理念

该方法通常有两种方式：一是在隧道二次衬砌结构的表面设置保温层；二是在隧道初期支护与二次衬砌之间设置保温层，从而缓解冬季隧道周边温度较高的围岩与隧道内的冷空气发生剧烈热交换，降低衬砌或围岩的温度变化幅度,达到防止冻害发生的目的。对于多年冻土隧道,设置保温层的主要目的是防止隧道周边多年冻土圈的融化;对于季节性冻土隧道,设置保温层的主要目的则是为了减小隧道周边的冻结范围或防止隧道周边发生冻结。

2）保温层的设置位置及设置方式

二次衬砌表面设置保温层按施工工艺可区分为两种形式:一是采用现场发泡制备保温材料,使用机械直接喷涂至二次衬砌表面,形成保温层;二是采用预制定型的保温材料,使用龙骨支架将保温板固定到隧道二次衬砌结构表面,形成保温层。

初期支护与二次衬砌之间的保温层多采用吊挂法施工。

3）保温材料的选择及保温层厚度的确定

用作隧道保温层的材料应具有较低的导热系数、足够的抗压强度、吸水率低或不吸水,并具有良好的化学稳定性及耐久性等特点。目前寒区隧道常用的保温材料有酚醛泡沫塑料、聚氨酯泡沫塑料等。而根据保温层材料的性能指标,保温层厚度计算如下[3]:

（1）隧道采用表面保温抗冻构造时,防冻保温层厚度可按下式计算确定:

$$\frac{1}{\lambda_p}\ln\frac{r+Z_s(x)}{r}=\frac{1}{\lambda}\ln\frac{r+\delta}{r} \tag{35-2}$$

式中:λ_p——围岩导热系数 [W/(m·k)],宜根据现场情况进行实测;

r——衬砌结构的曲率半径(m);

$Z_s(x)$——围岩的冻结深度(m);

λ——防冻保温材料导热系数 [W/(m·k)],取材料实测值;

δ——保温层的厚度(m),当计算值小于 0.05m,取 $\delta=0.05$m。

（2）隧道采用初期支护与二次衬砌间设置保温层抗冻构造时,防冻保温层可按下式计算:

$$\frac{1}{\lambda_p}\ln\frac{r+Z_s(x)}{r}=\frac{1}{\lambda}\ln\frac{r+\delta_2+\delta}{r+\delta_2}+\frac{1}{\lambda_2}\ln\frac{r+\delta_2}{r} \tag{35-3}$$

式中:λ_2——二次衬砌混凝土的导热系数 [W/(m·k)],一般钢筋混凝土导热系数为 1.74[W/(m·k)],素混凝土导热系数为 1.65[W/(m·k)];

δ_2——二次衬砌混凝土的厚度(m);

其余符号意义同前。

35.2.5 防排水系统

实践经验表明,寒区运营隧道的冻害大多数是由防排水系统原因导致的。隧道的开挖改变了周边地下水的渗流场,地下水不断向隧道入渗。而位于寒区的隧道,当盲沟、隧底深埋排水沟等隧道衬砌外部排水系统出现不畅情况时,易造成衬砌背后积水,冬季则产生结冰冻胀,如果在衬砌薄弱位置进入隧道后,则容易出现挂冰等冻害;当中心水沟、侧沟等隧道衬砌内部排水系统出现不畅情况时,冬季则易产生道床积冰等冻害。此外,由于低温状态下隧道所采用的防水材料性能往往急剧下降,也极易造成隧道的冻害问题。

1）防水设计

（1）围岩抗渗

当隧道洞口地层松散、透水性较强时,或隧道洞口位于浅埋沟谷等易形成汇水、储水的地段时,冬季隧道内形成冻害的可能性将大大增加,采用以"防寒堵水"为主要目的的径向注浆或超前注浆,可以在隧道初期支护外侧的围岩体中构建一个封闭的防渗圈,减少地下水向隧道的入渗,从而降低隧道冻害风险。

防渗圈的范围可按承受外部静水压力设计,一般裂隙地段防渗圈的范围按0.2～0.5倍隧道开挖跨度考虑。

防寒注浆完成后需进行防渗注浆效果检查和评定,通常采用标准如下[7]:

①一般岩质地层防寒注浆防渗标准可采用钻孔压水试验成果表示,压水试验成果一般要求透水率$q \leqslant 5Lu$,透水率q可按下式计算:

$$q = \frac{Q}{PL} \tag{35-4}$$

式中:Q——每分钟注水量(L/min);

P——注浆压力(MPa);

L——试验长度压力(m)。

压水流量稳定标准为:在稳定的压力下,每3～5min测读一次压入流量,连续4次读数中最大值与最小值之差小于最终值的10%,或最大值与最小值之差小于1L/min时,本阶段试验即可结束,取最终值作为计算值。

②土质地层防寒注浆防渗标准一般采用渗透系数K(单位为cm/s)表示,要求K降低到10^{-5} cm/s量级。

由于注浆工程多采用钻孔压水试验成果表示,渗透系数K与透水率q之间的关系可按下式估算:

$$K = q \times 1.5 \times 10^{-5} \tag{35-5}$$

(2)初期支护抗渗

初期支护作为隧道暗洞段防水系统的第一道防线,应重点考虑系统锚杆施作、初期支护与围岩间的密贴对隧道防水系统的影响。

①系统锚杆往往需径向钻孔后安设,而锚杆孔施作后易成为集中的渗水通道。为了保证系统锚杆孔的防渗要求,确保各锚杆封孔注浆饱满且孔内无空隙积水,要求隧道最大跨以上部位宜采用中空注浆锚杆,最大跨以下部位可采用砂浆锚杆亦可采用中空注浆锚杆。

②为保证喷射混凝土与围岩密贴,初期支护背后无空洞、不积水,一方面应严格控制隧道的超欠挖,另一方面则要求钢筋网片施工时实现对孔搭接,从而避免网眼错开后导致喷射混凝土不密实。

(3)防水层防水

工程经验表明,由于防水层基面的不平顺,局部突出易造成防水层在衬砌施工过程中发生损伤,从而形成隧道在运营期的渗漏水,冬季则容易出现挂冰病害。

(4)衬砌结构自防水

寒区隧道二次衬砌混凝土均采用防水混凝土,抗渗等级不低于P10;当地下水发育或对混凝土具有侵蚀性时,抗渗等级不低于P12。

(5)接缝防水

寒区隧道结构设置沉降变形缝及温度伸缩缝的防水设计应结合寒区温差大、冰冻期长的气候特点按以下两种情况进行考虑:

①当隧道所在地区年平均气温较高,气温年较差较大时(主要为新疆地区),隧道的沉降变形缝及温度伸缩缝应结合所在地区的气温年较差考虑设置,并保持一定的缝宽。

②当隧道所在地区年平均气温不高,气温年较差较大时,隧道沉降变形缝可考虑缝宽,但由于隧道施工期间的环境温度要求在5℃以上,且开通运营后冬季隧道内的温度低,隧道结构应考虑混凝土结构自身收缩变形影响和由于"负温差"引起的纵向收缩变形影响,温度伸缩缝可不缝宽,仅考虑设置隔离材料

即可。隔离材料可选用喷涂沥青橡胶等防水材料,满足接缝防水要求。

2）隧道排水设计

为防止寒区隧道排水系统发生冻害,保证隧道排水通畅,必须结合气候条件和地下水发育程度制定针对性的防寒措施,防寒保温排水系统的设防长度,应充分考虑当地气温、自然风、岩温等对隧道内空气和围岩温度场的影响,无具体资料时可参考表35-4确定保温排水措施。

寒区隧道保温排水措施设防长度一览表　　　　　　表35-4

序号	最冷月平均气温 t（℃）	中心深埋水沟		防寒泄水洞		保温水沟	
		是否设置	长度(m)	是否设置	长度(m)	是否设置	长度(m)
1	$-8 < t \leq -3$	可设	适量长度	水量较大,中心深埋水沟或保温水沟排水能力不足时可设	同中心深埋水沟或保温水沟长度	应设	0～300
2	$-15 < t \leq -8$	应设	$L \leq 1000$,全隧设置;$L > 1000$,洞口段设置,长度为500			根据中心深埋水沟或防寒泄水洞的设置确定	除去中心深埋水沟或防寒泄水洞长度后设置
3	$-25 < t \leq -15$	应设					
4	$t \leq -25$	—	—	应设	$L \leq 1000$,全隧设置;$L > 1000$,洞口段设置,长度为500		

注：表中 L 为隧道长度。

（1）保温水沟

①适用条件。保温水沟一般适用于冬季衬砌背后不会出现负温状态,隧道周边的地下水通过边墙处侧沟的泄水孔进入洞内后,在采取保温措施后可通过浅埋方式（即水沟埋置深度小于隧道内的最大冻结深度）设置的水沟引排即可达到冬季水流不冻结的地区。

②设置方式。保温水沟一般采用侧沟式或中心埋置式,其结构形式应结合隧道衬砌断面设计。保温水沟设计如图35-5所示。

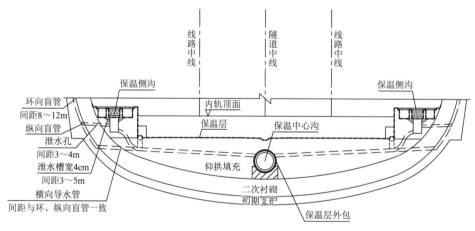

图35-5　保温水沟

保温中心水沟管径与普通隧道相同,一般设置在隧道仰拱填充内或紧贴隧道底板设置。当采用仰拱内保温中心水沟无法满足隧道排水量要求时,应进一步研究增加泄水洞等其他排水措施。

（2）中心深埋水沟

①适用条件。中心深埋水沟一般适用于冬季衬砌背后会出现负温状态,但围岩冻结深度不大于2.5m,隧道周边的地下水可通过渗水盲沟系统或重力下渗作用,并经设置于隧道结构下方的中心深埋水沟引排,从而达到冬季不冻结目的的地区。

②设置方式。中心深埋水沟是将水沟的流水面埋置于洞内的冻结深度以外,可确保冬季水沟流水不冻结的排水设施,中心深埋水沟设计如图35-6所示。为满足最大冻结深度的要求,中心深埋水沟设置在

隧道仰拱或底板以下，其管径可根据隧道出水量计算确定。当隧道水量大，中心深埋水沟排水困难时，可采用防寒泄水洞。

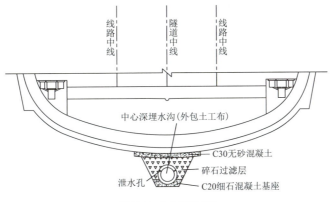

图 35-6 中心深埋水沟

中心深埋水沟的埋置深度一般可按下式确定[2]：

$$h_x = \frac{K h_0 t_x}{t} \tag{35-6}$$

式中：h_x——隧道内距洞口 xm 处深埋水沟的最小埋深(m)；

K——与岩性有关的冻结深度系数，按表 35-5 选用；

h_0——隧道所在地区的最大冻结深度(m)；

t_x——隧道内距洞口 xm 处最冷月平均气温，根据隧道沿纵向距洞口温度梯度推算，无资料时隧道中点至洞口段温度梯度可按 0.1℃/10m 考虑(℃)；

t——隧道所在地区最冷月平均气温(m)。

冻结深度系数一览表　　　　　　表 35-5

围岩类别	黏质土、粉质土	砂类土、碎石土	岩　石
K 值	1.0	1.1～1.3	1.3～2.0

为保证排水效果，中心深埋水沟下部需设置基座，基座可采用 C20 细石混凝土现浇完成。中心深埋水沟上部的回填材料应具有足够的强度、良好的透水性且方便施工。回填材料由下至上一般采用碎石和 C30 无砂混凝土，其中碎石过滤层粒径宜在 2.5～5.0cm 之间，选用的回填碎石材料应水洗，且颗粒表面洁净度不应大于 0.17%，针、片状指数不大于 20%，在水饱状态下岩石抗压强度不宜小于 60MPa；碎石过滤层与隧道仰拱或底板间设厚度不小于 15cm 的 C30 无砂混凝土回填层，C30 无砂混凝土上、下表面均应铺设一层土工布，其孔隙率不应小于 10%，透水系数不应小于 0.5mm/s。

（3）防寒泄水洞

①适用条件。防寒泄水洞一般适用于冬季衬砌背后会出现负温状态，且围岩冻结深度大于 2.5m，隧道周边的地下水可通过渗水盲沟系统或重力下渗作用并设置于隧道结构下方的防寒泄水洞引排后可达到冬季流水不冻结目的的地区。当地下水水量大，通过保温中心水沟及中心深埋水沟排水能力无法满足要求时，也可通过设置防寒泄水洞进行排水。

②设置方式。防寒泄水洞的埋置深度一般根据当地围岩的最大冻结深度并考虑泄水洞与正洞施工的相互影响关系、排水效果等影响因素综合确定。防寒泄水洞一般应满足超前正洞施工的要求，并可兼做隧道正洞的超前导洞预报正洞前方的工程地质和水文地质情况，为正洞的安全施工提供适当的参考。泄水洞可采用钻爆法或掘进机法施工，一般均设置衬砌。此外，为满足排水要求，泄水洞与正洞的净距不能太大，施工过程中不可避免地存在一定程度的相互干扰，泄水洞及正洞开挖均应采取控制爆破措施，控

制爆破振速,保证正洞及泄水洞的安全。防寒泄水洞断面净空尺寸应根据工程地质、水文地质、施工机械设备等综合确定,泄水洞的一般净空尺寸不小于2.2m×2.5m(高×宽),泄水洞设计如图35-7所示。

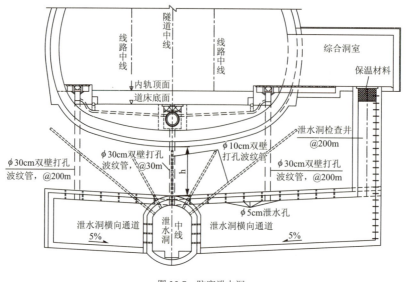

图35-7 防寒泄水洞

(4)配套排水设施

设置保温水沟、深埋水沟或防寒泄水洞的寒区隧道,还应设置保温检查井、盲管(沟)、泄水孔、排水横沟等洞内配套排水设施。

①保温检查井

由于检查井是保温中心水沟、中心深埋水沟及防寒泄水洞等主要排水设施与隧道内的连接通道,冬季易对隧道的排水系统造成影响,是寒区隧道保温的薄弱环节,故应对检查井进行保温设计。

检查井一般沿线路纵向间距为30~50m,检查井断面一般为方形,截面净尺寸一般为1.0m×1.0m。保温检查井设置双层盖板,两层盖板之间充填保温层,保温层的厚度一般为25~50cm,如图35-8所示。检查井盖板四周应与井壁周边密贴,防止冷空气进入。

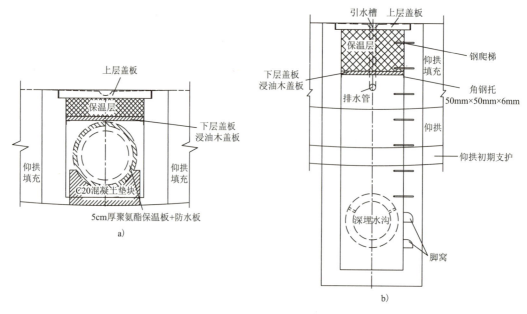

图35-8 中心水沟保温检查井和中心深埋水沟保温检查井

②盲管(沟)系统及横向导水管

为保证冬季衬砌背后局部负温状态对盲沟系统排水的影响并进行局部泄水减压,可在衬砌背后设置保温盲沟,保证结构安全。保温盲沟应采用保温材料进行包裹,确保冬季盲沟排水正常。

而当寒区隧道暗洞段地下水水位较高并设置中心深埋水沟时,为减少高水压作用对隧道结构的影响,可设置位于围岩冻结线以外的深埋环向盲沟。深埋环向盲沟沿拱脚以下的边墙部位,通过局部开槽扩挖至围岩冻结深度以外的方式设置,并在两侧拱脚位置斜向上分别设置一个直径为 $\phi100mm$,长为 $4m$ 的排水潜孔,如图 35-9、图 35-10 所示。

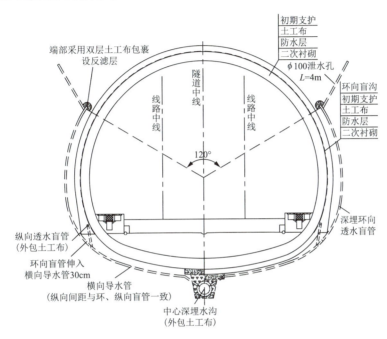

图 35-9　设置深埋水沟段的保温盲沟及基底横向导水管

为保证隧道衬砌内部排水系统的畅通,避免因盲沟局部堵塞影响隧道安全,位于严寒地区隧道衬砌背后的环、纵向盲沟(管)可互不连通,形成独立的排水通道。环向盲沟(管)纵向间距一般为 8~12m,当地下水发育时可加密环向盲沟至 3~5m 一道,纵向盲沟(管)一般每 8~12m 设置为一个分段,纵向盲沟排水坡度一般不得小于 5‰。

设置中心深埋水沟段的环、纵向盲沟(管)分别通过位于隧底的横向导水管与中心深埋水沟或保温检查井连通。设置保温中心水沟段的环、纵向盲沟(管)分别通过位于仰拱填充内的横向导水管与保温中心水沟或保温检查井连通。设置于隧底的横向导水管应打设泄水孔,并在管外包裹土工布,防止堵塞。

导水管的纵向间距应与环、纵向盲沟(管)设置间距一一对应,其排水坡度一般不小于 5‰;位于隧底的横向导水管可与 20cm×20cm(宽×深)碎石盲沟结合使用,增强排水效果,如图 35-11 所示。

保温侧沟可通过位于仰拱填充内的横向导水管与保温检查井连通,导水管纵向间距同保温检查井纵向间距,横向排水坡度不小于 3%。

③泄水孔

实践证明,由于严寒地区冬季气温低、冰冻期长,而现有的技术条件下保温侧沟的防寒能力有限,因此,位于严寒地区隧道的保温侧沟不宜作为排水通路,即严寒地区设置中心深埋水沟段边墙处侧沟不应设置泄水孔,其余段边墙至侧沟可设置泄水孔。而与之相对,由于寒冷地区隧道保温侧沟可作为主要排水设施,故边墙处侧沟应设泄水孔。泄水孔孔径一般为 $\phi 80\text{mm}$,纵向间距为 $2\sim 4\text{m}$。

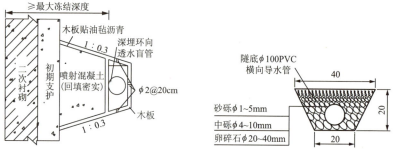

图 35-10　环向深埋盲沟　　　　图 35-11　隧底横向碎石盲沟(尺寸单位:cm)

3)洞外排水设计

(1)洞外深埋排水暗沟

隧道内的水经洞内保温水沟、中心深埋水沟或防寒泄水洞引排后,应结合洞外地形条件,采用深埋排水暗沟将水引排至地形低洼处或邻近河道内。洞外深埋排水暗沟一般采用明挖法施工,其流水面应位于最大冻结深度以下,排水纵坡一般不小于 5‰。为方便运营期维修养护,洞外深埋排水暗沟一般每隔 50m 设置一处保温检查井。洞外深埋排水暗沟一般采用钢筋混凝土预制管分节拼装而成,排水管沟内径通常不小于洞内中心深埋水沟的管径。洞外检查井保温措施可参考洞内保温检查井施作。

(2)保温出水口

在洞外深埋排水暗沟的末端,一般选择背风向阳处设置保温出水口。目前常用的保温出水口形式有圆包式、端墙式、三排管式及阳光房式保温出水口,如图 35-12～图 32-15 所示。

圆包式保温出水口适用于地形较为平缓、洞外排水条件较好的情况;端墙式保温出水口、阳光房保温出水口均适用于地形相对陡峭、洞外排水条件较好,且隧道内的水经保温出水口能迅速排泄的地方;三排管式保温出水口适用于地形平缓、洞外排水条件较为困难,容易出现积水的环境。

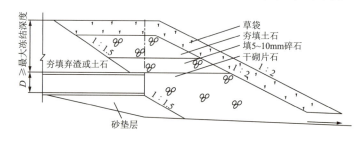

图 35-12　圆包式保温出水口

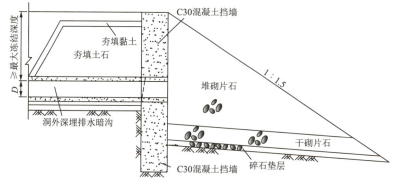

图 35-13　端墙式保温出水口

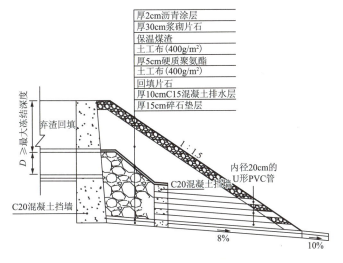

图 35-14 三排管式保温出水口

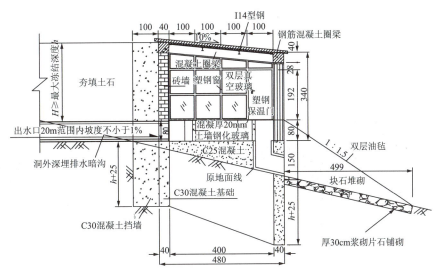

图 35-15 阳光房式保温出水口(尺寸单位:cm)

35.3 寒区隧道防寒排水系统施工工艺

为解决寒区隧道出现的冻害问题,设置了一系列的防寒保温排水措施,其中常用的中心深埋排水沟、深埋环向盲沟、保温层等设施的施工工序与正洞内其他的施工工序存在诸多交差和干扰,施工难度较大,使得其施工工艺较一般地区的防排水系统复杂。

35.3.1 中心深埋水沟

中心深埋水沟一般开槽设置于隧道结构物的下方,沟体一般采用钢筋混凝土预制管逐节拼装而成。其主要工艺流程如图 35-16 所示。

1)管沟槽体开挖

由于中心深埋水沟一般位于隧道结构下方,其槽体的开挖易对隧道拱墙部位初期支护的稳定性造

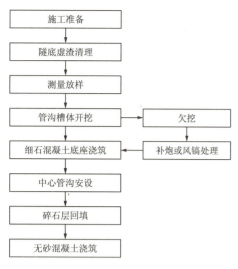

图 35-16 深埋中心水沟施工工艺流程

成影响,这种影响对于小跨度隧道断面的影响尤为明显。而为控制管沟槽体开挖导致仰拱超挖,可结合围岩情况采用机械开挖,或采用预裂爆破后机械开挖成槽。为保证安全,中心深埋管沟槽体的开挖进尺一般不得大于仰拱的开挖进尺。

当沟槽采用预裂爆破后机械开挖时,应结合不同的围岩级别调整单孔装药量及炮孔布置,以便充分发挥围岩的自承能力,减少爆破对隧底围岩及隧道结构的扰动影响,确保隧道结构安全。为了控制沟槽体的超挖,机械开挖时一般在沟槽体底部预留约 20～30cm 厚的虚渣,而后采用人工开挖清除。对于沟槽体的超挖部分一般可采用喷射混凝土回填、找平,而对于局部欠挖部分,则可采用小药量补炮或风镐处理。

为改善沟槽体开挖技术经济指标,每次爆破后应根据围岩岩性、节理裂隙的发育程度、爆破石砟的大小、开挖面圆顺等情况,进一步修正炮眼的间距、炮眼的深度和单孔用药量等参数。当爆破后石砟块体较小时,表明主炮眼布置偏密;而当石砟块体较大时,则说明主炮眼偏疏,用药量过大。

2)细石混凝土底座浇筑

中心深埋管沟的 C20 细石混凝土底座可采用预制压模按设计纵坡现浇完成,从而保证管沟安装的顺直度及稳定性。预制压模的弧度、卡槽等应结合管沟的尺寸进行设计。如图 35-17 所示。

a)   b)

图 35-17 中心深埋管沟底座压模及完成效果实景

3)中心管沟安设

中心管沟在铺设前,应先将管节接口的内、外表面采用钢丝刷将油污等杂物清除干净,按管径规格选用相应的橡胶密封圈,并套入插口槽内,要求做到四周均匀、平顺、无扭曲,以防渗水。

为防止吊装过程中管口受损并保证安全,应采用人工配合挖掘机吊装中心水管,吊点设置在水管的重心处,并采用平衡起吊的方式完成吊装。严禁采取钢索穿管吊管或单头起吊的吊装方法。铺管时,应将管节平稳吊起并移动至上一管节的接口处,顺底座坡度调整管节的高程和轴线,然后用紧管设备将管的端部慢慢嵌入上一管节的企口内;铺管过程中应保证管节处于悬吊状态,以降低紧管时的拉力;管节嵌入时,应注意橡胶圈不出现扭曲、脱槽等现象;铺管完成后应对接头进行防水处理如图 35-18 所示。

4)隧底横向导水管的安装

横向排水管处于隧道基底段放置在 20cm×20cm(宽 × 深)碎石

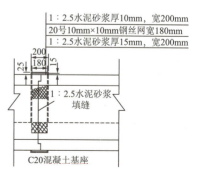

图 35-18 中心深埋水沟接头防水处理
(以企口连接为例)

盲沟内(图 35-11),导水管安装必须顺直,且导水管管口应伸入中心排水管上部的排水孔内。

5) 回填层铺设

为保证隧道基底承载力要求,中心深埋排水管外侧应先回填粒径 2.5～5.0cm 碎石层,且上部设置厚度不少于 15cm 的 C30 无砂混凝土透水层至隧道仰拱混凝土底部。无砂混凝土透水层上下各设置一层土工布,碎石层回填时两侧应对称进行,防止管体单侧受压移位。

35.3.2　深埋环向盲管

为保证施工安全,深埋环向盲管的施工一般在初期支护完成后进行,采取凿除初期支护喷混凝土后再掏槽、埋管,形成深埋环向盲沟。当深埋环向盲管位于Ⅱ、Ⅲ级围岩段时,可采用控制爆破或机械开挖方式完成掏槽,而Ⅳ、Ⅴ级围岩段可利用前后两榀钢架及邻近的系统锚杆作为径向支护,采用机械开挖或控制爆破方式完成掏槽。设置深埋环向盲管处邻近的钢架纵向间距可根据现场实际情况局部调整,以方便开挖掏槽,如图 35-19 所示。

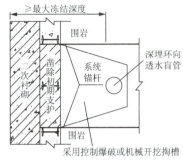

图 35-19　深埋环向盲管支护示意图

35.3.3　保温层

保温层位于二次衬砌表面时可采用表面喷涂法或表面铺设法施工,保温层位于初期支护与二次衬砌之间时可采用吊挂法施工。

1) 表面喷涂法[2]

表面喷涂法一般施工工艺流程为:检查二次衬砌表面的平整度和渗漏水点并处理→清除二次衬砌表面污物→现场发泡制备保温材料并喷涂至二次衬砌表面→保温材料喷涂层表面挂钢丝网后涂抹界面剂→喷涂层表面砂浆修饰→最外层防火处理。

2) 表面铺设法[2]

表面铺设法一般施工工艺流程为:检查二次衬砌表面的平整度和渗漏水点并处理→清除二次衬砌表面污物→施作固定填装保温杯的龙骨→利用龙骨嵌槽安装保温层→安装防火板并封闭缝隙→喷涂隧道专用防火涂料进行表面防火处理。

3) 吊挂法

采用吊挂法施做保温层时,保温层一般采用双层防水板间夹保温板的形式,其施作原理为:采用防水板连接点环向张拉法进行防水板和保温板的施作,即第一层防水板与固定无纺布的热熔垫片之间利用手动电热熔接器焊接,设置防水板条带固定保温板并与第二层防水板焊接,从而保证保温层和防水板之间有效连接,如图 35-20 所示。

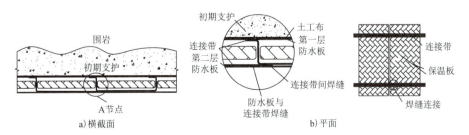

图 35-20　吊带法施做保温层施工工艺示意图

35.4 寒区隧道存在问题及展望

近些年,我国修建了众多的寒区隧道,积累了系列的隧道抗冻、保温、防寒防排水等方面的成功经验,取得了显著成效,但隧道冻害问题依然困扰着位于寒区的运营部门,且隧道冻害相关的数据积累仍然偏少。因此,在今后的一段时间内,寒区隧道的抗冻、防冻研究依然需要寒区隧道技术工作者持续不断的努力。总结目前寒区隧道存在的问题并对今后的研究进行展望如下:

(1)寒区隧道洞内温度场及冻结深度变化等基础研究数据积累不足。

寒区隧道贯通后,隧道内及周边围岩中原有的地温热力平衡条件遭到破坏,自然通风、机械通风、列车活塞风等均大大增加了洞内空气与围岩对流传热作用,由不同环境与介质构成的隧道空间温度场(包括洞内外气温、衬砌表面温度、衬砌内部温度及围岩内部温度等)时刻发生着变化,影响了隧道内的冻结深度。应结合隧道开挖揭示地质情况及隧道所在区域的气象资料,通过现场试验及数值模拟技术,系统研究不同标准、不同隧道长度、不同运营对象等条件下隧道内的温度场和冻结深度沿隧道纵向的变化规律,为设计提供数据支撑。

(2)结构抗冻措施研究不足,春融时结构受融冻病害影响明显。

目前寒区隧道的结构设防抗冻措施主要是设置钢筋混凝土衬砌,并局部间隔设置温度伸缩缝消除由于较大温差产生的温度应力。而严寒地区的温差大、冻结期长,隧道结构受温度变化影响剧烈放大,尤其是对于高标准铁路,由于隧道断面大,列车运营速度快,突出的冻害问题使得隧道运营的安全风险大大增加。近年来开通运营的寒区铁路隧道局部出现了下列病害特征:一类表现为部分寒区隧道的冻害均发生于春融期间,造成了衬砌开裂,严重的出现了隧道衬砌裂损、掉块,甚至危及行车安全,给隧道运营部门带来了诸多不便;另一类表现为处于严寒地区的隧道洞口一定范围段,由于受较大温差的影响,不仅各类结构缝在冬季张开明显,且局部由于较大的温度应力产生了衬砌开裂,使得隧道防寒保温防排水效果大大削弱,局部还造成了衬砌挂冰等冻害。

应根据不同地区结构抗冻问题,研究确定结构抗冻分级与结构抗冻措施;应进一步开展隧道抗冻段结构温度应力影响及消减技术研究,大部分寒区隧道结构的温度应力主要是纵向收缩产生,应通过研究结构构造等方式消除温度应力,避免对衬砌结构产生危害;应进一步开展混凝土材料防冻抗冻技术研究,从提高混凝土气密性或抗渗透能力等方面着手,研究衬砌抗冻措施;应进一步开展接缝防冻技术研究,接缝防渗等防水措施及气密措施。

(3)配套施工设备及工艺研究不够。

尽管设计在隧道洞口段综合在地表处理、围岩抗渗、隧道结构抗冻设防和隧道防排水系统等方面采用了系列的防寒抗冻保温措施,但在上述技术措施具体实施过程中,局部工序施工难度大、工艺复杂,对于防水薄弱环节的处理不够细致,使得施工质量无法尽如人意。应进一步加强应用于寒区的防排水新型材料及专业施工设备的研究,和针对寒区隧道防寒排水措施施工工艺、隧道初期支护、二次衬砌的施工工艺的优化研究。

本讲参考文献

[1] 国家铁路局. 铁路隧道设计规范:TB 10003—2016[S]. 北京:中国铁道出版社,2017.
[2] 中华人民共和国交通运输部. 季节性冻土地区公路设计与施工技术规范:JGT/T D31—06—2017[S]. 北京:人民交通出版社股份有限公司,2017.

[3] 杨针娘,刘新仁,曾群柱,等.中国寒区水文[M].北京:科学出版社,2000.
[4] 吴紫汪,赖远明,臧恩穆,等.寒区隧道工程[M].北京:海洋出版社,2003.
[5] 中华人民共和国水利部.水工建筑物抗冰冻设计规范:GB/T 50662—2011[S].北京:中国计划出版社,2011.
[6] 刘亚平,牛荻涛,王家滨.冻融损伤后喷射混凝土耐久性研究[J].硅酸盐通报,2014,33(9):2381-2386.
[7] 肖广智.不良、特殊地质条件隧道施工技术及实例(二)[M].北京:人民交通出版社股份有限公司,2015.

第36讲

多年冻土隧道

多年冻土是一种非常特殊的地层,隧道穿越时面临诸多问题,如怎样发挥好围岩冻结时良好的稳定性,从而避免融化后对结构的不利影响?冻土层范围本身没有水,但与外界连通或冻土遭到破坏时,水会进入隧道而引发"堵不住、排不走"的困境,如何处理隧道防排水的问题?冻土隧道的冻胀力是附加荷载,其作用机理、大小与结构设计和施工有很大的关系,如何将冻胀力的影响减到最小?本讲结合工程实践,探讨寒区隧道工程中一个特殊的工程类型——多年冻土隧道的相关技术问题。

36.1 概述

我国的寒区面积为 $417.4 \times 10^4 km^2$,占领土面积的 43.5%,其中多年冻土面积为 $215 \times 10^4 km^2$,占领土面积的 22.3%。冻土面积排在世界第三位,仅次于加拿大和俄罗斯。寒区往往分布着丰富的森林、矿产、水利等资源,为了合理开发和利用这些资源,修建了大量的铁路、公路、水利及管道工程,必然会遇到大量的隧道工程,其中部分隧道会穿过多年冻土层,我们称之为多年冻土隧道。

我国多年冻土划分为高纬度多年冻土和高海拔多年冻土两种类型,主要分布在东北、西部高山和青藏高原,季节冻土则遍布大部分国土。我国已建多年冻土区隧道早期主要集中在东北牙林线、嫩林线及西北的南疆线,近期新建的青藏线、柴木铁路、内蒙两伊铁路、东北东部铁路通道及大坂山公路隧道等穿过了多年冻土层。通过调查发现,与严寒地区隧道相类似,部分多年冻土隧道建成后存在着衬砌冻胀开裂、酥碎、剥落、挂冰和道床冒水、积水、结冰等病害,严重威胁行车安全,养护工作十分繁重,正常运营受到了较大的影响。

36.2 多年冻土隧道技术难题

多年冻土隧道处于高寒及冻土的特殊环境中,这使得多年冻土隧道的设计与施工面临着许多特殊的工程技术问题,如围岩的热稳定性、冻胀力的作用、冻土隧道防排水、施工环境温度控制、高原缺氧问题等。主要工程技术问题详述如下:

(1)隧道周边冻土围岩的热稳定性问题

多年冻土层常年处于冻结状态,围岩自身具备良好的稳定条件,隧道的修建会造成其周边冻土层一

本讲执笔人: 黄双林,赵勇.

定范围内的融化,除了施工期间对冻土的影响外,运营期列车散热及环境气温的影响更是长期的。隧道周边冻土环境发生改变后,一定范围的围岩形成冻融圈,随着寒暖季交替变化,冻融圈会处于冻融循环的不稳定状态,对结构产生不利的影响。自然情况下,冻融圈最大厚度接近当地冻土上限。冻融圈范围越大,冻融作用越剧烈,产生的影响也就越大。因此,冻融圈是多年冻土地区影响隧道结构稳定的一个极其重要的因素,减小冻融圈范围,保持围岩的热稳定性,以充分发挥冻土自身的稳定条件,是保证结构稳定的根本手段。

(2)冻胀作用对结构的影响

多年冻土隧道冻胀力对结构的影响,是隧道设计必须考虑的一个重要问题,如果处理不当会对结构造成危害。隧道承受的冻胀力与路基、桥梁、房屋等地面结构有很大的不同。从冻胀机理来讲,有黏性土体冻胀、基岩裂隙冰冻胀、局部空隙(洞)冰冻胀;从影响因素来讲,与地质条件、地下水特征、冻融圈范围、构筑物结构形式、施工情况等均有较大的关系。设计中需根据具体情况,结合冻胀机理和影响因素,采取有效措施,减小冻胀作用对结构产生的不利影响。

(3)冻土隧道防排水的特殊性

水是产生隧道病害的根源。多年冻土隧道由于环境的特殊性,防排水面临特殊的问题:其与温暖地区的最大不同是排水通道处于负温的环境,与严寒地区的不同之处是难以将排水通道设置在不受外界气温影响的深度(冻结线以下)。多年冻土隧道排水系统处于水温低、周边围岩负温范围大的特殊环境,自然的排水通道很难畅通;防水材料在负温及冻融条件下性能降低;施工缝、变形缝等薄弱环节的处理与一般地区也不相同。因此,设置一个适合于多年冻土地区,且完整有效的防排水体系是避免隧道产生病害的关键。

(4)高原、高寒、冻土环境中隧道施工技术难题

高原气候严寒,氧气含量低,环境恶劣,尤其在多年冻土地区,许多地方被称为"生命禁区"。在这种条件下进行隧道施工,必须解决人的生存环境与工程的施工环境问题。生存环境即洞内有足够的含氧量,有害气体和粉尘含量符合国家卫生标准;施工环境即洞内温度应有效控制,既不会导致周边冻土大范围融化,又能保证混凝土的施工质量。

36.3 多年冻土隧道设计关键技术

36.3.1 多年冻土隧道设计思路

在多年冻土地区,隧道面对的是高寒的外部环境和常年处于冻结状态的冻土(岩),工程修建后,破坏了原来冻土的热平衡,使得深埋在地下的冻土与外界气候发生直接的联系,产生冻融。在暖季,外界的热量以对流的形式传入隧道,融化了衬砌背后一定范围的围岩,该融化范围内的水成为冻害的根源。在寒季,融化范围内的围岩发生冻结,围岩裂隙中的自由水结冰产生体积膨胀,对衬砌结构产生冻胀力,冻胀力的往复作用会导致隧道结构的破坏。

面对多年冻土的特性及冻胀力诸多复杂的影响因素,多年冻土隧道的设计从何着手?众所周知,产生冻胀力的必要条件是温度变化和水。所以解决温度变化和水的问题是多年冻土隧道设计的关键。单从解决温度变化的问题出发,寒区隧道有防冻、防融两种方法;单从解决水的问题出发,可以有"以防为主"和"以排为主"两种不同思路。一般情况下多年冻土隧道所在地区的特点是:高寒的外部环境和常年处于冻结状态的冻土(岩),蒸发量远远大于降水量,地下水不发育,主要为基岩裂隙冰。因此,多年冻土

隧道设计考虑温度变化问题时只能采取暖季防止融化的办法,因为在寒季防止围岩冻结是难以做到的,而只有暖季融化范围减小了,寒季冻结时产生的冻胀力才能减小;解决水的问题必须立足"保护冻土",考虑"以防为主"的综合治理措施,因为冻土地区水量较小,且负温及冻土环境使得排水通道处处受阻,很容易冻结堵塞。

基于以上分析,多年冻土隧道的主要设计思路是"以确保结构物周边冻土的热学稳定来达到结构物的力学稳定的目的",即围绕着"保护冻土"的要求采取隧道隔热保温技术、复合防冻胀结构及综合防排水设施等措施,有效控制冻融圈的范围,消除产生冻胀和冻害的根源。

36.3.2 冻土区工程线路的选择及隧道位置的确定

寒区气温呈垂直或带状分布特征,局部区域气温的差异性、地下水的复杂性及对特殊地层的敏感性,使得寒区工程选线对隧道的建设和运营产生很大的影响,选择合理的隧道位置对于减少冻害、降低运营成本和风险具有重要意义。多年冻土地区隧道遇到的主要地下水为冻结层上水和冻结层间水。冻结层间水以冰的形式存在,总体上不发育;冻结层上水的主要来源为地表水下渗,受地形、地质及水文条件的影响,水量大小、径流条件差异很大,其对隧道的危害也有很大的不同。对于地表汇水面积大、上游表层储水丰富、隧道埋深浅、覆盖层松散而下渗容易的浅埋冲沟地段,冻结层上水对隧道的危害很大,主要表现在冻结层上水源源不断地渗入隧道周边,除了会破坏周边冻土外,水流会进入隧道排水系统,给多年冻土隧道排水造成极大的负担,为寒季水沟冻结和道床积冰创造了条件。

如图 36-1 所示,某多年冻土隧道冲沟处埋深 3m 左右,受地表水及围岩破碎的影响,多年冻土十分脆弱,开挖过程中发生坍塌,大量的地表水及冻结层上水涌入隧道,导致隧道周边融化范围迅速扩大,最后沿沟床及线路纵向形成局部融区。地表水及冻结层上水源源不断地渗透到衬砌背后,在防水板及衬砌的薄弱环节发生渗漏。

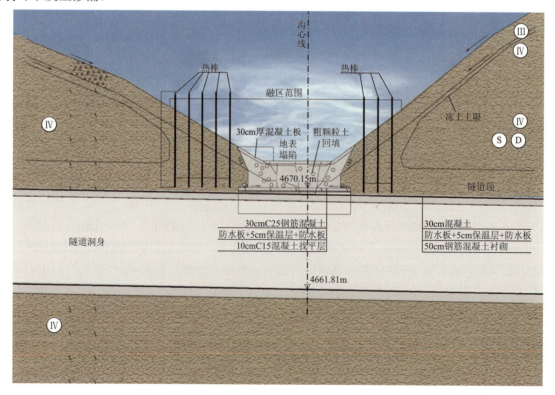

图 36-1 冻土隧道下穿浅埋冲沟

因此,多年冻土隧道在穿过冻结层上水发育的沟谷时,尽量以大埋深通过,这样既能最大限度地减少冻结层上水对隧道的影响,又能为隧道施工过程中保护冻土、减小对多年冻土的扰动创造条件。

36.3.3 冻胀力的确定

1)黏性土体冻胀

土体冻胀是由于均匀散布于土体中的水分转化为固态水后使土体产生相对均匀的体积膨胀。由于环向受土体自身约束,冻胀主要向径向发展。

冻胀力的大小和衬砌背后的冻结深度、土体含水率、围岩弹性模量及衬砌刚度等有关。研究试验表明,随着冻结深度的增加,冻胀力有较大幅度的增加;冻胀力的增长几乎随土体含水率的增长而相同倍数地增长;冻胀力随衬砌与围岩的刚度增大而增大。

冻胀力的确定:冻胀力因冻胀土体的变形受到围岩和隧道结构双向约束而产生,变形释放多则冻胀力小,变形释放小则冻胀力大。但由于隧道周边土体及含水率的不均匀性,加之作为承受冻胀力的结构(初期支护+二次衬砌)的形状、刚度、材质的差异性,确定冻胀力是十分困难的。一般情况下,冻胀力可用下式估算:

$$Q = k \cdot hn \tag{36-1}$$

式中:Q——冻胀压力集度(MPa);

k——土体弹性抗力系数(MPa/m);

hn——冻胀量(m)。

2)基岩裂隙冰冻胀

在隧道周边冻结圈范围内,基岩裂隙中的水在冻结时会发生体积膨胀,当受到围岩及隧道结构约束时,就会对结构产生冻胀力。由于环向被土体自身约束,冻胀主要向径向发展。冻胀力的大小和衬砌背后的冻结深度、基岩裂隙发育程度、围岩含水率、围岩弹性模量及衬砌刚度等有关。

冻胀力的确定:冻胀力主要来源于基岩裂隙中冰体积的膨胀,岩体自身并不发生冻胀,这与黏性土体冻胀有所不同。冻胀力的大小除了受围岩和结构约束的影响外,主要由冻结圈范围裂隙水(冰)的体积决定。但需要注意的是,冻结圈范围的围岩也会承担一定的冻胀力,因而作用在衬砌上的冻胀力会产生递减效应,计算冻胀力时可考虑折减系数。

根据有关试验资料,当采用封闭容器,即在没有体积膨胀的条件下测得冰的冻胀力大得惊人,它又和约束条件及承载结构有关。在东北林区铁路嫩林线朝阳2号隧道,现场实测隧道所受的冻胀力仅有25~200kPa,可见围岩裂隙的递减作用及隧道变形的释放作用是非常明显的。

3)局部空隙(洞)冰胀

施工中超挖过多或出现塌方、回填不密实的情况下衬砌背后会存在局部的空隙、空洞,冻胀力主要来源于空隙(洞)中冰体积的膨胀。冻胀力的大小取决于空隙(洞)的体积大小,也和空隙(洞)所处的位置有关。由于冰产生的冻胀力会直接作用在衬砌结构上,对结构造成较大的破坏,而许多隧道冻害严重段都是施工期间回填不密实或塌方地段,因而,施工质量的好坏也是冻害发生的一个重要因素。

4)荷载作用计算模式

衬砌结构受力分析中,围岩压力为主要荷载,冻胀力为附加荷载。但对于深、浅埋以及是季节性冻土还是多年冻土而言,荷载组合和计算模式也有所不同。

对于浅埋隧道,无论开挖前是季节性冻土还是多年冻土,隧道工程开挖后洞内和地表会发生双向冻融,地表的冻融深度与洞内融化圈或冻结圈可能连通,计算时按融化状态浅埋荷载和冻结状态部分(浅埋荷载+冻胀力)两种模式比较确定。对于冻结状态的部分浅埋荷载,主要是对季节性冻土而言,冻结范围以外(边墙范围)的地层还会产生一定的围岩压力,而多年冻土地层则基本没有或很小。

青藏线昆仑山隧道设计时冻胀力按最大 0.6MPa 考虑,水平与垂直 1:1,考虑冻胀时不计冻融圈范围的围岩压力。在采用隔热保温技术及防冻胀结构后,现场实测冻胀力不大于 0.3MPa。

36.3.4 隔热保温技术的应用

1)作用机理

寒区隧道贯通后,围岩发生冻结的主要因素为洞内外气温的影响。在洞内,由于没有热辐射的影响,热量靠热传导的形式影响围岩的温度场,即洞内冷量穿过衬砌支护传向围岩。在热传导的过程中,衬砌、支护混凝土作为不同导热系数的介质,对冷量的传递起到了不同程度的阻碍作用,但由于混凝土材料的导热性能相对较好,对冷量的阻碍作用有限。因此,为了最大限度地减少冷量向围岩的传递,在隧道内设置了一层导热系数极小的材料作为隔热保温层。

2)考虑因素

隔热保温设计需要考虑工程所处环境的温度条件、保温材料的性质、支护结构形式、防排水设施、施工工艺等因素,保温层构造形式应满足保温效果良好、自身结构稳定、材料耐久性好、施工方便等条件,达到有效阻止热量向围岩传递的目的。隧道所处区最大冻结深度值、最冷月与最热月平均气温差是隔热保温层设计的主要依据。

3)敷设形式

目前采用隔热保温技术的隧道,隔热保温层敷设的方式有两种:一种是在衬砌内缘表面铺设保温层,另一种是在两层衬砌之间铺设保温层,如图 36-2 所示。

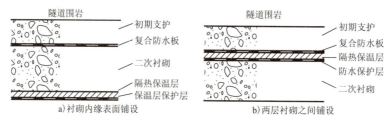

图 36-2 隧道隔热保温层敷设方式示意图

4)效果分析

从图 36-3 可以看出,隔热层背后的温度变化幅度小于洞内气温,并呈现逐年下降的趋势;当洞内月均气温变化 1℃时,隔热层内侧(靠近衬砌侧)月均温度变化 0.8℃,隔热层外侧(靠近围岩侧)月均温度变化 0.2~0.3℃。隔热层内外侧存在较大的温差,表明隔热效果明显。

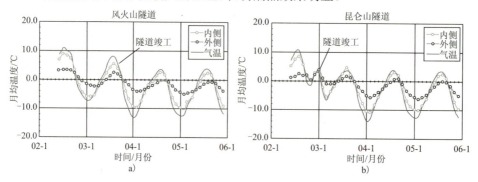

图 36-3 隔热保温层内外温度对比

36.3.5 多年冻土隧道设计

1) 设计原则

多年冻土隧道的设计以"保护冻土"为原则,通过应用隔热保温技术,综合考虑防排水、防冻胀措施以保证结构的稳定。衬砌断面结构图如图36-4所示。

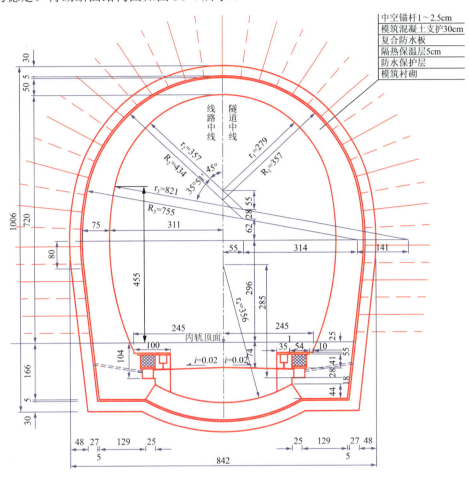

图 36-4　衬砌断面结构图(尺寸单位:cm)

2) 隔热保温层的设计

通过应用隔热保温技术来达到防止衬砌背后的围岩融化、减小冻融圈的目的。隧道在初期支护和二次衬砌间可设隔热保温层,以减小洞内外气温与围岩的热交换。

3) 防排水设计

采用适合于多年冻土区环境温度及水文地质特征的隧道防排水体系,采取"洞外截排、洞内防堵、隔热、水沟保温等多道防线综合治理"的原则及综合防排水措施,为冻土围岩的回冻创造条件。

4) 衬砌结构及支护设计

结合多年冻土隧道隔热保温技术的应用及气候特点,可采取"初期支护+防水保温层+二次衬砌"的衬砌支护模式。

5) 结构耐久性设计

考虑隧道处于严寒、冻融环境,初期支护可采用 C25 模筑混凝土,二次衬砌采用 C30 钢筋混凝土,衬砌支护均采用低温早强耐久混凝土。衬砌防水充分利用混凝土的自防水能力,抗渗标号不低于 P8,抗冻等级 F=300。施工中通过调整混凝土配合比、掺加复合高效外加剂、制定特殊的施工工艺来达到耐久性的要求。

36.3.6 冻土隧道施工通风、供氧及环境温度控制

1）施工通风

结合洞内环境温度控制的要求，可采用高原高寒隧道专用通风/空调一体化机组，风机最高效率为85%。通过大量测试可知，所研制的风机功率曲线平坦，高速档变化在20～21.6kW之间，几乎属于恒功率特性，能够充分利用原动机的功率输出，减少电能的浪费。

2）施工供氧

考虑采用吸附式制氧、隧道氧吧和便携呼吸器相结合的制氧与供氧系统方案，以解决高原空气稀薄、制氧效率低、现场无动力电源以及设备系统的高原可靠性差等难题，现场实施后受益覆盖近万人，使每位隧道施工人员呼吸到90%以上的医用氧，健康和安全有了保障，工作效率大大提高。

3）施工温度场控制

冻土隧道的热敏感性及施工对环境温度的要求，使得洞内温度成为影响施工安全和施工质量的一个重要因素。通过对青藏铁路昆仑山、风火山隧道施工过程中环境温度的测试及影响因素的综合分析，冻土隧道洞内施工环境温度采用 -5 ～ +5℃ 的控制值，既防止了施工过程中冻土大范围融化，又确保了混凝土的施工质量，保证了施工的正常进行。

为控制冻土隧道施工温度，可考虑采取以下措施：

（1）寒季施工时，为将洞内温度控制在 -5℃ 以上，结合施工通风向洞内供暖风，并在洞口设保温门帘，减少洞内外热交换。

（2）寒季施工时，对水、砂石料进行加热，以确保混凝土的入模温度。

（3）暖季施工时，通过调整施工工序、夜间通风等方法，将洞内最高温度控制在 +5℃ 以下，以避免冻土大范围融化。

（4）在围岩破碎地段，通过喷射混凝土及时封闭开挖面等措施，减少热交换以保证围岩稳定。

36.4 多年冻土隧道工程实例

36.4.1 工程概况

昆仑山隧道全长1686m，起讫里程为DK976+250～DK977+936，轨面设计高程4642.66～4665.91m，隧道最大埋深106m。洞身纵坡为14‰、13.4‰的单面坡，隧道设2座辅助坑道。隧道所处地区属昆仑山北麓中、高山区，区内寒冷干旱，一年冻结期长达7～8个月，年平均气温 -5.21℃，最冷月平均气温 -15.22℃，极端最低气温 -26.54℃。隧道洞身通过板岩夹片岩，以板岩为主，浅灰色、灰黑色，变晶结构，板状构造，岩体致密、坚硬；片岩为片状构造，岩体多柔软，破碎。洞身全部穿过多年冻土层，多年冻土下限埋深在100～110m之间，隧道进口山坡为阴坡，冻土上限埋深为2.7m，出口山坡为阳坡，冻土上限埋深为2.1～3m。

隧道全断面设防水隔热层，采用"初期支护+防水板+隔热保温层+防水板+二次衬砌"复合封闭结构。

36.4.2 施工期渗漏水处理

1）渗漏水情况

2002年7月，昆仑山隧道由2号横洞施工到DK977+630浅埋段时发生坍塌冒顶，形成非贯通融区，洞内DK977+629～DK977+640段出现大面积涌水。涌水主要集中在2号冲沟浅埋段右侧拱腰及顶部坍坑，地下水的补给主要为上游冲沟中的地表水及冻结层上水，水量基本维持在100～200m³/d。

2003年5月22日，DK977+620施工缝发生突然涌水，水量最大时达200m³/d左右。随后，浅埋段的施工缝和避车洞也多处发生不同程度的渗漏水。渗漏水情况见图36-5、图36-6。洞内涌水处位于2号横洞浅埋段，其上为一冲沟，见图36-7、图36-8；洞内出水见图36-9、图36-10。

图36-5　DK977+620拱腰涌水挂冰

（2003年5月23日11:40）

图36-6　涌水后道床积冰情况

（2003年5月23日11:40）

图36-7　2号横洞浅埋段地表冲沟沟床

（2003年5月25日13:30）

图36-8　沟床铺砌上游28m施工缝处地表水下渗

（2003年5月28日13:30）

图36-9　DK976+283避车洞出水

图36-10　DK976+793避车洞针状喷水

随着外界气温的降低，至2003年10月下旬，昆仑山隧道进口端水沟开始发生冻结现象，水沟冻塞，冰水漫上了水沟电缆槽盖板，并导致水沟盖板和沟内隔热保温板上鼓。在揭开保温水沟内保温板刨冰的过程中，水沟内的温度受外界影响迅速下降，水沟的冻结段由洞口向洞内迅速延伸，如图36-11、图36-12所示。

图 36-11 冲沟上游端头墙附近积冰情况

图 36-12 DK977+410 附近道床积冰情况

2）处理措施

（1）渗漏水处理原则

①结合隧道所处地区大的负温环境及多年冻土的特点，综合考虑防、排、截、堵的措施，为隧道周边围岩回冻创造条件。

②防止 2 号冲沟的地表水及冻结层上水进入隧道是渗漏水治理的关键环节。

③洞内防水应充分利用结构自身的防水功能，通过注浆等措施消除渗漏水的薄弱环节，达到防水可靠的目的。

（2）洞外治理工程

①在 2 号冲沟沟床注浆形成堵水帷幕

为阻止冲沟地表水及冻结层上水通过局部非贯通融区向洞内渗漏，沿隧道纵向在冲沟上、下游两侧的衬砌外缘一定范围内进行了深孔注浆，形成注浆堵水帷幕。后续在实施地表帷幕注浆的基础上，通过沿线路纵向在上游冲沟隧道与降水井之间一定范围内进行补充深孔注浆，加宽和延伸了注浆帷幕的范围，达到阻止冲沟地下水向洞内渗漏和提高竖井降水效果的目的。

②在 2 号冲沟设降水竖井

为降低、疏散 2 号冲沟隧道附近沟床融区范围的地下水，在 DK977+630 线路右侧（冲沟上游）15m 处沟床位置设一座降水竖井。在竖井底位置沿隧道纵向前后各设 10m 的泄水洞，泄水洞净空为 2.4 m×2.6m（宽×高）的拱形断面（图 36-13）。

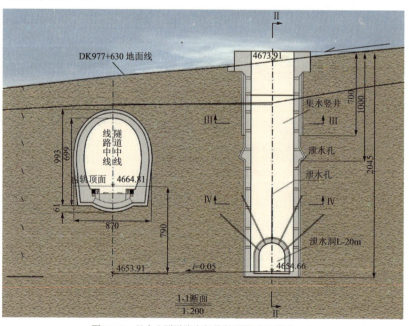
图 36-13 昆仑山隧道降水竖井断面图（高程单位：m）

③对 2 号冲沟沟床的处理

a. 在沟床冻土上限附近设隔水层

为防止上游沟谷及两侧山坡冻结层上水渗入隧道,在沟床上游侧 30m,下游侧 20m 范围内沿冻土上限附近设钢筋混凝土板作为隔水层。

b. 沟床地表防排水处理

在钢筋混凝土板以上填筑粗颗粒土,恢复冻结层上水原有的排泄条件,使融化层范围的水可自由排泄。

c. 热棒措施

为确保冻结层上水在钢筋混凝土隔水板以上通过,沿钢筋混凝土隔水板周边设热棒,以提高冻土上限,避免冻结层上水下渗,进一步提高隔水效果。

(3)洞内治理工程

①二次衬砌间回填注浆

二次衬砌施工时拱部一定范围存在空隙,形成衬砌背后积水和水迁移的通道。通过填充空隙,防止水流沿两层衬砌间的空隙迁移。对全隧道衬砌拱部、边墙及墙脚打孔注浆。

②环向施工缝及纵向施工缝注浆

对全隧道环向施工缝及纵向施工缝进行注浆处理。

③集中出水点处理

根据现场调查情况,集中出水点衬砌已出现表层酥碎、强度降低等缺陷。为恢复结构防水功能,对集中出水点进行了堵漏、修补处理。

④表面片状渗漏水处理

对表面有细微孔隙、砂眼、蜂窝的部位,采取 R-6 型堵漏防水剂抹面处理;对孔隙较大的部位,在渗水的一定范围内,进行打孔注浆。

36.4.3 结语

结合昆仑山隧道勘察设计、施工及渗漏水处理,有以下几点思考:

(1)冻土隧道修建要高度重视浅埋冲沟段。多年冻土隧道浅埋段(尤其是埋深小于 2 倍上限),当地表汇水面积大、上游表层储水丰富、覆盖层松散而下渗容易时,冻结层上水(包括地表水)对隧道的危害较大,是隧道产生病害的主要根源。多年冻土隧道位置的选择应避免穿过冻结层上水发育的沟谷,浅埋冲沟地段应尽量以大埋深通过。

(2)恢复冻土、保护冻土是隧道工程稳定、安全的根本。青藏高原多年冻土区处于大的负温环境,防排水措施的主要目标是为隧道周边围岩的回冻创造条件,隔热保温的设置要最大限度地减少暖季的融化。

①隧道上游泄水洞的设置,截断了地表水、冻结层上水向隧道补给,减少了地下水对隧道周边冻土层的扰动,有利于冻土的恢复。

②洞内回填注浆,填实了隧道结构与围岩间的空隙,避免了地下水沿隧道纵向流动,为围岩的回冻创造了条件。

③隔热保温层尽管延缓了围岩回冻的时间,但没有改变回冻趋势,反之,隔热层在暖季有效阻止了围岩的融化,对冻土的保护发挥了积极作用。

(3)隧道下穿浅埋冲沟时,应结合冻土特征对冲沟地下水的来源、径流及排泄条件进行认真勘察,并在此基础上综合考虑截、排、防、堵的措施,严防地表水及冻结层上水进入隧道排水系统。

(4)多年冻土地区,设计措施能否施工到位,是防排水目标实现的关键。

36.5 结语

多年冻土隧道处于严寒气温条件及常年冻结的岩石（土层）当中，在冻土短期内不退化的前提下，首先应该考虑保护冻土的原则，通过维持冻土的热稳定防止隧道冻害的发生。隧道修建中，可从以下几方面予以注意：

（1）准确掌握隧道的水文地质和气象资料是基础，可通过勘察手段的革新和技术水平的提高满足冻土隧道勘察的需要。

（2）选择合理的线路位置可以很大程度上避免冻害的发生，需要不断总结冻土区工程的选线经验。

（3）掌握不同条件下隧道内气温及围岩温度的分布规律，可有效提高冻土隧道工程措施的针对性。

（4）冻胀力的作用机理和大小受制于诸多因素，需要结合实际情况进一步研究减弱、释放或抵抗冻胀力的综合措施。

（5）隔热保温技术需要结合围岩温度场的分析及施工工艺、材料耐久性不断完善。

（6）防排水措施是防冻害的关键，需要结合冻土的"保护原则"统筹考虑，其质量保证更多依靠新材料、新工艺的研究与应用。

展望未来，为更好地保护冻土、消除冻害，冻土隧道的建造应向信息化、机械化方向发展，重点要动态掌握隧道修建前后及过程中温度（环境、地温）的变化情况，通过机械化施工最大限度地减少对冻土的扰动；运营中监测衬砌背后冻融圈的发展变化情况，以评估结构的长期稳定状况。

本讲参考文献

[1] Zhou Youwu, Guo Dongxin, Qiu Guoqing, et al. Geocryology in China[M]. Beijing: Science Press, 2000: 1-10.[周幼吾，郭东信，邱国庆，等. 中国冻土 [M]. 北京：科学出版社，2000: 1-10.]

[2] 杨针娘，曾群柱. 冰川水文学 [M]. 重庆：重庆出版社，2001: 48.

[3] 中国科学院《中国自然地理》编委员会. 中国自然地理（地貌）[M]. 北京：科学出版社，1980: 255-300.

[4] 施雅风. 中国冰雪冻土图 [M]. 北京：地图出版社，1988.

[5] 黄双林. 青藏铁路风火山隧道设计难点探讨 [J]. 铁道工程学报，2008，25（8）：45-49.

第37讲

岩溶隧道

岩溶隧道是指在岩溶地区修建的隧道。近年来，我国先后在岩溶地区建成了渝怀铁路、宜万铁路、渝利铁路、贵广客专、沪昆客专等铁路工程，克服了诸多的岩溶区复杂工程地质问题，积累了丰富的岩溶隧道修建经验和教训。

37.1 岩溶隧道概述

37.1.1 岩溶地貌及其分布情况

岩溶又称喀斯特，是水对可溶性岩石（碳酸盐岩、硫酸盐岩、卤化物岩等）进行以化学溶蚀作用为主，以水的机械侵蚀和崩塌作用以及物质的携带、转移和再沉积作用为辅的综合地质作用，以及由这些作用所产生的现象的统称。世界上喀斯特地貌主要分布在中国广西、云南和贵州等省（区），越南北部，南斯拉夫狄那里克阿尔卑斯山区，意大利和奥地利交界的阿尔卑斯山区，法国中央高原，俄罗斯乌拉尔山，澳大利亚南部，美国肯塔基和印第安纳州，古巴及牙买加等地。

中国喀斯特地貌分布之广泛，类型之多，为世界所罕见，主要集中在云贵高原和四川西南部。据不完全统计，总面积达 200 万 km^2，其中裸露的碳酸盐类岩石面积约 130 万 km^2，约占全国总面积的 1/7；埋藏的碳酸盐岩石面积约 70 万 km^2。碳酸盐岩石在全国各省区均有分布，但以桂、黔和滇东部地区分布最广。湘西、鄂西、川东、鲁、晋等地，碳酸盐岩石分布的面积也较广阔。

37.1.2 中国岩溶隧道情况

我国在岩溶地区修建的铁路工程众多，出现了大量的岩溶隧道（表37-1），由于岩溶及岩溶水发育的复杂性（非均匀和动态变化），岩溶对隧道工程的危害较大，特别是岩溶水发育地段，建设、运营风险较高，一旦发生突水突泥等灾害事故，后果严重。

本讲执笔人： 田四明，赵勇.

中国铁路岩溶隧道情况表　　　　　　　　　　　　表 37-1

分　类	线路条数(条)	岩溶隧道座数(座)	岩溶隧道总长(km)	施工揭示岩溶处数(处)	突(涌)水(泥)次数(次)
运营	45	1030	1582	5110	156
在建	30	616	1461	1464	35
规划	11	189	583	—	—

注：1. 此表为不完全统计；
　　2. 运营线路仅统计 2000 年以后开通运营项目。

37.2　岩溶隧道的灾害类型

37.2.1　岩溶形态

岩溶形态分为地表形态和地下形态。

（1）地表形态包括：石芽、溶沟、溶槽、漏斗、落水洞、溶蚀洼地、溶蚀盆地、干谷、盲谷、峰丛、峰林和孤峰等（图 37-1）。

（2）地下形态包括：岩溶管道、地下河（湖）、溶洞等（图 37-2）。

图 37-1　地表岩溶形态图

图 37-2　地下岩溶形态图

地表和地下岩溶形态组合形成了复杂的岩溶系统。

岩溶可按发育强度分为四级：岩溶强烈发育、岩溶中等发育、岩溶弱发育及岩溶微弱发育（表 37-2）。从工程出发，岩溶按其埋藏条件分为裸露型岩溶、覆盖型岩溶、埋藏型岩溶。裸露型岩溶最为常见，但覆盖型岩溶和埋藏型岩溶更为隐蔽和复杂，更容易出现工程和环境问题。

岩溶发育程度分级表　　　　　　　　　　　　表 37-2

级别指标		强烈发育	中等发育	弱发育	微弱发育
定性指标	岩溶形态	以大型暗河、廊道、较大规模溶洞、竖井和落水洞为主	沿断层、层面、不整合面等有显著溶蚀，中小型串珠状洞穴发育	沿裂隙、层面溶蚀，扩大为岩溶化裂隙或小型洞穴	以裂隙状岩溶或溶孔为主
	连通性	地下洞穴系统基本形成	地下洞穴系统未形成	裂隙连通性差	裂隙不连通
	地下水	有大型暗河	中小型暗河或集中径流	少见集中径流，常见有裂隙水流	裂隙透水性差
定量指标	钻孔见洞隙率(%)	>30	10～30	1～10	<1
	钻孔见岩溶率(%)	>20	5～20	1～5	<1

37.2.2　岩溶水作用特征

岩溶地下水是赋存于岩溶化岩体中地下水的总称，又称岩溶水。岩溶是岩溶水长期不断溶蚀、侵蚀作用下的产物,岩溶发育程度与岩溶水的动力活动密切相关。在裸露岩溶区,岩溶地下水的垂直分带性是普遍存在的,铁路系统习惯上将岩溶水循环分带,分为垂直渗流带、季节变动带、水平径流带和深部循环带。

在垂直渗流带中岩溶水自上而下的垂直径流,主要发育有漏斗、落水洞、竖井等垂直岩溶形态。在季节变动带中,地下水既有垂直运动,也有水平运动,因此,岩溶既有垂直岩溶形态,也有水平岩溶形态。在水平径流带中地下水基本上是水平运动,所以溶洞、暗河等水平岩溶形态较发育,但在接近排水谷底的部分,水具有减压作用,常有放射性的岩溶形态。在深部循环带中,地下水流动缓慢,岩溶形态的形成过程也非常缓慢,长期作用的过程中,形成规模不大的小溶洞和溶孔。一般条件下垂直渗流带、季节变动带和水平径流带内岩溶水流以管道流为主,扩散流和混合流为辅;深部循环带内以扩散流为主,管道流和混合流为辅。图 37-3 为宜万铁路马鹿箐隧道岩溶水分带图。

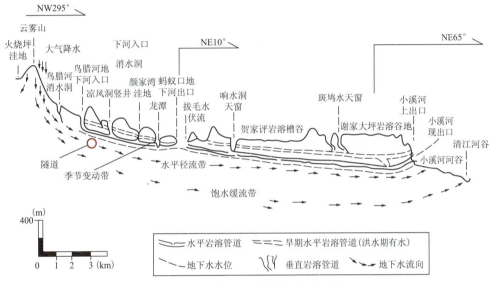

图 37-3　宜万铁路马鹿箐隧道岩溶水分带图

37.2.3　岩溶隧道灾害类型

岩溶隧道主要地质灾害可分为溶槽溶洞、突水突泥、地表塌陷、失水及地下水污染等,从岩溶对隧道工程的影响方面总体上可归结为岩溶水、溶洞和其充填物的问题(图 37-4),当隧道以不同高程穿越岩溶发育区时,会遭遇不同的岩溶形态和岩溶水(图 37-5),一般有以下几种:

(1)遭遇溶槽或有不同充填物类型的溶洞。
(2)遭遇不同类型、不同压力的岩溶裂隙富水带。
(3)遭遇不同压力的岩溶水管道、地下暗河、大型富水充填溶洞或岩溶地下湖等,隧道施工可能诱发突水、突泥等地质灾害。

综合近年来岩溶地区隧道建设经验,线路从垂直渗流带穿越时,隧道遭遇的一般是贫水或无水的岩溶溶洞,安全风险相对较小,采取适当的基底回填(跨越结构)、结构加强(明洞)等措施即可顺利通过。当线路从季节变动带、水平径流带经过时,可能会遭遇富水充填溶洞、大型地下暗河以及高压岩溶裂隙富水带等,施工安全风险较高,处理难度大,易发生大型突水、突泥等地质灾害。结合近年来铁路岩溶隧道发生的突水、突泥灾害分析,隧道突水类型划分及比重如表 37-3 和图 37-6 所示。

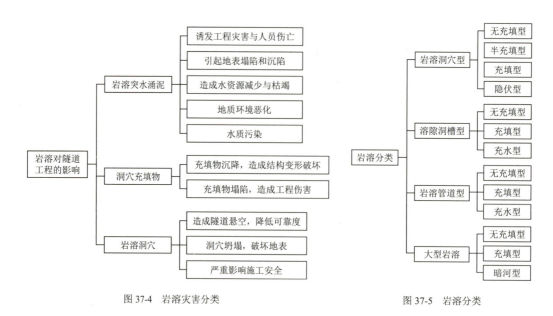

图 37-4　岩溶灾害分类　　　　　　　　　图 37-5　岩溶分类

突水涌泥类型划分表　　　　　　　　　　　　　　表 37-3

突水涌泥划分标准	突水涌泥类型
突水涌泥位置	掌子面突水涌泥；拱顶突水涌泥；底板突水涌泥；隧道侧壁突水涌泥
突水涌泥发生过程	突(爆)发型突水涌泥；滞后型突水涌泥；缓冲型突水涌泥
突水涌泥量	特大型突水涌泥；大型突水涌泥；中型突水涌泥；小型突水涌泥；微型突水涌泥
突水涌泥诱因	岩溶溶腔的突然溃口；承压水断层破碎带突水；高压富水区管道和基岩裂隙水突出；局部富水囊状风化腔的突涌泥

a) 突水　　　　　　　　　　　　　b) 涌泥

图 37-6　隧道突水涌泥类型及其比重

37.3　岩溶隧道的勘察、选线及设计原则

岩溶及岩溶水危害直接关系到岩溶隧道施工安全、工程造价、维修养护费用和运营安全，岩溶地区隧道工程建设从勘察、选线、设计上都应该遵循一定的原则。

37.3.1　岩溶隧道勘察原则

（1）当隧道穿越广泛分布的可溶岩地层，且可能发生岩溶地质灾害时，应按岩溶进行工程地质勘察。

（2）岩溶隧道勘察应充分分析既有地质、水文地质等资料，采用遥感图像解译、工程地质及水文地质调绘、工程物探、钻探、地质测试等综合勘察方法。复杂岩溶地区应推广应用高分卫星遥感、InSAR（干涉雷达）形变监测、无人机高分航测遥感等新技术、新手段，提高勘察精度。

（3）岩溶水强烈发育地段，应进行岩溶水文地质和工程地质专题研究，岩溶区工程地质测绘范围应涵盖全部岩溶水文地质单元，特别是应查明岩溶水垂直分带及其补给、径流、排泄特征。

（4）岩溶隧道勘察应进行综合勘察资料整理，分析岩溶隧道突水、突泥的风险，预测隧道施工中可能发生集中涌水段、点的位置，分段预测可能发生的最大涌水量和正常涌水量，开展隧道施工诱发地面塌陷和地表水漏失等环境地质评估工作。

37.3.2　岩溶隧道选线原则

岩溶隧道选线应遵循"先绕避、短通过、顺坡排"的指导原则，也有专家总结为"走高、靠边、人字坡"原则。

（1）岩溶隧道应加强地质选线工作，采取综合勘察方法，查清区域岩溶发育规律和程度，尽量绕避岩溶强烈发育区（特别是大规模溶腔和暗河）、构造发育带、可溶岩和非可溶岩的接触带、岩溶水富集区及岩溶水排泄带，线路应尽量选择从岩溶相对不发育地带通过，降低岩溶风险。

（2）贯彻高位选线原则，选择越岭隧道应尽量从岩溶垂直渗流带内通过，在季节变动带中通过线位也宜高不宜低，水平径流带和深部循环带原则上应避绕。在水平径流带、深部循环带修建隧道工程，容易发生涌水突泥、地面塌陷、地表失水、破坏生态环境等灾害，并且大型溶洞难以处理，代价巨大。

（3）越岭地区隧道在平面上宜选择在岩溶负地形之间、地下分水岭附近，选择线路大交角、短距离通过岩溶发育区。在有河流的区域，隧道走向选择尽量靠近河流上部的山体。

（4）岩溶及岩溶水发育的隧道，应采用较大的纵坡，并尽可能设计成人字坡。

37.3.3　岩溶隧道设计原则

（1）岩溶及岩溶水发育的隧道，隧道正洞及辅助坑道施工应满足顺坡排水的条件，以降低风险，缩短工期，节省费用。

（2）岩溶隧道宜优先采用平行导坑、横洞、迂回导坑等具有自排水能力的辅助坑道，以保证施工和运营排水需求。富水岩溶地段不宜设置斜井、不应设置竖井。

（3）岩溶隧道防排水应遵循"以排为主、排堵结合"的原则，对环境敏感区段可采取以堵为主、限量排放的原则。隧道位于岩溶水水平径流带时、隧道位于岩溶水季节变动带且揭穿暗河（富水岩溶管道）时，应设置平行导坑（泄水洞）等排水减压工程。

（4）施工中揭示岩溶水一般采取疏导为主的处理原则，维持或恢复既有排泄通道，必要时增设排水通道。高压富水溶洞宜设置永久截排水设施，控制排放，并防止堵塞。

（5）岩溶隧道二次衬砌承受的水、土压力应根据岩溶类型、富水程度、充填状况、排水能力等因素综合分析确定。

（6）隧道基底充填型岩溶处理宜采用复合地基方案；隧道穿越大规模空溶腔时，应充分考虑上部落石危险。有落石风险时，一般可采用基底分层回填方案，尽可能减少人员作业时间。隧道基底软硬不均地段应设置必要的调整层。

（7）高风险岩溶隧道应进行施工防灾报警系统设计。

（8）岩溶隧道设计应包括风险评估、超前地质预报、岩溶及岩溶水处理、支护结构体系、施工方法、防排水、施工防灾报警、安全监测、岩溶水环境监测等内容。

37.4 岩溶处理及结构设计

岩溶按地下水的发育程度可分为贫水型和富水型,按充填状态可分为部分充填型和全充填型,按发育形态可分为溶隙型、管道型、暗河型、溶洞型及组合型。岩溶处理应综合分析评价其对隧道工程施工、运营安全的影响。对规模小、岩溶水不发育的岩溶地段可按一般隧道进行设计,及时处理施工揭示出的岩溶管道和溶洞,对规模大、地下水发育的岩溶地段应开展专项设计。

1) 部分充填贫水岩溶处理和结构设计

(1) 根据岩溶形态、规模、与隧道空间位置关系、岩层产状、岩层层厚、岩层倾角、节理裂隙、埋深等因素,对岩溶洞壁稳定性及充填物特性进行综合分析评价(表37-4)。

部分充填贫水岩溶洞壁整体性稳定评价指标权值　　表37-4

控制要素	因子	编号	权值	控制要素	因子	编号	权值
岩溶顶板岩层情况	单一碳酸盐岩层	1	12	岩溶形状	高宽比≥3	13	10
	碳酸盐岩与非碳酸盐岩互层	2	7		1＜高宽比＜3	14	7
	厚层	3	13		高宽比≤1	15	3
	中厚层	4	8	岩溶埋深	大于5倍溶洞跨度	16	13
	薄层	5	1		2～5倍溶洞跨度	17	8
	水平	6	12		小于2倍溶洞跨度	18	3
	倾角≤30°	7	8	地下水	发育区(大于2000m³/d)	19	2
	30°＜倾角＜60°	8	5		较发育(500～2000m³/d)	20	8
	倾角≥60°	9	2		贫水(小于500m³/d)	21	12
	节理发育	10	1	地震区域	地震动峰值加速≤0.15g	22	10
	节理较发育	11	6		地震动峰值加速＞0.15g	23	2
	节理不发育	12	10				

注:岩溶洞壁整体性综合评价分析时,可将影响岩溶洞壁整体稳定性的因素归纳为5个控制要素和23个因子,综合分析各因子所占的权值,制定岩溶洞壁整体稳定性评价体系:即,当综合分值≥80时为岩溶洞壁整体稳定,当60≤分值＜80时溶洞局部可能发生坍塌,当分值＜60时溶洞不稳定。

图 37-7　典型部分充填型溶洞处理剖面图

(2) 根据岩溶洞壁稳定性评价结论,清除洞壁危岩,采取喷锚网、护墙、护拱、立柱支顶、锚索等措施对岩溶洞壁进行防护(图37-7)。

(3) 设置稳固可靠的基础,可采取换(回)填、复合地基、拱跨、板、梁、桩等。

(4) 隧道结构形式应根据岩溶规模、形态、与隧道空间关系,结合岩溶防护、基础处理等确定。隧道结构设计应考虑岩溶空间效应、落石冲击荷载、充填物流失、施工方法、工程措施等因素。

2) 全充填贫水岩溶处理和结构设计

(1) 根据充填物特性,结合岩溶规模、形态、与隧道空间关系等,确定隧道超前预加固和预支护措施。

(2) 充分考虑溶洞充填物流失对隧道结构的影响,设置稳固可靠的基础,基础形式可采取换填、复合地基、板、梁、桩等。

(3) 隧道结构荷载计算应充分考虑岩溶充填物特征及注浆加固效果,结合施工方法、工程措施等因素,通过工程类比和理论分析计算确定。

3)富水岩溶裂隙处理和结构设计

（1）根据富水岩溶裂隙水压、渗透性、整体稳定性等特征,确定隧道超前预加固和预支护措施。

（2）高压富水宽张岩溶裂隙,宜采用排水减压措施。

（3）整体稳定性差的富水岩溶裂隙,宜采用超前周边注浆或超前帷幕注浆加固等措施。整体稳定性较好的富水岩溶裂隙,宜采用径向注浆或超前周边注浆等措施。

（4）隧道结构应根据注浆加固效果、隧道排水能力等综合分析确定。

4)富水岩溶管道处理和结构设计

（1）综合分析富水岩溶管道的水量、水压、连通性等特征,充分考虑其季节性变化对隧道施工和运营的影响。

（2）宜采取疏导为主的处理措施,维系其原有的过水通道,必要时增设排水洞、管涵等。

（3）隧道结构应根据岩溶管道的排水效果,充分考虑水压力作用。

5)暗河处理和结构设计

（1）当隧道邻近（下穿、上跨、旁侧）暗河通过时,应综合评价隧道与暗河间岩盘的稳定性,当岩盘安全厚度不满足要求时,应对其进行加固处理。

（2）当隧道穿越暗河时,采取疏导措施,尽量维系其原有的过水通道,必要时增设排水洞等,保障暗河水的通畅。

（3）隧道结构设计应充分考虑暗河及堆积物等对隧道的影响,确保隧道稳固可靠。

6)富水充填溶洞处理和结构设计

（1）综合分析富水充填溶洞的储量、水压、连通性、充填物等特征,充分评估其对隧道施工和运营的危害程度。

（2）优先采用释能降压工程措施降低施工风险,对溶洞充填物进行注浆加固,并采取超前管棚等措施保障施工安全。

（3）当周边环境复杂、排水对环境影响较大时,可按照以堵为主、限量排放的原则,采取超前帷幕注浆、水平旋喷注浆、冻结等工程措施对溶洞充填物进行加固处理。

（4）隧道结构应根据释能降压、注浆加固等工程措施的处理效果,充分考虑水、土压力的作用,通过工程类比和理论分析计算确定。

7)岩盘安全厚度确定

隧道与周边隐伏溶洞的岩盘安全厚度可根据围岩级别、隧道断面大小、溶洞的规模、位置、富水充填程度等因素采用工程类比法、数值分析回归法和结构力学近似分析法等综合确定。

37.5 岩溶隧道防灾减灾设计

岩溶隧道安全风险高,除了从勘察、选线尽可能降低工程风险之外,为保证隧道施工和运营安全,尚应开展综合超前地质预报、施工防灾报警系统、隧道结构监测及安全监控等专项设计。

37.5.1 综合超前地质预报设计

综合超前地质预测预报是预防铁路隧道突水涌泥的主要手段,目前在中国铁路隧道建设中已广泛采用,主要预报手段包括物探和钻探。综合超前地质预报根据隧道不同地段的岩溶隧道复杂程度分级,划分超前地质预测预报等级,确定预报项目,根据超前地质预测预报成果,提出灾害预警报告和安全可行的处理措施建议,开展信息化设计和施工。其工作流程详见图 37-8,超前地质预报分级及预报项目见表 37-5。

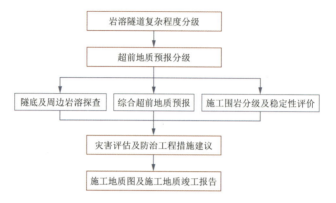

图 37-8 岩溶隧道超前地质预测预报工作流程图

超前地质预报分级及预报项目　　　　　　　　　　表 37-5

分级		工程地质特征	预测预报项目
A 级	A+	①极有可能存在重大地质灾害的地段,如极有可能遭遇大的暗河体系,发育重大软弱、富水、导水性良好的断层。②存在重大物探异常,极有可能发生 10000m³/h 以上的特大型突水突泥,并极有可能诱发重大环境地质灾害地段	①地质素描;②长距离预报:TSP203(100m);③中距离预报:超前水平探孔(30～60m)1～3 孔,必要时 HSP 或负视速度法 50m;④短距离预报:地质雷达(15～30m)、红外线连续探水、超前水平探孔(30m)6 孔、超前炮孔(5m)5 孔,必要时孔中 CT 或摄像
	A	①可能存在重大地质灾害的地段,如可能遭遇大的暗河体系,发育重大软弱、富水、导水性良好的断层。②存在重大物探异常,极有可能发生大于 1000m³/h 以上的大型突水突泥,并可能诱发重大环境地质灾害的地段	①地质素描;②长距离预报:TSP203(100m);③短距离预报:超前水平探孔(30m)1～3 孔,超前炮孔(5m)3～5 孔,地质雷达(15～30m)、必要时连续红外探水
B 级		可能发生 100～1000m³/h 的中～小型突水突泥地段,存在较大物探异常、断裂带等地段	①地质素描;②长距离预报:TSP203(150m);③短距离预报:超前水平钻孔(30m)1～3 孔,超前炮孔(5m)3 孔,异常处地质雷达(15～30m)、红外探水 20m
C 级		岩溶水文地质条件较好的碳酸盐岩和碎屑岩地段,发生突水涌泥的可能性不大或规模不大于 100m³/h 的突水突泥	①地质素描;②重要地层界面或物探异常处:TSP203(150m)、超前炮孔(5m)3 孔;③必要时地质雷达(30m)

岩溶隧道综合超前地质预报设计内容主要包括:岩溶隧道复杂程度分级和超前地质预报目的、超前地质预报设计原则、超前地质预报方案(内容)、超前地质预报方法和技术要求等。其中,综合预报原则为:以地质分析为主线,物探方法为手段、多种方法相互印证和补充;方法选择原则为:地表和洞内相结合、长距离和近距离相结合、宏观控制和微观探测相结合、构造探测和水探测相结合、地质法 - 物探法 - 钻探法相结合。

37.5.2 施工防灾报警系统设计

施工防灾报警是保证现场人员安全的最后保障,设计和施工均应引起高度重视。施工防灾报警系统设计可由声光报警(图 37-9)、应急通信及电视监控、逃生通道及疏散标志(逃生线路)、应急照明及供电系统、逃生装备、应急排水六部分组成,根据隧道风险特点选择性设置,以便于发生突发事件时隧道内人员安全、迅速撤离。

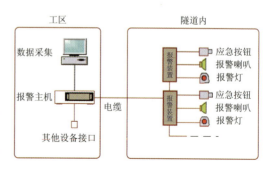

图 37-9 声光报警系统组成

37.5.3 隧道结构监测及安全监控设计

1）结构安全监测

高压富水溶洞、暗河等复杂岩溶地段，宜进行结构安全监控（图37-10）。对隧道围岩及支护结构受力变化状况进行监测，以便及时分析掌握隧道结构受力状态，主要监测项目有外水压力、初支内力、围岩与初支间接触压力、初支与二衬间接触压力、二衬内力等。监测信息宜采用自动化采集、网络化传输，并设定危险报警值，在出现危险情况时自动预警，为施工及安全运营提供保证。

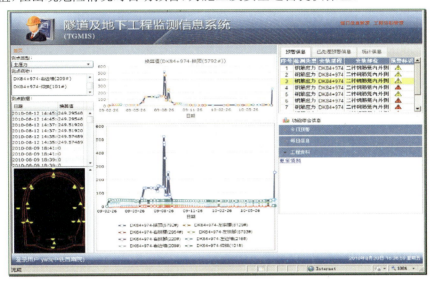

图37-10　隧道安全监控系统

2）安全监控

为准确、系统掌握复杂岩溶隧道的工作状态，确保运营安全，必要时应对高水压、复杂岩溶隧道进行运营监控，监控点一般选择在靠近溶洞的排水洞或溶洞内。通常摄像头覆盖整个被监视区域进行全方位摄像，当前端光纤光栅探测器发生报警时，将联动摄像机镜头对准报警区域，同时将实时视频图像切换到指定的监视器上。

3）分级管理

运营期间，根据结构安全监测数据及视频监控画面，及时掌握各富水溶腔隧道工作状态。当发生预警时，及时采取措施，确保运营安全，以下为运营期间分级管理流程图（图37-11）。

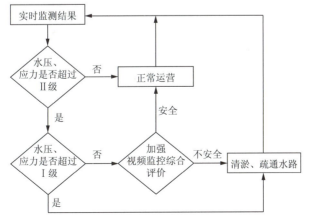

图37-11　运营期间分级管理流程图

37.6 岩溶隧道典型工程实例

37.6.1 工程概况

齐岳山隧道（图37-12）全长10528m，是宜万铁路Ⅰ级高风险隧道，是全线的控制性工程，纵坡为单面下坡，最大埋深670m，距隧道出口704m范围内为双线车站隧道，其余为单线隧道，在线路左侧30m设置长10581m的贯通平导，中部设置长752m的有轨运输斜井一座。隧道于2003年12月开工建设，于2009年12月10日贯通，2010年12月22日正式开通运营。

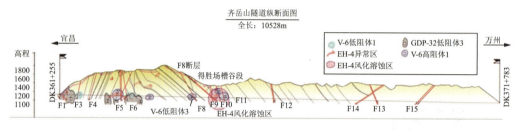

图37-12　齐岳山隧道纵断面

37.6.2 工程水文地质条件

齐岳山隧道地处长江和清江交界地带，位于清江发源地湖北省西部利川市，隧道区内共发育15条断层，3条暗河系统。隧道进口段穿越齐岳山背斜构造，主要为碳酸盐岩，长约4.1km，发育大鱼泉和小鱼泉两条暗河系统，隧道进口段从两条暗河系统中间穿过，岩溶、岩溶水极发育，设计难度极大。

隧道中部穿越得胜场槽谷段，处于可溶性碳酸盐岩和非可溶性碎屑岩接触带，发育3条大型断层和得胜场大型暗河系统，暗河水通过断层和隧道连通；得胜场暗河发育于隧道上方220m处，水量达40万m^3/天，发育的F9、F10、F11断层受区域断裂地质构造影响，岩体破碎，特别是F11大断裂，沿得胜场槽谷延伸达45km，线路垂直切割，隧道穿越段断层宽约250m，规模宏大，断层内岩体破碎，属于细粉碎散体结构，为Ⅵ级围岩，隧道内实测水压达2.5MPa，是国内已建和在建规模最大、地质条件最为复杂的大型区域断裂，处理难度极大。

37.6.3 主要岩溶问题及处治技术

1）大型富水溶洞群处治技术

齐岳山隧道建设过程中多次遭遇富水岩溶，施工安全风险和工期风险极大，如齐岳山隧道进口反坡段遭遇的DK363+629富水溶洞（图37-13），溶洞可视范围内横向发育宽度大于60m，隧道中线位置纵向长度约9m，隧底以下7.1m，溶洞以充水为主，底部沉积少量泥砂，实测水压力0.68MPa，最大涌水量达25万m^3/天（图37-14）。

设计采取TSP203、超前长距离探孔等综合超前地质预测预报手段，并通过开展排水试验、注浆试验，查明了富水溶洞的形态、规模、充填性质以及与隧道的空间关系，并掌握了富水溶洞的工程地质及水文地质条件。

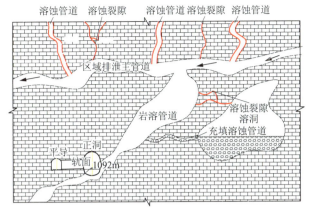

图 37-13 隧道与"DK363+629"溶洞复杂关系图

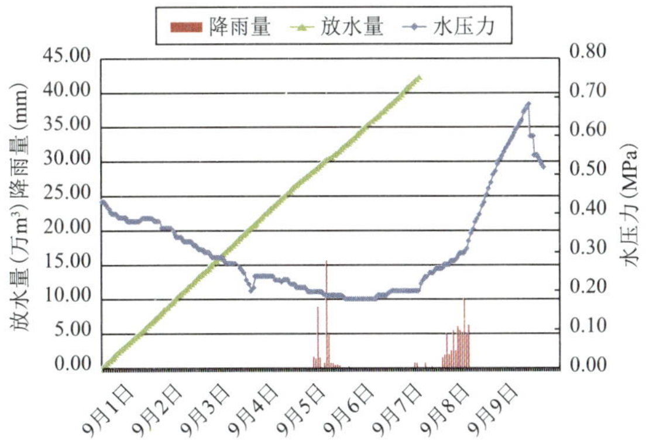

图 37-14 放水试验曲线图

根据掌握的工程水文地质条件,首先在隧道掌子面对富水溶洞实施排水降压(由 0.68MPa 降低至 0.2MPa),如图 37-15 所示。再利用排水支洞精确爆破揭示溶洞,彻底释放了溶洞内水压力,消除了施工风险。根据齐岳山隧道雨量监测资料,在暴雨期间可能短时间内形成高水头,溶洞段衬砌结构按承受 0.5MPa 水压力进行设计,确保隧道长期运营安全,形成的"排水减压、加强衬砌、综合治理"富水溶洞综合设计技术对类似工程具有重要的借鉴价值(图 37-16)。

图 37-15 629 溶洞排水减压照片

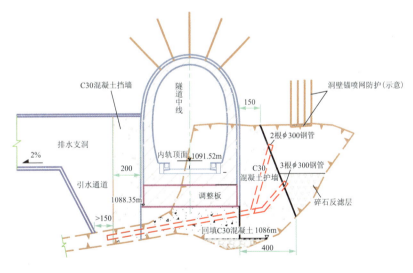

图 37-16 629 溶洞处理典型横断面图(尺寸单位:cm)

2)高压富水大断裂处治技术

齐岳山隧道 F11 高压富水大断裂,位于得胜场槽谷段(图 37-17),沿隧道长约 250m,由构造角砾岩、断层泥等组成,岩体破碎,胶结差,实测水压达 2.5MPa,受位于隧道顶部 220m 处得胜场暗河的影响,极可能发生突水突泥,工程处理难度极大。

针对 F11 高压富水断层的工程水文地质条件,通过现场放水试验、注浆试验,取得断层内岩体渗流参数及边界条件,创新采用整体和细观的渗流—应力耦合计算分析方法,建立了模拟隧道穿越高压富水断裂段施工过程的微观渗流计算模型,通过计算分析掌握了隧道突涌水边界条件和隧道周边渗透水压力分布规律,为隧道超前注浆加固范围和衬砌结构的确定提供了依据。

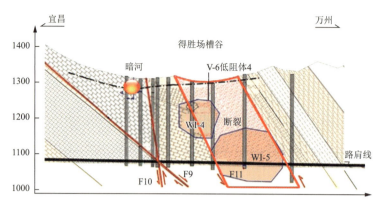

图 37-17　齐岳山隧道得胜场槽谷纵断面

通过 F11 高压富水断裂带内多洞室周围渗流—应力耦合数值模拟计算分析,创新提出"排水减压、注浆加固、加强型衬砌结构、综合治理"的设计理念,形成了一套高压富水大断裂隧道设计技术体系,如图 37-18 所示。

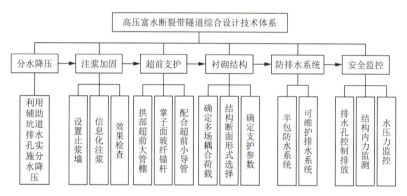

图 37-18　高压富水断裂带隧道综合设计技术体系

利用高压富水断裂带隧道综合设计技术体系,对齐岳山隧道 F11 高压富水断层段衬砌结构进行了大幅度的优化和调整(图 37-19、图 37-20),在实测 2.5MPa 水压力的情况下,二次衬砌厚度为 65cm,通过结构安全性监测数据可知,结构安全可靠,可为类似工程提供借鉴和参考。

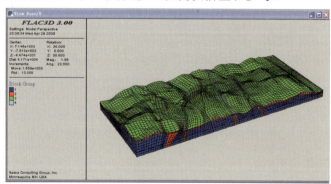

图 37-19　渗流-应力耦合计算模型

3)施工阶段防灾报警系统设计

齐岳山隧道为 I 级高风险岩溶隧道,为保障施工安全,首次在隧道内设置防灾报警逃生系统,该系统是针对突发性的突水突泥所采取的针对性措施,主要包括声光报警(图 37-21)、应急通信级电视监控(图 37-22)、逃生通道及疏散标识、应急照明及供电系统、逃生装备(图 37-23)和应急排水 6 个部分。通过设置防灾报警系统,齐岳山隧道施工过程中有效规避了各种灾害,取得了良好的效果。

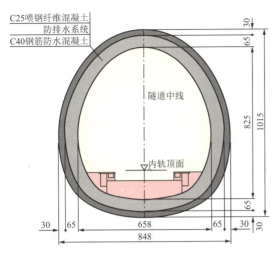

图 37-20　F11 断层段隧道衬砌结构(尺寸单位：cm)

图 37-21　隧道声光报警系统

图 37-22　应急通信及电视监控系统

图 37-23　逃生装备

4)远程无间断可视化隧道安全监控系统设计

针对齐岳山隧道工程地质条件复杂特点,为确保运营安全,适时进行运营维护,首次在隧道内进行了远程无间断可视化隧道安全监控系统设计(图 37-24)。通过隧道外水压力、衬砌受力等的监测,掌握复杂地质条件下隧道结构受力状况,所有监测信息采用自动化采集、网络化传输,时刻监控隧道结构安全性。

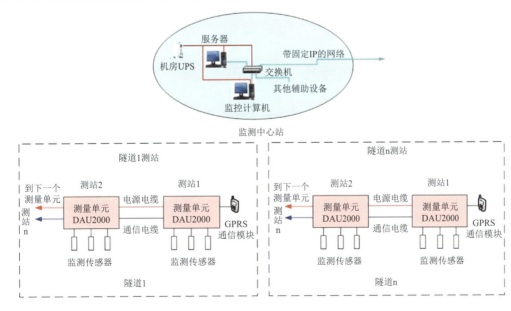

图 37-24　自动监测系统布置示意图

37.7 岩溶隧道修建技术展望

我国岩溶地貌分布广泛，随着"一带一路"倡议和中长期铁路网规划的逐步实施，还要有大量的高速铁路岩溶隧道需要修建，岩溶问题也更加复杂。高速铁路需规避岩溶系统性风险，对岩溶区选线提出了更高的要求，岩溶地质勘察需要进一步提升其深入度与精细度，岩溶地质条件复杂时还需开展专项和专题研究工作，以满足高速铁路建设需要。为防范岩溶隧道施工的安全风险，对超前地质预测预报工作更是提出了快速、准确的要求。高烈度地区隧道岩溶位置的抗震设计、环境敏感区高水压岩溶隧道的结构安全设计以及健康监测等需要进一步研究。

本讲参考文献

[1] 朱颖, 姚令侃, 魏永幸. 复杂艰险山区铁路减灾选线理论与技术 [M]. 北京：科学出版社, 2016.

[2] 赵勇, 田四明, 曹哲明. 宜万铁路复杂岩溶隧道施工地质工作方法 [J]. 山东大学学报：工学版, 2009, 39（5）：91-95.

[3] Zhao Yang, Li Pengfei, Tian Siming. Prevention and treatment technologies of railway tunnel water in rush and mud gushing in China[J]. Journal of Rock Mechanics and Geotechnical Engineering, 2013.

[4] 张民庆, 黄鸿健, 苗德海, 等. 宜万线隧道工程岩溶治理技术与工程实例 [J]. 铁道工程学报, 2008, 25（1）：26-36, 52.

[5] 苗德海, 朱丹, 王伟, 等. 宜万铁路岩溶地区隧道灾害防治技术与结构设计的研究 [D]. 武汉：中铁第四勘察设计院, 2011.

[6] 关宝树. 隧道工程设计要点集 [M]. 北京：人民交通出版社, 2003.

第38讲

岩爆防治

岩爆是高地应力的产物,其机理一般描述为:岩爆是具有大量弹性应变能储备的硬质脆性岩体,由于洞室开挖,径向约束卸除,环向应力骤然增加,能量进一步集中,在集中应力作用下,产生突发性胀剪脆性破坏,伴随声响和振动消耗部分弹性应变能。同时,剩余能量转化的动能使围岩急剧向动态失稳发展,造成岩片(块)脱离母体,猛然向临空方向抛(弹)射,经历快速"劈裂→剪折→弹射"的渐进破坏过程。

岩爆往往发生在完整岩体中,没有明显的预兆,抛射岩块范围自几米至上百米,有的释放能量相当于4级以上地震。其对隧道施工的影响主要表现在恶化施工环境,对人员、设备及隧道初期支护造成损伤和破坏,增加了安全风险,降低施工效率。因此选择合理的工程措施以达到减小岩爆造成的损失对于隧道工程是至关重要的。

本讲主要介绍岩爆的机理、影响因素、岩爆分级、预测预报技术及防治措施等,希望能给广大工程技术人员提供借鉴。

38.1 岩爆发生机理及影响因素

38.1.1 岩爆的发生机理

对岩爆作用机理的理论研究,目前主要有岩石破坏的能量原理、均匀介质中的集中力作用、单力偶和双力偶岩石破坏理论、断层破坏理论、岩石的非线性破坏理论等。最常用的理论依据有:

(1)强度理论观点:岩爆是应力重分布达到岩石强度时产生的破坏。用格里菲斯理论解释,岩爆为拉伸破坏;用摩尔—库仑准则解释,岩爆为剪应力作用产生的剪切破坏。陈宗基教授提出的扩容理论也可作为解释岩爆发生机制的一种理论。

(2)能量理论观点:从能量的观点来看,岩爆的形成过程是岩体中的能量从储存到释放直至最终使岩体破坏而脱离母岩的过程。因此,岩爆是否发生及其表现形式主要取决于岩体中是否储存了足够的能量,是否具有释放能量的条件及能量释放的方式等。岩石在破坏前积聚的变形能 W_e 与破坏后消耗的塑性变形能 W_p 之比 $W_{et}(W_{et}=W_e/W_p)$,是衡量岩石是否在破坏时产生冲击以及冲击程度的重要指标,岩爆倾向指数 W_{et} 是波兰 A·奇代宾斯基于20世纪60年代最先提出的。

(3)刚度理论观点:岩石的刚度是变数,在强度极限以前的刚度(K_m)为正值,超过强度极限以后为负

本讲执笔人:刘金松,姜波。

值(K_s),如果$K_m<|K_s|$,则试样便发生突然而强烈的破坏,提出了刚度冲击性指标(K_{cf}):$K_{cf}=K_m/|K_s|$,当$K_{cf}<1$时有冲击的危险存在。刚度理论在20纪60年代中期由库克和霍杰姆提出。

38.1.2 岩爆影响因素

很多因素将影响到岩爆的发生,如地应力、岩性、岩体结构、埋深、地形、地下水、人为开挖等,归纳如下。

1)原始地应力条件

岩爆从能量角度来说是岩体中弹性应变能的释放,因此发生岩爆的岩体首先应储备较高的弹性应变能,是岩爆发生的必备条件。而岩体中储存的应变能主要由原始地应力决定。原始地应力对岩爆的影响主要表现在以下两个方面:

(1)原始地应力的大小。同样的岩体条件下,原始地应力越高,弹性应变能也越高,则发生岩爆的可能性及等级越高。

(2)原始地应力的方向。原始地应力的方向将影响岩爆发生部位及规模。一般情况下最大主应力方向与洞轴线一致时,岩爆发生规模将小于最大主应力方向垂直于洞轴工况。

原始地应力主要受岩体自重、地形、地质构造活动和外部荷载等的影响。

2)岩体条件

岩体条件的影响主要有以下4个方面:

(1)岩石强度。大量岩爆记录资料显示,岩爆几乎都发生在如花岗岩、闪长岩等脆性坚硬的硬质岩中,其抗压强度均大于60MPa。因为岩石强度越大,则储存应变能的能力越大,只有储存足够的应变能,断裂后的岩块才能获得足以弹射、抛出的动能,形成岩爆。影响岩石强度的有岩性、岩体完整性及含水量等。

(2)完整性。一般情况下,完整岩体更易发生岩爆,主要是因为完整岩体储能条件更好,岩体比较破碎时,不具备储存大能量的条件,但当地应力足够大时,裂隙发育的围岩,也同样具备发生岩爆的可能。

(3)岩体结构。岩体中存在较多的结构面,开挖后,岩块更易从岩体结构薄弱面剥离飞出形成岩爆。因此岩体结构的产状、走向等对岩爆发生的部位也有很大影响。

(4)水的作用。一般发生岩爆地段都是干燥无水的段落。这是由于含水岩石的空隙率较高,节理、裂隙发育,影响了岩体强度使其存储应变能的能力降低。

3)施工条件

产生岩爆的重要条件之一是开挖后引起的二次应力局部集中。应力集中不仅与原始地应力有关,与开挖轮廓,开挖方法等也密切相关。主要有以下3个方面影响:

(1)开挖轮廓。在同样的应力环境条件下,圆顺的洞形有利于减少开挖后二次应力集中,从而能降低一定岩爆等级。圆形断面积应力集中效应小于非圆形断面,因此圆形断面发生岩爆的烈度和概率都要低于非圆形断面。

(2)开挖方法。采用钻爆法施工,爆破造成的岩体裂隙,爆破振动也是触发岩爆的因素之一。而若采用TBM等机械开挖,开挖洞形圆顺,无爆破振动影响,发生岩爆的概率要小于钻爆法。

(3)此外开挖进尺、支护措施以及支护时机等人为因素,均对岩爆的发生产生影响。

38.2 岩爆分级

对于岩爆分级问题,目前国内外尚有不同的见解,主要依据与岩爆有关的单项或少数几项指标来划分。实际上,岩爆的烈度分级所要考虑的因素远不止一种,而现阶段的分级方式往往不能从多方面进行考虑,这也是造成烈度分级不能达成共识的原因。不过,现在的趋势是更加侧重于实际的表观现象,也就是根据岩爆发生时岩体的破坏表现程度来分级,这样更方便现场施工人员对岩爆进行直观的判断。相关行业标准中关于岩爆分级标准的资料详见表38-1~表38-3。

《公路隧道设计细则》中岩爆分级标准　　表38-1

岩爆级别	R_c/σ_{max}	分级描述
I	>7	开挖中无岩爆发生
II	4~7	开挖中可能出现岩爆,洞壁岩体有剥离和掉块现象,新生裂纹较多,成洞性较差
III	<4	开挖中时有岩爆发生,有岩块爆出,洞壁岩体发生剥离,新生裂纹多,成洞性差

注:表中R_c为岩石饱和单轴抗压强度(MPa);σ_{max}为最大地应力(MPa)。

《水利发电工程地质勘察规范》中岩爆分级标准　　表38-2

岩爆级别	临界深度(m)	R_b/σ_m	分级描述
轻微	$H \geq H_{cr}$	4~7	围岩表层有爆裂、剥离现象,内部有噼啪、撕裂声,人耳偶然可听到,无弹射现象;主要表现为洞顶的劈裂~松脱破坏和侧壁的劈裂~松脱、隆起等;岩爆零间隔发生,影响深度小于0.5m;对施工影响小
中等		2~4	围岩爆裂、剥离现象较严重,有少量弹射,破坏范围明显;有雷管爆破的清脆爆裂声,人耳常可听到围岩内的岩石撕裂声;有一定持续时间,影响深度0.5~1m;对施工有一定影响
强烈		1~2	围岩大片爆裂脱落,出现强烈弹射,发生岩块的抛射及岩粉喷射现象;有似爆破的爆裂声,声响强烈;持续时间长,并向围岩深部发展,破坏范围和块度大,影响深度1~3m;对施工影响大
极强		<1	围岩大片严重爆裂,大块岩片出现剧烈弹射,震动强烈,有似炮弹、闷雷声,声响剧烈;迅速向围岩深部发展,破坏范围和块度大,影响深度大于3m;严重影响施工工程

注:1. 表中H为地下洞室埋深,H_{cr}为临时埋深,R_b为岩石饱和单轴抗压强度(MPa);σ_m为最大地应力(MPa)。
2. 岩爆判别适用于完整~较完整的中硬、坚硬岩体,且无地下水活动的地段。

《高速铁路隧道工程施工技术规程》岩爆分级　　表38-3

岩爆分级	围岩级别	埋深H(m)	R_c(MPa)	I_s	σ_{max}/R_c	主要现象
轻微	II、III	50~200	80~120	3.5~5.5	0.15~0.24	围岩表层有爆裂脱落、剥离现象,内部有噼啪、撕裂声;岩爆零星间隔发生,影响深度小于0.5m;对施工影响较小
中等	II、III	200~700	120~180	5.0~7.5	0.2~0.35	围岩爆裂脱落、剥离现象较严重,有少量弹射,有似雷管爆破的清脆爆裂声;有一定持续时间,影响深度0.5~1m;对施工有一定影响
强烈	I、II	>700	>180	>7.5	>0.3	围岩大片爆裂脱落,出现强烈、剧烈弹射;有似爆破的爆裂;持续时间长,并向围岩深部发展,破坏范围和块度大,影响深度大于1m;对施工影响大甚至摧毁工程

注:表中I_s为岩石脆性指数,是岩石峰值强度前的总变形与永久变形之比。

实际工程中岩爆烈度等级还应结合实际施工过程中出现的岩爆特征进行判定。以川藏铁路拉林段为例,现场岩爆等级判定主要根据岩爆发生时的表观现象及岩石强度应力比,将岩爆划分为轻微岩爆、中等岩爆、强烈岩爆、剧烈岩爆4个等级,判别标准见表38-4。

川藏铁路拉林段岩爆分级标准　　表38-4

判别指标	轻微岩爆	中等岩爆	强烈岩爆	极强(剧烈)岩爆
声响特征	噼啪声、撕裂声	清脆的爆裂声	强烈的爆裂声	剧烈的闷响爆裂声
运动特征	松脱、剥离	爆裂松脱、剥离现象严重,少量弹射	大片爆裂,大量弹射或动下落	大片连续爆裂,大块岩片出现弹射
时效特征	零星间断爆裂	持续时间较长,有随时间累进性向深部发展特征	具有延续性,并迅速向围岩深部扩展	具有突发性,并迅速向围岩深部扩展
工程危害	对施工影响较小	对施工有一定影响	对施工影响大	严重影响施工
爆裂的力学性质	张裂破坏为主	张剪破坏并存	剪张破坏并存	剪张破坏并存
岩爆块形态特征	薄片状、薄弧形片状、薄透镜状	透镜状、棱板状	棱板状、块状、板状	板状、块状或散体

续上表

判别指标	轻微岩爆	中等岩爆	强烈岩爆	极强(剧烈)岩爆
发生部位	掌子面、边墙、拱肩及拱腰	拱肩及拱腰	主要在边墙与拱部,可波及其余部位	边墙及拱部,可波及其余部位
断口特征	新鲜贝壳状	贝壳状、弧形凹腔、楔形	规模大的弧形凹腔,楔形	大规模弧形凹腔或楔形,剪张破坏并存
影响深度	<0.5m	0.5~1m	1~3m	>3m
R_c/σ_{max}	4~7	2~4	1~2	<1

38.3 岩爆的预测预报

岩爆预测应该结合各种理论判据和实际地质构造情况进行综合判定。岩性、岩体结构影响岩体储能的能力,埋深与地应力关系密切,这是影响岩爆的主要因素,而人为开挖则是诱发岩爆的外因。综合分析各种因素对岩爆的影响可以作为预测及评判岩爆的依据。在实际应用中,当前的岩爆预测手段还不是很成熟,在各个建设阶段可采取不同的手段进行预测:

(1)勘测阶段根据宏观地质调查岩性、埋深或实测地应力及岩石钻孔取样进行大致岩爆段落的判断。
(2)施工阶段结合施工期间表观现象、微震监测等手段进行预报预测。

38.3.1 岩爆预测理论判据

在理论研究和施工现场试验相结合的基础上,国内外学者提出了多种岩爆判据,在一定程度上投入了实际应用,并取得了一定的效果,下面列举部分主要的岩爆判据。

1)卢森 Russense 判据

挪威 Russenes 在 1974 年曾提出了一个岩爆分级表,可以应用有限元法和 Kirsch 方程计算洞壁最大切向应力 $\sigma_{\theta max}$,根据洞室最大切向应力 σ_θ 与岩石点荷载强度 I_s,建立了岩爆烈度关系图。把 I_s 换算成岩石单轴抗压强度 σ_c,并根据 Russenes 图可得:

$$\left.\begin{array}{l}\sigma_{\theta max}/\sigma_c<0.20(\text{无岩爆})\\0.20\leqslant\sigma_{\theta max}/\sigma_c<0.30(\text{弱岩爆})\\0.30\leqslant\sigma_{\theta max}/\sigma_c<0.55(\text{中岩爆})\\\sigma_{\theta max}/\sigma_c\geqslant0.55(\text{强岩爆})\end{array}\right\}$$

2)巴顿判据

巴顿把岩石的单轴抗压强度 σ_c 与原始地应力 $\sigma_原$ 的比值作为衡量岩爆的重要指标:

$$\left.\begin{array}{ll}\sigma_c/\sigma_原>5 & (\text{无岩爆})\\2.5\leqslant\sigma_c/\sigma_原\leqslant5 & (\text{弱岩爆或中岩爆})\\\sigma_c/\sigma_原<2.5 & (\text{强岩爆})\end{array}\right\}$$

有的采用:$\sigma_原=(0.2\sim0.4)\sigma_c$ 为中等岩爆,$\sigma_原>\sigma_c$ 为强岩爆

3)陶振宇判据

我国陶振宇教授提出的岩爆判别准则为:

$$R_c/\sigma_{原} > 14.5 \text{（无岩爆）}$$
$$14.5 \geqslant R_c/\sigma_{原} \geqslant 5.5 \text{（弱岩爆）}$$
$$5.5 > R_c/\sigma_{原} \geqslant 2.5 \text{（中岩爆）}$$
$$R_c/\sigma_{原} < 2.5 \text{（强岩爆）}$$

4）有效能量释放率

由波兰的 Motyczka 于 1973 年提出，该指标 η 定义为岩样在单轴抗压试验破坏时岩石碎片抛出的动能 E_t 与试块存储的最大弹性应变能 E_s 之比，即：

$$\eta < 3.2\% \text{（无岩爆）}$$
$$3.2\% \leqslant \eta < 3.8\% \text{（弱岩爆）}$$
$$3.8\% \leqslant \eta < 4.4\% \text{（中岩爆）}$$
$$\eta \geqslant 4.4\% \text{（强岩爆）}$$

5）能量密度

根据岩体中储存的弹性应变能密度，将岩爆划分为 4 个等级：

$$W_e < 40 \text{kJ/m}^3 \text{（无岩爆）}$$
$$40 \text{kJ/m}^3 \leqslant W_e < 100 \text{kJ/m}^3 \text{（弱岩爆）}$$
$$100 \text{kJ/m}^3 \leqslant W_e < 200 \text{kJ/m}^3 \text{（中岩爆）}$$
$$W_e \geqslant 200 \text{kJ/m}^3 \text{（强岩爆）}$$

分析以上有代表性的判据可看出：大多数判据都是以洞室围岩的环向应力和径向应力来表达的，在设计阶段进行岩爆发生条件判别时十分不便，且岩爆发生还受其他多种因素影响，因此在实际使用中精确判定仍存在一定困难。

38.3.2 现场岩爆预测

施工阶段主要结合施工期间表观现象、微震监测等手段进行预报预测。表观现象可按表 38-4 进行判别分类，微震监测为近年来发展较快的一项岩爆预测技术，准确率相对较高，现结合川藏铁路拉林段岩爆隧道微震监测预测情况，将微震监测方法作简单介绍。

1）微震监测原理及基本概念

岩体在破坏之前，必然持续一段时间以声波的形式释放积蓄的能量。岩体在隧道掘进活动的影响下会产生弹性变形和非弹性变形，而岩体中积蓄的弹性势能将在非弹性变形过程中以震动波的形式沿周围的介质向外逐步或突然释放出去，这种能量释放的强度随着破坏的发展而变化，导致岩体内部产生微震/声发射事件。

微震事件发生后，其产生的震动波沿周围的介质向外传播，放置于孔内紧贴岩壁的传感器接收到其原始的微震动信号并将其转变为电信号，随后将其发送至信号采集仪；之后通过数据传输线路再将数据信号传送给分析计算机，通过分析处理软件可以对微震动数据信号进行多方面处理和分析，实现微震/声发射事件的定位、获取震源参数、趋势跟踪等，并可对定位微震/声发射事件在三维空间和时间上进行预测。微震监测原理详见图 38-1。

2）微震监测

综合考虑现场施工情况和监测条件，拉林线微

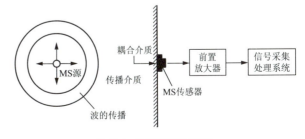

图 38-1 微震测原理示意图

震监测一般采用 16 通道 IMS 微震系统一套，8 个微震传感器。传感器分两个断面进行布置，断面之间相距 30m，第一排传感器距掌子面 60m。由于岩爆主要发生在掌子面附近，传感器布置采用快速安装与回收技术，紧跟掌子面布置以实现实时动态追踪岩爆风险。掌子面每向前推进 30m，回收最后一排传感器重新布置到距当前掌子面 60m 处；传感器随着掌子面推进实时移动，始终保证传感器距掌子面最大距离不超过 130m，如图 38-2 所示。

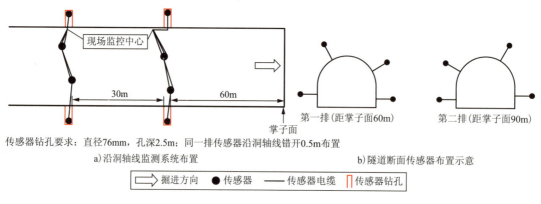

图 38-2 传感器布置方案

3）微震数据分析及岩爆预警方法

（1）连续/离散小波—神经网络滤噪

监测过程中，获取岩石破裂源及噪声源（机械设备振动、电气噪音、锚杆钻机钻进及爆破等）典型波形特征，然后根据微震信号特征参数和信号类型，建立相应的数据库；利用神经网络表征它们之间的特征关系，建立微震信号神经网络初始识别模型。将该信号识别模型应用于岩爆孕育过程的实时微震信息分析，并随着监测数据的不断累计，动态更新微震信号数据库和神经网络识别模型，保障信号识别的速度和精度。各类微震源信号的典型时域波形如图 38-3 所示。

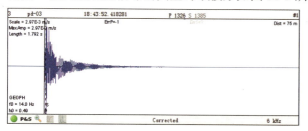

a) 大尺寸岩石破裂信号（岩爆）　　　　　　b) 小尺寸岩石破裂信号

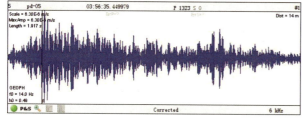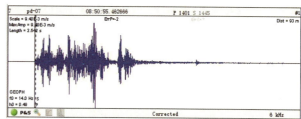

c) 机械振动信号　　　　　　　　　　　　d) 爆破信号

图 38-3 典型微震信号波形

（2）隧道破裂源快速精确定位

采用微震源分层定位方法，利用智能技术解决传统方法对系数矩阵的依赖，联合反演解决波速难以确定的难题，相互耦合解决隧道工程传感器阵列范围之外微震源定位问题。该方法流程如图 38-4 所示。

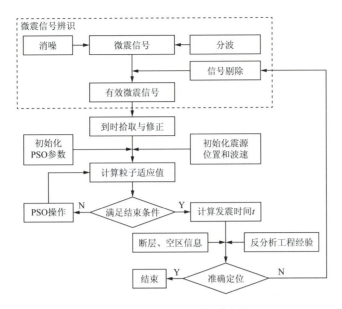

图 38-4　微震源分层 PSO 定位方法

(3) 岩爆实时预测

采用基于微震信息演化规律的深埋隧道即时型岩爆风险预测方法对岩爆进行预测,如图 38-5 所示。

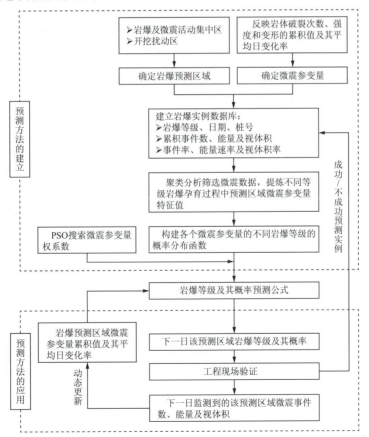

图 38-5　基于微震信息演化规律的深埋隧道即时型岩爆预测方法

4) 岩爆预测与实际发生对比

(1) 岩爆次数与等级对比

试验期间岩爆预测与实际发生的对比如表 38-5 所列。可以看出:岩爆是否发生与实际相符性较高,但预测的等级与实际发生等级间差异较多。

岩爆预测与实际发生对比概表　　　　表 38-5

试验期间岩爆实际发生情况	岩爆预测与实际对比	
	概述	详细说明
9 次中等，17 次轻微	成功预测 24 次	10 次等级一致
		14 次等级不一致
	2 次未预测	均为轻微岩爆

（2）岩爆发生部位对比

通过监测试验期间岩爆与微震活动沿洞轴线空间分布对比图 38-6 可以看出：岩爆呈区域性分布且与微震活动之间具有良好的空间对应关系，基于微震信息的时空演化规律可预测潜在岩爆风险的区域和等级。

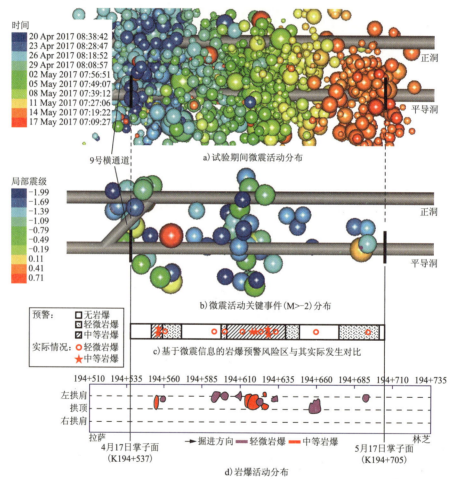

图 38-6　沿隧道轴线岩爆发生与微震活动特征对比

38.4　岩爆对策

国内外都对岩爆进行了大量研究，我国钱七虎、谢和平、何满潮等也提出了对深部岩石力学的科学问题的若干思考和岩爆灾害控制措施；陈国庆应用高应力的脆性力学模型，从爆破卸压优化、支护参数、支护时机等方面对岩爆的支护理念进行了分析和优化;严鹏采用 Laplace 变换方法获得初始地应力动态卸载扰动是整个开挖扰动的重要组成部分,并提出了以优化钻爆网络和起爆顺序为核心的爆破开挖扰动控制方法,以控制岩爆的发生;Q.H.ZHU 根据应力集中区和 X 形塑性区分布情况优化了爆破卸压法,减轻了岩爆的破坏程度;L.M.DOU 应用强度弱化理论提出强-弱-强防爆支护结构并应用于公路隧洞岩爆的防治。

因此,如何选择合理的防治措施以达到减小岩爆造成的损失对于实际工程是至关重要的。

38.4.1 岩爆主要工程措施

综合起来,岩爆防治遵循"预防为主,防治结合,改善应力状态,提高围岩支护强度"的原则,主要防治措施如下:

(1)为减少对围岩的扰动,开挖每循环宜控制在 3m,尽可能全断面开挖,一次成形。

(2)加强光爆效果控制。光面爆破效果好则开挖轮廓比较平顺,可有效减小围岩的应力集中,抑制岩爆。

(3)及时在掌子面及洞壁喷洒高压水,降低表层围岩应力。

(4)掌子面沿拱墙开挖轮廓周边线施作 $\phi76$ 超前应力孔,提前释放围岩应力,降低岩体能量。超前应力释放孔可按以下要求设置:环向间距 1.5m,纵向间距 20m,单孔长度 25m,孔内注高压水劈裂释放应力(水压可取 3～5MPa)或在应力释放孔底弱爆破松动岩体提前释放应力。

(5)开挖后清理表面松动岩体,及时施作初喷混凝土封闭围岩。初喷混凝土一般施作于拱墙,掌子面岩爆强烈时也可施作于掌子面;初喷混凝土厚度一般采用 5cm 左右,根据岩爆等级可采用普通混凝土、钢纤维混凝土或合成纤维混凝土,一般轻微岩爆可采用普通喷混凝土,中等及以上岩爆采用纤维喷混凝土,如采用钢纤维混凝土,钢纤维掺量可采用 $40kg/m^3$。

(6)挂设钢筋网片,及时施作锚杆。锚杆采用密锚方式,具体锚杆长度和间距可视岩爆等级而定。锚杆可采用砂浆锚杆、涨壳式预应力中空锚杆等,对于中等及以上等级岩爆一般采用涨壳式预应力锚杆,以便及时承载,抑制岩爆。锚杆长度一般需较岩爆影响深度长 2m 左右。

(7)强烈岩爆地段采用型钢钢架配合超前支护组合预支护系统,超前锚杆兼做超前应力释放孔,防治岩爆危害施工安全。根据岩爆等级,钢架可采用 I14、I16、I18 型钢钢架,钢架间距可采用 1～1.5m/榀。

结合川藏铁路拉林段岩爆防治经验,对不同岩爆烈度等级可按表 38-6 选用防治措施。

不同岩爆烈度等级的处置措施建议表　　　　表 38-6

措施分类	轻微岩爆	中等岩爆	强烈岩爆
开挖进尺控制	3m 以内	3m 以内	2m 以内
开挖方式	岩爆段尽可能采用全断面开挖以减少对围岩的扰动		
爆破方式	岩爆段采用光面爆破,集中预裂爆破和缓冲爆破,并控制光爆质量,根据岩体情况不断调整炸药用量,装药密度,炮孔间排距等		
超前应力解除爆破	不需要	不需要	必要时采用
掌子面及洞壁洒水	采用	采用	采用
掌子面高压喷水	必要时采用	必要时采用	采用
应力释放孔	不需要	必要时采用	需要
系统锚杆	只需在岩爆发生部位随机布设砂浆锚杆	必要时采用	需要

续上表

措施分类	轻微岩爆	中等岩爆	强烈岩爆
炮孔高压注水	不需要	不需要	需要
钢筋网	需要	需要	需要
格栅钢架	不需要	必要时采用	需要
复喷混凝土	不需要	必要时采用	需要
反复找顶	需要	需要	需要
时间规避	必要时组织施工人员及时进行规避以减小损失		
加强照明	需要	需要	需要

38.4.2 人员及设备防护措施

1）人员防护

（1）掌子面施工及管理人员需佩戴防弹衣、防弹头盔等安全防护用品。

（2）强化作业人员安全、纪律教育以及岩爆常识、防护知识学习。

（3）做好应急预案，定期进行安全培训

2）机械设备防护

（1）对主要施工设备采取设置防护网、防护钢板等安全防护措施。

（2）掌子面开挖台架安装钢板或防护网，或是设置移动防护棚架，防止岩块掉落飞出，有效保护人员及设备安全。

（3）对车辆机械易损部位和驾驶室上部加焊钢结构防护。

38.5 结语

岩爆对隧道的影响主要表现在对人员、设备及隧道结构造成损伤和破坏，增加安全风险，降低施工效率。根据国内外研究成果，结合川藏铁路拉林段岩爆防治经验，初步总结岩爆防治需遵循"预防为主，防治结合，改善应力状态，提高围岩支护强度"的原则。现场实践表明，采取措施后可有效降低岩爆影响，改善施工环境，安抚人心，一定程度上保证了隧道施工进度、质量、安全和施工人员健康。

但因岩爆的突发性及发生程度的难以预测性，今后仍需在以下方面进一步进行研究：

（1）需进一步研究岩爆的预测预报技术，以提高预测预报的准确率。

（2）研究更加有效的超前应力释放技术，对超前应力释放孔的布置形式，注水水压及孔内爆破相关参数进行研究；

（3）加快岩爆隧道专用机械装备的研究，保障作业人员安全，提高生产效率。

本讲参考文献

[1] 黄运飞. 天生桥引水隧洞岩爆防治措施研究 [J]. 地下空间，1989（2）：31-34.

[2] 刘朝祯. 太平驿引水隧洞岩爆的预测和防治 [J]. 铁道建筑技术，1994（3）：8-12.

[3] 何川，汪波，吴德兴. 苍岭隧道岩爆特征与影响因素的相关性及防治措施研究 [J]. 水文地质工程地质，2007，32（2）：25-28.

[4] 刘晓昕. 锦屏二级水电站引水隧洞岩爆分析及防治措施[J]. 黑龙江科技信息, 2008（13）: 43.

[5] 李春杰, 李洪奇. 秦岭隧道岩爆特征与施工处理[J]. 现代隧道技术. 1999（1）: 36-41.

[6] 徐林生. 二郎山公路隧道岩爆特征与防治措施的研究[J]. 土木工程学报. 2004, 31（1）: 61-64.

[7] 中交第二公路勘察设计研究院有限公司等. 公路隧道设计细则: JTG/T D70—2010[S]. 北京: 人民交通出版社, 2010.

[8] 中铁四局集团有限公司. 高速铁路隧道工程施工技术指南: 铁建设[2010]241号[S]. 北京: 中国铁道出版社, 2010.

[9] 中国电力企业联合会. 水利发电工程地质勘察规范: GB 50287—2016[S]. 北京: 中国计划出版社, 2016.

第39讲

挤压性围岩隧道

挤压性围岩是在高地应力条件下产生显著塑性变形的岩体,隧道穿过挤压性围岩时易发生挤压性大变形,通常表现为围岩变形量大、变形速率高、变形持续时间长,甚至出现初支变形破坏、钢架扭曲、侵限拆换等现象,给设计和施工带来极大的困难。本文结合工程实践,从变形分级、变形机理、变形控制技术等方面,探讨了挤压性围岩隧道的相关技术问题,有利于减少工程事故发生,达到控制风险,减少损失的目的。

39.1 概述

39.1.1 挤压性围岩的含义

挤压性围岩主要工程地质条件有二个特点,一是高地应力、极高地应力环境,二是软弱岩层,包括层片状软岩及蚀变软岩,尤其是泥质结构或黏土矿物含量较高的岩石最为典型,常见挤压性围岩种类多为炭质泥岩、炭质页岩、泥质页岩、泥灰岩、凝灰岩、板岩、炭质板岩、绿泥片岩、炭质片岩、云母片岩,绢云母片岩、千枚岩、炭质千枚岩、绿泥石千枚岩、各类蚀变岩、煤系地层及其断层破碎带构造岩等。

1)高地应力的判定

高地应力是一个相对的概念,它与岩体所经受的应力历史和岩体强度、岩体弹性模量等诸多因素有关。对于高地应力的判定,国内外尚没有统一的规定,如表39-1所示。从表中可以看出,我国对高地应力判定与国外部分国家地应力分级方案出入较大,这反映出不同国家对高地应力的定义是很悬殊的。

国内外高地应力的判定划分统计表　　表 39-1

序号	判据		低地应力	较高地应力	高地应力	极高地应力
1	强度应力比:R_c/σ_{max}	法国隧道协会	>4	4~2	<2	
2		日本应用地质协会	>4	4~2	<2	
3		前苏联顿巴斯矿区	>4	4~2.2	<2.2	
4		我国岩体分级			4~7	<4
5	地应力 σ_{max}/MPa				18~30	>30

为了和现有规范、标准统一衔接,建议高地应力判别标准仍以我国岩体分级标准为准。

本讲执笔人:李宁,李国良.

2）软弱围岩

软弱围岩，"软"体现了岩体内在特征，即岩石强度的缺失，具有松软、破碎、风化、软弱等特征；"弱"体现了岩体在应用方面的能力，即它的承载能力和抗变形能力，从力学特性方面考虑，具有变形大、强度低、赋存环境效应和时间效应强烈。其定义基本上有以下三类：描述性定义（从物理现象进行描述）、指标化定义（从岩石强度等指标进行描述）和工程定义（从工程表现出的现象进行描述）。

通过对近年典型大变形铁路隧道统计分析可知，常见的发生挤压性大变形的岩体以薄层状、片状或破碎的软质岩为主，一般岩石抗压强度小于 15MPa，代表性围岩有炭质板岩、板岩，炭质片岩、片岩，千枚岩、页岩、煤系地层及断层破碎带碎裂岩体等，地层多受构造影响挤压严重。在极少数情况下，一些碎裂硬质岩也会出现类似软岩的变形情况。

39.1.2 挤压性围岩变形特征

1）挤压性大变形

大变形是对常规变形量而言，为相对变形。常规支护条件下，不同国家和行业均预留了相应变形量，该变形量上限为单线隧道 20cm 和双线隧道 30cm，约为其开挖跨度的 2% 左右，该变形量被称为常规变形量。当隧道变形量超过常规变形量时可以认为发生了挤压性变形，当变形进一步发展时，常伴有初期支护开裂、掉块及钢架扭曲等现象。

隧道开挖后，能够产生显著的塑性变形是挤压性围岩最主要的显性特征。其变形具有变形量大、变形速率高、变形持续时间长等特点，破坏范围大，压力大且来压快，如果不加以控制，就会迅速发生难以控制的变形和破坏。

2）挤压性围岩变形特征

（1）变形量大

实测数据表明，挤压性围岩隧道变形可达数十厘米，严重者超过 100cm，往往表现为初期支护破坏严重，如喷混凝土开裂破坏、变形侵限、钢架扭曲剪断，甚至引起二衬混凝土开裂。如兰渝木寨岭隧道岭脊核心段水平收敛达 100~300cm，两隧道最大拱顶下沉达 198cm。

（2）变形速率高

挤压性围岩隧道变形速率高，特别是前期变形速率大，如木寨岭隧道岭脊核心段开挖后最大变形速率达 20cm/d，变形剧烈。

（3）变形持续时间长

挤压性围岩不仅变形量大、变形速率高，而且持续时间长，具有明显的流变特性。众多研究表明，挤压性围岩隧道在开挖后很长一段时间内，变形持续发展，支护或衬砌上的压力一直在变化。

（4）支护受力大

挤压性围岩隧道荷载实测值与采用现有规范荷载计算方法得出的结果差距较大，以形变压力为主，早期压力大，且随开挖时间迅速增大，如果施工或支护措施不当，极易造成支护破坏。

39.1.3 挤压性围岩隧道变形机理分析

挤压性围岩隧道在开挖前岩体处于三向受压高围压环境，围岩处于稳定平衡状态；而隧道开挖后应力发生重分布，在洞壁附近切向应力增大而径向应力减小（趋近于零），此时隧道洞周岩体环境由高围压状态转变为低围压状态，在应力增大区较大范围内围岩处于塑性状态，当支护结构不能提供足够的支护力，围岩变形得不到有效控制，极易产生显著的挤压性（塑性）变形。实际工程中，大变形的产生由多种因素耦合而成,与地应力的大小和围岩岩体的岩性、岩体结构特征相密切相关;在围岩渗水施工中,开挖面或支护后发现渗水时,一般挤压性变形量会增大,甚至导致变形等级增大;此外还与支护强度和施工方法等有关。

39.2 挤压性围岩隧道变形分级

39.2.1 国内外研究现状

在挤压性围岩隧道建设中,是否科学地对挤压性围岩变形分级,直接影响着变形控制技术方案的确定,成为国内外隧道工程界关注的焦点及难点。业界对隧道变形分级展开了一系列研究,并提出了分级的方法和标准,但这些分级方法依托的工程项目不同,地质条件迥异,导致各方法存在较大的差异,见表39-2。

挤压性围岩变形分级对照表　　　表39-2

序号	兰渝铁路 变形程度	兰渝铁路 相对变形 ε(%)	兰渝铁路 强度应力比 R_{cm}/P_0	乌鞘岭隧道 变形程度	乌鞘岭隧道 强度应力比 R_{cm}/P_0	乌鞘岭隧道 地应力(MPa)	HOCK 变形程度	HOCK 相对变形 ε(%)	HOCK 强度应力比 R_{cm}/P_0	Aydan 变形程度	Aydan ε(%)	Jethwa 变形程度	Jethwa 强度应力比 R_{cm}/P_0	Singh & Goel 分级	Singh & Goel ε(%)
1							无挤出	≤1	0.36	无挤压	≤1	无挤出			>2.0
2				轻微	0.5~0.25	5~10	轻微	1~2.5	0.36~0.22	轻微	1~2	轻微	0.8~2.0	轻微	1~3
3	中等	1.5~3	0.25~0.15	中等	0.25~0.15	10~15	中等	2.5~5	0.22~0.15	中等	2~3	中等	0.4~0.8	中等	3~5
4	严重	3~5	0.15~0.1	严重	<0.15	>15	严重	5~10	0.15~0.11	严重	3~5	严重	<0.4	严重	>5
5	极严重	>5	<0.1				最严重	10~15	小于0.11	极严重	>5				

从国内外变形分级调研情况看,变形分级主要有三级和五级两种方法,其中五级分级含了无挤出和轻微挤出等两级常规变形,而三级分级主要是针对大变形而言,故建议挤压性围岩变形分级采用三级分级方法。

39.2.2 变形分级

挤压性围岩隧道的工程难点主要是变形分级的判定,而挤压性围岩一般软硬不均,受地质构造影响严重,变化较为频繁,具有很大的不确定性。如果采用单一阶段的分级模式,现场难以操作且误差较大。考虑到我国建设程序,建议采用勘察初判、设计详判、施工验证分阶段模式进行变形分级。

1)勘察阶段

根据初始地应力场和岩石单轴饱和抗压强度对隧道进行初步宏观评价,预判是否会发生大变形,挤压性围岩大变形初判标准见表39-3。

挤压性围岩大变形初判标准　　　表39-3

初始地应力状态	高地应力、极高地应力
岩石坚硬程度	饱和单轴抗压强度≤15MPa的软岩(含夹层>15MPa较软岩)
岩层厚度	岩层厚度≤10cm
岩体完整程度	较破碎~极破碎

注:同时满足上述条件时可初步判定为挤压性围岩。

代表岩性：板岩、炭质板岩、片岩、云母片岩、炭质片岩、千枚岩、炭质千枚岩、蚀变岩带、压性断层破碎带等。

2）设计阶段

根据详细的地勘资料，采用岩体强度应力比 R_{cm}/P_0 指标进行变形潜势预测、变形等级划分（表39-4），开展预设计。

设计阶段挤压性围岩隧道变形分级   表39-4

强度应力比 R_{cm}/P_0	0.25～0.15	0.15～0.1	< 0.1
变形潜势	轻微	中等	强烈
大变形的等级	I	II	III

其中岩体抗压强度 R_{cm} 可用近似岩体强度代替：

$$R_{cm} = K_v \cdot R_c \tag{39-1}$$

$$K_v = \left(\frac{V_{pm}}{V_{pr}}\right)^2 \tag{39-2}$$

式中：K_v——完整程度系数；

R_c——岩石单轴饱和抗压强度；

V_{pm}——岩体弹性纵波速度（km/s）；

V_{pr}——岩石弹性纵波速度（km/s）。

3）施工阶段变形潜势判定

施工阶段根据变形和掌子面揭示情况验证挤压性围岩变形分级，评判围岩与支护措施的适应性，并根据评判结果进行动态调整动态设计。

（1）相对变形

施工期间结合监控量测，根据变形情况来验证变形分级（表39-5），评判围岩与支护措施的适应性。

挤压性围岩隧道大变形分级标准   表39-5

大变形的等级	I	II	III
相对变形 ε（%）	2～4	4～6	> 6

（2）掌子面揭示情况

①完整系数法

挤压性大变形一般发生在较破碎～极破碎岩体中，完整和较完整岩体很少发生大变形。岩体的完整程度是大变形潜势进行判定的关键因素，对高地应力条件下的软岩，无论挤压多么严重，施工时可从掌子面直观判定（表39-6），对岩体强度进行修正，调整隧道变形分级。

K_v 与 J_v 对应关系   表39-6

岩体完整性指数 K_v	> 0.75	0.55～0.75	0.35～0.55	0.15～0.35	≤ 0.15
岩体体积节理数 J_v（条/m³）	< 3	3～10	10～20	20～35	> 35

②岩层层厚

发生挤压性大变形的围岩以层状的软质岩为主，根据对兰渝、兰新客专等铁路地质调查，挤压性大变形一般发生在薄层围岩（层厚≤0.1m）中，层越薄，发生大变形的概率越高，变形程度也越严重。建议对薄层围岩按层理、片理厚度进一步划分，对应围岩变形潜势为轻微～严重，见表39-7：

薄层围岩分类建议　　　　　表39-7

岩层厚度	薄　层		
	较薄层	中薄层	极薄层
层厚(cm)	$10 \geq h > 3$	$3 \geq h > 1$	≤ 1
变形潜势	轻微	中等	严重

(3) 变形速率

施工中可根据开挖后的变形速率评价该段围岩的变形潜势，采用开挖后连续 3～5d 变形速率平均值 V_p，对本段围岩的变形潜势进行评判，可将围岩的变形速率分级划分为一般～高速，对应围岩变形潜势为轻度～极强烈，见表39-8。

按围岩变形速率的等级划分　　　　　表39-8

变形速率分级	一　般	低　速	中　速	高　速
变形速率 V_p (mm/d)	≤ 10	$10 \sim 30$	$30 \sim 50$	≥ 50
变形潜势	较轻	轻微	中等	强烈～极强烈

同时，可根据当前循环开挖初期围岩的变形速度，对该段支护变形程度做出预判，对支护参数与围岩的适应性进行评价、动态调整支护体系，如表39-9所示。

按变形潜势与支护体系适应性评价表　　　　　表39-9

变形速率 V_p (mm/d)	≤ 10	$10 \sim 30$	$30 \sim 50$	≥ 50
支护变形程度	较轻	轻度	中等	严重～极严重
支护体系评价	强	合理	基本合理	弱或不适应
建议措施	优化	正常施工	局部加强	加强、套衬或释放

考虑挤压性围岩的复杂性和多变性，勘测及设计阶段多为围岩定性的评价，为隧道预设计提供依据。根据新奥法动态设计原则，重点应在施工阶段中对挤压变形进行预判与评定，并且动态调整。

39.3　挤压性围岩隧道变形控制技术

39.3.1　控制原则

从 20 世纪 80 年代，我国就开始开展挤压性围岩隧道支护理论等方面的研究，典型的有：冯豫、陆家梁等提出的联合支护理论；由孙钧、郑雨天等学者提出的锚喷-弧板支护理论；由何满潮针对高应力软岩隧道的变形机理提出的预留刚柔层的支护技术和耦合支护思想；此外还有董方庭等的松动圈支护理论，方祖烈的主次承载区支护理论；范秋雁提出的软岩流变地压控制原理等。根据以上理论，目前挤压性围岩变形控制一般采取"主动加固、刚强足够，柔让适度，共同承载"的控制理念，即控制支护的强度，合理选择支护时间，容许围岩适度变形，充分发挥和调动围岩的自承能力，从而以最低的支护代价获得满足工程要求的稳定性。因此，支护应满足下列要求：

(1) 要有一定的强度并且其刚度能承受一定的支护压力。
(2) 具有一定的变形能力。
(3) 支护要及时施作、尽早封闭支护。

对于变形等级 I、II 级（轻微及中等变形潜势）挤压性围岩来说，围岩具有一定的承载能力，采用上述支护理念可以达到控制变形的目的;而对于变形等级Ⅲ级(挤压严重)的围岩,由于其围岩性质决定了它本身不能形成承载拱,需采用适当的工程措施作用于围岩,改变引起围岩复杂变形破坏的岩体结构,使围岩变形破坏机制由复杂向简单化、单一化转化,进而降低开挖卸荷引起的应力重分布的影响,从形成真正意义的主动承载拱,达到控制变形的目的。因此,对于Ⅲ级变形(挤压严重的围岩),塑性区范围特别大,一次支护不能使围岩变形趋于稳定,应采用多重支护、长中短锚固方法,从单一支护形式调整为联合支护,形成多样化的变形控制体系。

39.3.2 变形控制技术

常用的变形控制技术主要有以下几种:

1)喷射高性能混凝土

挤压性围岩隧道初期支护宜采用早高强喷射混凝土,设计强度等级不应低于C25;变形潜势强烈的Ⅲ级变形地段喷射混凝土的设计强度等级不宜低于C30。为提高喷射混凝土的抗裂性能,喷混凝土可添加钢纤维或合成纤维。

2)高规格支撑

为抑制围岩应变能产生的巨大挤压和冲击作用,应使用大刚度钢架以承担围岩早期的形变压力,可采用低高度、高强度的型钢钢架,如H形钢等。

3)锚固体系

锚杆(索)加固是挤压性围岩隧道变形控制的重要措施,可单独或组合采用中短锚杆、长锚杆(索)等方式,应根据变形等级、变形速率选择合理的锚固方式及参数。

(1)短锚杆以全长黏结型锚杆为宜。
(2)中锚杆以自进式注浆锚杆、让压锚杆、预应力锚杆为宜。
(3)长锚杆可选用自进式注浆锚杆或预应力锚杆(索)。

4)多重支护

多重支护是采用"边放边抗"的原则,在隧道开挖后预留富余变形量,第一次支护变形到一定程度后,及时施作第二层支护,最终将变形量控制在容许范围内,通过分层施作支护,允许围岩变形释放部分应力,但又能控制围岩过度变形的一种方法。

5)掌子面加固

减小掌子面挤出位移是挤压性围岩隧道变形控制的关键环节,对Ⅰ、Ⅱ级变形可采取喷射混凝土封闭掌子面、改变掌子面形状、预留核心土等措施,对Ⅲ级大变形可采取掌子面超前注浆、超前锚杆等措施确保掌子面的稳定。

6)应力释放

应力释放是一种卸压法,有针对性的释放一部分围岩应力,使得围岩应力向深部转移,减小支护压力,从而保证支护结构的稳定性。

7)综合控制技术

支护体系宜采用喷射混凝土、锚杆(索)、钢筋网和钢架等支护组合使用,其组合形式应根据围岩特征、变形等级、地下水、断面尺寸及埋深等综合确定。

(1)变形等级Ⅰ、Ⅱ级的隧道
①采用刚度较大的钢架配合锚、喷、网体系加强初期支护。
②采用锚杆或径向小导管,必要时增设长锚杆,及时、有效地加固围岩、控制围岩变形。
③初期支护及时封闭,加强钢架锁脚,尽快形成支护结构整体受力体系。

（2）变形等级Ⅲ级的隧道

支护宜通过现场试验确定，可采用多重支护、长中短锚杆（索）结合、注浆加固等综合措施，必要时可增加超前小导洞、钻孔等应力释放措施。

8）补强预案

在支护措施不足，不能使围岩变形趋于稳定时，应及时采用长锚杆（索），复合钢架喷射混凝土等补强支护。

39.3.3 施工

挤压性围岩隧道变形量与施作时间密切相关，施工中应立足于一个"快"字，即快开挖、快支护、快封闭。"快支护"要求开挖后及时封闭岩面，尽快施作喷锚网等支护措施，防止挤压性围岩在暴露时间长、变形过快等情况下进一步恶化围岩条件，大幅降低围岩强度，产生更大的塑性范围及更大的变形。"快封闭"则要求支护结构在最短的时间发挥最有效的作用，尽快封闭成环。机械化配套技术是实现施工"快"的基础，提高施工效率、加快施工进度，鉴于挤压性围岩隧道支护量大、工艺水准要求高，应采取高等级的设备配置模式。

开挖方法和方式是控制变形的又一关键环节，变形等级为Ⅰ、Ⅱ级的段落应采用控制爆破、弱爆破或机械化开挖，台阶法或全断面施工；变形等级为Ⅲ级段落宜采用非爆破开挖，台阶法（必要时进行掌子面加固）施工。

39.3.4 监控量测

监控量测对挤压性围岩隧道尤为重要，通过对围岩和支护的量测、监控，制定变形管理等级，指导设计与施工。

1）监控量测项目

挤压性围岩隧道监控量测项目分为必测项目和选测项目两大类（表39-10），选测项目可根据围岩性质、变形等级、设计与施工特殊要求等条件确定。其中受力监测项目应在各变形等级初始位置布设不少于2组断面，初期支护与二次衬砌受力监测应同一断面布置，考虑挤压性围岩流变特性，结合施工监测布置，宜开展二次衬砌受力长期监测。

监控量测项目　　　　　　　　　　　　　　　　表39-10

监控量测项目	变形等级		
	Ⅰ	Ⅱ	Ⅲ
掌子面围岩状态评价	●	●	●
支护表面变形及开裂观察	●	●	●
水平收敛	●	●	●
拱顶下沉	●	●	●
隧底隆起	●	●	●
开挖及支护断面扫描	●	●	●
二次衬砌位移变化	○	○	●
围岩压力	○	○	●
钢架内力	○	○	●
喷混凝土内力	○	○	●
二次衬砌内力	●	●	●
初期支护与二次衬砌间接触压力	●	●	●

续上表

监控量测项目	变形等级		
	Ⅰ	Ⅱ	Ⅲ
锚杆轴力	○	○	●
锚索轴力	○	○	●
围岩内部位移	○	○	○
掌子面挤出位移	○	○	○

注：●为必测项目；○为选测项目。

2）监控量测管理等级

挤压性围岩隧道监控量测管理采用变形位移和速率双控指标，按表 39-11 管理等级指导施工。当实测数据已接近表中规定的数值，或者混凝土表面已出现明显裂缝或钢架出现扭曲变形时，应采取立即补强措施，并改变施工方法或设计参数。

隧道施工监控量测管理等级　　　　　　　　　　表 39-11

管理等级	管理指标	预警状态	施工对策
绿色	量测值<50%控制值	变形监测的绝对值和速率值双控指标均小于控制值的 50%	正常施工
蓝色	量测值≥50%控制值	变形监测的绝对值和速率值双控指标均达到控制值的 50%，或双控之一达到控制值的 70%	警戒，加强监测，准备预案
黄色	量测值≥70%控制值	变形监测的绝对值和速率值双控指标均达到控制值的 70%，或双控之一达到控制值 80%	预警，立即实施预案
橙色	量测值≥80%控制值	变形监测的绝对值和速率值双控指标均达到控制值的 80%，或双控之一达到控制值	紧急预警，检查预案实施情况、完善并加强补救措施，必要时考虑停止施工
红色	量测值≥控制值	变形监测的绝对值和速率值双控指标均达到控制值，或双控之一超过控制值	报警，必须立即停止施工

注：1. 位移指标参照表 39-12 确定；
　　2. 速率指标选取围岩发生高速变形临界值即 50mm/d。

位移控制基准值　　　　　　　　　　表 39-12

变形等级	Ⅰ	Ⅱ	Ⅲ
小、中跨（$B \leqslant 12m$）	300	500	700
大跨及以上（$B>12m$）	400	600	800

注：B 为洞室跨度（m）。

39.4 挤压性围岩隧道工程实例

世界上首例严重软弱围岩大变形是辛普伦线隧道，随后相继出现大变形的隧道有奥地利的陶恩隧道和阿尔贝格公路隧道、日本的惠那山隧道等典型的大变形工程。在国内，随着我国公路、铁路建设的不断发展，穿越高地应力区且工程地质环境恶劣的软弱围岩挤压大变形隧道工程也越来越多，早期的有南昆线家竹箐隧道、台湾木栅隧道以及金川镍矿巷道等，近期的有乌鞘岭隧道、兰渝木寨岭隧道、襄渝杨河隧道等都是典型实例，给设计和施工造成了很大困难，典型工点见表 39-13。

近年典型大变形隧道简表　　　　　　　　　　表 39-13

线　别	隧道名称/长度（m）	埋深（m）/开挖断面积（m²）	变形段岩性	地应力值（MPa）	变形值（cm）
兰武二线	乌鞘岭隧道（20050）	450～1100/72.0～84.3	F7 活动断层、志留系千枚岩	9.15～20.5	一般 40～80，最大 120

续上表

线　别	隧道名称/长度(m)	埋深(m)/开挖断面积(m²)	变形段岩性	地应力值(MPa)	变形值(cm)
襄渝二线	新蜀河隧道(8989)	210~400/70	炭质片岩	—	单侧最大126
兰新高铁	大梁隧道(6550)	520~780/170	炭质板岩	25.14	87.8~101
兰渝铁路	木寨岭隧道(19095)	400~600/81.8~193.1	炭质板岩、压碎岩	24.95~27.16	岭脊段100~300
兰渝铁路	毛羽山隧道(8505)	284~626/79.5~296.1	薄层板岩	11.45~21.28	37.3~133.3
兰渝铁路	新城子隧道(9164)	284~626/87.6~337.2	薄层板岩	6.1~25.4	35.5~81.9
兰渝铁路	两水隧道(4945)	100~346/155	炭质千枚岩	6.0~14.8	30.0~198.5
西成高铁	阜川隧道(9015)	220/163.6	炭质页岩	—	36.1~81.4
西格二线	关角隧道(32690)	170~1000/8.9	板岩、断层带	3.61~22.0	30~61.2
牧绥线	兴源隧道(3427)	123/150	炭质泥岩		单侧收敛35~80,最大295,沉降30~50,最大182
牧绥线	双丰隧道(7237)	140/137	第三系砂泥岩		32~81.5
成兰线	茂县隧道(9913)	570/95~265	炭质、绢云母千枚岩	27.51	51~77
十天高速	明垭子隧道(4944/4980)	320/110	千枚岩和炭质页岩		最大收敛190,拱顶最大下沉180
宝汉高速	牛头山隧道(5779/5798)	350/160	绿泥石石英片岩		最大沉降123,最大收敛70

39.5 挤压性隧道修建技术展望

早在20世纪中期挤压性围岩隧道就被列为世界性难题，100多年来国内外在挤压性围岩地段修建了大量的隧道工程，积累了丰富的工程经验，开展了一系列科学研究，认知水平也在逐步深入和提高，但由于挤压性围岩是一种特殊围岩，围岩条件和地应力的不确定性使得挤压性变形问题仍比较突出。近年来，随着隧道工程向"长、大、深、难"方向的发展，挤压性围岩隧道的不断涌现，更加大了施工难度和建设的风险。为保证施工安全、质量，加快施工进度，挤压性围岩隧道可从以下几个方向加强：

（1）挤压性围岩强调设计时变形潜势预判，可通过勘察水平的提升和革新满足预判的需要。

（2）强调机械化施工。机械化施工是加快施工速度、提高施工效率、保障施工安全的重要手段，鉴于挤压性围岩隧道支护量大、工艺水准要求高、时效性强，应采取高规格的设备配置模式。

（3）重视专业化。锚杆、注浆等工序是控制变形的关键，建议对关键工序采用专用设备，由专业化队伍组织实施。

（4）长期化监测。针对挤压性围岩隧道支护受力大，具有明显的流变特性，应设置自动化采集与传输的监测体系，实现长期化监测，对运营期间结构安全性进行评估。

本讲参考文献

[1] 赵勇,肖明清,肖广智. 中国高速铁路隧道[M]. 北京:中国铁道出版社,2016.

[2] 关宝树,赵勇. 软弱围岩隧道施工技术[M]. 北京:人民交通出版社,2011.

[3] 何满潮,景海河,孙晓明. 软岩工程力学[M]. 北京:科学出报社,2002.

[4] 刘特洪,林天健. 软岩工程设计理论与工程实践[M]. 北京:中国建筑工业出版社,2001.

[5] 刘高. 高应力区结构流变岩稳定性研究[D]. 成都:成都理工大学,2001.

[6] 赵旭峰. 挤压性围岩隧道施工时空效应及其大变形控制研究[D]. 上海:同济大学,2007.

[7] 姜云. 公路隧道围岩大变形的预测与对策研究[D]. 成都:成都理工大学,2004.

第40讲

采空区隧道

隧道修建应避开采空区,当线路无法绕避时,应评价采空区的稳定性及对隧道工程的影响,采取安全可靠的工程措施。本讲主要介绍采空区工程特征、勘察及稳定性评价、采空区隧道选线及设计原则和采空区处治技术,并介绍了部分穿越采空区隧道设计实例。

40.1 采空区工程特征、勘察及稳定性评价

40.1.1 采空区分类

1）根据采空程度划分

根据采空程度划分为小型采空区和大面积采空区。

小型采空区地表变形类型为地表塌陷和开裂。小型采空范围狭窄,多呈巷道式,地表不会产生移动盆地,但由于开采深度浅,又任其自由坍落,地面变化剧烈。地表裂缝的分布常与开采工作面方向平行,且随开采工作面的推进而不断向前发展。除极浅的采空外,裂缝一般上宽下窄,无显著位移。

大型采空区的变形主要是在地表形成移动盆地。即位于采空区上方,当地下采空后,随之产生地表变形,开始形成凹地,随着采空区不断扩大,凹地不断发展,形成凹陷盆地,此盆地称为移动盆地。

2）水平分区

根据地表变形值的大小和变形特征,自移动盆地中心向边缘在水平上可分为三个区:

（1）均匀下沉区:（中间区）即移动盆地的中心平底部分。

（2）移动区:又称内边缘区或危险变形区,区内变形不均匀,对建筑物破坏作用较大。

（3）轻微变形区:外边缘区,地表变形值较小,一般对建筑物不起损坏作用,以地表下沉值 10mm 为标准来划分其外围边界。

3）垂直分带

地下矿层大面积采空后,矿层上部失去支撑,平衡条件被破坏,采空区上方岩体随之变形。采空区上方岩体的变形,总的过程是自下而上逐渐发展的漏斗状沉落。按岩石破坏程度,自采空区向地表可划分 3 个影响带,即冒落带、裂隙带和弯曲变形带,如图 40-1 所示。

本讲执笔人: 王永国,罗章波,苏新民.

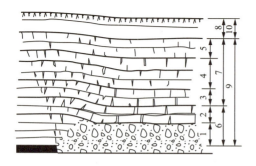

图 40-1 矿层覆岩破坏影响特征图(尺寸单位:m)
1-不规则冒落;2-规则冒落;3-严重断裂;4-一般开裂;
5-微小开裂;6-冒落带;7-裂隙带;8-弯曲变形带;9-破坏影响区;10-非破坏性影响区

(1)冒落带,采空区顶板破碎坍落形成,其厚度一般为采矿厚度的 3～4 倍。

(2)裂隙带(破裂弯曲带)处于冒落带之上,并产生较大的弯曲和变形,其厚度一般取采矿厚度的 12～18 倍(从矿层顶板向上的厚度)。

(3)弯曲变形带(不破裂弯曲带)厚度为裂隙带顶面至地面的厚度。

4)根据采空区与隧道结构间的空间位置关系划分

(1)上位式采空区

当采空区位于隧道上方与拱部圆心呈 90°圆心角范围之内时,将其定义为上位式采空区。

(2)侧位式采空区

当采空区位于隧道拱肩(与拱顶呈 45°角)与边墙墙脚范围内的区域时,将其定义为侧位式采空区。

(3)下位式采空区

当采空区位于隧道仰拱以下,处在两侧边墙墙脚与拱部圆心组成的圆心角以下时,将其定义为下位式采空区。

(4)重叠式采空区

当采空区大部分区域与隧道局部或整体重合时,将其定义为重叠式采空区。

40.1.2 采空区工程特征

采空区的稳定性一般较差,在隧道施工期间对临近采空区产生扰动后,经常会使其原有平衡状态被破坏,危害隧道支护结构的稳定性,而采空区对隧道结构稳定性影响主要是在隧道施工期间和运营期间。具体表现在以下几个方面:

(1)支护结构变形、失稳、甚至塌方

当采空区位于隧道基底以上时,由于其采空区范围岩土物理力学指标较低,拱部压力增大,易造成拱部支护沉降变形大,甚至造成支护失稳,发生塌方。当采空区位于隧道侧向时,由于侧向压力增大,易造成支护侧向变形超限,发生侧向坍塌或溜坍。

(2)结构沉降危及运营安全

当采空区位于隧底以下时,会造成隧道结构沉降。有些采空区在施工过程中由于判断偏差,且变形不明显,施作二次衬砌后,在运营过程中由于动载反复作用,造成基底不均匀沉降,引起二次衬砌结构的变形、开裂,危及运营安全。

(3)涌水、突泥

由于煤层开采,在采空区垮落带、导水裂缝带内积聚了大量地下水,形成水囊,施工中若揭穿,易发生突发性的涌水、突泥,危及施工安全。

(4)积聚瓦斯

煤层采空区中易形成瓦斯集聚,易发生瓦斯燃烧甚至爆炸,危及施工安全。

(5)造成隧道整体失稳

若隧道存在地形偏压,且底侧存在采空区,由于采空区随时间的累进破坏加之运营期间由于动载作用,易引起山体整体失稳。

40.1.3 采空区稳定性评价

采空区场地稳定性应根据采空区勘察成果进行分析和评价,并应结合铁路等级、工程结构特征和变形要求、采空区类型和特征,采用定性和定量相结合的方法,分析采空区对拟建铁路工程和拟建铁路工程对采空区稳定性影响程度。

1)开采安全深度计算

根据《铁路工程地质手册》一书推荐的计算方法,安全开采深度为:

$$H = K \cdot M \tag{40-1}$$

式中:H——安全开采深度(m);

K——安全系数,根据铁路等级、矿层倾角取 75 ~ 200;

M——矿层采出厚度(m)。

2)铁路保护煤柱设计

采用铁路保护煤柱设计方法可以评价采空区的稳定性,进而得到采空区加固处理安全边界范围,对采空区安全边界范围内采用注浆加固处理,以使地表受护面积内不产生变形,满足铁路沉降控制要求。

参考《建筑物、水体、铁路及主要井巷煤柱留设与压煤开采规范》安监总煤装【2017】66 号文有关铁路保护煤柱留设的规定,采用垂直剖面法设计铁路保护煤柱确定加固处理安全边界,其具体步骤如下:

(1)铁路受护对象:铁路以隧道形式通过,留设安全矿柱时,受护面积应当以建筑界线外 1m 为界加围护带。

(2)围护带宽度:根据规定矿区建筑物和构筑物的保护等级,确定铁路的围护带宽度。在受护边界外围划出围护带。围护带宽度根据受护对象的保护等级确定。

(3)特级铁路保护煤柱按边界角留设,其他铁路保护煤柱按移动角留设。

①边界角:在充分或接近充分采动条件下,移动盆地主断面上的边界点(下沉 10mm 点)与采空区边界之间的连线和水平线在煤柱一侧的夹角。

②移动角:在充分或接近充分采动条件下,移动盆地主断面上,地表最外的临界变形点(水平变形 ε=+2mm/m,倾斜 i=±3mm/m,曲率 K=+0.2×10^{-3}/m)和采空区边界点连线与水平线在煤壁一侧的夹角。

(4)若采空区对隧道工程安全稳定性产生不利影响,则需要对安全边界内采空区形成的冒落区、裂隙带中的孔隙进行注浆加固处理,以使结构受护面积内不产生变形,满足铁路沉降控制要求。施工及运营过程中应加强对采空区内隧道工程的安全监测和变形观测。

40.1.4 采空区勘察

采空区的勘察目前国内外主要是以资料收集、采矿情况调查、工程钻探、地球物理勘探为主,辅以变形观测、水文试验等。

1)地质调查测绘

工程地质调查与实地测绘包括搜集、分析、利用采空区已有资料与实地踏勘、调查、测绘工作。实地测绘方法可根据采空区特征采用测线测绘法、界线追踪法、露头标绘法等方法。

调查主要内容:调查矿区开采起始时间、开采方式、规模、开采矿层、产状、采深采厚比、回采率、顶板管理方式、矿(岩)柱留设情况等,重点搜集井上、下对照图,采掘工程平面图,矿层底板等值线图等与开采有关的资料。采空区地表移动范围、破坏现状、发展轨迹、确定移动盆地的中间区及内、外边缘区。采空区垮落带、断裂带和弯曲带高度、采空工充填情况及密实度。采空区地下水赋存、水质及补给状况。矿区突水、冒顶和有害气体发育及危害情况。既有建（构）筑物基础类型、变形破坏情况等。

有条件的矿区宜进行巷道和采空区内部测绘，核实采空区边界等情况。

2）勘探测试

（1）物探

通过调查测绘工作，对测区的地质条件有了较全面的认识后，根据采空区预估埋深、可能的平面分布、垮落及充水状态、覆岩类型和特性、周围介质的物性差异等，选择有效的物探方法，探查采空区的空间分布等。

（2）钻探

钻探是对地质测绘推断和物探解释成果的正确性最直接的检验手段，也是采集工程地质、水文地质参数的重要手段，钻孔孔位、结构、工艺应在调查测绘和物探成果资料分析基础上确定，即要考虑地质分层、取样及采空探查的需要，还要考虑水文地质试验及测井的需要。同时验证采空区、巷道的分布范围及其覆岩破坏类型与发育特征、地表裂缝的埋深和延展情况，开展稳定性评价计算参数确定所需的原位测试和试验工作。

（3）采空区地表变形监测

合成孔径雷达干涉测量（InSAR）技术是近几年发展起来的一种新型测量技术，是一种有效的采空区变形监测及分析技术手段，可通过对不同年间不同阶段 InSAR 监测结果对比分析发现地表沉降变形，可用于铁路跨越采空区变形分析及指导地质选线。

40.2 采空区隧道选线及设计原则

40.2.1 选线原则

（1）选线应充分采用各种先进的勘察与测试手段，在收集到大量的有关资料的基础上对采空区的路线方案进行深入的研究和多方案的论证，确定采空区对路线影响相对最小的方案。

（2）选线应考虑矿产资源的最大利用，尽可能不压覆或少压覆可开采的矿床，尽可能利用已有的保安矿柱，最大限度地节省矿产资源。

（3）线路首先宜绕避大型矿区、重要矿区，绕避密集分布小窑采空区、难以查明的古采空区，应绕避地表变形活跃、移动盆地边缘地带和因为地表移动、变形可能引起的边坡失稳和陡坡崩塌的地段。

（4）选线时一般都会绕避大型采空区，当无法绕避时，首先选择以路基工程通过，当必须以隧道通过时，应做好采空区变形稳定性评价工作，并选择变形相对稳定区域通过，隧道宜短不宜长。

（5）分析论证隧道轴线与采空区的空间关系，尽可能让隧道的轴线与采空区主采方向大角度相交通过，减少采空区对隧道的影响范围。

（6）有条件隧道尽量布置在采空区下方，无法做到时，隧道尽可能从采空区上方较大深度的地方通过，减少采空区对隧道的影响程度。

40.2.2 采空区隧道设计原则

（1）采空区隧道的设计应根据采空区详勘资料及采空区对隧道危害等级的不同而采取针对性的处理措施，以确保隧道设计安全、经济、合理。隧道施工应尽量减小开挖对采空区的扰动，严格控制支护结构的变形量,采用强大的支护及衬砌结构。根据超前地质预报及开挖揭示的情况,及时调整工程措施,做到"短进尺、弱爆破、强支护、快封闭、小变形、少扰动"。

隧道结构设计方面重点考虑以下几点:
①断面内净空适当放大,预留补强空间。
②采用复合式衬砌结构,并以初期支护为主要承载结构。
③初期支护封闭后,应对周边破碎围岩注浆加固。
④二次衬砌宜设计为钢筋混凝土结构,厚度满足结构要求即可。
⑤纵向变形缝间距适当加密。
⑥适时检测隧道变形及受力状态。

(2) 隧道位于采空区下方时,隧道设计应符合下列要求:
①拱部距采空区底板大于 3 倍隧道洞径时,经详细勘察后确认采空区对隧道围岩稳定性无影响时,可不对围岩进行注浆加固设计。
②拱部距采空区底板为 1~3 倍隧道洞径时,应对隧道围岩进行注浆加固设计。
③拱部距采空区底板小于 1 倍隧道洞径时,除应对隧道围岩进行注浆加固外,还应对采空区进行处治。
④当采空区赋存有毒、有害气体或积水时,应进行抽排处理,并采用全封闭防护措施。

(3) 隧道位于采空区上方时,隧道设计应符合下列要求:
①隧道位于采空区弯曲带时,应对采空区进行处治,处治后按一般情况下围岩级别进行支护衬砌设计。
②隧道位于采空区裂隙带时,应对采空区进行处治,处治后按降低一级围岩级别进行支护设计,仰拱和二次衬砌必须加配钢筋。
③隧道位于采空区冒落带时,应对采空区进行处治,并对围岩采取注浆或采取其他有效措施进行加固。初期支护设计参数宜采用最高值,仰拱和二次衬砌必须加配钢筋。

(4) 当隧道的埋深不大(小于 40m)且采空区的处治费用较高时,应与明洞方案与路堑方案进行比选,择优选择工程方案。

(5) 经检测采空区处治效果未完全达到预期的目标,应进行补强处治并对隧道结构采取增强配筋等措施,提高结构抗变形能力。

(6) 当采空区空间较大且与隧道相交,底板标高相近时,可根据隧道的建筑界限按明洞设计。

(7) 膨胀岩、盐岩等特殊岩土采空区的隧道设计,应充分考虑其物理、水理和工程性质,采空区处治设计和隧道围岩支护设计应充分结合围岩现场监控量测指标及工程长期变形预估等结果进行动态设计。

(8) 隧道顶、底板上下出现多层采空区或采空区内存在有害、有毒气体和大量的地下水时,应进行专题研究。

(9) 当铁路下伏或临近矿产资源将被开采时,应按《建筑物、水体、铁路及主要井巷煤柱留设与压煤开采规范》(安监总煤装〔2017〕66 号文)的要求留设铁路保护矿柱。

40.3 采空区处治技术

40.3.1 采空区处治原则

隧道采空区的存在对隧道施工期及运营期均会产生较为严重的影响,一旦采空区失稳,可能严重影响隧道结构的稳定性。因此,应特别重视隧道采空区的处治,处治时应遵循以下原则:

（1）利用各种预报手段，提前预判采空区位置及规模。
（2）因地制宜，根据矿层的赋存条件，灵活采用各种采空区处治措施。
（3）适当加大预留变形量，防止采空区引起隧道初期支护变形过大而侵限。
（4）严格控制采空区处治的工程质量，避免采空区对隧道运营时造成影响。

隧道通过采空区时在安全煤柱范围内，以处理采空区、冒落带和裂隙带为主，采用"先探后灌、动态设计、边探边灌"的原则。埋藏较浅的采空区，宜采用明挖回填处理；埋藏较深、坑道通畅的采空区，宜采用片石回填、支顶、注浆等措施处理；埋藏较深、多层重叠交错、无法进入的采空区，宜采用注浆处理。

40.3.2 采空区处治范围

1）采空区加固长度和宽度范围

采空区治理范围包括采空区处理长度和采空区处理宽度。

处理长度为采空区沿线路方向实际长度及移动影响范围之和。

处理宽度为受护隧道建筑界线外 1m、围护带宽度及两侧按岩层移动角考虑所确定的边界宽度之和（图 40-2），即：

$$B = A + 2(1+H) + H_左 \cot\beta_左 + H_右 \cot\beta_右 + H_1 \cot\phi + H_2 \cot\phi \tag{40-2}$$

式中：B——处理宽度（m）；

A——隧道建筑界线；

H——围护带宽度，按《建筑物、水体、铁路及主要井巷煤柱留设与压煤开采规范》铁路各保护等级的围护带宽度取值；

$H_左$——线路左侧围护带边界处基岩顶面至采空区底板的垂直距离（m）；

$H_右$——线路右侧围护带边界处基岩顶面至采空区底板的垂直距离（m）；

H_1——线路左侧隧道底板下第四系松散层厚度（m）；

H_2——线路右侧隧道底板下第四系松散层厚度（m）；

$\beta_左$、$\beta_右$——采空区上覆岩移动角，第四系松散层移动角 ϕ 取 45°，基岩移动角或边界角取当地经验值。

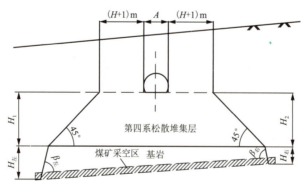

图 40-2 采空区隧道加固处理范围示意图

2）采空区加固深度范围

采空区加固深度一般应至采空区底板以下 1m，竖向注浆范围为采空部分、冒落带和裂隙带之和。冒落带的高度一般为采空厚度的 3～5 倍，裂隙带的高度一般为采空厚度的 12～18 倍。

3）注浆孔设计

洞内钻孔工作面小、干扰大，且需要布置斜向注浆钻孔，有条件时首先选择地表钻孔注浆处理。

(1)平面布设

①帷幕孔:采空区处理范围内最外一排孔为帷幕孔,应先注帷幕孔,帷幕孔须在浆液中掺加水泥重量2%的速凝剂,使注入采空区的浆液尽快凝固,以形成帷幕,防止浆液流失。孔间距5～10m。

②注浆孔:一般采用梅花形布置,注浆孔间距、排间距宜通过现场试验确定。注浆孔间距宜为0.8～1.7倍浆液扩散半径,排间距宜为孔间距的0.8～1.0倍。隧道建筑界线外1m范围内钻孔间距取小值,隧道建筑界线外1m范围外钻孔间距可取大值。

初步估算注浆孔排距和孔间距时宜结合采矿方法、上覆岩层结构及岩性、回采率、顶板管理方式、冒落带和裂隙带的空隙、裂隙之间的连通性参考《采空区公路设计与施工技术细则》(JTG/T D31-03—2011)表6.2.3注浆孔排距和孔间距经验值确定。

(2)注浆材料

注浆浆液采用水泥、粉煤灰浆。当注浆钻孔揭露较大空洞时,可先灌注砂土、砾石土等集料后注浆。注浆过程中,可根据需要加入一定量的水玻璃等添加剂改变浆液性能。

注浆材料的配比通过现场试验确定,浆液的浓度使用采用由稀到浓的原则,水固质量比取1∶1～1∶1.3,水泥占固相的15%左右。

(3)注浆压力

应通过现场注浆试验确定,注意考虑采空区深度和压力的关系。注浆结石体单轴抗压强度不应小于1MPa。

注浆施工前应通过试验验证注浆工艺及参数,现场试验应选择在具有代表性的地段进行,选取注浆总孔数的3%～5%进行现场试验,以确定正常注浆的最大注浆压力、水灰比、最佳注浆量及浆液扩散半径。

40.3.3 采空区处治措施

隧道施工时需对穿越的采空区进行处治,根据采空区与隧道的空间位置关系,及采空区的走向、分布、规模等因素综合考虑,确定不同类型采空区的处治方案。

采空区处治的理论依据主要为充填和强支护,对中小规模的采空区采用完全充填的方式,而对于规模较大的采空区采用加强隧道支护结构、砌筑块石挡墙或混凝土台等强支护措施,而对基本不影响隧道结构稳定性的采空区可采用部分充填的方式。在施工过程中按采空区的处治原则对不同类型的采空区按相应的处治措施进行治理,确保隧道结构的安全性。

1)上位式采空区处治

当采空区位于隧道洞身上方,特别是近水平、缓倾斜的采空区,且距隧道拱顶较近甚至与隧道连通时,必须采用强支护通过,即增加隧道的超前支护、初期支护、二次衬砌的支护参数。

当确定隧道掌子面前方存在上位式采空区时,在采空区前方10～20m开始加强隧道的支护参数。加强超前支护参数,加强隧道的初期支护参数,加密钢拱架间距,并加密纵向连接筋,增加锁脚锚杆数量,提升初期支护整体结构的稳定性。在上位式采空区与隧道连通时,应对采空区空腔进行锚喷支护,必要时增加异形钢拱架,保证采空区的稳定性后,架设钢拱架喷射混凝土,并在连通部位预留混凝土泵送管道,待初期支护达到一定强度后,向采空区空腔内泵送混凝土,充填采空区。

加强隧道的二次衬砌支护参数,在存在上位式采空的区段,根据采空区实际情况,适当增加二次衬砌的钢筋密度,在建筑限界允许范围内,增加二次衬砌厚度,在厚度受到限制时,增加混凝土的标号,保证采空区段隧道结构的安全。

2)侧位式采空区处治

在揭开采空区之后,当采空区为侧位式时,将在隧道断面范围的采空区采矿时所充填的弃土、矸石挖除,并将未与采空区连通的部位架设钢拱架,喷射混凝土形成初期支护。侧位式采空区的侧向处治范围为20～25m,较远段采用强度较高的隧道弃渣回填,在距隧道初期支护3～5m时,用块石砌筑挡墙,将回填物挤压密实。挡墙至初期支护段用片石混凝土回填,并在隧道初期支护外部再次砌筑挡墙,以保护初期支护结构不受回填物挤压变形。

在清除侧位式采空区内弃土时,可视采空区的稳定性情况,适当锚喷支护,保证施工安全。回填的弃渣及片石混凝土必须挤压密实,挡墙的作用除为隧道弃渣的回填挤压提供反力外,还应作为采空区的竖向支撑,并起到保护初期支护的作用。

3）下位式采空区处治

当采空区位于隧道下方时,处治的关键在于对隧底的加固,以保证隧道结构的整体稳定性。在未揭穿采空区前,随时注意采空区与隧道的相对位置,确保施工安全,避免造成采空区的坍塌。在揭开采空区后,应根据采空区的情况采取相应的处治措施,控制隧道结构受力平衡。下位式采空区的处治方法主要有:注浆换填法、桥跨法、纵向支撑梁法等。

此外,在隧道下位式采空区的处治中还有采用高压旋喷桩、摩擦桩等方法,这些方法都是以桩基为基础,支撑采空区上部隧道支护结构。

4）重叠式采空区处治

重叠式采空区的处治应综合采用上位式、侧位式和下位式三种采空区的处治方式,视采空区的规模,对采空区各部位按相应的方式处治,根据隧道的开挖顺序,一般处治顺序为上位式、侧位式和下位式。重叠式采空区的规模一般较大,在揭露时应注意施工安全。

采空区的处治方法多种多样,在实际施工中应充分考虑采空区的位置、规模及处治工期、费用等的影响,争取用最小的代价,完成对隧道周围受到影响采空区的处治。同时在采空区处治时一定要保证施工质量,不能将隐患留到隧道运营期间。

40.4 采空区工程实例

40.4.1 巴准铁路敖包沟隧道穿越采空区设计情况介绍

1）敖包沟隧道概况及采空区情况

敖包沟隧道全长3200m,最大埋深82m,采用单向纵坡。隧道位于内蒙古高原毛乌素沙漠边缘地区,属华北地台鄂尔多斯台向斜,地层岩性主要为上更新统风积砂质黄土、侏罗系下统砂岩夹泥岩,该套地层中含多层煤及煤线,煤矿及采空区遍布。

敖包沟隧道穿越敖家沟西梁煤矿和中兴煤矿,左侧的公沟煤矿存在大面积采空,其分布错综复杂,线路附近地面变形严重,同时存在浅部残留煤层自燃现象。敖包沟隧道附近主要分布三层煤,编号分别为2号、3号、4号。2号煤平均厚度为2.98m,中兴煤矿以小窑开采为主,公沟煤矿大面积开采;3号煤由于层薄尚未开采;4号煤平均厚度为2.41m,公沟煤矿及敖家沟西梁煤矿均大面积开采。

经综合比选,线位利用平行主矿井预留的保安煤柱从两矿界处以隧道形式从中兴煤矿2号煤层采空下方穿越煤田,上采空区底板距隧道顶板约15～20m,2号煤层采空塌陷对隧道工程影响较小,同时线路标高降低至3号煤层附近,铁路距下部4号煤采空区较近后,铁路的安全维护带宽度明显缩小,并且绕避了公沟煤矿采空区的地面裂缝。敖包沟隧道平面、地质纵断面简图及与采空区位置关系详见图40-3和图40-4。

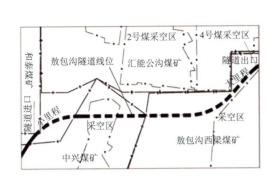

图 40-3　敖包沟隧道平面图

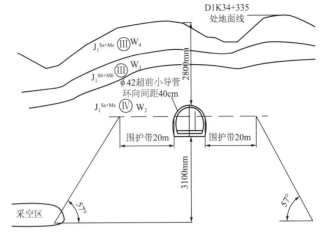

图 40-4　敖包沟隧道与采空区位置关系图

2）隧道设计方案

为确保铁路运营安全，设计采用超前小导管和径向注浆相结合的方式，使得靠近采空区一侧的隧道拱部和边墙周边分别形成厚度约 1.2m 和 3m 的加固圈，同时对隧道断面内净空考虑 30cm 的预留量。

（1）超前支护：隧道拱部采用 $\phi42$ 超前小导管注浆加固，环向间距 40cm，纵向每两榀钢架设置一环，水平搭接长度不小于 1.0m，施工外插角 17.35°，浆液扩散半径按 25cm 考虑；左侧边墙和底板采用 $\phi42$mm、壁厚 3.5mm 的热轧无缝钢管进行径向注浆加固，注浆孔按浆液扩散半径 2m 布设，梅花形布置，注浆加固圈固结范围为开挖轮廓线外 3m。边墙和底板径向注浆孔按梅花形布置，每环设 11 孔，孔口环向间距约 2m，孔底环向间距约 3m，纵向间距 2.5m。详见图 40-5 和图 40-6。

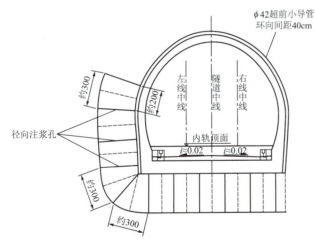

图 40-5　敖包沟隧道与敖包沟隧道采空区段拱墙加固布置图（尺寸单位：cm）

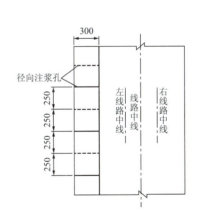

图 40-6　敖包沟隧道采空区段边墙径向注浆管纵向布置（尺寸单位：cm）

（2）初期支护：拱墙采用格栅钢架，0.8m/ 榀。
（3）衬砌断面：按 30cm 预留量放大断面内净空。
（4）隧道衬砌每环设一道变形缝。
（5）对围岩内部变形、地表沉降、拱顶沉降和隧道变形设置长期观测网，进行实时跟踪监测，主要观测地表和拱顶下沉量、下沉速度及水平纵横向位移等，加强采空区塌陷变形危险地段监测。

3）运营效果

该隧道自 2015 年 11 月建成通车以来，运营状态良好，穿越采空区段未出现工程地质病害问题。

40.4.2 西平铁路官牌隧道穿越采空区设计情况介绍

1) 官牌隧道概况及采空区情况

官牌隧道起讫里程 DKl30+033～DKl30+720,全长 687m。隧道洞身全为砂岩夹砾岩地层,岩性单一。隧道于里程范围 DKl30+300～DKl30+720 通过 ZF2801 下沟煤矿采空区移动盆地影响地段。

下沟煤矿 ZF2801 工作面采空区采空埋深 370m,顶板岩层为砂岩夹泥岩,采空区几何尺寸为矩形,长 105m,宽 90m,高约 10.1m,煤层倾向西北,倾角<5°,2005 年 8 月开始回采,2006 年 5 月回采结束,留底煤 1.5～2.0m,割帮煤 2.7m,放顶煤 5.4～5.9m,采用长臂综合机械法放顶煤(全部垮落法)。

下沟煤矿采空区分布示意图如图 40-7 所示,西平铁路通过煤矿采空区工程地质纵断面示意图如图 40-8 所示。

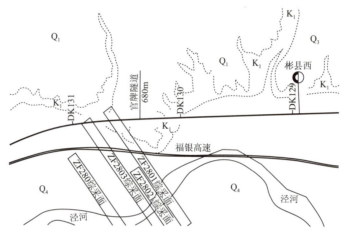

图 40-7 下沟煤矿采空区分布示意图

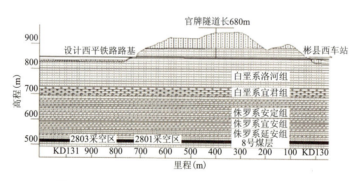

图 40-8 西平铁路通过煤矿采空区工程地质纵断面示意图

由于 ZF2801 工作面覆岩结构是上强下弱类型,上部白垩系地层,砂岩、砾岩的岩性比较坚硬,整体性强,而且宽度大,两层累计厚度为 110m,成为控制地表下沉的关键层,由于工作面开采宽度不大,又有两侧煤柱支撑,因此关键层不会产生破断,只产生了轻微的弯曲,使地表不产生断裂型下沉盆地,地表移动变形值较小。下沟 ZF2801 工作面于 2006 年 4 月回采结束。官牌隧道通过该段的路肩设计高程约为 845m,距采空区厚度约 360m,远厚于导水裂隙带高度,地表变形一般只产生弯曲沉落变形,岩层变形较轻,裂隙密闭,不连通,导水性差,岩体出现的变形是弯曲沉落变形,在地表主要的表现为沉降变形,而不会形成断裂型下沉盆地,出现突然坍塌现象。

2) 隧道设计方案

采空区、采空移动盆地影响范围内隧道为单线隧道,通过地层为砂、砾岩,Ⅳ级围岩,主要应对措施有：衬砌支护参数加强；预留净空；对隧道底板加强，提高整体性。

经下沟煤矿采空区对隧道的影响及安全评价分析后认为，采空区、采空移动盆地影响范围内隧道为铁路单线隧道，采取衬砌支护参数加强、预留净空、对隧道底板加强、提高整体性等措施后，可以保障铁路隧道的施工及运营安全。官牌隧道通过煤矿采空区衬砌断面示意图如图40-9所示，采取的措施有：

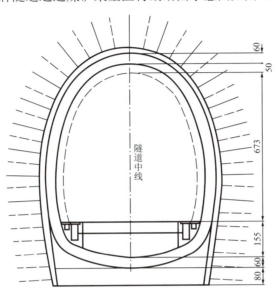

图40-9　官牌隧道通过煤矿采空区衬砌断面示意图（尺寸单位：cm）

（1）衬砌支护参数

拱墙采用C25网喷混凝土（厚30cm）；$\phi 8$钢筋网；网格间距20cm×20cm；拱墙设系统锚杆，长3.5m，间距1.0m×1.0m；拱墙设$\phi 25$主筋四肢格栅钢架，间距2榀/m，钢架纵向连接筋设置2层，内外侧均设置，以便提高整体性。拱墙二次衬砌、仰拱采用60cm厚钢筋混凝土结构，对结构配筋进行加强，主筋采用$\phi 25$，5根/m布置，纵向架立钢筋采用$\phi 22$。仰拱与边墙采用圆顺连接，以减少应力集中现象。

（2）预留净空

设计衬砌内轮廓在一般衬砌断面内轮廓的基础上，预留50cm的富裕净空，以便预留变形及补强。在运营期间，若发现隧道衬砌开裂，进行二次补强。

（3）整体基础底板

隧道基底设80cm厚钢筋混凝土底板，以提高整体性，减小不均匀沉降。沿隧道纵向每9m设一道全断面沉降缝，沉降缝贯通底板。

3）运营效果

该隧道自2013年12月建成通车以来，运营状态良好，穿越采空区段落未出现工程地质病害问题。

本讲参考文献

[1]《煤矿矿井采矿设计手册》编写组．煤矿矿井采矿设计手册[M]．北京：煤炭工业出版社，1984．

[2] 铁道第一勘察设计院．铁路工程地质手册[M]．北京：中国铁道出版社，2005．

[3] 国家安全监管总局，国家煤矿安监局，国家能源局，等．建筑物、水体、铁路及主要井巷煤柱留设与压煤开采规范[S]．北京：煤炭工业出版社，2017．

[4] 中华人民共和国行业标准．铁路工程地质勘察规范：TB 10012—2007[S]．北京：中国铁道出版社，2007．

[5] 中华人民共和国国家标准．煤矿采空区岩土工程勘察规范：GB 51044—2014[S]．北京：中国计划出版社，2014．

[6] 中华人民共和国行业标准. 采空区公路设计与施工技术细则:JTG/T D31-03—2011[S]. 北京:人民交通出版社, 2011.
[7] 中铁第五勘察设计院集团有限公司. 巴准铁路工程地质勘察报告 [R]. 北京, 2012.
[8] 中铁第一勘察设计院集团有限公司. 西安至平凉线下沟煤矿采空区方案研究 [R]. 西安, 2009.
[9] 徐永明, 张戎垦, 李国和. 大型采空区铁路地基稳定性分析 [J]. 铁道勘察, 2004, 30(2):75-77.
[10] 王永国. 朔黄重载铁路恒山越岭段工程地质选线技术研究 [J]. 铁道工程学报, 2011, 28(1):9-14.
[11] 吴永全. 公路隧道穿越采空区处治技术探讨 [J]. 北方交通, 2011, (12):52-55.
[12] 严广艺. 浅析下伏煤矿采空区隧道的设计 [J]. 铁道建筑, 2012, (1):48-50.

第41讲

膨胀性围岩隧道

膨胀性围岩隧道在施工过程中往往初期支护变形量大,遇水稳定性极差,建成后容易引起衬砌开裂、仰拱底鼓、道床隆起等运营病害,需要在勘察和设计中引起高度重视。本讲主要介绍膨胀性围岩的类型与特性,膨胀性围岩的判别标准,勘察与试验要求,设计、施工与维护原则,并介绍了部分膨胀性围岩隧道设计施工现状与实例。

41.1 膨胀性围岩的概念

41.1.1 膨胀性围岩

膨胀性围岩通常是指在水的作用下发生体积增大的围岩。膨胀性围岩包括膨胀土和膨胀岩,如含有亲水矿物的黏性土和含有大量膨胀性矿物的岩石。膨胀性围岩浸水后体积膨胀,不仅在拱顶、侧壁,在底部也慢慢地向净空内挤压,严重时开挖断面会显著缩小。用支护和衬砌抑制这样围岩的位移,要承受相当大的土压。这样的围岩压力开挖初期变形不大,但随时间会慢慢地增加,数日至数十日后,会变得非常大,甚至极少数在数年后土压还有增加的情况。施工时无水,而在隧道贯通后,改变了地下水的运移环境,隧道就成为一条地下水排泄通道,在施工期间失水干燥的围岩遇水发生膨胀,随着季节的变化还存在反复,即膨胀变形具有反复性。在膨胀性围岩中,一般自稳性差,围岩松弛随时间会显著增大,会产生很大的围岩膨胀压力。

41.1.2 膨胀土

膨胀土是指土中黏粒成分主要由亲水矿物组成,具有吸水显著膨胀、软化、崩解和失水急剧收缩、开裂,并能产生往复胀缩变形的黏性土。

土中所含的黏土矿物主要指蒙脱石、伊利石、高岭石等。膨胀土物质成分中蒙脱石含量、黏土矿物总量及粒径小于 2μm 的含量,是决定膨胀土膨胀潜势大小、物理力学性质及其变化的主要物质基础。自由膨胀率 F_s 是膨胀土的重要判别指标。

本讲执笔人: 朱永全,郭庆昊.

41.1.3　膨胀岩

膨胀岩是指含有较多亲水矿物,含水率变化时发生较大体积变化的岩石。常见膨胀性岩石种类有泥岩、页岩、长石云母、蛇纹岩和含硬石膏（$CaSO_4$）、无水芒硝（Na_2SO_4）、钙芒硝（$CaSO_4 \cdot Na_2SO_4$）等岩石。该类岩石具有遇水膨胀、软化、崩解和失水收缩的特性。

41.1.4　红黏土

红黏土是指经红土化作用形成的棕红、褐黄等色并覆盖于碳酸盐岩系地层之上,具有表面收缩、上硬下软、裂隙发育和较显著的胀缩性、液限 $\omega_L \geq 50\%$ 的黏性土。

红黏土中含有大量亲水性黏土矿物,其物质组成、地貌形态、工程特性等与膨胀土有许多相同或相似之处,具有很强的胀缩性,其自由膨胀率 F_s 可远远超过40%。红黏土的含水率一般是自上而下逐渐增大,至基岩面附近可呈软塑～流塑状,强度降低,故表现为上硬下软。红黏土具有很强的收缩性,且通常是水平收缩大于垂直收缩,因而又具有表面收缩、裂隙发育的特点,甚至产生深、大地裂。

当红黏土达到膨胀土标准时,应按膨胀土对待;未达到膨胀土标准的红黏土,按一般黏性土对待,应注意其具有高液限、高塑性、高孔隙性、较高的强度和偏低的压缩性、较高的胀缩性,且水平收缩大于垂直收缩等特性。

41.2　膨胀性围岩的类型和特性

41.2.1　膨胀岩的类型

根据目前的研究结果,膨胀岩按成因可分为 5 类[1]。

（1）沉积型泥质膨胀岩[2]。

该类膨胀岩地层时代以石炭系、二叠系、三叠系、侏罗系、白垩系、第三系为主,可细分为四个亚类：晚二叠系泥质膨胀岩、上侏罗统—白垩系泥质膨胀岩、下第三系泥质膨胀岩和上第三系泥质膨胀岩。

（2）蒙脱石化中基性火成岩类膨胀岩。

（3）蒙脱石化凝灰岩类膨胀岩。

（4）断层泥类膨胀岩。

（5）含硬石膏和无水芒硝类膨胀岩。

上述五种类型膨胀岩中,前四种的膨胀实质是所含亲水矿物的吸水膨胀;第五种则是水化学作用产生的硬石膏→石膏、无水芒硝→芒硝的转化膨胀。五种类型膨胀都与水的关系极大。膨胀岩与膨胀土虽然在物质组成、成岩程度、结构构造及物理力学性质等方面差异都很大,但均具有显著的吸水膨胀,失水收缩、开裂,并产生往复胀缩变形的性能。

41.2.2　膨胀性围岩的特性

泥质膨胀性围岩的膨胀程度取决于黏土颗粒间的膨胀量,和含有膨胀性晶体的黏土矿物的情况。具有膨胀性晶体的含量越高,其膨胀量越大。含膨胀晶体的矿物有蒙脱石、蛭石、高岭土和蒙脱石—伊利石、蒙脱石—绿泥石的混合矿物等。如柯绿泥石是具有片状结构的黏土矿物，水在层间渗透而引起结晶膨胀，未溶解的晶体基面间距为 $2.9×10^{-9}$m，吸水后增至 $3.3×10^{-9}$m，使体积增大 14%。

含硬石膏和无水芒硝类膨胀性围岩，硬石膏遇水发生化学变化而成软石膏（$CaSO_4+2H_2O \rightarrow CaSO_4 \cdot 2H_2O$），体积可增大 61%；含芒硝的岩石遇水发生化学变化，其体积可增大 135%。

泥质膨胀性围岩性状变化主要由岩石含水率变化引起的，若能保持开挖前的含水率，通常不具备膨胀特性；但开挖后膨胀性围岩逐渐干燥失水，再遇水便要膨胀崩解，其干燥失水越多，膨胀量越大。天然断层泥、泥化夹层，在天然湿度下可直接吸水而发生膨胀和软化。

膨胀性围岩除具有吸水膨胀的特性外，一般还具有显著的流变特性，可持续 3～5 年。

41.3 膨胀性围岩的判别

影响膨胀性围岩性能变化的因素很多，如膨胀性矿物的成分与含量、物理力学指标、地下水、支护和施工方法等。目前对于正确判断膨胀性围岩等级、膨胀量和膨胀压力等指标，尚无统一的判别标准，相应工程措施也在研究之中。

41.3.1 膨胀性围岩判别依据

（1）膨胀性岩矿物性能：蒙脱石含量、阳离子交换量、2μm 以下粒径所占数量、液限等。
（2）岩块膨胀性能：岩块的干燥饱和吸水率、岩块崩解度、软化系数和胶结强度等。
（3）隧道膨胀性围岩：围岩膨胀率、膨胀范围、膨胀压力等。

41.3.2 国内标准

采用的国内标准为《铁路工程特殊岩土勘察规程》（TB 10038—2012）、《铁路工程地质勘察规范》（TB 10012—2007）（2010 年修订）。

1）膨胀土
（1）初判
膨胀土应根据地貌、颜色、结构、土质情况、自然地质现象和土的自由膨胀率等特征，按表 41-1 进行初步综合判定。

膨胀土初判标准　　　　　　　　　　　　　　　　　表 41-1

地貌	具垄岗式地貌景观，常呈垄岗与沟谷相间；地形平缓开阔，无自然陡坎，坡面沟槽发育
颜色	多呈棕、黄、褐色，间夹灰白、灰绿色条带或薄膜；灰白、灰绿色多呈透镜体或夹层出现
结构	具多裂隙结构，方向不规则；裂面光滑，可见擦痕；裂隙中常充填灰白、灰绿色条带或薄膜
土质情况	土质细腻，具滑感，土中常含有钙质或铁锰质结核或豆石，局部可富集成层
自然地质现象	坡面常见浅层溜坍、滑坡、地面裂缝；当坡面有数层土时，其中膨胀土层往往形成凹形坡；新开挖的坑壁易发生坍塌
自由膨胀率	$F_s \geq 40\%$

（2）详判
膨胀土应根据自由膨胀率、蒙脱石含量、阳离子交换量三项指标详判。当符合表 41-2 中两项指标时，判定为膨胀土。

膨胀土详判标准　　　　　　　　　　　　　　　　　　　表 41-2

参数名称	判定指标	参数名称	判定指标
自由膨胀率 F_s（%）	≥ 40	阳离子交换量 CEC（NH_4^+）(mmol/kg)	≥ 170
蒙脱石含量 M（%）	≥ 7		

注：表中 CEC 表示 1kg 干土的阳离子交换量。

（3）潜势分级

按表 41-3 进行潜势分级。

潜 势 分 级　　　　　　　　　　　　　　　　　　　　　表 41-3

分级指标	弱膨胀土	中等膨胀土	强膨胀土
自由膨胀率(%)	40 ≤ F_s < 60	60 ≤ F_s < 90	F_s ≥ 90
蒙脱石含量(%)	7 ≤ M < 17	17 ≤ M < 27	M ≥ 27
阳离子交换量(mmol/kg)	170 ≤ CEC（NH_4^+）< 260	260 ≤ CEC（NH_4^+）< 360	CEC（NH^{4+}）≥ 360

2）膨胀岩

（1）根据野外地质特征进行初判，如表 41-4 所示。

膨胀岩的野外地质特征　　　　　　　　　　　　　　　　表 41-4

地貌	一般形成波状起伏的低缓丘陵，相对高度 20～30m，丘顶多浑圆，坡面圆顺，山坡坡度缓于 40°，岗丘之间为宽阔的 U 形谷地；当具有砂岩夹层时，常形成一些陡坎
岩性	主要为灰白、灰绿、灰黄、紫红和灰色的泥岩、泥质粉砂岩、页岩、风化的泥灰岩、风化的基性岩浆岩、蒙脱石化的凝灰岩以及含硬石膏、芒硝的岩石等；岩石由细颗粒组成，遇水时多有滑腻感；泥质膨胀岩的分布地层以石炭系、二叠系、三叠系、侏罗系、白垩系、第三系为主
结构特征	岩层多为薄层和中、厚层状，裂隙发育，裂隙多被灰白、灰绿色等富含蒙脱石物质充填
风化	风化裂隙多沿构造面、层理面进一步发展，使已被结构面切割的岩块更加破碎；地表岩石碎块风化为鸡粪土，剥落现象明显；天然含水的岩石在暴晒时多沿层理方向产生微裂隙；干燥的岩块泡水后易崩解成碎块、碎片或土状

（2）室内试验判断指标，如表 41-5 所示。

膨胀岩的室内试验判断指标　　　　　　　　　　　　　　表 41-5

试 验 项 目		判定指标
自由膨胀率 F_s（%）	不易崩解的岩石	F_s ≥ 3
	易崩解的岩石	F_s ≥ 30
膨胀力 P_p（kPa）		P_p ≥ 100
饱和吸水率 W_{sa}（%）		W_{sa} ≥ 10

注：当有两项符合所列指标时，可判断为膨胀岩。

（3）《铁路膨胀岩隧道修建技术研究》建议的判别方法。

① 崩解特征分类，见表 41-6。

膨胀岩按崩解特征分类　　　　　　　　　　　　　　　　表 41-6

类　　别	崩解特征及质量变化
非膨胀岩	泡水 24h 岩块完整、不崩解，质量增加小于 10%
弱膨胀岩	泡水后有少量岩屑下落，几小时后岩块开裂成直径 0.5～1cm 的碎块或大片，手可捏碎，质量可增加 10% 左右
中等膨胀岩	泡水后 1～2h 崩解为碎片，部分下落，碎片尚不能捏成土饼，质量可增加 30%～50%
强膨胀岩	泡水后即刻剧烈崩解，成土状散落，水浑浊，10min 可崩解 50%，20～30min 崩解完毕

② 按分级指标分类，见表 41-7。

膨胀岩按分级指标分类　　　　　表 41-7

类　别	膨胀率 V_H（%）	膨胀力 P_p（kPa）	饱和吸水率 W_{sa}（%）	自由膨胀率 F_s（%）
非膨胀岩	<3	<100	<10	<30
弱膨胀岩	3～15	100～300	10～30	30～50
中等膨胀岩	15～30	300～500	30～50	50～70
强膨胀岩	>30	>500	>50	>70

41.3.3　国外标准

（1）澳大利亚

澳大利亚对膨胀土分级规定，见表 41-8。

澳大利亚膨胀土分级　　　　　表 41-8

膨胀土等级	膨胀量（%）	线收缩率（%）
极强	>31	>17.5
强	16～30	12.5～17.5
中	8～15	8～12.5
弱	<7.5	5～8

（2）日本

日本《新奥法设计施工指南》（1985 年版）提出泥质膨胀性围岩判别指标，见表 41-9。

日本膨胀土分级　　　　　表 41-9

按亲水性分级	自由膨胀率（%）	蒙脱石含量（%）
强	>100	>25
中	70～100	15～25
弱	40～69	7～14

41.4　膨胀性围岩隧道的设计

41.4.1　工程地质选线

（1）线路宜避开中、强膨胀土区，避开土层呈多元结构或有软弱夹层的地带，无法绕避时，应以短距离通过。

（2）线路宜绕避地下水发育的膨胀土（岩）地段。

41.4.2　地质调绘

1）膨胀土（岩）和红黏土地质调绘前应搜集的资料

（1）地形地貌、区域地质、工程地质、水文地质、地震及自然灾害等区域性膨胀土（岩）和红黏土资料。

(2）遥感图像及解译资料。

(3）气象资料，包括降雨量、蒸发量、地温、气温、大气影响深度等资料。

(4）既有建筑物的勘察设计与变形、破坏情况及病害整治资料。

2）膨胀土（岩）和红黏土遥感图像应解译内容

(1）地层岩性、地貌类型及形态特征、分布范围、所处的地质环境和地貌部位。

(2）不良地质现象，如冲沟、滑坡、坡面冲刷、泥石流及岩溶漏斗、洼地、落水洞、暗河等的分布、范围及规模。

(3）植被发育情况，井、泉点及地表水体。

(4）地质构造类型、形态、产状等。

(5）必要时，经现场核对后，可编制遥感解译图。

3）膨胀土（岩）地质调绘的内容

(1）地形地貌特征，尤其是微地貌特征，包括斜坡自然坡度、高度、冲沟、坡面冲刷、剥落、地表植被生长状况等。

(2）地层时代、成因、岩性、结构、分布范围，有无软弱夹层，湿度及包含物等，膨胀岩风化程度。

(3）膨胀土（岩）中的裂隙发育程度、形态、分布密度、产状、充填物性质及裂面特征，膨胀土下伏基岩的岩性、结构面特征。

(4）不良地质现象的类型、形成原因、分布范围、规模及对工程的危害程度。

(5）地表水的集聚情况和排泄条件，地下水的类型、埋藏深度和变化规律。

(6）当地建筑经验，既有建筑物变形和破坏情况，基础类型和埋深，膨胀土（岩）人工边坡高度、坡率以及防治病害的经验。

(7）红黏土地质调绘除应符合以上要求外，还应查明地裂形态特征、分布范围、形成原因和发育规律，以及与季节降雨、岩溶的关系等。

41.4.3 勘探与测试

1）膨胀土（岩）和红黏土勘探方法

膨胀土（岩）和红黏土勘探，应采用物探、钻探、挖探、原位测试和室内试验相结合的综合勘察方法。

2）膨胀土（岩）地区勘探要求

(1）勘探点、线的布置，应根据膨胀土（岩）的成因类型、分布特征、地貌单元，并结合建筑物的类型和勘察阶段而定，一般地段宜沿线路带状布孔，重要工程的勘探点、线应加密。

(2）勘探深度应根据膨胀土（岩）厚度及建筑物类型而定，当土（岩）厚度不大时，宜穿过膨胀土（岩）至下伏地层；若土（岩）层厚度较大，勘探深度应满足：

①钻至路基面设计高程（或建筑物基础底面）以下不应小于 3m。

②应大于大气影响深度，一般性勘探孔深度不应小于 5m，控制性孔深度不应小于 8m。

(3）膨胀土（岩）地段宜采用干钻或泥浆钻进。

(4）膨胀土（岩）地段取原状样必须干钻或采用挖探。原状样应从地面以下 1m 开始分层采取，每 1～2m 取 1 组；遇有灰绿、灰白色土层，应增加取样数量。膨胀岩地段应按岩性和风化带分别取代表性样品。

3）膨胀土（岩）测试要求

(1）测试岩土常规物理、力学性质指标。

(2）膨胀土应测定自由膨胀率、蒙脱石含量和阳离子交换量。必要时，做矿物成分和化学成分、pH

值、先期固结压力及残余强度等的测试和分析。

（3）膨胀岩应测试膨胀率、膨胀力、饱和吸水率，并宜做风干样或烘干样的崩解试验。

（4）膨胀土的地基承载力测试宜采用静力触探、旁压试验；膨胀岩的地基承载力可采用点荷载试验、旁压试验。

（5）重要和特殊的工程场地，宜进行现场浸水载荷试验、大面积剪切试验、旁压试验以及三轴试验、固结试验等。

4）红黏土地区勘探、测试要求

（1）红黏土为膨胀土时，其勘探应符合"2）膨胀土（岩）地区勘探要求"中的第（1）、（2）条规定。

（2）红黏土为非膨胀土时，应根据红黏土结构特征，软弱夹层的层位、厚度、空间分布规律，地裂与岩溶的关系等特征，结合勘察阶段、建筑物类型布置勘探点。

（3）红黏土的钻探宜采用干钻，对地裂的勘探应采用挖探。

（4）红黏土原状土样采取，应符合"2）膨胀土（岩）地区勘探要求"中第（4）条规定。

（5）红黏土测试应符合下列要求：

①测试土的一般物理、力学性质指标。

②测定自由膨胀率、水平和垂直收缩率、蒙脱石含量、阳离子交换量并进行粒度分析，必要时做矿物成分和化学成分分析。

③裂隙发育的红黏土，必要时应进行三轴剪切、无侧限抗压强度、灵敏度测试及重复慢剪试验。

41.4.4 设计原则

目前膨胀岩隧道无设计规范，对存在地下水的膨胀性围岩，在设计中一般考虑了结构加强措施。因对隧道施工引起地下水环境的改变认识不足，致使运营后结构边墙开裂，底板上鼓、开裂。在有些达不到弱膨胀围岩的微膨胀围岩，在隧道内也出现了无砟轨道上拱现象，更值得对其深入研究。从目前产生的开裂情况看，单线隧道边墙受力条件差，易开裂；双线隧道底部为结构受力薄弱环节，易产生上鼓和开裂。

设计原则建议如下：

（1）高度重视膨胀性围岩对施工和隧道结构的影响，充分研究和评价地质条件。

（2）结合地质条件进行隧道选线风险评估。

（3）加强引排水和防水设计，包括深埋排水沟、泄水洞等，避免围岩积聚地下水。

（4）施工时出现地下水时，提高支护刚度，并要极力控制掌子面前方和周边围岩的松弛，开挖断面也要尽可能地用支护早期闭合。断面分部开挖的场合围岩的应力再分配是复杂的，各个断面也相互干扰，先行的坑道会受到后续坑道接近时的偏压作用，已经收敛的土压会再次增加，因此宜考虑掌子面措施、采用少分部开挖工法。

（5）在隧道贯通后，可能改变地下水的运移环境，隧道就成为一条地下水排泄通道，在施工期间失水干燥的围岩遇水发生膨胀。因此，应按膨胀力进行结构计算分析，进行结构加强设计。

（6）单线隧道，当膨胀力较大时，宜增大边墙曲率，改善受力条件。二次衬砌应设为钢筋混凝土。

（7）双线隧道，增大仰拱曲率，加强仰拱结构，防止底鼓。Ⅳ、Ⅴ级围岩，仰拱应设钢拱架初期支护封闭，二次衬砌应设为钢筋混凝土。

（8）当膨胀力较大时，应加强初期支护设计，特别是锚杆，可采用长锚杆、预应力锚杆等。二次衬砌应在初期支护变形基本稳定后施作。

（9）隧道运营前出现底鼓病害时，中～强膨胀性围岩宜采取更换和加强仰拱的措施，中～弱膨胀性围岩可采用长锚杆、钢管桩等加强，同时做好地下水排放和处理。

41.5 施工原则

41.5.1 施工期无水

在膨胀性围岩中施工时往往因为地层稳定性较好、无水、施工期间没有产生较大的变形而忽视围岩膨胀性对隧道后期的影响，而在隧道贯通后，改变了地下水的运移环境，隧道就成为一条地下水排泄通道。在施工期间失水干燥的围岩遇水发生膨胀，随着季节的变化还存在往复，即膨胀变形具有反复性。施工原则建议如下：

（1）高度重视施工地质工作，对揭示的围岩进行膨胀性试验和判识。

（2）高度重视水文地质工作，评价地下水运营期间的变异情况，判识对膨胀性围岩的影响，及时提出工程措施建议。

（3）加强变形观测，及时反馈，优化工程措施，及时修改设计。

（4）确保施工质量施作到位。

41.5.2 施工期有水

在膨胀性围岩中施工中存在地下水时，由于开挖面上岩体原始应力释放产生胀裂；另外，因为表层土体风干而脱水，产生收缩裂缝。同时，两种因素都可以使土中原生裂隙张开扩大。膨胀性围岩隧道变形常具有速度快、破坏性大、延续时间长和整治较困难等特点。

1）围岩开裂

隧道开挖后，沿围岩周边产生裂缝，尤其在拱部围岩容易产生张拉裂缝与上述裂缝贯通，形成局部变形区。

2）隧道下沉

由于隧道下部膨胀岩体的承载力较低，加之坑道上部围岩压力过大，隧道下沉变形明显。另外，隧道采用分部开挖时，在后部工序开挖暴露的围岩出现风化膨胀，产生较大的收缩地压力，加上隧道的下沉，往往造成支护过渡变形、失效，进而引起土体坍塌、挤压和膨胀变形等现象。

3）围岩膨胀突出和坍塌

隧道开挖过程中或开挖后，围岩产生膨胀变形，周边土体向洞内膨胀突出，造成开挖断面缩小。在土体丧失支撑或支撑力不够的状态下，由于围岩压力和膨胀压力的综合作用，使土体产生局部破坏形成坍塌现象。

4）隧道底部隆起

隧道底部开挖后，洞底围岩的上部压力解除，又无仰拱支护体约束时，由于应力释放，洞底围岩产生卸荷膨胀，加之坑道积水，使洞底围岩产生浸水膨胀，造成洞底围岩隆起变形。

因此，膨胀性围岩施工大变形的施工技术应包括：留够预留变形量，提高支护刚度，采取必要掌子面稳定措施下的少分部开挖工法，支护及早封闭等。

41.5.3 维修原则

（1）在隧道贯通后，改变了地下水的运移环境，隧道就成为一条地下水排泄通道，使围岩遇水发生膨胀。因此，首先应加强引排水的疏导，有条件时通过增设排水系统，包括深埋排水沟、泄水洞等，避免围岩积聚地下水。

（2）在围岩膨胀性等级较低时，可通过增设长锚杆（锚桩）等抗力来约束围岩变形。

（3）在围岩膨胀性等级较高时，因膨胀力高，在不撤换衬砌结构条件下，锚杆（锚桩）等抗力一般不足以来约束围岩变形。在衬砌结构完好，仅隧道底板变形隆起，可考虑调整轨道、轨道重铺等形式，允许围岩的少量膨胀变形。

41.6 膨胀岩隧道案例分析与展望

41.6.1 基本情况

依据各设计单位提供的近年来膨胀岩隧道统计（表41-10），勘察设计中明确为膨胀岩的隧道，运营的有95座，在建的有78座。设计中都进行了加强设计，如加强初期支护，二次衬砌设为钢筋混凝土等。从已建成的隧道看，除后述案例外基本未出现衬砌开裂和底鼓现象。

近年来膨胀岩隧道统计　　　　表41-10

序号	线路名称	膨胀岩隧道数量(座)	膨胀岩岩性	膨胀性	主要技术标准	二次衬砌	主要加强措施	病害情况	备注
1	赣龙铁路	1	粉砂岩	弱膨胀性	双线 200km/h	钢筋混凝土	地表注浆封堵地下水并改善围岩，初期支护加强	无	运营
2	汉孝城际铁路	2	上层黏土	弱膨胀性	双线 200km/h	钢筋混凝土	开挖预留变形量，明挖矩形、拱形框架结构	无	运营
3	汉宜铁路	1	灰白色黏土、粉质黏土	表层弱～中膨胀性，以下为中～强膨胀性	双线 200km/h	钢筋混凝土	第一级永久边坡开挖线以外横向宽度3m范围内，采用地表深孔注浆止水，基底采用φ42小导管注浆加固	无	运营
4	商合杭铁路	1	粉质黏土	中膨胀性	双线 200km/h	钢筋混凝土	初期支护加强	无	在建
5	包西铁路通道	4	泥质砂岩	弱～中膨胀	双线 200km/h	钢筋混凝土	初期支护加强	无	运营
6	叶赤线扩能	1	凝灰岩	强膨胀	单线 120km/h	钢筋混凝土	加大预留变形量，支护加强	无	在建
7	伊阿线	1	含角砾粉质黏土	强膨胀	单线 120km/h	钢筋混凝土	加大预留变形量，支护加强	无	运营
8	吉珲线	4	泥岩、砂岩，泥质胶结	弱～强膨胀性	双线 250km/h	钢筋混凝土	初期支护加强，局部段落径向注浆	无	运营
9	瓦日铁路	1	碳质泥岩夹页岩	弱膨胀性	双线 120km/h	钢筋混凝土	初期支护加强	无	运营
10	太兴铁路（太原至静游段）	1	第三系膨胀土	弱～中膨胀性	双线 120km/h	钢筋混凝土	初期支护加强	无	运营

续上表

序号	线路名称	膨胀岩隧道数量(座)	膨胀岩岩性	膨胀性	主要技术标准	二次衬砌	主要加强措施	病害情况	备注
11	新建张呼铁路	16	泥岩夹砂岩、全～强风化凝灰岩、夹泥岩	弱～强膨胀性	双线250km/h	钢筋混凝土	初期支护加强，V级采用钢筋混凝土，III、IV级根据情况采用钢筋混凝土仰拱	无	运营
12	石太客运专线	9	黏土夹砾岩、角砾状泥灰岩（膏溶角砾岩）	弱～中膨胀性	双线250km/h	钢筋混凝土	有水膏溶角砾岩地段，采用开挖前全断面帷幕注浆；无水膏溶角砾岩地段，拱部小导管注浆预加固；膏溶角砾岩地层支护衬砌进行特殊设计	无	运营
13	铜九线	2	红黏土	弱～中膨胀性	单线140 km/h	钢筋混凝土	采用"先墙后拱、挑槽开挖"的明挖法施工	无	运营
14	太中银铁路	12	粉质黏土、泥岩	弱膨胀性	单线160 km/h，预留200km/h	钢筋混凝土	优化结构断面，单线隧道采用椭圆形断面；加强隧道衬砌支护；增加预留变形量，加长锚杆	无	运营
15	伊珠线伊松段	1	黏土及粉质黏土、泥质砂岩	中～强膨胀性	单线120 km/h	钢筋混凝土	加强隧道衬砌支护；增加预留变形量，加长锚杆等	无	运营
16	晋中南铁路	31	粉质黏土、膏溶角砾岩	弱膨胀性	单(双)线120km/h	单线素混凝土，双线V级钢筋混凝土、IV级素混凝土	初期支护加强	南吕梁山隧道出口膏溶角砾及含石膏岩层段落发生1km左右衬砌开裂；吾沿河隧道部分段落发生底板上鼓	运营
17	吕临支线铁路	5	第三系黏土、泥岩	弱膨胀性	单线120 km/h	钢筋混凝土	初期支护加强	无	运营
18	朔准线	1	泥岩夹砂岩、粉质黏土	弱膨胀性	单线120 km/h	钢筋混凝土	初期支护加强	无	在建
19	牡绥线	1	泥岩	中膨胀性	双线200km/h	钢筋混凝土	初期支护加强	无	运营
20	大西客专	1	粉质黏土	弱～中膨胀性	双线250km/h	钢筋混凝土	初期支护加强	无	运营
21	呼准鄂铁路	4	粉质黏土	弱膨胀性	双线160km/h	钢筋混凝土	加强初期支护及二次衬砌	无	运营
22	京沈客专	6	凝灰岩、泥岩	弱～中膨胀性	双线350km/h	钢筋混凝土	增加预留变形置，加长锚杆等	无	在建
23	蒙华铁路	50	泥岩	弱膨胀性	双线120 km/h	钢筋混凝土	加强隧道衬砌支护；增加预留变形量	无	在建
24	哈牡客专	1	全风化玄武岩、泥岩	强膨胀性	双线250km/h	钢筋混凝土	加强隧道衬砌支护；增加预留变形量	无	在建
25	巴准线	1	砂岩、泥岩互层	弱膨胀性	双线120km/h	钢筋	洞口段42m受浅层滑坡和弱膨胀泥岩的共同作用，施工中改为明挖	施工中最大下沉66cm，收敛50cm，初期支护开裂	运营

续上表

序号	线路名称	膨胀岩隧道数量(座)	膨胀岩岩性	膨胀性	主要技术标准	二次衬砌	主要加强措施	病害情况	备注
26	准池铁路	1	砂岩夹泥岩	弱膨胀性	双线 120km/h	钢筋	二次衬砌结构进行加强配筋	施工中累计侵限32cm,变形量最大达 5cm/d	运营
27	成昆铁路	9	含盐岩砂质泥岩、灰质泥岩	弱膨胀性	单线 120 km/h	素混凝土	初期支护加强	边墙开裂,底板隆起	运营
28	侯月线	1	泥岩	弱膨胀性	单线 120 km/h	素混凝土	初期支护加强	边墙开裂,底板隆起	运营
29	永广铁路	3	含盐地层	弱膨胀性	双线 160 km/h	钢筋	初期支护及二次衬砌加强	无	在建
30	兰新铁路	1	泥岩	弱膨胀性	双线 200 km/h	V级钢筋混凝土,IV级素混凝土	初期支护加强	福川隧道IV级围岩段轨道上鼓、仰拱开裂	运营

41.6.2 部分膨胀岩隧道病害情况

1) 中南部铁路通道某隧道(双洞单线)

2015年3月16日,发现某隧道右线 DK319+321～DK319+331 段二次衬砌局部破损,后经全面排查共发现隧道有5处二次衬砌发生明显开裂破损,同时发现较多水平裂纹。经统计,开裂段落分布为:右线在 DK318+500～DK319+550 段;左线在 DK316+498～DK316+513 及 DK318+500～DK319+550 段。隧道左线二次衬砌裂纹共计30处,开裂总长度651延米;右线二次衬砌开裂共计54处,开裂总长度 422.5 延米。

原因分析:隧道出口工区处于膏溶角砾岩、含石膏泥灰岩及泥灰岩地层,隧道贯通后,地下水重新分布,在F8断层及梁家垣次级向斜地段形成相对的地下水汇集区。在地下水的作用下,含石膏地层软化、膨胀、可溶、侵蚀,产生较大的水平压力。

2) 中南部铁路通道某隧道(双线)

2014年6月18日,在某隧道整改过程中发现 DK566+800～DK567+050 段轨面标高及轨道几何形态异常,该段仰拱中心纵向开裂、裂缝宽度最大达到7mm且明显隆起,中心排水管横向挤压变形。

原因分析:存在承压水,泥岩、页岩含有一定比例的蒙脱石和伊利石,遇水易发生膨胀;IV级围岩仰拱为素混凝土。

41.6.3 结语

(1)按照一般围岩设计的膨胀性围岩隧道,围岩膨胀性对隧道衬砌结构影响较大,可致衬砌开裂和仰拱上鼓,其蠕变特性可使其出现的时间滞后一年以上,并具反复性。单线铁路隧道边墙曲率小,受力不利;衬砌为素混凝土时,遇膨胀岩地层易开裂;双线隧道仰拱为薄弱环节,仰拱为素混凝土且初期支护不封闭,遇膨胀岩地层易上鼓和开裂。因此,应进一步总结膨胀性围岩隧道设计施工经验,尽快组织编制膨胀性围岩隧道设计规范。

(2)在膨胀性围岩隧道中,开挖后的围岩膨胀是不可避免的。目前多为抵抗围岩抗膨胀性的技术方法,应进一步研究减小围岩膨胀性或消除膨胀性的技术与方法。

本讲参考文献

[1] 曲永新,等.中国东部膨胀岩的研究 [R].1991.

[2] 王小军,等.膨胀岩的工程特性及判别标准与分类 [R].1995.

[3] 铁道部隧道工程局,西南交通大学.铁路膨胀岩隧道修建技术研究 [G].河南,1999.

[4] 肖广智.不良、特殊地质条件隧道施工技术及实例(三) [M].北京:人民交通出版社股份有限公司,2016.

[5] 李开言.膨胀岩隧道施工方法的选定 [J].铁道工程学报,1993,10(2):29-33.

[6] 彭凤明.膨胀岩隧道施工技术 [J].西部探矿工程,2003,15(5):61-62.

[7] 曹磊.浅埋膨胀岩隧道的设计与施工 [J].西部探矿工程,2001,13(6):68-69.

[8] 祝建周.四角田膨胀岩隧道施工技术 [J].铁道建筑技术,2006,(4):44-46.

[9] 傅仝雷,丁恒.铁路膨胀岩隧道设计问题的初探 [J].西部探矿工程,2001,13(1):71-72.

[10] 董新平.铁路膨胀岩隧道施工技术研究 [J].铁道工程学报,2001,18(1):58-61.

[11] 李建平,王辉.西岭隧道膨胀岩地段快速施工技术 [J].交通科技,2008,(2):45-47.

[12] 何山,朱珍德,王思敬.膨胀岩的判别与分类方法探讨 [J].水利水电科技进展,2006,26(4):62-64.

第42讲

瓦 斯 隧 道

瓦斯是铁路隧道中遇到的一种特殊地质问题,分为煤层瓦斯和天然气瓦斯,其主要成分均为甲烷(CH_4)。与普通隧道相比,瓦斯隧道设计施工和安全管理有它特殊的要求,我国交通隧道建设中曾多次发生瓦斯爆炸事故,造成重大人员伤亡和财产损失。本讲主要针对煤层瓦斯隧道,介绍瓦斯隧道设计、施工中应重点注意的问题。

42.1 瓦斯隧道工程特点和分级

42.1.1 瓦斯隧道工程特点

瓦斯是指从煤(岩)层内逸出的以甲烷为主的各种有毒有害气体的统称,在地质学上称为煤层气。隧道瓦斯是各种气体的混合物,其成分很复杂,主要成分为甲烷,因此习惯上所说的隧道瓦斯就是指甲烷。瓦斯是一种无色、无味的气体。瓦斯的扩散性很强,扩散速度是空气的1.34倍。瓦斯密度较空气小,故常积聚在隧道顶部、塌腔及无风的洞室或巷道内。瓦斯的化学性质不活泼,但当与空气混合达到一定浓度后,遇到高温火源时易燃烧或爆炸。

1)煤层瓦斯的生成及赋存状态

瓦斯是成煤过程中的一种伴生产物。其生成主要经历生物化学作用、炭化变质作用造气两个阶段(图42-1)。

瓦斯之所以能够存于煤层中,主要与煤的结构状态有着密切关系。成煤过程中生成的瓦斯通常以游离、吸附两种状态存在于煤体中(图42-2),煤层中的瓦斯主要以吸附状态存在。

图42-1 瓦斯生成的阶段过程　　图42-2 瓦斯赋存状态

游离状态的瓦斯以自由状态存在于煤或围岩的裂隙、孔隙、孔洞之中。吸附状态可分为吸着和吸收

本讲执笔人:唐国荣,杨昌宇.

两种状态。吸着状态是瓦斯分子通过引力作用被吸附在煤体微孔隙内表面形成瓦斯薄膜状附着层；吸收状态是瓦斯分子进入煤体胶粒结构内部与煤分子结合而呈现的一种状态。

当压力降低、温度升高或煤体结构遭到破坏时，吸附状态的瓦斯会变为游离瓦斯，这种现象称为解吸；反之，游离状态的瓦斯会变为吸附状态，这种现象叫吸附。当瓦斯压力为正常大气压时，煤体释放的瓦斯量就是煤的解吸瓦斯量。

2）煤层瓦斯赋存评价基本参数及其影响因素

在瓦斯隧道的设计和施工过程中，常会涉及一些技术参数（图42-3），对瓦斯的赋存状态进行评价，预测隧道瓦斯涌出量，划定隧道瓦斯等级，以便采取针对性措施。

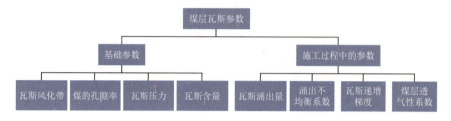

图42-3 煤层瓦斯参数

（1）瓦斯风化带

经过漫长的地质年代，地层中瓦斯与地表大气交换，形成不同深度地层中各种气体成分有规律的变化，通常将自瓦斯带以上沿煤层垂向分为四个带，依次为瓦斯带、氮气—瓦斯带、氮气带、二氧化碳—氮气带。瓦斯风化带的深度受诸多地质因素影响，煤的变质程度越高，瓦斯风化带深度和瓦斯涌出梯度就越小。

（2）煤的孔隙率

煤体内赋存瓦斯含量的多少与煤的孔隙容积有着密切关系。孔隙表面吸附大量瓦斯（1g能吸附$7\sim 8cm^3$），游离状态的瓦斯存在于较大的孔隙中。

（3）煤层瓦斯压力

瓦斯压力是衡量煤层瓦斯含量大小的一个重要指标。一般说来，瓦斯压力愈高，则煤层瓦斯含量越大；同时，瓦斯压力也是判断煤与瓦斯突出的重要依据之一。

（4）煤层瓦斯含量

瓦斯含量是指煤层或岩层在自然条件下单位质量或体积所含有的瓦斯量。煤层瓦斯含量的大小取决于"造气条件"和"储气条件"两个方面，主要与煤层的地质史、煤的变质程度、煤层储藏深度、地质构造、水文地质条件等因素有关。

3）隧道瓦斯的危害

瓦斯危害主要有瓦斯燃烧、瓦斯爆炸、煤（岩）与瓦斯突出等几类。

（1）瓦斯燃烧

瓦斯浓度低于5%时遇火不爆炸，能在火焰外围形成燃烧层；瓦斯浓度在16%以上时失去爆炸性，仅产生燃烧。瓦斯燃烧易造成人员伤害，影响工期等，如渝怀线园梁山隧道、成昆线保安营隧道等在含碳地层施工中，炮眼钻孔施工中，发生钻孔瓦斯涌出燃烧，正常施工中断。

图42-4 瓦斯爆炸的条件

（2）瓦斯爆炸

①瓦斯爆炸需具备三个条件，如图42-4所示。

a. 瓦斯浓度：在新鲜空气中，瓦斯浓度为5%～16%。

b. 引爆火源：瓦斯爆炸的引火温度650～750℃。

c. 氧气浓度：混合气体中的氧气含量大于 12%。

②瓦斯爆炸的危害

隧道内瓦斯爆炸时会产生高温、高压冲击波，还会产生大量的有毒有害气体，对洞内设施、设备及现场作业人员造成十分严重的危害。

(3) 煤与瓦斯突出

煤与瓦斯突出短时间内能产生很大的冲击力，破坏工作面，从煤层深处排出大量瓦斯和煤，短时间内向开挖面抛出的大量煤、岩石、瓦斯，能迅速摧毁隧道设施，造成人员窒息、燃烧和爆炸，以及煤岩埋人等事故，其危害极其严重。

4）瓦斯隧道的特点

瓦斯隧道的设计、施工与常规地层隧道相比，有其自身特点和比较特殊的要求，从设计、施工的角度来看主要有以下特点。

(1) 规定了隧道支护衬砌的气密性能和最小厚度要求：明确了支护衬砌混凝土的气密性能要求，初期支护和二次衬砌最小厚度要求，以保证衬砌完成后隧道内瓦斯浓度满足相关规范要求。

(2) 规定了爆破作业相关要求：瓦斯隧道爆破作业有十分严格的要求，钻孔采用湿式钻孔、炸药采用煤矿许用炸药、雷管采用煤矿许用电雷管、装药方式和装药量等等都有明确的要求。

(3) 通风系统：在瓦斯隧道通风设计中对通风管材质、通风方式、风速等都有明确要求。

(4) 瓦斯专用监测系统：为了保证瓦斯隧道施工安全，实时掌握洞内各断面瓦斯浓度情况，瓦斯隧道需要建立专门的人工检测和自动监测报警系统。

(5) 隧道施工机械装备：对瓦斯隧道而言，尤其是高瓦斯、煤与瓦斯突出隧道，对隧道施工机械和装备的防爆带来了一系列新的、不同于煤矿的要求。

(6) 水气分离设计：瓦斯隧道衬砌背后的瓦斯、地下水要求设计采用水气分离装置，将地下水和瓦斯气体分离开来，分别通过排水系统和排气系统将水、气排出洞外。

(7) 瓦斯隧道施工管理专项制度：针对瓦斯隧道施工，需要制定瓦斯检测与监测管理、通风管理、进洞管理、防火与防爆管理、特殊工序审批等一系列制度。

42.1.2 瓦斯隧道的分级

隧道穿越煤层瓦斯，由于不同的地质岩性、煤系地层厚度、地质构造等，涌出的瓦斯量大小不同，对施工安全的威胁不同，必须采取不同的安全措施。对瓦斯隧道进行合理的等级划分可以使瓦斯防治措施更具针对性、安全性、合理性和经济性。

目前，我国铁路、公路瓦斯隧道均按照绝对瓦斯涌出量划分等级，而瓦斯突出隧道的判定主要是依据煤与瓦斯的动力现象。铁路和公路行业将瓦斯工区分为微瓦斯、低瓦斯、高瓦斯和瓦斯突出共四种，瓦斯隧道的分级按隧道内瓦斯工区的最高等级确定。

1）按照瓦斯绝对涌出量指标划分瓦斯工区

《铁路隧道设计规范》(TB 10003—2016)根据隧道开挖断面大小，按照瓦斯绝对涌出量指标对瓦斯工区进行了分类，将瓦斯工区分为微、低、高瓦斯工区共三类。判断指标见表 42-1。

《铁路隧道设计规范》(TB 10003—2016)瓦斯工区分类表 表 42-1

分 类	中等、大、特大跨(m^3/min)	小跨(m^3/min)
微瓦斯工区	$Q_绝 < 0.5$	$Q_绝 < 0.3$
低瓦斯工区	$0.5 \leq Q_绝 < 1.5$	$0.3 \leq Q_绝 < 1.0$
高瓦斯工区	$Q_绝 \geq 1.5$	$Q_绝 \geq 10$

四川省地方行业标准《公路瓦斯隧道技术规程》(DB 51/T 2246—2016)和《贵州省高速公路瓦斯隧道设计技术指南》(试行)也同样按照绝对瓦斯涌出量指标对瓦斯工区进行了分类,将瓦斯工区分为微、低、高瓦斯工区共三类。与《铁路隧道设计规范》(TB 10003—2016)的不同之处是没有区分隧道开挖断面大小,具体判断指标详见表42-2。

部分公路技术规程或指南瓦斯等级划分　　表 42-2

瓦斯地层或瓦斯工区类别	绝对瓦斯涌出量 $Q_{绝}$ (m³/min)
微瓦斯	$Q_{绝} < 0.5$
低瓦斯	$0.5 \leq Q_{绝} < 1.5$
高瓦斯	$Q_{绝} \geq 1.5$

2)瓦斯突出工区的判定

煤与瓦斯突出危险性预测可以借鉴隧址区矿井瓦斯的相关资料进行预测,如无矿井瓦斯资料,可根据相关瓦斯实测参数进行判定。《铁路隧道设计规范》(TB 10003—2016)提出了按照瓦斯压力 P、瓦斯放散初速度 Δp、煤的坚固系数 f 和煤的破坏类型4个指标进行判定,当4个指标同时满足表42-3的所列条件时,应判定为瓦斯突出工区。瓦斯隧道只要有一处突出危险,该处所在的工区即为瓦斯突出工区。

判定煤层突出危险性各项指标的临界值　　表 42-3

判定指标	煤的破坏类型	瓦斯放散初速度 Δp	煤的坚固性系数 f	煤层瓦斯压力 P (MPa)
临界值	Ⅲ、Ⅳ、Ⅴ	≥ 10	≤ 0.5	≥ 0.74

3)按瓦斯含量、瓦斯压力指标划分瓦斯工区

前述按绝对瓦斯涌出量指标来划分工区瓦斯等级的方法与我国煤矿的划分有一致性。但是在勘察设计阶段,工区瓦斯绝对涌出量等指标获取是十分困难的。因此,勘察设计阶段在瓦斯工区的确定上,也有部分观点提出可根据勘察或调查的煤层吨煤瓦斯含量、瓦斯压力等指标按表42-4划分工区等级,并开展设计,施工中应按工区瓦斯绝对涌出量等指标进行核查,必要时进行修正。

瓦斯工区瓦斯含量、瓦斯压力参数　　表 42-4

工区等级	非瓦斯	微瓦斯	低瓦斯	高瓦斯	瓦斯突出
瓦斯含量 Q (m³/t)	0	< 0.5	$0.5 \leq Q < 1.0$	$1.0 \leq Q < 8$	≥ 8.0
瓦斯压力 P (MPa)	0	< 0.1	< 0.1	$0.1 \leq P < 0.74$	≥ 0.74

42.2 瓦斯隧道设计要点

42.2.1 超前地质预报设计

煤层瓦斯必须做好超前地质预报设计工作。超前地质预报以地质调查法为基础,以超前钻探法为主,结合多种物探、掌子面素描等手段开展综合超前地质预报工作。超前钻孔贯穿整个瓦斯地段,钻孔过程中应观察记录孔口排出的浆液、钻屑、孔内瓦斯浓度变化情况等,并做好记录。

42.2.2 瓦斯监测和检测设计

瓦斯监测和检测是预防隧道瓦斯灾害最有效的手段之一。瓦斯工区施工期间必须建立完整的瓦斯

通风监控、检测系统,全过程监测瓦斯和通风状况。

(1)检测方式及检测断面布置

目前,铁路瓦斯隧道绝大部分采用人工检测及自动监测相结合的方式进行检测。人工检测的瓦斯工区,相关人员进入时须配备便携式甲烷检测仪。高瓦斯工区和煤与瓦斯突出工区在开挖工作面及瓦斯涌出量较大、变化异常区域,设专人随时检测瓦斯浓度。

瓦斯实时自动监测系统可设置甲烷、一氧化碳、硫化氢、温度、风速等传感器,通过隧道内关键位置检测探头对隧道内瓦斯进行实时监控,并且监控系统与风机进行联动,具备风电、瓦电闭锁功能。

(2)瓦斯检测处理对策

瓦斯工区浓度超限时,瓦斯检查员有权责令现场人员停止工作,并撤到安全地点,具体应执行《铁路瓦斯隧道技术规范》(TB 10120—2002)。

42.2.3 施工通风设计

施工通风是有效降低瓦斯浓度、防止瓦斯爆炸的最有效的技术措施,是瓦斯隧道安全施工最重要的环节。所以,瓦斯隧道应首先编制全隧道和各工区的施工通风设计,并考虑各工区贯通后的风流调整和防爆要求。瓦斯隧道施工的任何作业面不应存在通风盲区,在施工期间必须连续通风。

1)通风方式

瓦斯工区施工通风方式可结合通风距离、辅助坑道设置等条件综合选用,常用通风方式有独头通风和巷道式通风,隧道埋深较小时,可结合通风距离、地形地质条件等设置通风竖井实现分段式通风。压入式通风机必须装设在洞外或洞内新鲜风流中,避免污风循环。

《铁路瓦斯隧道技术规范》(TB 10120—2002)规定"高瓦斯工区和瓦斯突出工区,施工通风方式宜采用巷道式";四川省地方行业标准《公路瓦斯隧道技术规程》(DB 51/T2243—2016)中规定"高瓦斯工区和煤与瓦斯突出工区通风长度大于2km时宜采用巷道式通风"。结合公路规范以及现场工程实践,目前铁路瓦斯隧道推荐"高瓦斯工区、煤与瓦斯突出工区通风长度大于2000m时宜采用巷道式通风"。

2)通风量计算

瓦斯工区施工通风计算最重要的是工作面需风量的计算,需风量应按照同时工作的最多人数、最小风速、爆破排烟、洞内作业机械及瓦斯绝对涌出量分别计算,取其最大值。如果瓦斯隧道位于高海拔地区,总需风量应根据大气压力进行修正。

瓦斯工区按照同时工作的最多人数、最小风速、爆破排烟、洞内作业机械的需风量公式与非瓦斯工区相同。按瓦斯绝对量计算需风量时,可参照下式计算。

$$Q = \frac{100qK}{n-n_0} \quad (\text{m}^3/\text{min}) \tag{42-1}$$

式中:q——瓦斯绝对涌出量,通过地质勘探或隧道内实测获得(m^3/min);

n——隧道内瓦斯最大容许含量的百分数;

n_0——进风中瓦斯含量的百分数;

K——瓦斯涌出不均衡系数,$K=1.5 \sim 2.0$,抚顺煤炭研究所建议取1.6。

3)施工通风设备

(1)瓦斯工区的洞内风机应采用防爆型;风管应采用抗静电、阻燃的风管,百米平均漏风率不宜大于1%。

(2)瓦斯工区的通风机应设两路电源,保证通风系统在10min内可靠启动和运行;必须有一套同等性能的备用通风机,备用通风机必须能在10min内开动。

（3）高瓦斯及瓦斯突出工区的全煤段、半煤半岩段和有瓦斯涌出的岩层段掘进工作面附近的局部通风机，均应实行"三专两闭锁"，即专用变压器、专用开关、专用线路及风电闭锁、瓦电闭锁供电。

（4）风管出风口距开挖面的距离不宜大于15m。

42.2.4 瓦斯隧道结构设防设计

1）瓦斯设防理念

瓦斯隧道影响运营安全的关键指标是洞内瓦斯浓度，瓦斯浓度在任何时间、任何地点都不得大于0.5%。

目前的瓦斯隧道设计流程是先划分瓦斯地段等级，再针对不同瓦斯等级对隧道结构采取隔离或封闭瓦斯并辅以引排等措施，最后通过运营期间的瓦斯浓度检测配套机械通风来确保运营安全。当隧道内瓦斯浓度达到0.4%时，须启动风机进行通风，当浓度降到0.3%以下时，可停止通风。瓦斯隧道设计理念主要以达到封闭瓦斯为目的，即控制洞内允许的瓦斯渗入量，可总结为"以封为主、以排为辅、检测并重、通风保障"。

2）瓦斯地段防护等级划分

《铁路瓦斯隧道技术规范》（TB 10120—2002）按照吨煤瓦斯含量和瓦斯压力指标将瓦斯地段防护等级划分为一、二、三级（表42-5），《贵州省高速公路瓦斯隧道设计技术指南》（试行）按照瓦斯压力指标将瓦斯隧道防护结构设防等级划分为一、二、三级（表42-6）。

《铁路瓦斯隧道技术规范》（TB 10120—2002）瓦斯地段防护等级　　　　表42-5

地 段 等 级	吨煤瓦斯含量（m³/t）	瓦斯压力（MPa）
三	< 0.5	< 0.15
二	≥ 0.5	≥ 0.15 且 < 0.74
一	—	≥ 0.74

注：当按吨煤瓦斯含量及瓦斯压力确定的地段等级不一致时，应取较高者。

《贵州省高速公路瓦斯隧道设计技术指南》（试行）瓦斯隧道结构设防等级　　　　表42-6

地 段 等 级	瓦斯压力（MPa）	地 段 等 级	瓦斯压力（MPa）
三	< 0.20	一	≥ 0.74
二	≥ 0.20 且 < 0.74		

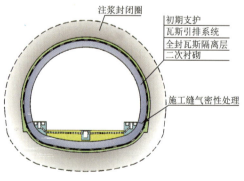

图42-5　隧道瓦斯设防体系示意图

3）结构体系设计

瓦斯隧道应采用复合式衬砌，其瓦斯结构封闭体系由二次衬砌、初期支护、瓦斯隔离层、围岩封堵圈等根据需要组合构成。其构成见图42-5。

（1）注浆封闭圈

围岩注浆封闭圈主要考虑在施工期间的封闭功能，对于断层带、褶皱带、裂隙密带、煤与瓦斯突出煤层等一级瓦斯地段，可采用初期支护后径向注浆、超前帷幕注浆或超前周边注浆措施，以封闭围岩瓦斯通道，减少瓦斯涌出量。

（2）初期支护

初期支护在施工期间，主要表现为控制围岩变形、减少围岩损伤以约束瓦斯渗透通道的发展。瓦斯地段初期支护的喷射厚度应不小于15cm，强度不低于C25，透气系数不小于10^{-10}cm/s。一、二级防护地段拱墙、仰拱应全环喷射混凝土封闭。

（3）二次衬砌

瓦斯地段二次衬砌厚度可根据瓦斯压力、混凝土抗渗能力等通过对二次衬砌的瓦斯封闭效果进行分析计算确定。对于瓦斯压力较小的三级瓦斯防护地段，二次衬砌结构厚度满足不小于40cm，混凝土透气系数不小于10^{-11}cm/s。当瓦斯压力增大时，二次衬砌厚度与透气系数应根据工程实际相应调整。施工缝与变形缝是瓦斯结构设防的薄弱部位，应进一步加强气密性处理，使其封闭瓦斯性能不小于衬砌本体；存在地下水的瓦斯地段，还应同时考虑防水渗与防气渗要求综合处理。

（4）瓦斯隔离层

当二次衬砌封闭瓦斯功能难以达到要求时，应增设瓦斯隔离层。一级设防地段的瓦斯压力≥0.74MPa，仅靠二次衬砌难以有效封闭瓦斯，应设置瓦斯隔离层。二级设防地段瓦斯压力为0.15～0.74MPa，宜设置瓦斯隔离层。瓦斯隔离层设置于初期支护与二次衬砌之间，当采用防水板作为瓦斯隔离层时，其透气系数应不大于1×10^{-14}cm/s。

（5）水气分离

对于设置全封瓦斯隔离层的地段，为了不使排入洞内水沟的地下水混有瓦斯气体，在地下水排出之前应进行水气分离。在二次衬砌后设置水气收集和引排系统，将水气混合体引至水气分离装置，分离出的瓦斯气体由专用管道引出洞外在高处放散。

水气分离装置有水气分离管（图42-6）与水气分离洞室（图42-7）两种形式，工程经验认为，水气分离洞室更便于运营期间的维护管理。

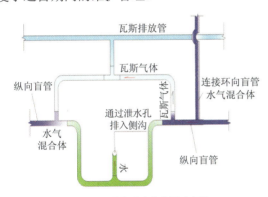

图42-6　水气分离管装置示意图

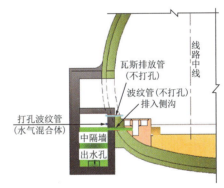

图42-7　水气分离洞室示意图

4）辅助坑道与附属洞室设计

辅助坑道应避免通过或靠近煤层，无法避免时，应以较短的距离通过。通过煤与瓦斯突出地段的辅助坑道严禁用作防灾救援功能，通过高瓦斯地段的辅助坑道一般不作为防灾救援功能。需要作为防灾救援使用时，瓦斯地段设防标准与正洞一致。

洞室是施工与运营期间的通风死角，也是瓦斯容易集聚的处所，故瓦斯隧道内应尽量减少附属洞室的设置。安装电气设备的附属洞室应避开瓦斯压力较大的煤与瓦斯突出的地段。

42.2.5　瓦斯防突揭煤设计

瓦斯隧道的防突揭煤是一项综合防治系统工程，应采取"四位一体"的综合防治措施，即突出危险性预测、防突措施、效果检验和安全防护措施。在防突揭煤设计中又以突出危险性预测和防突措施设计尤为关键。

1）防突揭煤总体原则

《煤矿安全规程》及《防治煤与瓦斯突出规定》均明确要求："防突工作必须坚持区域防突措施先行、局部防突措施补充的原则",即通过"区域防突措施"提前消除瓦斯突出,再利用"局部防突"措施进行"查漏补缺",确保防突揭煤作业安全。

结合隧道工程的自身特点,隧道穿越突出煤层时应执行"超前综合防突措施先行、工作面综合防突措施补充"的原则,即先在距离煤层一定距离的掌子面实施"超前综合防突措施"(主要为预抽煤层瓦斯),再在距离煤层更近的掌子面处采用"工作面综合防突措施",确保隧道施工安全。

2)突出危险性预测

当隧道工作面开挖至距煤层底(顶板)垂距10m时,打瓦斯测压孔;当开挖至距煤层垂距7m时,应对厚度大于0.3m的煤层进行突出危险性预测。

超前综合防突预测可采用实测瓦斯压力或瓦斯含量的方法;工作面突出危险性预测应当选用综合指标法、钻屑瓦斯解吸指标法、钻屑指标法、复合指标法和"R"指标法中的两种方法进行相互验证,当有任何一项指标超过临界指标,该工作面即为有突出危险工作面。具体的预测方法相关资料和规范均有介绍,这里不再一一赘述。

超前突出危险性预测临界值应根据试验进行确定,当无试验确定的临界值时,也可参照表42-7。

超前突出危险性预测临界值　　表42-7

瓦斯压力 P(MPa)	瓦斯含量 W(m³/t)	突出类别
$P<0.74$	$W<8$	无突出危险
除上述情况以外的其他情况		突出危险

工作面突出危险性预测时的临界值应根据试验确定,当无试验数据时,可参照《铁路瓦斯隧道技术规范》(TB 10120—2002)推荐的工作面突出危险性预测指标临界值。

3)防突措施

防突措施的制定主要遵循如下原则:

①提前释放煤层和瓦斯压力,降低瓦斯压力梯度。
②提前降低瓦斯含量,避免开挖后瓦斯含量瞬间急剧加大。
③增强工作面整体稳定性,提高工作面防突承载能力。
④合理确定开挖工法,减小分部开挖断面。

隧道工程瓦斯防突措施主要有预抽瓦斯、钻孔自然排放和管棚支护几类,在低透气性地层中也可使用水压压裂增透等辅助性措施。提前释压和预抽瓦斯又是解决瓦斯突出的根本,这也是目前应用最为广泛、最为有效的措施。

(1)预抽瓦斯

预抽瓦斯法是指利用抽排泵形成负压,加快煤层中瓦斯的排放和煤体的释压速度。其一般应用于超前综合防突阶段,当工作面综合防突采用钻孔自然排放瓦斯困难或效果差时,也可采用预抽瓦斯法。

(2)钻孔自然排放

钻孔排放是在工作面钻孔进行煤层瓦斯的自然排放,钻孔同时可对煤层卸压,达到防突目的。钻孔排放措施的优点在于其适应不同厚度、不同倾角及不同突出危险性的煤层,对严重突出危险煤层也能取得较好的防突效果;其缺点在于瓦斯自然排放,对于透气性差的煤层而言,排放时间过长,对工期影响较大。

(3)管棚支护

隧道穿越突出煤层时,可通过加强超前措施以增强工作面整体稳定性。在管棚钻孔过程中,可排放煤体中的部分瓦斯,且利用管棚的骨架作用形成金属支撑受力体系,减少煤体位移,起到一定程度的预防突出作用。在工程实践中,多作为瓦斯防突的配套措施。

(4)其他措施

在低透气性煤层中采用预抽瓦斯和钻孔自然排放瓦斯存在着钻孔密度大、抽排时间长、效率低等问题,此时可采用深孔松动爆破或水压压裂增透的辅助方法来改善抽排效果。

42.3 瓦斯隧道施工要点及制度管理

42.3.1 超前地质预报

超前地质预报须纳入施工工序严格进行管理。超前地质预报应以煤层位置探测、煤层及瓦斯相关参数测定为主要内容。通过施工过程中掌子面的超前地质预报工作获得准确的煤层位置和煤层瓦斯参数,根据超前地质预报成果动态调整瓦斯工区设计及施工方案,避免因误穿煤层、误揭煤层而引起的瓦斯事故。

42.3.2 瓦斯检测、监测与施工通风

1)瓦斯检测、监测

为确保施工安全,必须及时、准确了解和掌握隧道中瓦斯分布及浓度情况。承包商必须建立瓦斯检测监测系统,施工期间开展全程实时瓦斯监测。

人工检测时检测频次应满足相关规范要求;实时自动监测系统必须具备实时监测瓦斯浓度、实时上传监控数据的功能。监测数据的备份和保存时间也应满足相关规定。人工检测与自动监测的数据应定期进行对照,并将记录和检查结果报值班员;当两者读数差大于允许误差时,以读数较大者为依据,并及时对设备进行调校。

安全监控设备、瓦斯检测设备及仪器、仪表须按要求定期进行调试、校正,调校、维护工作须由专职人员负责。安全监控设备发生故障时,应及时处理,在故障处理期间须采用人工检测等安全措施,并填写故障记录。

2)施工通风

为确保施工通风效果和施工安全,必须加强现场通风管理,健全管理制度,建立专门的通风管理机构,负责通风设备、通风管道的日常使用、检查、维修、保养等工作,以及协调有关部门做好通风效果的检测、试验与记录等,并满足以下要求:

(1)瓦斯隧道各开挖工作面须采用独立通风,实施不间断连续通风。严禁任何两个工作面之间串联通风。

(2)在衬砌台车附近及其他瓦斯易于聚集的空间,设置局扇,以达到局部风速不小于1m/s,防止瓦斯聚集。

(3)瓦斯工区停风时,必须撤出所有人员,切断电源,设置警示标志,禁止人、车辆进入隧道。恢复通风前,须由瓦检员检查瓦斯浓度。

(4)瓦斯工区主要通风机和局部通风机须指定专职人员负责、挂牌管理。通风管理人员应定期对主要通风机、风电闭锁和瓦电闭锁系统进行验证,每天进行一次正常工作的局部通风机与备用局部通风机自动切换试验,发现问题应及时处理。试验记录要存档备查。

(5)隧道内各工区贯通前,必须制定专门的工区贯通措施。

42.3.3 施工机械设备

隧道内非瓦斯工区和微瓦斯工区的电气设备可使用非防爆型,低瓦斯、高瓦斯工区及瓦斯突出工区的电气设备须使用防爆型;微瓦斯和低瓦斯工区作业机械可使用非防爆型,高瓦斯工区及瓦斯突出工区的作业机械须使用防爆型。高瓦斯工区和瓦斯突出工区供电应配备两回路电源。

42.3.4 瓦斯防突揭煤施工

隧道施工瓦斯突出段揭煤时,应严格执行"超前综合防突措施先行、工作面综合防突措施补充"的原则。

1）防突揭煤工作流程

防突揭煤的工作流程可参照图 42-8 进行。

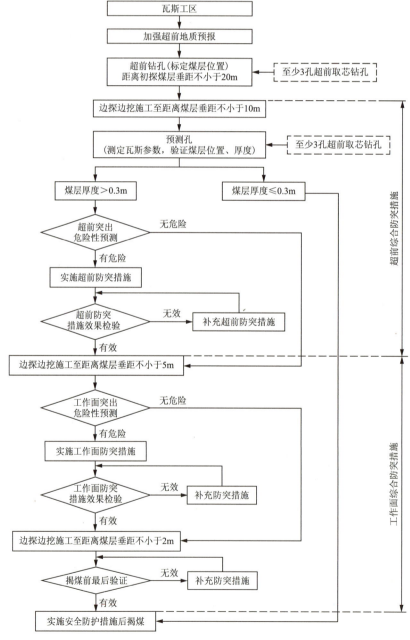

图 42-8　揭煤防突工作流程图

2）突出危险性预测及验证施工

瓦斯突出隧道施工中,除了按瓦斯压力、含量等指标进行危险性预测外,还应注意钻孔中有无异常动力现象,如若出现顶钻、夹钻、喷孔等动力现象或工作面出现明显的突出预兆,则也应视为突出危险工作面。

防突措施效果检验应通过检验孔测定预抽区域的煤层残余瓦斯压力或者残余瓦斯含量等指标进行评定。

3）瓦斯预抽施工

通过一定时间的预先抽放瓦斯,降低突出危险煤层的瓦斯压力和瓦斯含量。

（1）钻孔、封孔作业

预抽煤层瓦斯钻孔应在整个预抽区域内均匀布置,钻孔间距应根据实际的煤层有效抽放半径确定。由于瓦斯钻孔还需连接抽排系统且在抽排过程中形成负压,因此瓦斯钻孔的封孔要求有别于一般炮眼封孔,其封孔段长度较长,可取为 5～8m。通常采用水泥砂浆封孔和速凝膨胀水泥。

（2）提高瓦斯预抽效果措施

提高瓦斯的抽放效率的措施主要有加大钻孔直径、增加钻孔密度、提高瓦斯抽放负压、深孔松动爆破和水压压裂增透等措施。

（3）瓦斯预抽设备组成及布设

瓦斯抽排系统主要由瓦斯抽排泵、抽排安全装置、抽排管网、放水器及各种测量仪器组成(图 42-9)。

图 42-9　渝黔铁路新凉风垭隧道预抽瓦斯抽排管网及抽排泵房

瓦斯抽排泵的选型及泵房选址等应注意以下几个方面。

①瓦斯抽排泵房站应设置在隧道洞外,且其周边 50m 范围不得有居民、公路、电缆、公共设施和明火。

②泵房选址应结合场地条件并便于现场管理,同时匹配防雷击设备。

③瓦斯抽排泵的类型及功率、管网直径等应结合瓦斯抽排量、管路长度综合确定,并应具备良好的气密性。

④抽放安全装置应采用防爆、防回火组合装置,确保泵站和人员安全。

在抽排期间应做好每个抽排孔抽采数据记录,根据瓦斯有效抽放率、钻孔瓦斯衰减系数等参数计算动态确定瓦斯抽放时间。

4）瓦斯钻孔排放施工

瓦斯钻孔排放施工中应加强安全管理,注意观察各种异常情况及动力现象。施工前应加强排放工作面及已开挖段的支护措施,防止坍塌造成突出。每钻完一孔应检测该孔瓦斯浓度,掌握排放效果和修正排放时间。

5）安全防护措施

瓦斯的存赋情况极为复杂,在采用综合防突措施后,在揭煤过程中采用安全防护措施仍然十分必要。

结合隧道工程的自身特点,目前采取的安全防护措施主要有以下几类。

(1) 远距离爆破

在揭煤工作面从距煤层垂距 2m 至进入顶（底）板 2m 的范围内，均应采用远距离爆破，并应明确起爆地点、避灾路线、警戒范围等。爆破时，应停止工区内一切作业，切断洞内电源，撤出所有洞内人员至隧道洞口外 20m，并应在洞外起爆。

(2) 避难所

瓦斯突出工区长度大于 500m 时应设置避难所。避难所尺寸应满足最大避难人数和扩散通风的需求，可结合隧道横通道和洞室进行设置，避难所距最近的突出煤层不得小于 300m。

(3) 压风自救系统

利用施工用高压风管设置压风自救装置，间距 30～50m 安装 1 组。每组压风自救装置应满足工作面最多施工人数使用。进入隧道的所有人员须随身携带隔离式自救器。

(4) 其他防护保障措施

瓦斯突出隧道施工中，除了采取远距离爆破、避难所和压风自救系统等安全防护措施外，还应在瓦斯浓度监测、施工通风、爆破管理等方面做好防护保障措施。

42.3.5 专项管理制度

瓦斯隧道施工的安全，除了采取合理的安全措施，建立和规范执行相应的专项制度十分重要。结合近几年来瓦斯隧道施工的经验教训，为了保证瓦斯隧道施工安全，应建立以下专项管理制度。

(1) 隧道瓦斯检测、监控管理制度。
(2) 瓦斯隧道防火、防爆管理制度。
(3) 瓦斯隧道通风管理制度。
(4) 隧道检测监测仪器、设备管理制度。
(5) 隧道紧急救援与抢险预案制度。
(6) 瓦斯隧道特殊工序审批制度。
(7) 瓦斯隧道进洞管理制度。
(8) 瓦斯隧道爆破安全管理规程。
(9) 瓦斯隧道钻爆作业安全操作规程。

42.4 典型案例

42.4.1 工程概况

重庆至贵阳铁路新凉风垭隧道位于贵州省桐梓县，全长 7618m，最大埋深 560m，设计速度为 200km/h 双线隧道，为瓦斯突出隧道。

42.4.2 设计概况

1) 穿越煤层地质条件

新凉风垭隧道洞身主要穿越灰岩、白云质灰岩等碳酸盐岩。在距出口 1876～2051m 范围穿越含煤地层二叠系龙潭组页岩、砂岩夹煤层,共 9 层煤,煤系地层总长度 175m。其中 K2、K4、K5、K8、K9 等 5 层为可采煤层,主采 K2、K4、K5 层位稳定。结合新凉风垭隧道地质钻孔的煤层自燃与煤尘爆炸鉴定报告、隧址区周边煤矿瓦斯等级鉴定和煤矿发生煤层瓦斯突出爆炸情况分析,判断 K2、K4、K5、K7、K8、K9 煤层具有煤与瓦斯突出危险。各突出煤层瓦斯参数如表 42-8 所示。

突出煤层瓦斯参数表　　　　表 42-8

煤层编号	煤层真厚(m)	瓦斯含量(m³/t)	瓦斯压力 P(MPa) $P \geq 0.74$	煤的坚固系数 f $f \leq 0.5$	瓦斯放散初速度 ΔP $\Delta P \geq 10$	煤的破坏类型 Ⅲ类以上	突出结果
K9	1.01	6.82	—	0.2	11.391	Ⅳ	突出
K8	0.7	7.61	1.5	0.1	11.783	Ⅳ	突出
K7	0.51	7.53	—	0.2	11.195	Ⅳ	突出
K5	1.58	9.25	0.62	—	—	Ⅳ	突出
K4	1.67	12.26	0.6	0.2	13.153	Ⅳ	突出
K2	1.86	10.75	0.45	—	—	Ⅳ	突出

新凉风垭隧道煤层中线纵断面示意图如图 42-10 所示。

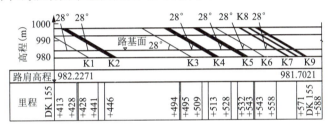

图 42-10　新凉风垭隧道煤层中线纵断面示意图

2)辅助坑道及施工组织设计概况

隧道进出口各设置单车道平导一座。进口平导长 4699m,出口平导长 1848m,出口平导不承担揭煤施工。进出口平导间预设计泄水洞,泄水洞长 1078m。辅助坑道布置如图 42-11 所示。

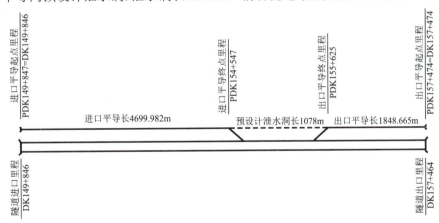

图 42-11　新凉风垭隧道辅助坑道布置图

全隧共分进口、出口两个工区。进口工区为非瓦斯工区,采用无轨运输,承担正洞施工长度为 4954m;出口工区为瓦斯突出工区,承担正洞施工长度为 2664m。出口工区采用无轨运输,工区内所有固定及移动机械设备进行了防爆改装。

3)超前地质预报设计

新凉风垭隧道出口工区煤系地层段开展以物探(TSP202)、超前钻孔、地质调查法等手段的综合超前地质预报,以预测煤层位置、产状（走向、倾向、倾角）、煤层厚度等,同时对是否存在采空区及采空区规模、性质等进行预报。

4）瓦斯监测设计

出口工区采用自动监测与人工检测相结合的方式进行瓦斯监测。建立实时瓦斯监控、报警系统,配置便携式瓦检仪和高浓度瓦检仪和瓦斯自动检测报警断电装置,对工区进行24h不间断瓦斯、风速、温度等的自动监测,进行不间断连续通风,保证洞内瓦斯浓度在0.5%以下。

5）施工通风设计

（1）通风方式

出口工区按瓦斯突出工区进行设计,采用巷道式通风,揭煤时采用正洞进新鲜风,平导出污风的方式进行通风。

（2）风机风管要求

出口工区施工采用不间断通风,风机采用防爆型,风管采用抗静电、阻燃风管。各工区均考虑了一定数量备用风机,各开挖工作面均设局扇引排风流。

（3）通风监测

在隧道出口工区建立实时瓦斯监测系统、报警系统、通风监测系统,包括固定式监测和流动监测,对隧道内的瓦斯含量、风速、风压和温度等进行24h不间断的监测。

6）防突揭煤设计

在已有地质资料的基础上开展防突揭煤设计,采用上下台阶分部揭煤,新凉风垭隧道防突揭煤施工步骤如图42-12所示。

结合深孔资料揭示的煤层间距、倾角等拟定将9层煤分成两组,即K4～K9煤层为第一组,K1～K2煤层为第二组。相关预测工作和防突措施分为两组先后进行。K4～K9煤层瓦斯抽放孔布置示意图如图42-13所示。

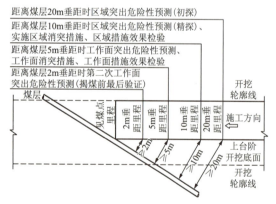

图42-12　新凉风垭隧道防突揭煤施工步骤示意图

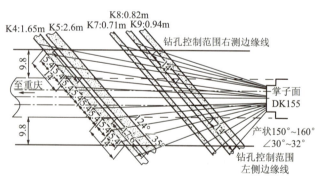

图42-13　K4～K9煤层瓦斯抽放孔布置示意图（尺寸单位:m）

7）结构设防设计

正洞及平导穿越煤系地层段均采用全封闭衬砌,设置范围向煤系地层两端各延伸50m,二次衬砌建筑材料采用气密性混凝土。

42.4.3　施工概况

1）瓦斯监测

隧道采用KJ90NB型矿井综合安全监控系统全程动态监控施工过程,防止在施工过程中有害气体浓度超限造成灾害,以确保施工安全。

2）施工通风

出口工区采用巷道式通风系统,调整了施工通风设计方案,利用平导作为进风巷道,污风由正洞排出,并在洞外设置了备用通风系统。

风管直径采用 1.6m 和 1.4m 两种。在隧道防水板施工台车、衬砌施工台车及局部施工部位配置 FB-NO4.0/2.2 型局扇,确保隧道通风不留盲区。

3）防突揭煤施工

（1）防突揭煤工艺流程

施工按设计方案分组对瓦斯突出地段进行区域消突和局部消突后揭煤施工。以第一组防突揭煤施工为例进行简述。

（2）区域综合防突措施

① 区域突出危险性预测

a. 超前探测钻孔

开挖至距 K9 煤层顶板 20m 垂距处,沿隧道前进方向及与煤层垂直方向施工 5 个孔深穿透 K9～K4 煤层的超前探煤钻孔,孔径 89mm。施钻过程中详细记录了各煤层的见煤点深度、煤层厚度、有无喷孔等异常现象等情况。

b. 取芯钻孔

在隧道开挖工作面至距 K9 煤层 10m 垂距时,施工 5 个超前取芯钻孔,孔径 89mm,必须穿透煤层全厚,并且进入底板岩层不小于 0.5m,其终孔位置应控制在开挖轮廓外 5m 左右,并取各个煤层的岩（煤）芯,分析煤层的产状及顶、底板岩性,并将煤芯送实验室进行原始瓦斯基本参数测定。

测定各煤层的原始瓦斯含量、瓦斯压力,采用瓦斯放散初速度自动测定仪等仪器测定了各煤层的 ΔP、f 值,对各煤层突出危险性进行了划分,如表 42-9 所示。

设计与施工煤层参数对比表　　表 42-9

煤层编号	设计参数				现场实测参数					判定结果
	瓦斯压力（MPa）	瓦斯含量（m³/t）	坚固性系数 f	放散初速度（ΔP）	瓦斯压力（MPa）	瓦斯含量（m³/t）	坚固性系数 f	放散初速度（ΔP）	煤层破坏类型	
K4	0.6	12.26	0.2	13.153	0.88	8.56	0.31	15	Ⅲ	突出煤层
K5	0.62	9.25	—	—	1.33	15.01	0.23	22	Ⅳ	突出煤层
K6	—	7.23	—	—	—	—	—	—	—	无
K7	—	7.53	0.2	11.195	0.32	6.347	0.55	11	Ⅲ	不突出煤层
K8	1.5	7.61	0.1	11.783	0.14	4.896	0.41	9	Ⅱ	不突出煤层
K9	—	6.82	0.2	11.391	0.82	11.11	0.39	18	Ⅲ	突出煤层

设计 K2、K4、K5、K7、K8、K9 煤层具有煤与瓦斯突出危险,根据现场实际预测结果,调整为 K4、K5、K9 煤层为突出煤层。

② 区域防突措施

对 K4、K5、K9 煤层,采取预抽煤层瓦斯的区域防突措施。

a. 水力压裂增透:为增加煤层透气性,提高瓦斯抽排效果,缩短抽排时间,对 K4、K5、K9 煤层采用水力压裂增透技术。

b. 瓦斯抽排钻孔施工:K4～K9 煤层抽排钻孔在 K9 煤层顶板 10m 垂距处的钻孔施工硐室内施工。钻孔孔径 75mm,孔底间距 4m,钻孔控制范围与设计相同。上台阶揭开煤层后,沿各煤层倾斜方向向下施工排放钻孔对下台阶进行处理。

c. 瓦斯抽排：抽排钻孔封堵完成后，接入抽排系统。

经测定瓦斯抽排泵房负压约为 30kPa 左右，平均抽排浓度 15%，抽排纯量约为 2.37m³/min。累计瓦斯抽排总量约为 13.4 万 m³，瓦斯抽排率达 49%。

③区域措施效果检验

在掌子面距 K9 煤层 10m 垂距处对煤层进行了残余瓦斯含量及压力测定，测得各煤层残余瓦斯含量及瓦斯压力均小于临界指标，区域防突措施有效。

（3）工作面综合防突措施

① 5m 预测：在距煤层 5m 垂距处掌子面施作了预测钻孔，控制开挖轮廓线上部 5m、下部 3m、左右两帮各 5m，钻孔孔径 75mm，见煤后改用风煤钻（钻头直径 42mm）打穿煤层，每打 1m 煤孔，收集全部钻屑，采用钻屑指标法进行突出危险性预测。测得 $K_{1max}=0.16mL/g·min^{1/2}$、$\Delta h_{2max}=60Pa$，均小于临界指标。

② 2m 预测：在距煤层 2m 垂距处掌子面施作了预测钻孔，测得钻屑指标参数 $K_{1max}=0.22mL/g·min^{1/2}$、$\Delta h_{2max}=100Pa$，均小于临界指标。

③揭煤：在掌子面里程 DK155+593.5 处成功揭开 K9 煤层，掌子面最大瓦斯浓度为 0.16%、回风最大瓦斯浓度 0.02%。

④煤门预测：揭煤过程中施作了煤门预测钻孔，测得 $K_{1max}=0.14mL/g·min^{1/2}$、$\Delta h_{2max}=60Pa$，均小于临界指标。预测完成后继续向前过煤门，直至过完 K9 煤层。

⑤下台阶排放钻孔施工：在上台阶施工了 35 个下台阶排放钻孔。

（4）安全防护措施

对煤层瓦斯进行抽排并预测无突出危险后，执行安全防护措施揭煤。所有系统均在进入煤系地层前形成，金属骨架采用 ϕ108 钻孔，植入 ϕ89 无缝钢管，每环 69 个，孔深 20m，两轮之间搭接 5m。

42.4.4　结语

新凉风垭隧道施工过程中十分重视瓦斯安全，现场成立了数字化瓦斯管理小组，建立了瓦斯监测与检测管理制度、一炮三检和三人联锁放炮制度、瓦斯隧道防火和防爆管理制度、通风系统管理制度等近二十项管理制度，并印发成册，广泛培训，持证上岗。

聘请专业单位进行瓦斯隧道用电设计，确保风电连锁、瓦电闭锁满足规范及施工要求。以"合理布局、优化匹配、防漏降阻、严格管理、确保效果"作为施工通风管理的指导原则，强化现场通风管理。

隧道施工中充分运用六大安全防护系统（煤系地层安全监控系统、煤系地层人员定位系统、煤系地层紧急避险系统、煤系地层压风自救系统、煤系地层段供水施救系统、煤系地层施工通信联络系统），大幅度降低了管理难度和施工安全风险，有效地保证了现场施工人员的安全。

本讲参考文献

[1] 丁睿. 瓦斯隧道建设关键技术 [M]. 北京：人民交通出版社，2010.

[2] 国家安全生产监督管理总局，国家煤矿安全监察局. 煤矿安全规程 [S]. 北京：煤炭工业出版社，2016.

[3] 国家安全生产监督管理总局，国家煤矿安全监察局. 防治煤与瓦斯突出规定 [S]. 北京：煤炭工业出版社，2009.

[4] 四川省地方行业标准. 公路瓦斯隧道技术规程：DB 51/T 2243—2016[S]. 成都：西南交通大学出版社，2017.

[5] 贵州省交通厅. 贵州省高速公路瓦斯隧道设计技术指南[M].2014.
[6] 贵州省交通厅. 贵州省高速公路瓦斯隧道施工技术指南[M].2014.
[7] 中华人民共和国行业标准. 煤矿井下煤层瓦斯压力的直接测定方法：AQ 1047—2007[S]. 北京：煤炭工业出版社，2007.
[8] 中华人民共和国行业规范. 铁路瓦斯隧道技术规范：TB 10120—2002[S]. 北京：中国铁道出版社，2002.
[9] 中华人民共和国行业标准. 钻屑瓦斯解吸指标测定方法：AQ/T 1065—2008[S]. 北京：煤炭工业出版社，2009.
[10] 中华人民共和国行业标准. 钻孔瓦斯涌出初速度的测定方法：MT/T 639—1996[S]. 北京：煤炭工业出版社，2007.

TUNNEL DESIGN
THEORY AND METHOD
隧道设计理论与方法

第六篇 Six Chapter

特殊工法设计

第 43 讲　冻结法设计
第 44 讲　微振爆破设计

第 45 讲　悬臂掘进机铣挖法设计

第43讲

冻结法设计

隧道工程通过富水弱胶结地层或高压富水断层时,可采用超前降水及旋喷桩、帷幕注浆加固等辅助措施。但由于施工空间受限、地层岩性差异大、质量难以控制等原因,不能完全避免突泥、涌砂、结构变形等问题,甚至出现反复加固,长期无进尺或负进尺,最终引起了工期延长、风险加大、费用大幅度增加等不利后果。冻结法可以弥补以上常规辅助措施的不足,降低此类地层隧道施工的风险。本讲主要介绍冻结法的原理、设计原则及冻结设计的主要内容,并结合工程实例介绍冻结法的应用情况及其注意事项。

43.1 冻结法原理及发展

43.1.1 冻结法的原理及其发展

冻结法是在松散或破碎的含水地层中,利用人工制冷技术,将地下工程周围的含水岩层、土层变成冻土,增强其强度和稳定性,隔绝地下水与地下工程的联系,以便在冻结体的保护下进行施工的特殊技术,其实质是利用人工制冷方法临时改变岩土性质以固结地层。

冻结法1862年在英国威尔士首次应用于基础工程,德国采矿工程师彼茨舒(F. H. Poetsch)于1880年提出了人工冻结法凿井原理,并于1883年在德国最早使用冻结法开凿竖井。随后瑞典、法国、比利时、荷兰、英国、波兰、苏联、美国、加拿大、巴西、日本等国也逐渐广泛将冻结法应用于煤矿、市政、水利等工程项目。

我国在煤矿系统中应用冻结法是1955年在开滦煤矿西风井工程中首次采用,首次在地铁行业应用冻结法是20世纪70年代初在北京地铁施工中首次应用。2000年以后,冻结法在上海、广州、南京、杭州、宁波等城市地铁工程,云南省星云湖、抚仙湖出流改道工程和甘肃省引洮工程等水利工程中也得以成功应用。2015年在宁夏回族自治区固原至王洼铁路程儿山隧道中首次成功应用冻结法穿越了高压、富水细砂质断层。经过60年的发展,冻结法已经在多个行业、多个重难点工程中成功应用,现已成为我国矿井通过深厚冲积层的主要施工方法之一,目前应用于矿井工程已经接近1000个,应用于矿井以外的市政、水利、铁路等其他各类重点工程也已经超过200个。

本讲执笔人: 赵录学,祁卫华.

43.1.2 冻结法适用条件

冻结法被誉为"万能工法",经常被用于一些极其困难地层地下工程施工,而且往往是其他工法无法使用时的最后一种工法,其主要适用条件为:
(1)不允许使用水泥浆或其他化学浆液的地方(注浆会造成地下水质污染)。
(2)注浆(帷幕注浆、旋喷桩)加固效果不理想或注浆失效的地层。
(3)不适合采用降水措施的地方(降水会导致上方及临近建筑物、结构物发生沉降或损坏)。
(4)降水效果不理想地层。
(5)受空间限制无法采用其他加固措施的区域。

43.2 冻结法设计原则

利用冻结法加固地层进行隧道工程施工,其实质就是将冻结体作为临时的保护措施,为隧道施工提供一个稳定的围岩环境。冻结属于施工期间围岩临时加固措施,隧道自身的结构设计不因采取冻结措施而减弱。

(1)冻结法设计首先要全面掌握隧道位置处工程地质、水文地质和地层基本物理力学参数,分析是否适用于冻结法,并与超前降水、旋喷桩加固、劈裂注浆、帷幕注浆等其他辅助加固措施进行可行性、安全性、工期、工程投资比较,确定冻结法方案。
(2)隧道纵向冻结长度应根据地质条件确定,两端应预留一定的安全富余长度。
(3)冻结宽度、隧底冻结深度及洞顶以上冻结高度根据工程地质、水文地质条件、埋置深度、隧道断面尺寸,结合施工条件,通过工程类比和结构计算确定,对于周边环境复杂的工程,还应经过试验论证。
(4)冻结温度、冻结孔的间距及制冷系统根据地质条件、水文条件、冻结范围及工期要求综合确定。
(5)应根据地质条件、地应力状况拟定隧道断面形式,不宜设置系统锚杆,其余衬砌支护措施适当加强。
(6)应加强隧道防水、保温措施。
(7)施工期间加强冻结体温度、变形监测、周边有建(构)筑物时,应分析冻胀、融沉对周围环境和建(构)筑物的影响,必要时采取保护措施。
(8)冻结段施工开挖应以机械开挖为主,必要时采取弱爆破,初期支护及时封闭成环,二次衬砌紧跟,快速通过冻结段。

43.3 冻结法系统设计

冻结法设计主要包括冻结体设计、制冷系统及衬砌支护结构三部分内容。

43.3.1 冻结体设计

冻结体设计包括冻结体平均温度的选取、冻结体厚度设计和冻结孔布置等内容。

1)冻结体平均温度的选取

冻结宽度、隧底冻结深度及洞顶以上冻结高度等尺寸需根据冻结体内冻土的物理力学指标确定,而冻土的基本力学性质与冻结体的有效平均温度直接相关,因此,冻结设计前需按照《人工冻土物理力学性能试验》(MT/T 593—2011)的规定,进行人工冻土物理力学性能试验,获取一定温度下冻结地层冻土必要的物理力学指标和特性。初选冻结体平均温度浅埋隧道一般为 −6 ～ −10℃,深埋隧道为 −5 ～ −15℃,具体见表 43-1 和表 43-2。

浅埋隧道冻结体有效平均温度设计参考值　　　　表 43-1

冻结深度 H（m）	< 12	12 ～ 30	> 30
冻结体平均温度 T（℃）	−6 ～ −8	−8 ～ −10	≤ −10

深埋隧道冻结体有效平均温度设计参考值　　　　表 43-2

冻结深度 H（m）	< 120	120 ～ 250	250 ～ 400	> 400
冻结体平均温度 T（℃）	−5 ～ −7	−7 ～ −10	−10 ～ −15	≤ −15

2）冻结体厚度设计

冻结体厚度（冻结宽度、隧底冻结深度及洞顶以上冻结高度等尺寸）通过数值模拟计算并结合工程类比法确定,模拟计算一般将冻土结构的力学计算模型简化为均质弹性体,其力学特性参数取设计冻结体平均温度下的冻土物理力学特性指标。

(1) 采用有限元数值分析确定冻结体厚度

合理选择计算软件（一般选择 ANSYS 或者 midas）,假定冻土帷幕为等温体、冻土为弹性材料,采用拟定的冻结体平均温度、地质勘测资料和冻土物理力学指标,根据隧道尺寸建立三维计算模型。假定冻结体厚度,分阶段（未开挖段、未支护段、已支护段）进行模拟计算。安全系数应满足《旁通道冻结法技术规范》(DG/TJ 08-902—2006)中规定,冻结体强度检算安全系数见表 43-3。

冻结体强度检验安全系数　　　　表 43-3

项　目	抗　压	抗　折	抗　剪
安全系数	2.0	3.0	2.0

(2) 采用工程类比法选定合理的冻结体厚度

模拟计算确定出本工程所需冻结体厚度后,参照一些类似地层成功实施冻结法工程实例的施工经验,确定出安全、经济的冻结体厚度。近年来一些采用冻结法施工的水利、煤矿及铁路工程冻结体设计见表 43-4。

近年来采用冻结法施工工程设计参数一览表　　　　表 43-4

工 程 名 称	开挖宽度(m)	开挖高度(m)	冻结深度(m)	冻结体平均温度(℃)	冻结体厚度(m)		
					封顶	侧壁	封底
甘肃引洮水利工程	6.0	6.0	212.59	−10	6.0	3.0	6.0
云南星云湖、抚仙湖出流改造工程	3.2	3.6	60	−10	2.2	2.2	2.2
内蒙古黑梁煤矿主斜井工程	5.0	4.0	80	−7	3.0	1.4	3.0
内蒙古黑梁煤矿副斜井工程	4.5	4.05	70	−7	3.0	1.4	3.0
内蒙古长城煤矿副斜井工程	4.6	3.8	70	−7	3.0	1.4	3.0
陕西金鸡滩煤矿斜井工程	5.0	4.0	54	−8	2.6	2.6	2.8
固原至王洼铁路程儿山隧道工程	7.85	10.42	234	−15	10	3.5	6.5

3）冻结孔布置

冻结孔布置应结合隧道结构、冻结体厚度、冻结体平均温度、盐水温度、工期以及工程地质及水文地质资料确定。冻结孔成孔间距由冻结孔开孔间距和最大偏斜两者控制。冻结孔应避开隧道边墙,避免因隧道开挖割除冻结管过多而影响加固效果、增加施工风险。冻结体预估发展速度可参照表 43-5 初步确定,并进行现场实测验证。

主要地层冻结体扩展速度一览表　　　　表 43-5

地　层			冻结体平均发展速度（mm/d）	
			早期	中后期
第四系		向外侧	22.8	—
		向内侧	24.0	—
白垩系	粉砂岩	向外侧	31.6	18.4
	细砂岩	向外侧	31.4	19.6
	中砂岩	向外侧	30.9	20.7
		向内侧	38.3	—
	粗砂岩	向外侧	29.7	21.5
		向内侧	34.7	—
侏罗系	粉砂岩	向外侧	—	17.8
	中粗砂岩	向外侧	—	16.1
	细砂岩	向外侧	—	17.6
	泥岩	向外侧	—	17.3

注：早期指冻结体交圈前，一般冻结时间不大于 61d，中后期指冻结体交圈后，冻结时间大于 61d。

4）测温孔、观测孔的布置

根据冻结孔的数量和冻结范围，设置一定数量的测温孔。测温孔的布置原则为：外侧测温孔布置在外排冻结管外侧，内侧测温孔布置在冻结管排间，测温孔要求布置在最大孔间距处，并尽量对称布置，以便尽可能反映整个冻结区域的温度场情况。为准确预报冻结体的交圈情况，了解冻结区域地温的降温过程，引排冻胀水，同时需设置水文观测孔。

43.3.2　制冷系统设计

人工冻结制冷系统常用的有氨（氟利昂）—盐水冻结系统和液化气体系统（液氮）两种。其中液化气体系统（液氮）常用于局部冻结工程或抢险工程中，就是直接将液氮从罐车中导入冻结管，通过液化气体在管系统中进行循环，气化后排到大气中，从而将地层中的热量带出，完成制冷任务。而氨（氟利昂）—盐水冻结系统是通过氨循环系统相变循环实现制冷，再通过盐水循环系统运用冷媒剂将地层中的热量带出，最后通过冷水循环系统将热量释放给大气。本节主要介绍氨—盐水冻结系统制冷工艺。

1）冻结管的确定

冻结管选用导热和低温性能好的材料，一般采用满足《输送流体用无缝钢管》（GB 8163—2008）标准的流体用无缝钢管，且管径不宜小于 73mm，壁厚不宜小于 5mm。冻结管安装完成必须经过密封施压，且施压结果必须满足《煤矿井巷工程施工规范》（GB 50511—2010）中相关规定。

冻结管内供液采用正循环，供液管宜采用聚乙烯塑料管，管径根据冻结管管径和循环液流量确定。

2）氨循环系统设计

（1）参数选取

冻结管散热量

$$Q_{\mathrm{T}} = \pi \times d_{\mathrm{t}} \times H_0 \times n_{\mathrm{t}} \times K_{\mathrm{t}} \tag{43-1}$$

式中：Q_{T}——冻结管的总散热能力（kcal/h）；

d_{t}——冻结管外直径（m）；

H_0——冻结深度（m）；

n_{t}——冻结孔数量（个）；

K_{t}——冻结管的散热系数或单位热流量（kcal/m²·h）。

（2）设备选取

根据冻结管散热量确定氨循环系统的设备型号及数量。

在冻结全过程中,盐水温度控制是变化的,冻结前期盐水温度一般控制在-25℃以下,维护冻结期间盐水温度控制在-22～-28℃（取决于地层深度和冻结体平均温度）。盐水温度控制可参考表43-6和表43-7确定。

浅埋隧道盐水温度设计参考值　　　　　表43-6

冻结体平均温度 T（℃）	$-6 \sim -8$	$-8 \sim -10$	$\leqslant -10$
最低盐水温度 T_y（℃）	$-26 \sim -28$	$-28 \sim -30$	$-30 \sim -32$

深埋隧道盐水温度设计参考值　　　　　表43-7

冻结深度 H（m）	< 120	$120 \sim 250$	$250 \sim 400$	> 400
盐水温度 T（℃）	$-22 \sim -24$	$-22 \sim -27$	$-25 \sim -32$	< -30

3）冷媒循环系统

冻结法中冷媒剂一般选用氯化钙溶液（盐水）。冷媒循环就是冷媒剂在冻结管中循环,将地层热量带出,实现地层制冷冻结的效果。

（1）盐水循环量

$$W_{\mathrm{br}} = \frac{Q_0}{\Delta t \times r_{\mathrm{br}} \times C_{\mathrm{br}}} \tag{43-2}$$

式中：W_{br}——盐水流量(m³/h)；

Q_0——冷冻站制冷能力(kcal/h)；

r_{br}——盐水容重(kg/m³)；

C_{br}——盐水比热(kcal/kg℃)；

Δt——去回路盐水温差(℃)。

（2）盐水泵扬程

$$H = 1.5 \times (h_1 + h_2 + h_3 + h_4) + h_5 + h_6 \tag{43-3}$$

式中：H——盐水泵扬程(m)；

h_1——盐水干管和集配液圈中的压头损失(m)；

h_2——供液管中的压头损失(m)；

h_3——冻结器环形空间压头损失(m)；

h_4——盐水管路中的弯管、三通、阀门的局部阻力,一般按 $h_1+h_2+h_3$ 的 20% 计算(m)；

h_5——盐水泵的压头损失,一般取 3～5m；

h_6——回路盐水管高出盐水泵的高度,一般取 1.5m。

（3）$CaCl_2$ 用量计算

盐水系统总体积为：

$$V_{\mathrm{br}} = V_{冻结管} + V_{盐水干管和集配液圈} + V_{盐水箱}$$

$CaCl_2$ 总量为：

$$G_{\mathrm{ca}} = \frac{1.2 \times g_{\mathrm{br}} \times V_{\mathrm{br}}}{\rho}$$

4）冷却水循环

冷却水循环就是通过水冷却将冷媒剂携带的热量释放于大气中。

总需用水量为：

$$W = \frac{Q_c}{1000 \times \Delta t} \tag{43-4}$$

式中：W——冷却水的总需用量（m³/h）；

Q_c——冷凝器的总热负荷（kcal/h）；

Δt——冷凝器进、出口水的温差（℃）。

补充新鲜水需用量为：

$$W_0 = W \frac{t_2 - t_1}{t_2 - t_0} \tag{43-5}$$

式中：W_0——新鲜冷却水的需用量（m³/h）；

W——冷却水的总需用量（m³/h）；

t_1——冷凝器的进水温度（℃）；

t_2——从冷凝器流回循环水池的水温（℃）；

t_0——新鲜冷却水进入循环水池的温度（℃）。

43.3.3 衬砌支护结构

（1）内轮廓设计

综合安全、经济及工期因素，冻结法隧道宜采用圆形或者曲率较大的马蹄形断面。

（2）初期支护设计

冻结法施工时，由于受冻结管控制，不便设置系统锚杆（系统锚杆施工过程中可能破坏冻结管，造成漏液，甚至解冻等），受开挖作业较慢，钢架封闭时间较长，喷混凝土强度上升较慢等因素影响，初期支护收敛变形相对较大。初期支护设计时钢架及喷混凝土应适当加强，并且加大预留变形量。

（3）二次衬砌

开挖后隧道中部冻结管须全部割除，放置过长时间容易造成隧道顶部及底部冻结体融化，若按照新奥法要求的二次衬砌在初期支护变形稳定后再施作，存在较大安全隐患。为防止变形过大，要求初支完成后及时施做仰拱和二次衬砌，尽早使结构整体受力，二次衬砌设计时应适当加强。

（4）保温措施

冻结后，岩面平均气温较低，紧贴岩面的初期支护、二次衬砌由于温度低，强度在短期内很难上去，同时混凝土中水泥水化热又会对冻结体产生融化影响。为减缓有限的冻结体的融化进程，保持冻结围岩的稳定性，提升初支及二次衬砌混凝土的早期强度，同时为围岩变形提供空间，降低混凝土早期承受的围岩压力，确保缺少锚杆支护的初支在施工期间的安全，设计时应采取必要的保温减压措施。

43.4 工程实例

宁夏回族自治区固原至王洼铁路程儿山隧道 F2 断层段采用冻结法得以成功通过，隧道施工安全顺利，质量合格，无病害，目前运营正常。

43.4.1 工程概述

程儿山隧道位于宁夏回族自治区固原市，为一普速单线铁路隧道，长度 6437m。隧道出口工区通过宽约220m的F2断裂带。断层两边地层不连续，东盘为浅红色第三系砂岩，西盘为白垩系泥岩夹泥灰岩。断层面倾向西，倾角达80°以上，为一高角度正断层，断层通过处被第四系地层覆盖。

2014年12月29日，隧道出口工区施工至DK10+272处，发生突泥涌砂及掌子面向外推移的地质灾害，涌砂量多达1万m³，导致开挖台车被毁，二次衬砌台车埋没，洞内涌砂段长达180m，最终采取砂袋码砌措施涌砂挡住。最初采取迂回导坑绕行方案，导坑施工至断层边缘后采用水平钻探探明断层地质情况：断层内压力极高，断层破碎带核心宽度为55m，主要为高压富水弱胶结第三系砂岩。施工现场如图43-1和图43-2所示。

a）掌子面涌砂初期

b）洞内涌砂掩埋二次衬砌台车

图43-1 发生突泥涌砂照片

图43-2 迂回导坑超前水平钻探照片

F2断层段隧道埋深大（218m），前期发生过大体积突泥、涌砂（涌砂量约1万m³）后，拱顶存在较大空洞，施工困难、风险高，只有对掌子面前方围岩采取合理可靠的预加固措施，并对构造裂隙水采取有效的排、堵水措施，才能保证开挖时不再次出现突泥、涌砂，围岩失稳、坍塌等地质灾害。根据本隧道F2断层突泥涌砂段及水平超前地质钻探情况，对洞内超前降水、旋喷桩加固、劈裂注浆、帷幕注浆、冻结法等几种辅助加固措施进行全面对比分析，最终选择采用冻结法方案。冻结法又分水平冻结和垂直冻结两种情况，水平冻结需要扩挖工作室，一次冻结长度一般不超过40m，本次冻结段落长，需要分段实施，至少需要扩挖2个工作室，很难保证工期，并且前期水平钻探施工时钻探难度大、风险高；垂直冻结可根据场地情况布置足够的钻机，可以保证工期，并且钻孔施工难度较低，通过对比分析，最后选择了垂直冻结方案。

43.4.2 设计情况

1）冻结范围

根据地质条件及施工方案，确定DK10+278～DK10+216段为隧道纵向冻结范围，共计62m。拟定冻结体平均温度为-15℃，根据冻土主要力学指标（抗压强度6.0MPa，抗拉强度2.0MPa，抗剪强

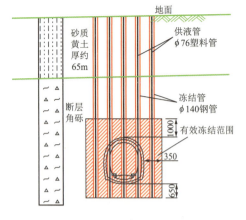

图 43-3 冻结孔剖面示意图(尺寸单位:mm)

度 2.4MPa,弹性模量 150MPa,泊松比 0.3,密度 1800kg/m³),经有限元数值分析并通过工程类比确定冻结横向范围为:拱顶以上 10m、仰拱以下 6.5m、最大跨以外 3.5m,具体见图 43-3。

2)冻结孔及测温孔

结合工期要求,本项目设置冻结孔 5 排,冻结孔排间距 2.74m,中间冻结孔孔间距 2.42～3.2m,外排孔孔间距 1.62m,封头孔孔间距 1.56m,共 129 孔;设置 7 个测温孔。冻结孔及测温孔的布置见图 43-4。

3)冻结系统

冻结管全部采用《输送流体用无缝钢管》(GB/T 8163—2008)标准流体用无缝钢管,采用内管箍连接;冻结管规格:$\phi 140\times 5$mm。冻结管内供液采用正循环,供液管采用 $\phi 76\times 5$mm 聚乙烯塑料管。盐水管路平面布置见图 43-5。

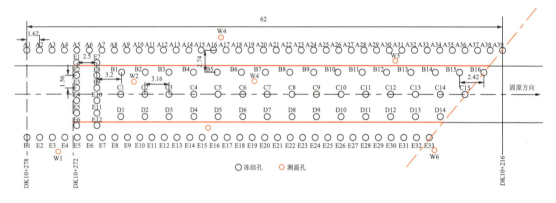

图 43-4 冻结孔布置平面图(尺寸单位:m)

a)冷冻管接头

b)总循环管路

图 43-5 盐水管路平面布置照片

氨循环系统主要设备见表 43-8,主要设备照片见图 43-6。

氨循环系统主要设备一览表   表 43-8

序号	机械或设备名称	型号规格	数量	额定功率(kW)	用于施工部位
1	螺杆机组	W-SA(H)LG25Ⅲ T/20Ⅲ	5	470	冻结站
2	蒸发式撬块	GZF-240C	5		
3	氨贮液器	HGZA-5.0	1		

a) 螺杆式压缩机组

b) 蒸发式撬块

图 43-6　氨循环系统主要设备照片

冷媒循环系统根据制冷站制冷能力确定冻结所需的盐水用量及盐水泵扬程，本项目设计选用 2 台 12SH-9 型盐水泵（每台额定功率 200kW），其中一台作为备用，设备照片见图 43-7。

根据冻结所需散热量确定冷却水循环系统，本项目选择 5 台 GZF-240C 型蒸发式冷凝器，设备照片见图 43-8。

图 43-7　冷媒循环系统盐水泵照片

图 43-8　蒸发式冷凝器机组

4) 衬砌支护设计

（1）初期支护

设计采用双层初期支护。在外层初期支护完成后，允许结构在冻涨力的作用下产生一定的收敛变形，然后再施作内层初期支护。

（2）二次衬砌

二次衬砌采用 60cm 厚的 C45 钢筋混凝土。

（3）保温措施

在岩面与初期支护之间、初期支护与二次衬砌之间分别设置两层低密闭孔聚乙烯泡沫板作为保温层（单层厚 2cm）。

（4）防排水设计

以排水为主进行隧道防排水设计，拱墙设置 EVA 防水板，防水板后设置环向 ϕ50HDPE 单壁打孔波纹管环向盲管（3m 一道）将地下水引入隧道侧沟排出。

43.4.3　实施效果

1) 冻土发展情况

根据冻结孔投孔时间和所处冻结段位置及地层扰动情况，从 2015 年 12 月 25 日至 2016 年 1 月 20 日投入 U 形区域冻结孔（A1～A9、E1～E7、F1～F6），参照 W1 测温孔发展速度；从 2 月 17 日至 28 日投入的剩余边排冻结孔，参照 W3 测温孔发展速度；B、C、D 排及 F7～F12 内排孔参照 N4 测温孔发展速度。根据测温孔监测数据分析冻土发展速度见表 43-9。

冻土发展速度取值表　　　表 43-9

测孔	位置	平均降温速率(℃/d)	距冻结孔距离(mm)	冻土发展速度(mm/d)
W1	拱顶	0.15	1153	12.1
	洞身	0.11	1153	13.9
	仰拱	0.13	1122	21.6
W3	拱顶	0.25	1812	29.7
	洞身	0.27	1812	33.6
	仰拱	0.31	1727	43.2
N4	拱顶	0.38	1660	38.6
	洞身	0.38	1660	38.6
	仰拱	0.37	1626	37.8

冻结 90d 后，按照实测冻土发展速度和冻土温度，确定三个层位冻结体全部交圈，冻结体厚度及冻结体强度经验算满足设计要求。

2）固结情况

冻结后围岩整体性好，需要爆破才能满足掘进要求，避免了突泥、涌砂等地质灾害的发生。冻结前后围岩对照见图 43-9。

a)掌子面涌砂入二次衬砌台车段　　　　　　b)冻结后掌子面（全断面）

图 43-9　冻结前后围岩照片

3）施工进度

本工程冻结孔深（234m），U 形槽段前期发生过突泥、涌砂，拱顶存在较大空洞，冻结管施工期间要进行空洞注浆，施工进度较慢，其余段落冻结孔成孔速度较快（2d/孔）。根据工期要求，将整个冻结段落划分为 4 段进行分段钻孔、逐步冻结，在满足洞内施工进度要求的前提下降低冻结成本。

钻机开钻至冻结开机需 40d 时间；冻结开机至具备开挖条件需 60d 时间；洞内开挖采用机械破除配合弱爆破进行，两层初期支护，工序较繁琐，施工进度为 30m/月。

4）运营情况

工程交付运营已有两年之久，监控量测显示隧道结构稳定，没有出现渗漏水等病害。随着冻结加固圈的逐渐解冻，隧道涌水量先增大，再减少，最后趋于稳定，地表没有发生沉降等问题。

43.4.4　今后设计、施工注意事项

冻结段采用三台阶法施工，上台阶及中台阶开挖后监控量测显示隧道基本无收敛变形，但下台阶及仰拱开挖后监测发现中台阶底部钢架连接处发生明显的收敛变形（刚开始收敛速度 3～5mm/d，持续时

间较长后就会发展到1～5cm/d），变形并未随着初期支护成环、仰拱施工完毕整体受力而停止，最大累计收敛变形达到了40cm。

分析发生收敛变形的原因主要有两个方面：一是因为单线铁路隧道边墙曲率较小，受力较差；二是冻结体厚度较薄，安全储备较小。建议今后类似地质条件下工程应适当调整隧道边墙曲率，改善受力条件；另外还需适当增加冻结体厚度，提高安全储备。

此类工法施工时，要求洞内作业与地表冻结密切配合，只有在冻结完全交圈并满足强度要求后才能进行洞内开挖及支护；洞内施工要严格控制台阶长度，尽早封闭成环，使隧道结构整体受力，降低安全风险；开挖及初期支护施工期间隧道中部冻结管已经全部割除，应避免放置过长时间造成隧道顶部及底板冻结体软化，要求二次衬砌尽早施作。

本讲参考文献

[1] 陈湘生. 地层冻结法[M]. 北京：人民交通出版社，2013.
[2] 叶家骏，译. 隧道[M]. 北京：中国铁道出版社，1984.
[3] 凌宇峰，等. 人工地层冻结技术在上海长江隧道工程的应用[J]. 地下空间与工程学报，2010，6（1）：184-188.
[4] 宋雷，等. 郭屯煤矿主井冻结法凿井信息化监测技术研究[J]. 采矿与安全工程学报，2010，27（1）：69-75.
[5] 蔡海兵. 深厚冲积层冻结体厚度设计理论的研究与探讨[J]. 西部探矿工程，2005，17（12）：192-194.
[6] 张红晓. 特厚冲积层冻结体变形及冻结压力的研究[D]. 长沙：中南大学，2011.
[7] 肖朝昀. 人工地层冻结冻土帷幕形成与解冻规律研究[D]. 上海：同济大学，2007.
[8] 《制冷工程设计手册》编写组. 制冷工程设计手册[M]. 北京：中国建筑工业出版社，1985.
[9] 王晖. 软土地层地铁盾构隧道联络通道冻结法施工控制技术研究[J]. 现代隧道技术，2004，41（3）：17-21.
[10] 王鹏，等. 我国冻结工程技术现状和发展趋势[J]. 科技视界，2014.
[11] 刘杰忠. 冻结法在水利工程施工中的应用[J]. 施工技术.
[12] 《井巷工程施工手册》编写组. 井巷工程施工手册[M]. 北京：煤炭工业出版社，1980.
[13] 庞磊. 深厚富水基岩冻结体与井壁相互作用机理研究[D]. 西安：西安科技大学，2013.
[14] 王珍. 冻结井筒水文观测孔设计与创新[J]. 安徽科技，2014.
[15] 刘晓敏. 西部软岩不同岩性冻结体扩展速度研究[J]. 中州煤炭，2015.
[16] 上海市地方行业标准. 旁通道冻结法技术规程：DG/TJ 08-902—2016[S]. 上海：同济大学出版社，2016.
[17] 中国钢铁工业协会. 输送流体用无缝钢管：GB/T 8163—2008[S]. 北京：中国标准出版社，2009.
[18] 中华人民共和国住房和城乡建设部. 煤矿井巷工程施工规范：GB 50511—2010[S]. 北京：中国计划出版社，2011.
[19] 齐吉龙. 深厚表土冻结井开机量、盐水温度与冻结时间的关系[C] // 矿山建设工程新进展—2007全国矿山建设学术会议论文集，2007.

第44讲

微振爆破设计

钻爆法施工的隧道通常会产生较大的爆破振动,对周边环境造成一定的影响,对围岩的损伤也比较大。近年来随着城市区隧道工程的增多,对爆破振动要求越来越严,同时由于受近接施工的影响,必须采用振动较小的方法或非爆破法施工。本讲重点对微振爆破设计进行介绍,包括隧道爆破降振技术研究现状、目前存在的问题、微振爆破的定义、控制标准、微振爆破设计方法和监测评价方法,最后介绍一个工程实例。

44.1 隧道爆破降振技术研究现状

隧道开挖爆破过程中,炸药在岩土中发生爆炸,瞬间形成冲击波,使一定范围内的岩石粉碎,之后冲击波向外扩散并衰减成不具陡峭波峰的应力波,在应力波的作用下岩石产生塑性变形或者开裂。应力波进一步扩散并衰减变成弹性波(或称地震波),此时岩石处于弹性状态,弹性波以声速向外传播。

隧道开挖爆破引起的围岩及地表的振动称为爆破振动。爆破振动将对周边的岩土体、结构物、设施设备,以及人体和其他动物产生不利影响,这种现象称之为爆破振动效应。当不利影响超过一定限值,将引起边坡失稳、结构物开裂、设施设备破损、人体不适甚至伤害等,此时必须进行控制爆破。

为了减小隧道爆破振动对周边环境的影响,工程技术人员对爆破机制和振动效应开展了大量的研究。Morris 于 1950 年首次提出了爆破引起的振动波强度衰减经验公式,该公式主要以装药量、爆破场地条件和爆心距离为参数,用最大振幅来评价振动波强度。Leocnt 于 1967 年修正了 Morris 提出的经验公式,改用质点最大振速作为表征振动波强度的标志[1]。此后,Gosh、Daemen 等人采用各种方法对经验公式进行了修正[2]。目前应用最广泛的经验公式是萨道夫斯基公式,该公式计算结果比较符合实际情况,因此我国《爆破安全规程》(GB 6722—2014)也采用该公式来计算爆破振动安全允许距离[3]。1980年,Just 和 Free 通过假设体波在爆破振动波中占主导,并且地震波传播介质为均质、连续、线弹性材料,提出了以波动理论为基础的理论公式。

为降低爆破引起的振动效应,科技人员在工程实践中总结提出了多种降振方法,可以归纳为震源降振法、传播路径降振法和保护对象降振法三大类。震源降振法包括尽量减少总装药量或微差爆破时的单段装药量;选择低威力低爆速的炸药;选择适当的装药结构,如不耦合装药,空气间隔装药,采用条形药包,炮孔底部留空气垫层等;分散爆源,减少单点爆炸能量释放量;减小爆破进尺;采用掌子面分部爆破,充分利用临空面条件,增加自由面数量或适当减少最小抵抗线,如采用导洞超前的施工工法;采用微差爆

本讲执笔人:傅洪贤,刘建友,赵勇.

破技术等。传播路径降振法包括在爆炸源与需要保护的建筑物之间开挖降振沟槽或形成预裂缝，爆破振动波在传播过程中遇到沟槽或裂缝时，产生反射和折射，使地震波的强度大大降低，如隧道采用的预裂爆破、光面爆破；采用干扰降振技术，利用电子雷管延时的精准性，使前后两个炮孔爆炸产生的振动波在传播过程中波峰和波谷叠加从而达到降振的效果。保护对象降振法是根据保护对象的特点，采取相应的保护措施，如周边建筑物的补强等。

44.2 目前存在的问题

近年来工程技术人员对隧道爆破振动的控制开展了大量的研究，但仍然存在一些问题有待进一步研究，主要表现在以下方面：

（1）隧道爆破机理

隧道开挖爆破是一个复杂的过程，通常包括几十或上百个爆破孔，各类炮孔的装药参数和爆破条件不同，起爆时间也存在随机性，使得叠加后产生的爆破地震波极为复杂，如何准确描述隧道爆破的整个过程是一个亟待解决的问题。

（2）爆破振动波衰减规律

由于地质条件的不均匀性、各向异性和不确定性，使得爆破振动波的传播异常复杂，如何准确计算振动波强度的衰减一直是控制爆破研究的热点和难点。

（3）爆破振动控制标准

控制爆破的保护对象千差万别，如何评价爆破振动对保护对象的影响，科学合理地制订保护对象的爆破振动控制标准有待进一步研究。

（4）控制爆破的技术措施

目前隧道爆破的控制措施有一定的局限性，例如：缩短爆破进尺、掌子面分部爆破、在隧道轮廓线处钻减振孔或减振槽，这些措施将严重影响隧道施工的工效；采用导爆管雷管，起爆时间误差最小 12.5ms，最大 150ms，降振效果不理想，对附近人员的生活和工作影响较大；干扰降振技术由于爆破振动大小与炸药量、隧道掌子面与保护目标之间的岩体特性、隧道断面几何形状等有关，实施的难度较大。

44.3 隧道微振爆破定义

根据目前各种爆破技术的特点和降振水平，我们可以把各种降振技术划分为常规爆破、弱振爆破、微振爆破和静态爆破 4 个层次。

（1）常规爆破

常规爆破是指以追求爆破效率为目标，以最小成本达到最大爆破效果的常规爆破技术。常规爆破一般应用于周边无建（构）筑物的场地，周边环境对爆破振动无要求，因此常规爆破的设计仅需考虑爆破的成本和效果两个参量。

（2）弱振爆破

弱振爆破是以保护围岩或保护周边一般建（构）筑物为目标，通过采用低威力低爆速的炸药、适当减小装药量、选择合理的装药结构、减小爆破进尺、采用掌子面分部爆破、预裂爆破等手段，从而减小爆破振动的一种爆破技术。弱振爆破技术一般应用于周边存在普通建（构）筑物的场地，弱振爆破的设计需要考虑振动对围岩及周边环境的影响。

(3) 微振爆破

微振爆破是以保护周边敏感建（构）筑物为目标，采用电子雷管等精准起爆材料，将爆破过程在时间上分开，使各个炮孔逐个起爆，从而大幅降低爆破振速的一种降振技术。微振爆破技术一般应用于周边存在敏感建（构）筑物的场地，且弱爆破爆破技术无法满足爆破振动控制要求的情况。

实现微振爆破目前有两种方法，分别是电子雷管跨主振周期法和电子雷管干扰降振法。单个药包爆破后一般产生一个主振和两个次振，第一次振幅值为主振幅值的1/3，第二次振幅值为主振幅值的1/10。电子雷管跨主振周期法是指前后炮孔起爆时间间隔大于前炮孔爆破振动的主振周期，使前后炮孔爆破的主振振动相互隔开而不发生叠加。电子雷管干扰降振法是指前后炮孔起爆时间间隔控制在主振周期的一半，使前后炮孔产生的爆破振动在同一目标点波峰和波谷相互抵消，从而大幅度降低振动速度。从理论上讲，电子雷管干扰降振法的降振效果更好，但其技术难度更高，当间隔时间控制不当反而会出现波峰与波峰相互叠加，从而增大振动速度的情况，因此在复杂场地复杂传播路径下，干扰降振法技术难度非常大，甚至难以实现。电子雷管跨主振周期法技术难度相对较小，也相对可靠成熟。

(4) 静态爆破

静态爆破一般分为试剂静态爆破和机械静态爆破两种爆破方法。试剂静态爆破是把一些硅酸盐和氧化钙等固体膨胀剂，加水搅拌后，放入钻孔中发生水化反应，固体硬化，温度升高，体积膨胀，把岩石涨破。机械静态爆破是采用液压机械方式使岩石开裂，利用液压驱动分裂棒内的油缸产生巨大推动力，胀裂岩石。

44.4 爆破振动控制标准

爆破振动控制标准是开展控制爆破、评价爆破对保护对象影响的基础。爆破振动的控制标准是保护对象本身的属性，与爆破施工无关，主要受保护对象的类型、结构特点、稳定性现状、使用要求等因素的影响。

爆破振动使附近居民感到不适或有不安全感，人的神经系统对于爆炸引起的振动和声响都非常敏感，人的反应与地面振动速度之间的关系如表44-1所示。

爆破振动对人的影响　　　　　表44-1

人的反应	地面振动速度（cm/s）	人的反应	地面振动速度（cm/s）
可感	0.2～0.5	感到骚扰	2.0～3.3
感到显著	0.5～1.0	反感	3.3～5.0
不适	1.0～2.0		

苏联专家麦德维捷夫提出了爆破振动与建筑物破坏和人感觉的关系，如表44-2所示。

爆破振动速度与建筑物振动特征　　　　　表44-2

地面振动速度（cm/s）	振动特征
<0.2	只有仪器才能记录到
0.2～0.4	人在静止状态下有时有感觉
0.4～0.8	一些人或知道有爆破的人感觉有振动
0.8～1.5	许多人感觉到振动，窗户玻璃发生声响
1.5～3.0	粉刷的灰粉散落，欲倒塌的房屋破坏
3.0～6.0	抹灰层有细小裂缝，歪的房屋破坏
6.0～12.0	处于良好状态的房屋破坏，如抹灰层开裂，抹灰层成片掉落，墙上有细小裂缝，炉壁和烟囱开裂
12.0～24.0	房屋严重破坏，如承重结构的墙开裂，隔板开裂

根据爆破振动对人和建筑物的影响和振动特征，常见建筑物的爆破振动速度控制标准可参见表44-3。

常见建筑物爆破振动的控制标准 表44-3

振动控制要求	安全允许振速(cm/s)		
	<10Hz	10～50Hz	>50Hz
普通建筑物结构的振动控制指标	3	4	5
考虑普通装饰工程的振动控制指标	1.0～1.5	1.5～2.0	2.0～2.5
白天室内有人时可接受的振动控制指标	0.5	0.5～0.7	0.7～1.0

上述控制标准是根据建筑物的振动特征和人的感官反应确定的控制标准。如果仅考虑建筑物裂缝或强度，则可以根据弹性力学波动理论，计算保护对象应力和应变与弹性波振动速度之间的关系，如式（44-1）～式（44-3）所示。

$$\sigma_x = \frac{E(1-\mu)}{(1+\mu)(1-2\mu)}\varepsilon_x \tag{44-1}$$

$$\varepsilon_x = -\frac{\dot{u}_1}{c_1} \tag{44-2}$$

$$c_1 = \sqrt{\frac{E(1-\mu)}{(1+\mu)(1-2\mu)\rho}} \tag{44-3}$$

式中：$\dot{u}_1$——质点的振动速度（m/s）；
c_1——弹性波的传播速度（m/s）；
ρ——质点的密度（kg/m³）。

式（44-1）～式（44-3）表明建筑物受到的拉压应力主要受质点的振动速度、弹性模量、泊松比和密度的影响，其中近接工程的弹性模量、泊松比和密度是常量，因此，可以采用振动速度作为评价爆破振动对建筑物影响的控制指标。

根据混凝土的抗拉和抗压强度，采用式（44-1）和式（44-2）可以反算出爆破振动速度的极限值，并采用式（44-4）确定建筑物振动速度的控制标准。

$$[V] = \gamma_s \cdot \frac{V_{max}}{K} \tag{44-4}$$

式中：$[V]$——爆破振动速度的控制标准（cm/s）；
V_{max}——爆破振动速度的极限值（cm/s）；
K——爆破振动安全系数，根据建筑物的重要程度取值1.4～2.0，如表44-4所示；
γ_s——建筑物服役状态折减系数，可根据建筑物的服役年限和现状评估取0～1.0，如表44-5所示。

爆破振动的安全系数K建议值 表44-4

建筑物重要性等级	爆破振动引起建筑物失效后的社会经济影响	安全系数
一级	有很大影响，且不易修复的重要结构	1.8～2.0
二级	有较大影响、较易修复或替换的一般结构	1.6～1.8
三级	影响较小的次要结构	1.4～1.6

以混凝土结构为例，假设结构物采用了C35混凝土，且不允许出现裂缝，取C35混凝土的抗拉强度设计值为1.57MPa，根据式（44-1）计算得到C35混凝土爆破振动速度的极限值为16.3cm/s，对于重要建筑物安全系数取2.0，对于新建工程且服役状态良好，服役状态折减系数取1.0，则C35混凝土爆破振动速度的控制标准为8.2cm/s，见表44-6。

建筑物服役状态折减系数 γ_s 建议值

表 44-5

服役状态等级	服 役 状 态	折减系数
A	结构完好,表面无损伤,服役时间小于 20 年	0.8～1.0
B	结构有轻微损伤,混凝土表面有轻微腐蚀,服役时间 20～40 年	0.5～0.8
C	结构有损伤,混凝土表面有腐蚀、碳化,服役时间 40～60 年	0.2～0.5
D	结构有严重损伤,混凝土表面严重腐蚀,服役时间超过 60 年	0～0.2

建筑物爆破振动速度极限值及控制标准建议值

表 44-6

混凝土强度等级	抗拉强度控制		抗压强度控制	
	振动速度极限值 V_{tmax} (cm/s)	振动速度控制标准 (cm/s)	振动速度极限值 V_{cmax} (cm/s)	振动速度控制标准 (cm/s)
C15	11.4	5.7	89.4	44.7
C20	12.8	6.4	110.6	55.3
C25	14	7	131.2	65.6
C30	15.2	7.6	152.2	76.1
C35	16.3	8.2	173.6	86.8
C40	17.5	8.8	195.8	97.9

注：表中振动速度控制标准的安全系数取 2.0,折减系数取 1.0。

表 44-6 中的振动速度极限值 V_{tmax} 和 V_{cmax} 是分别根据混凝土抗拉强度和抗压强度计算得到的,分别为了确保混凝土在爆破振动作用下不出现受拉破坏和受压破坏。对于隧道结构来说,其初期支护喷射混凝土和二次衬砌模筑混凝土主要以受压为主,因此可以允许混凝土出现裂缝并实现带缝工作,但应对裂缝宽度进行控制,因此隧道喷射混凝土和模筑混凝土的振动速度极限值 V_{smax} 应介于 V_{tmax} 和 V_{cmax} 之间,建议按式(44-5)计算。

$$V_{smax} = V_{tmax} + \gamma_c \left(V_{cmax} - V_{tmax} \right) \tag{44-5}$$

式中：V_{tmax} ——受拉强度控制的振动速度极限值(cm/s)；

V_{cmax} ——受压强度控制的振动速度极限值(cm/s)；

V_{smax} ——为隧道支护结构的振动速度极限值(cm/s)；

γ_c ——裂缝宽度修正系数。

裂缝宽度修正系数 γ_c 主要取决于隧道的类型和混凝土的类型,建议按表 44-7 取值。以交通隧道为例,按上述公式和取值可计算得到隧道喷射混凝土和模筑混凝土的振动速度极限值和控制标准建议值,如表 44-8 所示,C30 喷射混凝土振动速度可按 22～28cm/s 进行控制,C35 模筑混凝土振动速度可按 8～16 cm/s 进行控制。

裂缝宽度修正系数 γ_c 建议值

表 44-7

隧道类型	混凝土类型	
	喷射混凝土	模筑混凝土
水工隧道	0.1～0.2	0～0.1
交通隧道	0.2～0.3	0～0.1
矿山隧道	0.2～0.4	0.1～0.2

交通隧道工程振动速度极限值及控制标准建议值

表 44-8

混凝土强度等级	喷射混凝土		模筑混凝土	
	振动速度极限值(cm/s)	振动速度控制标准(cm/s)	振动速度极限值(cm/s)	振动速度控制标准(cm/s)
C15	27～35	14～18	11～19	6～10
C20	32～42	16～21	13～23	7～12

续上表

混凝土强度等级	喷射混凝土		模筑混凝土	
	振动速度极限值(cm/s)	振动速度控制标准(cm/s)	振动速度极限值(cm/s)	振动速度控制标准(cm/s)
C25	37～49	19～25	14～26	7～13
C30	43～56	22～28	15～29	8～15
C35	48～63	24～32	16～32	8～16
C40	53～71	27～36	18～35	9～18

注：表中振动速度控制标准的安全系数取 2.0，折减系数取 1.0。

我国的《爆破安全规程》（GB 6722—2014）从结构安全的角度，也给出了各种结构物的振动速度控制标准，如表 44-9 所示。

《爆破安全规程》（GB 6722—2014）中爆破振动安全允许标准　　表 44-9

序号	保护对象类别		安全允许质点振动速度 v (cm/s)		
			$f \leq 10Hz$	$10Hz < f \leq 50Hz$	$f > 50Hz$
1	土窑洞、土坯房、毛石房屋		0.15～0.45	0.45～0.9	0.9～1.5
2	一般民用建筑物		1.5～2.0	2.0～2.5	2.5～3.0
3	工业和商业建筑物		2.5～3.5	3.5～4.5	4.2～5.0
4	一般古建筑与古迹		0.1～0.2	0.2～0.3	0.3～0.5
5	运行中的水电站及发电厂中心控制室设备		0.5～0.6	0.6～0.7	0.7～0.9
6	水工隧道		7～8	8～10	10～15
7	交通隧道		10～12	12～15	10～20
8	矿山巷道		15～18	18～25	25～30
9	永久性岩石高边坡		5～9	8～12	10～15
10	新浇大体积混凝土(C20)	龄期：初凝～3 天	1.5～2.0	2.0～2.5	2.5～3.0
		龄期：3～7 天	3.0～4.0	4.0～5.0	5.0～7.0
		龄期：7～28 天	7.0～8.0	8.0～10.0	10.0～12.0

注：1. 爆破振动监测应同时测定质点振动相互垂直的三个分量；
　　2. 表列质点振动速度为三个分量中的最大值，振动频率为主振频率；
　　3. 频率范围可根据现场实测波形确定或按如下数据选取：硐室爆破 $f < 20Hz$，露天深孔爆破 f 在 10～60Hz 之间，露天浅孔爆破 f 在 40～100Hz 之间；地下深孔爆破 f 在 30～100Hz 之间，地下浅孔爆破 f 在 60～300Hz 之间。

44.5 微振爆破设计方法

44.5.1 电子雷管跨主振周期法

微振爆破的关键在于控制各个炮孔的起爆时间，这主要依赖于精准的起爆材料，包括导爆管雷管和电子雷管。

（1）导爆管雷管

导爆管雷管又称非电毫秒雷管，是指利用导爆管传递的冲击波能直接起爆的雷管，由导爆管和雷管组装而成，结构示意图如图 44-1 所示。导爆管受到一定强度的激发能作用后，管内出现一个向前传播的爆轰波；当爆轰波传递到雷管内时，导爆管端口处发火，火焰通过传火孔点燃雷管内的起爆药（或火焰直接点燃延期体，然后延期体火焰通过传火孔点燃起爆药）；起爆药在加强帽的作用下，迅速完成燃烧转爆轰，形成稳定的爆轰波；爆轰波再起爆下方的猛炸药，从而引爆雷管。实物如图 44-2 所示。导爆管雷管具有抗静电、抗雷电、抗射频、抗水、抗杂散电流的能力，使用安全可靠，简单易行，因此得到广泛应用。

导爆管雷管采用延期药来实现雷管的延时时间，而延期药的成分、原料纯度、粒度、配比、混合均匀度等都影响着延期药的燃烧速度和输出能量，也直接决定雷管的延期精度。然而延期药的这些性质是极不容易控制和掌握，这就导致了导爆管雷管延时精度低，延时时间差，对精确爆破有影响。

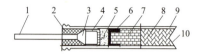

图 44-1　导爆管毫秒雷管结构示意图

1-导爆管；2-塑料连接；3-消爆空腔；4-空信帽；5-延期药；6-加强帽；
7-正起爆药；8-副起爆药；9-金属壳；10-聚能穴

图 44-2　导爆管雷管实物图

（2）电子雷管

电子雷管是一种延期时间根据实际需要可以任意设定并精确实现发火延时的新型电能起爆器材，具有使用安全可靠、延期时间精确度高、设定灵活等特点。电子雷管是在原有雷管装药的基础上，其延期装置不是传统的延期药，而是采用具有电子延时功能的专用集成电路芯片实现延期的雷管，如图 44-3 所示。利用电子延期精度可靠、可校准的特点，使雷管的延期精度和可靠度极大提高，延时时间可以精确到 1ms，且延时时间由现场爆破员按其意愿设置。

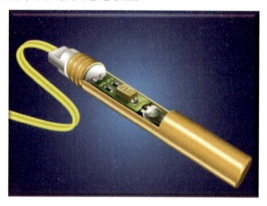

图 44-3　电子雷管结构示意图

（3）实施方法

电子雷管跨主振周期法有两种实施方法：一种为电子雷管单孔连续起爆网路；另一种为电子雷管和高段位导爆管雷管联合起爆网路，即隧道掏槽眼及扩槽眼采用电子雷管单孔连续起爆，掘进眼、内圈眼、底板眼和周边眼利用高段位导爆管雷管起爆，利用高段位导爆管雷管的起爆误差实现单孔起爆。

导爆管雷管的段位数量有限，不能满足每个炮孔都使用不同段位逐个起爆的要求，电子雷管可以设置电子雷管的起爆时间，实现单孔逐个起爆，但是电子雷管价格昂贵，在大断面隧道中，炮孔较多，若全部使用电子雷管单孔逐个起爆，每循环需要电子雷管数量较多，增加了爆破成本，因此采用电子雷管和高段位导爆管雷管联合起爆是经济成本较小的微振爆破方式。

44.5.2　电子雷管干扰降振法

干扰降振的关键是确定合理的间隔时间，使前后起爆的地震波出现波峰和波谷叠加的相互干扰。可以将爆破地震波简化为正弦波，在同一介质中传播时，周期相同，为达到波峰波谷相互叠加，间隔时间 Δt 应满足式（44-6）要求。

$$\frac{T}{3}<\Delta t<\frac{2T}{3} \tag{44-6}$$

式中：T——爆破振动的主振周期(ms)；

Δt——前后炮孔起爆的时间间隔(ms)。

理论上，当时间间隔刚好为主振周期的一半时，波峰和波谷完全抵消，降振效果最好。爆破设计时还应考虑相邻炮孔至降振点的距离差对时间间隔的影响，即按式(44-7)修正。

$$\Delta t=\frac{T}{2}\pm\frac{\Delta S}{V_p} \tag{44-7}$$

式中：ΔS——相邻炮孔至降振点的距离差(m)；

V_p——地震波的传播速度(km/s)。

根据工程经验，典型单孔爆破主振波持续时间约为60ms，最大波峰和最大波谷之间的主振半周期约为17ms，因此炮孔延时间隔10～20ms时可以达到较好的爆破减振效果。

44.6 振动监测和评价方法

爆破振动的评价方法主要有经验公式法和现场监测法。经验公式法一般采用《爆破安全规程》（GB 6722—2014）推荐的萨道夫斯基公式，爆破引起的质点振动速度按式(44-8)计算。

$$v=k\left(\frac{\sqrt[3]{Q}}{R}\right)^{\alpha} \tag{44-8}$$

式中：R——爆破震源与被保护建筑物之间的距离(m)；

Q——炸药量，齐发爆破为总药量，延时爆破为最大单段药量(kg)；

k、α——爆破点至保护对象间的与地形、地质条件有关的系数和衰减指数。

爆破振动监测系统由爆破振动智能监测仪、传感器、便携式计算机组成，如图44-4所示。对某些不方便部位的测试，可以采用无线爆破振动监测，即把速度传感器和爆破振动记录仪布置到测点，然后通过无线网络来控制仪器。

对测试到的爆破振动数据，常采用线性回归得到拟合直线，即爆破振动衰减规律，然后根据该规律控制爆破振动，如图44-5所示，图中竖轴为爆破振速，横轴为爆源距离与单孔药量立方根的比值。该拟合直线只反应数据点分布的平均程度，有50%的数据点分布于该拟合直线之上，其余50%的数据点分布于该拟合直线之下。在实际工程中，如果选择该拟合直线来控制爆破振动速度，爆破振速必然有近50%的概率超出振速控制标准，从而引发诸多问题。此时，引入95%置信度十分有必要，利用95%置信度计算所需的药量指导施工，可以将95%的爆破振动控制在振速控制标准之下。

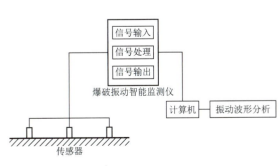

图44-4 爆破振动监测系统

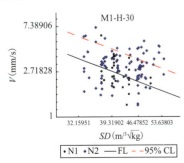

图44-5 爆破振动数据处理示意图

对于爆破振动测试数据,采用最小二乘法回归得出振动控制公式,然后根据规定的置信度(如置信度95%),给出相应的控制公式,如图44-5所示。

44.7 工程实例

某隧道工程为东西两洞,西洞长2.85km,东洞长为2.98km。两洞均下穿某居民区,环境概况见图44-6。隧道埋深35~43m,岩性主要为中风化石英岩夹板岩,岩体受构造影响严重,岩体破碎。居民区建筑建于2000年,为砖混结构建筑物群。建设单位要求隧道钻爆施工时爆破振动速度控制在1.0cm/s以下。

通过现场爆破试验研究,综合分析爆破振动控制效果及经济因素,选用电子雷管—导爆管雷管混合起爆网络,见图44-7。图中的小圆形为不同位置的炮孔,其中,实心圆表示该炮孔使用数码电子雷管起爆,旁边数字为起爆延时时间,单位为ms,每个空心圆代表该炮孔使用导爆管电雷管起爆,旁边数字为电雷管段位。可以发现,数码电子雷管设置的最大延时时间为390ms,而导爆管电雷管的最小的段位为11段,其延时时间为460±40ms,大于390ms,这样设置可保证不串段,使爆破按着掏槽眼——扩槽眼——周边眼的顺序由内向外逐级起爆。爆破进尺1.5m时的爆破振动波形如图44-8所示,爆破振动基本控制在0.5cm/s。爆破进尺在2~3m时,爆破振动可以控制在1cm/s以内。爆破参数和振动速度见表44-10。

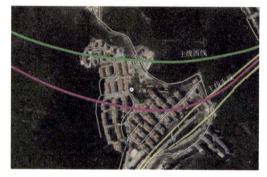

图44-6 隧道环境示意图

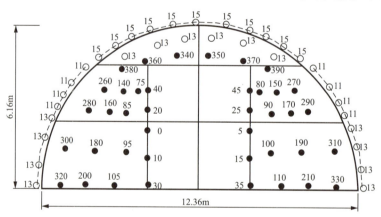

图44-7 爆破参数示意图

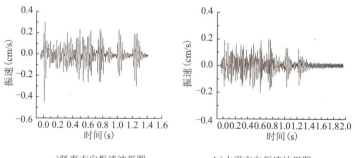

a)竖直方向振速波形图　　b)水平方向振速波形图

图44-8 振动波形

隧道爆破参数、振动速度与人体的舒适度评价　　　表44-10

爆破次数	进尺(m)	药量(kg)	埋深(m)	峰值振速(cm/s)	主频(Hz)	持续时间(s)	结构损伤	人体的舒适度
1	1.5	69.3	43.0	<0.36	—	0.64	无	良好
2	3.0	144	43.0	0.60	157.47	0.66	无	可以接受
3	3.0	144	43.0	0.65	61.05	0.90	无	可以接受
4	3.0	132	42.8	0.73	55.54	0.96	无	可以接受
5	3.0	132	42.6	0.79	49.30	0.99	无	可以接受
6	2.0	99	42.5	0.37	44.56	0.90	无	良好
7	1.5	42	42.2	0.37	41.00	0.66	无	良好
8	2.0	72	42.0	0.68	49.44	0.62	无	可以接受
9	1.5	30	41.8	0.47	46.39	0.63	无	良好
10	2.0	96	41.6	0.86	45.78	0.90	无	可以接受
11	2.0	78	41.5	0.61	34.79	0.58	无	可以接受
12	2.5	84	41.3	0.53	112.92	0.79	无	可以接受
13	2.5	108	41.1	0.63	61.65	0.97	无	可以接受
14	2.5	108	41.0	0.70	38.45	0.98	无	可以接受
15	2.5	108	39.9	0.63	61.65	1.36	无	可以接受
16	2.5	102	39.8	0.76	42.11	0.95	无	可以接受

从表44-10中可以看出，隧道掘进进尺1.5m时，爆破引起的最大峰值振速为0.36～0.47cm/s，振动主频为41～46.39Hz；隧道掘进进尺为2.0～3.0m时，爆破引起的最大峰值振速为0.53～0.86cm/s，振动主频为34.79～157.47Hz。最大峰值振速均小于1.0cm/s，人体的舒适度评价为良好或者可以接受。

综上所述，采用微振爆破技术，施工进尺为2.0～3.0m时爆破峰值振速控制在1.0cm/s以下，既确保了周围建筑物的安全和人体良好的舒适度，同时又提高了施工效率和施工进度，使得隧道能够安全、快速通过居民区，取得了良好的社会效益和经济效益。

采用电子雷管和高段位导爆管雷管联合起爆的微振爆破技术，基本可以达到隧道电子雷管单孔连续起爆的微振爆破降振效果，在下穿居民区的隧道工程中具有广阔的推广价值。

本讲参考文献

[1] Lopez Jimeno E，Ayala Carcedo F J，et al. Drilling And Blasting of Rocks [J]. Drilling Machines，1995（05）：57-63.

[2] Gosh A，Daemen J J K. Statistics - a key to better blast vibration predictions [C]. 26th US Symposium on Rock Mechanics，1985：1141-1149.

[3] 国家安全生产监督管理总局. 爆破安全规程：GB 6722—2014[S]. 北京：中国标准出版社，2015.

[4] 杨年华. 爆破振动理论与测控技术 [M]. 北京：中国铁道出版社，2014.

[5] 石洪超. 层状围岩小净距隧道掘进爆破振动效应及围岩稳定性研究 [D]. 成都：西南交通大学，2017.

第45讲

悬臂掘进机铣挖法设计

当有些隧道处于特殊复杂环境下,比如近接施工、城市浅埋或隧道穿越需要保护的建(构)筑物时,爆破施工就会受到严格的限制甚至禁止。在这种情况下,采用何种减振开挖技术保证隧道的施工安全就成为一个非常值得研究的问题。铣挖法是利用机械驱动截齿切割围岩的一种岩石开挖方法。目前在隧道应用的铣挖法设备有装配式铣挖机和悬臂掘进机两种,悬臂掘进机功率大,更适用于隧道开挖。悬臂掘进机铣挖法能够大幅度降低开挖的振动,并且在大部分情况下其进度及成本满足隧道建设的要求[1]。本讲重点介绍悬臂掘进机铣挖法的特点及适用条件、设备选型、设计方案,并列举了部分工程实例,为今后类似的工程设计提供参考。

45.1 悬臂掘进机铣挖法特点及适用条件

45.1.1 悬臂掘进机铣挖法原理及设备

悬臂掘进机铣挖法比全断面掘进机(TBM)更加灵活方便,比静态爆破更加高效,与爆破法相比具有低振动的特点。该方法的主要设备为悬臂掘进机,一般由切割、装运、行走、液压、电控五部分组成[2],详见图45-1。

1)切割机构

切割机构的驱动方式为交流电动机驱动,经两级行星减速器带动主轴前端的切割头。设备通电运行后,切割机构开始工作,切割头旋转,通过行走机构的推进,切割头铣入岩石,进刀量为切割头体长度的2/3左右,然后通过升降和回转油缸工作,完成断面的横纵向切削。

2)装运机构

装运机构一般由星轮装载机构和中间输送机构组成。它们可采用分别驱动或集中联动方式,采用液压马达驱动。液压马达驱动星轮爪旋转,将装载机构内的物料甩到运输机构溜槽内,然后液压马

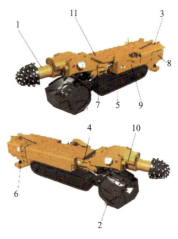

图45-1 悬臂掘进机组成示意图[1]

1-切割部;2-铲板部;3-第一运输机;4-本体部;5-行走部;6-后支撑部;7-润滑系统;8-电器系统;9-液压系统;10-水系统;11-护板部

本讲执笔人: 魏祥龙,赵勇.

达驱动运输机构刮板链转动,将物料带到机尾处甩落至轮式运输车辆内,再由轮式运输车卸渣到预定地点。

3)行走机构

行走机构一般采用履带式,两条履带由各自的动力来驱动,可实现原地转向。履带的驱动动力有电动机和液压马达两种,电动机驱动一般只设置一种行走速度,液压马达驱动可采用低速大扭矩马达直接带动履带链轮,或采用中速液压马达＋减速器带动履带链轮的传动方式,它可实现无级调速。

4)液压系统

液压系统多采用开式多路阀集中控制(直接操纵或遥控操纵)系统。掘进机液压系统采用变量柱塞泵提供动力。

5)电控系统

电控系统包括动力部分、控制部分和检测部分。设备装有测控压力、温度、液位及关键部位的故障诊断装置。

45.1.2 铣挖法施工特点

(1)可实现低振动状态下的连续开挖。
(2)断面成形好,对围岩扰动小,施工安全。
(3)人员需求少,开挖班只需 2～3 人。
(4)可用于开挖基坑、边坡及各种断面形状的隧道。
(5)大幅降低超挖,可节省初期支护和衬砌的费用。
(6)与全断面掘进机(TBM)相比,悬臂掘进机铣挖法设备具有投资少、施工准备时间短和再利用性高等显著特点。可以整机运输,设备到达后可立即开展铣挖工作。
(7)围岩的岩石硬度超过设备的经济开挖范围后,开挖效率低,成本高。

45.1.3 铣挖法施工适用条件[3, 4]

(1)临近运营铁路、公路或燃气管线等重要工程的区域。
(2)浅埋或近接构筑物等对抗震要求高的区域。
(3)对噪声控制要求高的区域。
(4)不允许爆破的区域。
(5)根据设备型号不同,可以开挖强度低于 120MPa 的围岩。

45.2 铣挖法施工设备选型

设备选型应满足施工进度、施工工法及地质条件等要求,并考虑其经济性。铣挖法施工的主要设备为悬臂式掘进机,正确选择悬臂掘进机型号施工,对最大程度加快施工进度和保证施工人员安全至关重要。

45.2.1 悬臂掘进机设备选型

悬臂掘进机按切割头布置方式的不同分为横轴式掘进机和纵轴式掘进机两类。按隧道的单轴抗压强度又可分为软岩掘进机和硬岩掘进机。图 45-2 为典型的双臂掘进机。

影响选型的两个关键因素为：①根据施工隧道的地质条件确定岩石单轴抗压强度范围，选用对应切割头功率的系列机型；②结合隧道开挖方法确定机型。

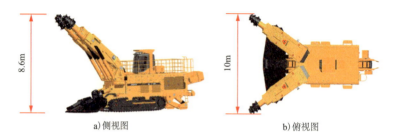

图 45-2　EBS630 型双臂掘进机侧视图及俯视图

掘进机整机主要技术参数：
(1) 外形尺寸参数(长 × 宽 × 高)。
(2) 重量参数。
(3) 定位切割高度 × 宽度。
(4) 切割功率。
(5) 经济切割硬度。
(6) 供电电压。

45.2.2　悬臂掘进机适用范围

悬臂掘进机适用于铁路、公路、城市轨道、水利工程、市政管线等隧道施工，能实现连续切割、装载、运输、行走作业。最大定位切割面积达 80m²，最大切割岩石硬度 120MPa。特别适用于临近既有线施工、城市浅埋地下工程以及各类软弱围岩中短隧道掘进[5]。

45.3　铣挖法开挖方案

根据隧道振动控制要求的不同，可以采用铣挖法施工或铣挖法结合控制爆破法施工，根据隧道断面大小，铣挖法又可采取全断面开挖或台阶法开挖。开挖方案的选择既要考虑施工的安全，又要兼顾隧道掘进的进度。

45.3.1　开挖方案的选择

1）根据近接对象的距离选择

选择铣挖法开挖时，要考虑开挖场地与近接对象间的距离与地质情况，根据振动控制要求测算安全距离。以下是两个项目采用的方案。

（1）新建赤峰至京沈高铁喀左站铁路工程联络线项目

赤峰北京方向联络线隧道与京沈客运专线同期施工采用铣挖法开挖，开挖方案见表 45-1。

悬臂掘进机铣挖法设计 第45讲

赤喀铁路联络线机械开挖方案　　　　　　　　　　　表 45-1

隧道名称	线　别	同侧线间距	机械开挖范围
孙家沟1号隧道	北京上行线	$0 < d \leqslant 25m$	上、下台阶悬臂掘进机开挖
孙家沟2号隧道	北京下行线	$0 < d \leqslant 25m$	上、下台阶悬臂掘进机开挖
		$25m < d \leqslant 45m$	上台阶悬臂掘进机开挖 + 下台阶控制爆破

（2）新建成都至重庆客运专线重庆枢纽项目

成渝客运专线新红岩隧道开挖方案根据振动控制标准并考虑到工法转换，确定以浅埋与邻近建筑的最小影响为原则选择开挖方法，见表45-2。

成渝客专重庆枢纽新红岩机械开挖方案　　　　　　　　　　　表 45-2

隧道名称	隧道埋深	机械开挖范围
新红岩隧道	$0 < d \leqslant 15m$	上、下台阶悬臂掘进机开挖
	$15m < d \leqslant 30m$	机械与控制爆破组合法
	$d > 30m$	弱爆破施工

2）根据隧道断面大小的选择

受掘进机一次掘进高度影响，铁路正线隧道可采用三步台阶法开挖。上部断面一次开挖高度在6m左右，具体开挖高度还应结合地质、所选的掘进机技术参数等因素来确定，一台掘进机移动一次即可满足开挖宽度要求。中、下台阶也可采用悬臂掘进机施工，也可采用其他办法开挖跟进。

铁路辅助坑道如斜井、泄水洞等，如果断面小于80m²，可以选择合适的悬臂掘进机采用全断面一次开挖。

45.3.2　全断面铣挖法开挖方案

目前悬臂掘进机的最大定位开挖面积为80m²，所以当隧道断面小于80m²且围岩条件满足全断面开挖时，可以选择合适的悬臂掘进机采用全断面机械开挖方案。图45-3所示为悬臂掘进机铣挖全断面分区开挖时的工艺流程。

悬臂掘进机铣挖断面分上中下三部分铣挖掘进。悬臂掘进机为纵向铣挖头（铣挖头直径≤1m），截齿呈螺旋状，顺时针旋转，铣挖头连接伸长臂伸长量2~3m。根据铣挖头特点，开挖断面设计按分部条块法开挖，分块大小：高度0.8~1.2m。铣挖时从下到上按条块依次铣挖，顺截齿旋转方向，每一条块铣挖时，从左到右铣挖，并不断摆动或调整铣挖头。当铣挖速度或效率降低时将铣挖头游离工作面，等速度回升后再抵近铣挖。为了提高悬臂掘进机铣挖效率，边角及卧底部位等铣挖效率低的部位，由人工或其他机械设备清理。开挖循环进尺需满足设计要求，同时要保证隧道中线及高程控制。

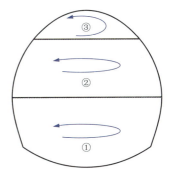

图 45-3　全断面铣挖工艺流程图

45.3.3　台阶铣挖法开挖方案

对于无法实施全断面机械开挖的隧道，可以采用台阶铣挖法开挖方案，台阶高度受悬臂掘进机定位开挖高度限制，如EBZ260H型悬臂铣挖机开挖高度为5.1m，EBZ318A型为5.46m。开挖工序如下：

第一步，悬臂掘进机开挖上台阶，进尺 2 榀，然后安装拱架，连续开挖 3 次。开挖的围岩废渣利用小型挖掘机运至中台阶倒运或者直接装车运至洞外临时渣场。

第二步，悬臂掘进机转换至中台阶；上台阶打设超前锚杆，喷射初期支护混凝土。

第三步，同样的方法开挖中台阶，同样每循环进尺 2 榀，进尺三次转换工序。开挖中台阶的同时，利用挖掘机出渣。

第四步，安装中台阶拱架，喷射初期支护混凝土。

第五步，下台阶采取铣挖机开挖。

第六步，进行下台阶初期支护及隧道衬砌仰拱，仰拱填充施工。

分布台阶铣挖法开挖工序如图 45-4 所示。

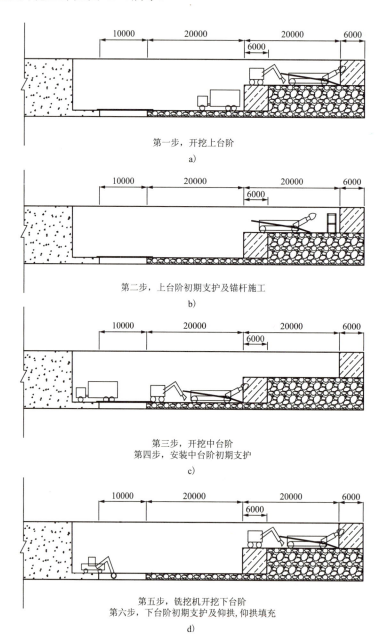

图 45-4　分步台阶铣挖法开挖工序示意图（尺寸单位：mm）

45.3.4 铣挖法与控制爆破组合法施工方案

在满足振动控制的条件下,为了提高工效,可以采用铣挖法与控制爆破组合法施工方案(图 45-5)。先在隧道上台阶开挖一个 3m×3m 左右的超前导洞,进尺 2～3m,然后在导洞周围钻孔爆破,注意控制填充炸药的数量确保已达到控制爆破的目的,建议采用电子雷管爆破。

根据近邻工程所处的位置确定超前导洞的布置区域。

铣挖法与控制爆破组合法施工工序如下:

第一步,使用掘进机开挖上台阶超前导洞,进尺 2 榀。开挖掉下的围岩废渣,利用小型挖掘机运至下台阶倒运或者直接装车运至洞外临时渣场。

第二步,移动掘进机至掌子面后 20m 处,将开挖台阶推至掌子面,打炮眼,采用控制爆破开挖上台阶剩余部分,进尺 2 榀,爆破后通风出渣。

第三步,移动台架至掌子面,架立钢拱架,打设锚杆,喷射初期支护混凝土。

第四步,上台阶连续施工 4 个循环,进尺 8 榀,下台阶及仰拱部分控制爆破开挖后,施工下台阶和仰拱初期支护。

第五步,施工仰拱二次衬砌、填充,保证仰拱及时闭合,二次衬砌及时跟进。

悬臂掘进机机械与控制爆破法施工步骤如图 45-6 所示。

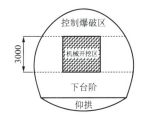

图 45-5 机械与控制爆破组合法隧道台阶施工示意图
(尺寸单位:mm)

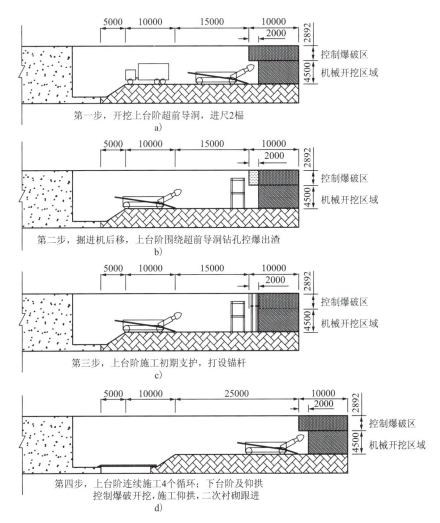

图 45-6 悬臂掘进机机械与控制爆破法施工步骤示意图

45.4 铣挖法施工设计实例

45.4.1 新建赤峰至京沈高铁喀左站铁路工程联络线孙家沟隧道与京沈客专同期施工方案

1）孙家沟1号隧道概述

孙家沟隧道位于喀左县境内,起讫里程为BJSLDK341+587～BJSLDK342+390,隧道全长803m,进口位于丘前缓坡上,出口位于丘前冲沟内,最大埋深约58.95m;隧道整体位于R=1400m的左偏曲线上。隧道纵坡为21.5‰的上坡,如图45-7所示。隧道先并行后跨越先期施工的京沈高铁正线隧道,平面和横断面关系如图45-8和图45-9所示,最小平面距离不足4m。

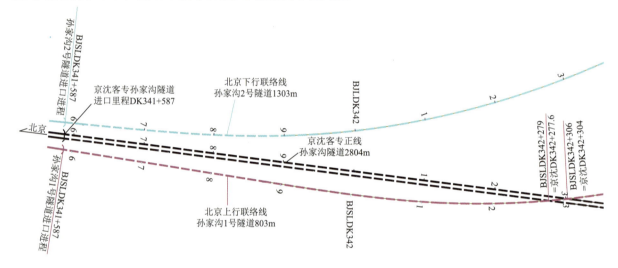

图45-7 北京方向联络线与京沈客专平面关系图

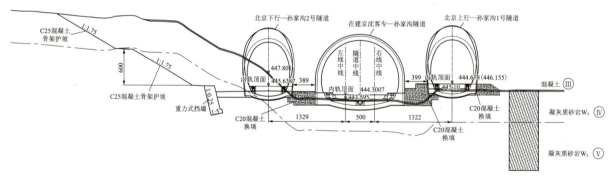

图45-8 北京方向联络线(BJSLDK341+587)与京沈客专横断面关系图(尺寸单位:cm)

隧道区山体多见基岩出露,局部植被稀疏;隧道范围揭示地层,侏罗系上统金刚山组(J_3j)、凝灰质砂岩、凝灰岩;地层为单斜构造,产状110°∠45°,倾向大里程,节理裂隙较发育。

2）主要工程措施

根据施工组织计划安排,结合赤峰联络线的进展情况,采用京沈客专正线隧道先行方案,相应同期施工段落采用以下主要工程措施:

(1)为降低施工时对已施工京沈客专正线双线隧道的扰动,采用悬臂掘进机开挖,段落情况详见表45-3。

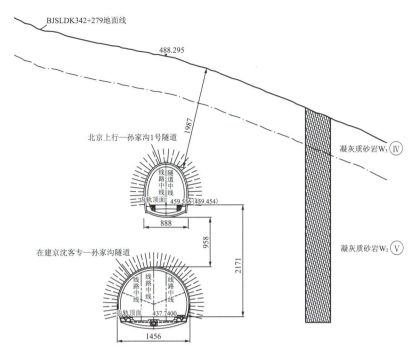

图 45-9　北京方向联络线（BJSLDK342+279）与京沈客专横断面关系图（尺寸单位：cm）

悬臂掘进机开挖段落表　　　　　　　　　　　　　　　　表 45-3

隧道名称	线　别	同侧线间距	起始里程	终止里程	长度(m)	机械开挖范围
孙家沟1号隧道	北京上行线	$0 < d \leqslant 25m$	BJSLDK341+615	BJSLDK342+378	763	上、下台阶悬臂掘进机开挖

（2）超前支护

隧道洞口拱部采用 ϕ108 大管棚 + 小导管超前支护；

其余Ⅴ级围岩地段采用 ϕ89 中管棚 + 小导管超前支护；

Ⅳ级围岩地段采用 ϕ42 密排小导管超前支护。

（3）注浆加固地层

相互干扰段采用全环径向注浆措施加固地层。

（4）爆破振动安全允许标准

根据《爆破安全规程》（GB 6722—2014）相关要求，同期施工段爆破控制标准确定为 10cm/s。

3）孙家沟 1 号隧道施工情况

隧道除了进出口 40m 采用明挖外，其余 763m 都采用上下台阶悬臂掘进机铣挖，围岩包括Ⅲ～Ⅴ级，岩石强度在 45～120MPa 之间。铣挖现场如图 45-10 所示。

a)　　　　　　　　　　　　　　　　b)

图 45-10　孙家沟 1 号隧道铣挖现场

悬臂掘进机于 2017 年 4 月 23 日进场,单口掘进月进尺 60m,上跨穿越京沈孙家沟隧道时,监测振速小于 1cm/s,京沈已建隧道结构未受到影响。

45.4.2 工程实例列表

表 45-4 是国内外部分使用悬臂掘进机开挖隧道的数据。

悬臂掘进机开挖工程实例[5]　　　　表 45-4

序 号	项 目 名 称	隧道断面(m²)	围岩强度(MPa)	设备型号	开挖方法	月平均进度(m)
1	日本青函海底隧道北周口铁路引线隧道	82	20～60	MRH-S90	全断面开挖	70
2	澳大利亚悉尼市南郡铁路隧道	90	20～70	AM150	长台阶	100m³/h
3	德国多京根公路隧道	90	30～120	WAV408	长台阶	135
4	成渝客运专线新红岩隧道	100	45～60	EZB260H	全断面开挖 爆破组合法	30 60
5	沪昆客运专线丫口寨隧道	126	80～110	EZB260H	机械与控制爆破组合法	50
6	成昆客运专线 m 攀段垭口隧道	126	40～60	EZB260H	双侧壁导坑	31
7	青岛地铁 1 号线贵州路站区间	50	90～120	EZB260H	全断面	75

45.5 结语

悬臂掘进机铣挖法作为一种隧道机械开挖方法,具有灵活方便、应用广泛的特点,尤其是在爆破施工受到限制的情况下,为隧道施工提供了有力的支持。随着今后设备性能的逐渐提高,该方法在铁路隧道施工中的应用将越来越普遍。

本讲参考文献

[1] 中国铁道科学研究院.重庆枢纽铁路路堑与浅埋隧道安全控爆技术研究 [R]. 北京,2011.
[2] 汪胜陆,孟国营,田劼,等.悬臂式掘进机的发展状况及趋势 [J]. 煤矿机械,2007(6):1-3.
[3] 陈永华,严金秀.悬臂式隧道掘进机开挖硬岩的可能性 [J]. 隧道译丛,1994(6):54-57.
[4] 雷升祥,尹宜成.悬臂掘进机在铁路隧道施工中的应用探讨 [J]. 铁道工程学报,2003(1):97-98.

TUNNEL DESIGN
THEORY AND METHOD
隧道设计理论与方法

第七篇　Seventh chapter

其他设计

第46讲　辅助坑道
第47讲　缺陷整治设计
第48讲　超前地质预报
第49讲　监控量测
第50讲　铁路隧道运营通风
第51讲　铁路隧道防灾疏散救援工程设计

第46讲

辅助坑道

在长大隧道或工程条件极其复杂的隧道实施过程中,为增辟工作面以缩短工期,改善隧道内排水、通风、运输等施工条件而设置的与隧道相连的坑道均称为辅助坑道。另外,随着近年来隧道工程规模的爆发式增长,特长、长大隧道群,复杂地质条件隧道也越来越多,用于防灾救援、防寒、排水、释压等功能性坑道也相继出现,为隧道的安全运营提供有效保障。本章主要从铁路隧道辅助坑道的应用和发展过程为切入点,简要介绍辅助坑道的功能、形式、种类以及设计要点,阐述辅助坑道修建关键技术的突破性发展及其所带来的隧道修建规模的变化。目的在于引领读者在工程设计中正确认识辅助坑道与主体工程的辩证关系,帮助大家有目的地选择和利用辅助坑道,使其在隧道建设中发挥应有的作用,同时也提示读者深入思考未来辅助坑道的发展方向,助力隧道工程的建设。

46.1 辅助坑道的发展和现状

46.1.1 辅助坑道的发展过程

自20世纪50年代我国首次采用平行导坑成功修建凉风垭隧道以来,辅助坑道成为实现长隧短打,缓解工期,优化通风、排水、运输等诸多问题的有效手段而被广泛应用。随着我国修建隧道施工技术水平的逐步提高,对于辅助导坑的选择和使用也发生了较大变化,大致可以分为以下五个阶段:

(1)早期的辅助坑道以平导为主,部分隧道设置了横洞。例如贵昆、成昆等铁路3km以上的隧道约有80%设置了平行导坑。而当时铁路大多沿河谷选线,横洞设置条件优越,故也在一些项目中大量采用。成昆铁路为例,就有118座隧道采用了横洞方案施工,显著地加快了隧道建设工期,也解决了通风、排水等问题。

(2)到20世纪八九十年代,斜井和竖井的建井技术随着设备能力提升和配套设施完善而逐步成熟,并开始被大量应用。而竖井由于施工效率较低,尤其是深竖井一直较少采用,截至2018年我国铁路隧道方面施工深度超过100m的竖井仅有6个(不含在建)。

(3)随着隧道长度和修建复杂程度的增加,出现了适应性更广、针对性更强的多种辅助坑道组合使用的模式。有斜井和横洞的组合,也有局部平导和斜井、横洞的组合,有的还在此基础上增加了竖井,甚

本讲执笔人:田鹏.

至也出现了通过斜井、横洞等先行辅助平行导坑的工程案例。

（4）自2000年以来，隧道施工机械化配套和掘进机技术迅猛发展，使得隧道修建在速度上得以较大提升，单体工程的辅助坑道数量上虽呈下降趋势，但在特长、超长隧道的修建中仍发挥着巨大作用，尤其是一些长斜井、深竖井的建井及配套技术得到发展之后，使得复杂地形地质条件下的超长隧道的修建有了可能性。另外，掘进机除可以施工平导工程外，在斜井中施工也已成功应用，这些都将在未来的辅助坑道选择上提供更为广阔的思路。

46.1.2 辅助坑道修建的技术现状

在历经几十年的技术发展和经验积累后，常规的辅助坑道设计施工均已比较成熟，不再赘述。但在最近十几年中，辅助坑道自身的修建规模越来越大，一些辅助坑道尤其是斜井和竖井设计施工长度和深度均突破了传统意义上的数值。目前我国铁路隧道施工中已经建成的乌鞘岭隧道7号斜井长度已达3.3km，水利工程中陕西秦岭引汉济渭输水洞4号斜井长度则达5.8km。而深竖井深度也屡创新高，已建成的秦岭终南山公路隧道3号通风竖井深度661m（图46-1），在建的大瑞铁路高黎贡山隧道2号竖井深度764m。

图46-1 秦岭终南山公路隧道通风竖井效果图

辅助坑道面临的首要问题是其自身的建造水平，这一因素决定了辅助坑道在隧道建设过程中发挥作用的大小。历经了半个多世纪的发展，目前我们辅助坑道建造的关键技术主要体现在以下几个方面：

1）快速施工技术

目前辅助坑道综合成洞的平均速度较20世纪五六十年代的水平已经有了本质的提升。沪昆铁路壁板坡隧道平导综合成洞336m/月，兰武二线铁路乌鞘岭隧道5号斜井的综合成洞指标达到了225m/月，其11号、13号斜井平均月成洞也超过了150m。在采矿领域由于有些辅助坑道断面相对较小，普通钻爆法施工速度已达375m/月，而神华神东补连塔煤矿首次采用的TBM掘进施工的斜井综合进度指标则超过了400m/月。竖井方面，乌鞘岭隧道岌岌沟竖井综合成井指标超过80m/月，敦格铁路当金山隧道2号竖井采用反井法施工，进度为120m/月。所有这些工程之所以能够实现快速施工，均取决于以下几方面：

①首先是开挖，目前我国在辅助坑道施工中仍以采用传统的钻爆法为主，但由于爆破技术的不断改进，爆破效率和效果都有较大提升，循环进尺加快，整体开挖掘进速度明显提高。加之机械化配套水平不断改进和完善，尤其是掘进机的使用，更是大大提高了辅助坑道的掘进速度。

②其次是支护，以锚喷衬砌作为主要支护结构的理念和技术得到推广和应用，使得在这一环节省了工序和时间。竖井的平行砌壁工艺逐步完善，也较单行砌壁的效率提高了25%~30%。

③再者就是运输能力，大功率大方量的运输车辆为平导、横洞和长斜井的快速出渣提供了保障，也为斜井坡度的选择提供了相对更大的空间。皮带运输也逐步兴起，连续运输能力得到进一步提升，且较大程度上解决了燃油设备烟气排放问题，使得施工作业环境更好，作业效率更高。而竖井则随着机械装备能力的提高，大功率提升设备、抓岩机、大吊桶的配置使得装渣、运渣的循环次数和单次作业时间均明显减少，建设速度自然得以提高。

2）复杂地质条件风险控制技术

辅助坑道长度的增加必然增加了穿越复杂地质条件的概率，长大的辅助坑道工程多数会面临通过软弱围岩、地质构造带或富水地层等一系列问题。随着地质勘查手段的多样化，一般在项目建设前期均可大致摸清斜井井身的工程地质条件，辅以施工期间的超前地质预报技术、红外探水技术等综合手段，基本可以预防建井期间的突发风险。从施工技术上来说,长段落高强度的超前支护技术、帷幕注浆、深孔大段高注浆技术的发展,对于辅助坑道成功穿越局部不良地质提供了技术支撑,对可以预见的风险的控制能力也有本质上的改善。

3）通风技术

施工中经常采用的通风方式主要有压入式、巷道式和混合式通风,巷道式通风理论上可以无限接力,所以也不受距离的限制,而独头压入式通风的通风距离和效果则直接关系到斜井的长度极限。在施工通风技术上主要通过改善于风机功能和风管质量,使得通风距离较过去有了极大的进步。在引汉济渭水利工程中,独头压入式通风距离已经超过7km,主要是采用了2×200kW柯吉玛风机和极低漏风率、小摩阻力的大直径（2.2m）风管。在青藏铁路新关角隧道中,因高海拔低气压空气稀薄的自然条件影响,加之4个掌子面同时需风的施工要求,则巧妙地采用了隔板式通风,通风距离3.6km,经施工验证各工作面均满足高原、高寒隧道施工卫生安全环境控制标准。

46.2　辅助坑道的分类

目前在隧道建设过程中经常采用的辅助坑道一般包括:斜井、横洞、平行导坑、竖井等,但由于用途、功能以及其他方面因素,又可细化分类,并衍生一些新的辅助坑道形式。

一般从管理角度经常采用的分类方法主要有三种:按照使用功能、断面大小和运输方式分类。在设计阶段还会按使用寿命、断面形式等方法进行分类,以便于进行设计、施工组织安排和运营管理。

46.2.1　按使用功能分类

1）辅助施工

①以增加工作面缩短隧道施工工期为基本目的,一般采用的辅助坑道形式有斜井、横洞、平行导坑、竖井、迂回导坑等。

②特殊情况下以改善隧道内施工作业条件而设置用于专门通风的辅助坑道,一般采用竖井。

③在施工中遇到特殊难题而设置的辅助坑道,一般有释能降压泄水洞、应力释放小导洞等。

2）辅助运营维护

①随着高铁（客运专线）的快速发展,以及长大隧道及隧道群的出现,用于防灾救援的专门通道应运而生,防灾救援工程的设置一般结合施工辅助导坑设置,仅需改造结构空间和安全性。但对于隧道内设置防灾救援站的情况,还应增加必要的联络、通风专用通道,两座并行的单线特长隧道一般会设置检修或相互救援的联络通道,这都属于辅助导坑的一部分。

②对于岩溶地区或地下水极为发育处修建的隧道,往往还会修建用于排水的专用泄水洞或排水洞（涵、管）等。

③高寒地区为防止冻害而专门设置的防寒泄水洞等也属于辅助坑道范畴。

46.2.2　其他分类方法

1）按运输方式分类

一般分为有轨运输、无轨运输、垂直提升等,近年来随着技术进步,皮带运输也在工程中被越来越多的使用,尤其在采用TBM掘进施工的辅助坑道,皮带运输几乎是后配套的标配。

2）按断面轮廓尺寸分类

按断面内轮廓尺寸大小，平导、横洞和斜井又可分为单车道和双车道，竖井中可分为主井和副井。

3）按断面形状分类

可分为直墙拱形、曲墙拱形、圆形、矩形等，斜井、横洞、平导一般采用直墙、曲墙拱形或圆形断面（特殊地层或掘进机施工），主要根据辅助坑道所通过的地形地质条件、断面大小等相关因素，可在具体工程中综合选定；而竖井一般采用圆形或矩形断面。

4）按使用寿命分类

永久和临时辅助坑道，永久辅助坑道对衬砌支护要求相对较高，而临时辅助坑道仅在有限时间内使用，完成其担负的任务后即可进行封闭处理。

46.3 辅助坑道的设计

以铁路工程为例，一般需经过预可研→可行性研究→初步设计→施工图几个阶段，辅助坑道设计贯穿全部设计阶段。那么，在项目设计过程中辅助坑道设计到底该如何开展呢？这就需要了解辅助坑道的设计流程、设计方法和设计内容。

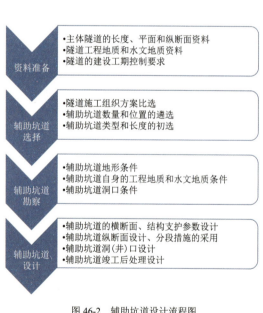

图 46-2　辅助坑道设计流程图

46.3.1 辅助坑道设计的流程

辅助坑道的设计首先来源于主体隧道工程的施工组织或功能需求，从设计流程上主要分为四个阶段：资料准备、辅助坑道的选择、勘察和设计。如图 46-2 所示。

46.3.2 辅助坑道的选择方法

（1）当一个主体隧道工程在修建过程中因工期或功能要求需要采用辅助坑道时，首先是辅助坑道的规划，一般采用多种选择综合比较的方法：即在熟悉主体工程资料和需求的基础上，将有条件的辅助坑道都整理出来，通过不同施工组织方案、投资、工程风险等综合比选来确定最终的辅助坑道方案。

（2）在工期确定后，应根据主体隧道地质资料计算工区最大长度，便于确定辅助坑道的合理位置。简单划分工区原则上按两个工作面相向掘进并满足公式：

$$\sum_{i=1}^{n} \frac{1}{2} \cdot \frac{L_i}{M_i} \leq D \qquad (46\text{-}1)$$

式中：L_i——工区内各级围岩长度；

M_i——各级围岩月进度指标；

D——隧道土建工期要求。

（3）辅助坑道的形式选择，一般遵循下列原则：

①辅助坑道优先选择横洞，受地形条件限制时，可选择斜井或平行导坑，特殊条件下经技术经济比较后方可选择竖井。

②高瓦斯隧道应结合施工通风优先选用平行导坑。
③岩溶水发育的隧道宜选择横洞、平行导坑,满足顺坡排水条件。
④辅助坑道运输量大或有特殊通风要求时,可设置主井和副井。

46.3.3 辅助坑道的设计内容

在辅助坑道方案确定、形式选择完成之后,接下来就要开始具体设计工作了。由于辅助坑道类型多,将所有设计内容详细罗列出来也比较复杂混乱,本节仅针对常规设计内容进行梳理,从设计要素和需要注意的事项两个层面简单叙述如下:

1）平面设计

设计要素:平面位置、线形、与隧道相交里程和角度、井口位置、里程标注等。

需要注意的事项:采用有轨运输或皮带运输的辅助坑道平面线形宜设置为直线。

2）纵断面设计

设计要素:1:200～1:5000地质纵剖面、坡度、坡段长度、分段工程措施等。

需要注意的事项:横洞纵坡应设计为向洞外不小于3‰的下坡,其最大纵坡在设计时一般不大于6%。无轨运输的斜井坡度一般不大于12%,并应间隔一定距离设置缓坡段,大坡度时尚应考虑防止刹车失灵的防撞措施。有轨运输斜井采用矿车提升时倾角不宜大于25°,采用皮带输送机出渣时,其倾角不宜大于20°。

3）横断面设计

设计要素:断面尺寸的拟定和支护参数的确定。

需要注意的事项:有特殊通风、排水需求的应单独考虑管路布置空间;挤压性围岩、黄土等特殊地质地段应采用受力条件较好的曲墙断面,必要时也可采用圆形断面。

4）洞（井）口设计

设计要素:洞门形式、结构、边仰坡防护以及截排水措施等。

需要注意的事项:洞口位置选择特别需要注意的是工程地质条件和洞口处的百年洪水位高程,其次考虑地形条件、施工场地、交通条件、环境保护及弃渣等因素。

5）施工排水设计

按顺坡排水和反坡排水分别介绍。

顺坡排水:一般适用于横洞和平导工程,主要是通过计算确定排水沟的过水能力,并使其满足施工及运营期间的排水需求即可,检算过程为:

湿周长:

$$X = b+s \tag{46-2}$$

式中:b——沟底宽;

s——斜坡长。

水力半径:

$$R = \frac{W}{X} \tag{46-3}$$

式中:W——过水断面。

沟床糙率:n;

纵向坡降:i;

谢才系数:$C = R^{1/6}/n$;

流速:$v = C(Ri)^{1/2}$;

流量:$Q = W \cdot V$。

反坡排水：主要针对斜井和竖井排水，也有部分平导工区在施工组织需要时出现反坡排水的情况。反坡排水涉及安全施工问题，故均需进行专项设计。主要包括排水方案、水仓结构、水泵配备和供电。斜井泵站级数应根据其长度、排水扬程、涌水量等因素确定，水泵宜按单排沿水仓纵向布置。每级泵站的抽水能力均应按整个工区的最大排水量配置，设备按照工作—备用—检修考虑一次配备到位；竖井泵站排水宜按单级排水设计，采用多级排水方式时，应根据技术经济比较确定。

6）施工通风设计

设计要素：通风量计算和通风方式选择。

其中通风量计算主要考虑三种情况：隧道内同时工作最多人数需风量、同时爆破采用最多炸药用量时的需风量或燃油机械产生有害气体稀释到允许浓度时的需风量，并按最不利情况选择计算标准，配备通风设备。相关公式均可在《铁路工程设计手册：隧道》中查阅。

通风方式选择上，横洞、斜井和竖井宜采用压入式通风，平行导坑宜与正洞组成巷道式通风。

需要注意的事项：独头通风距离长、开挖工作面需风量大或空气含氧量低的辅助坑道，可适当加大坑道断面，采用大功率风机或大直径风管，也可设置横隔板，采用隔板式通风。隧道位于高海拔地区时，应根据计算总风量修正后的结果进行通风设计，必要时也可考虑供氧专项设计。瓦斯隧道应做专项通风设计并满足《铁路瓦斯隧道技术规范》（TB 10120）相关要求。

7）其他设计

主要包括临时辅助坑道封堵、排水方案和永久辅助坑道设备安装等。

46.4 工程实例

本节拟从辅助坑道设计方案、竖井反井法施工、隔板式通风斜井和TBM在斜井工程的应用四个工程分别介绍辅助坑道成功建设并发挥重要作用的实例，供广大读者参考。

46.4.1 大瑞铁路高黎贡山隧道辅助坑道设计方案

高黎贡山隧道位于怒江车站至龙陵车站区间，全长为34.538km，土建工期为64个月。隧道进口段748m和出口段690m为双线隧道，其余地段均为设计时速160km单线电气化铁路隧道。全隧均位于直线上，洞内纵坡为人字坡，其中上坡长20.998km，下坡长13.540km。隧道最大埋深1155m，隧道超过400m埋深的段落长度约28km，辅助坑道选择条件十分困难。同时，该隧道地质条件十分复杂，不良地质现象种类多、范围广，高地温热害、断层破碎带、活动断裂、岩爆及软岩大变形、岩溶、滑坡等为隧道的修建带来极大挑战，也是辅助坑道选择的重要因素。

高黎贡山隧道的设计方案经过多轮的论证比选，前期主要进行了1平导+2斜井+4竖井的全钻爆法方案与钻爆法+TBM结合的方案的比较。尽管通过正洞TBM的采用可以满足工期要求，但4座竖井尤其是深度超过700m的竖井施工安全风险较大。

随后，经研究又进行了方案优化，在原方案的基础上，通过优化线路条件、斜井位置调整以及隧道机械化配套和机械化施工方案等系列措施，过程中充分论证了施工进度指标的合理性、辅助坑道位置调整的优缺点分析、对工期目标和通风降温的影响等一系列问题。达到了减少辅助坑道，尤其是尽量减少竖井设置的目的，既能保证工期目标的实现也最大限度地规避施工安全风险。主要研究的方案为：采用3台TBM（1大2小）施工，从施工风险、不良地质处理、施工通风、运营防灾、工期及投资等方面进行分析比较，其方案比较情况见表46-1。

高黎贡山隧道辅助坑道优化方案的比较　　表 46-1

项目	优化方案一 1 平 +2 斜	优化方案二 1 平 +2 斜 +1 竖（1 号竖井）	优化方案三 1 平 +2 斜 +1 竖（2 号竖井）
辅助坑道	平导:34601m/1 座。 斜井:2 座,长度分别为 3720m、3895m,均为主副井。 无竖井	平导:34601m/1 座。 斜井:2 座,长度分别为 3720m、3895m,均为主副井。 竖井:757m/1 座	平导:34601m/1 座。 斜井:2 座,长度分别为 3720m、3895m,均为主副井。 竖井:550m/1 座
安全风险	1. 斜井长度均大于 3.5km,施工难度大。 2.TBM 反坡施工 7km,风险高	1. 除斜井外,1 号竖井深,竖井使用时间长,安全风险较高。 2.TBM 反坡施工 6km	1. 除斜井外,2 号竖井深,竖井使用时间较长,安全风险较高。 2.2 号竖井工区施工大坪子断层和勐冒断层,安全风险高。 3. 平导 TBM 施工结束后反坡施工镇安断层,通风距离达 5km,施工风险高。 4.TBM 反坡施工 5.9km
TBM 施工断层处理	TBM 施工段规模较大或可能发生涌水突泥的断层均采用钻爆法施工	TBM 施工段规模较大或可能发生涌水突泥的断层均采用钻爆法施工	TBM 施工段规模较大或可能发生涌水突泥的断层均采用钻爆法施工
地热处理	进口:通风降温 1 号斜井:初期（26 个月）通风降温为主,局部机械制冷;后期（20 个月）持续机械制冷。 2 号斜井:TBM 施工结束后施工镇安断层需 10 个月,通风距离达 4.5km,持续制冷	进口:通风降温 1 号斜井:初期（26 个月）通风降温为主,局部机械制冷;后期（13 个月）持续机械制冷。 1 号竖井:通风降温为主,局部机械制冷	进口:通风降温 1 号斜井:初期（26 个月）通风降温为主,局部机械制冷;后期（14 个月）持续机械制冷。 2 号斜井:平导 TBM 施工结束后,施工 1797m,需持续机械制冷,时间为 20 个月
施工通风	进口:巷道式 1 号斜井:前期压入式,最长 4km;后期巷道式,持续制冷。 2 号斜井:前期巷道式,后期压入式,独头 4.5km	进口:巷道式 1 号斜井:前期压入式,最长 4km;后期巷道式,持续制冷。 1 号竖井:压入式,独头 4.3km。 2 号斜井:巷道式	进口:巷道式 1 号斜井:前期压入式,最长 4km;后期巷道式,持续制冷。 2 号竖井:压入式,独头 3.3km。 2 号斜井:前期巷道式,后期压入式,独头 5km
运营环境	仅"1 平 +2 斜"的辅助坑道无法满足运营环境要求,需在 1 号竖井位置设通风井	满足运营环境要求	不满足运营环境的通风要求,需在 1 号竖井位置设通风井
防灾救援	可在通风井和 2 号斜井井底各设 1 座（共 2 座）救援站	可在 1 号竖井、2 号斜井井底各设 1 座（共 2 座）救援站	可在 2 号竖井井底设 1 座救援站
工期	71.5 个月	64.0 个月	68.5 个月

比较结论:

(1)优化方案一:完全取消竖井,仅为保障运营环境需要,在 1 号竖井位置需设置通风竖井;但其工期超过 70 个月,工期长,且地热处理难度加大,需要持续强制制冷时间达 30 个月,制冷费用较大。

(2)优化方案二:工期最短,仅 64 个月;地热处理的难度相对较小,强制制冷时间相对短,制冷费用低;但施工竖井（1 号竖井）的规模大,深度达 775m,风险控制相对比较难。

(3)优化方案三:施工竖井（2 号竖井）长度 550m,国内已有施工先例及经验,相对于方案二,易于控制竖井施工风险,但为满足运营需要,仍需增设通风竖井（1 号竖井附近）,且工期 68.5 个月;地热处理难度相对最大,地热工区持续强制制冷时间长达 34 个月,制冷费用高。

综上所述,仅从工期保证、降温处理而言,方案二[1 平 +2 斜 +1 竖（1 号竖井）+3 台 TBM 的施工方案]较方案一和方案三更具优势,最终确定高黎贡山隧道采用方案二进行设计。如图 46-3 所示。

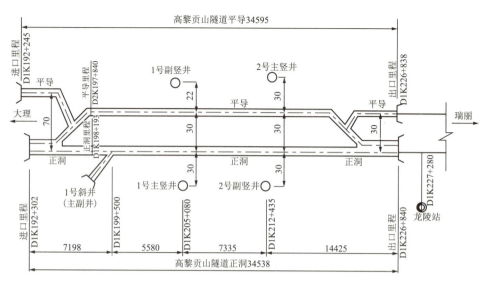

图 46-3　大瑞铁路高黎贡山隧道辅助坑道设置示意图(尺寸单位:m)

46.4.2　当金山隧道反井法通风竖井

新建敦煌至格尔木铁路当金山隧道全长 20.1km,线路平均海拔 3000m,是我国最长的单线单洞单面坡特长隧道,采用"3 斜井+进口平导"方案施工,如图 46-4 所示。其中 1 号和 2 号斜井工区之间的 10.5km 范围受施工通风控制,故设置了 2 座竖井,后施工阶段因进口段围岩受构造挤压影响围岩破碎,进度缓慢,施工长度缩短,取消了 1 号竖井工程,仅施做了 2 号竖井,开挖直径 3.0m,井深 446m,运营期兼做防灾救援通风道。目前隧道已贯通,2 号斜井工区实际独头掘进 8.528km,中间设置的竖井发挥了极大的作用。

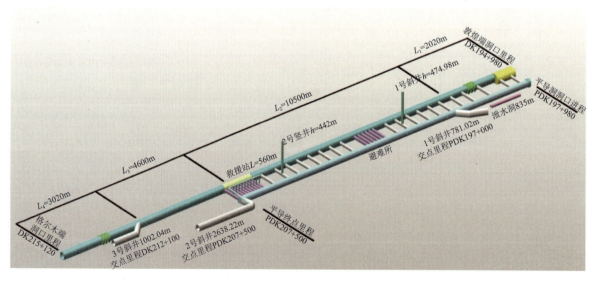

图 46-4　当金山隧道辅助坑道设置示意图

当金山隧道深竖井工程采用反井法施工,实现了"打井不下井",极大地提高了深竖井施工的安全性,成为我国铁路隧道深竖井施工领域采用反井法施工的一项重要尝试和示范性工程。反井施工工艺如图 46-5 所示。

当金山隧道 2 号竖井采用 SPC600 水文水井钻机进行导向孔的施工,并配合 KXP-2D(S)测斜仪进行测斜,平均导孔钻进速度达到390m/月,经测量最终偏斜率0.8%,满足使用要求。之后安装反井钻机进行直径350mm扫孔,如图46-6所示,最终成井直径3m的扩孔施工,平均扩孔钻进速度达到176.8m/月,综合成井速度约为120m/月。

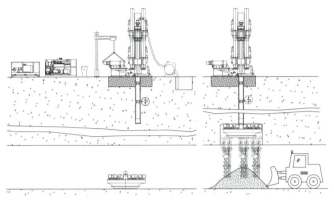

图46-5 反井施工工艺示意图

图46-6 现场3m直径扩孔钻头安装图

反井法施工的竖井需具备一定的前提条件,也就是井底通道需先形成,故其直接辅助掌子面施工的作用不大,但当施工或运营仅有通风需求且经过论证确实必要时,该工法以速度快,安全可靠等优势可以作为主要方案考虑。

46.4.3 关角隧道隔板通风斜井

1)通风方案的提出

关角隧道海拔高,岭脊地段斜井口高程为3700～3800m,7号斜井的独头通风距离近4700m,这显然对隧道的施工技术提出了巨大挑战。斜井作为辅助通道,进入正洞后需要组织正反向多个工作面同时施工,在高海拔低气压地区,空气稀薄,内燃设备在隧道内燃烧不充分,污染严重,不能简单照搬正常气压条件的通风技术。如何采取合理的施工通风方案,是提高工效、加快施工进度的关键。

根据施工需要,建设中研究了斜井分割风道的施工通风技术,将斜井横断面分隔为上、下两部分,上部为半径为3.3m半圆形,作为进风通道,然后在斜井底部与正洞交汇处安装4台风机与软管形成压入式通风系统分别向4个工作面供风。所有回风流经斜井下部6.6m×3.3m(宽×高)矩形通道排往洞外。如图46-7和图46-8所示。

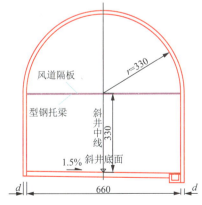 

图46-7 斜井中隔板风道示意(尺寸单位:cm)　　图46-8 中隔板效果图

2)隔板通风的关键技术

①两台风机之间的距离(风仓的长度)不宜太小,否则由于风机纵向间距小,风机间的负压有很大一

部分被相互抵消,会导致通风效率低下。

②布置风机时,应充分利用自然风的排烟作用,在格尔木工区为动力,有利于排烟,西宁工区为阻力,阻碍排烟。

③采用射流风机增压时,考虑进口40~50m长度的气流影响后,风机布设应距洞口50m以上,并且间距应大于150m,此时风机能产生较好的导向、升压效果。经计算,隔板上方射流风机采用均匀布置,间距400m一台,能取得较大的风压和风速。

④1号和2号风机的功率采用110kW,3号和4号风机的功率采用185kW。将漏风率控制在2%以内时,前述的两台风机的供风长度分别可达到供给3.54km和2.94km,能满足施工掘进的需要,保证关角隧道的顺利建设。

⑤增强供风风道、风管的密闭性,控制漏风率,是保证通风效果的必要保障,也是一项关键工艺。

3)关角隧道施工通风效果测试

测试数据表明,测试结果和工作面工作状况有较密切关系,除去工作面扒渣、出渣时CO含量较高、超标外,一般情况均满足新提出的高原、高寒隧道施工卫生安全环境控制标准。

46.4.4　神华神东补连塔煤矿TBM施工2号斜井工程

该斜井全长2745.15m,其中明挖段长度为26.316m、TBM段长度为2718.224m,坡度5°,井筒净直径为6.6m。主要是用于开采出的煤炭向地面运输及机械设备、人员、生产资料输送。

斜井穿越主要地层地质情况:表土层长度约48m,白垩系志丹群长度约460m,侏罗系安定组、直罗组约1150m,侏罗系延安组约1087m。根据补连塔煤矿区域地质资料和已有矿井建设、采掘地质资料,结合最新钻探成果,仅在部分粉砂岩、砂质泥岩中见有滑动面,滑动面多呈闭合状,无矿物充填或浸染,可见清晰擦痕,分布规模较小,贯通性较差。志丹群顶部见有裂隙。场地内基本构造形态为单斜,无褶皱与断裂构造,亦无岩浆活动,总体为构造简单区,TBM适应性较好。

根据本工程的特点,进行了总体方案筹划。TBM在洞口地面组装场地进行吊装、调试后,步进通过明挖段,到达始发端头,从明挖始发段端头出发,沿斜井线路推进至终点里程后,在洞内进行拆机。

通过TBM施工,该斜井的建造速度实现了预期目标,平均月进尺达到了330m。采用皮带运输出渣,加强通风措施,有效降低了传统钻爆法在瓦斯地层施工的安全风险。成功解决了不同位置关系情况下穿越既有巷道的问题,积累了连续下坡施工地下水的应对经验,可以对以后类似的工程起到借鉴作用。

46.5　结语

辅助坑道在隧道工程修建中无疑起着非常关键的作用,未来隧道的发展趋势必将会朝着超长、超大、超复杂的方向发展,辅助坑道自身的技术进步和创新也必须跟上步伐。仅就目前来看,我国在辅助坑道设计施工中仍然存在方法传统,配套不完善,自动化信息化有待加强的一系列问题。为使辅助坑道能在未来隧道建设的舞台上发挥更大作用,应在以下几个方面进一步加强:

(1)机械化配套逐步完善,并将自动化信息化完美融合,除施工更加快速、安全外,也会为分析、处置隧道建设中可能存在的问题提供解决方案。

(2)适应更大坡度、更复杂地质条件的掘进机技术应作为一个发展方向,为未来超级辅助坑道的施工提供技术保障。而竖井建井采用垂直掘进机技术值得研究,也可使得在复杂地形条件下辅助坑道的选择上拓宽思路。

（3）新的支护理念逐步发展，未来无衬砌或轻量化装配式衬砌均可能在机械化施工的情况下在辅助坑道工程中得到应用，也会从建设速度、投资等方面为辅助坑道建设带来优势。

（4）充分利用辅助坑道作为超前地质预报的功能，为隧道正洞的建设提供更加真实、直观和有力的保障。

本讲参考文献

[1] 高菊如. 铁路隧道辅助坑道的选择[J]. 隧道及地下工程，1955，16（2）.

[2] 闫明超，曾鹏，杨新安，等. 壁板坡特长隧道平导快速施工技术[J]. 铁道标准设计，2016，60（5）.

[3] 陈馈. 高黎贡山隧道设计及施工技术初探[J]. 建筑机械化，2009（2）.

[4] 铁道部工程管理中心. 乌鞘岭特长铁路隧道修建技术与工程管理[M]，成都：西南交通大学出版社，2009.

[5] 金文良，李品利. 秦岭终南山公路隧道通风竖井设计与施工[J]，广东公路勘察设计，2007（2）.

[6] 中铁十一局集团有限公司. 神华神东补连塔煤矿2#辅运平硐工程实施性施工组织设计.2013.

[7] 中铁第一勘察设计院集团有限公司. 青藏高原特长隧道修建关键技术[R]. 西安，2015.

[8] 中铁第一勘察设计院集团有限公司. 敦格铁路当金山隧道施工图.2013.

第47讲 缺陷整治设计

在我国隧道建设和运营过程中,部分隧道出现了不同类型的缺陷问题,主要表现为衬砌裂缝、渗漏水、掉块、衬砌背后空洞、厚度不足及隧底上拱、下沉等。此外,还存在衬砌浮动剥离、错台、排水系统结晶堵塞、沟槽盖板破损、防护门、照明灯等附属设施损坏等。隧道缺陷的存在恶化了隧道结构服役状态,对隧道结构的稳定性、耐久性、线路平顺性甚至运营安全产生了不同程度的影响。含缺陷隧道如果不及时整治,随着长时间的列车高频振动及高速列车气动效应的反复作用,可能会引发较多病害问题。隧道缺陷整治对隧道健康运营至关重要。某高速铁路隧道主要缺陷类型统计如图47-1所示。

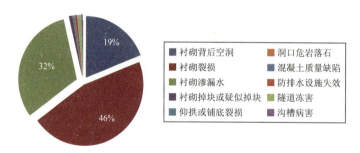

图47-1 某高速铁路隧道主要缺陷类型统计图

47.1 设计原则

铁路隧道缺陷整治是一项复杂的系统工程,运营铁路隧道具有天窗短、空间小、任务重、安全及质量要求高等特点,需要运营、设计、施工等单位多个部门相互协调配合。运营期铁路隧道缺陷整治应坚持以下基本原则:

(1)缺陷整治以隧道结构安全与不影响行车为基本要求,整治方案应简捷有效,施工组织应科学合理,安全措施应得当到位。

(2)缺陷整治以运营单位为主体,采用专业化施工队伍,确保做到有效天窗时间内独立闭环施工,确保线路设施完整性、安全性。

(3)缺陷整治完成后要达到提高隧道结构安全性、可靠性、耐久性的目标。

本讲执笔人:赵鹏,郭小雄,马伟斌.

47.2 典型缺陷整治设计方案

47.2.1 结构类

1）衬砌裂缝

隧道衬砌结构裂缝是较为常见的一种病害，裂缝的产生及发展不仅直接影响到结构的安全承载，而且与其他隧道病害如渗漏水、衬砌区域性劣化等相互促进，形成恶性发展循环，加快衬砌结构的破坏进程。

隧道衬砌裂缝产生的原因是复杂的、多方面的，裂缝发展形式不同，其产生的原因也不相同，既有松弛地压、偏土压、膨胀土压、水压、冻胀压等外因，也有材质裂化、冷缝、过早脱模、捣固不足、变形收缩和温度应力等内因。衬砌裂缝易诱发隧道渗漏水，加速混凝土结构的老化，恶化隧道结构受力状态，影响隧道结构的耐久性等。

隧道衬砌裂缝一般根据裂缝大小、产生的原因、位置和发展的形式采取不同的方案综合治理：

（1）若隧道衬砌裂缝主要为非受力裂缝，对结构安全影响不大，主要采取表面封闭的方式进行处理。

（2）衬砌受温度应力等较小应力作用导致开裂的裂缝可采用注浆或注环氧树脂进行嵌补。

（3）针对一些严重的衬砌裂损病害地段，采取粘贴碳纤维布加固的整治措施。必要时可采用"凿除衬砌面 + 衬砌背后注浆 + 粘贴碳纤维布"的加固措施。

（4）衬砌开裂中以闭合型裂纹为最大的隐患，多采取锚杆加固，对严重的衬砌裂纹进行套衬处理。若有空洞，同时对空洞进行注浆处理。

2）空洞与厚度不足

衬砌背后空洞与厚度不足成为近年来铁路隧道主要缺陷类型。衬砌背后空洞主要出现在隧道拱顶部位，分为初期支护背后空洞、初期支护与防水板之间空洞及防水板与二次衬砌之间空洞等。衬砌背后空洞与衬砌厚度不足往往同时产生。

铁路隧道初期支护背后空洞产生的直接原因为超挖、塌方或既有溶洞等未注浆回填。初期支护与防水板之间空洞主要原因为防水板与初期支护不密贴，或防水板固定不牢固，衬砌混凝土灌注过程中撕扯导致防水板脱落，形成空洞，进而由于防水板切割衬砌，致使衬砌厚度不足。防水板与二次衬砌之间空洞产生的原因为衬砌拱顶部位混凝土灌注不饱满。

衬砌背后空洞与厚度不足缺陷，恶化隧道衬砌结构受力状态，降低结构承载能力，亦是衬砌开裂、渗漏水、掉块等的直接原因。针对体积较小的衬砌背后空洞与厚度不足缺陷，一般采用凿除后重新支模挂网灌注混凝土；对于大体积衬砌背后空洞与厚度不足，宜采用钢筋混凝土套衬或高强波纹板整体防护结构进行结构加强。

工程案例：某高铁隧道拱顶空洞环向长约3m，纵向长约2m，高度约为0.4m，呈不规则月牙斜面状，衬砌厚度约为20cm。

凿除既有厚度不足衬砌区域衬砌，支模挂钢筋网片，后灌注高性能自流平混凝土补全衬砌结构，如图47-2所示。衬砌背后空洞采用轻质膨胀性材料填充，不会对衬砌结构造成额外负荷，且能有效缓解上部围岩落石对衬砌冲击作用，适用于运营铁路隧道衬砌背后空洞填充，整治效果良好，消除了运营安全隐患。

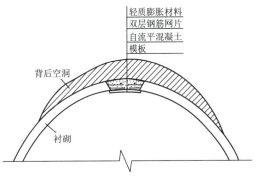

图47-2 衬砌背后空洞与厚度不足整治方案示意图

3）开裂掉块

铁路隧道衬砌掉块直接威胁到运营安全，是急需重视解决的首要缺陷类型。掉块主要出现在施工缝、变形缝等接缝部位，占比达到 70% 以上。

衬砌接缝掉块的首要原因是中埋式止水带安装过程偏位、扭曲等导致混凝土保护层厚度不足引起掉块，其次是衬砌台车支模时挤压先浇段衬砌混凝土造成开裂掉块。此外，衬砌修补、冷缝、拱顶部位混凝土灌注振捣不密实产生蜂窝麻面、衬砌受挤压开裂或拱顶空洞坍塌衬砌受冲击荷载作用等也可能引发掉块。

铁路隧道衬砌掉块主要为孤立掉块与衬砌交叉开裂或剥离的片状掉块，孤立掉块一般体积较小，多出现于施工缝处；片状掉块体积大，多为衬砌受挤压开裂或拱顶空洞坍塌衬砌受冲击荷载作用导致。对于孤立掉块，多采用凿除，后网喷修补；对于体积较大的片状掉块，可采用钢筋混凝土套衬或高强波纹板整体防护进行整治，如图 47-3 所示。

a）混凝土套拱

b）波纹板套拱

图 47-3 套拱加固现场作业图

工程案例：某铁路隧道衬砌拱顶与拱腰部位交叉裂缝，延伸至起拱线，裂缝宽 5～10mm，局部错牙 3～5mm，部分区段出现掉块现象。主要原因为衬砌背后有空洞，且衬砌混凝土施工质量较差厚度不足，空洞上方岩块突然掉落形成集中荷载作用在拱顶及拱腰部分形成交叉网状裂缝，部分呈椭圆形或半月形裂缝，裂缝贯通区域出现了衬砌掉块。

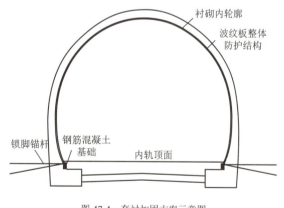

图 47-4 套衬加固方案示意图

针对铁路隧道衬砌开裂掉块，加之衬砌背后空洞、厚度不足、渗漏水等复合型病害，可采用套拱整体防护方案（图 47-4），一次性系统解决了隧道上部衬砌复合型病害问题。套拱可与既有二衬形成整体，抗弯刚度和抗压强度大，承载能力高，同时具有较强的抗震能力及变形适应性，适用于运营铁路隧道衬砌结构复合式病害整治工程。

4）隧底上拱、下沉

近些年，铁路隧道隧底上拱频繁出现，在无砟轨道隧道表现尤为明显。主要影响因素有高地应力、高水压、膨胀岩、施工质量、隧道结构不合理等，单一或多种因素共同作用造成了隧底结构的上拱。

隧道上拱整治技术，目前常采用设置泄水洞、降压孔、底板锚固、基底换拱等方法，通过隧底降水泄压、增设抗隆起锚杆、优化仰拱矢跨比等，以降低外力对隧底结构作用，提高仰拱抵抗底部围岩隆起变形及高水压的能力。设置泄水洞、降压孔，主要采用以"排水"为主，以"堵水"为辅的措施。"排水"主要是消除结构底部的高水压，消除源头；"堵水"是结构内、各结构层之间进行堵水，防止渗水对结构的破坏。底板锚固能改善隧道基底结构受力，能够较好解决较轻的隧道底鼓病害，锚杆布置应与注浆孔间隔布置。

基底换拱一般在底鼓严重区段采用,仰拱发生结构性破坏,修复难度大。基底换拱过程中仰拱厚度和矢跨比增大,仰拱材料设计参数提高,仰拱抵抗底部围岩隆起变形的能力增强。整治过程中需采用纵横梁或 D 便梁架空线路,对铁路运营影响较大。

针对铁路隧道无砟轨道下沉问题,目前主要采取"轨道抬升 + 扣件调整"的措施。抬升轨道可以选择在轨道板与支承层之间的砂浆调整层进行,也可以在支承层与基床表层之间进行。考虑到轨道板间纵向连接,与砂浆层处于黏接状态,且轨道结构内部存在较大温度应力,增厚支承层进行轨道板抬升难度较大。目前主要采取的措施是在支承层与基床表层之间填充高聚物发泡材料进行抬升,通过材料膨胀力将轨道平稳抬升。同时也有利于填充脱空缝隙,使级配碎石与支承层保持良好接触状态。填充材料性能需满足耐久性、天窗施工等要求。抬升过程中需加强观测,控制线路变形。

47.2.2 材料类

1)混凝土材料劣化

隧道衬砌材料(砖、石块、混凝土等)在大气、水、烟、盐等侵蚀介质作用下易发生劣化现象。混凝土原料及浇筑、养护过程中出现的问题是造成衬砌裂化的重要因素。此外混凝土衬砌由于长时间使用,当受到侵蚀介质尤其是水的侵蚀作用时,会出现混凝土强度降低、起毛、酥松、麻面蜂窝、起鼓剥落、空洞露石、骨料分离等材质破坏。

衬砌材质的劣化主要为混凝土碳化、冻害,使混凝土产生麻面表面剥落及地下水的侵蚀等。衬砌劣化的直观表现是裂缝的产生,进而降低混凝土抗渗性和耐久性。控制裂缝产生、发展是预防衬砌劣化的有效措施。对于已发生劣化的衬砌,可采用混凝土的防碳化技术、柔性防护技术等。在劣化衬砌表层涂抹防碳化保护剂,因其具有良好的渗透性、高黏结性和防水性,可防止外部有害介质进入衬砌内。同时可渗透扩散至混凝土结构内,堵塞衬砌内毛细孔洞,达到抑制衬砌结构劣化的效果。对于受动载作用或变形的劣化衬砌,可在其表面涂抹柔性保护剂覆层,不仅可抵御外部环境侵蚀,还可以减缓因混凝土自身膨胀、收缩变形引起的衬砌开裂。

2)混凝土强度不足

混凝土强度不足直接导致衬砌承载力不足,抗渗性、抗冻性和耐久性下降,是衬砌开裂变形、掉块的主要原因之一。造成混凝土强度不足的因素主要是原材料水泥、骨料质量不良、配比不当、施工工艺不佳等。此外,衬砌混凝土由于温度、收缩、膨胀、不均匀沉降等因素而引起的变形裂缝也会导致混凝土强度不足。

隧道衬砌混凝土材料强度不足会引发衬砌裂缝、掉块,恶化隧道结构受力状态,严重影响隧道安全运营。对于隧道衬砌局部强度不足,主要采取通过打设锚杆、注浆,施加预应力的措施来弥补;对于衬砌强度不足、面积较大、病害类型较多的衬砌结构,必要时可采用套拱加固方案。

47.2.3 防水排水类

1)衬砌渗漏水

衬砌渗漏水是高速铁路隧道常见缺陷类型之一,渗漏水主要出现在施工缝、道床板与电缆槽之间、边墙底部及综合洞室等部位,其主要危害体现在腐蚀衬砌混凝土材料、造成接触网短路、寒区衬砌挂冰、诱发基底离缝、翻浆等。

铁路隧道渗漏水可归结为两方面原因:一为防水不可靠,二为排水不顺畅。防水不可靠主要体现为施工期热熔垫片、射钉等安装方法破坏防水板本体;止水带安装偏位、扭曲;避车洞、变截面处、阴阳角等部位防水板卷材铺设困难;衬砌混凝土防水等级不够或振捣不密实等。排水不畅主要体现在排水系统排水能力不足、连接不顺畅,或排水系统结晶、淤积堵塞导致排水系统失效。

铁路隧道衬砌渗漏水整治应根据渗漏水部位、渗漏程度与形态、环境气候与施工作业条件等不同,可采用排、堵、截相结合,综合整治。对于隧道拱腰与拱顶部位点状或面状轻微渗漏水,应进行堵水,可采取注射聚氨酯堵水材料,衬砌表面涂刷渗透结晶型防水涂料等措施;对于环向施工缝渗漏水,可采用排水半管、排水板等措施进行凿槽引排;对于富水区段,由于衬砌背后高水位、高水压导致的渗漏水,应采取泄压降水措施,可在边墙增设泄水孔,同时疏通既有排水系统,增强排水能力。

（1）渗漏水封堵。针对拱圈渗漏水病害,主要采用压注水泥浆工艺进行封堵,使衬砌结构内的缝隙全部填满浆液,将整个衬砌形成一个整体,从而达到渗漏水整治的目的。针对道床板及线间渗漏水情况,宜采取钻孔、注入化学浆液（如环氧树脂、聚氨酯）的方案,注浆结束后切除注浆金属嘴。

（2）钻设排水降压孔。针对富水地区的隧道底板渗漏水病害,采用在冒水处的中心水沟中间钻设排水降压孔,通过降压孔把仰拱内的水引排到中心水沟内。基本原理是通过降压孔把隧道底板下水的压力释放出来达到降压的效果,从而防止水压过大造成隧道底板渗水或湿积。该法主要适用于隧道内道床板渗水,尤其对高压富水区隧道道床板渗水整治效果十分明显。同时,通过钻孔降压亦能缓解隧道整体结构承受的水压力,对隧道上部渗漏水的整治也能起到一定效果。

（3）凿槽引排。凿槽引排主要是根据边墙渗漏水程度、衬砌背后空洞积水以及围岩富水情况,依次在渗漏水裂缝的拱脚、边墙中部、边墙下部以不同角度钻设多排集水孔。盲管外裹无纺布,外缠细铁丝固定,沿渗水裂缝处自上而下开凿倒梯形引水槽,内置入半圆形排水管并固定,防水砂浆填充管外槽体。用水泥基渗透结晶型防水涂料封槽,引排水流统一通过引排管进入隧道内侧沟,排出洞外,如图47-5所示。该方案适用于运营隧道边墙部施工缝、变形缝及其他环向裂缝出现严重渗漏水病害的部位。

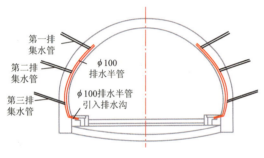

图47-5　凿槽引排法方案示意图

（4）锚固灌注法。锚固灌注法的基本原理是在裂缝两侧倾斜钻孔至结构体厚度之1/2深,孔距20~30cm为宜,钻至最高处后再一次埋设止水针头。止水针头设置完成后,以高压灌注机注入单组分油溶性聚氨酯灌浆材料至发现发泡剂至结构表面渗出。灌注完成后,即可去除止水针头。当渗水情况依然无法改善时,再以单组分水溶性聚氨酯灌浆材料补修即可。灌注完成后,即可去除止水针头。该法适宜于隧道拱顶、拱腰及边墙渗漏水裂缝。

2）衬砌冻害

隧道冻害在上部结构表现为裂缝、变形缝处挂冰,影响接触网供电,并有掉落侵限的风险;在边墙表现为冰柱侵限;在下部结构表现为道床或两线间形成冰堆、排水沟槽冻结失效等。另外隧道冻害在衬砌壁后存有空隙时会产生冻胀压力,造成衬砌结构变形与开裂。冻融循环会加速衬砌混凝土的劣化。

隧道冻害是目前寒区铁路隧道中直接危及行车运行安全的普遍病害。该类病害多发生在隧道拱顶的施工缝、变形缝、道床、水沟等处,威胁列车在隧道内的行车安全。目前针对隧道衬砌背后空洞或不密实病害,主要采用增设电热带及保温层等措施进行整治。

针对高寒地区隧道上部衬砌冬季挂冰问题,可采用电伴热半管排水技术进行处理,如图47-6所示。由于电伴热半管集排水、保温为一体,可很好地解决隧道上部衬砌挂冰的问题。针对高寒地区隧道水沟结冰问题,可采用"电伴热面板+保温水沟"的综合整治技术。电伴热面板低压供电安全可靠,发热面积大、效率高,抗腐蚀能力强,施工安装方便,同时通过温度及融冰传感系统做到恒温自动控制。另外,水沟保温通过铺设聚氨酯保温材料及新型保温橡胶水沟盖板来实现,能很好地解决水沟冰害问题,如图47-7所示。

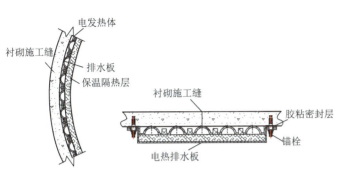

图 47-6　电热排水板整治衬砌冻害方案示意图

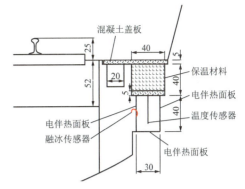

图 47-7　电伴热面板整治水沟冻害方案示意图(尺寸单位：cm)

3）翻浆冒泥

在防水排水系统设计标准较低或水沟排水不畅的富水地区，大量地下水和地表水汇集于隧底。由于隧底与围岩间的结合不够紧密，隧底围岩裂隙发育、破损，使地下水在围岩与仰拱之间形成一层水膜或水层，长时间浸泡、侵蚀隧底混凝土，并使隧底围岩软化产生泥浆，在水沟内沉淀、淤积并抬高水面，通过与道床的连接通道进入道床，在列车荷载作用下基底研磨出现的细颗粒物形成浆液，沿着隧底破损面外溢，进而造成基底结构强度不足、下沉。

整治基底翻浆冒泥病害的方法较多，主要有隧底注浆，增设单、双侧密井暗管水沟等，可在一定程度上缓解隧道基底渗漏水和翻浆冒泥病害。对于较严重病害可采用"锚注一体化"整治技术，通过在基底注入高分子有机材料挤密、填充基底过水通道，达到堵水的作用，如图47-8所示。基底锚固可将铺底结构、填充层及隧底围岩连成一体，增强隧道基底整体性，提高隧道基底承载能力；基底注浆能起到基底挤水、填充空洞或离层、固结基底虚砟等作用。

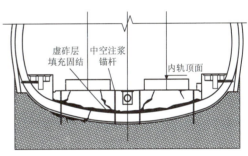

图 47-8　隧道"锚注一体化"整治示意图

47.3　结语

我国铁路隧道分布于东北严寒地区、西北干旱风沙地区、南方温暖潮湿地区等不同环境区域，遇到松软土、区域沉降等复杂地质条件，具有缺陷类型多、整治难度大、天窗时间短等特点。隧道缺陷整治需针对不同地质条件、缺陷类型、成因，在检测监测基础上，综合设备管理和运营需求等方面做针对性整治设计。现阶段我国铁路隧道缺陷整治取得了不错效果，但在整治实施过程中，存在作业效率低、安全性差、技术装备落后等问题，对新材料、新技术和新装备等方面提出了更高的要求。

本讲参考文献

[1] 国家铁路局. 高速铁路设计规范：TB 10621—2014[S]. 北京：中国铁道出版社，2014.
[2] 赵鹏，付兵先，马伟斌. 狮子岭隧道病害成因分析及整治措施[J]. 铁道建筑，2017，9：71-73.
[3] 张文达. 寒区铁路隧道冻害机理及整治技术研究[D]. 北京：中国铁道科学研究院，2015.
[4] 高杨. 铁路隧道防排水设计指南[M]. 成都：西南交通大学出版社，2018.
[5] 张千里，马超锋，马伟斌. 高速铁路隧道结构缺陷致灾机理研究的关键科学问题[J]. 中国铁路，2018（6）.

第48讲

超前地质预报

由于隧道工程的特殊性,在勘察阶段难以全部查清隧道洞身准确的地质情况,一旦遇到断层、破碎带、岩溶等不良地质体,将会给施工带来极大挑战,极易造成重大经济损失和人员伤亡。因此,在隧道施工过程中开展超前地质预报工作是必要的工序,对于隧道安全施工和避免重大灾害事故损失具有重要意义。

本讲主要介绍隧道建设中常用的超前地质预报方法、超前地质预报设计原则、内容等要点,并结合典型案例展示综合超前地质预报实施过程,最后对超前地质预报理论、方法和技术发展方向进行了展望,为推动隧道超前地质预报发展提供有益的参考。

48.1 超前地质预报的主要内容与常用方法

隧道超前地质预报包括隧道所在地区地质分析与宏观地质预报、隧道洞身不良地质灾害超前预报和重大施工地质灾害临警预报[1],主要预报内容[2]为:

(1)地层岩性预测预报,重点是对软弱夹层、破碎地层、煤层及特殊岩土的预测预报。

(2)地质构造预测预报,重点是对断层、节理密集带、褶皱轴等影响岩体完整性的构造发育情况的预测预报。

(3)不良地质预测预报,重点是对岩溶、人为坑道、瓦斯等发育情况的预测预报。

(4)地下水预测预报,重点是对岩溶管道水及富水断层、富水褶皱轴、富水地层中的裂隙水等发育情况的预测预报。

常用隧道超前预报方法有地质调查法、超前钻探法、物探法、超前导坑预报法等[3-6]。如图48-1所示。

1)地质调查法

地质调查法主要包括隧道地表补充地质调查、洞内开挖工作面地质素描和洞身地质素描、地层分界线及构造线的地下和地表相关性分析、地质作图等。

地质调查法与推断是隧道超前地质预报诸法中使用最早最基本的方法,其他预报方法的解释应用,都是在地质资料分析判断的基础上进行的。地质调查法根据已有勘察资料、地表补充地质调查资料和隧道内地质素描,通过地质层层序对比、地层分界线及构造线地下和地表相关性分析、断层要素与隧道几何参数的相关性分析、临近隧道内不良地质体的可能前兆分析等,利用常规地质理论、地质作图和趋势分析等,推测开挖工作面前方可能的地质情况。该方法在隧道埋深较浅、构造不太复杂的情况下具有较高的准确性,但在深埋大及构造复杂的情况下,这种方法工作难度大,准确度较难保证。

本讲执笔人:石少帅,赵勇,郭伟东.

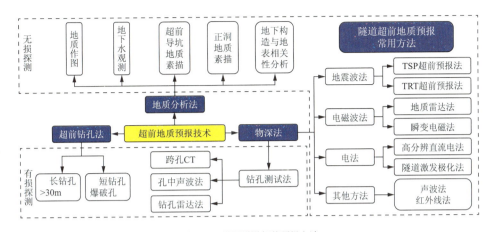

图 48-1 常用隧道超前预报方法

2）超前钻探法

超前钻探法主要包括超前地质钻探、加深炮孔探测及孔内摄影等。

超前水平钻探法是利用钻探设备钻孔或直接利用爆破孔,在隧道开挖工作面往前进行钻探,从而获取地质信息的一种超前地质预报方法。该方法可直接揭示隧道开挖面前方几十米至上百米的地层岩性、岩体结构和构造、地下水、岩溶洞穴充填物及其性质、岩体完整程度等资料,还可以通过岩芯试验获得岩石强度等定量指标,适用于已经基本认定的主要不良地质区段,对于未确定的不良地质区段,往往因为"一孔之见"的问题导致不良地质体的漏报漏探。

3）物探法

物探法主要包括弹性波反射法（地震波反射法、水平声波剖面法、负视速度法和极小偏移距高频反射连续剖面法）、电磁波法（地质雷达、瞬变电磁）、电法（高分辨率直流电法、激发极化法）等。

物探法是以目标地质体与周围介质的物性差异为基础,如电性、磁性、密度、波速、温度、放射性等,通过仪器观测自然或人工物理场的变化,确定地下地质体的空间展布范围,达到解决地质问题的一种物理勘探技术。该方法具有快速、全面、准确和经济等特点,是一种无损检测方法,主要包括地震波反射法、电磁波法和电法等。

（1）地震波反射法

地震波反射法基本原理是利用地震波在不均匀地质体中产生的反射波特性来预报隧道掘进面前方及周围临近区域地质状况。目前主要方法包括隧道地震预报（Tunnel Seismic Prediction，TSP）、隧道反射成像（Tunnel Reflection Tomography，TRT）、陆地声呐法等。

（2）电磁波法

电磁波法是利用超高频电磁波探测地下介质分布的探测方法,包含地质雷达法和瞬变电磁法。

（3）电法

电法利用直流电场的分布特点和规律对掌子面及周边地下介质进行探测。隧道超前预报中常用方法包括激发极化法和高分辨率直流电法等。

（4）钻孔测试法

钻孔测试法结合超前水平钻孔和物探法,可使物探手段更接近勘探目标体,远离隧道干扰源,从而取得良好的探测效果。钻孔测试法包括跨孔CT、孔中声波法及钻孔雷达法等。

4）超前导坑法

超前导坑预报法主要包括平行超前导坑法、正洞超前导坑法等。

超前导坑预报法是在隧道内或隧道一侧超前开挖一平行导坑,以超前导坑中揭示的地质情况,通过地质理论和作图法预报正洞地质条件的方法。超前导坑法可分为平行超前导坑法和正洞超前导坑法。

线间距较小的两座隧道可互为平行导坑,以先行开挖的隧道预报后开挖的隧道地质条件。超前导坑法由于其断面较大,可较全面准确地揭露正洞前方的地质情况,但耗时较长,经济代价较高。

48.2 超前地质预报设计

48.2.1 超前地质预报设计

隧道工程在各设计阶段均应进行相应的超前地质预报设计,预报方法的选择应与施工方法相适应。超前地质预报设计可参考以下步骤实施,流程如图 48-2 所示。

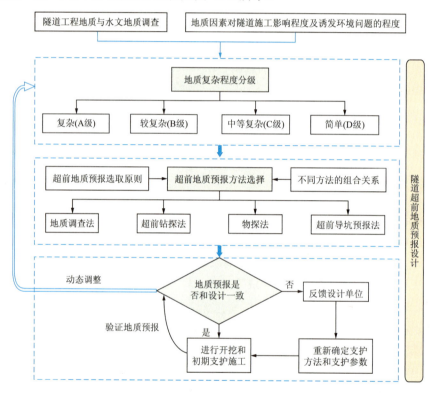

图 48-2　隧道超前地质预报设计流程图

(1)采用地质调查法,调查区域内工程地质及水文条件,得到区域内不良地质构造、特殊岩土及可能存在的地质问题。

(2)以地质调查结果为基础,对隧道地质复杂程度进行分级。

(3)根据隧道地质复杂程度分级情况及超前预报方法选取原则,选择相应的超前预报方法和手段。

(4)在隧道开挖过程中,根据超前地质预报成果和实际地质条件,动态调整隧道地质复杂程度分级与超前地质预报设计。

48.2.2 地质复杂(危害)程度分级

综合考虑隧道工程地质与水文地质条件、可能发生的地质灾害对隧道施工及环境的影响程度,对隧道所处地质条件复杂程度进行的分级。隧道地质复杂(危害)程度分级如表 48-1 所示[2]。隧道地质复杂

（危害）程度分级的目的在于以隧道地质复杂程度分级划分作为依据，确定施工地质预报探查的深广度（精度），选择不同的探查方法、手段（及其组合），确定相关技术要求、工作量等，完成隧道超前地质预报设计，使隧道超前地质预报工作得以实现科学规划、可控管理。

地质复杂（危害）程度分级 表48-1

影响因素		复杂程度（危害度）			
		复杂（A级）	较复杂（B级）	中等复杂（C级）	简单（D级）
地质复杂程度（含物探异常）	岩溶发育程度	强烈发育，以大型暗河、廊道、较大规模溶洞、竖井和落水洞为主，地下洞穴系统基本形成	中等发育，沿断层、层面、不整合面等有显著溶蚀，中小型串珠状溶穴发育，地下洞穴系统未形成，有小型暗河或集中径流	弱发育，沿裂隙、层面溶蚀扩大为岩溶化裂隙或小型溶穴，裂隙连通性差，少见集中径流，常有裂隙水流	微弱发育，以裂隙状岩溶或溶孔为主，裂隙不连通，裂隙渗水性差
	涌水涌泥程度	特大型涌突水（涌水量>100000m³/d）、大型突水（涌水量10000~100000m³/d）、突泥，高水压	较大型涌突水（涌水量1000~10000m³/d）、突泥	中型涌水（涌水量100~1000m³/d）涌泥	小型涌水（涌水量<100m³/d），涌突水可能性极小
	断层稳定程度	大型断层破碎带、自稳能力差、富水，可能引起大型失稳坍塌	中型断层带，软弱，中~弱富水，可能引起中型坍塌	中小型断层，弱富水，可能引起小型坍塌	中小型断层，无水，掉块
	地应力影响程度	极高应力（$R_c/\sigma_{max}<4$），开挖过程中硬质岩时有岩爆发生，有岩块弹出，软质岩岩芯常有饼化现象，岩体有剥落，位移极为显著	高应力（$R_c/\sigma_{max}=4\sim7$），开挖过程中硬质岩可能出现岩爆，岩体有剥落和掉块现象；软质岩岩芯有饼化现象，岩体位移显著	—	—
	瓦斯影响程度	瓦斯突出：瓦斯压力$P\geq0.74$MPa，瓦斯放散初速度$\Delta P\geq10$，煤的坚固性系数$f\leq0.5$，煤的破坏类型为Ⅲ类及以上	高瓦斯：全工区的瓦斯涌出量≥0.5m³/min	低瓦斯：全工区瓦斯涌出量<0.5m³/min	无
	地质因素对隧道施工影响程度	危及施工安全，可能造成重大安全事故	存在安全隐患	可能存在安全问题	局部可能存在安全问题
	诱发环境问题的程度	可能造成重大环境灾害	施工、防治不当，可能诱发一般环境问题	特殊情况下可能出现一般环境问题	无

注：R_c为岩石单轴饱和抗压强度（MPa）；σ_{max}为最大地应力值（MPa）。

48.2.3 超前地质预报方法选择

超前地质预报一般可采用长距离预报、中长距离预报和短距离预报，预报长度的划分和预报方法的选择应符合下列规定：

（1）长距离预报：预报长度100m以上。可采用地质调查法、弹性波反射法及100m以上的超前钻探等。

（2）中长距离预报：预报长度30~100m。可采用地质调查法、弹性波反射法、瞬变电磁法及30~100m的超前钻探等。

（3）短距离预报：预报长度30m以内。可采用地质调查法、弹性波反射法、电磁波法（地质雷达法）、电法（高分辨率直流电法和隧道激发极化法）及小于30m的超前钻探等。

48.2.4 典型不良地质体预报中的预报方法

1）断层

（1）地质调查法可以进一步核实断层的性质、产状、位置与规模等。

（2）地震波反射法可以确定断层在隧道内的大致位置和宽度。

(3)高分辨直流电法、电磁波法以及隧道激发激化法等可以探测断层带地下水的发育情况。
(4)超前钻探可以预报断层的确切位置和规模、破碎带的物质组成及地下水的发育情况等。

2)岩溶

(1)地质调查法可以分析岩溶发育的规律,宏观掌握区域地质条件。
(2)地震波反射法可以探明断层等结构面和规模较大、可足以被探测的岩溶形态。
(3)高分辨直流电法、电磁波法等可定性探测岩溶水。
(4)隧道激发极化法查明岩溶三维位置、规模和形态以及水体静储量大小。
(5)超前钻探可以结合短距离的精细探测结果,查清岩溶规模、发育特征、水压等。

3)煤层瓦斯

(1)地质调查法可以进一步核实煤层的位置与厚度,分析确定煤层的里程位置。
(2)物探法可以确定煤层在隧道内的大致位置和厚度。
(3)超前钻探可以标定各煤层准确位置,掌握其赋存情况及瓦斯状况。

48.2.5　超前地质预报设计内容

隧道超前地质预报设计首先分段进行隧道地质复杂(危害)程度评估,明确风险事件和风险等级,隧道地质复杂(危害)程度评估可以初步确定各种风险的产生原因、可能性和后果。其次制定预报方案,按隧道复杂程度和风险评估情况进行分段,合理确定预报分级,如遇复杂等级高的地段,应综合实施几种物性参数互补的物探方法,并根据物探结果,有目的地施做靶向超前钻探,发挥物探及钻探各自的优势,达到既预报准确又节省资源的目的。最后对预报人员提出要求,采取先进的数据收集和处理手段,努力提高预报的水平和准确率,进一步查清隧道开挖工作面前方的工程地质与水文地质条件,指导工程施工的顺利进行,降低地质灾害发生的概率。超前地质预报设计依托隧道地质复杂(危害)程度评估,可分为如下四级:

A 级预报:以地质调查法为基础,综合地震波反射法(TSP、TRT 等)、电磁波法(地质雷达 GPR 等)、电法(高分辨率直流电法)等手段进行综合预报,根据综合预报结论,采用超前钻探法对综合预报结论进行验证。对于富水地层应增加瞬变电磁(TEM)和隧道激发极化(TIP)等探测方法,对含水构造进行定性、定位和估量探测,并辅以靶向钻孔探测水压等信息,指导设计施工。

B 级预报:以地质调查法为基础,以地震波反射法(TSP、TRT 等)为主,辅以电磁波法(地质雷达 GPR)、电法(高分辨率直流电法)等,并采用超前钻探法对预报结论进行验证。当发现局部地段工程地质条件复杂和富水时,按 A 级要求实施。

C 级预报:以地质调查法为基础,以地震波反射法为主,对重要的地质(层)界面、断层破碎带、溶洞或物探异常地段辅以电磁波法、高分辨直流电法进行探测,采用超前钻探法验证预报结论。

D 级预报:以地质调查法为主,辅以地震波反射法,必要时可采用地质雷达、高分辨直流电法进行探测,采用超前钻探法进行验证预报结论。

另外,对于煤层瓦斯、硫化氢等有害气体预报根据隧道情况选取专用设备开展预报工作。

每类超前预报技术在适用范围、探测距离、识别精度方面各有不同特点,根据不良地质体赋存的地质和地球物理特征,可采用以地质分析为先导,以地质与物探、钻探结合,洞内与洞外结合,不同物探方法结合为基本原则的全过程不良地质的隧道综合超前地质预报技术体系[5-6]。

超前地质预报设计应编制超前地质预报设计文件,并应包括下列主要内容[2]:

(1)隧道工程地质及水文地质条件,着重说明不良地质与特殊岩土、可能存在的主要工程地质问题及地质风险。

(2)地质复杂程度分级。

(3) 超前地质预报的目的。

(4) 超前地质预报的设计原则、预报方案、(分段)预报内容、方法选择及不同方法的组合关系、技术要求(同一种预报方法或不同预报方法间的重叠长度、超前钻孔的角度及长度等),需要时应编制气象、重要泉点和洞内主要出水点(流量大于1L/s的出水点)、暗河流量等观测计划和观测技术要求等。

(5) 超前地质预报实施工艺要求(必要时提出)。

(6) 超前地质预报工作安全措施。

(7) 超前地质预报工作量、占用工作面的时间。

(8) 超前地质预报概预算。

(9) 其他需要说明的问题。

48.3 超前地质预报设计工程实例

48.3.1 工程概况与地质分析

成兰铁路是我国铁路规划网"五纵五横"的一段,位于四川典型的地质灾害易发区。安县段跃龙门隧道位于龙门山断裂,所处的地质结构极其复杂,是成兰铁路的控制性工程之一。跃龙门隧道穿越安县、茂县两个地区,隧道进口位于安县茶坪乡金溪沟附近,隧道出口位于茂县土门乡土主庙附近。隧道左线全长19981m,右线全长20042m,最大埋深约1445m。

跃龙门隧道穿越龙门山中央断裂带,隧道穿越段与山脉交角约60°,映秀—北川断裂在隧址区发育多重次级断裂,隧道穿越的广通坝断层,高川坪断层均属于其次级断裂,其中高川坪断层属于全新世活动断裂,隧道还穿越千佛山断层及千佛山1号断层,土主庙断层,测区内发育多条山间河流,穿越三条分水岭,测区主要地表水为山间沟水,主要受大气降水补给,部分为基岩裂隙水补给。水文地质平面图如图48-3所示。

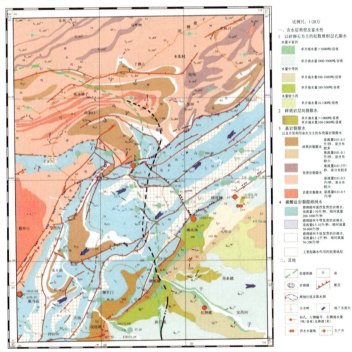

图 48-3　跃龙门隧道地区水文地质平面图

48.3.2 隧道超前地质预报设计

根据工程地质与地质分析并结合表48-1中大型突水（涌水量10000～100000m³/d）的表述，XJ3K0+000～XJ3K0+396段超前预报设计为A类，综合采用地质分析和弹性波反射法（TSP）、电磁波法（地质雷达、瞬变电磁）和隧道激发激化等物探方法，并配合物探结果施作超前靶向钻孔验证。

48.3.3 典型富水段综合超前地质预报实施

1）跃龙门隧道3号斜井地质分析

跃龙门隧道3号斜井位于跃龙门隧道左侧，与隧道正线接口里程为D2K97+700，全长2025m，最大埋深872m。所在区域属构造剥蚀中低山地貌。上覆第四系全新统冲洪积层卵石土，坡崩积层粉质黏土，角砾土，块石土，坡残积粗角砾土。下伏泥盆系中统观雾山组白云质灰岩，志留系中上统茂县群第一亚组千枚岩、炭质千枚岩夹灰岩，志留系下统龙马溪群黑色炭质板岩与薄层硅质岩互层，奥陶系中统宝塔组泥灰岩，结晶灰岩，寒武系下统清平组灰岩，粉砂岩，磷灰岩；震旦系下统邱家河组硅质岩，页岩，炭质页岩夹灰岩、白云岩，断层角砾。其中XJ3K0+396～XJ3K0+273段以寒武系清平组灰岩为主，岩质坚硬，围岩较破碎，节理裂隙发育，岩溶中等～强烈发育。跃龙门隧道3号斜井掘进至XJ3K0+396时发生涌水，涌水量约为1000m³/h。

2）综合超前地质预报分析

为探明隧道掌子面前方地质情况，首先采用TSP法对掌子面XJ3K0+393前方大型不良地质构造进行定性辨识，预报结论为XJ3K0+393～+273整段围岩破碎，岩质较硬，裂隙发育，其中XJ3K0+393～+379、XJ3K0+374～+354和XJ3K0+344～+330段围岩富水。经由TSP预报结论结合地质分析（图48-4），针对跃龙门隧道3号斜井岩溶发育、裂隙含水的情况，采用对裂隙探测效果较好的地质雷达法以及对含水体敏感的隧道激发极化法、瞬变电磁法在掌子面XJ3K0+393处进行综合超前探测。

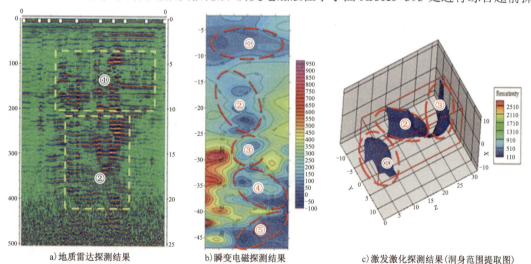

a) 地质雷达探测结果　　b) 瞬变电磁探测结果　　c) 激发激化探测结果(洞身范围提取图)

图48-4　探测结论分析对比图

结合隧道的地质情况，综合地质雷达、瞬变电磁与隧道激发极化探测结果，可以得出如下结论：总体而言，掌子面前方47m以内的围岩整体较差，裂隙发育且富水，但富水区域分布不均。掌子面前方0～15m大部分区域裂隙发育且富水；16～30m左侧与中间区域裂隙发育富水。31～47m中间与右侧区域裂隙发育且富水，根据激发极化半衰时之差数据，探测范围XJ3K0+393～+363内的预估静水储量为700m³。由于掌子面前方47m范围内整体富水,应开展超前钻孔作业做进一步的验证和探测。三种探测方法对含水体预报的结论较为吻合,尤其是隧道激发极化法,确定了掌子面前方含水构造的三维空间位置与展布形态,为下一步的超前钻孔作业提供了定位指导[7]。

3)超前靶向钻孔探测

根据综合预报结论,在掌子面处施作四个超前钻孔进行综合物探结论的验证。超前钻孔位置如图48-5所示。

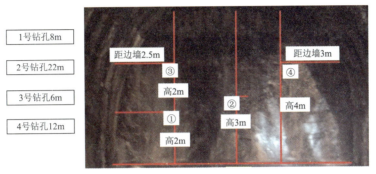

图48-5 超前钻孔位置图

经由现场超前钻孔的验证,钻探结果与预报结果吻合性较好,揭示并验证了预报结论中预测的含水构造。通过优化靶向钻孔的位置与数量,既为施工单位节省了超前钻孔的数量,又有效避免了超前钻孔存在的"一孔之见"的缺点。

4)开挖结果验证

在隧道的实际开挖过程中,XJ3K0+393~XJ3K0+378段落,掌子面中下部出现涌水,底板积水严重。XJ3K0+377~XJ3K0+368段落,涌水区域主要分布在掌子面左部与中部,XJ3K0+367~XJ3K0+363段落掌子面大范围涌水,涌水量增大(图48-6、图48-7)。岩体富水分布情况与超前预报结果较为一致,有效印证了综合预报结论。

图48-6 施作超前钻孔后隧道内涌水图

图48-7 隧道开挖后涌水图

48.3.4 隧道施工措施

通过地质分析、综合物探和超前靶向钻探综合结果显示,探测范围内无较大溶洞及岩溶管道,整体以基岩裂隙水发育为主。由于掌子面施工前方围岩完整性较差,裂隙发育且富水,根据隧道施工安全、质量、进度、环保等各方面的要求,针对跃龙门隧道3号斜井灰岩富水段将原定的"全断面帷幕注浆"改为"超前周边注浆"治理措施,节约了大量工期,减少了工程造价。

通过实施超前周边注浆措施,成功对跃龙门隧道3号斜井富水段突涌水进行了有效的封堵,达到了良好的治理效果,保证了隧道安全快速施工。

48.4 超前地质预报技术发展及展望

目前,大部分不良地质体的位置、规模及展布都有相应技术进行探测,但是无法确定不良地质体的岩石力学性能、探测范围多局限于二维平面、在干扰较大的复杂环境中探测效果并不理想、占用施工区域大且耗时较长等,仍是超前预报探测领域亟待解决的问题。此外,千米级的超长超前水平钻探技术、随钻超前地质预报方法、多物理场信息联合反演精细化成像技术、超前预报定量化技术、实时超前预报技术、超前预报智能解译技术是未来超前地质预报技术发展的方向[8]。同时,为了在隧道中获取更为准确的定量化信息,需结合超前地质预报与地表勘查技术,以航空电磁勘查技术与系统、地质深钻的智能化、适应复杂环境物探技术作为突破口,形成星载遥感、航空机载探测、地表物探和智能钻探相结合的综合勘查预报技术,提高地质信息获取能力,为安全高效的隧道建设提供指导。

本讲参考文献

[1] 赵勇,肖明清,肖广智. 中国高速铁路隧道[M]. 北京:中国铁道出版社,2016.

[2] 中国铁路总公司. 铁路隧道超前地质预报技术规程:Q/CR 9217—2015[S]. 北京:中国铁道出版社,2015.

[3] 钱七虎. 隧道工程建设地质预报及信息化技术的主要进展及发展方向[J]. 隧道建设,2017,37(03):251-263.

[4] 钟世航,孙宏志,李术才,等. 隧道施工时探查、预报断层、岩溶、地下水的技术新进展[J]. 现代隧道技术,2008,45(S1):52-61.

[5] 李术才,刘斌,孙怀凤,等. 隧道施工超前地质预报研究现状及发展趋势[J]. 岩石力学与工程学报,2014,33(06):1090-1113.

[6] Shucai Li,Bin Liu,Xinji Xu,et al. An overview of ahead geological prospecting in tunneling[J]. Tunnelling and Underground Space Technology. 2017,63:69-94.

[7] Lin Bu,Shucai Li,Shaoshuai Shi,et al.Application of the comprehensive forecast system for water-bearing structures in a karst tunnel: a case study[J]. Bulletin of Engineering Geology and the Environment,2017,DOI: 10.1007/s10064-017-1114-4.

[8] 李术才. 隧道突水突泥灾害源超前地质预报理论与方法[M]. 北京:科学出版社,2015.

第49讲

监控量测

监控量测是保障隧道施工质量及安全的重要手段,确保隧道施工安全和结构的长期稳定性,验证支护结构效果,确认支护参数和施工方法的合理性,为调整支护参数和施工方法提供依据,确定二次衬砌施作时间,监控工程对周围环境影响,并积累量测数据,为信息化设计与施工提供依据。

本讲简要介绍铁路隧道监控量测设计内容,监控量测数据分析、信息反馈及监控量测新技术等。

49.1 监控量测设计内容

监控量测设计是隧道设计文件的重要组成内容,需根据隧道的围岩条件、隧道支护类型及参数、施工方法、施工进度安排、周围环境及监控量测目的等进行,并应满足设计和相关规范的要求。其内容一般包括以下几个方面:

(1)监控量测项目,包括必测项目与选测项目,根据隧道特点和监控量测要求确定。

(2)测点的布置原则,根据地质条件确定,并初步选取监控量测断面及测试频率。

(3)各监控量测项目的控制基准,根据隧道结构安全性和周边环境的要求以及其他相应规范、法规的要求选取。

49.1.1 围岩及初期支护

对隧道围岩和初期支护的监控量测,能够及时掌握围岩和支护的变化规律,还可以确定二次衬砌的施作时间,使衬砌结构安全可靠。

1)监控量测项目及设备配置

隧道围岩及初期支护监控量测必测、选测项目及采用的仪器见表49-1和表49-2。因隧道开挖后最初一段时间的变形及应力变化很快,而且这段时间的监控量测数据对后期的最终位移及应力的预测至关重要,所以尽快读取初始读数掌握围岩及结构的最初动态是非常必要的。当现场情况与设计不符时,及时调整监控量测项目及内容。

本讲执笔人: 郑长青,蒋立.

围岩及初期支护监控量测必测项目及采用仪器表 表 49-1

序号	监控量测项目	常用仪器	备注
1	洞内、外观察地质和情况	数码机、罗盘仪	(1)开挖面围岩自稳性； (2)岩质破碎带、褶皱节理等情况； (3)核对围岩类别及风化变质情况； (4)地下水情况； (5)支护变形开裂情况； (6)洞口浅埋地表下沉情况
2	拱顶下沉	精密水准仪、全站仪等	监测拱顶下沉值，了解断面变化情况，判断拱顶的稳定性，防止塌方
3	拱脚下沉	全站仪	拱脚沉降是反映拱脚稳定性的重要指标
4	水平净空变化	收敛仪、全站仪等	根据收敛情况判断： (1)围岩稳定性； (2)支护设计和施工方法的合理性； (3)模筑二次衬砌时机
5	地表下沉	精密水准仪、全站仪	浅埋地段、破碎带、岩堆、下穿建筑物段，判断隧道开挖对地表产生的影响及防止沉降措施的效果

围岩及初期支护监控量测选测项目及采用仪器表 表 49-2

序号	监控量测项目	常用仪器	备注
1	围岩压力	压力盒	掌握围岩压力及分布情况
2	钢架内力	钢筋计、应变计	掌握钢架压力及分布情况
3	喷混凝土内力	混凝土应变计	掌握支护混凝土压力及分布情况
4	锚杆轴力	钢筋计	掌握锚杆轴力及分布情况
5	围岩内部位移	单点、多点位移计	软岩变形段
6	水量	三角堰、流量计	可能出现涌水的地段
7	孔隙水压力	水压计	饱和黄土段
8	爆破振动	振动传感器、记录仪	滑坡、下坡或邻近建筑物
9	隧道隆起	全站仪、水准仪等	膨胀性、挤压性围岩段

2）监控量测断面及测点布置

（1）洞内监控量测项目布点

①洞内监控量测的两大必测项目（拱顶下沉、净空变化），不同断面的测点应布在相同部位，测点应尽量对称布置，以便相互验证。基本布点原则见表 49-3 和图 49-1。

净空变化测量测线表 表 49-3

开挖方法	一般地段	特殊地段
全断面法	一条水平测线	—
台阶法	每台阶一条水平测线	每台阶一条水平测线，上台阶增加两条斜测线
分部开挖法	每分部一条水平测线	CD 或 CRD 法上部、双侧壁导坑法左右侧部。每分部一条水平测线，上台阶增加两条斜测线，其余部分一条水平测线

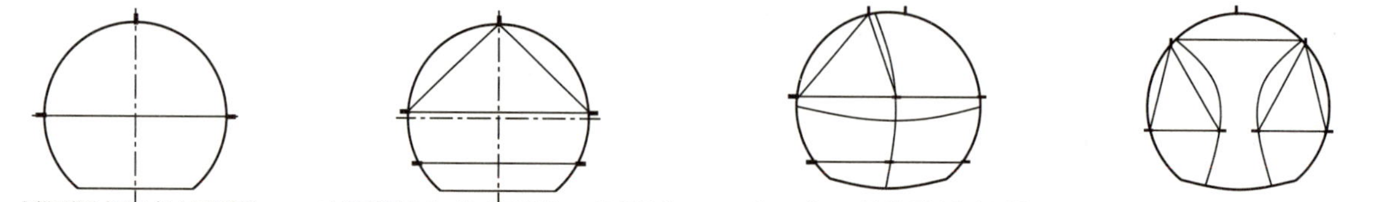

a) 拱顶测点和1条水平测线 b) 拱顶测点和2条水平测线、2条斜测线 c) CD或CRD法拱顶测点和测线 d) 双侧壁导坑法拱顶测点和测线

图 49-1 测线布置示意图

②不同的围岩级别量测断面间距不同。量测断面、间距测点数量及测试精度见表49-4。

监控量测断面间距表　　　　表49-4

围岩级别	断面间距(m)	水平净空变化		拱顶下沉	
		观测仪器	测试精度(mm)	量测仪器	测试精度(mm)
Ⅲ	30～50	收敛仪、全站仪	0.1	精密电子水准仪、全站仪等	0.5～1
Ⅳ	10～30				
Ⅴ～Ⅵ	5				

③拱顶下沉与净空变化两必测项目洞内测点应在开挖后及时布设完成。拱顶下沉与净空变化初始测点应在开挖(初支喷射混凝土)作业完成后3～6h内完成,其他量测应在每次开挖后12h内取得初始读数。

④同一处拱顶下沉、周边收敛量测应设在同一断面,测点应尽量对称布置,以便于整个量测形成信息体系,相互印证。每个量测断面都要悬挂围岩量测标示牌,标示牌上应注明点号、里程、围岩级别、埋设日期等情况。

⑤测点应尽可能地靠近工作面埋设,并且测点应牢固可靠,易于保护、识别。

（2）地表监控量测项目布点

①洞外监测的重点为洞口段和洞身浅埋段、山间洼地、岩堆、破碎带、岩溶漏斗区域及偏压洞口的地表开裂、下沉和隧道洞口边、仰坡的稳定状态、地表渗、流水等情况。

地表下沉的量测点必须在隧道开挖之前布设。浅埋地段的地表量测点与洞内拱顶沉降点及水平净空收敛点均布置在同一断面里程上,其测点布置如图49-2所示。

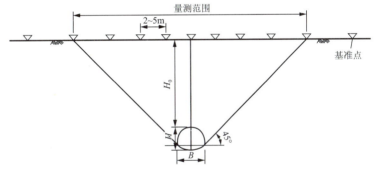

图49-2　地表沉降横向测点布置示意图

②地表沉降测点间距应按照表49-5的要求布置。

地表沉降测点纵向间距表　　　　表49-5

埋　深(m)	纵向间距(m)	横向间距(m)
$2B<H_0<2.5B$	20～50	(1)横向间距2～5;
$B<H_0 \leq 2B$	10～20	(2)隧道中线两侧范围不应小于H_0+B;
$H_0 \leq B$	5～10	(3)地表有建筑物时,量测范围应适当加宽

3）监控量测频率

一般可根据位移速度或测点距开挖面的距离设定不同的量测频率。洞内、外观察每日一次定时检查并记录。地表进行的量测项目应测至二次衬砌施作后时间不少于1个月。具体量测频率见表49-6、表49-7。

按位移速度确定的监控量测频率　　　　表49-6

位移速度(mm/d)	量测频率	位移速度(mm/d)	量测频率
≥5	2次/d	0.2～0.5	1次/3d
1～5	1次/d	<0.2	1次/7d
0.5～1	1次/(2～3)d		

按距开挖面距离确定的监控量测频率　　　　表 49-7

量测断面距开挖面距离(m)	量测频率	量测断面距开挖面距离(m)	量测频率
<1B	2次/d	(2~5)B	1次/(2~3)d
(1~2)B	1次/d	>5B	1次/7d

4）监控量测方法

隧道洞内监控量测方法分为巡视目测、接触量测和非接触量测。

（1）巡视目测能及时发现质变的前兆，对现象做出定性结论，巡视人员肉眼观察掌子面和支护结构外观，查看其壁上是否产生裂缝、流沙或其他变形，观察所有锚杆、锚头、钢拱架外观，看其是否有异常现象；观察支撑体系及其端头的支护结构是否有变形、裂缝等破坏现象；查看隧道洞顶周围土体及建筑，看地面是否有沉陷、裂缝、滑移、隆起等现象，地面建筑物是否有裂缝。

接触量测采用收敛仪每天直接读取读数取得，非接触量测（图 49-3）采用 1s 以上高精度全自动测量机器人通过测量各观测点的反射膜片取得数据。

图 49-3　非接触量测图

（2）洞内位移量测。

①洞内水平净空收敛实测主要采用数显收敛仪法和非接触量测法完成。数显收敛仪法为传统量测方法，非接触量测法具体操作要点如下：

a. 快速埋设测点。隧道进洞后测试断面一般设置在距开挖面 2m 范围内，测点用反射片作为测点靶标，靶标黏附在预埋件上，也可采用棱镜作为后视点。量测方法包括自由设站和固定设站。

b. 测试元件应具有良好的防震、防冲击波能力，保证能在埋设后能长期有效地工作。

c. 测试数据须准确可靠。采用全站仪自由设站或固定设站的方式观测洞内监控量测点，每个量测点正倒镜各测量三个测回。

②拱顶下沉量测可采用精密水准仪和铟钢挂尺或全站仪进行，应与水平净空变化观测在同一量测断面内进行，当下沉量或偏压明显时，除观测拱顶下沉量外，还应观测拱腰下沉和基底隆起量。

③水平净空变化、拱顶下沉量、基底隆起量必须持续到基本稳定 2~3 周后结束。对于膨胀性和挤压性围岩，位移长期没有减缓趋势时，应适当延长观测时间。

（3）地表沉降观测。

地表沉降量测可采用精密水准仪、因钢挂尺或全站仪进行，主要影响范围在 3 倍洞径范围内，见表 49-8。

地表沉降量测时段表　　　　表 49-8

埋　深	重　要　性	测量与否
2B<H<3B	一般	最好测量
B<H<2B	重要	必须测量
H<B	非常重要	必须列为主要测量项目

（4）选测项目量测。

①围岩与初期支护之间接触压力。采用振弦式双膜压力盒配合频率接收仪的二次仪表。在埋设之前测试一次其频率读数，埋设后，再测读一次传感器频率。

②喷混凝土应力。采用埋入式振弦混凝土应变计配合频率接收仪。

③型钢钢架应力。型钢钢架应力采用表面粘贴式应变计配合频率接收仪。在立拱架之前，在拱架的内翼缘用环氧树脂或电焊的方式将支架固定，卸掉定位杆，安装应变计。

④为了保护传感器的引线,把电缆线置于劈开的蛇纹塑料管内。在传感器埋设一周之内每天监测两次,一周之后每天监测一次,或根据数据变化情况适当调节监测频率。

5)监控量测控制标准

(1)按位移变化速率判定。

一般拱顶下沉、净空变化速度持续 7d 达 5mm/d 或累计达 100mm 时,应停止掘进,分析原因,采取处理措施。在浅埋地段及膨胀性、挤压性围岩等情况下,标准另行制定。

(2)按位移时态曲线的形态来判别。

将量测数据进行处理和分析,目前,国内主要选用以下三种非线性曲线函数中精度最高者进行回归分析,观测数据不宜少于 25 个。

对数函数:
$$u = A + \frac{B}{\lg(1+t)} \quad (49\text{-}1)$$

指数函数:
$$u = Ae^{-\frac{B}{t}} \quad (49\text{-}2)$$

双曲函数:
$$u = \frac{t}{A + Bt} \quad (49\text{-}3)$$

式中:u——变化值(mm);

A、B——回归系数;

t——监测时间(d)。

回归结果表明,对数函数用于初期支护变形可取得较高的回归精度;初期支护基本稳定后因对数函数为发散型函数,与实测值有较大偏差,而此时采用指数函数可获得较满意的结果;而双曲函数则可预计最终位移值 $U_\infty = 1/B$。一般情况下会出现两种时间—位移特征曲线,如图 49-4 所示。

图 49-4a)表示绝对位移值逐渐减小,支护结构趋于稳定,可施作模筑混凝土衬砌。

图 49-4b)表示位移变化异常,反弯点喷锚支护出现严重变形,这时应及时通知施工管理人员,对该段支护采取加强措施。

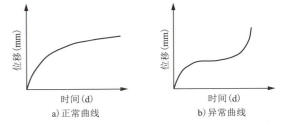

图 49-4 时间—位移特征曲线图

(3)位移控制基准值

可根据测点距开挖面的距离,由初支极限相对位移按表 49-9 确定。

位移控制基准表　　表 49-9

类　别	距开挖面 1B(U_{1B})	距开挖面 2B(U_{2B})	距开挖面较远
允许值	65%U_0	90%U_0	100%U_0

初期支护极限相对位移可按《铁路隧道监控量测技术规程》(Q/CR 9218—2015)表 4.5.2-1 和表 4.5.2-2 选用。大、特大跨度黄土隧道初期支护相对位移可按照规范表 4.5.2-3 选用。但规范中的初支极限相对位移存在不足:一是缺少大、特大跨度一般隧道初期支护相对位移;二是初期支护极限相对位移与工程实践不尽相符,主要表现在围岩的容许极限位移差异大,存在不确定性,且隧道埋深的增长,变形减小。考虑到隧道设计中采用的预留变形量是根据国内外监测资料总结而来,且在复合式衬砌隧道设计中经过验算,具有一定的理论基础,现场多采用预留变形量作为监控量测的位移控制总量,即允许位移值 U_0。

(4)地表沉降控制基准根据地层稳定性、周围建(构)筑物的安全要求分别确定,并取最小值。

(5)钢架内力、喷混凝土内力、围岩压力(换算成内力)、锚杆轴力控制基准应满足隧道设计规范相关规定。

（6）爆破振动控制基准按《爆破安全规程》（GB 6722—2014）要求确定。

（7）监控量测的警戒值。

报警值取设计极限值的 70%，警戒值取设计极限值的 80%；位移管理分三个等级，当量测点达到或超过报警值时应及时向有关部门报警，见表 49-10。

位移管理等级表　　　　　表 49-10

管 理 等 级	距开挖面 1B	距开挖面 2B	施 工 状 态
III	$U<U_{1B}/3$	$U<U_{2B}/3$	正常施工
II	$U_{1B}/3 \leq U \leq 2U_{1B}/3$	$U_{2B}/3 \leq U \leq 2U_{2B}/3$	报警,应加强支护
I	$U>2U_{1B}/3$	$U>2U_{2B}/3$	暂停开挖,应采取特殊措施

49.1.2 掌子面

在隧道工程中，开挖前的地质勘探工作很难提供准确的地质资料，所以有必要在隧道每次开挖后进行细致的观察，通过观察可获得与围岩稳定有关的直观信息，可以预测开挖面前方的地质条件。开挖工作面观察在每次开挖后进行。观察中发现围岩条件恶化时，立即采取相应处理措施；观察后及时绘制开挖工作面地质素描图，同时进行数码成像，并与勘查资料进行对比。

1）对掌子面观测

主要是了解开挖工作面下列的工程地质和水文地质条件：

（1）岩质种类和分布状态，结构面位置的状态。

（2）岩石的颜色、成分、结构、构造。

（3）地层时代归属及产状。

（4）节理性质、组数、间距、规模、节理裂隙的发育程度和方向性，结构面状态特征，充填物的类型和产状等。

（5）断层的性质、产状、破碎带宽度、特征等。

（6）地下水类型，涌水量大小，涌水位置，涌水压力，湿度等。

（7）开挖工作面的稳定状态，有无剥落现象。

实践证明，开挖工作面的地质素描和数码成像对于判断围岩稳定性和预测开挖面前方的地质条件是十分重要的，必要时进行物理力学实验，获得围岩的具体力学参数，为施工阶段围岩分级和科学的信息化施工提供有效的参考依据。在进行地质素描及数码成像的时候，工作面需有良好的照明和通风条件，以保证地质素描及数码成像的效果。

2）掌子面挤出位移量测

施工中的监控量测大多仍停留在洞室二维变形上，对掌子以及面前方变形的关注远远不足。目前国内隧道工程掌子面变形量测采取无棱镜全站仪测量，测距信号通过红外激光经过物体的漫反射反射回全站仪，在经过计算可以得到所测目标点的距离。掌子面前方位移量测可采用多点位移计、增量伸长计、测斜仪、滑动测微计等进行量测。如某隧道为满足全断面快速施工需要，在掌子面上布置了 8 个测点监测掌子面位移，如图 49-5 所示，在掌子面前方采用滑动测微计监测掌子面位移，测点布置如图 49-6 所示。对掌子面位移，根据掌子面稳定性每 2～6h 进行一次量测；对掌子面前方围岩纵向位移，每 12～24h 进行一次量测。

图 49-5　某隧道掌子面位移测点布置　　　图 49-6　某隧道掌子面前方围岩纵向位移测点布置图

掌子面挤压变形量测技术在国内隧道应用还比较少，它能较早地揭示掌子面前方围岩变形情况，将变形量化，同时超长的平行钻孔能兼做地质预报探孔，通过钻探和变形量测能更准确地确定前方地质情况，预测变形大小，有利于支护参数及时调整，达到保证复杂地质软岩隧道施工安全的目的，但也有它不可避免的弊端，首先安装量测器件时间比较长，其次单次量测时间比较长，受仪器精度限制量测结果精度也较差。因此，适合应用于地质复杂的软岩变形隧道施工，能保证施工安全、提高进度、减少二次拆除和支护量。

49.1.3　二次衬砌

为了解二次衬砌混凝土的应力状态，有必要对二次衬砌模筑混凝土进行应力量测。

混凝土应变计是量测混凝土应力的常用仪器，量测时将应变计埋入混凝土内，通过频率测定仪测出应变计振动频率，然后从事先标定出的频率-应变曲线上求出应变，再转求应力。

当用光纤光栅传感器进行混凝土应变量测时，则将传感器成对的埋入混凝土内，通过光纤光栅解调仪获得不同时刻的波长，然后再把波长转换为混凝土的应变值，求出应力。

测定混凝土应力时，不论采用哪一种量测法，均根据具体情况和要求，定期进行测量。每次每个测点的测量不少于三次，力求测量数据可靠、稳定，并做好原始记录。

为了了解围岩压力的量值及分布状态，判断围岩稳定性，分析二次衬砌安全性，有必要对围岩与初期支护之间围岩压力以及初期支护与二次衬砌之间接触压力进行监控量测。接触压力量测仪器根据测试原理和结构分为液压式测力计和电测式测力计。液压式测力计的优点是结构简单、可靠，现场直接读数，使用比较方便；电测式测力计的优点是测量精度高，可远距离测量和长期观测。目前使用最为普遍的是振弦式压力盒，属电测式测力计。在埋设压力盒时，要求接触紧密，防止接触不良。埋设好压力盒后应将其电缆统一编号，并集中放置于事先设计好的铁箱内，以免在施工过程中被压断、拉断。观测时，根据具体情况及要求，定期进行测量，每次每个压力盒的读数不少于三次，力求测量数值可靠、稳定，并做好原始记录。

49.1.4　无砟轨道沉降监测

我国高速铁路（或客运专线）主要采用无砟轨道，具有变形小，平顺性好等优点。无砟轨道要其下部结构沉降基本稳定或达到无砟轨道铺设条件后才能开始进行无砟轨道的铺设工作，这就要求客运专线必须对线下工程进行沉降变形观测。

《铁路工程沉降变形观测与评估技术规程》（Q/CR 9230—2016）中规定，无砟轨道隧道沉降变形观测应以仰拱（底板）沉降为主，从仰拱（底板）施工完成后开始，沉降变形观测期不应少于 3 个月。

1）观测断面

单座隧道沉降变形观测断面总数不应少于 3 个。且观测断面的布设应根据地质围岩级别确定，详见

表49-11。

隧底沉降观测断面间距表 表49-11

围岩级别	间距(m)	围岩级别	间距(m)
Ⅱ	≤600	Ⅳ	≤300
Ⅲ	≤400	Ⅴ	≤200

注：1. 明暗分界里程在量测各设一个观测断面；
2. 地应力较大、断层破碎带、膨胀土、湿陷性黄土等不良和复杂地质区应加密布设；
3. 隧道突变段落内观测断面不应少于1个。

2）观测点

隧道每个观测断面宜在仰拱（底板）两侧及中间附近布设沉降观测点，如图49-7所示。

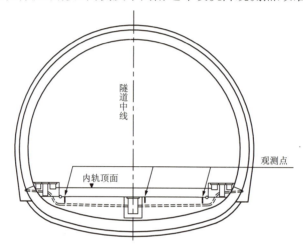

图49-7　隧道沉降观测标施工期埋设位置示意图

3）观测频率

隧道沉降变形观测频率应满足表49-12要求。

隧道沉降变形观测频次 表49-12

观测阶段	观测期限	观测频次	平行观测频次
仰拱（底板）施工完成后	第1个月	1次/周	1次/月
	第2～3个月	1次/2周	1次/月
	3个月后	1次/月	1次/3月
无砟轨道铺设后	第1～3个月	1次/月	1次
	4～12个月	1次/3月	—
	12个月以后	1次/6月	—

49.1.5　既有线监测

新建隧道临近既有隧道施工，无论其采用何种工法、回填、爆破等，都会扰动既有隧道周围已经趋于稳定的围岩，对其支护结构产生不利影响，甚至产生破坏。为掌握既有隧道围岩和结构的实时状态，确保在新建隧道施工过程中既有隧道的运营安全，需对既有隧道处的爆破振速、结构位移、结构应力、轨道几何状态等进行监测。

1) 爆破振速监测

结构物受爆破振动引起的受损程度与振动速度密切相关，《爆破安全规程》（GB 6722—2014）规定评价爆破对既有隧道的振动影响，应采取的安全判断和允许标准，见表 49-13。

爆破振动安全允许标准表（节选）　　表 49-13

序 号	保护对象类别	安全允许质点振动速度 v（cm/s）		
		$f \leqslant 10Hz$	$10Hz < f \leqslant 50Hz$	$f > 50$
7	交通隧道	10～12	12～15	15～20

注：1. 爆破振动监测应同时测定质点振动相互垂直的三个分量，表中质点振动速度为三个分量中的最大值，振动频率为主振频率。
　　2. 频率范围根据现场实测波形确定或按如下数据选取，硐室爆破 f 小于 20Hz，露天深孔爆破 f 在 10～60Hz 之间，露天浅孔爆破 f 在 40～100Hz 之间，地下深孔爆破 f 在 30～100Hz 之间，地下浅孔爆破 f 在 60～300Hz 之间。

采用爆破振动仪对爆破振速进行监测，以便及时掌握隧道结构的振动状态，防止因振动过大而对既有隧道产生破坏，通过振速监测数据及时调整爆破参数以保证结构和列车运行安全。

通常情况下，距离爆源净距越小，爆破振速越大，对既有结构的影响也越大，所以在布置监测点时应选取距离爆源最近的断面布置测振仪。

2) 隧道结构位移、轨道几何状态监测

对既有隧道的拱顶、左右边墙、轨道几何尺寸进行监测，以便掌握隧道结构的变形状态（表 49-14）。

既有隧道结构位移的监测对象及监测项目表　　表 49-14

序 号	监测对象	监测项目	监测设备	监测频率
1	拱顶	位移	测量机器人或智能全站仪	实时
2	左右边墙	位移	测量机器人或智能全站仪	实时
3	轨道几何状态	位移	测量机器人或智能全站仪	实时

3) 隧道结构应力监测

对既有隧道结构内力的监测可以掌握隧道在受到爆破施工时的内力变化程度，以及施工后隧道结构的受力状态（表 49-15）。运用埋设应变计、无线发射和无线接收等装置，可实现新建隧道施工时和施工后既有隧道内力的长期实施监测。

既有隧道结构内力的监测对象及监测项目表　　表 49-15

序 号	监测对象	监测项目	监测设备
1	左右墙角	应力	表面应变计
2	左右拱脚、左右边墙	应力	表面应变计

结构内力监测包括隧道横向内力和纵向内力监测，横向内力监测是通过在既有隧道衬砌左右拱脚及左右边墙位置横向布置表面应变计进行监测（图 49-8），将测得的衬砌混凝土应变换算成结构横断面的内力；纵向内力监测是通过在左右墙角位置布置纵向表面应变计来进行监测，将测得的衬砌混凝土应变换算成结构纵向的内力。

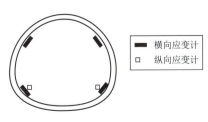

图 49-8　应变计布置图

49.1.6 明挖隧道

目前《铁路隧道监控量测技术规程》(Q/CR 9218—2015)适用于采用矿山法修建的铁路隧道,明挖隧道可参照建筑基坑或地铁基坑相关规范开展监测。建筑基坑监测采用《建筑基坑工程监测技术规范》(GB 50497—2009),地铁基坑监测采用《城市轨道交通工程监测技术规范》(GB 50911—2013)。

随着铁路的发展,建设目前下穿城市、机场的隧道越来越普遍,海南东环铁路美兰机场隧道,成绵乐铁路双流机场隧道等均采用了全隧明挖隧道,基坑宽度45m,深度24m,采用了桩撑、锚索桩等围护结构,地表建筑物、管线众多,下穿机场滑行道、跑道等,安全风险极高,针对明挖隧道深基坑工程,施工过程中建立全面、严密、完整的监测体系是十分必要的,通过监测成果反馈指导施工,不仅可保证施工和结构的安全,还可对周边环境影响进行有效控制,减少施工对周边建(构)筑物、路面及地下管线等的不利影响,确保环境安全。监测内容主要包括地面沉降、地层内部变位、围护结构和支撑体系的受力和变形、主体结构受力和变形、建筑物及地下管线变位、地下水位变化等。

某铁路隧道明挖基坑采用围护桩结构,埋深12~23.5m,基坑宽度14~58m;穿越地层主要为饱和卵石土、泥岩地层,地下水位高。沿线地表房屋密集、道路纵横交错、地下管线密布,建设环境极为复杂。该基坑的监测设计如下:

1)监测项目

为监测基坑、围护结构的稳定性,确保施工安全,监测项目见表49-16。

某铁路隧道明挖基坑监测项目表 表49-16

项目	基坑内外观察	坡顶及坡面水平、竖向位移	土体侧向变形	基坑周边地表,建(构)筑物位移	基坑回弹观测
位置和监测对象	基坑外地面、建筑物等	放坡坡顶、放坡平台及平台间坡面	基坑两侧土体	地表或建、构筑物四角	基坑坑底回弹量
监测仪器	目测	经纬仪、水准仪、钢钢尺	测斜管、测斜仪	经纬仪、水准仪	数字水准仪、钢钢尺
精度要求(mm)	—	垂直位移中误差±1.0;水平位移中误差±1.0	±1.0	垂直位移中误差±1.0;水平位移中误差±1.0	±1.0
项目选择	必测项目	必测项目	必测项目	必测项目	必测项目

2)判别标准及预警等级

因隧道地处市区,地表建筑物、管线、道路密集,为保证工程及周边环境的安全隧道采用一级基坑标准进行监测。根据监测内容,选用围护结构位移、支撑轴力、地下管线及周边建筑物位移设定预警值,作为围护结构施工安全判别标准,见表49-17。各相关监控实施及管理单位应根据不同的预警级别分别采取不同的响应。

某铁路隧道明挖基坑预警分级 表49-17

预警分级	F(实测值/容许值)	响应对策
蓝色	$F < 0.7$	安全,可正常监测和施工
黄色	$0.7 \leqslant F < 0.85$	施工单位应加强组织分析,加强监测和巡视
橙色	$0.85 \leqslant F < 1$	施工单位应组织四方制定专项风险处理方案,调整设计、施工措施,及时上报相关部门
红色	$F \geqslant 1$	停止施工,确保人员安全和第三方建(构)筑物安全,启动应急预案,及时上报相关部门

图49-9为铁路隧道明挖基坑监控量测设计典型断面图。

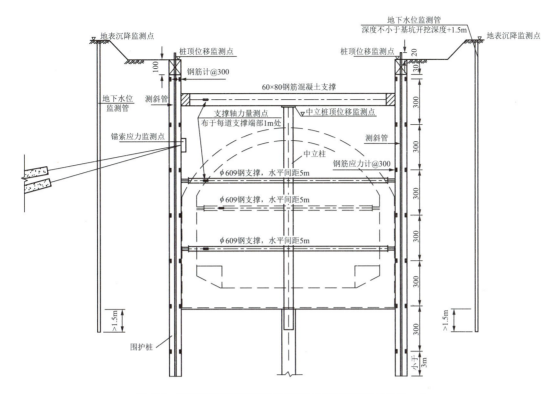

图 49-9　铁路隧道明挖基坑监控量测设计典型断面图（尺寸单位：cm）

49.2 监控量测数据分析及信息反馈

49.2.1 量测成果的分析

量测数据分析应包括以下主要内容：
（1）根据量测值绘制时态曲线。
（2）选择回归曲线，预测最终值，并与控制基准进行比较。
（3）对支护及围岩状态、工法、工序进行评价。
（4）及时反馈评价结论，并提出相应工程对策建议。

49.2.2 信息反馈

在每次监测后立即进行日常资料的整理，包括原始数据的记录、检验和监测物理量的换算以及填表、绘图、初步分析和异常值判别等日常工作。
（1）监控量测信息反馈应根据监控量测数据分析结果，对工程安全性进行评价，并提出相应工程对策与建议。
（2）监控量测反馈程序应贯穿于整个施工全过程（图 49-10）。
（3）在施工过程中应进行监控量测数据的实时分析和阶段分析。
①实时分析：每天根据监控量测数据，分析施工对结构和周边环境的影响，发现安全隐患及时采取措

施;实时分析一般采用日报表形式。

②阶段分析:经过一段时间后,根据大量的监控量测数据及相关资料等进行综合分析。阶段分析一般采用周报、月报形式,或根据工程施工需要不定期进行。

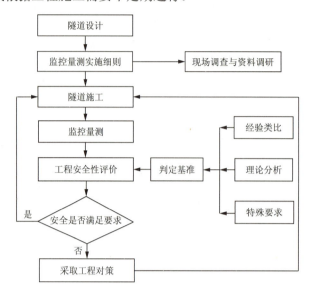

图 49-10　监控量测反馈程序框图

49.2.3　监控量测安全管理标准化系统

为确保施工安全,规范铁路隧道监控量测标准化管理,中国铁路总公司建立了适用于喷锚构筑法修建的隧道非接触量测标准化管理系统,实现了监控量测数据采集、传输分析、预警发布与处理全过程信息化管理。

(1)建设单位是监控量测管理的责任主体,施工单位是监控量测的实施主体。

(2)采用位移总量和位移速度对隧道安全进行等级管理。

位移管理等级对应变形量见表 49-18,位移管理措施见表 49-19。

位移管理等级对应位移量表(mm)　　　表 49-18

围岩级别	安全等级			备注
	正常(绿色)	预警二级(黄色)	预警一级(红色)	
Ⅲ	<40	40～80	>80	不包括高地应力软岩和膨胀岩隧道
Ⅳ	<50	50～100	>100	
Ⅴ、Ⅵ	<75	75～150	>150	

位移管理措施表　　　表 49-19

安全等级	处理措施
正常(绿色)	正常施工
预警二级(黄色)	加强监测,必要时采取网喷混凝土等措施进行补强
预警一级(红色)	暂停施工,加强支护,调整施工方法,增加施工辅助措施等

(3)测点位移速度大于等于 5mm/d 时,由监理工程师组织施工现场分析原因并采取处理措施;当速度连续 2d 大于等于 10mm/d 时,由监理单位组织施工单位分析原因和制订措施并上报建设单位批准;当

速度大于等于 15mm/d 时,由建设单位组织设计、监理和施工单位分析原因和制订相应措施。

(4) 位移总量应控制在管理等级范围内,当位移总量未达到控制基准值时,采用位移速度的大小对稳定状态进行判断和控制。

(5) 每次量测后应及时通过网络将数据上传至服务器。数据处理应通过专用软件进行分析处理,自动生成时态曲线图进行回归分析,预测可能出现的最大值,并与位移管理等级进行比较。当出现红色预警时,由建设单位组织设计、监理、施工单位研究制订相应措施。

49.3 监控量测新技术

传统的隧道监控量测,洞内水平位移一般采用钢尺式收敛计进行观测,拱顶下沉一般采用水准仪、水平仪、钢尺或测杆进行观测。虽然这些方法成本低,操作简单,但随着铁路的发展,隧道断面越来越大,机械化程度越来越高,这些方法在现场受施工干扰影响大,量测误差大,已经难以满足隧道施工监控量测的要求。

因此,隧道的现场监控量测技术从接触式量测转向非接触式量测(无尺量测),由单一的测量逐渐形成一个有机的监测系统,监测系统也由人工值守监测发展到自动监测。如巴赛特系统、自动化全站仪动态监测系统或者断面仪动态监测系统、GeoAuto 自动化实时监测软件系统都可以实现数据自动采集和计算结果自动显示。

49.3.1 监测技术

1) 非接触量测技术

目前非接触量测技术发展较快,非接触量测技术主要包括:全站仪自由设站非接触量测技术,近景摄影(摄影经纬仪、普通相机、数码相机)量测技术、巴赛特系统,激光断面仪量测技术等,这些非接触量测技术的特点见表 49-20。

隧道位移非接触量测技术特点表 表 49-20

非接触量测方法		测量过程	适应性		监测内容	精度(mm)	价格	应用现状
			环境要求	工法实用性				
全站仪自由设站		较简便,对于施工干扰小	要求较低	各种工法	三维绝对位移、净空收敛	≤1	一般	已用于实际工程
近景摄影	摄影经纬仪	复杂,对施工干扰大	要求较高	有局限性	超、欠挖判断	1~5	昂贵	推广难
	普通相机	简便,对施工干扰小			超、欠挖判断	1.5	便宜	推广难,将会被淘汰
	数码相机	简便,对施工干扰小			三维绝对位移、净空收敛	≤1	便宜	实验室研发阶段,技术不成熟
巴塞特系统		仪器安装难度大	无要求	有局限性	自动记录断面变形过程	≤1	昂贵	已实际应用
激光断面仪		较简便,对于施工干扰小	要求较低	多种施工方法	超、欠挖判断	2	一般	已实际应用

2) SAA 围岩监测技术

SAA(Shape Accel Array)是一种灵活的、校准三维测量系统,具体有自动、高频、实时测量的功能。内部由三轴微电子机械系统(MEMS)加速度计组成(图 49-11)。成兰铁路隧道针对大变形、断裂破碎带地段,在部分隧道配置了该系统,首次用于隧道实时进行围岩变形监测、预警,取得了较好的监测效果。隧道开挖初期支护完成后,布设在隧道初期支护表面,如图 49-12 所示。

通过 SAA 在成兰铁路部分隧道中应用,体现其优点:

(1)重复性。SAA 可轻便拆卸后进行其他断面的监测,进行重复使用。

(2)实时性。安装完成启动监测后,系统可最小间隔 30min 监测一次,实现高频次、实时监测、预警,及时向管理人员反馈现场监测情况;自动化程度高。

(3)SAA 可以进行数据自动采集、传输和预警,适用于地质复杂地段隧道收敛变形的监测预警。

(4)抗干扰能力强。不受洞内粉尘及噪声影响;无需占用施工道路,对施工影响小;在量程范围内只要无外力破坏,可长期免于维护。

SAA 存在不足:采购途径单一,费用较高。

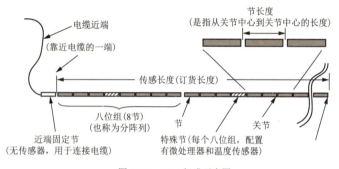

图 49-11　SAA 组成示意图

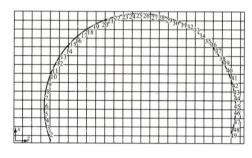

图 49-12　测点布设示意图(49 个测点)

3)自动监测技术

新建隧道施工对既有线产生不利影响,采用人工监测难度极大,影响运营安全,目前自动监测技术得到广泛应用。具有工作效率高,误差小等优点,采用自动监测技术既不影响运营安全也避免了监测人员受到人身伤害。某隧道临近既有线施工应用自动监测技术,对既有铁路的隧道、车站、桥梁、分区的爆破振动速度及既有隧道内结构位移、爆破振动、结构应力、轨道几何状态等进行实时监测,指导新建隧道的爆破施工,确保施工过程中既有线的安全。

49.3.2　监测信息系统

中国铁路总公司自 2013 年开始组织"铁路隧道监控量测信息系统"的研发及推广应用,充分利用信息化手段,建立集现场数据采集、实时传输分析、及时预警、远程监控、管理考核于一体的铁路隧道监控量测管理体系,确保隧道施工安全。

铁路隧道监控量测信息系统包括终端采集软件和管理平台两部分。终端采集软件包含手机客户端和 PC 机客户端管理平台为各级管理层提供监管手段,中国铁路总公司、铁路局(客运专线公司)、监理单位、施工单位可以登录管理平台查看监控量测数据、图线、预警、测点统计等信息。

49.3.3　隧道全寿命安全监测

对于海底隧道,由于海水的腐蚀作用,支护体系的力学性能会不断降低。因此,为了保证海底隧道结构的长期安全性而进行的长期监测研究已经成为一个紧迫的课题。

1)厦门翔安海底隧道全寿命安全监控量测技术

厦门翔安海底隧道地质条件复杂、水压高、地下水具有腐蚀性等,由此,给海底隧道设计、施工及维修养护带来极大风险。为确保海底隧道施工和运营安全,海底隧道开展全寿命安全监测,基于风险辨识理论建立了海底隧道全寿命期安全监测系统设计方法,将施工阶段监测和运营阶段长期监测作为一个监测体系的两个阶段,见表 49-21。

翔安隧道全寿命安全监测项目 表 49-21

监测阶段	隧道名称	监测等级			
		A	B	C	D
施工阶段监测	左线隧道	(1)初期支护周边位移量测; (2)洞内观察	(1)初期支护周边位移量测; (2)洞内观察	(1)地表下沉、洞内观察; (2)初期支护周边位移量测; (3)钢支撑内力量测; (4)二次衬砌内力量测; (5)围岩与初期支护间接触压力、初期支护与二次衬砌间接触压力、初期支护与二次衬砌间水压力、初期支护与围岩间水压力量测	(1)洞内观察; (2)初期支护周边位移量测; (3)钢支撑内力量测; (4)二次衬砌内力量测; (5)围岩与初期支护间接触压力; (6)初期支护与二次衬砌间接触压力、初期支护与二次衬砌间水压力、初期支护与围岩间水压力量测
运营阶段长期监测	左线隧道	—	—	—	(1)初期支护水压力监测; (2)围岩与初期支护间接触压力监测; (3)钢支撑内力监测; (4)二次衬砌水压力监测; (5)初期支护与二次衬砌间接触压力监测; (6)二次衬砌周边位移监测; (7)二次衬砌内力监测; (8)二次衬砌表面应力监测; (9)地震加速度监测; (10)钢筋、混凝土腐蚀监测

注:海底隧道全寿命监测等级基于风险辨识、模糊数学、层次分析法等理论建立。

2)岩溶隧道运营安全监测

近年在岩溶地区修建的铁路隧道由于衬砌背后出现水压力造成了不同程度的结构病害,其主要形式表现为衬砌渗漏水、仰拱上鼓、填充脱离、轨道变形、衬砌边墙垮塌等,严重影响行车安全和铁路正常运营。

工程案例:某线隧道对岩溶隧道运营安全进行监测。监测系统针对岩溶隧道水害的特点,在持续大量降雨期间,通过对隧道衬砌水压力和隧底(仰拱)位移进行监测,根据水压力值和隧底(仰拱)变形数据,判断隧道结构的安全状态及时发送预警信息,以降低岩溶隧道安全风险。监测断面选择在岩溶强烈发育段,可溶岩与非可溶岩接触带,向斜和背斜核部,岩溶水水平循环带等。监测项目为:二次衬砌水压力值、仰拱竖向位移值。监测断面如图 49-13 所示。

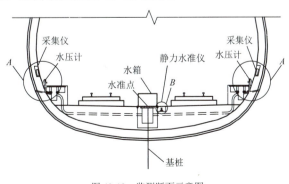

图 49-13 监测断面示意图

49.4 结语

监控量测技术在隧道中已获得了广泛的应用，根据隧道工程实际情况提出针对性的监控量测项目、断面及测点的布置、频率等要求，制订控制基准，施工中及时进行数据分析及信息反馈，确保了隧道施工安全及质量，取得了明显的技术经济效益。但目前隧道监测技术还存在安装量测器件时间长，施工干扰大、量测不及时、量测时间长，仪器和量测精度低等问题，今后应发展高精度、环境适应能力强、自动化程度高、可操作性强的测量仪器，并利用信息、计算机、数据库、网络和虚拟现实技术开发智能化隧道监测系统。

当前隧道监控量测主要的目的是保证施工安全，随着我国铁路的发展，对运营安全的要求越来越高，运营期间开展安全监测的需求越来越大。目前监测元器件的使用寿命较短，更换难度极大，难以满足全寿命监测要求，今后应开发长寿命监测元器件，研究可更换的设备安装方式，并开发智能化隧道监测系统将监测结果反馈至运营管理中。

本讲参考文献

[1] 中国铁路总公司.铁路隧道监控量测技术规程：Q/CR 9218—2015[S].北京：中国铁道出版社，2015.

[2] 中华人民共和国住房和城乡建设部.城市轨道交通工程监测技术规范：GB 50911—2013[S].北京：中国建筑工业出版社，2013.

[3] 中华人民共和国住房和城乡建设部.建筑基坑工程监测技术规范：GB 50497—2009[S].北京：中国计划出版社，2009.

[4] 中国铁路总公司.铁路工程沉降变形观测与评估技术规程：Q/CR 9230—2016[S].北京：中国铁道出版社，2017.

[5] 赵勇，肖明清，肖广志，等.中国高速铁路隧道[M].北京：中国铁道出版社，2016.

[6] 王明年，路军富，刘大刚，等.海底隧道全寿命安全监控量测技术[M].北京：人民交通出版社，2012.

[7] 王生涛，李传富，蒲小平，等.SAA技术在成兰铁路隧道监控量测中的应用[J].隧道建设，2015，35（06）：584-588.

[8] 王江.铁路隧道监控量测信息系统的设计与实现[J].中国铁路，2015（4）：50-53.

第50讲

铁路隧道运营通风

铁路隧道运营通风的目的是使隧道内的空气环境符合卫生标准,保证隧道中旅客、乘务人员、维护人员免受有害气体的危害,减少有害气体、湿气、高温等对隧道衬砌及有关设备的腐蚀和影响[1, 3]。铁路隧道运营通风包含两种工况:常规运营通风和紧急防灾通风。本讲主要介绍常规运营通风,紧急防灾通风参见铁路隧道防灾疏散救援工程设计章节相关内容。本讲从铁路隧道运营通风发展概况、卫生环境标准及运营通风设计三个方面对铁路隧道运营通风进行介绍。

50.1 铁路隧道运营通风发展概况

我国铁路隧道自20世纪50年代开始发展,最初,在丰沙线、宝成线中1km以上隧道均设计了运营通风装置,其中多数隧道采用了有帘幕洞口风道式,个别隧道采用了环形喷嘴式、竖井式等形式,如图50-1、图50-2所示。

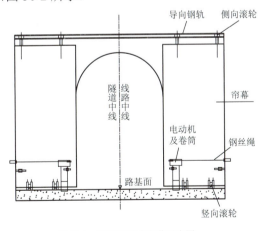
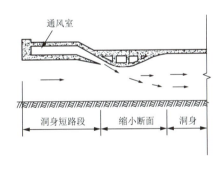

图50-1 洞口风道式帘幕示意图　　　图50-2 环形喷嘴式通风构造形式

20世纪50—80年代,各铁路单位在内燃牵引铁路隧道运营通风方面做了大量研究试验工作,主要集中在隧道内污染物的测定、自然风的调查、列车活塞风的计算、机械通风设置的条件及通风计算理论方法等方面。

1957年,铁路专业设计院等单位在丰沙线7座隧道进行通风试验后认为:(1)1.5km以下的隧道可

本讲执笔人:黎旭,刘祥.

不设机械通风;(2)通风量按"挤压理论"计算,并应考虑列车活塞作用;(3)通风速度不宜低于 3m/s。

1961 年,"全路隧道运营通风专业技术会议"在成都召开,总结了新中国成立以来隧道运营通风设计、运营和试验研究的经验,并由铁路专业设计院拟定了《蒸汽机车及内燃机车牵引铁路隧道运营通风设计原则(初稿)》,作为铁路隧道运营通风设计的依据。

1963 年,铁道部组织隧道通风试验工作组,在宝成线阳平关、恩哥石、桃园、分水岭等隧道,进行了自然通风的调查与观测试验,并将列车活塞风计算公式改为美国 R.L. 道格提(Daugherty)在莫法隧道计算中所用的公式形式,而根据实测资料统计整理出列车阻力系数 N 值,用以代替阿布拉莫维奇的计算式。所改用的公式与列车阻力系数 N 值,至今一直在设计中沿用。

1973 年,铁道部第二勘察设计院通风组与西南交通大学水力学教研室在学习和研究了国内外对此课题的一些论述后,应用动量方程的原理,提出无帘幕风道吹入式通风的风量分配公式。随后进行了现场试验与模型试验,反复对风量分配方式作了系统的测定分析和验证,所有试验均证实了公式推导原理的正确性与实用上的可靠性。根据这些试验结果,把风量分配公式又推广到有列车在隧道内行驶时开风机通风的情况,推导出提前通风的计算公式;提出了特长隧道中无帘幕分段通风的设计及设计计算方法,并应用于工程方案比较计算。

1978 年,北京铁路局在京承线夹马石隧道实现了机械通风自动化,这是我国第一个铁路隧道通风自动化装置,对我国铁路隧道通风现代化,起重要的推动作用。

铁路电气化后,长大隧道污染物大幅度减少,但对电气化隧道内污染物的种类和浓度缺乏资料。铁道部第二勘测设计院于 1979 年在宝成线会龙场隧道(全长 4009m),进行了对电力机车通过隧道后,隧道内空气中氮氧化物含量的测定,取得了我国的首测资料[2]。

20 世纪 80 年代末期,我国进行了铁路隧道射流通风研究,相继在枝柳线牙己隧道应用成功后,射流技术广泛应用于铁路隧道运营通风。

20 世纪 90 年代末期,我国对移动式运营通风系统进行了深入研究,研发出移动式运营通风设备,和固定式通风系统相比,具有一次性投入小,机动性强等特点。

21 世纪以来,特长隧道及隧道内紧急救援站大量出现,隧道运营通风结合防灾救援成了新的课题。

总的来讲,伴随着大量隧道的修建,铁路隧道运营通风经历了从无到有的过程。对内燃机牵引隧道,运营通风是一个重要的制约因素。随着铁路干线电气化后,隧道内需风量和通风频率大幅度降低,运营通风一般情况不再是隧道修建的制约因素。

50.2 隧道内卫生标准

运营通风目的是保证隧道内空气符合卫生标准,那么卫生标准显得尤为重要。隧道内卫生标准一般情况下是指空气中一氧化碳、氮氧化物(换算成 NO_2)、臭氧、粉尘等的浓度和环境的温度、湿度的要求。在《铁路隧道运营通风设计规范》(TB 10086—2010)(以下简称《运营通风规范》)对空气中的上述有害气体浓度进行了规定。

近年来,我国铁路隧道的分布越来越广泛,海拔 3000m 以上的隧道也在不断增多,而随着海拔高度的增加,一氧化碳对人体健康损害的各种临界浓度也必然有所不同。为满足不同海拔高度隧道卫生标准的要求,目前《运营通风规范》参考国家职业卫生标准《工作场所有害因素职业接触限值化学有害因素》(GBZ 2.1—2007)对一氧化碳浓度按照海拔高度的不同分别进行了规定[1]。

氮氧化物(换算成 NO_2)浓度的卫生标准是根据国家职业卫生标准《工作场所有害因素职业接触限值化学有害因素》(GBZ 2.1—2007)制定的。

通过铁道部"长大隧道通风关键技术"项目的研究,目前《运营通风规范》分别对内燃、电力机车牵引的隧道内空气卫生与温湿度环境标准进行了规定,见表 50-1 ~ 表 50-3。

内燃机车牵引的运营隧道空气卫生标准表　　　　　　　　　　表 50-1

指　标	正 常 运 营			维　护	备　注
	日均浓度	15min 加权浓度	最高容许浓度	最高容许浓度	
一氧化碳(mg/m³)	40	50	—	30	$H<2000m$
	30	40	—	20	$2000m \leqslant H \leqslant 3000m$
	20	35	—	15	$H>3000m$
氮氧化物(换算成 NO_2,mg/m³)	8	10	—	5	$H<3000m$

注:H 为隧址平均海拔高度(m)。

电力机车牵引的运营隧道空气卫生标准表　　　　　　　　　　表 50-2

指　标		正 常 运 营			维　护	备　注
		日均浓度	15min 加权浓度	最高容许浓度	最高容许浓度	
臭氧		—	0.5	0.8	0.3	$H<3000m$
粉尘(mg/m³)	石英粉尘	8	10	—	8	$M_{SiO_2}<10\%$
		1	2	—	2	$M_{SiO_2}>10\%$
	动植物性粉尘	2	4	—	3	

注:H 为隧址平均海拔高度(m);M_{SiO_2} 为游离二氧化硅的粉尘浓度。

隧道温湿环境标准　　　　　　　　　　表 50-3

温湿环境	标　准	温湿环境	标　准
湿度	应小于 80%	温度	应低于 28℃

《运营通风规范》仅对一些常见的有害气体给出了卫生标准,当隧道内出现了其他有害气体时(如硫化氢),可参照《工作场所有害因素职业接触限值化学有害因素》(GBZ 2.1—2007)中的卫生标准。

50.3　铁路隧道运营通风设计

铁路隧道运营通风按通风方式可分为自然通风和机械通风。其中机械通风可分为固定通风和移动式通风,固定通风又可分为洞口风道式、全射流纵向式通风、分段纵向式通风、半横向式、全横向式通风和组合通风等。按运营通风目的可分为电气化牵引铁路隧道换气通风、内燃牵引隧道排烟通风、瓦斯隧道稀释瓦斯通风和隧道维修工况通风等。

50.3.1　自然通风

隧道自然通风,是指不利用风机设备、完全靠列车的活塞作用及其剩余能量与自然风共同作用,把有害气体和热量排出隧道,隧道内卫生条件满足卫生标准。当隧道内的自然风向与列车运行方向相同时,自然风是助力作用,则排烟较快;当自然风向与列车运行方向相反时,列车出洞后,活塞风逐渐衰减到零,然后隧道内空气反向流动,趋向恢复原始自然风的状态,将烟气从列车进洞的一端排出,这样的排烟时间相当长。

1)隧道内自然风

根据现有的认识和研究,一般认为自然风压由三部分构成:

(1)隧道洞口处的大气水平压梯度所产生的超静压差。

(2)隧道内外气温差及洞口的高差引起的热位差。

(3)外界自然风吹入洞口时产生的(风墙式)压力差。

隧道内自然风压的主要影响因素有隧道长度、隧道坡度情况、斜（竖）井位置及高度、围岩的初始温度、隧道外大气温度及大气压力等。

过去少有工程为取得自然风而进行实测,加之自然风有风向的不确定性和风速的不稳定性的特点,在设计中自然风多按阻力计算而风速取值多参照规范规定。按照《运营通风规范》规定,当缺乏实测资料时,单线隧道自然风速可取 1.5m/s,双线隧道自然风速可取 2m/s。近年来,一些长大隧道在动工前建立了专用气象观测站（图 50-3）,通过长期的观测取得隧址区气象资料,计算出隧道贯通后的自然风速,为自然风的利用提供了新思路。

2）隧道内列车活塞风

列车在隧道中行驶时,隧道中的空气被列车推动而顺列车前进方向流动,形成活塞风,如图 50-4 所示。对于行驶在隧道中的列车,可视为具有一定长度、一定阻塞比的柱体在一维通道中做轴向运动。在列车作用区间,运动列车与周围流体通过复杂的运动和力的作用关系,实现了列车与空气之间的能量交换。列车动力在克服行车阻力的同时,也完成了与列车作用区间气流的能量转换,气流获得的能量表现为列车的增压效应,即活塞风压力。

图 50-3 某隧道洞口建立的自动气象观测站

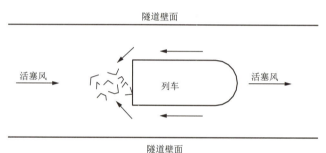
图 50-4 列车活塞风示意图

根据紊流阻力理论,单线隧道列车活塞风压力 P 与列车活塞风作用系数 K_m、平均相对速度 V_T-V_m 的平方成正比。铁道部"长大道通风关键技术研究"科研项目研究成果表明:列车活塞风作用系数不是一个常数,其与行车条件、阻塞比等参数有关。

由于双线隧道内列车阻塞比远小于单线隧道,列车在隧道中偏离中线较大等原因,双线道内活风速最大值及均值较单线道内小。根据新龙门隧道现场测试结果,单列车引入新鲜空气长度约为隧道长度的 0.25～0.3 倍,交会列车隧道内活塞风风流方向总是变化的,其大小与上下行列车进出洞时间、列车速度和长度、自然风等因素有关。考虑到双线道内列车活塞风的上述特点,为偏于安全,在运营通风设计中不计活塞风的影响。

因此,《运营通风规范》规定:双线隧道可不计活塞风影响。长度小于 15km 的单线隧道宜按非恒定流计算;长度大于或等于 15km 的单线隧道宜按恒定流计算。

3）自然通风验算

对于内燃机车牵引隧道,列车出洞后,衰减的活塞风仍然可能在规定的时间内将隧道中残留的污染空气排出洞外,那么就实现了自然通风。为此,算出在逆向自然风影响下的活塞风速,然后算出引入的活塞风长度和新鲜空气段长度,计算得列车出洞时残留的污染空气段长度 l_c。

设列车出洞后,活塞风速衰减到零所经历的时间为 t_s,计算公式为:

$$t_s = \frac{2l}{kv_n}\arctan\left(\frac{v_p}{v_n}\right) \tag{50-1}$$

式中：l——隧道长度(m)；

v_n——列车未进洞前隧道内的逆向自然风速(m/s)；

v_p——列车出洞时的活塞风速(m/s)；

k——隧道的总阻力系数。

活塞风衰减为零所推移污染空气的长度为：

$$l_s = -\frac{2l}{k}\ln\cos\left[\arctan\left(\frac{v_p}{v_n}\right)\right] \tag{50-2}$$

若 $t_s <$ 规定时间，且 $l_s \geq l_c$，则表明在规定的通风时间内衰减的活塞风可将隧道中残留的污染空气完全排出洞外，能实现自然通风。

50.3.2 机械通风

隧道设置机械通风应根据牵引种类、隧道长度、线路平纵断面、道床类型、行车速度和密度、气象条件及两端洞口地形条件等因素综合考虑，并符合以下规定：

（1）对于电化牵引铁路，长度大于20km的高速铁路、客运专线铁路隧道及长度大于15km的货运专线、客货共线铁路隧道应设置机械通风。

（2）内燃机车牵引，长度大于2km的铁路隧道宜设置机械通风。

（3）有特殊要求的铁路隧道应设置机械通风。有特殊要求的铁路隧道是指含瓦斯等有害气体、高地温隧道和有异味隧道等。

机械通风可分为纵向式、半横向式、全横向式及组合通风等方式。铁路隧道正常运营通风通常采用全射流纵向式通风，当隧道较长或有特殊要求时，可采用分段纵向式通风。下面主要介绍纵向式通风的几种模式。

1）洞口风道式

洞口风道式可分为无帘幕吹入式和洞口帘幕两种。

（1）无帘幕吹入式

在隧道洞口不装设帘幕，风机将新鲜空气由风道吹入隧道，将隧道内污浊空气由隧道一端横洞排出，如图50-5所示。

该通风方式的优点是洞口不设帘幕，对行车无影响。缺点是吹入隧道的新鲜空气部分从隧道短路漏出洞外，不起排烟作用，从而损失一部分功率。

（2）洞口帘幕式

在隧道的一端洞口装设可开闭的风门，称为帘幕。在列车通过隧道之后，关闭帘幕开动风机，机械风由风道吹入隧道将污浊空气推移出洞外，如图50-6所示。

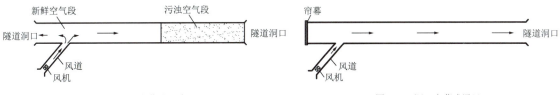

图50-5 无帘幕吹入式通风　　　　图50-6 洞口帘幕式通风

该通风方式的优点是通风所耗用的功率较小，而且受自然风的影响较小。缺点是在行车密度大的铁路上，帘幕的启闭有可能影响行车。目前洞口帘幕式通风已经基本淘汰，可在短路端采用射流风机代替帘幕，防止短路端漏风。

2）全射流纵向通风

纵向式通风一般以正线隧道作为风道，在隧道边墙处摆放射流风机，风机开启后使隧道进出口形成风压差，将新鲜空气从洞口一段引入并将污浊空气从洞口另一端推出，如图50-7所示。

同其他通风方式相比，全射流纵向通风有以下优点：

（1）隧道作为风道，风压损失小，不另设风道，隧道工程量较小。
（2）隧道中可有效利用行车的活塞风作用，节约能源。
（3）使用射流风机，价格较低，设备费用小。
（4）可根据需要控制风机运转台数及排风方向，有利于降低运营费用。

3）通风井吸出式

通风井吸出式是将正洞内的污浊风通过隧道中部的竖（斜）井吸出的通风方式，如图50-8所示。

图50-7　全射流纵向通风　　　　　　图50-8　通风井吸出式通风

4）通风井送排式

通风井送排式通风是利用隧道辅助坑道将长隧道通风分成几段较短的纵向式通风，该方式可以更有效地排出隧道内污浊空气，目前特长隧道多采用该种通风方式，如图50-9所示。

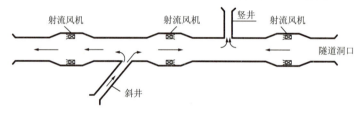

图50-9　通风井送排式通风

在20世纪80年代以前，铁路隧道的机械通风方式采用最多是无帘幕洞口风道式，其次是洞口帘幕风道式。20世纪90年代，我国进行了铁路隧道射流通风研究，修建的铁路隧道的运营通风方式几乎全部采用了射流通风技术。例如，京九线五指山隧道、金温线石笕岭隧道、焦枝铁路新龙门双线隧道、兰新线乌鞘岭特长隧道。

5）通风方式的选择

铁路隧道常见的通风方式及其特点见表50-4。

铁路隧道常见的通风方式及其特点　　表50-4

通风方式	洞口风道式	全射流纵向式	通风井排出式	通风井送排式
形式特征	由喷流送风升压	由射流风机群升压	洞口两端进风中间排风	由喷流送风升压
通风系统简图				
隧道内压示意图				
隧道风速示意图				

续上表

通风方式	洞口风道式	全射流纵向式	通风井排出式	通风井送排式
活塞风利用	部分较好	好	部分较好	部分较好
对自然风适应性	较差	好	一般	一般
管理维护	方便	一般	方便	方便
预留条件后期实施	不易	容易	不易	不易
技术难度	不难	一般	一般	稍难
运营费	一般	低	一般	一般

综上所述,铁路隧道运营通风方式的选择,应结合辅助坑道设置、运营通风效果、需风量大小、运营管理等因素,宜优先选用全射流纵向式。当隧道长度较长,采用全射流纵向式洞内风速过大经济性较差时,则可采用分段纵向式通风。对于洞身存在高瓦斯等有害气体或高地温时,可采用通风井排出式,减小有害气体或高地温的影响长度,从而提高通风效率。

近年来,随着高速铁路隧道向长大化方向发展,若洞内安装机械通风设备时,高速列车进入隧道后产生的空气动力学效应易使风机安装件及其周围的衬砌混凝土反复出现拉压应力,可能出现疲劳破坏,设计应重视洞内射流风机及安装支架的可靠性问题,运营期间应加强检查维护;在工程上也可采用边墙离壁式射流风机安装衬砌,在边墙处增设防护墙隔离出安装射流风机的离壁空间,与隧道行车空间合理分隔,可确保机械通风效果,并起到安全防护作用,如图 50-10 所示。

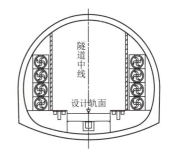

图 50-10 离壁式射流风机安装衬砌横断面

50.3.3 运营通风计算

隧道通风计算需要结合通风方式,计算隧道所需的通风量以及通风压力,根据隧道所需风量以及风压来选择合适的风机。因此运营通风设计可分为通风方式的选择、需风量的确定、通风阻力的计算及风机选型四个方面。

铁路隧道运营通风计算以挤压理论为主。单通道隧道运营通风采用简算法,多通道隧道运营通风采用网络法,局部流场采用仿真模拟法计算[1]。下面以最为常见的全射流纵向式通风为例,介绍通风计算的具体流程,如图 50-11 所示。

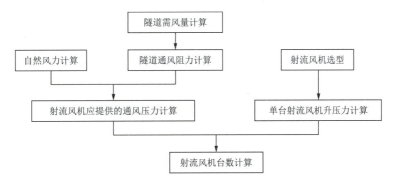

图 50-11 全射流纵向通风计算流程图

1）隧道需风量计算

隧道需风量可按下式计算：

$$Q = K_i \left(1 - \frac{v_m}{v_T}\right) \frac{F L_T}{t_q} \tag{50-3}$$

式中：Q——隧道需风量（m³/s）；

K_i——活塞风修正系数，内燃机车牵引的运营隧道可取 1.1，电力机车牵引的运营隧道可取 1；

v_m——活塞风速度（m/s）；

v_T——列车速度（m/s）；

F——隧道断面积（m²）；

L_T——隧道长度（m）；

t_q——通风排烟时间（s）。

2）隧道通风阻力计算

当采用纵向式通风时，主要考虑射流风机需要提供隧道的最小的通风压力，具体计算如下：

（1）自然风压力

$$P_n = \left(\Sigma \xi + \lambda \frac{L_T}{d}\right) \frac{\rho}{2} v_n^2 \tag{50-4}$$

式中：P_n——隧道两洞口间自然风压力（Pa）；

λ——隧道内沿程阻力系数；

$\Sigma \xi$——隧道进、出口局部阻力系数之和；

L_T——隧道长度（m）；

d——隧道断面当量直径（m）；

ρ——空气密度（kg/m³）；

v_n——隧道内自然风速（m/s）。自然风压力的作用方向与自然风 v_n 方向相同，设计计算将自然风压力作为阻力考虑。

（2）沿程阻力

$$P_\lambda = \lambda \frac{L_T}{d} \cdot \frac{\rho}{2} v_e^2 = R_\lambda Q^2 \tag{50-5}$$

$$R_\lambda = \lambda \frac{L_T}{d} \cdot \frac{\rho}{2} \cdot \frac{1}{F^2} \tag{50-6}$$

式中：P_λ——沿程阻力（Pa）；

v_e——隧道断面平均风速（m/s）；

R_λ——摩擦风阻（kg/m⁷）；

Q——隧道通风量（m³/s）；

F——隧道断面积（m²）；

其余符号含义同前文。

（3）局部阻力

$$P_\xi = \xi \frac{\rho}{2} v_e^2 = R_\xi Q^2 \tag{50-7}$$

$$R_\xi = \xi \frac{\rho}{2} \cdot \frac{1}{F^2} \tag{50-8}$$

式中：P_ξ——局部阻力（Pa）；

ξ——局部阻力系数；

R_ξ——局部风阻（kg/m⁷）；

其余符号含义同前文。

（4）活塞风

目前规范规定双线隧道可不计活塞风影响，单线隧道活塞风压为：

$$P_m = K_m \frac{\rho}{2}(v_T - v_m)^2 \tag{50-9}$$

$$K_m = \frac{Nl_T}{(1-\alpha)^2} \tag{50-10}$$

$$N = \frac{1}{l_T(0.807\alpha^2 - 1.322\alpha + 1.008 + \lambda_h \frac{l_T}{d_h})} \tag{50-11}$$

$$d_h = \frac{4(F - f_T)}{S + S_T - 2a} \tag{50-12}$$

15km 以下隧道按非恒定流理论计算，15km 及以上的隧道计算活塞风宜采用恒定流理论，按下式计算：

$$v_m = v_T \frac{-1 + \sqrt{1 + \left(\frac{\xi_m}{K_m} - 1\right)\left(1 \pm \frac{\xi_n v_n^2}{K_m v_T^2}\right)}}{\frac{\xi_m}{K_m} - 1} \tag{50-13}$$

当隧道中自然风与列车运行方向相同时，取正号，反之取负号。

上述式中：P_m——列车活塞风压力（Pa）；

K_m——活塞风作用系数；

N——列车阻力系数（1/m）；

l_T——列车长度（m）；

α——阻塞比，列车断面积 f 与隧道断面积 F 的比值；

λ_h——环状空间气流的沿程阻力系数；

d_h——环状空间的当量直径（m）；

F——隧道断面积（m²）；

S——隧道断面湿周（m）；

f_T——列车断面积（m²）；

S_T——列车断面周长（m）；

a——列车宽度（m）；

v_T——列车速度（m/s）；

v_m——活塞风速度（m/s）；

ξ_m——隧道段除环状空间外的阻力系数，$\xi_m = 1 + \lambda \frac{L_T - l_T}{d} + \xi$；

ξ——隧道入口阻力系数；

ξ_n——隧道的总阻力系数，$\xi_n = 1 + \lambda \frac{L_T}{d} + \xi$。

其余符号含义同前文。

（5）瓦斯隧道通风量计算

瓦斯隧道应分别计算瓦斯逸出量及最小风速计算通风量，取其最大值作为设计通风量。

瓦斯逸出量可按下式估算：

$$q = \frac{KA(p_1^2 - p_2^2)}{2h\rho g_n p_2} \tag{50-14}$$

式中：q——瓦斯逸出量（m³/s）；

K——衬砌及缝隙的渗透系数（m/s），可通过试验确定；

A——透气面积（m²），$A = L_1 S$；

p_1——透气压力（MPa），可取封闭后煤层内的瓦斯压力值；

p_2——隧道内空气压力，无实测资料时可取 0.1MPa；

h——渗透厚度（m），可取衬砌厚度；

ρ——空气密度（kg/m³）；

g_n——重力加速度（m/s²）。

同时瓦斯隧道通风最小风速不得小于 1.0m/s。

3）风机配置

对于全射流风机纵向式通风需要根据隧道所需最小风压以及不同射流风机的升压力来选择射流风机的台数。

射流风机的压力计算为：

$$P_j = np_j \tag{50-15}$$

$$p_j = \rho v_j^2 \varphi (1-\psi) \frac{1}{K_j} \tag{50-16}$$

$$\varphi = \frac{f}{F}; \quad \psi = \frac{v_e}{v_j} \tag{50-17}$$

式中：P_j——射流风机压力（Pa）；

n——射流风机台数；

p_j——单台射流风机压力（Pa）；

v_j——射流风机出口风速（m/s）；

f——射流风机出口面积（m²）；

K_j——考虑隧道壁面摩擦影响的射流损失系数，与风机距壁面的距离有关；

其余符号含义同前文。

正常运营情况下，射流风机压力应满足：

$$P_j + P_m = P_n + P_\lambda + P_\xi \tag{50-18}$$

式中：P_j——射流风机压力（Pa）；

P_m——列车活塞风压力（Pa）；

P_n——隧道两洞口间自然风压力（Pa）；

P_λ——沿程阻力（Pa）；

P_ξ——局部阻力（Pa）。

对于通风井吸出式（图 50-12）和通风井送排式（图 50-13）通风计算可参见《运营通风规范》中 5.4.5 小

节相关公式,也可采用网络通风方法。网络通风理论是将主隧道与辅助坑道所形成的多进口、多出口的复杂通风体系,抽象成由节点和分支构成的通风网络,赋予每个分支相应的通风阻力和通风动力,根据风量守恒定律和风压平衡定律,形成通风网络的非线性方程组的数学解析模型,得出各分支的风量、风压。

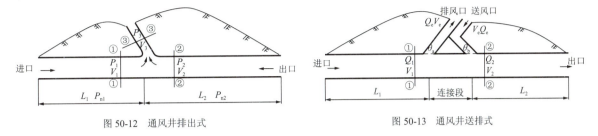

图 50-12 通风井排出式　　　　　　　　　图 50-13 通风井送排式

50.3.4 通风控制原则

目前,公路隧道机械通风已有成熟自动通风控制系统,可及时对隧道内空气中有害物质浓度、风速、风向等环境参数进行实时监测,根据需要控制通风设备,达到节能目的。

而铁路隧道运营通风,对内燃机车牵引隧道,一般情况当列车出隧道后开启风机,风机运行 15min 后关闭风机。对电力机车牵引隧道,利用天窗时间换气,换气时间多取 90min。对于瓦斯隧道,当隧道内瓦斯浓度达到 0.4% 时,启动风机通风,当瓦斯浓度降到 0.3% 以下时,停止通风。

因此铁路隧道运营通风可借鉴公路隧道自动通风控制系统,设置自然风、活塞风的自动测量装置,分析隧道有害物质浓度,建立智能控制系统,有效降低运营成本。

50.3.5 运营通风工程实例

1)电力机车牵引全射流运营通风

某电力机车牵引隧道全长 15100m,采用全射流纵向式通风,隧道断面积 $F = 92\text{m}^2$,当量直径 $d = 9.96\text{m}$,洞内采用板式无砟轨道,隧道壁面沿程阻力系数取 $\lambda = 0.021$,隧道内自然风为 2.0m/s,空气密度 1.225kg/m³,在天窗时间换气通风,通风时间 90min。

(1)隧道需风量、风速

①需风量:

$$Q = \frac{L_T F}{t} = \frac{15100 \times 92}{90 \times 60} = 257.3 \, (\text{m}^3/\text{s})$$

②需要风速:

$$v_e = \frac{Q}{F} = \frac{257.3}{92} = 2.8 \, (\text{m/s})$$

(2)需要风机台数

①隧道阻力及自然风压:

$$\xi_n = 1.5 + \frac{\lambda L_T}{d} = 1.5 + \frac{0.021 \times 15100}{9.96} = 33.337$$

$$P_\lambda + P_\xi = \xi_n \frac{\rho}{2} v_e^2 = 33.337 \times \frac{1.225}{2} \times 2.8^2 = 160.09 \, (\text{Pa})$$

$$P_n = \xi_n \frac{\rho}{2} v_e^2 = 33.337 \times \frac{1.225}{2} \times 2^2 = 81.64 \, (\text{Pa})$$

②经方案比选拟选用ϕ112型射流风机，出口风速33.9m/s，轴向推力1190N，电机功率37kW。

风机中心距离壁面0.96m，由$\dfrac{Z}{d_j}=\dfrac{0.96}{1.12}=0.857$查得射流风机损失系数$K_j=1.162$，即$\dfrac{1}{K_j}=0.8605$。

③单台风机压力：

$$V_j = 33.9\,(\text{m/s})$$

$$F_j = \dfrac{\pi}{4} \times 1.12^2 = 0.985\,(\text{m}^2)$$

$$\varphi = \dfrac{F_j}{F} = \dfrac{0.985}{92} = 0.01071$$

$$\psi = \dfrac{v_e}{v_j} = \dfrac{2.8}{33.9} = 0.0826$$

$$p_j = \rho v_j^2 \varphi (1-\psi)\dfrac{1}{K_j} = 1.225 \times 33.9^2 \times 0.01071 \times (1-0.0826) \times 0.8605 = 11.9\,(\text{Pa})$$

④需要风机台数：

$$n = \dfrac{P_\lambda + P_\xi + P_n}{P_j} = \dfrac{160.09 + 81.64}{11.9} = 20.31$$

需用射流风机21台，总功率777kW。

2）某高瓦斯隧道运营通风方案研究

某隧道长度7328m，隧道位于直线上，线路为主坡度4‰的单面下坡，为双线隧道。

隧道断面积$F = 100.1\text{m}^2$，当量直径$d = 10.42\text{m}$，煤系地段采用全封衬砌，无砟轨道，辅助情况如图50-14所示。

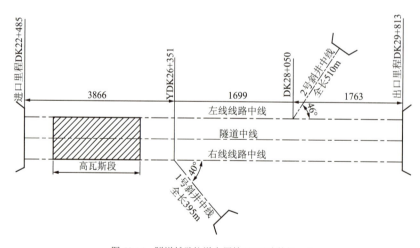

图50-14 隧道辅助坑道布置情况（尺寸单位：m）

本隧道可采用1号斜井吸出式和全射流运营通风两种方案。

（1）1号斜井吸出式通风方案

①风量分配系数计算：

$$1.0 + \dfrac{\lambda L_1}{d_1} = 1.0 + \dfrac{0.02 \times 3783.7}{10.4} = 8.277\,;\quad 1.0 + \dfrac{\lambda L_2}{d_2} = 1.0 + \dfrac{0.02 \times 3544.3}{10.4} = 7.820$$

$$\xi_n = 1.5 + \dfrac{\lambda L}{d} = 1.5 + \dfrac{0.02 \times 7328}{10.4} = 15.59$$

$$R = \cfrac{1}{1+\cfrac{\sqrt{\left(1.0+\cfrac{\lambda L_1}{d}\right)+\xi_n\left(\cfrac{v_n}{v_1}\right)^2}}{\cfrac{\lambda L_2}{d}}} = \cfrac{1}{1+\cfrac{\sqrt{8.277+15.59\left(\cfrac{1.5}{1}\right)^2}}{7.82}} = 0.298$$

②需风量计算：

需风量应取按瓦斯逸出量计算和按最小风速计算两者的最大值，本隧需风量由最小风速控制。根据《运营通风规范》规定：瓦斯隧道通风的最小风速不得小于 1.0m/s。

$$Q_1 = 1.0 \times 100.11 = 100.11 \left(\mathrm{m}^3/\mathrm{s}\right)$$

$$Q_2 = Q_1\left(\frac{1-R}{R}\right) = 100.11 \times \left(\frac{1-0.298}{0.298}\right) = 235.8\left(\mathrm{m}^3/\mathrm{s}\right)$$

$$Q = Q_1 + Q_2 = 335.9 \mathrm{m}^3/\mathrm{s}$$

经计算需设置 SDZ-280 型轴流风机 2 台，瓦斯隧道内轴流风机应按 100% 备用，备用 2 台，共计 4 台。单台风机风量为 170m³/s，风压 1200Pa，功率为 315kW，总功率 1260kW。

（2）全射流纵向通风方案

$$\xi_n = 1.5 + \frac{\lambda L_T}{d} = 1.5 + \frac{0.021 \times 7\,328}{10.42} = 16.3$$

$$P_\lambda + P_\xi = \xi_n \frac{\rho}{2} v_e^2 = 16.3 \times \frac{1.225}{2} \times 1^2 = 10(\mathrm{Pa})$$

$$P_n = \xi_n \frac{\rho}{2} v_e^2 = 16.3 \times \frac{1.225}{2} \times 2^2 = 39.9(\mathrm{Pa})$$

经方案比选拟选用 ϕ112 型射流风机，出口风速 33.9m/s，轴向推力 1190N，电机功率 37kW。

风机中心距离壁面 0.96m，由 $\frac{Z}{d_j} = \frac{0.96}{1.12} = 0.857$ 查得射流风机损失系数 $K_j = 1.162$。

$$p_j = \rho v_j^2 \varphi (1-\psi) \frac{1}{K_j} = 1.225 \times 33.9^2 \times 0.00985 \times (1-0.0295) \times 0.8605 = 11.6(\mathrm{Pa})$$

$$n = \frac{P_\lambda + P_\xi + P_n}{P_j} = \frac{10+39.9}{11.6} = 4.3$$，需设置射流风机 8 台（备用 3 台），总功率 296kW，设置于隧道低洞口端。

经比较可得，在隧道长度较短的情况下，全射流纵向式通风较分段式纵向通风在经济性上具有较大的优势。

50.4 结语

我国铁路隧道运营通风已在隧道内空气卫生标准、自然风调查观测、活塞风通风理论、通风计算手段及通风设备等方面取得长足发展，随着铁路隧道向艰险地区的进一步延伸，运营通风技术也将迎来新的挑战，下一步发展方向主要集中在以下方面：

（1）高寒、高海拔地区隧道内空气卫生标准。

（2）有害气体（瓦斯、硫化氢等）隧道内有害气体浓度监测及自动通风控制系统。

（3）长大隧道自然风的计算方法、利用及智能化运营通风节能研究。
（4）高海拔地区风机效率变化研究。
（5）新材料高性能新型通风设备研究。

本讲参考文献

[1] 中华人民共和国铁道部. 铁路隧道运营通风设计规范：TB 10068—2010[S]. 北京：中国铁道出版社，2010.
[2] 滕兆民，徐宝贤，张开鑫. 铁路隧道运营通风[M]. 北京：中国铁道出版社，1983.
[3] 孙三祥，张云霞. 高海拔内燃牵引铁路隧道运营通风技术研究[M]. 北京：中国铁道出版社，2015.
[4] 中华人民共和国交通运输部. 公路隧道通风设计细则：JTG/T D70/2-02—2014[S]. 北京：人民交通出版社，2014.

第51讲

铁路隧道防灾疏散救援工程设计

修建铁路特长隧道，运营单位最关心的问题是发生火灾后如何保证旅客安全？为保证疏散安全，需要设计完备的防灾疏散救援预案和良好的防灾疏散救援工程。2017年国家铁路局颁布了《铁路隧道防灾疏散救援工程设计规范》（TB 10020—2017），对主要工程内容和设计标准、方法进行了规定，本讲重点介绍如何结合特长隧道的应急预案进行防灾疏散救援工程的规划、设计，同时提供了类似隧道工程的预案和工程设计案例，以加深对设计规范的理解，也为国内其他隧道的设计提供参考，进一步提升我国铁路特长隧道的安全度。

51.1 隧道防灾疏散救援应对策略

隧道内列车发生灾害主要分为脱轨翻车、隧道内列车火灾两类，其中以火灾发生的概率最高。火灾造成的危害严重、损失大、时间长，因此防灾救援工程主要针对火灾灾害进行设计建造的。

1）国内外应对隧道内火灾的基本策略

（1）采用以人为本的原则，主要针对客车火灾。

（2）考虑经济性，遵循定点疏散和消防的原则。

（3）在狭小的隧道空间内，火灾的有毒烟气是造成人员伤亡的最重要的因素，若火灾列车停靠在隧道外，烟气对人造成的伤害远远小于隧道内；另外列车在发生火灾后并不是马上失去动力，而是仍然有较长时间的残余运行能力；因此，利用列车的残余运行能力，世界各国都遵循"列车在隧道内发生火灾后，第一原则是将着火列车拉出隧道外进行疏散和消防，无法驶出隧道时应在紧急救援站进行消防"的原则。

2）欧洲特长隧道应对隧道火灾的工程设计特点

（1）欧洲的特长隧道基本设计为两座单线隧道。

（2）20km以上的山岭隧道均在隧道中部设置紧急救援站。

（3）与每个紧急救援站配套的有可以允许火车从一管隧道到另一管隧道的渡线。

（4）国际铁路联盟（UIC）和欧盟建议紧急出口的距离不大于1km（人员平均自救时间按500m考虑），德国基本采用这一规定。

3）日本特长隧道应对隧道火灾的工程设计特点

（1）日本的特长隧道设计为双线隧道。

本讲执笔人：陈绍华.

（2）除青函隧道采用了定点疏散（两处避难车站）的原则外，其他隧道一般利用辅助坑道改造为紧急出口，间距为 5～10km。

（3）配套的机电设施较欧洲简单。

4）中国特长铁路隧道防灾疏散设计特点

（1）中国 20km 以上的特长隧道大多为两座单线隧道，仅成兰铁路云屯堡隧道，为单洞双线隧道。

（2）长度 20km 以上的隧道均设置了隧道内紧急救援站，救援站以外横通道间距不大于 500m。

（3）长度 10km 以上的单洞隧道，在洞身段设置了 1～2 处紧急出口（避难所）。

（4）长度 5～10km 之间的单洞隧道，可结合辅助坑道条件设置。

（5）紧急出口、避难所、横通道均为非火灾条件下的疏散设施。

51.2 疏散救援工程规划

列车在隧道内发生火灾时，除了可以全部停靠在隧道外的明线上进行疏散外，还可以通过设置疏散救援工程全部在隧道内进行疏散，部分在隧道内、部分在隧道外进行疏散。铁路隧道疏散救援工程主要包括疏散通道、隧道内紧急救援站、隧道口紧急救援站、紧急出口、避难所，配套工程包括应急指挥中心及配套机电设施。

紧急救援站用于火灾工况列车的停靠和人员疏散，紧急出口、避难所用于非火灾工况列车在救援站以外随机停车后的疏散，紧急出口、避难所利用施工辅助坑道设置，而紧急救援站因隧道工程模式的不同而不同。

51.2.1 疏散救援工程的形式

1）隧道内紧急救援站

隧道内紧急救援站是设置在隧道内，满足火灾列车停靠、人员疏散及救援的站点，包括三种形式：加密横通道型、两侧平导型和单侧平导型。

对于双洞单线隧道，考虑两座隧道互为疏散救援通道，因此应采用加密横通道型，如图 51-1 所示。

对于单洞双线隧道，由于隧道本身不具备安全疏散空间，需要另外增加平行导坑，并通过疏散横通道与正洞连接，考虑上下行和疏散安全时间要求，应采用双侧平导型，如图 51-2 所示。

图 51-1 加密横通道型隧道内紧急救援站示意　　图 51-2 双侧平导型隧道内紧急救援站示意

单洞单线隧道，与单洞双线隧道性质相同，因为上下行可以合用疏散工程，因此应采用单侧平导型，如图 51-3 所示。

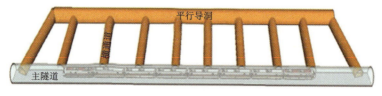

图 51-3 双侧平导型隧道内紧急救援站示意

2) 隧道口紧急救援站

隧道口紧急救援站是设置在隧道群明线及洞口段,满足火灾列车停靠、人员疏散及救援的站点,包括三种型式:洞口疏散型、洞口辅助坑道型、洞口横通道加密型,三种紧急救援站结构示意如图 51-4~图 51-6 所示。

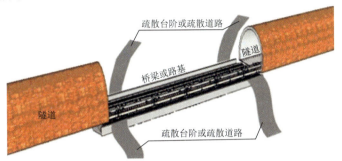

图 51-4 洞口疏散型隧道口紧急救援站

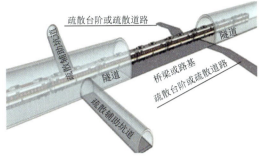

图 51-5 洞口辅助坑道型隧道口紧急救援站

对于单洞隧道群,当明线长度大于 250m,隧道外的火灾对疏散基本没有影响,因此可以在隧道口设置疏散台阶,完成疏散,即选择洞口疏散型隧道口紧急救援站,但当洞口地形条件陡峻,无法疏散时,可设置辅助坑道进行疏散;对于单洞隧道群,当明线长度小于 250m,隧道外火灾列车可能对疏散有影响,此工况需要在救援站两端隧道设置机械通风,避免烟气向隧道内扩散,同时为了避免人员受到火灾烟气的影响,

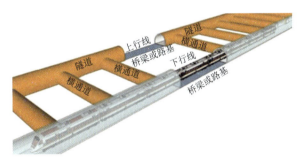

图 51-6 洞口横通道加密型隧道口紧急救援站

在洞口附近设置辅助坑道,帮助人员远离火灾现场,因此应选择洞口辅助坑道型隧道口紧急救援站,同时当洞口地形条件允许时,也可以在隧道口设置疏散台阶,辅助疏散在明线上下车的人员;对于双洞隧道群,因具有两隧道互为疏散救援的功能,在紧急救援站范围内应设加密横通道,因此应选择洞口横通道加密型隧道口紧急救援站,同时当洞口地形条件允许时,也应设施疏散台阶进行洞口辅助疏散。

3) 紧急出口、避难所

紧急出口是设置在隧道内,供事故列车内人员直接疏散到隧道外的坑道,主要利用施工期间的辅助坑道及横通道设置,如横洞、平导、斜井(长度小于 500m)、竖井,并配备必要的通风、照明、通信设施。

避难所是设置在隧道内,供事故列车内人员临时避难,并能疏散到隧道外的坑道。主要利用施工期间的长度大于 500m 的斜井和高度大于 30m 的竖井设置,并配备必要的通风、照明、通信设施。其与紧急出口的区别是对待避区的空间尺寸与面积进行了要求。

51.2.2 疏散救援工程规划

设置疏散工程的前提是建立明确的火灾工况下的停车(或行车)预案,明确了各种火灾工况下的停车位置,即可规划相应的紧急救援站位置及形式,规划原则如下:

(1)建立火灾工况下的应急行车预案。

(2)隧道内设置贯通的疏散通道。

(3)长度大于 20km 的特长隧道应规划为两座单线隧道,并结合辅助坑道设置隧道内紧急救援站,救援站以外设横通道,间距不大于 500m。

(4)长度大于 20km 的隧道群应规划隧道口紧急救援站,并结合地形条件规划待避区。

(5) 长度 10km 以上的单洞隧道,在洞身段设置 1～2 处紧急出口(或避难所)。

(6) 长度 5～10km 之间的单洞隧道,可结合辅助坑道条件设置 1 座紧急出口(或避难所),条件困难时可不设。

(7) 紧急救援站的规划应结合铁路速度目标值、线路纵坡、上下行等综合考虑。紧急救援站的间距不大于 20km,主要依据列车的残余运行能力为 80km/h 条件下能运行 15min,但不同速度和坡度条件下,列车的制动距离不同,因此,紧急救援站的位置规划应进行行车检算。

51.2.3 疏散救援工程规划成果

疏散救援工程规划成果应包括紧急救援站、紧急出口、避难所的设置里程或数量、应急行车（停车）预案、疏散预案、救援预案。

51.3 疏散救援工程设计

51.3.1 疏散通道

疏散通道是隧道内纵向贯通设置,供人员应急疏散的通道。单线隧道应单侧设置,多线隧道应双侧设置。疏散通道走行面高度不应低于轨顶面,其宽度不应小于 0.75m,高度不应小于 2.2m。

疏散通道设计时应根据线路的运行速度、机车、车辆等确定,对于 120km/h 及以下速度的铁路隧道,车辆宽度 3104mm,机车宽度为 3104～3325mm,因此,机车宽度可取 3400m。仅在铺设无砟轨道的隧道可能存在隧道内净空无法满足疏散通道要求的情况,采用单线电气化铁路隧道衬砌（专隧 0012）的标准图内轮廓,在直线地段需要加宽 30cm,以设置疏散通道,在曲线地段,还要考虑曲线超高的影响,图 51-7、图 51-8 所示为加宽 20cm 时的设置条件。

对于单线铁路,建议疏散通道设于形车方向左侧,以最大限度统一疏散通道的位置,避免造成疏散时的混乱。

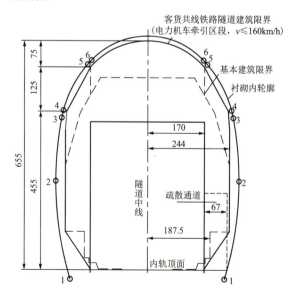

图 51-7 直线地段设置疏散通道示意(尺寸单位:cm)

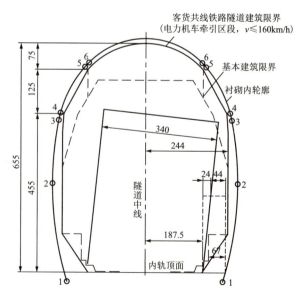

图 51-8 曲线地段设置疏散通道示意(尺寸单位:cm)

51.3.2 隧道内紧急救援站

1) 隧道内紧急救援站设计应包括以下内容[1]

(1) 紧急救援站的位置、形式及规模。
(2) 紧急救援站站台长度、宽度、高度等。
(3) 横通道间距、尺寸。
(4) 横通道防护门的类型,通行净宽、净高。
(5) 待避区位置及尺寸。
(6) 防灾通风、供电、灭火、应急照明、应急通信、监控及标志等消防设施。

2) 隧道内紧急救援站设计重点

(1) 通风排烟

隧道内紧急救援站除了疏散工程外,重点设施是通风排烟工程,应按人烟分离的原则设计,以最大限度的控制烟气扩散,目前比较有代表性的隧道有青藏铁路西格二线关角隧道、成兰铁路云屯堡隧道、敦格铁路当金山隧道,建议隧道内紧急救援站参照采用这三座隧道的设计方法,紧急救援站示意如图 51-9~图 51-11 所示。

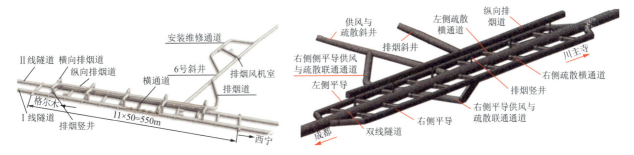

图 51-9　关角隧道紧急救援站示意　　　　　图 51-10　云屯堡隧道紧急救援站示意

本方案中云屯堡隧道的供风道和排烟道是独立的斜井,还可以根据斜井的空间大小和斜井长度,送风道和排烟道采用同一座斜井,如图 51-12 所示。

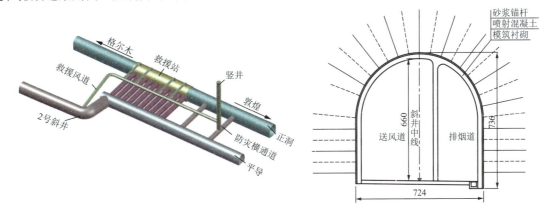

图 51-11　当金山隧道紧急救援站示意　　　　图 51-12　斜井分隔送风排烟道(尺寸单位:cm)

对于单洞单线隧道,没有平导、竖井时,也可采取斜井分隔的模式。

(2) 防护门

对于双洞单线的隧道内紧急救援站,横通道应设置两道防护门,开启方向相反,以便任一隧道发生火灾后,乘客能够推门进入安全隧道,如图 51-13、图 51-14 所示。

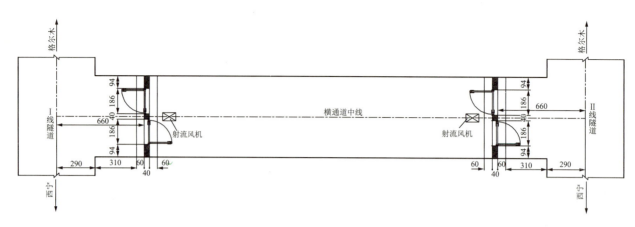

图 51-13　双洞单线隧道内紧急救援站防护门布置平面(尺寸单位:cm)

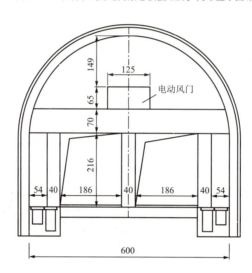

图 51-14　双洞隧道防护门布置正面(尺寸单位:cm)

对于单洞隧道的隧道内紧急救援站,横通道仅设置一道防护门,开启方向同逃生方向,如图 51-15、图 51-16 所示。技术成熟时,也可采用横向滑移防护门。

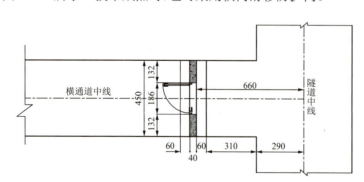

图 51-15　单洞隧道内紧急救援站防护门布置平面(尺寸单位:cm)　　图 51-16　单洞隧道防护门布置正面(尺寸单位:cm)

（3）电动风门

横通道内设电动风门,以便在列车到达紧急救援站之前,横通道内已有一定的空气流动,同时保证逃生人员能轻松开启防护门。

两隧道采用同一排烟道,排烟时,需要根据发生火灾的隧道,开启相应的电动风门,关角隧道排烟结构设计如图 51-17 所示。

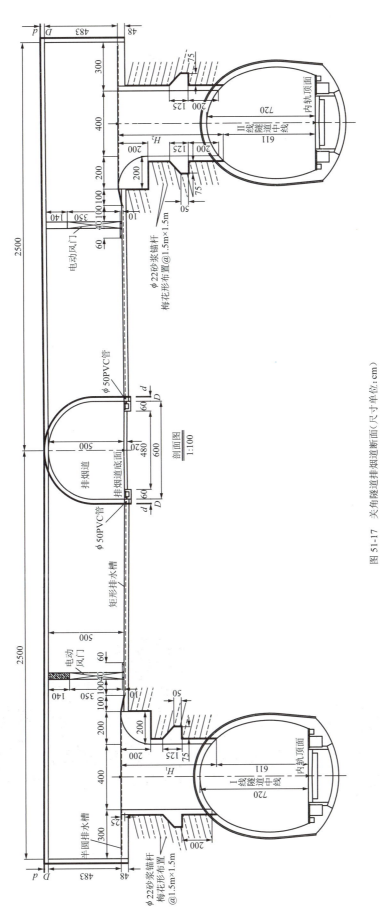

图 51-17 关角隧道排烟道断面（尺寸单位：cm）

51.3.3 双洞隧道隧道口紧急救援站

1）紧急救援站设计

隧道口紧急救援站应首先选择明线长度大的隧道口,其次选择洞口下方交通方便的隧道口,并设置停车引导标识。采用洞口横通道加密型,长度小于 250m 时应设置防灾通风。

2）救援站长度

隧道口紧急救援站的长度应为明线段与两端洞口段长度之和,且明线段与任意一端隧道长度之和不小于列车长度,救援站布置如图 51-18 所示。

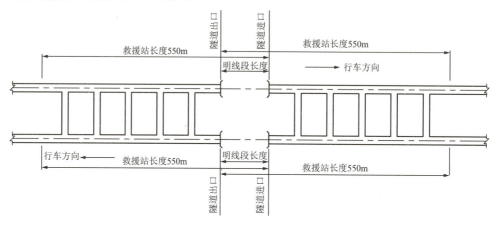

图 51-18　双洞隧道隧道口紧急救援站平面布置

51.3.4 单洞隧道隧道口紧急救援站

1）紧急救援站设计

隧道口紧急救援站应首先选择明线长度大的隧道口,其次选择洞口下方交通方便的隧道口,并设置停车引导标识,选址可参考宝兰高铁晁峪隧道口紧急救援站,如图 51-19 所示。明线段长度大于 250m 的隧道群,一般选用洞口疏散型;小于 250m 的隧道群,一般选用洞口辅助坑道型,并设置机械防烟通风。

a)　　　　　　　　　　　　　　b)

图 51-19　宝兰高铁晁峪隧道口紧急救援站

2）救援站长度

隧道口紧急救援站的长度应为明线段与两端洞口段长度之和,且明线段与任意一端隧道长度之和不小于列车长度,救援站布置如图 51-20 所示。

图 51-20　单洞隧道隧道口紧急救援站平面布置

51.3.5　紧急出口（避难所）

1）紧急出口

应结合辅助坑道设计，并优先选择平行导坑或横洞。

紧急出口用于非火灾（如脱轨等）列车无法到达紧急救援站而随机停车的工况下的人员疏散，此时列车距离隧道口较远，从紧急出口疏散更容易到达洞外。这种紧急出口是一种非火灾工况下的安全储备性质的逃生出口，因此沿隧道纵向并没有设置间距或最小间距方面的规定，《铁路隧道防灾疏散救援工程设计规范》（TB 10020—2017）规定紧急出口一般利用施工辅助坑道设置，以体现经济合理的原则。

由于平行导坑约每 500m 有一横通道与隧道正洞相连，而且平导纵坡小，横洞是向洞外下坡的辅助坑道，因此平行导坑和横洞作为紧急出口相比斜井和竖井更有利于人员疏散，故在有条件的情况下优先选择平行导坑或横洞。利用斜井设置紧急出口时，规定长度不宜大于 500m；利用竖井设置紧急出口时，规定垂直高度不宜大于 30m。

2）避难所

设置避难所的辅助坑道断面净空尺寸不宜小于 4.0m×5.0m（宽 × 高），避难所内应设置待避区，待避面积不宜小于 $0.5m^2$/人。

避难所与紧急出口类似，是利用斜井或竖井设置的疏散工程。前述中，利用斜井设置紧急出口时，规定长度不宜大于 500m；利用竖井设置紧急出口时，规定垂直高度宜小于 30m，主要是考虑到疏散中存在多种类型的人群，如老人和小孩，如果长距离爬坡，可能存在体力不支的现象，因此当斜井长度超过 500m，竖井高度超过 30m 时，应设置待避区，以保证疏散安全，避难所与紧急出口的最大区别是对避难所的结构尺寸及待避区面积做出了最小要求。

3）结构设计

（1）地下水较发育的紧急出口（避难所）宜设计为双侧水沟，路面应设置不小于 2% 的路拱。

（2）隧道施工完成后，应对路面进行整理并打毛，以防滑。

（3）衬砌结构应以喷锚衬砌为主，辅助坑道完成施工后，应复喷 5～8cm，以加强结构耐久性。

4）配套设施

紧急出口及避难所内应设置通风、应急照明、应急通信、监控等设施，通风设计仅为换气，供电按二级负荷设计。某隧道避难所平面布置如图 51-21 所示。

一级供电负荷要求为用电设备提供可靠的二路电源，以便在正常电源断电时，能及时进行电源切换而不对应急疏散造成影响。二级供电负荷则不要求二路电源，《铁路工程设计防火规范》（TB 10063—2016）规定，隧道消防用电应为一级负荷，是针对火灾工况制定的，《铁路隧道防灾疏散救援工程设计规范》（TB 10020—2017）则对疏散工程的功能定位进行了重大调整，紧急出口、避难所、横通道适用于非火灾工况下的旅客疏散,因此不需要设置采用一级供电负荷。这项规定在经济不发达的艰险山区有很重要的经济价值,在经济不发达地区,如果按一级供电负荷设计紧急出口通风供电,有时供电线路长达几十千米,投资超过千万元,而按二级负荷设计时,则仅采用铁路供电即可,经济效益明显。

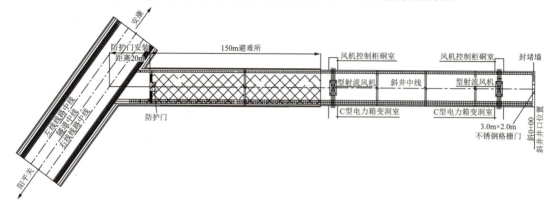

图 51-21　避难所平面布置示意

51.3.6　应急指挥及配套机电设施设计

1）应急指挥

（1）隧道防灾疏散救援应设置防灾救援指挥中心,以统一指挥防灾疏散救援工作,示意如图 51-22 所示。

（2）防灾救援指挥中心拥有最高指挥权限,所有的应急指挥命令均应通过防灾救援指挥中心下达,必须设置操控终端,以直接监控现场的应急设备。

（3）防灾救援指挥中心应设置视频监控终端及应急通信设备。

（4）特长隧道、隧道群两端的车站应设置操作终端。

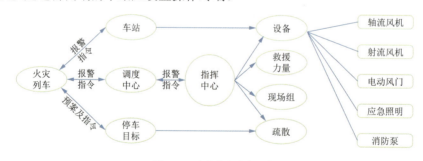

图 51-22　应急指挥流程示意

2）配套机电设施

（1）配套机电设施主要包括防灾风机、电动风门、应急照明、应急通信、设备监控、应急供电等。

（2）防灾风机主要包括射流风机和轴流风机,有专用风道时可采用轴流风机,因其效率最高,如排烟风机。与人员或其他设备合用通道时,可采用射流风机,如隧道内设置的供风风机。

（3）紧急救援站的疏散横通道应设置电动风门,以防风压影响防护门的启闭而影响疏散。

（4）所有疏散路径上均应设置指示标志,用于指示疏散方向。每隔 100m 左右的指示标志应加标此外分别距洞口或紧急救援站、紧急出口、避难所等两个方向的距离。

（5）隧道应急通信设施应能实现救援指挥人员与事故现场人员、抢险人员之间的语音、图像通信等功能。

（6）隧道口、紧急救援站、紧急出口和避难所应设置视频采集点。隧道内紧急救援站应在紧急救援站进出口端各设一组视频采集设备。

（7）隧道内的防灾救援设备应设监控系统，并具备远程监控功能。设备监控系统应在防灾救援指挥中心和对应的车站设置操作终端。

（8）紧急救援站防灾救援设备的供电应采用一级负荷供电标准，其他采用二级负荷供电标准。

（9）紧急救援站应设置水消防系统。隧道内紧急救援站宜采用细水雾消火栓灭火系统；隧道口紧急救援站宜采用高位水池或独立加压的消火栓灭火系统。

（10）紧急救援站范围的接触网应具有独立停电功能。

51.4 防灾疏散救援预案

国内外的隧道火灾对策预案中，首先考虑是否能将火灾列车拉出隧道进行疏散和消防，其次再考虑在紧急救援站进行疏散救援，以下为欧洲、日本及我国比较典型的防灾疏散救援预案。

51.4.1 英法海峡隧道

1）设施

英法海峡隧道由 3 条隧道和两个终点站组成，中间辅助隧道（直径为 4.8m）用于两运营隧道的维修和救援。两行车隧道之间每隔 375m 设一横向通道（直径为 3.3m）与辅助隧道连接，在整个隧道中设 4 个交叉渡线以连通两条行车线路，同时配备了复杂的通风系统和机电设施，隧道整体布置如图 51-23 所示。[1]

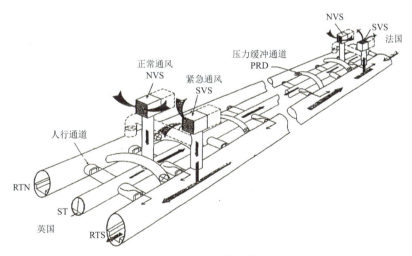

图 51-23　英法海峡隧道整体布置

2）预案

列车发生火灾时，一般能行驶 30min，火灾列车的第 1 预案是隧道外的终点站消防股道，在隧道外进行疏散和消防，发现火灾的同时，旅客从着火车辆疏散到相邻的安全车辆；第 2 预案是人员集中到能够行驶的车辆中，火灾列车摘挂；第 3 预案是列车无法驶离隧道，在隧道内利用横通道进行疏散。

利用横通道疏散后，通过另外一管隧道的列车把旅客运送至隧道外地面，也可以通过辅助隧道运输系统（STTS）撤离旅客或把伤员运送至医院。海峡隧道总共有 24 辆 STTS 车辆，主要用于运送维修人员、消防队等救援力量。

51.4.2 圣哥达隧道

1）设施

在赛德润（sedrun）和法意多（faido）设置 2 座多功能车站,如图 51-24 所示。多功能车站间距约 20km,内设紧急救援车站、通风站和 2 条渡线。每一个救援车站长 450m,有宽约 2m 的站台。沿紧急救援站等距离设置 6 条疏散横通道,装备了逃生门。在救援站顶部设置了 7 座排烟竖井,它们可以通过废气闸门进行密封。隧道中每隔 325m 设一个横通道[2]。

2）预案

列车发生火灾时,火灾客运列车的第 1 预案是火灾列车尽量拉出隧道或到应急车站停靠;第 2 预案是在列车无法实现预案 1 时,在隧道内利用横通道进行疏散。

（1）火灾货运列车不允许在隧道内停靠。

（2）在隧道内疏散后,通过另外一管隧道的列车把旅客运送至隧道外。

（3）在隧道口设置特别装备的救援列车,制定简单、标准的紧急管理程序并定期演练。

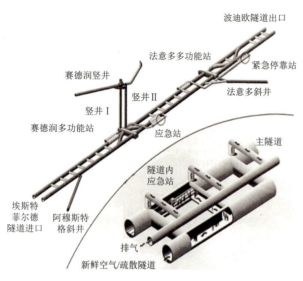

图 51-24　圣哥达隧道多功能车站示意

51.4.3 青函隧道

1）设施

青函隧道内设两处避难车站,如图 51-25 所示。青函隧道由 3 条隧道组成,主隧道全长 53.85km（其中海底部分 23.3km,陆上部分本州一侧为 13.55km,北海道一侧为 17km）。除主隧道外,还有两条辅助坑道：一是调查海底地质用的先导坑道；二是搬运器材和运出渣土的作业坑道（两条坑道高 4m、宽 5m,均处在海底）。施工完成后先导坑道用于换气和排水；作业坑道则用作列车修理和轨道维修的场所。平行导坑与正洞的中线间距 30m,两者之间每隔 600m 用横向通道连接[3]。

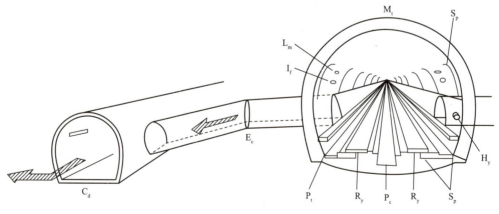

a）避险车站结构

M_t- 主洞；P_f- 站台；E_c- 联络通道；C_d- 诱导路；S_p- 洒水器；H_y- 给水栓、消火栓；L_m- 照明设备；I_f- 情报、联络设备；P_c- 中央通道；R_y- 轨道

图　51-25

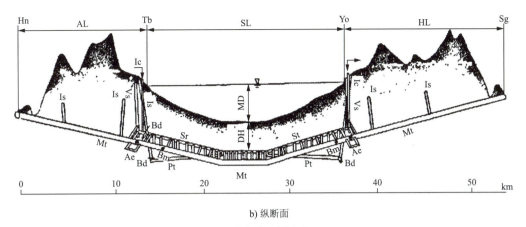

b) 纵断面

SL- 海下隧道(L=23.3km);AL- 青森县侧陆地部分(L=13.55km);HL- 北海道侧陆地部分(L=17km);Hn-Hamana, TP-Tappi, Yo-Yoshioka, Sg-Sengen;Mt- 主隧道;Pt- 导洞;St- 服务隧道;Is- 斜井;Vs- 垂直竖井;Ic- 电缆斜井;MD- 沿线最大海水深度(M_D=140m);MH- 距海底最小深度(D_H=100m);Bd- 排水区(泵送);Ae- 紧急车站;Bm- 铁路维修区

图 51-25 青函隧道避险车站结构示意

在函馆设指令中心,对列车的运行实施监控,还在隧道内建有两座避难车站和 8 个热感应点,装有火灾探测器、自动喷水灭火装置、地震早期探测系统、漏水探测器等设备。

2)预案

第 1 预案是列车发生火灾后,如能在 15min 以内驶出隧道,应继续运行,拖出隧道,停在最适合乘客避难道位置。第 2 预案是列车可迅速就近驶入避难车站,乘客到能收容上千人的避难所或倾斜坑脱离险境,人员通过自救或救援撤离到达地面。第 3 预案是列车无法驶入避难车站,乘客通过横通道到达平导,然后通过自救或救援撤离到达地面。

51.4.4 岩手一户隧道

1)设施

利用施工中的斜井(3 处)作为避难用。在斜井附近的火灾对策设备的配置如图 51-26 所示[4]。

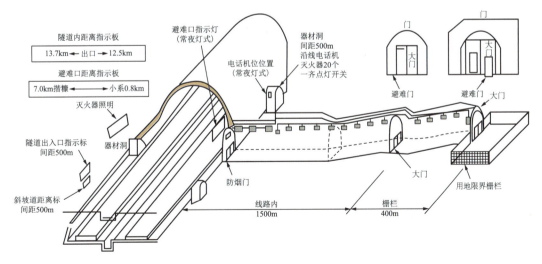

图 51-26 岩手一户隧道避难坑道

2)预案

新干线第 1 预案:如果列车在隧道内发生火灾,要将列车开出洞外,并停到最适合乘客避难的位置,

这是减小乘客灾害的最有效措施;第 2 预案:如果着火列车无法驶离隧道,可以利用施工期间的斜井等辅助坑道改造后作为避难通道。

51.4.5 关角隧道

1)设施

关角隧道为双洞单线隧道,在隧道中部设紧急救援站 1 座,紧急救援站长 550m,横通道间距 50m。救援站以外每 420m 设横通道 1 座。按技术体系配备了安全辅助设施(图 51-9)。

2)预案

第 1 预案:如果列车在隧道内发生火灾,要将列车开出洞外进行疏散;第 2 预案:如果刚进入隧道,发生火灾,应驶向隧道中部的紧急救援站,在紧急救援站进行疏散;第 3 预案,列车发生其他灾害失去动力,在隧道内停车,利用横通道进行疏散。

首选由隧道附近线路运行的列车临时担当救援列车;其次可由摘挂后的列车担当救援列车;再次可由柯柯救援列车配以备用车辆担当救援列车[5]。

51.5 防灾疏散救援技术的研究方向

随着西部艰险山区铁路的继续修建,超长隧道必然会越来越大,隧道长度会越来越长,防灾疏散必然会成为重点关注的问题。针对隧道内发生火灾的工况,国际上均采用了定点停车疏散与救援的思想,但同时还考虑了火灾列车失去动力的极端情况,这导致国内外许多消防、运营部门怀疑,列车着火后是否能够安全及时的到达隧道外停车点或紧急救援站?因此,防灾疏散救援工程应重点研究以下技术:

(1)列控系统引导火灾列车停车技术。主要研究在列控系统纳入紧急救援站位置信息,使车载设备的 DMI(人机操作界面)中能显示列车位置距离紧急救援站的距离,从而实现引导列车按预案停车的需要。

(2)列车发生火灾后的风险评估技术。主要研究设计紧急救援站、紧急出口、横通道等疏散工程后发生火灾风险事件(即无法到达紧急救援站)的概率和后果等级,用于解释发生火灾后疏散工程是否可以保证疏散和救援安全,也为特长隧道单双洞方案的决策提供理论依据。

(3)紧急救援站通风排烟技术。对火灾列车在隧道内紧急救援站停车后三维空间内烟气扩散及与疏散进行耦合研究,用于统一防灾通风排烟设计方法及风机响应办法。

本讲参考文献

[1] 郭树棠. 英法海峡隧道的安全措施 [J]. 铁道工程学报,1996,49(1)82-86.

[2] 曾满元. 瑞士圣哥达山底隧道的通风防灾技术 [J]. 高速铁路技术,2010,1(3)42-46.

[3] 李法昶. 日本青函隧道的防灾调度及防灾设施——赴日研修报告 [J]. 铁道工程学报,1993,(02):109-114.

[4] 田村荣二郎. 日本长大铁路的构成与设备 [C]//2006 中国高速铁路隧道国际技术交流会论文集. 北京:中国铁道出版社,2006:255-261.

[5] 中铁第一勘察设计院集团有限公司. 青藏线西宁至格尔木段增建第二线关角隧道防灾救援、疏散与通风工程 [R]. 西安,2014.

TUNNEL DESIGN
THEORY AND METHOD
隧道设计理论与方法

第八篇　Eighth chapter

工程设计实例

第 52 讲　关角隧道
第 53 讲　高黎贡山隧道
第 54 讲　狮子洋隧道
第 55 讲　西秦岭隧道
第 56 讲　港珠澳大桥沉管隧道设计

第52讲

关角隧道

关角隧道位于青海省海西州境内，是青藏铁路西宁至格尔木增建二线的重点工程，平均海拔3600m，为我国目前运营的高海拔第一长隧，也是世界高海拔第一长隧。隧道修建中克服了高原长距离施工通风、区域性宽大断裂带变形、长大段落高压富水带涌水、高原特长隧道运营安全等多项技术难题，并形成了高海拔特长隧道修建成套技术，项目荣获国际隧协（ITA）重大工程奖、菲迪克（FIDIC）优秀工程奖、青海省科技进步一等奖、中国铁道学会科学技术一等奖、中国建筑业协会和施工企业协会科学技术一等奖、中国土木工程詹天佑奖等多项国内外奖项，取得发明专利6项，实用新型专利23项，国家级工法1项。

本讲主要介绍关角隧道方案比选、技术难题及解决方法、取得的效果等，以便为其他类似特长隧道提供技术参考。

52.1 工程概况

52.1.1 隧道概况

关角隧道全长32.69km（进口高程为3380.26m，出口高程为3324.05m），设计为两座平行的单线隧道，线间距40m，均位于直线段上。隧道进口段为8‰的上坡，在岭脊设过渡坡段后，以9.5‰的坡度连续下坡。设计旅客列车行车速度目标值为160km/h，隧道轨面以上净空横断面面积不小于42m²，隧道净空高度720cm，采用双块式无砟轨道。共设置15350m/11座斜井，最长斜井（6号斜井）长2825m，泄水洞长8060m。关角隧道是我国首座长度突破30km的铁路隧道，为目前国内已投入运营的最长的铁路隧道，也是世界高海拔第一长隧。

关角隧道于2007年11月6日开工建设，2014年12月28日开通运营。关角隧道的建成，将该段越岭线路缩短了约37km，列车的运行时间由2h缩短为20min。关角隧道平面如图52-1所示。

52.1.2 工程地质和水文地质概况

关角隧道地处青藏高原，最大埋深910m，隧道区岩性复杂、构造发育，沉积岩、岩浆岩、变质岩三大

本讲执笔人：张旭珍，程磊.

岩类均有分布,通过区域性断裂3条,次级断裂14条,其中以F3断层为主、包括其他5条断层共同组成的二郎洞断层束长达3000m,施工中发生了较为严重的变形,最大水平收敛达到了505.7mm。岭脊地段通过长达10km(双延长)的富水灰岩地段,岩溶裂隙水极为发育,施工中总正常涌水量达到了24万 m^3/d。关角隧道纵断面如图52-2所示。

图 52-1 关角隧道平面图

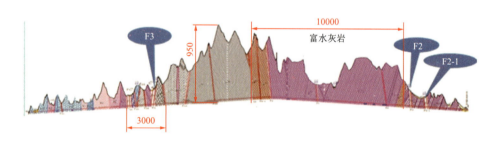

图 52-2 关角隧道纵断面图(尺寸单位:m)

52.1.3 工程特点和难点

关角隧道存在以下特点和难点:

(1)自然环境极其恶劣。隧道位于青藏高原,高寒缺氧,最大埋深910m,独头施工通风距离达5000m,洞内氧气含量低,仅为平原地区的60%,严重影响作业人员职业健康和机械设备效率,施工环境保障面临极大挑战。

(2)地质条件极其复杂。隧道通过3条区域性宽大断裂带,具极高地应力,变形控制难度大;岭脊段穿越长10km的高压富水灰岩地层,风险极高。

(3)高海拔特长隧道的运营通风、防灾救援及旅客疏散等运营安全技术均无成熟的经验可借鉴。

52.2 隧道总体设计

52.2.1 线路方案的比选

前期研究中,关角隧道进行了多个线位、多种纵坡方案的比选,主要有隧道长度分别为13km、21km、28km、32km 的 4 个越岭方案。经初步比选,重点对相对更有价值的C21K方案(越岭隧道长21.02km)和C32K方案(越岭隧道长32.69km)两个方案进行了详细的论证、比选。

关角越岭线路方案示意见图52-3。

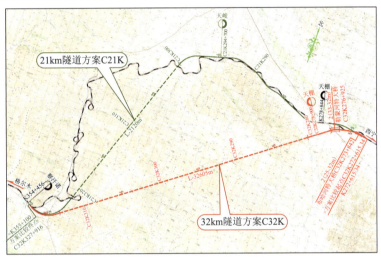

图 52-3 线路方案示意图

1)线路方案综述

比较段内两方案的基本概况详见表52-1。

方案概况表　　　　　　　表52-1

	比较项目	C32K 方 案	C21K 方 案
1	线路条件	线路长 45.18km,更加顺直,缩短运营线路 36.82km。隧道采用"人"字坡,有利于施工和运营排水,少设车站一处,与既有线无干扰,仅与茶卡支线交叉 2 次	线路长 49.13km,顺直,缩短运营线路 26.54km。隧道采用单面坡,施工和运营排水较困难,与既有线交叉 8 次、与茶卡支线交叉 2 次,施工干扰大
2	隧道长度	32.69km	21.02km
3	主要地层	志留系板岩、变质砂岩、三叠系砂岩、灰岩、二叠系灰岩、砂岩、石炭系变质砂岩、片岩、大理岩、板岩、下元古界混合片麻岩、混合岩及华力西期花岗岩、闪长岩	三叠系砂岩、灰岩、二叠系灰岩、砂岩、石炭系变质砂岩、片岩、大理岩、板岩、下元古界混合片麻岩、混合岩及华力西期花岗岩、闪长岩
4	通过各断层长度	共通过断层17条,其中区域性断层2条,破碎带宽2780m	隧道共通过断层9条,破碎带宽1430m
5	围岩级别及长度	隧道围岩分级以Ⅲ级、Ⅳ级围岩为主,Ⅱ级围岩长 2420m,约占 7.4%;Ⅲ级围岩长 7240m,约占 22.2%;Ⅳ级围岩长 17425m,约占 53.4%;Ⅴ级围岩长 4890m,约占 15.0%;Ⅵ级围岩长 630m,约占 1.9%	隧道围岩分级以Ⅳ级围岩为主,Ⅱ级围岩长 2015m,约占 9.59%;Ⅲ级围岩长 4805m,约占 22.86%;Ⅳ级围岩长 11665m,约占 55.49%;Ⅴ级围岩长 3410m,约占 16.20%;Ⅵ级围岩长 270m,约占 1.28%
6	水文地质	通过贫水区7205m,弱富水区7620m,中等富水区17780m,预测隧道可能正常涌水量46845.4m³/d,可能最大涌水量91663.7m³/d	通过贫水区4770m,弱富水区5800m,中等富水区10450m,预测隧道可能正常涌水量28168.2m³/d,可能最大涌水量54809.1m³/d
7	辅助坑道设置	设置斜井 15.903km/10 座,长度大于 2500m 的斜井有 2 座	设置斜井 16.54km/8 座,长度大于 2500m 的斜井有 3 座

2）隧道各方案工程地质条件综合分析与评价

（1）两方案进、出口地质条件来看，C21K方案进口引线分布有深季节冻土，隧道进口均为第四系地层覆盖，C21K方案通过的第四系地层相对短一些；出口除C21K方案右线出口基岩裸露外，其余均第四系地层覆盖，两方案相差不大。

（2）从地质构造分析，两方案均通过区域性大断裂——二郎洞断裂，但C32K方案还通过另一条区域性大断裂——菜挤河断裂，从通过的断层数量及破碎带宽度来看，C21K方案相对较好。

（3）从围岩分级来看，两方案围岩分级均以Ⅳ级围岩为主，两方案相差不大。

（4）从水文地质条件分析，C21K方案通过中等富水区10450m，约占隧道长度的49.71%，预测正常涌水量28168m^3/d；C32K方案通过中等富水区17780m，约占隧道长度的54.53%，预测正常涌水量46845m^3/d，C21K方案中等富水区所占的比例相对较小。

因此，从地质条件分析，两方案本质上区别不大，C32K方案的地质条件在局部段落较C21K方案略差，但不会对隧道的施工建设造成大的影响，故推荐了线路顺直的C32K方案。

52.2.2 施工方案比选

施工图设计中，在10座斜井的基础上对两个施工方案进行了深入研究。两方案均设置了15443.4m/10座斜井，方案一（图52-4）与方案二（图52-5）的最大区别是方案一在Ⅱ线隧道设置了长9856m的平导。

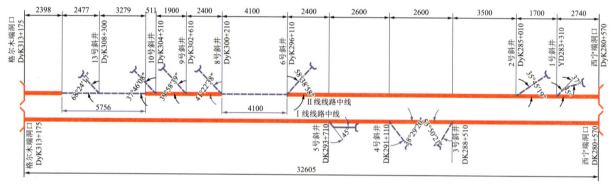

图52-4 关角隧道施工方案一示意图（单位：m）

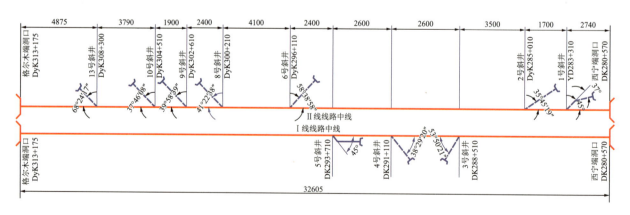

图52-5 关角隧道施工方案二示意图（单位：m）

方案一相对方案二来说，具有以下优点：

（1）方案一设置平导后将6号—8号斜井及10号斜井—出口间Ⅱ线的贯通时间分别较方案二提前7.4个月及12.9个月，缓解了横通道施工Ⅰ线的压力。

（2）方案一设置平导将10号斜井—出口间Ⅱ线提前贯通，可以极大地改善洞内隧道的施工运输，该段通过横通道施工Ⅰ线的施工运输可以根据洞内运输情况随时调整后通过隧道出口或斜井运输。

（3）10号斜井—出口间Ⅱ线提前贯通，可以缓解洞内的施工排水，节约排水费用。

（4）采用局部平导后，由于10号斜井—出口、6号—7号斜井工区段Ⅱ线提前贯通，实现了局部的空气小循环，可以改善洞内的自然风的质量，对改善工作环境有利。

（5）方案一较方案二施工风险小，工期能够得到保证。

52.3 高压岩溶裂隙水处理技术

52.3.1 岩溶裂隙水的危害

关角隧道通过三叠系、二叠系灰岩的长度约10km，斜井建井时，即遇到了涌水问题，水压高、水量大，如在4号斜井发生的一次特大涌水中，造成斜井被淹半年多，突、涌水给隧道的施工建设造成了极大的困难，灰岩地层的岩溶裂隙水始终是阻碍隧道正常、高效、安全施工的问题，也是关角隧道建设中遇到最大的地质难题。

52.3.2 岩溶裂隙水处理原则

通过现场抽水试验，在计算抽水间断时隧道的反淹长度和抽水时间，进行了涌水对开挖、支护、衬砌作业的影响及涌水造成的施工风险分析后，提出了堵排水措施的选择标准：当掌子面总涌水量超过200m³/h或单孔涌水量超过40m³/h时，进行超前注浆堵水较开挖后排水或径向注浆更加经济合理。

52.3.3 岩溶裂隙水注浆堵水技术

针对关角隧道的涌水特点，采用水泥—水玻璃双液浆在高压、大流量条件下基本无法实现后注浆堵水，为了实现岩溶裂隙水发育地层中隧道顺利建设，在关角隧道注浆堵水研究和应用中引进了两种高分子化学材料，即马丽散和HCH注浆材料。

1）高分子注浆材料

（1）马丽散堵水材料

马丽散堵水材料是一种低黏度、双组分合成高分子——聚亚胺胶脂材料，两种组分为树脂和催化剂，属高分子化学产品，马丽散浆液的特点是密度ρ与水非常相近，而且黏度μ较小，在其发生化学反应之前，流动性较好，是一种非常易于注浆和扩散的材料，材料在进入有水的裂隙及空间后，遇水即发生膨胀，快速的充填孔隙，封堵水流，达到堵水效果，膨胀系数为3～25倍（无水时膨胀系数大于3，有水时膨胀系数大于10）；材料反应时间可以根据不同的地质条件和要求调节，最短时间为十几秒。图52-6、图52-7分别为马丽散注浆前涌水和注浆效果图。

（2）HCH型注浆材料

HCH高分子水胶固结材料是一种单液树脂类材料，该材料以水为固化剂，遇水后立即发生化学反应产生气体，体积膨胀并生成一种不溶于水并具有一定强度的弹性胶状固结体，从而达到很好的止水堵漏的目的。由于固化后的高分子固结体有很高的强度，不仅可以防水堵漏，更适合于加固补强。

图 52-6 马丽散注浆前涌水

图 52-7 马丽散注浆效果

图 52-8、图 52-9 分别为 HCH 注浆前注浆后效果。

图 52-8 HCH 注浆前涌水

图 52-9 HCH 注浆效果

2）岩溶裂隙水注浆技术

（1）径向注浆或顶水注浆中用纯水泥浆进行堵水，基本无法实现，主要原因是凝固时间太长，因此，纯水泥浆不适合以岩溶裂隙水为对象的径向注浆堵水。

（2）径向注浆或顶水注浆中用水泥—水玻璃（C-S）双液浆，在水压大、流量大时很难达到预期的堵水效果，凝固时间较难掌握，注浆工序时间长，大量浆液被动水冲走，浆液损失率高，也很难实现对压力水的封堵；虽然在压力小、流量大的情况下，也可以实现注浆堵水，如 4 号斜井长大裂隙的径向注浆，但注浆难度很大。因此，C-S 双液浆也不适合以岩溶裂隙水为对象的径向注浆堵水。

（3）关角隧道施工实践证明，采用 C-S 双液浆，进行帷幕注浆时，由于施做了止浆墙和孔口阀，能够减少浆液的流失，能够实现预期的堵水目标，因此，地下水类型为岩溶裂隙水时，施工中在可能出现威胁施工安全或可能导致淹井的高压涌水时，应进行帷幕注浆超前堵水，浆液采用 C-S 双液浆。

由于 C-S 双液浆存在前述的缺陷，因此，超前帷幕注浆中在注浆初期，应采用 C-S 双液浆，当不存在漏浆、工期压力不是特别紧张时，应主要采用水泥单液浆，以增加注浆效果的耐久性。

（4）马丽散、HCH 型化学浆，流动性好、扩散范围大，遇水膨胀固化，凝固时间快，固化后结石体不收缩，能实现对微小空袭的入渗，堵水效果好，尤其适合于对散状涌水采取的径向注浆和顶水注浆封堵。因此，岩溶裂隙水环境施工中，径向注浆和顶水注浆采用马丽散、HCH 型浆液可达到事半功倍的效果，耐久性好，能达到长期堵水的目标。根据现场统计，在实施注浆堵水的段落，注浆后涌水量减少 85% 以上，达到了设计要求，可满足正常施工。

52.3.4 长大斜井辅助施工抽排水技术

1）抽水设备配备原则

（1）抽水能力应满足施工阶段的正常抽水需要。

（2）泵站的抽水能力配置应考虑一定的发生风险后的应急处理能力。

2）泵站抽水能力的计算

由于岩溶裂隙水涌水量大，持续时间长，因此，勘察期间就需要进行详细的涌水预测，提出分段涌水量预测。

（1）斜井施工中采取帷幕注浆或通过后对一些集中涌水点进行注浆堵水，可以使涌水量大大减少，根据4号斜井注浆的效果（集中涌水堵水效果可达80%）；另外，散状水及部分股状水在1年以后会出现水量衰减，因此，抽水能力计算中，斜井段水量按预测的斜井的稳定涌水量的30%（考虑注浆及衰减效果70%）考虑，其数量即为 $Q_1 \times 0.3$。

（2）考虑到目前的超前地质预报技术达不到将风险完全预报准确的水平，风险事件往往不能避免，因此，正洞工区仍然需要考虑发生一次最大涌水后的抽水能力，其数量即为 Q_2（正洞工区内预测的多个突水段中涌水量最大段落的最大涌水量）。

（3）对工区中预测的正洞的集中出水段（除 Q_2 段），也可以实施注浆堵水，堵水效果按70%考虑，其数量即为 Q_3（正洞工区内预测的多个突水段中除涌水量最大的段落（Q_2 段）外的稳定涌水量之和）$\times 0.3$。

（4）其余段落的涌水量预测值，即 Q_4。

（5）泵站抽水能力 $Q = Q_1 \times 0.3 + Q_2 + Q_3 \times 0.3 + Q_4$。

52.3.5 断裂带大变形控制技术

1）地应力及变形概况

通过水压致裂法原地应力测试和分析，关角隧道最大水平主应力的最大值为22.04MPa，在断裂带（F3）附近构造应力以高和极高地应力为主，施工中会产生局部应力集中现象。施工开挖后，在9号斜井工区F3断裂带即发生了大变形，变形达505mm。

2）隧道断面、支护形式与参数的优化研究

为了更有效地控制围岩变形，考虑水平构造应力较发育的特点，有必要进行断面形式优化，把原设计的高马蹄形断面形式，调整为大曲率边墙、似圆形的宽马蹄形断面形式，如图52-10、图52-11所示。

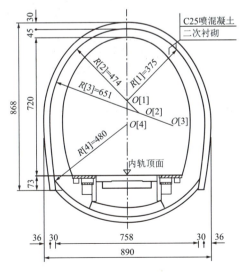

图52-10 高马蹄形断面图（尺寸单位：cm）

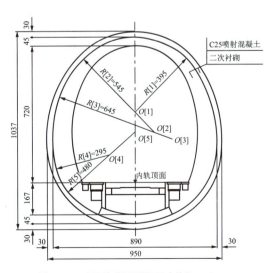

图52-11 宽马蹄形断面图（尺寸单位：cm）

数值计算结果表明，高马蹄形断面支护结构的仰拱与边墙结合部位存在较明显应力集中现象，而宽

马蹄形断面支护结构受力较均匀。相对于高马蹄形断面,采用宽马蹄形断面形式可以有效地降低围岩的收敛变形。

3)宽大断层束隧道施工技术

(1)合理的隧道断面形状

考虑水平构造应力较发育的特点,为了更有效地控制围岩变形,把原设计的高马蹄形断面形式调整为宽马蹄形断面形式,施工实践表明在高水平地应力水平区段单线隧道采用宽马蹄形断面,可以改善支护结构受力,有效控制围岩变形。

(2)支护形式与刚度

增加支护厚度可以减小隧道洞周变形,但支护结构受力状态并未得到明显改善,因此,对于深埋软弱围岩而言,单纯的增加喷层厚度不是最佳方案。对于双层支护结构,二次支护的时机应为第一层支护落底后施作。还需要加强注重方面的变形控制技术如:拱脚变形控制技术、掌子面挤出变形控制技术、超前支护技术。

52.4 高海拔缺氧条件下施工保障技术

52.4.1 斜井中隔板分割风道施工通风技术

1)通风方案的提出

据施工需要,建设中研究了斜井分割风道的施工通风技术,将斜井横断面分隔为上、下两部分,上部为半径为3.3m半圆形,作为进风通道,然后在斜井底部与正洞交汇处安装4台风机与软管形成压入式通风系统分别向4个工作面供风,如图52-12、图52-13所示。所有回风流经斜井下部6.6m×4m(宽×高)矩形通道排往洞外。

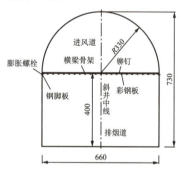
图 52-12　斜井中隔板风道示意(尺寸单位:cm)

图 52-13　中隔板效果示意

2)隔板通风的关键技术

(1)两台风机之间的距离(风仓的长度)不宜太小,否则由于风机纵向间距小,风机间的负压有很大一部分被相互抵消,会导致通风效率低下。

(2)布置风机时,应充分利用自然风的排烟作用。在格尔木工区自然风为动力,有利于排烟,西宁工区自然风为阻力,阻碍排烟。

(3)采用射流风机增压时,考虑进口40～50m长度的气流影响后,风机布设应距洞口50m以上,并且间距应大于150m,此时风机能产生较好的导向、升压效果。经计算,隔板上方射流风机采用均匀布置,间距400m一台,能取得交大的风压和风速。

（4）增强供风风道、风管的密闭性，控制漏风率，是保证通风效果的必要保障，也是一项关键工艺。

供风道内风压分布如图 52-14 所示，风速分布如图 52-15 所示。

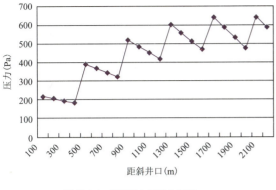

图 52-14 供风道内风压分布图

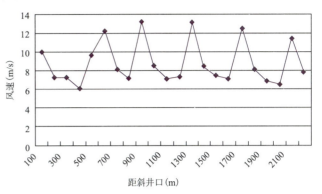

图 52-15 供风道内风速分布图

52.4.2 钻爆法斜井皮带机出渣技术

1）斜井出渣导致的建设难度

关角隧道地处高原高寒地区，在高原缺氧条件下，施工人员身体机能下降，机械设备功率降低，导致工作效率低，人员、设备投入加大，给施工组织带来了较大困难。尤其是长大斜井采用无轨内燃汽车出渣，需要长距离爬坡，从 3400m 海拔的正洞爬升到近 3700m 海拔的斜井井口，最大高差达 300m，对机械设备的耐用性、安全性将是一大考验。同时，由于内燃机械在高原缺氧环境燃烧不充分，不但效率降低，而且排放尾气的污染程度增大，进一步加大了施工环境控制难度，严重威胁安全施工生产。因此，高原缺氧环境下长大斜井出碴技术是关角隧道面临的一项施工难题。

2）皮带输送机出渣运输技术（以 7 号斜井为例）

（1）总体设计

①皮带的输送能力确定

出渣能力需求决定着皮带的输送能力（宽度和电机功率），根据关角总体施组计算，皮带输送机和破碎站的出渣能力要求达到 223t/h，选择带宽 800mm，低速 1m/s，高速 3～4m/s 的皮带输送机，出渣能力最大 278t/h，能满足关角隧道 7 号斜井的掘进出渣需要。

② 7 号斜井皮带输送机总体布置

7 号斜井皮带机出渣运输系统的井底设破碎站设置在 Ⅰ 线正洞，井身皮带输送机安装在斜井左侧地板上，井口设渣土转运装置，其纵向及平面布置如图 52-16、图 52-17 所示。

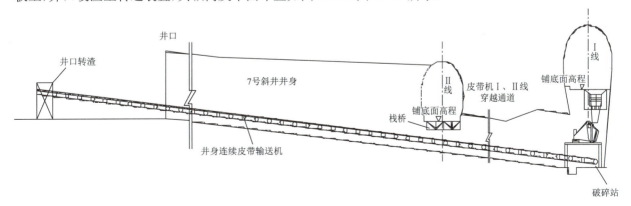

图 52-16 7 号斜井皮带输送机纵向布置示意

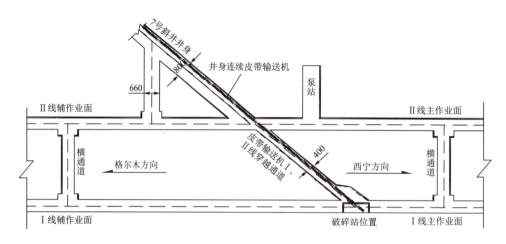

图 52-17　7号斜井皮带输送机系统井底平面布置示意(尺寸单位:cm)

(2)井底破碎站

井底破碎站的方案选择以求达到效率相对最高、经济相对最合理。通过从平面位置、喂料方式、综合影响等多方面比选后,选择了设置在Ⅰ线正洞底部的方案,如图52-18～图52-20所示。其优点是对交通运输影响很小,可以保证西宁和格尔木两个方向开挖面的出渣互不干扰,破碎站空间较大,既便于维修和操作,又便于卸渣和喂料,可靠性较强;缺点是土建工作量大,对围岩扰动很大,不利于在软弱围岩地段施做,降尘降噪不便,对洞内环境有一定影响。

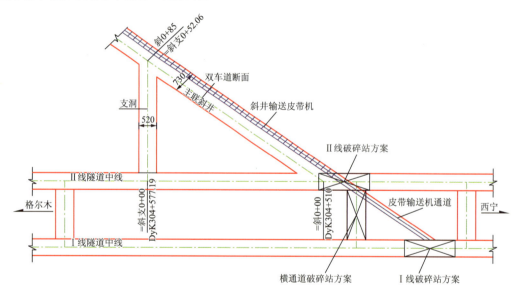

图 52-18　井底破碎站平面位置图(尺寸单位:cm)

(3)斜井皮带输送机设置

斜井皮带输送机设置从安装部位到施工环节共分为斜井井身、井底与正洞交叉口、穿越Ⅱ线和两线之间皮带机通道四部分。

①斜井井身皮带输送机架设在左侧底部。占用断面宽度170cm(包括安全距离50cm),高度120cm左右。

②由于破碎站设置在Ⅰ线,为了使皮带输送机无折点到达破碎机下料口,同时不影响斜井底部和Ⅱ线正洞的交通运输,对斜井井身与正洞交叉口前20m范围内进行开槽处理。

③皮带机下穿Ⅱ线时设置栈桥,将该段范围的仰拱加深,边墙拱脚也相应接长。

④两线之间开挖皮带输送机洞室,采用适宜的装载机,出渣的断面为400cm×450cm。

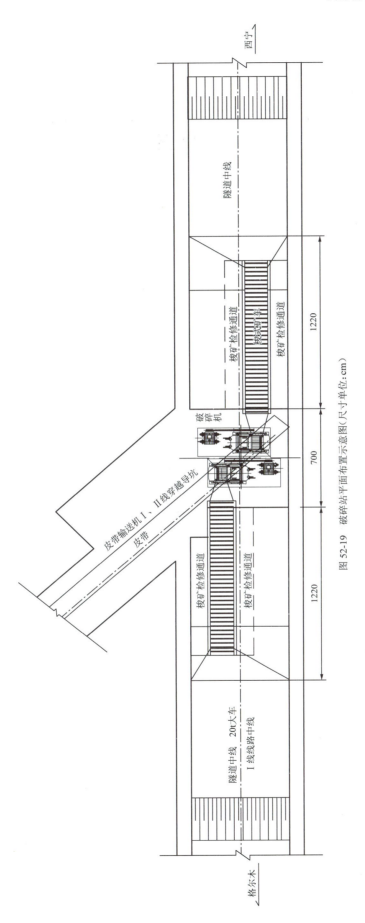

图 52-19 破碎站平面布置示意图(尺寸单位:cm)

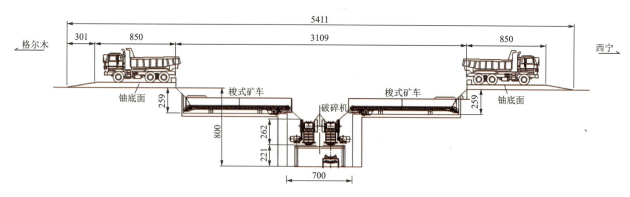

图 52-20 破碎站剖面布置示意图（尺寸单位：cm）

（4）洞外转运设备

7 号斜井洞外安设卸料装置，将皮带机输出的渣土直接卸载到汽车上运至渣场。

钻爆法施工隧道长大斜井皮带机出渣技术的成功应用，不但推动了隧道施工出渣运输技术的发展，在安全、环保和节能减排等方面也取得了良好的效益。

采用长大斜井皮带输送机出渣技术后，自卸式汽车数量大大减少，交通运输事故率明显降低；减少了内燃汽车的使用数量，减少了尾气排放，改善了洞内施工环境降低了通风能耗；采用斜井皮带输送机出渣运输相对柴油汽车比较节能；进度优势明显，经测算，7 号斜井每延米出渣可节约 0.6h，施工时间累计可节约 5.6 个月。

52.4.3　机械化配套

1）高原型工程机械的特殊要求

随着海拔的升高，大气压力、空气密度和含氧量随之减少，气温也随之下降。因此，高原型工程机械从动力、液压系统的制造及其所用原材料等均与平原地区的工程机械有很大差别。根据前阶段改装、设计经验教训及调研情况，对高原型工程机械至少应考虑下述特殊要求：

（1）需要风冷增压型发动机和多级滤清或湿式空气滤清器

高原低气压、含氧量低，发动机工作条件恶化，发动机功率随着海拔高度的增大而显著降低，因而必须采用增压型发动机，保持发动机功率基本不变。高原地区多风、富沙，对发动机的进气过滤也有特殊要求。

（2）配置更有效的低温启动装置

高原上的低温启动要求不同一般寒区那样，仅是要求低温启动，而是在严重缺氧条件下的低温启动，在 -5℃ 时就需要考虑低温启动措施，更不用说高原大部分 -20℃ 气温时的启动。

（3）提高液力、液压系统的流动性和散热性

高原条件下，发动机、变矩器、液压系统的最佳匹配设计点发生变化，变矩器长时间在低效区工作，产生的热量加上高原稀薄空气散热能力下降，密封件密封性能降低，因而需要对整机液体、液压系统进行改进，使其散热能力增强。

（4）使用低温油料和防冻冷却液

使用低温油料，并在液压油和冻却液中加装防冻剂，以便各系统运行温度能够符合现场工作条件。

（5）驾驶室的要求

驾驶室的密封、保暖以及操作的舒适程度应予以重视。

2）大型工程施工机械配套的要求

工程机械高原型、大型化，设备自身具备良好的高原适应性；实现整体机械良好配套，以满足工程总

体工期以及每年有限施工工期的需要;主体工程机械与高原专用设备配套,以满足保障人员健康、工程质量等要求。

高原、严寒的恶劣环境也给工程机械带来了功率下降、故障增多、性能改变等问题。同时因冻土保护需要,又对工程机械性能及作业方式提出了特殊要求。隧道施工设备选型配套是隧道施工的重要环节,关系着各单机效率和全套机械设备整体效率的发挥,影响着隧道施工的效率、质量和效益。而这种恶劣的气候环境和冻土地质环境,隧道施工无先例,更无隧道施工设备选型配套经验。

在认真研究隧道工程概况和环境要求,反复调研,并经专家论证,提出高海拔、高寒区隧道施工设备配套原则,也指出了设备技术改造和科技攻关的方向,其主要技术原则为:

(1)适应性

根据高原严寒的恶劣气候环境和冻土地质环境,隧道施工常用和高原专用设备首先要求:设备能在高海拔下正常运行,即高原型,且能在严寒气温条件下正常工作。

(2)常用设备机械化、大型化和新型化

隧道施工主要作业和辅助作业力求提高机械化作业程度,提高机械利用率,减轻作业人员劳动强度。多选电动设备和风动设备,少用内燃设备;多选用大型设备,少用小型设备;多选用新设备,少用或不用旧设备。

(3)高原专用设备配套

恶劣的气候环境和冻土地质特殊环境,隧道施工应遵循"以人为本,改善洞内环境、保护冻土"的技术原则,配置必要制氧与供氧设备,保证所有施工作业人员呼吸到医用氧气;配置必要的人员及防寒、保暖设备;洞内环境升温与控制系统等。选用的高原专用配套设备如图52-21~图52-24所示。

(4)施工能力

根据环境特点、工期要求测算所需设备的施工能力。也就是说设备配备所具有的施工能力,必须在恶劣环境下,达到工期要求的施工进度。要求设备的生产能力、数量充足且配套完善。合理的设备配备,要把工期要求和经济效益这一对矛盾尽量地统一起来,用最少的设备投入来完成施工计划,保证工期要求,创造良好的经济效益。

图52-21 扒渣机

图52-22 运输汽车

图52-23 装载机

图52-24 挖掘机

52.5 运营通风和防灾救援设计

52.5.1 运营通风技术

关角隧道有两个显著特点。一是隧道长，关角隧道全长 32.69km；二是隧道海拔高，关角隧道位于海拔 3300m 以上。一个隧道同时存在这两个特点的在世界上只有关角隧道。

1) 高海拔地区有害气体毒性计算方法

高海拔地区的空气含氧量见表 52-2。

青藏铁路沿线地区的空气含氧量（20℃时） 表 52-2

海拔高度 h（m）	0	2828	3649	4292	4507	4533	4800	5072
含氧量 ρ（g/m³）	281.1	199.1	179.4	165.2	160.8	160.2	154.9	149.6
相当于平原地区的空气含氧量（%）	100	71	64	59	57	57	55	53

关角隧道建于高海拔地区，低压、缺氧气候条件对人的影响很大。无论是从体积分数的衡量方式或从人体吸收的有害剂量来看，在高海拔地区有害气体所产生的影响约是平原地区的 1.3～1.5 倍。

2) 有害气体及粉尘容许浓度值确定

综合比较国内外各种有害气体控制标准，主要控制有害气体为一氧化碳、氮氧化物（换算成 NO_2）和粉尘，考虑高海拔情况下，有害气体毒性较平原地区增加 1.3～1.5 倍，将对不同海拔高度有害气体容许浓度建议值见表 52-3，粉尘卫生标准建议值见表 52-4。

有害气体容许浓度建议值 表 52-3

海拔高度	有害气体最高容许浓度（mg/m³）		
	CO	NO_2	O_3
平原地区	30	5	0.3
海拔 2000～3000m	20	3.93～3.47	0.3
海拔 3000～4000m	15	3.47～3.05	0.2
海拔 4000m 以上	12	<3.05	0.2

隧道粉尘卫生标准建议值 表 52-4

海拔高度	最高容许浓度（mg/m³）		
	石英粉尘（$M_{SiO_2}<10\%$）	石英粉尘（$M_{SiO_2}>10\%$）	动植物性粉尘
平原地区	8	2	2
海拔 2000～3000m	8	2	2
海拔 3000～4000m	5	2	1
海拔 4000m 以上	5	2	1

3) 关角隧道逐月自然风预测计算结果

本研究确定采用有限体积法的 FLUENT 商业软件。FLUENT 中可采用的紊流模式有 20 余种，在比较各种紊流模式的效果后，采用高雷诺数的 κ-ε 即 KE-EP 模式。

（1）计算模型

根据关角隧道Ⅱ线隧道实际几何尺寸建立 1:1 隧道模型，并在进出口各加上 50m×50m×50m 的外部空气流场。由于隧道的物理外形以及所期望的流动的解具有镜像对称特征，为减少计算所需的时间,只取模型 $x>0$ 的部分考虑。

图 52-25 为计算模型示意图。

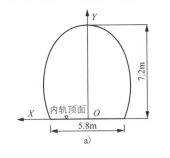
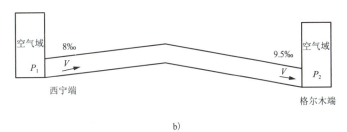

图 52-25 计算模型示意图

(2) 计算结果

① 不考虑温度断面速度云图如图 52-26 所示。

② 考虑温度断面速度云图如图 52-27 所示。

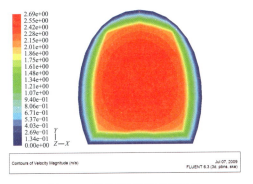

图 52-26 不考虑温度断面速度云图　　图 52-27 考虑温度断面速度云图

统计 2009 年 5 月—2011 年 3 月的气象资料,进一步根据研究得到的自然风理论计算公式计算得到关角隧道逐月自然风值,结果显示:关角隧道 2009 年 5 月—2011 年 3 月间,除个别月份外,大部分月份的月平均自然风速均在 1.5～4m/s;自然风向为,2010 年 8—11 月间自然风向为西宁端吹向格尔木端,其余时间均为格尔木端吹向西宁端。

4) 关角隧道逐天活塞风分布情况研究

计算内容主要包括单列列车运行时,Ⅰ、Ⅱ线隧道的不同活塞风风速。列车活塞风计算时,10km 及以上的隧道宜采用恒定流理论计算。Ⅰ线隧道列车由格尔木往西宁方向运行,Ⅱ线隧道列车由西宁往格尔木方向运行。单列列车运行时,Ⅰ、Ⅱ线隧道的活塞风风速计算结果如图 52-28 所示。

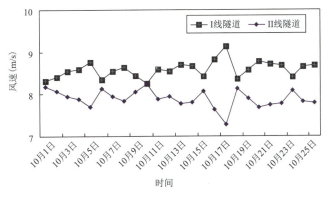

图 52-28 10 月Ⅰ、Ⅱ线隧道的活塞风风速分布图

从分析结构得出,关角隧道5—10月间,除个别天数外,大部分时段Ⅰ线隧道的活塞风大于Ⅱ线隧道,月平均活塞风速Ⅰ线隧道均在8～9m/s;Ⅱ线隧道均在7.5～8.5m/s。

5)关角隧道正常运营通风模式

由前面研究可得知,Ⅰ、Ⅱ线隧道的活塞风风速在8m/s上下波动,其中Ⅰ线隧道平均活塞风风速为8.38m/s,Ⅱ线隧道平均活塞风风速为8.1m/s。通过计算可知,Ⅰ线隧道需要5.3次列车通过,Ⅱ线隧道需要5.5次列车通过,可将隧道内空气置换一遍。根据预测的旅客列车开行方案,Ⅰ、Ⅱ线隧道每天换气次数见表52-5。

换气次数 表52-5

线 路	一次换气需要列车列数	每天通过列车列数			每天可换气次数		
		2010年	2015年	2025年	2010年	2015年	2025年
Ⅰ线隧道	5.3	7	10	13	1.32	1.89	2.45
Ⅱ线隧道	5.5	7	10	13	1.27	1.82	2.36

通过调研、分析及基于"挤压"理论的计算可以得出在关角隧道运营期间,被污染的空气在经过6趟列车的活塞风的作用下即被排出隧道,即是说对于洞内的空气最多在经历了5次列车通过后即被相对新鲜的空气所置换。因此关角隧道的正常运营通风式采用自然通风的方案,维护期间的通风方案结合防灾救援通风方案实行。

52.5.2 特长隧道防灾救援、疏散与通风技术

1)疏散救援系统

目前世界上已建的长度超过20km的山岭隧道在防灾(火)救援方面大多采用了设置紧急救援站进行疏散和救援的方案,设置紧急救援站的目的是通过紧急救援站将人员快速疏散到安全区域并能自救或通过救援到达洞外。关角隧道利用6号斜井在隧道中部设置紧急救援站一座。

本着安全可靠、技术经济合理的原则,对紧急救援站的形式进行了加密疏散横通道、疏散横通道+避难所、独立的疏散横通道和避难所、多功能救援站等多个救援站方案的比选,确定采用加密疏散横通道方案,即:在两管隧道间设12条联络横通道,间隔50m,横通道中间段作为待避区,当一管隧道发生火灾,列车停靠在紧急救援站,旅客下车后即可紧急疏散到横通道内等待救援,也可进入另一管隧道的站台等待救援。方案示意如图52-29所示。

2)紧急救援站发生火灾的通风排烟技术

采用射流风机为未起火的安全隧道加压,然后通过横通道向事故隧道供风,以保证人员能迎着新鲜风进行疏散。在隧道紧急救援站范围内隧道拱顶每100m设1座排烟竖井,通过横向排烟道连通排烟竖井与纵向排烟道,并通过纵向排烟道与6号斜井顺接,最终通过6号斜井将隧道内的烟气排入隧道外大气层中。

为了实现两座隧道共用一条排烟通道,在横向排烟道设置防烟电动风门,当Ⅰ线隧道发生火灾时,关闭Ⅱ线隧道横向排烟道的防烟风门,通过6号斜井抽排Ⅰ线隧道的火灾烟雾。当Ⅱ线隧道发生火灾时,同理。救援站排烟方案示意如图52-30所示。

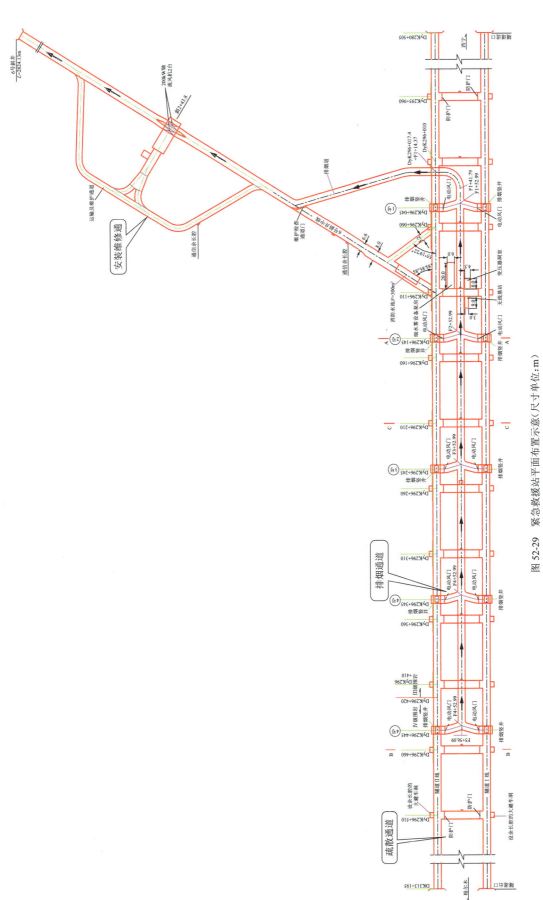

图 52-29 紧急救援站平面布置示意(尺寸单位:m)

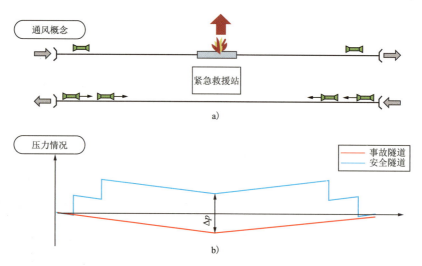

图 52-30 紧急救援站疏散的通风方案

52.6 结语

关角隧道的岩溶裂隙水处理、施工通风、皮带输送机出渣、运营通风和成套的防灾救援等关键技术，极大地推进了我国隧道技术的进步，为我国修建 30km 以上特长隧道尤其是高海拔特长隧道提供了良好的技术支持和保障。正在设计的西宁至成都铁路及规划研究中的中尼铁路、新藏铁路、拉墨铁路均属于高海拔铁路，共有隧道长度约 985km，修建中要注意以下几个方面的问题：

（1）特长隧道宜设计成"人"字坡，以达到基本不改变地下水排泄的方向，尽最大限度的保护当地的水资源。

（2）在西藏地区修建的多座铁路隧道均出现了地热现象，因此要加强地热的勘察工作。

（3）高海拔地区在条件允许的条件下，尽量采用 TBM 施工，降低施工人员的劳动强度。

（4）应加强地下水资源的保护工作，立项初期就应作为重点来开展工作。

本讲参考文献

[1] 中铁第一勘察设计院集团有限公司. 青藏线西宁至格尔木段增建第二线关角隧道预设计说明书 [R]. 西安：2008.

[2] 中铁第一勘察设计院集团有限公司. 青藏线西宁至格尔木段增建第二线关角隧道地质勘察报告 [R]. 西安：2006.

[3] 中铁第一勘察设计院集团有限公司. 改建铁路青藏线西宁至格尔木段增建第二线关角隧道可行性研究说明书 [R]. 西安：2006.7.

[4] 中铁第一勘察设计院集团有限公司. 改建铁路青藏线西宁至格尔木段增建第二线关角隧道补充初步设计说明书 [R]. 西安：2007.8.

[5] 陈绍华. 关角隧道斜井岩溶裂隙水处理技术探讨 [J]. 现代隧道技术，2010，47（1）：81-86.

[6] 钱富林. 关角隧道突涌水机理分析及处治技术 [J]. 铁道建筑，2014，（10）：52-58.

[7] 刘海荣. 关角隧道长大斜井反坡抽排水技术 [J]. 隧道建设，2015，35（6）：579-583.

[8] 沈军明. 关角隧道板岩大变形机制分析及防治措施 [J]. 铁道建筑，2013，（5）：102-105.

[9] 张旭珍. 关角隧道大变形处理技术 [J]. 石家庄铁道大学学报，2011，24（1）：17-20.

[10] 李志平，韩现民. 关角隧道碳质板岩段洞室支护体系综合评价指标研究 [J]. 隧道建设，2015，35（3）：220-226.

[11] 罗占夫,职常应,乐晟.关角隧道施工通风斜井分隔技术研究[J].隧道建设,2009,29(4):411-414.
[12] 职常应,李永生,罗占夫.关角隧道斜井皮带机运输技术研究[J].隧道建设,2009,29(6):653-657.
[13] 吉艳雷.关角隧道皮带机出渣系统设计[J].铁道标准设计,2013,(10):112-115.
[14] 中铁第一勘察设计院集团有限公司.青藏高原特长隧道修建关键技术[R].西安:2015.10.
[15] 曹正卯.关角隧道运营通风防灾技术研究[D].成都:西南交通大学,2011.
[16] 中铁第一勘察设计院集团有限公司.青藏线西宁至格尔木段增建第二线关角隧道防灾救援、疏散与通风工程[R].西安:2014.
[17] 国家铁路局.铁路隧道防灾疏散救援工程设计规范:TB 10020—2017[S].北京:中国铁道出版社,2017.
[18] 陈绍华.青藏铁路西格二线关角隧道关键技术[J].隧道建设,2016,36(3):355-372.

第53讲

高黎贡山隧道

大瑞铁路高黎贡山隧道位于云南省西部地区,长约 34.5km,为我国目前在建最长的交通隧道,也是亚洲最长的越岭交通隧道。隧道进口段采用钻爆法、出口段采用开敞式 TBM 掘进施工。洞身穿越高黎贡山横断山脉,隧址区域地形条件极为困难,是我国铁路史上首次采用超深竖井辅助坑道进行组织施工的特长隧道,施工装备专业化程度高,建井期间克服了竖向不规则裂隙水的复杂水文地质条件,施工难度极大;隧区属地下热水极为活跃的高温异常区域,洞身中部超过 10km 的区段位于高地温异常带,并有 4 处导热水断裂、2 处高烈度活动断裂等特殊构造带与隧道相交。结合本隧道的工程特点、自然环境条件及复杂的地质条件,设计采用热害综合防治技术、主副竖井布设形式、大型专业化装备综合配套系统及先进的施工方法等,形成了高地温深埋特长隧道修建的成套技术,可为今后特长隧道的设计提供参考。

53.1 工程简况

53.1.1 隧道概况

大理至瑞丽铁路高黎贡山隧道为设计时速 140km/h 的客货共线电气化铁路隧道,其地理位置如图 53-1 所示。隧道全长 34.538km,为目前我国最长的交通隧道,采用复线分期建设模式。

本隧道位于云南省保山与潞西(芒市)之间,为直线隧道,如图 53-2;洞内线路纵坡为人字坡,最大埋深为 1155m。

图 53-1 高黎贡山隧道地理位置示意

图 53-2 高黎贡山隧道平面示意图

本讲执笔人:范磊,巩江峰.

53.1.2 工程地质特征

高黎贡山隧道区域地质条件极为复杂,具有"三高(高地温、高地应力、高地震烈度)""四活跃(活跃的新构造运动、活跃的地热水环境、活跃的外动力地质条件和活跃的岸坡浅表改造过程)"集于一体的地质特征[1]。本隧道主要工程地质特征如下:

1)地形条件极为困难

本隧道穿越高黎贡山横断山脉,洞身埋深大于 500m 段落长度为 26.8km,其最大埋深达 1155m;复杂的地形条件决定辅助坑道选择十分困难。隧道进口面临怒江峡谷,地形陡峻,场地狭窄,附近有老滇缅公路蜿蜒穿梭,交通较为不便;隧道出口附近分布有国道 312 线,交通相对便利。

2)地层岩性变化频繁

隧道进口段约 14km 长度范围内主要地层岩性为侏罗系玄武岩、砂岩、泥岩、泥灰岩、灰岩,三叠系白云岩、白云质灰岩,奥陶系砂岩、变质砂岩、灰岩、长石石英砂岩,寒武系灰岩、板岩、变质砂岩、粉砂岩、千枚岩、片岩,燕山期混合花岗岩等,共 12 种地层岩性,岩层软硬不均,变化频繁。隧道出口端约 20.5km 长度范围内地层岩性以燕山期(15.5km)花岗岩为主,并分布有寒武系变质砂岩、千枚岩、片岩,志留系灰岩、白云岩夹砂岩,泥盆系白云岩、灰岩夹石英砂岩等地层,以及岩层接触带或断层角砾岩,共 5 种地层岩性。

3)地质构造影响强烈

全隧洞身共分布有 19 条断层,其中 4 条为导水热断层(裂),2 条为活动断裂。此外,洞身还分布有 2 个向斜,分别为小滥坝向斜和八零八 2 号向斜。

4)水文地质条件复杂

预测隧道正常涌水量 $17.0 \times 10^4 m^3/d$,最大涌水量为 $19.2 \times 10^4 m^3/d$。

5)高地热较发育、分布范围广

本隧道高温热害以断裂深循环型热水为主,洞身分布有帮迈-邵家寨断层、帮迈-邵家寨次级断层、怒江断层、镇安断层等 4 条导热水断裂,导热水断裂带可能出现局部热水突出,地勘预测最高水温为 50℃;受地下热水影响,地温高于 28℃ 的长度超过 10km,热害分布范围广,接近全隧总长的 1/3,其中岩温介于 28~37℃ 的热害轻微段落总长 8716m,地温高于 37℃ 中等热害段落总长 1406m。其洞身地温分布纵断面如图 53-3 所示。

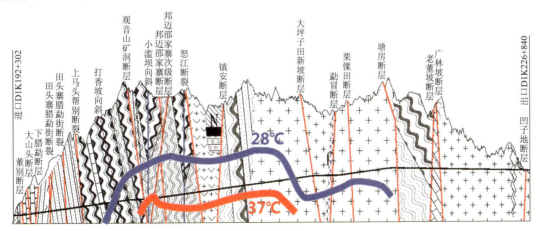

图 53-3 高黎贡山隧道洞身地温分布纵断面示意图

6)地震烈度高、活动断裂滑动速率大

本隧道位于地震烈度 0.2g 地区,洞身分布镇安断裂、勐冒断裂共 2 条活动断裂,断裂的水平滑动速率为 1.07~2.59mm/a,预计未来百年可能发生的最大震级 M=7.5 级,抗减震设计难度大。

53.2 隧道总体设计

53.2.1 施工方法的选择

隧道施工方法的选择,结合洞身段的地质条件及洞口地形条件、便道引入情况等进行综合考虑确定。

本隧道进口段 14km 洞身以沉积岩、变质岩为主,岩性变化频繁,软硬不均,受断层、向斜等构造影响强烈,且地下水极为发育,采用 TBM 施工的适应性较差。隧道进口面临怒江峡谷,地形陡峻,桥隧紧邻,洞口场地极为狭窄,洞口下方分布有抗战时期修建的老滇缅公路,道路较窄,曲线半径小,且便道接入条件差,不满足 TBM 运输进场及组装的场地条件。因此,隧道进口采用矿山法施工。

隧道出口段 20.5km 洞身以燕山期花岗岩为主,岩体完整性较好,其饱和抗压强度为 42～86MPa,受断层构造影响小,地下水不甚发育,地质条件适宜采用岩石掘进机施工。隧道出口接龙陵车站路基工程,满足 TBM 洞外施工场地布置及设备在洞外拼装的条件。此外,隧道出口紧邻国道 312 线,便道引入条件较好。因此,结合隧道地质条件、洞口场地条件及交通运输条件,并发挥机械开挖法安全、快速的施工优势,本隧道出口选择开敞式 TBM 全断面掘进施工。

53.2.2 辅助坑道设置

洞身穿越高黎贡山横断山脉,山体浑厚,隧道埋深大,本隧道不具备设置横洞的条件。为解决工期、兼顾通风、排水等要求,结合地形、地质条件和 II 线规划情况,本隧道采用"1 平 +1 斜 +2 竖"的辅助坑道设置方案,平导位于预留 II 线线位上,长 34.595km;1 号斜井长 3850m,1 号竖井深 762.59m,2 号竖井深 640.22m,斜、竖井均设置为主副井,且为国内交通隧道中设置的最长斜井和最深施工型竖井。隧道辅助坑道设置如表 53-1 和图 53-4 所示。

辅 助 坑 道 表　　　　　　表 53-1

编　号	辅助坑道名称	交点里程	侧　　向	夹　　角	水平长度
1	贯通平导		线路左侧 30m		34595m
2	1 号斜井主井	D1K199+500	右侧	与小里程方向 78°38′30″	3850m
3	1 号斜井副井	D1K199+530	右侧	与小里程方向 78°38′30″	3870m
4	1 号竖井主井	D1K205+080	线路右侧 30m		762.59m
5	1 号竖井副井	D1K205+050	线路左侧 60m		764.76m
6	2 号竖井主井	D1K212+435	线路左侧 60m		640.22m
7	2 号竖井副井	D1K212+415	线路右侧 30m		640.36m

辅助坑道平面示意图如下。

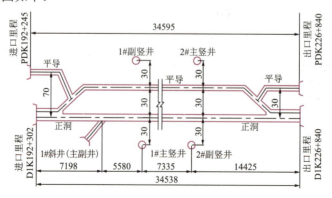

图 53-4　高黎贡山隧道辅助坑道平面布置示意图(尺寸单位:m)

53.2.3 施工组织设计

结合本隧道辅助坑道的设置情况,以及隧道进、出口段的施工方法选择,其施工组织设计情况如下。

(1)施工准备

进口工区准备工期为 3 个月,斜井工区准备工期为 2 个月;1 号、2 号竖井井口场坪施工及井架等设备布置准备工期为 3 个月,竖井井筒掘砌完成后,井底运输车场施工工期 3 个月。

出口工区平导、正洞分别采用 1 台直径 6.36m 和 9.0m 开敞式 TBM 掘进施工,平导和正洞 TBM 制造、运输、组装、调试及步进时间分别为 15 个月和 18 个月。

(2)施工运输方式

进口工区、斜井工区均采用无轨运输;1 号竖井工区、2 号竖井工区建井期间采用吊桶提升,建井完成后施工井下平导、正洞均采用有轨运输,井筒内采用罐笼提升;出口工区 TBM 进场前,采用无轨运输,TBM 进场后采用有轨运输进料、连续皮带出碴。

(3)施工进度指标

根据特长隧道进度指标调研情况及历次专家研讨意见,并结合《铁路工程施工组织设计指南》的要求[2],以及隧道施工工序分解的进度分析结果,确定隧道各工区施工进度指标如表 53-2。

隧道月平均施工进度指标表(m/月) 表 53-2

项 目		项目	II级	III级	IV级	V级
项 目	竖井工区(有轨)	竖井工程	80	80	60	45
		平导	140	140	105	70
		正洞	105	85	70	45
钻爆法进度指标	斜井工区(无轨)	斜井工程	255	200	140	75
		平导	255	200	140	75
		正洞	175	110	80	50
	洞口工区(无轨)	平导	260	210	150	85
		正洞	190	120	85	50
正洞 TBM 进度指标	出口工区(有轨)	正洞	350	400	280	170
平导 TBM 进度指标		平导	420	480	330	200

(4)工期

本隧道出口工区采用 TBM 施工,其中平导采用 1 台直径 6.36m 小 TBM 施工,小 TBM 掘进长度为 10415m;正洞采用 1 台直径 9.0m 大 TBM 施工,大 TBM 掘进长度为 12070m。其余工区均采用钻爆法施工,如图 53-5 所示。

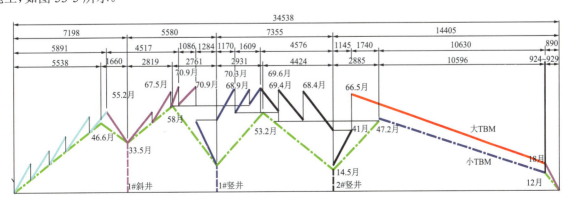

图 53-5 高黎贡山隧道施工组织和进度指标示意(尺寸单位:m)

本隧道正洞土建工期为71个月(含准备工期3个月),平导土建工期为58个月(含准备工期2个月)。

(5)施工通风

本隧道共分5个工区组织施工,施工通风充分利用平导及副斜井、副竖井作为供送新鲜风的通风巷道代替通风管道,实现新鲜风和污风完全独立,执行人污分离的通风原则,掌子面及排污巷道实现同步除尘功能,无轨运输工区严格执行尾气净化的原则,地热工区采用双层隔热风筒并辅以制冷降温确保洞内作业环境。

53.3 隧道结构设计

根据施工组织设计,本隧道进口 D1K192+302 ～ D1K215+580 段采用钻爆法施工,隧道出口 D1K215+580 ～ D1K226+840 段采用 TBM 掘进施工。

53.3.1 钻爆法段隧道衬砌结构设计

1)正洞

高黎贡山隧道以双洞分修隧道为主,设计时速 140km/h,单线地段建筑限界采用"隧限-2A",隧底铺设无砟轨道,轨道结构高度为 60cm。

本隧道一般地段采用曲墙复合式衬砌,III、IV、V 级围岩段隧底采用仰拱结构,II 级围岩位于灰岩、花岗岩等硬质岩地段一般采用钢筋混凝土底板结构,其余段采用仰拱结构。

2)辅助坑道

(1)平导

进口钻爆法施工段平导长度为 23005m,主要结合预留 II 线线位设置,位于 I 线线路中线左侧,线间距以 30m 为主。

根据施工组织安排,I 线正洞贯通后,利用平导扩建 II 线隧道工程,为尽量减少预留 II 线工程实施产生的平导废弃工程,同时为降低 II 线工程扩建的施工风险,位于预留 II 线位置之平导断面,一般按高于 II 线轨面高程 94cm 之上部断面的隧道初期支护轮廓拟定,其净宽为 6.0 ～ 6.6m,净高 6.0 ～ 6.3m,以满足 II 线各级围岩初支预留变形量和二衬厚度要求,如图 53-6 所示。平导采用锚喷衬砌,其支护参数及建筑材料参照正洞要求办理。

为实现平导截排水的功能需求,高位平导通过加深侧沟或局部调整坡度适当加深坑底,以实现正洞侧沟水通过横通道顺坡流至平导内。

(2)竖井

根据隧道施工组织安排,从竖井提升能力、施工通风、地热处理、通行能力、施工难度、风险控制及工程投资等方面,对大直径单井方案、中等直径主副竖井方案进行综合分析和比选后,本隧道1号、2号竖井均采用主、副井设置方案[3]。

①竖井功能定位

竖井主井功能为出渣土、排污风,副井功能为进料、进新鲜风、排水、人员进出并兼作安全出口。

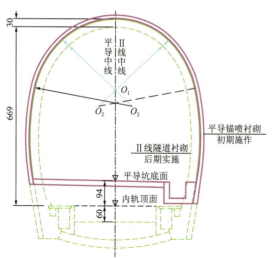

图 53-6　平导断面示意图(尺寸单位:cm)

②井筒直径

根据施工组织要求、提升能力、机械设备配置、通风、排水、安全要求等因素综合考虑，1号竖井主井作为出碴、出污风的通道，井筒内布置2个4m（长）×1.46m（宽）×2.95m（高）的单层单车罐笼出碴。结合井筒内设备布置，同时考虑井筒内设备安全间距要求，综合拟定竖井主井内净空为圆形，直径6m。主井平面布置如图53-7所示。

1号竖井副井作为进料、进新鲜风、排水、人员进出的通道，并兼作安全出口，井筒内布置1个4m（长）×1.46m（宽）×2.95m（高）的单层单车罐笼、排水管、梯子间、动力电缆、溜灰管，同时考虑安全间距要求综合拟定1号竖井副井内净空为圆形，直径5m（图53-8）。

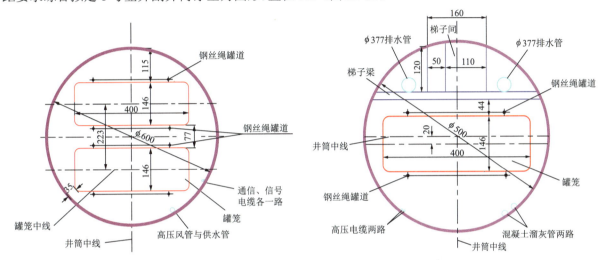

图53-7　竖井主井井筒断面平面布置图（尺寸单位：cm）　　图53-8　竖井副井井筒断面平面布置图（尺寸单位：cm）

③竖井施工方法

1号竖井主、副井井筒均采用普通法凿井，短段掘砌混合作业方法，FJD-6型伞钻钻眼、光面爆破开挖、HZ-6型中心回转式抓岩机装渣、座钩式吊桶出渣、整体式金属模板砌壁。

④竖井衬砌

高黎贡山隧道竖井位于花岗岩地层，井口分布有表土层、井身局部分布有软弱夹层。结合竖井井筒地质条件、建井方法，竖井井筒采用单层井壁结构形式。竖井衬砌结构设计中，结合井口表土层、井筒基岩、软弱夹层的井壁侧压力，并考虑井筒围岩强度的稳定性及井筒围岩变形的稳定性，采用数值模拟方法计算确定。其数值模型如图53-9所示。

经模拟分析，竖井井筒结构设计情况如下：

a. 主井井口锁口圈4m、表土段26m及马头门70m地段均采用钢筋混凝土模筑衬砌，其中锁口圈衬砌厚2m、表土段衬砌厚65cm，马头门段衬砌厚70cm；其余段均采用素混凝土模筑衬砌，其中埋深≤500m基岩段衬砌厚40cm，埋深>500m段衬砌厚45cm。

b. 副井井口锁口圈4m、表土段26m及马头门70m地段均采用钢筋混凝土模筑衬砌，其中锁口圈衬砌厚2m、表土段衬砌厚65cm，马头门段衬砌厚70cm；其余段均采用素混凝土模筑衬砌，其中埋深≤500m基岩段衬砌厚35cm，埋深>500m段衬砌厚40cm。

c. 为保证竖井井筒衬砌安全，主、副井井筒各设置3处壁

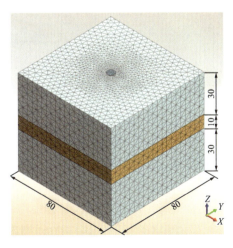

图53-9　竖井数值模拟示意图（尺寸单位：m）

座承托井筒。

d. 竖井衬砌防水满足《地下工程防水技术规范》(GB 50108—2008)三级标准,其抗渗等级不低于P8;井壁衬砌施工缝采用壁后注浆防水措施。竖井建成后井筒漏水量不应超过 10m³/h。

e. 建井期间,施工中遵循"有掘必探、先探后掘,导、截、堵、排相结合"的地下水处理原则,加强超前探水工作,结合井筒水文地质条件,可采用地表深孔预注浆、工作面注浆防治水或壁后注浆,以控制地下水的涌出。

53.3.2 TBM 施工段隧道衬砌结构设计

结合本隧道出口 TBM 施工段以中硬质岩为主的地质条件,隧道出口正洞、平导均采用开敞式 TBM 掘进施工。

1)正洞

(1)TBM 开挖直径

正洞 TBM 开挖直径按 V 级围岩一般段复合式衬砌结构的要求确定,初期支护厚度 20cm,预留变形量 5cm,TBM 施工误差 5cm,衬砌施工和测量误差 5cm,二次衬砌厚度 30cm,单线隧道圆形衬砌基本内轮廓直径 770cm,TBM 开挖直径 900cm[2×(20+5+5+5+30)+770]。其衬砌内轮廓如图 53-10。

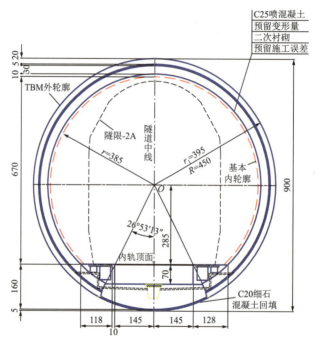

图 53-10　正洞 TBM 施工隧道断面设计(尺寸单位:cm)

(2)TBM 掘进段衬砌结构

① TBM 掘进段隧道采用圆形复合式衬砌,锚网喷初期支护;二次衬砌仰拱采用 C40 钢筋混凝土预制块,拱墙二次衬砌采用一次现浇模筑混凝土。

②隧道洞身穿越的规模较小且地下水不发育的断层地段,结合抗震设防要求,采用 TBM 掘进段 V 级复合抗震衬砌,拱墙二次衬砌采用 C35 钢筋混凝土,衬砌厚度为 35cm。

③TBM 仰拱预制块。TBM 掘进段隧底设置仰拱预制块,采用洞外工厂化预制。仰拱预制块长度按 TBM 一个掘进行程 1.8m 设计,仰拱预制块顶面宽度为 3.60m,以满足施工期间铺设双线四轨(轨距

900mm）及中心沟排水的要求,每节仰拱预制块之间采用凹凸面连接方式。

2）平导

出口平导采用开敞式 TBM 掘进施工,其实际开挖直径为 6.36m。根据出口平导 TBM 掘进段的地质条件,其衬砌结构设计如下:

（1）TBM 掘进段平导采用圆形锚喷衬砌,仰拱设置 C35 钢筋混凝土预制块,各级围岩拱墙均采用锚网喷支护。

（2）平导通过的规模较小且地下水不发育的断层地段,采用 TBM 掘进段Ⅴ级锚喷衬砌,施工期间视支护变形及地下水发育情况,可于锚喷支护内拱墙部位设置套衬或径向注浆加固围岩,以确保结构安全。

53.4 高地温防治设计

53.4.1 高地温隧道施工环境控制设计

1）隧道施工环境温湿度环控标准及控制范围

根据国内外隧道工程、矿井工程施工环境温湿度的环控标准调研情况,高黎贡山隧道施工环境温度控制标准为干球温度不大于 28℃ [4]。隧道施工热环境控制区域范围结合地热处理难度、适应掌子面主要作业区域施工工序安排需要,高黎贡山隧道施工环境控制区域宜为掌子面后方 100m 范围内;洞内其他区域的施工运输、养道维护作业人员较为分散,以个体防护为主。

2）隧道降温设计方法

高黎贡山隧道长 34.538km,洞身埋深大于 500m 的段落长度为 26.8km,隧道工程区域热水活动强烈,且洞身分布有 4 条导热水断裂带,施工中可能会导出中高温热水,恶化隧道施工环境。其热害控制的主要计算方法如下 [3]:

（1）隧道内热源散热计算方法

隧道内施工环境主要受围岩放热、地下热水散热、机械设备散热、爆破散热、运输中渣土放热、施工人员放热、水泥水化散热等诸多因素的共同影响,其主要热源的热交换计算方法如下:

① 隧道围岩与风流热交换计算方法

隧道围岩向风流放热,主要通过对流和传导来进行。围岩与风流间的传热量可按下式来计算:

$$Q_r = K_\tau UL(t_{rm} - t) \tag{53-1}$$

式中:Q_r——隧道围岩传热量（kW）;

K_τ——围岩与风流间的不稳定换热系数 [W/（m²·℃）];

U——隧道周长（m）;

L——隧道长度（m）;

t_{rm}——平均原始岩温（℃）;

t——隧道中平均风温（℃）。

② 隧道内热水散热

隧道施工进入导热水断裂带时,可能揭示地下热水,热水直接与空气进行热湿交换,并对空气进行强烈地加热、加湿,将严重恶化作业环境,其对空气的放热量可按如下公式计算:

热水散热量为:

$$Q_w = \alpha F(t_w - t_f) + \beta F(p_s - p_w) \tag{53-2}$$

式中:α——水面对空气的对流传热系数[W/(m²·℃)];
F——水的散热面积(m²);
t_w——水的温度(℃);
t_f——隧道中气流温度(℃);
β——水蒸气对空气以气压表示的传质系数[J/(s·N)];
p_s——对应水温的饱和水蒸气压(Pa);
p_w——空气的水蒸气分压(Pa)。

③机械设备放热

机械设备电动机或发动机所消耗的电能,最终将转化为热能,并引起掌子面附近空气温度上升。

$$Q_e = (1-\eta_t)\eta_m N \tag{53-3}$$

式中:Q_e——机械设备放热量(W);
N——电动机的额定功率(W);
η_t——提升设备的机械效率;
η_m——电动机的综合效率。

④水泥水化放热

实际观测资料表明,硅酸盐水泥为低水化热,矿渣水泥为高水化热。在锚喷水泥水化时放热量可用下式计算:

$$Q_s = q_s \times F \tag{53-4}$$

式中:Q_s——锚喷水泥水化时放热量(kW);
q_s——水泥水化时单位面积放热量,根据国内外测试统计资料,可取 q_s=0.02842kW/m²;
F——一个掘进循环锚喷面积(m²)。

⑤空气的自压缩热计算方法

当可压缩的气体(空气)沿隧道向下流动时,其压力与温度都要有所上升,这样的过程称之为"自压缩"过程;风流向下流动的自压缩热增量按下式计算:

$$Q = M_B g \Delta H \tag{53-5}$$

式中:Q——空气自压缩热增量(W);
M_B——通过井巷的风量(kg/s);
g——重力加速度,g=9.81m/s²;
ΔH——风流流经井巷的始终点的高程差(m)。

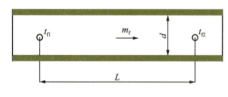

图 53-11 风筒热力过程

(2)通风管路传热计算方法

假设风筒安装在温度为 t_d 隧道中,如图 53-11 所示,风筒中流动的空气温升值可按下式计算:

$$t_{f2} = t_d - (t_d - t_{f1})e^{-\frac{UkL}{m_f c_p}} \tag{53-6}$$

式中:t_{f1}——风筒入口温度(℃);
t_{f2}——风筒出口温度(℃);
t_d——隧道中风流温度(℃);

U —— 管道周长（m），$U=\pi d_i$；
k —— 传热系数（W/m²℃）；
L —— 管道长度（m）；
m_f —— 风流流量（kg/s）；
c_p —— 流体的比热（J/kg℃）。

(3) 制冷降温计算方法

① 隧道开挖面需冷量

隧道开挖工作面冷负荷的计算是确定整个制冷降温系统的基础，只有确定了冷负荷才能科学合理地确定整个制冷降温系统的制冷量。其计算方法如下：

$$Q = M(i_1 - i_2) \tag{53-7}$$

式中：M —— 通过空气冷却器（蒸发器）的质量风量（kg/s）；
i_1 —— 空气冷却器入口风流的焓（kJ/kg）；
i_2 —— 空气冷却器出口风流的焓（kJ/kg）。

② 制冷负荷

隧道制冷降温系统的制冷负荷主要由载冷剂从风流中吸收的热量、管道冷损和水泵的加热量三部分组成。还需考虑降温系统的实际布置情况、工程施工质量等因素，如冷水池（或水箱）、油冷却器及蒸发器等冷损也应予以考虑。

若隧道开挖面需产冷量、管道冷损等已知（或预测），则制冷系统制冷量应满足下式：

$$Q_p \geqslant \sum Q_{wi} + \sum Q_{ci} \tag{53-8}$$

式中：Q_p —— 制冷系统总制冷量（W）；
$\sum Q_{wi}$ —— 第 i 需冷点空气冷却器产冷量（W）；
$\sum Q_{ci}$ —— 第 i 支管道冷损（W）。

制冷降温系统设计计算中总制冷量取：

$$Q_p = (1.2 \sim 1.5) \times (\sum Q_{wi} + \sum Q_{ci}) \tag{53-9}$$

③ 排热负荷

排热负荷应等于或大于冷凝器的冷凝热和油冷却器排除热量之和，其计算公式如下：

$$Q_k \geqslant k Q_0 \tag{53-10}$$

式中：Q_k —— 制冷设备排热负荷（kW）；
Q_0 —— 制冷设备的名义工况制冷量（kW）；
k —— 考虑制冷机耗功的热量系数，对于压缩式制冷机组 $k = 1.25 \sim 1.3$。

3) 高黎贡山隧道施工热害控测

根据高地温隧道施工温湿度环控标准，以及国内外调研资料，洞内微气候环境对人体健康、安全和生产的影响，地温 30℃ 以上对作业人员的工作效率和施工安全的影响相对较大。结合高黎贡山隧道地热分布情况，以及洞外气温条件，可采用通风降温措施控制洞内作业环境温度；当通风降温不足以控制洞内施工环境温度时，可采用通风与制冷相结合的降温措施。

(1) 斜井工区施工降温设计

隧道施工过程中，采用巷道式通风，利用副斜井作供送新鲜风的通道，主斜井排污风，将风机布置于副井底部，风流通过风机由风筒输送到隧道开挖面，风流经过开挖面时在新掘进的岩面上强烈地进行热交换，以降低掌子面附近作业区域的环境温度。

① 1号斜井工区通风降温

通风系统采用双层隔热风筒,百米漏风率不大于1%,按作业面处供送的风量为正洞不小于1200m³/min、平导不小于1000m³/min考虑。若通风降温不足以使作业面环境温度达到28℃时,尚需进行强制制冷,以满足施工环境要求。

根据上述降温计算方法分析,本隧道斜井工区岩温异常段降温措施如表53-3。

1号斜井工区隧道降温措施汇总表　　　　表53-3

起点里程	终点里程	围岩温度(℃)	1号斜井工区各月份降温措施表											
			一月	二月	三月	四月	五月	六月	七月	八月	九月	十月	十一月	十二月
D1K198+193	D1K198+900	30～32	A	A	A	A	B	B	B	B	B	A	A	A
D1K198+900	D1K199+500	33～34	A	A	A	A	A	B	B	B	B	A	A	A
D1K199+500	D1K200+000	35	A	A	A	B	B	C	C	C	B	B	A	A
D1K200+000	D1K200+300	36	A	A	B	B	B	C	C	C	C	B	B	A
D1K200+300	D1K200+500	37	A	A	B	B	C	C	C	C	C	B	B	A
D1K200+500	D1K200+800	38～39	A	A	B	B	C	C	C	C	C	C	B	A
D1K200+800	D1K201+100	38	A	B	B	C	C	C	C	C	C	C	B	B
D1K201+100	D1K201+800	36～37	A	B	B	B	C	C	C	C	C	C	B	B
D1K201+800	D1K202+900	35	B	B	B	C	C	C	C	C	C	C	B	B
D1K202+900	D1K203+795	34	B	C	C	C	C	C	C	C	C	C	C	B

注:A 为通风降温,正洞风量不小于1200m³/min,平导风量不小于1000m³/min;
　　B 为通风+局部风扇降温,正洞风量不小于1200m³/min,平导风量不小于1000m³/min;对掌子面、二次衬砌等作业人员相对集中处,应采取增设局部风扇,以加快空气流通,改善作业人员的热感应舒适度;
　　C 为通风降温+强制制冷,除按上述风量通风外,需采用机械制冷冷却风筒出口段新鲜空气。

根据上表计算结果,当本工区隧道岩温<34℃时,仅采取通风降温可满足作业环境要求;当岩温介于34～39℃时,一般需在4—10月份中的不利时间段采取强制制冷降温,而对于距斜井位置较远的D1K202+900～D1K203+795段895m需在2—11月采取强制制冷降温。

②强制制冷降温设计

a. 制冷降温系统选择

由于本工区以岩温为主,平导仅通过1条导热水断层,正洞通过2条导热水断层,其中正洞的1条导热水断层是在平导贯通后施工的,预测本工区导热水断裂最高温度不超过43℃。1号斜井工区正洞和平导掌子面适宜采用冷风机组进行局部降温,即在每个正洞或平导掌子面附近的风筒中安装冷风机组,直接冷却风筒内即将流入开挖面的风流,并于1号斜井洞口地面采用冷却塔排热,冷却水循环使用。

b. 需冷量

1号斜井工区局部制冷的需冷量采用该工区最高围岩温度(39℃)进行计算确定,根据热力学计算,该岩温下掌子面100m附近进行局部制冷降温所需的制冷量如表53-4所示。

1号斜井工区需冷量表　　　　表53-4

项目	空冷器前焓(kJ/kg)	空冷器后焓(kJ/kg)	风量(kg/s)	需冷量(kW)
正洞	112.24	105.54	20.63	138.23
平导	108.11	101.28	17.51	119.56

③降温设备配置

根据热力学计算结果,1号斜井工区地热段所需降温设备如表53-5所示。

1号斜井工区地热段所需降温设备　　　　　　　　　　　　表 53-5

项目	掌子面散热量(kW)	降温设备型号	台数	降温设备功率(kW/台)	风量(m³/min)	风筒直径(m)	降温方案
正洞	138.23	ZLF-235 冷风机组	每个掌子面1台	235	1200	1.8	局部制冷
平导	119.56	ZLF-235 冷风机组	每个掌子面1台	235	1000	1.7	局部制冷

1号斜井工区制冷系统平面布置示意如图 53-12。

（2）1号竖井工区降温设计

①通风降温

结合本工区辅助坑道设置及地温分布情况，利用1号竖井副井进新鲜风、主井排污风，将轴流风机布设于副井井底处的风道内，通风管路采用双层隔热风筒，百米漏风率不大于1%，向作业面处供送的风量为正洞不小于1200m³/min、平导不小于1000m³/min。若通风降温不足以使作业面环境温度达到28℃时，尚需进行强制制冷，以满足环境要求。

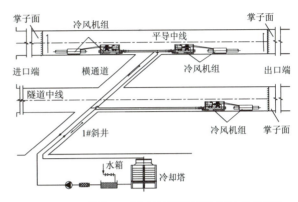

图 53-12　1号斜井工区地热段制冷降温系统平面布置示意图

根据上述降温计算方法分析，本隧道1号竖井工区岩温异常段降温措施见表 53-6。

1号竖井工区隧道降温措施汇总表　　　　　　　　　　　　表 53-6

起点里程	终点里程	围岩温度(℃)	1号竖井工区各月份降温措施表											
			一月	二月	三月	四月	五月	六月	七月	八月	九月	十月	十一月	十二月
D1K203+795	D1K205+300	34～35	A	A	A	A	A	B	B	B	A	A	A	A
D1K205+300	D1K205+900	36～37	A	A	A	A	B	C	C	C	B	B	A	A
D1K205+900	D1K206+100	36	A	A	A	A	A	B	B	B	A	A	A	A
D1K206+100	D1K206+900	34～35	A	A	A	A	A	B	B	B	A	A	A	A
D1K206+900	D1K207+820	28～33	A	A	A	A	A	A	A	A	A	A	A	A

注：A 为通风降温，正洞风量不小于1200m³/min，平导风量不小于1000m³/min；

　　B 为通风+局部风扇降温，正洞风量不小于1200m³/min，平导风量不小于1000m³/min；对掌子面、二次衬砌等作业人员相对集中处，应采取增设局部风扇，以加快空气流通，改善作业人员的热感应舒适度；

　　C 为通风降温+强制制冷，除按上述风量通风外，需采用机械制冷冷却风筒出口段新鲜空气。

根据上表计算结果，若1号竖井工区于6—8月份施工 D1K205+300～D1K205+900 岩温异常段时，该段600m 范围需强制制冷，其余异常岩温段仅需通风降温即可。

②强制制冷降温

a. 制冷降温系统选择

由于本工区平导通过3条导热水断层，正洞通过2条导热水断层，预测本工区导热水断裂最高温度为50℃，且竖井井口至隧底深度达760m以上，1号竖井工区采用冷水机组降温系统对正洞和平导掌子面进行局部降温，即在每个正洞或平导掌子面附近的风筒中安装空冷器，并利用井下冷水机组及空冷器直接冷却风筒内即将流入开挖面的空气，同时于1号竖井洞口地面采用冷却塔排热，冷却水循环使用。

b. 需冷量

1号竖井工区局部制冷的需冷量采用该工区最高围岩温度（37℃）进行计算，根据热力学计算，该岩温下掌子面100m 附近进行局部制冷降温所需的制冷量如表 53-7 所示。

1号竖井工区需冷量表　　　　　　表53-7

项目	空冷器前焓(kJ/kg)	空冷器后焓(kJ/kg)	风量(kg/s)	需冷量(kW)
正洞	85.88	79.45	21.08	123.61
平导	81.41	76.4	18.87	105.48

c. 降温设备配置

根据热力学计算结果，1号竖井工区地热段所需降温设备如表53-8所示。

1号竖井工区地热段所需降温设备　　　　　　表53-8

项目	掌子面散热量(kW)	降温设备型号		降温设备功率(kW/台)		风量(m³/min)	风筒直径(m)	降温方案
		冷水机组	空气冷却器	冷水机组	空气冷却器			
正洞	123.61	Xqc:LSLGF-500型冷水机组正洞和平导共用1台	Xqc:每个掌子面KLQ-150型/台	500	150	1200	1.7	局部制冷
平导	105.48		Xqc:每个掌子面KLQ-150型/台		150	1100	1.6	局部制冷

1号竖井工区制冷系统平面布置示意如图53-13所示。

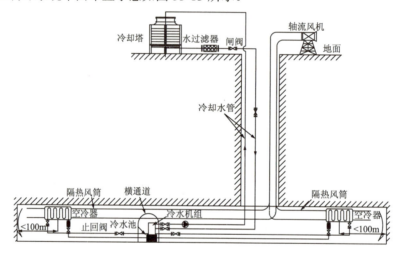

图53-13　1号竖井工区地热段制冷降温系统平面布置示意

（3）其他辅助降温措施

高地温隧道除采用通风降温、制冷降温措施外，还可采用高温热水防治、洞内低温水利用、围岩封闭隔热、个体防护及劳动保护等辅助降温措施。

53.4.2　高地温隧道特殊结构与材料

1）隧道地热段衬砌结构

在高地温地区修建隧道工程，热害可能引起隧道衬砌结构内外侧温差过大出现开裂，从而影响结构耐久性，降低结构承载能力；甚至还可能引起隧道运营环境温度过高，恶化隧道运营环境。由于高温差引起的温度应力是导致高地温隧道结构出现开裂等病害的根本原因，则采取隔热措施降低热传递速率，使隧道衬砌结构基本处于一种相对正常的环境温度之中，可有效降低热害对结构和运营环境的影响。

（1）高温条件下衬砌结构温差控制标准

结合高黎贡山隧道热害分布，为确保衬砌结构耐久性，并兼顾隧道运营环境温度控制要求，本隧道衬砌结构内外侧温差按不大于10～15℃控制[3]。

（2）导热水断裂带衬砌结构

根据本隧道热力耦合数值模拟计算结果，以及室内模型试验测试情况，为确保使用期间隧道运营通风能将洞内环境温度控制在不大于28℃，并控制衬砌结构内外温差，本隧道通过的4条导热水断（裂）地段水温为43～50℃不等，需采用隔热衬砌，如图53-14所示。其结构形式为"初期支护+防水板+模筑衬砌（外衬）+隔热层+防水板+二次衬砌（内衬）"的结构体系；为降低Ⅱ线工程扩建施工难度，平导通过以上导热断层（裂）地段，按预留Ⅱ线工程一次建成。

2）隧道地热段建筑材料

（1）喷射混凝土

室内模型试验开展了喷射混凝土的相关力学性能研究，结果表明[3]，高温环境下喷射混凝土后期的黏结强度及抗压强度等有所降低，通过在普通喷射混凝土材料中掺加掺合料替代部分水泥，掺加减水剂，降低水灰比，可减小热害影响，使热环境下力学性能稳定性提高，后期强度倒缩减少。

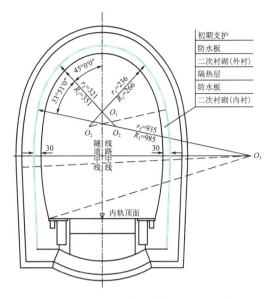

图53-14 双层复合式隔热衬砌结构断面图（尺寸单位：cm）

（2）防水板

根据对防水板的耐热性能、高温湿热环境下的透水试验及力学性能试验研究结果，EVA（乙烯-醋酸乙烯共聚物）防水板，可以满足高温湿热环境下的防水要求；同时在90℃试验温度下，片材无异常现象，能满足耐热性能和其他相关性能的要求。本次设计对地热段防水板采用EVA（乙烯-醋酸乙烯共聚物）防水板材。

（3）隔热材料

通过对目前的隔热材料开展调查研究，从材料的导热性能方面，适宜选择的隔热材料分别为硬质聚氨酯板、酚醛泡沫隔热保温板和硅酸盐复合绝热材料[3]。

根据吸水率、导热系数及构造体系热室内模型试验的结果，均表明聚氨酯材料在调研选择的3种隔热材料中，其隔热性能最优，可满足隧道热害段衬砌结构中隔热材料的性能参数要求。因此，建议本隧道热害段隔热材料选择硬质聚氨酯泡沫保温板，其性能及指标：密度35kg/m³，导热系数为0.020W/（m²·K），抗压强度200kPa，抗弯强度200kPa，断裂伸长率5%，长度1000mm，宽度500mm，厚度50mm。

（4）耐热混凝土

室内试验开展高温环境下衬砌混凝土材料的力学性能研究，试验结果表明，通过添加高性能外加剂、复合掺合料等措施，获得了工作性能高、高温性能稳定、耐久性好的衬砌混凝土。主要性能表现[3]：

①基准混凝土长龄期高温（80℃）抗压强度比常温强度下降10%左右，而同样条件下掺粉煤灰和矿粉改性混凝土抗压强度可增长5.0%。

②改性混凝土较长龄期密实度增加比较正常，90d后电通量仍然处于下降态势，而基准混凝土电通量与37d比较不但没有下降，还略有增加，说明高温对基准混凝土内部质量产生了一定的负面影响。

③高温硫酸盐浸泡条件下，改性混凝土在抗压强度上比基准混凝土有更好的表现，基准混凝土5个月60℃硫酸盐浸泡抗压强度损失8.7%，改性混凝土损失2.3%。

④根据试验结果，建议高地温段C35衬砌混凝土配合比（kg/m³）为：

水泥∶砂∶石∶水∶减水剂∶粉煤灰∶矿粉=209∶788∶1087∶152∶3.8∶95∶76

（5）导热水断裂带注浆材料

室内试验分别研究了水泥浆、超细水泥浆和水泥基特种灌浆材料等注浆材料在高温环境下的相关性能，试验研究结果建议高温热水环境下水泥浆的水灰比为0.8∶1～1∶1，超细水泥浆水灰比为0.7∶1～1∶1，水泥基特种灌浆材料的水灰比为0.37∶1～0.45∶1。

53.4.3 高地温隧道运营环境控制

本隧道运营环境温度控制标准，执行《铁路隧道运营通风设计规范》（TB 10068—2010）规定的隧道内应低于28℃的温湿环境标准[5]。

1）隧道运营换气通风

结合本隧辅助坑道设置情况，本隧道换气通风分别研究了全纵向通风方案和分段纵向通风方案。经过分析比选，从有利于洞内换气通风及控制洞内环境温度的角度，本隧道采用"1号竖井主井送风+2号竖井副井排风"的分段纵向通风方案。其通风方案平面示意如图53-15。

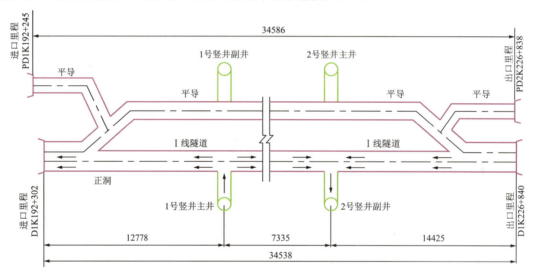

图53-15　隧道分段纵向式通风方案示意图（尺寸单位：m）

2）地温异常段加强通风降温

结合本隧道外部气候条件，基于地勘资料预测的洞内岩温、4条导热水断裂带的水温分布情况，在隧道贯通并施作二次衬砌，同时于4条导热水断裂地段870m设置隔热措施时，将洞外新鲜风送入洞内进行换气通风。根据理论计算结果，按洞外平均气温18℃的机械换气通风条件下，本隧道4条导热水断裂带及部分岩温高于35℃地段共计约6km范围洞内气温介于28～31.5℃，不满足运营环境温度控制要求。

为控制隧道地温异常段的运营环境温度，在"1号竖井主井送风+2号竖井副井排风"的分段纵向换气通风的基础上，需进一步增大洞内风速。经理论分析，隧道进口～1号竖井主井区段的洞内风速需由换气风速2.4m/s增大至4.1m/s，1号竖井主井～2号竖井副井区段的洞内风速需由1.4m/s增大至2.8m/s。

3）运营环境温度测试验证

隧道贯通后，需对洞内环境温度分布情况进行现场测试，验证本隧道地热处理的效果，并进一步评价地热对隧道运营环境的影响。根据评判结果，进一步优化洞内降温通风风速及通风系统设置，以确保隧道满足可持续的正常运营环境要求。

53.5 隧道防灾疏散设计

高黎贡山特长隧道防灾疏散是涉及运营安全的关键问题,双洞隧道之间每隔 350m 左右设置一处横通道,以实现两孔隧道之间互为疏散。为便于特长隧道火灾列车定点疏散救援,并充分发挥深大竖井利用烟气"浮力效应"的排烟优势,于隧道内结合 2 号竖井井位设置一处长 550m 的防灾紧急救援站,救援站地段两线相邻侧设置不小于 2.3m 宽的疏散站台,并设置 11 处疏散联络通道相接,竣工后利用施工期间的 2 号竖井主、副井作为救援站的排烟通风井,竖井底部与救援站之间设置排烟道与联络烟道相接,以实现快速排烟。紧急救援站结构形式如图 53-16 所示。

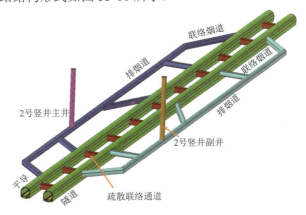

图 53-16 高黎贡山隧道紧急救援站构造图

本隧道紧急救援站防灾通风采用半横向通风排烟模式,如图 53-17 所示。当旅客列车发生火灾并紧急停靠正洞(Ⅰ线隧道)救援站时,应及时开启 2 号竖井主井轴流风机送风,新鲜风通过救援站 11 条疏散联络通道流入 Ⅰ 线火灾隧道,人员面迎新鲜风向疏散联络通道或平导(Ⅱ线隧道)内疏散并暂时待避,并开启 2 号竖井副井轴流风机排烟,将火灾隧道内烟气及时通过联络烟道、排烟道及副井排除洞外,以实现"人烟分离"的疏散、排烟功能。

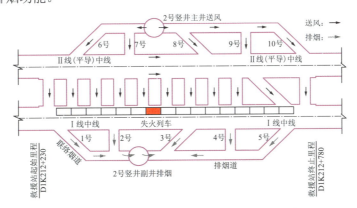

图 53-17 隧道救援站火灾模式下半横向通风排烟平面示意图

53.6 结语

本隧道在高地温隧道施工热害控制、地热隧道衬砌结构及新材料、高地温隧道运营环境控制及风险评估等热害综合防治,以及超深竖井建造、综合配套系统技术及防治水技术、高位平行导坑设置及扩建复线隧道设计方法、竖井模式下的隧道运营防灾疏散救援等设计方面均取得了突破,并在西南复杂地质山区特长隧道中首创同时采用大、小直径开敞式 TBM 机械开挖法施工正洞和平导的先河。

高黎贡山隧道于 2015 年 12 月全面开工建设,施工有序推进,预计工期到 2022 年开通运营,在今后建设过程中,可能还会遇到难以想象的困难,相信中国工程师有能力、有智慧克服这一世界超级工程。

本讲参考文献

[1] 中铁二院工程集团有限责任公司. 高黎贡山越岭地段加深地质工作及专题地质研究报告 [R].2009.

[2] 中国铁路总公司. 铁路工程施工组织设计规范:Q/CR 9004—2015[S]. 北京:中国铁道出版社,2015.

[3] 中铁二院工程集团有限责任公司. 大瑞铁路复杂地质艰险山区工程建设成套技术研究——高地温深埋特长隧道修建关键技术研究科研报告 [R].2015.

[4] 国家铁路局. 铁路隧道设计规范:TB 10003—2016[S]. 北京:中国铁道出版社,2017.

[5] 中华人民共和国铁道部. 铁路隧道运营通风设计规范:TB 10068—2010[S]. 北京:中国铁道出版社,2010.

第54讲

狮子洋隧道

狮子洋隧道是我国第一座采用盾构法施工的水下高铁隧道,是目前世界上运营速度最高的水下隧道,曾获国家科技进步二等奖、第十四届土木工程詹天佑奖、国际隧道与地下空间协会优质工程大奖等奖项。

54.1 狮子洋隧道概况

狮子洋隧道位于广深港高速铁路东涌站至虎门站之间,穿越珠江入海口的狮子洋,是广深港铁路高速铁路中的重大技术难题。隧址位于珠江三角洲平原,两岸地形平坦,地表多为农田、鱼塘及果园,珠江东岸为已建成的虎门港沙田港区、西岸为广州港沙仔岛港区。线路从西向东先后穿越小虎沥水道、沙仔沥水道和狮子洋水道,如图54-1。三条水道的河床最低冲刷高程分别为 -4.96m、-7.49m 和 -29.25m。隧道两端穿越粉质黏土、淤泥、粉土及粉细砂等地层,中间大部分隧道穿越白垩系泥质粉砂岩、砂岩、砂砾岩地层,弱风化基岩天然抗压强度 6.54～82.8MPa,基岩地层渗透系数一般地段为 0.033～1.475m/d、强透水地段为 10.02～30.84m/d。

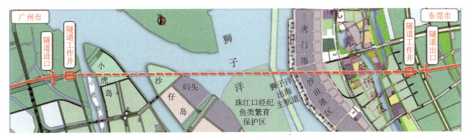

图 54-1 狮子洋隧道概况图

隧道建筑全长 10.8km,暗洞段长 10.49km,最大水压力 0.67MPa。基础设施按速度目标值 350km/h 设计。越江段采用盾构法施工,盾构段总长 9340 双洞延米,盾构隧道外径 10.8m。盾构段采用四台泥水平衡式盾构施工,四台盾构两两相向掘进,地中对接,洞内解体。计划单台盾构最大掘进长度 4900m(实际最大掘进长度 5200m)。工程于 2005 年 3 月完成工程可行性研究,于 2006 年 5 月开工,2011 年 12 月开通运营。

本讲执笔人:邓朝辉.

54.2 隧道总体设计

54.2.1 总体设计方案

狮子洋隧道由于盾构段长度达9340m,且工期紧,必须采用4台盾构施工。设计中对两个总体设计方案进行了研究比较。

1）方案一:设两座工作井,4台盾构地中对接

该方案在盾构隧道段的两端各设置一座工作井,左右洞各采用2台盾构掘进,分别从进口工作井和出口工作井始发,在狮子洋底进行地中对接(图54-2),计划单台盾构最大掘进长度约4900m。

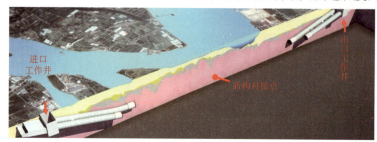

图54-2　方案一施工组织方案示意图

2）方案二:设四座工作井,4台盾构井内拆解

该方案的进口工作井与出口工作井设置同方案一,但在盾构段所穿越的沙仔岛和虎门港区各增设一座工作井,各工作井之间的盾构段长度依次为:2394m、4620m、2277m。4台盾构的掘进安排如下(图54-3):

1号盾构:从进口工作井始发,掘进至沙仔岛工作井,吊出后转场至进口工作井,再从进口工作井始发掘进至沙仔岛工作井内解体,总掘进长度4788m。

2、3号盾构:均从沙仔岛工作井始发,掘进至虎门港工作井后解体,每台盾构掘进长度4620m。

4号盾构:从出口工作井始发,掘进至虎门港工作井,吊出后转场至出口工作井,再从出口工作井始发掘进至虎门港工作井内解体,总掘进长度4554m。

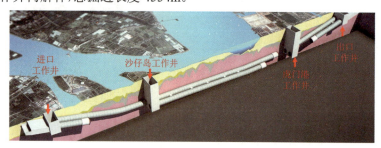

图54-3　方案二施工组织方案示意图

3）总体设计方案的比较

方案二的主要优点是符合盾构法施工的常规施工组织模式,避免了盾构地中对接的施工风险,但在用地许可、工程造价、工期可靠性等方面存在较大劣势。

在用地许可方面,由于方案二需要在虎门港设置工作井,而虎门港为国际港,航运作业繁忙,港口管理部门坚决反对,不予提供用地;沙仔岛为广州港规划港区,广州港亦明确反对在此处修建盾构工作井,因此,方案二沙仔岛工作井和虎门港工作井无法取得用地。

在工程造价方面,沙仔岛工作井和虎门港工作井基坑开挖深度均超过50m,不仅工程难度大,而且导致方案二工程造价比方案一增加约1.3亿元。

在工期可靠性方面,根据以往工程经验,多台盾构同时施工时,总会有部分盾构达不到预定的进度要求,而本隧道需要长距离掘进,工期风险必须充分重视。对于方案二,任何一台盾构达不到预定进度时,都将影响总工期;对于方案一,某一台盾构未能达到预定进度时,可由与其对接的盾构适当补偿,工期可靠性相对较高。假设任何一台盾构达不到预定进度的概率为10%,则方案一中对接的2台盾构同时达不到预定进度的概率仅为1%,方案一的工期可靠性比方案二提高了一个数量级。

经综合分析比较,推荐采用方案一,即全隧道设两座工作井,4台盾构地中对接。

54.2.2 主要技术标准

(1)铁路等级:客运专线。
(2)正线数目:双线。
(3)设计速度:基础设施按350km/h设计。
(4)最小曲线半径:7000m。
(5)最大坡度:20‰。
(6)到发线有效长度:700m。
(7)牵引种类:电力。
(8)列车运行方式:自动控制。
(9)行车指挥方式:综合调度。

54.2.3 盾构机选型

狮子洋隧道采用的4台盾构机均需穿越软硬不均地层,故盾构机应具备复合掘进能力。从隧道断面大小、覆盖厚度、水深、地层渗透性等因素分析,可供选择的盾构机主要有加泥式土压平衡盾构(也可采用加泡沫等添加剂)及泥水平衡盾构。通过综合分析推荐采用复合式泥水平衡盾构施工,其主要原因为:

(1)从盾构长距离施工刀具磨损关系看,泥水平衡盾构的刀具磨损量要远小于土压平衡盾构。
①土压盾构开挖舱内的渣土对刀具存在二次磨损;
②泥水盾构开挖舱内的泥水对刀具有降温作用,对开挖面岩土有软化作用。

狮子洋隧道穿越长距离的岩层,刀具磨损与更换是必须考虑的重要因素,从该方面分析,泥水盾构要优于土压盾构。

(2)盾构需通过三条节理密集带,以及由于水下勘察难度所带来的地质风险问题,也是盾构选型需要重点关注的,从减小施工风险角度出发,泥水盾构更优。

54.2.4 埋置深度研究

1)隧道埋置深度研究

(1)软土地层隧道埋深研究:软土地层盾构隧道的埋置深度需保证施工期及运营期的最小覆土厚度要求,泥水盾构一般需考虑以下因素:
①开挖面稳定的覆盖层厚度;
②隧道抗浮的覆盖层厚度;

③开挖面劈裂的覆盖层厚度;
④河道条件对埋深的影响(河床冲刷深度、船舶锚击深度)等。

根据以上因素,软土地层最小覆土厚度的控制断面为小虎沥河床段,隧道最小覆土厚度按不小于8m控制,同时满足河床深泓摆动。

(2)基岩地层隧道埋深研究:除上述软土地层应考虑的因素对埋深的影响外,岩石地层盾构隧道埋置深度还要考虑施工期进舱作业时的舱内渗水量、软弱围岩的形变压力等因素。根据狮子洋隧道基岩地层一般地段的渗透系数,按盾构施工常压开仓换刀作业的条件,相应的基岩覆盖厚度约15m。

2)隧道纵断面设计

从隧道施工、运营条件看,隧道埋深在满足以上控制性因素外,应尽量减少隧道埋深。线路出东涌站后,在DIK32＋461.2处以2993.3m长、20‰的下坡进入隧道,并下穿小虎沥、小虎岛、沙仔沥到达沙仔岛;然后以3795.5m长、3‰的下坡通过沙仔岛进入狮子洋深水航道下;接着以1750m长、3.0‰的上坡通过狮子洋航道和虎门港沙田港区6号泊位;最后以3261.35m长、20‰的上坡通过规划虎门港的监管保税仓库,在沿江高速公路东侧出洞,如图54-4。变坡点设置竖曲线,竖曲线半径25000m。

隧道轨面最低点高程为-60.953m（考虑竖曲线后）,距百年一遇高潮位约65.05m,隧道底承受最大水压力约0.67MPa。

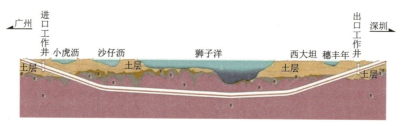

图54-4 狮子洋隧道纵断面示意图

54.2.5 隧道横断面布置

全隧道除出口段120m为设中柱的单孔双线结构外,其余地段均由两条单线隧道组成,越江段采用盾构法施工,盾构隧道横断面布置如图54-5所示,轨面以上净空有效面积为66m^2（其中局部设内衬段为60m^2）。盾构隧道外径为10.8m。

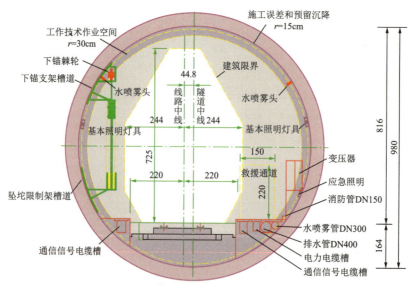

图54-5 狮子洋隧道盾构段横断面图(尺寸单位:cm)

54.2.6 总体布置和建设规模

1）联络通道设置

全隧道左右线之间共布置横通道 23 处,其中盾构段 19 处（施工中取消 3 处,实际为 16 处）,明挖段 2 处,工作井 2 处。

2）泵房及设备洞室设置

为避免雨水从洞口外流入隧道内,于隧道进出口处各设置一座雨水泵房。进口雨水泵房里程 DIK33+140,出口雨水泵房里程 DIK43+610。

为排除隧道内少量的渗漏水、列车排水、隧道内生产用水及消防水,于隧道最低点处（DIK39+250）的联络横通道内设置一座废水泵房。

3）紧急救援站设置

在隧道最低点处前后共 600m 设置了紧急救援站,救援站内共设置 3 处横通道,并配置了消火栓系统。在隧道两端明挖段设置了射流通风系统,供日常换气通风与紧急情况下通风排烟使用。

4）管理用房设置

考虑到隧道运营管理的需要,在盾构工作井上设置地面管理用房,用于隧道内通风、给排水等设备的养护维修人员使用。

5）隧道建设规模

狮子洋隧道建设规模见表 54-1。

狮子洋隧道建设规模 表 54-1

项　目	里　程	长度(m)
进口引道段	DIK33+000～DIK33+130	130
进口明挖暗埋段	DIK33+130～DIK33+637	507
进口工作井	DIK33+637～DIK33+660	23
盾构段	DIK33+660～DIK43+000	9340
出口工作井	DIK43+000～DIK43+023	23
出口明挖暗埋段	DIK43+023～DIK43+620	597
出口引道段	DIK43+620～DIK43+800	180
隧道暗洞全长		10490
建筑总长		10800

54.3 隧道工程设计

54.3.1 盾构法结构与防水设计

1）衬砌结构选型与管片结构设计

为减少软土地层洞内火灾、列车脱轨撞击、爆炸等意外荷载对隧道结构的影响,以及减少运营期列车长期振动引起的隧道沉降,在狮子洋隧道进出口软土地层段设置了钢筋混凝土管片衬砌+混凝土内衬+隧底纵梁的衬砌结构,其余地段采用单层钢筋混凝土管片衬砌。

衬砌环采用双面楔形通用环,标准环宽 2.0m,楔形量 24mm。每环衬砌由封顶块（F）、邻接块（L1、L2）及标准块（B1～B5）八块管片组成（见图 54-6）。管片采用 C50 高性能耐腐蚀混凝土,混凝土抗渗等级 P12。除联络横通道及施工中特殊情况外，管片环一般采用错缝拼装。环间错缝搭接长度一般情况按 1/3 标准块角度拼装。封顶块按拼装时先搭接 1400mm 径向推上再纵向插入的方式设计。联络通道段管片拼装点位应根据联络通道处管片布置决定。

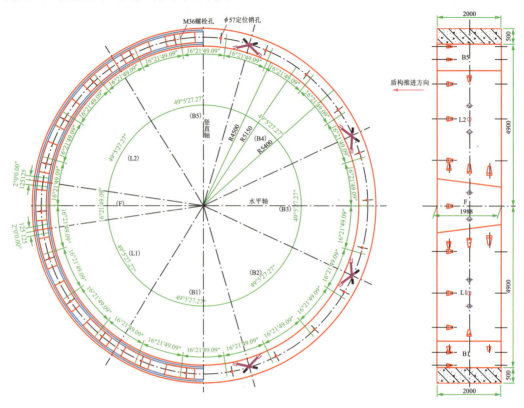

图 54-6　狮子洋隧道衬砌环分块图（尺寸单位：mm）

管片环缝、纵缝均设置外侧密封垫槽、内侧密封垫槽及嵌缝槽（图 54-7）。管片纵缝设置凹凸榫槽。在迎掘进方向的环缝面上设置 3mm 高混凝土凸台，凸台位置及尺寸与盾构机千斤顶衬靴对应。

管片接缝采用斜螺栓连接。每环环缝采用 22 只 M36 纵向斜螺栓连接，每环衬砌纵缝内共采用 24 只 M36 环向斜螺栓连接，螺栓机械等级根据计算确定并与管片配筋类型相适应，其中 A、B、C 及 F 型管片配筋处采用 8.8 级，D 及 E 型管片配筋处采用 6.8 级。螺栓帽采用聚铣氨材料，在类似本工程条件下的抗拔力试验值必须大于 654kN，且材料性能必须满足设计耐久性要求。在管片环面每个螺栓边设置固定定位销孔，每环 22 个，定位销采用聚铣氨材料，在类似本工程条件下的抗剪承载力试验值必须大于 100kN。

除封顶块外，其余每块管片中心均预埋一个注浆管。每块管片上均预留真空吸盘定位孔。

2）管片结构配筋

根据本工程中结构所处工程地质和水文地质条件、埋置深度、结构特点、施工条件、相邻隧道影响等因素，结合已有的试验、测试资料，分段对结构受力进行了计算。结构设计时分别按施工阶段、正常运营阶段可能出现的最不利荷载进行组合，根据需要进行强度、刚度和裂缝宽度验算，并根据计算结果分段配筋，全隧道共设计了 6 种管片配筋类型。

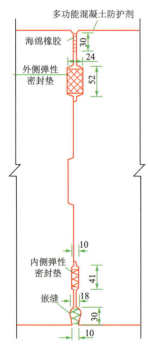

图 54-7　管片纵缝防水构造图

在盾构隧道与竖井连接段及联络通道附近不等间距设置变形缝。变形缝采用在密封垫表面加贴遇水膨胀橡胶薄片以解决变形缝处接缝张开量大而产生的防水问题,同时在环面加贴丁腈软木橡胶衬垫片,并适当减少纵向螺栓的预紧力。

3）管片接缝防水设计

狮子洋隧道的防水等级为一级,管片接缝采用双道密封垫,分别布置于接缝处的内外侧。外侧密封垫材料采用三元乙丙橡胶,内侧密封垫采用遇水膨胀止水条。

为防外侧弹性密封垫失效后,渗漏水进入两道密封垫之间空间,在内外两道弹性密封垫之间布置防水分区隔断,隔断防水材料选用遇水膨胀橡胶片。

54.3.2 明挖法结构设计

1）明挖围护结构设计

基坑采用明挖顺作,围护为基坑开挖时的挡土结构,使用阶段不参与主体结构受力。进口DIK33+130～+505、DIK33+633.62～+661.9段和出口DIK42+997.9～DIK43+027、DIK43+200～+620段的围护结构兼作运营阶段主体结构抗浮桩。

基坑深度小于3m时采用放坡开挖,基坑深度超过3m时根据工程地质和水文地质条件、开挖深度、基坑宽度、施工条件等因素选择钢板桩、钻孔桩、地下连续墙等作为基坑围护结构。

2）明挖主体结构设计

明挖段结构包括进出口工作井、进出口明挖暗埋段及敞开段结构,明挖暗埋段采用现浇箱型框架钢筋混凝土结构,敞开段采用钢筋混凝土U形槽结构。隧道出口段由于线间距较小,对内侧墙至线路中线的距离不满足4.9m的地段,通过加高隧道结构高度和采用大跨中间加柱的结构形式来满足隧道内净空有效面积的要求。

为防止雨水流入隧道内,在敞开段设置雨棚,其中进口雨棚柱设置于隧道敞开段底板中部,出口设置于敞开段侧墙上,雨棚柱与接触网柱结合设置。

54.3.3 横通道和海底泵房设计

1）横通道结构设计

实施的横通道均位于基岩地层,采用全断面注浆加固地层后再暗挖的施工方法。横通道衬砌结构采用曲墙带仰拱全封闭防水的复合式衬砌。横通道连接处正洞采用特殊钢筋混凝土管片。联络通道结构设计参数为：

（1）横通道宽度为2.0m,高度为2.2m。
（2）初期支护采用早强素喷C20混凝土,厚20cm。二次衬砌采用C35钢筋混凝土衬砌,厚35cm。

2）海底泵房设计

根据狮子洋隧道及高速铁路运营特点,隧道最低点的海底泵房需有足够的有效容积。为有效确定海底泵房的容积,在狮子洋隧道建设后期实测了隧道渗漏水量,最终确定泵房集水池有效容积按120m³设计（水量主要来自横通道的渗漏）,以满足容纳24h的积水要求。泵房结构布置如图54-8所示。

海底泵房段衬砌管片采用对配筋进行调整后的钢筋混凝土特殊管片。在全断面注浆加固地层后切割钢筋混凝土管片,矿山法施工海底泵房。泵房及通道采用直墙全封闭的复合式衬砌。

海底泵房结构设计参数为：

（1）通道与正洞接口段内净空宽度为1.5m,高度为2.2m。

（2）泵房段内净空宽度为 3.0m，地坪面以上高 2.2m，泵房集水池深度为 9.5m（至地坪面），实际泵房集水池有效容积为 128.4m³。

（3）初期支护采用早强素喷 C20 混凝土，厚 23cm；二次衬砌采用 C35 钢筋混凝土衬砌，厚 80cm。

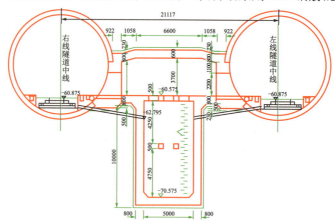

图 54-8　海底泵房设计图（尺寸单位：mm，高程单位：m）

54.3.4　减震轨道设计

狮子洋隧道铺设 CRTS I 型减振型板式无砟轨道，在传统板式无砟轨道的 CA 砂浆与底座之间铺设了弹性减振垫层，厚 27mm，如图 54-9 所示。减振垫层宽度与轨道板对齐。弹性减振垫层使用寿命不小于 60 年，适用环境温度 −40℃～+70℃。

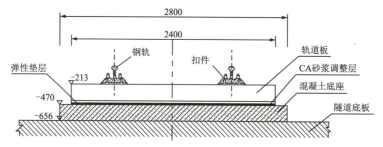

图 54-9　隧道内 CRTS I 型减振板式无砟轨道横断面示意图（尺寸单位：mm）

弹性减振垫层由阻尼层、覆盖层、橡胶涂层及夹层组成，其中隧道内弹性减振垫层阻尼层的静力地基模量为 $0.04\pm0.005\ \text{N/mm}^3$。减振垫层应采用专门制造工艺，以达到稳定的静态和动态特性。

隧道进出口与一般板式无砟轨道衔接处设置刚度过渡段，从洞外向洞内设置 3 组减振垫层，其垫层刚度分别为 0.1N/mm^3、0.08N/mm^3、0.06N/mm^3，最终过渡到隧道一般地段刚度为 0.04N/mm^3 的垫层，过渡段每组减振垫层纵向长度为连续 10 块轨道板的范围。

54.4　盾构地中对接设计

54.4.1　对接段结构设计

隧道对接位置应选择在围岩稳定性较好的段落。设计时左右线的对接里程为 DIK38+550、

YDIK38+250,施工时因各盾构施工进度不一,左右线对接位置调整至 DIK37+800、YDIK37+830,隧道周边围岩均为弱风化的泥质粉砂岩。

盾构拆除后两盾壳之间原刀盘的范围围岩暴露,围岩暴露段长度1.86m。盾构对接拆机前先利用超前注浆孔对周边围岩注浆,改善围岩渗透性及自稳能力。保留盾壳段隧道结构采用盾壳+钢筋混凝土结构;无盾壳段采用连续的止水钢板沿圆周方向连接两盾壳,隧道结构采用止水钢板+钢筋混凝土结构。止水钢板及盾壳外空隙采用注浆回填密实。隧道结构断面如图54-10所示。

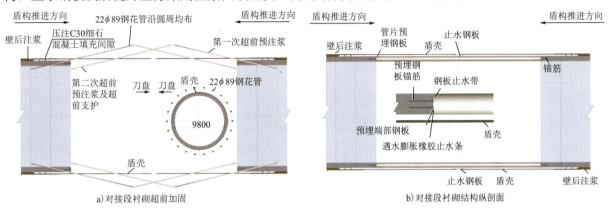

图 54-10　对接段隧道加固及结构纵剖面(尺寸单位:mm)

54.4.2　盾构对接工序

对接施工的主要工序如下:
(1)两相向盾构刀盘接触时停止掘进,准备进行对接施工。
(2)盾构对接时沿盾构机圆周方向均匀设置的超前注浆孔超前注浆,同时利用注浆管作为超前支护。
(3)两台盾构相向推进,当第一台到达对接位置时停止推进,并对最后拼装的10环管片进行壁后补充注浆,进一步紧固纵向连接螺栓,超前注浆加固对接地层,并等待第二台盾构到达。第二台盾构缓慢接近,并调整好施工误差,当两台盾构刀盘接触时停止掘进,对最后拼装的10环管片进行壁后补充注浆,进一步紧固纵向连接螺栓(纵向螺栓的紧固力应满足防止密封垫反弹的要求),超前注浆加固对接地层,做好对接准备。
(4)做好最后一环拼装管片端部与盾壳的连接,防止千斤顶卸压时管片反弹。
(5)拖出后配套台车,拆除泥水管路,然后从盾尾往刀盘方向逐步拆除盾壳内的设备。
(6)盾构刀盘拆除后,立即用止水钢板将两台盾构的盾壳焊接,确保隧道安全。
(7)盾构对接位置及施工时间可根据实际施工情况适当调整,但在调整之前需核实工程地质、水文地质条件,并做好进口工区与出口工区的协调。

54.5　气动效应与缓解措施设计

54.5.1　狮子洋水下隧道净空面积优化研究

计算时,隧道长度取 10.8km,隧道断面面积全隧均取 60m²,车速考虑 300km/h、350km/h 两种情况。

计算时考虑气压在隧道中传播时的衰减较小，计算结果偏于不利。计算参数及结果如表 54-2 所示。

狮子洋隧道列车空气动力学效应计算结果 表 54-2

计算工况	列车类型	密封指数（s）	列车断面面积（m²）	列车长度（m）	时速 300km/h，列车外气压变化值 Δp_e（kPa/3s）	时速 300km/h，列车内气压变化值 Δp_i（kPa/3s）	时速 350km/h，列车外气压变化值 Δp_e（kPa/3s）	时速 350km/h，列车内气压变化值 Δp_i（kPa/3s）
工况 1	CRH_2	12	11.06	200	2.407	0.484	3.198	0.635
工况 2	CRH_2	12	11.06	400	2.612	0.524	3.605	0.713
工况 3	CRH_5	9.5	11.58	200	2.518	0.634	—	—
工况 4	CRH_5	9.5	11.58	400	2.732	0.663	—	—

从以上计算可以看出：

（1）车速 300km/h 时，运行 CRH_2、CRH_5 动车组均满足 $\Delta p < 0.80$kPa/3s 的舒适度准则。

（2）车速 350km/h 时，运行 CRH_2 动车组满足 $\Delta p < 0.80$kPa/3s 的舒适度准则。

因此，当动车组出厂时泄漏试验指标达到有关技术参数标准的要求时，单从计算结果看，狮子洋隧道净空面积可以优化为 60m²。

54.5.2 狮子洋隧道拟选取的微压波控制标准

为了防止隧道出口产生的微压波对环境产生大的危害，根据《京沪高速铁路设计暂行规定》，一般情况下，隧道洞口可不设置缓冲结构，但是，当隧道洞口附近有建筑物或特殊环境要求时，可考虑设置缓冲结构，并满足表 54-3 的要求。

洞口缓冲结构设置标准 表 54-3

建筑物与洞口距离	建筑物有无特殊环境要求	基准点	微气压波峰值标准
<50m	有	建筑物	按要求
	无		≤20Pa
≥50m	有	距洞口 20m 处	<50Pa

由于狮子洋隧道位于市区，隧道进出口附近均存在建筑物，因此，参照以上规定，取狮子洋隧道出口微压波压力峰值的标准为距隧道出口中心 20m 处小于 20Pa。

54.5.3 狮子洋隧道采取的微压波缓解措施

狮子洋隧道通过在入口段开口和隧道出口附近顶部开口来满足设计标准要求，具体措施如下。

1）列车进口段缓冲结构

在每孔隧道列车入口段的顶部及边墙依照隧道空气动力学规律布置 8 个不同尺寸的方形或圆形开口，以左线隧道为例，各开孔参数如表 54-4 所示。由于开口沿隧道纵向的长度对缓解效果有明显影响，因此在开口的长度方向设置滑板，以便运营期可以根据实测情况调节开口长度。该措施可以在初始压缩波的形成阶段降低其最大压力梯度，减小出口微压波压力峰值。

列车入口段隧道缓冲结构开孔位置及几何尺寸 表 54-4

开口序号	开口起始位置距隧道入口的距离（m）	开口形状	开口尺寸（m）	开口面积（m²）	备注
1	3	矩形	8×3.2	25.6	长度可调
2	14	矩形	8×2.0	16.0	长度可调

续上表

开口序号	开口起始位置距隧道入口的距离(m)	开口形状	开口尺寸(m)	开口面积(m²)	备注
3	28	矩形	6×2.0	12.0	长度可调
4	40	矩形	5×2.0	10.0	长度可调
5	51	矩形	4×2.0	8.0	长度可调
6	65	圆形	$\phi3.2$	8.0	350km/h 预留,暂封闭
7	78.7	圆形	$\phi2.7$	5.7	350km/h 预留,暂封闭
8	92.4	圆形	$\phi2.2$	3.8	350km/h 预留,暂封闭

2）列车出口段缓冲结构

在每孔隧道列车出口段的顶部及边墙依照隧道空气动力学规律布置 6 个不同尺寸的方形或圆形开口,以左线隧道为例,各开孔参数如表 54-5 所示。开口处同样设置滑板,以便运营期根据实测结果进行调整。该措施使得压缩波传播至隧道出口附近以后,一部分从该处分流出去,从而降低压缩波的最大压力梯度,减小出口微压波压力峰值。

列车出口段隧道缓冲结构开孔位置及几何尺寸　　　　表 54-5

开口序号	开口起始位置距隧道入口的距离(m)	开口形状	开口尺寸(m)	开口面积(m²)	备注
1	215.6	圆形	$\phi2.2$	3.8	350km/h 预留,暂封闭
2	201.4	圆形	$\phi2.7$	5.7	350km/h 预留,暂封闭
3	188.2	圆形	$\phi2.2$	8.0	350km/h 预留,暂封闭
4	142	矩形	8×1.6	12.8	长度可调
5	131	矩形	8×1.6	12.8	长度可调
6	11	矩形	8×1.0	8.0	长度可调

54.6 结语

狮子洋隧道是广深港高铁穿越狮子洋海域的关键工程,工程建设克服了行车速度快、掘进距离长、地层复杂多变、盾构地中对接、水压力大、安全标准高等诸多技术挑战,取得了系列创新成果。

（1）开发了盾构地中对接技术、高速铁路双孔单线隧道净空面积优化与气动效应缓解技术、基岩覆盖厚度设计技术、特长水下铁路隧道紧急救援站技术,解决了深水、宽海域下特长隧道的总体设计难题。

（2）建立了复合式盾构掘进技术体系,攻克了大直径盾构长距离连续穿越软土、砂层、软硬不均地层、岩石风化层、破碎带和硬岩地层的技术难题,实现了我国水下盾构隧道修建长度的大幅突破。

（3）创立了复合地层水下盾构隧道结构选型方法和结构空间化设计方法,解决了结构设计、软弱地层列车振动响应控制等难题,实现了高速铁路高平顺和舒适稳定运行。

狮子洋隧道方案避免了对狮子洋两岸的国际码头的影响,节约了土地资源,保障了航道、港口的通航安全,为两岸的可持续发展提供了基础。其成功建设也保证了广深港高铁的全线开通,实现了北京—广州—香港的通道建成,加强了中国北部、中部与珠三角地区之间的联系,完善了我国高速铁路网。跨越狮子洋隧道的建设为后续的穿江过海通道方案选择提供了隧道思路,其地中对接、盾构隧道结构设计、气动效应与缓解措施等均可为后续类似工程提供借鉴。

本讲参考文献

[1] 肖明清,邓朝辉,赵勇. 高速铁路水下隧道研究与设计 [M]. 北京:中国铁道出版社,2015.

[2] 肖明清. 水下隧道设计技术 [M]. 北京：中国铁道出版社，2016.

[3] 肖明清. 广深港客运专线狮子洋水下隧道设计中的几个关键技术问题 [C]//2006 中国高速铁路隧道国际技术交流会论文集，2006.

[4] 肖明清,等. Research on the Risk Assessment and Countermeasures for the Construction in Lion Ocean Subaqueous Tunnel. Progress in Safety Science and Technology[C], Progressing of the 2008 International Symposium on Safety Science and Technology, September 24-27, 2008, Beijing, China.

[5] 赵文成,肖明清,高波. 越江铁路隧道空气动力学问题的试验研究 [J]. 路基工程，2008，(4)：3-4.

[6] 许克亮,肖明清,李秋义. 广深港高速铁路狮子洋隧道减振无砟轨道对周边软土地层影响分析 [J]. 铁道标准设计，2016，60（11）.

[7] 封坤,何川,肖明清. 高轴压作用下盾构隧道复杂接缝面管片接头抗弯试验 [J]. 土木工程学报，2016，49（8）：99-110，132.

[8] 封坤,刘四进,邱月,何应道,等. 盾构隧道地层抗力系数的修正计算方法研究 [J]. 铁道工程学报，2014，6（6）：564-571.

[9] 王建宇,吴剑,万晓燕. 车辆的密封性及瞬变压力向列车内传递规律 [J]. 现代隧道技术，2009，46（3）：12-16.

[10] 王建宇,万晓燕,吴剑. 隧道长度对瞬变压力的影响. 现代隧道技术 [J]，2008，45（6）：1-4，15.

[11] 史宪明,万晓燕,吴剑. 高速铁路隧道辅助坑道对瞬变压力影响的试验研究 [J]. 现代隧道技术，2009，（2）：84-89.

[12] 邓朝辉. 高速铁路盾构隧道防水设计 [J]. 现代隧道技术，2013，（2）：134-138.

第55讲

西秦岭隧道

兰渝铁路西秦岭特长隧道是目前中国铁路建设史上 TBM 掘进最长的隧道,隧道最大埋深达 1400m,洞身穿过 F6 区域性大断裂和 4 条次级断裂,构造裂隙水发育,施工中存在高地应力、高地温、突涌水、坍塌等地质灾害,施工难度极大。设计时根据西秦岭隧道的环境、工程及水文地质情况,通过多方案比选,提出了钻爆法和 TBM 相结合的施工方案,同时在施工中结合 TBM 特点及工程适应性,对衬砌断面及支护参数设计、TBM 同步衬砌技术、连续皮带机出碴,以及 TBM 组织等几大关键技术方案进行了研究,保证了 TBM 的安全、高效建设。

55.1 工程概况

新建西秦岭特长隧道位于甘肃省陇南市武都区境内,设计时速 200km/h,是兰渝铁路的控制性工程。隧道走行于秦岭高中山区,地势总体趋势西高东低,山体陡峻,沟谷深切多呈"V"字形,高程多在 1000～2400m,相对高差约 1400m,隧道最大埋深约 1400m。隧道左线长 28236m,右线长 28236.582m,设计为两座单线隧道,洞身段线间距 40m。

隧道左线洞身均位于直线地段,隧道右线洞身除进口及出口段位曲线上以外,其余地段均位于直线地段。洞内设计为"人"字坡,进口段 11.6km 上坡,出口段 16.6km 为下坡。隧道通过主要地层有灰岩、千枚岩、变砂岩夹砂质千枚岩、变砂岩、砂质千枚岩,断层角砾岩和断层泥砾。工点范围内断层较为发育,其中 F6 为区域断层,f54、f55、f59、f60 为次级断层。地质纵断面如图 55-1 所示。

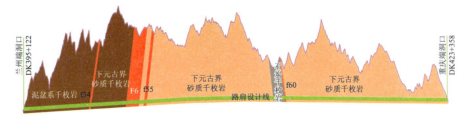

图 55-1 地质纵断面示意图

隧道进口采用钻爆法、出口采用两台直径 10.23m 的开敞式 TBM 施工。项目于 2005 年 9 月勘察设计,2008 年 9 月开工建设,2016 年 12 月开通运营,工程总投资 37.66 亿元。

本讲执笔人:司剑钧.

55.2 方案研究

55.2.1 越岭隧道位置选择

西秦岭隧道施工按设计预期的方案进行并顺利完工，与前期缜密的地质勘察、细致的方案研究密不可分。

西秦岭由东向西展布，主山体宽达 30km，顶峰高程 2600m。勘察进行了大面积的方案研究和地质调查工作，布置了钻孔和可控源大地音频电磁法以及全隧道范围高密度电法、工程地震等方法的物探工作。选线时进行了多个越岭垭口隧道方案的对比，重点对老盘底出洞和下坝里出洞方案进行了比选（图 55-2）。老盘底出洞以桥梁跨越高速公路方案（DK）虽出口离弃砟场地距离较远，但其线路顺直，线路长度最短，长隧道长度较短，静态投资较省；而下坝里出洞方案（D7K）虽其线路长度相对较长，长隧道长度相对较长，工程投资较 DK 方案增加较大，但其 TBM 施工场地条件较好，出口离弃砟场地距离最近，与高速公路影响也少，且有利于洛塘河车站高程的降低。故考虑长隧道 TBM 施工场地条件、洞口距弃砟场距离、与在建的武罐高速公路的影响及工程投资等方面因素，推荐线路顺直、隧道长度较短、投资较省的老盘底出洞方案。

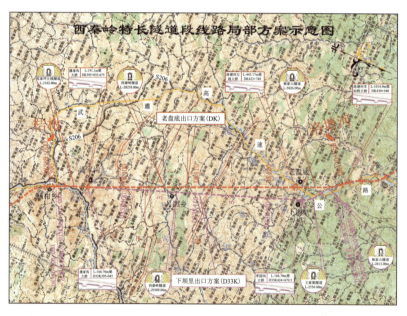

图 55-2　线路方案比选示意图

55.2.2 隧道设计方案研究

1）钻爆法施工方案

隧道通过秦岭山地西段，山势险峻，可利用的沟谷极少，辅助坑道条件十分困难，为满足施工要求，采用一座 1 竖井 + 3 斜井施工方案，利用辅助坑道，先贯通左线平导，再辅助右线施工，然后铺设左、右线整体道床，如图 55-3 所示。

按上述施工组织，建设总工期 80 个月。钻爆法施工时深竖井和长斜井建井费用高，施工效率低，发生突涌水时人员疏散困难，安全风险大，工作环境差，工期保证程度低，不推荐采用钻爆法施工。

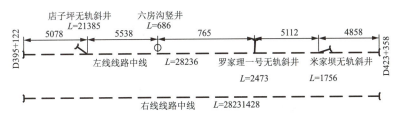

图 55-3 钻爆法方案简图(尺寸单位:m)

2)TBM 施工方案

西秦岭特长隧道围岩以Ⅲ级为主（表 55-1），岩性以层状的变砂岩夹砂质千枚岩、变砂岩、砂质千枚岩居多，岩石饱和抗压强度小于 100MPa，耐磨性小于 5Ab（1/10mm），各项物理力学参数适合 TBM 施工，其中出口段通过断层少，适应性好。

围岩级别统计表　　　　　　　　　　　　　　　表 55-1

围岩级别	Ⅲ	Ⅳ	Ⅴ	合　计
长度(m)	19123	7005	2108	28236
百分比	67.7%	24.8%	7.5%	100%

隧道通过地层的围岩物性参数见表 55-2、表 55-3，钻孔岩芯如图 55-4 所示。

岩石物性参数表　　　　　　　　　　　　　　　表 55-2

序　号	地层时代	岩性名称	通过长度(m)	基本围岩分级	常规电阻率(Ω)	波速(m/s)	大地音频电磁法电阻率(Ω)
1	泥盆系	灰岩	2910	Ⅲ	1000～3000	3300～3700	1000～8000
2		千枚岩	3697	Ⅳ	500～2000	3000～4800	1000～2000
3	石炭系	砂质千枚岩	768	Ⅲ	500～700	3900	
4	下元古界	灰岩	210	Ⅲ			5000～10000
5		变砂岩	1326	Ⅲ	1500～3000	4200～5200	5000～10000
6		砂质千枚岩	10390	Ⅲ			
7		变质砂岩夹千枚岩	6940	Ⅲ	1200～2000	4200～4500	5000～10000
8	构造带	断层破碎带	1317	Ⅴ	120～550	3000～3660	50～500
9		不整合接触带	70	Ⅴ	800～1200	2200～3100	50～500
10		褶皱核部	610	Ⅳ	800～1300	3500～5500	100～1000

岩石主要指标表　　　　　　　　　　　　　　　表 55-3

序　号	地层时代	岩性名称	通过长度(m)	基本围岩分级	饱和抗压强度 R（MPa）	节理统计数 J_v（条/m³）	耐磨性 (Ab, 1/10mm)	隧道掘进机工作条件等级（初步）
1	泥盆系	灰岩	2910	Ⅲ	40～80	5.16～9.4		ⅢB
2		千枚岩	3697	Ⅳ	35～55	9.75		ⅣB
3	石炭系	砂质千枚岩	768	Ⅲ	30～50	5.6		ⅢB
4	下元古界	灰岩	210	Ⅲ	40～80	6.7		ⅢB
5		变砂岩	1326	Ⅲ	45～60	9.3	3～3.5	ⅢA
6		砂质千枚岩	10390	Ⅲ	30～50	4.05～8.67	3～5	ⅢA
7		变质砂岩夹千枚岩	6940	Ⅲ	30～50	6.3～13.51	3～5	ⅢA
8	构造带	断层破碎带	1317	Ⅴ	<5	15.2		不宜使用
9		不整合接触带	70	Ⅴ	<5	10.45～11.9		不宜使用
10		褶皱核部	610	Ⅳ	5～15	5.7		ⅣC

图 55-4　西秦岭隧道钻孔岩芯

3）方案比选

TBM 方案进行了出口两台 TBM+进口钻爆法、四台 TBM 和两台大两台小 TBM 三个方案研究，三个 TBM 方案与钻爆法方案对照见表 55-4。

西秦岭隧道方案比较表　　　表 55-4

方案	出口两台 TBM+进口钻爆法	四台 TBM	两台大两台小 TBM	钻爆法（先期平导方案）
	出口 TBM（店子坪斜井+罗家理斜井）	四台全断面开敞式 TBM	右线两台全断面 TBM 对打施工；左线两台小直径 TBM 对打施工	店子坪斜井+六房沟竖井+罗家理斜井+米家坝斜井
建设工期	建设总工期 72 个月	建设总工期 68 个月	建设总工期右线为 68.0 个月、左线 87.2 个月	建设总工期 80 个月
辅助坑道	辅助坑道承担部分正线施工段落，并兼作通风井。店子坪斜井：2138m；罗家理斜井：2473m	辅助坑道均为通风井。店子坪斜井：2138m；罗家理斜井：2473m		店子坪斜井：2138m；六房沟竖井：686m；罗家理斜井：2473m；米家坝斜井：1756m
施工效率	施工效率高，速度快	施工效率高，速度快	施工效率高，速度快；平导可提前探明地质	深竖井、长斜井施工效率低，施工进度慢
施工通风	进出口各利用一个辅助坑道辅助施工通风，通风段落短，风管直径小，所需功率小，成本小	进出口各利用一个辅助坑道辅助施工通风，通风段落短，风管直径小，所需功率低，成本低	通风段落较短，风管直径较小，所需功率较低，成本较低	通风段落除罗家理斜井工区段落达到 7.0km 外，其余段落较短，钻爆法通风条件差，施工环境较差
弃渣环保	弃渣场地较集中，对环境影响较小	弃渣场地集中，对环境影响小	弃渣场地集中，对环境影响小	弃渣场地较分散，设置辅助坑道较多，对环境影响较大
工程投资	297414 万元，TBM 摊销 22550 万元	331465 万元，TBM 摊销 34698 万元	349557 万元，TBM 摊销 32550 万元	254622 万元

西秦岭隧道采用 TBM 施工较钻爆法无论从工期、安全及环保等方面均具有优势，同时结合地质情况从减少工程投资，降低 TBM 施工风险方面考虑，以采用两台开敞式 TBM 施工出口，进口钻爆法施工方案为宜，因此，推荐出口采用 2 台全断面开敞式 TBM 施工，进口段采用钻爆法施工，左线进口局部设置平导，利用店子坪斜井和罗家理一号、二号斜井辅助施工的方案，如图 55-5 所示。

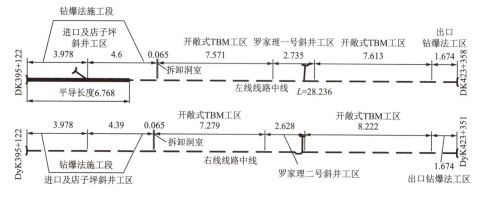

图 55-5　TBM 方案简图（尺寸单位：km）

4）方案优化

根据现场实际情况，结合施组，在施工前对方案进行了优化（图55-6）。进口增设店子坪一号斜井，辅助右线施工；取消原设计方案的平导。罗家理斜井由原方案的2座斜井减为1个斜井，断面扩大为双车道无轨运输断面。

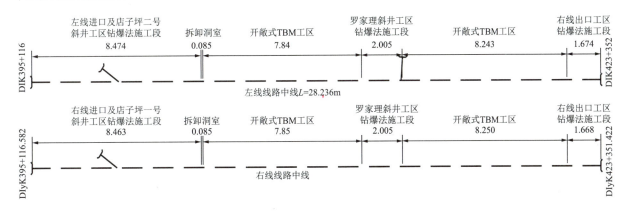

图 55-6　西秦岭隧道优化设计方案示意图（尺寸单位：km）

55.3　隧道设计

55.3.1　设计行车速度

旅客列车设计行车速度为200km/h，货物列车设计行车速度为120km/h。

55.3.2　建筑限界及隧道内轮廓

（1）隧道建筑限界采用《200km/h客货共线铁路双层集装箱运输建筑限界（暂行）》（铁科技函〔2004〕157号）中电力牵引铁路双层集装箱运输隧道建筑限界（SJX-SD）绘制。

（2）按防灾要求设置救援通道，救援通道宽度不小于1.25m，高2.2m，其外侧距线路中线不得小于2.2m，单侧设置。

（3）隧道内轮廓

①进口钻爆法段

进口端轨面以上有效净空面积按50.23m²设计，如图55-7所示；进口端F6活动性断裂及其影响带地段隧道预留30cm补强空间，轨上有效净空面积为56.27m²，如图55-8所示。

②出口TBM段

出口TBM施工地段轨面以上净空面积为56.54m²，见图55-9所示。内轮廓按满足双层集装箱运输设计，TBM隧道内轮廓按圆形设计，接触网采用简单链性悬挂方式及满足200km/h标准轨面以上净空要求。

根据整体道床形式、中心水沟及各种管沟、设备的布置及接触网采用简链悬挂等，确定隧道直线段基本内轮廓直径为890cm、开挖直径为10.2m圆形断面。

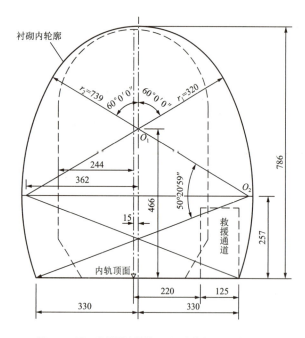

图 55-7 进口段钻爆法隧道限界及内轮廓(尺寸单位:cm)

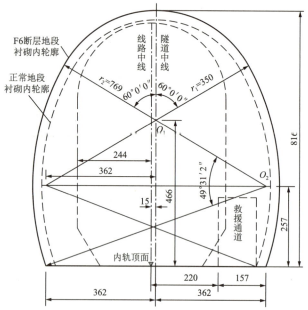

图 55-8 F6 活动断层地段隧道限界及内轮廓(尺寸单位:cm)

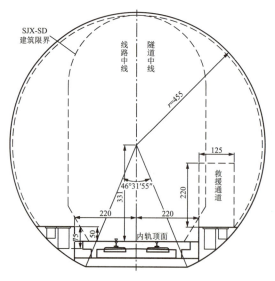

图 55-9 全断面 TBM 隧道限界及内轮廓(尺寸单位:cm)

55.3.3 隧道内轨道形式

采用双块式无砟轨道,一次铺设区间无缝线路。

55.3.4 支护形式

钻爆法地段支护结构采用复合式衬砌,曲墙带仰拱衬砌形式,如图 55-10 所示。

TBM 施工段为圆形断面(图 55-11),拱墙采用复合式衬砌,仰拱为预制块。Ⅲ级围岩地段采用锚喷网支护;Ⅳ级围岩地段采用锚、喷、网、钢架联合支护;拱墙(仰拱预制块以上)设中空(最大跨以上)及砂浆锚杆(最大跨以下),锚杆钻设角度结合 TBM 刀盘后方 30m、左右各 1 台自带锚杆钻机系统布设,ϕ8

网片20cm×20cm网格，纤维喷射混凝土厚15cm，H150拱架，间距0.9～1.8m/榀。二次衬砌厚度30cm。

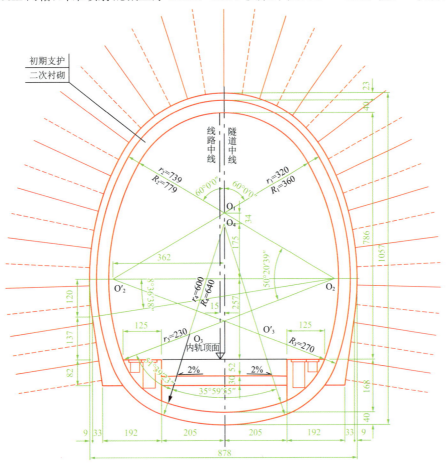

图55-10　钻爆法地段Ⅳ级围岩衬砌断面设计图（尺寸单位：cm）

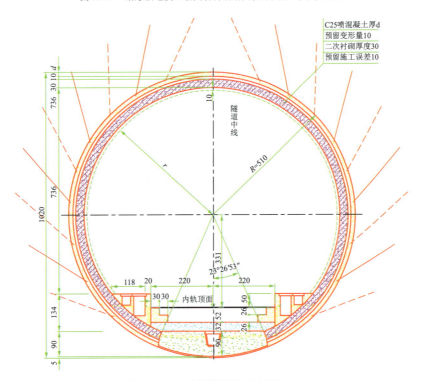

图55-11　TBM断面设计图（尺寸单位：cm）

55.3.5 施工方案及辅助坑道

西秦岭隧道进口采用钻爆法施工,出口采用两台外径为 10.23m 的开敞式 TBM 施工,如图 55-12 所示。

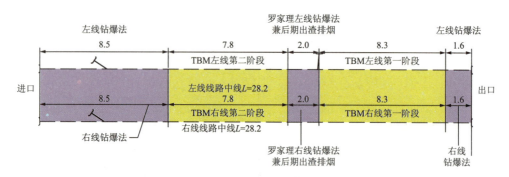

图 55-12 西秦岭隧道设计方案示意图(尺寸单位:km)

距进口左线 4.2km 处设店子坪一号斜井,长 1.817km;距进口左线 4.3km 处设店子坪二号斜井,长 1.812km。距出口左线 10km 处设罗家理斜井,长 2.47km。

隧道进口段利用店子坪一、二号斜井施工,出口段采用两台直径为 ϕ10.23m 的开敞式 TBM 施工,罗家理斜井辅助施工。

进口钻爆法地段正洞洞内运输及斜井均采用无轨运输方式。

TBM 施工段洞内进料采用四轨双线有轨运输,轨距为 900mm,仰拱预制块按一个行程 1.8m 铺设一块。运输钢轨采用 43kg/m 钢轨,钢轨直接铺设在仰拱预制块上,通过预埋的螺栓孔采用硫磺砂浆锚固与扣件固定。

TBM 段出渣采用连续皮带输送机出渣,TBM 通过罗家理斜井工区后,洞内连续皮带机转至罗家理斜井皮带机出渣。

55.3.6 结构防排水

二次衬砌采用普通防水混凝土,抗渗等级不低于 P8;全隧道喷混凝土与模筑混凝土之间设 EVA 复合防水板;施工缝采用背贴式止水带 + 中埋式止水带组成的组合防水形式。

左右线进口上坡地段至变坡点采用双侧沟的排水方式,变坡点至出口下坡地段采用双侧沟水沟加中心水沟排水方式,侧沟与中心水沟间通过 ϕ50mmPVC 管连通。

拱墙环向设 ϕ50mm 盲管,弱~中等富水地段纵向间距为 6m,贫水地段纵向间距为 10m。隧道侧沟部位纵向设 ϕ80mm 盲管,并分段 12~20m 引入隧道侧沟,以引排防水层背后的积水。在集中出水点,增加环向盲管,以引排集中出水。

TBM 施工段,仰拱预制块凹凸面采用 DP-821BF 复合型膨胀止水带止水,预制块接头处接缝采用 HF-78 水沟接头止水带止水。预制块底部采用压注水泥砂浆充填,确保预制块的稳定和防水。仰拱预制块与拱墙衬砌纵向施工缝防水采用 20mm×30mm 遇水膨胀橡胶止水条。

55.3.7 接触网

采用简单链性悬挂接触网。

55.4 TBM 施工情况

55.4.1 TBM 设备

TBM 整机分为主机、桥架、后配套三部分，负责隧道掘进，钢架、锚杆、钢筋网施工支护，连接桥为主机的控制操作及喷混凝土、锚支护，后配套为主机提供风、水、电等保障，并完成其他辅助施工，从而确保了整机的质量和技术的先进性。喷混凝土系统为 2 台美高的机械手，参数为 14m³/h。

该隧道由中国隧道集团及中铁十八局采用 TBM 和钻爆法结合施工。该项目所使用的 TBM 是由美国罗宾斯公司设计并提供技术支持，刀盘直径 10.23m，采用 19 英寸滚刀，整机全长约 180m、重 1800t，性能参数见表 55-5，现场使用照片见图 55-13、图 55-14。

Robbins ϕ10.23m HD OPEN TBM 主要技术性能　　表 55-5

序号	项目	性能	序号	项目	性能
1	设备直径(m)	10.23	11	刀盘转速(r/min)	0～8
2	长度(含后配套)(m)	179	12	推进油缸行程(m)	1.8
3	刀盘最大推力(kN)	21148	13	刀具总数(把)	67
4	最大脱困扭矩(kN·m)	14783	14	中心刀(把)	4
5	额定扭矩(kN·m)	9864	15	正滚刀(把)	50
6	脱困扭矩(kN·m)	14783	16	边滚刀(把)	10
7	撑靴水平支撑比压(MPa)	2.8	17	扩挖刀(把)	3
8	单把刀承载力(kN)	311	18	皮带运输机转速(m/s)	0～2.5
9	主电机功率(kW)	9752	19	喷混凝土系统(台 m³/h)	2×14
10	掘进速度(m/h)	2.3～2.5m/h	20	整机重量(t)	1800

图 55-13　TBM 主机刀盘

图 55-14　隧道出口 TBM 拼装场地

55.4.2 TBM 步进

TBM 步进采用摩擦滑动方案（图 55-15），即用弧形钢板支撑刀盘支撑块放在预先施工好的混凝土弧形滑道上，弧形钢板上安装 2 组步进推力油缸（200t×4，行程 1.8m），以弧形钢板和弧形滑道的摩擦力作为反作用力推动刀盘整体前进，然后通过 TBM 的拖拽油缸和在主机下支撑的辅助下呈蠕虫状步进，整机分二次步进到位，即主机和 1 号桥架、2 号桥架及后配套各前进 1.8m 完成整机 1.8m 的步进行程。TBM 的步进驱动部件全部集中在主机上及 TBM 前端的 25m 范围内，TBM 通过举升油缸、步进油缸、推进油缸、后下支撑、拖拽油缸进行配合动作从而实现整机的位移，每次步进 6～7 个循环，边步进边进行仰拱块的安装，在完成 12m 以上仰拱块后，集中进行轨道铺设 12m。每月步进距离约 2000m。

 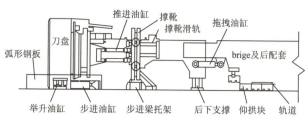

图 55-15 TBM步进方案示意图

55.4.3 TBM掘进

1) Ⅲ级围岩地段

Ⅲ级围岩的岩性主要是千枚岩和变质砂岩,岩体较完整,节理较发育,适合TBM掘进机掘进。掘进参数选择最佳掘进速度段,推进油缸推力一般维持在16～19MPa,刀盘转速在6r/min左右,TBM掘进速度为2.5～3.5m/h。

2) Ⅳ级围岩地段

Ⅳ级围岩岩体较完整～较破碎,节理较发育～发育,容易发生坍塌甚至大型塌方,撑靴位置提供支撑反力不足,易塌陷。因而选择掘进参数时,必须考虑尽量减小对岩体的破坏、保持围岩稳定。

推进油缸推力一般维持在16MPa以下,刀盘转速在4r/min以下,刀盘扭矩控制在正常值的70%,TBM掘进速度为2.5m/h以下。

55.4.4 TBM掘进与同步衬砌技术

国外采用敞开式TBM施工时,在掘进贯通设备拆解后再进行混凝土二次衬砌,施工工期长,西秦岭特长隧道在方案设计时提出了TBM皮带运输条件下的开挖与衬砌同步施工要求,经现场科研攻关,达到了连续皮带机工况下的隧道同步衬砌,为TBM技术的进步做出了贡献。

其主要技术路线为优化传统衬砌台车和施工台架,在台车和台架之间设置具有纵向自由度的伸缩台架代替皮带机支撑装置,实现在TBM掘进、皮带机运行、机车通行的同时进行混凝土浇筑的同步衬砌方法,且在TBM正常掘进的情况下,实现皮带机三角之间的拆装、台车台架的行走、台架的伸缩,如图55-16和图55-17所示。

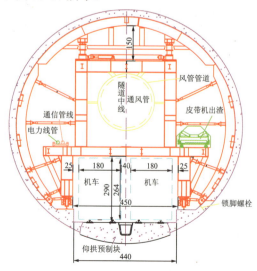

图 55-16 同步衬砌台车设计断面图(尺寸单位:cm)　　图 55-17 连续皮带机出渣条件下四轨双线运输列车穿行同步衬砌台车图

55.4.5 连续皮带机出渣

TBM 掘进过程中采用了多级级联、连续转运皮带快速出渣系统,实现了从 TBM 掘进工作面到渣场的连续快速出渣。连续皮带机(图 55-18)皮带桥采用两种支撑方式,在 TBM 掘进段采用洞壁三角固定支架(图 55-19),在 TBM 预备洞段采用竖向固定支撑。

图 55-18　洞外出渣连续皮带机

图 55-19　TBM 掘进洞段洞壁三角固定支撑

55.4.6　TBM 施工 20km 超长距离通风

掘进过程中建立了 TBM 独头施工 20km 超长距离两阶段通风模式。第一阶段:隧道出口至罗家理斜井,采用独头压入式通风,通风距离长 10km;第二阶段:出口正洞与罗家理斜井贯通后,采用正洞巷道式和长管路压入式联合供风、斜井排风的混合式通风方案,通风长度达 20km。首次在 TBM 超长距离施工中采用了大功率节能变频风机、大直径高压软风管(见图 55-20 和图 55-21)、防漏型高强接头等节能降耗综合措施,满足了洞内通风标准。

图 55-20　大直径软风管悬挂图

图 55-21　风管穿行衬砌台车图

55.4.7　TBM 拆卸

TBM 拆卸洞室长 65m、宽 13.4m、高 19.76m,考虑到主机单件最大重量 127.9t(主轴承与密封装配),采用 2×75t 门式起重机作为拆卸设备,门式起重机起吊高度 13.4m,采用地面遥控方式控制,如图 55-22 所示。主机及后配套拆卸时间约 2 个月,拆解后运出洞外。

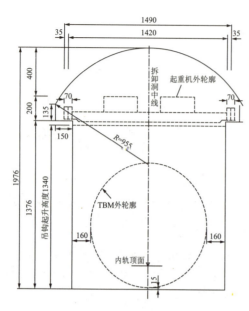
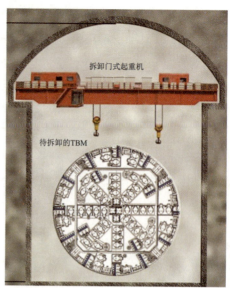

图 55-22 拆卸洞室图(尺寸单位:cm)

55.5 结语

西秦岭隧道总长 28.236km,为兰渝铁路第一长隧,同时也是我国已建成通车的第二长隧,原计划工期 6 年,实际施工用时较计划工期提前约 20 个月,施工中创造了大直径(10.23m)硬岩开敞式 TBM 月掘进 843m、周掘进 235m、日掘进 42m 的世界纪录,同时也创造了连续掘进 14.9km 的大直径 TBM 硬岩掘进机最长掘进纪录,取得了良好的效果。

(1)通过先进的综合勘察技术所选择的 28.236km 隧道方案是合理的。按设计方案,出口的 f59、f60 断层通过罗家理斜井进入正洞施工完成后,然后 TBM 通过;进口 F6、f54、f55 断层由进口及店子坪斜井工区采用钻爆法施工完成。隧道施工中未遭遇严重影响施工的不良地质现象。

TBM 通过的地层主要有变质砂岩、砂质千枚岩、千枚岩夹变质砂岩,各段地层参数见表 55-6。

西秦岭隧道各围岩地段 TBM 适应性及掘进效率评估表　　表 55-6

序号	岩性名称	饱和抗压强度 R (MPa)	节理统计数 J_v(条/m³)	岩体完整性系数 K_v	耐磨性 (Ab, 1/10mm)	控制性因素	掘进效率(m/h)
1	变质砂岩	47~55.3	9.3	0.6~0.55	3~3.5	岩体完整程度	1.5~2.0
2	砂质千枚岩	12.7~19.6	4.05~8.67	0.75~0.6	3~5	岩石耐磨性	1.5~2.5
3	千枚岩夹变质砂岩	12.7~55.3	6.3~13.51	0.75~0.55	3~5	岩体完整程度 岩石耐磨性	1.5~2.0

由表 55-6 可以看出,岩石大部分为硬岩,岩石较完整,岩石耐磨性为低~中等耐磨性,适宜 TBM 施工。

(2)研究确定的 TBM 机型、刀盘总体设计、19 英寸盘形滚刀、72mm 刀间距、推力、扭矩等关键设备参数与西秦岭隧道岩性条件的适应性良好,创造了大直径 TBM 的掘进纪录。

通过对西康铁路秦岭隧道及南疆铁路中天山隧道 TBM 各类刀具损耗比例统计分析可知,TBM 刀具消耗主要是正刀为主,占到 87%,其次为中刀,占到 12%,边刀损耗仅为 1% 左右。西秦岭隧道在 TBM 刀具设计和配置时,调整和优化刀具布置,共设计有 67 把刀,其中中心刀 4 把、正滚刀 50 把、边滚刀 10

把,扩挖刀3把,减少了刀具的损耗,提高了刀具的利用率。

(3)首创的TBM掘进与二次衬砌同步施工技术及研发的相关配套设备在西秦岭隧道施工中得到了很好的应用,取得了TBM最大月掘进842m,同步衬砌最大月进度860m的纪录,效果显著。

同步衬砌台车在二次衬砌施工时连续皮带机出渣不间断;二次衬砌时大直径软管通风系统连续运行;实现了不倒管作业,避免浇筑过程中混凝土管路影响台车下面的列车通行;同步衬砌台车行走不影响四轨双线有轨运输列车运行。采用的同步衬砌台车确保了TBM连续、高效作业。

(4)连续皮带机快速出渣系统,为长达14km自TBM掘进工作面到渣场的连续皮带机高效运转、TBM的不间断连续掘进14.9km,奠定了良好的基础。

(5)采用的分阶段通风模式,很好地解决了西秦岭隧道TBM施工20km超长距离通风世界性难题。

大直径TBM在西秦岭隧道修建中成功实施,实现了大直径、快速、长距离、高效施工的目的,提高了我国特长隧道修建技术水平,推动了我国TBM产业的发展,在同类工程中具有重大的推广应用价值。

本讲参考文献

[1] 王梦恕,刘启山. 岩石隧道掘进机(TBM)施工及工程实例[M]. 北京:中国铁道出版社,2004.

[2] 李国良,司剑钧,李宁. 兰渝铁路西秦岭特长隧道方案研究[J]. 现代隧道技术,2014.51(3):7-14.

[3] 赵录学. 城市轨道交通工程TBM选型分析研究[J]. 现代隧道技术,2013.50(2):7-13.

[4] 中铁第一勘察设计院集团有限公司. 兰渝线西秦岭特长隧道方案研究报告. 2009.

[5] 中铁第一勘察设计院集团有限公司. 兰渝线西秦岭隧道施工设计图. 2009.

[6] 徐双永,苏睿. 西秦岭隧道TBM掘进同步衬砌技术[J]. 现代隧道技术,2011.48(2):1-4.

[7] 徐双永,陈大军. 西秦岭隧道皮带机出渣TBM同步衬砌技术方案研究[J]. 隧道建设,2010,30(2):7-11.

第56讲

港珠澳大桥沉管隧道设计

随着需求的变化和科技的进步,世界沉管技术也在不断发展,沉管隧道要满足更长、更大水深要求,要满足外海条件建设要求。港珠澳大桥沉管隧道是我国第一条外海沉管隧道,处于软土地层,隧道总长6 704m,沉管段长5 664m,最大作业水深超过46m,最大覆土厚度超过20m,本讲主要介绍这条沉管隧道的设计情况,包括设计组织及管理、总体设计、结构设计方案、软土地基及基床方案以及主要的技术创新点等,希望能给后续同类工程以启发与帮助。

56.1 工程概况

港珠澳大桥东连香港,西接珠海和澳门(图56-1),海中段采用桥、岛、隧组合方案,按照六车道高速公路标准建设,设计速度100km/h。

图56-1 港珠澳大桥总平面图

为满足香港机场航空限高,跨越伶仃主航道段采用沉管方案,标准管节长180m,宽37.95m,高11.4m,重约7.6万t,最大沉放水深约44m,如图56-2和图56-3所示。

本讲执笔人: 刘晓东,林巍.

图 56-2 隧道平面示意图(尺寸单位:m)

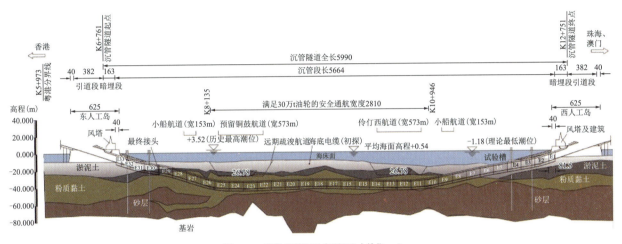

图 56-3 隧道纵断面示意图(尺寸单位:m)

工程水域是国际最繁忙的黄金水道之一,每天有超过 4000 艘船舶通行,航线交错,安全管理难度大;工程穿越中华白海豚保护区,环保要求严格;设计使用寿命 120 年,采用两个离岸人工岛实现桥隧转换,超长、深埋沉管隧道,是同期世界上综合难度最大的沉管隧道之一。

56.2 设计总体思想

沉管隧道的设计与施工关联特别紧密,因为保证浇筑出不漏水的混凝土结构、做出均匀的沉管基础、安全地在外海深水中完成沉管管节对接,关键在于施工过程控制,很多施工结构在水下难以检查,设计中要创造出利于控制过程质量、具有一定容差性的设计,这是沉管隧道的设计与普通结构物设计存在的一些不同。

沉管隧道施工是高风险的工程,超大体量、外海作业、不确定因素多,99.999% 也不代表成功,国内外曾发生过多起施工过程事故。因此,设计工作的一个重要目的就是通过设计手段来降低施工过程中的风险。

港珠澳大桥沉管隧道设计由中交公路规划设计院有限公司牵头的联合体完成,施工图设计采用设计施工总承包模式,基于沉管上述特点,确定设计指导思想为"按照设计施工互动、发挥合力解决工程难题、快速推进工程建设为原则组织设计。"

设计团队遵循"设计施工联动、施工驱动设计"的工作原则,编制设计施工一体化计划,设计与施工交流互动,寻找综合最优方案。例如,沉管隧道的寿命不仅取决于耐久性设计与要求,还取决于节段预制时混凝土的充分振捣与密实充填,设计通过参与施工现场及讨论,持续对节段接头部位的锚筋与钢筋的位置关系进行优化,以追求密水混凝土更高的浇筑质量。

同时利用设计施工总承包平台,整合科研、设计、施工技术资源,联合创新,完成了多项创新技术,为解决工程难题,保证质量,降低风险提供了有力支撑。

56.3 总体设计方案

56.3.1 隧道方案比选

根据建设条件分析,主航道隧道可能的工法有盾构法与沉管法,无论何种工法,均需面临诸多难题及工程风险。

盾构法要利用超大型掘进机进行连续长距离施工,水文地质条件是盾构工法的重要影响因素;沉管法是采用基槽开挖、管节预制、水下安装进行多点平行作业,多环节的风险管理是难点。

与沉管法相比,盾构法在环保以及通航影响方面优于沉管隧道,但盾构埋深要深,需要填筑比沉管法长约300m的两座人工岛,构造物阻水率难以满足珠江口水利部门制定的法规要求,同时16m以上盾构机需穿越软土层、不均匀的深水坚硬花岗岩,存在不确定风险,前期研究中经建设条件限制、技术、经济、风险等方面综合比较及专家论证,确定沉管隧道工法作为本项目的实施方案。

56.3.2 平纵设计

参考图56-2和图56-3,为满足香港段接线需要,东侧有约1000m隧道处于半径5500m的平曲线段,增加了建设难度及投入,值得总结,沉管隧道应尽量避免曲线进入沉管段。为满足300000t级油轮通航要求,K8+135～K10+945段(2810m)隧道通航顶部控制高程为-30.18m,设计采用W形纵断面,尽可能减少开挖,隧道理论设计纵坡具体组成见表56-1。

隧道理论设计纵坡组成(由小里程至大里程方向) 表56-1

纵坡(%)	-2.98	-1.95	-2.65	-0.3	0.3	-0.3	0.3	1.85	1.5	2.98
坡长(m)	794	400	540.4	431.6	970	970	400	667.3	816.7	714

56.3.3 建筑限界

依据《公路工程技术标准》(JTG B01—2003)和香港TPDM,拟定隧道行车孔内的建筑限界如图56-4所示,主隧道建筑限界宽度为14.25m(0.75m+0.5m+3×3.75m+1.0m+0.75m),高度为5.1m。

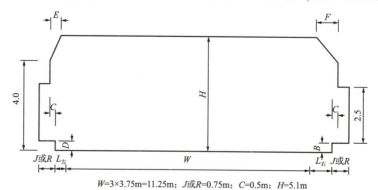

W=3×3.75m=11.25m;J或R=0.75m;C=0.5m;H=5.1m

图56-4 隧道建筑限界图

56.3.4 横断面

经比选研究,本沉管采用纵向通风方式,基于纵向通风方式,沉管横截面采用两孔单管廊结构,两侧为行车孔,中间为综合管廊,管廊上层为专用排烟通道,中层为安全通道等,下层为电缆沟和海底泵房。横断面外包尺寸宽为 37.95m,高为 11.4m,详见图 56-5 和表 56-2。

管节横截面主要参数　　　　　　　　　　表 56-2

结构外包尺寸宽(m)×高(m)	车道孔尺寸宽(m)×高(m)	排烟道净面积(m²)	安全通道高度(m)	主体结构混凝土面积(m²)
37.95×11.4	14.55×8.40	16.48	2.59	153.32

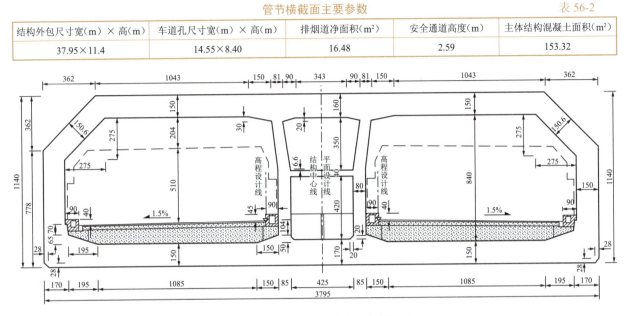

图 56-5　沉管段管节横断面图(尺寸单位:cm)

56.3.5 管节划分

根据结构设计及施工能力分析论证,确定管节最大长度为 180m,考虑实现标准化节段配置进行管节分段,沉管段共分 33 个管节,分段组合自西向东为:112.5m+112.5m+24×180m+2×157.5m+172.15m+9.7m+172.15m+180m+135m+135m,对应编号 E1～E33。其中,E1～E28 管节为直线管节,E29～E33 管节为曲线段管节,采用以直代曲进行预制,最终接头位于 E29 和 E30 之间。标准管节长度 180m,由 8×22.5m 节段组成,如图 56-6 所示。管节采用工厂法进行预制。

图 56-6　沉管隧道标准管节图

56.3.6 纵向结构体系

沉管纵向结构需要考虑管节的结构形式与接头的传力和止水,接头包括节段接头与管节接头。

管节与管节间接头称为管节接头,每个接头主要包括端钢壳、竖向钢剪力键、水平向混凝土剪力键、预应力锚具、防水构造、防火构造等,为解决深埋沉管难题,研发了记忆支座取代常规的竖向剪力键垫层,以防止竖向剪力键过载,如图56-7、图56-8所示。

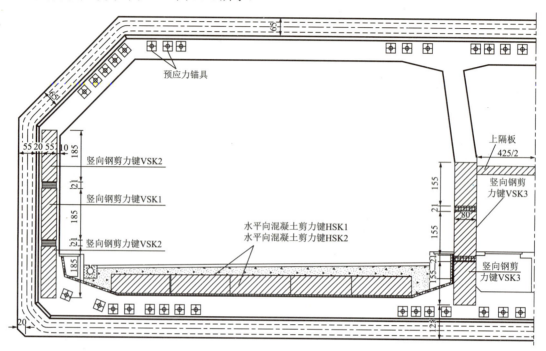

图 56-7　管节接头横断面构造图

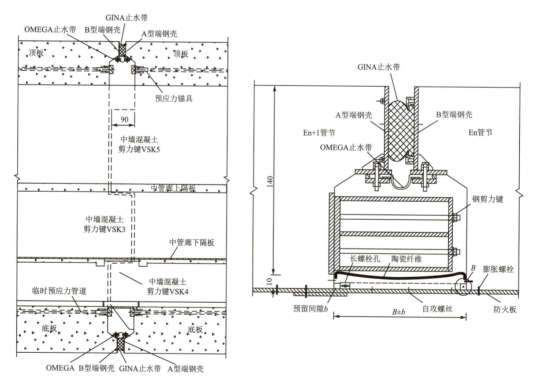

图 56-8　管节接头立面构造图

每个管节都由多个22.5m长的节段组成,节段与节段间的接头称为节段接头,节段接头包括OMEGA止水带预埋件、混凝土剪力键、预应力管道接头、防火构造、防水构造等,如图56-9所示。

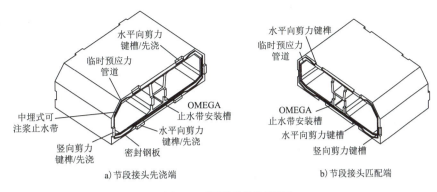

图 56-9 节段接头构造示意图

港珠澳沉管隧道为满足 30 万 t 级油轮通航要求，约 3km 沉管隧道需埋置于海床 22.5m 以下，沉管结构需长期承受超过 20m 厚淤泥及 44m 水压荷载，是目前世界上唯一的深埋沉管，受力不同于常规浅埋隧道，本沉管采用创新研发的半刚性管节结构，在已有的柔性结构基础上采用部分无黏结永久纵向预应力体系取代临时预应力，并进行相关的构造调整，以融合刚性与柔性管节的优点。部分无黏结纵向预应力将节段串联起来，预应力在节段接头 6m 长度范围内无黏结，其余部分有黏结，保持节段接头一定柔性基础上，提高节段接头的抗剪能力及水密性，半刚性结构总体布置如图 56-10 和图 56-11 所示。

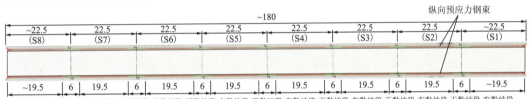

图 56-10 半刚性管节预应力纵断面布置图（尺寸单位：m）

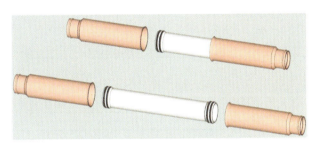

图 56-11 节段接头波纹管连接件产品示意图

在 E29 和 E30 之间设置沉管隧道最终接头，采用钢壳内灌注混凝土形成的三明治组合结构，总体布置如图 56-12 所示。最终接头不含施工期临时荷载的重量约 6200t，浮重约 1500t。

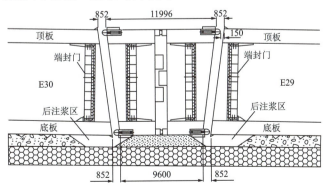

图 56-12 最终接头总体构造图（尺寸单位：mm）

56.3.7 基础

根据沉管隧道结构、荷载及工程地质条件不同,沉管纵向按岛上段、过渡段、中间段分别采用不同基础方案,如图 56-13 所示。

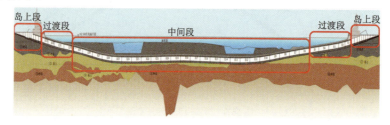

图 56-13 沉管隧道纵向地质描述及基础处理方式划分图

中间段的基础长度超过 3km,经评估采用天然地基,基床部分采用 2m 厚的夯平块石层和 1.3m 厚的先铺碎石层结合的形式,如图 56-14 所示。

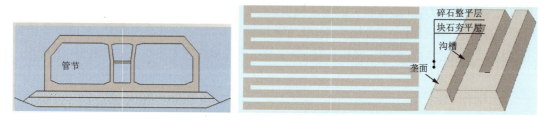

图 56-14 中间段的基础处理方案图

过渡段的基础包括西岛过渡段 E1-S3 ~ E6-S2 以及东岛过渡段 E30 ~ E33-S3,以西岛侧为例,与中间段相接区段管底土层附加应力小,软土层薄,采用 55% ~ 62% 不同置换率的挤密砂桩(SCP)加固(图 56-15 中 A5 区域);与岛上暗埋段相接的区段附加应力大,软土层厚,采用 42% ~ 70% 不同置换率的 SCP+ 堆载预压加固(图 56-15 中 A1 ~ A4 区域)。

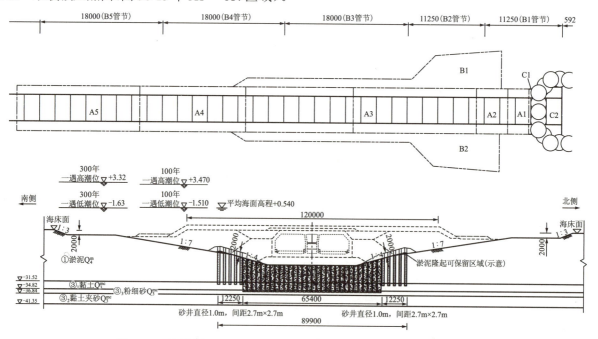

图 56-15 西岛过渡段 E1-S3 ~ E4-S3 段典型处理断面图(尺寸单位:mm,高程单位:m)

岛上段基础处理形式从隧到桥方向分为高压旋喷桩复合地基、PHC 桩复合地基。

56.3.8 基槽

深槽段(E8~E29)槽底高程低于淤泥层底,按淤泥(含淤泥质土)与黏土(含砂层)地层分两级边坡,上下边坡坡率分别采用1:5和1:2.5(图56-16);浅槽段槽底高程位于淤泥层内,采用一级边坡,E1~E3和E31~E33管节采用1:7,E4~E7和E30管节采用1:5,坡率不同处采用1:6.5坡率边坡过渡。基槽开挖宽度以管段平面轴线为对称,基槽开挖包括粗挖和精挖,距基槽底3m范围采用精挖,其余部分采用粗挖。

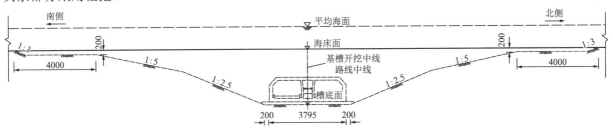

图 56-16 基槽开挖典型断面图(尺寸单位:cm)

56.3.9 回填防护及岛头防撞

中间一般段回填防护用来满足防冲刷、防锚、限制管节侧移、为管节提供足够的抗浮安全度。由锁定回填、一般回填、护面层回填三部分组成,一般回填的典型断面如图56-17所示;岛头防撞段的回填在过渡段基础堆载预压碎石(56.3.7节已述)开挖卸载的基础上实施,未开挖堆载碎石作为岛头防撞段回填防护的一部分,岛头防撞的典型断面如图56-18所示。

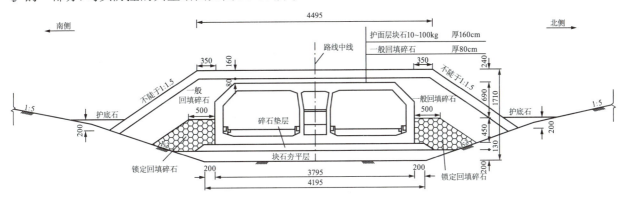

图 56-17 一般回填防护典型横断面图(尺寸单位:cm)

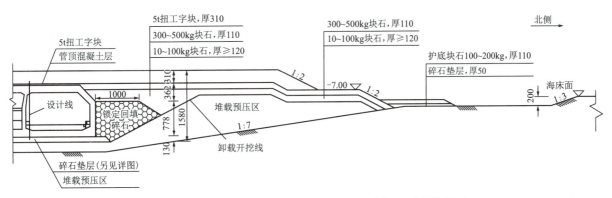

图 56-18 岛头防撞段回填防护典型横断面图(尺寸单位:cm,高程单位:m)

56.3.10 管内工程

主要包括结构防火、装饰、逃生、密封隔断、排水体系等。设计全部采用标准化、装配化的构件,提高质量和效率,减少现场工作量。

隧道结构防火采用外敷防火板,沉管段、东岛暗埋段、西岛暗埋段外侧侧墙采用搪瓷钢板进行隧道墙面装饰,实施效果如图 56-19 所示。在管节接头与节段接头处设有可伸缩或变形的构造,如图 56-20 所示。中墙每 135m 设置一道甲级防火门。

图 56-19　行车孔侧墙装饰实拍图

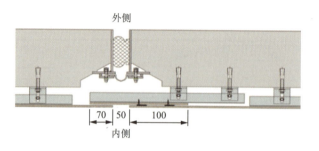

图 56-20　接头部位可伸缩构造图(尺寸单位:mm)

中管廊从上至下分别设置排烟道、安全通道及电缆通道,各通道之间设置隔断结构。E13-S3、E24-S1 节段中管廊底部为废水泵房,通过设置横向整幅组合钢格板实现泵房与安全通道隔断。

隧道内的车道两侧设置宽度 0.75m 的检修道,采用 C45 钢筋混凝土预制结构(图 56-21),隧道路面低侧设置一体式预制成品排水沟(图 56-22),以疏排运营期消防水、冲洗废水及结构渗水等,跨管节接头处设置可伸缩结构,适应管节接头张合量。

图 56-21　一体式预制成品检修道在工厂图

图 56-22　一体式预制成品排水边沟安装图

56.3.11 临时辅助设施及沉管预制场

沉管隧道临时辅助设施为浮运安装过程所需临时结构,根据浮运安装工艺不同会有差别。港珠澳沉管的临时辅助设施主要包括端封门、压载水箱、测量塔、人孔井、吊耳、导向架、系缆柱(拉合基座)、对接纵向线缆锚点柱等,参见图 56-23。

港珠澳大桥沉管采用工厂流水线进行预制,工厂位于珠海桂山岛之牛头岛内,共设置两条生产线,结合地形总平面呈 L 形布置,包括钢筋加工、绑扎区、混凝土浇筑区、顶推及浅坞区、深坞区等,每 75 天生产两个管节。

开发了钢筋加工、绑扎流水线,攻克了全断面浇筑及温控难题,研发 8 万吨沉管顶推技术,采用工厂法除预制完成 28 节直线沉管外,还实现了世界范围第一次用工厂法预制曲线沉管。沉管预制厂实景如

图 56-24 所示。

图 56-23 沉管端封门及管顶舾装设施现场图

图 56-24 沉管预制工厂现场图

56.4 主要创新技术

港珠澳大桥沉管隧道在设计和建设过程中取得很多技术创新,简要介绍如下:

(1) 组织实施精细化勘察,国际首创采用组合基床+复合地基的基础方案,开发了外海深水基础施工成套技术和装备,开发了沉管基础施工质量管理系统,攻克深水基础控淤清淤难题;建成后沉管总沉降小于 10cm,国外同类软土隧道沉降一般大于 20cm。

(2) 国际上首次采用工厂法预制生产曲线沉管,研发沉管工厂法预制技术,集成开发了钢筋生产流水线、大型自动化液压模板、混凝土控裂、管节顶推成套技术。

(3) 创新研发半刚性沉管隧道结构体系,开发了适合于半刚性沉管结构的永久预应力体系;开发了基于材料断裂力学特性的"记忆接头",破解了沉管深埋这一难题,半刚性沉管结构将与整体式(刚性)沉管结构和节段式(柔性)沉管结构,一起成为未来沉管可选的三种纵向结构。

(4) 自主研发了外海沉管安装成套技术和装备;创新了深水沉管免调整精确定位技术;攻克了巨型沉管在受限海域拖航、锚泊定位、作业窗口管理诸多难题,形成了具有中国自主知识产权的外海沉管安装成套技术方案。

(5) 创新提出了可折叠主动止水的结构理念,发明了整体式主动止水最终接头技术(图 56-25),与传统方法相比,极大缩短海上安装时间,降低质量及安全风险。

图 56-25 2017 年 5 月港珠澳大桥合龙段最终接头安装图

56.5 设计建成效果

33 节沉管 35 次外海安装未发生一起安全事故。

隧道施工期荷载已全部完成,运营期荷载完成度超过 50%,局部到达 100%。沉降监测显示沉降已基本不随时间及加载而有显著的变化。绝对沉降被控制在 10cm 以内,管节之间的差异沉降被控制在 1cm 以内。219 个节段接头、34 个管节接头以及主体结构均未发现渗漏水。

56.6 结语

港珠澳沉管隧道是我国第一条超长深水的外海沉管,为满足特殊的航运要求,沉管深埋,遇到了许多不同于常规沉管的难题,在工程设计及实施中,为解决遇到的问题,研究开发了包括基础、结构、施工工法等多方面的新技术,经过实践也取得了成功,这些技术将在后续工程总结中更完整地展现,有兴趣的同行可以关注工程总结资料。

通过港珠澳沉管隧道设计建设,以及在这个过程中与世界同行的交流、对收集的资料信息的研究,我们也认识到一些沉管隧道未来技术的需求和技术发展方向:

(1)跟随需求,沉管会面临更大水深、更长的长度、更复杂的建设条件。

(2)沉管结构的设计要求和重要性更加突出。

(3)沉管技术会沿着更有利于风险控制,施工过程更快速、更易进行质量控制发展;更加信息化、智能化。

图书在版编目（CIP）数据

隧道设计理论与方法 / 赵勇等著. -- 北京：人民交通出版社股份有限公司，2019.1
ISBN 978-7-114-15275-7

Ⅰ.①隧… Ⅱ.①赵… Ⅲ.①隧道工程－设计 Ⅳ.① U452.2

中国版本图书馆 CIP 数据核字（2018）第 302499 号

书　　名：	隧道设计理论与方法
著 作 者：	赵　勇　等
责任编辑：	王　霞　李　娜
责任校对：	宿秀英
责任印制：	张　凯
出版发行：	人民交通出版社股份有限公司
地　　址：	（100011）北京市朝阳区安定门外外馆斜街 3 号
网　　址：	http://www.ccpress.com.cn
销售电话：	（010）59757973
总 经 销：	人民交通出版社股份有限公司发行部
经　　销：	各地新华书店
印　　刷：	北京印匠彩色印刷有限公司
开　　本：	880×1230　1/16
印　　张：	49
字　　数：	1389 千
版　　次：	2019 年 1 月　第 1 版
印　　次：	2019 年 1 月　第 1 次印刷
书　　号：	ISBN 978-7-114-15275-7
定　　价：	288.00 元

（有印刷、装订质量问题的图书由本公司负责调换）